गीतोपनिषद्

Bhagavad-gītā

wie sie ist

Andere Werke von His Divine Grace
A. C. Bhaktivedanta Swami Prabhupāda

Śrīmad-Bhāgavatam (Canto 1–10.1)
Śrī Caitanya-caritāmṛta
Śrī Īśopaniṣad
Der Nektar der Unterweisung
Kṛṣṇa – Die Quelle aller Freude
Der Nektar der Hingabe
Die Lehren Śrī Caitanyas
Die Lehren Königin Kuntīs
Die Lehren Śrī Kapilas
Leben kommt von Leben
Die Perfektion des Yoga
Bewusste Freude
Im Angesicht des Todes
Bhakti-Yoga – Der Pfad des spirituellen Lebens
Jenseits von Raum und Zeit
Vollkommene Fragen, vollkommene Antworten
Bhakti – Der Wandel im Herzen

Stimmen zur Bhagavad-gītā wie sie ist

„Ich bin zutiefst beeindruckt von A.C. Bhaktivedanta Swamis gelehrter und autoritativer Ausgabe der *Bhagavad-gītā.* Sie bietet eine klare Wiedergabe der *Devanagari*-Verse mit lateinischen Transliterationen sowie präzise Wort-für-Wort-Erklärungen und eine kristallklare Übersetzung, gefolgt von einer hervorragenden und eindringlichen Exegese, einschließlich eines ausführlichen Stichwortverzeichnisses. Es ist sowohl für den Gelehrten wie auch für den Laien ein Werk von größter Wichtigkeit, und es kann auch als Nachschlagewerk und als Lehrbuch verwendet werden. Ich empfehle meinen Studenten diese Ausgabe mit Nachdruck. Es ist ein wirklich wunderschön gelungenes Buch."

Dr. Samuel D. Atkins, Professor für Sanskrit, Universität Princeton

„Die *Bhagavad-gītā* hat einen einmaligen Wert innerhalb unserer Literatur: Es ist das bedeutendste Werk für den nach geistiger Entwicklung suchenden Menschen, gibt es ihm doch ausführliche, über Jahrhunderte bewährte Anweisungen. Etwas Ähnliches kennt die westliche Literatur nicht.

Die in dichterischem Epos dargestellte Weisheit ist sicherlich auf heutige, westliche Weise umzudenken. Während bei anderen Übersetzungen der Autor auch gleichzeitig aus seiner persönlichen Sicht interpretiert, überlässt diese einmalige, textkritische Ausgabe die Hinterfragung dem Lesenden, hilft ihm aber mit „Erläuterungen", auf bestmögliche Weise in dieses tiefgründige Werk indischer und gleichzeitig universeller Kultur einzudringen."

Prof. Dipl. Ing. Alex Schneider,
Präsident, Schweizer Parapsychologische Gesellschaft, St. Gallen

„Die *Bhagavad-gītā* enthält eine Botschaft von universaler Gültigkeit, eine Botschaft, die die Grenzen aller Religionen und Philosophien übersteigt. Ich bin überzeugt, daß die vorliegende Ausgabe der *Bhagavad-gītā* von A. C. Bhaktivedanta Swami Prabhupāda im deutschsprachigen Raum ein wichtiger Beitrag ist, um das Verständnis und die Wertschätzung dieses zeitlosen Schatzes indischer Weisheit zu vertiefen."

Seine Exzellenz Ashok Sen Chib, ehemaliger indischer Botschafter in Bern

„Das Besondere dieser Ausgabe der *Bhagavad-gītā* liegt darin, daß sie von einem gläubigen Vertreter der indischen *Bhakti*-Tradition übersetzt und kommentiert ist. Hinter anderen Übersetzungen steht vornehmlich die mehr intellektuelle Advaita-Tradition oder eine westliche, akademisch-distanzierte Sichtweise. *Bhakti* ist aber eine in Indien weitverbreitete religiöse Haltung, in der eine persönliche Frömmigkeitsvorstellung anklingt und die es gerade heute vermehrt zu beachten gilt."

Dr. phil. Joachim Finger, Religionsethnologe, Schaffhausen

„Die Bücher von A. C. Bhaktivedanta Swami Prabhupāda sind nicht nur wunderschön, sondern auch von größter Relevanz für unsere heutige Zeit, da wir als Nation nach neuen kulturellen Vorbildern für unser Leben suchen."

Dr. C. L. Spreadbury, Professor für Soziologie,
Staatsuniversität Austin, Texas

„Daß diesem zentralen Werk indisch-vedischer Literatur der Weg geebnet worden ist zu suchenden Menschen unserer westlichen Kultur, ist zweifelsohne der vorliegenden hervorragenden Übersetzung zu verdanken. Sie ist nicht bloß philologisch exakt, sondern getragen von der Verbundenheit des Übersetzers mit der Botschaft der *Bhagavad-gītā* selber und seiner gleichzeitigen Vertrautheit mit den Problemen verunsicherter Menschen unseres Lebensraumes. So kann in diesem Buch Antwort und Richtung finden, wer auch immer sich auf die Suche begeben hat nach den wahren Werten, der *einen* Wahrheit, bzw. dem *einen* Gott, welcher sich eben nur dem offenbart, der sich Ihm bedingungslos und ohne jede Berechnung hingibt."

Pfarrer Rudolf Hoehener, Turbenthal, Zürich

„Die Lektüre der *Bhagavad-gītā wie sie ist* wird für jeden – ob Anhänger der spirituellen Kultur Indiens oder nicht – von großem Nutzen sein, denn sie ermöglicht es ihm, die *Gītā* noch heute so zu verstehen, wie es die Mehrheit der Hindus tut. Für viele ist Prabhupādas *Bhagavad-gītā* der erste Kontakt mit dem echten Indien, dem antiken Indien, dem ewigen Indien."

Dr. Francois Chénique, Professor der Religionswissenschaft,
Institut für politische Studien, Paris

„Die Naturwissenschaften versuchen, die uns umgebende materielle Welt und deren Gesetze zu beschreiben. Diese Gesetze können zwar beobachtet, aber nicht erzeugt werden. Wer erzeugt sie dann? Es ist interessant, die Parallelen zwischen der *Bhagavad-gītā* und der modernen Physik zu sehen, wenn man zwischen den ihnen jeweils eigenen Sprachen übersetzen kann."

Hartmut Sailer, Diplom-Physiker, Heidelberg

„Die Ausgabe der *Bhagavad-gītā* von A. C. Bhaktivedanta Swami Prabhupāda hat dem Westen, wie kein anderes literarisches Werk, eine genaue Kenntnis der ältesten spirituellen Tradition Indiens ermöglicht und trägt der heute notwendigen Völkerverständigung bei."

Prof. Dr. theol. Edmund Weber, Direktor, Institut für Wissenschaftliche
Irenik, Goethe-Universität, Frankfurt am Main

गीतोपनिषद्

Bhagavad-gītā
wie sie ist

Vollständige,
revidierte Ausgabe

mit den originalen Sanskritversen,
lateinischer Umschrift, deutschen
Entsprechungen, Übersetzungen
und ausführlichen Erläuterungen

von

His Divine Grace
A. C. Bhaktivedanta Swami Prabhupāda
Gründer-*Ācārya* der Internationalen Gesellschaft für Krishna-Bewußtsein

THE BHAKTIVEDANTA BOOK TRUST

Sollten Sie Fragen oder Kommentare zu diesem Buch haben, setzen Sie sich mit uns in Verbindung. Sie erreichen uns unter den folgenden Adressen:

ISKCON

Schweiz
Sankirtan-Verein
Bergstrasse 54, 8032 Zürich
+41 (0)44 262 37 90
sa-ve@pamho.net • krishna.ch

Deutschland und Österreich
ISKCON Deutschland-Österreich e.V.
Aarstraße 8, 65329 Hohenstein
+49 (0)6120 90 41 07 • iskcon.de

Erstveröffentlichung der englischen Originalausgabe im Jahr 1972.

bbt.se • bbtmedia.com • bbt.org • krishna.com

ISBN 978-91-7769-165-5

VER20190900

Bhagavad-gītā As It Is (German)

Gedruckt im Jahr 2019

Um von überall auf dieses Buch zugreifen zu können, ist es auch als App für iOS verfügbar. Suchen Sie im App Store nach „bbt bg“ vom Bhaktivedanta Book Trust.

Dieser Titel ist für Sie in allen E-Book-Formaten kostenlos auf bbtmedia.com erhältlich.
Code: **EB16DE84729P**

Für
Śrīla Baladeva Vidyābhūṣaṇa,
der uns den „Govinda-bhāṣya"-Kommentar
zur *Vedānta*-Philosophie gab

Inhaltsverzeichnis

Geschichtlicher Hintergrund der *Bhagavad-gītā* XI

Vorwort XV

Einleitung 1

ERSTES KAPITEL

Die Heere auf dem Schlachtfeld von Kurukṣetra 35

Während sich die feindlichen Heere gegenüberstehen, erblickt Arjuna, der mächtige Krieger, in beiden Armeen seine nahen Verwandten, seine Lehrer und Freunde, bereit, in der Schlacht ihr Leben zu lassen. Von Trauer und Mitgefühl überwältigt, schwinden Arjuna die Kräfte, und in seiner Verwirrung entschließt er sich, nicht zu kämpfen.

ZWEITES KAPITEL

Zusammenfassung des Inhalts der Gītā 69

Arjuna wird Śrī Kṛṣṇas Schüler und bittet um Unterweisung. Kṛṣṇa erklärt Arjuna den grundlegenden Unterschied zwischen dem vergänglichen materiellen Körper und der ewigen spirituellen Seele. Er beschreibt den Vorgang der Seelenwanderung, das Wesen selbstlosen Dienstes zum Höchsten und die Merkmale eines selbstverwirklichten Menschen.

DRITTES KAPITEL

Karma-yoga 153

Jeder in der materiellen Welt muß irgendeiner Beschäftigung nachgehen. Doch Handlungen können einen entweder an die Welt binden oder von ihr befreien. Wenn man zur Freude des Höchsten handelt, ohne selbstische Motive, kann man vom Gesetz des *karma* (Aktion und Reaktion) befreit werden und transzendentales Wissen vom Selbst und dem Höchsten erlangen.

VIERTES KAPITEL
Transzendentales Wissen 201

Transzendentales Wissen – das spirituelle Wissen über die Seele, Gott und ihre gegenseitige Beziehung – wirkt läuternd und befreiend und klärt alle Fragen über Handeln und Nichthandeln. Solches Wissen ist die reife Frucht aller Mystik. Der Herr erklärt die Geschichte der *Gītā,* den Zweck und die Bedeutung Seines regelmäßigen Erscheinens in der materiellen Welt sowie die Notwendigkeit, sich an einen *guru,* einen selbstverwirklichten Lehrer, zu wenden.

FÜNFTES KAPITEL
Karma-yoga – Handeln im Kṛṣṇa-Bewußtsein 257

In der materiellen Welt tätig zu sein bedeutet Verstrickung. Ist Entsagung allen Handelns oder Handeln in Hingabe das Mittel, davon frei zu werden? Kṛṣṇa erklärt, daß beide Pfade zu Befreiung führen, aber weist mit Nachdruck darauf hin, daß hingebungsvoller Dienst (*karma-yoga*) bloßer Entsagung übergeordnet ist. Der Weise, der in göttlichem Bewußtsein handelt, wird von seinen Tätigkeiten nie gebunden, sondern erlangt allumfassende Erleuchtung und Loslösung von der Materie. Da er im Innern Freude erfährt, sucht er sein Glück nicht in materieller Sinnenbefriedigung, und er erreicht wahren Frieden, da er Kṛṣṇa als den höchsten Genießer, Besitzer und Freund erkannt hat.

SECHSTES KAPITEL
Dhyāna-yoga 289

Durch *aṣṭāṅga-yoga,* einen mechanischen Vorgang der Meditation, lernt man, den Geist und die Sinne zu beherrschen und alle Aufmerksamkeit auf den Paramātmā (die Überseele, die Form des Herrn im Herzen) zu richten. Dieser Vorgang gipfelt in *samādhi,* vollkommener Konzentration auf den Höchsten.

SIEBTES KAPITEL
Wissen vom Absoluten 341
Śrī Kṛṣṇa ist die Höchste Wahrheit, die höchste Ursache und die Kraft, die alles erhält, sowohl die spirituelle als auch die materielle Natur. Fortgeschrittene Seelen ergeben sich Ihm in Hingabe, wohingegen materialistische Menschen ihre Aufmerksamkeit auf andere Ziele der Verehrung richten.

ACHTES KAPITEL
Wie man den Höchsten erreicht 389
Das materielle Universum mit allen Lebewesen wird in Zyklen erschaffen und aufgelöst, doch wenn man sich während seines Lebens an Kṛṣṇa erinnert, ganz besonders zum Zeitpunkt des Todes, kann man in das höchste Reich gelangen, das jenseits dieser vergänglichen, materiellen Welt liegt.

NEUNTES KAPITEL
Das vertraulichste Wissen 421
Der Höchste ist in der materiellen Schöpfung immanent gegenwärtig, und gleichzeitig behält Er Seine transzendentale Stellung bei. Die *mahātmas* erkennen die wahre Natur des Höchsten und beschäftigen sich in reiner Hingabe in *bhakti-yoga.*

ZEHNTES KAPITEL
Die Füllen des Absoluten 473
Alle wunderbaren Phänomene dieser Welt, die Macht, Schönheit, Größe oder Erhabenheit aufweisen, sind nichts weiter als Teilmanifestationen von Kṛṣṇas göttlichen Energien und Füllen. Als die höchste Ursache aller Ursachen und die Stütze und Essenz von allem ist Kṛṣṇa für alle Lebewesen das höchste Ziel der Verehrung.

ELFTES KAPITEL
Die universale Form 519
Śrī Kṛṣṇa gewährt Arjuna göttliche Sicht und offenbart ihm Seine ehrfurchtgebietende universale Form. So beweist Er eindeutig, daß Er der Schöpfer und höchste Beherrscher des Universums ist. Kṛṣṇa erklärt, daß Seine persönliche Form die

ursprüngliche Form Gottes ist. Man kann diese Form nur durch hingebungsvollen Dienst wahrnehmen.

ZWÖLFTES KAPITEL
Hingebungsvoller Dienst 571
Śrī Kṛṣṇa erklärt die verschiedenen Stufen des Fortschritts im spirituellen Leben, von denen reiner hingebungsvoller Dienst in ununterbrochener Meditation über Kṛṣṇa die höchste ist. Diejenigen, die diesem vollkommenen Pfad folgen, entwickeln göttliche Eigenschaften und sind Kṛṣṇa sehr lieb.

DREIZEHNTES KAPITEL
Natur, Genießer und Bewußtsein 595
Wer den Unterschied zwischen dem Körper und der Seele sowie der Überseele versteht, erlangt Befreiung von der materiellen Welt.

VIERZEHNTES KAPITEL
Die drei Erscheinungsweisen der materiellen Natur 637
Alle verkörperten Seelen unterstehen dem Einfluß der drei Erscheinungsweisen der materiellen Natur: Tugend, Leidenschaft und Unwissenheit. Śrī Kṛṣṇa erklärt, was diese Erscheinungsweisen sind, wie sie auf den Menschen einwirken, wie man sie transzendieren kann und was die Merkmale eines Menschen sind, der von ihnen nicht mehr beeinflußt wird.

FÜNFZEHNTES KAPITEL
Der Yoga der Höchsten Person 667
Die materielle Welt wird mit einem Banyanbaum verglichen, in den das bedingte Lebewesen endlos verstrickt ist. Das letztliche Ziel des vedischen Wissens besteht darin, sich von der Verstrickung in die materielle Welt zu lösen und Śrī Kṛṣṇa als die Höchste Persönlichkeit Gottes zu erkennen.

SECHZEHNTES KAPITEL
Die göttlichen und die dämonischen Eigenschaften 695
Menschen mit dämonischen Eigenschaften, die ein launenhaftes

Leben führen, ohne den Anweisungen der Schriften zu folgen, sinken in niedere Lebensformen ab und bleiben so an das materielle Dasein gebunden. Menschen mit göttlichen Eigenschaften hingegen, die ein reguliertes Leben führen und sich an die Autorität der Schriften halten, erreichen die spirituelle Vollkommenheit.

SIEBZEHNTES KAPITEL

Die verschiedenen Arten des Glaubens 723

Entsprechend den drei Erscheinungsweisen der materiellen Natur gibt es auch drei Arten des Glaubens, der Verehrung, der Nahrung, des Opfers, der Enthaltung und Buße und der Wohltätigkeit. Wenn diese Tätigkeiten für den Höchsten (*oṁ tat sat*) ausgeführt werden, werden sie zu spirituellen Tätigkeiten.

ACHTZEHNTES KAPITEL

Schlußfolgerung – die Vollkommenheit der Entsagung 749

Kṛṣṇa erklärt die Bedeutung von Entsagung sowie die Auswirkung der Erscheinungsweisen der Natur auf das Bewußtsein und die Handlungsweise des Menschen. Er beschreibt die Pflichten der Menschen sowie die *brahma-bhūta*-Stufe der Selbstverwirklichung und die letztliche Schlußfolgerung der *Gītā:* Der höchste Pfad der Religion ist uneingeschränkte liebende Hingabe zu Śrī Kṛṣṇa. Solche Hingabe befreit den Menschen von allen Sünden, erhebt ihn zu vollständiger Erleuchtung und ermöglicht es ihm, in Kṛṣṇas ewiges Reich zurückzukehren.

Anhang

Der Autor 817

Quellennachweis 819

Glossar 822

Anleitung zur Aussprache des Sanskrit 830

Verzeichnis der Sanskritverse 833

Stichwortverzeichnis 841

Geschichtlicher Hintergrund der Bhagavad-gītā

Die *Bhagavad-gītā*, der „Gesang Gottes (Bhagavāns)", beinhaltet die Unterweisungen Kṛṣṇas an Seinen Freund und Geweihten Arjuna, und sie wird in Indien schon seit Jahrtausenden von allen philosophischen Schulen als Buch höchster Weisheit und Wahrheit verehrt. Literarisch gesehen, ist die *Bhagavad-gītā* ein Teil des berühmten Sanskritepos *Mahābhārata*, das von Ereignissen der Weltgeschichte bis hin zum gegenwärtigen Zeitalter des Kali berichtet. Als dieses Zeitalter begann – vor rund 5 000 Jahren –, kam es zur großen Schlacht von Kurukṣetra, und unmittelbar vor Beginn dieser Schlacht verkündete Kṛṣṇa die *Bhagavad-gītā*, was den Höhepunkt des *Mahābhārata* darstellt.

Die Schlacht von Kurukṣetra war ein Familienkrieg innerhalb der glorreichen Kuru-Dynastie, deren berühmte Vorfahren, wie König Bharata, König Kuru und König Śāntanu, ebenfalls im *Mahābhārata* beschrieben werden. Śāntanus Sohn, Vicitravīrya, hatte drei Söhne: Dhṛtarāṣṭra, Pāṇḍu und Vidura. Dhṛtarāṣṭra, der älteste der drei Brüder, war von Geburt an blind, und deshalb ging der Thron an Pāṇḍu über. König Pāṇḍu hatte fünf Söhne namens Yudhiṣṭhira, Bhīma, Arjuna, Nakula und Sahadeva, und Dhṛtarāṣṭra hatte hundert Söhne, von denen der älteste Duryodhana hieß. Dies sind, neben Kṛṣṇa, die wichtigsten Namen des *Mahābhārata*, und sie werden auch in der *Bhagavad-gītā*, vor allem im Ersten Kapitel, erwähnt.

Als König Pāṇḍu jedoch frühzeitig starb, kamen seine fünf Kinder unter die Obhut ihres Onkels Dhṛtarāṣṭra, der seinerseits den Königsthron bestieg, weil Pāṇḍus Kinder noch nicht alt genug waren, um das Erbe ihres Vaters anzutreten. So wuchsen die Söhne Dhṛtarāṣṭras und Pāṇḍus in der gleichen königlichen Umgebung auf. Gemeinsam erlernten sie vom erfahrenen Droṇa die Kriegskunst und empfingen die Ratschläge und Unterweisungen Bhīṣmas, des ehrwürdigen „Großvaters" ihrer Familie.

Doch die Söhne Dhṛtarāṣṭras, allen voran Duryodhana, hegten Haß und Neid gegenüber den Pāṇḍavas, und der blinde, üble Dhṛtarāṣṭra wollte, daß seine eigenen Söhne, und nicht die Söhne Pāṇḍus, das Königreich erbten.

So kam es, daß Duryodhana mit Dhṛtarāṣṭras Zustimmung verschiedenste Schritte unternahm, um die jungen Söhne Pāṇḍus zu töten, und es war nur dem umsichtigen Schutz von seiten ihres Onkels Vidura und ihres Vetters Śrī Kṛṣṇa zu verdanken, daß sie all diesen Mordanschlägen entkamen.

Obwohl Śrī Kṛṣṇa mit den Pāṇḍavas in einem Verwandtschaftsverhältnis stand, war Er, wie wir aus der *Bhagavad-gītā* erfahren, kein gewöhnlicher Mensch, sondern der Höchste Herr Selbst, der auf die Erde herabgestiegen war und nun die Rolle eines Königs spielte. In dieser Rolle war Kṛṣṇa der Neffe von Pāṇḍus Gattin Kuntī, auch Pṛthā genannt, der Mutter der Pāṇḍavas. Als ewiger Beschützer Seiner Geweihten und der Prinzipien der Religion begünstigte Kṛṣṇa die rechtschaffenen Söhne Pāṇḍus und ließ ihnen Seinen Schutz zukommen.

Eine entscheidende Wende trat ein, als der heimtückische Duryodhana die Pāṇḍavas zu einem Würfelspiel herausforderte. Im Verlauf dieses verhängnisvollen Glücksspiels gewannen Duryodhana und seine Brüder den gesamten Besitz der Pāṇḍavas, ja sogar Draupadī, deren keusche und treue Frau. In ihrer Vermessenheit versuchten sie, Draupadī vor den Augen aller versammelten Prinzen und Könige zu entkleiden, wovor Kṛṣṇas göttliche Hand sie jedoch beschützte. Dieses Glücksspiel, das von Anfang an Betrug war, beraubte die Pāṇḍavas ihres Königreiches und zwang sie, für dreizehn Jahre ins Exil zu gehen.

Als die Pāṇḍavas aus der Verbannung zurückkehrten, wandten sie sich auf Kṛṣṇas Anraten hin an Duryodhana, um ihren rechtmäßigen Anspruch auf das Königreich geltend zu machen; doch Duryodhana schlug ihre Forderung prompt ab. Als Angehörige des Königsstandes (*kṣatriyas*) waren die Pāṇḍavas verpflichtet, für den Schutz der Gesellschaft zu sorgen, und so war es notwendig, daß sie über ein Herrschaftsgebiet verfügten. Die fünf Pāṇḍavas waren jedoch bereit, sich auf fünf Dörfer zu beschränken, aber Duryodhana antwortete voller Arroganz, er werde ihnen nicht einmal so viel Land geben, daß sie darauf eine Nadel einstecken könnten. Duryodhana war sich darüber bewusst, daß seine kompromißlose Haltung einen Krieg heraufbeschwor, und so begann er, sich aktiv auf eine solche entscheidende Auseinandersetzung vorzubereiten.

Als sich alle Könige und Herrscher der Welt aufteilten und sich entweder auf die Seite der Söhne Dhṛtarāṣṭras oder die der Söhne Pāṇḍus stellten, übernahm Kṛṣṇa Selbst im Namen der Pāṇḍavas die Rolle eines Abgesandten und begab Sich zu Dhṛtarāṣṭras Königshof, um letzte Friedensbemühungen zu unternehmen. Doch die Vorschläge Kṛṣṇas wurden zurückgewiesen, und so war es nur noch eine Frage der Zeit, bis die Schlacht begann.

Die Pāṇḍavas, die für ihre charakterliche Größe berühmt waren, erkannten in Śrī Kṛṣṇa die Höchste Persönlichkeit Gottes, die sündhaften Söhne Dhṛtarāṣṭras jedoch nicht. Kṛṣṇa Seinerseits ließ es vom Wunsch der beiden gegnerischen Parteien abhängig sein, auf welcher Seite der Schlacht Er teilnehmen würde. Er als Höchste Persönlichkeit Gottes würde nicht persönlich mitkämpfen, und Er stellte es beiden Parteien frei, zu wählen, ob sie Kṛṣṇas Armee oder Ihn Selbst als Berater und Helfer haben wollten. Duryodhana, der machtgierige Stratege, entschied sich sogleich für Kṛṣṇas bewaffnete Streitkräfte, während die Pāṇḍavas gleichermaßen begierig waren, Kṛṣṇa persönlich auf ihrer Seite zu haben.

Kṛṣṇa übernahm die Rolle des Wagenlenkers von Arjuna, und so standen Arjuna, der berühmte Bogenschütze, und Kṛṣṇa als sein Diener auf dem gleichen Streitwagen, mitten zwischen den beiden Heeren, die sich auf dem Schlachtfeld von Kurukṣetra versammelt hatten. Dies bringt uns zum Beginn der *Bhagavad-gītā*, wo der alte Dhṛtarāṣṭra besorgt seinen Sekretär fragt: „Was taten meine Söhne und die Söhne Pāṇḍus?“

Dies ist eine kurze Zusammenfassung der Vorgeschichte, wie sie im *Mahābhārata* erzählt wird. Der Inhalt des *Mahābhārata*, insbesondere die Zeit nach der Schlacht, wird ausführlich im *Śrīmad-Bhāgavatam* beschrieben, das zusammen mit der *Bhagavad-gītā* die Essenz der vedischen Literatur darstellt. Das *Śrīmad-Bhāgavatam* wurde ebenfalls von His Divine Grace A.C. Bhaktivedanta Swami Prabhupāda übersetzt und kommentiert. Dank seiner Arbeit sind die wichtigsten Werke der vedischen Weisheit erstmals in einer ungekürzten, authentischen Übersetzung zugänglich, frei von Widersprüchen und in völliger Übereinstimmung mit der ursprünglichen Bedeutung. Darin besteht auch die Einzigartigkeit der *Bhagavad-gītā wie sie ist*, die heute, nur vierzig Jahre nach ihrem ersten Erscheinen in englischer Sprache, die berühmteste und meistgelesene Ausgabe der *Bhagavad-gītā* ist.

– Die Herausgeber

Vorwort

Ursprünglich verfaßte ich die *Bhagavad-gītā wie sie ist* in der Form, wie sie jetzt vorliegt. Bei der ersten Veröffentlichung dieses Buches wurde das Originalmanuskript leider auf weniger als 400 Seiten gekürzt, wobei die Illustrationen und die meisten Erläuterungen zu den Versen der *Śrīmad Bhagavad-gītā* weggelassen wurden. In all meinen anderen Büchern – *Śrīmad-Bhāgavatam*, *Śrī Īśopaniṣad* usw. – folge ich dem System, zuerst den ursprünglichen Vers wiederzugeben, gefolgt von der lateinischen Transliteration, den Sanskrit-Deutsch-Entsprechungen, der Übersetzung und der Erläuterung. Dadurch wird das Buch authentisch und wissenschaftlich, und die Bedeutung tritt klar zutage. Ich war daher nicht sehr glücklich, als ich mein Originalmanuskript kürzen muß te. Doch später, als die Nachfrage nach der *Bhagavad-gītā wie sie ist* beträchtlich stieg, wurde ich von vielen Gelehrten und Gottgeweihten gebeten, das Buch in seiner ursprünglichen Form zu veröffentlichen. Mit der vorliegenden Ausgabe soll nun das Originalmanuskript dieses bedeutenden Werkes mit vollständiger *paramparā*-Erklärung präsentiert werden, um so die Bewegung für Kṛṣṇa-Bewußtsein nachhaltiger zu etablieren und zu verbreiten.

Unsere Bewegung für Kṛṣṇa-Bewußtsein ist authentisch, historisch autorisiert, natürlich und transzendental, weil sie auf der *Bhagavad-gītā wie sie ist* gründet. Sie wird allmählich zur populärsten Bewegung auf der ganzen Welt, insbesondere unter der jüngeren Generation. Aber auch die ältere Generation zeigt wachsendes Interesse, ja viele Väter und Großväter meiner Schüler beginnen, uns zu fördern und werden „Lifemembers" unserer bedeutenden Gesellschaft, der Internationalen Gesellschaft für Krishna-Bewußtsein. In Los Angeles besuchten mich viele Väter und Mütter und dankten mir für die Gründung der Bewegung für Kṛṣṇa-Bewußtsein, die sich jetzt überall auf der Welt verbreitet. Einige von ihnen sagten, es sei ein großes Glück für die Amerikaner, daß ich die Bewegung für Kṛṣṇa-Bewußtsein in Amerika begann. Der ursprüngliche Vater dieser Bewegung jedoch ist Śrī Kṛṣṇa Selbst, da sie vor langer Zeit von Ihm ausging und durch die Schülernachfolge in die menschliche Gesellschaft herabkam. Wenn ich in diesem Zusammenhang irgendein Verdienst habe, so kommt es nicht mir persönlich zu, sondern gebührt meinem ewigen spirituellen Meister, His Divine Grace Oṁ Viṣṇupāda Paramahaṁsa Parivrājakācarya 108 Śrī Śrīmad Bhaktisiddhānta Sarasvatī Gosvāmī Mahārāja Prabhupāda.

Wenn mir hierbei persönlich irgendein Verdienst zukommen sollte, dann nur, weil ich versucht habe, die *Bhagavad-gītā* so *wie sie ist,* ohne Verfälschung, zu präsentieren. Vor meiner Ausgabe der *Bhagavad-gītā wie sie ist* wurden fast alle englischen Übersetzungen der *Bhagavad-gītā* nur mit dem Ziel veröffentlicht, jemandes persönlichen Ehrgeiz zu befriedigen. Mit der Herausgabe der *Bhagavad-gītā wie sie ist* wollen wir jedoch die Botschaft der Höchsten Persönlichkeit Gottes, Kṛṣṇa, übermitteln. Unsere Aufgabe ist es, den Willen Kṛṣṇas zu verkünden, und nicht den irgendeines weltlichen Spekulanten wie eines Politikers, Philosophen oder Wissenschaftlers, denn diese Menschen besitzen trotz all ihres angesammelten Wissens nur sehr wenig Wissen über Kṛṣṇa. Wenn Kṛṣṇa sagt, *man-manā bhava mad-bhakto mad-yājī māṁ namaskuru* usw., so behaupten wir nicht, wie die sogenannten Gelehrten, daß Kṛṣṇa und Sein inneres spirituelles Wesen voneinander verschieden seien. Kṛṣṇa ist absolut, und es besteht kein Unterschied zwischen Kṛṣṇas Namen, Kṛṣṇas Gestalt, Kṛṣṇas Eigenschaften, Kṛṣṇas Spielen usw. Für einen Menschen, der kein Geweihter Kṛṣṇas ist und nicht dem System der *paramparā* (Schülernachfolge) angehört, ist diese absolute Stellung Kṛṣṇas sehr schwer zu verstehen. Wenn die sogenannten Gelehrten, Politiker, Philosophen und *svāmīs*, die kein vollkommenes Wissen über Kṛṣṇa besitzen, Kommentare zur *Bhagavad-gītā* schreiben, versuchen sie im allgemeinen, Kṛṣṇa zu verdrängen oder Ihn zu töten. Solche unautorisierten Kommentare zur *Bhagavad-gītā* werden *Māyāvāda-bhāṣya* genannt, und Śrī Caitanya hat uns vor diesen unautorisierten Kommentatoren gewarnt. Śrī Caitanya sagt unmißverständlich, daß jeder, der die *Bhagavad-gītā* vom Standpunkt der Māyāvādīs aus zu verstehen versucht, eine große Torheit begeht. Die Folge einer solchen Torheit wird sein, daß der fehlgeleitete Schüler der *Bhagavad-gītā* auf dem Pfad des spirituellen Fortschritts mit Sicherheit in Verwirrung gerät und nicht fähig sein wird, nach Hause, zu Gott, zurückzukehren.

Unsere Präsentation der *Bhagavad-gītā wie sie ist* hat nur einen Zweck, nämlich den bedingten Schüler zu dem gleichen Ziel zu führen, um dessen Verkündigung willen Kṛṣṇa einmal an einem Tag Brahmās, das heißt alle 8 600 000 000 Jahre, auf unseren Planeten herabsteigt. Dieses Ziel wird in der *Bhagavad-gītā* beschrieben, und wir müssen es annehmen, wie es ist; sonst hat es keinen Zweck, die *Bhagavad-gītā* oder ihren Sprecher, Śrī Kṛṣṇa, verstehen zu wollen. Śrī Kṛṣṇa sprach die *Bhagavad-gītā* zum ersten Mal vor vielen Millionen Jahren zum Sonnengott. Wir müssen diese Tatsache anerkennen und so die geschichtliche Bedeutung der *Bhagavad-gītā* aufgrund der Autorität Śrī Kṛṣṇas, ohne falsche Interpretation, verstehen. Es ist das größte Vergehen, die *Bhagavad-gītā* ohne Beziehung zu Kṛṣṇas Willen zu interpretieren. Um sich vor diesem Vergehen zu schützen, muß man den Herrn als die Höchste Persönlichkeit Gottes anerkennen so wie es Arjuna, Śrī Kṛṣṇas erster Schüler, unmittelbar tat. Die *Bhagavad-gītā* auf diese Weise zu verstehen bringt der menschlichen Gesellschaft wahren Nutzen und ist der autorisierte Weg zur Erfüllung der Mission des Lebens.

Die Bewegung für Kṛṣṇa-Bewußtsein ist für die menschliche Gesellschaft von essentieller Bedeutung, denn sie bietet die Möglichkeit, die höchste Vollkommenheit des Lebens zu erreichen. Wie dies möglich ist, wird in der *Bhagavad-gītā* ausführlich erklärt. Unglücklicherweise haben weltliche Besserwisser die *Bhagavad-gītā* dazu mißbraucht, ihre dämonischen Neigungen zu propagieren und die Menschen davon abzuhalten, die einfachen Grundsätze des Lebens richtig zu verstehen. Jeder sollte wissen, wie groß Gott, Kṛṣṇa, ist und worin die wahre Stellung der Lebewesen besteht. Jeder sollte wissen, daß das Lebewesen ewig ein Diener ist und daß man, wenn man nicht Kṛṣṇa dient, gezwungen ist, unter dem Einfluß der drei Erscheinungsweisen der materiellen Natur der Illusion zu dienen und so im Kreislauf von Geburt und Tod zu bleiben. Selbst der spekulierende Māyāvādī, der behauptet, befreit zu sein, ist diesem Vorgang unterworfen. Dieses Wissen stellt eine große Wissenschaft dar, von der jedes Lebewesen in seinem eigenen Interesse hören muß.

Die Masse der Menschen ist, besonders im gegenwärtigen Zeitalter des Kali, von der äußeren Energie Kṛṣṇas betört und glaubt irrtümlich, durch Fortschritt in materieller Bequemlichkeit könne jeder glücklich werden. Die Menschen wissen nicht, daß die äußere Energie, die materielle Natur, sehr stark ist, denn jeder ist durch die unerbittlichen Gesetze der materiellen Natur fest gebunden. Das Lebewesen ist glücklich als Bestandteil des Herrn, und daher ist es seine natürliche Funktion, dem Herrn unmittelbaren Dienst darzubringen. Unter dem Zauber der Illusion versucht man, glücklich zu werden, indem man auf verschiedenste Weise der eigenen Sinnenbefriedigung dient; doch dies wird einen niemals glücklich machen. Statt die eigenen materiellen Sinne zufriedenzustellen, muß man die Sinne des Herrn zufriedenstellen. Das ist die höchste Vollkommenheit des Lebens. Der Herr wünscht dies, und Er fordert es. Diesen Kernpunkt der *Bhagavad-gītā* muß man verstehen. Unsere Bewegung für Kṛṣṇa-Bewußtsein lehrt die gesamte Welt diesen Kernpunkt, und da wir den Inhalt der *Bhagavad-gītā* nicht verfälschen, sollte jeder, dem ernsthaft daran gelegen ist, aus dem Studium der *Bhagavad-gītā* einen Nutzen zu ziehen, die Hilfe der Bewegung für Kṛṣṇa-Bewußtsein in Anspruch nehmen, um unter der direkten Führung des Herrn ein praktisches Verständnis von der *Bhagavad-gītā* zu bekommen. Wir hoffen daher, daß die Menschen aus dem Studium der *Bhagavad-gītā wie sie ist*, wie wir sie hier vorlegen, den größten Nutzen ziehen werden, und selbst wenn nur ein einziger Mensch ein reiner Geweihter des Herrn wird, werden wir unsere Bemühung als erfolgreich betrachten.

A. C. Bhaktivedanta Swami
12. Mai 1971
Sydney, Australien

Einleitung

oṁ ajñāna-timirāndhasya jñānāñjana-śalākayā
cakṣur unmīlitaṁ yena tasmai śrī-gurave namaḥ

śrī-caitanya-mano-'bhīṣṭaṁ sthāpitaṁ yena bhū-tale
svayaṁ rūpaḥ kadā mahyaṁ dadāti sva-padāntikam

Ich wurde in finsterster Unwissenheit geboren, und mein spiritueller Meister öffnete mir die Augen mit der Fackel des Wissens. Ich erweise ihm meine achtungsvollen Ehrerbietungen.

Wann wird Śrīla Rūpa Gosvāmī Prabhupāda, der in der materiellen Welt die Mission gründete, den Wunsch Śrī Caitanyas zu erfüllen, mir unter seinen Lotosfüßen Zuflucht gewähren?

vande 'haṁ śrī-guroḥ śrī-yuta-pada-kamalaṁ śrī-gurūn vaiṣṇavāṁś ca
śrī-rūpaṁ sāgrajātaṁ saha-gaṇa-raghunāthānvitaṁ taṁ sa-jīvam
sādvaitaṁ sāvadhūtaṁ parijana-sahitaṁ kṛṣṇa-caitanya-devaṁ
śrī-rādhā-kṛṣṇa-pādān saha-gaṇa-lalitā-śrī-viśākhānvitāṁś ca

Ich erweise den Lotosfüßen meines spirituellen Meisters sowie den Füßen aller Vaiṣṇavas meine achtungsvollen Ehrerbietungen. Meine achtungsvollen Ehrerbietungen erweise ich auch den Lotosfüßen Śrīla Rūpa Gosvāmīs und seinem älteren Bruder Sanātana Gosvāmī sowie Raghunātha Dāsa und Raghunātha Bhaṭṭa, Gopāla Bhaṭṭa und Śrīla Jīva Gosvāmī. Ich erweise meine achtungsvollen Ehrerbietungen Śrī Kṛṣṇa Caitanya und Śrī Nityānanda sowie Advaita Ācārya, Gadādhara, Śrīvāsa und den anderen Beigesellten. Ich erweise Śrīmatī Rādhārāṇī und Śrī Kṛṣṇa sowie Ihren Gefährtinnen, Śrī Lalitā und Viśākhā, meine achtungsvollen Ehrerbietungen.

he kṛṣṇa karuṇā-sindho dīna-bandho jagat-pate
gopeśa gopikā-kānta rādhā-kānta namo 'stu te

O mein lieber Kṛṣṇa, Du bist der Freund der Notleidenden und die Quelle der Schöpfung. Du bist der Herr der *gopīs* und der Liebhaber Rādhārāṇīs. Ich bringe Dir meine achtungsvollen Ehrerbietungen dar.

tapta-kāñcana-gaurāṅgi rādhe vṛndāvaneśvari
vṛṣabhānu-sute devi praṇamāmi hari-priye

Ich erweise meine Ehrerbietungen Rādhārāṇī, deren Körpertönung geschmolzenem Gold gleicht und die die Königin von Vṛndāvana ist. Du bist die Tochter König Vṛṣabhānus, und Du bist Śrī Kṛṣṇa sehr lieb.

vāñchā-kalpa-tarubhyaś ca kṛpā-sindhubhya eva ca
patitānāṁ pāvanebhyo vaiṣṇavebhyo namo namaḥ

Ich erweise meine achtungsvollen Ehrerbietungen allen Vaiṣṇava-Geweihten des Herrn, die wie Wunschbäume die Wünsche eines jeden erfüllen können und die voller Mitleid mit den gefallenen Seelen sind.

śrī-kṛṣṇa-caitanya prabhu-nityānanda
śrī advaita gadādhara śrīvāsādi-gaura-bhakta-vṛnda

Ich erweise meine achtungsvollen Ehrerbietungen Śrī Kṛṣṇa Caitanya, Prabhu Nityānanda, Śrī Advaita, Gadādhara, Śrīvāsa und allen anderen, die dem Pfad der Hingabe folgen.

hare kṛṣṇa hare kṛṣṇa kṛṣṇa kṛṣṇa hare hare
hare rāma hare rāma rāma rāma hare hare

Die *Bhagavad-gītā* ist auch als *Gītopaniṣad* bekannt. Sie ist die Essenz des vedischen Wissens und eine der wichtigsten *Upaniṣaden* in der vedischen Literatur. Es gibt im Englischen natürlich viele Kommentare zur *Bhagavad-gītā,* und man könnte sich fragen, warum es notwendig sei, einen weiteren Kommentar zu schreiben. Wie es zur vorliegenden Ausgabe gekommen ist, läßt sich wie folgt erklären. Kürzlich bat mich eine Amerikanerin, ihr eine englische Übersetzung der *Bhagavad-gītā* zu empfehlen. Natürlich gibt es in Amerika viele englische Ausgaben der *Bhagavad-gītā,* doch keine, die ich bisher gesehen habe – nicht nur in Amerika, sondern auch in Indien –, kann man strenggenommen als autoritativ bezeichnen, denn in fast jeder Ausgabe hat der Kommentator seine persönlichen Ansichten zum Ausdruck gebracht, ohne dabei dem Geist der *Bhagavad-gītā,* wie sie ist, nahezukommen.

Der wahre Geist der *Bhagavad-gītā* wird aus der *Bhagavad-gītā* selbst deutlich. Es verhält sich dabei genauso wie beim Einnehmen einer bestimmten Medizin: Wir müssen den Anweisungen folgen, die auf dem Etikett stehen. Wir können die Arznei nicht nach unserem Gutdünken oder nach den Ratschlägen eines Freundes einnehmen, sondern müssen uns an die Anweisungen auf dem Etikett oder an die Verordnung des Arztes halten. Ebenso sollte die *Bhagavad-gītā* studiert und angenommen werden, so wie es ihr Sprecher selbst bestimmt. Der Sprecher der *Bhagavad-gītā* ist Śrī Kṛṣṇa. Er wird auf jeder Seite der *Bhagavad-gītā* als Bhagavān, die Höchste Persönlichkeit Gottes, bezeichnet. Natürlich bezieht sich das Wort *bhagavān* manchmal auch auf eine mächtige Person oder einen mächtigen Halbgott, und zweifelsohne bezeichnet es hier Śrī Kṛṣṇa als eine große Persönlichkeit, doch wir sollten zugleich auch wissen, daß Śrī Kṛṣṇa die Höchste Persönlichkeit Gottes ist, was alle großen *ācāryas* (spirituelle Meister) wie Śaṅkarācārya, Rāmānujācārya, Madhvācārya, Nimbārka Svāmī, Śrī Caitanya Mahāprabhu und viele andere Autoritäten des vedischen Wissens in Indien bestätigen. Auch der Herr Selbst bezeichnet Sich in der *Bhagavad-gītā* als die Höchste Persönlichkeit Gottes und wird als solche in der *Brahma-saṁhitā* und in allen *Purāṇas* anerkannt, besonders im *Śrīmad-Bhāgavatam,* das auch *Bhāgavata Purāṇa* genannt wird (*kṛṣṇas tu bhagavān svayam*). Daher sollten wir die *Bhagavad-gītā* so annehmen, wie es die Persönlichkeit Gottes Selbst vorschreibt.

Im Vierten Kapitel der *Bhagavad-gītā* (4.1–3) sagt der Herr:

imaṁ vivasvate yogaṁ proktavān aham avyayam
vivasvān manave prāha manur ikṣvākave 'bravīt

evaṁ paramparā-prāptam imaṁ rājarṣayo viduḥ
sa kāleneha mahatā yogo naṣṭaḥ paran-tapa

sa evāyaṁ mayā te 'dya yogaḥ proktaḥ purātanaḥ
bhakto 'si me sakhā ceti rahasyaṁ hy etad uttamam

Der Herr teilt hier Arjuna mit, daß dieses System des *yoga,* die *Bhagavad-gītā,* zuerst zum Sonnengott gesprochen wurde und daß der Sonnengott es Manu erklärte, der es seinerseits an Ikṣvāku weitergab. So wurde dieses *yoga*-System auf dem Weg der Schülernachfolge von einem Sprecher zum anderen überliefert. Aber im Laufe der Zeit war es verlorengegangen, und so mußte es erneut verkündet werden. Diesmal offenbarte es der Herr Arjuna auf dem Schlachtfeld von Kurukṣetra.

Kṛṣṇa sagt zu Arjuna, daß Er ihm dieses höchste Geheimnis offenbare, weil er, Arjuna, Sein Geweihter und Sein Freund sei. Diesen Worten kann man entnehmen, daß die *Bhagavad-gītā* eine Abhandlung ist, die vor allem für den Geweihten des Herrn bestimmt ist. Es gibt drei Arten von Transzendentalisten: den *jñānī,* den *yogī* und den *bhakta,* das heißt den Unpersönlichkeitsphilosophen, den Meditierenden und den Gottgeweihten. Der Herr erklärt hier Arjuna, daß er ihn zum ersten Empfänger einer neuen *paramparā* (Schülernachfolge) mache, weil die alte Nachfolge unterbrochen war. Es war deshalb der Wunsch des Herrn, eine weitere *paramparā* genau im Sinne derjenigen zu gründen, die vom Sonnengott herabgekommen war, und Er wollte, daß Arjuna diese Lehren erneut weiterreichte und so die Autorität im Verstehen der *Bhagavad-gītā* wurde. Es wird also deutlich, daß die *Bhagavad-gītā* Arjuna vor allem deshalb verkündet wurde, weil er ein Geweihter des Herrn war, ein unmittelbarer Schüler Kṛṣṇas und dessen vertrauter Freund. Daher wird die *Bhagavad-gītā* von demjenigen am besten verstanden, der ähnliche Eigenschaften wie Arjuna hat, das heißt, er muß ein Gottgeweihter sein und in einer direkten Beziehung zum Herrn stehen. Sobald man ein Geweihter des Herrn wird, hat man auch eine direkte Beziehung zum Herrn. Dies ist ein sehr umfangreiches Thema, doch zusammenfassend kann man sagen, daß es fünf Arten von Beziehungen gibt, die ein Gottgeweihter zur Höchsten Persönlichkeit Gottes haben kann.

1. Der Gottgeweihte kann eine passive Beziehung haben.
2. Er kann eine aktive Beziehung haben.
3. Er kann eine Beziehung als Freund haben.
4. Er kann eine elterliche Beziehung haben.
5. Er kann eine Beziehung als eheliche Geliebte haben.

Arjuna hatte zum Herrn eine Beziehung als Freund. Natürlich besteht zwischen dieser Art von Freundschaft und der Freundschaft, wie wir sie in der materiellen Welt finden, ein gewaltiger Unterschied. Hier handelt es sich um eine transzendentale Freundschaft, die nicht jeder haben kann. Selbstverständlich hat jeder eine bestimmte Beziehung zum Herrn, und diese Beziehung wird wiedererweckt, wenn man im hingebungsvollen Dienst die Vollkommenheit erreicht. Doch im gegenwärtigen Zustand unseres Lebens haben wir nicht nur den Höchsten Herrn, sondern auch unsere ewige Beziehung zu Ihm vergessen. Jedes einzelne der Millionen und Abermillionen von Lebewesen hat ewiglich eine bestimmte Beziehung zum Herrn, die man als *svarūpa* bezeichnet. Durch den Vorgang des hingebungsvollen Dienstes kann man diese *svarūpa* wiederbeleben, und diese Stufe wird *svarūpa-siddhi,* die Vollkommenheit der wesensgemäßen Stellung, genannt. Arjuna war also ein Gottgeweihter, der mit dem Höchsten Herrn durch Freundschaft verbunden war.

Man sollte beachten, auf welche Weise Arjuna die *Bhagavad-gītā* annahm. Wie er dies tat, wird im zehnten Kapitel (10.12–14) beschrieben:

arjuna uvāca
paraṁ brahma paraṁ dhāma pavitraṁ paramaṁ bhavān
puruṣaṁ śāśvataṁ divyam ādi-devam ajaṁ vibhum

āhus tvām ṛṣayaḥ sarve devarṣir nāradas tathā
asito devalo vyāsaḥ svayaṁ caiva bravīṣi me

sarvam etad ṛtaṁ manye yan māṁ vadasi keśava
na hi te bhagavan vyaktiṁ vidur deva na dānavāḥ

Arjuna sprach: „Du bist die Höchste Persönlichkeit Gottes, das höchste Reich, der höchste Reine, die Absolute Wahrheit. Du bist die ewige, transzendentale, ursprüngliche Person, der Ungeborene und der Größte. Alle großen Weisen wie Nārada, Asita, Devala und Vyāsa bestätigen diese Wahrheit über Dich, und nun erklärst Du es mir Selbst. O Kṛṣṇa, alles, was Du mir gesagt hast, akzeptiere ich vollständig als Wahrheit. O Herr, weder die Halbgötter noch die Dämonen sind fähig, Deine Persönlichkeit zu verstehen."

Nachdem Arjuna die *Bhagavad-gītā* von der Höchsten Persönlichkeit Gottes vernommen hatte, erkannte er Kṛṣṇa als *paraṁ brahma,* das Höchste Brahman, an. Jedes Lebewesen ist Brahman, doch das höchste Lebewesen, die Höchste Persönlichkeit Gottes, ist das Höchste Brahman. *Paraṁ dhāma* bedeutet, daß Er der höchste Ruheort allen Seins ist; *pavitram* bedeutet, daß Er rein ist, frei von jeglicher Spur materieller Verunreinigung; *puruṣam,* daß Er der höchste Genießer ist; *śāśvatam,* daß Er urerst, und *divyam,* daß Er transzendental ist; *ādi-devam,* daß Er die Höchste Persönlichkeit Gottes, *ajam,* der Ungeborene, und *vibhum,* der Größte, ist.

Da Kṛṣṇa Arjunas Freund war, könnte man denken, daß Arjuna dies alles sagte, nur um Ihm zu schmeicheln, doch um die Leser der *Bhagavad-gītā* von Zweifeln solcher Art zu befreien, erhärtet Arjuna seine Feststellung im nächsten Vers, in welchem er sagt, daß Kṛṣṇa nicht nur von ihm selbst als die Höchste Persönlichkeit Gottes anerkannt werde, sondern auch von Autoritäten wie Nārada, Asita, Devala und Vyāsadeva. Dies sind große Persönlichkeiten, die das vedische Wissen verbreiten, so wie es von allen *ācāryas* anerkannt wird. Deshalb sagt Arjuna zu Kṛṣṇa, daß er alles, was Kṛṣṇa sage, als absolut vollkommen anerkenne. *Sarvam etad ṛtaṁ manye:* „Alles, was Du sagst, akzeptiere ich als Wahrheit." Arjuna sagt auch, daß das Wesen des Herrn sehr schwer zu verstehen sei und daß selbst die großen Halbgötter nicht fähig seien, Ihn zu kennen. Dies bedeutet, daß der Herr nicht einmal von Persönlichkeiten erkannt werden kann, die auf einer höheren Ebene stehen als die Menschen. Wie kann also ein Mensch Śrī Kṛṣṇa verstehen, ohne Sein Geweihter zu werden?

Man sollte sich der *Bhagavad-gītā* daher in einer Haltung der Hingabe nähern. Man darf nicht glauben, man sei Kṛṣṇa ebenbürtig oder Kṛṣṇa sei ein gewöhnlicher Mensch, ja man sollte Ihn nicht einmal nur für eine große Persönlichkeit halten, denn Śrī Kṛṣṇa ist die Höchste Persönlichkeit Gottes. Gemäß den Aussagen der *Bhagavad-gītā* und den Worten Arjunas, desjenigen, der die *Bhagavad-gītā* zu verstehen versucht, sollten wir also zumindest theoretisch akzeptieren, daß Śrī Kṛṣṇa die Höchste Persönlichkeit Gottes ist. Mit einer solchen hingebungsvollen Haltung wird es uns möglich sein, die *Bhagavad-gītā* zu verstehen. Solange man die *Bhagavad-gītā* nicht in einer hingebungsvollen Haltung liest, ist es sehr schwierig, sie zu verstehen, denn die *Bhagavad-gītā* ist ein großes Geheimnis.

Was ist die *Bhagavad-gītā* nun eigentlich? Das Ziel der *Bhagavad-gītā* besteht darin, die Menschheit aus der Unwissenheit des materiellen Daseins zu befreien. Jeder Mensch hat mit so vielen Schwierigkeiten zu kämpfen, ebenso wie Arjuna, der sich in der schwierigen Lage befand, in der Schlacht von Kurukṣetra kämpfen zu müssen. Arjuna ergab sich Śrī Kṛṣṇa, und in der Folge wurde die *Bhagavad-gītā* gesprochen. Nicht nur Arjuna, sondern jeder von uns ist aufgrund der materiellen Existenz voller Ängste. Unsere ganze jetzige Existenz steht unter dem Zeichen der Nichtexistenz; doch eigentlich sind wir nicht dafür bestimmt, von Nichtexistenz bedroht zu sein. Unsere wahre Existenz ist ewig, doch auf irgendeine Weise sind wir in *asat* geraten. *Asat* bezieht sich auf das, was nicht existiert.

Unter den zahllosen Menschen, die leiden, gibt es einige, die tatsächlich beginnen, ihre Existenz zu hinterfragen, um zu erfahren, was sie sind, warum sie in diesen leidvollen Zustand versetzt wurden, und so fort. Solange man nicht aufwacht und sich fragt, warum man leidet, das heißt, solange man nicht erkennt, daß man eigentlich nicht leiden will, sondern vielmehr nach einer Lösung für all dieses Leiden suchen muß, kann man nicht als vollkommener Mensch gelten. Menschsein beginnt, wenn Fragen dieser Art im Geist erwachen. Im *Brahma-sūtra* wird dieses Fragestellen als *brahma-jijñāsā* bezeichnet. *Athāto brahma-jijñāsā.* Was auch immer ein Mensch tut, muß als Fehlschlag betrachtet werden, wenn er nicht nach der Natur des Absoluten fragt. Diejenigen, die zu fragen beginnen, warum sie leiden, woher sie gekommen sind und wohin sie nach dem Tod gehen werden, sind deshalb Schüler, die geeignet sind, die *Bhagavad-gītā* zu verstehen. Der ernsthafte Schüler sollte auch unerschütterliche Ehrfurcht vor der Höchsten Persönlichkeit Gottes haben. Ein solcher Schüler war Arjuna.

Śrī Kṛṣṇa erscheint insbesondere deshalb, um den wahren Sinn des Lebens deutlich zu machen, wenn die Menschen diesen Sinn vergessen haben. Doch selbst unter den vielen Menschen, die dann erwachen, gibt es vielleicht nur einen, der tatsächlich zu verstehen beginnt, in welcher Lage er sich befindet, und für ihn wurde die *Bhagavad-gītā* gesprochen. Zweifellos hat die Tigerin der Unwissenheit uns alle verschlungen, doch der Herr ist den Lebewesen, besonders den Menschen, sehr barmherzig gesinnt, und deshalb sprach Er die *Bhagavad-gītā* und machte Seinen Freund Arjuna zu Seinem Schüler.

Als Gefährte Śrī Kṛṣṇas befand sich Arjuna jenseits aller Unwissenheit. Doch auf dem Schlachtfeld von Kurukṣetra wurde Arjuna in Unwissenheit versetzt, nur um Śrī Kṛṣṇa Fragen über die Probleme des Lebens stellen zu können, so daß der Herr sie zum Wohl zukünftiger Generationen erklären und so den Plan des Lebens darlegen konnte. So hat der Mensch die Möglichkeit, dementsprechend zu handeln und die Mission des menschlichen Lebens zu vervollkommnen.

Das Thema der *Bhagavad-gītā* bringt die Erklärung fünf grundlegender Wahrheiten mit sich. Zunächst wird die Wissenschaft von Gott und dann die wesensgemäße Stellung der Lebewesen, der *jīvas,* erklärt. Es gibt den *īśvara,* den Herrscher, und die *jīvas,* die Lebewesen, die beherrscht werden. Wenn ein Lebewesen behauptet, es werde nicht beherrscht, sondern sei frei, ist es verrückt. Das Lebewesen wird in jeder Hinsicht beherrscht, zumindest in seinem bedingten Leben. Die *Bhagavad-gītā* behandelt also hauptsächlich den *īśvara,* den Höchsten Herrscher, und die *jīvas,* die beherrschten Lebewesen. *Prakṛti* (die materielle Natur), Zeit (die Dauer der Existenz des gesamten Universums oder der Manifestation der materiellen Natur) und *karma* (Tätigkeit) werden ebenfalls erörtert. Die kosmische Manifestation ist voll von verschiedensten Tätigkeiten, denn alle Lebewesen sind aktiv. Von der

Bhagavad-gītā müssen wir lernen, was Gott ist, was die Lebewesen sind, was *prakṛti* ist, was die kosmische Manifestation ist und wie sie durch die Zeit beherrscht wird und welcher Art die Tätigkeiten der Lebewesen sind.

Aus diesen fünf Hauptthemen der *Bhagavad-gītā* wird ersichtlich, daß der Höchste Gott, Kṛṣṇa oder Brahman oder der Höchste Herrscher oder Paramātmā – wie immer man Ihn auch nennen mag –, alle anderen an Größe übertrifft. Doch der Eigenschaft nach sind die Lebewesen dem Höchsten Herrscher gleich. Zum Beispiel hat der Herr die Funktionen der materiellen Natur im Universum unter Seiner Kontrolle, wie in den späteren Kapiteln der *Bhagavad-gītā* erklärt wird. Die materielle Natur ist nicht unabhängig. Sie handelt gemäß den Anweisungen des Höchsten Herrn. Deshalb sagt der Herr: *mayādhyakṣeṇa prakṛtiḥ sūyate sa-carācaram:* „Die materielle Natur ist unter Meiner Führung tätig." Wenn wir sehen, daß in der kosmischen Natur wunderbare Dinge geschehen, sollten wir wissen, daß hinter dieser wunderbaren Manifestation ein Lenker steht. Nichts kann geschehen, ohne gelenkt zu werden. Es ist kindisch, den Lenker nicht in Betracht zu ziehen. Ein Kind zum Beispiel mag denken, ein Auto sei etwas Wunderbares, weil es fahren kann, ohne von einem Pferd oder einem anderen Tier gezogen zu werden. Doch ein vernünftiger, erwachsener Mensch weiß, wie das Auto angetrieben wird und daß sich hinter dieser Maschinerie immer ein Mensch, ein Fahrer, befindet. In ähnlicher Weise ist der Höchste Herr der Lenker, unter dessen Führung alles geschieht. Wie wir in den folgenden Kapiteln sehen werden, bezeichnet der Herr die *jīvas* oder Lebewesen als Seine Bestandteile. So wie ein Körnchen Gold ebenfalls Gold ist und ein Tropfen Wasser aus dem Ozean ebenfalls salzig ist, so haben auch wir, die Lebewesen, als Bestandteile des Höchsten Kontrollierenden, *īśvaras,* oder Bhagavāns, Śrī Kṛṣṇas, all Seine Eigenschaften in winzigem Ausmaß, da wir winzige, untergeordnete *īśvaras* sind. Wir versuchen, die Natur zu beherrschen, so wie wir gegenwärtig zum Beispiel versuchen, das Weltall und andere Planeten zu beherrschen. Diese Neigung zu herrschen ist in uns vorhanden, weil sie auch in Kṛṣṇa vorhanden ist. Doch obwohl wir die Neigung haben, uns die materielle Natur untertan zu machen, sollten wir uns darüber bewußt sein, daß wir nicht der höchste Kontrollierende sind. Dies wird in der *Bhagavad-gītā* erklärt.

Weiterhin erklärt die *Bhagavad-gītā* auch, was die materielle Natur ist. Sie wird als niedere *prakṛti* oder niedere Natur beschrieben. Das Lebewesen hingegen wird als höhere *prakṛti* bezeichnet. *Prakṛti,* ob von höherer oder von niederer Natur, wird immer beherrscht. *Prakṛti* ist weiblich, und sie wird vom Herrn beaufsichtigt, ebenso wie das Tun der

Frau vom Ehemann beaufsichtigt wird. *Prakṛti* ist immer untergeordnet. Der Herr ist der Herrscher, und *prakṛti* ist die Beherrschte. Die Lebewesen und die materielle Natur werden also beide vom Höchsten Herrn beherrscht und gelenkt. Laut der *Gītā* müssen die Lebewesen, obgleich sie Bestandteile des Höchsten Herrn sind, ebenfalls als *prakṛti* betrachtet werden. Darauf wird im Siebten Kapitel der *Bhagavad-gītā* unmißverständlich hingewiesen. *Apareyam itas tv anyāṁ prakṛtiṁ viddhi me parām/ jīva-bhūtām:* „Die materielle Natur ist Meine niedere *prakṛti,* doch jenseits davon gibt es noch eine andere *prakṛti – jīva-bhūtām,* das Lebewesen."

Die materielle Natur setzt sich aus drei Eigenschaften zusammen: die Erscheinungsweise der Tugend, die Erscheinungsweise der Leidenschaft und die Erscheinungsweise der Unwissenheit. Über diesen Erscheinungsweisen steht die ewige Zeit, und durch eine Verbindung dieser Erscheinungsweisen der Natur – unter der Lenkung und Aufsicht der ewigen Zeit – finden Tätigkeiten statt, die man als *karma* bezeichnet. Diese Tätigkeiten werden schon seit unvordenklicher Zeit ausgeführt, und wir erleiden oder genießen die Früchte unseres Tuns. Wenn ich zum Beispiel als Geschäftsmann mit Intelligenz hart arbeite und mir auf meinem Konto viel Geld anhäufe, bin ich der Genießer der Früchte. Wenn ich dagegen bei meinen Geschäften alles Geld verliere, bin ich der Leidtragende. In ähnlicher Weise genießen oder erleiden wir in jedem Bereich des Lebens die Ergebnisse unserer Tätigkeiten. Dies nennt man *karma.*

Īśvara (der Höchste Herr), *jīva* (das Lebewesen), *prakṛti* (die materielle Natur), *kāla* (die ewige Zeit) und *karma* (Tätigkeit) sind die Themen, die in der *Bhagavad-gītā* erklärt werden. Von diesen fünf sind der Herr, die Lebewesen, die materielle Natur und die Zeit ewig. Die Manifestation der *prakṛti* mag zeitweilig sein, doch sie ist nicht falsch. Einige Philosophen behaupten, die Manifestation der materiellen Natur sei falsch, doch nach der Philosophie der *Bhagavad-gītā,* der Philosophie der Vaiṣṇavas, ist dies nicht der Fall. Die Manifestation der Welt wird nicht als falsch angesehen; sie wird als wirklich, wenn auch zeitweilig anerkannt. Sie wird mit einer Wolke verglichen, die am Himmel vorüberzieht, oder mit dem Eintreten der Regenzeit, die das Getreide nährt. Sobald die Regenzeit vorüber ist und die Wolke verschwindet, vertrocknet das Getreide, das vom Regen genährt wurde. In ähnlicher Weise entsteht auch die materielle Manifestation in gewissen Zeitabständen, besteht für eine Weile und verschwindet dann wieder. Dies sind die verschiedenen Funktionen der *prakṛti.* Ihr Kreislauf jedoch findet ewig statt, und deshalb ist *prakṛti* ewig; sie ist nicht falsch. Der Herr bezeichnet sie als „Meine *prakṛti*". Die materielle Natur ist die abgesonderte Energie des Höchsten Herrn, und auch die Lebewesen sind eine Energie des Höchsten Herrn, doch sie sind nicht von Ihm getrennt – sie sind ewig mit Ihm verbunden. Der Herr, das Lebewesen, die materielle Natur und die Zeit haben also alle eine gegenseitige Beziehung und sind ewig. Der fünfte Punkt jedoch, *karma,* ist nicht ewig. Die Auswirkungen des *karma* können in der Tat sehr alt sein. Wir erleiden oder genießen die Ergebnisse unserer Handlungen seit unvordenklicher Zeit, doch wir können die Ergebnisse unseres *karma,* das heißt unseres Tuns, verändern, und diese Veränderung hängt von der Vollkommenheit unseres Wissens ab. Wir gehen den verschiedensten Tätigkeiten nach, doch zweifelsohne wissen wir nicht, wie wir uns verhalten sollen, um von den Aktionen und Reaktionen auf all unsere Tätigkeiten frei zu werden. Aber auch dies wird in der *Bhagavad-gītā* erklärt.

Die Position des *īśvara,* des Höchsten Herrn, ist die des höchsten Bewußtseins. Da die *jīvas* oder Lebewesen winzige Bestandteile des Höchsten Herrn sind, haben auch sie Bewußtsein. Sowohl das Lebewesen als auch die materielle Natur werden als *prakṛti,* als die Energie des Höchsten Herrn, bezeichnet, aber von diesen beiden hat nur der *jīva* Bewußtsein. Die andere *prakṛti* hingegen hat kein Bewußtsein – das ist der Unterschied. Deshalb bezeichnet man die *jīva-prakṛti* als übergeordnet, denn der *jīva* hat ein Bewußtsein, das dem des Herrn gleicht. Das Bewußtsein des Herrn jedoch ist das höchste, und niemand sollte behaupten, der *jīva,* das Lebewesen, besitze ebenfalls höchstes Bewußtsein. Das Lebewesen kann auf keiner Stufe seiner Vollkommenheit höchstes Bewußtsein besitzen, und die Theorie, die dies behauptet, ist eine irreführende Theorie. Das Lebewesen mag zwar Bewußtsein haben, aber nicht vollkommenes oder absolutes Bewußtsein.

Der Unterschied zwischen dem *jīva* und dem *īśvara* wird im dreizehnten Kapitel der *Bhagavad-gītā* erklärt. Sowohl der Herr als auch das Lebewesen sind *kṣetra-jña,* im Besitz von Bewußtsein; doch das Lebewesen ist sich nur seines jeweiligen Körpers bewußt, wohingegen Sich der Herr aller Körper bewußt ist. Weil Er Sich im Herzen aller Lebewesen befindet, ist Er Sich über die psychischen Vorgänge eines jeden *jīva* bewußt. Dies sollten wir nie vergessen. Es wird auch erklärt, daß der Paramātmā, die Höchste Persönlichkeit Gottes, im Herzen eines jeden als *īśvara* oder Lenker weilt und das Lebewesen anleitet, seinen Wünschen gemäß zu handeln, denn das Lebewesen vergißt, was es tun wollte. Zunächst entschließt es sich, auf eine bestimmte Art und Weise zu handeln, worauf es in die Aktionen und Reaktionen seines eigenen *karma* verstrickt wird. Dann gibt es seinen gegenwärtigen Körper auf und geht in eine andere Art von Körper ein, ähnlich wie man Kleider ablegt und neue anzieht. Während die Seele so wandert, erleidet sie die Aktionen und Reaktionen ihrer vergangenen Handlungen. Diese Handlungen können geändert werden, wenn sich das Lebewesen in der Erscheinungsweise der Tugend befindet, das heißt, wenn es Vernunft besitzt und versteht, auf welche Weise es tätig sein sollte. Wenn es tatsächlich beginnt, sich dementsprechend zu verhalten, können alle Aktionen und Reaktionen auf seine vergangenen Handlungen umgewandelt werden. *Karma* ist also nicht ewig. Deswegen wurde vorher gesagt, daß von den fünf Punkten (*īśvara, jīva, prakṛti,* Zeit und *karma*) die ersten vier ewig sind, wohingegen *karma* nicht ewig ist.

Der höchste bewußte *īśvara* gleicht dem Lebewesen insofern, als Sein eigenes Bewußtsein wie auch das Bewußtsein des Lebewesens transzendental sind. Bewußtsein wird nicht durch eine Verbindung materieller Elemente erzeugt – diese Vorstellung ist falsch. Die Theorie, daß sich Bewußtsein unter bestimmten Umständen aus materiellen Verbindungen entwickelt, wird in der *Bhagavad-gītā* nicht anerkannt. Bewußtsein kann durch die Bedeckung materieller Umstände verzerrt widergespiegelt werden, ebenso wie Licht, das durch farbiges Glas fällt, die Farbe des Glases zu haben scheint. Das Bewußtsein des Herrn jedoch wird nicht von Materie beeinflußt. Śrī Kṛṣṇa sagt: *mayādhyakṣeṇa prakṛtiḥ.* Wenn der Herr in das materielle Universum hinabsteigt, wird Sein Bewußtsein nicht von Materie beeinflußt. Würde Er beeinflußt werden, so wäre Er unfähig, über transzendentale Themen zu sprechen, wie Er es in der *Bhagavad-gītā* tut. Man kann nichts über die transzendentale Welt aussagen, ohne von materiell verunreinigtem Bewußtsein frei zu sein. Der Herr unterliegt also nicht materieller Verunreinigung. Unser Bewußtsein hingegen ist gegenwärtig materiell verunreinigt, und die *Bhagavad-gītā* lehrt uns, daß wir dieses materiell beeinflußte Bewußtsein läutern müssen. Wenn unser Bewußtsein rein ist, werden unsere Handlungen mit dem Willen des *īśvara* in Einklang stehen, und das wird uns glücklich machen. Niemand sagt, daß wir alle Tätigkeiten stoppen müssen. Nein, vielmehr müssen all unsere Tätigkeiten geläutert werden, und solche geläuterten Tätigkeiten nennt man *bhakti.* Obwohl Tätigkeiten in *bhakti* wie gewöhnliche Tätigkeiten erscheinen, sind sie frei von Verunreinigung. Einem unwissenden Betrachter mag es so vorkommen, als handle und arbeite ein Gottgeweihter wie ein gewöhnlicher Mensch; doch eine solche Person, die nur über geringes Wissen verfügt, weiß nicht, daß sich die Tätigkeiten des Gottgeweihten wie auch die des Herrn jenseits der drei Erscheinungsweisen der materiellen Natur befinden und nicht von unreinem Bewußtsein oder Materie beeinflußt werden. Wir sollten jedoch wissen, daß unser Bewußtsein im gegenwärtigen Zustand verunreinigt ist.

Wenn wir materiell verunreinigt sind, werden wir als bedingte Lebewesen bezeichnet. Falsches Bewußtsein äußert sich dadurch, daß man glaubt, ein Produkt der materiellen Natur zu sein. Dies nennt man falsches Ego. Wer in die körperliche Lebensauffassung versunken ist, kann seine Situation nicht verstehen. Die *Bhagavad-gītā* wurde gesprochen, um die Menschen von der körperlichen Lebensauffassung zu befreien, und so übernahm Arjuna die Rolle einer bedingten Seele, um diese Unterweisungen vom Herrn empfangen zu können. Von der körperlichen Lebensauffassung frei zu werden ist die vorrangigste Aufgabe für einen Transzendentalisten. Jemand, der frei werden möchte, das heißt jemand, der nach Erlösung strebt, muß als erstes lernen, daß er selbst nicht mit dem materiellen Körper identisch ist. *Mukti* oder Befreiung bedeutet Freiheit von materiellem Bewußtsein. Auch im *Śrīmad-Bhāgavatam* wird die Definition von Befreiung gegeben: *muktir hitvānyathā-rūpaṁ svarūpeṇa vyavasthitiḥ. Mukti* bedeutet, vom verunreinigten Bewußtsein der materiellen Welt befreit zu werden und sich in reinem Bewußtsein zu verankern. Alle Unterweisungen der *Bhagavad-gītā* zielen darauf ab, dieses reine Bewußtsein zu erwecken, und daher fragt Kṛṣṇa am Ende Seiner Unterweisungen in der *Gītā,* ob Arjunas Bewußtsein nun geläutert sei. Geläutertes Bewußtsein bedeutet, in Übereinstimmung mit den Anweisungen des Höchsten Herrn zu handeln. Dieser Kernpunkt macht geläutertes Bewußtsein aus. Da wir Bestandteile des Herrn sind, haben auch wir Bewußtsein, doch wir neigen dazu, von den niederen Erscheinungsweisen beeinflußt zu werden. Der Herr jedoch wird, weil Er der Höchste ist, niemals beeinflußt. Das ist der Unterschied zwischen dem Höchsten Herrn und den kleinen individuellen Seelen.

Was versteht man nun unter Bewußtsein? Bewußtsein bedeutet, daß man denkt: „Ich bin." Aber was bin ich? Im unreinen Bewußtsein bedeutet „Ich bin": „Ich bin der Herr über alles, was ich sehe; ich bin der Genießer." Die Welt dreht sich, weil jedes Lebewesen denkt, es sei Herr und Schöpfer der materiellen Welt. Materielles Bewußtsein basiert auf zwei Vorstellungen: „Ich bin der Schöpfer" und „Ich bin der Genießer." In Wirklichkeit aber ist der Höchste Herr sowohl der Schöpfer als auch der Genießer, und als winziger Teil des Höchsten Herrn ist das Lebewesen weder Schöpfer noch Genießer, sondern wird geschaffen und genossen, und es ist ihm bestimmt, mit dem Herrn zusammenzuarbeiten. Zum Beispiel arbeitet ein Maschinenteil mit der ganzen Maschine zusammen und ein Körperteil mit dem gesamten Körper. Die Hände, Beine, Augen usw. sind alles Teile des Körpers, doch sie sind nicht wirklich die Genießer – der Genießer ist der Magen. Die Beine bewegen sich, die Hände beschaffen Nahrung, die Zähne kauen, und so sind alle Teile des Körpers damit beschäftigt, den Magen zufriedenzustellen, weil der Magen das Zentrum ist, von dem aus der gesamte Körper ernährt wird. Deswegen wird alle Nahrung dem Magen gegeben, ebenso wie beim Bewässern eines Baumes alles Wasser der Wurzel zugeführt wird. Wenn die Teile des Körpers gesund bleiben wollen, dann müssen sie alle mit dem Magen zusammenarbeiten, denn den Magen zu füllen bedeutet, daß der ganze Körper ernährt wird. Ebenso ist der Höchste Herr der Genießer und Schöpfer, und wir, die untergeordneten Lebewesen, sind dafür bestimmt, mit Ihm zu Seiner Zufriedenstellung zusammenzuarbeiten. Diese Zusammenarbeit wird uns wahren Nutzen bringen, genauso wie die Speise, die dem Magen gegeben wird, allen anderen Teilen des Körpers nützt. Wenn die Finger denken, sie sollten die Nahrung für sich selbst behalten, statt sie dem Magen zu geben, so werden sie keinen Erfolg haben. Der Mittelpunkt der Schöpfung und des Genusses ist der Höchste Herr, und die Lebewesen müssen einfach mit Ihm zusammenarbeiten. Dann genießen auch sie. Ihre Beziehung ist wie die des Dieners zum Meister. Wenn der Meister völlig zufrieden ist, ist auch der Diener zufrieden. In ähnlicher Weise sollten die Lebewesen den Höchsten Herrn zufriedenstellen – trotz ihrer Neigung, Schöpfer und Genießer der materiellen Welt zu werden, einer Neigung, die in den Lebewesen existiert, weil sie auch im Höchsten Herrn, der die manifestierte kosmische Welt erschaffen hat, existiert.

So lehrt uns die *Bhagavad-gītā,* daß sich das vollständige Ganze aus dem Höchsten Herrscher, den beherrschten Lebewesen, der kosmischen Manifestation, der ewigen Zeit und *karma,* den Tätigkeiten, zusammensetzt, und sie erklärt jeden einzelnen dieser Punkte. Dies alles zusammengenommen bildet das vollständige Ganze, und das vollständige Ganze wird die Höchste Absolute Wahrheit genannt. Das vollständige Ganze und die vollständige Absolute Wahrheit sind nur andere Bezeichnungen für die vollkommene Persönlichkeit Gottes, Śrī Kṛṣṇa. Alle Manifestationen haben ihren Ursprung in Seinen verschiedenen Energien. Er *ist* das vollständige Ganze.

In der *Gītā* heißt es außerdem, daß auch das unpersönliche Brahman der vollkommenen Höchsten Person untergeordnet ist (*brahmaṇo hi pratiṣṭhāham*). Eine eingehendere Beschreibung des Brahman finden wir im *Brahma-sūtra,* wo es mit den Strahlen der Sonne verglichen wird. Das unpersönliche Brahman ist die leuchtende Ausstrahlung der Höchsten Persönlichkeit Gottes. Die Erkenntnis des unpersönlichen Brahman und auch die Erkenntnis des Paramātmā stellen nur eine unvollständige Erkenntnis des Absoluten Ganzen dar. Das fünfzehnte Kapitel der *Bhagavad-gītā* beschreibt, daß die Höchste Persönlichkeit Gottes, Puruṣottama, über Seinem Teilaspekt, dem Paramātmā, und über dem unpersönlichen Brahman steht. Die Höchste Persönlichkeit Gottes wird als *sac-cid-ānanda-vigraha* bezeichnet. Die *Brahma-saṁhitā* beginnt mit dem folgenden Vers: *īśvaraḥ paramaḥ kṛṣṇaḥ sac-cid-ānanda-vigrahaḥ/ anādir ādir govindaḥ sarva-kāraṇa-kāraṇam.* „Govinda, Kṛṣṇa, ist die Ursache aller Ursachen. Er ist die ursprungslose Ursache, und Er ist die reine Form von Ewigkeit, Wissen und Glückseligkeit." Die unpersönliche Brahman-Erkenntnis ist die Erkenntnis Seines *sat-* oder Ewigkeitsaspektes. Die Paramātmā-Erkenntnis ist die Erkenntnis von *sat* und *cit* (Ewigkeit und Wissen). Doch die Erkenntnis der Persönlichkeit Gottes, Kṛṣṇas, ist die Erkenntnis aller transzendentalen Aspekte: *sat, cit* und *ānanda* (Ewigkeit, Wissen und Glückseligkeit) in vollkommener *vigraha* (Form).

Menschen mit geringer Intelligenz glauben, die Höchste Wahrheit sei unpersönlich, doch sie ist eine transzendentale Person, und alle vedischen Schriften bestätigen dies. *Nityo nityānāṁ cetanaś cetanānām* (*Kaṭha Upaniṣad* 2.2.13). So wie wir alle individuelle Lebewesen mit individueller Persönlichkeit sind, so ist auch die Höchste Absolute Wahrheit letztlich eine Person, und die Erkenntnis der Persönlichkeit Gottes bedeutet die Erkenntnis aller transzendentalen Aspekte Ihrer vollständigen Form. Das vollständige Ganze ist nicht formlos, denn wenn dem so wäre oder wenn es weniger wäre als irgend etwas anderes, dann könnte es nicht das vollständige Ganze sein. Das vollständige Ganze muß alles beinhalten, nicht nur das, was innerhalb unserer Erfahrung liegt, sondern auch alles außerhalb unserer Erfahrung. Sonst könnte es nicht als vollständig bezeichnet werden.

Das vollständige Ganze, die Persönlichkeit Gottes, besitzt unermeßliche Energien (*parāsya śaktir vividhaiva śrūyate*). Wie Kṛṣṇa durch Seine verschiedenen Energien wirkt, wird ebenfalls in der *Bhagavad-gītā* erklärt. Die phänomenale oder materielle Welt, in der wir uns befinden, ist ebenfalls in sich selbst vollkommen. Die vierundzwanzig Elemente, aus denen sich, der *sāṅkya*-Philosophie zufolge, die zeitweilige Manifestation des materiellen Universums zusammensetzt, sind auf solch vollkommene Weise angeordnet, daß sie alles, was zur Erhaltung und Versorgung des Universums notwendig ist, vollständig zur Verfügung stellen. Nichts fehlt, und nichts ist überflüssig. Die universale Manifestation besteht für eine gewisse Zeit, die durch die Energie des vollkommenen Ganzen festgesetzt ist, und wenn diese Zeit abgelaufen ist, werden diese zeitweiligen Manifestationen durch die vollkommene

Einrichtung des Vollkommenen vernichtet. Den winzigen vollkommenen Einheiten, nämlich den Lebewesen, sind vollkommene Möglichkeiten gegeben, den Vollkommenen zu erkennen, und alle Arten von Unvollkommenheit werden nur erfahren, weil das Wissen über den Vollkommenen unvollkommen ist. Die *Bhagavad-gītā* beinhaltet also das vollkommene Wissen der vedischen Weisheit.

Das vedische Wissen ist vollkommen und unfehlbar, und die Hindus erkennen es als solches an. Zum Beispiel ist Kuhdung der Kot eines Tieres, und nach der *smṛti,* der vedischen Vorschrift, muß man, wenn man den Kot eines Tieres berührt, ein Bad nehmen, um sich zu reinigen. In den vedischen Schriften heißt es aber auch, daß Kuhdung eine reinigende Substanz ist. Man könnte in diesen Aussagen nun einen Widerspruch entdecken wollen, aber sie werden beide als wahr anerkannt, weil sie vedische Unterweisungen sind; und tatsächlich kann man es vermeiden, einen Fehler zu begehen, indem man diese Unterweisungen befolgt. Inzwischen hat auch die moderne Wissenschaft den Beweis erbracht, daß Kuhdung verschiedenste antiseptische Eigenschaften besitzt. Das vedische Wissen ist also vollkommen, denn es ist über alle Zweifel und Fehler erhaben, und die *Bhagavad-gītā* ist die Essenz allen vedischen Wissens.

Vedisches Wissen hat daher nichts mit Forschung zu tun. Unsere Forschungsarbeit ist unvollkommen, weil wir die Dinge nur mit unseren unvollkommenen Sinnen untersuchen. Wenn wir vollkommenes Wissen wollen, müssen wir, wie es in der *Bhagavad-gītā* heißt, das Wissen annehmen, das durch die *paramparā* (Schülernachfolge) zu uns herabkommt. Wissen muß von der richtigen Quelle empfangen werden, nämlich von der Schülernachfolge, die mit dem höchsten spirituellen Meister, dem Herrn Selbst, beginnt und von der Kette der spirituellen Meister weitergeführt wird. Arjuna, der Schüler, der sich vom Herrn, Śrī Kṛṣṇa, unterweisen läßt, akzeptiert alles, was Er sagt, ohne Ihm zu widersprechen. Es ist nicht gestattet, einen Teil der *Bhagavad-gītā* anzunehmen und einen anderen abzulehnen. Wir müssen die *Bhagavad-gītā* ohne Interpretation annehmen und es vermeiden, etwas auszuklammern oder uns nur launenhaft mit dem Thema zu befassen. Die *Gītā* sollte als die vollkommenste Präsentation vedischen Wissens angesehen werden. Das vedische Wissen wird aus transzendentalen Quellen empfangen, da die ersten Worte vom Herrn Selbst gesprochen wurden. Vom Herrn gesprochene Worte nennt man *apauruṣeya,* was darauf hinweist, daß sie nicht von einem Menschen der irdischen Welt gesprochen wurden, der mit vier grundlegenden Mängeln behaftet ist: (1) Er begeht mit Sicherheit Fehler; (2) er unterliegt unvermeidlich falschen Vorstellungen; (3) er hat die Neigung, andere zu betrügen, und (4) er ist durch unvollkommene Sinne beschränkt. Mit diesen vier Unvollkommenheiten kann man keine vollkommene Auskunft über alldurchdringendes Wissen geben.

Das vedische Wissen wird nicht von Lebewesen überliefert, die solche Mängel aufweisen. Es wurde Brahmā, dem ersterschaffenen Lebewesen, durch das Herz offenbart, und Brahmā gab dieses Wissen an seine Söhne und Schüler so weiter, wie er es ursprünglich vom Herrn empfangen hatte. Der Herr ist *pūrṇam,* in jeder Beziehung vollkommen, und daher besteht keine Möglichkeit, daß Er unter den Einfluß der Gesetze der materiellen Natur gerät. Man sollte daher intelligent genug sein, um zu verstehen, daß alles im Universum dem Herrn gehört; Er ist der einzige Besitzer, und Er ist der ursprüngliche Schöpfer, der Schöpfer Brahmās. Im elften Kapitel wird der Herr als *prapitāmaha* angesprochen, weil Er sogar Brahmā, den man *pitāmaha,* Großvater, nennt, erschaffen hat. Niemand sollte also etwas sein eigen nennen; man sollte nur das annehmen, was einem vom Herrn zur Verfügung gestellt wird, um sich am Leben zu erhalten.

Es gibt viele Beispiele dafür, wie man das, was einem vom Herrn zur Verfügung gestellt wird, benutzen muß. Auch dies wird in der *Bhagavad-gītā* erklärt. Zu Beginn wollte Arjuna in der Schlacht von Kurukṣetra nicht mitkämpfen. Dies war Arjunas eigene, persönliche Entscheidung, und er sagte zum Herrn, es sei für ihn nicht möglich, sich des Königreiches zu erfreuen, wenn er seine eigenen Verwandten getötet habe. Diese Entscheidung beruhte auf der körperlichen Lebensauffassung, denn er identifizierte sich mit seinem Körper und dachte, diejenigen, die zu seinem Körper eine Beziehung hatten, seien seine Brüder, Neffen, Schwäger, Großväter usw. Deswegen war er nur an körperlichen Beziehungen interessiert. Der Herr verkündete die *Bhagavad-gītā,* um genau diese Auffassung zu ändern, und so beschloß Arjuna am Ende, unter der Führung des Herrn zu kämpfen. *Kariṣye vacanaṁ tava:* „Ich werde ganz nach Deinen Worten handeln."

Den Menschen dieser Welt ist es nicht bestimmt, wie die Hunde und Katzen miteinander zu streiten. Die Menschen müssen intelligent genug sein, die Bedeutsamkeit des menschlichen Lebens zu erkennen, und sich weigern, wie gewöhnliche Tiere zu handeln. Ein Mensch sollte das Ziel des Lebens erkennen. Diese Anweisung wird in allen vedischen Schriften gegeben, und die Essenz finden wir in der *Bhagavad-gītā.* Die vedischen Schriften sind für Menschen bestimmt, nicht für Tiere. Einem Tier ist es erlaubt, andere Tiere zu töten, und es lädt sich dabei keine Sünden auf; doch wenn ein Mensch ein Tier zur Befriedigung seiner unbeherrschten

Zunge tötet, bricht er die Gesetze der Natur und muß sich dafür verantworten. In der *Bhagavad-gītā* wird erklärt, daß es in Entsprechung zu den verschiedenen Erscheinungsweisen der materiellen Natur drei Arten von Tätigkeiten gibt: Tätigkeiten in Tugend, in Leidenschaft und in Unwissenheit. Ebenso gibt es drei Arten von Speisen: Speisen in Tugend, Leidenschaft und Unwissenheit. All dies wird eingehend erklärt, und wenn wir die Unterweisungen der *Bhagavad-gītā* richtig nutzen, wird unser ganzes Leben geläutert werden, und schließlich werden wir imstande sein, den Bestimmungsort jenseits der materiellen Welt zu erreichen (*yad gatvā na nivartante tad dhāma paramaṁ mama*).

Dieser Ort wird *sanātana*-Himmel, der ewige, spirituelle Himmel, genannt. In der materiellen Welt sehen wir, daß alles zeitweilig ist. Etwas tritt ins Dasein, bleibt eine Zeitlang bestehen, erzeugt einige Nebenprodukte, verfällt und vergeht schließlich. Das ist das Gesetz der materiellen Welt, ob wir als Beispiel nun unseren Körper, eine Frucht oder irgend etwas anderes nehmen. Wir haben jedoch die Information, daß es jenseits dieser zeitweiligen Welt noch eine andere Welt gibt. Diese Welt ist von anderer Natur – sie ist *sanātana,* ewig. Ebenso wird der *jīva* und im elften Kapitel auch der Herr als *sanātana,* ewig, beschrieben. Wir haben eine enge Beziehung zum Herrn, und weil wir alle – der *sanātana-dhāma* (-Himmel), die *sanātana*-Persönlichkeit-Gottes und die *sanātana*-Lebewesen – qualitativ eins sind, besteht der ganze Zweck der *Bhagavad-gītā* darin, unsere *sanātana*-Beschäftigung, den *sanātana-dharma,* das heißt die ewige Beschäftigung des Lebewesens, wiederzuerwecken. Gegenwärtig sind wir mit den verschiedensten zeitweiligen Tätigkeiten beschäftigt, doch diese Tätigkeiten können geläutert werden, wenn wir alle zeitweiligen Tätigkeiten aufgeben und uns den Tätigkeiten zuwenden, die vom Herrn vorgeschrieben werden. Dies ist die Definition von geläutertem Leben.

Sowohl der Höchste Herr und Sein transzendentales Reich wie auch die Lebewesen sind *sanātana,* und in die Gemeinschaft des Höchsten Herrn und der Lebewesen im *sanātana*-Reich zu gelangen ist die Vollkommenheit des menschlichen Lebens. Der Herr ist zu den Lebewesen sehr gütig, weil sie Seine Söhne sind. Śrī Kṛṣṇa erklärt in der *Bhagavad-gītā: sarva-yoniṣu ... ahaṁ bīja-pradaḥ pitā.* „Ich bin der Vater aller Lebewesen." Natürlich gibt es viele verschiedene Arten von Lebewesen, je nach ihrem unterschiedlichen *karma,* doch hier erklärt der Herr, daß Er der Vater aller ist. Deswegen steigt der Herr in die materielle Welt hinab, um all diese gefallenen, bedingten Seelen zum *sanātana*-Himmel zurückzurufen, auf daß die *sanātana*-Lebewesen ihre *sanātana*-Stellung in der ewigen Gemeinschaft des Herrn wiedererlangen können. Der

Herr kommt entweder Selbst in verschiedenen Inkarnationen oder schickt Seine vertrauten Diener als Seine Söhne, Seine Gefährten oder als *ācāryas,* um die bedingten Seelen zurückzurufen.

Sanātana-dharma bezieht sich daher nicht auf irgendeinen sektiererischen religiösen Vorgang, sondern bezeichnet die ewige Funktion der ewigen Lebewesen in Beziehung zum ewigen Höchsten Herrn. Wie oben erklärt wurde, bedeutet *sanātana-dharma* die ewige Beschäftigung des Lebewesens. Śrīpāda Rāmānujācārya gab folgende Definition für das Wort *sanātana:* „das, was weder Anfang noch Ende hat". Wenn wir also von *sanātana-dharma* sprechen, müssen wir aufgrund der Autorität Śrīpāda Rāmānujācāryas davon ausgehen, daß dieser *sanātana-dharma* weder Anfang noch Ende hat.

Das Wort Religion bedeutet nicht genau dasselbe wie *sanātana-dharma.* Das Wort Religion läßt einen an eine Art von Glauben denken, und ein Glaube kann sich ändern. Ein Mensch kann sich zu einem bestimmten Glauben bekennen, doch er kann diesen Glauben auch wechseln und zu einem anderen übertreten. *Sanātana-dharma* hingegen bezieht sich auf die Tätigkeit, die niemals gewechselt werden kann. Man kann zum Beispiel die Eigenschaft der Flüssigkeit niemals vom Wasser trennen, ebenso wie Wärme nie vom Feuer getrennt werden kann. In ähnlicher Weise kann auch die ewige Funktion des Lebewesens nicht vom Lebewesen getrennt werden. *Sanātana-dharma* ist ewig mit dem Lebewesen verbunden. Wenn wir von *sanātana-dharma* sprechen, müssen wir daher auf der Grundlage der Autorität Śrīpāda Rāmānujācāryas anerkennen, daß *sanātana-dharma* weder Anfang noch Ende hat. Das, was weder Ende noch Anfang hat, kann auf keinen Fall sektiererisch sein oder durch irgendwelche Begrenzungen eingeschränkt werden. Diejenigen, die einem sektiererischen Glauben angehören, werden diesen *sanātana-dharma* zu Unrecht ebenfalls für sektiererisch halten. Wenn wir diese Frage aber eingehend behandeln und sie im Licht der modernen Wissenschaft betrachten, wird es für uns möglich zu verstehen, daß *sanātana-dharma* die Aufgabe aller Menschen auf der Welt ist – ja aller Lebewesen im Universum.

Ein Glaube, der nicht *sanātana* (ewig) ist, hat in den Annalen der Menschheitsgeschichte einen Anfang, doch *sanātana-dharma* hat keinen Anfang, da er mit den Lebewesen ewig verbunden ist. Was die Lebewesen betrifft, so heißt es in den autoritativen *śāstras,* daß es für sie weder Geburt noch Tod gibt. In der *Gītā* heißt es, daß das Lebewesen niemals geboren wird und niemals stirbt. Es ist ewig und unzerstörbar und lebt selbst nach der Zerstörung seines zeitweiligen materiellen Körpers weiter. Wenn wir im Zusammenhang mit *sanātana-dharma* die Bedeutung von Religion verstehen wollen, müssen wir von der Wurzel dieses Sanskritwortes ausgehen. *Dharma* bezieht sich auf das, was immer mit einem bestimmten Gegenstand verbunden ist. Zum Beispiel wird Feuer immer von Hitze und Licht begleitet; ohne Hitze und Licht verliert das Wort Feuer seine Bedeutung. In ähnlicher Weise müssen wir den wesentlichen Teil des Lebewesens entdecken, das heißt den Teil, der das Lebewesen ständig begleitet. Dieser ständige Begleiter ist seine ewige Eigenschaft, und diese ewige Eigenschaft ist seine „ewige Religion".

Als Sanātana Gosvāmī Śrī Caitanya Mahāprabhu nach der *svarūpa* eines jeden Lebewesens fragte, lautete die Antwort, daß die *svarūpa,* die wesensgemäße Stellung des Lebewesens, darin bestehe, der Höchsten Persönlichkeit Gottes zu dienen. Wenn wir diese Erklärung Śrī Caitanyas genauer untersuchen, können wir leicht erkennen, daß jedes Lebewesen ständig damit beschäftigt ist, einem anderen Lebewesen zu dienen. Ein Lebewesen dient anderen Lebewesen in vielerlei Beziehung, und auf diese Weise findet es in seinem Leben Genuß. Die niederen Tiere dienen den Menschen, und Diener dienen ihrem Meister. A dient dem Meister B, B dient dem Meister C, C dient dem Meister D, usw. So gesehen, dient ein Freund einem anderen Freund; die Mutter dient ihrem Sohn; die Frau dient ihrem Mann; der Mann dient seiner Frau, usw. Wenn wir diese Betrachtungsweise weiter fortsetzen, erkennen wir bald, daß niemand in einer Gesellschaft von Lebewesen vom Dienen ausgenommen ist. Der Politiker präsentiert sein Programm der Öffentlichkeit, um sie von der Qualität seines Dienstes zu überzeugen. Die Wähler geben dann dem Politiker ihre wertvollen Stimmen, weil sie glauben, er werde der Gesellschaft guten Dienst leisten. Der Ladenbesitzer dient dem Kunden; der Arbeiter dient dem Kapitalisten; der Kapitalist dient der Familie; die Familie dient dem Staat, und all dies geschieht aufgrund der ewigen Eigenschaft des ewigen Lebewesens. Kein Lebewesen ist davon ausgenommen, anderen Lebewesen zu dienen, und daher können wir mit Gewißheit die Schlußfolgerung ziehen, daß Dienst der ständige Begleiter des Lebewesens ist. Demzufolge besteht die „ewige Religion" des Lebewesens im Darbringen von Dienst.

Aber der Zeit und den Umständen gemäß bekennen sich die Menschen zu einer bestimmten Glaubensrichtung und behaupten somit, Hindus, Moslems, Christen oder Buddhisten zu sein oder irgendeiner anderen Sekte anzugehören. Solche Bezeichnungen sind nicht *sanātana-dharma.* Ein Hindu kann seinen Glauben wechseln und Moslem werden, ein Moslem kann seinen Glauben wechseln und Hindu werden, ein Christ kann seinen Glauben wechseln, usw. Aber unter keinen Umständen hat der Wechsel des Glaubens einen Einfluß auf die ewige

Beschäftigung des Lebewesens, anderen zu dienen. Der Hindu, der Moslem wie auch der Christ dienen unter allen Umständen irgend jemandem. Sich zu irgendeiner Art von Glauben zu bekennen bedeutet daher nicht, sich zu seinem *sanātana-dharma* zu bekennen. *Sanātana-dharma* bedeutet, Dienst darzubringen.

Wir sind mit dem Höchsten Herrn durch eine Beziehung des Dienens verbunden. Der Höchste Herr ist der Höchste Genießer, und wir Lebewesen sind Seine Diener. Wir sind für Seinen Genuß geschaffen, und wenn wir an diesem ewigen Genuß der Höchsten Persönlichkeit Gottes teilnehmen, werden wir glücklich. Auf eine andere Weise können wir nicht glücklich werden. Es ist nicht möglich, unabhängig glücklich zu sein, ebenso wie kein Teil des Körpers glücklich sein kann, ohne mit dem Magen zusammenzuarbeiten. In ähnlicher Weise ist es für das Lebewesen nicht möglich, glücklich zu sein, ohne dem Höchsten Herrn transzendentalen liebenden Dienst darzubringen.

Verschiedene Halbgötter zu verehren oder ihnen zu dienen wird in der *Bhagavad-gītā* nicht gutgeheißen. Im zwanzigsten Vers des siebten Kapitels heißt es:

kāmais tais tair hṛta-jñānāḥ prapadyante 'nya-devatāḥ
taṁ taṁ niyamam āsthāya prakṛtyā niyatāḥ svayā

„Diejenigen, deren Intelligenz von materiellen Wünschen gestohlen wurde, ergeben sich Halbgöttern und folgen, ihrem eigenen Wesen entsprechend, bestimmten Regeln und Regulierungen der Verehrung."

Hier heißt es eindeutig, daß diejenigen, die von Lust getrieben sind, die Halbgötter, und nicht den Höchsten Herrn, Śrī Kṛṣṇa, verehren. Wenn wir den Namen Kṛṣṇa erwähnen, beziehen wir uns nicht auf irgendeinen sektiererischen Namen. *Kṛṣṇa* bedeutet die höchste Freude, und es wird bestätigt, daß der Höchste Herr das Behältnis oder der Speicher aller Freude ist. Wir alle sehnen uns nach Freude: *Ānandamayo 'bhyāsāt* (*Vedānta-sūtra* 1.1.12). Die Lebewesen sind, genau wie der Herr, von Bewußtsein erfüllt und streben nach Glück. Der Herr ist immer glücklich, und wenn die Lebewesen mit Ihm zusammenkommen, mit Ihm zusammenarbeiten und an Seiner Gemeinschaft teilnehmen, werden auch sie glücklich.

Der Herr kommt in diese vergängliche Welt, um in Vṛndāvana Seine transzendentalen Spiele, die voller Glück sind, zu offenbaren. Als Sich Śrī Kṛṣṇa in Vṛndāvana aufhielt, waren alle Seine Spiele mit Seinen Freunden, den Kuhhirtenjungen, mit Seinen *gopī*-Freundinnen sowie den anderen Bewohnern von Vṛndāvana und den Kühen von Glück erfüllt. Alle Bewohner von Vṛndāvana kannten nichts anderes als Kṛṣṇa. Aber

Śrī Kṛṣṇa brachte sogar Seinen Vater, Nanda Mahārāja, dazu, von der Verehrung des Halbgottes Indra abzulassen, weil Er klarstellen wollte, daß die Menschen keinen Halbgott zu verehren brauchen, sondern nur den Herrn, die Höchste Persönlichkeit Gottes, da das endgültige Ziel des menschlichen Lebens darin besteht, in Sein Reich zurückzukehren.

Das Reich Śrī Kṛṣṇas wird in der *Bhagavad-gītā* im sechsten Vers des fünfzehnten Kapitels beschrieben:

na tad bhāsayate sūryo na śaśāṅko na pāvakaḥ
yad gatvā na nivartante tad dhāma paramaṁ mama

„Dieses Mein höchstes Reich wird weder von der Sonne noch vom Mond, noch von Feuer oder Elektrizität erleuchtet. Diejenigen, die es erreichen, kehren nie wieder in die materielle Welt zurück."

Dieser Vers gibt eine Beschreibung des ewigen Himmels. Wenn wir das Wort „Himmel" hören, denken wir natürlich an den materiellen Himmel mit Sonne, Mond, Sternen usw., doch in diesem Vers sagt der Herr, daß im ewigen Himmel weder Sonne noch Mond, noch irgendeine Art von Elektrizität oder Feuer zur Beleuchtung notwendig sind, da der spirituelle Himmel vom *brahmajyoti* erleuchtet wird, das heißt von den Strahlen, die vom Höchsten Herrn ausgehen. Andere Planeten zu erreichen bereitet uns große Schwierigkeiten, doch es ist nicht schwierig, das Reich des Höchsten Herrn zu verstehen. Dieses Reich wird als Goloka bezeichnet, und in der *Brahma-saṁhitā* (5.37) finden wir eine wunderschöne Beschreibung davon: *goloka eva nivasaty akhilātma-bhūtaḥ.* Der Herr weilt ewig in Seinem Reich Goloka, aber dennoch kann man sich Ihm von dieser Welt aus nähern, und zu diesem Zweck erscheint der Herr und offenbart Seine wirkliche Gestalt, *sac-cid-ānanda-vigraha,* so daß wir nicht über Sein Aussehen zu spekulieren brauchen. Um derartige Spekulationen zu verhindern, erscheint Er Selbst und offenbart Sich, wie Er ist, als Śyāmasundara. Leider verspotten Ihn die unintelligenten Menschen, wenn Er unter uns erscheint, da Er die Rolle eines Menschen spielt. Deswegen jedoch sollten wir nicht denken, der Herr sei ein Mensch wie wir. Wenn Er vor uns erscheint und Sich in Seiner wirklichen Gestalt zeigt, tut Er dies durch Seine Allmacht, um Seine Spiele zu offenbaren, die Ebenbilder jener Spiele sind, die in Seinem Reich stattfinden.

In den leuchtenden Strahlen des spirituellen Himmels schweben unzählige Planeten. Diese Strahlen, das *brahmajyoti,* gehen vom höchsten Reich, Kṛṣṇaloka, aus, und in ihnen schweben die *ānanda-maya-cinmaya*-Planeten, die nicht materiell sind. Der Herr sagt: *na tad bhāsayate sūryo na śaśāṅko na pāvakaḥ / yad gatvā na nivartante tad dhāma paramaṁ mama.* Wer diesen spirituellen Himmel erreicht, braucht nicht wieder in die materielle Welt zurückzukehren. Selbst wenn wir uns im materiellen Himmel auf den höchsten Planeten (Brahmaloka) erheben, vom Mond ganz zu schweigen, werden wir die gleichen Leiden des materiellen Lebens, nämlich Geburt, Tod, Alter und Krankheit, vorfinden. Kein Planet im materiellen Universum ist von diesen vier Prinzipien des materiellen Daseins frei.

Die Lebewesen wandern von Planet zu Planet, aber es ist uns nicht möglich, einfach mit mechanischen Mitteln jeden beliebigen Planeten zu erreichen. Wenn wir uns zu anderen Planeten begeben wollen, so gibt es dafür einen ganz bestimmten Vorgang, der wie folgt beschrieben wird: *yānti deva-vratā devān pitṛn yānti pitṛ-vratāḥ.* Wenn wir zu anderen Planeten reisen wollen, so sind keine mechanischen Erfindungen notwendig, sondern wir brauchen uns einfach nur an die Unterweisung der *Gītā* zu halten: *yānti deva-vratā devān.* Der Mond, die Sonne und die höheren Planeten werden als Svargaloka bezeichnet. Es gibt drei verschiedene Abstufungen der Planeten, nämlich die höheren, mittleren und niederen Planetensysteme, wobei die Erde zum mittleren Planetensystem gehört. Die *Bhagavad-gītā* teilt uns mit, wie wir mit Hilfe einer sehr einfachen Formel zu den höheren Planetensystemen (Devaloka) reisen können: *yānti devā-vratā devān.* Wir brauchen nur den Halbgott des gewünschten Planeten zu verehren, und so können wir den Mond, die Sonne oder irgendeinen anderen der höheren Planeten erreichen.

Die *Bhagavad-gītā* jedoch rät uns nicht, einen Planeten innerhalb der materiellen Welt anzustreben, denn selbst wenn es uns möglich sein sollte, durch irgendeine technische Erfindung Brahmaloka, den höchsten Planeten, zu erreichen, indem wir für vielleicht vierzigtausend Jahre durch das Weltall reisen (und wer kann schon erwarten, so lange zu leben?), selbst dann würden wir immer noch die materiellen Leiden von Geburt, Tod, Krankheit und Alter vorfinden. Wer jedoch den höchsten Planeten, Kṛṣṇaloka, oder irgendeinen anderen Planeten innerhalb des spirituellen Himmels anstrebt, wird nicht mehr mit diesen materiellen Leiden konfrontiert werden. Unter all den vielen Planeten im spirituellen Himmel gibt es einen höchsten Planeten. Er wird Goloka Vṛndāvana genannt und ist der ursprüngliche Planet im Reich der ursprünglichen Persönlichkeit Gottes, Śrī Kṛṣṇa. All dies erfahren wir aus der *Bhagavad-gītā,* und sie lehrt uns, wie wir die materielle Welt verlassen und im spirituellen Himmel ein wahrhaft glückseliges Leben beginnen können.

Im Fünfzehnten Kapitel der *Bhagavad-gītā* wird das wahre Bild der materiellen Welt gegeben. Es heißt dort:

ūrdhva-mūlam adhaḥ-śākham aśvatthaṁ prāhur avyayam
chandāṁsi yasya parṇāni yas taṁ veda sa veda-vit

Hier wird die materielle Welt mit einem Baum verglichen, dessen Wurzeln nach oben und dessen Äste nach unten zeigen. Auch in unserem Erfahrungsbereich gibt es Beispiele von Bäumen, deren Wurzeln nach oben zeigen, nämlich am Ufer eines Flusses oder eines anderen Gewässers, wo man sehen kann, wie die Bäume im Wasser umgekehrt gespiegelt werden. Die Äste zeigen nach unten und die Wurzeln nach oben. Ebenso ist die materielle Welt eine Spiegelung der spirituellen Welt. Die materielle Welt ist nichts weiter als ein Schatten der Wirklichkeit. Der Schatten hat keine Wirklichkeit oder Substanz, doch wir können anhand des Schattens erkennen, daß es Wirklichkeit und Substanz geben muß. In der Wüste gibt es kein Wasser, aber eine Luftspiegelung läßt darauf schließen, daß irgendwo Wasser existiert. In der materiellen Welt gibt es kein Wasser bzw. kein Glück – das wirkliche Wasser tatsächlichen Glücks ist in der spirituellen Welt zu finden.

In der *Bhagavad-gītā* (15.5) weist der Herr uns darauf hin, daß die spirituelle Welt auf folgende Weise zu erreichen ist:

nirmāna-mohā jita-saṅga-doṣā
adhyātma-nityā vinivṛtta-kāmāḥ
dvandvair vimuktāḥ sukha-duḥkha-saṁjñair
gacchanty amūḍhāḥ padam avyayaṁ tat

Dieses *padam avyayam* oder ewige Königreich kann von demjenigen erreicht werden, der *nirmāna-moha* ist. Was bedeutet dies? Wir alle streben nach Bezeichnungen. Der eine möchte „Herr" werden, der andere „Meister", wieder jemand anders möchte Präsident oder König, ein reicher Mann oder sonst etwas werden. Solange wir an solchen Bezeichnungen haften, sind wir an den Körper gebunden, denn diese Bezeichnungen beziehen sich auf den Körper. Wir sind aber nicht unser Körper, und diese Erkenntnis bildet die erste Stufe in der spirituellen Verwirklichung. Wir sind mit den drei Erscheinungsweisen der materiellen Natur verbunden, doch wir müssen uns von ihnen lösen, und zwar durch hingebungsvollen Dienst für den Herrn. Wenn wir uns nicht zum hingebungsvollen Dienst des Herrn hingezogen fühlen, können wir uns nicht von den Erscheinungsweisen der materiellen Natur lösen. Bezeichnungen und Anhaftungen sind auf unsere Lust und unsere materiellen Wünsche zurückzuführen, das heißt auf unser Verlangen, die materielle Natur zu beherrschen. Solange wir diese Neigung, die materielle Natur zu beherrschen, nicht aufgeben, besteht keine Möglichkeit, in das

Königreich des Höchsten, *sanātana-dhāma,* zurückzukehren. In dieses ewige Königreich, das niemals zerstört wird, kann nur jemand eintreten, der von den Verlockungen falscher materieller Genüsse nicht verwirrt wird und der im Dienst des Höchsten Herrn verankert ist. Wer diese Bedingungen erfüllt, kann das höchste Reich mühelos betreten.

An einer anderen Stelle in der *Gītā* (8.21) heißt es:

avyakto 'kṣara ity uktas tam āhuḥ paramāṁ gatim
yaṁ prāpya na nivartante tad dhāma paramaṁ mama

Avyakta bedeutet unmanifestiert. Nicht einmal in der materiellen Welt ist alles vor uns manifestiert. Unsere Sinne sind so unvollkommen, daß wir nicht einmal alle Sterne in diesem einen materiellen Universum sehen können. Die vedischen Schriften geben uns viele Auskünfte über die verschiedenen Planeten, und es liegt an uns, diese Aussagen zu glauben oder nicht. Alle wichtigen Planeten werden in den vedischen Schriften, vor allem im *Śrīmad-Bhāgavatam,* beschrieben, und jenseits dieser materiellen Welt befindet sich die spirituelle Welt, die als *avyakta,* unmanifestiert, bezeichnet wird. Unser Wünschen und Sehnen sollte darauf gerichtet sein, in dieses höchste Königreich zu gelangen, denn wenn man es erreicht, braucht man nicht wieder in die materielle Welt zurückzukehren.

Als nächstes könnte man sich die Frage stellen, wie es einem möglich wird, sich diesem Reich des Höchsten Herrn zu nähern. Die Antwort auf diese Frage finden wir im achten Kapitel:

anta-kāle ca mām eva smaran muktvā kalevaram
yaḥ prayāti sa mad-bhāvaṁ yāti nāsty atra saṁśayaḥ

„Wer sich am Ende des Lebens, wenn er seinen Körper verläßt, an Mich erinnert, erreicht sogleich Meine Natur. Darüber besteht kein Zweifel." (*Bg.* 8.5)

Jeder, der zum Zeitpunkt seines Todes an Kṛṣṇa denkt, gelangt zu Kṛṣṇa. Man muß sich an die Gestalt Kṛṣṇas erinnern, denn wenn man beim Verlassen des Körpers an Seine Gestalt denkt, erreicht man zweifelsohne das spirituelle Königreich. *Mad-bhāvam* bezieht sich auf die transzendentale Natur des Höchsten Wesens. Wie oben beschrieben wurde, ist das Höchste Wesen *sac-cid-ānanda-vigraha,* das heißt, Seine Gestalt ist ewig, voller Wissen und voller Glückseligkeit. Unser gegenwärtiger Körper ist nicht *sac-cid-ānanda.* Er ist nicht *sat,* sondern *asat* – nicht ewig, sondern vergänglich –, und er ist nicht *cit,* voller Wissen, sondern voller Unwissenheit. Wir besitzen kein Wissen über das spirituelle Königreich, ja wir besitzen nicht einmal vollkommenes Wissen über die materielle Welt, in der es so viele Dinge gibt, die uns unbekannt sind. Des weiteren ist der Körper *nirānanda;* statt voller Glückseligkeit ist er voller Leid. Alle Leiden, die wir in der materiellen Welt erfahren, haben ihre Ursache im Körper; doch wer den Körper verläßt und dabei an Śrī Kṛṣṇa, die Höchste Persönlichkeit Gottes, denkt, erlangt augenblicklich einen *sac-cid-ānanda*-Körper.

Auf welche Weise man in der materiellen Welt den einen Körper verläßt und einen neuen bekommt, ist ebenfalls festgelegt. Ein Mensch stirbt, nachdem entschieden worden ist, welche Art von Körper er im nächsten Leben haben wird. Diese Entscheidung wird von höheren Autoritäten gefällt, und nicht vom Lebewesen selbst. Gemäß unseren Tätigkeiten im gegenwärtigen Leben erlangen wir eine höhere oder niedrigere Stellung. Das gegenwärtige Leben ist eine Vorbereitung auf das nächste Leben. Wenn wir uns also in diesem Leben darauf vorbereiten, zum Königreich Gottes erhoben zu werden, werden wir nach dem Verlassen des materiellen Körpers zweifellos einen spirituellen Körper bekommen, der dem des Herrn gleicht.

Wie zuvor erklärt wurde, gibt es verschiedene Arten von Transzendentalisten, nämlich den *brahma-vādī,* den *paramātma-vādī* und den Gottgeweihten, und es wurde ebenfalls erwähnt, daß im *brahmajyoti,* dem spirituellen Himmel, unzählige spirituelle Planeten schweben. Die Zahl dieser Planeten ist weitaus größer als die aller Planeten in der materiellen Welt. Es wurde geschätzt, daß die materielle Welt nur etwa ein Viertel der gesamten Schöpfung ausmacht (*ekāṁśena sthito jagat*). Im materiellen Bereich gibt es Millionen und Abermillionen von Universen mit Milliarden von Planeten, Sonnen, Sternen und Monden. Aber diese materielle Schöpfung stellt nur einen Bruchteil der gesamten Schöpfung dar. Der größte Teil der Schöpfung befindet sich im spirituellen Himmel. Wer den Wunsch hat, in die Existenz des Höchsten Brahman einzugehen, wird sogleich zum *brahmajyoti* des Höchsten Herrn erhoben und erreicht so den spirituellen Himmel. Der Gottgeweihte, der sich des persönlichen Zusammenseins mit dem Herrn erfreuen möchte, gelangt auf einen der unzähligen Vaikuṇṭha-Planeten, wo er in die Gemeinschaft des Höchsten Herrn aufgenommen wird, der dort in Form Seiner vollständigen Erweiterungen als vierarmiger Nārāyaṇa gegenwärtig ist, mit verschiedenen Namen wie Pradyumna, Aniruddha, Govinda usw. Die Transzendentalisten, die am Ende ihres Lebens entweder an das *brahmajyoti,* den Paramātmā oder die Höchste Persönlichkeit Gottes, Śrī Kṛṣṇa, denken, gehen auf jeden Fall in den spirituellen Himmel ein, doch nur der Gottgeweihte, das heißt derjenige, der eine persönliche Beziehung zum Herrn hat, erreicht die Vaikuṇṭha-Planeten oder den Planeten

Goloka Vṛndāvana. „Daran besteht kein Zweifel“, fügt der Herr hinzu, und in diese Worte muß man festes Vertrauen haben. Wir sollten nicht etwas ablehnen, nur weil es nicht unserer Vorstellung entspricht. Wir sollten dieselbe Haltung wie Arjuna haben: „Ich glaube alles, was Du gesagt hast.“ Wenn der Herr sagt, daß jeder, der zur Stunde des Todes an Ihn denkt – entweder als Brahman, als Paramātmā oder als die Persönlichkeit Gottes –, den spirituellen Himmel erreicht, so sollte man nicht daran zweifeln. Es gibt keinen Grund, es nicht zu glauben.

Die *Bhagavad-gītā* (8.6) erklärt auch das allgemeine Prinzip, das es einem zum Zeitpunkt des Todes möglich macht, das spirituelle Königreich zu erreichen, einfach indem man an den Höchsten denkt:

yaṁ yaṁ vāpi smaran bhāvaṁ tyajaty ante kalevaram
taṁ tam evaiti kaunteya sadā tad-bhāva-bhāvitaḥ

„Den Seinszustand, an den man sich beim Verlassen seines gegenwärtigen Körpers erinnert, wird man im nächsten Leben ohne Zweifel erreichen.“

Als erstes müssen wir verstehen, daß die materielle Natur die Entfaltung einer der Energien des Höchsten Herrn ist. Im *Viṣṇu Purāṇa* (6.7.61) werden die Energien des Höchsten Herrn zusammenfassend beschrieben:

viṣṇu-śaktiḥ parā proktā kṣetra-jñākhyā tathā parā
avidyā-karma-saṁjñānyā tṛtīyā śaktir iṣyate

Der Höchste Herr verfügt über verschiedenste, unzählige Energien, die jenseits unseres Vorstellungsvermögens liegen; aber dennoch haben große Weise und befreite Seelen diese Energien studiert und sie dreifach unterteilt. Alle Energien sind *viṣṇu-śakti,* das heißt verschiedene Kräfte Śrī Viṣṇus. Die erste Energie ist *parā,* transzendental, und die Lebewesen gehören, wie bereits erklärt wurde, ebenfalls zur höheren Energie. Die andere Energie, die materielle Energie, befindet sich in der Erscheinungsweise der Unwissenheit. Zum Zeitpunkt des Todes können wir entweder in der niederen Energie der materiellen Welt bleiben, oder wir können uns zur Energie der spirituellen Welt erheben. Deshalb sagt die *Bhagavad-gītā* (8.6):

yaṁ yaṁ vāpi smaran bhāvaṁ tyajaty ante kalevaram
taṁ tam evaiti kaunteya sadā tad-bhāva-bhāvitaḥ

„Den Seinszustand, an den man sich beim Verlassen seines gegenwärtigen Körpers erinnert, wird man im nächsten Leben ohne Zweifel erreichen.“

Wir sind es im Leben gewohnt, entweder an die materielle oder an die spirituelle Energie zu denken. Wie ist es nun möglich, unsere Gedanken von der materiellen Energie auf die spirituelle Energie zu richten? Es gibt so viele Arten von Literatur, die unsere Gedanken mit materiellen Dingen füllen – Zeitungen, Magazine, Romane usw. Unsere Gedanken, die gegenwärtig in solche Literatur vertieft sind, sollten auf die vedischen Schriften gelenkt werden. Die großen Weisen haben daher viele vedische Schriften, wie zum Beispiel die *Purāṇas,* verfaßt. Die *Purāṇas* entspringen nicht der Phantasie irgendwelcher Menschen, sondern sind historische Aufzeichnungen. Im *Caitanya-caritāmṛta* (*Madhya* 20.122) finden wir den folgenden Vers:

māyā-mugdha jīvera nāhi svataḥ kṛṣṇa-jñāna
jīvere kṛpāya kailā kṛṣṇa veda-purāṇa

Die vergeßlichen Lebewesen, die bedingten Seelen, haben ihre Beziehung zum Höchsten Herrn vergessen, und ihre Gedanken sind völlig von materiellen Tätigkeiten in Anspruch genommen. Nur um ihre Denkkraft auf den spirituellen Himmel zu lenken, hat Kṛṣṇa-dvaipāyana Vyāsa der Welt eine große Anzahl vedischer Schriften gegeben. Zunächst unterteilte er die *Veden* in vier Teile; dann erklärte er sie in den *Purāṇas,* und für weniger befähigte Menschen schrieb er das *Mahābhārata.* Im *Mahābhārata* ist die *Bhagavad-gītā* enthalten. Danach faßte er alle vedischen Schriften im *Vedānta-sūtra* zusammen und gab uns zur zukünftigen Wegweisung den natürlichen Kommentar zum *Vedānta-sūtra,* das *Śrīmad-Bhāgavatam.* Wir müssen unseren Geist ständig damit beschäftigen, diese vedischen Schriften zu lesen. Ebenso wie die Materialisten ständig damit beschäftigt sind, Zeitungen, Magazine und viele andere Arten materialistischer Literatur zu lesen, so müssen wir uns dem Lesen derjenigen Schriften widmen, die uns von Vyāsadeva gegeben wurden. So wird es für uns möglich sein, uns zur Stunde des Todes an den Höchsten Herrn zu erinnern. Dies ist der einzige Weg, den uns der Herr empfiehlt, und Er garantiert das Ergebnis: „Du wirst mich ohne Zweifel erreichen."

tasmāt sarveṣu kāleṣu   mām anusmara yudhya ca
mayy arpita-mano-buddhir   mām evaiṣyasy asaṁśayaḥ

„Daher, o Arjuna, solltest du immer an Mich in Meiner Form als Kṛṣṇa denken und zugleich deine vorgeschriebene Pflicht des Kämpfens erfüllen. Wenn du deine Tätigkeiten Mir weihst und deinen Geist und deine Intelligenz auf Mich richtest, wirst du Mich ohne Zweifel erreichen." (*Bg.* 8.7)

Kṛṣṇa rät Arjuna nicht, sich einfach nur an Ihn zu erinnern und seine Beschäftigung aufzugeben. Nein, der Herr schlägt niemals etwas Unpraktisches vor. In der materiellen Welt muß man arbeiten, um den Körper zu erhalten. Die menschliche Gesellschaft wird in Entsprechung zu den verschiedenen Beschäftigungen in vier soziale Klassen unterteilt: *brāhmaṇas* (die intelligente Klasse), *kṣatriyas* (die verwaltende Klasse), *vaiśyas* (die handeltreibende Klasse) und *śūdras* (die Arbeiter), und ihnen allen sind bestimmte Pflichten zugeordnet. In der menschlichen Gesellschaft muß man arbeiten, um seine Existenz zu erhalten, ganz gleich ob man Arbeiter, Kaufmann, Politiker oder Bauer ist oder als gebildeter Mensch, wie zum Beispiel als Schriftsteller, Wissenschaftler oder Theologe, der höchsten Klasse angehört. Deshalb sagt der Herr zu Arjuna, daß er seine Beschäftigung nicht aufzugeben brauche, daß er sich aber während der Ausführung seiner Pflichten an Ihn, Kṛṣṇa, erinnern solle (*mām anusmara*). Wenn man sich nicht darin übt, an Kṛṣṇa zu denken, während man um seine Existenz kämpft, wird es einem nicht möglich sein, sich zum Zeitpunkt des Todes an Kṛṣṇa zu erinnern. Śrī Caitanya rät uns dasselbe: *kīrtanīyaḥ sadā hariḥ.* Er sagt, man solle sich darin üben, die Namen des Herrn immer zu chanten. Die Namen des Herrn und der Herr Selbst sind nicht voneinander verschieden. Śrī Kṛṣṇas Unterweisung an Arjuna „Erinnere dich an Mich" und Śrī Caitanyas Unterweisung „Chante immer die Namen Śrī Kṛṣṇas" sind die gleiche Unterweisung. Es besteht kein Unterschied, weil Kṛṣṇa und Kṛṣṇas Name nicht voneinander verschieden sind. Auf der absoluten Ebene gibt es zwischen der Bezeichnung und dem Bezeichneten keinen Unterschied. Deshalb müssen wir uns darin üben, uns immer, vierundzwanzig Stunden am Tag, an Kṛṣṇa zu erinnern, indem wir Seinen Namen chanten und unser Leben so einrichten, daß wir uns ununterbrochen an Ihn erinnern können.

Wie ist dies möglich? Die *ācāryas* geben das folgende Beispiel: Wenn sich eine verheiratete Frau zu einem anderen Mann oder ein verheirateter Mann zu einer anderen Frau hingezogen fühlt, ist diese Beziehung sehr stark. In einem solchen Zustand denkt man ständig an den Geliebten oder die Geliebte. Die Frau, die mit ihren Gedanken ständig bei ihrem Geliebten weilt, denkt ständig daran, mit ihm zusammenzukommen – selbst während sie ihre Haushaltspflichten erfüllt; ja sie geht ihren Pflichten sogar noch sorgfältiger nach, damit ihr Ehemann keinen Verdacht schöpft. Ebenso sollten wir uns ständig an den höchsten Geliebten, Śrī Kṛṣṇa, erinnern und zur gleichen Zeit unseren materiellen Pflichten gewissenhaft nachkommen. Dazu ist ein starkes Gefühl der Liebe notwendig, aber wenn wir für den Höchsten Herrn starke Liebe empfinden, wird es uns möglich sein, unsere Pflicht zu erfüllen und uns zur gleichen Zeit an Ihn zu erinnern. Doch diese Neigung der Liebe muß entwickelt werden. Arjuna zum Beispiel dachte immer an Kṛṣṇa; er war der ständige Begleiter Kṛṣṇas, und gleichzeitig war er ein Krieger. Kṛṣṇa gab ihm nicht den Rat, das Kämpfen aufzugeben und in den Wald zu gehen, um zu meditieren. Śrī Kṛṣṇa erklärte Arjuna zwar das *yoga*-System, aber Arjuna sagte, daß es für ihn nicht möglich sei, dieses System zu praktizieren.

arjuna uvāca
yo 'yaṁ yogas tvayā proktaḥ sāmyena madhusūdana
etasyāhaṁ na paśyāmi cañcalatvāt sthitiṁ sthirām

Arjuna sagte: „O Madhusūdana, das *yoga*-System, das Du zusammengefaßt hast, erscheint mir undurchführbar und unerträglich, denn der Geist ist ruhelos und unstet.“ (*Bg.* 6.33)

Der Herr jedoch erklärt:

yoginām api sarveṣāṁ mad-gatenāntar-ātmanā
śraddhāvān bhajate yo māṁ sa me yukta-tamo mataḥ

„Von allen *yogīs* ist derjenige am engsten mit Mir in *yoga* vereint, der mit starkem Glauben immer in Mir weilt, im Innern an Mich denkt und Mir transzendentalen liebenden Dienst darbringt, und er ist der höchste von allen. Dies ist Meine Meinung.“ (*Bg.* 6.47)

Wer also ständig an den Höchsten Herrn denkt, ist gleichzeitig der größte *yogī,* der hervorragendste *jñānī* und der erhabenste Gottgeweihte. Des weiteren sagt Kṛṣṇa zu Arjuna: „Als *kṣatriya* kannst du das Kämpfen nicht aufgeben, aber wenn du am Kampf teilnimmst und dich gleichzeitig immer an Mich erinnerst, wirst du imstande sein, dich auch in der Todesstunde an Mich zu erinnern.“ Dafür ist es jedoch notwendig, daß man sich mit völliger Ergebenheit im transzendentalen liebenden Dienst des Herrn beschäftigt.

Eigentlich sind wir nicht mit unserem Körper tätig, sondern mit unserem Geist und unserer Intelligenz. Wenn unsere Intelligenz und unser Geist immer mit Gedanken an den Höchsten Herrn beschäftigt sind, sind die Sinne natürlicherweise auch in Seinem Dienst beschäftigt. Oberflächlich betrachtet mag es vielleicht so aussehen, als seien die Sinnestätigkeiten dieselben geblieben, doch im Bewußtsein hat sich ein Wandel vollzogen. Die *Bhagavad-gītā* lehrt uns, wie man den Geist und die Intelligenz darin vertiefen kann, ständig an den Herrn zu denken. Solche Vertiefung wird einen befähigen, in das Königreich des Herrn erhoben zu werden. Wenn der Geist in Kṛṣṇas Dienst beschäftigt ist, dann sind auch die Sinne automatisch in Seinem Dienst beschäftigt. Darin besteht die ganze Kunst, und darin besteht auch das Geheimnis der *Bhagavad-gītā:* sich vollständig in Gedanken an Śrī Kṛṣṇa zu vertiefen.

Der moderne Mensch hat sich sehr angestrengt, um den Mond zu erreichen, aber dabei hat er es versäumt, sich um spirituelle Erhebung zu bemühen. Wenn man noch fünfzig Jahre vor sich hat, sollte man diese kurze Zeitspanne verwenden, um sich an die Höchste Persönlichkeit Gottes zu erinnern und sich in diesen Vorgang zu vertiefen. Dies ist der Vorgang des hingebungsvollen Dienstes:

śravaṇaṁ kīrtanaṁ viṣṇoḥ smaraṇaṁ pāda-sevanam
arcanaṁ vandanaṁ dāsyaṁ sakhyam ātma-nivedanam
(*Śrīmad-Bhāgavatam* 7.5.23)

Durch diese neun Vorgänge, von denen *śravaṇam,* das Hören der *Bhagavad-gītā* von einer selbstverwirklichten Person, der leichteste ist, werden unsere Gedanken auf das Höchste Wesen gerichtet. Dies wird uns helfen, uns an den Höchsten Herrn zu erinnern, und das wiederum befähigt uns, beim Verlassen des gegenwärtigen Körpers einen spirituellen Körper zu erhalten, der für die Gemeinschaft mit dem Höchsten Herrn geeignet ist.

Der Herr sagt des weiteren:

abhyāsa-yoga-yuktena cetasā nānya-gāminā
paramaṁ puruṣaṁ divyaṁ yāti pārthānucintayan

„Derjenige, der über Mich als die Höchste Persönlichkeit Gottes meditiert und dessen Geist sich ständig an Mich erinnert, ohne von diesem Pfad abzuweichen, er, o Arjuna, wird Mich mit Sicherheit erreichen." (*Bg.* 8.8)

Dieser Vorgang ist nicht sehr schwierig, aber man muß ihn von jemandem erlernen, der darin bereits erfahren ist. *Tad-vijñānārthaṁ sa gurum evābhigacchet:* Man muß sich an jemanden wenden, der auf diesem Pfad fest verankert ist. Der Geist wandert ständig hin und her, und man muß sich darin üben, die Gedanken immer auf die Gestalt des Höchsten Herrn, Śrī Kṛṣṇa, oder auf den Klang Seines Namens zu konzentrieren. Der Geist ist von Natur aus ruhelos und flackerhaft, doch in der Klangschwingung von Kṛṣṇas Namen kann er Ruhe finden. Man muß also über den *paramaṁ puruṣam,* die Höchste Persönlichkeit Gottes im spirituellen Königreich, dem spirituellen Himmel, meditieren, und auf diese Weise wird man Ihn erreichen. Die Methoden und die Mittel zur höchsten Verwirklichung, zum endgültigen Ziel, werden alle in der *Bhagavad-gītā* aufgeführt, und die Tore zu diesem Wissen stehen jedem offen. Niemand ist ausgeschlossen. Alle Klassen von Menschen können Śrī Kṛṣṇa näherkommen, einfach indem sie an Ihn denken, denn über Ihn zu hören und an Ihn zu denken ist für jeden möglich.

In diesem Zusammenhang sagt der Herr (*Bg.* 9.32–33):

māṁ hi pārtha vyapāśritya ye 'pi syuḥ pāpa-yonayaḥ
striyo vaiśyās tathā śūdrās te 'pi yānti parāṁ gatim

kiṁ punar brāhmaṇāḥ puṇyā bhaktā rājarṣayas tathā
anityam asukhaṁ lokam imaṁ prāpya bhajasva mām

Der Herr sagt, daß sogar ein Handeltreibender, eine gefallene Frau oder ein Arbeiter oder sogar Menschen auf der niedrigsten Stufe des Daseins den Höchsten erreichen können. Man braucht nicht hochintelligent zu sein. Hier wird betont, daß jeder, der sich den Prinzipien des *bhakti-yoga* unterordnet und den Höchsten Herrn als das *summum bonum* des Lebens, den höchsten Bestimmungsort und das letztliche Ziel anerkennt, den Herrn im spirituellen Himmel erreichen kann. Wenn man den Prinzipien folgt, die in der *Bhagavad-gītā* niedergelegt sind, kann man sein Leben zur Vollkommenheit führen und eine endgültige Lösung für alle Probleme des Lebens schaffen. Dies ist der Inhalt und die Essenz der gesamten *Bhagavad-gītā.*

Die Schlußfolgerung lautet daher, daß es sich bei der *Bhagavad-gītā* um eine transzendentale Schrift handelt, die man sehr sorgfältig lesen sollte. *Gītā-śāstram idaṁ puṇyaṁ yaḥ paṭhet prayataḥ pumān:* Wer den Anweisungen der *Bhagavad-gītā* richtig nachkommt, kann von allen Leiden und Sorgen des Lebens frei werden. *Bhaya-śokādi-varjitaḥ.* In diesem Leben wird er von allen Ängsten befreit, und sein nächstes Leben wird spirituell sein. (*Gītā-māhātmya* 1)

Der zweite Vers der *Gītā-māhātmya* beschreibt einen weiteren Nutzen:

gītādhyāyana-śīlasya prāṇāyāma-parasya ca
naiva santi hi pāpāni pūrva-janma-kṛtāni ca

„Wer die *Bhagavad-gītā* aufrichtig und mit aller Ernsthaftigkeit liest, dem werden durch die Gnade des Herrn die Reaktionen auf seine vergangenen Missetaten nichts anhaben können." (*Gītā-māhātmya* 2)

Der Herr erklärt dies im letzten Teil der *Bhagavad-gītā* (18.66) sehr deutlich:

sarva-dharmān parityajya mām ekaṁ śaraṇaṁ vraja
ahaṁ tvāṁ sarva-pāpebhyo mokṣayiṣyāmi mā śucaḥ

„Gib alle Arten von Religion auf, und ergib dich einfach Mir. Ich werde dich von allen sündhaften Reaktionen befreien. Fürchte dich nicht."

Wenn sich jemand dem Herrn ergibt, übernimmt der Herr alle Verantwortung für ihn, und Er beschützt einen solchen Menschen vor allen sündhaften Reaktionen.

mala-nirmocanaṁ puṁsāṁ jala-snānaṁ dine dine
sakṛd gītāmṛta-snānaṁ saṁsāra-mala-nāśanam

„Man kann den Körper rein halten, indem man täglich ein Bad nimmt, doch wer nur einmal ein Bad im heiligen Gangeswasser der *Bhagavad-gītā* nimmt, wäscht mit einem Mal allen Schmutz des materiellen Lebens fort." (*Gītā-māhātmya* 3)

gītā su-gītā kartavyā kim anyaiḥ śāstra-vistaraiḥ
yā svayaṁ padmanābhasya mukha-padmād viniḥsṛtā

Weil die *Bhagavad-gītā* die Worte der Höchsten Persönlichkeit Gottes sind, braucht man keine andere vedische Schrift zu lesen. Es genügt, nur die *Bhagavad-gītā* aufmerksam und regelmäßig zu hören und zu lesen. In der heutigen Zeit sind die Menschen so sehr von weltlichen Tätigkeiten in Anspruch genommen, daß es ihnen nicht möglich ist, alle vedischen Schriften zu lesen. Aber das ist auch nicht nötig. Dieses eine Buch, die *Bhagavad-gītā,* wird ausreichen, weil es die Essenz aller vedischen Schriften ist und vor allem weil es von der Höchsten Persönlichkeit Gottes gesprochen wurde. (*Gītā-māhātmya* 4)

bhāratāmṛta-sarvasvaṁ viṣṇu-vaktrād viniḥsṛtam
gītā-gaṅgodakaṁ pītvā punar janma na vidyate

„Jemand, der das Wasser des Ganges trinkt, erreicht Erlösung. Was also erreicht erst jemand, der den Nektar der *Bhagavad-gītā* trinkt? Die *Bhagavad-gītā* ist der reine Nektar des *Mahābhārata,* und sie wurde von Śrī Kṛṣṇa Selbst, dem ursprünglichen Viṣṇu, gesprochen." (*Gītā-māhātmya* 5)

Die *Bhagavad-gītā* stammt aus dem Mund des Höchsten Herrn, und vom Ganges sagt man, daß er von Seinen Lotosfüßen ausgehe. Natürlich gibt es zwischen dem Mund und den Füßen des Höchsten Herrn keinen Unterschied, doch bei einer objektiven Untersuchung kommt man zu dem Schluß, daß die *Bhagavad-gītā* sogar noch wichtiger ist als das Wasser des Ganges.

sarvopaniṣado gāvo dogdhā gopāla-nandanaḥ
pārtho vatsaḥ su-dhīr bhoktā dugdhaṁ gītāmṛtaṁ mahat

„Die *Gītopaniṣad,* die *Bhagavad-gītā,* ist die Essenz aller *Upaniṣaden.* Sie wird mit einer Kuh verglichen, und Śrī Kṛṣṇa, der als Kuhhirtenjunge berühmt ist, melkt diese Kuh. Arjuna ist wie das Kalb, und die großen Gelehrten und reinen Gottgeweihten sind dazu ausersehen, die nektargleiche Milch der *Gītā* zu trinken." (*Gītā-māhātmya* 6)

ekaṁ śāstraṁ devakī-putra-gītam
eko devo devakī-putra eva
eko mantras tasya nāmāni yāni
karmāpy ekaṁ tasya devasya sevā
(*Gītā-māhātmya* 7)

In der heutigen Zeit sind die Menschen sehr bestrebt, nur eine Schrift, einen Gott, eine Religion und eine Tätigkeit zu haben. Deswegen heißt es hier: *ekaṁ śāstraṁ devakī-putra-gītam.* Möge es nur eine Schrift, eine gemeinsame Schrift für die ganze Welt, geben – die *Bhagavad-gītā. Eko devo devakī-putra eva:* Möge es nur einen Gott für die ganze Welt geben – Śrī Kṛṣṇa. *Eko mantras tasya nāmāni:* und eine Hymne, einen *mantra,* ein Gebet – das Chanten Seines Namens: Hare Kṛṣṇa, Hare Kṛṣṇa, Kṛṣṇa Kṛṣṇa, Hare Hare / Hare Rāma, Hare Rāma, Rāma Rāma, Hare Hare. *Karmāpy ekaṁ tasya devasya sevā:* Und möge es nur eine Tätigkeit geben – den Dienst für die Höchste Persönlichkeit Gottes.

DIE SCHÜLERNACHFOLGE

Evaṁ paramparā-prāptam imaṁ rājarṣayo viduḥ (*Bhagavad-gītā* 4.2). Die *Bhagavad-gītā wie sie ist* wird durch die hier angeführte Nachfolge von spirituellen Meistern empfangen:

1. Kṛṣṇa
2. Brahmā
3. Nārada
4. Vyāsa
5. Madhva
6. Padmanābha
7. Nṛhari
8. Mādhava
9. Akṣobhya
10. Jaya Tīrtha
11. Jñānasindhu
12. Dayānidhi
13. Vidyānidhi
14. Rājendra
15. Jayadharma
16. Puruṣottama
17. Brahmaṇya Tīrtha
18. Vyāsa Tīrtha
19. Lakṣmīpati
20. Mādhavendra Purī
21. Īśvara Purī, (Nityānanda, Advaita)
22. Śrī Caitanya
23. Rūpa, (Svarūpa, Sanātana)
24. Raghunātha, Jīva
25. Kṛṣṇadāsa
26. Narottama
27. Viśvanātha
28. (Baladeva), Jagannātha
29. Bhaktivinoda
30. Gaurakiśora
31. Bhaktisiddhānta Sarasvatī
32. A. C. Bhaktivedanta Swami Prabhupāda

ERSTES KAPITEL

Die Heere auf dem Schlachtfeld von Kurukṣetra

Vers 1 धृतराष्ट्र उवाच
धर्मक्षेत्रे कुरुक्षेत्रे समवेता युयुत्सवः ।
मामकाः पाण्डवाश्चैव किमकुर्वत सञ्जय ॥ १ ॥

dhṛtarāṣṭra uvāca
dharma-kṣetre kuru-kṣetre samavetā yuyutsavaḥ
māmakāḥ pāṇḍavāś caiva kim akurvata sañjaya

dhṛtarāṣṭraḥ uvāca – König Dhṛtarāṣṭra sprach; *dharma-kṣetre* – an der Pilgerstätte; *kuru-kṣetre* – am Ort namens Kurukṣetra; *samavetāḥ* – versammelt; *yuyutsavaḥ* – voller Kampflust; *māmakāḥ* – meine Partei (meine Söhne); *pāṇḍavāḥ* – die Söhne Pāṇḍus; *ca* – und; *eva* – gewiß; *kim* – was; *akurvata* – taten sie; *sañjaya* – o Sañjaya.

Dhṛtarāṣṭra sprach: O Sañjaya, was taten meine Söhne und die Söhne Pāṇḍus, als sie sich an der Pilgerstätte von Kurukṣetra voller Kampflust versammelt hatten?

ERLÄUTERUNG: Die *Bhagavad-gītā* ist das vielgelesene Buch der theistischen Wissenschaft. Sie wird in der *Gītā-māhātmya,* der „Ruhmpreisung der Gītā“, zusammengefaßt, und dort heißt es, man solle die *Bhagavad-gītā* mit der Hilfe eines Lehrers, der ein Geweihter Śrī Kṛṣṇas ist, eingehend studieren und man solle versuchen, sie frei von subjektiv motivierten Interpretationen zu verstehen. Das Beispiel für jemanden, der diese Lehren richtig verstanden hat, findet man in der *Bhagavad-gītā* selbst, nämlich in der Person Arjunas, der die *Gītā* direkt vom Herrn hörte. Wenn jemand das Glück hat, die *Bhagavad-gītā* in dieser Linie der Schülernachfolge, ohne motivierte Interpretation, zu verstehen, erhebt er sich über alle Studien vedischer Weisheit und alle Schriften der Welt. Man wird in der *Bhagavad-gītā* alles finden, was in anderen Schriften enthalten ist, doch der Leser wird auch Punkte finden, die anderswo nicht zu finden sind. Das ist die besondere Erhabenheit der *Gītā*. Sie ist die vollkommene theistische Wissenschaft, weil sie unmittelbar von der Höchsten Persönlichkeit Gottes, Śrī Kṛṣṇa, gesprochen wurde.

Das im *Mahābhārata* beschriebene Gespräch zwischen Dhṛtarāṣṭra und Sañjaya bildet die Grundlage dieser erhabenen Philosophie. Aber wie bereits gesagt, wurde diese Philosophie ursprünglich auf dem Schlachtfeld von Kurukṣetra offenbart, einer heiligen Pilgerstätte, die in der vedischen Kultur schon seit unvordenklichen Zeiten verehrt wird. Der Sprecher war Śrī Kṛṣṇa, der persönlich auf der Erde erschienen war, um der Menschheit Führung zu geben.

Das Wort *dharma-kṣetra* (ein Ort, an dem religiöse Rituale vollzogen werden) ist bedeutsam, weil auf diesem Schlachtfeld von Kurukṣetra die Höchste Persönlichkeit Gottes gegenwärtig war und auf der Seite Arjunas stand. Dhṛtarāṣṭra, der Vater der Kurus, hatte am endgültigen Sieg seiner Söhne starke Zweifel, und so fragte er Sañjaya, seinen Sekretär: „Was taten sie?" Er war überzeugt, daß sich sowohl seine Söhne als auch die Söhne seines jüngeren Bruders Pāṇḍu auf diesem Feld von Kurukṣetra versammelt hatten, um ihren Krieg mit Entschlossenheit auszutragen. Dennoch ist seine Frage von Bedeutung. Er wünschte keinen Kompromiß zwischen den Vettern, und so wollte er sich über das Schicksal seiner Söhne auf dem Schlachtfeld Gewißheit verschaffen. Weil die Schlacht gemäß den Vorkehrungen in Kurukṣetra stattfinden sollte, das an einer anderen Stelle in den *Veden* als eine Stätte der Verehrung – selbst für die Bewohner der himmlischen Planeten – bezeichnet wird, befürchtete Dhṛtarāṣṭra sehr, daß dieser heilige Ort den Ausgang der Schlacht beeinflussen könnte. Er wußte sehr wohl, daß dies ein Vorteil für Arjuna und die anderen Söhne Pāṇḍus war, da sie alle von Natur aus tugendhaft waren. Sañjaya war ein Schüler Vyāsas, und daher war er durch die Barmherzigkeit Vyāsas befähigt, das Schlachtfeld von Kurukṣetra visionär wahrzunehmen, obwohl er sich in Dhṛtarāṣṭras Gemach aufhielt. Und so befragte ihn Dhṛtarāṣṭra über die Lage auf dem Schlachtfeld.

Die Pāṇḍavas und die Söhne Dhṛtarāṣṭras gehören zur selben Familie, doch hier wird Dhṛtarāṣṭras Gesinnung enthüllt. Er erhob bewußt den Anspruch, nur seine Söhne seien Kurus, und schloß die Söhne Pāṇḍus vom Familienerbe aus. Man kann somit die besondere Stellung Dhṛtarāṣṭras in Beziehung zu seinen Neffen, den Söhnen Pāṇḍus, verstehen. So wie in einem Reisfeld die nutzlosen Pflanzen ausgerissen werden, so kann man schon jetzt, zu Beginn dieser Beschreibungen, erwarten, daß auf dem religiösen Feld von Kurukṣetra, wo der Vater der Religion, Śrī Kṛṣṇa, anwesend war, die unerwünschten Pflanzen, wie Dhṛtarāṣṭras Sohn Duryodhana und andere, vernichtet werden und daß den wahrhaft religiösen Menschen unter der Führung Yudhiṣṭhiras vom Herrn die Herrschaft übertragen wird. Dies ist die Aussage der Worte *dharma-kṣetre* und *kuru-kṣetre,* abgesehen von ihrer historischen und vedischen Bedeutung.

Vers 2 सञ्जय उवाच
दृष्ट्वा तु पाण्डवानीकं व्यूढं दुर्योधनस्तदा ।
आचार्यमुपसङ्गम्य राजा वचनमब्रवीत् ॥ २ ॥

sañjaya uvāca
dṛṣṭvā tu pāṇḍavānīkaṁ vyūḍhaṁ duryodhanas tadā
ācāryam upasaṅgamya rājā vacanam abravīt

sañjayaḥ uvāca – Sañjaya sagte; *dṛṣṭvā* – nachdem er gesehen hatte; *tu* – jedoch; *pāṇḍava-anīkam* – die Soldaten der Pāṇḍavas; *vyūḍham* – in militärischer Ordnung aufgestellt; *duryodhanaḥ* – König Duryodhana; *tadā* – zu dieser Zeit; *ācāryam* – dem Lehrer; *upasaṅgamya* – sich nähernd; *rājā* – der König; *vacanam* – Worte; *abravīt* – sprach.

Sañjaya sagte: O König, nachdem König Duryodhana über die Armee geblickt hatte, die von den Söhnen Pāṇḍus in Schlachtordnung aufgestellt worden war, ging er zu seinem Lehrer und sprach die folgenden Worte.

ERLÄUTERUNG: Dhṛtarāṣṭra war von Geburt an blind, und unglücklicherweise mangelte es ihm auch an spiritueller Sicht. Er wußte sehr wohl, daß seine Söhne in bezug auf Religion gleichermaßen blind waren, und er war sicher, daß sie sich niemals mit den Pāṇḍavas einigen konnten, die alle von Geburt an fromm waren. Dennoch hegte er Zweifel, als er an den Einfluß der Pilgerstätte dachte, und Sañjaya verstand, aus welchem Grund er nach der Lage auf dem Schlachtfeld fragte. Sañjaya wollte daher den verzagten König ermutigen und versicherte ihm, daß seine Söhne nicht daran dachten, unter dem Einfluß der heiligen Stätte irgendeinen Kompromiß einzugehen. Sañjaya teilte dem König weiter mit, daß sein Sohn Duryodhana, gleich nachdem er die Streitkräfte der Pāṇḍavas betrachtet hatte, zu seinem Oberbefehlshaber Droṇācārya ging, um ihn über die Lage auf dem Schlachtfeld zu unterrichten. Obwohl Duryodhana hier als König bezeichnet wird, mußte er dennoch, aufgrund des Ernstes der Lage, zu seinem Befehlshaber gehen. Er war daher durchaus geeignet, Politiker zu sein. Aber Duryodhanas äußerliches diplomatisches Verhalten konnte nicht die Furcht verbergen, die er verspürte, als er die militärische Aufstellung der Pāṇḍavas sah.

Vers 3 पश्यैतां पाण्डुपुत्राणामाचार्य महतीं चमूम् ।
व्यूढां द्रुपदपुत्रेण तव शिष्येण धीमता ॥ ३ ॥

paśyaitāṁ pāṇḍu-putrāṇām ācārya mahatīṁ camūm
vyūḍhāṁ drupada-putreṇa tava śiṣyeṇa dhīmatā

paśya – betrachte; *etām* – diese; *pāṇḍu-putrāṇām* – der Söhne Pāṇḍus; *ācārya* – o Lehrer; *mahatīm* – große; *camūm* – Streitmacht; *vyūḍhām* – aufgestellt; *drupada-putreṇa* – vom Sohne Drupadas; *tava* – deinem; *śiṣyeṇa* – Schüler; *dhī-matā* – sehr intelligent.

O mein Lehrer, betrachte das gewaltige Heer der Söhne Pāṇḍus, das dein intelligenter Schüler, der Sohn Drupadas, auf solch geschickte Weise aufgestellt hat.

ERLÄUTERUNG: Duryodhana, ein geschickter Diplomat, wollte auf die Fehler Droṇācāryas, des großen Oberbefehlshabers und *brāhmaṇa,* aufmerksam machen. Droṇācārya hatte mit König Drupada, dem Vater Draupadīs, die Arjunas Gattin war, politische Streitigkeiten gehabt. Als Folge dieser Auseinandersetzung vollzog Drupada ein großes Opfer, durch das er die Segnung empfing, einen Sohn zu haben, der fähig sein würde, Droṇācārya zu töten. Droṇācārya wußte dies sehr wohl; doch als ihm der Sohn Drupadas, Dhṛṣṭadyumna, zur militärischen Ausbildung übergeben wurde, zögerte er als großmütiger *brāhmaṇa* nicht, ihm alle seine militärischen Geheimnisse anzuvertrauen. Auf dem Schlachtfeld von Kurukṣetra wählte Dhṛṣṭadyumna die Seite der Pāṇḍavas, und er war es, der ihre Schlachtordnung aufstellte, nachdem er die Kunst von Droṇācārya erlernt hatte. Duryodhana machte Droṇācārya auf diesen Fehler aufmerksam, damit er während des Kampfes wachsam und unnachgiebig sei. Außerdem wollte er darauf hinweisen, daß Droṇācārya in der Schlacht gegen die Pāṇḍavas, die ebenfalls seine ergebenen Schüler waren, nicht ähnlich milde sein solle. Besonders Arjuna war sein liebster und hervorragendster Schüler. Duryodhana warnte vor solcher Nachsicht, da sie im Kampf zu einer Niederlage führen würde.

Vers 4 अत्र शूरा महेष्वासा भीमार्जुनसमा युधि ।
युयुधानो विराटश्च द्रुपदश्च महारथः ॥ ४ ॥

atra śūrā maheṣv-āsā bhīmārjuna-samā yudhi
yuyudhāno virāṭaś ca drupadaś ca mahā-rathaḥ

atra – hier; *śūrāḥ* – Helden; *mahā-iṣu-āsāḥ* – mächtige Bogenschützen; *bhīma-arjuna* – Bhīma und Arjuna; *samāḥ* – ebenbürtig; *yudhi* – im Kampf; *yuyudhānaḥ* – Yuyudhāna; *virāṭaḥ* – Virāṭa; *ca* – auch; *drupadaḥ* – Drupada; *ca* – auch; *mahā-rathaḥ* – großer Kämpfer.

Hier in diesem Heer gibt es viele heldenhafte Bogenschützen, die Bhīma und Arjuna im Kampf ebenbürtig sind – große Kämpfer wie Yuyudhāna, Virāṭa und Drupada.

ERLÄUTERUNG: Angesichts von Droṇācāryas hervorragenden Fähigkeiten in der Kunst der Kriegsführung stellte Dhṛṣṭadyumna kein sehr großes Hindernis dar, aber viele andere, die anwesend waren, gaben Anlaß zu Befürchtungen. Sie werden von Duryodhana als große Hürden auf dem Weg zum Sieg bezeichnet, denn jeder einzelne von ihnen war ebenso furchterregend wie Bhīma und Arjuna. Er kannte die Stärke Bhīmas und Arjunas und verglich daher die anderen mit ihnen.

Vers 5 धृष्टकेतुश्चेकितानः काशिराजश्च वीर्यवान् ।
पुरुजित्कुन्तिभोजश्च शैब्यश्च नरपुङ्गवः ॥ ५ ॥

dhṛṣṭaketuś cekitānaḥ kāśirājaś ca vīryavān
purujit kuntibhojaś ca śaibyaś ca nara-puṅgavaḥ

dhṛṣṭaketuḥ – Dhṛṣṭaketu; *cekitānaḥ* – Cekitāna; *kāśirājaḥ* – Kāśirāja; *ca* – auch; *vīrya-vān* – sehr mächtig; *purujit* – Purujit; *kuntibhojaḥ* – Kuntibhoja; *ca* – und; *śaibyaḥ* – Śaibya; *ca* – und; *narapuṅgavaḥ* – Held in der menschlichen Gesellschaft.

Es sind auch andere große, heldenhafte und mächtige Kämpfer anwesend, wie Dhṛṣṭaketu, Cekitāna, Kāśirāja, Purujit, Kuntibhoja und Śaibya.

Vers 6 युधामन्युश्च विक्रान्त उत्तमौजाश्च वीर्यवान् ।
सौभद्रो द्रौपदेयाश्च सर्व एव महारथाः ॥ ६ ॥

yudhāmanyuś ca vikrānta uttamaujāś ca vīryavān
saubhadro draupadeyāś ca sarva eva mahā-rathāḥ

yudhāmanyuḥ – Yudhāmanyu; *ca* – und; *vikrāntaḥ* – mächtig; *uttamaujāḥ* – Uttamaujā; *ca* – und; *vīrya-vān* – sehr stark; *saubhadraḥ* – der Sohn Subhadrās; *draupadeyāḥ* – die Söhne Draupadīs; *ca* – und; *sarve* – alle; *eva* – gewiß; *mahā-rathāḥ* – große Wagenkämpfer.

Dort stehen der gewaltige Yudhāmanyu, der äußerst mächtige Uttamaujā, der Sohn Subhadrās und die Söhne Draupadīs. All diese Krieger sind große Wagenkämpfer.

Vers 7 अस्माकं तु विशिष्टा ये तान्निबोध द्विजोत्तम ।
नायका मम सैन्यस्य संज्ञार्थं तान् ब्रवीमि ते ॥ ७ ॥

asmākaṁ tu viśiṣṭā ye tān nibodha dvijottama
nāyakā mama sainyasya saṁjñārthaṁ tān bravīmi te

asmākam – unsere; *tu* – aber; *viśiṣṭāḥ* – besonders mächtig; *ye* – diejenigen; *tān* – ihnen; *nibodha* – beachte bitte, sei unterrichtet; *dvija-uttama* – o bester der *brāhmaṇas; nāyakāḥ* – Hauptleute; *mama* – meine; *sainyasya* – der Soldaten; *saṁjñā-artham* – zur Information; *tān* – ihnen; *bravīmi* – ich teile mit; *te* – dir.

O bester der brāhmaṇas, ich möchte dir zu deiner Information aber auch mitteilen, welches die mächtigsten Anführer meiner Streitmacht sind.

Vers 8 भवान् भीष्मश्च कर्णश्च कृपश्च समितिंजयः ।
अश्वत्थामा विकर्णश्च सौमदत्तिस्तथैव च ॥ ८ ॥

bhavān bhīṣmaś ca karṇaś ca kṛpaś ca samitiṁ-jayaḥ
aśvatthāmā vikarṇaś ca saumadattis tathaiva ca

bhavān – du selbst; *bhīṣmaḥ* – Großvater Bhīṣma; *ca* – auch; *karṇaḥ* – Karṇa; *ca* – und; *kṛpaḥ* – Kṛpa; *ca* – und; *samitim-jayaḥ* – in der Schlacht immer siegreich; *aśvatthāmā* – Aśvatthāmā; *vikarṇaḥ* – Vikarṇa; *ca* – und auch; *saumadattiḥ* – der Sohn Somadattas; *tathā* – wie auch; *eva* – gewiß; *ca* – auch.

Es sind dies Persönlichkeiten wie du selbst, Bhīṣma, Karṇa, Kṛpa, Aśvatthāmā, Vikarṇa und der Sohn Somadattas mit Namen Bhūriśravā, die alle in der Schlacht immer siegreich sind.

ERLÄUTERUNG: Duryodhana erwähnt die herausragenden Helden der Schlacht, die alle immer siegreich sind. Vikarṇa ist der Bruder Duryodhanas; Aśvatthāmā ist der Sohn Droṇācāryas, und Saumadatti, auch Bhūriśravā genannt, ist der Sohn des Königs der Bāhlīkas. Karṇa ist der Halbbruder Arjunas, weil er von Kuntī noch vor ihrer Heirat mit König Pāṇḍu geboren wurde. Kṛpācāryas Zwillingsschwester war die Frau von Droṇācārya.

Vers 9 अन्ये च बहवः शूरा मदर्थे त्यक्तजीविताः ।
नानाशस्त्रप्रहरणाः सर्वे युद्धविशारदाः ॥ ९ ॥

anye ca bahavaḥ śūrā mad-arthe tyakta-jīvitāḥ
nānā-śastra-praharaṇāḥ sarve yuddha-viśāradāḥ

anye – andere; *ca* – auch; *bahavaḥ* – in großer Zahl; *śūrāḥ* – Helden; *mat-arthe* – um meinetwillen; *tyakta-jīvitāḥ* – bereit, das Leben zu wagen; *nānā* – viele; *śastra* – Waffen; *praharaṇāḥ* – ausgerüstet mit; *sarve* – sie alle; *yuddha-viśāradāḥ* – in der militärischen Wissenschaft erfahren.

Und noch viele andere Helden sind bereit, für mich ihr Leben hinzugeben. Sie alle sind mit den verschiedensten Waffen ausgerüstet, und alle sind in der militärischen Wissenschaft erfahren.

ERLÄUTERUNG: Was die anderen betrifft – wie Jayadratha, Kṛtavarmā und Śalya –, so waren sie alle entschlossen, für Duryodhana ihr Leben zu opfern. Mit anderen Worten, es stand bereits fest, daß sie alle in der Schlacht von Kurukṣetra sterben würden, weil sie sich der Partei des sündhaften Duryodhana angeschlossen hatten. Was Duryodhana betraf, so war er natürlich aufgrund der obenerwähnten vereinigten Kräfte seiner Freunde von seinem Sieg überzeugt.

Vers 10 अपर्याप्तं तदस्माकं बलं भीष्माभिरक्षितम् ।
पर्याप्तं त्विदमेतेषां बलं भीमाभिरक्षितम् ॥१०॥

aparyāptaṁ tad asmākaṁ balaṁ bhīṣmābhirakṣitam
paryāptaṁ tv idam eteṣāṁ balaṁ bhīmābhirakṣitam

aparyāptam – unermeßlich; *tat* – diese; *asmākam* – unsere; *balam* – Stärke; *bhīṣma* – von Großvater Bhīṣma; *abhirakṣitam* – vollkommen beschützt; *paryāptam* – begrenzt; *tu* – aber; *idam* – all diese; *eteṣām* – der Pāṇḍavas; *balam* – Stärke; *bhīma* – von Bhīma; *abhirakṣitam* – sorgfältig beschützt.

Unsere Stärke ist unermeßlich, und wir werden von Großvater Bhīṣma vollkommen beschützt, wohingegen die Stärke der Pāṇḍavas, die von Bhīma sorgfältig beschützt werden, begrenzt ist.

ERLÄUTERUNG: Hier wird von Duryodhana das Stärkeverhältnis abgeschätzt. Er glaubt, die Stärke seiner Streitkräfte sei unermeßlich, insbesondere weil sie von dem erfahrensten aller Generäle, Großvater Bhīṣma, beschützt wurde. Demgegenüber seien die Streitkräfte der Pāṇḍavas begrenzt, da diese ein weniger erfahrener General, nämlich Bhīma, beschütze, der in der Gegenwart Bhīṣmas wie ein Zwerg erscheine. Duryodhana hatte Bhīma immer schon beneidet, da er sehr genau wußte, daß er, falls er jemals sterben sollte, nur von Bhīma getötet werden konnte. Gleichzeitig jedoch war er aufgrund der Gegenwart Bhīṣmas, der ein weitaus überlegenerer Feldherr war, von seinem Sieg überzeugt. Seine Schlußfolgerung, daß er aus der Schlacht siegreich hervorgehen würde, war also nicht unbegründet.

Vers 11 अयनेषु च सर्वेषु यथाभागमवस्थिताः ।
भीष्ममेवाभिरक्षन्तु भवन्तः सर्व एव हि ॥११॥

ayaneṣu ca sarveṣu yathā-bhāgam avasthitāḥ
bhīṣmam evābhirakṣantu bhavantaḥ sarva eva hi

ayaneṣu – an den strategischen Punkten; *ca* – auch; *sarveṣu* – überall; *yathā-bhāgam* – wie sie auf verschiedene Weise aufgestellt sind; *avasthitāḥ* – befindlich; *bhīṣmam* – Großvater Bhīṣma; *eva* – gewiß; *abhirakṣantu* – solltet Unterstützung gewähren; *bhavantaḥ* – ihr; *sarve* – alle; *eva hi* – gewiß.

Jetzt, wenn ihr eure strategischen Schlüsselstellungen in der Heeresfront einnehmt, müßt ihr alle Großvater Bhīṣma volle Unterstützung gewähren.

ERLÄUTERUNG: Nachdem Duryodhana die Tapferkeit Bhīṣmas gepriesen hatte, bedachte er, daß andere glauben könnten, sie seien als weniger wichtig angesehen worden, und so versuchte er in seiner üblichen diplomatischen Art, die Lage mit den obigen Worten zu bereinigen. Er betonte, Bhīṣmadeva sei zweifellos der größte Held, aber er sei ein alter Mann und daher solle jeder besonders darauf achten, ihm von allen Seiten Deckung zu geben. Es sei gut möglich, daß Bhīṣma sehr in den Kampf verwickelt werde, und wenn er auf der einen Seite völlig in Anspruch genommen sei, könnte der Feind dies unter Umständen ausnutzen. Daher sei es wichtig, daß die anderen Helden ihre strategischen Stellungen nicht verließen, denn dies würde es dem Feind gestatten, die Schlachtreihe zu durchbrechen. Duryodhana spürte deutlich, daß der Sieg der Kurus von der Gegenwart Bhīṣmadevas abhing. Er war sich der vollen Unterstützung Bhīṣmadevas und Droṇācāryas in der Schlacht gewiß, da er sehr wohl wußte, daß sie in der Versammlung der großen Generäle nicht ein einziges Wort gesagt hatten, als man versuchte, Arjunas Gattin Draupadī gewaltsam zu entkleiden, und Draupadī sich in ihrer hilflosen Lage an sie wandte und um Gerechtigkeit flehte. Obwohl Duryodhana wußte, daß die beiden Feldherren eine gewisse Zuneigung zu den Pāṇḍavas hegten, hoffte er, sie würden jetzt ihre Zuneigung vollständig aufgeben, ebenso wie sie es während dieser Glücksspielversammlung getan hatten.

Vers 12 तस्य सञ्जनयन् हर्षं कुरुवृद्धः पितामहः ।
सिंहनादं विनद्योच्चैः शङ्खं दध्मौ प्रतापवान् ॥१२॥

tasya sañjanayan harṣaṁ kuru-vṛddhaḥ pitāmahaḥ
siṁha-nādaṁ vinadyoccaiḥ śaṅkhaṁ dadhmau pratāpavān

tasya – seine; *sañjanayan* – vergrößernd; *harṣam* – Freude; *kuruvṛddhaḥ* – der Ahnherr der Kuru-Dynastie (Bhīṣma); *pitāmahaḥ* – der Großvater; *siṁha-nādam* – Dröhnen, wie das Brüllen eines Löwen; *vinadya* – ertönen lassend; *uccaiḥ* – sehr laut; *śaṅkham* – Muschelhorn; *dadhmau* – blies; *pratāpa-vān* – der heldenhafte.

Bhīṣma, der große, heldenhafte Ahnherr der Kuru-Dynastie, der Großvater der Kämpfer, blies darauf laut in sein Muschelhorn. Es dröhnte wie das Brüllen eines Löwen und erfüllte Duryodhana mit Freude.

ERLÄUTERUNG: Der Ahnherr der Kuru-Dynastie wußte, was im Herzen seines Enkels Duryodhana vorging, und aus natürlichem Mitgefühl versuchte er, ihn anzuspornen, indem er sehr laut in sein Muschelhorn blies, was seiner löwengleichen Stellung angemessen war. Durch die

Symbolik des Muschelhorns gab er seinem niedergeschlagenen Enkel indirekt zu verstehen, daß er keine Chance habe, in der Schlacht siegreich zu sein, da der Höchste Herr, Śrī Kṛṣṇa, auf der anderen Seite stand. Nichtsdestoweniger war es seine Pflicht, den Kampf durchzuführen, und er würde dabei keine Mühen scheuen.

Vers 13 ततः शङ्खाश्च भेर्यश्च पणवानकगोमुखाः ।
सहसैवाभ्यहन्यन्त स शब्दस्तुमुलोऽभवत् ॥१३॥

tataḥ śaṅkhāś ca bheryaś ca paṇavānaka-gomukhāḥ
sahasaivābhyahanyanta sa śabdas tumulo 'bhavat

tataḥ – danach; *śaṅkhāḥ* – Muschelhörner; *ca* – auch; *bheryaḥ* – große Trommeln; *ca* – und; *paṇava-ānaka* – kleine Trommeln und Kesselpauken; *go-mukhāḥ* – Hörner; *sahasā* – plötzlich; *eva* – gewiß; *abhyahanyanta* – ertönten gleichzeitig; *saḥ* – dieser; *śabdaḥ* – gemeinsamer Klang; *tumulaḥ* – tumultartig; *abhavat* – wurde.

Da ertönten plötzlich alle Muschelhörner, Trommeln, Signalhörner, Trompeten und Fanfaren, und der gemeinsame Klang war tosend.

Vers 14 ततः श्वेतैर्हयैर्युक्ते महति स्यन्दने स्थितौ ।
माधवः पाण्डवश्चैव दिव्यौ शङ्खौ प्रदध्मतुः ॥१४॥

tataḥ śvetair hayair yukte mahati syandane sthitau
mādhavaḥ pāṇḍavaś caiva divyau śaṅkhau pradadhmatuḥ

tataḥ – danach; *śvetaiḥ* – von weißen; *hayaiḥ* – Pferden; *yukte* – gespannt vor; *mahati* – in einem großen; *syandane* – Streitwagen; *sthitau* – sich befindend; *mādhavaḥ* – Kṛṣṇa (der Gemahl der Glücksgöttin); *pāṇḍavaḥ* – Arjuna (der Sohn Pāṇḍus); *ca* – auch; *eva* – gewiß; *divyau* – transzendentalen; *śaṅkhau* – Muschelhörner; *pradadhmatuḥ* – ließen erschallen.

Auf der anderen Seite ließen sowohl Śrī Kṛṣṇa als auch Arjuna, die auf einem großen, von weißen Pferden gezogenen Streitwagen standen, ihre transzendentalen Muschelhörner erschallen.

ERLÄUTERUNG: Im Gegensatz zu dem von Bhīṣmadeva geblasenen Muschelhorn werden die Muschelhörner in den Händen von Kṛṣṇa und Arjuna als transzendental bezeichnet. Das Erschallen der transzendentalen Muschelhörner deutet an, daß es für die andere Seite keine Hoffnung auf Sieg gab, da Kṛṣṇa auf der Seite der Pāṇḍavas stand. *Jayas tu pāṇḍu-putrāṇāṁ yeṣāṁ pakṣe janārdanaḥ.* Gottgeweihte wie die Söhne Pāṇḍus sind immer siegreich, weil Kṛṣṇa bei ihnen ist. Und wann immer und wo immer der Herr gegenwärtig ist, dort findet man auch die Glücksgöttin, denn die Glücksgöttin ist niemals von ihrem Gemahl getrennt. Daher erwarteten Arjuna Sieg und Glück, wie der transzendentale Klang, der aus dem Muschelhorn Viṣṇus, oder Śrī Kṛṣṇas, erschallte, andeutete. Außerdem war der Streitwagen, auf dem die beiden Freunde saßen, ein Geschenk Agnis, des Feuergottes, an Arjuna, was bedeutete, daß man überall in den drei Welten, wo man mit diesem Streitwagen hinfuhr, alle Himmelsrichtungen erobern konnte.

Vers 15 पाञ्चजन्यं हृषीकेशो देवदत्तं धनञ्जयः ।
पौण्ड्रं दध्मौ महाशङ्खं भीमकर्मा वृकोदरः ॥१५॥

pāñcajanyaṁ hṛṣīkeśo devadattaṁ dhanañ-jayaḥ
pauṇḍraṁ dadhmau mahā-śaṅkhaṁ bhīma-karmā vṛkodaraḥ

pāñcajanyam – das Muschelhorn namens Pāñcajanya; *hṛṣīka-īśaḥ* – Hṛṣīkeśa (Kṛṣṇa, der Herr, der die Sinne der Gottgeweihten lenkt); *devadattam* – das Muschelhorn namens Devadatta; *dhanam-jayaḥ* – Dhanañjaya (Arjuna, der Gewinner von Reichtum); *pauṇḍram* – das Muschelhorn namens Pauṇḍra; *dadhmau* – blies; *māha-śaṅkham* – das furchterregende Muschelhorn; *bhīma-karmā* – jemand, der herkulische Taten vollbringt; *vṛka-udaraḥ* – der unersättliche Esser (Bhīma).

Śrī Kṛṣṇa ließ Sein Muschelhorn namens Pāñcajanya erschallen; Arjuna blies in das seine namens Devadatta, und Bhīma, der unersättliche Esser und Vollbringer herkulischer Taten, blies in sein furchterregendes Muschelhorn namens Pauṇḍra.

ERLÄUTERUNG: Śrī Kṛṣṇa wird in diesem Vers als Hṛṣīkeśa bezeichnet, weil Er der Eigentümer aller Sinne ist. Die Lebewesen sind winzige Bestandteile von Ihm, und daher sind die Sinne der Lebewesen ebenfalls Bestandteile Seiner Sinne. Die Unpersönlichkeitsanhänger sind unfähig, für die Gegenwart der Sinne des Lebewesens eine befriedigende Erklärung zu geben, und deswegen sind sie immer bestrebt zu behaupten, die Lebewesen besäßen weder Sinne noch Persönlichkeit. Der Herr, der Sich im Herzen aller Lebewesen befindet, lenkt ihre Sinne, aber Er lenkt sie je nach dem Grad ihrer Hingabe. Im Falle eines reinen Gottgeweihten lenkt der Herr die Sinne direkt. Hier auf dem Schlachtfeld von Kurukṣetra lenkt der Herr die transzendentalen Sinne Arjunas direkt, und so erklärt es sich, daß Er in diesem Vers als Hṛṣīkeśa bezeichnet wird. Der Herr hat verschiedene Namen, je nach Seinen Taten. Zum Beispiel trägt Er den Namen Madhusūdana, weil Er den Dämon Madhu tötete; Sein Name ist Govinda, weil Er den Kühen und den Sinnen Freude schenkt; Sein Name ist Vāsudeva, weil Er als der Sohn Vasudevas erschien; Sein Name ist Devakī-nandana, weil Er Devakī als Seine Mutter annahm; Sein Name ist Yaśodā-nandana, weil Er in Vṛndāvana Yaśodā mit Seinen Kindheitsspielen beglückte, und Sein Name lautet Pārtha-sārathi, weil Er der Wagenlenker Seines Freundes Arjuna war. In ähnlicher Weise trägt Er den Namen Hṛṣīkeśa, weil Er Arjuna auf dem Schlachtfeld von Kurukṣetra Führung gab.

Arjuna wird in diesem Vers als Dhanañjaya bezeichnet, weil er seinem älteren Bruder, der König war, dabei half, Reichtum zusammenzutragen, als dieser mit großem Aufwand verschiedene Opfer durchführen wollte. Was Bhīma betrifft, so ist er als Vṛkodara bekannt, weil er Mengen essen konnte, die ebenso erstaunlich waren wie seine herkulischen Taten, wie zum Beispiel das Töten des Dämons Hiḍimba. So war der Klang der Muschelhörner, die die verschiedenen Persönlichkeiten auf seiten der Pāṇḍavas bliesen, angefangen mit dem Muschelhorn des Herrn, für die kampfbereiten Soldaten sehr ermutigend. Die Gegenseite erfreute sich keiner solcher Begünstigungen, auch nicht der Gegenwart Śrī Kṛṣṇas, des höchsten Lenkers, und auch nicht der Gegenwart der Glücksgöttin. So war es den Kurus vorherbestimmt, die Schlacht zu verlieren – das war die Botschaft, die der Klang der Muschelhörner verkündete.

Vers 16–18

अनन्तविजयं राजा कुन्तीपुत्रो युधिष्ठिरः ।
नकुलः सहदेवश्च सुघोषमणिपुष्पकौ ॥१६॥

काश्यश्च परमेष्वासः शिखण्डी च महारथः ।
धृष्टद्युम्नो विराटश्च सात्यकिश्चापराजितः ॥१७॥

द्रुपदो द्रौपदेयाश्च सर्वशः पृथिवीपते ।
सौभद्रश्च महाबाहुः शङ्खान्दध्मुः पृथक्पृथक् ॥१८॥

anantavijayaṁ rājā kuntī-putro yudhiṣṭhiraḥ
nakulaḥ sahadevaś ca sughoṣa-maṇipuṣpakau

kāśyaś ca parameṣv-āsaḥ śikhaṇḍī ca mahā-rathaḥ
dhṛṣṭadyumno virāṭaś ca sātyakiś cāparājitaḥ

drupado draupadeyāś ca sarvaśaḥ pṛthivī-pate
saubhadraś ca mahā-bāhuḥ śaṅkhān dadhmuḥ pṛthak pṛthak

ananta-vijayam – das Muschelhorn namens Anantavijaya; *rājā* – der König; *kuntī-putraḥ* – der Sohn Kuntīs; *yudhiṣṭhiraḥ* – Yudhiṣṭhira; *nakulaḥ* – Nakula; *sahadevaḥ* – Sahadeva; *ca* – und; *sughoṣa-maṇipuṣpakau* – die Muschelhörner namens Sughoṣa und Maṇipuṣpaka; *kāśyaḥ* – der König von Kāśī (Vārāṇasī); *ca* – und; *parama-iṣu-āsaḥ* – der große Bogenschütze; *śikhaṇḍī* – Śikhaṇḍī; *ca* – auch; *mahā-rathaḥ* – jemand, der allein gegen Tausende kämpfen kann; *dhṛṣṭadyumnaḥ* – Dhṛṣṭadyumna (der Sohn Drupadas); *virāṭaḥ* – Virāṭa (der König, der den Pāṇḍavas Zuflucht gewährte, als sie sich verbergen mußten); *ca* – auch; *sātyakiḥ* – Sātyaki (auch Yuyudhāna genannt, der Wagenlenker Śrī Kṛṣṇas); *ca* – und; *aparājitaḥ* – die niemals zuvor besiegt worden waren; *drupadaḥ* – Drupada, der König von Pāñcāla; *draupadeyāḥ* – die Söhne Draupadīs; *ca* – auch; *sarvaśaḥ* – alle; *pṛthivī-pate* – o König; *saubhadraḥ* – Abhimanyu, der Sohn Subhadrās; *ca* – auch; *mahā-bāhuḥ* – starkarmig; *śaṅkhān* – Muschelhörner; *dadhmuḥ* – bliesen; *pṛthak pṛthak* – jeder für sich.

König Yudhiṣṭhira, der Sohn Kuntīs, ließ sein Muschelhorn, das Anantavijaya, ertönen, und Nakula und Sahadeva bliesen das Sughoṣa und das Maṇipuṣpaka. Der König von Kāśī, ein großer Bogenschütze, der große Kämpfer Śikhaṇḍī, Dhṛṣṭadyumna, Virāṭa und der unbezwingbare Sātyaki, Drupada, die Söhne Draupadīs, und die anderen, o König, wie der starkarmige Sohn Subhadrās, ließen ebenfalls ihre Muschelhörner erschallen.

ERLÄUTERUNG: Sañjaya gab König Dhṛtarāṣṭra auf sehr taktvolle Weise zu verstehen, daß seine unkluge Politik, die Söhne Pāṇḍus zu betrügen und sich darum zu bemühen, die eigenen Söhne auf den Thron des Königreichs zu bringen, nicht sehr lobenswert war. Die Vorzeichen deuteten schon jetzt klar darauf hin, daß in dieser großen Schlacht die gesamte Kuru-Dynastie vernichtet werden würde. Angefangen mit dem Ahnherrn, Bhīṣma, bis hinab zu den Enkeln, wie Abhimanyu und anderen – einschließlich der Könige aus vielen Reichen der Welt –, waren alle dort Anwesenden dem Untergang geweiht. Die ganze Katastrophe war die Schuld König Dhṛtarāṣṭras, weil er die Pläne seiner Söhne unterstützte.

Vers 19 स घोषो धार्तराष्ट्राणां हृदयानि व्यदारयत् ।
नभश्च पृथिवीं चैव तुमुलोऽभ्यनुनादयन् ॥१९॥

sa ghoṣo dhārtarāṣṭrāṇāṁ hṛdayāni vyadārayat
nabhaś ca pṛthivīṁ caiva tumulo 'bhyanunādayan

saḥ – diese; *ghoṣaḥ* – Klangschwingung; *dhārtarāṣṭrāṇām* – der Söhne Dhṛtarāṣṭras; *hṛdayāni* – Herzen; *vyadārayat* – zerriß; *nabhaḥ* – der Himmel; *ca* – auch; *pṛthivīm* – die Oberfläche der Erde; *ca* – auch; *eva* – gewiß; *tumulaḥ* – gewaltig; *abhyanunādayan* – widerhallend.

Der Klang der Muschelhörner war gewaltig, und da er sowohl im Himmel als auch auf der Erde widerhallte, zerriß er die Herzen der Söhne Dhṛtarāṣṭras.

ERLÄUTERUNG: Als Bhīṣma und die anderen Krieger auf der Seite Duryodhanas ihre Muschelhörner ertönen ließen, erstarrten die Herzen der Pāṇḍavas nicht. An keiner Stelle wird so etwas erwähnt; im Gegenteil, in ebendiesem Vers heißt es, daß es das Herz der Söhne Dhṛtarāṣṭras zerriß, als sie den Klang vernahmen, den die Partei der Pāṇḍavas erzeugte. Daß den Pāṇḍavas dies gelang, war auf ihr Vertrauen in Śrī Kṛṣṇa zurückzuführen. Jemand, der beim Höchsten Herrn Zuflucht sucht, hat selbst inmitten des größten Unheils nichts zu befürchten.

Vers 20 अथ व्यवस्थितान्दृष्ट्वा धार्तराष्ट्रान् कपिध्वजः ।
प्रवृत्ते शस्त्रसम्पाते धनुरुद्यम्य पाण्डवः ।
हृषीकेशं तदा वाक्यमिदमाह महीपते ॥२०॥

atha vyavasthitān dṛṣṭvā dhārtarāṣṭrān kapi-dhvajaḥ
pravṛtte śastra-sampāte dhanur udyamya pāṇḍavaḥ
hṛṣīkeśaṁ tadā vākyam idam āha mahī-pate

atha – darauf; *vyavasthitān* – sich befindend; *dṛṣṭvā* – betrachtend; *dhārtarāṣṭrān* – die Söhne Dhṛtarāṣṭras; *kapi-dhvajaḥ* – derjenige, dessen Fahne mit dem Zeichen Hanumāns versehen ist; *pravṛtte* – während er sich anschickte; *śastra-sampāte* – die Pfeile abzuschießen; *dhanuḥ* – Bogen; *udyamya* – aufnehmend; *pāṇḍavaḥ* – der Sohn Pāṇḍus (Arjuna); *hṛṣīkeśam* – zu Śrī Kṛṣṇa; *tadā* – zu diesem Zeitpunkt; *vākyam* – Worte; *idam* – diese; *āha* – sprach; *mahī-pate* – o König.

Da nahm Arjuna, der Sohn Pāṇḍus, auf dessen Streitwagen sich die Fahne mit dem Zeichen Hanumāns befand, seinen Bogen auf und

machte sich bereit, seine Pfeile abzuschießen. Er blickte über die Schlachtreihe der Söhne Dhṛtarāṣṭras, und dann, o König, sprach er zu Śrī Kṛṣṇa die folgenden Worte.

ERLÄUTERUNG: Die Schlacht sollte jeden Augenblick beginnen. Man kann der obigen Darstellung entnehmen, daß die Söhne Dhṛtarāṣṭras mehr oder weniger entmutigt waren, als sie die unerwartete Aufstellung der Streitkräfte der Pāṇḍavas sahen, die auf dem Schlachtfeld durch die direkten Unterweisungen Śrī Kṛṣṇas geführt wurden. Das Emblem Hanumāns auf der Fahne Arjunas ist ein weiteres Zeichen des Sieges, denn Hanumān stellte sich in der Schlacht zwischen Rāma und Rāvaṇa auf die Seite Śrī Rāmas, und am Ende war Śrī Rāma siegreich. Jetzt waren sowohl Rāma als auch Hanumān auf dem Streitwagen Arjunas anwesend, um Arjuna beizustehen. Śrī Kṛṣṇa ist Rāma Selbst, und wo immer Sich Śrī Rāma aufhält, dort befindet sich auch Sein ewiger Diener Hanumān und Seine ewige Gemahlin Sītā, die Glücksgöttin. Es gab daher für Arjuna keinen Grund, irgendwelche Feinde zu fürchten. Und vor allem war der Herr der Sinne, Śrī Kṛṣṇa, persönlich gegenwärtig, um ihm Weisungen zu erteilen. Was also die Durchführung der Schlacht betraf, so standen Arjuna alle guten Ratschläge zur Verfügung. In solch glückverheißenden Umständen, die vom Herrn für Seinen ewigen Geweihten geschaffen werden, liegen die Zeichen sicheren Sieges.

Vers 21–22

अर्जुन उवाच
सेनयोरुभयोर्मध्ये रथं स्थापय मेऽच्युत ।
यावदेतान्निरीक्षेऽहं योद्धुकामानवस्थितान् ॥२१॥
कैर्मया सह योद्धव्यमस्मिन् रणसमुद्यमे ॥२२॥

arjuna uvāca
senayor ubhayor madhye rathaṁ sthāpaya me 'cyuta
yāvad etān nirīkṣe 'haṁ yoddhu-kāmān avasthitān

kair mayā saha yoddhavyam asmin raṇa-samudyame

arjunaḥ uvāca – Arjuna sagte; *senayoḥ* – der Heere; *ubhayoḥ* – beider; *madhye* – zwischen; *ratham* – den Streitwagen; *sthāpaya* – bitte lenke; *me* – meinen; *acyuta* – o Unfehlbarer; *yāvat* – solange wie; *etān* – all diese; *nirīkṣe* – kann betrachten; *aham* – ich; *yoddhu-kāmān* – kampfbegierig; *avasthitān* – auf dem Schlachtfeld aufgestellt; *kaiḥ* – mit wem; *mayā* – von mir; *saha* – mit; *yoddhavyam* – muß kämpfen; *asmin* – in diesem; *raṇa* – Kampf; *samudyame* – bei dem Versuch.

Arjuna sagte: O Unfehlbarer, bitte lenke meinen Streitwagen zwischen die beiden Heere, damit ich all diejenigen sehen kann, die sich hier voller Kampfbegierde versammelt haben und gegen die ich in dieser großen Schlacht meine Waffen richten muß.

ERLÄUTERUNG: Obwohl Śrī Kṛṣṇa die Höchste Persönlichkeit Gottes ist, betätigte Er Sich aus Seiner grundlosen Barmherzigkeit im Dienst Seines Freundes. Er verfehlt es nie, Seine Geweihten zuneigungsvoll zu behandeln, und deshalb wird Er hier als unfehlbar bezeichnet. Als Wagenlenker mußte Er Arjunas Befehle ausführen, und da Er nicht zögerte, dies zu tun, wird Er als unfehlbar bezeichnet. Obwohl Er die Rolle des Wagenlenkers Seines Geweihten angenommen hatte, wurde Seine Stellung als der Höchste nicht in Frage gestellt. Unabhängig von allen Umständen, ist Er die Höchste Persönlichkeit Gottes, Hṛṣīkeśa, der Herr der Gesamtheit aller Sinne. Die Beziehung zwischen dem Herrn und Seinem Diener ist sehr süß und transzendental. Der Diener ist immer bereit, dem Herrn einen Dienst zu leisten, und in ähnlicher Weise sucht auch der Herr immer nach einer Gelegenheit, Seinem Geweihten irgendeinen Dienst zu erweisen. Er findet größere Freude daran, wenn Sein reiner Geweihter die übergeordnete Stellung einnimmt, Ihm zu befehlen, als wenn Er es ist, der Befehle erteilt. Da Er der Meister ist, muß jeder Seinen Anordnungen nachkommen – niemand steht über Ihm, der Ihm Befehle geben könnte –, doch wenn Er sieht, daß ein reiner Gottgeweihter Ihm befiehlt, erfährt Er transzendentale Freude, obwohl Er unter allen Umständen der unfehlbare Herr ist.

Als reiner Geweihter des Herrn hatte Arjuna kein Verlangen, mit seinen Vettern zu kämpfen, doch aufgrund des Starrsinns von Duryodhana, der niemals irgendeinem Friedensangebot zugestimmt hatte, war er gezwungen, auf das Schlachtfeld zu kommen. Deshalb war er sehr bestrebt zu sehen, wer die auf dem Schlachtfeld versammelten führenden Persönlichkeiten waren. Obwohl eine Friedensbemühung auf dem Schlachtfeld ausgeschlossen war, wollte er sie dennoch wiedersehen, und er wollte wissen, wie sehr sie darauf drängten, diesen unerwünschten Krieg zu führen.

Vers 23 योत्स्यमानानवेक्षेऽहं य एतेऽत्र समागताः ।
धार्तराष्ट्रस्य दुर्बुद्धेर्युद्धे प्रियचिकीर्षवः ॥२३॥

yotsyamānān avekṣe 'haṁ ya ete 'tra samāgatāḥ
dhārtarāṣṭrasya durbuddher yuddhe priya-cikīrṣavaḥ

yotsyamānān – diejenigen, die kämpfen werden; *avekṣe* – laß mich sehen; *aham* – ich; *ye* – die; *ete* – diejenigen; *atra* – hier; *samāgatāḥ* – versammelt; *dhārtarāṣṭrasya* – für den Sohn Dhṛtarāṣṭras; *durbuddheḥ* – niederträchtig; *yuddhe* – im Kampf; *priya* – gut; *cikīrṣavaḥ* – wünschend.

Laß mich diejenigen sehen, die hierher zum Kampf gekommen sind, um den niederträchtigen Sohn Dhṛtarāṣṭras zu erfreuen.

ERLÄUTERUNG: Es war ein offenes Geheimnis, daß Duryodhana, in Zusammenarbeit mit seinem Vater Dhṛtarāṣṭra, durch üble Machenschaften das Königreich der Pāṇḍavas an sich reißen wollte. Daher mußten all diejenigen, die sich Duryodhana angeschlossen hatten, von gleicher Gesinnung sein. Arjuna wollte sie vor Beginn des Kampfes auf dem Schlachtfeld nur sehen, um zu erfahren, um wen es sich handelte; er hatte nicht die Absicht, ihnen Friedensverhandlungen vorzuschlagen. Außerdem wollte er sie auch sehen, um die Stärke abzuschätzen, der er zu begegnen hatte, obgleich er sich des Sieges völlig sicher war, da Kṛṣṇa an seiner Seite saß.

Vers 24 सञ्जय उवाच
एवमुक्तो हृषीकेशो गुडाकेशेन भारत ।
सेनयोरुभयोर्मध्ये स्थापयित्वा रथोत्तमम् ॥२४॥

sañjaya uvāca
evam ukto hṛṣīkeśo guḍākeśena bhārata
senayor ubhayor madhye sthāpayitvā rathottamam

sañjayaḥ uvāca – Sañjaya sprach; *evam* – so; *uktaḥ* – angesprochen; *hṛṣīkeśaḥ* – Śrī Kṛṣṇa; *guḍākeśena* – von Arjuna; *bhārata* – o Nachkomme Bharatas; *senayoḥ* – der Heere; *ubhayoḥ* – beider; *madhye* – in der Mitte von; *sthāpayitvā* – indem Er führte; *ratha-uttamam* – den höchst vortrefflichen Streitwagen.

Sañjaya sprach: O Nachkomme Bharatas, so von Arjuna angesprochen, lenkte Śrī Kṛṣṇa den vortrefflichen Streitwagen zwischen die Heere beider Parteien.

ERLÄUTERUNG: In diesem Vers wird Arjuna als Guḍākeśa bezeichnet. *Guḍākā* bedeutet „Schlaf“, und jemand, der den Schlaf bezwungen hat, wird *guḍākeśa* genannt. Schlaf bedeutet auch Unwissenheit, und so bezwang Arjuna dank seiner Freundschaft mit Kṛṣṇa sowohl Schlaf als auch Unwissenheit. Als großer Gottgeweihter konnte er Kṛṣṇa nicht einmal für einen Augenblick vergessen, denn dies ist das Wesen eines Gottgeweihten. Ob im Wach- oder im Schlafzustand – ein Gottgeweihter kann niemals aufhören, an Kṛṣṇas Namen, Gestalt, Eigenschaften und Spiele zu denken. So kann ein Geweihter Kṛṣṇas sowohl Schlaf als auch Unwissenheit bezwingen, indem er einfach unablässig an Kṛṣṇa denkt. Das nennt man Kṛṣṇa-Bewußtsein oder *samādhi.* Als Hṛṣīkeśa, der Lenker der Sinne und des Geistes eines jeden Lebewesens, konnte Kṛṣṇa Arjunas Absicht verstehen, als dieser Ihm befahl, den Streitwagen zwischen beide Heere zu lenken. Er folgte also dieser Anweisung und sprach dann wie folgt.

Vers 25 भीष्मद्रोणप्रमुखतः सर्वेषां च महीक्षिताम् ।
उवाच पार्थ पश्यैतान् समवेतान् कुरूनिति ॥२५॥

bhīṣma-droṇa-pramukhataḥ sarveṣāṁ ca mahī-kṣitām
uvāca pārtha paśyaitān samavetān kurūn iti

bhīṣma – Großvater Bhīṣma; *droṇa* – Droṇa, der Lehrer; *pramukhataḥ* – angesichts von; *sarveṣām* – allen; *ca* – auch; *mahī-kṣitām* – Herrscher der Welt; *uvāca* – sagte; *pārtha* – o Sohn Pṛthās; *paśya* – sieh nur; *etān* – sie alle; *samavetān* – versammelt; *kurūn* – die Angehörigen der Kuru-Dynastie; *iti* – so.

In der Gegenwart von Bhīṣma, Droṇa und allen anderen Herrschern der Welt sprach der Herr: O Pārtha, sieh nur all die Kurus, die sich hier versammelt haben.

ERLÄUTERUNG: Weil Śrī Kṛṣṇa die Überseele aller Lebewesen ist, konnte Er verstehen, was in Arjunas Geist vorging. Der Gebrauch des Wortes Hṛṣīkeśa in diesem Zusammenhang weist darauf hin, daß Er alles wußte. Ebenso ist es bedeutsam, daß Arjuna hier als Pārtha angesprochen wird, was soviel bedeutet wie „der Sohn Kuntīs oder Pṛthās". Als Freund wollte Kṛṣṇa Arjuna zu verstehen geben, daß Er eingewilligt hatte, Sein Wagenlenker zu sein, weil Arjuna der Sohn Pṛthās, der Schwester Seines Vaters Vasudeva, war. Was aber meinte Kṛṣṇa nun, als Er zu Arjuna sagte: „Sieh nur all die Kurus"? Wollte Arjuna jetzt etwa innehalten und nicht kämpfen? Kṛṣṇa hätte so etwas vom Sohn Seiner Tante Pṛthā niemals erwartet. Es war eine freundschaftliche, scherzende Bemerkung, mit welcher der Herr Arjunas Geisteshaltung vorhersagte.

Vers 26 तत्रापश्यत्स्थितान् पार्थः पितॄनथ पितामहान् ।
आचार्यान्मातुलान् भ्रातॄन् पुत्रान् पौत्रान् सखींस्तथा ।
श्वशुरान् सुहृदश्चैव सेनयोरुभयोरपि ॥२६॥

tatrāpaśyat sthitān pārthaḥ pitṝn atha pitāmahān
ācāryān mātulān bhrātṝn putrān pautrān sakhīṁs tathā
śvaśurān suhṛdaś caiva senayor ubhayor api

tatra – dort; *apaśyat* – er konnte sehen; *sthitān* – stehend; *pārthaḥ* – Arjuna; *pitṝn* – Väter; *atha* – auch; *pitāmahān* – Großväter; *ācāryān* – Lehrer; *mātulān* – Onkel mütterlicherseits; *bhrātṝn* – Brüder; *putrān* – Söhne; *pautrān* – Enkel; *sakhīn* – Freunde; *tathā* – auch; *śvaśurān* – Schwiegerväter; *suhṛdaḥ* – Gönner; *ca* – auch; *eva* – gewiß; *senayoḥ* – der Heere; *ubhayoḥ* – beider Parteien; *api* – einschließlich.

Da erkannte Arjuna, der mitten zwischen den Heeren beider Parteien stand, seine Väter, Großväter, Lehrer, Onkel mütterlicherseits, Brüder, Söhne, Enkel, Freunde und auch seine Schwiegerväter und seine Gönner.

ERLÄUTERUNG: Auf dem Schlachtfeld sah Arjuna alle möglichen Verwandten. Er erkannte Persönlichkeiten wie Bhūriśravā, die Altersgenossen seines Vaters waren, sowie seine Großväter Bhīṣma und Somadatta, Lehrer wie Droṇācārya und Kṛpācārya, Onkel mütterlicherseits wie Śalya und Śakuni, Brüder wie Duryodhana, Söhne wie Lakṣmaṇa, Freunde wie Aśvatthāmā, Gönner wie Kṛtavarmā usw. Ebenso konnte er in den Heeren viele seiner Freunde erkennen.

Vers 27 तान् समीक्ष्य स कौन्तेयः सर्वान् बन्धूनवस्थितान् ।
कृपया परयाविष्टो विषीदन्निदमब्रवीत् ॥२७॥

tān samīkṣya sa kaunteyaḥ sarvān bandhūn avasthitān
kṛpayā parayāviṣṭo viṣīdann idam abravīt

tān – sie alle; *samīkṣya* – nachdem er gesehen hatte; *saḥ* – er; *kaunteyaḥ* – der Sohn Kuntīs; *sarvān* – alle Arten von; *bandhūn* – Verwandten; *avasthitān* – sich befindend; *kṛpayā* – von Mitleid; *parayā* – hohen Grades; *āviṣṭaḥ* – überwältigt von; *viṣīdan* – während er klagte; *idam* – so; *abravīt* – sprach.

Als der Sohn Kuntīs, Arjuna, all diese verschiedenen Freunde und Verwandten sah, wurde er von Mitleid überwältigt und sprach wie folgt.

Vers 28 अर्जुन उवाच
दृष्ट्वेमं स्वजनं कृष्ण युयुत्सुं समुपस्थितम् ।
सीदन्ति मम गात्राणि मुखं च परिशुष्यति ॥२८॥

arjuna uvāca
dṛṣṭvemaṁ sva-janaṁ kṛṣṇa yuyutsuṁ samupasthitam
sīdanti mama gātrāṇi mukhaṁ ca pariśuṣyati

arjunaḥ uvāca – Arjuna sagte; *dṛṣṭvā* – nachdem ich gesehen habe; *imam* – all diese; *sva-janam* – Verwandten; *kṛṣṇa* – o Kṛṣṇa; *yuyutsum* – alle voller Kampfbegierde; *samupasthitam* – anwesend; *sīdanti* – zittern; *mama* – meine; *gātrāṇi* – Glieder des Körpers; *mukham* – Mund; *ca* – auch; *pariśuṣyati* – trocknet aus.

Arjuna sagte: Mein lieber Kṛṣṇa, beim Anblick meiner Freunde und Verwandten, die mit solcher Kampfbegierde vor mir stehen, beginne ich am ganzen Körper zu zittern, und mein Mund trocknet aus.

ERLÄUTERUNG: Jeder, der echte Hingabe zum Herrn besitzt, birgt in sich alle guten Eigenschaften, die man bei heiligen Menschen und Halbgöttern findet, wohingegen ein Nichtgottgeweihter keine göttlichen Eigenschaften aufweist, mag er durch Bildung und Kultur auch noch so viel materiellen Fortschritt gemacht haben. Als Arjuna daher seine Familienangehörigen, seine Freunde und Verwandten auf dem Schlachtfeld sah, die sich entschieden hatten, gegeneinander zu kämpfen, wurde er sogleich von Mitleid überwältigt. Schon von Anfang an hatte in ihm der Gedanke an seine eigenen Soldaten Mitgefühl erweckt, doch jetzt bemitleidete er sogar die Soldaten der gegnerischen Partei, da er ihren unausweichlichen Tod voraussah. Bei diesem Gedanken begann er am ganzen Körper zu zittern, und sein Mund wurde trocken. Es verwunderte ihn eigentlich, sie so voller Kampfbegierde zu sehen. Nahezu die gesamte Dynastie, das heißt alle Blutsverwandten Arjunas, waren gekommen, um gegen ihn zu kämpfen. Dies überwältigte einen gutherzigen Gottgeweihten wie Arjuna. Obwohl es hier nicht erwähnt wird, kann man es sich leicht vorstellen, daß Arjuna nicht nur zitterte und daß nicht nur sein Mund ausgetrocknet war, sondern daß er auch aus Mitleid weinte. Daß Arjuna so reagierte, beruhte nicht auf Schwäche, sondern auf Weichherzigkeit, einem der Merkmale eines reinen Gottgeweihten. Deshalb heißt es:

yasyāsti bhaktir bhagavaty akiñcanā
sarvair guṇais tatra samāsate surāḥ
harāv abhaktasya kuto mahad-guṇā
mano-rathenāsati dhāvato bahiḥ

„Wer unerschütterliche Hingabe an die Höchste Persönlichkeit Gottes hat, besitzt alle guten Eigenschaften der Halbgötter. Wer aber kein Geweihter des Herrn ist, verfügt nur über materielle Fähigkeiten, die von geringem Wert sind. Dies ist so, weil er sich auf der Ebene des Geistes bewegt und mit Sicherheit von der flimmernden materiellen Energie betört wird." (*Śrīmad-Bhāgavatam* 5.18.12)

Vers 29 वेपथुश्च शरीरे मे रोमहर्षश्च जायते ।
गाण्डीवं स्रंसते हस्तात्त्वक्चैव परिदह्यते ॥२९॥

vepathuś ca śarīre me roma-harṣaś ca jāyate
gāṇḍīvaṁ sraṁsate hastāt tvak caiva paridahyate

vepathuḥ – Zittern des Körpers; *ca* – auch; *śarīre* – auf dem Körper; *me* – meinem; *roma-harṣaḥ* – Sträuben der Haare; *ca* – auch; *jāyate* – geschieht; *gāṇḍīvam* – der Bogen Arjunas; *sraṁsate* – gleitet; *hastāt* – aus der Hand; *tvak* – Haut; *ca* – auch; *eva* – gewiß; *paridahyate* – brennt.

Mein ganzer Körper zittert, und meine Haare sträuben sich. Mein Bogen Gāṇḍīva gleitet mir aus der Hand, und meine Haut brennt.

ERLÄUTERUNG: Das Phänomen, daß der Körper zu zittern beginnt und daß sich die Haare sträuben, tritt in zwei bestimmten Fällen auf, entweder in großer spiritueller Ekstase oder aus großer Angst unter materiellen Bedingungen. Im Falle transzendentaler Erkenntnis gibt es keine Angst. Arjunas Merkmale in dieser Lage entspringen materieller Angst, nämlich der Befürchtung, das Leben zu verlieren. Diese Tatsache geht auch aus anderen Merkmalen hervor; er war so verstört, daß ihm sein berühmter Bogen Gāṇḍīva aus den Händen glitt, und weil sein Herz im Innern brannte, spürte er ein Brennen auf der Haut. All dies rührt von einer materiellen Lebensauffassung her.

Vers 30 न च शक्नोम्यवस्थातुं भ्रमतीव च मे मनः ।
निमित्तानि च पश्यामि विपरीतानि केशव ॥३०॥

na ca śaknomy avasthātuṁ bhramatīva ca me manaḥ
nimittāni ca paśyāmi viparītāni keśava

na – nicht; *ca* – auch; *śaknomi* – bin ich imstande; *avasthātum* – zu bleiben; *bhramati* – vergessend; *iva* – wie; *ca* – und; *me* – mein; *manaḥ* – Geist; *nimittāni* – verursacht; *ca* – auch; *paśyāmi* – ich sehe; *viparītāni* – genau das Gegenteil; *keśava* – o Töter des Dämons Keśī (Kṛṣṇa).

Ich bin nicht imstande, hier noch länger stehenzubleiben. Mein Geist ist verwirrt, und mir schwindelt. Ich sehe nur Unheil drohen, o Kṛṣṇa, Töter des Dämons Keśī.

ERLÄUTERUNG: Aufgrund seiner Verstörtheit war es Arjuna nicht möglich, länger auf dem Schlachtfeld zu bleiben, und wegen dieser inneren Schwäche war er sehr verwirrt. Daß man in einen solch verwirrten Daseinszustand gerät, ist auf übermäßige Anhaftung an materielle Dinge zurückzuführen. *Bhayaṁ dvitīyābhiniveśataḥ syāt* (*Bhāgavatam* 11.2.37): Solche Furcht und der Verlust der Ausgeglichenheit des Geistes treten bei Menschen auf, die zu sehr von materiellen Umständen beeinflußt werden. Arjuna sah in dieser Schlacht nur Leid und Unglück voraus – selbst wenn er den Feind besiegen würde, könnte er nicht glücklich sein. Die Worte *nimittāni viparītāni* sind von Bedeutung. Wenn ein Mensch in seinen Erwartungen nur Enttäuschung sieht, denkt er: „Warum bin ich überhaupt hier?" Jeder ist an sich selbst und seinem eigenen Wohl interessiert. Niemand interessiert sich für das Höchste Selbst. Durch Kṛṣṇas Willen befindet sich hier auch Arjuna in Unwissenheit über das wahre Selbstinteresse. Das wahre Selbstinteresse liegt in Viṣṇu, oder Kṛṣṇa, doch die bedingte Seele vergißt dies und erfährt deshalb materielles Leid. Arjuna dachte, sein Sieg in der Schlacht werde für ihn nur ein Grund zum Klagen sein.

Vers 31 न च श्रेयोऽनुपश्यामि हत्वा स्वजनमाहवे ।
न काङ्क्षे विजयं कृष्ण न च राज्यं सुखानि च ॥३१॥

na ca śreyo 'nupaśyāmi hatvā sva-janam āhave
na kāṅkṣe vijayaṁ kṛṣṇa na ca rājyaṁ sukhāni ca

na – weder; *ca* – auch; *śreyaḥ* – Gutes; *anupaśyāmi* – sehe ich voraus; *hatvā* – durch Töten; *sva-janam* – eigene Verwandte; *āhave* – im Kampf;

na – noch; *kāṅkṣe* – ich wünsche; *vijayam* – Sieg; *kṛṣṇa* – o Kṛṣṇa; *na* – noch; *ca* – auch; *rājyam* – Königreich; *sukhāni* – darauf folgendes Glück; *ca* – auch.

Ich sehe nicht, wie etwas Gutes entstehen kann, wenn ich in dieser Schlacht meine eigenen Verwandten töte; mein lieber Kṛṣṇa, ebensowenig begehre ich die Folgen dieses Tötens, wie Sieg, Besitz des Königreichs oder Glück.

ERLÄUTERUNG: Ohne zu wissen, daß Viṣṇu (Kṛṣṇa) ihr wahres Selbstinteresse ist, fühlen sich die bedingten Seelen zu körperlichen Beziehungen hingezogen, in der Hoffnung, auf diese Weise glücklich zu werden. In ihrer Verblendung vergessen sie sogar, was die Ursachen materiellen Glücks sind. Arjuna scheint sogar die für einen *kṣatriya* geltenden Moralgesetze vergessen zu haben. Es wird gesagt, daß zwei Arten von Menschen befähigt sind, auf den mächtigen, gleißenden Sonnenplaneten erhoben zu werden, nämlich der *kṣatriya,* der an der Schlachtfront direkt unter Kṛṣṇas Befehlen fällt, und der Mensch im Lebensstand der Entsagung, der sich völlig dem spirituellen Pfad geweiht hat. Arjuna widerstrebt es, seine Feinde zu töten, von seinen Verwandten also ganz zu schweigen. Er dachte, es gäbe kein Glück in seinem Leben, wenn er seine Verwandten tötete, und deswegen wollte er nicht kämpfen, ebenso wie jemand, der keinen Hunger verspürt, nichts kochen möchte. Zu diesem Zeitpunkt entschloß er sich, in den Wald zu gehen und ein einsames Leben der Resignation zu verbringen. Doch als *kṣatriya* brauchte er ein Königreich für seinen Unterhalt, denn *kṣatriyas* können nicht einer anderen Beschäftigung nachgehen. Aber Arjuna besaß kein Königreich. Arjunas einzige Möglichkeit, ein Königreich zu gewinnen, bestand darin, mit seinen Vettern zu kämpfen und das Königreich zurückzufordern, das er von seinem Vater geerbt hatte. Aber das will er nicht tun. Deshalb hält er es für das beste, in den Wald zu gehen, um dort ein zurückgezogenes Leben der Resignation zu fristen.

Vers 32–35

किं नो राज्येन गोविन्द किं भोगैर्जीवितेन वा ।
येषामर्थे काङ्क्षितं नो राज्यं भोगाः सुखानि च ॥३२॥

त इमेऽवस्थिता युद्धे प्राणांस्त्यक्त्वा धनानि च ।
आचार्याः पितरः पुत्रास्तथैव च पितामहाः ॥३३॥

मातुलाः श्वशुराः पौत्राः श्यालाः सम्बन्धिनस्तथा ।
एतान्न हन्तुमिच्छामि घ्नतोऽपि मधुसूदन ॥३४॥

अपि त्रैलोक्यराज्यस्य हेतोः किं नु महीकृते ।
निहत्य धार्तराष्ट्रान्नः का प्रीतिः स्याज्जनार्दन ॥३५॥

kiṁ no rājyena govinda kiṁ bhogair jīvitena vā
yeṣām arthe kāṅkṣitaṁ no rājyaṁ bhogāḥ sukhāni ca

ta ime 'vasthitā yuddhe prāṇāṁs tyaktvā dhanāni ca
ācāryāḥ pitaraḥ putrās tathaiva ca pitāmahāḥ

mātulāḥ śvaśurāḥ pautrāḥ śyālāḥ sambandhinas tathā
etān na hantum icchāmi ghnato 'pi madhusūdana

api trailokya-rājyasya hetoḥ kiṁ nu mahi-kṛte
nihatya dhārtarāṣṭrān naḥ kā prītiḥ syāj janārdana

kim – welchen Nutzen; *naḥ* – für uns; *rājyena* – hat das Königreich; *govinda* – o Kṛṣṇa; *kim* – welchen; *bhogaiḥ* – Genuß; *jīvitena* – lebend; *vā* – entweder; *yeṣām* – für diejenigen; *arthe* – im Interesse von; *kāṅkṣitam* – wird begehrt; *naḥ* – von uns; *rājyam* – Königreich; *bhogāḥ* – materieller Genuß; *sukhāni* – alles Glück; *ca* – auch; *te* – sie alle; *ime* – diese; *avasthitāḥ* – sich befindend; *yuddhe* – auf diesem Schlachtfeld; *prāṇān* – Leben; *tyaktvā* – aufgebend; *dhanāni* – Reichtümer; *ca* – ebenfalls; *ācāryāḥ* – Lehrer; *pitaraḥ* – Väter; *putrāḥ* – Söhne; *tathā* – ebenso wie; *eva* – gewiß; *ca* – auch; *pitāmahāḥ* – Großväter; *mātulāḥ* – Onkel mütterlicherseits; *śvaśurāḥ* – Schwiegerväter; *pautrāḥ* – Enkel; *śyālāḥ* – Schwäger; *sambandhinaḥ* – Verwandte; *tathā* – ebenso wie; *etān* – all diese; *na* – niemals; *hantum* – zu töten; *icchāmi* – ich wünsche; *ghnataḥ* – getötet werdend; *api* – sogar; *madhusūdana* – o Töter des Dämons Madhu (Kṛṣṇa); *api* – sogar wenn; *trai-lokya* – der drei Welten; *rājyasya* – für das Königreich; *hetoḥ* – im Austausch; *kim nu* – ganz zu schweigen von; *mahī-kṛte* – für die Erde; *nihatya* – indem ich töte; *dhārtarāṣṭrān* – die Söhne Dhṛtarāṣṭras; *naḥ* – unsere; *kā* – welche; *prītiḥ* – Freude; *syāt* – wird es geben; *janārdana* – o Erhalter aller Lebewesen.

O Govinda, was nützt uns ein Königreich, Glück oder sogar das bloße Leben, wenn all jene, für die wir dies begehren, jetzt in Reih und Glied vor uns auf dem Schlachtfeld stehen? O Madhusūdana, wenn Lehrer, Väter, Söhne, Großväter, Onkel mütterlicherseits, Schwiegerväter, Enkel, Schwäger und andere Verwandte bereit sind, ihr Leben und ihre Besitztümer aufzugeben, und vor mir stehen – warum sollte ich da den Wunsch haben, sie zu töten, selbst wenn sie sonst mich töten?

O Erhalter aller Lebewesen, ich bin nicht bereit, mit ihnen zu kämpfen, nicht einmal wenn ich dafür die drei Welten bekäme, geschweige denn diese Erde. Welche Freude werden wir daraus ziehen, wenn wir die Söhne Dhṛtarāṣṭras töten?

ERLÄUTERUNG: Arjuna sprach Śrī Kṛṣṇa als Govinda an, weil Kṛṣṇa für die Kühe und die Sinne der Gegenstand aller Freude ist. Indem Arjuna dieses bedeutungsvolle Wort gebraucht, möchte er Kṛṣṇa zu verstehen geben, daß Er, Kṛṣṇa, für die Befriedigung seiner Sinne sorgen solle. Aber Govinda ist nicht dafür da, für die Befriedigung unserer Sinne zu sorgen. Wenn wir hingegen versuchen, die Sinne Govindas zufriedenzustellen, sind unsere eigenen Sinne automatisch ebenfalls zufrieden. Im materiellen Bewußtsein möchte jeder seine eigenen Sinne befriedigen, und Gott soll der Lieferant dieser Befriedigung sein. Der Herr wird die Sinne der Lebewesen in dem Maße befriedigen, wie sie es verdienen, und nicht, wie sie es begehren. Wenn man jedoch die entgegengesetzte Richtung einschlägt, das heißt, wenn man versucht, die Sinne Govindas zu erfreuen, ohne dabei nach eigener Sinnenbefriedigung zu trachten, gehen durch die Gnade Govindas alle Wünsche des Lebewesens in Erfüllung. Arjunas tiefe Zuneigung zu seinen Freunden, Lehrern und Verwandten zeigt sich hier teilweise darin, daß er aufgrund seines natürlichen Mitleids für sie nicht bereit ist zu kämpfen. Jeder will Freunden und Verwandten seinen Reichtum zeigen, aber Arjuna befürchtet, daß alle seine Verwandten und Freunde auf dem Schlachtfeld getötet werden und daß er nach dem Sieg seinen Reichtum nicht mit ihnen teilen kann. Dies ist eine typische Überlegung im materiellen Leben. Das transzendentale Leben ist jedoch anders. Da ein Gottgeweihter die Wünsche des Herrn erfüllen möchte, kann er, wenn der Herr es will, alle Arten von Reichtum annehmen und sie in Seinem Dienst verwenden, und wenn der Herr es nicht will, sollte er nicht das geringste annehmen. Arjuna wollte seine Verwandten nicht töten, und wenn es aus irgendeinem Grunde notwendig war, sie zu töten, wollte er, daß Kṛṣṇa sie persönlich tötete. Zu diesem Zeitpunkt wußte er noch nicht, daß Kṛṣṇa sie bereits getötet hatte, bevor sie auf das Schlachtfeld gekommen waren, und daß er nur ein Werkzeug Kṛṣṇas werden sollte. Diese Tatsache wird in späteren Kapiteln enthüllt werden. Als reiner Geweihter des Herrn wollte sich Arjuna nicht an seinen ruchlosen Vettern rächen; doch es war der Plan des Herrn, daß sie alle getötet werden sollten. Der Geweihte des Herrn rächt sich nicht an einem Übeltäter; aber der Herr duldet kein Unrecht, das niederträchtige Menschen Seinem Geweihten zufügen. Wenn es um Ihn Selbst geht, so macht es dem

Herrn nichts aus, jemandem zu verzeihen, doch Er verzeiht niemandem, der Seinen Geweihten Leid zufügt. Deshalb war der Herr entschlossen, die Gottlosen zu töten, obwohl Arjuna ihnen verzeihen wollte.

Vers 36 पापमेवाश्रयेदस्मान् हत्वैतानाततायिनः ।
तस्मान्नार्हा वयं हन्तुं धार्तराष्ट्रान् सबान्धवान् ।
स्वजनं हि कथं हत्वा सुखिनः स्याम माधव ॥३६॥

pāpam evāśrayed asmān hatvaitān ātatāyinaḥ
tasmān nārhā vayaṁ hantuṁ dhārtarāṣṭrān sa-bāndhavān
sva-janaṁ hi kathaṁ hatvā sukhinaḥ syāma mādhava

pāpam – Sünden; *eva* – gewiß; *āśrayet* – müssen kommen über; *asmān* – uns; *hatvā* – indem wir töten; *etān* – all diese; *ātatāyinaḥ* – Angreifer; *tasmāt* – daher; *na* – niemals; *arhāḥ* – verdienend; *vayam* – wir; *hantum* – zu töten; *dhārtarāṣṭrān* – die Söhne Dhṛtarāṣṭras; *sabāndhavān* – zusammen mit Freunden; *sva-janam* – Verwandten; *hi* – bestimmt; *katham* – wie; *hatvā* – durch Töten; *sukhinaḥ* – glücklich; *syāma* – werden wir werden; *mādhava* – o Kṛṣṇa, Gemahl der Glücksgöttin.

Sünde wird über uns kommen, wenn wir solche Angreifer töten. Daher ziemt es sich nicht für uns, die Söhne Dhṛtarāṣṭras und unsere Freunde zu töten. Was können wir schon gewinnen, o Kṛṣṇa, Gemahl der Glücksgöttin, und wie können wir glücklich sein, wenn wir unsere eigenen Verwandten töten?

ERLÄUTERUNG: Gemäß den *Veden* gibt es sechs Arten von Angreifern: (1) ein Giftmörder; (2) ein Brandstifter; (3) jemand, der mit tödlichen Waffen angreift; (4) jemand, der fremdes Eigentum raubt; (5) jemand, der fremdes Land besetzt, und (6) jemand, der die Frau eines anderen entführt. Solche Angreifer sollten sofort getötet werden, und man begeht keine Sünde, wenn solche Angreifer das Leben verlieren. Für einen gewöhnlichen Menschen ist es durchaus angebracht, solche Angreifer zu töten; doch Arjuna war kein gewöhnlicher Mensch. Dem Charakter nach war er ein Heiliger, und deshalb wollte er sich ihnen gegenüber wie ein solcher verhalten. Aber diese Art von Heiligkeit ist nicht für einen *kṣatriya* bestimmt. Obwohl es notwendig ist, daß ein verantwortlicher Mensch in der Verwaltung eines Staates heilige Eigenschaften hat, sollte er kein Feigling sein. Śrī Rāma zum Beispiel war so fromm, daß die Menschen sogar noch heute danach streben, in

Rāmas Königreich (*rāma-rājya*) zu leben. Aber Śrī Rāma zeigte nie auch nur die geringsten Anzeichen von Feigheit. Rāvaṇa war für Śrī Rāma ein Angreifer, da er dessen Frau, Sītā, entführte, doch Śrī Rāma erteilte ihm ausreichende Lehren, die in der Geschichte der Welt nicht ihresgleichen finden. In Arjunas Fall jedoch sollte man die besondere Art der Angreifer bedenken, denn es handelte sich um seinen eigenen Großvater, seinen Lehrer, seine Freunde, Söhne, Enkel usw. Ihretwegen dachte Arjuna, daß er nicht die schweren Schritte unternehmen sollte, die bei gewöhnlichen Angreifern notwendig sind. Außerdem wird heiligen Menschen angeraten zu verzeihen, eine Anweisung, die für sie wichtiger ist als jede politische Zwangslage. Arjuna war der Meinung, es sei besser, seinen Verwandten aus religiösen Gründen zu verzeihen und ein heiliges Verhalten zu bewahren, als sie aus politischen Erwägungen zu töten. Er war daher der Ansicht, daß solches Töten, nur um zeitweiligen, körperlichen Glücks willen, keinen Gewinn bringen würde. Schließlich sind Königreiche und andere auf solche Weise gewonnene materielle Freuden nicht beständig; warum sollte er also sein Leben und seine ewige Erlösung aufs Spiel setzen, indem er seine eigenen Verwandten tötete? Daß Arjuna Kṛṣṇa als „Mādhava", Gemahl der Glücksgöttin, ansprach, ist in diesem Zusammenhang ebenfalls von Bedeutung. Er wollte darauf hinweisen, daß Kṛṣṇa als Gemahl der Glücksgöttin ihn nicht dazu verleiten solle, sich auf etwas einzulassen, was letztlich nur Unglück bringen würde. Kṛṣṇa jedoch bringt niemandem Unglück, vor allem nicht Seinen Geweihten.

Vers 37–38

यद्यप्येते न पश्यन्ति लोभोपहतचेतसः ।
कुलक्षयकृतं दोषं मित्रद्रोहे च पातकम् ॥३७॥

कथं न ज्ञेयमस्माभिः पापादस्मान्निवर्तितुम् ।
कुलक्षयकृतं दोषं प्रपश्यद्भिर्जनार्दन ॥३८॥

yady apy ete na paśyanti lobhopahata-cetasaḥ
kula-kṣaya-kṛtaṁ doṣaṁ mitra-drohe ca pātakam

kathaṁ na jñeyam asmābhiḥ pāpād asmān nivartitum
kula-kṣaya-kṛtaṁ doṣaṁ prapaśyadbhir janārdana

yadi – wenn; *api* – sogar; *ete* – sie; *na* – nicht; *paśyanti* – sehen; *lobha* – von Gier; *upahata* – überwältigt; *cetasaḥ* – ihre Herzen; *kula-kṣaya* – im Töten der Familie; *kṛtam* – begangen; *doṣam* – Fehler; *mitra-drohe* – im Streiten mit Freunden; *ca* – auch; *pātakam* – sündhafte Reaktionen;

katham – warum; *na* – sollten nicht; *jñeyam* – gewußt sein; *asmābhiḥ* – von uns; *pāpāt* – von Sünden; *asmāt* – diesen; *nivartitum* – abzulassen; *kula-kṣaya* – von der Zerstörung einer Dynastie; *kṛtam* – begangen; *doṣam* – Verbrechen; *prapaśyadbhiḥ* – von denen, die sehen können; *janārdana* – o Kṛṣṇa.

O Janārdana, diese Männer, deren Herzen von Gier überwältigt sind, mögen keinen Fehler darin sehen, die eigene Familie zu töten oder mit Freunden zu streiten, aber warum sollten wir, die wir sehen können, welches Verbrechen es ist, eine Familie zu zerstören, solche Taten der Sünde begehen?

ERLÄUTERUNG: Ein *kṣatriya* darf sich nicht weigern, an einem Kampf oder Glücksspiel teilzunehmen, wenn er von einer rivalisierenden Partei dazu aufgefordert wird. Gemäß dieser Verpflichtung durfte sich Arjuna also nicht weigern zu kämpfen, da er von der Partei Duryodhanas herausgefordert worden war. Es konnte jedoch sein, so überlegte Arjuna, daß sich die andere Seite über die Auswirkungen einer solchen Herausforderung nicht bewußt war. Arjuna hingegen konnte die verheerenden Folgen voraussehen und wollte die Herausforderung deshalb nicht annehmen. Eine Verpflichtung ist erst dann wirklich bindend, wenn die Auswirkung gut ist – wenn die Auswirkung aber andersgeartet ist, kann niemand verpflichtet werden, einer Herausforderung nachzukommen. Indem Arjuna so das Für und Wider erwog, entschloß er sich, nicht zu kämpfen.

Vers 39 कुलक्षये प्रणश्यन्ति कुलधर्माः सनातनाः ।
धर्मे नष्टे कुलं कृत्स्नमधर्मोऽभिभवत्युत ॥३९॥

kula-kṣaye praṇaśyanti kula-dharmāḥ sanātanāḥ
dharme naṣṭe kulaṁ kṛtsnam adharmo 'bhibhavaty uta

kula-kṣaye – durch die Zerstörung der Familie; *praṇaśyanti* – wird vernichtet; *kula-dharmāḥ* – die Familientradition; *sanātanāḥ* – ewig; *dharme* – Religion; *naṣṭe* – zerstört werdend; *kulam* – Familie; *kṛtsnam* – gesamte; *adharmaḥ* – Irreligiosität; *abhibhavati* – wandelt sich; *uta* – man sagt.

Mit der Zerstörung der Dynastie wird die ewige Familientradition vernichtet, und so gerät der Rest der Familie auf den Pfad der Irreligiosität.

ERLÄUTERUNG: Im System des *varṇāśrama* gibt es viele Prinzipien der religiösen Tradition, die den Familienmitgliedern helfen sollen, in rechter Weise aufzuwachsen und spirituell wertvolle Eigenschaften zu entwickeln. Die Läuterungsvorgänge beginnen mit der Geburt und werden bis zum Tod fortgesetzt. Es ist die Verantwortung der älteren Mitglieder, daß diese Zeremonien in der Familie durchgeführt werden. Wenn aber die älteren Mitglieder der Familie sterben, kann es geschehen, daß solche traditionellen Läuterungszeremonien eingestellt werden und die zurückbleibenden jüngeren Familienangehörigen irreligiöse Gewohnheiten entwickeln und so ihre Gelegenheit zu spiritueller Erlösung verpassen. Deshalb dürfen die älteren Familienangehörigen unter keinen Umständen getötet werden.

Vers 40 अधर्माभिभवात्कृष्ण प्रदुष्यन्ति कुलस्त्रियः ।
स्त्रीषु दुष्टासु वार्ष्णेय जायते वर्णसङ्करः ॥४०॥

adharmābhibhavāt kṛṣṇa praduṣyanti kula-striyaḥ
strīṣu duṣṭāsu vārṣṇeya jāyate varṇa-saṅkaraḥ

adharma – Irreligiosität; *abhibhavāt* – wenn vorherrschend geworden ist; *kṛṣṇa* – o Kṛṣṇa; *praduṣyanti* – werden unrein; *kula-striyaḥ* – Frauen der Familie; *strīṣu* – der Frauen; *duṣṭāsu* – auf solche Weise verunreinigt; *vārṣṇeya* – o Nachkomme Vṛṣṇis; *jāyate* – entsteht; *varṇa-saṅkaraḥ* – unerwünschte Nachkommenschaft.

Wenn in der Familie Irreligiosität vorherrscht, o Kṛṣṇa, verlieren die Frauen der Familie ihre Reinheit, und wenn auf diese Weise die Moral der Frauen verfällt, o Nachkomme Vṛṣṇis, entsteht unerwünschte Nachkommenschaft.

ERLÄUTERUNG: Eine gute Bevölkerung ist das Grundprinzip für Frieden, Wohlstand und spirituellen Fortschritt in der menschlichen Gesellschaft. Die Grundsätze der *varṇāśrama*-Religion waren so angelegt, daß die gute Bevölkerung überwog und so den allgemeinen spirituellen Fortschritt des Staates und der Gesellschaft gewährleistete. Eine solche Bevölkerung hängt von der Keuschheit und Treue ihrer Frauen ab. So wie Kinder sich leicht verleiten lassen, lassen sich Frauen leicht verführen. Daher müssen sowohl die Kinder als auch die Frauen von den älteren Familienmitgliedern beschützt werden. Wenn die Frauen mit verschiedenen religiösen Pflichten beschäftigt sind, besteht nicht die Gefahr, daß sie zum Ehebruch verleitet werden. Laut Cāṇakya Paṇḍita sind Frauen im allgemeinen nicht sehr intelligent und deshalb nicht vertrauenswürdig. Folglich sollten sie sich immer im Rahmen ihrer Familientradition und deren religiösen Aufgaben beschäftigen, und dann wird ihre Keuschheit und Hingabe eine gute Bevölkerung hervorbringen, die geeignet ist, am *varṇāśrama*-System teilzunehmen. Wenn dieser *varṇāśrama-dharma* scheitert, bekommen die Frauen die Freiheit, nach Belieben zu handeln und sich mit Männern einzulassen, was zu Ehebruch und in der Folge zu unerwünschter Bevölkerung führt. Auch unverantwortliche Männer fördern den Ehebruch in der Gesellschaft, und so überschwemmen unerwünschte Kinder die menschliche Gesellschaft, was Gefahren wie Kriege und Seuchen heraufbeschwört.

Vers 41 सङ्करो नरकायैव कुलघ्नानां कुलस्य च ।
पतन्ति पितरो ह्येषां लुप्तपिण्डोदकक्रियाः ॥४१॥

saṅkaro narakāyaiva kula-ghnānāṁ kulasya ca
patanti pitaro hy eṣāṁ lupta-piṇḍodaka-kriyāḥ

saṅkaraḥ – solche unerwünschten Kinder; *narakāya* – führen zu höllischem Leben; *eva* – gewiß; *kula-ghnānām* – für diejenigen, die die Familie zerstören; *kulasya* – für die Familie; *ca* – auch; *patanti* – kommen zu Fall; *pitaraḥ* – Vorväter; *hi* – gewiß; *eṣām* – von ihnen; *lupta* – eingestellt; *piṇḍa* – der Opferungen von Speisen; *udaka* – und Wasser; *kriyāḥ* – Durchführungen.

Wenn die unerwünschte Bevölkerung zunimmt, verursacht dies sowohl für die Familie als auch für diejenigen, die die Familientradition zerstören, ein höllisches Dasein. Die Vorväter solch entarteter Familien kommen zu Fall, weil die Zeremonien, bei denen man ihnen Speise und Wasser darbringt, vollständig eingestellt werden.

ERLÄUTERUNG: Gemäß den Regeln und Vorschriften für fruchtbringende Tätigkeiten muß man den Vorvätern der Familie in bestimmten Zeitabständen Speise und Wasser opfern. Diese Opferung wird durchgeführt, indem man Viṣṇu verehrt, denn wenn man die Reste der Nahrung zu sich nimmt, die Viṣṇu geopfert wurde, kann man von allen Arten sündhafter Handlungen befreit werden. Manchmal kommt es vor, daß die Vorväter unter verschiedensten Arten sündhafter Reaktionen zu leiden haben, und manchmal können einige von ihnen nicht einmal einen grobstofflichen Körper annehmen und sind gezwungen, in feinstofflichen Körpern als Geister zu leben. Wenn daher die Nachkommen ihren Vorvätern Überreste von *prasādam*-Speisen opfern, werden die Vorväter aus ihrem Leben als Geist oder aus anderen leidvollen Umständen befreit. Es ist eine Familientradition, den Vorvätern auf diese Weise zu helfen, und diejenigen, die kein gottergebenes Leben führen, müssen solche Rituale vollziehen. Wer jedoch ein gottergebenes Leben führt, braucht solche Handlungen nicht zu verrichten. Indem man einfach hingebungsvollen Dienst ausführt, kann man Hunderte, ja Tausende von Vorvätern von allen Arten des Elends befreien. Im *Bhāgavatam* (11.5.41) heißt es:

devarṣi-bhūtāpta-nṛṇāṁ pitṛṇāṁ
na kiṅkaro nāyam ṛṇī ca rājan
sarvātmanā yaḥ śaraṇaṁ śaraṇyaṁ
gato mukundaṁ parihṛtya kartam

„Jeder, der bei den Lotosfüßen Mukundas, des Gewährers von Befreiung, Zuflucht gesucht hat, indem er alle Arten von Verpflichtungen aufgab, und der diesem Pfad mit aller Ernsthaftigkeit folgt, ist weder den Halbgöttern noch den Weisen, noch anderen Lebewesen, noch seinen Familienangehörigen, noch der Menschheit, noch den Vorvätern verpflichtet oder verschuldet."

Solche Verpflichtungen sind von selbst erfüllt, wenn man im hingebungsvollen Dienst für die Höchste Persönlichkeit Gottes tätig ist.

Vers 42 दोषैरेतैः कुलघ्नानां वर्णसङ्करकारकैः ।
उत्साद्यन्ते जातिधर्माः कुलधर्माश्च शाश्वताः ॥४२॥

doṣair etaiḥ kula-ghnānāṁ varṇa-saṅkara-kārakaiḥ
utsādyante jāti-dharmāḥ kula-dharmāś ca śāśvatāḥ

doṣaiḥ – durch solche Fehler; *etaiḥ* – all diese; *kula-ghnānām* – der Zerstörer der Familie; *varṇa-saṅkara* – von unerwünschten Kindern; *kārakaiḥ* – die Ursachen sind; *utsādyante* – werden zunichte gemacht; *jāti-dharmāḥ* – pflichtgemäße Tätigkeiten für die Gesellschaft; *kula-dharmāḥ* – Familientraditionen; *ca* – auch; *śāśvatāḥ* – ewig.

Durch die üblen Machenschaften derer, die die Familientradition zerstören und somit die Entstehung unerwünschter Kinder verursachen, werden alle pflichtgemäßen Tätigkeiten, die für das Wohl der Gesellschaft und der Familie bestimmt sind, zunichte gemacht.

ERLÄUTERUNG: Die pflichtgemäßen Tätigkeiten der vier Klassen der menschlichen Gesellschaft sowie die Tätigkeiten für das Wohl der Familie, wie sie in der Einrichtung des *sanātana-dharma,* oder *varṇāśrama-dharma,* festgelegt sind, sollen es dem Menschen ermöglichen, seine endgültige Erlösung zu erlangen. Wenn daher unverantwortliche Führer der Gesellschaft die Tradition des *sanātana-dharma* zerstören, entsteht in dieser Gesellschaft ein Chaos, und als Folge davon vergessen die Menschen das Ziel des Lebens – Viṣṇu. Solche Führer sind blind, und Menschen, die ihnen folgen, werden unweigerlich in ein Chaos geführt.

Vers 43 उत्सन्नकुलधर्माणां मनुष्याणां जनार्दन ।
नरके नियतं वासो भवतीत्यनुशुश्रुम ॥४३॥

utsanna-kula-dharmāṇāṁ manuṣyāṇāṁ janārdana
narake niyataṁ vāso bhavatīty anuśuśruma

utsanna – verdorben; *kula-dharmāṇām* – von denen, die Familientraditionen folgen; *manuṣyāṇām* – solcher Menschen; *janārdana* – o Kṛṣṇa; *narake* – in der Hölle; *niyatam* – immer; *vāsaḥ* – Aufenthaltsort; *bhavati* – es wird; *iti* – auf diese Weise; *anuśuśruma* – ich habe durch die Schülernachfolge gehört.

O Kṛṣṇa, Erhalter aller Menschen, ich habe durch die Schülernachfolge gehört, daß diejenigen, deren Familientraditionen zerstört sind, für immer in der Hölle leiden.

ERLÄUTERUNG: Arjuna stützt seinen Einwand nicht auf seine eigene, persönliche Erfahrung, sondern auf das, was er von Autoritäten gehört hat. Das ist der Weg, wirkliches Wissen zu empfangen. Man kann nicht zu dem Punkt kommen, wo man wirkliches Wissen besitzt, ohne daß einem von der richtigen Person geholfen wird, die bereits in diesem Wissen verankert ist. In der Einrichtung des *varṇāśrama* gibt es ein System, das vorschreibt, daß man sich vor dem Tod einer bestimmten Zeremonie unterziehen muß, um von seinen Sünden geläutert zu werden. Wer ständig sündhaften Tätigkeiten nachgeht, muß sich diesem Vorgang der Buße (*prāyaścitta*) unterziehen. Wenn man dies versäumt, wird man mit Sicherheit zu den höllischen Planeten gebracht, um dort als Folge dieser sündhaften Tätigkeiten ein jammervolles Leben zu erleiden.

Vers 44 अहो बत महत्पापं कर्तुं व्यवसिता वयम् ।
यद्राज्यसुखलोभेन हन्तुं स्वजनमुद्यताः ॥४४॥

aho bata mahat pāpaṁ kartuṁ vyavasitā vayam
yad rājya-sukha-lobhena hantuṁ sva-janam udyatāḥ

aho – ach; *bata* – wie seltsam es ist; *mahat* – große; *pāpam* – Sünden; *kartum* – zu begehen; *vyavasitāḥ* – haben uns entschlossen; *vayam* – wir; *yat* – weil; *rājya-sukha-lobhena* – getrieben von der Gier nach königlichem Glück; *hantum* – zu töten; *sva-janam* – Verwandte; *udyatāḥ* – versuchend.

Ach, wie seltsam es ist, daß wir uns anschicken, schwere Sünden zu begehen. Getrieben von dem Wunsch, königliches Glück zu genießen, sind wir bestrebt, unsere eigenen Verwandten zu töten.

ERLÄUTERUNG: Wenn man von selbstsüchtigen Beweggründen getrieben wird, ist man sogar bereit, die schwersten Sünden zu begehen, wie den Bruder, den Vater oder die Mutter zu ermorden. Es gibt hierfür viele Beispiele in der Weltgeschichte. Arjuna aber ist sich als heiliger Geweihter des Herrn stets der moralischen Grundsätze bewußt und bemüht sich daher, solche Tätigkeiten zu vermeiden.

Vers 45 यदि मामप्रतीकारमशस्त्रं शस्त्रपाणयः ।
धार्तराष्ट्रा रणे हन्युस्तन्मे क्षेमतरं भवेत् ॥४५॥

yadi mām apratīkāram aśastraṁ śastra-pāṇayaḥ
dhārtarāṣṭrā raṇe hanyus tan me kṣema-taraṁ bhavet

yadi – sogar wenn; *mām* – mich; *apratīkāram* – ohne Widerstand zu leisten; *aśastram* – ohne voll ausgerüstet zu sein; *śastra-pāṇayaḥ* – jene mit Waffen in der Hand; *dhārtarāṣṭrāḥ* – die Söhne Dhṛtarāṣṭras; *raṇe* – auf dem Schlachtfeld; *hanyuḥ* – mögen töten; *tat* – das; *me* – für mich; *kṣema-taram* – besser; *bhavet* – würde sein.

Es wäre besser für mich, wenn ich auf dem Schlachtfeld unter den Waffen der Söhne Dhṛtarāṣṭras unbewaffnet sterben würde, ohne Widerstand zu leisten.

ERLÄUTERUNG: Nach den Kampfregeln der *kṣatriyas* ist es üblich, einen unbewaffneten und unwilligen Gegner nicht anzugreifen. Arjuna jedoch beschloß, nicht zu kämpfen, selbst wenn ihn der Feind in einer solch mißlichen Lage angreifen würde. Es war ihm gleich, wie sehr die Gegenseite zum Kampf drängte. All diese Merkmale sind auf Arjunas Weichherzigkeit zurückzuführen, was von der Tatsache herrührte, daß er ein großer Geweihter des Herrn war.

Vers 46 सञ्जय उवाच
एवमुक्त्वार्जुनः सङ्ख्ये रथोपस्थ उपाविशत् ।
विसृज्य सशरं चापं शोकसंविग्नमानसः ॥४६॥

sañjaya uvāca
evam uktvārjunaḥ saṅkhye rathopastha upāviśat
visṛjya sa-śaraṁ cāpaṁ śoka-saṁvigna-mānasaḥ

sañjayaḥ uvāca – Sañjaya sprach; *evam* – so; *uktvā* – sprechend; *arjunaḥ* – Arjuna; *saṅkhye* – auf dem Schlachtfeld; *ratha* – des Streitwagens; *upasthe* – auf den Sitz; *upāviśat* – setzte sich wieder nieder; *visṛjya* – beiseite legend; *sa-śaram* – zusammen mit den Pfeilen; *cāpam* – den Bogen; *śoka* – von Klagen; *saṁvigna* – leidend; *mānasaḥ* – im Geist.

Sañjaya sagte: Nachdem Arjuna auf dem Schlachtfeld diese Worte gesprochen hatte, warf er seinen Bogen und seine Pfeile zur Seite und setzte sich, von Schmerz überwältigt, auf dem Streitwagen nieder.

ERLÄUTERUNG: Während Arjuna seinen Blick über die Feinde gleiten ließ, stand er aufrecht auf dem Streitwagen, doch nun wurde er von solchem Schmerz überwältigt, daß er sich wieder niedersetzte und Bogen und Pfeile beiseite legte. Ein solch gütiger und weichherziger Mensch, der sich im hingebungsvollen Dienst des Herrn betätigt, ist geeignet, Wissen über das Selbst zu empfangen.

Hiermit enden die Bhaktivedanta-Erläuterungen zum Ersten Kapitel der Śrīmad Bhagavad-gītā *mit dem Titel: „Die Heere auf dem Schlachtfeld von Kurukṣetra“.*

ZWEITES KAPITEL

Zusammenfassung des Inhalts der Gītā

Vers 1 सञ्जय उवाच
तं तथा कृपयाविष्टमश्रुपूर्णाकुलेक्षणम् ।
विषीदन्तमिदं वाक्यमुवाच मधुसूदनः ॥ १ ॥

sañjaya uvāca
taṁ tathā kṛpayāviṣṭam aśru-pūrṇākulekṣaṇam
viṣīdantam idaṁ vākyam uvāca madhusūdanaḥ

sañjayaḥ uvāca – Sañjaya sagte; *tam* – zu Arjuna; *tathā* – auf diese Weise; *kṛpayā* – von Mitleid; *āviṣṭam* – überwältigt; *aśru-pūrṇa-ākula* – voller Tränen; *īkṣaṇam* – Augen; *viṣīdantam* – klagend; *idam* – diese; *vākyam* – Worte; *uvāca* – sagte; *madhu-sūdanaḥ* – der Töter Madhus.

Sañjaya sagte: Als Madhusūdana, Kṛṣṇa, Arjuna voller Mitleid und sehr betrübt sah, mit Tränen in den Augen, sprach Er die folgenden Worte.

ERLÄUTERUNG: Materielles Mitleid, Klagen und Tränen sind Zeichen dafür, daß man das wirkliche Selbst nicht kennt. Mitleid mit der ewigen Seele bedeutet Selbstverwirklichung. Das Wort „Madhusūdana" ist in diesem Vers von Bedeutung. Śrī Kṛṣṇa tötete den Dämon Madhu, und jetzt wollte Arjuna, daß Kṛṣṇa den Dämon des Mißverständnisses, der ihn während der Erfüllung seiner Pflicht überwältigt hatte, vernichtete. Niemand weiß, worauf Mitleid gerichtet werden soll. Welchen Sinn hat es, die Kleider eines Ertrinkenden zu bemitleiden? Ein Mensch, der in das Meer der Unwissenheit gefallen ist, kann nicht dadurch gerettet werden, daß man nur sein äußeres Gewand rettet – den grobstofflichen materiellen Körper. Wer dies nicht weiß und um das äußere Gewand klagt, wird als *śūdra* bezeichnet, als jemand, der unnötig klagt. Von Arjuna, der ein *kṣatriya* war, wurde ein solches Verhalten nicht erwartet. Śrī Kṛṣṇa jedoch kann das Klagen des unwissenden Menschen vertreiben, und zu diesem Zweck sang Er die *Bhagavad-gītā.* In diesem Kapitel erklärt uns die höchste Autorität, Śrī Kṛṣṇa, durch ein analytisches Studium des materiellen Körpers und der spirituellen Seele, was Selbstverwirklichung ist. Diese Verwirklichung wird möglich, wenn man tätig ist, ohne an die fruchttragenden Ergebnisse angehaftet zu sein, und wenn man sich in einem gefestigten Verständnis vom wahren Selbst befindet.

Vers 2 श्रीभगवानुवाच
कुतस्त्वा कश्मलमिदं विषमे समुपस्थितम् ।
अनार्यजुष्टमस्वर्ग्यमकीर्तिकरमर्जुन ॥ २ ॥

śrī-bhagavān uvāca
kutas tvā kaśmalam idaṁ viṣame samupasthitam
anārya-juṣṭam asvargyam akīrti-karam arjuna

śrī-bhagavān uvāca – die Höchste Persönlichkeit Gottes sagte; *kutaḥ* – woher; *tvā* – zu dir; *kaśmalam* – Unreinheit; *idam* – dieses Klagen; *viṣame* – in dieser schwierigen Stunde; *samupasthitam* – gekommen; *anārya* – Menschen, die die Werte des Lebens nicht kennen; *juṣṭam* – ausgeübt von; *asvargyam* – was nicht zu höheren Planeten führt; *akīrti* – Schande; *karam* – Ursache von; *arjuna* – o Arjuna.

Die Höchste Persönlichkeit Gottes sagte: Mein lieber Arjuna, wie konnten diese Unreinheiten über dich kommen? Sie ziemen sich in keiner Weise für einen Menschen, der die höheren Werte des Lebens kennt. Sie führen nicht zu höheren Planeten, sondern zu Schande.

ERLÄUTERUNG: Kṛṣṇa und die Höchste Persönlichkeit Gottes sind identisch. Deshalb wird Śrī Kṛṣṇa die ganze *Gītā* hindurch als Bhagavān bezeichnet. Bhagavān ist der höchste Aspekt der Absoluten Wahrheit. Die Erkenntnis der Absoluten Wahrheit wird in drei Stufen unterteilt, nämlich in die Erkenntnis der Absoluten Wahrheit als Brahman oder die unpersönliche, alldurchdringende spirituelle Energie, als Paramātmā, der lokalisierte Aspekt des Höchsten im Herzen aller Lebewesen, und als Bhagavān oder die Höchste Persönlichkeit Gottes, Śrī Kṛṣṇa. Im

Śrīmad-Bhāgavatam (1.2.11) wird dieses Verständnis von der Absoluten Wahrheit wie folgt erklärt:

vadanti tat tattva-vidas tattvaṁ yaj jñānam advayam
brahmeti paramātmeti bhagavān iti śabdyate

„Die Absolute Wahrheit wird von demjenigen, der sie kennt, in drei Aspekten wahrgenommen, die alle miteinander identisch sind. Diese Aspekte der Absoluten Wahrheit werden als Brahman, Paramātmā und Bhagavān bezeichnet."

Diese drei göttlichen Aspekte können am Beispiel der Sonne näher erklärt werden, die ebenfalls drei verschiedene Aspekte hat, nämlich den Sonnenschein, die Sonnenoberfläche und den Sonnenplaneten. Wer nur den Sonnenschein studiert, ist ein Schüler auf der untersten Stufe; wer die Oberfläche der Sonne versteht, ist weiter fortgeschritten, und wer in den Sonnenplaneten einzugehen vermag, befindet sich auf der höchsten Stufe. Gewöhnliche Schüler, die sich einfach damit zufriedengeben, den Sonnenschein zu verstehen, das heißt seine universale Ausbreitung und die gleißende Ausstrahlung seines unpersönlichen Wesens, können mit denen verglichen werden, die nur den Brahman-Aspekt der Absoluten Wahrheit zu erkennen vermögen. Der Schüler, der weiter fortgeschritten ist, kann darüber hinaus die Sonnenscheibe erkennen, was mit dem Wissen über den Paramātmā-Aspekt der Absoluten Wahrheit verglichen wird. Und der Schüler, der in das Herz des Sonnenplaneten eindringen kann, wird mit demjenigen verglichen, der die persönlichen Aspekte der Höchsten Absoluten Wahrheit erkennt. Daher sind die *bhaktas,* das heißt die Transzendentalisten, die den Bhagavān-Aspekt der Absoluten Wahrheit erkannt haben, die höchsten Transzendentalisten, wenngleich alle, die sich dem Studium der Absoluten Wahrheit widmen, sich mit dem gleichen Thema befassen. Der Sonnenschein, die Sonnenscheibe und die Geschehnisse auf dem Sonnenplaneten können nicht voneinander getrennt werden, und dennoch gehören die Schüler, die diese drei verschiedenen Aspekte studieren, nicht zur gleichen Kategorie.

Das Sanskritwort *bhagavān* wird von der großen Autorität Parāśara Muni, dem Vater Vyāsadevas, wie folgt erklärt: Die Höchste Persönlichkeit, die allen Reichtum, alle Stärke, allen Ruhm, alle Schönheit, alles Wissen und alle Entsagung in Sich birgt, wird Bhagavān genannt. Es gibt viele Menschen, die sehr reich, sehr mächtig, sehr schön, sehr berühmt, sehr gelehrt und sehr entsagungsvoll sind, aber niemand kann behaupten, er besitze allen Reichtum, alle Stärke usw. in vollem Umfang. Nur Kṛṣṇa kann diesen Anspruch erheben, denn Er ist die Höchste Persönlichkeit Gottes. Kein Lebewesen, nicht einmal Brahmā, Śiva oder

Nārāyaṇa, kann Reichtümer in solcher Fülle besitzen wie Kṛṣṇa. Deshalb kommt Brahmā in der *Brahma-saṁhitā* zu dem Schluß, daß Śrī Kṛṣṇa die Höchste Persönlichkeit Gottes ist. Niemand kommt Ihm gleich, und niemand steht über Ihm. Er ist der urerste Herr, Bhagavān, bekannt als Govinda, und Er ist die höchste Ursache aller Ursachen.

īśvaraḥ paramaḥ kṛṣṇaḥ sac-cid-ānanda-vigrahaḥ
anādir ādir govindaḥ sarva-kāraṇa-kāraṇam

„Es gibt viele Persönlichkeiten, die die Eigenschaften Bhagavāns besitzen, aber Kṛṣṇa ist die höchste, da Ihn niemand übertreffen kann. Er ist die Höchste Person, und Sein Körper ist ewig, voller Wissen und voller Glückseligkeit. Er ist der urerste Herr, Govinda, und Er ist die Ursache aller Ursachen." (*Brahma-saṁhitā* 5.1)

Im *Śrīmad-Bhāgavatam* findet man eine Liste vieler Inkarnationen der Höchsten Persönlichkeit Gottes, doch auch dort wird Kṛṣṇa als die ursprüngliche Persönlichkeit Gottes beschrieben, von der viele, viele Inkarnationen und Persönlichkeiten Gottes ausgehen:

ete cāṁśa-kalāḥ puṁsaḥ kṛṣṇas tu bhagavān svayam
indrāri-vyākulaṁ lokaṁ mṛḍayanti yuge yuge

„All die hier aufgeführten Inkarnationen Gottes sind entweder vollständige Erweiterungen oder Teile der vollständigen Erweiterungen des Höchsten Gottes, doch Kṛṣṇa ist die Höchste Persönlichkeit Gottes Selbst." (*Śrīmad-Bhāgavatam* 1.3.28)

Somit ist Kṛṣṇa die ursprüngliche Höchste Persönlichkeit Gottes, die Absolute Wahrheit, der Ursprung sowohl der Überseele als auch des unpersönlichen Brahman.

In der Gegenwart der Höchsten Persönlichkeit Gottes war Arjunas Klage um seine Verwandten gewiß unangebracht, und daher gebrauchte Kṛṣṇa das Wort *kutaḥ* („woher"), um Seine Überraschung zum Ausdruck zu bringen. Solche Unreinheiten erwartet man niemals von jemandem, der zur zivilisierten Klasse der Menschen, den Āryas, gehört. Das Wort *ārya* trifft auf Menschen zu, die den Wert des Lebens kennen und eine auf spirituelle Erkenntnis gründende Zivilisation haben. Menschen, die sich von der materiellen Lebensauffassung leiten lassen, wissen nicht, daß das Ziel des Lebens die Erkenntnis der Absoluten Wahrheit ist, das heißt die Erkenntnis Viṣṇus oder Bhagavāns. Sie lassen sich von den äußeren Erscheinungen der materiellen Welt fesseln und wissen deshalb nicht, was Befreiung ist. Menschen, die nicht wissen, was Befreiung aus materieller Knechtschaft bedeutet, werden als Nicht-Āryas bezeichnet. Als Arjuna, der ein *kṣatriya* war, sich weigerte zu kämpfen, bedeutete dies, daß er von seinen vorgeschriebenen Pflichten abwich. Ein solch feiges Verhalten geziemt sich niemals für einen Ārya. Auf diese Weise von der Pflicht abzuweichen hilft einem nicht, im spirituellen Leben fortzuschreiten; ebensowenig verschafft es einem die Möglichkeit, in dieser Welt zu Ruhm zu kommen. Śrī Kṛṣṇa billigte Arjunas sogenanntes Mitleid mit seinen Verwandten nicht.

Vers 3 क्लैब्यं मा स्म गमः पार्थ नैतत्त्वय्युपपद्यते ।
क्षुद्रं हृदयदौर्बल्यं त्यक्त्वोत्तिष्ठ परन्तप ॥ ३ ॥

klaibyaṁ mā sma gamaḥ pārtha naitat tvayy upapadyate
kṣudraṁ hṛdaya-daurbalyaṁ tyaktvottiṣṭha parantapa

klaibyam – Kraftlosigkeit; *mā sma* – nicht; *gamaḥ* – nimm an; *pārtha* – o Sohn Pṛthās; *na* – niemals; *etat* – diese; *tvayi* – dir; *upapadyate* – ist angemessen; *kṣudram* – kleinlich; *hṛdaya* – des Herzens; *daurbalyam* – Schwäche; *tyaktvā* – aufgebend; *uttiṣṭha* – erhebe dich; *param-tapa* – o Bezwinger der Feinde.

O Sohn Pṛthās, gib dieser entwürdigenden Schwachheit nicht nach. Sie ist dir nicht angemessen. Gib diese kleinliche Schwäche des Herzens auf und erhebe dich, o Bezwinger des Feindes.

ERLÄUTERUNG: Indem Kṛṣṇa Arjuna hier als „Sohn Pṛthās" anspricht, weist Er darauf hin, daß sie Blutsverwandte sind, denn Pṛthā ist die Schwester Seines Vaters Vasudeva. Wenn sich der Sohn eines *kṣatriya* weigert zu kämpfen, ist er nur dem Namen nach ein *kṣatriya,* ebenso wie der Sohn eines *brāhmaṇa,* der gottlos handelt, nur dem Namen nach ein *brāhmaṇa* ist. Solche *kṣatriyas* und *brāhmaṇas* sind unwürdige Söhne ihrer Väter. Kṛṣṇa wollte nicht, daß Arjuna der unwürdige Sohn eines *kṣatriya* wurde, denn Arjuna war Sein engster Freund, weshalb Er ihm auf dem Streitwagen direkte Führung gab. Aber wenn sich Arjuna nun trotz all dieser Vorteile, die er genoß, von der Schlacht zurückzöge, wäre dies eine Handlung, die zu Schande führt. Deshalb sagte Kṛṣṇa, eine solche Haltung zieme sich nicht für eine Persönlichkeit wie Arjuna. Arjuna könnte einwenden, daß seine Haltung die der Großmut gegenüber dem höchst ehrwürdigen Bhīṣma und seinen Verwandten sei und daß er deshalb nicht an der Schlacht teilnehmen wolle, doch Kṛṣṇa bezeichnete diese Art von Großmut als bloße Schwachheit des Herzens. Solche falsche Großmut wird von keiner Autorität gebilligt. Deshalb sollten Menschen wie Arjuna unter der direkten Führung Kṛṣṇas solche Großmut oder sogenannte Gewaltlosigkeit aufgeben.

Vers 4 अर्जुन उवाच
कथं भीष्ममहं सङ्ख्ये द्रोणं च मधुसूदन ।
इषुभिः प्रतियोत्स्यामि पूजार्हावरिसूदन ॥ ४ ॥

arjuna uvāca
kathaṁ bhīṣmam ahaṁ saṅkhye droṇaṁ ca madhusūdana
iṣubhiḥ pratiyotsyāmi pūjārhāv ari-sūdana

arjunaḥ uvāca – Arjuna sagte; *katham* – wie; *bhīṣmam* – Bhīṣma; *aham* – ich; *saṅkhye* – im Kampf; *droṇam* – Droṇa; *ca* – ebenfalls; *madhu-sūdana* – o Töter Madhus; *iṣubhiḥ* – mit Pfeilen; *pratiyotsyāmi* – soll bekämpfen; *pūjā-arhau* – diejenigen, die verehrungswürdig sind; *ari-sūdana* – o Töter der Feinde.

Arjuna sagte: O Töter der Feinde, o Töter Madhus, wie kann ich Männer wie Bhīṣma und Droṇa, die meiner Verehrung würdig sind, in dieser Schlacht mit Pfeilen bekämpfen?

ERLÄUTERUNG: Achtbare Höhergestellte, wie Bhīṣma, der Großvater, und Droṇācārya, der Lehrer, sind immer verehrenswert. Selbst wenn sie angreifen, sollte man sie nicht bekämpfen. Es ist eine allgemeine Verhaltensregel, daß man mit Höherstehenden nicht einmal ein Wortgefecht führen soll. Selbst wenn sie manchmal grob sein mögen, sollte man ihnen nicht grob begegnen. Wie soll es also Arjuna möglich sein, ihnen entgegenzutreten? Würde Kṛṣṇa jemals Seinen eigenen Großvater, Ugrasena, oder Seinen Lehrer, Sāndīpani Muni, angreifen? So lauteten einige der Einwände, die Arjuna Kṛṣṇa gegenüber vorbrachte.

Vers 5 गुरूनहत्वा हि महानुभावान् श्रेयो भोक्तुं भैक्ष्यमपीह लोके ।
हत्वार्थकामांस्तु गुरूनिहैव भुञ्जीय भोगान् रुधिरप्रदिग्धान् ॥ ५ ॥

gurūn ahatvā hi mahānubhāvān
śreyo bhoktuṁ bhaikṣyam apīha loke
hatvārtha-kāmāṁs tu gurūn ihaiva
bhuñjīya bhogān rudhira-pradigdhān

gurūn – die Höhergestellten; *ahatvā* – nicht zu töten; *hi* – gewiß; *mahā-anubhāvān* – große Seelen; *śreyaḥ* – es ist besser; *bhoktum* – das Leben zu genießen; *bhaikṣyam* – durch Betteln; *api* – sogar; *iha* – in diesem Leben; *loke* – auf dieser Welt; *hatvā* – zu töten; *artha* – Gewinn; *kāmān* – begehrend; *tu* – aber; *gurūn* – Höhergestellte; *iha* – auf dieser Welt; *eva* – gewiß; *bhuñjīya* – man muß genießen; *bhogān* – angenehme Dinge; *rudhira* – Blut; *pradigdhān* – befleckt mit.

Es wäre besser, in dieser Welt vom Betteln zu leben als auf Kosten des Lebens großer Seelen, die meine Lehrer sind. Obwohl sie vom Wunsch nach weltlichem Gewinn getrieben werden, sind sie immer noch Höhergestellte. Wenn sie getötet werden, würde alles, was wir genießen, mit Blut befleckt sein.

ERLÄUTERUNG: Den Unterweisungen der Schriften gemäß soll man einen Lehrer, der eine abscheuliche Handlung begeht und sein Unterscheidungsvermögen verloren hat, aufgeben. Bhīṣma und Droṇa waren wegen Duryodhanas finanzieller Hilfe verpflichtet, sich auf seine Seite zu stellen, wenngleich sie eine solche Stellung, nur aufgrund finanzieller Überlegungen, nicht hätten annehmen sollen. Unter diesen Umständen hatten sie ihr Ansehen als Lehrer verloren. Arjuna jedoch glaubte, sie blieben trotzdem seine Vorgesetzten, und sie zu töten, um nachher materiellen Reichtum zu genießen, würde bedeuten, blutbefleckten Reichtum zu genießen.

Vers 6 न चैतद्विद्मः कतरन्नो गरीयो यद्वा जयेम यदि वा नो जयेयुः ।
यानेव हत्वा न जिजीविषामस्तेऽवस्थिताः प्रमुखे धार्तराष्ट्राः ॥ ६ ॥

na caitad vidmaḥ kataran no garīyo
yad vā jayema yadi vā no jayeyuḥ
yān eva hatvā na jijīviṣāmas
te 'vasthitāḥ pramukhe dhārtarāṣṭrāḥ

na – nicht; *ca* – auch; *etat* – dies; *vidmaḥ* – wissen wir; *katarat* – was; *naḥ* – für uns; *garīyaḥ* – besser; *yat vā* – ob; *jayema* – wir besiegen; *yadi* – falls; *vā* – oder; *naḥ* – uns; *jayeyuḥ* – sie besiegen; *yān* – diejenigen, die; *eva* – gewiß; *hatvā* – durch Töten; *na* – niemals; *jijīviṣāmaḥ* – wir werden leben wollen; *te* – sie alle; *avasthitāḥ* – befinden sich; *pramukhe* – gegenüber; *dhārtarāṣṭrāḥ* – die Söhne Dhṛtarāṣṭras.

Auch wissen wir nicht, was besser ist – die Söhne Dhṛtarāṣṭras zu besiegen oder von ihnen besiegt zu werden. Wenn wir sie töten, wäre es besser, nicht mehr zu leben. Doch nun stehen sie vor uns auf dem Schlachtfeld.

ERLÄUTERUNG: Obwohl Kämpfen die Pflicht der *kṣatriyas* ist, hatte Arjuna Zweifel: Sollte er kämpfen und es damit riskieren, unnötig Gewalt anzuwenden, oder sollte er sich zurückziehen und vom Betteln leben. Falls er den Feind nicht bezwänge, wäre Betteln das einzige Mittel, um für seinen Lebensunterhalt zu sorgen. Auch war der Sieg nicht sicher, da jede Seite aus der Schlacht siegreich hervorgehen konnte.

Selbst wenn der Sieg sie erwartete (und ihre Sache war gerecht), wäre es sehr schwer, in der Abwesenheit der Söhne Dhṛtarāṣṭras zu leben, wenn diese in der Schlacht fielen. Unter diesen Umständen wäre das eine andere Art von Niederlage. All diese Überlegungen Arjunas beweisen eindeutig, daß er nicht nur ein großer Geweihter des Herrn war, sondern daß er auch sehr erleuchtet war und vollkommene Herrschaft über seinen Geist und seine Sinne besaß. Sein Wunsch, sich durch Betteln am Leben zu erhalten, obwohl er in einer königlichen Familie geboren worden war, ist ein weiteres Zeichen von Loslösung. Arjunas Tugendhaftigkeit steht außer Frage, wie diese Eigenschaften und sein Glauben an die unterweisenden Worte Śrī Kṛṣṇas (seines spirituellen Meisters) zeigen. Man kann hieraus schließen, daß Arjuna durchaus geeignet war, Befreiung zu erlangen. Solange die Sinne nicht beherrscht sind, besteht keine Möglichkeit, auf die Ebene von Wissen erhoben zu werden, und ohne Wissen und Hingabe ist es nicht möglich, Befreiung zu erlangen. Arjuna erfüllte all diese Voraussetzungen, abgesehen davon, daß er auch in materieller Hinsicht hervorragende Eigenschaften besaß.

Vers 7 कार्पण्यदोषोपहतस्वभावः पृच्छामि त्वां धर्मसम्मूढचेताः ।
यच्छ्रेयः स्यान्निश्चितं ब्रूहि तन्मे शिष्यस्तेऽहं शाधि मां त्वां प्रपन्नम् ॥ ७ ॥

kārpaṇya-doṣopahata-svabhāvaḥ
pṛcchāmi tvāṁ dharma-sammūḍha-cetāḥ
yac chreyaḥ syān niścitaṁ brūhi tan me
śiṣyas te 'haṁ śādhi māṁ tvāṁ prapannam

kārpaṇya – des Geizes; *doṣa* – durch Schwäche; *upahata* – beeinflußt; *sva-bhāvaḥ* – Kennzeichen; *pṛcchāmi* – ich frage; *tvām* – Dich; *dharma* – Religion; *sammūḍha* – verwirrt; *cetāḥ* – im Herzen; *yat* – was; *śreyaḥ* – in jeder Beziehung gut; *syāt* – möge sein; *niścitam* – im Vertrauen; *brūhi* – sage; *tat* – das; *me* – mir; *śiṣyaḥ* – Schüler; *te* – Dein; *aham* – ich bin; *śādhi* – unterweise; *mām* – mich; *tvām* – Dir; *prapannam* – ergeben.

Nun bin ich verwirrt und weiß nicht mehr, was meine Pflicht ist, und ich habe aus geiziger Schwäche meine Fassung verloren. In diesem Zustand bitte ich Dich, mir klar zu sagen, was das Beste für mich ist. Jetzt bin ich Dein Schüler und eine Dir ergebene Seele. Bitte unterweise mich.

ERLÄUTERUNG: Es liegt in der Natur dieser Welt, daß das ganze System materieller Tätigkeiten für jeden eine Quelle der Verwirrung darstellt. Auf Schritt und Tritt gibt es Verwirrung, und deswegen ist es erforderlich, sich an einen echten spirituellen Meister zu wenden, der einem die richtige Führung geben kann, so daß man in der Lage ist, den Sinn des Lebens zu erfüllen. Alle vedischen Schriften geben uns den Rat, einen spirituellen Meister aufzusuchen, um von den Verwirrungen des Lebens frei zu werden, die auftreten, ohne daß wir es uns wünschen. Sie gleichen einem Waldbrand, der wütet, ohne von jemandem entfacht worden zu sein. Die Lage dieser Welt ist so beschaffen, daß Verwirrungen im Leben von selbst entstehen, obwohl wir sie uns nicht wünschen. Niemand will, daß es brennt, aber dennoch geschieht es, und wir sind verwirrt. Damit man diese Verwirrungen des Lebens lösen und die Wissenschaft dieser Lösung verstehen kann, rät uns die vedische Weisheit, einen spirituellen Meister aufzusuchen, der sich in der Schülernachfolge befindet. Von einem Menschen mit einem echten spirituellen Meister erwartet man, daß er alles weiß. Man sollte deshalb nicht in materiellen Verwirrungen verstrickt bleiben, sondern sich an einen spirituellen Meister wenden. Das ist die Bedeutung dieses Verses.

Wer ist den materiellen Verwirrungen ausgesetzt? Es ist derjenige, der die Probleme des Lebens nicht versteht. In der *Bṛhad-āraṇyaka Upaniṣad* (3.8.10) wird der verwirrte Mensch wie folgt beschrieben: *yo vā etad akṣaraṁ gārgy aviditvāsmāl lokāt praiti sa kṛpaṇaḥ.* „Wer in der menschlichen Form die Probleme des Lebens nicht löst, ist ein Geizhals, und daher verläßt er diese Welt wie die Katzen und Hunde, ohne die Wissenschaft der Selbstverwirklichung zu verstehen."

Die menschliche Lebensform ist ein überaus kostbares Gut für das Lebewesen, denn es kann sie zur Lösung der Probleme des Lebens nutzen; wer daher diese Gelegenheit nicht richtig nutzt, ist ein Geizhals. Andererseits gibt es den *brāhmaṇa,* das heißt den Menschen, der intelligent genug ist, den Körper zur Lösung aller Probleme des Lebens zu nutzen. *Ya etad akṣaraṁ gārgi viditvāsmāl lokāt praiti sa brāhmaṇaḥ.*

Die *kṛpaṇas* oder Geizhälse verschwenden ihre Zeit mit übermäßiger Zuneigung zu Familie, Gesellschaft, Land usw. in der materiellen Lebensauffassung. Der Mensch ist oft ans Familienleben, an die Frau, die Kinder und die anderen Angehörigen angehaftet, und dies aufgrund von „Hautkrankheit". Der *kṛpaṇa* glaubt, er könne seine Familienangehörigen vor dem Tode schützen, oder er denkt, seine Familie oder Gesellschaft könne ihn vor dem Rachen des Todes retten. Solche Familienanhaftung kann man selbst bei niederen Tieren finden, die sich ebenfalls um ihre Jungen sorgen. Da Arjuna intelligent war, konnte er erkennen, daß die Zuneigung zu seinen Familienangehörigen und sein Wunsch, sie vor dem Tode zu schützen, die Ursachen seiner Verwirrung waren. Obwohl er verstand, daß es seine Pflicht war zu kämpfen, konnte er aufgrund geiziger Schwäche seine Pflichten nicht erfüllen. Er bittet daher Śrī Kṛṣṇa, den höchsten spirituellen Meister, eine endgültige Lösung zu finden. Er bietet sich Kṛṣṇa als Schüler an, und er möchte alle freundschaftlichen Gespräche beenden. Gespräche zwischen dem Meister und dem Schüler sind ernst, und nun will sich Arjuna mit seinem anerkannten spirituellen Meister mit Ernsthaftigkeit unterhalten. Kṛṣṇa ist daher der ursprüngliche spirituelle Meister in der Wissenschaft der *Bhagavad-gītā,* und Arjuna ist der erste Schüler, der die *Gītā* versteht. Wie Arjuna die *Bhagavad-gītā* versteht, wird in der *Gītā* selbst gesagt. Und dennoch erklären törichte weltliche Gelehrte, es sei nicht notwendig, sich Kṛṣṇa als Person zu ergeben, sondern vielmehr dem „Ungeborenen in Kṛṣṇa". Es besteht kein Unterschied zwischen Kṛṣṇas Innerem und Kṛṣṇas Äußerem. Jemand, der unfähig ist, dies zu verstehen, erweist sich bei dem Versuch, die *Bhagavad-gītā* zu verstehen, als der größte Narr.

Vers 8 न हि प्रपश्यामि ममापनुद्याद् यच्छोकमुच्छोषणमिन्द्रियाणाम् ।
अवाप्य भूमावसपत्नमृद्धं राज्यं सुराणामपि चाधिपत्यम् ॥ ८ ॥

na hi prapaśyāmi mamāpanudyād
yac chokam ucchoṣaṇam indriyāṇām
avāpya bhūmāv asapatnam ṛddhaṁ
rājyaṁ surāṇām api cādhipatyam

na – nicht; *hi* – gewiß; *prapaśyāmi* – ich sehe; *mama* – meine; *apanudyāt* – kann vertreiben; *yat* – das, was; *śokam* – Klage; *ucchoṣaṇam* – austrocknend; *indriyāṇām* – der Sinne; *avāpya* – erreichend; *bhūmau* – auf der Erde; *asapatnam* – ohne Rivalen; *ṛddham* – blühendes; *rājyam* – Königreich; *surāṇām* – der Halbgötter; *api* – sogar; *ca* – auch; *ādhipatyam* – Oberherrschaft.

Ich kann kein Mittel finden, diesen Kummer zu vertreiben, der meine Sinne austrocknet. Ich könnte nicht einmal davon frei werden, wenn ich ein blühendes und unangefochtenes Königreich auf der Erde gewänne und die Macht der Halbgötter im Himmel besäße.

ERLÄUTERUNG: Obwohl Arjuna so viele Einwände vorbrachte, die auf Kenntnis der Grundsätze von Religion und Moral beruhten, stellt es sich hier nun heraus, daß er seine eigentlichen Probleme nicht ohne die Hilfe des spirituellen Meisters, Śrī Kṛṣṇa, zu lösen vermochte. Er sah, daß sein sogenanntes Wissen nutzlos war, wenn es darum ging, die

Probleme zu bewältigen, die seine ganze Existenz austrockneten, und es war ihm unmöglich, seine Verwirrung ohne die Hilfe eines spirituellen Meisters wie Śrī Kṛṣṇa zu lösen. Akademisches Wissen, Gelehrsamkeit, eine hohe Stellung usw. sind nutzlos, wenn es darum geht, die Probleme des Lebens zu lösen. Hilfe kann nur ein spiritueller Meister wie Kṛṣṇa geben. Die Schlußfolgerung lautet daher, daß ein spiritueller Meister, der zu einhundert Prozent Kṛṣṇa-bewußt ist, der echte spirituelle Meister ist, da er die Probleme des Lebens lösen kann. Śrī Caitanya sagte, daß jemand, der Meister in der Wissenschaft des Kṛṣṇa-Bewußtseins ist, ungeachtet seiner sozialen Stellung, der wahre spirituelle Meister ist. Im *Caitanya-caritāmṛta* (*Madhya* 8.128) heißt es:

kibā vipra, kibā nyāsī, śūdra kene naya
yei kṛṣṇa-tattva-vettā, sei 'guru' haya

„Es ist gleichgültig, ob jemand ein *vipra* [ein großer Gelehrter im vedischen Wissen] ist, ob er in einer niedrigen Familie geboren wurde oder ob er im Lebensstand der Entsagung steht – wenn er Meister in der Wissenschaft von Kṛṣṇa ist, ist er der vollkommene und echte spirituelle Meister."

Mit anderen Worten, nur jemand, der ein Meister in der Wissenschaft des Kṛṣṇa-Bewußtseins ist, kann als echter spiritueller Meister bezeichnet werden. In den vedischen Schriften heißt es auch:

ṣaṭ-karma-nipuṇo vipro mantra-tantra-viśāradaḥ
avaiṣṇavo gurur na syād vaiṣṇavaḥ śva-paco guruḥ

„Ein gelehrter *brāhmaṇa,* der auf allen Gebieten des vedischen Wissens bewandert ist, eignet sich nicht als spiritueller Meister, wenn er kein Vaiṣṇava, kein Kenner der Wissenschaft des Kṛṣṇa-Bewußtseins, ist. Jemand aber, der in einer Familie aus einer niederen Kaste geboren wurde, kann spiritueller Meister werden, wenn er ein Vaiṣṇava ist, das heißt, wenn er Kṛṣṇa-bewußt ist." (*Padma Purāṇa*)

Den Problemen des materiellen Daseins – Geburt, Alter, Krankheit und Tod – kann nicht durch Anhäufung von Reichtum und nicht durch wirtschaftlichen Fortschritt entgegengewirkt werden. In vielen Teilen der Welt gibt es Staaten, denen alle Annehmlichkeiten des Lebens zur Verfügung stehen, die sehr reich und wirtschaftlich fortgeschritten sind und die trotzdem immer noch mit den Problemen des materiellen Daseins zu kämpfen haben. Sie suchen auf verschiedenen Wegen nach Frieden, aber wirkliches Glück können sie nur dann erlangen, wenn sie Kṛṣṇa bzw. die *Bhagavad-gītā* und das *Śrīmad-Bhāgavatam* – die die Wissenschaft

Kṛṣṇas beinhalten – zu Rate ziehen, und zwar unter der Führung von Kṛṣṇas echtem Stellvertreter, das heißt jemandem, der Kṛṣṇa-bewußt ist.

Wenn wirtschaftlicher Fortschritt und materielle Annehmlichkeiten das Klagen um familiäre, soziale, nationale und internationale Trugbilder vertreiben könnten, hätte Arjuna nicht gesagt, daß selbst ein unangefochtenes Königreich auf Erden oder eine mächtige Stellung wie die der Halbgötter auf den himmlischen Planeten nicht imstande seien, sein Leid zu vertreiben. Er suchte daher Zuflucht im Kṛṣṇa-Bewußtsein, und das ist der richtige Weg zu Frieden und Harmonie. Wirtschaftlicher Fortschritt oder Herrschaft über die Welt können jeden Augenblick durch die Umwälzungen der materiellen Natur beendet werden. Selbst das Leben auf einem höheren Planeten, wie zum Beispiel auf dem Mond, den die Menschen heute zu erreichen versuchen, kann mit einem Schlag beendet werden. Die *Bhagavad-gītā* bestätigt dies: *kṣīṇe puṇye martya-lokaṁ viśanti.* „Wenn die Früchte frommer Werke aufgezehrt sind, fällt man vom Gipfel höchsten Glücks wieder auf die niedrigste Stufe des Lebens zurück." Viele Politiker der Welt sind auf diese Weise zu Fall gekommen, und so endeten ihre Laufbahnen nur in Klagen.

Wenn wir daher unser Klagen ein für allemal bezwingen wollen, müssen wir bei Kṛṣṇa Zuflucht suchen, wie es auch Arjuna erstrebt. Arjuna bat also Kṛṣṇa, seine Probleme endgültig zu lösen, und darin besteht der Vorgang des Kṛṣṇa-Bewußtseins.

Vers 9 सञ्जय उवाच
एवमुक्त्वा हृषीकेशं गुडाकेशः परन्तपः ।
न योत्स्य इति गोविन्दमुक्त्वा तूष्णीं बभूव ह ॥ ९ ॥

sañjaya uvāca
evam uktvā hṛṣīkeśaṁ guḍākeśaḥ paran-tapaḥ
na yotsya iti govindam uktvā tūṣṇīṁ babhūva ha

sañjayaḥ uvāca – Sañjaya sagte; *evam* – so; *uktvā* – sprechend; *hṛṣīkeśam* – zu Kṛṣṇa, dem Meister der Sinne; *guḍākeśaḥ* – Arjuna, der Meister im Bezwingen von Unwissenheit; *param-tapaḥ* – der Bezwinger der Feinde; *na yotsye* – ich werde nicht kämpfen; *iti* – so; *govindam* – zu Kṛṣṇa, der den Sinnen Freude spendet; *uktvā* – sagend; *tūṣṇīm* – schweigend; *babhūva* – wurde; *ha* – gewiß.

Sañjaya sagte: Nachdem Arjuna, der Bezwinger der Feinde, so gesprochen hatte, sagte er zu Kṛṣṇa: „Govinda, ich werde nicht kämpfen!" und verstummte.

ERLÄUTERUNG: Dhṛtarāṣṭra muß sehr erfreut gewesen sein, als er hörte, daß Arjuna nicht kämpfen wollte und statt dessen beabsichtigte, das Schlachtfeld zu verlassen, um ein Bettler zu werden. Aber gleichzeitig mußte Sañjaya ihn wieder enttäuschen, indem er ihm mitteilte, daß Arjuna fähig war, seine Feinde zu töten (*paran-tapaḥ*). Obwohl Arjuna aus Zuneigung zu seiner Familie vorübergehend von falschem Schmerz überwältigt war, hatte er sich Kṛṣṇa, dem höchsten spirituellen Meister, als Schüler ergeben. Dies deutete auf das baldige Ende seiner falschen Klagen hin, die aus Familienzuneigung entstanden waren; erleuchtet mit vollkommenem Wissen über Selbstverwirklichung oder Kṛṣṇa-Bewußtsein, würde er dann mit Sicherheit kämpfen. Auf diese Weise sollte sich Dhṛtarāṣṭra schon bald in seinen Hoffnungen getäuscht sehen, weil Arjuna dank Kṛṣṇas Unterweisungen bis zum Letzten kämpfen würde.

Vers 10 तमुवाच हृषीकेशः प्रहसन्निव भारत ।
सेनयोरुभयोर्मध्ये विषीदन्तमिदं वचः ॥१०॥

tam uvāca hṛṣīkeśaḥ prahasann iva bhārata
senayor ubhayor madhye viṣīdantam idaṁ vacaḥ

tam – zu ihm; *uvāca* – sagte; *hṛṣīkeśaḥ* – der Meister der Sinne, Kṛṣṇa; *prahasan* – lächelnd; *iva* – so; *bhārata* – o Dhṛtarāṣṭra, Nachkomme Bharatas; *senayoḥ* – der Heere; *ubhayoḥ* – beider Seiten; *madhye* – zwischen; *viṣīdantam* – zu dem Klagenden; *idam* – die folgenden; *vacaḥ* – Worte.

O Nachkomme Bharatas, da sprach Kṛṣṇa in der Mitte zwischen den beiden Heeren zu dem kummervollen Arjuna lächelnd die folgenden Worte.

ERLÄUTERUNG: Das Gespräch fand zwischen engen Freunden statt, zwischen Hṛṣīkeśa und Guḍākeśa. Als Freunde befanden sich beide auf der gleichen Ebene, doch einer wurde freiwillig der Schüler des anderen. Kṛṣṇa lächelte, weil sich ein Freund entschlossen hatte, ein Schüler zu werden. Er ist der Herr allen Seins, der Meister eines jeden, und deshalb befindet Er Sich immer in einer höheren Stellung; und doch ist Er bereit, als Freund, Sohn oder Geliebter zu erscheinen, wenn ein Gottgeweihter Ihn in einer solchen Rolle sehen will. Als Er aber als Meister akzeptiert wurde, nahm Er sogleich diese Rolle an und sprach mit dem Schüler wie ein Meister – mit Ernst, wie es der Lage angemessen war. Offensichtlich wurde dieses Gespräch zwischen dem Meister und dem

Schüler öffentlich, vor beiden Heeren, geführt, so daß alle ihren Nutzen daraus ziehen konnten. Die Gespräche der *Bhagavad-gītā* sind also nicht für eine bestimmte Person, Gesellschaft oder Gemeinschaft gedacht, sondern für alle, und Freunde wie Feinde haben gleichermaßen das Recht, sie zu hören.

Vers 11 श्रीभगवानुवाच
अशोच्यानन्वशोचस्त्वं प्रज्ञावादांश्च भाषसे ।
गतासूनगतासूंश्च नानुशोचन्ति पण्डिताः ॥११॥

śrī-bhagavān uvāca
aśocyān anvaśocas tvaṁ prajñā-vādāṁś ca bhāṣase
gatāsūn agatāsūṁś ca nānuśocanti paṇḍitāḥ

śrī-bhagavān uvāca – die Höchste Persönlichkeit Gottes sprach; *aśocyān* – das, was nicht des Klagens wert ist; *anvaśocaḥ* – du beklagst; *tvam* – du; *prajñā-vādān* – gelehrte Worte; *ca* – auch; *bhāṣase* – sprechend; *gata* – verlorenes; *asūn* – Leben; *agata* – nicht vergangenes; *asūn* – Leben; *ca* – auch; *na* – niemals; *anuśocanti* – beklagen; *paṇḍitāḥ* – die Gelehrten.

Die Höchste Persönlichkeit Gottes sprach: Während du gelehrte Worte sprichst, betrauerst du, was des Kummers nicht wert ist. Die Weisen beklagen weder die Lebenden noch die Toten.

ERLÄUTERUNG: Der Herr nahm sogleich die Stellung des Lehrers ein und rügte den Schüler, indem Er ihn indirekt einen Toren nannte. Der Herr sagte: „Du sprichst wie ein Gelehrter, aber du weißt nicht, daß jemand, der wirklich gelehrt ist – der weiß, was der Körper und was die Seele ist –, zu keiner Zeit die Verfassung des Körpers beklagt, weder im lebenden noch im toten Zustand." Wie aus späteren Kapiteln eindeutig hervorgehen wird, bedeutet Wissen, die Materie, die spirituelle Seele und den Lenker von beiden zu kennen. Arjuna wandte ein, religiösen Grundsätzen solle mehr Bedeutung beigemessen werden als Politik oder Soziologie, aber er wußte nicht, daß Wissen von der Materie, der Seele und dem Höchsten sogar noch wichtiger ist als religiöse Formeln. Und weil es ihm an diesem Wissen fehlte, hätte er sich nicht als großer Gelehrter ausgeben sollen. Da er nun tatsächlich kein großer Gelehrter war, klagte er um etwas, was des Klagens nicht wert war. Der Körper wird geboren und hat das Schicksal, heute oder morgen zu vergehen; deshalb ist der Körper nicht so wichtig wie die Seele. Wer dies weiß, ist wahrhaft gelehrt, und für ihn gibt es keinen Grund zu klagen – ungeachtet des Zustands, in dem sich der materielle Körper befindet.

Vers 12 न त्वेवाहं जातु नासं न त्वं नेमे जनाधिपाः ।
न चैव न भविष्यामः सर्वे वयमतः परम् ॥१२॥

na tv evāhaṁ jātu nāsaṁ na tvaṁ neme janādhipāḥ
na caiva na bhaviṣyāmaḥ sarve vayam ataḥ param

na – niemals; *tu* – aber; *eva* – gewiß; *aham* – Ich; *jātu* – zu irgendeiner Zeit; *na* – nicht; *āsam* – existierte; *na* – nicht; *tvam* – du; *na* – nicht; *ime* – all diese; *jana-adhipāḥ* – Könige; *na* – niemals; *ca* – auch; *eva* – gewiß; *na* – nicht; *bhaviṣyāmaḥ* – werden existieren; *sarve vayam* – wir alle; *ataḥ param* – hiernach.

Niemals gab es eine Zeit, als Ich oder du oder all diese Könige nicht existierten, und ebenso wird niemals in der Zukunft einer von uns aufhören zu sein.

ERLÄUTERUNG: In den *Veden,* in der *Kaṭha Upaniṣad* wie auch in der *Śvetāśvatara Upaniṣad,* heißt es, daß die Höchste Persönlichkeit Gottes der Erhalter unzähliger Lebewesen ist und sie versorgt – je nach ihren unterschiedlichen Lebensumständen, die aus individueller Tätigkeit und der Reaktion auf diese Tätigkeit resultieren. Der Herr, die Höchste Persönlichkeit Gottes, befindet Sich durch Seine vollständigen Teilerweiterungen im Herzen eines jeden Lebewesens. Nur heilige Menschen, die den gleichen Höchsten Herrn sowohl innerhalb als auch außerhalb aller Dinge wahrnehmen können, sind imstande, wahrhaft vollkommenen und ewigen Frieden zu erlangen.

nityo nityānāṁ cetanaś cetanānām
eko bahūnāṁ yo vidadhāti kāmān
tam ātma-sthaṁ ye 'nupaśyanti dhīrās
teṣāṁ śāntiḥ śāśvatī netareṣām
(*Kaṭha Upaniṣad* 2.2.13)

Die gleiche vedische Wahrheit, die Arjuna verkündet wurde, wird allen Menschen auf der Welt verkündet, die sich als sehr gelehrt hinstellen, aber in Wirklichkeit nur über dürftiges Wissen verfügen. Der Herr sagt eindeutig, daß Er Selbst, Arjuna und all die auf dem Schlachtfeld versammelten Könige ewig individuelle Wesen sind und daß Er ewig der Erhalter der individuellen Lebewesen ist, sowohl in ihrem bedingten als auch in ihrem befreiten Zustand. Die Höchste Persönlichkeit Gottes ist die höchste individuelle Person, und Arjuna, der ewige Gefährte des Herrn, und all die dort versammelten Könige sind ebenfalls individuelle, ewige Personen. Es ist nicht so, daß sie in der Vergangenheit nicht als Individuen existiert haben, und es ist nicht so, daß sie nicht ewige Individuen bleiben werden. Ihre Individualität existierte in der Vergangenheit, und ihre Individualität wird in der Zukunft ohne Unterbrechung weiterbestehen. Deshalb besteht für niemanden Grund zu klagen.

Śrī Kṛṣṇa, die höchste Autorität, widerspricht hier der Theorie der Māyāvādīs, die besagt, daß die Individualität der Seele nur so lange existiere, wie sie von *māyā* oder Illusion bedeckt sei, und daß sie nach der Befreiung mit dem unpersönlichen Brahman verschmelzen und ihre individuelle Existenz verlieren werde. Ebensowenig wird die Theorie unterstützt, daß wir uns im bedingten Zustand Individualität nur einbilden. Kṛṣṇa sagt hier unmißverständlich, daß Seine Individualität und die aller anderen Lebewesen, wie in den *Upaniṣaden* bestätigt wird, auch in der Zukunft ewiglich fortbestehen wird. Diese Erklärung Kṛṣṇas ist maßgebend, denn Kṛṣṇa kann nicht der Illusion unterliegen. Wenn Individualität keine Tatsache wäre, hätte Kṛṣṇa sie nicht so sehr betont – sogar für die Zukunft. Die Māyāvādīs mögen einwenden, die Individualität, von der Kṛṣṇa spreche, sei nicht spirituell, sondern materiell. Aber wenn dieses Argument, daß Individualität materiell ist, wahr wäre, wie ist dann Kṛṣṇas Individualität zu verstehen? Kṛṣṇa erklärt, daß Seine Individualität in der Vergangenheit existierte und daß sie auch in Zukunft weiter existieren wird. Er hat Seine Individualität auf vielerlei Weise bestätigt, und dazu kommt auch, daß das unpersönliche Brahman Ihm untergeordnet ist. Dabei hat Kṛṣṇa Seine spirituelle Individualität zu jeder Zeit bewahrt. Wenn Er eine gewöhnliche bedingte Seele mit individuellem Bewußtsein wäre, wie manche glauben, dann hätte Seine *Bhagavad-gītā* als maßgebende Schrift keinen Wert. Ein gewöhnlicher Mensch mit den vier Mängeln menschlicher Unvollkommenheit ist unfähig, etwas zu lehren, was es wert ist, gehört zu werden. Die *Gītā* steht über solcher Literatur. Kein weltliches Buch ist mit der *Bhagavad-gītā* vergleichbar. Wenn man Kṛṣṇa für einen gewöhnlichen Menschen hält, verliert die *Gītā* ihre ganze Bedeutung. Die Māyāvādīs bringen das Argument vor, die in diesem Vers angesprochene Pluralität sei im herkömmlichen Sinne zu verstehen und beziehe sich auf den Körper. Aber bereits im Vers zuvor ist eine solche körperliche Auffassung verurteilt worden. Wie hätte Kṛṣṇa also eine übliche Vorstellung vom Körper vertreten können, nachdem Er doch die körperliche Lebensauffassung der Lebewesen bereits verurteilt hatte? Die Auffassung der Individualität wird daher auf spiritueller Grundlage aufrechterhalten, wie es von großen *ācāryas* wie Śrī Rāmānuja und anderen bestätigt wird. An vielen Stellen in der *Gītā* heißt es eindeutig, daß diese spirituelle Individualität nur von denen verstanden wird, die Geweihte des Herrn sind. Diejenigen, die Kṛṣṇa als die Höchste Persönlichkeit Gottes beneiden, haben keinen wahren Zugang zu diesem großartigen Werk. Ein Nichtgottgeweihter, der sich mit den Lehren der *Bhagavad-gītā* befassen will, gleicht einer Biene, die von außen an einem Honigglas leckt. Man kann den Geschmack des Honigs nicht erfahren, solange man das Glas nicht öffnet. Ebenso können nur die Gottgeweihten die Mystik der *Bhagavad-gītā* verstehen, und niemand sonst kann davon einen Geschmack bekommen, wie im Vierten Kapitel bestätigt wird. Darüber hinaus ist die *Gītā* auch nicht für Menschen zugänglich, die auf die bloße Existenz des Herrn neidisch sind. Deshalb ist die Māyāvādī-Auslegung der *Gītā* eine höchst irreführende Darstellung der Wahrheit. Śrī Caitanya hat uns verboten, Kommentare der Māyāvādīs zu lesen, und Er warnt uns, daß derjenige, der sich der Philosophie der Māyāvādīs zuwendet, jegliche Fähigkeit verliere, das eigentliche Geheimnis der *Gītā* zu verstehen. Wenn sich Individualität auf das empirische Universum bezöge, dann wären die Lehren des Herrn überflüssig. Die Pluralität der individuellen Seelen und des Herrn ist eine ewige Tatsache und wird, wie oben erwähnt, von den *Veden* bestätigt.

Vers 13 देहिनोऽस्मिन् यथा देहे कौमारं यौवनं जरा ।
तथा देहान्तरप्राप्तिर्धीरस्तत्र न मुह्यति ॥१३॥

dehino 'smin yathā dehe kaumāraṁ yauvanaṁ jarā
tathā dehāntara-prāptir dhīras tatra na muhyati

dehinaḥ – des Verkörperten; *asmin* – in diesem; *yathā* – so wie; *dehe* – im Körper; *kaumāram* – Knabenzeit; *yauvanam* – Jugend; *jarā* – Alter; *tathā* – ebenso; *deha-antara* – des Wechsels des Körpers; *prāptiḥ* – Erlangung; *dhīraḥ* – der Besonnene; *tatra* – diesbezüglich; *na* – niemals; *muhyati* – ist getäuscht.

So wie die verkörperte Seele in diesem Körper fortgesetzt von Knabenzeit zu Jugend und zu Alter wandert, so geht die Seele beim Tod in ähnlicher Weise in einen anderen Körper ein. Ein besonnener Mensch wird durch einen solchen Wechsel nicht verwirrt.

ERLÄUTERUNG: Da jedes Lebewesen eine individuelle Seele ist, wechselt es seinen Körper in jedem Augenblick und manifestiert sich so manchmal als Kind, manchmal als Jugendlicher und manchmal als alter Mann. Dennoch handelt es sich immer um die gleiche spirituelle Seele, die sich nie wandelt. Diese individuelle Seele wechselt den Körper zum Zeitpunkt des Todes endgültig und geht in einen anderen Körper ein, und da sie mit Sicherheit bei der nächsten Geburt einen anderen Körper bekommt – entweder einen materiellen oder einen spirituellen –, gab es für Arjuna keinen Grund, den Tod zu beklagen, auch den Bhīṣmas oder Droṇas nicht, um die er sich so sehr sorgte. Vielmehr sollte er sich freuen, daß sie ihre alten Körper gegen neue eintauschen und so auch neue Kraft bekommen würden. Solche Körperwechsel bedeuten eine Vielfalt von Freuden und Leiden, die sich je nach der Handlungsweise im Leben richten. Da Bhīṣma und Droṇa edle Seelen waren, würden sie in ihrem nächsten Leben mit Gewißheit entweder einen spirituellen Körper oder zumindest ein Leben in einem himmlischen Körper erhalten, in dem ein höherer Genuß des materiellen Daseins möglich ist. In beiden Fällen gab es also keinen Grund zu klagen.

Jeder Mensch, der über vollkommenes Wissen von der Beschaffenheit der individuellen Seele, der Überseele und der Natur, der materiellen wie der spirituellen, verfügt, wird als *dhīra,* das heißt als höchst besonnener Mensch, bezeichnet. Ein solcher Mensch läßt sich niemals durch den Wechsel von Körpern täuschen.

Die Tatsache, daß die spirituelle Seele nicht in fragmentarische Teile zerlegt werden kann, widerlegt die Māyāvādī-Theorie des Einsseins aller spirituellen Seelen. Wenn der Höchste in verschiedene individuelle Seelen zerteilt werden könnte, würde dies bedeuten, daß Er zerteilbar oder wandelbar ist, was jedoch dem Prinzip widerspricht, daß die Höchste Seele unwandelbar ist. Wie in der *Gītā* bestätigt wird, bestehen die fragmentarischen Teile des Höchsten ewig (*sanātana*) und werden *kṣara* genannt, was bedeutet, daß sie die Neigung haben, in die materielle Natur zu fallen. Diese fragmentarischen Teile sind ewig so beschaffen, und selbst nach der Befreiung bleibt die individuelle Seele der gleiche fragmentarische Teil. Aber wenn sie einmal befreit ist, erreicht sie in der Gemeinschaft der Persönlichkeit Gottes ein ewiges Leben voller Glückseligkeit und Wissen. Die Überseele, auch Paramātmā genannt, befindet Sich in jedem einzelnen individuellen Körper, und obwohl sich die Überseele und das individuelle Lebewesen im selben Körper befinden, sind sie voneinander verschieden. Dies wird durch das folgende Beispiel illustriert. Wenn sich der Himmel auf dem Wasser widerspiegelt, werden sowohl die Sonne und der Mond wie auch die Sterne widergespiegelt. Die Sterne können mit den Lebewesen verglichen werden und die Sonne oder der Mond mit dem Höchsten Herrn. Die individuelle, fragmentarische spirituelle Seele wird von Arjuna repräsentiert, und die Höchste Seele ist die Persönlichkeit Gottes, Śrī Kṛṣṇa. Sie befinden sich nicht auf der gleichen Ebene, wie der Beginn des Vierten Kapitels deutlich werden läßt. Wenn sich Arjuna auf der gleichen Ebene wie Kṛṣṇa befände und Kṛṣṇa nicht über Arjuna stünde, dann wäre ihre Beziehung als Lehrer und Belehrter bedeutungslos. Wenn beide von der illusionierenden Energie (*māyā*) getäuscht wären, bestünde keine Notwendigkeit, daß der eine Lehrer und der andere Schüler ist. Solche Unterweisungen wären nutzlos, da niemand, der sich in der Gewalt *māyās* befindet, ein maßgebender Lehrer sein kann. Hier jedoch wird Śrī Kṛṣṇa als der Höchste Herr anerkannt, der Sich in einer höheren Stellung befindet als das Lebewesen, Arjuna, der eine von *māyā* irregeführte, vergeßliche Seele ist.

Vers 14 मात्रास्पर्शास्तु कौन्तेय शीतोष्णसुखदुःखदाः ।
आगमापायिनोऽनित्यास्तांस्तितिक्षस्व भारत ॥१४॥

mātrā-sparśās tu kaunteya śītoṣṇa-sukha-duḥkha-dāḥ
āgamāpāyino 'nityās tāṁs titikṣasva bhārata

mātrā-sparśāḥ – sinnliche Wahrnehmung; *tu* – bloß; *kaunteya* – o Sohn Kuntīs; *śīta* – Winter; *uṣṇa* – Sommer; *sukha* – Glück; *duḥkha* – und Leid; *dāḥ* – bereitend; *āgama* – erscheinend; *apāyinaḥ* – verschwindend; *anityāḥ* – unbeständig; *tān* – sie alle; *titikṣasva* – versuche einfach zu erdulden; *bhārata* – o Nachkomme der Bharata-Dynastie.

O Sohn Kuntīs, das unbeständige Erscheinen von Glück und Leid und ihr Verschwinden im Laufe der Zeit gleichen dem Kommen und Gehen von Sommer und Winter. Sie entstehen durch Sinneswahrnehmung, o Nachkomme Bharatas, und man muß lernen, sie zu dulden, ohne sich verwirren zu lassen.

ERLÄUTERUNG: Wenn man seine Pflicht richtig erfüllen will, muß man lernen, das unbeständige Erscheinen und Vergehen von Glück und Leid zu erdulden. Nach vedischer Unterweisung muß man frühmorgens ein Bad nehmen, sogar im Monat Māgha (Januar-Februar). Zu dieser Zeit ist es sehr kalt, aber trotzdem zögert ein Mann, der an den religiösen Grundsätzen festhält, nicht, sein Bad zu nehmen. Ebenso zögert eine Frau nicht, während der Monate Mai und Juni, dem heißesten Teil der Sommerzeit, in der Küche zu kochen. Man muß trotz klimabedingter Unbequemlichkeiten seine Pflicht erfüllen. In ähnlicher Weise ist

Kämpfen das religiöse Prinzip der *kṣatriyas,* und auch wenn man mit einem Freund oder Verwandten kämpfen muß, sollte man nicht von seiner vorgeschriebenen Pflicht abweichen. Man muß den vorgeschriebenen Regeln und Regulierungen der religiösen Prinzipien folgen, um zur Ebene des Wissens aufzusteigen, denn nur durch Wissen und Hingabe kann man sich aus den Klauen *māyās* (der Illusion) befreien.

Die beiden Namen, mit denen Arjuna hier angesprochen wird, sind ebenfalls bedeutsam. Der Name „Kaunteya" weist auf seine Blutsverwandtschaft mit der berühmten Familie seiner Mutter hin, und der Name „Bhārata" auf seine Größe von seiten seines Vaters. So ruhte also von beiden Seiten her ein großes Erbe auf ihm, und ein großes Erbe bringt in bezug auf die richtige Erfüllung von Pflichten Verantwortung mit sich. Daher kann er den Kampf nicht vermeiden.

Vers 15 यं हि न व्यथयन्त्येते पुरुषं पुरुषर्षभ ।
समदुःखसुखं धीरं सोऽमृतत्वाय कल्पते ॥१५॥

yaṁ hi na vyathayanty ete puruṣaṁ puruṣarṣabha
sama-duḥkha-sukhaṁ dhīraṁ so 'mṛtatvāya kalpate

yam – jemand, dem; *hi* – gewiß; *na* – niemals; *vyathayanti* – fügen Leid zu; *ete* – all diese; *puruṣam* – einem Menschen; *puruṣa-ṛṣabha* – o bester unter den Menschen; *sama* – unverändert; *duḥkha* – in Leid; *sukham* – und Glück; *dhīram* – geduldig; *saḥ* – er; *amṛtatvāya* – für Befreiung; *kalpate* – gilt als geeignet.

O bester unter den Menschen [Arjuna], wer sich durch Glück und Leid nicht stören läßt, sondern in beidem stetig ist, eignet sich gewiß dazu, Befreiung zu erlangen.

ERLÄUTERUNG: Jeder, der mit fester Entschlossenheit nach der fortgeschrittenen Stufe spiritueller Erkenntnis strebt und mit Gleichmut die Angriffe von Leid und Glück erduldet, ist gewiß geeignet, Befreiung zu erlangen. In der *varṇāśrama*-Einrichtung stellt die vierte Stufe des Lebens, nämlich der Lebensstand der Entsagung (*sannyāsa*), ein mühevolles Leben dar. Doch jemand, dem es ernst damit ist, sein Leben zu vervollkommnen, tritt mit Sicherheit trotz aller Schwierigkeiten in den *sannyāsa*-Stand des Lebens ein. Die Schwierigkeiten entstehen im allgemeinen daraus, daß man die Beziehung zu seiner Familie, das heißt die Verbindung zu Frau und Kindern, aufgeben muß. Aber wenn jemand fähig ist, solche Schwierigkeiten auf sich zu nehmen, ist sein Weg zur spirituellen Erkenntnis zweifellos vollkommen. Ebenso bekommt Arjuna bei seiner Pflichterfüllung als *kṣatriya* den Rat, standhaft zu bleiben – auch wenn es schwierig ist, mit seinen Familienangehörigen oder anderen nahestehenden Menschen zu kämpfen. Als Śrī Caitanya im Alter von vierundzwanzig Jahren *sannyāsa* annahm, hatten Seine Angehörigen, nämlich Seine junge Frau und Seine alte Mutter, niemanden außer Ihm, der sich um sie kümmerte. Dennoch nahm Er um einer höheren Sache willen *sannyāsa* an und erfüllte mit Beständigkeit Seine höheren Pflichten. Das ist der Weg, Befreiung aus der materiellen Knechtschaft zu erlangen.

Vers 16 नासतो विद्यते भावो नाभावो विद्यते सतः ।
उभयोरपि दृष्टोऽन्तस्त्वनयोस्तत्त्वदर्शिभिः ॥१६॥

nāsato vidyate bhāvo nābhāvo vidyate sataḥ
ubhayor api dṛṣṭo 'ntas tv anayos tattva-darśibhiḥ

na – nie; *asataḥ* – des Inexistenten; *vidyate* – es gibt; *bhāvaḥ* – Beständigkeit; *na* – niemals; *abhāvaḥ* – wechselnde Eigenschaften; *vidyate* – es gibt; *sataḥ* – des Ewigen; *ubhayoḥ* – der beiden; *api* – wahrlich; *dṛṣṭaḥ* – beobachtet; *antaḥ* – Schlußfolgerung; *tu* – in der Tat; *anayoḥ* – von ihnen; *tattva* – der Wahrheit; *darśibhiḥ* – von denjenigen, die sehen.

Diejenigen, die die Wahrheit sehen, haben erkannt, daß das Inexistente [der materielle Körper] ohne Dauer und das Ewige [die Seele] ohne Wechsel ist. Zu diesem Schluß sind sie gekommen, nachdem sie das Wesen von beidem studiert hatten.

ERLÄUTERUNG: Der sich wandelnde Körper ist nicht von Dauer. Daß sich der Körper in jedem Augenblick durch die Aktionen und Reaktionen der verschiedenen Zellen verändert, wird von der modernen Medizin bestätigt, und so finden im Körper Wachstum und Alter statt. Aber die spirituelle Seele besteht fortwährend und bleibt trotz aller Wandlungen des Körpers und des Geistes dieselbe. Das ist der Unterschied zwischen Materie und spiritueller Natur. Von Natur aus wandelt sich der Körper ständig, wohingegen die Seele ewig ist. Dies ist die Schlußfolgerung all derjenigen, die die Wahrheit sehen, sowohl der Unpersönlichkeits- als auch der Persönlichkeitsanhänger. Im *Viṣṇu Purāṇa* (2.12.38) heißt es, daß Viṣṇu und Seine Planeten alle von selbstleuchtender spiritueller Existenz sind (*jyotīṁṣi viṣṇur bhuva nāni viṣṇuḥ*). Die Worte „existent“ und „inexistent“ beziehen sich ausschließlich auf die spirituelle Natur bzw. Materie. Dies ist die Ansicht all derjenigen, die die Wahrheit kennen.

Hier beginnen die Unterweisungen des Herrn an die Lebewesen, die durch den Einfluß der Unwissenheit verwirrt sind. Unwissenheit zu beseitigen bedeutet, daß man die ewige Beziehung zwischen dem Verehrenden und dem Verehrten wiederherstellt und folglich den Unterschied zwischen den winzigen, fragmentarischen Lebewesen und der Höchsten Persönlichkeit Gottes versteht. Man kann das Wesen des Höchsten anhand eines eingehenden Studiums seinerselbst verstehen, vorausgesetzt, man sieht den Unterschied zwischen sich selbst und dem Höchsten im Sinne der Beziehung zwischen dem Teil und dem Ganzen. In den *Vedānta-sūtras* wie auch im *Śrīmad-Bhāgavatam* wird anerkannt, daß der Höchste der Ursprung aller Emanationen ist. Diese Emanationen lassen sich in der Kategorie höherer und niederer Natur wahrnehmen. Wie im Siebten Kapitel offenbart wird, gehören die Lebewesen zur höheren Natur. Obwohl zwischen der Energie und dem Energieursprung kein Unterschied besteht, heißt es, daß der Ursprung der Höchste ist und daß die Energie oder Natur Ihm untergeordnet ist. Die Lebewesen sind deshalb immer dem Höchsten Herrn untergeordnet – wie der Diener dem Meister oder der Schüler dem Lehrer. Solch klares Wissen ist unter dem Zauber der Unwissenheit unmöglich zu verstehen, und um solche Unwissenheit zu vertreiben, lehrt der Herr die *Bhagavad-gītā* zur Erleuchtung aller Lebewesen zu allen Zeiten.

Vers 17 अविनाशि तु तद्विद्धि येन सर्वमिदं ततम् ।
विनाशमव्ययस्यास्य न कश्चित्कर्तुमर्हति ॥१७॥

avināśi tu tad viddhi yena sarvam idaṁ tatam
vināśam avyayasyāsya na kaścit kartum arhati

avināśi – unvergänglich; *tu* – aber; *tat* – dies; *viddhi* – wisse es; *yena* – von dem; *sarvam* – der gesamte Körper; *idam* – dieser; *tatam* – durchdrungen; *vināśam* – Zerstörung; *avyayasya* – des Unvergänglichen; *asya* – von ihr; *na kaścit* – niemand; *kartum* – zu tun; *arhati* – ist imstande.

Wisse, das, was den gesamten Körper durchdringt, ist unzerstörbar. Niemand ist imstande, die unvergängliche Seele zu zerstören.

ERLÄUTERUNG: Dieser Vers erklärt noch deutlicher das wirkliche Wesen der Seele, die im gesamten Körper verbreitet ist. Jeder kann verstehen, was im ganzen Körper verbreitet ist: Es ist Bewußtsein. Jeder ist sich der Schmerzen und Freuden bewußt, die entweder in einem Teil des Körpers oder im gesamten Körper empfunden werden. Diese Verbreitung von Bewußtsein beschränkt sich auf den eigenen Körper. Die Schmerzen und Freuden des einen Körpers sind einem anderen unbekannt. Daher ist jeder einzelne Körper die Verkörperung einer individuellen Seele, und das Symptom für die Anwesenheit der Seele wird als individuelles Bewußtsein erfahren. Die Größe der Seele wird mit dem zehntausendsten Teil einer Haarspitze verglichen. Die *Śvetāśvatara Upaniṣad* (5.9) bestätigt dies wie folgt:

bālāgra-śata-bhāgasya śatadhā kalpitasya ca
bhāgo jīvaḥ sa vijñeyaḥ sa cānantyāya kalpate

„Wenn eine Haarspitze in hundert Teile und jedes dieser Teile in weitere hundert Teile zerlegt wird, dann entspricht eines dieser Teile der Größe der spirituellen Seele." Das gleiche wird auch an anderer Stelle bestätigt:

keśāgra-śata-bhāgasya śatāṁśaḥ sādṛśātmakaḥ
jīvaḥ sūkṣma-svarūpo 'yaṁ saṅkhyātīto hi cit-kanaḥ

„Es gibt unzählige Partikeln von spirituellen Atomen, und jedes von ihnen ist so groß wie der zehntausendste Teil einer Haarspitze."

Demnach ist das individuelle Partikel, das eine spirituelle Seele darstellt, ein spirituelles Atom, das kleiner ist als die materiellen Atome, und diese Atome sind unzählbar. Dieser winzige spirituelle Funke bildet das Grundprinzip des materiellen Körpers, und der Einfluß eines solchen spirituellen Funkens ist im gesamten Körper verbreitet, ebenso wie sich der Einfluß der heilenden Kraft eines Medikaments im gesamten Körper verbreitet. Diese Ausstrahlung der Seele wird überall im Körper als Bewußtsein verspürt, und das ist der Beweis für die Gegenwart der Seele. Jeder Laie weiß, daß ein materieller Körper minus Bewußtsein ein toter Körper ist und daß dieses Bewußtsein im Körper durch keine materielle Bemühung wiederbelebt werden kann. Bewußtsein ist daher nicht auf verschiedene materielle Verbindungen zurückzuführen, sondern auf die spirituelle Seele. In der *Muṇḍaka Upaniṣad* (3.1.9) wird die Dimension der atomischen spirituellen Seele weiter erklärt:

eṣo 'ṇur ātmā cetasā veditavyo
yasmin prāṇaḥ pañcadhā saṁviveśa
prāṇaiś cittaṁ sarvam otaṁ prajānāṁ
yasmin viśuddhe vibhavaty eṣa ātmā

„Die Seele ist atomisch klein und kann durch vollkommene Intelligenz wahrgenommen werden. Diese atomische Seele schwebt in den fünf Luftarten (*prāṇa, apāna, vyāna, samāna* und *udāna*). Sie befindet sich im Herzen und verbreitet ihren Einfluß über den gesamten Körper des verkörperten Lebewesens. Wenn die Seele von der Verunreinigung durch die fünf Arten materieller Luft geläutert ist, entfaltet sich ihre spirituelle Kraft."

Das *haṭha-yoga*-System ist dazu gedacht, die fünf Luftarten, die die reine Seele umkreisen, durch verschiedene Sitzstellungen unter Kontrolle zu bringen – nicht um irgendeines materiellen Gewinns willen, sondern um die winzige Seele aus der Verstrickung in die materielle Atmosphäre zu befreien.

Alle vedischen Schriften sind sich also darin einig, daß die Seele ihrem Wesen nach atomisch ist, und dies kann auch jeder vernünftige Mensch durch seine praktische Erfahrung verstehen. Nur ein Verrückter kann die atomische Seele mit dem alldurchdringenden *viṣṇu-tattva* gleichsetzen.

Der Einfluß der atomischen Seele durchdringt den gesamten Körper, in dem sie sich befindet. Wie es in der *Muṇḍaka Upaniṣad* heißt, befindet sich die atomische Seele im Herzen des Lebewesens; aber weil sich die Messung der atomischen Seele der Reichweite der materialistischen Wissenschaftler entzieht, behaupten einige von ihnen törichterweise, es gäbe keine Seele. Es besteht kein Zweifel darüber, daß die individuelle atomische Seele zusammen mit der Überseele im Herzen weilt, und daher kommen alle Energien, die zur Bewegung des Körpers benötigt werden, aus diesem Teil des Körpers. Die roten Blutkörperchen, die den Sauerstoff aus der Lunge mit sich tragen, beziehen ihre Energie von der Seele. Wenn die Seele den Körper verläßt, kommen alle bluterneuernden Vorgänge zum Stillstand. Die Medizin erkennt die Bedeutung der roten Blutkörperchen an, aber sie kann nicht herausfinden, daß die Quelle der Energie die Seele ist. Auf der anderen Seite aber räumt die Medizin ein, daß das Herz der Sitz aller Energien des Körpers ist.

Die atomischen Partikeln des spirituellen Ganzen werden mit den zahllosen leuchtenden Partikeln verglichen, aus denen sich der Sonnenschein zusammensetzt. Ebenso sind die fragmentarischen Teile des Höchsten Herrn atomische Funken Seiner Ausstrahlung, die als *prabhā* oder höhere Energie bezeichnet wird. Ob man nun dem vedischen Wissen oder der modernen Wissenschaft folgt, in keinem Fall kann man die Existenz der spirituellen Seele im Körper verleugnen, und die Wissenschaft der Seele wird in der *Bhagavad-gītā* von der Persönlichkeit Gottes Selbst ausführlich erklärt.

Vers 18 अन्तवन्त इमे देहा नित्यस्योक्ताः शरीरिणः ।
अनाशिनोऽप्रमेयस्य तस्माद्युध्यस्व भारत ॥१८॥

antavanta ime dehā nityasyoktāḥ śarīriṇaḥ
anāśino 'prameyasya tasmād yudhyasva bhārata

anta-vantaḥ – vergänglich; *ime* – all diese; *dehāḥ* – materiellen Körper; *nityasya* – ewig bestehend; *uktāḥ* – es heißt; *śarīriṇaḥ* – der verkörperten Seele; *anāśinaḥ* – kann niemals zerstört werden; *aprameyasya* – unmeßbar; *tasmāt* – deshalb; *yudhyasva* – kämpfe; *bhārata* – o Nachkomme Bharatas.

Dem materiellen Körper des unzerstörbaren, unmeßbaren und ewigen Lebewesens ist es mit Sicherheit bestimmt zu sterben. Deshalb kämpfe, o Nachkomme Bharatas.

ERLÄUTERUNG: Der materielle Körper ist von Natur aus vergänglich. Er mag sogleich vergehen oder erst nach hundert Jahren. Es ist nur eine Frage der Zeit. Es gibt keine Möglichkeit, ihn unbegrenzt lange am Leben zu erhalten. Die spirituelle Seele aber ist so winzig, daß sie von keinem Feind gesehen, geschweige denn getötet werden kann. Wie im vorherigen Vers erwähnt wurde, ist sie so klein, daß niemand auch nur eine Vorstellung hat, wie man ihre Dimension messen kann. In keinem Fall gibt es also Grund zu klagen, denn das Lebewesen, wie es ist, kann nicht getötet werden, und der materielle Körper kann nicht über eine bestimmte Zeitspanne hinaus erhalten werden und auch nicht ewig beschützt werden. Weil das winzige Partikel des spirituellen Ganzen den materiellen Körper gemäß seinen Tätigkeiten annimmt, sollte man sich während seines Lebens an die religiösen Grundsätze halten. In den *Vedānta-sūtras* wird das Lebewesen als „Licht" beschrieben, da es ein Bestandteil des höchsten Lichts ist. So wie das Sonnenlicht das gesamte Universum erhält, so erhält das Licht der Seele den materiellen Körper. Sobald die spirituelle Seele den materiellen Körper verlassen hat, beginnt der Körper zu zerfallen; daher ist es die spirituelle Seele, die den Körper erhält. Der Körper selbst ist unwichtig. Arjuna wurde angewiesen, zu kämpfen und nicht aus materiellen, körperlichen Erwägungen die religiösen Grundsätze zu opfern.

Vers 19 य एनं वेत्ति हन्तारं यश्चैनं मन्यते हतम् ।
उभौ तौ न विजानीतो नायं हन्ति न हन्यते ॥१९॥

ya enaṁ vetti hantāraṁ yaś cainaṁ manyate hatam
ubhau tau na vijānīto nāyaṁ hanti na hanyate

yaḥ – jemand, der; *enam* – dies; *vetti* – weiß; *hantāram* – der Töter; *yaḥ* – jemand, der; *ca* – auch; *enam* – dies; *manyate* – denkt; *hatam* – getötet; *ubhau* – beide; *tau* – sie; *na* – niemals; *vijānītaḥ* – sind in Wissen; *na* – niemals; *ayam* – diese; *hanti* – tötet; *na* – und nicht; *hanyate* – wird getötet.

Weder derjenige, der denkt, das Lebewesen töte, noch derjenige, der denkt, es werde getötet, besitzt Wissen, denn das Selbst tötet nicht und wird auch nicht getötet.

ERLÄUTERUNG: Wenn ein verkörpertes Lebewesen von tödlichen Waffen getroffen wird, sollte man verstehen, daß das Lebewesen innerhalb des Körpers nicht getötet wird. Wie aus den nächsten Versen klar hervorgehen wird, ist die spirituelle Seele so klein, daß es unmöglich ist, sie mit irgendeiner materiellen Waffe zu töten. Aufgrund seiner spirituellen Beschaffenheit kann das Lebewesen gar nicht getötet werden. Das, was getötet oder angeblich getötet wird, ist nur der Körper. Dies jedoch ist in keiner Hinsicht eine Aufforderung, den Körper zu töten. Die vedische Unterweisung lautet: *mā hiṁsyāt sarvā bhūtāni:* „Füge niemals irgend jemandem Gewalt zu." Ebenso ist es aufgrund der Aussage, daß das Lebewesen nicht getötet werden kann, niemals erlaubt, Tiere zu schlachten. Den Körper irgendeines Lebewesens zu vernichten, ohne dazu befugt zu sein, ist verabscheuungswürdig und wird sowohl vom Gesetz des Staates als auch vom Gesetz des Herrn bestraft. Arjuna jedoch soll für das Prinzip der Religion töten, nicht aus einer Laune heraus.

Vers 20 न जायते म्रियते वा कदाचिन् नायं भूत्वा भविता वा न भूयः ।
अजो नित्यः शाश्वतोऽयं पुराणो न हन्यते हन्यमाने शरीरे ॥२०॥

na jāyate mriyate vā kadācin
nāyaṁ bhūtvā bhavitā vā na bhūyaḥ
ajo nityaḥ śāśvato 'yaṁ purāṇo
na hanyate hanyamāne śarīre

na – niemals; *jāyate* – wird geboren; *mriyate* – stirbt; *vā* – oder; *kadācit* – zu irgendeiner Zeit (Vergangenheit, Gegenwart oder Zukunft); *na* – niemals; *ayam* – diese; *bhūtvā* – ins Dasein gekommen; *bhavitā* – wird entstehen; *vā* – oder; *na* – nicht; *bhūyaḥ* – oder wird wieder entstehen;

ajaḥ – ungeboren; *nityaḥ* – ewig; *śāśvataḥ* – immerwährend; *ayam* – diese; *purāṇaḥ* – die älteste; *na* – niemals; *hanyate* – wird getötet; *hanyamāne* – wenn getötet wird; *śarīre* – der Körper.

Für die Seele gibt es zu keiner Zeit Geburt oder Tod. Sie ist nicht entstanden, sie entsteht nicht, und sie wird nie entstehen. Sie ist ungeboren, ewig, immerwährend und urerst. Sie wird nicht getötet, wenn der Körper getötet wird.

ERLÄUTERUNG: Die spirituelle Seele ist ein winziger fragmentarischer Teil der Höchsten Seele, und deshalb ist sie qualitativ eins mit dem Höchsten. Sie unterliegt keinem Wandel wie der Körper. Manchmal wird die Seele als *kūṭa-stha,* die Beständige, bezeichnet. Der Körper unterliegt sechs Arten von Wandlungen: Er wird aus dem Mutterleib geboren, besteht für eine gewisse Zeit, wächst heran, erzeugt Nebenprodukte, verfällt allmählich und verschwindet schließlich in der Vergessenheit. Die Seele aber durchläuft nicht solche Wandlungen. Die Seele selbst wird nicht geboren, aber weil sie einen materiellen Körper annimmt, wird der Körper geboren. Für die Seele ist dies jedoch keine Geburt, und sie wird auch nicht sterben. Alles, was geboren wird, muß sterben. Und weil die Seele keine Geburt kennt, kennt sie weder Vergangenheit noch Gegenwart, noch Zukunft. Sie ist ewig, immerwährend und urerst – das heißt, nichts in ihrer Geschichte weist darauf hin, daß sie einen Anfang gehabt hat. Unter dem Einfluß der körperlichen Lebensauffassung glauben wir, die Seele sei zu irgendeinem Zeitpunkt in der Geschichte geboren worden, usw. Ebenso wird die Seele, im Gegensatz zum Körper, zu keiner Zeit alt. Daher fühlt der scheinbar alte Mann, daß er der gleiche ist wie in seiner Kindheit oder Jugend. Die Wandlungen des Körpers beeinflussen die Seele nicht. Die Seele unterliegt nicht dem Zerfall wie ein Baum oder irgend etwas anderes Materielles. Die Seele erzeugt auch keine Nebenprodukte. Die Nebenprodukte des Körpers, die Kinder, sind ebenfalls verschiedene individuelle Seelen, und nur im Hinblick auf den Körper erscheinen sie als Kinder eines bestimmten Mannes. Der Körper entwickelt sich, weil die Seele anwesend ist, aber die Seele hat weder Nachkommen, noch unterliegt sie irgendeinem Wandel. Aus diesen Gründen ist die Seele von den sechs Wandlungen des Körpers frei.

In der *Kaṭha Upaniṣad* (1.2.18) finden wir einen ähnlichen Vers, in dem es heißt:

na jāyate mriyate vā vipaścin
nāyaṁ kutaścin na babhūva kaścit

ajo nityaḥ śāśvato 'yaṁ purāṇo
na hanyate hanyamāne śarīre

Die Aussage und Bedeutung dieses Verses ist die gleiche wie in der *Bhagavad-gītā,* aber hier in diesem Vers gibt es ein besonderes Wort, nämlich *vipaścit,* was soviel bedeutet wie „gelehrt" oder „mit Wissen ausgestattet".

Die Seele ist voller Wissen, das heißt, sie ist immer voller Bewußtsein. Deshalb ist Bewußtsein das Symptom der Seele. Selbst wenn man die Seele im Herzen, wo sie sich befindet, nicht sehen kann, kann man trotzdem verstehen, daß die Seele gegenwärtig sein muß, einfach weil Bewußtsein gegenwärtig ist. Manchmal kommt es vor, daß wir die Sonne nicht sehen können, weil der Himmel bedeckt ist oder aus irgendwelchen anderen Gründen, aber das Licht der Sonne ist immer da, und wir sind deshalb überzeugt, daß es Tag ist. Sobald frühmorgens ein wenig Licht am Himmel erscheint, können wir verstehen, daß die Sonne am Himmel steht. Ebenso können wir auch die Gegenwart der Seele erkennen, da in allen Körpern – ob Mensch oder Tier – Bewußtsein vorhanden ist. Das Bewußtsein der Seele unterscheidet sich jedoch vom Bewußtsein des Höchsten, da das höchste Bewußtsein alldurchdringendes Wissen ist – es umfaßt Vergangenheit, Gegenwart und Zukunft. Die individuelle Seele neigt dazu, vergeßlich zu sein. Wenn sie ihre wahre Natur vergißt, empfängt sie aus den erhabenen Lehren Kṛṣṇas Bildung und Erleuchtung. Aber Kṛṣṇa kann nicht mit den vergeßlichen Seelen verglichen werden. Wenn dem so wäre, wären Seine Lehren in der *Bhagavad-gītā* nutzlos.

Es gibt zwei Arten von Seelen: die winzig kleine Seele (*aṇu-ātmā*) und die Überseele (*vibhu-ātmā*). Dies wird ebenfalls in der *Kaṭha Upaniṣad* (1.2.20) bestätigt:

aṇor aṇīyān mahato mahīyān
ātmāsya jantor nihito guhāyām
tam akratuḥ paśyati vīta-śoko
dhātuḥ prasādān mahimānam ātmanaḥ

„Die Überseele [Paramātmā] und die atomische Seele [*jīvātmā*] sitzen auf dem gleichen Baum des Körpers, im gleichen Herzen des Lebewesens, und nur jemand, der von allen materiellen Wünschen und Klagen frei geworden ist, kann durch die Gnade des Höchsten die Herrlichkeit der Seele verstehen."

Kṛṣṇa ist auch der Ursprung der Überseele, wie in den folgenden Kapiteln enthüllt wird, und Arjuna ist die winzig kleine Seele, die ihre wahre Natur vergessen hat und daher von Kṛṣṇa oder Seinem echten Vertreter (dem spirituellen Meister) erleuchtet werden muß.

Vers 21 वेदाविनाशिनं नित्यं य एनमजमव्ययम् ।
कथं स पुरुषः पार्थ कं घातयति हन्ति कम् ॥२१॥

vedāvināśinaṁ nityaṁ ya enam ajam avyayam
kathaṁ sa puruṣaḥ pārtha kaṁ ghātayati hanti kam

veda – weiß; *avināśinam* – unzerstörbar; *nityam* – immer existierend; *yaḥ* – jemand, der; *enam* – diese (Seele); *ajam* – ungeboren; *avyayam* – unveränderlich; *katham* – wie; *saḥ* – diese; *puruṣaḥ* – Person; *pārtha* – o Pārtha (Arjuna); *kam* – wen; *ghātayati* – verursacht zu verletzen; *hanti* – tötet; *kam* – wen.

O Pārtha, wie kann ein Mensch, der weiß, daß die Seele unzerstörbar, ewig, ungeboren und unveränderlich ist, jemanden töten oder jemanden veranlassen zu töten?

ERLÄUTERUNG: Alles hat seinen bestimmten Nutzen, und ein Mensch, der in vollkommenem Wissen gründet, weiß, wie und wo etwas seine richtige Verwendung hat. Ebenso hat auch Gewalt ihren Nutzen, und wie Gewalt anzuwenden ist, obliegt dem Entscheid desjenigen, der über Wissen verfügt. Obwohl der Richter über einen Menschen, der wegen Mordes verurteilt ist, die Todesstrafe verhängt, kann gegen ihn kein Vorwurf erhoben werden, da er Gewalt gegen einen anderen in Übereinstimmung mit dem Gesetz befiehlt. Die *Manu-saṁhitā,* das Gesetzbuch der Menschheit, befürwortet, daß ein Mörder zum Tode verurteilt werden sollte, damit er in seinem nächsten Leben für die große Sünde, die er begangen hat, nicht zu leiden braucht. Daher ist die Verfügung des Königs, einen Mörder zu hängen, letztlich segensreich. Wenn also Kṛṣṇa den Befehl gibt zu kämpfen, muß man daraus schließen, daß Gewalt um höchster Gerechtigkeit willen stattfindet, und Arjuna sollte der Anweisung folgen, da er weiß, daß Gewalt, die im Kampf für Kṛṣṇa angewandt wird, keineswegs Gewalt ist, denn der Mensch, oder vielmehr die Seele, kann unter keinen Umständen getötet werden. Um für Gerechtigkeit zu sorgen, ist also sogenannte Gewalt gestattet. Ein chirurgischer Eingriff soll den Patienten nicht töten, sondern heilen. Daher findet der Kampf, den Arjuna im Auftrag Kṛṣṇas austragen soll, in vollem Wissen statt, weshalb unmöglich sündhafte Reaktionen entstehen können.

Vers 22 वासांसि जीर्णानि यथा विहाय नवानि गृह्णाति नरोऽपराणि ।
तथा शरीराणि विहाय जीर्णान्यन्यानि संयाति नवानि देही ॥२२॥

vāsāṁsi jīrṇāni yathā vihāya navāni gṛhṇāti naro 'parāṇi
tathā śarīrāṇi vihāya jīrṇāny anyāni saṁyāti navāni dehī

vāsāṁsi – Kleider; *jīrṇāni* – alte und abgetragene; *yathā* – genau wie; *vihāya* – aufgebend; *navāni* – neue Kleider; *gṛhṇāti* – nimmt an; *naraḥ* – ein Mensch; *aparāṇi* – andere; *tathā* – ebenso; *śarīrāṇi* – Körper; *vihāya* – aufgebend; *jīrṇāni* – alte und nutzlose; *anyāni* – verschiedenartige; *saṁyāti* – nimmt wahrlich an; *navāni* – neue; *dehī* – die verkörperte.

Wie ein Mensch alte Kleider ablegt und neue anzieht, so gibt die Seele alt und unbrauchbar gewordene Körper auf und nimmt neue materielle Körper an.

ERLÄUTERUNG: Daß die atomische individuelle Seele den Körper wechselt, ist eine anerkannte Tatsache. Selbst die modernen Wissenschaftler, die nicht an die Existenz der Seele glauben, aber zur gleichen Zeit auch die Energiequelle im Herzen nicht erklären können, müssen die fortwährenden Wandlungen des Körpers von Kindheit zu Knabenzeit, von Knabenzeit zu Jugend und von Jugend zu Alter anerkennen. Wenn der Körper die letzte Stufe des Alters erreicht, setzen sich diese Wandlungen in einem neuen Körper fort. Dies wurde bereits in einem vorangegangenen Vers (2.13) erklärt.

Das Überwechseln der atomischen individuellen Seele in einen anderen Körper wird durch die Gnade der Überseele ermöglicht. Die Überseele erfüllt den Wunsch der atomischen Seele, genau wie ein Freund den Wunsch seines Freundes erfüllt. Die *Veden,* wie die *Muṇḍaka Upaniṣad* und die *Śvetāśvatara Upaniṣad,* vergleichen die Seele und die Überseele mit zwei befreundeten Vögeln, die auf dem gleichen Baum sitzen. Einer der Vögel (die individuelle atomische Seele) ißt von den Früchten des Baumes, während der andere Vogel (Kṛṣṇa) Seinen Freund nur beobachtet. Obwohl diese beiden Vögel eigenschaftsmäßig gleich sind, ist der eine von den Früchten des materiellen Baumes bezaubert, wohingegen der andere einfach nur Zeuge der Tätigkeiten Seines Freundes ist. Kṛṣṇa ist der beobachtende Vogel, und Arjuna ist der essende Vogel. Obwohl sie Freunde sind, ist trotzdem der eine Meister und der andere Diener. Daß die atomische Seele diese Beziehung vergißt, ist die Ursache dafür, daß sie ihren Baum, das heißt ihren Körper wechseln muß. Die *jīva*-Seele kämpft sehr schwer auf dem Baum des materiellen Körpers; aber sobald sie sich damit einverstanden erklärt, den anderen Vogel als den höchsten spirituellen Meister anzuerkennen – so wie Arjuna es tat, als er sich Kṛṣṇa freiwillig ergab, um sich von Ihm unterweisen zu lassen –, wird der untergeordnete Vogel sogleich von allen Klagen frei. Sowohl die *Muṇḍaka Upaniṣad* (3.1.2) als auch die *Śvetāśvatara Upaniṣad* (4.7) bestätigen dies:

samāne vṛkṣe puruṣo nimagno
'nīśayā śocati muhyamānaḥ
juṣṭaṁ yadā paśyaty anyam īśam
asya mahimānam iti vīta-śokaḥ

„Obwohl die beiden Vögel auf dem gleichen Baum sitzen, wird der essende Vogel von Angst und Unzufriedenheit geplagt, weil er die Früchte des Baumes genießen will. Aber wenn er sich irgendwie seinem Freund, dem Herrn, zuwendet und dessen Herrlichkeit erkennt, wird der leidende Vogel sogleich von allen Ängsten frei."

Arjuna hat sich jetzt seinem ewigen Freund, Kṛṣṇa, zugewandt und erlernt von Ihm die Weisheit der *Bhagavad-gītā.* Indem er so die Worte Kṛṣṇas hört, kann er die erhabene Herrlichkeit des Herrn verstehen und von aller Klage frei werden.

Arjuna wird hier vom Herrn unterwiesen, den Körperwechsel seines alten Großvaters und seines Lehrers nicht zu beklagen. Er sollte vielmehr froh darüber sein, ihre Körper in einem gerechten Kampf zu töten, so daß es ihnen möglich wird, sogleich von allen Reaktionen auf ihre verschiedensten körperlichen Tätigkeiten gereinigt zu werden. Wer sein Leben auf dem Opferaltar, das heißt auf dem geeigneten Schlachtfeld, aufgibt, wird auf der Stelle von allen Reaktionen auf seine körperlichen Tätigkeiten befreit und auf eine höhere Stufe des Lebens erhoben. Es gab also für Arjuna keinen Grund zu klagen.

Vers 23 नैनं छिन्दन्ति शस्त्राणि नैनं दहति पावकः ।
न चैनं क्लेदयन्त्यापो न शोषयति मारुतः ॥२३॥

nainaṁ chindanti śastrāṇi nainaṁ dahati pāvakaḥ
na cainaṁ kledayanty āpo na śoṣayati mārutaḥ

na – niemals; *enam* – diese Seele; *chindanti* – können zerschneiden; *śastrāṇi* – Waffen; *na* – niemals; *enam* – diese Seele; *dahati* – verbrennt; *pāvakaḥ* – Feuer; *na* – niemals; *ca* – auch; *enam* – diese Seele; *kledayanti* – benetzt; *āpaḥ* – Wasser; *na* – niemals; *śoṣayati* – trocknet; *mārutaḥ* – Wind.

Die Seele kann weder von Waffen zerschnitten noch von Feuer verbrannt, noch von Wasser benetzt, noch vom Wind verdorrt werden.

ERLÄUTERUNG: Keine Art von Waffen – weder Schwerter noch Flammen, Regenwaffen, Wirbelsturmwaffen usw. – ist imstande, die spirituelle Seele zu vernichten. Offenbar gab es damals neben den Feuerwaffen, die auch in unserer heutigen Zeit bekannt sind, noch viele andere Arten von Waffen, die aus Erde, Wasser, Luft, Äther usw. bestanden. Auch die modernen Kernwaffen werden als Feuerwaffen eingestuft, aber früher wurden auch aus allen anderen materiellen Elementen Waffen hergestellt. Feuerwaffen bekämpfte man mit Wasserwaffen, die der modernen Wissenschaft unbekannt sind. Auch kennen die Wissenschaftler der heutigen Zeit keine Wirbelsturmwaffen. Nichtsdestoweniger kann die Seele, ungeachtet wissenschaftlicher Erfindungen, niemals zerschnitten oder durch irgendeine Anzahl von Waffen vernichtet werden.

Die Māyāvādīs können nicht erklären, wie die individuelle Seele nur durch Unwissenheit entstanden sein soll, um in der Folge von der illusionierenden Energie bedeckt zu werden. Ebenso ist es nicht möglich, daß die individuellen Seelen jemals von der ursprünglichen Höchsten Seele abgetrennt wurden. Vielmehr verhält es sich so, daß die individuellen Seelen ewiglich getrennte Teile der Höchsten Seele sind; aber weil die Lebewesen ewig (*sanātana*) atomische individuelle Seelen sind, neigen sie dazu, von der täuschenden Energie bedeckt zu werden, und so werden sie von der Gemeinschaft des Höchsten Herrn getrennt, ebenso wie die Funken eines Feuers, obwohl der Eigenschaft nach eins mit dem Feuer, zum Verlöschen neigen, wenn sie vom Feuer getrennt sind. Im *Varāha Purāṇa* werden die Lebewesen als abgesonderte winzige Bestandteile des Höchsten beschrieben, und dies sind sie ewig, wie es auch von der *Bhagavad-gītā* bestätigt wird. Wie aus den Unterweisungen des Herrn an Arjuna hervorgeht, behält das Lebewesen, selbst nachdem es von der Illusion befreit ist, seine gesonderte Identität. Arjuna wurde durch das Wissen, das er von Kṛṣṇa empfing, zwar befreit, doch er wurde niemals eins mit Kṛṣṇa.

Vers 24 अच्छेद्योऽयमदाह्योऽयमक्लेद्योऽशोष्य एव च ।
नित्यः सर्वगतः स्थाणुरचलोऽयं सनातनः ॥२४॥

acchedyo 'yam adāhyo 'yam akledyo 'śoṣya eva ca
nityaḥ sarva-gataḥ sthāṇur acalo 'yaṁ sanātanaḥ

acchedyaḥ – unzerbrechlich; *ayam* – diese Seele; *adāhyaḥ* – kann nicht verbrannt werden; *ayam* – diese Seele; *akledyaḥ* – unauflöslich; *aśoṣyaḥ* – kann nicht ausgetrocknet werden; *eva* – gewiß; *ca* – und; *nityaḥ* – immerwährend; *sarva-gataḥ* – alldurchdringend; *sthāṇuḥ* – unwandelbar; *acalaḥ* – unbeweglich; *ayam* – diese Seele; *sanātanaḥ* – ewig dieselbe.

Die individuelle Seele ist unzerbrechlich und unauflöslich und kann weder verbrannt noch ausgetrocknet werden. Sie ist immerwährend, überall gegenwärtig, unwandelbar, unbeweglich und ewig dieselbe.

ERLÄUTERUNG: Alle diese Eigenschaften der atomischen Seele beweisen eindeutig, daß die individuelle Seele ewig der atomische Bestandteil des spirituellen Ganzen ist und ewig, ohne Veränderung, dasselbe Atom bleibt. In diesem Zusammenhang ist es sehr schwierig, die Theorie des Monismus zu vertreten, denn es ist niemals zu erwarten, daß die individuelle Seele mit dem spirituellen Ganzen eins und gleich wird. Nach der Befreiung von der materiellen Verunreinigung mag es die atomische Seele vorziehen, als spiritueller Funke in den leuchtenden Strahlen der Höchsten Persönlichkeit Gottes zu verbleiben, aber die intelligenten Seelen erheben sich auf die spirituellen Planeten, um mit der Persönlichkeit Gottes zusammenzusein.

Das Wort *sarva-gata* („alldurchdringend“) ist bedeutsam, da kein Zweifel daran besteht, daß es überall in Gottes Schöpfung Lebewesen gibt. Sie leben auf dem Land, im Wasser, in der Luft, in der Erde und sogar im Feuer. Die Ansicht, Lebewesen würden durch Feuer vernichtet, ist nicht annehmbar, da es hier unmißverständlich heißt, daß die Seele durch Feuer nicht verbrannt werden kann. Deshalb besteht kein Zweifel daran, daß es auch auf dem Sonnenplaneten Lebewesen gibt, die dort mit einem geeigneten Körper leben. Wäre die Sonne unbewohnt, dann würde das Wort *sarva-gata* („überall gegenwärtig“) seine Bedeutung verlieren.

Vers 25 अव्यक्तोऽयमचिन्त्योऽयमविकार्योऽयमुच्यते ।
तस्मादेवं विदित्वैनं नानुशोचितुमर्हसि ॥२५॥

avyakto 'yam acintyo 'yam avikāryo 'yam ucyate
tasmād evaṁ viditvainaṁ nānuśocitum arhasi

avyaktaḥ – unsichtbar; *ayam* – diese Seele; *acintyaḥ* – unbegreiflich; *ayam* – diese Seele; *avikāryaḥ* – unveränderlich; *ayam* – diese Seele;

ucyate – wird genannt; *tasmāt* – deshalb; *evam* – wie dies; *viditvā* – es wohl wissend; *enam* – diese Seele; *na* – nicht; *anuśocitum* – zu klagen; *arhasi* – du verdienst.

Es heißt, daß die Seele unsichtbar, unbegreiflich und unwandelbar ist. Da du dies weißt, solltest du nicht um den Körper trauern.

ERLÄUTERUNG: Wie zuvor beschrieben wurde, ist die Seele für unsere materiellen Maßstäbe so klein, daß sie nicht einmal mit dem stärksten Mikroskop gesehen werden kann; aus diesem Grunde heißt es, sie sei unsichtbar. Ihre Existenz kann nicht auf der Grundlage von Experimenten bewiesen werden, sondern nur auf der Grundlage von *śruti,* der vedischen Weisheit. Wir müssen den Beweis der *śruti* als Wahrheit annehmen, weil es keine andere Wissensquelle gibt, um die Existenz der Seele zu ermitteln, obwohl ihre Gegenwart aufgrund der Symptome, die wir wahrnehmen können, unbestreitbar ist. Es gibt so viele Dinge, die wir allein auf der Grundlage höherer Autorität akzeptieren müssen. Durch die Autorität der Mutter erfahren wir von der Existenz unseres Vaters. Die Mutter ist die einzige Autorität, die uns sagen kann, wer unser Vater ist. Ebenso gibt es keine andere Möglichkeit, die Seele zu verstehen, als die *Veden* zu studieren. Mit anderen Worten, die Seele ist durch das experimentelle Wissen des Menschen nicht zu erkennen. Die Seele ist Bewußtsein und ist bewußt – auch dies ist eine Aussage der *Veden,* und wir müssen sie als Wahrheit annehmen. Im Gegensatz zum Körper, der sich wandelt, unterliegt die Seele keiner Wandlung. Weil die Seele ewig unveränderlich ist, ist sie im Vergleich zur unendlichen Höchsten Seele immer atomisch klein. Die Höchste Seele ist unendlich groß, und die atomische Seele ist unendlich klein. Da die unendlich kleine Seele unwandelbar ist, kann sie der unendlichen Seele, der Höchsten Persönlichkeit Gottes, niemals gleichkommen. Dieser Punkt wird in den *Veden* auf verschiedenste Weise wiederholt, nur um die Unveränderlichkeit des Begriffs der Seele zu unterstreichen. Wiederholung ist notwendig, damit wir ein Thema tiefgehend und fehlerfrei verstehen können.

Vers 26 अथ चैनं नित्यजातं नित्यं वा मन्यसे मृतम् ।
तथापि त्वं महाबाहो नैनं शोचितुमर्हसि ॥२६॥

atha cainaṁ nitya-jātaṁ nityaṁ vā manyase mṛtam
tathāpi tvaṁ mahā-bāho nainaṁ śocitum arhasi

atha – wenn aber; *ca* – auch; *enam* – diese Seele; *nitya-jātam* – immer geboren; *nityam* – für immer; *vā* – oder; *manyase* – du denkst; *mṛtam* – tot; *tathā api* – dennoch; *tvam* – du; *mahā-bāho* – o Starkarmiger; *na* – niemals; *enam* – über die Seele; *śocitum* – zu wehklagen; *arhasi* – verdienst.

Wenn du jedoch glaubst, daß die Seele [oder die Lebenssymptome] ständig geboren wird und für immer stirbt, gibt es für dich dennoch keinen Grund zu klagen, o Starkarmiger.

ERLÄUTERUNG: Es gibt immer eine Klasse von Philosophen, die, ähnlich wie die Buddhisten, nicht an eine vom Körper gesonderte Existenz der Seele glaubt. Als Śrī Kṛṣṇa die *Bhagavad-gītā* sprach, gab es Philosophen dieser Art, und sie waren als Lokāyatikas und Vaibhāṣikas bekannt. Diese Philosophen vertraten die Auffassung, Lebenssymptome entstünden in einem gewissen Reifestadium materieller Verbindungen. Die modernen materialistischen Wissenschaftler und Philosophen denken ähnlich. Ihrer Ansicht nach ist der Körper eine Kombination materieller Elemente, und sie glauben, die Lebenssymptome entwickelten sich auf einer gewissen Stufe durch die Wechselwirkung physischer und chemischer Elemente. Die Wissenschaft der Anthropologie stützt sich auf diese Philosophie. In neuerer Zeit gibt es viele Pseudoreligionen – die jetzt vor allem in Amerika Mode werden –, die sich ebenfalls dieser Philosophie anschließen, wie die nihilistischen, nichtdevotionalen buddhistischen Sekten.

Selbst wenn Arjuna nicht an die Existenz der Seele glaubte – wie es bei den Vertretern der Vaibhāṣika-Philosophie der Fall ist –, hätte für ihn dennoch kein Grund zur Klage bestanden. Niemand beklagt den Verlust einer Masse von Chemikalien und hört deswegen auf, seine vorgeschriebene Pflicht zu erfüllen. Im Gegenteil, in der modernen Wissenschaft und Kriegsführung werden zahllose Tonnen von Chemikalien verschwendet, wenn es darum geht, den Feind zu besiegen. Gemäß der Vaibhāṣika-Philosophie vergeht die sogenannte Seele (*ātmā*) mit der Auflösung des Körpers. In jedem Fall also – ob Arjuna die vedische Schlußfolgerung akzeptierte, daß es eine atomische Seele gibt, oder ob er nicht an die Existenz der Seele glaubte – hatte er keinen Grund zu klagen. Da nach der Theorie der Vaibhāṣikas in jedem Augenblick unendlich viele Lebewesen aus der Materie erzeugt werden und unendlich viele sterben, braucht man um solche Ereignisse nicht zu trauern. Wenn es für die Seele keine Wiedergeburt gäbe, hätte für Arjuna kein Grund bestanden, sich vor den sündhaften Reaktionen zu fürchten, die entstehen würden, wenn er seinen Großvater und seinen Lehrer tötete. Gleichzeitig aber bezeichnete Kṛṣṇa Arjuna ironischerweise als *mahā-bāhu* („Starkarmiger“), da zumindest Er die Theorie der Vaibhāṣikas, die das vedische Wissen völlig außer acht läßt, nicht akzeptierte. Als *kṣatriya* gehörte Arjuna der vedischen Kultur an, und daher war es seine Pflicht, weiter ihren Prinzipien zu folgen.

Vers 27 जातस्य हि ध्रुवो मृत्युर्ध्रुवं जन्म मृतस्य च ।
तस्मादपरिहार्येऽर्थे न त्वं शोचितुमर्हसि ॥२७॥

jātasya hi dhruvo mṛtyur dhruvaṁ janma mṛtasya ca
tasmād aparihārye 'rthe na tvaṁ śocitum arhasi

jātasya – desjenigen, der geboren wurde; *hi* – gewiß; *dhruvaḥ* – eine Tatsache; *mṛtyuḥ* – Tod; *dhruvam* – es ist ebenfalls eine Tatsache; *janma* – Geburt; *mṛtasya* – des Toten; *ca* – auch; *tasmāt* – deshalb; *aparihārye* – von dem, was unvermeidlich ist; *arthe* – in der Angelegenheit; *na* – nicht; *tvam* – du; *śocitum* – zu klagen; *arhasi* – verdienst.

Jemandem, der geboren wurde, ist der Tod gewiß, und jemandem, der gestorben ist, ist die Geburt gewiß. Deshalb solltest du bei der unvermeidlichen Erfüllung deiner Pflichten nicht klagen.

ERLÄUTERUNG: Die Tätigkeiten im Leben bestimmen die nächste Geburt. Und nachdem man einen Zyklus von Tätigkeiten beendet hat, muß man sterben, um für den nächsten geboren zu werden. Auf diese Weise dreht sich das Rad von Geburt und Tod, eine Umdrehung nach der anderen, ohne Befreiung. Dieser Kreislauf von Geburt und Tod rechtfertigt jedoch nicht unnötiges Morden, Schlachten oder Krieg. Aber zugleich sind Gewalt und Krieg in der menschlichen Gesellschaft unvermeidliche Faktoren, um Gesetz und Ordnung aufrechtzuerhalten.

Die Schlacht von Kurukṣetra war ein unvermeidliches Ereignis, da sie der Wille des Höchsten war, und für die rechte Sache zu kämpfen ist die Pflicht des *kṣatriya.* Warum sollte Arjuna den Tod seiner Verwandten fürchten oder darüber bekümmert sein, wenn er doch nichts anderes tat, als seine vorgeschriebene Pflicht zu erfüllen? Es ziemte sich nicht für ihn, das Gesetz zu brechen und dadurch den Reaktionen sündiger Handlungen unterworfen zu werden, wovor er sich so sehr fürchtete. Auch wenn er seine eigentliche Pflicht nicht erfüllte, könnte er den Tod seiner Verwandten nicht verhindern, und das einzige, was er durch diese falsche Handlung erreicht hätte, wäre seine eigene Erniedrigung.

Vers 28 अव्यक्तादीनि भूतानि व्यक्तमध्यानि भारत ।
अव्यक्तनिधनान्येव तत्र का परिदेवना ॥२८॥

avyaktādīni bhūtāni vyakta-madhyāni bhārata
avyakta-nidhanāny eva tatra kā paridevanā

avyakta-ādīni – am Anfang unmanifestiert; *bhūtāni* – alle, die erschaffen wurden; *vyakta* – manifestiert; *madhyāni* – in der Mitte; *bhārata* – o Nachkomme Bharatas; *avyakta* – unmanifestiert; *nidhanāni* – wenn sie vernichtet sind; *eva* – es verhält sich alles so; *tatra* – daher; *kā* – was; *paridevanā* – Klage.

Alle erschaffenen Wesen sind am Anfang unmanifestiert, in ihrem Zwischenzustand manifestiert und wieder unmanifestiert, wenn sie vernichtet werden. Warum soll man also klagen?

ERLÄUTERUNG: Geht man einmal davon aus, daß es zwei Gruppen von Philosophen gibt – die einen, die an die Existenz der Seele glauben, und die anderen, die nicht an die Existenz der Seele glauben –, so gibt es in beiden Fällen keinen Grund zur Klage. Diejenigen, die nicht an die Existenz der Seele glauben, werden von den Vertretern der vedischen Weisheit als Atheisten bezeichnet. Gesetzt den Fall, wir würden einmal diese atheistische Theorie akzeptieren, so gäbe es selbst dann keinen Grund zu klagen. Abgesehen von der gesonderten Existenz der Seele, befinden sich die materiellen Elemente vor der Schöpfung in einem unmanifestierten Zustand. Aus diesem feinstofflichen Zustand der Nichtmanifestation geht Manifestation hervor, ebenso wie aus Äther Luft, aus Luft Feuer, aus Feuer Wasser und aus Wasser Erde entsteht. Und aus der Erde entstehen die verschiedensten Formen. Nehmen wir zum Beispiel einen riesigen Wolkenkratzer. Er entstand aus Erde, und wenn er abgerissen wird, löst sich die Manifestation wieder auf, und letzten Endes bleiben nur Atome übrig. Das Gesetz der Erhaltung der Energie gilt immer, nur sind die Dinge im Laufe der Zeit einmal manifestiert und ein anderes Mal unmanifestiert – darin liegt der Unterschied. Warum sollte man also über manifestierte oder unmanifestierte Zustände klagen? Sogar im unmanifestierten Zustand ist eigentlich nichts verloren. Sowohl am Anfang als auch am Ende sind alle materiellen Elemente unmanifestiert, nur in ihrem Zwischenstadium sind sie manifestiert, und das macht keinen wirklichen materiellen Unterschied.

Wenn wir jedoch die vedische Schlußfolgerung akzeptieren, wie man sie in der *Bhagavad-gītā* findet, daß nämlich die materiellen Körper im

Laufe der Zeit vergehen (*antavanta ime dehāḥ*), daß die Seele aber ewig ist (*nityasyoktāḥ śarīriṇaḥ*), dann sollten wir uns immer daran erinnern, daß der Körper wie ein Gewand ist – und warum sollte man den Wechsel der Kleidung beklagen? Der materielle Körper hat im Verhältnis zur ewigen Seele keine wirkliche Existenz. Er ist so etwas wie ein Traum. Im Traum glauben wir vielleicht, daß wir fliegen können oder als König auf einer Kutsche sitzen; doch wenn wir erwachen, sehen wir, daß wir weder fliegen noch in einer Kutsche sitzen. Die vedische Weisheit ermutigt den Menschen zur Selbstverwirklichung, und zwar auf der Grundlage der Einsicht, daß der materielle Körper nichtexistent ist. In keinem Fall also – ob man nun an die Existenz der Seele glaubt oder nicht – gibt es einen Grund, den Verlust des Körpers zu beklagen.

Vers 29 आश्चर्यवत्पश्यति कश्चिदेनमाश्चर्यवद्वदति तथैव चान्यः ।
आश्चर्यवच्चैनमन्यः शृणोति श्रुत्वाप्येनं वेद न चैव कश्चित् ॥२९॥

āścarya-vat paśyati kaścid enam
āścarya-vad vadati tathaiva cānyaḥ
āścarya-vac cainam anyaḥ śṛṇoti
śrutvāpy enaṁ veda na caiva kaścit

āścarya-vat – als wunderbar; *paśyati* – betrachtet; *kaścit* – jemand; *enam* – diese Seele; *āścarya-vat* – als wunderbar; *vadati* – spricht über; *tathā* – auf diese Weise; *eva* – gewiß; *ca* – auch; *anyaḥ* – ein anderer; *āścarya-vat* – als wunderbar; *ca* – auch; *enam* – diese Seele; *anyaḥ* – ein anderer; *śṛṇoti* – hört über; *śrutvā* – gehört habend; *api* – sogar; *enam* – diese Seele; *veda* – weiß; *na* – niemals; *ca* – und; *eva* – gewiß; *kaścit* – jemand.

Einige betrachten die Seele als wunderbar, einige beschreiben sie als wunderbar, und einige hören, sie sei wunderbar, wohingegen andere, selbst nachdem sie von ihr gehört haben, sie nicht im geringsten verstehen können.

ERLÄUTERUNG: Da die *Gītopaniṣad* weitgehend auf den Prinzipien der *Upaniṣaden* beruht, ist es nicht überraschend, diese Aussage auch in der *Kaṭha Upaniṣad* (1.2.7) zu finden:

śravaṇayāpi bahubhir yo na labhyaḥ
śṛṇvanto 'pi bahavo yaṁ na vidyuḥ
āścaryo vaktā kuśalo 'sya labdhā
āścaryo 'sya jñātā kuśalānuśiṣṭaḥ

Die Tatsache, daß sich die atomisch kleine Seele im Körper eines riesigen Tieres, im Körper eines mächtigen Banyanbaums und auch in winzigen Bakterien befindet – von denen Millionen und Abermillionen kaum einen Kubikzentimeter ausfüllen –, ist zweifelsohne sehr erstaunlich. Menschen mit geringem Wissen und Menschen, die nicht enthaltsam sind, können die Wunder des individuellen winzigen Funkens spiritueller Natur nicht verstehen, selbst wenn die größte Autorität des Wissens, von der sogar das erste Lebewesen im Universum, Brahmā, unterwiesen wurde, diese Themen erklärt. Aufgrund einer grob-materiellen Auffassung des Lebens können sich die meisten Menschen in diesem Zeitalter nicht vorstellen, wie ein solch kleines Teilchen einmal so groß und ein anderes Mal so klein werden kann. Sie staunen daher, wenn sie die Beschaffenheit der Seele erkennen oder darüber hören. Getäuscht von der materiellen Energie, sind die Menschen so sehr in Tätigkeiten zur Sinnenbefriedigung vertieft, daß sie nur sehr wenig Zeit haben, sich die Frage nach dem Verständnis des eigenen Selbst zu stellen, obwohl es eine Tatsache ist, daß ohne diese Selbsterkenntnis alle Handlungen im Kampf ums Dasein letzten Endes zum Scheitern verurteilt sind. Vielleicht wissen diese Menschen gar nicht, daß man an die Seele denken muß, um so eine Lösung für die materiellen Leiden zu finden.

Es kommt vor, daß Menschen, die daran interessiert sind, etwas über die Seele zu erfahren, sich in guter Gemeinschaft Vorträge anhören, doch aufgrund ihrer Unwissenheit werden sie manchmal irregeführt und glauben, die Überseele und die winzige Seele seien ohne Größenunterschied eins. Es ist sehr schwierig, jemanden zu finden, der die Stellung der Überseele und der atomischen Seele, ihre jeweiligen Funktionen und Beziehungen sowie alle anderen hiermit verbundenen Themen bis ins Detail versteht. Und noch schwieriger ist es, jemanden zu finden, der aus dem Wissen über die Seele tatsächlich vollen Nutzen gezogen hat und die Stellung der Seele unter verschiedensten Aspekten beschreiben kann. Wenn jemand aber irgendwie imstande ist, das Thema der Seele zu verstehen, dann ist sein Leben erfolgreich.

Der einfachste Vorgang, das Selbst zu verstehen, besteht indes darin, die Aussagen der *Bhagavad-gītā,* die von der größten Autorität, Śrī Kṛṣṇa, gesprochen wurde, anzunehmen, ohne sich von anderen Theorien ablenken zu lassen. Aber es erfordert auch ein hohes Maß an Entsagungen und Opfern, entweder in diesem Leben oder in vorangegangenen, bevor man fähig ist, Kṛṣṇa als die Höchste Persönlichkeit Gottes anzuerkennen. Wirklich erkennen jedoch kann man Kṛṣṇa nur durch die grundlose Barmherzigkeit des reinen Gottgeweihten, und auf keine andere Weise.

Vers 30 देही नित्यमवध्योऽयं देहे सर्वस्य भारत ।
तस्मात्सर्वाणि भूतानि न त्वं शोचितुमर्हसि ॥३०॥

dehī nityam avadhyo 'yaṁ dehe sarvasya bhārata
tasmāt sarvāṇi bhūtāni na tvaṁ śocitum arhasi

dehī – der Besitzer des materiellen Körpers; *nityam* – ewig; *avadhyaḥ* – kann nicht getötet werden; *ayam* – diese Seele; *dehe* – im Körper; *sarvasya* – eines jeden; *bhārata* – o Nachkomme Bharatas; *tasmāt* – deshalb; *sarvāṇi* – alle; *bhūtāni* – Lebewesen (die geboren werden); *na* – niemals; *tvam* – du; *śocitum* – zu klagen; *arhasi* – verdienst.

O Nachkomme Bharatas, der Bewohner des Körpers kann niemals getötet werden. Daher brauchst du um kein Geschöpf zu trauern.

ERLÄUTERUNG: Hiermit beendet der Herr Seine Unterweisungen über die unveränderliche spirituelle Seele. Er beschrieb die unsterbliche Seele auf verschiedene Weise, wodurch Er zeigte, daß die Seele unsterblich und der Körper vergänglich ist. Arjuna war ein *kṣatriya,* und deshalb sollte er nicht aus Furcht, daß sein Großvater und sein Lehrer – Bhīṣma und Droṇa – in der Schlacht sterben würden, seine Pflicht aufgeben. Man muß aufgrund der Autorität Śrī Kṛṣṇas glauben, daß es eine Seele gibt und daß diese Seele vom materiellen Körper verschieden ist. Man sollte nicht darauf beharren, daß es so etwas wie die Seele nicht gibt oder daß Lebenssymptome auf einer gewissen Stufe materieller Reife aus der Wechselwirkung chemischer Stoffe entstehen. Obwohl die Seele unsterblich ist, wird Gewalt nicht befürwortet; doch in Kriegszeiten wird davon nicht abgeraten, wenn es wirklich notwendig ist. Diese Notwendigkeit muß durch den Willen des Herrn gerechtfertigt sein, und nicht durch unser Gutdünken.

Vers 31 स्वधर्ममपि चावेक्ष्य न विकम्पितुमर्हसि ।
धर्म्याद्धि युद्धाच्छ्रेयोऽन्यत्क्षत्रियस्य न विद्यते ॥३१॥

sva-dharmam api cāvekṣya na vikampitum arhasi
dharmyād dhi yuddhāc chreyo 'nyat kṣatriyasya na vidyate

sva-dharmam – die eigenen religiösen Prinzipien; *api* – auch; *ca* – in der Tat; *avekṣya* – im Hinblick; *na* – niemals; *vikampitum* – zu zögern; *arhasi* – du verdienst; *dharmyāt* – für religiöse Prinzipien; *hi* – in der Tat; *yuddhāt* – als zu kämpfen; *śreyaḥ* – bessere Beschäftigung; *anyat* – eine andere; *kṣatriyasya* – des *kṣatriya; na* – nicht; *vidyate* – gibt.

Im Hinblick auf deine besondere Pflicht als kṣatriya solltest du wissen, daß es für dich keine bessere Beschäftigung gibt, als auf der Grundlage religiöser Prinzipien zu kämpfen. Daher gibt es keinen Grund zu zögern.

ERLÄUTERUNG: Von den vier Klassen der gesellschaftlichen Administration wird die zweite, die für eine gute Verwaltung zuständig ist, *kṣatriya* ganannt. *Kṣat* bedeutet verletzen, und jemand, der vor Schaden beschützt, wird als *kṣatriya* bezeichnet (*trāyate* – Schutz gewähren). Früher wurden *kṣatriyas* im Wald darin ausgebildet, zu töten. Der *kṣatriya* ging in den Wald, wo er einen Tiger zum Zweikampf herausforderte und, nur mit einem Schwert bewaffnet, mit ihm kämpfte. Wenn der Tiger getötet war, wurde er in einer königlichen Bestattungszeremonie verbrannt. Selbst heute noch wird dieser Brauch von den Königen des Staates Jaipur gepflegt. Weil religiöse Gewalt manchmal notwendig ist, werden die *kṣatriyas* besonders darin ausgebildet, herauszufordern und zu töten. Deshalb ist es für *kṣatriyas* niemals vorgesehen, direkt in den Lebensstand der Entsagung, *sannyāsa,* zu treten. Gewaltlosigkeit mag in der Politik eine diplomatische Taktik sein, aber sie ist niemals ein praktischer Faktor oder ein Grundsatz. In den religiösen Gesetzbüchern heißt es:

āhaveṣu mitho 'nyoṇyaṁ jighāṁsanto mahī-kṣitaḥ
yuddhamānāḥ paraṁ śaktyā svargaṁ yānty apàrāṅ-mukhāḥ

yajñeṣu paśavo brahman hanyante satataṁ dvijaiḥ
saṁskṛtāḥ kila mantraiś ca te 'pi svargam avāpnuvan

„Wenn ein König oder *kṣatriya* auf dem Schlachtfeld im Kampf mit einem anderen König, der ihn beneidet, getötet wird, ist er befähigt, die himmlischen Planeten zu erreichen, ebenso wie auch die *brāhmaṇas* die himmlischen Planeten erreichen, indem sie Tiere im Opferfeuer darbringen."

Daher gilt es keinesfalls als Gewalttat, wenn in einer Schlacht auf der Grundlage religiöser Prinzipien getötet wird oder wenn Tiere im Opferfeuer getötet werden, denn aufgrund der religiösen Prinzipien, die in diesem Zusammenhang bestehen, zieht jeder seinen Nutzen daraus. Das geopferte Tier bekommt augenblicklich die menschliche Lebensform, ohne sich dem allmählichen Evolutionsprozeß von einer Lebensform zur anderen unterziehen zu müssen, und die auf dem Schlachtfeld getöteten *kṣatriyas* erreichen die himmlischen Planeten, ebenso wie die *brāhmaṇas,* die die Opfer darbringen.

Es gibt zwei Arten von *sva-dharma,* dem Menschen zugeordneten Pflichten. Solange man nicht befreit ist, muß man, um Befreiung zu erlangen, die Pflichten seines jeweiligen Körpers in Übereinstimmung mit den religiösen Prinzipien erfüllen. Wenn man befreit ist, wird der *sva-dharma,* die zugeordnete Pflicht, spirituell und befindet sich nicht mehr auf der Ebene des materiellen Körpers. In der körperlichen Auffassung des Lebens gibt es sowohl für die *brāhmaṇas* als auch für die *kṣatriyas* bestimmte Pflichten, und diese Pflichten sind unvermeidlich. *Sva-dharma* ist vom Herrn festgelegt, und dies wird im Vierten Kapitel näher erklärt werden. Auf der körperlichen Ebene wird *sva-dharma* als *varṇāśrama-dharma* bezeichnet, das Sprungbrett des Menschen zu spiritueller Erkenntnis. Menschliche Zivilisation beginnt auf der Stufe des *varṇāśrama-dharma,* das heißt dann, wenn die bestimmten Pflichten erfüllt werden, die sich nach den jeweiligen Erscheinungsweisen der Natur richten, von denen der Körper beeinflußt wird. Erfüllt man in irgendeinem Bereich des Handelns seine jeweilige Pflicht in Übereinstimmung mit den Anweisungen der höheren Autoritäten, so hilft dies einem, auf eine höhere Stufe des Lebens erhoben zu werden.

Vers 32 यदृच्छया चोपपन्नं स्वर्गद्वारमपावृतम् ।
सुखिनः क्षत्रियाः पार्थ लभन्ते युद्धमीदृशम् ॥३२॥

yadṛcchayā copapannaṁ svarga-dvāram apāvṛtam
sukhinaḥ kṣatriyāḥ pārtha labhante yuddham īdṛśam

yadṛcchayā – von sich aus; *ca* – auch; *upapannam* – gekommen zu; *svarga* – der himmlischen Planeten; *dvāram* – Tor; *apāvṛtam* – weit offen; *sukhinaḥ* – sehr glücklich; *kṣatriyāḥ* – die Mitglieder des königlichen Standes; *pārtha* – o Sohn Pṛthās; *labhante* – erreichen; *yuddham* – Krieg; *īdṛśam* – wie dieser.

O Pārtha, glücklich sind die kṣatriyas, denen sich unverhofft solche Gelegenheiten zum Kampf bieten, da ihnen dadurch die Tore zu den himmlischen Planeten geöffnet werden.

ERLÄUTERUNG: Als höchster Lehrer der Welt verurteilt Śrī Kṛṣṇa die Haltung Arjunas, der sagte: „Ich sehe in diesem Kampf nichts Gutes. Ewiger Aufenthalt in der Hölle wird die Folge sein." Solche Äußerungen Arjunas waren nur auf Unwissenheit zurückzuführen. Er wollte bei der Erfüllung seiner ihm zugeordneten Pflicht gewaltlos werden. Auf dem Schlachtfeld zu stehen und gewaltlos zu werden ist die Philosophie der Narren. In der *Parāśara-smṛti,* den religiösen Gesetzen, die von

Parāśara, dem großen Weisen und dem Vater Vyāsadevas, verfaßt wurden, heißt es:

kṣatriyo hi prajā rakṣan śastra-pāṇiḥ pradaṇḍayan
nirjitya para-sainyādi kṣitiṁ dharmeṇa pālayet

„Es ist die Pflicht des *kṣatriya,* die Bürger vor allen auftretenden Schwierigkeiten zu schützen, und aus diesem Grund muß er in manchen Fällen Gewalt anwenden, um Gesetz und Ordnung aufrechtzuerhalten. Daher hat er die Pflicht, die Soldaten feindlicher Könige zu besiegen, um dann auf der Grundlage religiöser Pflichten die Welt zu regieren."

Wenn man alle Gesichtspunkte in Betracht zieht, hatte Arjuna keinen Grund, sich vom Kampf zurückzuziehen. Wenn er seine Feinde besiegte, würde er sich des Königreichs erfreuen können, und wenn er in der Schlacht sterben sollte, würde er auf die himmlischen Planeten erhoben werden, deren Tore ihm weit offenstanden. Zu kämpfen würde ihm also in jedem Fall nützen.

Vers 33 अथ चेत्त्वमिमं धर्म्यं सङ्ग्रामं न करिष्यसि ।
ततः स्वधर्मं कीर्तिं च हित्वा पापमवाप्स्यसि ॥३३॥

atha cet tvam imaṁ dharmyaṁ saṅgrāmaṁ na kariṣyasi
tataḥ sva-dharmaṁ kīrtiṁ ca hitvā pāpam avāpsyasi

atha – daher; *cet* – falls; tvam – du; *imam* – dies; *dharmyam* – eine religiöse Pflicht; *saṅgrāmam* – Kämpfen; *na* – nicht; *kariṣyasi* – ausführst; *tataḥ* – dann; *sva-dharmam* – deine religiöse Pflicht; *kīrtim* – Ruf; *ca* – auch; *hitvā* – verlierend; *pāpam* – sündhafte Reaktion; *avāpsyasi* – wirst bekommen.

Wenn du jedoch deine religiöse Pflicht des Kämpfens nicht ausführst, wirst du gewiß Sünden auf dich laden, weil du deine Pflichten vernachlässigst, und wirst so deinen Ruf als Kämpfer verlieren.

ERLÄUTERUNG: Arjuna war ein berühmter Krieger, und er hatte Ruhm erworben, indem er mit vielen mächtigen Halbgöttern, selbst mit Śiva, kämpfte. Als er gegen den als Jäger verkleideten Śiva im Kampf siegreich war, fand der große Halbgott Wohlgefallen an ihm und gab ihm als Belohnung eine Waffe namens *pāśupata-astra.* Jeder wußte, daß Arjuna ein großer Krieger war. Selbst Droṇācārya gab ihm seinen Segen und schenkte ihm eine besondere Waffe, mit der er sogar seinen Lehrer töten konnte. So war er von vielen Autoritäten, sogar von seinem leiblichen Vater, Indra, dem König des Himmels, mit vielen militärischen Auszeichnungen geehrt worden; aber wenn er nun die Schlacht verließe, würde er nicht nur seine ihm zugeordnete Pflicht als *kṣatriya* vernachlässigen, sondern er würde auch all seinen Ruhm und seinen guten Ruf verlieren und sich so den direkten Weg zur Hölle ebnen. Mit anderen Worten, nicht wenn Arjuna kämpft, sondern wenn er sich von der Schlacht zurückzieht, würde er zur Hölle gehen.

Vers 34 अकीर्तिं चापि भूतानि कथयिष्यन्ति तेऽव्ययाम् ।
सम्भावितस्य चाकीर्तिर्मरणादतिरिच्यते ॥३४॥

akīrtiṁ cāpi bhūtāni kathayiṣyanti te 'vyayām
sambhāvitasya cākīrtir maraṇād atiricyate

akīrtim – Schmach; *ca* – auch; *api* – darüber hinaus; *bhūtāni* – alle Menschen; *kathayiṣyanti* – werden sprechen; *te* – über dich; *avyayām* – für immer; *sambhāvitasya* – für einen geehrten Mann; *ca* – auch; *akīrtiḥ* – Schmach; *maraṇāt* – als der Tod; *atiricyate* – wird mehr.

Für alle Zeiten werden die Menschen von deiner Schmach sprechen, und für jemanden, der einmal geehrt wurde, ist Schande schlimmer als der Tod.

ERLÄUTERUNG: Sowohl als Freund wie auch als Philosoph fällt Śrī Kṛṣṇa jetzt Sein endgültiges Urteil über Arjunas Absicht, nicht zu kämpfen. Der Herr sagt: „Arjuna, wenn du das Schlachtfeld verläßt, bevor die Schlacht überhaupt beginnt, werden dich die Menschen einen Feigling nennen. Und wenn du meinst, daß die Menschen dich ruhig beschimpfen könnten, daß du aber trotzdem lieber dein Leben rettest, indem du vom Schlachtfeld fliehst, so rate Ich dir, lieber in der Schlacht zu sterben. Für einen ehrbaren Mann wie dich ist Schande schlimmer als der Tod. Deshalb solltest du nicht aus Angst um dein Leben fliehen, sondern lieber in der Schlacht sterben. Das wird dich vor der Schande bewahren, Meine Freundschaft mißbraucht zu haben und dein Ansehen in der Gesellschaft zu verlieren."

Das endgültige Urteil des Herrn für Arjuna lautete also, in der Schlacht zu sterben, und nicht, sich zurückzuziehen.

Vers 35 भयाद्रणादुपरतं मंस्यन्ते त्वां महारथाः ।
येषां च त्वं बहुमतो भूत्वा यास्यसि लाघवम् ॥३५॥

bhayād raṇād uparataṁ maṁsyante tvāṁ mahā-rathāḥ
yeṣāṁ ca tvaṁ bahu-mato bhūtvā yāsyasi lāghavam

bhayāt – aus Furcht; *raṇāt* – von dem Schlachtfeld; *uparatam* – beendet; *maṁsyante* – sie werden denken; *tvām* – du; *mahā-rathāḥ* – die großen Generäle; *yeṣām* – für die; *ca* – auch; *tvam* – du; *bahu-mataḥ* – in hoher Wertschätzung; *bhūtvā* – gewesen sein; *yāsyasi* – du wirst gehen; *lāghavam* – an Wert verloren.

Die großen Generäle, die deinen Namen und deinen Ruhm hoch ehrten, werden denken, du habest das Schlachtfeld nur aus Furcht verlassen, und so werden sie dich geringschätzen.

ERLÄUTERUNG: Śrī Kṛṣṇa fährt fort, Arjuna Seine Entscheidung zu erklären: „Glaube nicht, daß die großen Generäle, wie Duryodhana, Karṇa und andere, denken werden, du habest das Schlachtfeld aus Mitleid mit deinen Brüdern und deinem Großvater verlassen. Sie werden glauben, du seiest aus Angst um dein Leben geflohen, und so wird ihre hohe Wertschätzung deiner Persönlichkeit ins Gegenteil umschlagen."

Vers 36 अवाच्यवादांश्च बहून् वदिष्यन्ति तवाहिताः ।
निन्दन्तस्तव सामर्थ्यं ततो दुःखतरं नु किम् ॥३६॥

avācya-vādāṁś ca bahūn vadiṣyanti tavāhitāḥ
nindantas tava sāmarthyaṁ tato duḥkha-taraṁ nu kim

avācya – unfreundliche; *vādān* – ersonnene Worte; *ca* – auch; *bahūn* – viele; *vadiṣyanti* – werden sagen; *tava* – deine; *ahitāḥ* – Feinde; *nindantaḥ* – während sie verspotten; *tava* – deine; *sāmarthyam* – Fähigkeit; *tataḥ* – als das; *duḥkha-taram* – schmerzlicher; *nu* – selbstverständlich; *kim* – was gibt es.

Deine Feinde werden schlecht über dich reden und deine Fähigkeit verspotten. Was könnte schmerzlicher für dich sein?

ERLÄUTERUNG: Zu Beginn war Śrī Kṛṣṇa über Arjunas unangebrachte Worte des Mitleids erstaunt gewesen, und Er sagte, sein Mitleid sei den Nicht-Āryas angemessen. Nun hat Er Seine Einwände gegen Arjunas sogenanntes Mitleid ausführlich erläutert.

Vers 37 हतो वा प्राप्स्यसि स्वर्गं जित्वा वा भोक्ष्यसे महीम् ।
तस्मादुत्तिष्ठ कौन्तेय युद्धाय कृतनिश्चयः ॥३७॥

hato vā prāpsyasi svargaṁ jitvā vā bhokṣyase mahīm
tasmād uttiṣṭha kaunteya yuddhāya kṛta-niścayaḥ

hataḥ – getötet werdend; *vā* – entweder; *prāpsyasi* – du erlangst; *svargam* – das himmlische Königreich; *jitvā* – indem du besiegst; *vā* – oder; *bhokṣyase* – du genießt; *mahīm* – die Welt; *tasmāt* – deshalb; *uttiṣṭha* – erhebe dich; *kaunteya* – o Sohn Kuntīs; *yuddhāya* – zu kämpfen; *kṛta* – entschlossen; *niścayaḥ* – mit Gewißheit.

O Sohn Kuntīs, entweder wirst du auf dem Schlachtfeld getötet werden und die himmlischen Planeten erreichen, oder du wirst siegen und so das Königreich der Erde genießen. Erhebe dich daher, und kämpfe mit Entschlossenheit.

ERLÄUTERUNG: Obwohl es nicht sicher war, daß Arjunas Seite siegen würde, mußte er dennoch kämpfen; denn selbst wenn er den Tod fände, würde er auf die himmlischen Planeten erhoben werden.

Vers 38 सुखदुःखे समे कृत्वा लाभालाभौ जयाजयौ ।
ततो युद्धाय युज्यस्व नैवं पापमवाप्स्यसि ॥३८॥

sukha-duḥkhe same kṛtvā lābhālābhau jayājayau
tato yuddhāya yujyasva naivaṁ pāpam avāpsyasi

sukha – Glück; *duḥkhe* – und Leid; *same* – in Gleichmut; *kṛtvā* – so handelnd; *lābha-alābhau* – sowohl bei Verlust als auch bei Gewinn; *jaya-ajayau* – sowohl in Sieg als auch in Niederlage; *tataḥ* – danach; *yuddhāya* – um des Kampfes willen; *yujyasva* – beschäftige dich (kämpfe); *na* – niemals; *evam* – auf diese Weise; *pāpam* – sündhafte Reaktion; *avāpsyasi* – du wirst erwerben.

Kämpfe um des Kampfes willen, ohne Glück und Leid, Sieg oder Niederlage zu beachten. Wenn du so handelst, wirst du niemals Sünde auf dich laden.

ERLÄUTERUNG: Śrī Kṛṣṇa sagt jetzt unmittelbar, daß Arjuna um des Kampfes willen kämpfen solle, da Er die Schlacht wünsche. Bei Tätigkeiten im Kṛṣṇa-Bewußtsein schenkt man Glück oder Leid, Gewinn oder Verlust, Sieg oder Niederlage keine Beachtung. Transzendentales Bewußtsein bedeutet, daß alles für Kṛṣṇa getan werden sollte; dann folgt auf materielle Tätigkeiten keine Reaktion. Jemand, der um der Befriedigung seiner eigenen Sinne willen handelt, entweder in Tugend oder in

Leidenschaft, ist der Reaktion unterworfen, sei diese gut oder schlecht. Aber jemand, der sich in den Tätigkeiten des Kṛṣṇa-Bewußtseins völlig hingegeben hat, ist niemandem mehr verpflichtet und niemandem etwas schuldig, wie es sonst im gewöhnlichen Verlauf der Tätigkeiten ist. Im *Śrīmad-Bhāgavatam* (11.5.41) heißt es:

devarṣi-bhūtāpta-nṛṇāṁ pitṛṇāṁ
na kiṅkaro nāyam ṛṇī ca rājan
sarvātmanā yaḥ śaraṇaṁ śaraṇyaṁ
gato mukundaṁ parihṛtya kartam

„Jeder, der sich Kṛṣṇa, Mukunda, völlig ergeben und alle anderen Pflichten aufgegeben hat, ist niemandem mehr verpflichtet und niemandem etwas schuldig – weder den Halbgöttern noch den Weisen, noch dem Volk, noch den Verwandten, noch der Menschheit, noch den Vorvätern.“ Das ist der indirekte Hinweis, den Kṛṣṇa Arjuna in diesem Vers gibt. In den folgenden Versen wird dies noch eingehender erklärt werden.

Vers 39 एषा तेऽभिहिता साङ्ख्ये बुद्धिर्योगे त्विमां शृणु ।
बुद्ध्या युक्तो यया पार्थ कर्मबन्धं प्रहास्यसि ॥३९॥

eṣā te 'bhihitā sāṅkhye buddhir yoge tv imāṁ śṛṇu
buddhyā yukto yayā pārtha karma-bandhaṁ prahāsyasi

eṣā – all dies; *te* – dir; *abhihitā* – beschrieben; *sāṅkhye* – durch analytisches Studium; *buddhiḥ* – Intelligenz; *yoge* – in Arbeit ohne fruchttragendes Ergebnis; *tu* – aber; *imām* – dies; *śṛṇu* – höre einfach; *buddhyā* – durch Intelligenz; *yuktaḥ* – in Einklang gebracht; *yayā* – wodurch; *pārtha* – o Sohn Pṛthās; *karma-bandham* – Fessel der Reaktion; *prahāsyasi* – du kannst befreit werden von.

Bisher habe Ich dir dieses Wissen durch ein analytisches Studium erklärt. Höre nun, wie Ich es dir im Sinne von Tätigkeit ohne fruchttragendes Ergebnis erkläre. O Sohn Pṛthās, wenn du mit solchem Wissen handelst, kannst du dich von der Fessel der Tätigkeiten befreien.

ERLÄUTERUNG: Nach dem vedischen Wörterbuch *Nirukti* bedeutet *saṅkhyā* „das, was etwas in allen Einzelheiten beschreibt“, und das Wort *sāṅkhya* bezieht sich auf jene Philosophie, die die wahre Natur der Seele beschreibt. Und zu *yoga* gehört auch die Beherrschung der Sinne.

Arjunas Entschluß, nicht zu kämpfen, hatte seine Ursache in dem Verlangen nach Sinnenbefriedigung. Seine vornehmste Pflicht vergessend, wollte er aufhören zu kämpfen, da er glaubte, glücklicher zu sein, wenn er seine Familienangehörigen und Verwandten nicht tötete, als wenn er sich des Königreiches erfreute, indem er seine Vettern, die Söhne Dhṛtarāṣṭras, tötete. In beiden Fällen war persönliche Befriedigung der Grundgedanke. Seine Vorstellung, glücklich zu sein, indem er seine Verwandten in der Schlacht tötete bzw. verschonte, beruhte auf selbstischen Motiven, wofür er sogar bereit war, seine Weisheit und seine Pflicht zu opfern. Kṛṣṇa wollte daher Arjuna erklären, daß er die Seele selbst nicht töten würde, wenn er den Körper seines Groß vaters tötete, und Er machte ihm klar, daß alle individuellen Personen, einschließlich des Herrn Selbst, ewige Individuen sind. Sie waren Individuen in der Vergangenheit, sie sind Individuen in der Gegenwart, und sie werden auch in der Zukunft Individuen bleiben, denn wir alle sind ewig individuelle Seelen und wechseln nur unser körperliches Gewand auf verschiedene Weise. Selbst nachdem wir von den Fesseln des materiellen Gewandes befreit sind, behalten wir unsere Individualität. Śrī Kṛṣṇa hat in einem analytischen Studium das Wesen der Seele und des Körpers bereits sehr ausführlich erklärt. Und dieses Wissen, das die Seele und den Körper von verschiedenen Gesichtspunkten aus beschreibt, ist hier als *sāṅkhya* bezeichnet worden, und zwar im Sinne der Definition im *Nirukti*-Wörterbuch. Dieser *sāṅkhya* hat mit der *sāṅkhya*-Philosophie des Atheisten Kapila nichts zu tun. Lange bevor der Betrüger Kapila seine *sāṅkhya*-Philosophie aufstellte, war die *sāṅkhya*-Philosophie, wie sie im *Śrīmad-Bhāgavatam* beschrieben wird, von dem wirklichen Kapila, einer Inkarnation Śrī Kṛṣṇas, Seiner Mutter Devahūti erklärt worden. Es wird von Ihm eindeutig erklärt, daß der *puruṣa,* der Höchste Herr, aktiv ist und daß Er die materielle Welt erschafft, indem Er über die *prakṛti* blickt. Diese Tatsache wird von den *Veden* und der *Gītā* anerkannt. Die Beschreibung in den *Veden* besagt, daß der Herr über die materielle Natur (*prakṛti*) blickte und sie mit atomischen individuellen Seelen befruchtete. Alle diese Individuen gehen in der materiellen Welt Tätigkeiten der Sinnenbefriedigung nach, und unter dem Zauber der materiellen Energie halten sie sich für Genießer. Diese Geisteshaltung findet ihren Höhepunkt im Wunsch des Lebewesens nach Befreiung, dem Wunsch, mit dem Höchsten Herrn eins zu werden. Das ist die letzte Falle *māyās,* der Illusion der Sinnenbefriedigung, und nur nach vielen, vielen Leben solcher sinnenbefriedigender Tätigkeiten geschieht es, daßsich eine große Seele Vāsudeva, Kṛṣṇa, ergibt und so an das Ende ihrer Suche nach der endgültigen Wahrheit gelangt.

Indem Arjuna sich Kṛṣṇa ergab, hat er Ihn bereits als spirituellen Meister angenommen: *śiṣyas te 'haṁ śādhi māṁ tvāṁ prapannam.* In der Folge wird Kṛṣṇa ihn nun über den Vorgang des Handelns in *buddhi-yoga,* das heißt über *karma-yoga,* belehren oder, mit anderen Worten, über die Praxis des hingebungsvollen Dienstes, bei der man ausschließlich für die Befriedigung der Sinne des Herrn tätig ist. Wie im zehnten Vers des Zehnten Kapitels erklärt wird, bedeutet *buddhi-yoga* die direkte Verbindung mit dem Herrn, der Sich als Paramātmā im Herzen eines jeden befindet. Aber diese Verbindung kommt nicht ohne hingebungsvollen Dienst zustande. Wer daher im hingebungsvollen, transzendentalen liebenden Dienst des Herrn, mit anderen Worten im Kṛṣṇa-Bewußtsein, verankert ist, erreicht diese Stufe des *buddhi-yoga* durch die besondere Gnade des Herrn. Der Herr sagt deshalb, daß Er nur diejenigen mit dem reinen Wissen der liebenden Hingabe beschenkt, die sich immer aus transzendentaler Liebe im hingebungsvollen Dienst betätigen. Auf diese Weise kann der Gottgeweihte Ihn sehr leicht im ewig-glückseligen Königreich Gottes erreichen.

Der in diesem Vers erwähnte *buddhi-yoga* bezieht sich also auf den hingebungsvollen Dienst des Herrn, und was das hier erwähnte Wort *sāṅkhya* betrifft, so hat es nichts mit dem atheistischen *sāṅkhya-yoga* zu tun, den der Betrüger Kapila verkündete. Man sollte daher den *sāṅkhya*-yoga, der hier erwähnt wird, auf keinen Fall mit dem atheistischen *sāṅkhya* verwechseln. Dazu kommt, daß diese Philosophie in der damaligen Zeit gar keinen Einfluß hatte, und Śrī Kṛṣṇa hätte Sich nicht die Mühe gemacht, solch gottlose philosophische Spekulationen zu erwähnen. Die wirkliche *sāṅkhya*-Philosophie wird von Śrī Kapila im *Śrīmad-Bhāgavatam* beschrieben, aber selbst dieser *sāṅkhya* hat nichts mit den hier behandelten Themen zu tun. Hier ist mit *sāṅkhya* die analytische Beschreibung des Körpers und der Seele gemeint. Śrī Kṛṣṇa gab eine analytische Beschreibung der Seele, nur um Arjuna zur Stufe des *buddhi-yoga,* oder *bhakti-yoga,* hinzuführen. Deshalb ist Śrī Kṛṣṇas *sāṅkhya* und Śrī Kapilas *sāṅkhya,* wie er im *Bhāgavatam* beschrieben wird, ein und dasselbe. Beides ist *bhakti-yoga.* Aus diesem Grunde sagte Śrī Kṛṣṇa, daß nur unintelligente Menschen zwischen *sāṅkhya-yoga* und *bhakti-yoga* unterscheiden (*sāṅkhya-yogau pṛthag bālāḥ pravadanti na paṇḍitāḥ*).

Natürlich hat atheistischer *sāṅkhya-yoga* nichts mit *bhakti-yoga* zu tun, aber dennoch behaupten solche unintelligenten Menschen, daß sich die *Bhagavad-gītā* auf diesen atheistischen *sāṅkhya-yoga* beziehe.

Buddhi-yoga bedeutet also, im Kṛṣṇa-Bewußtsein, in der Glückseligkeit und dem Wissen des hingebungsvollen Dienstes, tätig zu sein. Wer ausschließlich für die Zufriedenstellung des Herrn tätig ist, ganz gleich wie schwierig es sein mag, arbeitet nach den Prinzipien des *buddhi-yoga* und ist immer in transzendentale Glückseligkeit eingetaucht. Durch solche transzendentale Betätigung entwickelt man, dank der Gnade des Herrn, automatisch alle transzendentale Erkenntnis und so ist die erlangte Befreiung in sich selbst vollkommen, ohne daß man sich gesondert darum bemühen muß, Wissen zu erwerben. Es besteht ein großer Unterschied zwischen Arbeit im Kṛṣṇa-Bewußtsein und Arbeit für fruchttragende Ergebnisse, das heißt für Sinnenbefriedigung in Form von familiärem und materiellem Glück. *Buddhi-yoga* bezieht sich also auf die transzendentale Eigenschaft der Arbeit, die wir ausführen.

Vers 40 नेहाभिक्रमनाशोऽस्ति प्रत्यवायो न विद्यते ।
स्वल्पमप्यस्य धर्मस्य त्रायते महतो भयात् ॥४०॥

nehābhikrama-nāśo 'sti pratyavāyo na vidyate
sv-alpam apy asya dharmasya trāyate mahato bhayāt

na – es gibt nicht; *iha* – in diesem *yoga; abhikrama* – beim Bemühen; *nāśaḥ* – Verlust; *asti* – es gibt; *pratyavāyaḥ* – Minderung; *na* – niemals; *vidyate* – es gibt; *su-alpam* – ein wenig; *api* – obwohl; *asya* – von dieser; *dharmasya* – Beschäftigung; *trāyate* – befreit; *mahataḥ* – von sehr großer; *bhayāt* – Gefahr.

Bei dieser Bemühung gibt es weder Verlust noch Minderung, und schon ein wenig Fortschritt auf diesem Pfad kann einen vor der größten Gefahr bewahren.

ERLÄUTERUNG: Im Kṛṣṇa-Bewußtsein tätig zu sein, das heißt nur für die Zufriedenstellung Kṛṣṇas zu handeln, ohne für sich selbst Sinnenbefriedigung zu erwarten, ist die höchste Art transzendentaler Tätigkeit. Selbst eine kleine anfängliche Bemühung auf diesem Pfad kann nicht aufgehalten werden, und auf keiner Stufe kann dieser kleine Anfang jemals verlorengehen. Jede auf der materiellen Ebene begonnene Arbeit muß vollendet werden, sonst ist das ganze Unterfangen ein Fehlschlag. Aber jede Arbeit, die man im Kṛṣṇa-Bewußtsein beginnt, hat eine dauernde Wirkung, selbst wenn sie nicht zu Ende geführt wird. Selbst wenn also eine Tätigkeit im Kṛṣṇa-Bewußtsein unvollendet bleibt, verliert derjenige, der sie ausführt, nichts. Man mag von all seinen Tätigkeiten nur ein Prozent dem Kṛṣṇa-Bewußtsein widmen, und trotzdem sind bleibende Ergebnisse die Folge, so daß man beim nächsten Start bei zwei Prozent weitermachen kann, wohingegen es bei materieller Tätigkeit ohne einen hundertprozentigen Erfolg keinen Gewinn gibt. Ajāmila zum Beispiel erfüllte seine Pflicht im Kṛṣṇa-Bewußtsein nur bis zu einem gewissen Prozentsatz, aber das Ergebnis, das ihm am Ende zuteil wurde, war durch die Gnade des Herrn ein hundertprozentiger Erfolg. In diesem Zusammenhang findet man im *Śrīmad-Bhāgavatam* (1.5.17) einen schönen Vers:

tyaktvā sva-dharmaṁ caraṇāmbujaṁ harer
bhajann apakvo 'tha patet tato yadi
yatra kva vābhadram abhūd amuṣya kiṁ
ko vārtha āpto 'bhajatāṁ sva-dharmataḥ

„Was verliert jemand, der seine gesellschaftlichen Pflichten aufgibt, um sich dem Kṛṣṇa-Bewußtsein zu widmen, selbst wenn er zu Fall kommt, weil er den Pfad nicht bis zum Ende beschreitet? Was hingegen gewinnt man, wenn man seine materiellen Tätigkeiten in vollkommener Weise ausführt?" Oder wie es die Christen ausdrücken: „Was nützt es einem Menschen, wenn er die ganze Welt gewänne, aber an seiner ewigen Seele Schaden nimmt?"

Materielle Tätigkeiten und ihre Ergebnisse enden mit dem Körper. Betätigung im Kṛṣṇa-Bewußtsein aber trägt einen Menschen selbst nach dem Verlust des gegenwärtigen Körpers erneut zum Kṛṣṇa-Bewußtsein. Zumindest ist es sicher, daß man im nächsten Leben die Möglichkeit hat, wieder als Mensch geboren zu werden, entweder in der Familie eines hochgebildeten *brāhmaṇa* oder in einer reichen aristokratischen Familie, was einem eine weitere Gelegenheit zur Erhebung bietet. Dies ist die einzigartige Eigenschaft von Tätigkeiten, die im Kṛṣṇa-Bewußtsein verrichtet werden.

Vers 41 व्यवसायात्मिका बुद्धिरेकेह कुरुनन्दन ।
बहुशाखा ह्यनन्ताश्च बुद्धयोऽव्यवसायिनाम् ॥४१॥

vyavasāyātmikā buddhir ekeha kuru-nandana
bahu-śākhā hy anantaś ca buddhayo 'vyavasāyinām

vyavasāya-ātmikā – entschlossen im Kṛṣṇa-Bewußtsein; *buddhiḥ* – Intelligenz; *ekā* – nur eines; *iha* – in dieser Welt; *kuru-nandana* – o geliebtes Kind der Kurus; *bahu-śākhāḥ* – vielverzweigt sein; *hi* – in der Tat; *anantāḥ* – unbegrenzt; *ca* – auch; *buddhayaḥ* – Intelligenz; *avyavasāyinām* – derjenigen, die nicht Kṛṣṇa-bewußt sind.

Diejenigen, die diesen Pfad beschreiten, sind entschlossen in ihrem Vorhaben, und ihr Ziel ist eins. O geliebtes Kind der Kurus, die Intelligenz der Unentschlossenen jedoch ist vielverzweigt.

ERLÄUTERUNG: Den starken Glauben, daß man durch Kṛṣṇa-Bewußtsein die höchste Vollkommenheit des Lebens erreichen wird, bezeichnet man als *vyavasāyātmikā*-Intelligenz. Im *Caitanya-caritāmṛta* (*Madhya* 22.62) heißt es:

'śraddhā'-śabde – viśvāsa kahe sudṛḍha niścaya
kṛṣṇe bhakti kaile sarva-karma kṛta haya

Glaube bedeutet unerschütterliches Vertrauen in etwas Erhabenes. Wenn man die Pflichten im Kṛṣṇa-Bewußtsein erfüllt, braucht man den Verpflichtungen, die man in der materiellen Welt gegenüber der Familie, der Menschheit oder der Nation haben mag, nicht nachzukommen. Fruchtbringende Tätigkeiten sind die Handlungen, die aus den Reaktionen auf vergangene gute oder schlechte Taten hervorgehen. Im Zustand des erwachten Kṛṣṇa-Bewußtseins jedoch braucht man bei seinen Tätigkeiten nicht mehr nach guten Ergebnissen zu streben. Wenn man im Kṛṣṇa-Bewußtsein verankert ist, befinden sich alle Handlungen auf der absoluten Ebene, da sie nicht mehr der Dualität, wie gut und schlecht, unterworfen sind. Die höchste Vollkommenheit des Kṛṣṇa-Bewußtseins ist die Entsagung der materiellen Lebensauffassung. Diese Stufe wird mit fortschreitendem Kṛṣṇa-Bewußtsein von selbst erreicht.

Die unerschütterliche Entschlossenheit eines Menschen im Kṛṣṇa-Bewußtsein gründet auf Wissen. *Vāsudevaḥ sarvam iti sa mahātmā su-durlabhaḥ.* Es ist eine seltene, große Seele, die Kṛṣṇa-bewußt ist und vollkommen versteht, daß Vāsudeva, Kṛṣṇa, die Wurzel aller manifestierten Ursachen ist. So wie man automatisch den Blättern und Zweigen des gesamten Baumes dient, indem man die Wurzel begießt, so kann man jedem – sich selbst, der Familie, der Gesellschaft, dem Land, der Menschheit usw. – den höchsten Dienst erweisen, indem man im Kṛṣṇa-Bewußtsein handelt. Wenn Kṛṣṇa durch unsere Tätigkeiten zufriedengestellt ist, dann wird jeder zufrieden sein.

Dienst im Kṛṣṇa-Bewußtsein wird jedoch am besten unter der kundigen Führung eines spirituellen Meisters ausgeführt, der ein echter Vertreter Kṛṣṇas ist, der das Wesen seines Schülers kennt und der ihn so anleiten kann, daß er im Kṛṣṇa-Bewußtsein handelt. Um daher im Kṛṣṇa-Bewußtsein wirklich fortzuschreiten, muß man fest entschlossen handeln und dem Stellvertreter Kṛṣṇas gehorchen, und man sollte die Anweisung des echten spirituellen Meisters als seine Lebensaufgabe ansehen. Śrīla Viśvanātha Cakravartī Ṭhākura lehrt uns in seinen berühmten Gebeten zum spirituellen Meister:

yasya prasādād bhagavat-prasādo
yasyāprasādān na gatiḥ kuto 'pi
dhyāyan stuvaṁs tasya yaśas tri-sandhyaṁ
vande guroḥ śrī-caraṇāravindam

„Wenn der spirituelle Meister zufriedengestellt ist, dann ist auch die Höchste Persönlichkeit Gottes zufrieden. Und wenn man den spirituellen Meister nicht zufriedenstellt, ist es nicht möglich, auf die Ebene des Kṛṣṇa-Bewußtseins erhoben zu werden. Mindestens dreimal am Tag sollte ich deshalb über ihn meditieren und beten, er möge mir seine Barmherzigkeit gewähren. Ihm, meinem spirituellen Meister, erweise ich meine achtungsvollen Ehrerbietungen."

Der ganze Vorgang hängt jedoch davon ab, daß man vollkommenes Wissen über die Seele jenseits des Körpers besitzt – nicht nur theoretisches Wissen, sondern auch praktisches, indem man nicht mehr versucht, seine Sinne durch fruchtbringende Handlungen zu befriedigen. Jemand, der im Geist nicht wahrhaft gefestigt ist, wird von verschiedenen fruchtbringenden Handlungen abgelenkt.

Vers 42–43

यामिमां पुष्पितां वाचं प्रवदन्त्यविपश्चितः ।
वेदवादरताः पार्थ नान्यदस्तीति वादिनः ॥४२॥
कामात्मानः स्वर्गपरा जन्मकर्मफलप्रदाम् ।
क्रियाविशेषबहुलां भोगैश्वर्यगतिं प्रति ॥४३॥

yām imāṁ puṣpitāṁ vācaṁ pravadanty avipaścitaḥ
veda-vāda-ratāḥ pārtha nānyad astīti vādinaḥ

kāmātmānaḥ svarga-parā janma-karma-phala-pradām
kriyā-viśeṣa-bahulāṁ bhogaiśvarya-gatiṁ prati

yām imām – all diese; *puṣpitām* – blumige; *vācam* – Worte; *pravadanti* – sagen; *avipaścitaḥ* – Menschen mit einem geringen Maß an Wissen; *veda-vāda-ratāḥ* – vorgebliche Befolger der *Veden; pārtha* – o Sohn Pṛthās; *na* – niemals; *anyat* – etwas anderes; *asti* – es gibt; *iti* – so; *vādinaḥ* – die Befürworter; *kāma-ātmānaḥ* – begierig nach Sinnenbefriedigung; *svarga-parāḥ* – bestrebt, die himmlischen Planeten zu erreichen; *janma-karma-phala-pradām* – mit dem Ergebnis einer guten Geburt und anderen fruchttragenden Reaktionen; *kriyā-viśeṣa* –

pompöse Zeremonien; *bahulām* – verschiedenartige; *bhoga* – in Sinnengenuß; *aiśvarya* – und Reichtum; *gatim* – Fortschritt; *prati* – entgegen.

Menschen mit geringem Wissen hängen sehr an den blumigen Worten der Veden, die verschiedenste fruchtbringende Tätigkeiten empfehlen, um auf die himmlischen Planeten erhoben zu werden oder eine gute Geburt, Macht usw. zu erlangen. Da sie Sinnenbefriedigung und ein Leben in Reichtum begehren, sagen sie, es gäbe nichts, was darüber hinausgehe.

ERLÄUTERUNG: Die meisten Menschen sind nicht sehr intelligent, und aufgrund ihrer Unwissenheit haften sie sehr stark an den im *karma-kāṇḍa*-Teil der *Veden* empfohlenen fruchtbringenden Tätigkeiten. Sie wünschen sich nichts anderes als Möglichkeiten zur Sinnenbefriedigung, um ein Leben auf den himmlischen Planeten genießen zu können, wo Wein und Frauen zur Verfügung stehen und überall materieller Reichtum herrscht. Zu diesem Zweck werden in den *Veden* viele Opfer empfohlen, vor allem die Jyotiṣṭoma-Opfer. Ja, es heißt sogar, daß jeder, der zu den himmlischen Planeten erhoben werden will, diese Opfer ausführen muß, und Menschen mit geringem Wissen glauben, dies sei der ganze Sinn und Zweck der vedischen Weisheit. Solch unerfahrenen Menschen fällt es sehr schwer, sich das entschlossene Handeln im Kṛṣṇa-Bewußtsein zu eigen zu machen. So wie Toren sich zu den Blüten giftiger Bäume hingezogen fühlen, ohne die Folgen dieser Versuchung zu kennen, so werden Menschen, die nicht sehr fortgeschritten sind, von solch himmlischem Reichtum und der damit verbundenen Sinnenfreude betört.

Im *karma-kāṇḍa*-Teil der *Veden* heißt es: *apāma somam amṛtā abhūma* und *akṣayyaṁ ha vai cāturmāsya-yājinaḥ sukṛtaṁ bhavati.* Mit anderen Worten, diejenigen, die sich den vier Monate langen Bußen unterziehen, erwerben die Eignung, den *soma-rasa* zu trinken, einen Trank, um unsterblich und für immer glücklich zu werden. Selbst auf der Erde sind einige Menschen sehr begierig, diesen *soma-rasa*-Trank zu bekommen, um stark und gesund zu werden und Sinnenbefriedigung genießen zu können. Solche Menschen glauben nicht an die Befreiung aus der materiellen Knechtschaft, und sie haften sehr an den pompösen Zeremonien der vedischen Opfer. Sie sind im allgemeinen sinnlich veranlagt und trachten nach nichts anderem als den himmlischen Freuden des Lebens. Es wird beschrieben, daß es Gärten gibt, Nandana-kānana genannt, in denen sich die Gelegenheit bietet, mit engelgleichen schönen Frauen zusammenzusein und reichlich *soma-rasa*-Wein zu trinken.

Solch körperliches Glück ist zweifellos sinnlich; daher sind dort diejenigen anzutreffen, die – als „Herren der materiellen Welt“ – völlig dem materiellen, zeitweiligen Glück verhaftet sind.

Vers 44 भोगैश्वर्यप्रसक्तानां तयापहृतचेतसाम् ।
व्यवसायात्मिका बुद्धिः समाधौ न विधीयते ॥४४॥

bhogaiśvarya-prasaktānāṁ tayāpahṛta-cetasām
vyavasāyātmikā buddhiḥ samādhau na vidhīyate

bhoga – an materiellen Genuß; *aiśvarya* – und Reichtum; *prasaktānām* – für diejenigen, die angehaftet sind; *tayā* – durch solche Dinge; *apahṛta-cetasām* – verwirrt im Geist; *vyavasāya-ātmikā* – feste Entschlossenheit; *buddhiḥ* – hingebungsvoller Dienst zum Herrn; *samādhau* – im beherrschten Geist; *na* – niemals; *vidhīyate* – findet statt.

Im Geist derer, die zu sehr an Sinnengenuß und materiellem Reichtum haften und die durch solche Dinge verwirrt sind, kommt es nicht zu dem festen Entschluß, dem Höchsten Herrn in Hingabe zu dienen.

ERLÄUTERUNG: *Samādhi* bedeutet „fest verankerter Geist“. Das vedische Wörterbuch *Nirukti* erklärt hierzu: *samyag ādhīyate 'sminn ātma-tattva-yāthātmyam.* „Wenn der Geist fest darauf gerichtet ist, das Selbst zu verstehen, nennt man dies *samādhi.*“ *Samādhi* ist niemals möglich für Menschen, die an materiellem Sinnengenuß interessiert sind, und auch nicht für diejenigen, die durch solch zeitweilige Dinge verwirrt sind. Sie sind durch die Wirkungsweise der materiellen Energie mehr oder minder verdammt.

Vers 45 त्रैगुण्यविषया वेदा निस्त्रैगुण्यो भवार्जुन ।
निर्द्वन्द्वो नित्यसत्त्वस्थो निर्योगक्षेम आत्मवान् ॥४५॥

trai-guṇya-viṣayā vedā nistrai-guṇyo bhavārjuna
nirdvandvo nitya-sattva-stho niryoga-kṣema ātmavān

trai-guṇya – sich auf die drei Erscheinungsweisen der materiellen Natur beziehend; *viṣayāḥ* – über das Thema; *vedāḥ* – die vedischen Schriften; *nistrai-guṇyaḥ* – transzendental zu den drei Erscheinungsweisen der materiellen Natur; *bhava* – sei; *arjuna* – o Arjuna; *nirdvandvaḥ* – ohne Dualität; *nitya-sattva-sthaḥ* – in einem reinen Zustand spiritueller Existenz; *niryoga-kṣemaḥ* – frei von Gedanken an Gewinn und Schutz; *ātma-vān* – im Selbst verankert.

Die Veden handeln hauptsächlich von den drei Erscheinungsweisen der materiellen Natur. O Arjuna, transzendiere diese drei Erscheinungsweisen. Sei frei von allen Dualitäten und aller Sorge um Gewinn und Sicherheit, und sei im Selbst verankert.

ERLÄUTERUNG: Alle materiellen Tätigkeiten beinhalten Aktionen und Reaktionen innerhalb der drei Erscheinungsweisen der materiellen Natur. Sie werden mit der Absicht ausgeführt, fruchtbringende Ergebnisse zu bekommen, die ihrerseits Knechtschaft in der materiellen Welt verursachen. Die *Veden* handeln hauptsächlich von fruchtbringenden Tätigkeiten, um die Menschen allmählich aus dem Bereich der Sinnenbefriedigung zu einer Stellung auf der transzendentalen Ebene zu erheben. Arjuna bekommt als Schüler und Freund Śrī Kṛṣṇas den Rat, sich auf die transzendentale Ebene der *Vedānta*-Philosophie zu erheben, in der zu Beginn Fragen über die höchste Transzendenz (*brahma-jijñāsā*) gestellt werden. Alle Lebewesen, die sich in der materiellen Welt aufhalten, kämpfen sehr schwer um ihre Existenz. Für sie gab der Herr nach der Schöpfung der materiellen Welt die vedische Weisheit, die lehrt, wie man leben soll, um sich aus der materiellen Verstrickung zu befreien. Wenn die Tätigkeiten für Sinnenbefriedigung, nämlich das *karma-kāṇḍa*-Kapitel, abgeschlossen sind, wird die Möglichkeit spiritueller Erkenntnis in Form der *Upaniṣaden* angeboten, die Teile verschiedener *Veden* sind, ebenso wie die *Bhagavad-gītā* ein Teil des fünften *Veda,* des *Mahābhārata,* ist. Die *Upaniṣaden* beschreiben den Beginn transzendentalen Lebens.

Solange der materielle Körper existiert, gibt es Aktionen und Reaktionen in den materiellen Erscheinungsweisen. Man muß lernen, Dualitäten wie Glück und Leid oder Kälte und Hitze zu ertragen, und indem man solche Dualität duldet, wird man frei von aller Sorge um Gewinn und Verlust. Diese transzendentale Stellung wird erreicht, wenn man vollkommen Kṛṣṇa-bewußt ist und sich völlig von Kṛṣṇas Wohlwollen abhängig gemacht hat.

Vers 46 यावानर्थ उदपाने सर्वतः सम्प्लुतोदके ।
तावान् सर्वेषु वेदेषु ब्राह्मणस्य विजानतः ॥४६॥

yāvān artha uda-pāne sarvataḥ samplutodake
tāvān sarveṣu vedeṣu brāhmaṇasya vijānataḥ

yāvān – all das; *arthaḥ* – ist bestimmt; *uda-pāne* – in einem Brunnen; *sarvataḥ* – in jeder Hinsicht; *sampluta-udake* – in einem großen Gewässer; *tāvān* – in ähnlicher Weise; *sarveṣu* – in allen; *vedeṣu* – vedischen

Schriften; *brāhmaṇasya* – des Menschen, der das Höchste Brahman kennt; *vijānataḥ* – der über vollständiges Wissen verfügt.

Alle Zwecke, die ein kleiner Brunnen erfüllt, können sogleich von einem großen Gewässer erfüllt werden. In ähnlicher Weise können alle Ziele der Veden von jemandem erreicht werden, der das Ziel hinter ihnen kennt.

ERLÄUTERUNG: Die im *karma-kāṇḍa*-Teil der vedischen Literatur erwähnten Rituale und Opfer sollen dazu ermutigen, allmählich Selbstverwirklichung zu erlangen. Und das Ziel von Selbstverwirklichung wird im Fünfzehnten Kapitel der *Bhagavad-gītā* (15.15) deutlich erklärt: Das Ziel des Studiums der *Veden* besteht darin, Śrī Kṛṣṇa, die urerste Ursache aller Dinge, zu erkennen. Selbstverwirklichung bedeutet also, Kṛṣṇa und unsere ewige Beziehung zu Ihm zu verstehen. Die Beziehung der Lebewesen zu Kṛṣṇa wird ebenfalls im Fünfzehnten Kapitel der *Bhagavad-gītā* (15.7) beschrieben. Die Lebewesen sind Bestandteile Kṛṣṇas; deswegen ist es die höchste Vollkommenheit des vedischen Wissens, wenn das individuelle Lebewesen sein Kṛṣṇa-Bewußtsein wiederbelebt. Dies wird im *Śrīmad-Bhāgavatam* (3.33.7) wie folgt bestätigt:

aho bata śva-paco 'to garīyān
yaj-jihvāgre vartate nāma tubhyam
tepus tapas te juhuvuḥ sasnur āryā
brahmānūcur nāma gṛṇanti ye te

„O mein Herr, ein Mensch, der Deinen Heiligen Namen chantet, befindet sich auf der höchsten Ebene der Selbstverwirklichung, selbst wenn er in einer niedrigen Familie wie der eines *caṇḍāla* [Hundeessers] geboren wurde. Ein solcher Mensch muß alle Arten von Bußen und Opfern in Übereinstimmung mit den vedischen Ritualen ausgeführt und viele Male die vedischen Schriften studiert haben und an allen heiligen Pilgerstätten gebadet haben. Ein solcher Mensch muß als der Beste der Ārya-Familie angesehen werden."

Man muß deshalb intelligent genug sein, das Ziel der *Veden* zu verstehen, ohne nur an den Ritualen zu haften, und man darf nicht danach trachten, zu den himmlischen Königreichen erhoben zu werden, um eine höhere Form der Sinnenbefriedigung zu genießen. Es ist dem gewöhnlichen Menschen in diesem Zeitalter nicht möglich, alle Regeln und Vorschriften der vedischen Rituale zu befolgen oder den *Vedānta* und die *Upaniṣaden* vollumfänglich zu studieren. Es erfordert viel Zeit, Energie, Wissen und Aufwand, um den verschiedenen Zielen der *Veden* gerecht zu werden. Dies ist im gegenwärtigen Zeitalter kaum mehr möglich. Das höchste Ziel der vedischen Kultur wird jedoch erreicht, wenn man den Heiligen Namen des Herrn chantet, wie es Śrī Caitanya, der Befreier aller gefallenen Seelen, empfahl. Als Śrī Caitanya von dem großen vedischen Gelehrten Prakāśānanda Sarasvatī gefragt wurde, warum Er, anstatt die Philosophie des *Vedānta* zu studieren, wie ein sentimentaler Schwärmer den Heiligen Namen des Herrn chante, entgegnete Er, Sein spiritueller Meister habe Ihn für einen großen Narren befunden und Ihn daher angewiesen, den Heiligen Namen Śrī Kṛṣṇas zu chanten. Er habe dies getan und sei vor Ekstase wie verrückt geworden. Im Zeitalter des Kali ist der größte Teil der Bevölkerung dumm und nicht genügend gebildet, um die *Vedānta*-Philosophie zu verstehen; doch der Sinn und Zweck der *Vedānta*-Philosophie wird erfüllt, wenn man den Heiligen Namen des Herrn ohne Vergehen chantet. Der *Vedānta* bildet die Essenz der vedischen Weisheit, und der Verfasser und Kenner der *Vedānta*-Philosophie ist Śrī Kṛṣṇa Selbst. Und der höchste Meister des *Vedānta* ist jene große Seele, die Freude daran findet, den Heiligen Namen des Herrn zu chanten. Das ist das höchste Ziel aller vedischen Mystik.

Vers 47 कर्मण्येवाधिकारस्ते मा फलेषु कदाचन ।
मा कर्मफलहेतुर्भूर्मा ते सङ्गोऽस्त्वकर्मणि ॥४७॥

karmaṇy evādhikāras te mā phaleṣu kadācana
mā karma-phala-hetur bhūr mā te saṅgo 'stv akarmaṇi

karmaṇi – vorgeschriebene Pflichten; *eva* – gewiß; *adhikāraḥ* – Recht; *te* – von dir; *mā* – niemals; *phaleṣu* – an den Früchten; *kadācana* – zu irgendeiner Zeit; *mā* – niemals; *karma-phala* – im Ergebnis der Tätigkeit; *hetuḥ* – Ursache; *bhūḥ* – werde; *mā* – niemals; *te* – von dir; *saṅgaḥ* – Anhaftung; *astu* – sollte sein; *akarmaṇi* – die vorgeschriebenen Pflichten nicht auszuführen.

Du hast das Recht, deine vorgeschriebene Pflicht zu erfüllen, aber du hast keinen Anspruch auf die Früchte des Handelns. Halte dich niemals für die Ursache der Ergebnisse deiner Tätigkeiten, und hafte niemals daran, deine Pflicht nicht zu erfüllen.

ERLÄUTERUNG: Hier wird von drei Dingen gesprochen, nämlich von vorgeschriebenen Pflichten, launenhafter Tätigkeit und Untätigkeit. Unter vorgeschriebenen Pflichten versteht man Tätigkeiten, die gemäß den Erscheinungsweisen der materiellen Natur, die unseren Körper beeinflussen, ausgeführt werden müssen. Unter launenhafter Tätigkeit versteht man Handlungen, die ohne die Sanktion einer Autorität ausgeführt werden, und Untätigkeit bedeutet, seine vorgeschriebenen Pflichten nicht zu erfüllen. Der Herr wies Arjuna an, nicht untätig zu sein, sondern seine vorgeschriebene Pflicht zu erfüllen, ohne am Ergebnis zu haften. Wer am Ergebnis seiner Tätigkeiten haftet, ist auch die Ursache dieser Tätigkeiten und muß daher deren Ergebnis genießen oder erleiden.

Was vorgeschriebene Pflichten betrifft, so können sie in drei Unterteilungen gegliedert werden, nämlich tägliche Arbeit, durch außergewöhnliche Umstände bedingte Tätigkeit und wunschgemäße Tätigkeit. Tägliche Arbeit gemäß den Anordnungen der Schriften, ohne nach den Ergebnissen zu verlangen, ist Tätigkeit in der Erscheinungsweise der Tugend. Arbeit um der Ergebnisse willen wird die Ursache von Bindung; deshalb ist solche Arbeit nicht glückverheißend. Jeder hat ein Anrecht auf die Erfüllung der vorgeschriebenen Pflichten, doch er sollte ohne Anhaftung an das Ergebnis handeln. Solch uneigennützige, obligatorische Pflichten führen einen ohne Zweifel auf den Pfad der Befreiung.

Arjuna wurde deshalb vom Herrn aufgefordert, aus reiner Pflichterfüllung zu kämpfen, ohne am Ergebnis zu haften. Würde er an der Schlacht nicht teilnehmen, wäre dies eine andere Form der Anhaftung. Solche Anhaftung führt einen niemals auf den Pfad der Erlösung. Jede Anhaftung – ob positiv oder negativ – ist die Ursache für Bindung. Untätigkeit ist sündhaft. Daher war Kämpfen aus reiner Pflichterfüllung der einzige glückverheißende Pfad der Erlösung für Arjuna.

Vers 48 योगस्थः कुरु कर्माणि सङ्गं त्यक्त्वा धनञ्जय ।
सिद्ध्यसिद्ध्योः समो भूत्वा समत्वं योग उच्यते ॥४८॥

yoga-sthaḥ kuru karmāṇi saṅgaṁ tyaktvā dhanañ-jaya
siddhy-asiddhyoḥ samo bhūtvā samatvaṁ yoga ucyate

yoga-sthaḥ – mit Gleichmut; *kuru* – erfülle; *karmāṇi* – deine Pflichten; *saṅgam* – Anhaftung; *tyaktvā* – aufgebend; *dhanam-jaya* – o Arjuna; *siddhi-asiddhyoḥ* – bei Erfolg und Mißerfolg; *samaḥ* – ausgeglichen; *bhūtvā* – werdend; *samatvam* – mit Gleichmut; *yogaḥ* – *yoga; ucyate* – wird genannt.

Erfülle deine Pflicht mit Gleichmut, o Arjuna, und gib alle Anhaftung an Erfolg und Mißerfolg auf. Solche Ausgeglichenheit wird yoga genannt.

ERLÄUTERUNG: Kṛṣṇa sagt zu Arjuna, er solle in *yoga* handeln. Und was bedeutet *yoga*? *Yoga* bedeutet, den Geist auf den Höchsten zu konzentrieren, indem man die ständig störenden Sinne beherrscht. Und wer ist dieser „Höchste"? Der Höchste ist Kṛṣṇa. Und weil Kṛṣṇa hier persönlich Arjuna anweist zu kämpfen, hat Arjuna mit den Ergebnissen des Kampfes nichts zu tun. Gewinn oder Sieg sind Kṛṣṇas Sache; Arjuna muß nur nach der Anweisung Kṛṣṇas handeln. Kṛṣṇas Anweisung zu folgen ist wirklicher *yoga,* und dies wird im Vorgang des Kṛṣṇa-Bewußtseins praktiziert. Allein durch Kṛṣṇa-Bewußtsein kann man die Vorstellung aufgeben, irgend etwas in dieser Welt zu besitzen. Man muß der Diener Kṛṣṇas oder der Diener des Dieners von Kṛṣṇa werden. Das ist der richtige Weg, seine Pflicht im Kṛṣṇa-Bewußtsein zu erfüllen, und das allein kann einem helfen, in *yoga* zu handeln.

Arjuna ist ein *kṣatriya* und gehört als solcher zur Einrichtung des *varṇāśrama-dharma.* Im *Viṣṇu Purāṇa* wird gesagt, daß im *varṇāśrama-dharma* das ganze Ziel darin besteht, Viṣṇu zufriedenzustellen. Niemand sollte für die eigene Zufriedenstellung arbeiten, wie dies in der materiellen Welt die Regel ist, sondern für die Zufriedenstellung Kṛṣṇas. Ohne Kṛṣṇa zufriedenzustellen, kann man die Prinzipien des *varṇāśrama-dharma* nicht richtig befolgen. Indirekt wurde Arjuna nahegelegt, so zu handeln, wie Kṛṣṇa es von ihm verlangte.

Vers 49 दूरेण ह्यवरं कर्म बुद्धियोगाद्धनञ्जय ।
बुद्धौ शरणमन्विच्छ कृपणाः फलहेतवः ॥४९॥

dūreṇa hy avaraṁ karma buddhi-yogād dhanañ-jaya
buddhau śaraṇam anviccha kṛpaṇāḥ phala-hetavaḥ

dūreṇa – wirf weit fort; *hi* – gewiß; *avaram* – abscheuliche; *karma* – Tätigkeiten; *buddhi-yogāt* – auf der Kraft des Kṛṣṇa-Bewußtseins gründend; *dhanam-jaya* – o Eroberer von Reichtum; *buddhau* – in solchem Bewußtsein; *śaraṇam* – volle Hingabe; *anviccha* – strebe nach; *kṛpaṇāḥ* – Geizhälse; *phala-hetavaḥ* – diejenigen, die nach fruchttragenden Ergebnissen streben.

O Dhanañjaya, halte alle abscheulichen Tätigkeiten durch hingebungsvollen Dienst fern von dir, und ergib dich in diesem Bewußtsein dem

Herrn. Diejenigen, die die Früchte ihrer Arbeit genießen wollen, sind Geizhälse.

ERLÄUTERUNG: Wer seine wesensgemäße Stellung als ewiger Diener des Herrn wirklich verstanden hat, gibt alle anderen Beschäftigungen außer den Tätigkeiten im Kṛṣṇa-Bewußtsein auf. Wie schon erklärt wurde, bedeutet *buddhi-yoga* transzendentaler liebender Dienst für den Herrn. Solch hingebungsvoller Dienst ist die richtige Handlungsweise für das Lebewesen. Nur Geizhälse wollen die Früchte ihrer Arbeit genießen, wodurch sie nur noch mehr in die materielle Knechtschaft verstrickt werden. Außer Arbeit im Kṛṣṇa-Bewußtsein sind alle Tätigkeiten verabscheuenswert, da sie den Handelnden fortgesetzt an den Kreislauf von Geburt und Tod binden. Man sollte deshalb niemals selbst die Ursache der Tätigkeiten sein wollen. Alles sollte im Kṛṣṇa-Bewußtsein getan werden, um Kṛṣṇa zufriedenzustellen. Ein Geizhals weiß nicht, wie er seine Besitztümer verwenden soll, die er sich durch glückliche Umstände oder harte Arbeit erworben hat. Man sollte alle Energie verwenden, um sich im Kṛṣṇa-Bewußtsein zu betätigen; das wird unser Leben erfolgreich machen. Unglückselige Menschen jedoch stellen, wie die Geizhälse, ihre menschliche Energie nicht in den Dienst des Herrn.

Vers 50 बुद्धियुक्तो जहातीह उभे सुकृतदुष्कृते ।
तस्माद्योगाय युज्यस्व योगः कर्मसु कौशलम् ॥५०॥

buddhi-yukto jahātīha ubhe sukṛta-duṣkṛte
tasmād yogāya yujyasva yogaḥ karmasu kauśalam

buddhi-yuktaḥ – jemand, der im hingebungsvollen Dienst tätig ist; *jahāti* – kann sich befreien von; *iha* – in diesem Leben; *ubhe* – beide; *sukṛta-duṣkṛte* – gute und schlechte Ergebnisse; *tasmāt* – deshalb; *yogāya* – für den hingebungsvollen Dienst; *yujyasva* – sei auf diese Weise tätig; *yogaḥ* – Kṛṣṇa-Bewußtsein; *karmasu* – in allen Tätigkeiten; *kauśalam* – Kunst.

Jemand, der im hingebungsvollen Dienst tätig ist, befreit sich schon im gegenwärtigen Leben sowohl von guten als auch von schlechten Reaktionen. Deshalb strebe nach yoga, der Kunst des Handelns.

ERLÄUTERUNG: Seit unvordenklichen Zeiten hat jedes Lebewesen die verschiedenen Reaktionen auf seine guten und schlechten Tätigkeiten angesammelt. Auf diese Weise ist es zu erklären, daß es sich fortgesetzt in Unwissenheit über seine eigentliche, wesensgemäße Stellung befindet.

Diese Unwissenheit kann durch die Unterweisungen der *Bhagavad-gītā* beseitigt werden, die uns lehrt, sich Śrī Kṛṣṇa in jeder Hinsicht zu ergeben und so von der Fessel, die uns Leben für Leben an Aktion und Reaktion bindet, frei zu werden. Arjuna wird daher der Rat gegeben, im Kṛṣṇa-Bewußtsein zu handeln, dem Vorgang, durch den man von allen Reaktionen auf vergangene Handlungen geläutert werden kann.

Vers 51 कर्मजं बुद्धियुक्ता हि फलं त्यक्त्वा मनीषिणः ।
जन्मबन्धविनिर्मुक्ताः पदं गच्छन्त्यनामयम् ॥५१॥

karma-jaṁ buddhi-yuktā hi phalaṁ tyaktvā manīṣiṇaḥ
janma-bandha-vinirmuktāḥ padaṁ gacchanty anāmayam

karma-jam – aufgrund fruchtbringender Tätigkeiten; *buddhi-yuktāḥ* –im hingebungsvollen Dienst beschäftigt; *hi* – gewiß; *phalam* – Ergebnisse; *tyaktvā* – aufgebend; *manīṣiṇaḥ* – große Weise und Gottgeweihte; *janma-bandha* – von der Fessel an Geburt und Tod; *vinirmuktāḥ* – befreit; *padam* – Stellung; *gacchanti* – sie erreichen; *anāmayam* – ohne Leiden.

Indem sich die großen Weisen und Gottgeweihten so im hingebungsvollen Dienst des Herrn betätigen, befreien sie sich von den Ergebnissen ihrer Tätigkeiten in der materiellen Welt. Auf diese Weise werden sie vom Kreislauf von Geburt und Tod frei und erreichen den Ort jenseits aller Leiden [indem sie zurück zu Gott gehen].

ERLÄUTERUNG: Die befreiten Lebewesen gehören zu jenem Ort, wo es keine materiellen Leiden gibt. Im *Bhāgavatam* (10.14.58) heißt es:

samāsritā ye pada-pallava-plavaṁ
mahat-padaṁ puṇya-yaśo murāreḥ
bhavāmbudhir vatsa-padaṁ paraṁ padaṁ
padaṁ padaṁ yad vipadāṁ na teṣām

„Für jemanden, der das Boot der Lotosfüße des Herrn bestiegen hat – welcher der kosmischen Manifestation Zuflucht gewährt und als Mukunda (derjenige, der *mukti* gewährt) berühmt ist –, ist der Ozean der materiellen Welt wie das Wasser im Hufabdruck eines Kalbes. *Paraṁ padam,* das heißt Vaikuṇṭha, der Ort, wo es keine materiellen Leiden gibt, ist sein Ziel, und nicht der Ort, an dem auf Schritt und Tritt Gefahr lauert."

Aufgrund von Unwissenheit weiß man nicht, daß die materielle Welt ein leidvoller Ort ist, wo auf Schritt und Tritt Gefahren drohen. Nur aus Unwissenheit versuchen unintelligente Menschen, ihre Situation in der materiellen Welt durch fruchtbringende Tätigkeiten zu verbessern, in dem Glauben, daß die Früchte solcher Tätigkeiten sie glücklich machen würden. Sie wissen nicht, daß ihnen keine Art von materiellem Körper irgendwo im Universum ein Leben ohne Leiden geben kann. Die Leiden des Lebens, nämlich Geburt, Tod, Alter und Krankheiten, treten überall in der materiellen Welt auf. Wer aber seine wirkliche, wesensgemäße Stellung als ewiger Diener des Herrn versteht und somit auch die Position der Persönlichkeit Gottes kennt, betätigt sich im transzendentalen liebenden Dienst des Herrn. In der Folge wird er befähigt, auf die Vaikuṇṭha-Planeten zu gelangen, wo es weder ein materielles, leidvolles Leben noch den Einfluß von Zeit und Tod gibt. Seine wesensgemäße Stellung zu kennen bedeutet, auch die erhabene Stellung des Herrn zu kennen. Wer fälschlich glaubt, die Stellung des Lebewesens und die des Herrn befänden sich auf der gleichen Ebene, hat sich in der Dunkelheit verirrt und ist daher nicht imstande, sich im hingebungsvollen Dienst des Herrn zu betätigen. Er wird selbst zu einem „Herrn" und ebnet sich so den Weg zur Wiederholung von Geburt und Tod. Wer aber versteht, daß es seine Position ist zu dienen, und sich in den Dienst des Herrn stellt, wird sofort geeignet, nach Vaikuṇṭha-loka zu gehen. Für den Herrn verrichteter Dienst wird *karma-yoga* oder *buddhi-yoga* genannt, oder, mit einfachen Worten, hingebungsvoller Dienst für den Herrn.

Vers 52 यदा ते मोहकलिलं बुद्धिर्व्यतितरिष्यति ।
तदा गन्तासि निर्वेदं श्रोतव्यस्य श्रुतस्य च ॥५२॥

yadā te moha-kalilaṁ buddhir vyatitariṣyati
tadā gantāsi nirvedaṁ śrotavyasya śrutasya ca

yadā – wenn; *te* – deine; *moha* – der Illusion; *kalilam* – dichter Wald; *buddhiḥ* – transzendentaler Dienst mit Intelligenz; *vyatitariṣyati* – überwindet; *tadā* – zu dieser Zeit; *gantā asi* – du wirst gehen; *nirvedam* – Gleichgültigkeit; *śrotavyasya* – gegenüber allem, was noch zu hören ist; *śrutasya* – alles, was bereits gehört worden ist; *ca* – auch.

Wenn deine Intelligenz aus dem dichten Wald der Täuschung herausgetreten ist, wirst du gegenüber allem, was gehört worden ist, und allem, was noch zu hören ist, gleichgültig werden.

ERLÄUTERUNG: Es gibt viele gute Beispiele aus dem Leben großer Geweihter des Herrn, die gegenüber den Ritualen der *Veden* gleichgültig wurden, einfach weil sie sich im hingebungsvollen Dienst des Herrn beschäftigten. Wenn jemand Kṛṣṇa und seine Beziehung zu Kṛṣṇa wirklich versteht, werden ihm, selbst wenn er ein erfahrener *brāhmaṇa* ist, die Rituale fruchtbringender Tätigkeiten automatisch völlig gleichgültig. Śrī Mādhavendra Purī, ein großer Gottgeweihter und *ācārya* in der Nachfolge der Gottgeweihten, sagt:

sandhyā-vandana bhadram astu bhavato bhoḥ snāna tubhyaṁ namo
bho devāḥ pitaraś ca tarpaṇa-vidhau nāhaṁ kṣamaḥ kṣamyatām
yatra kvāpi niṣadya yādava-kulottaṁsasya kaṁsa-dviṣaḥ
smāraṁ smāram aghaṁ harāmi tad alaṁ manye kim anyena me

„O meine Gebete, die ich dreimal täglich spreche, alle Ehre sei euch! O mein Bad, ich bringe dir meine Ehrerbietungen dar. O Halbgötter! O Vorväter! Bitte entschuldigt meine Unfähigkeit, euch meine Achtung zu erweisen. Wo immer ich nun sitze, erinnere ich mich an den großen Nachkommen der Yadu-Dynastie [Kṛṣṇa], den Feind Kaṁsas, und so kann ich mich von allen sündhaften Bindungen befreien. Ich denke, daß dies für mich ausreicht."

Die vedischen Zeremonien und Rituale sind für Neulinge unbedingt erforderlich: dreimal täglich alle möglichen Gebete sprechen, frühmorgens ein Bad nehmen, den Vorvätern Achtung erweisen, usw. Wenn man aber völlig im Kṛṣṇa-Bewußtsein verankert ist und sich im transzendentalen liebenden Dienst des Herrn beschäftigt, werden einem all diese regulierenden Prinzipien gleichgültig, da man die Vollkommenheit bereits erreicht hat. Wenn man durch Dienst für den Höchsten Herrn, Śrī Kṛṣṇa, die Ebene des spirituellen Wissens erreicht, braucht man nicht mehr verschiedene Arten von Bußen und Opfern auszuführen, wie sie in den offenbarten Schriften empfohlen werden. Und wenn man andererseits nicht verstanden hat, daß der Zweck der *Veden* darin besteht, Kṛṣṇa zu erreichen, und einfach nur Rituale, Zeremonien usw. vollzieht, verschwendet man mit solchen Beschäftigungen nutzlos seine Zeit. Wer Kṛṣṇa-bewußt ist, überschreitet die Grenze des *śabdabrahma,* das heißt des Bereichs der *Veden* und *Upaniṣaden.*

Vers 53 श्रुतिविप्रतिपन्ना ते यदा स्थास्यति निश्चला ।
समाधावचला बुद्धिस्तदा योगमवाप्स्यसि ॥५३॥

śruti-vipratipannā te yadā sthāsyati niścalā
samādhāv acalā buddhis tadā yogam avāpsyasi

śruti – der vedischen Offenbarung; *vipratipannā* – ohne von den fruchttragenden Ergebnissen beeinflußt zu sein; *te* – dein; *yadā* – wenn; *sthāsyati* – bleibt; *niścalā* – unbewegt; *samādhau* – in transzendentalem Bewußtsein oder Kṛṣṇa-Bewußtsein; *acalā* – unerschütterlich; *buddhiḥ* – Intelligenz; *tadā* – dann; *yogam* – Selbstverwirklichung; *avāpsyasi* – du wirst erreichen.

Wenn dein Geist nicht mehr von der blumigen Sprache der Veden verwirrt ist und fest in der Trance der Selbstverwirklichung verankert bleibt, dann hast du das göttliche Bewußtsein erreicht.

ERLÄUTERUNG: Wenn man sagt, jemand sei in *samādhi,* so bedeutet dies, daß er Kṛṣṇa-Bewußtsein vollständig verwirklicht hat; das heißt, wer völlig in *samādhi* ist, hat Brahman, Paramātmā und Bhagavān erkannt. Die höchste Vollkommenheit der Selbstverwirklichung ist die Erkenntnis, daß man ein ewiger Diener Kṛṣṇas ist und daß man nur die eine Aufgabe hat, seine Pflichten im Kṛṣṇa-Bewußtsein zu erfüllen. Ein Kṛṣṇa-bewußter Mensch, das heißt ein unerschütterlicher Gottgeweihter, sollte sich nicht durch die blumige Sprache der *Veden* verwirren lassen, und ebensowenig sollte er fruchtbringenden Tätigkeiten nachgehen, um sich zum himmlischen Königreich zu erheben. Im Kṛṣṇa-Bewußtsein kommt man unmittelbar mit Kṛṣṇa in Verbindung, und auf dieser transzendentalen Ebene wird es möglich, alle Unterweisungen Kṛṣṇas zu verstehen. Wenn man sich auf diese Weise verhält, ist es sicher, daß man konkrete Ergebnisse und schlüssiges Wissen erlangt. Man braucht nur die Anweisungen Kṛṣṇas bzw. die Seines Stellvertreters, des spirituellen Meisters, auszuführen.

Vers 54 अर्जुन उवाच
स्थितप्रज्ञस्य का भाषा समाधिस्थस्य केशव ।
स्थितधीः किं प्रभाषेत किमासीत व्रजेत किम् ॥५४॥

arjuna uvāca
sthita-prajñasya kā bhāṣā samādhi-sthasya keśava
sthita-dhīḥ kiṁ prabhāṣeta kim āsīta vrajeta kim

arjunaḥ uvāca – Arjuna sprach; *sthita-prajñasya* – von jemandem, der im festen Kṛṣṇa-Bewußtsein verankert ist; *kā* – was; *bhāṣā* – Sprache; *samādhi-sthasya* – von jemandem, der sich in Trance befindet; *keśava* – o Kṛṣṇa; *sthita-dhīḥ* – jemand, der im Kṛṣṇa-Bewußtsein gefestigt ist; *kim* – was; *prabhāṣeta* – spricht; *kim* – wie; *āsīta* – sitzt; *vrajeta* – geht; *kim* – wie.

Arjuna sprach: O Kṛṣṇa, welche Merkmale weist jemand auf, dessen Bewußtsein so in die Transzendenz eingegangen ist? Wie spricht er, und was sind seine Worte? Wie sitzt er, und wie geht er?

ERLÄUTERUNG: So wie jeder Mensch seiner jeweiligen Lage gemäß besondere, ihn kennzeichnende Züge aufweist, so hat auch jemand, der Kṛṣṇa-bewußt ist, sein besonderes Wesen – wie er redet, geht, denkt, fühlt usw. So wie ein reicher Mann bestimmte Merkmale hat, durch die man ihn als Reichen erkennt, so wie ein Kranker gewisse Symptome aufweist, die auf seine Krankheit hinweisen, und wie ein Gelehrter besondere Eigenschaften aufweist, so hat auch jemand, der Kṛṣṇa-bewußt ist, besondere Merkmale in seinem Verhalten. Diese besonderen Merkmale werden in der *Bhagavad-gītā* beschrieben. Am wichtigsten ist, wie ein Kṛṣṇa-bewußter Mensch spricht, denn das Sprechen ist die wichtigste Eigenschaft jedes Menschen. Man sagt, ein Narr bleibe unentdeckt, solange er nicht rede, und gewiß kann man einen gutgekleideten Narren nicht erkennen, solange er nicht spricht; doch sobald er den Mund öffnet, zeigt sich sein wahres Gesicht. Das unmittelbare Merkmal eines Kṛṣṇa-bewußten Menschen ist, daß er nur über Kṛṣṇa und mit Kṛṣṇa verbundene Themen spricht. Andere Eigenschaften folgen dann von selbst, wie in den folgenden Versen beschrieben wird.

Vers 55 श्रीभगवानुवाच
प्रजहाति यदा कामान् सर्वान् पार्थ मनोगतान् ।
आत्मन्येवात्मना तुष्टः स्थितप्रज्ञस्तदोच्यते ॥५५॥

śrī-bhagavān uvāca
prajahāti yadā kāmān sarvān pārtha mano-gatān
ātmany evātmanā tuṣṭaḥ sthita-prajñas tadocyate

śrī-bhagavān uvāca – die Höchste Persönlichkeit Gottes sprach; *prajahāti* – gibt auf; *yadā* – wenn; *kāmān* – Wünsche nach Sinnenbefriedigung; *sarvān* – alle Arten von; *pārtha* – o Sohn Pṛthās; *manaḥ-gatān* – von mentalen Wunschvorstellungen; *ātmani* – im reinen Zustand der Seele; *eva* – gewiß; *ātmanā* – durch den geläuterten Geist; *tuṣṭaḥ* – zufrieden; *sthita-prajñaḥ* – in der Transzendenz verankert; *tadā* – zu dieser Zeit; *ucyate* – wird genannt.

Die Höchste Persönlichkeit Gottes sprach: O Pārtha, wenn ein Mensch alle Arten von Sinnesbegierden aufgibt, die den Wunschvorstellungen

des Geistes entspringen, und wenn sein geläuterter Geist im Selbst allein Befriedigung findet, dann sagt man von ihm, er sei im reinen transzendentalen Bewußtsein verankert.

ERLÄUTERUNG: Das *Bhāgavatam* bestätigt, daß jeder, der völlig im Kṛṣṇa-Bewußtsein, dem hingebungsvollen Dienst des Herrn, verankert ist, alle guten Eigenschaften der großen Weisen besitzt, wohingegen jemand, der nicht auf solch transzendentale Weise verankert ist, keine guten Eigenschaften hat, weil er mit Sicherheit bei seinen mentalen Vorstellungen Zuflucht nimmt. Deshalb wird hier ganz richtig gesagt, daß man alle Arten von Sinnesbegierden, die den Wunschvorstellungen des Geistes entspringen, aufgeben muß. Künstlich kann man solche Verlangen nach Sinnenbefriedigung nicht einstellen. Wenn man aber im Kṛṣṇa-Bewußtsein beschäftigt ist, dann lassen diese Verlangen ohne zusätzliche Bemühungen von selbst nach. Deshalb muß man sich ohne Zögern im Kṛṣṇa-Bewußtsein betätigen, denn dieser hingebungsvolle Dienst wird einem augenblicklich helfen, auf die Ebene transzendentalen Bewußtseins zu gelangen. Die weit fortgeschrittene Seele ist immer in sich selbst zufrieden, da sie sich als der ewige Diener des Höchsten Herrn erkannt hat. Auf dieser transzendentalen Ebene hat man keinerlei Verlangen nach Sinnenbefriedigung, die dem faden Materialismus entspringen; vielmehr bleibt man immer glücklich in seiner natürlichen Stellung, ewig dem Höchsten Herrn zu dienen.

Vers 56 दुःखेष्वनुद्विग्नमनाः सुखेषु विगतस्पृहः ।
वीतरागभयक्रोधः स्थितधीर्मुनिरुच्यते ॥५६॥

duḥkheṣv anudvigna-manāḥ sukheṣu vigata-spṛhaḥ
vīta-rāga-bhaya-krodhaḥ sthita-dhīr munir ucyate

duḥkheṣu – in den dreifachen Leiden; *anudvigna-manāḥ* – ohne im Geist erregt zu sein; *sukheṣu* – im Glück; *vigata-spṛhaḥ* – ohne interessiert zu sein; *vīta* – frei von; *rāga* – Anhaftung; *bhaya* – Angst; *krodhaḥ* – und Zorn; *sthita-dhīḥ* – dessen Geist stetig ist; *muniḥ* – ein Weiser; *ucyate* – wird genannt.

Jemand, dessen Geist nicht verwirrt ist, selbst wenn er die dreifachen Leiden erfährt, der nicht von Freude überwältigt wird, wenn er Glück genießt, und der frei von Anhaftung, Angst und Zorn ist, wird ein Weiser mit stetigem Geist genannt.

ERLÄUTERUNG: Das Wort *muni* bezeichnet einen Menschen, der seinen Geist mit den verschiedensten gedanklichen Spekulationen aufrührt, ohne zu einer tatsächlichen Schlußfolgerung zu kommen. Man sagt, jeder *muni* habe eine andere Betrachtungsweise, und solange sich ein *muni* nicht von anderen *munis* unterscheide, könne man ihn strenggenommen nicht als *muni* bezeichnen: *Nāsāv ṛṣir yasya mataṁ na bhinnam* (*Mahābhārata, Vana-parva* 313.117). Aber ein *sthita-dhīr muni,* wie er hier vom Herrn beschrieben wird, unterscheidet sich von einem gewöhnlichen *muni.* Der *sthita-dhīr muni* ist immer im Kṛṣṇa-Bewußtsein verankert, denn all seine Bemühungen der kreativen Spekulation haben sich erschöpft. Er hat die Stufe gedanklicher Spekulationen hinter sich gelassen (*praśānta-niḥśeṣa-manorathāntara; Stotra-ratna* 43), und er ist zu dem Schluß gekommen, daß Śrī Kṛṣṇa, oder Vāsudeva, alles ist (*vāsudevaḥ sarvam iti sa mahātmā su-durlabhaḥ*). Ihn nennt man einen *muni* mit gefestigtem Geist. Ein solcher völlig Kṛṣṇa-bewußter Mensch fühlt sich durch die Angriffe der dreifachen Leiden keineswegs gestört, denn er betrachtet alle Leiden als die Barmherzigkeit des Herrn. Er fände es eigentlich angemessen, aufgrund seiner vergangenen schlechten Taten mehr Unannehmlichkeiten erleiden zu müssen, und er sieht, daß seine Leiden durch die Gnade des Herrn bis auf ein Mindestmaß verringert wurden. Und wenn er glücklich ist, so weiß er, daß er alles nur dem Herrn verdankt und solches Glück eigentlich nicht verdient hätte. Er erkennt, daß er sich nur aufgrund der Gnade des Herrn in einer solch angenehmen Lage befindet, die es ihm erlaubt, dem Herrn besser zu dienen. Wenn er sich im Dienst des Herrn betätigt, ist er immer unerschrocken und aktiv und läßt sich nicht von Anhaftung oder Ablehnung beeinflussen. Anhaftung bedeutet, Dinge für seine eigene Sinnenbefriedigung anzunehmen, und Losgelöstsein bedeutet die Abwesenheit einer solchen sinnlichen Anhaftung. Wer aber im Kṛṣṇa-Bewußtsein verankert ist, kennt weder Anhaftung noch Loslösung, da er sein Leben dem Dienst des Herrn geweiht hat. Folglich wird er niemals zornig, auch dann nicht, wenn seine Unternehmungen erfolglos sind. Ein Kṛṣṇa-bewußter Mensch ist sowohl bei Erfolg wie auch bei Mißerfolg in seiner Entschlossenheit immer beständig.

Vers 57 यः सर्वत्रानभिस्नेहस्तत्तत्प्राप्य शुभाशुभम् ।
नाभिनन्दति न द्वेष्टि तस्य प्रज्ञा प्रतिष्ठिता ॥५७॥

yaḥ sarvatrānabhisnehas tat tat prāpya śubhāśubham
nābhinandati na dveṣṭi tasya prajñā pratiṣṭhitā

yaḥ – jemand, der; *sarvatra* – überall; *anabhisnehaḥ* – ohne Zuneigung; *tat* – dies; *tat* – dies; *prāpya* – erreichend; *śubha* – Gutes; *aśubham* – Schlechtes; *na* – niemals; *abhinandati* – lobt; *na* – nie; *dveṣṭi* – beneidet; *tasya* – sein; *prajñā* – vollkommenes Wissen; *pratiṣṭhitā* – gefestigt.

Wer in der materiellen Welt von nichts, was ihm widerfährt – sei es gut oder schlecht –, berührt wird und es weder lobt noch schmäht, ist fest im vollkommenen Wissen verankert.

ERLÄUTERUNG: In der materiellen Welt finden ständig Veränderungen statt, manchmal zum Guten, manchmal zum Schlechten. Wer sich durch solche materiellen Veränderungen nicht aus der Ruhe bringen läßt, das heißt, wer von gut und schlecht nicht beeinflußt wird, gilt als jemand, der im Kṛṣṇa-Bewußtsein gefestigt ist. Solange man sich in der materiellen Welt befindet, wird es immer Gutes und Schlechtes geben, denn diese Welt ist voller Dualität. Wer jedoch im Kṛṣṇa-Bewußtsein gefestigt ist, wird von gut und schlecht nicht beeinflußt, da es ihm nur um Kṛṣṇa geht, der absolut und allgut ist. Ein solches in Kṛṣṇa ruhendes Bewußtsein erhebt den Menschen auf eine vollkommene, transzendentale Stufe, die man in der Fachsprache *samādhi* nennt.

Vers 58 यदा संहरते चायं कूर्मोऽङ्गानीव सर्वशः ।
इन्द्रियाणीन्द्रियार्थेभ्यस्तस्य प्रज्ञा प्रतिष्ठिता ॥५८॥

yadā saṁharate cāyaṁ kūrmo 'gānīva sarvaśaḥ
indriyāṇīndriyārthebhyas tasya prajñā pratiṣṭhitā

yadā – wenn; *saṁharate* – zieht zurück; *ca* – auch; *ayam* – er; *kūrmaḥ* – Schildkröte; *aṅgāni* – Gliedmaßen; *iva* – wie; *sarvaśaḥ* – alle zusammen; *indriyāṇi* – Sinne; *indriya-arthebhyaḥ* – von den Sinnesobjekten; *tasya* – sein; *prajñā* – Bewußtsein; *pratiṣṭhitā* – gefestigt.

Wer imstande ist, seine Sinne von den Sinnesobjekten zurückzuziehen, so wie die Schildkröte ihre Glieder in den Panzer einzieht, ist unerschütterlich im vollkommenen Bewußtsein verankert.

ERLÄUTERUNG: Der Prüfstein für einen *yogī,* einen Gottgeweihten oder eine selbstverwirklichte Seele ist seine Fähigkeit, die Sinne bewußt zu beherrschen. Die meisten Menschen jedoch sind Diener der Sinne und werden vom Diktat der Sinne gelenkt. Das ist die Antwort auf die Frage nach den Merkmalen eines *yogī.* Die Sinne werden mit Giftschlangen verglichen. Sie wollen zügellos und ohne Einschränkung tätig sein. Der *yogī,* der Gottgeweihte, muß daher sehr stark sein, um diese Schlangen – wie ein Schlangenbeschwörer – beherrschen zu können. Er gestattet ihnen niemals, unabhängig zu handeln. Die offenbarten Schriften beinhalten viele Unterweisungen: Einige davon sind Verbote, und andere sind Gebote. Solange man nicht fähig ist, diesen Geboten und Verboten zu folgen und sich von Sinnengenuß zurückzuhalten, ist es nicht möglich, fest im Kṛṣṇa-Bewußtsein verankert zu sein. Das beste Beispiel in diesem Zusammenhang ist die Schildkröte. Die Schildkröte kann augenblicklich ihre Sinne zurückziehen und diese jederzeit für bestimmte Zwecke wieder nach außen richten. Ebenso benutzen Kṛṣṇa-bewußte Menschen ihre Sinne nur für bestimmte Zwecke im Dienste des Herrn, und außerhalb dieses Dienstes halten sie ihre Sinne zurückgezogen. Arjuna wird hier angewiesen, seine Sinne für den Dienst des Herrn zu benutzen, und nicht für seine eigene Befriedigung. Der Vergleich mit der Schildkröte, die ihre Sinne zurückziehen kann, macht deutlich, daß man die Sinne immer im Dienst des Herrn beschäftigen soll.

Vers 59 विषया विनिवर्तन्ते निराहारस्य देहिनः ।
रसवर्जं रसोऽप्यस्य परं दृष्ट्वा निवर्तते ॥५९॥

viṣayā vinivartante nirāhārasya dehinaḥ
rasa-varjaṁ raso 'py asya paraṁ dṛṣṭvā nivartate

viṣayāḥ – Objekte für Sinnengenuß; *vinivartante* – werden geübt, sich zurückzuhalten von; *nirāhārasya* – durch negative Einschränkungen; *dehinaḥ* – für die verkörperte Seele; *rasa-varjam* – den Geschmack aufgebend; *rasaḥ* – der Sinn für Genuß; *api* – obwohl es gibt; *asya* – hier; *param* – weitaus höhere Dinge; *dṛṣṭvā* – durch Erfahren; *nivartate* – sie läßt ab von.

Die verkörperte Seele kann zwar von Sinnenfreuden zurückgehalten werden, doch der Geschmack für die Sinnesobjekte bleibt. Wenn sie jedoch solche Neigungen aufgibt, da sie einen höheren Geschmack erfährt, ist sie im Bewußtsein gefestigt.

ERLÄUTERUNG: Solange man nicht in der Transzendenz verankert ist, ist es nicht möglich, von Sinnengenuß abzulassen. Den Genuß der Sinne durch Regeln und Regulierungen einzuschränken ist genauso, als wollte man einen Kranken im Genuß bestimmter Speisen einschränken. Der Patient jedoch liebt solche Einschränkungen nicht, weshalb er auch seinen Appetit auf diese Speisen nicht verliert. In ähnlicher Weise wird die

Einschränkung der Sinne durch einen spirituellen Vorgang wie *aṣṭāṅga-yoga* – mit den dazugehörenden Stufen, genannt *yama, niyama, āsana, prāṇāyāma, pratyāhāra, dhāraṇā, dhyāna* usw. – Menschen mit geringerer Intelligenz empfohlen, die über kein besseres Wissen verfügen. Wer aber im Verlauf seines Fortschritts im Kṛṣṇa-Bewußtsein die Schönheit des Höchsten Herrn Śrī Kṛṣṇa gekostet hat, findet keinen Geschmack mehr an toten, materiellen Dingen. Solche Einschränkungen sind daher für die weniger intelligenten Neulinge auf dem Pfad des spirituellen Lebens gedacht, aber wenn jemand tatsächlich einen Geschmack für Kṛṣṇa-Bewußtsein entwickelt hat, sind sie für ihn nicht mehr von Wichtigkeit. Wenn man tatsächlich Kṛṣṇa-bewußt ist, verliert man von selbst den Geschmack an faden Dingen.

Vers 60 यततो ह्यपि कौन्तेय पुरुषस्य विपश्चितः ।
इन्द्रियाणि प्रमाथीनि हरन्ति प्रसभं मनः ॥६०॥

yatato hy api kaunteya puruṣasya vipaścitaḥ
indriyāṇi pramāthīni haranti prasabhaṁ manaḥ

yatataḥ – sich bemühend; *hi* – gewiß; *api* – trotz; *kaunteya* –o Sohn Kuntīs; *puruṣasya* – eines Menschen; *vipaścitaḥ* – voll unterscheidenden Wissens; *indriyāṇi* – die Sinne; *pramāthīni* – erregend; *haranti* – werfen; *prasabham* – gewaltsam; *manaḥ* – der Geist.

Die Sinne sind so stark und ungestüm, o Arjuna, daß sie sogar den Geist eines Mannes gewaltsam fortreißen, der Unterscheidungsvermögen besitzt und bemüht ist, sie zu beherrschen.

ERLÄUTERUNG: Es gibt viele gelehrte Weise, Philosophen und Transzendentalisten, die die Sinne zu beherrschen versuchen; doch trotz ihrer Bemühungen fallen selbst die größten von ihnen manchmal dem materiellen Sinnengenuß zum Opfer, da ihr Geist erregt wurde. Selbst Viśvāmitra, ein großer Weiser und vollkommener *yogī,* wurde von Menakā zu sexuellem Genuß verleitet, obwohl er sich bemühte, durch schwere *tapasya* und durch *yoga*-Übungen seine Sinne zu beherrschen. Natürlich gibt es noch viele ähnliche Beispiele in der Weltgeschichte. Es ist also sehr schwierig, den Geist und die Sinne zu beherrschen, wenn man nicht völlig Kṛṣṇa-bewußt ist. Ohne daß man seine Gedanken auf Kṛṣṇa richtet, kann man von solch materiellen Betätigungen nicht ablassen. Ein praktisches Beispiel wird von Śrī Yāmunācārya, einem großen Heiligen und Gottgeweihten, gegeben, der sagt:

yad-avadhi mama cetaḥ kṛṣṇa-pādāravinde
nava-nava-rasa-dhāmany udyataṁ rantum āsīt
tad-avadhi bata nārī-saṅgame smaryamāne
bhavati mukha-vikāraḥ suṣṭhu niṣṭhīvanaṁ ca

„Seitdem mein Geist im Dienst der Lotosfüße Śrī Kṛṣṇas beschäftigt ist und ich dabei eine immer neue transzendentale Gemütsstimmung genieße, wende ich mich augenblicklich ab, sobald ich an sexuelle Beziehungen zu einer Frau denke, und ich speie auf den Gedanken."

Kṛṣṇa-Bewußtsein ist so transzendental und wunderbar, daß materieller Genuß von selbst widerwärtig wird. Es ist so, als hätte ein Hungriger seinen Hunger mit einer ausreichenden Menge nahrhafter Speisen gestillt. Ein anderes Beispiel ist Mahārāja Ambarīṣa, der einen großen *yogī,* Durvāsā Muni, besiegte, einfach dadurch, daß sein Geist im Kṛṣṇa-Bewußtsein vertieft war (*sa vai manaḥ kṛṣṇa-padāravindayor vacāṁsi vaikuṇṭha-guṇānuvarṇane*).

Vers 61 तानि सर्वाणि संयम्य युक्त आसीत मत्परः ।
वशे हि यस्येन्द्रियाणि तस्य प्रज्ञा प्रतिष्ठिता ॥६१॥

tāni sarvāṇi saṁyamya yukta āsīta mat-paraḥ
vaśe hi yasyendriyāṇi tasya prajñā pratiṣṭhitā

tāni – jene Sinne; *sarvāṇi* – alle; *saṁyamya* – unter Kontrolle haltend; *yuktaḥ* – beschäftigt; *āsīta* – sollte verankert sein; *mat-paraḥ* –in Beziehung zu Mir; *vaśe* – in völliger Unterordnung; *hi* – gewiß; *yasya* – jemand, dessen; *indriyāṇi* – Sinne; *tasya* – sein; *prajñā* – Bewußtsein; *pratiṣṭhitā* – gefestigt.

Wer seine Sinne zurückhält und sie vollkommen beherrscht und wer sein Bewußtsein auf Mich richtet, ist bekannt als ein Mensch von stetiger Intelligenz.

ERLÄUTERUNG: In diesem Vers wird deutlich erklärt, daß Kṛṣṇa-Bewußtsein die höchste Stufe in der Vollkommenheit des *yoga* ist. Und solange man nicht Kṛṣṇa-bewußt ist, ist es völlig unmöglich, die Sinne zu beherrschen. Wie oben erwähnt wurde, fing der große Weise Durvāsā Muni mit Mahārāja Ambarīṣa einen Streit an, und weil Durvāsā Muni aus Stolz unnötigerweise zornig wurde, konnte er seine Sinne nicht mehr beherrschen. Der König dagegen, der kein so mächtiger *yogī* wie der Weise war, dafür aber ein Geweihter des Herrn, ertrug geduldig alle

Ungerechtigkeiten des Weisen und ging dadurch letztlich siegreich aus dem Streit hervor. Der König vermochte seine Sinne zu beherrschen, weil er die folgenden Eigenschaften besaß, die im *Śrīmad-Bhāgavatam* (9.4.18–20) beschrieben werden:

sa vai manaḥ kṛṣṇa-padāravindayor
vacāṁsi vaikuṇṭha-guṇānuvarṇane
karau harer mandira-mārjanādiṣu
śrutiṁ cakārācyuta-sat-kathodaye

mukunda-liṅgālaya-darśane dṛśau
tad-bhṛtya-gātra-sparśe 'ṅga-saṅgamam
ghrāṇaṁ ca tat-pāda-saroja-saurabhe
śrīmat-tulasyā rasanāṁ tad-arpite

pādau hareḥ kṣetra-padānusarpaṇe
śiro hṛṣīkeśa-padābhivandane
kāmaṁ ca dāsye na tu kāma-kāmyayā
yathottamaśloka-janāśrayā ratiḥ

„König Ambarīṣa richtete seinen Geist auf die Lotosfüße Śrī Kṛṣṇas; mit seinen Worten beschrieb er das Reich des Herrn; mit seinen Händen reinigte er den Tempel des Herrn; mit seinen Ohren hörte er über die Spiele des Herrn; mit seinen Augen betrachtete er die Gestalt des Herrn; mit seinem Körper berührte er die Körper der Gottgeweihten; mit seiner Nase atmete er den Duft der Blumen ein, die den Lotosfüßen des Herrn geopfert worden waren; mit seiner Zunge schmeckte er die *tulasī*-Blätter, die dem Herrn geopfert worden waren; mit seinen Beinen pilgerte er zu den heiligen Stätten, wo sich die Tempel des Herrn befinden; mit seinem Haupt brachte er dem Herrn Ehrerbietungen dar, und seine Wünsche richtete er darauf, die Wünsche des Herrn zu erfüllen... all dies qualifizierte ihn, ein *mat-para*-Geweihter des Herrn zu werden."

Das Wort *mat-para* ist in diesem Zusammenhang von größter Bedeutung. Wie man ein *mat-para* werden kann, wird am Leben Mahārāja Ambarīṣas deutlich. Śrīla Baladeva Vidyābhūṣaṇa, ein großer Gelehrter und *ācārya* in der Linie der *mat-para*-Gottgeweihten, bemerkt hierzu: *mad-bhakti-prabhāvena sarvendriya-vijaya-pūrvikā svātma-dṛṣṭiḥ su-labheti bhāvaḥ.* „Die Sinne können nur durch die Kraft des hingebungsvollen Dienstes für Śrī Kṛṣṇa vollständig beherrscht werden." Manchmal wird auch das Beispiel des Feuers angeführt: „So wie ein loderndes Feuer alles in einem Zimmer verbrennt, so verbrennt Śrī Viṣṇu im Herzen des *yogī* alle Arten von Unreinheiten." Auch das *Yoga*-

sūtra schreibt Meditation über Viṣṇu vor, und nicht Meditation über die Leere. Die sogenannten *yogīs,* die über etwas anderes als die Form Viṣṇus meditieren, verschwenden nur ihre Zeit mit der vergeblichen Suche nach einem Trugbild. Wir müssen Kṛṣṇa-Bewußtsein entwickeln und uns der Persönlichkeit Gottes hingeben. Das ist das Ziel des wirklichen *yoga.*

Vers 62 ध्यायतो विषयान् पुंसः सङ्गस्तेषूपजायते ।
सङ्गात्सञ्जायते कामः कामात्क्रोधोऽभिजायते ॥६२॥

dhyāyato viṣayān puṁsaḥ sańgas teṣūpajāyate
sańgāt sañjāyate kāmaḥ kāmāt krodho 'bhijāyate

dhyāyataḥ – während man betrachtet; *viṣayān* – Sinnesobjekte; *puṁsaḥ* – eines Menschen; *sańgaḥ* – Anhaftung; *teṣu* – an die Sinnesobjekte; *upajāyate* – entwickelt; *sańgāt* – aus Anhaftung; *sañjāyate* – entwickelt sich; *kāmaḥ* – Verlangen; *kāmāt* – vom Verlangen; *krodhaḥ* – Zorn; *abhijāyate* – entsteht.

Beim Betrachten der Sinnesobjekte entwickelt der Mensch Anhaftung an sie; aus solcher Anhaftung entwickelt sich Lust, und aus Lust geht Zorn hervor.

ERLÄUTERUNG: Jemand, der nicht Kṛṣṇa-bewußt ist, wird beim Betrachten der Sinnesobjekte materielle Wünsche entwickeln. Die Sinne brauchen richtige Betätigung, und wenn sie nicht im transzendentalen liebenden Dienst des Herrn beschäftigt sind, werden sie sich mit Sicherheit eine Beschäftigung im Dienst des Materialismus suchen. In der materiellen Welt ist jeder, selbst Śiva und Brahmā – von anderen Halbgöttern auf den himmlischen Planeten ganz zu schweigen –, dem Einfluß der Sinnesobjekte unterworfen, und die einzige Möglichkeit, dieser Verwirrung des materiellen Daseins zu entkommen, besteht darin, Kṛṣṇa-bewußt zu werden. Śiva befand sich in tiefer Meditation, doch als Pārvatī ihn zu Sinnengenuß verführen wollte, war er mit ihrem Vorschlag einverstanden, und in der Folge wurde Kārtikeya geboren. Als Haridāsa Ṭhākura ein junger Gottgeweihter war, wurde er von der Inkarnation Māyā-devīs auf ähnliche Weise in Versuchung geführt, aber dank seiner unverfälschten Hingabe zu Śrī Kṛṣṇa bestand Haridāsa die Prüfung mit Leichtigkeit. Wie aus Śrī Yāmunācāryas zuvor zitiertem Vers deutlich hervorgeht, vermeidet ein aufrichtiger Geweihter des Herrn jeden materiellen Sinnengenuß, da er durch den spirituellen Genuß der Gemeinschaft mit dem Herrn einen höheren Geschmack erfährt. Das ist das Geheimnis des Erfolges. Mit anderen Worten, wer nicht Kṛṣṇa-bewußt ist, wird letztlich mit Sicherheit zu Fall kommen – gleichgültig wie sehr er seine Sinne durch künstliche Verdrängung zu beherrschen vermag –, denn schon der geringste Gedanke an Sinnenfreude wird ihn dazu treiben, seine Begierden zu befriedigen.

Vers 63 क्रोधाद्भवति सम्मोहः सम्मोहात्स्मृतिविभ्रमः ।
स्मृतिभ्रंशाद् बुद्धिनाशो बुद्धिनाशात्प्रणश्यति ॥६३॥

krodhād bhavati sammohaḥ sammohāt smṛti-vibhramaḥ
smṛti-bhraṁśād buddhi-nāśo buddhi-nāśāt praṇaśyati

krodhāt – aus Zorn; *bhavati* – entsteht; *sammohaḥ* – völlige Illusion; *sammohāt* – aus Illusion; *smṛti* – der Erinnerung; *vibhramaḥ* – Verwirrung; *smṛti-bhraṁśāt* – nach Verwirrung der Erinnerung; *buddhi-nāśaḥ* – Verlust der Intelligenz; *buddhi-nāśāt* – und durch Verlust der Intelligenz; *praṇaśyati* – man kommt zu Fall.

Aus Zorn entsteht völlige Täuschung, und der Täuschung folgt die Verwirrung der Erinnerung. Wenn die Erinnerung verwirrt ist, geht die Intelligenz verloren, und wenn die Intelligenz verloren ist, fällt man wieder in den materiellen Sumpf zurück.

ERLÄUTERUNG: Śrīla Rūpa Gosvāmī gibt uns die folgende Unterweisung:

prāpañcikatayā buddhyā hari-sambandhi-vastunaḥ
mumukṣubhiḥ parityāgo vairāgyaṁ phalgu kathyate
(*Bhakti-rasāmṛta-sindhu* 1.2.258)

Durch die Entwicklung von Kṛṣṇa-Bewußtsein kann man erkennen, daß alles im Dienste des Herrn verwendet werden kann. Diejenigen, die kein Wissen über das Kṛṣṇa-Bewußtsein haben, versuchen auf künstliche Weise, materielle Objekte zu vermeiden, und erreichen daher trotz ihrer Bemühung um Befreiung aus der materiellen Knechtschaft nicht die vollkommene Stufe der Entsagung. Ihre sogenannte Entsagung wird *phalgu,* minderwertig, genannt. Im Gegensatz dazu weiß ein Kṛṣṇa-bewußter Mensch alles im Dienst Kṛṣṇas zu verwenden; deshalb fällt er niemals dem materiellen Bewußtsein zum Opfer. Ein Unpersönlichkeitsphilosoph glaubt zum Beispiel, der Herr oder das Absolute sei unpersönlich und könne deshalb nicht essen. Während ein Unpersönlichkeitsphilosoph bemüht ist, wohlschmeckende Speisen zu vermeiden, weiß der Gottgeweihte, daß Kṛṣṇa der höchste Genießer ist und daß Er alles ißt, was Ihm mit Hingabe geopfert wird. Nachdem also der Gottgeweihte dem Herrn schmackhafte Speisen geopfert hat, ißt er die Überreste, die man *prasādam* nennt. Auf diese Weise wird alles spiritualisiert, und es besteht nicht die Gefahr, zu Fall zu kommen. Der Gottgeweihte ißt *prasādam* im Kṛṣṇa-Bewußtsein, während der Nichtgottgeweihte es ablehnt und denkt, es sei materiell. Der Unpersönlichkeitsanhänger kann daher wegen seiner künstlichen Entsagung das Leben nicht genießen, und aus diesem Grund zieht ihn schon die geringste Erregung des Geistes wieder in den Sumpf des materiellen Daseins hinab. Es heißt, daß eine solche Seele, obwohl sie sogar bis zur Stufe der Befreiung aufsteigen mag, wieder zu Fall kommt, da sie nicht durch hingebungsvollen Dienst gestützt wird.

Vers 64 रागद्वेषविमुक्तैस्तु विषयानिन्द्रियैश्चरन् ।
आत्मवश्यैर्विधेयात्मा प्रसादमधिगच्छति ॥६४॥

rāga-dveṣa-vimuktais tu viṣayān indriyaiś caran
ātma-vaśyair vidheyātmā prasādam adhigacchati

rāga – Anhaftung; *dveṣa* – und Loslösung; *vimuktaiḥ* – von jenem, der frei wurde von; *tu* – aber; *viṣayān* – Sinnesobjekte; *indriyaiḥ* – durch die Sinne; *caran* – sich richtend nach; *ātma-vaśyaiḥ* – unter seiner Herrschaft; *vidheya-ātmā* – jemand, der geregelter Freiheit folgt; *prasādam* – die Barmherzigkeit des Herrn; *adhigacchati* – erlangt.

Wer aber von aller Anhaftung und Ablehnung frei ist und seine Sinne durch die regulierenden Prinzipien der Freiheit zu beherrschen vermag, erlangt die volle Barmherzigkeit des Herrn.

ERLÄUTERUNG: Es wurde bereits erklärt, daß man die Sinne durch einen künstlichen Vorgang vielleicht oberflächlich zu beherrschen vermag, daß aber immer die Möglichkeit besteht, wieder zu Fall zu kommen, solange die Sinne nicht im transzendentalen Dienst des Herrn beschäftigt sind. Auch wenn es so erscheinen mag, als sei ein völlig Kṛṣṇa-bewußter Mensch auf der Ebene der Sinne tätig, ist er dank seines Kṛṣṇa-Bewußtseins den Tätigkeiten der Sinne nicht verhaftet. Dem Kṛṣṇa-bewußten Menschen geht es um nichts anderes als darum, Kṛṣṇa zufriedenzustellen. Deshalb steht er zu aller Anhaftung und Loslösung in transzendentaler Stellung. Wenn Kṛṣṇa es wünscht, kann der Gottgeweihte alles tun, was gewöhnlich unangenehm wäre, und wenn Kṛṣṇa etwas nicht wünscht, so wird er es nicht tun, selbst wenn er es normalerweise zu seiner eigenen Befriedigung getan hätte. Deshalb steht es unter seiner Herrschaft, etwas zu tun oder nicht zu tun, denn er handelt nur gemäß den Anweisungen Kṛṣṇas. Dieses Bewußtsein ist die grundlose Barmherzigkeit des Herrn, die der Gottgeweihte trotz seiner Anhaftung an die Ebene der Sinne haben mag.

Vers 65 प्रसादे सर्वदुःखानां हानिरस्योपजायते ।
प्रसन्नचेतसो ह्याशु बुद्धिः पर्यवतिष्ठते ॥६५॥

prasāde sarva-duḥkhānāṁ hānir asyopajāyate
prasanna-cetaso hy āśu buddhiḥ paryavatiṣṭhate

prasāde – wenn man die grundlose Barmherzigkeit des Herrn erlangt hat; *sarva* – aller; *duḥkhānām* – materieller Leiden; *hāniḥ* – Zerstörung; *asya* – seine; *upajāyate* – findet statt; *prasanna-cetasaḥ* – des im Geiste Glücklichen; *hi* – gewiß; *āśu* – sehr bald; *buddhiḥ* – Intelligenz; *pari* – ausreichend; *avatiṣṭhate* – wird gefestigt.

Für jemanden, der auf diese Weise [im Kṛṣṇa-Bewußtsein] zufrieden ist, existieren die dreifachen Leiden des materiellen Daseins nicht mehr; in einem solch zufriedenen Zustand wird seine Intelligenz sehr bald gefestigt.

Vers 66 नास्ति बुद्धिरयुक्तस्य न चायुक्तस्य भावना ।
न चाभावयतः शान्तिरशान्तस्य कुतः सुखम् ॥६६॥

nāsti buddhir ayuktasya na cāyuktasya bhāvanā
na cābhāvayataḥ śāntir aśāntasya kutaḥ sukham

na asti – es kann nicht geben; *buddhiḥ* – transzendentale Intelligenz; *ayuktasya* – von jemandem, der nicht verbunden ist (mit Kṛṣṇa-Bewußtsein); *na* – nicht; *ca* – und; *ayuktasya* – von jemandem, der kein Kṛṣṇa-Bewußtsein hat; *bhāvanā* – (in Glück) gefestigter Geist; *na* – nicht; *ca* – und; *abhāvayataḥ* – von jemandem, der nicht gefestigt ist; *śāntiḥ* – Friede; *aśāntasya* – desjenigen, der keinen Frieden hat; *kutaḥ* – wo ist; *sukham* – Glück.

Wer nicht mit dem Höchsten [im Kṛṣṇa-Bewußtsein] verbunden ist, kann weder transzendentale Intelligenz noch einen gefestigten Geist

haben, ohne die keine Möglichkeit zum Frieden besteht. Und wie kann es Glück ohne Frieden geben?

ERLÄUTERUNG: Solange man nicht Kṛṣṇa-bewußt ist, besteht keine Möglichkeit, Frieden zu finden. Im Fünften Kapitel (5.29) wird bestätigt, daß man nur dann wirklichen Frieden finden kann, wenn man versteht, daß Kṛṣṇa der einzige Genießer aller guten Ergebnisse von Opfern und Entsagung, der Eigentümer aller universalen Manifestationen und der wirkliche Freund aller Lebewesen ist. Wenn man also nicht Kṛṣṇa-bewußt ist, kann es für den Geist kein endgültiges Ziel geben. Störung ist auf das Fehlen eines endgültigen Ziels zurückzuführen, und wenn man überzeugt ist, daß Kṛṣṇa der Genießer, Eigentümer und Freund aller Wesen und aller Dinge ist, kann man mit stetigem Geist Frieden finden. Daher ist es jemandem, der seine Beziehung zu Kṛṣṇa außer acht läßt, zweifelsohne bestimmt, immerzu zu leiden und keinen Frieden zu finden, mag er auch noch so bemüht sein, Frieden und spirituellen Fortschritt zur Schau zu stellen. Kṛṣṇa-Bewußtsein ist in sich selbst ein friedvoller Zustand, der nur in Beziehung zu Kṛṣṇa erreicht werden kann.

Vers 67 इन्द्रियाणां हि चरतां यन्मनोऽनुविधीयते ।
तदस्य हरति प्रज्ञां वायुर्नावमिवाम्भसि ॥६७॥

indriyāṇāṁ hi caratāṁ yan mano 'nuvidhīyate
tad asya harati prajñāṁ vāyur nāvam ivāmbhasi

indriyāṇām – der Sinne; *hi* – gewiß; *caratām* – während sie zerren; *yat* – mit dem; *manaḥ* – der Geist; *anuvidhīyate* – wird ständig beschäftigt; *tat* – dies; *asya* – seine; *harati* – trägt fort; *prajñām* – Intelligenz; *vāyuḥ* – Wind; *nāvam* – ein Boot; *iva* – wie; *ambhasi* – auf dem Wasser.

Gleich einem Boot auf dem Wasser, das von einem Sturm weggerissen wird, kann schon einer der ungezügelten Sinne, auf den sich der Geist richtet, die Intelligenz des Menschen forttragen.

ERLÄUTERUNG: Solange nicht alle Sinne im Dienst des Herrn beschäftigt sind, kann schon ein einziger von ihnen, der nach eigener Befriedigung trachtet, den Gottgeweihten vom Pfad des transzendentalen Fortschritts abbringen. Wie am Leben Mahārāja Ambarīṣas deutlich wurde, müssen alle Sinne im Kṛṣṇa-Bewußtsein beschäftigt sein, denn das ist die richtige Methode, den Geist zu beherrschen.

Vers 68 तस्माद्यस्य महाबाहो निगृहीतानि सर्वशः ।
इन्द्रियाणीन्द्रियार्थेभ्यस्तस्य प्रज्ञा प्रतिष्ठिता ॥६८॥

tasmād yasya mahā-bāho nigṛhītāni sarvaśaḥ
indriyāṇīndriyārthebhyas tasya prajñā pratiṣṭhitā

tasmāt – deshalb; *yasya* – wessen; *mahā-bāho* – o Starkarmiger; *nigṛhītāni* – so bezwungen; *sarvaśaḥ* – alle zusammen; *indriyāṇi* – die Sinne; *indriya-arthebhyaḥ* – von den Sinnesobjekten; *tasya* – seine; *prajñā* – Intelligenz; *pratiṣṭhitā* – gefestigt.

Daher, o Starkarmiger, verfügt jemand, dessen Sinne von den Sinnesobjekten zurückgezogen sind, zweifelsohne über gefestigte Intelligenz.

ERLÄUTERUNG: Man kann die Dränge der Sinnenbefriedigung nur mit Hilfe des Kṛṣṇa-Bewußtseins bezwingen, das heißt nur dann, wenn man alle Sinne in den transzendentalen liebenden Dienst des Herrn stellt. So wie Feinde nur durch überlegene Stärke bezwungen werden können, so können auch die Sinne bezwungen werden, aber nicht durch menschliche Bemühung, sondern nur, indem man sie ständig im Dienst des Herrn beschäftigt. Wer dies verstanden hat, daß man nämlich nur durch Kṛṣṇa-Bewußtsein auf der Ebene der Intelligenz wirklich gefestigt sein kann und daß man diese Kunst unter der Führung eines echten spirituellen Meisters erlernen sollte, wird als *sādhaka* (ein geeigneter Anwärter für Befreiung) bezeichnet.

Vers 69 या निशा सर्वभूतानां तस्यां जागर्ति संयमी ।
यस्यां जाग्रति भूतानि सा निशा पश्यतो मुनेः ॥६९॥

yā niśā sarva-bhūtānāṁ tasyāṁ jāgarti saṁyamī
yasyāṁ jāgrati bhūtāni sā niśā paśyato muneḥ

yā – was; *niśā* – Nacht ist; *sarva* – alle; *bhūtānām* – der Lebewesen; *tasyām* – in diesem; *jāgarti* – ist wach; *saṁyamī* – der Selbstbeherrschte; *yasyām* – in welchem; *jāgrati* – sind wach; *bhūtāni* – alle Wesen; *sā* – das ist; *niśā* – Nacht; *paśyataḥ* – für den nach innen gekehrten; *muneḥ* – Weisen.

Was Nacht ist für alle Wesen, ist die Zeit des Erwachens für den Selbstbeherrschten, und die Zeit des Erwachens für alle Wesen ist Nacht für den nach innen gekehrten Weisen.

ERLÄUTERUNG: Es gibt zwei Arten von intelligenten Menschen. Der eine ist intelligent, solange es um materielle Tätigkeiten für Sinnenbefriedigung geht, und der andere ist nach innen gekehrt und sich der Notwendigkeit bewußt, nach Selbstverwirklichung zu streben. Die Tätigkeiten des nach innen gekehrten Weisen, des nachdenklichen Menschen, sind Nacht für Menschen, die nur an materielle Dinge denken. Materialistische Menschen schlafen in ihrer Nacht, da sie nichts von Selbstverwirklichung wissen. Der nach innen gekehrte Weise bleibt in der „Nacht" der materialistischen Menschen wach. Der Weise empfindet bei seinem allmählichen Fortschritt auf dem spirituellen Pfad transzendentale Freude, wohingegen jemand, der materialistischen Tätigkeiten nachgeht und seine Selbstverwirklichung verschläft, von Sinnenfreuden aller Art träumt und sich in diesem Schlafzustand manchmal glücklich und manchmal unglücklich fühlt. Der nach innen gekehrte Weise steht materialistischem Glück und Leid immer gleichgültig gegenüber. Er fährt fort mit seinen Tätigkeiten der Selbstverwirklichung, ohne sich von materiellen Reaktionen stören zu lassen.

Vers 70 आपूर्यमाणमचलप्रतिष्ठं समुद्रमापः प्रविशन्ति यद्वत् ।
तद्वत्कामा यं प्रविशन्ति सर्वे स शान्तिमाप्नोति न कामकामी ॥७०॥

āpūryamāṇam acala-pratiṣṭhaṁ
samudram āpaḥ praviśanti yadvat
tadvat kāmā yaṁ praviśanti sarve
sa śāntim āpnoti na kāma-kāmī

āpūryamāṇam – ständig gefüllt werdend; *acala-pratiṣṭham* – immer ausgeglichen; *samudram* – der Ozean; *āpaḥ* – Wasser; *praviśanti* – mündet; *yadvat* – wie; *tadvat* – so; *kāmāḥ* – Wünsche; *yam* – in den; *praviśanti* – münden; *sarve* – alle; *saḥ* – dieser Mensch; *śāntim* – Frieden; *āpnoti* – erreicht; *na* – nicht; *kāma-kāmī* – jemand, der den Wunsch hat, sich Wünsche zu erfüllen.

Nur wer durch die unaufhörliche Flut von Wünschen nicht gestört ist – die wie Flüsse in den Ozean münden, der ständig gefüllt wird, doch immer ausgeglichen bleibt –, kann Frieden erlangen, und nicht derjenige, der danach trachtet, solche Wünsche zu befriedigen.

ERLÄUTERUNG: Obwohl der weite Ozean immer voller Wasser ist, wird er, vor allem während der Regenzeit, mit noch mehr Wasser gefüllt. Aber der Ozean bleibt der gleiche – unbewegt; er wird nicht aufgewühlt, und er tritt nicht über seine Ufer. Das gleiche gilt auch für einen

Menschen, der im Kṛṣṇa-Bewußtsein gefestigt ist. Solange man den materiellen Körper hat, werden die Forderungen des Körpers nach Sinnenbefriedigung bestehen bleiben. Ein Gottgeweihter jedoch wird durch solche Wünsche nicht gestört, da er mit allem ausgestattet ist. Ein Kṛṣṇabewußter Mensch kennt keinen Mangel, denn der Herr sorgt für all seine materiellen Bedürfnisse. Daher ist er wie der Ozean – immer in sich selbst erfüllt. Wünsche mögen zu ihm kommen, so wie das Wasser der Flüsse, das in den Ozean strömt, doch er bleibt in seinen Tätigkeiten stetig und wird von Wünschen nach Sinnenbefriedigung nicht im geringsten gestört. Das ist der Beweis dafür, daß jemand Kṛṣṇa-bewußt ist: Er hat alle Neigungen zu materieller Sinnenbefriedigung verloren, obwohl die Wünsche vorhanden sind. Da er im transzendentalen liebenden Dienst des Herrn zufrieden ist, kann er stetig bleiben wie der Ozean und daher vollständigen Frieden genießen. Andere jedoch, die Wünsche nach Befreiung haben, ganz zu schweigen von denen, die nach materiellem Erfolg streben, können niemals Frieden erlangen. Diejenigen, die fruchtbringenden Tätigkeiten nachgehen oder nach Erlösung streben, und auch die *yogīs,* die mystische Kräfte begehren, sind aufgrund ihrer unerfüllten Wünsche alle unglücklich. Der Mensch im Kṛṣṇa-Bewußtsein hingegen ist im Dienst des Herrn glücklich, und er hat keine Wünsche, die zu erfüllen wären, ja er wünscht sich nicht einmal Befreiung aus der sogenannten materiellen Knechtschaft. Die Geweihten Kṛṣṇas haben keine materiellen Wünsche, und daher leben sie in vollkommenem Frieden.

Vers 71 विहाय कामान् यः सर्वान् पुमांश्चरति निःस्पृहः ।
निर्ममो निरहङ्कारः स शान्तिमधिगच्छति ॥७१॥

vihāya kāmān yaḥ sarvān pumāṁś carati niḥspṛhaḥ
nirmamo nirahaṅkāraḥ sa śāntim adhigacchati

vihāya – aufgebend; *kāmān* – materielle Wünsche nach Sinnenbefriedigung; *yaḥ* – derjenige, der; *sarvān* – alle; *pumān* – ein Mensch; *carati* – lebt; *niḥspṛhaḥ* – wunschlos; *nirmamaḥ* – ohne einen Anspruch auf Eigentum; *nirahaṅkāraḥ* – ohne falsches Ego; *saḥ* – er; *śāntim* – vollkommenen Frieden; *adhigacchati* – erreicht.

Jemand, der alle Wünsche nach Sinnenbefriedigung aufgegeben hat, der frei von Wünschen ist, der allen Anspruch auf Besitz aufgegeben hat und frei von falschem Ego ist – er allein kann wirklichen Frieden erlangen.

ERLÄUTERUNG: Wunschlos zu werden bedeutet, nichts für die Befriedigung der eigenen Sinne zu begehren. Mit anderen Worten, der Wunsch, Kṛṣṇa-bewußt zu werden, ist wahre Wunschlosigkeit. Seine eigentliche Stellung als ewiger Diener Kṛṣṇas zu verstehen, ohne sich irrtümlich für den materiellen Körper zu halten und ohne fälschlich auf irgend etwas in der Welt Besitzanspruch zu erheben, ist die vollkommene Stufe des Kṛṣṇa-Bewußtseins. Wer auf dieser vollkommenen Stufe verankert ist, weiß, daß Kṛṣṇa der Besitzer aller Dinge ist und daß daher alles verwendet werden muß, um Kṛṣṇa zufriedenzustellen. Arjuna wollte nicht für seine eigene Sinnenbefriedigung kämpfen, aber als er völlig Kṛṣṇa-bewußt wurde, kämpfte er, weil Kṛṣṇa es von ihm verlangte. Für sich selbst hatte er kein Verlangen zu kämpfen, aber für Kṛṣṇa kämpfte der gleiche Arjuna nach besten Kräften. Wahre Wunschlosigkeit bedeutet, die Zufriedenheit Kṛṣṇas zu wünschen, und nicht, künstlich zu versuchen, die Wünsche an sich zu vernichten. Das Lebewesen kann nicht frei von Wünschen oder frei von Sinnen sein, aber es muß die Eigenschaft seiner Wünsche ändern. Jemand, der keine materiellen Wünsche hat, weiß genau, daß alles Kṛṣṇa gehört (*īśāvāsyam idaṁ sarvam*), und erhebt daher nicht fälschlich auf irgend etwas Besitzanspruch. Dieses transzendentale Wissen gründet auf Selbsterkenntnis, nämlich der vollkommenen Einsicht, daß jedes Lebewesen seiner spirituellen Identität nach ein ewiges Teilchen Kṛṣṇas ist und daß daher das Lebewesen in seiner ewigen Stellung Kṛṣṇa niemals gleichkommen oder Ihn übertreffen kann. Dieses Verständnis vom Kṛṣṇa-Bewußtsein ist das grundlegende Prinzip wahren Friedens.

Vers 72 एषा ब्राह्मी स्थितिः पार्थ नैनां प्राप्य विमुह्यति ।
स्थित्वास्यामन्तकालेऽपि ब्रह्मनिर्वाणमृच्छति ॥७२॥

eṣā brāhmī sthitiḥ pārtha naināṁ prāpya vimuhyati
sthitvāsyām anta-kāle 'pi brahma-nirvāṇam ṛcchati

eṣā – diese; *brāhmī* – spirituelle; *sthitiḥ* – Stellung; *pārtha* – o Sohn Pṛthās; *na* – nie; *enām* – dies; *prāpya* – erreichend; *vimuhyati* – man ist verwirrt; *sthitvā* – sich befindend; *asyām* – in diesem; *anta-kāle* – am Ende des Lebens; *api* – auch; *brahma-nirvāṇam* – das spirituelle Königreich Gottes; *ṛcchati* – man erreicht.

Das ist der Weg des spirituellen und gottgefälligen Lebens. Nachdem man es erreicht hat, ist man nicht mehr verwirrt. Ist man selbst zur Stunde des Todes in diesem Bewußtsein verankert, kann man in das Königreich Gottes eintreten.

ERLÄUTERUNG: Man kann die Ebene des Kṛṣṇa-Bewußtseins, des göttlichen Lebens, augenblicklich erlangen – innerhalb einer Sekunde – oder nicht einmal nach Millionen von Geburten. Es hängt nur davon ab, ob man es versteht und annimmt. Khaṭvāṅga Mahārāja erreichte diese Stufe des Lebens erst kurz vor seinem Tod, innerhalb weniger Minuten, indem er sich Kṛṣṇa ergab. *Nirvāṇa* bedeutet, das materielle Leben zu beenden. Der buddhistischen Philosophie gemäß gibt es nach Beendigung des materiellen Lebens nur Leere, aber die *Bhagavad-gītā* sagt etwas anderes. Nach Beendigung des materiellen Lebens beginnt erst das wirkliche Leben. Für den groben Materialisten genügt es zu wissen, daß man die materialistische Lebensweise beenden muß, doch diejenigen, die spirituell fortgeschritten sind, wissen, daß nach diesem materialistischen Leben ein anderes Leben beginnt. Wenn man vor Beendigung seines Lebens das Glück hat, Kṛṣṇa-bewußt zu werden, erreicht man sogleich die Stufe des *brahma-nirvāṇa.* Es besteht kein Unterschied zwischen dem Königreich Gottes und dem hingebungsvollen Dienst des Herrn. Da sich beide auf der absoluten Ebene befinden, hat man das spirituelle Königreich bereits erreicht, wenn man im transzendentalen liebenden Dienst des Herrn tätig ist. In der materiellen Welt führt man Tätigkeiten der Sinnenbefriedigung aus, wohingegen in der spirituellen Welt alle Tätigkeiten Kṛṣṇa-bewußt sind. Wenn man Kṛṣṇa-Bewußtsein erreicht, erreicht man sogleich das Brahman, und dies ist sogar im gegenwärtigen Leben möglich; wer im Kṛṣṇa-Bewußtsein verankert ist, ist zweifellos bereits in das Königreich Gottes eingetreten.

Brahman ist genau das Gegenteil von Materie. Daher bedeutet *brāhmī sthiti* „nicht auf der Ebene materieller Tätigkeiten". Die *Bhagavad-gītā* bestätigt, daß der hingebungsvolle Dienst des Herrn die Stufe der Befreiung darstellt (*sa guṇān samatītyaitān brahma-bhūyāya kalpate*). Folglich bedeutet *brāhmī sthiti* Befreiung aus der materiellen Knechtschaft.

Śrīla Bhaktivinoda Ṭhākura hat erklärt, daß das Zweite Kapitel der *Bhagavad-gītā* die Zusammenfassung des gesamten Textes ist. In der *Bhagavad-gītā* werden *karma-yoga, jñāna-yoga* und *bhakti-yoga* behandelt. Im Zweiten Kapitel sind *karma-yoga* und *jñāna-yoga* ausführlich besprochen worden, und als Zusammenfassung des gesamten Textes wurde auch *bhakti-yoga* kurz erwähnt.

Hiermit enden die Bhaktivedanta-Erläuterungen zum Zweiten Kapitel der Śrīmad Bhagavad-gītā *mit dem Titel: „Zusammenfassung des Inhalts der* Gītā".

DRITTES KAPITEL

Karma-yoga

Vers 1 अर्जुन उवाच
ज्यायसी चेत्कर्मणस्ते मता बुद्धिर्जनार्दन ।
तत्किं कर्मणि घोरे मां नियोजयसि केशव ॥ १ ॥

arjuna uvāca
jyāyasī cet karmaṇas te matā buddhir janārdana
tat kiṁ karmaṇi ghore māṁ niyojayasi keśava

arjunaḥ uvāca – Arjuna sprach; *jyāyasī* – besser; *cet* – wenn; *karmaṇaḥ* – als fruchtbringende Tätigkeit; *te* – von Dir; *matā* – wird gehalten für; *buddhiḥ* – Intelligenz; *janārdana* – o Kṛṣṇa; *tat* – deshalb; *kim* – warum; *karmaṇi* – in Handlung; *ghore* – schrecklich; *mām* – mich; *niyojayasi* – Du beschäftigst; *keśava* – o Kṛṣṇa.

Arjuna sprach: O Janārdana, o Keśava, warum willst Du, daß ich an diesem schrecklichen Kampf teilnehme, wenn Du glaubst, daß Intelligenz besser sei als fruchtbringende Tätigkeit?

ERLÄUTERUNG: Die Höchste Persönlichkeit Gottes, Śrī Kṛṣṇa, hat im vorangegangenen Kapitel die Beschaffenheit der Seele sehr ausführlich beschrieben, um Seinen vertrauten Freund Arjuna aus dem Ozean materieller Klagen zu erretten. Als Pfad der Erkenntnis wurde *buddhi-yoga,* Kṛṣṇa-Bewußtsein, empfohlen. Manchmal herrscht die falsche Vorstellung, Kṛṣṇa-Bewußtsein bedeute Untätigkeit, und oft zieht sich jemand, der einem solchen Irrtum unterliegt, an einen einsamen Ort zurück, um dort durch das Chanten von Śrī Kṛṣṇas Heiligem Namen völlig Kṛṣṇa-bewußt zu werden. Doch ohne in der Philosophie des Kṛṣṇa-Bewußtseins geschult zu sein, ist es nicht ratsam, den Heiligen Namen Kṛṣṇas an einem abgelegenen Ort zu chanten, wo man nichts weiter als die billige Bewunderung der unschuldigen Öffentlichkeit gewinnt. Auch Arjuna glaubte, Kṛṣṇa-Bewußtsein, *buddhi-yoga,* das heißt Intelligenz, um im spirituellen Wissen fortzuschreiten, bedeute, sich vom aktiven Leben zurückzuziehen, um sich an einem einsamen Ort Bußen und Entsagungen aufzuerlegen. Mit anderen Worten, er wollte geschickt den Kampf vermeiden, indem er Kṛṣṇa-Bewußtsein als Vorwand benutzte. Doch als ernsthafter Schüler brachte er die Angelegenheit vor seinen Meister, Kṛṣṇa, und fragte Ihn, wie er am besten handeln solle. Als Antwort erklärt Śrī Kṛṣṇa nun im Dritten Kapitel ausführlich, was *karma-yoga,* Arbeit im Kṛṣṇa-Bewußtsein, bedeutet.

Vers 2 व्यामिश्रेणेव वाक्येन बुद्धिं मोहयसीव मे ।
तदेकं वद निश्चित्य येन श्रेयोऽहमाप्नुयाम् ॥ २ ॥

vyāmiśreṇeva vākyena buddhiṁ mohayasīva me
tad ekaṁ vada niścitya yena śreyo 'ham āpnuyām

vyāmiśreṇa – durch zweideutige; *iva* – gewiß; *vākyena* – Worte; *buddhim* – Intelligenz; *mohayasi* – Du verwirrst; *iva* – gewiß; *me* – meine; *tat* – deshalb; *ekam* – nur eines; *vada* – bitte sage; *niścitya* – festlegend; *yena* – wodurch; *śreyaḥ* – wahrer Nutzen; *aham* – ich; *āpnuyām* – mag bekommen.

Meine Intelligenz ist durch Deine zweideutigen Unterweisungen verwirrt. Bitte sage mir deshalb eindeutig, was das Beste für mich ist.

ERLÄUTERUNG: Im vorherigen Kapitel wurden als Einleitung zur *Bhagavad-gītā* viele verschiedene Pfade erklärt, zum Beispiel *sāṅkhya-yoga, buddhi-yoga,* die Beherrschung der Sinne durch Intelligenz, Handeln ohne den Wunsch nach fruchttragenden Ergebnissen und auch die Stellung des Neulings. All dies wurde unsystematisch vorgetragen, und eine detailliertere Beschreibung der Pfade ist notwendig, um sie richtig zu verstehen und um danach handeln zu können. Arjuna wollte daher diese scheinbar verwirrenden Unterweisungen klären, damit es jedem, auch dem gewöhnlichen Menschen, möglich sein würde, sie ohne Fehlinterpretation anzunehmen. Obwohl Kṛṣṇa nicht beabsichtigte, Arjuna durch Wortspielereien zu verwirren, vermochte Arjuna dem Vorgang des Kṛṣṇa-Bewußtseins nicht zu folgen – weder durch Untätigkeit noch durch aktiven Dienst. Mit anderen Worten, durch seine Fragen erhellt er den Pfad des Kṛṣṇa-Bewußtseins für alle Schüler, die ernsthaft bemüht sind, das Mysterium der *Bhagavad-gītā* zu verstehen.

Vers 3 श्रीभगवानुवाच
लोकेऽस्मिन्द्विविधा निष्ठा पुरा प्रोक्ता मयानघ ।
ज्ञानयोगेन साङ्ख्यानां कर्मयोगेन योगिनाम् ॥ ३ ॥

śrī-bhagavān uvāca
loke 'smin dvi-vidhā niṣṭhā purā proktā mayānagha
jñāna-yogena sāṅkhyānāṁ karma-yogena yoginām

śrī-bhagavān uvāca – die Höchste Persönlichkeit Gottes sprach; *loke* –in der Welt; *asmin* – dieser; *dvi-vidhā* – zwei Arten von; *niṣṭhā* – Glauben; *purā* – früher; *proktā* – wurde gesagt; *mayā* – von Mir; *anagha* – o Sündloser; *jñāna-yogena* – durch den Verbindungsvorgang des Wissens; *sāṅkhyānām* – der empirischen Philosophen; *karma-yogena* – durch den Verbindungsvorgang der Hingabe; *yoginām* – der Gottgeweihten.

Die Höchste Persönlichkeit Gottes sprach: O sündloser Arjuna, Ich habe bereits erklärt, daß es zwei Gruppen von Menschen gibt, die versuchen, das Selbst zu erkennen. Einige neigen dazu, es durch empirische philosophische Spekulation zu verstehen, und andere durch hingebungsvollen Dienst.

ERLÄUTERUNG: Im Zweiten Kapitel, Vers 39, erklärte der Herr zwei verschiedene Vorgänge: *sāṅkhya-yoga* und *karma-yoga*, oder *buddhi-yoga*. Im vorliegenden Vers nun erklärt der Herr das gleiche deutlicher. Mit *sāṅkhya-yoga,* dem analytischen Studium der spirituellen und materiellen Natur, befassen sich solche Menschen, die zu Spekulation neigen und die versuchen, alles durch experimentelles Wissen und Philosophie zu verstehen. Die zweite Gruppe betätigt sich im Kṛṣṇa-Bewußtsein, wie in Vers 61 des Zweiten Kapitels erklärt wird. In Vers 39 hat der Herr ebenfalls erklärt, daß man von den Fesseln des Handelns befreit werden kann, wenn man nach den Grundsätzen des Kṛṣṇa-Bewußtseins (*buddhi-yoga*) lebt; außerdem erklärte Er, daß dieser Vorgang frei von Mängeln ist. Das gleiche Prinzip wird in Vers 61 weiter erklärt, wo es heißt, daß *buddhi-yoga* bedeutet, vollständig vom Höchsten (oder, genauer gesagt, von Kṛṣṇa) abhängig zu sein, und daß auf diese Weise alle Sinne sehr leicht unter Kontrolle gebracht werden können. Daher sind beide Formen von *yoga,* genau wie Religion und Philosophie, voneinander abhängig. Religion ohne Philosophie ist Sentimentalität und zuweilen sogar Fanatismus, wohingegen Philosophie ohne Religion nichts weiter als mentale Spekulation ist. Das endgültige Ziel ist Kṛṣṇa, denn auch die Philosophen, die ernsthaft nach der Absoluten Wahrheit suchen, kommen letztlich zum Kṛṣṇa-Bewußtsein. Auch dies wird in der *Bhagavad-gītā* bestätigt. Der ganze Vorgang besteht darin, die wirkliche Stellung des Selbst in Beziehung zum Überselbst zu verstehen. Der indirekte Vorgang, der Vorgang der philosophischen Spekulation, kann einen allmählich zum Punkt des Kṛṣṇa-Bewußtseins führen, und der andere Vorgang besteht darin, alles direkt mit Kṛṣṇa im Kṛṣṇa-Bewußtsein zu verbinden. Von diesen beiden ist der Pfad des Kṛṣṇa-Bewußtseins der bessere, weil er nicht davon abhängt, die Sinne durch einen philosophischen Vorgang zu läutern. Kṛṣṇa-Bewußtsein selbst ist der Läuterungsvorgang, und durch die direkte Methode des hingebungsvollen Dienstes ist er einfach und erhaben zugleich.

Vers 4 न कर्मणामनारम्भान्नैष्कर्म्यं पुरुषोऽश्नुते ।
न च सन्न्यसनादेव सिद्धिं समधिगच्छति ॥ ४ ॥

na karmaṇām anārambhān naiṣkarmyaṁ puruṣo 'śnute
na ca sannyasanād eva siddhiṁ samadhigacchati

na – nicht; *karmaṇām* – vorgeschriebener Pflichten; *anārambhāt* – durch Nichtausführung; *naiṣkarmyam* – Freiheit von Reaktionen; *puruṣaḥ* – ein Mensch; *aśnute* – erreicht; *na* – nicht; *ca* – auch; *sannyasanāt* – durch Entsagung; *eva* – einfach; *siddhim* – Erfolg; *samadhigacchati* – erlangt.

Man kann nicht einfach dadurch, daß man sich von Arbeit zurückzieht, Freiheit von Reaktionen erlangen, ebenso wie man durch Entsagung allein keine Vollkommenheit erreichen kann.

ERLÄUTERUNG: Man kann den Lebensstand der Entsagung erst dann annehmen, wenn man durch die Ausführung der vorgeschriebenen Pflichten, deren einziges Ziel darin besteht, das Herz der materialistischen Menschen von allen Unreinheiten zu befreien, geläutert worden ist. Man wird keinen Erfolg haben, wenn man, ohne geläutert zu sein, unvermittelt in die vierte Stufe des Lebens (*sannyāsa*) tritt. Nach Meinung der empirischen Philosophen wird man dadurch, daß man einfach *sannyāsa* annimmt und sich von fruchtbringenden Tätigkeiten zurückzieht, sogleich so gut wie Nārāyaṇa. Śrī Kṛṣṇa jedoch stimmt dieser Auffassung nicht zu. Ohne Läuterung des Herzens ist *sannyāsa* nur eine Störung für die soziale Ordnung. Wenn sich andererseits jemand dem transzendentalen Dienst des Herrn (*buddhi-yoga*) zuwendet, wird jeder Fortschritt, den er auf diesem Pfad macht, vom Herrn anerkannt, selbst wenn er seine vorgeschriebenen Pflichten nicht erfüllt. *Sv-alpam apy asya dharmasya trāyate mahato bhayāt:* Selbst wenn man diesem Prinzip nur in geringem Maße nachkommt, wird man befähigt, große Schwierigkeiten zu überwinden.

Vers 5 न हि कश्चित्क्षणमपि जातु तिष्ठत्यकर्मकृत् ।
कार्यते ह्यवशः कर्म सर्वः प्रकृतिजैर्गुणैः ॥ ५ ॥

na hi kaścit kṣaṇam api jātu tiṣṭhaty akarma-kṛt
kāryate hy avaśaḥ karma sarvaḥ prakṛti-jair guṇaiḥ

na – und nicht; *hi* – gewiß; *kaścit* – jemand; *kṣaṇam* – einen Augenblick; *api* – auch; *jātu* – zu irgendeiner Zeit; *tiṣṭhati* – bleibt; *akarma-kṛt* – ohne etwas zu tun; *kāryate* – ist gezwungen zu tun; *hi* – gewiß; *avaśaḥ* – hilflos; *karma* – Tätigkeit; *sarvaḥ* – alle; *prakṛti-jaiḥ* – aus den Erscheinungsweisen der materiellen Natur geboren; *guṇaiḥ* – durch die Eigenschaften.

Jeder ist gezwungen, hilflos nach den Drängen zu handeln, die von den Erscheinungsweisen der materiellen Natur hervorgerufen werden; deshalb kann niemand auch nur für einen Augenblick aufhören, etwas zu tun.

ERLÄUTERUNG: Das Lebewesen ist nicht nur im verkörperten Leben aktiv; vielmehr ist es das Wesen der Seele, immer aktiv zu sein. Ohne die Gegenwart der spirituellen Seele kann sich der materielle Körper nicht bewegen. Der Körper ist nur ein totes Fahrzeug, das von der spirituellen Seele bewegt werden muß, die immer aktiv ist und nicht einmal für einen Augenblick untätig sein kann. Infolgedessen muß die spirituelle Seele mit den positiven Tätigkeiten des Kṛṣṇa-Bewußtseins beschäftigt werden; andernfalls wird sie Tätigkeiten nachgehen, die ihr die illusionierende Energie diktiert. In Berührung mit der materiellen Energie nimmt die spirituelle Seele materielle Erscheinungsweisen an, und um die Seele von diesen Verbindungen zu reinigen, ist es notwendig, die in den *śāstras* niedergelegten vorgeschriebenen Pflichten zu erfüllen. Wenn sich die Seele jedoch in ihrer natürlichen Funktion des Kṛṣṇa-Bewußtseins betätigt, ist alles, was sie tut, gut für sie. Dies wird im *Śrīmad-Bhāgavatam* (1.5.17) wie folgt bestätigt:

tyaktvā sva-dharmaṁ caraṇāmbujam harer
bhajann apakvo 'tha patet tato yadi
yatra kva vābhadram abhūd amuṣya kiṁ
ko vārtha āpto 'bhajatāṁ sva-dharmataḥ

„Wenn sich jemand dem Kṛṣṇa-Bewußtsein zuwendet, entsteht für ihn niemals ein Verlust oder Nachteil – selbst wenn er den vorgeschriebenen Pflichten, die in den *śāstras* niedergelegt sind, nicht folgt oder seinen hingebungsvollen Dienst nicht richtig ausführt oder sogar von seiner Stufe herabfällt. Doch was nützt es ihm, wenn er zwar alle in den *śāstras* angegebenen Vorschriften zur Läuterung befolgt, aber nicht Kṛṣṇa-bewußt ist?"

Der Läuterungsvorgang ist also notwendig, um die Stufe des Kṛṣṇa-Bewußtseins zu erreichen. Daher ist *sannyāsa* wie jeder andere Läuterungsvorgang dafür bestimmt, dem Menschen zu helfen, das endgültige Ziel zu erreichen, nämlich Kṛṣṇa-bewußt zu werden; andernfalls ist das ganze Leben ein Fehlschlag.

Vers 6 कर्मेन्द्रियाणि संयम्य य आस्ते मनसा स्मरन् ।
इन्द्रियार्थान् विमूढात्मा मिथ्याचारः स उच्यते ॥ ६ ॥

karmendriyāṇi saṁyamya ya āste manasā smaran
indriyārthān vimūḍhātmā mithyācāraḥ sa ucyate

karma-indriyāṇi – die fünf Arbeitssinne; *saṁyamya* – beherrschend; *yaḥ* – jeder, der; *āste* – bleibt; *manasā* – mit dem Geist; *smaran* – denkt an; *indriya-arthān* – Objekte der Sinne; *vimūḍha* – törichte; *ātmā* – Seele; *mithyā-ācāraḥ* – Heuchler; *saḥ* – er; *ucyate* – wird genannt.

Wer seine aktiven Sinne zurückhält, aber in Gedanken bei den Sinnesobjekten weilt, betrügt sich gewiß selbst und ist ein Heuchler.

ERLÄUTERUNG: Es gibt viele Heuchler, die es ablehnen, im Kṛṣṇa-Bewußtsein tätig zu sein, gleichzeitig aber vorgeben zu meditieren, während sie im Innern nur an Sinnengenuß denken. Solche Heuchler können auch über trockene Philosophie sprechen, um ihre intellektuellen Anhänger zu beeindrucken; doch nach der Aussage dieses Verses sind sie die größten Betrüger. Wer bloß an Sinnengenuß interessiert ist, sollte einfach eine Beschäftigung innerhalb der gesellschaftlichen Ordnung ausführen; und wenn er dabei den Regeln und Regulierungen seines Standes folgt, macht er allmählichen Fortschritt in der Läuterung seiner Existenz. Wer jedoch vorgibt, ein *yogī* zu sein, während er in

Wirklichkeit nach Objekten der Sinnenbefriedigung Ausschau hält, muß als der größte Betrüger bezeichnet werden, auch wenn er manchmal über Philosophie spricht. Sein Wissen hat keinen Wert, weil die illusionierende Energie dem Wissen eines solch sündhaften Menschen alle Wirkung nimmt. Der Geist eines solchen Heuchlers ist immer unrein, und daher hat seine Zurschaustellung von *yoga* und Meditation nicht den geringsten Wert.

Vers 7 यस्त्विन्द्रियाणि मनसा नियम्यारभतेऽर्जुन ।
कर्मेन्द्रियैः कर्मयोगमसक्तः स विशिष्यते ॥ ७ ॥

yas tv indriyāṇi manasā niyamyārabhate 'rjuna
karmendriyaiḥ karma-yogam asaktaḥ sa viśiṣyate

yaḥ – jemand, der; *tu* – aber; *indriyāṇi* – die Sinne; *manasā* – durch den Geist; *niyamya* – regulierend; *ārabhate* – beginnt; *arjuna* – o Arjuna; *karma-indriyaiḥ* – durch die aktiven Sinne; *karma-yogam* – Hingabe; *asaktaḥ* – ohne Anhaftung; *saḥ* – er; *viśiṣyate* – ist bei weitem der bessere.

Dagegen ist derjenige, der aufrichtig versucht, seine aktiven Sinne durch den Geist zu beherrschen, und der ohne Anhaftung karma-yoga [im Kṛṣṇa-Bewußtsein] auszuführen beginnt, weitaus höher einzustufen.

ERLÄUTERUNG: Anstatt ein Pseudo-Transzendentalist zu werden und nach einem ausschweifenden Leben des Sinnengenusses zu trachten, ist es weitaus besser, in seinem jeweiligen Aufgabenbereich zu bleiben und den Sinn des Lebens zu erfüllen, der darin besteht, aus der materiellen Knechtschaft frei zu werden und in das Königreich Gottes zu gelangen. Das höchste *svārtha-gati* (Ziel des Selbstinteresses) besteht darin, Viṣṇu zu erreichen. Die gesamte Einrichtung des *varṇa* und *āśrama* ist so angelegt, daß sie uns hilft, dieses Lebensziel zu erreichen. Auch ein Haushälter kann dieses Ziel durch geregelten Dienst im Kṛṣṇa-Bewußtsein erreichen. Um Selbstverwirklichung zu erreichen, sollte man ein gezügeltes Leben führen, so wie es in den *śāstras* vorgeschrieben wird, und fortfahren, seiner Beschäftigung ohne Anhaftung nachzugehen, um auf diese Weise Fortschritte zu machen. Ein aufrichtiger Mensch, der dieser Methode folgt, ist weitaus besser als ein falscher Heuchler, der fadenscheinigen Spiritualismus zur Schau stellt, um die unschuldige Öffentlichkeit zu betrügen. Ein ehrlicher Straßenfeger ist weitaus besser als ein Scharlatan, der nur meditiert, um sich seinen Lebensunterhalt zu verdienen.

Vers 8 नियतं कुरु कर्म त्वं कर्म ज्यायो ह्यकर्मणः ।
शरीरयात्रापि च ते न प्रसिध्येदकर्मणः ॥ ८ ॥

niyataṁ kuru karma tvaṁ karma jyāyo hy akarmaṇaḥ
śarīra-yātrāpi ca te na prasidhyed akarmaṇaḥ

niyatam – vorgeschriebene; *kuru* – führe aus; *karma* – Pflichten; *tvam* – du; *karma* – Tätigkeit; *jyāyaḥ* – besser; *hi* – gewiß; *akarmaṇaḥ* – als keine Tätigkeit; *śarīra* – körperliche; *yātrā* – Erhaltung; *api* – sogar; *ca* – auch; *te* – deine; *na* – niemals; *prasidhyet* – wird bewirkt; *akarmaṇaḥ* – ohne Arbeit.

Erfülle deine vorgeschriebene Pflicht, denn dies zu tun ist besser, als untätig zu sein. Ohne Arbeit kann man nicht einmal seinen physischen Körper erhalten.

ERLÄUTERUNG: Es gibt viele Pseudo-Meditierende, die vorgeben, von einer hohen Familie abzustammen, und viele angesehene Berufsspiritualisten, die den Anschein erwecken wollen, alles für den Fortschritt im religiösen Leben geopfert zu haben. Śrī Kṛṣṇa wollte nicht, daß Arjuna zum Heuchler wurde, sondern daß er seine vorgeschriebenen Pflichten so erfüllte, wie sie für *kṣatriyas* festgelegt sind. Arjuna war Haushälter und ein großer Heerführer, und deshalb war es für ihn besser, in dieser Stellung zu bleiben und seine religiösen Pflichten zu erfüllen, wie sie einem Haushälter-*kṣatriya* vorgeschrieben sind. Solche Tätigkeiten läutern allmählich das Herz eines weltlichen Menschen und befreien ihn von materieller Verunreinigung. Sogenannte Entsagung – mit dem Ziel, für den eigenen Lebensunterhalt zu sorgen – wird weder vom Herrn noch von irgendeiner religiösen Schrift gebilligt. Schließlich muß man irgendeiner Arbeit nachgehen, allein schon um Körper und Seele zusammenzuhalten. Man sollte seine Arbeit nicht launenhaft aufgeben, ohne von materialistischen Neigungen geläutert zu sein. Jeder, der sich in der materiellen Welt befindet, hat mit Sicherheit die unreine Neigung, die materielle Natur zu beherrschen, das heißt, nach Sinnenbefriedigung zu streben. Diese unreinen Neigungen müssen geläutert werden, und zwar durch die Erfüllung der vorgeschriebenen Pflichten. Wer dies vesäumt, sollte nicht versuchen, ein Transzendentalist zu werden und seiner Arbeit zu entsagen, nur um auf Kosten anderer zu leben.

Vers 9 यज्ञार्थात्कर्मणोऽन्यत्र लोकोऽयं कर्मबन्धनः ।
तदर्थं कर्म कौन्तेय मुक्तसङ्गः समाचर ॥ ९ ॥

yajñārthāt karmaṇo 'nyatra loko 'yaṁ karma-bandhanaḥ
tad-arthaṁ karma kaunteya mukta-saṅgaḥ samācara

yajña-arthāt – nur für Yajña (Viṣṇu) ausgeführt; *karmaṇaḥ* – als Arbeit; *anyatra* – sonst; *lokaḥ* – Welt; *ayam* – diese; *karma-bandhanaḥ* – Bindung durch Arbeit; *tat* – von Ihm; *artham* – für den Nutzen; *karma* – Tätigkeit; *kaunteya* – o Sohn Kuntīs; *mukta-saṅgaḥ* – befreit von der Gemeinschaft; *samācara* – führe vollkommen aus.

Man muß seine Arbeit Viṣṇu als Opfer darbringen, denn sonst wird man durch sie an die materielle Welt gebunden. O Sohn Kuntīs, erfülle daher deine vorgeschriebenen Pflichten zu Seiner Zufriedenstellung; auf diese Weise wirst du immer frei von Bindung bleiben.

ERLÄUTERUNG: Weil man sogar für die bloße Erhaltung des Körpers arbeiten muß, sind die Pflichten, die dem Menschen entsprechend seiner gesellschaftlichen Stellung und seinen Eigenschaften vorgeschrieben sind, so eingerichtet, daß sie diesen Zweck erfüllen. Das Wort *yajña* bezieht sich sowohl auf Śrī Viṣṇu als auch auf Opferdarbringungen, da alle Arten von Opfern dafür bestimmt sind, Śrī Viṣṇu zufriedenzustellen. Die *Veden* schreiben vor: *yajño vai viṣṇuḥ.* Mit anderen Worten, ob man die vorgeschriebenen *yajñas* ausführt oder direkt Śrī Viṣṇu dient – es wird der gleiche Zweck erfüllt. Kṛṣṇa-Bewußtsein bedeutet daher die Ausführung von *yajñas,* so wie es im vorliegenden Vers gefordert wird. Die Einrichtung des *varṇāśrama* hat ebenfalls das Ziel, Śrī Viṣṇu zufriedenzustellen: *varṇāśramācāravatā puruṣeṇa paraḥ pumān viṣṇur ārādhyate* (*Viṣṇu Purāṇa* 3.8.8).

Aus diesem Grund muß man für die Zufriedenstellung Viṣṇus arbeiten. Jede andere Arbeit, die man in der materiellen Welt verrichtet, ist die Ursache von Knechtschaft, denn sowohl gute als auch schlechte Werke haben ihre Reaktionen, und jede Reaktion bindet den Handelnden. Deshalb muß man im Kṛṣṇa-Bewußtsein handeln, um Kṛṣṇa bzw. Viṣṇu zufriedenzustellen, und während man solchen Tätigkeiten nachgeht, befindet man sich auf der Stufe der Befreiung. Das ist die große Kunst des Handelns, und am Anfang erfordert dieser Vorgang sehr kundige Führung. Daher sollte man sehr besonnen handeln, und zwar unter der Führung eines Geweihten Śrī Kṛṣṇas oder direkt nach den Unterweisungen Śrī Kṛṣṇas (wie dies bei Arjuna der Fall war). Man sollte seine Tätigkeiten niemals für Sinnenbefriedigung ausführen, sondern nur für die Zufriedenstellung Kṛṣṇas. Diese Handlungsweise wird einen nicht nur vor den Reaktionen bewahren, die auf die eigenen Handlungen folgen, sondern wird einen auch allmählich auf die Ebene transzendentalen liebevollen Dienstes für den Herrn erheben, durch den allein man befähigt wird, in das Königreich Gottes erhoben zu werden.

Vers 10 सहयज्ञाः प्रजाः सृष्ट्वा पुरोवाच प्रजापतिः ।
अनेन प्रसविष्यध्वमेष वोऽस्त्विष्टकामधुक् ॥१०॥

saha-yajñāḥ prajāḥ sṛṣṭvā purovāca prajāpatiḥ
anena prasaviṣyadhvam eṣa vo 'stv iṣṭa-kāma-dhuk

saha – zusammen mit; *yajñāḥ* – Opfern; *prajāḥ* – Generationen; *sṛṣṭvā* – schöpfend; *purā* – einst; *uvāca* – sprach; *prajā-patiḥ* – der Herr der Geschöpfe; *anena* – dadurch; *prasaviṣyadhvam* – werdet immer wohlhabender; *eṣaḥ* – dieser; *vaḥ* – euer; *astu* – möge sein; *iṣṭa* – aller wünschenswerten Dinge; *kāma-dhuk* – derjenige, der gewährt.

Am Anfang der Schöpfung brachte der Herr aller Geschöpfe Generationen von Menschen und Halbgöttern hervor, zusammen mit Opfern für Viṣṇu, und segnete sie, indem er sprach: „Möget ihr durch diesen yajña [Opfer] glücklich werden, denn seine Durchführung wird euch alles gewähren, was wünschenswert ist, um glücklich zu leben und Befreiung zu erlangen.“

ERLÄUTERUNG: Der Herr aller Geschöpfe (Viṣṇu) bietet den bedingten Seelen durch die materielle Schöpfung eine Möglichkeit, nach Hause, zu Gott, zurückzukehren. Alle Lebewesen in der materiellen Schöpfung sind durch die materielle Natur bedingt, weil sie ihre Beziehung zu Viṣṇu, oder Kṛṣṇa, der Höchsten Persönlichkeit Gottes, vergessen haben. Die vedischen Prinzipien sollen uns helfen, diese ewige Beziehung zu verstehen, wie dies auch in der *Bhagavad-gītā* beschrieben wird: *vedaiś ca sarvair aham eva vedyaḥ.* Der Herr sagt, daß es der Zweck der *Veden* ist, Ihn zu verstehen. In den vedischen Hymnen heißt es: *patiṁ viśvasyātmeśvaram.* Dieser Vers bestätigt, daß der Herr der Lebewesen die Höchste Persönlichkeit Gottes, Viṣṇu, ist. Auch im *Śrīmad-Bhāgavatam* (2.4.20) beschreibt Śrīla Śukadeva Gosvāmī den Herrn auf verschiedene Weise als *pati:*

śriyaḥ patir yajña-patiḥ prajā-patir
dhiyāṁ patir loka-patir dharā-patiḥ
patir gatiś cāndhaka-vṛṣṇi-sātvatāṁ
prasīdatāṁ me bhagavān satāṁ patiḥ

Śrī Viṣṇu ist der *prajā-pati,* und Er ist der Herr aller lebenden Geschöpfe, der Herr aller Welten, der Herr aller Schönheit und der Beschützer eines jeden. Der Herr erschuf die materielle Welt, damit die bedingten Seelen lernen können, wie man *yajñas* (Opfer) für die Zufriedenstellung Viṣṇus darbringt, so daß ihr Leben, solange sie sich in der materiellen Welt befinden, angenehm und frei von Sorgen ist und sie nach dem Verlassen des gegenwärtigen materiellen Körpers in das Königreich Gottes gelangen können. Das ist der Plan des Herrn für die bedingte Seele. Durch die Darbringung von *yajñas* werden die bedingten Seelen allmählich Kṛṣṇa-bewußt und nehmen so in jeder Hinsicht göttliche Eigenschaften an. Für das jetzige Zeitalter des Kali wird von den vedischen Schriften der *saṅkīrtana-yajña* (das Chanten der Namen Gottes) empfohlen, und Śrī Caitanya hat diesen transzendentalen Vorgang eingeführt, um so alle Menschen in unserem Zeitalter zu befreien. *Saṅkīrtana-yajña* und Kṛṣṇa-Bewußtsein lassen sich gut miteinander vereinbaren. Śrī Kṛṣṇa in Seiner hingebungsvollen Form (als Śrī Caitanya) wird im *Śrīmad-Bhāgavatam* (11.5.32) mit einem besonderen Hinweis auf den *saṅkīrtana-yajña* erwähnt. Es heißt dort:

kṛṣṇa-varṇaṁ tviṣākṛṣṇaṁ sāṅgopāṅgāstra-pārṣadam
yajñaiḥ saṅkīrtana-prāyair yajanti hi su-medhasaḥ

„Im Zeitalter des Kali werden die Menschen, die mit genügend Intelligenz ausgestattet sind, den Herrn, der von Seinen Gefährten begleitet wird, durch die Ausführung des *saṅkīrtana-yajña* verehren."

Andere in den vedischen Schriften vorgeschriebene *yajñas* sind in diesem Zeitalter des Kali nicht so leicht durchzuführen, doch der *saṅkīrtana-yajña* ist in jeder Hinsicht einfach und erhaben, und er wird auch in der *Bhagavad-gītā* (9.14) empfohlen.

Vers 11 देवान् भावयतानेन ते देवा भावयन्तु वः ।
परस्परं भावयन्तः श्रेयः परमवाप्स्यथ ॥११॥

devān bhāvayatānena te devā bhāvayantu vaḥ
parasparaṁ bhāvayantaḥ śreyaḥ param avāpsyatha

devān – Halbgötter; *bhāvayatā* – erfreut habend; *anena* – durch dieses Opfer; *te* – diejenigen; *devāḥ* – Halbgötter; *bhāvayantu* – werden erfreuen; *vaḥ* – euch; *parasparam* – gegenseitig; *bhāvayantaḥ* – sich gegenseitig erfreuend; *śreyaḥ* – Segnung; *param* – die höchste; *avāpsyatha* – ihr werdet erlangen.

Wenn die Halbgötter durch Opfer zufriedengestellt sind, werden sie auch euch erfreuen, und wenn auf diese Weise die Menschen mit den Halbgöttern zusammenarbeiten, wird Wohlstand für alle herrschen.

ERLÄUTERUNG: Die Halbgötter sind bevollmächtigte Verwalter, die für materielle Angelegenheiten verantwortlich sind. Die Versorgung mit Luft, Licht, Wasser und allen anderen Segnungen, die für die Erhaltung des Körpers und der Seele eines jeden Lebewesens notwendig sind, ist den unzähligen Halbgöttern anvertraut, die Helfer in verschiedenen Teilen des Körpers der Höchsten Persönlichkeit Gottes sind. Ihr Wohlgefallen und ihr Mißfallen hängen davon ab, ob die Menschen *yajñas* durchführen. Einige der *yajñas* sind dafür gedacht, bestimmte Halbgötter zufriedenzustellen, aber selbst wenn dies der Fall ist, wird Śrī Viṣṇu dennoch in allen *yajñas* als der höchste Nutznießer verehrt. In der *Bhagavad-gītā* wird ebenfalls gesagt, daß Kṛṣṇa Selbst der Nutznießer aller *yajñas* ist: *bhoktāraṁ yajña-tapasām.* Deshalb ist die letztliche Zufriedenstellung des *yajña-pati* der Hauptzweck aller *yajñas.* Wenn diese *yajñas* richtig ausgeführt werden, sind die Halbgötter, die für die verschiedenen Abteilungen der Versorgung verantwortlich sind, erfreut, und so herrscht keine Knappheit in der Versorgung mit Naturprodukten.

Die Ausführung von *yajñas* hat viele Nebenvorteile, die letztlich zur Befreiung aus der materiellen Knechtschaft führen. Wie es in den *Veden* heißt, werden durch die Ausführung von *yajñas* alle Tätigkeiten geläutert: *āhāra-śuddhau sattva-śuddhiḥ sattva-śuddhau dhruvā smṛtiḥ smṛti-lambhe sarva-granthīnāṁ vipramokṣaḥ.* Durch die Ausführung von *yajñas* werden die Speisen geheiligt, und wenn man geheiligte Speisen zu sich nimmt, läutert man sein gesamtes Dasein; durch die Läuterung des Daseins werden die feineren Gewebe des Erinnerungsvermögens geheiligt, und wenn das Gedächtnis geheiligt ist, kann man an den Pfad der Befreiung denken, und all dies zusammen führt zu Kṛṣṇa-Bewußtsein, der großen Notwendigkeit für die heutige Gesellschaft.

Vers 12 इष्टान् भोगान् हि वो देवा दास्यन्ते यज्ञभाविताः ।
तैर्दत्तानप्रदायैभ्यो यो भुङ्क्ते स्तेन एव सः ॥१२॥

iṣṭān bhogān hi vo devā dāsyante yajña-bhāvitāḥ
tair dattān apradāyaibhyo yo bhuṅkte stena eva saḥ

iṣṭān – gewünschte; *bhogān* – Notwendigkeiten des Lebens; *hi* – gewiß; *vaḥ* – euch; *devāḥ* – die Halbgötter; *dāsyante* – werden gewähren; *yajña-bhāvitāḥ* – durch Opferdarbringungen zufriedengestellt; *taiḥ* – von ihnen; *dattān* – gegebene Dinge; *apradāya* – ohne sie zu opfern; *ebhyaḥ* –

diesen Halbgöttern; *yaḥ* – jemand, der; *bhuṅkte* – genießt; *stenaḥ* – Dieb; *eva* – gewiß; *saḥ* – er.

Die Halbgötter, die für die verschiedenen Notwendigkeiten des Lebens verantwortlich sind, werden euch mit allem versorgen, was ihr braucht, wenn sie durch yajña [Opfer] zufriedengestellt werden. Wer jedoch diese Gaben genießt, ohne sie zuvor den Halbgöttern als Opfer darzubringen, ist gewiß ein Dieb.

ERLÄUTERUNG: Die Halbgötter sind bevollmächtigte Vertreter der Höchsten Persönlichkeit Gottes, Viṣṇu, die für die Versorgung aller Lebewesen im Universum zuständig sind. Deshalb müssen sie durch die Darbringung der vorgeschriebenen *yajñas* zufriedengestellt werden. In den *Veden* werden verschiedene *yajñas* für die verschiedenen Halbgötter vorgeschrieben, doch all diese Opfer werden letztlich der Höchsten Persönlichkeit Gottes dargebracht. Demjenigen, der nicht verstehen kann, was die Persönlichkeit Gottes ist, werden Opfer zu den Halbgöttern empfohlen. Entsprechend den verschiedenen materiellen Erscheinungsweisen, von denen die Menschen beeinflußt werden, empfehlen die *Veden* verschiedene Arten von *yajñas.* Die Verehrung verschiedener Halbgötter findet ebenfalls auf dieser Grundlage statt, nämlich gemäß den verschiedenen Erscheinungsweisen. Zum Beispiel wird den Fleischessern empfohlen, die Göttin Kālī, die greuliche Form der materiellen Natur, zu verehren und ihr Tieropfer darzubringen. Denen aber, die sich in der Erscheinungsweise der Tugend befinden, wird die transzendentale Verehrung Viṣṇus empfohlen. Letztlich aber sind alle *yajñas* dafür bestimmt, den Menschen allmählich auf die transzendentale Ebene zu erheben. Für gewöhnliche Menschen sind zumindest fünf *yajñas* notwendig, die man als *pañca-mahā-yajña* kennt.

Man sollte sich darüber bewußt sein, daß es die Beauftragten des Herrn, die Halbgötter, sind, die für alles sorgen, was für die menschliche Gesellschaft lebensnotwendig ist. Niemand kann irgend etwas selbst herstellen. Betrachten wir zum Beispiel die Nahrungsmittel der menschlichen Gesellschaft; dazu gehören Getreide, Früchte, Gemüse, Milch, Zucker usw. für die Menschen in der Erscheinungsweise der Tugend sowie Fleisch usw. für die Nichtvegetarier. Nichts von alledem kann von Menschenhand hergestellt werden. Oder nehmen wir beispielsweise Wärme, Licht, Wasser und Luft, die ebenfalls lebensnotwendig sind – auch diese Dinge können nicht von der menschlichen Gesellschaft produziert werden. Ohne den Höchsten Herrn kann es kein Sonnenlicht, kein Mondlicht, keinen Regen und keinen Wind geben, ohne die niemand leben kann. Offensichtlich hängt unser Leben von der Versorgung durch den Herrn ab. Selbst für unsere Fabriken benötigen wir so viele Rohstoffe, wie Metall, Schwefel, Quecksilber, Mangan und viele andere unentbehrliche Dinge, die uns alle von den Beauftragten des Herrn zur Verfügung gestellt werden, damit wir richtigen Gebrauch davon machen und uns in jeder Beziehung gesund erhalten, um fähig zu werden, Selbsterkenntnis zu erlangen, die zum endgültigen Ziel des Lebens führt, nämlich zur Befreiung vom materiellen Kampf ums Dasein. Dieses Ziel des Lebens wird erreicht, wenn man *yajñas* ausführt. Wenn wir den Sinn des menschlichen Lebens vergessen und uns von den Beauftragten des Herrn nur für die Befriedigung unserer Sinne versorgen lassen und dadurch immer mehr in die materielle Existenz verstrickt werden – was nicht der Zweck der Schöpfung ist –, werden wir ohne Zweifel zu Dieben und werden daher von den Gesetzen der materiellen Natur bestraft. Eine Gesellschaft von Dieben kann niemals glücklich sein, denn sie hat kein Ziel im Leben. Die materialistischen Diebe haben kein endgültiges Ziel im Leben. Ihr Interesse gilt einzig und allein der Befriedigung ihrer Sinne; auch wissen sie nicht, wie man *yajñas* darbringt. Śrī Caitanya jedoch führte den einfachsten *yajña* ein, den *saṅkīrtana-yajña,* der von jedem auf der Welt, der die Prinzipien des Kṛṣṇa-Bewußtseins annimmt, ausgeführt werden kann.

Vers 13 यज्ञशिष्टाशिनः सन्तो मुच्यन्ते सर्वकिल्बिषैः ।
भुञ्जते ते त्वघं पापा ये पचन्त्यात्मकारणात् ॥१३॥

yajña-śiṣṭāśinaḥ santo mucyante sarva-kilbiṣaiḥ
bhuñjate te tv aghaṁ pāpā ye pacanty ātma-kāraṇāt

yajña-śiṣṭa – der Speisen, die nach einer *yajña*-Darbringung gegessen werden; *aśinaḥ* – Esser; *santaḥ* – die Gottgeweihten; *mucyante* – werden befreit von; *sarva* – allen Arten von; *kilbiṣaiḥ* – von Sünden; *bhuñjate* – genießen; *te* – sie; *tu* – aber; *agham* – schwere Sünden; *pāpāḥ* – Sünder; *ye* – welche; *pacanti* – bereiten Nahrung zu; *ātma-kāraṇāt* – für Sinnengenuß.

Die Geweihten des Herrn werden von allen Arten von Sünden befreit, da sie Nahrung essen, die zuerst als Opfer dargebracht wurde. Andere, die Nahrung für ihren eigenen Sinnengenuß zubereiten, essen wahrlich nur Sünde.

ERLÄUTERUNG: Die Geweihten des Höchsten Herrn, das heißt diejenigen, die Kṛṣṇa-bewußt sind, werden *santas* genannt, und wie in der *Brahma-saṁhitā* (5.38) erklärt wird, sind sie immer in Liebe mit dem Herrn verbunden: *premāñjana-cchurita-bhakti-vilocanena santaḥ sadaiva hṛdayeṣu vilokayanti.* Die *santas,* die mit der Höchsten Persönlichkeit Gottes, Govinda (dem Quell aller Freuden), Mukunda (demjenigen, der Befreiung gewährt), oder Kṛṣṇa (dem Allanziehenden), immer in Liebe verbunden sind, können nichts annehmen, ohne es zuvor dieser Höchsten Person zu opfern. Deshalb führen solche Gottgeweihten ständig *yajñas* in den verschiedenen Vorgängen des hingebungsvollen Dienstes aus, wie *śravaṇam, kīrtanam, smaraṇam, arcanam* usw., und dank dieser Ausführung von *yajñas* werden sie stets von allen Arten der Verunreinigung durch sündhaften Umgang in der materiellen Welt ferngehalten. Andere, die Nahrung für sich selbst und ihre Sinnenbefriedigung zubereiten, sind nicht nur Diebe, sondern essen auch alle Arten von Sünde. Wie kann ein Mensch glücklich sein, wenn er sowohl ein Dieb als auch ein Sünder ist? Das ist nicht möglich. Damit die Menschen in jeder Hinsicht glücklich werden können, müssen sie darin unterwiesen werden, wie der einfache *saṅkīrtana-yajña* in vollem Kṛṣṇa-Bewußtsein ausgeführt werden kann. Sonst kann es keinen Frieden und kein Glück auf der Welt geben.

Vers 14 अन्नाद्भवन्ति भूतानि पर्जन्यादन्नसम्भवः ।
यज्ञाद्भवति पर्जन्यो यज्ञः कर्मसमुद्भवः ॥१४॥

annād bhavanti bhūtāni parjanyād anna-sambhavaḥ
yajñād bhavati parjanyo yajñaḥ karma-samudbhavaḥ

annāt – von Getreide; *bhavanti* – wachsen; *bhūtāni* – die materiellen Körper; *parjanyāt* – durch Regen; *anna* – von Getreide; *sambhavaḥ* – Erzeugung; *yajñāt* – durch die Ausführung von Opfern; *bhavati* – wird möglich; *parjanyaḥ* – Regen; *yajñaḥ* – Ausführung von *yajña; karma* – vorgeschriebene Pflichten; *samudbhavaḥ* – geboren aus.

Alle lebenden Körper erhalten sich durch Getreide, das nur wachsen kann, wenn Regen fällt. Regen entsteht durch die Darbringung von yajña (Opfer), und yajña wird aus vorgeschriebenen Pflichten geboren.

ERLÄUTERUNG: Śrīla Baladeva Vidyābhūṣaṇa, ein großer Kommentator der *Bhagavad-gītā,* schreibt: *ye indrādy-aṅgatayāvasthi taṁ yajñaṁ sarveśvaraṁ viṣṇum abhyarcya tac-cheṣam aśnanti tena tad deha-yātrāṁ sampādayanti, te santaḥ sarveśvarasya yajña-puruṣasya bhaktāḥ sarva-kilbiṣair anādi-kāla-vivṛddhair ātmānubhava-pratibandhakair nikhilaiḥ pāpair vimucyante.* Der Höchste Herr, der der *yajña-puruṣa,* der persönliche Nutznießer aller Opfer, ist, ist das Oberhaupt aller Halbgötter, die Ihm dienen, so wie die verschiedenen Teile des Körpers dem Ganzen dienen. Halbgötter wie Indra, Candra und Varuṇa sind vom Höchsten Herrn ernannte Verwalter, die materielle Angelegenheiten regeln, und die *Veden* ordnen Opfer an, um diese Halbgötter zufriedenzustellen, damit es ihnen gefallen möge, für genügend Luft, Licht und Wasser zu sorgen, so daß Getreide wachsen kann. Wenn man Śrī Kṛṣṇa verehrt, werden die Halbgötter, die verschiedene Glieder des Herrn sind, automatisch auch verehrt, und deshalb ist es nicht notwendig, neben dem Herrn die Halbgötter zu verehren. Aus diesem Grunde nehmen die Geweihten des Herrn, die im Kṛṣṇa-Bewußtsein leben, nur Nahrung zu sich, die zuerst zu Kṛṣṇa geopfert wurde. Dieser Vorgang ernährt den Körper spirituell. Auf diese Weise werden nicht nur alle vergangenen sündhaften Reaktionen im Körper vernichtet, sondern der Körper wird auch gegen alle Verunreinigungen durch die materielle Natur immunisiert. Wenn eine epidemische Krankheit um sich greift, kann man durch einen antiseptischen Impfstoff vor dem Angriff einer solchen Epidemie geschützt werden. In ähnlicher Weise macht uns Nahrung, die zuerst Śrī Viṣṇu geopfert wurde, gegen alle materiellen Einwirkungen ausreichend immun, und jemand, der sich diese Handlungsweise angewöhnt hat, wird als Gottgeweihter bezeichnet. Deshalb kann ein Mensch im Kṛṣṇa-Bewußtsein, der nur Nahrung ißt, die Kṛṣṇa geopfert wurde, allen Reaktionen auf vergangene materielle Infektionen entgegenwirken, die den Fortschritt auf dem Pfad der Selbsterkenntnis behindern. Wer dies jedoch nicht tut, vergrößert nur die Anzahl seiner sündigen Handlungen, und dies führt dazu, daß sein nächster Körper dem eines Hundes oder Schweines gleicht; so ist er gezwungen, die Reaktionen auf all seine Sünden zu erleiden. Die materielle Welt ist voller Verunreinigungen, und jemand, der immun geworden ist, da er nur das *prasādam* des Herrn (zu Viṣṇu geopferte Speise) zu sich nimmt, ist vor diesen Angriffen sicher, wohingegen ein anderer, der kein *prasādam* zu sich nimmt, der Verunreinigung ausgesetzt ist.

Getreide und Gemüse sind die eigentlichen Nahrungsmittel, denn der Mensch ißt verschiedene Arten von Getreide, Gemüse, Früchten usw., und auch die Tiere fressen die Abfallprodukte des Getreides sowie Gemüse, Gras, Pflanzen usw. Menschen, die es gewohnt sind, Fleisch zu essen, sind letztlich ebenfalls von der Erzeugung von Pflanzen abhängig, um Tiere essen zu können. Daher sind wir letzten Endes auf das angewiesen, was auf den Feldern wächst, und nicht auf das, was in großen Fabriken produziert wird. Die Ernte auf den Feldern wiederum ist davon abhängig, ob ausreichend Regen fällt, und dieser Regen wird von Halbgöttern wie Indra, der Sonne und dem Mond beherrscht, die alle Diener des Herrn sind. Der Herr kann durch Opfer zufriedengestellt werden; deshalb wird jemand, der keine Opfer darbringt, Mangel leiden – so lautet das Gesetz der Natur. Daher müssen *yajñas,* besonders der für dieses Zeitalter vorgeschriebene *saṅkīrtana-yajña,* ausgeführt werden, um uns zumindest vor Nahrungsknappheit zu bewahren.

Vers 15 कर्म ब्रह्मोद्भवं विद्धि ब्रह्माक्षरसमुद्भवम् ।
तस्मात्सर्वगतं ब्रह्म नित्यं यज्ञे प्रतिष्ठितम् ॥१५॥

karma brahmodbhavaṁ viddhi brahmākṣara-samudbhavam
tasmāt sarva-gataṁ brahma nityaṁ yajñe pratiṣṭhitam

karma – Tätigkeit; *brahma* – von den *Veden; udbhavam* – erzeugt; *viddhi* – du solltest wissen; *brahma* – die *Veden; akṣara* – vom Höchsten Brahman (der Persönlichkeit Gottes); *samudbhavam* – direkt manifestiert; *tasmāt* – daher; *sarva-gatam* – alldurchdringende; *brahma* – Transzendenz; *nityam* – ewiglich; *yajñe* – im Opfer; *pratiṣṭhitam* – befindet sich.

Geregelte Tätigkeiten werden in den Veden vorgeschrieben, und die Veden sind unmittelbar von der Höchsten Persönlichkeit Gottes ausgegangen. Folglich ist die alldurchdringende Transzendenz ewig in Opferhandlungen gegenwärtig.

ERLÄUTERUNG: *Yajñārtha-karma,* die Notwendigkeit von Arbeit für die alleinige Zufriedenstellung Kṛṣṇas, wird in diesem Vers noch deutlicher hervorgehoben. Wenn wir für die Zufriedenstellung des *yajña-puruṣa,* Viṣṇu, handeln wollen, müssen wir die Anleitung für das Handeln im Brahman, das heißt die transzendentalen *Veden,* zu Rate ziehen. Die *Veden* sind also Gesetze, die bestimmen, wie man handeln muß. Alles, was ohne die Anleitung der *Veden* getan wird, nennt man *vikarma,* das heißt unautorisiertes oder sündiges Handeln. Man sollte sich daher immer von den *Veden* führen lassen, um vor den Reaktionen auf die Tätigkeiten, die man ausführt, bewahrt zu werden. So wie man sich im gewöhnlichen Leben nach den Gesetzen des Staates richten muß, muß man auch den Gesetzen des Herrn, des höchsten Staates, folgen. Die Anweisungen der *Veden* sind unmittelbar aus dem Atem der Höchsten Persönlichkeit Gottes hervorgegangen. *Asya mahato bhūtasya niśvasitam etad yad ṛg-vedo yajur-vedaḥ sāma-vedo 'tharvāṅgissaḥ*: „Die vier *Veden* – der *Ṛg Veda, Yajur Veda, Sāma Veda* und *Atharva Veda* – sind Emanationen des Atems der erhabenen Persönlichkeit Gottes.“ (*Bṛhad-āraṇyaka Upaniṣad* 4.5.11) Weil der Herr allmächtig ist, kann Er durch Seinen Atem sprechen, denn wie die *Brahma-saṁhitā* bestätigt, besitzt der Herr die Allmacht, durch jeden Seiner Sinne die Tätigkeiten aller anderen Sinne auszuführen. Mit anderen Worten, Er kann durch Seinen Atem sprechen, und Er kann mit Seinen Augen befruchten. Tatsächlich heißt es in den Schriften, daß Er über die materielle Natur blickte und so alle Lebewesen zeugte. Nach diesem Schöpfungsakt, dem Eingeben der bedingten Seelen in den Schoß der materiellen Natur, offenbarte Er Seine Anweisungen in Form der vedischen Weisheit, um zu zeigen, wie diese bedingten Seelen nach Hause, zu Gott, zurückkehren können. Wir sollten uns immer daran erinnern, daß die bedingten Seelen in der materiellen Welt alle nach materiellem Genuß streben; aber die vedischen Anweisungen sind so beschaffen, daß man seine pervertierten Wünsche befriedigen kann, um dann, nachdem man seinen sogenannten Genuß beendet hat, zu Gott zurückzukehren. Das vedische Wissen bietet den bedingten Seelen eine Möglichkeit zur Befreiung, und deshalb müssen sie versuchen, dem Vorgang des *yajña* zu folgen, indem sie Kṛṣṇa-bewußt werden. Selbst diejenigen, die nicht die vedischen Anweisungen befolgt haben, können die Prinzipien des Kṛṣṇa-Bewußtseins annehmen, und das wird die Durchführung vedischer *yajñas* oder *karmas* ersetzen.

Vers 16 एवं प्रवर्तितं चक्रं नानुवर्तयतीह यः ।
अघायुरिन्द्रियारामो मोघं पार्थ स जीवति ॥१६॥

evaṁ pravartitaṁ cakraṁ nānuvartayatīha yaḥ
aghāyur indriyārāmo moghaṁ pārtha sa jīvati

evam – so; *pravartitam* – von den *Veden* festgelegt; *cakram* – Kreis, Zyklus; *na* – nicht; *anuvartayati* – nimmt an; *iha* –in diesem Leben; *yaḥ* – jemand, der; *agha-āyuḥ* – dessen Leben voller Sünden ist; *indriya-ārāmaḥ* – zufrieden mit Sinnenbefriedigung; *mogham* – vergeblich; *pārtha* – o Sohn Pṛthās (Arjuna); *saḥ* – er; *jīvati* – lebt.

Mein lieber Arjuna, jemand, der im menschlichen Leben dem Zyklus der Opfer, wie er von den Veden festgelegt ist, nicht folgt, führt mit Sicherheit ein Leben der Sünde. Weil ein solcher Mensch nur für die Befriedigung seiner Sinne lebt, lebt er vergeblich.

ERLÄUTERUNG: Die Philosophie des Mammonismus – „Arbeite hart und genieße das Leben" – wird hier vom Herrn verurteilt. Daher ist es für diejenigen, die die materielle Welt genießen wollen, absolut notwendig, den obenerwähnten Zyklus von *yajñas* durchzuführen. Wer sich nicht an diese Vorschriften hält, führt ein sehr gefährliches Leben, da er sich immer mehr ins Verderben stürzt. Durch das Gesetz der Natur ist die menschliche Lebensform besonders zur Selbstverwirklichung bestimmt, indem man einem der drei Wege – *karma-yoga, jñāna-yoga* oder *bhakti-yoga* – folgt. Für die Transzendentalisten, die über Laster und Tugend stehen, ist es nicht notwendig, streng die vorgeschriebenen *yajñas* auszuführen, doch diejenigen, die der Befriedigung ihrer Sinne nachgehen, müssen sich durch den obenerwähnten Zyklus von *yajña*-Darbringungen läutern. Es gibt verschiedene Arten von Tätigkeiten. Menschen, die nicht Kṛṣṇa-bewußt sind, haben mit Sicherheit ein sinnliches Bewußtsein, und daher ist die Ausführung frommer Werke für sie notwendig. Das System der *yajñas* erlaubt es Menschen mit einem sinnlichen Bewußtsein, ihre Wünsche zu befriedigen, ohne dabei in die Reaktionen auf sinnenbefriedigende Handlungen verstrickt zu werden. Der Wohlstand der Welt hängt nicht von unseren eigenen Anstrengungen ab, sondern von den im Hintergrund stattfindenden Vorkehrungen des Höchsten Herrn, die unmittelbar von den Halbgöttern ausgeführt werden. Deshalb sind die *yajñas* unmittelbar für die jeweiligen Halbgötter bestimmt, wie sie in den *Veden* erwähnt werden. Indirekt ist auch dies Kṛṣṇa-Bewußtsein, denn wenn man die Durchführung der *yajñas* beherrscht, ist es sicher, daß man Kṛṣṇa-bewußt wird. Wenn man aber durch die Darbringung von *yajñas* nicht Kṛṣṇa-bewußt wird, sind solche Prinzipien nichts weiter als moralische Verhaltensregeln. Man sollte daher seinen Fortschritt nicht begrenzen und bei moralischen Regeln stehenbleiben, sondern diese transzendieren, um Kṛṣṇa-Bewußtsein zu erreichen.

Vers 17 यस्त्वात्मरतिरेव स्यादात्मतृप्तश्च मानवः ।
आत्मन्येव च सन्तुष्टस्तस्य कार्यं न विद्यते ॥१७॥

yas tv ātma-ratir eva syād ātma-tṛptaś ca mānavaḥ
ātmany eva ca santuṣṭas tasya kāryaṁ na vidyate

yaḥ – jemand, der; *tu* – aber; *ātma-ratiḥ* – im Selbst Freude findend; *eva* – gewiß; *syāt* – bleibt; *ātma-tṛptaḥ* – im Selbst erleuchtet; *ca* – und; *mānavaḥ* – ein Mensch; *ātmani* – in sich selbst; *eva* – nur; *ca* – und;

santuṣṭaḥ – völlig zufrieden; *tasya* – seine; *kāryam* – Pflicht; *na* – nicht; *vidyate* – existiert.

Doch für jemanden, der im Selbst Freude findet, dessen menschliches Leben ein Leben der Selbstverwirklichung ist und dessen Zufriedenheit allein im Selbst gründet und der völlig in sich erfüllt ist – für ihn gibt es keine Pflicht.

ERLÄUTERUNG: Wer *vollkommen* Kṛṣṇa-bewußt ist und durch seine Tätigkeiten im Kṛṣṇa-Bewußtsein vollkommene Zufriedenheit erfährt, hat keine Pflicht mehr zu erfüllen. Da er Kṛṣṇa-bewußt ist, ist alle Unreinheit in seinem Innern augenblicklich getilgt – eine Wirkung, die nur durch viele Tausende von *yajñas* erzielt werden kann. Durch eine solche Klärung des Bewußtseins entwickelt man vollkommene Überzeugung von seiner ewigen Stellung in Beziehung zum Höchsten. So wird durch die Gnade des Herrn die Pflicht, die man auszuführen hat, von selbst offenbar, und daher hat man den vedischen Unterweisungen gegenüber keinerlei Verpflichtungen mehr. Ein solcher Kṛṣṇa-bewußter Mensch ist nicht mehr an materiellen Tätigkeiten interessiert und findet keine Freude mehr an materiellen Genüssen wie Wein, Frauen und ähnlichen Verlockungen.

Vers 18 नैव तस्य कृतेनार्थो नाकृतेनेह कश्चन ।
न चास्य सर्वभूतेषु कश्चिदर्थव्यपाश्रयः ॥१८॥

naiva tasya kṛtenārtho nākṛteneha kaścana
na cāsya sarva-bhūteṣu kaścid artha-vyapāśrayaḥ

na – niemals; *eva* – gewiß; *tasya* – seine; *kṛtena* – durch die Erfüllung der Pflicht; *arthaḥ* – Absicht; *na* – und nicht; *akṛtena* – ohne die Erfüllung der Pflicht; *iha* – auf dieser Welt; *kaścana* – was auch immer; *na* – niemals; *ca* – und; *asya* – von ihm; *sarva-bhūteṣu* – unter allen Lebewesen; *kaścit* – irgendeine; *artha* – Absicht; *vyapāśrayaḥ* – Zuflucht nehmend bei.

Ein selbstverwirklichter Mensch verfolgt bei der Erfüllung seiner vorgeschriebenen Pflichten keine Absicht, und ebenso gibt es für ihn keinen Grund, diese Tätigkeiten nicht zu verrichten. Auch ist es für ihn nicht notwendig, von irgendeinem anderen Lebewesen abhängig zu sein.

ERLÄUTERUNG: Ein selbstverwirklichter Mensch braucht keine vorgeschriebenen Pflichten mehr auszuführen – außer Tätigkeiten im Kṛṣṇa-Bewußtsein. Kṛṣṇa-Bewußtsein bedeutet keineswegs Untätigkeit, wie aus den folgenden Versen hervorgehen wird. Ein Kṛṣṇa-bewußter Mensch sucht weder bei Menschen noch bei Halbgöttern, noch bei irgendwelchen anderen Lebewesen Zuflucht. Was immer er im Kṛṣṇa-Bewußtsein tut, reicht aus, um seine Verpflichtungen zu erfüllen.

Vers 19 तस्मादसक्तः सततं कार्यं कर्म समाचर ।
असक्तो ह्याचरन् कर्म परमाप्नोति पूरुषः ॥१९॥

tasmād asaktaḥ satataṁ kāryaṁ karma samācara
asakto hy ācaran karma param āpnoti pūruṣaḥ

tasmāt – daher; *asaktaḥ* – frei von Anhaftung; *satatam* – ständig; *kāryam* – als Pflicht; *karma* – Tätigkeit; *samācara* – ausführen; *asaktaḥ* – unangehaftet; *hi* – gewiß; *ācaran* – ausführend; *karma* – Tätigkeit; *param* – das Höchste; *āpnoti* – erreicht; *pūruṣaḥ* – ein Mensch.

Daher sollte man aus Pflichtgefühl handeln, ohne an den Früchten der Tätigkeiten zu haften; denn wenn man ohne Anhaftung tätig ist, erreicht man das Höchste.

ERLÄUTERUNG: Das Höchste ist für den Gottgeweihten die Persönlichkeit Gottes und für den Unpersönlichkeitsanhänger Befreiung. Wer also unter der richtigen Führung und ohne Anhaftung an das Ergebnis seiner Arbeit für Kṛṣṇa, das heißt im Kṛṣṇa-Bewußtsein, tätig ist, macht mit Sicherheit Fortschritte auf dem Pfad zum höchsten Ziel des Lebens. Arjuna wird aufgefordert, er solle in der Schlacht von Kurukṣetra für Kṛṣṇas Interesse kämpfen, weil Kṛṣṇa wollte, daß er kämpfte. Ein guter Mensch oder ein gewaltloser Mensch zu sein ist eine persönliche Anhaftung, doch im Auftrag des Höchsten Herrn zu handeln bedeutet, ohne Anhaftung an das Ergebnis zu handeln. Das ist vollkommenes Handeln auf der höchsten Stufe, wie es von der Höchsten Persönlichkeit Gottes, Śrī Kṛṣṇa, empfohlen wird.

Vedische Rituale, wie zum Beispiel vorgeschriebene Opfer, werden vollzogen, um sich von gottlosen Tätigkeiten zu reinigen, die im Bereich der Sinnenbefriedigung ausgeführt wurden. Aber Handeln im Kṛṣṇa-Bewußtsein ist transzendental zu den Reaktionen auf gute und schlechte Werke. Ein Kṛṣṇa-bewußter Mensch haftet nicht am Ergebnis, sondern handelt einfach nur in Kṛṣṇas Interesse. Er verrichtet die unterschiedlichsten Tätigkeiten, ist dabei aber völlig unangehaftet.

Vers 20 कर्मणैव हि संसिद्धिमास्थिता जनकादयः ।
लोकसङ्ग्रहमेवापि सम्पश्यन् कर्तुमर्हसि ॥२०॥

karmaṇaiva hi saṁsiddhim āsthitā janakādayaḥ
loka-saṅgraham evāpi sampaśyan kartum arhasi

karmaṇā – durch Arbeit; *eva* – sogar; *hi* – gewiß; *saṁsiddhim* – in Vollkommenheit; *āsthitāḥ* – befindlich; *janaka-ādayaḥ* – Janaka und andere Könige; *loka-saṅgraham* – die Allgemeinheit; *eva api* – auch; *sampaśyan* – in Betracht ziehend; *kartum* – zu handeln; *arhasi* – du verdienst.

Könige wie Janaka und andere erreichten allein durch die Erfüllung vorgeschriebener Pflichten die Vollkommenheit. Deshalb solltest du deine Arbeit ausführen, und sei es auch nur, um die Allgemeinheit zu lehren.

ERLÄUTERUNG: Könige wie Janaka waren selbstverwirklichte Seelen, und folglich war es für sie nicht nötig, die in den *Veden* vorgeschriebenen Pflichten zu erfüllen. Nichtsdestoweniger führten sie alle vorgeschriebenen Tätigkeiten aus, nur um der Allgemeinheit ein Beispiel zu geben. Janaka war der Vater Sītās und der Schwiegervater Śrī Rāmas. Als großer Geweihter des Herrn war er in der Transzendenz verankert, doch weil er der König von Mithilā war (einem Bezirk in der Provinz Bihar in Indien), mußte er seine Untertanen lehren, wie man seine vorgeschriebenen Pflichten erfüllt. Für Śrī Kṛṣṇa und Seinen ewigen Freund Arjuna bestand keine Notwendigkeit, in der Schlacht von Kurukṣetra mitzukämpfen, aber sie kämpften, um die Menschen zu lehren, daß in einer Situation, in der gute Argumente nichts nützen, Gewalt ebenfalls notwendig ist. Vor der Schlacht von Kurukṣetra war jede Anstrengung unternommen worden, sogar von der Höchsten Persönlichkeit Gottes Selbst, um diesen Krieg zu vermeiden, doch die Gegenseite war entschlossen zu kämpfen. Für eine gerechte Sache wie diese war es also notwendig zu kämpfen. Obwohl jemand, der sich im Kṛṣṇa-Bewußtsein befindet, kein Interesse an der materiellen Welt hat, arbeitet er dennoch, um die Öffentlichkeit zu lehren, wie man leben und handeln soll. Diejenigen, die im Kṛṣṇa-Bewußtsein erfahren sind, sind in der Lage, auf solche Weise zu handeln, daß andere ihnen folgen werden, und dies wird im folgenden Vers erklärt.

Vers 21 यद्यदाचरति श्रेष्ठस्तत्तदेवेतरो जनः ।
स यत्प्रमाणं कुरुते लोकस्तदनुवर्तते ॥२१॥

yad yad ācarati śreṣṭhas tat tad evetaro janaḥ
sa yat pramāṇaṁ kurute lokas tad anuvartate

yat yat – was auch immer; *ācarati* – er tut; *śreṣṭhaḥ* – ein angesehener Führer; *tat* – das; *tat* – und das allein; *eva* – mit Sicherheit; *itaraḥ* – gewöhnlicher; *janaḥ* – Mensch; *saḥ* – er; *yat* – welches auch immer; *pramāṇam* – Beispiel; *kurute* – er gibt; *lokaḥ* – die ganze Welt; *tat* – diesem; *anuvartate* – folgt dem Beispiel.

Was auch immer ein bedeutender Mensch tut, dem folgen die gewöhnlichen Menschen. Und nach den Maßstäben, die er durch sein Beispiel setzt, richtet sich die ganze Welt.

ERLÄUTERUNG: Die Menschen brauchen immer einen Führer, der sie durch sein praktisches Beispiel lehren kann. Ein Führer kann die Menschen nicht lehren, mit dem Rauchen aufzuhören, wenn er selbst raucht. Śrī Caitanya sagte, ein Lehrer solle sich selbst richtig verhalten, bevor er andere zu lehren beginne. Wer auf diese Weise lehrt, wird als *ācārya,* als beispielhafter Lehrer, bezeichnet. Deshalb muß ein Lehrer den Prinzipien der *śāstras* (Schriften) folgen, um in der Lage zu sein, das Volk zu belehren. Er darf keine Regeln aufstellen, die gegen die Prinzipien der offenbarten Schriften verstoßen. Die offenbarten Schriften, wie die *Manu-saṁhitā* und andere, gelten als die maßgebenden Bücher, denen die menschliche Gesellschaft folgen sollte. Deshalb sollten sich die Anweisungen eines Führers auf die Prinzipien solcher maßgebenden *śāstras* stützen. Wer Fortschritt zu machen wünscht, muß den Standardregeln folgen, wie sie von den großen Lehrern praktiziert werden. Auch das *Śrīmad-Bhāgavatam* bestätigt, daß man in die Fußstapfen großer Gottgeweihter treten sollte, denn das ist der Weg, um auf dem Pfad der spirituellen Erkenntnis Fortschritt zu machen. Der König oder das Staatsoberhaupt, der Vater und der Schullehrer werden alle als natürliche Führer der unschuldigen Masse angesehen. All diese natürlichen Führer tragen eine große Verantwortung für ihre Untergebenen; daher müssen sie mit den maßgebenden Büchern der moralischen und spirituellen Gesetze vertraut sein.

Vers 22 न मे पार्थास्ति कर्तव्यं त्रिषु लोकेषु किञ्चन ।
नानवाप्तमवाप्तव्यं वर्त एव च कर्मणि ॥२२॥

na me pārthāsti kartavyaṁ triṣu lokeṣu kiñcana
nānavāptam avāptavyaṁ varta eva ca karmaṇi

na – nicht; *me* – Meine; *pārtha* – o Sohn Pṛthās; *asti* – es gibt; *kartavyam* – vorgeschriebene Pflicht; *triṣu* – in den drei; *lokeṣu* – Planetensystemen; *kiñcana* – irgendeine; *na* – nichts; *anavāptam* – benötigt; *avāptavyam* – zu erlangen; *varte* – Ich bin beschäftigt; *eva* –gewiß; *ca* – auch; *karmaṇi* – in vorgeschriebener Pflicht.

O Sohn Pṛthās, in allen drei Planetensystemen gibt es keine Arbeit, die Mir vorgeschrieben ist. Weder mangelt es Mir an etwas, noch muß Ich irgend etwas erreichen – und dennoch beschäftige Ich Mich mit der Erfüllung der vorgeschriebenen Pflichten.

ERLÄUTERUNG: Die Höchste Persönlichkeit Gottes wird in den vedischen Schriften wie folgt beschrieben:

tam īśvarāṇāṁ paramaṁ maheśvaraṁ
taṁ devatānāṁ paramaṁ ca daivatam
patim patīnāṁ paramaṁ parastād
vidāma devaṁ bhuvaneśam īḍyam

na tasya kāryaṁ karaṇaṁ ca vidyate
na tat-samaś cābhyadhikaś ca dṛśyate
parāsya śaktir vividhaiva śrūyate
svābhāvikī jñāna-bala-kriyā ca

„Der Höchste Herr ist der Beherrscher aller anderen Herrscher, und Er ist die größte aller Gottheiten, die den verschiedenen Planeten vorstehen. Jeder untersteht Seiner Herrschaft. Alle Lebewesen werden allein vom Höchsten Herrn mit bestimmter Macht ausgestattet; sie sind nicht selbst die Höchsten. Er ist auch für alle Halbgötter verehrenswert, und Er ist der höchste Führer aller Führer. Deshalb steht Er in transzendentaler Stellung zu allen Arten von materiellen Führern und Herrschern und ist für sie alle verehrenswert. Es gibt niemanden, der größer ist als Er, und Er ist die höchste Ursache aller Ursachen.

Seine körperliche Form ist nicht wie die eines gewöhnlichen Lebewesens. Es besteht kein Unterschied zwischen Seinem Körper und Seiner Seele. Er ist absolut. All Seine Sinne sind transzendental. Jeder Seiner Sinne kann die Funktion jedes anderen Sinnes erfüllen. Daher ist niemand größer als Er, und niemand kommt Ihm gleich. Seine Kräfte sind mannigfaltig, und so werden all Seine Taten in einem natürlichen Ablauf von selbst ausgeführt." (*Śvetāśvatara Upaniṣad* 6.7–8)

Da alles in vollem Reichtum im Herrn, der Höchsten Persönlichkeit Gottes, vorhanden ist und in voller Wahrheit existiert, gibt es für Ihn keine Pflicht zu erfüllen. Wer auf die Ergebnisse seiner Tätigkeiten angewiesen ist, muß eine bestimmte Pflicht erfüllen, aber jemand, für den es auf allen drei Planetensystemen nichts zu erreichen gibt, hat gewiß keine Pflicht. Und trotzdem tritt Śrī Kṛṣṇa auf dem Schlachtfeld von Kurukṣetra als Führer der *kṣatriyas* auf, da die *kṣatriyas* verpflichtet sind, die Leidenden zu beschützen. Obwohl Er über allen Regeln der offenbarten Schriften steht, tut Er nichts, was die offenbarten Schriften verletzt.

Vers 23 यदि ह्यहं न वर्तेयं जातु कर्मण्यतन्द्रितः ।
मम वर्त्मानुवर्तन्ते मनुष्याः पार्थ सर्वशः ॥२३॥

yadi hy ahaṁ na varteyaṁ jātu karmaṇy atandritaḥ
mama vartmānuvartante manuṣyāḥ pārtha sarvaśaḥ

yadi – wenn; *hi* – gewiß; *aham* – Ich; *na* – nicht; *varteyam* – beschäftige Mich auf diese Weise; *jātu* – jemals; *karmaṇi* – in der Ausführung der vorgeschriebenen Pflichten; *atandritaḥ* – mit großer Sorgfalt; *mama* – Meinem; *vartma* – Pfad; *anuvartante* – würden folgen; *manuṣyāḥ* – alle Menschen; *pārtha* – o Sohn Pṛthās; *sarvaśaḥ* – in jeder Hinsicht.

Denn würde Ich es jemals verfehlen, die vorgeschriebenen Pflichten sorgfältig auszuführen, o Pārtha, folgten gewiß alle Menschen Meinem Pfad.

ERLÄUTERUNG: Um das Gleichgewicht sozialen Friedens aufrechtzuerhalten, das nötig ist, damit die Menschen im spirituellen Leben Fortschritt machen können, gibt es traditionelle Familiengebräuche, die für jeden zivilisierten Menschen bestimmt sind. Obwohl solche Regeln und Vorschriften nur für die bedingten Seelen, und nicht für Śrī Kṛṣṇa, gelten, folgte Er ihnen dennoch, da Er erschienen war, um die Prinzipien der Religion festzulegen. Andernfalls würden gewöhnliche Menschen Seinem Beispiel folgen, da Er die höchste Autorität ist. Aus dem *Śrīmad-Bhāgavatam* erfahren wir, daß Śrī Kṛṣṇa sowohl zu Hause als auch außerhalb Seines Hauses alle religiösen Pflichten erfüllte, die einem Haushälter vorgeschrieben sind.

Vers 24 उत्सीदेयुरिमे लोका न कुर्यां कर्म चेदहम् ।
सङ्करस्य च कर्ता स्यामुपहन्यामिमाः प्रजाः ॥२४॥

utsīdeyur ime lokā na kuryāṁ karma ced aham
saṅkarasya ca kartā syām upahanyām imāḥ prajāḥ

utsīdeyuḥ – würden zugrunde gehen; *ime* – all diese; *lokāḥ* – Welten; *na* – nicht; *kuryām* – Ich führe aus; *karma* – vorgeschriebene Pflichten; *cet* – wenn; *aham* – Ich; *saṅkarasya* – unerwünschter Bevölkerung; *ca* – und; *kartā* – Schöpfer; *syām* – würde sein; *upahanyām* – würde zerstören; *imāḥ* – all diese; *prajāḥ* – Lebewesen.

Wenn Ich die vorgeschriebenen Pflichten nicht erfüllen würde, gingen alle Welten zugrunde. Auch wäre Ich die Ursache für die Entstehung unerwünschter Bevölkerung, und Ich würde dadurch den Frieden aller Lebewesen zerstören.

ERLÄUTERUNG: *Varṇa-saṅkara* ist unerwünschte Bevölkerung, die den Frieden der Allgemeinheit stört. Um diese soziale Störung zu vermeiden, gibt es vorgeschriebene Regeln und Richtlinien, die der Gesellschaft automatisch zu Frieden und Ordnung verhelfen, so daß spiritueller Fortschritt im Leben möglich ist. Wenn Śrī Kṛṣṇa erscheint, richtet Er Sich natürlich nach solchen Regeln und Vorschriften, um deren Ansehen zu erhalten und auf deren Wichtigkeit hinzuweisen. Der Herr ist der Vater aller Lebewesen, und wenn die Lebewesen irregeführt werden, fällt die Verantwortung indirekt auf den Herrn. Daher erscheint der Herr Selbst, wenn die regulierenden Prinzipien allgemein mißachtet werden, und berichtigt die Gesellschaft. Wir müssen dem Beispiel des Herrn folgen, aber gleichzeitig sollten wir sorgsam zur Kenntnis nehmen, daß wir Ihn nicht imitieren können. Folgen und Imitieren ist nicht dasselbe. Wir können den Herrn nicht nachahmen, indem wir den Govardhana-Hügel hochheben, wie Er es in Seiner Kindheit tat. Das ist für keinen Menschen möglich. Wir müssen Seinen Anweisungen folgen, doch wir dürfen Ihn niemals imitieren. Das *Śrīmad-Bhāgavatam* (10.33.30–31) bestätigt dies wie folgt:

naitat samācarej jātu manasāpi hy anīśvaraḥ
vinaśyaty ācaran mauḍhyād yathārudro 'bdhi-jaṁ viṣam

īśvarāṇāṁ vacaḥ satyaṁ tathaivācaritaṁ kvacit
teṣāṁ yat sva-vaco-yuktaṁ buddhimāṁs tat samācaret

„Man sollte einfach den Anweisungen des Herrn und Seiner ermächtigten Diener folgen. All ihre Anweisungen sind gut für uns, und jeder intelligente Mensch wird sich genau nach ihnen richten. Man sollte sich jedoch vor dem Versuch hüten, ihre Taten nachzuahmen. Man sollte nicht versuchen, ein Meer von Gift leerzutrinken, so wie Śiva es tat."

Wir müssen uns immer darüber bewußt sein, daß die Stellung der *īśvaras,* derer, die tatsächlich die Bewegung der Sonne und des Mondes lenken können, uns übergeordnet ist. Ohne selbst über solche Fähigkeiten zu verfügen, kann man die *īśvaras,* die übermenschliche Macht besitzen, nicht nachahmen. Śiva trank ein ganzes Meer von Gift, aber wenn ein gewöhnlicher Mensch versucht, auch nur eine kleine Menge solchen Giftes zu trinken, wird er den Tod finden. Es gibt viele Pseudogeweihte Śivas, die *gañjā* (Marihuana) und ähnliche berauschende Drogen rauchen, dabei jedoch vergessen, daß sie durch dieses Imitieren von Śivas Taten ihren eigenen Tod schnell herbei rufen. Ebenso gibt es Pseudogeweihte von Śrī Kṛṣṇa, die mit Vorliebe Seinen *rāsa-līlā,* Seinen Tanz der Liebe, nachahmen, aber vergessen, daß sie unfähig sind, den Govardhana-Hügel hochzuheben. Es ist daher das beste, nicht zu versuchen, die Mächtigen nachzuahmen, sondern einfach ihren Anweisungen zu folgen; auch sollte man nicht versuchen, ihre Stellung einzunehmen, ohne dafür qualifiziert zu sein. Es gibt so viele, die sich als „Inkarnationen" Gottes ausgeben, aber keiner von ihnen besitzt die Macht Gottes.

Vers 25 सक्ताः कर्मण्यविद्वांसो यथा कुर्वन्ति भारत ।
कुर्याद्विद्वांस्तथासक्तश्चिकीर्षुर्लोकसङ्ग्रहम् ॥२५॥

saktāḥ karmaṇy avidvāṁso yathā kurvanti bhārata
kuryād vidvāṁs tathāsaktaś cikīrṣur loka-saṅgraham

saktāḥ – angehaftet sein; *karmaṇi* – in den vorgeschriebenen Pflichten; *avidvāṁsaḥ* – die Unwissenden; *yathā* – so wie; *kurvanti* – sie tun; *bhārata* – o Nachkomme Bharatas; *kuryāt* – müssen tun; *vidvān* – die Gelehrten; *tathā* – auf diese Weise; *asaktaḥ* – ohne Anhaftung; *cikīrṣuḥ* – mit dem Wunsch zu führen; *loka-saṅgraham* – die Allgemeinheit.

So wie die Unwissenden ihre Pflichten mit Anhaftung an die Ergebnisse ausführen, o Bhārata, so führen auch die Gelehrten ihre Pflichten aus, aber ohne Anhaftung, und nur, um die Menschen auf den rechten Pfad zu führen.

ERLÄUTERUNG: Der Unterschied zwischen einem Kṛṣṇa-bewußten Menschen und jemandem, der nicht Kṛṣṇa-bewußt ist, besteht in ihren unterschiedlichen Wünschen. Ein Kṛṣṇa-bewußter Mensch tut nichts, was nicht für die Entwicklung von Kṛṣṇa-Bewußtsein förderlich ist. Es kann sogar vorkommen, daß er genau wie die Unwissenden handelt, die zu sehr an materiellen Tätigkeiten haften; aber der eine verrichtet solche Tätigkeiten, um seine Sinne zufriedenzustellen, während der andere tätig ist, um Kṛṣṇa zufriedenzustellen. Deshalb ist es nötig, daß diejenigen, die Kṛṣṇa-bewußt sind, den Menschen zeigen, wie man handelt und die Ergebnisse seiner Tätigkeiten für den Zweck des Kṛṣṇa-Bewußtseins verwendet.

Vers 26 न बुद्धिभेदं जनयेदज्ञानां कर्मसङ्गिनाम् ।
जोषयेत्सर्वकर्माणि विद्वान् युक्तः समाचरन् ॥२६॥

na buddhi-bhedaṁ janayed ajñānāṁ karma-saṅginām
joṣayet sarva-karmāṇi vidvān yuktaḥ samācaran

na – nicht; *buddhi-bhedam* – Verwirrung der Intelligenz; *janayet* – er sollte verursachen; *ajñānām* – der Unwissenden; *karma-saṅginām* – die an fruchtbringender Arbeit haften; *joṣayet* – er sollte verbinden; *sarva* – alle; *karmāṇi* – Tätigkeiten; *vidvān* – ein Gelehrter; *yuktaḥ* – beschäftigt; *samācaran* – auszuführen.

Ein Weiser sollte den Geist der Unwissenden, die an den fruchttragenden Ergebnissen ihrer vorgeschriebenen Pflichten haften, nicht verwirren. Er sollte sie nicht dazu bewegen, mit ihrer Arbeit aufzuhören; vielmehr sollte er im Geist der Hingabe handeln und sie mit allen Arten von Tätigkeiten beschäftigen [so daß sie allmählich Kṛṣṇa-Bewußtsein entwickeln].

ERLÄUTERUNG: *Vedaiś ca sarvair aham eva vedyaḥ.* Das ist das Ziel aller vedischen Rituale. Alle Rituale, alle Opferdarbringungen und alle anderen Inhalte der *Veden,* einschließlich aller Anleitungen zu materiellen Tätigkeiten, sollen den Menschen dazu führen, Kṛṣṇa, das endgültige Ziel des Lebens, zu verstehen. Weil die bedingten Seelen aber nichts außer Sinnenbefriedigung kennen, studieren sie die *Veden* mit diesem Ziel vor Augen. Wenn man sich aber mit fruchtbringenden Tätigkeiten und Sinnenbefriedigung gemäß den vedischen Regeln und Ritualen beschäftigt, wird man allmählich auf die Stufe des Kṛṣṇa-Bewußtseins erhoben. Deshalb sollte ein selbstverwirklichter, Kṛṣṇa-bewußter Mensch andere in ihrer Beschäftigung und Überzeugung nicht stören, sondern an seinem eigenen Beispiel zeigen, wie man die Ergebnisse aller Arbeit in den Dienst Kṛṣṇas stellen kann. Der erfahrene Kṛṣṇa-bewußte Mensch sollte so handeln, daß die Unwissenden, die für die Befriedigung ihrer Sinne arbeiten, lernen können, wie man handeln und sich verhalten soll. Im Gegensatz zu einem solchen Unwissenden, den man in seiner Beschäftigung nicht stören soll, kann jemand, der nur ein wenig Kṛṣṇa-Bewußtsein entwickelt hat, direkt im Dienst des Herrn beschäftigt werden, ohne sich mit anderen vedischen Systemen aufhalten zu müssen. Für einen solchen vom Glück begünstigten Menschen ist es nicht notwendig, den vedischen Ritualen zu folgen, denn wenn man sich direkt im Kṛṣṇa-Bewußtsein beschäftigt, erlangt man alle Ergebnisse, die einem sonst durch die Ausführung seiner vorgeschriebenen Pflichten zuteil werden.

Vers 27 प्रकृतेः क्रियमाणानि गुणैः कर्माणि सर्वशः ।
अहङ्कारविमूढात्मा कर्ताहमिति मन्यते ॥२७॥

prakṛteḥ kriyamāṇāni guṇaiḥ karmāṇi sarvaśaḥ
ahaṅkāra-vimūḍhātmā kartāham iti manyate

prakṛteḥ – der materiellen Natur; *kriyamāṇāni* – werden ausgeführt; *guṇaiḥ* – von den Erscheinungsweisen; *karmāṇi* – Tätigkeiten; *sarvaśaḥ* – alle Arten von; *ahaṅkāra-vimūḍha* – verwirrt durch falsches Ego; *ātmā* – die spirituelle Seele; *kartā* – der Handelnde; *aham* – Ich; *iti* – so; *manyate* – sie denkt.

Die vom Einfluß des falschen Ego verwirrte spirituelle Seele hält sich selbst für den Ausführenden von Tätigkeiten, die in Wirklichkeit von den drei Erscheinungsweisen der materiellen Natur ausgeführt werden.

ERLÄUTERUNG: Zwei Menschen, die die gleiche Arbeit verrichten – der eine im Kṛṣṇa-Bewußtsein und der andere im materiellen Bewußtsein –, scheinen auf der gleichen Ebene zu handeln, doch in Wirklichkeit besteht zwischen ihnen ein gewaltiger Unterschied. Der Mensch im materiellen Bewußtsein ist aufgrund von falschem Ego davon überzeugt, selbst der Ausführende aller Tätigkeiten zu sein. Er weiß nicht, daß der Mechanismus des Körpers ein Produkt der materiellen Natur ist, die unter der Aufsicht des Höchsten Herrn tätig ist. Ein Materialist weiß nicht, daß er letztlich unter Kṛṣṇas Kontrolle steht. Weil er unter dem Einfluß des falschen Ego steht, nimmt er für sich das Verdienst in Anspruch, alles, was er tut, unabhängig getan zu haben; aber daran erkennt man nur seine Unwissenheit. Er weiß nicht, daß sein grob- und feinstofflicher Körper auf Anordnung der Höchsten Persönlichkeit Gottes von der materiellen Natur geschaffen wurden und daß er daher seinen Körper und seinen Geist im Dienste Kṛṣṇas, im Kṛṣṇa-Bewußtsein, beschäftigen sollte. Der Mensch in Unwissenheit vergißt, daß die Höchste Persönlichkeit Gottes als Hṛṣīkeśa, der Meister der Sinne des materiellen Körpers, bezeichnet wird, denn weil er seine Sinne auf der Suche nach Sinnenbefriedigung für so lange Zeit mißbraucht hat, ist er durch das falsche Ego, das ihn seine ewige Beziehung zu Kṛṣṇa vergessen läßt, völlig verwirrt.

Vers 28 तत्त्ववित्तु महाबाहो गुणकर्मविभागयोः ।
गुणा गुणेषु वर्तन्त इति मत्वा न सज्जते ॥२८॥

tattva-vit tu mahā-bāho guṇa-karma-vibhāgayoḥ
guṇā guṇeṣu vartanta iti matvā na sajjate

tattva-vit – der Kenner der Absoluten Wahrheit; *tu* – aber; *mahā-bāho* – o Starkarmiger; *guṇa-karma* – der Tätigkeiten unter materiellem Einfluß; *vibhāgayoḥ* – Unterschiede; *guṇāḥ* – Sinne; *guṇeṣu* – mit Sinnenbefriedigung; *vartante* – sind beschäftigt; *iti* – so; *matvā* – denkend; *na* – niemals; *sajjate* – wird angehaftet.

Wer die Absolute Wahrheit kennt, o Starkarmiger, befaßt sich nicht mit den Sinnen und mit Sinnenbefriedigung, da er sehr wohl die Unterschiede zwischen Arbeit in Hingabe und Arbeit um fruchttragender Ergebnisse willen kennt.

ERLÄUTERUNG: Wer die Absolute Wahrheit kennt, ist sich seiner mißlichen Lage in der materiellen Welt bewußt. Er weiß, daß er ein winziger Teil der Höchsten Persönlichkeit Gottes, Kṛṣṇas, ist und daß er sich eigentlich nicht in der materiellen Schöpfung aufhalten sollte. Er kennt seine wirkliche Identität als Bestandteil des Höchsten, der ewige Glückseligkeit und ewiges Wissen ist, und er erkennt, daß er auf irgendeine Weise in die Gefangenschaft der materiellen Lebensauffassung geraten ist. In seinem reinen Seinszustand ist es ihm bestimmt, seine Tätigkeiten durch hingebungsvollen Dienst mit der Höchsten Persönlichkeit Gottes, Kṛṣṇa, in Verbindung bringen. Er beschäftigt sich daher mit den Tätigkeiten des Kṛṣṇa-Bewußtseins und löst sich so auf natürliche Weise von seiner Anhaftung an die umstandsbedingten und zeitweiligen

Tätigkeiten der materiellen Sinne. Er weiß, daß seine materiellen Lebensumstände der höchsten Kontrolle des Herrn unterstehen, weshalb er sich durch materielle Reaktionen, gleich welcher Art, nicht gestört fühlt, da er sie als die Barmherzigkeit des Herrn betrachtet. Dem *Śrīmad-Bhāgavatam* zufolge wird jemand, der die Absolute Wahrheit in ihren drei verschiedenen Aspekten kennt – als Brahman, als Paramātmā und als die Höchste Persönlichkeit Gottes –, *tattva-vit* genannt, da er auch seine eigene, wirkliche Stellung in Beziehung zum Höchsten kennt.

Vers 29 प्रकृतेर्गुणसम्मूढाः सज्जन्ते गुणकर्मसु ।
तानकृत्स्नविदो मन्दान् कृत्स्नविन्न विचालयेत् ॥२९॥

prakṛter guṇa-sammūḍhāḥ sajjante guṇa-karmasu
tān akṛtsna-vido mandān kṛtsna-vin na vicālayet

prakṛteḥ – der materiellen Natur; *guṇa* – durch die Erscheinungsweisen; *sammūḍhāḥ* – getäuscht durch materielle Identifizierung; *sajjante* – sie werden beschäftigt; *guṇa-karmasu* – in materiellen Tätigkeiten; *tān* – jene; *akṛtsna-vidaḥ* – Menschen mit geringem Wissen; *mandān* – träge im Verstehen von Selbstverwirklichung; *kṛtsna-vit* – jemand, der tatsächliches Wissen besitzt; *na* – nicht; *vicālayet* – sollte versuchen, in Verwirrung zu bringen.

Verwirrt durch die Erscheinungsweisen der materiellen Natur, gehen die Unwissenden ausschließlich materiellen Tätigkeiten nach und entwickeln Anhaftung. Aufgrund ihres Mangels an Wissen sind alle diese Pflichten, die sie ausführen, von niederer Natur, aber der Weise sollte sie trotzdem nicht in Verwirrung bringen.

ERLÄUTERUNG: Menschen, die von Unwissenheit verblendet sind, richten ihr Bewußtsein fälschlicherweise auf die grobstoffliche Materie und identifizieren sich mit den verschiedensten materiellen Bezeichnungen. Der Körper ist eine Gabe der materiellen Natur, und jemand, der zu sehr dem körperlichen Bewußtsein verhaftet ist, wird als *manda* bezeichnet, jemand, der träge ist und sich nicht bemüht, die spirituelle Seele zu verstehen. Unwissende Menschen halten den Körper für das Selbst; sie halten körperliche Verbindungen mit anderen für Verwandtschaft; das Land, in dem der Körper geboren wurde, wird verehrt, und die formellen religiösen Rituale werden als Selbstzweck betrachtet. Diejenigen, die mit solchen materiellen Bezeichnungen behaftet sind, neigen manchmal zu Sozialarbeit, Nationalismus und Altruismus. Weil sie unter dem Bann solcher Bezeichnungen stehen, sind sie immer nur auf der materiellen Ebene tätig. Für sie ist spirituelle Verwirklichung Einbildung, und daher sind sie nicht daran interessiert. Diejenigen jedoch, die im spirituellen Leben erleuchtet sind, sollten nicht versuchen, solche ins materielle Dasein vertieften Menschen unnötig zu reizen. Für sie ist es besser, in aller Stille den eigenen spirituellen Tätigkeiten nachzugehen. Die verwirrten Materialisten können darin geschult werden, grundlegende Moralprinzipien wie Gewaltlosigkeit zu befolgen und ähnliche materielle Tugenden zu entwickeln.

Unwissende Menschen können Tätigkeiten im Kṛṣṇa-Bewußtsein nicht wertschätzen, und daher rät uns Śrī Kṛṣṇa, sie nicht zu stören, um so keine kostbare Zeit zu verschwenden. Aber die Geweihten des Herrn sind gütiger als der Herr Selbst, weil sie die Absicht des Herrn verstehen. Folglich nehmen sie alle möglichen Wagnisse auf sich und gehen sogar so weit, daß sie unwissende Menschen ansprechen, um zu versuchen, sie in den Tätigkeiten des Kṛṣṇa-Bewußtseins zu beschäftigen, die für den Menschen absolut notwendig sind.

Vers 30 मयि सर्वाणि कर्माणि सन्न्यस्याध्यात्मचेतसा ।
निराशीर्निर्ममो भूत्वा युध्यस्व विगतज्वरः ॥३०॥

mayi sarvāṇi karmāṇi sannyasyādhyātma-cetasā
nirāśīr nirmamo bhūtvā yudhyasva vigata-jvaraḥ

mayi – Mir; *sarvāṇi* – alle Arten von; *karmāṇi* – Tätigkeiten; *sannyasya* – vollständig aufgebend; *adhyātma* – mit vollkommenem Wissen über das Selbst; *cetasā* – durch Bewußtsein; *nirāśīḥ* – ohne Verlangen nach Gewinn; *nirmamaḥ* – ohne Besitzanspruch; *bhūtvā* –so seiend; *yudhyasva* – kämpfe; *vigata-jvaraḥ* – ohne gleichgültig zu sein.

Deshalb weihe all deine Tätigkeiten Mir und kämpfe, o Arjuna, mit vollem Wissen über Mich, ohne Verlangen nach Gewinn, ohne Besitzanspruch und frei von Gleichgültigkeit.

ERLÄUTERUNG: Dieser Vers beschreibt klar das Ziel der *Bhagavad-gītā*. Der Herr erklärt, daß man bei der Ausführung seiner Pflichten vollständig Kṛṣṇa-bewußt sein muß, wie wenn es sich um eine militärische Disziplin handelte. Eine solche Unterweisung mag die Dinge ein wenig schwierig machen, aber trotzdem müssen die Pflichten ausgeführt werden, und zwar in Abhängigkeit von Kṛṣṇa, denn darin besteht die wesensgemäße Stellung des Lebewesens. Das Lebewesen kann nicht unabhängig von der Zusammenarbeit mit dem Höchsten Herrn glücklich sein, da es die ewige, wesensgemäße Stellung des Lebewesens ist, sich den Wünschen des Herrn unterzuordnen. Arjuna bekam daher von Śrī Kṛṣṇa den Befehl zu kämpfen, als wäre der Herr sein militärischer Vorgesetzter. Man muß alles opfern, um das Wohlwollen des Höchsten Herrn zu erlangen, und gleichzeitig muß man seine vorgeschriebenen Pflichten erfüllen, ohne irgendwelchen Besitzanspruch zu erheben. Arjuna brauchte sich über den Befehl des Herrn keine Gedanken zu machen; er brauchte Seinen Befehl nur auszuführen. Der Höchste Herr ist die Seele aller Seelen. Wer sich daher voll und ganz, ohne persönlichen Vorbehalt, vom Höchsten Herrn abhängig macht – oder mit anderen Worten, wer völlig Kṛṣṇa-bewußt ist –, wird als *adhyātma-cetās* bezeichnet. *Nirāśīḥ* bedeutet, daß man nach der Anweisung des Meisters handeln muß, ohne jedoch fruchttragende Ergebnisse zu erwarten. Der Kassierer mag für seinen Arbeitgeber Millionen von Euro zählen, doch er beansprucht keinen einzigen Cent für sich selbst. In ähnlicher Weise muß man erkennen, daß nichts auf der Welt einem bestimmten Menschen gehört, sondern daß alles das Eigentum des Höchsten Herrn ist. Das ist die wirkliche Bedeutung von *mayi* („Mir"). Wenn man in solchem Kṛṣṇa-Bewußtsein handelt, beansprucht man sicherlich nichts als sein Eigentum. Diese Bewußtseinshaltung nennt man *nirmama* („nichts gehört mir"). Und wenn gegen einen solch strengen Befehl, der keine Rücksicht auf sogenannte Verwandte oder körperliche Beziehungen nimmt, irgendein Widerwille besteht, sollte man dieses Zögern von sich werfen. Auf diese Weise kann man *vigata-jvara,* frei von fiebriger Mentalität und Lethargie, werden. Jeder muß, seinen Eigenschaften und seiner Stellung gemäß, eine bestimmte Art von Tätigkeit ausüben, und all diese Pflichten müssen, wie oben beschrieben wurde, im Kṛṣṇa-Bewußtsein erfüllt werden. Dies wird einen auf den Pfad der Befreiung führen.

Vers 31 ये मे मतमिदं नित्यमनुतिष्ठन्ति मानवाः ।
श्रद्धावन्तोऽनसूयन्तो मुच्यन्ते तेऽपि कर्मभिः ॥३१॥

ye me matam idaṁ nityam anutiṣṭhanti mānavāḥ
śraddhāvanto 'nasūyanto mucyante te 'pi karmabhiḥ

ye – diejenigen, die; *me* – Meine; *matam* – Unterweisungen; *idam* – diese; *nityam* – als eine ewige Funktion; *anutiṣṭhanti* – regelmäßig ausführen; *mānavāḥ* – Menschen; *śraddhā-vantaḥ* – mit Glauben und Hingabe; *anasūyantaḥ* – ohne Neid; *mucyante* – werden frei; *te* – sie alle; *api* – sogar; *karmabhiḥ* – von der Fessel an das Gesetz fruchtbringender Tätigkeiten.

Diejenigen, die ihre Pflichten nach Meinen Unterweisungen erfüllen und dieser Lehre mit Glauben folgen, ohne neidisch zu sein, werden von der Fessel fruchtbringender Tätigkeiten befreit.

ERLÄUTERUNG: Die Anweisungen der Höchsten Persönlichkeit Gottes, Kṛṣṇa, sind die Essenz aller vedischen Weisheit und sind daher ohne Ausnahme ewiglich wahr. So wie die *Veden* ewig sind, so ist auch diese Wahrheit des Kṛṣṇa-Bewußtseins ewig. Man sollte festes Vertrauen in diese Unterweisung haben, ohne den Herrn zu beneiden. Es gibt viele Philosophen, die Kommentare zur *Bhagavad-gītā* schreiben, aber nicht an Kṛṣṇa glauben. Sie werden niemals von der Fessel der fruchtbringenden Tätigkeiten befreit werden. Aber ein gewöhnlicher Mensch mit festem Glauben an die ewigen Unterweisungen des Herrn wird, selbst wenn er unfähig ist, diesen Anweisungen zu folgen, von der Fessel des Gesetzes des *karma* befreit. Zu Beginn des Kṛṣṇa-Bewußtseins kann es sein, daß man die Anweisungen des Herrn nicht vollständig ausführt, aber da man sich diesem Prinzip nicht widersetzt und aufrichtig handelt, ohne Niederlage und Hoffnungslosigkeit zu beachten, wird man mit Sicherheit auf die Ebene des reinen Kṛṣṇa-Bewußtseins erhoben werden.

Vers 32 ये त्वेतदभ्यसूयन्तो नानुतिष्ठन्ति मे मतम् ।
सर्वज्ञानविमूढांस्तान् विद्धि नष्टानचेतसः ॥३२॥

ye tv etad abhyasūyanto nānutiṣṭhanti me matam
sarva-jñāna-vimūḍhāṁs tān viddhi naṣṭān acetasaḥ

ye – diejenigen; *tu* – jedoch; *etat* – diese; *abhyasūyantaḥ* – aufgrund von Neid; *na* – nicht; *anutiṣṭhanti* – den Regeln entsprechend befolgen; *me* – Meine; *matam* – Anweisung; *sarva-jñāna* – in allen Arten des Wissens; *vimūḍhān* – völlig getäuscht; *tān* – sie sind; *viddhi* – wisse wohl; *naṣṭān* – alles zum Scheitern verurteilt; *acetasaḥ* – ohne Kṛṣṇa-Bewußtsein.

Doch diejenigen, die aus Neid diese Lehren mißachten und nicht regelmäßig danach handeln, sind allen Wissens beraubt, getäuscht und in all ihren Bemühungen um Vollkommenheit zum Scheitern verurteilt.

ERLÄUTERUNG: In diesem Vers wird klar gesagt, welche Nachteile es hat, nicht Kṛṣṇa-bewußt zu sein. So wie Ungehorsam gegenüber einer

Anordnung des Staatsoberhauptes bestraft wird, so wird auch mit Gewißheit Ungehorsam gegenüber der Anordnung der Höchsten Persönlichkeit Gottes bestraft. Ein ungehorsamer Mensch – mag er auch noch so bedeutend sein – weiß nichts von seinem eigenen Selbst und nichts vom Höchsten Brahman, vom Paramātmā und von der Persönlichkeit Gottes, weil sein Herz leer ist. Daher gibt es für ihn keine Hoffnung, sein Leben zur Vollkommenheit zu führen.

Vers 33 सदृशं चेष्टते स्वस्याः प्रकृतेर्ज्ञानवानपि ।
प्रकृतिं यान्ति भूतानि निग्रहः किं करिष्यति ॥३३॥

sadṛśaṁ ceṣṭate svasyāḥ prakṛter jñānavān api
prakṛtiṁ yānti bhūtāni nigrahaḥ kiṁ kariṣyati

sadṛśam – entsprechend; *ceṣṭate* – versucht; *svasyāḥ* – von seinen eigenen; *prakṛteḥ* – Erscheinungsweisen der Natur; *jñāna-vān* – Mensch mit Wissen; *api* – obwohl; *prakṛtim* – Natur; *yānti* – unterziehen sich; *bhūtāni* – alle Lebewesen; *nigrahaḥ* – Verdrängung; *kim* – was; *kariṣyati* – kann ausrichten.

Selbst ein Mensch, der in Wissen gründet, handelt seiner Natur gemäß, denn jeder folgt der Natur, die er entsprechend den drei Erscheinungsweisen angenommen hat. Was kann Verdrängung ausrichten?

ERLÄUTERUNG: Solange man sich nicht auf der transzendentalen Ebene des Kṛṣṇa-Bewußtseins befindet, kann man nicht vom Einfluß der Erscheinungsweisen der materiellen Natur frei werden, wie vom Herrn im Siebten Kapitel (7.14) bestätigt wird. Daher ist es selbst dem gebildetsten Menschen auf der weltlichen Ebene unmöglich, bloß durch theoretisches Wissen oder durch die Unterscheidung der Seele vom Körper der Verstrickung *māyās* zu entkommen. Es gibt viele sogenannte Spiritualisten, die nach außen hin so tun, als seien sie in dieser Wissenschaft fortgeschritten, die aber innerlich oder im privaten Bereich völlig unter dem Einfluß der Erscheinungsweisen der Natur stehen, die sie nicht überwinden können. Man mag akademisch sehr gebildet sein, doch aufgrund der langen Gemeinschaft mit der materiellen Natur lebt man in Gefangenschaft. Kṛṣṇa-Bewußtsein hilft einem, sich aus der materiellen Verstrickung zu lösen, auch wenn man im materiellen Leben weiter seinen vorgeschriebenen Pflichten nachgeht. Deshalb sollte niemand, ohne völlig Kṛṣṇa-bewußt zu sein, plötzlich seine vorgeschriebenen Pflichten aufgeben und künstlich ein sogenannter *yogī* oder Transzendentalist werden. Es ist besser, in seiner Stellung zu bleiben und zu versuchen, unter höherer Anleitung Kṛṣṇa-Bewußtsein zu erreichen. So kann man aus der Gewalt von Kṛṣṇas *māyā* befreit werden.

Vers 34 इन्द्रियस्येन्द्रियस्यार्थे रागद्वेषौ व्यवस्थितौ ।
तयोर्न वशमागच्छेत्तौ ह्यस्य परिपन्थिनौ ॥३४॥

indriyasyendriyasyārthe rāga-dveṣau vyavasthitau
tayor na vaśam āgacchet tau hy asya paripanthinau

indriyasya – der Sinne; *indriyasya arthe* – an die Sinnesobjekte; *rāga* – Anhaftung; *dveṣau* – auch Loslösung; *vyavasthitau* – unter Regulierungen gestellt; *tayoḥ* – von ihnen; *na* – niemals; *vaśam* – Herrschaft; *āgacchet* – man sollte kommen; *tau* – diejenigen; *hi* – gewiß; *asya* – seine; *paripanthinau* – Hindernisse.

Es gibt Prinzipien, um die Anhaftung und Abneigung gegenüber den Sinnen und ihren Objekten zu regulieren. Man sollte nicht unter die Herrschaft solcher Anhaftung und Abneigung geraten, denn sie sind Hindernisse auf dem Pfad der Selbstverwirklichung.

ERLÄUTERUNG: Denen, die Kṛṣṇa-bewußt sind, widerstrebt es von Natur aus, sich mit materieller Sinnenbefriedigung zu beschäftigen. Aber diejenigen, die nicht in diesem Bewußtsein leben, sollten den Regeln und Regulierungen der offenbarten Schriften folgen. Ungezügelter Sinnengenuß ist die Ursache für Gefangenschaft in der Materie, doch jemand, der den Regeln und Regulierungen der offenbarten Schriften folgt, wird durch die Sinnesobjekte nicht verstrickt. Sexueller Genuß zum Beispiel ist ein Bedürfnis der bedingten Seele, und in einer ehelichen Verbindung ist Sexualität gestattet. Die Anweisungen der Schriften verbieten sexuelle Beziehungen mit jeder Frau außer der eigenen. Jede andere Frau sollte man als Mutter ansehen. Aber trotz solcher Vorschriften neigt ein Mann immer noch dazu, sexuelle Beziehungen mit anderen Frauen zu unterhalten. Diese Neigungen müssen bezwungen werden; sie werden sonst zu Hindernissen auf dem Pfad der Selbstverwirklichung. Solange man einen materiellen Körper hat, dürfen die Bedürfnisse des materiellen Körpers befriedigt werden, jedoch nur nach Regeln und Regulierungen. Dennoch sollte man sich nicht darauf verlassen, daß solche Einschränkungen automatisch zum Erfolg führen. Man muß diesen Regeln und Regulierungen folgen, ohne an ihnen zu haften, denn auch Sinnenbefriedigung unter Regulierungen kann einen vom rechten Weg abbringen, ebenso wie selbst auf breiten

Straßen immer die Möglichkeit eines Unfalls besteht. Solche Straßen mögen zwar sorgsam in gutem Zustand gehalten werden, aber dennoch kann niemand garantieren, daß nicht auch auf der sichersten Straße Gefahr lauert. Aufgrund unseres Kontaktes mit der Materie ist die Neigung zu Sinnenbefriedigung schon seit sehr, sehr langer Zeit in uns. Es besteht daher trotz geregelten Sinnengenusses immer die Möglichkeit, zu Fall zu kommen; deshalb muß auch Anhaftung an geregelten Sinnengenuß unter allen Umständen vermieden werden. Aber Anhaftung an das Kṛṣṇa-Bewußtsein, das heißt an das Handeln im liebevollen Dienst für Kṛṣṇa, löst einen von allen Arten sinnlicher Tätigkeiten. Niemand sollte daher auf irgendeiner Stufe des Lebens versuchen, vom Kṛṣṇa-Bewußtsein losgelöst zu sein. Der ganze Sinn der Loslösung von allen Arten der sinnlichen Anhaftung besteht letztlich darin, sich auf die Ebene des Kṛṣṇa-Bewußtseins zu erheben.

Vers 35 श्रेयान् स्वधर्मो विगुणः परधर्मात्स्वनुष्ठितात् ।
स्वधर्मे निधनं श्रेयः परधर्मो भयावहः ॥३५॥

śreyān sva-dharmo viguṇaḥ para-dharmāt sv-anuṣṭhitāt
sva-dharme nidhanaṁ śreyaḥ para-dharmo bhayāvahaḥ

śreyān – weit besser; *sva-dharmaḥ* – seine vorgeschriebenen Pflichten; *viguṇaḥ* – sogar fehlerhaft; *para-dharmāt* – als Pflichten, die für andere bestimmt sind; *su-anuṣṭhitāt* – vollkommen ausgeführt; *sva-dharme* – in den eigenen vorgeschriebenen Pflichten; *nidhanam* – Zerstörung; *śreyaḥ* – besser; *para-dharmaḥ* – Pflichten, die anderen vorgeschrieben sind; *bhaya-āvahaḥ* – gefährlich.

Es ist weit besser, die eigenen vorgeschriebenen Pflichten zu erfüllen, selbst wenn dies fehlerhaft geschieht, als die Pflichten eines anderen vollkommen zu erfüllen. Es ist besser, bei der Erfüllung der eigenen Pflicht unterzugehen, als den Pflichten eines anderen nachzukommen, denn dem Pfad eines anderen zu folgen ist gefährlich.

ERLÄUTERUNG: Man sollte folglich lieber seine vorgeschriebenen Pflichten in vollem Kṛṣṇa-Bewußtsein erfüllen als Pflichten nachgehen, die für andere bestimmt sind. Vorgeschriebene Pflichten im materiellen Bereich sind Pflichten gemäß den psychischen und physischen Eigenschaften, die man unter dem Einfluß der Erscheinungsweisen der materiellen Natur angenommen hat. Spirituelle Pflichten sind Pflichten, die einem der spirituelle Meister für den transzendentalen Dienst

Kṛṣṇas anordnet. Aber sowohl im materiellen als auch im spirituellen Bereich sollte man selbst angesichts des Todes lieber zu den eigenen Pflichten stehen als die Pflichten eines anderen nachahmen. Pflichten auf der materiellen Ebene und Pflichten auf der spirituellen Ebene mögen voneinander verschieden sein, doch das Prinzip, den autorisierten Anweisungen zu folgen, ist für den Ausführenden immer vorteilhaft. Wenn man unter dem Einfluß der Erscheinungsweisen der materiellen Natur steht, sollte man einfach den Regeln folgen, die einem gemäß der eigenen Stellung vorgeschrieben sind, und man sollte nicht versuchen, andere zu imitieren. Zum Beispiel ist ein *brāhmaṇa,* der sich in der Erscheinungsweise der Tugend befindet, gewaltlos, wohingegen es einem *kṣatriya,* der sich in der Erscheinungsweise der Leidenschaft befindet, erlaubt ist, Gewalt anzuwenden. Für einen *kṣatriya* ist es daher besser, getötet zu werden, während er den Regeln der Gewalt folgt, als einen *brāhmaṇa* nachzuahmen, der den Prinzipien der Gewaltlosigkeit folgt. Jeder muß sein Herz durch einen allmählichen Vorgang läutern, nicht abrupt. Wenn jemand aber die Erscheinungsweisen der materiellen Natur überwunden hat und vollkommen im Kṛṣṇa-Bewußtsein verankert ist, kann er unter der Führung eines echten spirituellen Meisters jede beliebige Pflicht erfüllen. Auf dieser vollkommenen Stufe des Kṛṣṇa-Bewußtseins kann ein *kṣatriya* als *brāhmaṇa* und ein *brāhmaṇa* als *kṣatriya* handeln. Auf der transzendentalen Ebene gelten die Unterschiede der materiellen Welt nicht. Zum Beispiel war Viśvāmitra ursprünglich ein *kṣatriya* und handelte später als *brāhmaṇa,* während Paraśurāma ein *brāhmaṇa* war, doch später die Rolle eines *kṣatriya* spielte. Da sie in der Transzendenz verankert waren, konnten sie dies tun, doch solange man sich auf der materiellen Ebene befindet, muß man die Pflichten erfüllen, die einem entsprechend den Erscheinungsweisen der materiellen Natur zugeordnet sind, und zugleich muß man ein klares Verständnis vom Kṛṣṇa-Bewußtsein haben.

Vers 36 अर्जुन उवाच
अथ केन प्रयुक्तोऽयं पापं चरति पूरुषः ।
अनिच्छन्नपि वार्ष्णेय बलादिव नियोजितः ॥३६॥

arjuna uvāca
atha kena prayukto 'yaṁ pāpaṁ carati pūruṣaḥ
anicchann api vārṣṇeya balād iva niyojitaḥ

arjunaḥ uvāca – Arjuna sagte; *atha* – dann; *kena* – wodurch; *prayuktaḥ* – getrieben; *ayam* – man; *pāpam* – Sünden; *carati* – begeht; *pūruṣaḥ* –

ein Mensch; *anicchan* – ohne zu wünschen; *api* – obwohl; *vārṣṇeya* – o Nachkomme Vṛṣṇis; *balāt* – unter Zwang; *iva* – als ob; *niyojitaḥ* – beschäftigt.

Arjuna sagte: O Nachkomme Vṛṣṇis, wodurch wird man getrieben, sündig zu handeln – sogar wider Willen, wie unter Zwang?

ERLÄUTERUNG: Als winziger Teil des Höchsten ist das Lebewesen ursprünglich spirituell, rein und frei von allen materiellen Verunreinigungen. Deshalb ist es von Natur aus nicht den Sünden der materiellen Welt ausgesetzt. Doch wenn es mit der materiellen Natur in Berührung ist, begeht es, ohne zu zögern, viele Sünden, und manchmal sogar gegen seinen Willen. Deshalb ist Arjunas Frage an Kṛṣṇa hinsichtlich der pervertierten Natur der Lebewesen sehr interessant. Obwohl das Lebewesen manchmal nicht sündig handeln will, ist es dennoch dazu gezwungen. Sündhafte Handlungen werden jedoch nicht von der Überseele im Innern veranlaßt, sondern haben eine andere Ursache, wie der Herr im nächsten Vers erklärt.

Vers 37 श्रीभगवानुवाच
काम एष क्रोध एष रजोगुणसमुद्भवः ।
महाशनो महापाप्मा विद्ध्येनमिह वैरिणम् ॥३७॥

śrī-bhagavān uvāca
kāma eṣa krodha eṣa rajo-guṇa-samudbhavaḥ
mahāśano mahā-pāpmā viddhy enam iha vairiṇam

śrī-bhagavān uvāca – die Persönlichkeit Gottes sprach; *kāmaḥ* – Lust; *eṣaḥ* – diese; *krodhaḥ* – Zorn; *eṣaḥ* – dieser; *rajaḥ-guṇa* – die Erscheinungsweise der Leidenschaft; *samudbhavaḥ* – geboren aus; *mahā-aśanaḥ* – allesverschlingend; *mahā-pāpmā* – überaus sündig; *viddhi* – wisse; *enam* – diese; *iha* – in der materiellen Welt; *vairiṇam* – größter Feind.

Die Höchste Persönlichkeit Gottes sprach: Es ist Lust allein, Arjuna, die aus Berührung mit der materiellen Erscheinungsweise der Leidenschaft geboren wird und sich später in Zorn umwandelt. Sie ist der allesverschlingende, sündige Feind dieser Welt.

ERLÄUTERUNG: Wenn ein Lebewesen mit der materiellen Schöpfung in Berührung kommt, wird seine ewige Liebe zu Kṛṣṇa durch die Verbindung mit der Erscheinungsweise der Leidenschaft in Lust umgewandelt.

Mit anderen Worten, die Empfindung der Liebe zu Gott wird in Lust umgewandelt, ebenso wie Milch in Berührung mit saurer Tamarinde zu Joghurt wird. Wenn Lust unbefriedigt bleibt, wandelt sie sich zu Zorn; aus Zorn entsteht Illusion, und aufgrund von Illusion wird man gezwungen, das materielle Dasein weiter fortzusetzen. Deshalb ist Lust der größte Feind des Lebewesens. Und es ist Lust allein, die das reine Lebewesen veranlaßt, in der materiellen Welt verstrickt zu bleiben. Zorn ist eine Ausdrucksform der Erscheinungsweise der Unwissenheit – diese Erscheinungsweise äußert sich durch Zorn und andere Folgeerscheinungen. Wenn man jedoch die Erscheinungsweise der Leidenschaft nicht in die Erscheinungsweise der Unwissenheit absinken läßt, sondern gemäß den vorgeschriebenen Regeln lebt und handelt, kann man sich von der Erscheinungsweise der Leidenschaft zur Erscheinungsweise der Tugend erheben. Auf diese Weise kann man durch spirituelle Anhaftung vor der Erniedrigung durch Zorn gerettet werden.

Der Herr, die Höchste Persönlichkeit Gottes, erweiterte Sich in viele, um Sich Seiner ewig anwachsenden spirituellen Glückseligkeit zu erfreuen, und die Lebewesen sind Teile dieser spirituellen Glückseligkeit. Ebenso besitzen sie eine partielle Unabhängigkeit, doch durch den Mißbrauch ihrer Unabhängigkeit – wenn die dienende Haltung in die Neigung zu Sinnengenuß umgewandelt wird – geraten sie unter die Herrschaft der Lust. Die materielle Schöpfung ist vom Herrn geschaffen worden, um den bedingten Seelen die Möglichkeit zu geben, diese lustvollen Neigungen auszuleben, und wenn die Lebewesen in ihrer ständigen Bemühung, diese Lust zu befriedigen, immer wieder scheitern, beginnen sie, nach ihrer eigentlichen Stellung zu fragen.

Diese Fragestellung bildet den Anfang des *Vedānta-sūtra,* wo es heißt: *athāto brahma-jijñāsā.* „Man soll nach dem Höchsten fragen." Und im *Śrīmad-Bhāgavatam* finden wir die folgende Definition des Höchsten: *janmādy asya yato 'nvayād itarataś ca.* „Der Ursprung von allem ist das Höchste Brahman." Folglich hat auch die Lust ihren Ursprung im Höchsten. Wenn deshalb die Lust in Liebe zum Höchsten, in Kṛṣṇa-Bewußtsein, umgewandelt wird, das heißt, wenn man alle Wünsche auf Kṛṣṇa richtet, können sowohl Lust als auch Zorn spiritualisiert werden. Hanumān, der berühmte Diener Śrī Rāmas, entfaltete seinen Zorn, indem er Rāvaṇas goldene Stadt in Brand setzte, und wurde auf diese Weise der größte Geweihte des Herrn. Auch hier in der *Bhagavad-gītā* veranlaßt der Herr Arjuna, seinen Zorn gegen die Feinde zu richten, um den Herrn zufriedenzustellen. Deshalb werden Lust und Zorn, wenn sie im Kṛṣṇa-Bewußtsein beschäftigt werden, zu unseren Freunden statt zu unseren Feinden.

Vers 38 धूमेनाव्रियते वह्निर्यथादर्शो मलेन च ।
यथोल्बेनावृतो गर्भस्तथा तेनेदमावृतम् ॥३८॥

dhūmenāvriyate vahnir yathādarśo malena ca
yatholbenāvṛto garbhas tathā tenedam āvṛtam

dhūmena – von Rauch; *āvriyate* – ist bedeckt; *vahniḥ* – Feuer; *yathā* – genau wie; *ādarśaḥ* – Spiegel; *malena* – von Staub; *ca* – auch; *yathā* – genau wie; *ulbena* – vom Mutterleib; *āvṛtaḥ* – ist bedeckt; *garbhaḥ* – Embryo; *tathā* – so; *tena* – von dieser Lust; *idam* – dieses; *āvṛtam* – ist bedeckt.

Wie Feuer von Rauch, ein Spiegel von Staub und ein Embryo vom Mutterleib bedeckt ist, so wird das Lebewesen von verschiedenen Graden dieser Lust bedeckt.

ERLÄUTERUNG: Es gibt drei Grade von Bedeckung, durch die das reine Bewußtsein des Lebewesens verfinstert wird. Diese Bedeckung ist nichts anderes als Lust in verschiedenen Manifestationen und wird mit Rauch im Feuer, Staub auf dem Spiegel und dem Mutterleib über dem Embryo verglichen. Wenn Lust mit Rauch verglichen wird, bedeutet dies, daß das Feuer des lebendigen Funkens schwach wahrgenommen werden kann. Mit anderen Worten, wenn das Lebewesen sein Kṛṣṇa-Bewußtsein ein wenig entfaltet, kann es mit dem von Rauch bedeckten Feuer verglichen werden. Wo Rauch ist, muß notwendigerweise auch Feuer sein, doch am Anfang ist das Feuer noch nicht richtig zu sehen. Diese Stufe entspricht dem Beginn des Kṛṣṇa-Bewußtseins. Der von Staub bedeckte Spiegel bezieht sich auf den Spiegel des Geistes, der gereinigt werden muß, und dafür gibt es vielfältige spirituelle Vorgänge. Der beste Vorgang ist das Chanten der Heiligen Namen des Herrn. Der vom Mutterleib bedeckte Embryo ist ein Vergleich, der eine hilflose Lage illustrieren soll, denn das Kind im Mutterschoß ist so hilflos, daß es sich nicht einmal bewegen kann. Dieser Lebenszustand kann mit dem der Bäume verglichen werden. Bäume sind ebenfalls Lebewesen, aber aufgrund ihrer Zurschaustellung übermäßiger Lust wurden sie in einen solchen Lebensumstand versetzt, daß sie beinahe ohne jedes Bewußtsein sind. Der bedeckte Spiegel wird mit den Vögeln und Säugetieren und das von Rauch bedeckte Feuer mit dem Menschen verglichen. Wenn das Lebewesen einen menschlichen Körper annimmt, kann es sein Kṛṣṇa-Bewußtsein ein wenig wiederbeleben, und wenn es in der menschlichen Lebensform weiteren Fortschritt macht, wird das Feuer seines spirituellen Lebens entfacht werden. Wenn man mit dem Rauch richtig umgeht, kann man das Feuer zum Lodern bringen. Die menschliche Lebensform ist also eine Gelegenheit für das Lebewesen, der Verstrickung des materiellen Daseins zu entkommen. In der menschlichen Lebensform kann man den Feind, die Lust, besiegen, indem man unter kundiger Führung Kṛṣṇa-Bewußtsein kultiviert.

Vers 39 आवृतं ज्ञानमेतेन ज्ञानिनो नित्यवैरिणा ।
कामरूपेण कौन्तेय दुष्पूरेणानलेन च ॥३९॥

āvṛtaṁ jñānam etena jñānino nitya-vairiṇā
kāma-rūpeṇa kaunteya duṣpūreṇānalena ca

āvṛtam – bedeckt; *jñānam* – reines Bewußtsein; *etena* – durch diese; *jñāninaḥ* – des Kenners; *nitya-vairiṇā* – von der ewigen Feindin; *kāma-rūpeṇa* – in der Form von Lust; *kaunteya* – o Sohn Kuntīs; *duṣpūreṇa* – niemals zu befriedigen; *analena* – durch das Feuer; *ca* – auch.

So wird das reine Bewußtsein des weisen Lebewesens von seiner ewigen Feindin in der Form von Lust bedeckt, die niemals befriedigt werden kann und die wie Feuer brennt.

ERLÄUTERUNG: In der *Manu-smṛti* heißt es, daß Lust durch kein noch so großes Ausmaß an Sinnengenuß befriedigt werden kann, ebenso wie Feuer niemals durch eine ständige Zufuhr von Brennstoff gelöscht werden kann. In der materiellen Welt ist Geschlechtsanziehung der Mittelpunkt aller Tätigkeiten, und daher wird die materielle Welt als *maithunya-āgāra* („die Ketten des Geschlechtslebens") bezeichnet. In einem gewöhnlichen Gefängnis werden Verbrecher hinter Gittern festgehalten, und in ähnlicher Weise werden die Verbrecher, die gegen die Gesetze des Herrn verstoßen, durch Sexualität in Ketten gelegt. Fortschritt der materiellen Zivilisation auf der Grundlage von Sinnenbefriedigung bedeutet, die Dauer der materiellen Existenz eines Lebewesens zu verlängern. Daher ist die Lust das Symbol der Unwissenheit, durch die das Lebewesen in der materiellen Welt gehalten wird. Während des Genusses sinnlicher Befriedigung mag es so etwas wie ein Glücksgefühl geben, doch in Wirklichkeit ist dieses vermeintliche Glücksgefühl der größte Feind des Sinnengenießers.

Vers 40 इन्द्रियाणि मनो बुद्धिरस्याधिष्ठानमुच्यते ।
एतैर्विमोहयत्येष ज्ञानमावृत्य देहिनम् ॥४०॥

indriyāṇi mano buddhir asyādhiṣṭhānam ucyate
etair vimohayaty eṣa jñānam āvṛtya dehinam

indriyāṇi – die Sinne; *manaḥ* – der Geist; *buddhiḥ* – die Intelligenz; *asya* – von dieser Lust; *adhiṣṭhānam* – Aufenthaltsort; *ucyate* – wird genannt; *etaiḥ* – von all diesen; *vimohayati* – verwirrt; *eṣaḥ* – diese Lust; *jñānam* – Wissen; *āvṛtya* – bedeckend; *dehinam* – des Verkörperten.

Die Sinne, der Geist und die Intelligenz sind die Wohnstätten der Lust. Durch sie bedeckt die Lust das wirkliche Wissen des Lebewesens und verwirrt es.

ERLÄUTERUNG: Der Feind hat verschiedene strategische Punkte im Körper der bedingten Seele besetzt, und daher weist Śrī Kṛṣṇa auf diese Stellen hin, damit derjenige, der den Feind besiegen will, weiß, wo er ihn finden kann. Der Geist ist das Zentrum aller Sinnestätigkeiten, und wann immer wir etwas über Sinnesobjekte hören, beginnt der Geist im allgemeinen, verschiedenste Pläne für Sinnenbefriedigung hervorzubringen; als Folge werden Geist und Sinne zu Sammelplätzen der Lust. Als nächstes wird die Abteilung der Intelligenz zum Zentrum solch lustvoller Neigungen. Die Intelligenz ist die unmittelbare Nachbarin der spirituellen Seele. Die lustvolle Intelligenz beeinflußt die Seele, das falsche Ego anzunehmen und sich mit Materie und somit mit dem Geist und den Sinnen zu identifizieren. So verfällt die spirituelle Seele dem Genuß der materiellen Sinne und hält dies fälschlich für wahres Glück. Diese falsche Identifizierung der spirituellen Seele wird im *Śrīmad-Bhāgavatam* (10.84.13) sehr treffend erklärt:

yasyātma-buddhiḥ kuṇape tri-dhātuke
sva-dhīḥ kalatrādiṣu bhauma ijya-dhīḥ
yat-tīrtha-buddhiḥ salile na karhicij
janeṣv abhijñeṣu sa eva go-kharaḥ

„Ein Mensch, der sich mit dem aus drei Elementen geschaffenen Körper identifiziert, der die Nebenprodukte des Körpers für seine Verwandten hält, der sein Geburtsland als verehrungswürdig betrachtet und einen Pilgerort besucht, nur um dort ein Bad zu nehmen, statt die Weisen, die transzendentales Wissen besitzen, aufzusuchen, ist nicht besser als ein Esel oder eine Kuh."

Vers 41 तस्मात्त्वमिन्द्रियाण्यादौ नियम्य भरतर्षभ ।
पाप्मानं प्रजहि ह्येनं ज्ञानविज्ञाननाशनम् ॥४१॥

tasmāt tvam indriyāṇy ādau niyamya bharatarṣabha
pāpmānaṁ prajahi hy enaṁ jñāna-vijñāna-nāśanam

tasmāt – deshalb; *tvam* – du; *indriyāṇi* – Sinne; *ādau* – am Anfang; *niyamya* – durch Regulierung; *bharata-ṛṣabha* – o Oberhaupt unter den Nachkommen Bharatas; *pāpmānam* – das große Symbol der Sünde; *prajahi* – bezwinge; *hi* – gewiß; *enam* – diese; *jñāna* – des Wissens; *vijñāna* – und des wissenschaftlichen Wissens über die reine Seele; *nāśanam* – die Zerstörerin.

Deshalb, o Arjuna, bester der Bharatas, bezwinge gleich zu Anfang dieses große Symbol der Sünde [die Lust], indem du die Sinne regulierst, und erschlage diese Zerstörerin des Wissens und der Selbstverwirklichung.

ERLÄUTERUNG: Der Herr gab Arjuna den Rat, die Sinne von Anfang an zu regulieren, so daß er die größte sündige Feindin, die Lust, bezwingen könne, die den Drang nach Selbstverwirklichung und das Wissen vom Selbst zerstört. *Jñāna* bezieht sich auf das Wissen, das das Selbst vom falschen Selbst unterscheidet, oder mit anderen Worten, das Wissen, daß die spirituelle Seele nicht mit dem materiellen Körper identisch ist. *Vijñāna* bezieht sich auf spezifisches Wissen über die wesensgemäße Stellung der spirituellen Seele und ihre Beziehung zur Höchsten Seele. Dies wird im *Śrīmad-Bhāgavatam* (2.9.31) wie folgt erklärt:

jñānaṁ parama-guhyaṁ me yad vijñāna-samanvitam
sa-rahasyaṁ tad-aṅgaṁ ca gṛhāṇa gaditaṁ mayā

„Das Wissen vom Selbst und vom Höchsten Selbst ist sehr vertraulich und geheimnisvoll, aber dieses Wissen und dessen Verwirklichung kann man verstehen, wenn es mit all den verschiedenen Aspekten vom Herrn Selbst erklärt wird."

Die *Bhagavad-gītā* gibt uns dieses allgemeine und spezifische Wissen über das Selbst. Die Lebewesen sind winzige Teile des Herrn, und daher besteht ihre Aufgabe einfach darin, dem Herrn zu dienen. Dieses Bewußtsein nennt man Kṛṣṇa-Bewußtsein. Schon von Beginn des Lebens an muß man dieses Kṛṣṇa-Bewußtsein erlernen, und so kann man völlig Kṛṣṇa-bewußt werden und dementsprechend handeln.

Lust ist nur die verzerrte Spiegelung der Liebe zu Gott, die für jedes Lebewesen natürlich ist. Wenn man aber gleich von Anfang an im Kṛṣṇa-Bewußtsein erzogen wird, kann diese natürliche Gottesliebe nicht zu Lust entarten. Wenn Gottesliebe zu Lust entartet, ist es sehr schwierig, zum normalen Zustand zurückzukehren. Nichtsdestoweniger ist Kṛṣṇa-Bewußtsein so mächtig, daß sogar ein Mensch, der spät beginnt, Liebe zu Gott erlangen kann, wenn er den regulierenden Prinzipien des hingebungsvollen Dienstes folgt. Man kann sich also von jeder Stufe des Lebens aus, wann immer man die dringende Notwendigkeit einsieht, dem Kṛṣṇa-Bewußtsein, dem hingebungsvollen Dienst des Herrn, zuwenden, um so die Sinne zu regulieren und die Lust in Liebe zu Gott umzuwandeln – die höchste Vollkommenheit des menschlichen Lebens.

Vers 42 इन्द्रियाणि पराण्याहुरिन्द्रियेभ्यः परं मनः ।
मनसस्तु परा बुद्धिर्यो बुद्धेः परतस्तु सः ॥४२॥

indriyāṇi parāṇy āhur indriyebhyaḥ paraṁ manaḥ
manasas tu parā buddhir yo buddheḥ paratas tu saḥ

indriyāṇi – Sinne; *parāṇi* – höher; *āhuḥ* – man sagt; *indriyebhyaḥ* – mehr als die Sinne; *param* – höher; *manaḥ* – der Geist; *manasaḥ* – mehr als der Geist; *tu* – auch; *parā* – höher; *buddhiḥ* – Intelligenz; *yaḥ* – derjenige, der; *buddheḥ* – mehr als die Intelligenz; *parataḥ* – noch höher; *tu* – aber; *saḥ* – sie (die Seele).

Die aktiven Sinne sind der leblosen Materie übergeordnet, der Geist steht über den Sinnen, die Intelligenz steht über dem Geist, und sie [die Seele] steht sogar noch über der Intelligenz.

ERLÄUTERUNG: Die verschiedenen Sinne sind Betätigungsfelder für die Lust. Die Lust sammelt sich im Körper, aber durch die Sinne ist ihr ein Ventil geschaffen. Daher stehen die Sinne über dem Körper als Ganzem. Wenn jedoch ein höheres Bewußtsein, das heißt Kṛṣṇa-Bewußtsein, vorhanden ist, werden die Sinne nicht mehr als Ventile gebraucht. Im Kṛṣṇa-Bewußtsein stellt die Seele eine direkte Verbindung mit der Höchsten Persönlichkeit Gottes her. Deshalb gipfelt die Hierarchie der Körperfunktionen, wie sie hier beschrieben wird, letztlich in der Höchsten Seele. Mit körperlicher Tätigkeit sind die Funktionen der Sinne gemeint, und die Funktionen der Sinne einzustellen bedeutet, alle körperlichen Tätigkeiten zu beenden. Aber weil der Geist aktiv ist, wird er auch dann tätig sein, wenn der Körper ruht, wie dies während des Träumens der Fall ist. Über dem Geist jedoch steht die Entschlossenheit der Intelligenz, und über der Intelligenz befindet sich die Seele. Wenn daher die Seele direkt mit dem Höchsten beschäftigt ist, wird alles, was ihr untergeordnet ist, nämlich die Intelligenz, der Geist und die Sinne, automatisch dementsprechend beschäftigt sein. In der *Kaṭha Upaniṣad* gibt es einen ähnlichen Abschnitt, wo es heißt, daß die Objekte der Sinnenbefriedigung den Sinnen übergeordnet sind und daß der Geist den Sinnesobjekten übergeordnet ist. Wenn der Geist daher ständig direkt im Dienst des Herrn beschäftigt ist, gibt es für die Sinne keine Möglichkeit, in anderer Weise aktiv zu werden. Diese Funktionsweise des Geistes wurde bereits erklärt. *Paraṁ dṛṣṭvā nivartate.* Wenn der Geist im transzendentalen Dienst des Herrn beschäftigt ist, hat er keine Möglichkeit, niedrigen Neigungen nachzugehen. In der *Kaṭha Upaniṣad* wird die Seele als *mahān,* „die Große", bezeichnet, denn sie steht über allem – über den Sinnesobjekten, den Sinnen, dem Geist und der Intelligenz. Die Lösung des ganzen Problems besteht also darin, direkt die wesensgemäße Stellung der Seele zu verstehen.

Mit der Intelligenz muß man die wesensgemäße Stellung der Seele ausfindig machen, und dann muß man den Geist immer im Kṛṣṇa-Bewußtsein beschäftigen. Das ist die Lösung des ganzen Problems. Einem Spiritualisten auf der Anfängerstufe wird im allgemeinen geraten, sich von den Sinnesobjekten fernzuhalten. Darüber hinaus jedoch muß man auch den Geist stärken, indem man die Intelligenz benutzt. Wenn man kraft seiner Intelligenz den Geist im Kṛṣṇa-Bewußtsein beschäftigt, indem man sich völlig der Höchsten Persönlichkeit Gottes ergibt, wird der Geist automatisch stärker, und die Sinne, die so stark wie Schlangen sind, werden nicht wirksamer sein als Schlangen mit herausgebrochenen Giftzähnen. Die Seele ist zwar Herr über die Intelligenz und den Geist und auch die Sinne, aber solange sie nicht durch die Gemeinschaft mit Kṛṣṇa im Kṛṣṇa-Bewußtsein gestärkt ist, besteht immer noch jede Möglichkeit, aufgrund der erregbaren Natur des Geistes zu Fall zu kommen.

Vers 43 एवं बुद्धेः परं बुद्ध्वा संस्तभ्यात्मानमात्मना ।
जहि शत्रुं महाबाहो कामरूपं दुरासदम् ॥४३॥

evaṁ buddheḥ paraṁ buddhvā saṁstabhyātmānam ātmanā
jahi śatruṁ mahā-bāho kāma-rūpaṁ durāsadam

evam – auf diese Weise; *buddheḥ* – der Intelligenz; *param* – übergeordnet; *buddhvā* – wissend; *saṁstabhya* – indem man festigt; *ātmānam* – den Geist; *ātmanā* – durch klare Intelligenz; *jahi* – besiege; *śatrum* – den Feind; *mahā-bāho* – o Starkarmiger; *kāma-rūpam* – in Form von Lust; *durāsadam* – gefährlich.

Wenn man also weiß, daß man zu den materiellen Sinnen, dem Geist und der Intelligenz transzendental ist, o starkarmiger Arjuna, sollte man den Geist durch klare spirituelle Intelligenz [Kṛṣṇa-Bewußtsein] festigen und so – durch spirituelle Stärke – diesen unersättlichen Feind, die Lust, bezwingen.

ERLÄUTERUNG: Das Dritte Kapitel der *Bhagavad-gītā* führt in seiner Schlußfolgerung zum Kṛṣṇa-Bewußtsein. Man erkennt sich als ewigen Diener der Höchsten Persönlichkeit Gottes, ohne die unpersönliche Leere als das endgültige Ziel zu betrachten. Im materiellen Leben wird man mit Sicherheit von lustvollen Neigungen und dem Wunsch nach Herrschaft über den Reichtum der materiellen Natur beeinflußt. Das Begehren nach Herrschaft und Sinnenbefriedigung sind die größten Feinde der bedingten Seele, doch durch die Stärke des Kṛṣṇa-Bewußtseins kann man die materiellen Sinne, den Geist und die Intelligenz beherrschen. Man sollte seine Arbeit und seine vorgeschriebenen Pflichten nicht unvermittelt aufgeben; vielmehr sollte man allmählich Kṛṣṇa-Bewußtsein entwickeln und so durch stetige Intelligenz, die auf die reine Identität gerichtet ist, eine transzendentale Stellung erreichen, wo man von den materiellen Sinnen und dem Geist nicht mehr beeinflußt wird. Das ist die Essenz dieses Kapitels. Philosophische Spekulationen und künstliche Versuche, die Sinne durch die sogenannte Übung von Yogastellungen zu beherrschen, können einem Menschen, der sich auf der unreifen Stufe der materiellen Existenz befindet, nicht helfen, spirituelles Leben zu erlangen. Er muß durch höhere Intelligenz im Kṛṣṇa-Bewußtsein geschult werden.

Hiermit enden die Bhaktivedanta-Erläuterungen zum Dritten Kapitel der Śrīmad Bhagavad-gītā *mit dem Titel:* „Karma-yoga“, *die Ausübung vorgeschriebener Pflichten im Kṛṣṇa-Bewußtsein.*

VIERTES KAPITEL

Transzendentales Wissen

Vers 1 श्रीभगवानुवाच
इमं विवस्वते योगं प्रोक्तवानहमव्ययम् ।
विवस्वान्मनवे प्राह मनुरिक्ष्वाकवेऽब्रवीत् ॥ १ ॥

śrī-bhagavān uvāca
imaṁ vivasvate yogaṁ proktavān aham avyayam
vivasvān manave prāha manur ikṣvākave 'bravīt

śrī-bhagavān uvāca – die Höchste Persönlichkeit Gottes sprach; *imam* – diese; *vivasvate* – dem Sonnengott; *yogam* – die Wissenschaft von der Beziehung zum Höchsten; *proktavān* – unterwies; *aham* – Ich; *avyayam* – unvergängliche; *vivasvān* – Vivasvān (der Name des Sonnengottes); *manave* – dem Vater der Menschheit (namens Vaivasvata); *prāha* – erklärte; *manuḥ* – der Vater der Menschheit; *ikṣvākave* – zu König Ikṣvāku; *abravīt* – sagte.

Die Persönlichkeit Gottes, Śrī Kṛṣṇa, sprach: Ich unterwies den Sonnengott, Vivasvān, in dieser unvergänglichen Wissenschaft des yoga; Vivasvān unterwies Manu, den Vater der Menschheit, darin, und Manu seinerseits lehrte es Ikṣvāku.

ERLÄUTERUNG: Hier finden wir die Geschichte der *Bhagavad-gītā,* die sich bis in längst vergangene Zeiten zurückverfolgen läßt, als sie dem Königsstand aller Planeten, angefangen mit dem Sonnenplaneten, verkündet wurde. Es ist die besondere Aufgabe der Könige aller Planeten, deren Bewohner zu beschützen, und deshalb sollte der königliche Stand die Wissenschaft der *Bhagavad-gītā* verstehen, um fähig zu sein, die

Bürger zu regieren und vor der materiellen Fessel der Lust zu beschützen. Das menschliche Leben ist dafür bestimmt, spirituelles Wissen zu entwickeln, um seine ewige Beziehung zur Höchsten Persönlichkeit Gottes zu erkennen, und die Oberhäupter aller Staaten und Planeten sind verpflichtet, dieses Wissen den Bürgern durch Bildung, Kultur und Hingabe zu vermitteln. Mit anderen Worten, die verantwortlichen Führer aller Staaten sollten die Wissenschaft des Kṛṣṇa-Bewußtseins verbreiten, so daß die Menschen aus dieser bedeutenden Wissenschaft ihren Vorteil ziehen und einem erfolgreichen Pfad folgen können, indem sie die Gelegenheit nutzen, die die menschliche Lebensform bietet.

Im gegenwärtigen Zeitalter heißt der Sonnengott Vivasvān; er ist der König der Sonne, die der Ursprung aller Planeten im Sonnensystem ist. In der *Brahma-saṁhitā* (5.52) heißt es:

yac-cakṣur eṣa savitā sakala-grahāṇāṁ
rājā samasta-sura-mūrtir aśeṣa-tejāḥ
yasyājñayā bhramati sambhṛta-kāla-cakro
govindam ādi-puruṣaṁ tam ahaṁ bhajāmi

Brahmā sprach: „Ich verehre die Höchste Persönlichkeit Gottes, Govinda [Kṛṣṇa], der die ursprüngliche Person ist und unter dessen Anweisung die Sonne, der König aller Planeten, unermeßliche Kraft und Hitze annimmt. Die Sonne repräsentiert das Auge des Herrn und folgt, Seinem Befehl gehorchend, ihrem Lauf."

Die Sonne ist der König aller Planeten, und der Sonnengott (zur Zeit ist es Vivasvān) regiert den Sonnenplaneten, der alle anderen Planeten beherrscht, indem er sie mit Wärme und Licht versorgt. Die Sonne rotiert unter dem Befehl Kṛṣṇas, und Śrī Kṛṣṇa machte ursprünglich Vivasvān zu Seinem ersten Schüler, der die Wissenschaft der *Bhagavad-gītā* verstehen sollte. Die *Gītā* ist daher keine spekulative Abhandlung für den unbedeutenden weltlichen Gelehrten, sondern ein Standardbuch des Wissens, das uns seit unvordenklichen Zeiten überliefert wird.

Im *Mahābhārata* (*Śānti-parva* 348.51–52) können wir die Geschichte der *Gītā* zurückverfolgen:

tretā-yugādau ca tato vivasvān manave dadau
manuś ca loka-bhṛty-arthaṁ sutāyekṣvākave dadau
ikṣvākuṇā ca kathito vyāpya lokān avasthitaḥ

„Zu Beginn des Tretā-yuga wurde diese Wissenschaft von der Beziehung zum Höchsten von Vivasvān an Manu weitergegeben. Manu, der Vater der Menschheit, lehrte sie seinen Sohn, Mahārāja Ikṣvāku, den König der Erde und Vorvater der Raghu-Dynastie, in der Śrī Rāmacandra erschien." Die *Bhagavad-gītā* gab es in der menschlichen Gesellschaft also seit der Zeit Mahārāja Ikṣvākus.

Zum gegenwärtigen Zeitpunkt sind erst fünftausend Jahre des Kali-yuga vergangen, das insgesamt 432 000 Jahre dauert. Vor diesem Zeitalter gab es das Dvāpara-yuga (800 000 Jahre) und davor das Tretā-yuga (1 200 000 Jahre). Manu sprach die *Bhagavad-gītā* also vor etwa 2 005 000 Jahren zu seinem Sohn und Schüler Mahārāja Ikṣvāku, dem König des Planeten Erde. Das Zeitalter des gegenwärtigen Manu dauert rund 305 300 000 Jahre, von denen bisher 120 400 000 vergangen sind. Wenn man davon ausgeht, daß die *Gītā* vor der Geburt Manus vom Herrn zu seinem Schüler, dem Sonnengott Vivasvān, gesprochen wurde, dann wurde die *Gītā,* grob geschätzt, vor mindestens 120 400 000 Jahren verkündet, und in der menschlichen Gesellschaft gibt es sie seit zwei Millionen Jahren. Vor etwa fünftausend Jahren sprach der Herr die *Bhagavad-gītā* erneut zu Arjuna. Das ist in groben Zügen die Geschichte der *Gītā,* wie sie von der *Gītā* selbst und ihrem Sprecher, Śrī Kṛṣṇa, beschrieben wird. Sie wurde zum Sonnengott Vivasvān gesprochen, weil auch er ein *kṣatriya* war und weil von ihm die *sūrya-vaṁśa-kṣatriyas* (die *kṣatriyas,* deren Stammvater der Sonnengott ist) ausgingen. Weil die *Bhagavad-gītā* von der Höchsten Persönlichkeit Gottes gesprochen wurde, ist sie genauso authentisch wie die *Veden,* und deshalb wird ihr Wissen als *apauruṣeya,* übermenschlich, bezeichnet. Und da die vedischen Unterweisungen ohne menschliche Interpretation so angenommen werden müssen, wie sie sind, muß auch die *Gītā* ohne weltliche Interpretation angenommen werden. Weltliche Besserwisser mögen auf ihre eigene Weise über die *Gītā* spekulieren, aber was dabei herauskommt, ist nicht die *Bhagavad-gītā,* wie sie ist. Daher muß die *Bhagavad-gītā* so angenommen werden, wie sie ist, nämlich wie sie über die Schülernachfolge zu uns herabkommt, und wie hier erklärt wird, unterwies der Herr ursprünglich den Sonnengott, der Sonnengott unterwies seinen Sohn Manu, und Manu unterwies seinen Sohn Ikṣvāku.

Vers 2 एवं परम्पराप्राप्तमिमं राजर्षयो विदुः ।
स कालेनेह महता योगो नष्टः परन्तप ॥ २ ॥

evaṁ paramparā-prāptam imaṁ rājarṣayo viduḥ
sa kāleneha mahatā yogo naṣṭaḥ paran-tapa

evam – so; *paramparā* – durch das System der Schülernachfolge; *prāptam* – empfangen; *imam* – diese Wissenschaft; *rāja-ṛṣayaḥ* – die heiligen Könige; *viduḥ* – verstanden; *saḥ* – dieses Wissen; *kālena* – im Laufe der Zeit; *iha* – auf dieser Welt; *mahatā* – große; *yogaḥ* – die Wissenschaft der Beziehung zum Höchsten; *naṣṭaḥ* – verloren; *param-tapa* – o Arjuna, Bezwinger der Feinde.

Diese höchste Wissenschaft wurde so durch die Kette der Schülernachfolge empfangen, und die heiligen Könige erlernten sie auf diese Weise. Aber im Laufe der Zeit wurde die Nachfolge unterbrochen, und daher scheint diese Wissenschaft, wie sie ist, verlorengegangen zu sein.

ERLÄUTERUNG: Es heißt hier eindeutig, daß die *Gītā* besonders für die heiligen Könige bestimmt war, da diese die Pflicht hatten, in ihrem Staat zum Wohl der Bürger die Prinzipien der *Gītā* in die Tat umzusetzen. Zweifelsohne war die *Bhagavad-gītā* niemals für dämonische Menschen bestimmt, die ihren Wert zu niemandes Nutzen zerstören und alle möglichen launenhaften Interpretationen erfinden. Als der ursprüngliche Sinn aufgrund des Eigeninteresses skrupelloser Kommentatoren entstellt wurde, entstand die Notwendigkeit, die Schülernachfolge zu erneuern. Vor fünftausend Jahren machte der Herr Selbst die Feststellung, daß die Schülernachfolge unterbrochen war, und erklärte daher, daß die wahre Bedeutung der *Bhagavad-gītā* verlorengegangen sei. Ebenso gibt es auch heute viele Ausgaben der *Gītā* (besonders in englischer Sprache), aber fast keine stimmt mit den Lehren der autorisierten Schülernachfolge überein. Es gibt zahllose Interpretationen der verschiedensten weltlichen Gelehrten, doch praktisch keiner von ihnen akzeptiert Kṛṣṇa als die Höchste Persönlichkeit Gottes, obgleich sie alle mit Śrī Kṛṣṇas Worten ein gutes Geschäft machen. Diese Haltung ist dämonisch, denn Dämonen glauben nicht an Gott, aber genießen trotzdem Sein Eigentum. Weil die dringende Notwendigkeit für eine englische Ausgabe der *Gītā* besteht, die mit der Überlieferung des *paramparā*-Systems (Schülernachfolge) übereinstimmt, wird hiermit der Versuch unternommen, diesem großen Mangel abzuhelfen. Die *Bhagavad-gītā* – so verstanden, wie sie ist – ist ein großer Segen für die Menschheit; aber wenn man sie wie eine Abhandlung philosophischer Spekulationen studiert, verschwendet man lediglich seine Zeit.

Vers 3 स एवायं मया तेऽद्य योगः प्रोक्तः पुरातनः ।
भक्तोऽसि मे सखा चेति रहस्यं ह्येतदुत्तमम् ॥ ३ ॥

sa evāyaṁ mayā te 'dya yogaḥ proktaḥ purātanaḥ
bhakto 'si me sakhā ceti rahasyaṁ hy etad uttamam

saḥ – die gleiche; *eva* – gewiß; *ayam* – dies; *mayā* – von Mir; *te* – zu dir; *adya* – heute; *yogaḥ* – die Wissenschaft des *yoga; proktaḥ* – gesprochen; *purātanaḥ* – sehr alte; *bhaktaḥ* – Geweihter; *asi* – du bist; *me* – Mein; *sakhā* – Freund; *ca* – auch; *iti* – deshalb; *rahasyam* – Mysterium; *hi* – gewiß; *etat* – dieses; *uttamam* – transzendentale.

Diese uralte Wissenschaft von der Beziehung zum Höchsten wird dir heute von Mir mitgeteilt, weil du Mein Geweihter und Mein Freund bist und weil du deshalb das transzendentale Mysterium dieser Wissenschaft verstehen kannst.

ERLÄUTERUNG: Es gibt zwei Klassen von Menschen, nämlich die Gottgeweihten und die Dämonen. Der Herr wählte Arjuna zum Empfänger dieser bedeutenden Wissenschaft, weil Arjuna ein Gottgeweihter war. Für einen Dämon wäre es nicht möglich, das Geheimnis dieser erhabenen Wissenschaft zu verstehen. Es gibt zahlreiche Ausgaben dieses großen Buches des Wissens; einige wurden von Gottgeweihten kommentiert und andere von Dämonen. Die Kommentare der Gottgeweihten entsprechen der Wahrheit, wohingegen die Kommentare der Dämonen wertlos sind. Arjuna erkennt Śrī Kṛṣṇa als die Höchste Persönlichkeit Gottes an, und jeder Kommentar zur *Gītā,* der dem Beispiel Arjunas folgt, ist wahrer hingebungsvoller Dienst im Interesse dieser bedeutenden Wissenschaft. Die Dämonen jedoch akzeptieren Śrī Kṛṣṇa nicht so, wie Er ist. Statt dessen erfinden sie irgend etwas über Kṛṣṇa und bringen den Leser vom Pfad der Unterweisungen Kṛṣṇas ab. Hier wird vor solchen Irrwegen gewarnt. Man sollte versuchen, der Schülernachfolge, die von Arjuna ausgeht, zu folgen, um so von dieser großen Wissenschaft der *Śrīmad Bhagavad-gītā* zu profitieren.

Vers 4 अर्जुन उवाच
अपरं भवतो जन्म परं जन्म विवस्वतः ।
कथमेतद्विजानीयां त्वमादौ प्रोक्तवानिति ॥ ४ ॥

arjuna uvāca
aparaṁ bhavato janma paraṁ janma vivasvataḥ
katham etad vijānīyāṁ tvam ādau proktavān iti

arjunaḥ uvāca – Arjuna sagte; *aparam* – jünger; *bhavataḥ* – Deine; *janma* – Geburt; *param* – älter; *janma* – Geburt; *vivasvataḥ* – des Sonnengottes; *katham* – wie; *etat* – dies; *vijānīyām* – soll ich verstehen; *tvam* – Du; *ādau* – am Anfang; *proktavān* – unterwiesest; *iti* – auf diese Weise.

Arjuna sagte: Der Sonnengott Vivasvān ist von Geburt her älter als Du. Wie ist es zu verstehen, daß Du ihn am Anfang in dieser Wissenschaft unterwiesest?

ERLÄUTERUNG: Arjuna ist ein anerkannter Geweihter des Herrn – wie konnte er also Kṛṣṇas Worten keinen Glauben schenken? Tatsache ist, daß Arjuna nicht für sich selbst fragte, sondern für diejenigen, die nicht an die Höchste Persönlichkeit Gottes glauben, und für die Dämonen, denen die Vorstellung nicht behagt, daß Kṛṣṇa als die Höchste Persönlichkeit Gottes anerkannt werden soll. Nur ihretwegen fragt Arjuna so, als wäre er sich selbst der Stellung Kṛṣṇas, der Persönlichkeit Gottes, nicht bewußt. Wie im Zehnten Kapitel deutlich wird, wußte Arjuna sehr wohl, daß Kṛṣṇa die Höchste Persönlichkeit Gottes ist, der Urquell allen Seins und der höchste Aspekt der Transzendenz. Natürlich erschien Kṛṣṇa auf der Erde auch als der Sohn Devakīs. Wie dieser Kṛṣṇa dieselbe Höchste Persönlichkeit Gottes, die ewige ursprüngliche Person, sein konnte, ist für den gewöhnlichen Menschen sehr schwierig zu verstehen. Deshalb richtete Arjuna diese Frage an Kṛṣṇa, so daß Kṛṣṇa Selbst als Autorität diesen Punkt klären konnte. Daß Kṛṣṇa die höchste Autorität ist, wird von der ganzen Welt anerkannt – nicht nur heute, sondern seit unvordenklichen Zeiten –, und nur die Dämonen lehnen Ihn ab. Da Kṛṣṇa also die von allen anerkannte Autorität ist, stellte Arjuna Ihm diese Frage, damit Er Sich Selbst beschreiben konnte, um so die Beschreibungen der Dämonen zu widerlegen, die immer versuchen, Kṛṣṇa so zu entstellen, daß Er ihren eigenen Vorstellungen und denen ihrer Anhänger entspricht. Es ist für jeden in seinem eigenen Interesse notwendig, die Wissenschaft von Kṛṣṇa zu kennen. Daher ist es für alle Welten segensreich, wenn Kṛṣṇa Selbst über Sich spricht. Den Dämonen mögen Kṛṣṇas Erklärungen seltsam erscheinen, da sie Kṛṣṇa immer nur von ihrem eigenen Standpunkt aus betrachten; aber diejenigen, die Gottgeweihte sind, begrüßen die Erklärungen Kṛṣṇas, wenn sie von Ihm Selbst gesprochen werden, mit großer Freude. Die Gottgeweihten werden solche autoritativen Aussagen Kṛṣṇas stets verehren, weil sie immer begierig sind, mehr und mehr über Ihn zu erfahren. Die Atheisten, die Kṛṣṇa für einen gewöhnlichen Menschen halten, können durch diese Worte erkennen, daß Kṛṣṇa übermenschlich ist, daß Er *sac-cid-ānanda-vigraha* ist – die ewige Gestalt der Glückseligkeit und des Wissens –, daß Er transzendental ist und über dem Herrschaftsbereich der Erscheinungsweisen der materiellen Natur und über dem Einfluß von Raum und Zeit steht. Ein Geweihter Kṛṣṇas, wie Arjuna, steht zweifellos über jedem Mißverständnis der transzendentalen Stellung Kṛṣṇas. Daß Arjuna dem Herrn diese Frage stellt, ist nichts weiter als ein Versuch des Gottgeweihten, der atheistischen Haltung jener Menschen zu begegnen, die Kṛṣṇa für einen gewöhnlichen Menschen halten, der den Erscheinungsweisen der materiellen Natur unterworfen ist.

Vers 5 श्रीभगवानुवाच

बहूनि मे व्यतीतानि जन्मानि तव चार्जुन ।
तान्यहं वेद सर्वाणि न त्वं वेत्थ परन्तप ॥ ५ ॥

śrī-bhagavān uvāca
bahūni me vyatītāni janmāni tava cārjuna
tāny ahaṁ veda sarvāṇi na tvaṁ vettha paran-tapa

śrī-bhagavān uvāca – die Persönlichkeit Gottes sprach; *bahūni* – viele; *me* – Meiner; *vyatītāni* – sind vergangen; *janmāni* – Geburten; *tava* – deiner; *ca* – und auch; *arjuna* – o Arjuna; *tāni* – all diese; *aham* – Ich; *veda* – kenne; *sarvāṇi* – alle; *na* – nicht; *tvam* – du; *vettha* – kennst; *param-tapa* – o Bezwinger des Feindes.

Die Persönlichkeit Gottes sprach: Viele, viele Geburten haben sowohl du als auch Ich in der Vergangenheit angenommen. Ich kann Mich an sie alle erinnern, doch du kannst es nicht, o Bezwinger des Feindes.

ERLÄUTERUNG: Aus der *Brahma-saṁhitā* (5.33) erfahren wir, daß es zahllose Inkarnationen des Herrn gibt. Es heißt dort:

advaitam acyutam anādim ananta-rūpam
ādyaṁ purāṇa-puruṣaṁ nava-yauvanaṁ ca
vedeṣu durlabham adurlabham ātma-bhaktau
govindam ādi-puruṣaṁ tam ahaṁ bhajāmi

„Ich verehre die Höchste Persönlichkeit Gottes, Govinda [Kṛṣṇa], der die ursprüngliche Person ist – absolut, unfehlbar, ohne Anfang. Obwohl Er Sich in unbegrenzt viele Formen erweitert, ist Er dennoch dieselbe ursprüngliche, älteste Person und erscheint immer in blühender Jugend. Diese ewigen, glückseligen und allwissenden Formen des Herrn werden gewöhnlich nur von den besten vedischen Gelehrten verstanden, doch reinen, unverfälschten Gottgeweihten sind sie immer sichtbar."

In der *Brahma-saṁhitā* (5.39) heißt es auch:

rāmādi-mūrtiṣu kalā-niyamena tiṣṭhan
nānāvatāram akarod bhuvaneṣu kintu
kṛṣṇaḥ svayaṁ samabhavat paramaḥ pumān yo
govindam ādi-puruṣaṁ tam ahaṁ bhajāmi

„Ich verehre die Höchste Persönlichkeit Gottes, Govinda [Kṛṣṇa], der immer in vielfachen Inkarnationen, wie Rāma und Nṛsiṁha, und auch in vielen untergeordneten Inkarnationen erscheint, der aber gleichzeitig die ursprüngliche Persönlichkeit Gottes namens Kṛṣṇa ist und Sich auch persönlich inkarniert."

Das gleiche wird auch in den *Veden* bestätigt: Obwohl der Herr einer ohne einen zweiten ist, manifestiert Er Sich in unzähligen Formen. Er ist wie der *vaidūrya*-Stein, der seine Farbe wechselt, aber dennoch der gleiche bleibt. All diese vielfältigen Formen werden von den reinen, unverfälschten Gottgeweihten verstanden, und nicht von denen, die sich bloß auf das Studium der *Veden* beschränken (*vedeṣu durlabham adurlabham ātma-bhaktau*). Gottgeweihte wie Arjuna sind ständige Gefährten des Herrn, und wann immer Sich der Herr inkarniert, inkarnieren sich auch Seine Ihm beigesellten Geweihten, um dem Herrn in verschiedenen Beziehungen zu dienen. Arjuna ist einer dieser Gottgeweihten, und aus diesem Vers läßt sich ersehen, daß vor einigen Millionen Jahren, als Śrī Kṛṣṇa die *Bhagavad-gītā* zum Sonnengott Vivasvān sprach, auch Arjuna, in einer anderen Form, gegenwärtig war. Der Herr jedoch konnte Sich, im Gegensatz zu Arjuna, an dieses Ereignis erinnern. Dies ist der Unterschied zwischen dem Höchsten Herrn und dem winzigen Lebewesen, das von Ihm ausgeht. Obwohl Arjuna hier als mächtiger Held bezeichnet wird, der seine Feinde bezwingen konnte, ist er nicht in der Lage, sich an das zu erinnern, was sich in seinen verschiedenen vergangenen Leben ereignet hat. Ein Lebewesen kann daher dem Höchsten Herrn niemals gleich kommen, ganz egal wie bedeutend es nach materiellen Maßstäben sein mag. Sogar die ständigen Begleiter des Herrn, die zweifelsohne alle befreite Seelen sind, können dem Herrn nicht ebenbürtig sein. In der *Brahma-saṁhitā* wird der Herr als unfehlbar (*acyuta*) beschrieben, was bedeutet, daß Er niemals Seine Identität vergißt, selbst wenn Er mit der Materie in Berührung kommt. Deshalb können der Herr und das Lebewesen niemals in jeder Hinsicht gleich sein, selbst wenn es sich um ein solch befreites Lebewesen wie Arjuna handelt. Obwohl Arjuna ein Geweihter des Herrn ist, vergißt er manchmal die wahre Stellung des Herrn; aber durch die göttliche Gnade kann ein Gottgeweihter sogleich das unfehlbare Wesen des Herrn verstehen, wohingegen Nichtgottgeweihte und Dämonen dieses transzendentale Wesen nicht verstehen können. Folglich können diese Beschreibungen in der *Gītā* nicht von dämonischen Gehirnen verstanden werden. Kṛṣṇa erinnerte Sich an Handlungen, die Er vor Millionen von Jahren ausführte, doch Arjuna konnte es nicht, obgleich Kṛṣṇa wie auch Arjuna dem Wesen nach ewig sind. Hieraus können wir ebenfalls ersehen, daß ein Lebewesen alles vergißt, weil es seinen Körper wechselt, wohingegen der Herr Sich an alles erinnern kann, weil Er Seinen *sac-cid-ānanda-* Körper niemals wechselt. Er ist *advaita,* was bedeutet, daß zwischen Seinem Körper und Ihm Selbst kein Unterschied besteht. Alles mit Ihm Verbundene ist spirituell, wohingegen die bedingte Seele von ihrem materiellen Körper verschieden ist. Und weil der Körper und das Selbst des Herrn identisch sind, unterscheidet sich Seine Stellung immer von der des gewöhnlichen Lebewesens, auch wenn Er auf die materielle Ebene herabsteigt. Die Dämonen sind nicht in der Lage, dieses transzendentale Wesen des Herrn zu akzeptieren, das von Ihm persönlich im nächsten Vers erklärt wird.

Vers 6 अजोऽपि सन्नव्ययात्मा भूतानामीश्वरोऽपि सन् ।
प्रकृतिं स्वामधिष्ठाय सम्भवाम्यात्ममायया ॥ ६ ॥

ajo 'pi sann avyayātmā bhūtānām īśvaro 'pi san
prakṛtiṁ svām adhiṣṭhāya sambhavāmy ātma-māyayā

ajaḥ – ungeboren; *api* – obwohl; *san* – so beschaffen; *avyaya* – ohne Verfall; *ātmā* – Körper; *bhūtānām* – all derjenigen, die geboren sind; *īśvaraḥ* – der Höchste Herr; *api* – obwohl; *san* – so beschaffen; *prakṛtim* – in der transzendentalen Gestalt; *svām* – Meinerselbst; *adhiṣṭhāya* – so befindlich; *sambhavāmi* – Ich inkarniere Mich; *ātma-māyayā* – durch Meine innere Energie.

Obwohl Ich ungeboren bin und Mein transzendentaler Körper niemals vergeht und obwohl Ich der Herr aller Lebewesen bin, erscheine Ich in jedem Zeitalter in Meiner ursprünglichen transzendentalen Gestalt.

ERLÄUTERUNG: Der Herr hat im vorangegangenen Vers über die Besonderheit Seiner Geburt gesprochen: Obwohl Er wie ein gewöhnlicher Mensch erscheinen mag, erinnert Er Sich an alles, was während Seiner unzähligen vergangenen „Geburten" geschah, wohingegen sich ein gewöhnlicher Mensch nicht einmal an das erinnern kann, was er vor ein paar Stunden getan hat. Wenn man jemanden fragte, was er vor einem Tag genau zur gleichen Stunde tat, würde es einem gewöhnlichen Menschen sehr schwer fallen, sofort eine Antwort zu geben. Er müßte sicherlich sein Gedächtnis durchforschen, um sich erinnern zu können, womit er genau vor einem Tag beschäftigt war. Und dennoch gibt es Menschen, die zu behaupten wagen, sie seien Gott, sie seien Kṛṣṇa. Man sollte sich von solch bedeutungslosen Behauptungen nicht irreführen lassen.

Als nächstes erklärt der Herr nun Seine *prakṛti* (Gestalt). *Prakṛti* bedeutet sowohl „Natur" als auch *svarūpa* („die ureigene Gestalt"). Der Herr sagt, daß Er in Seinem eigenen Körper erscheint, den Er niemals wechselt, denn Er wandert nicht von Körper zu Körper wie die gewöhnlichen Lebewesen. Die bedingte Seele besitzt zwar im gegenwärtigen Leben eine bestimmte Art von Körper, aber schon im nächsten Leben wird sie einen anderen Körper haben. In der materiellen Welt besitzt das Lebewesen keinen festen Körper, sondern wandert von einem Körper zum andern. Der Herr jedoch tut dies nicht. Wann immer Er erscheint, erscheint Er durch Seine innere Kraft in dem gleichen ursprünglichen Körper. Mit anderen Worten, Kṛṣṇa erscheint hier in der materiellen Welt in Seiner ursprünglichen, ewigen Gestalt, das heißt in Seiner zweihändigen Gestalt mit einer Flöte. Er erscheint genauso wie Er ist, in Seinem ewigen Körper, der niemals von der materiellen Welt verunreinigt wird. Aber trotz der Tatsache, daß Er im gleichen transzendentalen Körper erscheint und der Herr des Universums ist, scheint es, als werde Er wie ein gewöhnliches Lebewesen geboren. Und obwohl Sein Körper niemals wie ein materieller Körper dem Wandel unterworfen ist, scheint es, als ob Er vom Kleinkind zum Knaben und vom Knaben zum Jüngling heranwachse. Aber erstaunlicherweise wird Er niemals älter als ein Jüngling. Als die Schlacht von Kurukṣetra stattfand, hatte Śrī Kṛṣṇa bereits viele Enkel, das heißt, nach materieller Berechnung hatte Er bereits ein hohes Alter erreicht. Dennoch sah Er aus wie ein Jüngling von zwanzig oder fünfundzwanzig Jahren. Wir sehen niemals ein Bild, das Kṛṣṇa als alten Mann zeigt, da Er niemals alt wird wie wir, obwohl Er – in Vergangenheit, Gegenwart und Zukunft – der älteste in der ganzen Schöpfung ist. Sein Körper wie auch Seine Intelligenz werden niemals schwächer und wandeln sich nie. Daher ist es klar, daß Er, obwohl in der materiellen Welt, immer dieselbe ungeborene, ewige Gestalt der Glückseligkeit und des Wissens ist, unwandelbar in Seinem transzendentalen Körper und Seiner transzendentalen Intelligenz. Er gleicht in Seinem Erscheinen und Fortgehen der Sonne, die aufgeht, vor uns über den Himmel wandert und dann wieder unserer Sicht entschwindet. Wenn die Sonne außer Sicht ist, denken wir, die Sonne sei untergegangen, und wenn die Sonne unseren Augen sichtbar wird, denken wir, die Sonne erscheine am Horizont. In Wirklichkeit jedoch befindet sich die Sonne immer in ihrer festen Position, aber weil unsere Sinne fehlerhaft und unzureichend sind, glauben wir, die Sonne erscheine und verschwinde. Weil sich das Erscheinen und Fortgehen Kṛṣṇas von dem eines gewöhnlichen Lebewesens grundsätzlich unterscheidet, ist es offensichtlich, daß Er durch Seine innere Kraft ewiges, glückseliges Wissen ist und niemals von der materiellen Natur verunreinigt wird. Auch die *Veden* bestätigen, daß die Höchste Persönlichkeit Gottes ungeboren ist, obwohl es so scheint, als würde Er in vielen verschiedenen Manifestationen geboren. Auch die ergänzenden vedischen Schriften bestätigen, daß der Herr niemals Seinen Körper wechselt, obwohl es so scheint, als werde Er geboren. Im *Bhāgavatam* wird beschrieben, wie Er vor Seiner Mutter als vierarmiger Nārāyaṇa erschien, ausgestattet mit allen sechs Vollkommenheiten. Daß Er in Seiner ursprünglichen ewigen Form erscheint, ist Seine grundlose Barmherzigkeit, die Er den Lebewesen zukommen läßt, damit sie sich auf Ihn, den Höchsten Herrn, in Seiner wahren Form konzentrieren können, ohne von den mentalen Spekulationen und Einbildungen beeinflußt zu werden, die die Unpersönlichkeitsanhänger fälschlicherweise über die Formen des Herrn anstellen. Nach dem *Viśva-kośa* Wörterbuch bezieht sich das Wort *māyā,* oder *ātma-māyā,* auf die grundlose Barmherzigkeit des Herrn. Der Herr ist Sich darüber bewußt, wie Er in all Seinen vergangenen Inkarnationen erschienen und fortgegangen ist, wohingegen ein gewöhnliches Lebewesen alles über sein vergangenes Leben vergißt, sobald es einen neuen Körper annimmt. Er ist der Herr aller Lebewesen, weil Er wunderbare, übermenschliche Taten vollbringt, während Er auf der Erde weilt. Daher ist der Herr immer die gleiche Absolute Wahrheit, und es besteht kein Unterschied zwischen Seiner Gestalt und Ihm Selbst oder zwischen Seinen Eigenschaften und Seinem Körper. Es mag sich nun die Frage erheben, weshalb der Herr in dieser Welt erscheint und wieder fortgeht. Dies wird im nächsten Vers erklärt.

Vers 7 यदा यदा हि धर्मस्य ग्लानिर्भवति भारत ।
अभ्युत्थानमधर्मस्य तदात्मानं सृजाम्यहम् ॥ ७ ॥

yadā yadā hi dharmasya glānir bhavati bhārata
abhyutthānam adharmasya tadātmānaṁ sṛjāmy aham

yadā yadā – wann und wo auch immer; *hi* – gewiß; *dharmasya* – der Religion; *glāniḥ* – Abweichungen; *bhavati* – auftreten; *bhārata* – o Nachkomme Bharatas; *abhyutthānam* – Vorherrschaft; *adharmasya* – der Irreligiosität; *tadā* – zu dieser Zeit; *ātmānam* – Selbst; *sṛjāmi* – manifestiere Mich; *aham* – Ich.

Wann und wo auch immer das religiöse Leben verfällt, o Nachkomme Bharatas, und Irreligiosität überhandnimmt, zu der Zeit erscheine Ich.

ERLÄUTERUNG: Das Wort *sṛjāmi* ist hier von Bedeutung. *Sṛjāmi* kann nicht im Sinne von „Schöpfung" verstanden werden, denn dem vorherigen Vers zufolge werden die Form wie auch der Körper des Herrn niemals erschaffen, da all diese Formen ewig bestehen. Deshalb bedeutet *sṛjāmi,* daß Sich der Herr so manifestiert, wie Er ist. Obwohl der Herr nach Plan erscheint, nämlich am Ende des Dvāpara-yuga des achtundzwanzigsten *yuga*-Umlaufes des siebten Manu, einmal an einem Tag Brahmās, ist Er nicht verpflichtet, Sich an solche Regeln und Richtlinien zu halten, denn es steht Ihm völlig frei, nach Belieben auf vielfältige Weise zu handeln. Er erscheint daher nach Seinem Willen immer dann, wenn Irreligiosität vorherrscht und wahre Religion verdrängt wird. Die Prinzipien der Religion sind in den *Veden* festgelegt, und jede Abweichung von der richtigen Ausführung der vedischen Regeln macht einen Menschen irreligiös. Im *Bhāgavatam* wird erklärt, daß diese Prinzipien die Gesetze des Herrn sind. Allein der Herr kann ein System der Religion schaffen. Ebenso ist es eine anerkannte Tatsache, daß die *Veden* ursprünglich vom Herrn Selbst gesprochen und Brahmā durch dessen Herz offenbart wurden. Deshalb sind die Prinzipien des *dharma,* der Religion, die direkten Anweisungen der Höchsten Persönlichkeit Gottes (*dharmaṁ tu sākṣād bhagavat-praṇītam*). Auf diese Prinzipien wird überall in der *Bhagavad-gītā* klar hingewiesen. Es ist der Zweck der *Veden,* solche Prinzipien gemäß der Anweisung des Höchsten Herrn festzulegen, und der Herr erklärt am Schluß der *Gītā* eindeutig, daß das höchste Prinzip der Religion in nichts anderem besteht als darin, sich Ihm allein zu ergeben. Die vedischen Prinzipien drängen einen in die Richtung dieses Zieles, nämlich der völligen Hingabe zum Herrn, und immer wenn diese Prinzipien von den dämonischen Kräften gestört werden, erscheint der Herr. Aus dem *Bhāgavatam* erfahren wir, daß Buddha eine Inkarnation Kṛṣṇas ist, die erschien, als der Materialismus überhandnahm und die Materialisten die Autorität der *Veden* zum

Vorwand nahmen, um ihre Gewohnheiten zu rechtfertigen. In den *Veden* gibt es viele einschränkende Regeln und Vorschriften für Tieropfer, die nur für ganz bestimmte Zwecke durchgeführt wurden, aber damals brachten Menschen mit dämonischen Neigungen diese Tieropfer dar, ohne sich nach den vedischen Prinzipien zu richten. Buddha erschien daher, um diesem unsinnigen Treiben ein Ende zu bereiten und die vedischen Grundsätze der Gewaltlosigkeit wiedereinzuführen. Mit anderen Worten, alle *avatāras* (Inkarnationen des Herrn) haben eine bestimmte Mission, und jeder von ihnen wird in den offenbarten Schriften beschrieben. Niemand sollte als *avatāra* anerkannt werden, wenn er nicht in den Schriften erwähnt wird. Es ist nicht so, daß der Herr nur auf indischem Boden erscheint. Er kann überall und zu jeder Zeit erscheinen, ganz wie es Ihm beliebt. In jeder Inkarnation offenbart Er so viel über Religion, wie es die Menschen gemäß den jeweiligen Umständen verstehen können. Aber die Mission ist immer dieselbe, nämlich die Menschen zum Gottesbewußtsein und zum Gehorsam gegenüber den Prinzipien der Religion zu führen. Manchmal steigt der Herr persönlich herab, und manchmal schickt Er Seinen echten Stellvertreter in der Form Seines Sohnes oder Dieners, und manchmal erscheint Er Selbst in einer versteckten Form.

Weil Arjuna im Vergleich zu gewöhnlichen Menschen in anderen Teilen der Welt spirituell weit fortgeschritten war, wurden die Prinzipien der *Bhagavad-gītā* ihm verkündet – und damit auch allen anderen hochstehenden Menschen. Daß zwei und zwei gleich vier ist, ist eine mathematische Aussage, die sowohl beim einfachen Rechnen als auch in der höheren Arithmetik ihre Gültigkeit hat; dennoch muß zwischen höherer und elementarer Mathematik unterschieden werden. Ebenso lehren alle Inkarnationen des Herrn die gleichen Prinzipien, doch den verschiedenen Umständen entsprechend erscheinen ihre Lehren mehr oder weniger fortgeschritten. Wie später noch erklärt wird, beginnt die Ebene der höheren religiösen Prinzipien, wenn das System der vier Unterteilungen und Stufen des gesellschaftlichen Lebens befolgt wird. Die einzige Aufgabe einer jeden Inkarnation besteht darin, überall Kṛṣṇa-Bewußtsein zu erwecken. Daß dieses Bewußtsein einmal sichtbar ist und ein anderes mal nicht, liegt allein an den jeweiligen Umständen.

Vers 8 परित्राणाय साधूनां विनाशाय च दुष्कृताम् ।
धर्मसंस्थापनार्थाय सम्भवामि युगे युगे ॥ ८ ॥

paritrāṇāya sādhūnāṁ vināśāya ca duṣkṛtām
dharma-saṁsthāpanārthāya sambhavāmi yuge yuge

paritrāṇāya – zur Errettung; *sādhūnām* – der Gottgeweihten; *vināśāya* – zur Vernichtung; *ca* – und; *duṣkṛtām* – der Gottlosen; *dharma* – Prinzipien der Religion; *saṁsthāpana-arthāya* – um zu erneuern; *sambhavāmi* – Ich erscheine; *yuge* – Zeitalter; *yuge* – nach Zeitalter.

Um die Frommen zu erretten und die Gottlosen zu vernichten und um die Prinzipien der Religion wiedereinzuführen, erscheine Ich Zeitalter nach Zeitalter.

ERLÄUTERUNG: Gemäß der Beschreibung der *Bhagavad-gītā* ist ein *sādhu* (ein Heiliger) ein Mensch im Kṛṣṇa-Bewußtsein. Jemand mag äußerlich nicht religiös erscheinen, aber wenn er voll und ganz die Eigenschaften des Kṛṣṇa-Bewußtseins aufweist, muß er als *sādhu* angesehen werden. Das Wort *duṣkṛtām* bezieht sich auf diejenigen, die für Kṛṣṇa-Bewußtsein nichts übrig haben. Solche gottlosen Menschen (*duṣkṛtām*) werden als Dummköpfe und die Niedrigsten der Menschheit bezeichnet, auch wenn sie mit weltlicher Bildung dekoriert sein mögen, wohingegen jemand, der hundertprozentig im Kṛṣṇa-Bewußtsein tätig ist, als *sādhu* angesehen wird, auch wenn er nicht sehr gelehrt oder gebildet ist. Was die Atheisten betrifft, so ist es für den Höchsten Herrn nicht notwendig, persönlich zu erscheinen, um sie zu vernichten, wie Er es bei den Dämonen Rāvaṇa und Kaṁsa tat. Der Herr hat viele Helfer, die problemlos in der Lage sind, Dämonen zu töten. Wenn Er herabsteigt, so besonders deshalb, um Seinen reinen Geweihten, die immer von den dämonischen Menschen bedrängt werden, Erleichterung zu verschaffen. Der Dämon verfolgt den Gottgeweihten, selbst wenn letzterer ein naher Verwandter ist. Obwohl Prahlāda Mahārāja der Sohn Hiraṇyakaśipus war, wurde er von seinem Vater gepeinigt, und obwohl Devakī, Kṛṣṇas Mutter, die Schwester Kaṁsas war, wurden sie und ihr Ehemann Vasudeva von Kaṁsa verfolgt, nur weil Kṛṣṇa ihr Sohn werden sollte. Śrī Kṛṣṇa erschien also hauptsächlich, um Devakī zu retten, und weniger, um Kaṁsa zu töten, obwohl Er beides gleichzeitig tat. Deshalb heißt es hier, daß der Herr in verschiedenen Inkarnationen erscheint, um die Gottgeweihten zu erretten und die gottlosen Dämonen zu vernichten.

Im *Caitanya-caritāmṛta* von Kṛṣṇadāsa Kavirāja finden wir die folgenden Verse (*Madhya* 20.263–264), die definieren, was eine Inkarnation ist:

sṛṣṭi-hetu yei mūrti prapañce avatare
sei īśvara-mūrti 'avatāra' nāma dhare

māyātīta paravyome sabāra avasthāna
viśve avatari' dhare 'avatāra' nāma

„Eine bestimmte Form der Persönlichkeit Gottes, die aus dem Königreich Gottes in die materielle Welt hinabsteigt, um zu erschaffen, wird *avatāra* (Inkarnation der Persönlichkeit Gottes) genannt. Solche Inkarnationen sind Bewohner der spirituellen Welt, des Königreichs Gottes, und wenn sie in die materielle Schöpfung hinabsteigen, bekommen sie den Namen *avatāra.*"

Es gibt verschiedene Arten von *avatāras,* zum Beispiel *puruṣa-avatāras, guṇāvatāras, līlāvatāras, śakty-āveśa-avatāras, manvantara-avatāras* und *yugāvātaras,* die alle nach einem bestimmten Plan überall im Universum erscheinen. Śrī Kṛṣṇa aber ist der urerste Herr, der Ursprung aller *avatāras.* Śrī Kṛṣṇa erscheint mit der besonderen Absicht, die Not der reinen Gottgeweihten zu lindern, die sich sehr danach sehnen, Ihn bei Seinen ursprünglichen Spielen in Vṛndāvana zu sehen. Daher ist es der Hauptzweck des Kṛṣṇa-*avatāra,* Seine reinen Geweihten zu erfreuen. Der Herr sagt, daß Er Sich in jedem Zeitalter inkarniert, und dies deutet darauf hin, daß Er Sich auch im Zeitalter des Kali inkarniert. Wie es im *Śrīmad-Bhāgavatam* heißt, ist die Inkarnation im Zeitalter des Kali Śrī Caitanya Mahāprabhu, der die Verehrung Kṛṣṇas durch die *saṅkīrtana*-Bewegung (das gemeinsame Chanten der Heiligen Namen) predigte und Kṛṣṇa-Bewußtsein in ganz Indien verbreitete. Er sagte voraus, daß sich die Kultur des *saṅkīrtana* überall auf der Welt, von Stadt zu Stadt und von Dorf zu Dorf, verbreiten werde. In den vertraulichen Teilen der offenbarten Schriften, wie den *Upaniṣaden,* dem *Mahābhārata* und dem *Bhāgavatam,* wird Śrī Caitanya versteckt, nicht direkt, als die Inkarnation Kṛṣṇas, der Persönlichkeit Gottes, beschrieben. Die Geweihten Śrī Kṛṣṇas fühlen sich zur *saṅkīrtana*-Bewegung Śrī Caitanyas sehr hingezogen. Dieser *avatāra* des Herrn tötet die gottlosen Lebewesen nicht, sondern erlöst sie durch Seine grundlose Barmherzigkeit.

Vers 9 जन्म कर्म च मे दिव्यमेवं यो वेत्ति तत्त्वतः ।
त्यक्त्वा देहं पुनर्जन्म नैति मामेति सोऽर्जुन ॥ ९ ॥

janma karma ca me divyam evaṁ yo vetti tattvataḥ
tyaktvā dehaṁ punar janma naiti mām eti so 'rjuna

janma – Geburt; *karma* – Tätigkeiten; *ca* – auch; *me* – Meiner; *divyam* – transzendental; *evam* – auf diese Weise; *yaḥ* – jeder, der; *vetti* – kennt; *tattvataḥ* – in Wirklichkeit; *tyaktvā* – aufgebend; *deham* – diesen Körper; *punaḥ* – wieder; *janma* – Geburt; *na* – niemals; *eti* – erreicht; *mām* – zu Mir; *eti* – gelangt; *saḥ* – er; *arjuna* – o Arjuna.

Wer die transzendentale Natur Meines Erscheinens und Meiner Taten kennt, wird nach Verlassen des Körpers nicht wieder in der materiellen Welt geboren, sondern gelangt in Mein ewiges Reich, o Arjuna.

ERLÄUTERUNG: Wie der Herr aus Seinem transzendentalen Reich herabsteigt, wurde schon im sechsten Vers erklärt. Wer die Wahrheit des Erscheinens der Persönlichkeit Gottes versteht, ist bereits aus der materiellen Knechtschaft befreit und kehrt daher sogleich nach Verlassen seines gegenwärtigen materiellen Körpers in das Königreich Gottes zurück. Es ist für das Lebewesen keineswegs leicht, sich aus der materiellen Gefangenschaft zu befreien. Die Unpersönlichkeitsphilosophen und die *yogīs* erreichen Befreiung nur nach vielen Schwierigkeiten und nach vielen, vielen Geburten. Aber selbst dann ist die Befreiung, die sie erreichen – sie gehen in das unpersönliche *brahmajyoti* des Herrn ein –, nur unvollständig, und dazu besteht die Gefahr, daß sie wieder in die materielle Welt zurückkehren. Der Gottgeweihte hingegen gelangt, einfach indem er die transzendentale Natur des Körpers und der Taten des Herrn versteht, nach Verlassen des materiellen Körpers in das Reich des Herrn und ist nicht der Gefahr ausgeliefert, wieder in die materielle Welt zurückkehren zu müssen. In der *Brahma-saṁhitā* (5.33) heißt es, daß der Herr Sich in zahllosen Formen und Inkarnationen manifestiert: *advaitam acyutam anādim ananta-rūpam.* Obwohl es unzählige transzendentale Formen gibt, sind sie alle ein und dieselbe Höchste Persönlichkeit Gottes. Man muß diese Tatsache mit Überzeugung verstehen, obwohl sie weltlichen Gelehrten und empirischen Philosophen unbegreiflich ist. In den *Veden* (*Puruṣa-bodhinī Upaniṣad*) heißt es:

eko devo nitya-līlānurakto bhakta-vyāpi hṛdy antar-ātmā

„Der eine Herr, die Höchste Persönlichkeit Gottes, pflegt in Seinen unbegrenzt vielen transzendentalen Formen mit Seinen reinen Geweihten ewiglich Beziehungen des liebevollen Austausches.“

Diese Aussage der *Veden* wird in dem vorliegenden Vers der *Gītā* vom Herrn persönlich bestätigt. Wer diese Wahrheit aufgrund der Autorität der *Veden* und der Höchsten Persönlichkeit Gottes akzeptiert und seine Zeit nicht mit philosophischen Spekulationen verschwendet, erreicht die höchste Vollkommenheit der Befreiung. Indem man diese Wahrheit einfach mit Glauben akzeptiert, kann man ohne Zweifel Befreiung erlangen. Hier findet der vedische Aphorismus *tat tvam asi* seine wirkliche Anwendung: Jeder, der versteht, daß Śrī Kṛṣṇa der Höchste ist, und zu Ihm sagt: „Du bist das Höchste Brahman, die Persönlichkeit

Gottes“, ist mit Sicherheit augenblicklich befreit, und folglich ist es ihm garantiert, in die transzendentale Gemeinschaft des Herrn zu gelangen. Mit anderen Worten, solch ein gläubiger Geweihter des Herrn erreicht die Vollkommenheit, und das wird durch die folgende vedische Aussage bestätigt:

tam eva viditvāti mṛtyum eti nānyaḥ panthā vidyate 'yanāya

„Man kann die vollkommene Stufe der Befreiung von Geburt und Tod erreichen, indem man einfach den Herrn, die Höchste Persönlichkeit Gottes, kennt. Es gibt keinen anderen Weg, diese Vollkommenheit zu erlangen.“ (*Śvetāśvatara Upaniṣad* 3.8)

Daß es keinen anderen Weg gibt, bedeutet, daß sich jeder, der Kṛṣṇa nicht als die Höchste Persönlichkeit Gottes kennt, in der Erscheinungsweise der Unwissenheit befindet und folglich nicht Erlösung erlangen kann, einfach indem er sozusagen an der Außenseite des Honigglases leckt, das heißt, indem er die *Bhagavad-gītā* im Licht weltlicher Gelehrsamkeit interpretiert. Solche empirischen Philosophen mögen in der materiellen Welt sehr wichtige Rollen spielen, doch das macht sie noch lange nicht geeignet, Befreiung zu erlangen. Solch hochmütige weltliche Gelehrte müssen auf die grundlose Barmherzigkeit eines Gottgeweihten warten. Man sollte daher Kṛṣṇa-Bewußtsein mit Glauben und Wissen kultivieren und auf diese Weise die Vollkommenheit erreichen.

Vers 10 वीतरागभयक्रोधा मन्मया मामुपाश्रिताः ।
बहवो ज्ञानतपसा पूता मद्भावमागताः ॥१०॥

vīta-rāga-bhaya-krodhā man-mayā mām upāśritāḥ
bahavo jñāna-tapasā pūtā mad-bhāvam āgatāḥ

vīta – befreit von; *rāga* – Anhaftung; *bhaya* – Angst; *krodhāḥ* – und Zorn; *mat-mayāḥ* – völlig in Mich; *mām* – in Mir; *upāśritāḥ* – völlig verankert sein; *bahavaḥ* – viele; *jñāna* – des Wissens; *tapasā* – durch Entsagung; *pūtāḥ* – wurden geläutert; *mat-bhāvam* – transzendentale Liebe zu Mir; *āgatāḥ* – erlangten.

Befreit von Anhaftung, Angst und Zorn, völlig in Mich versunken und bei Mir Zuflucht suchend, wurden viele, viele Menschen in der Vergangenheit durch Wissen über Mich geläutert – und so erlangten sie alle transzendentale Liebe zu Mir.

ERLÄUTERUNG: Wie bereits erwähnt, fällt es einem Menschen, der zu sehr an materiellen Dingen hängt, sehr schwer, das persönliche Wesen der Höchsten Absoluten Wahrheit zu verstehen. Gewöhnlich sind Menschen, die an der körperlichen Lebensauffassung haften, so sehr in den Materialismus versunken, daß es für sie fast unmöglich ist zu verstehen, wie das Höchste eine Person sein kann. Solche Materialisten können sich nicht einmal vorstellen, daß es einen transzendentalen Körper gibt, der unvergänglich, voller Wissen und ewig glückselig ist. Gemäß der materiellen Lebensauffassung ist jeder Körper vergänglich, voller Unwissenheit und voller Leid. Aus diesem Grunde behalten die Menschen im allgemeinen die gleiche Vorstellung vom Körper bei, wenn sie über die persönliche Gestalt des Herrn hören. Für solch materialistische Menschen ist die Form der gigantischen materiellen Manifestation das Höchste. Folglich halten sie das Höchste für unpersönlich. Und weil sie zu sehr in die Materie vertieft sind, erschreckt sie die Vorstellung, auch nach der Befreiung von der Materie ihre Persönlichkeit zu behalten. Wenn sie erfahren, daß spirituelles Leben ebenfalls individuell und persönlich ist, bekommen sie Angst, erneut Personen zu werden, und so ziehen sie es vor, irgendwie mit der unpersönlichen Leere zu verschmelzen. Im allgemeinen vergleichen sie die Lebewesen mit den Schaumbläschen im Ozean, die sich wieder im Ozean auflösen. Dies ist die höchste Vollkommenheit spiritueller Existenz, die ohne individuelle Persönlichkeit erreicht werden kann. Es ist ein angstvoller Lebenszustand, in dem es an vollkommenem Wissen über die spirituelle Existenz mangelt. Darüber hinaus gibt es viele Menschen, die Spiritualität überhaupt nicht verstehen können. Verwirrt durch so viele Theorien und durch Widersprüche verschiedenster philosophischer Spekulationen, fühlen sie sich abgestoßen oder werden zornig und kommen törichterweise zu der Schlußfolgerung, es gäbe keine höchste Ursache und letztlich sei alles leer. Solche Menschen befinden sich in einem krankhaften Lebenszustand. Manche Menschen sind zu sehr dem Materialismus verhaftet und schenken daher dem spirituellen Leben keine Aufmerksamkeit; andere wollen ihre Identität in der höchsten spirituellen Ursache auflösen, und wieder andere wollen gar nichts mehr glauben, weil sie aus tiefer Frustration heraus auf jede Art von spiritueller Spekulation zornig sind. Was diese letztere Klasse von Menschen betrifft, so suchen sie bei irgendwelcher Berauschung Zuflucht, und ihre Gefühlshalluzinationen werden manchmal für spirituelle Visionen gehalten. Man muß sich von allen drei Stufen materiellen Bewußtseins lösen: von Anhaftung an materielles Leben, von Angst vor einer spirituellen persönlichen Identität und von der Vorstellung der „Leere", welche aus

Frustration entsteht. Um von diesen drei Stufen der materiellen Lebensauffassung frei zu werden, muß man unter der Leitung eines echten spirituellen Meisters beim Herrn vollständig Zuflucht suchen und den Vorschriften und regulierenden Prinzipien des hingebungsvollen Dienstes folgen. Dieses spirituelle Leben führt einen letztlich zur Stufe der *bhāva,* der transzendentalen Liebe zu Gott.

Im *Bhakti-rasāmṛta-sindhu,* der Wissenschaft des hingebungsvollen Dienstes, heißt es:

ādau śraddhā tataḥ sādhu- saṅgo 'tha bhajana-kriyā
tato 'nartha-nivṛttiḥ syāt tato niṣṭhā rucis tataḥ

athāsaktis tato bhāvas tataḥ premābhyudañcati
sādhakānām ayaṁ premṇaḥ prādurbhāve bhavet kramaḥ
(*Bhakti-rasāmṛta-sindhu* 1.4.15–16)

„Am Anfang muß ein vorbereitender Wunsch nach Selbstverwirklichung vorhanden sein. Dies wird einen auf die Stufe führen, wo man versucht, mit spirituell fortgeschrittenen Menschen zusammenzusein. Auf der nächsten Stufe wird man von einem qualifizierten spirituellen Meister eingeweiht, und unter seiner Anleitung beginnt der neue Gottgeweihte mit dem Vorgang des hingebungsvollen Dienstes. Indem man unter der Führung des spirituellen Meisters hingebungsvollen Dienst ausübt, wird man von aller materiellen Anhaftung frei, erreicht Stetigkeit in der Bemühung um Selbstverwirklichung und findet Geschmack daran, über Śrī Kṛṣṇa, die Absolute Persönlichkeit Gottes, zu hören. Dieser Geschmack entwickelt sich weiter zur Stufe der Anhaftung an das Kṛṣṇa-Bewußtsein, was im gereiften Zustand zu *bhāva,* der Vorstufe transzendentaler Liebe zu Gott, wird. Wirkliche Liebe zu Gott wird *prema* genannt, die höchste Stufe der Vollkommenheit des Lebens."

Auf der *prema*-Stufe ist man ununterbrochen im transzendentalen liebevollen Dienst des Herrn tätig. Indem man sich also unter der Führung eines echten spirituellen Meisters dem allmählichen Vorgang des hingebungsvollen Dienstes widmet, kann man die höchste Stufe erreichen, auf der man frei von allen materiellen Anhaftungen ist, frei von der Angst vor einer individuellen spirituellen Persönlichkeit und frei von der Frustration, die aus der Philosophie der Leere entsteht. Dann kann man letztlich in das Reich des Höchsten Herrn gelangen.

Vers 11 ये यथा मां प्रपद्यन्ते तांस्तथैव भजाम्यहम् ।
मम वर्त्मानुवर्तन्ते मनुष्याः पार्थ सर्वशः ॥११॥

ye yathā māṁ prapadyante tāṁs tathaiva bhajāmy aham
mama vartmānuvartante manuṣyāḥ pārtha sarvaśaḥ

ye – alle, die; *yathā* – wie; *mām* – Mir; *prapadyante* – sich ergeben; *tān* – ihnen; *tathā* – so; *eva* – gewiß; *bhajāmi* – belohne; *aham* – Ich; *mama* – Meinem; *vartma* – Pfad; *anuvartante* – folgen; *manuṣyāḥ* – alle Menschen; *pārtha* – o Sohn Pṛthās; *sarvaśaḥ* – in jeder Hinsicht.

Alle belohne Ich in dem Maße, wie sie sich Mir ergeben. Jeder folgt Meinem Pfad in jeder Hinsicht, o Sohn Pṛthās.

ERLÄUTERUNG: Jeder sucht nach Kṛṣṇa in dem einen oder anderen Aspekt Seiner Manifestationen. Man kann Kṛṣṇa, die Höchste Persönlichkeit Gottes, teilweise erkennen, wenn man Seinen Aspekt als unpersönliche *brahmajyoti*-Ausstrahlung oder als alldurchdringende Überseele, die in allem, einschließlich der Atome, gegenwärtig ist, erkennt. Vollständig kann Kṛṣṇa jedoch nur von Seinen reinen Geweihten erkannt werden. Kṛṣṇa ist also für jeden das Objekt der Erkenntnis, und so kann Ihn jeder unter dem Aspekt erkennen, den er sich wünscht. Auch in der transzendentalen Welt offenbart Sich Kṛṣṇa Seinen reinen Geweihten in der transzendentalen Beziehung, die Sich der Gottgeweihte wünscht. Der eine Gottgeweihte möchte Kṛṣṇa als höchsten Meister sehen, ein anderer als persönlichen Freund, ein anderer als Sohn und wieder ein anderer als Geliebten. Kṛṣṇa belohnt alle Gottgeweihten in gleichem Maße, das heißt entsprechend der Intensität ihrer Liebe. Auch in der materiellen Welt gibt es diesen Austausch von Gefühlen, und der Herr erwidert die verschiedenen Arten von Verehrung nach dem gleichen Prinzip. Die reinen Gottgeweihten haben sowohl hier als auch im transzendentalen Reich die persönliche Gemeinschaft des Herrn und sind in der Lage, Ihm persönlichen Dienst darzubringen, und in diesem liebevollen Dienst erfahren sie transzendentale Glückseligkeit. Was die Unpersönlichkeitsphilosophen betrifft, die spirituellen Selbstmord begehen wollen, indem sie die individuelle Existenz des Lebewesens vernichten, so hilft Kṛṣṇa auch ihnen, indem Er sie in Seine Ausstrahlung aufnimmt. Diese Unpersönlichkeitsanhänger sind nicht bereit, die ewige, glückselige Persönlichkeit Gottes anzuerkennen. Folglich können sie die Glückseligkeit des transzendentalen persönlichen Dienstes für den Herrn nicht kosten, da sie ihre Individualität ausgelöscht haben. Einige von ihnen, die nicht einmal in der unpersönlichen Existenz verankert sind, kehren wieder auf die materielle Ebene zurück, um ihre schlummernden Wünsche nach Aktivität zu entfalten. Zu den spirituellen Planeten wird ihnen kein Zutritt gewährt, aber sie erhalten erneut eine Möglichkeit, auf den materiellen Planeten tätig zu werden. Was diejenigen betrifft, die sich mit fruchtbringender Arbeit beschäftigen, so gewährt ihnen der Herr in Seiner Eigenschaft als *yajñeśvara* die gewünschten Ergebnisse ihrer vorgeschriebenen Pflichten, und auch bei den *yogīs,* die nach mystischen Kräften trachten, ist es der Herr, der ihnen diese Kräfte gewährt. Mit anderen Worten, jeder ist in seiner Bemühung um Erfolg allein von Seiner Barmherzigkeit abhängig, und alle Arten von spirituellen Vorgängen sind nichts anderes als verschiedene Stufen des Erfolges auf dem gleichen Weg. Solange man also nicht zur höchsten Vollkommenheit des Kṛṣṇa-Bewußtseins gelangt, bleiben all unsere Bemühungen unvollkommen und erfolglos. Dies wird im *Śrīmad-Bhāgavatam* (2.3.10) bestätigt:

akāmaḥ sarva-kāmo vā mokṣa-kāma udāra-dhīḥ
tīvreṇa bhakti-yogena yajeta puruṣaṁ param

„Ob man keinerlei Wünsche hat (die Stufe der Gottgeweihten) oder ob man sich alle Arten fruchtbringender Ergebnisse wünscht oder nach Befreiung strebt, man sollte mit seiner ganzen Kraft versuchen, die Höchste Persönlichkeit Gottes zu verehren, um die höchste Vollkommenheit zu erreichen, die im Kṛṣṇa-Bewußtsein gipfelt."

Vers 12 काङ्क्षन्तः कर्मणां सिद्धिं यजन्त इह देवताः ।
क्षिप्रं हि मानुषे लोके सिद्धिर्भवति कर्मजा ॥१२॥

kāṅkṣantaḥ karmaṇāṁ siddhiṁ yajanta iha devatāḥ
kṣipraṁ hi mānuṣe loke siddhir bhavati karma-jā

kāṅkṣantaḥ – sich wünschend; *karmaṇām* – von fruchtbringenden Tätigkeiten; *siddhim* – Vollkommenheit; *yajante* – sie verehren durch Opfer; *iha* – in der materiellen Welt; *devatāḥ* – die Halbgötter; *kṣipram* – sehr schnell; *hi* – gewiß; *mānuṣe* – in der menschlichen Gesellschaft; *loke* – in dieser Welt; *siddhiḥ* – Erfolg; *bhavati* – kommt; *karma-jā* – von fruchtbringender Arbeit.

Menschen dieser Welt wünschen sich Erfolg in fruchtbringenden Tätigkeiten, und daher verehren sie die Halbgötter. Durch fruchtbringende Arbeit kommen die Menschen in dieser Welt gewiß sehr schnell zu Ergebnissen.

ERLÄUTERUNG: Die Stellung der Götter oder Halbgötter der materiellen Welt wird oft mißverstanden, und Menschen mit geringer Intelligenz, obwohl als große Gelehrte angesehen, halten diese Halbgötter für verschiedene Formen des Höchsten Herrn. In Wirklichkeit aber sind die Halbgötter nicht verschiedene Formen Gottes, sondern verschiedene Teile Gottes. Gott ist einer, und Seine Teile sind viele. In den *Veden* heißt es: *nityo nityānām.* Gott ist einer. Und: *īśvaraḥ paramaḥ kṛṣṇaḥ.* Es gibt nur einen Höchsten Gott – Kṛṣṇa –, und die Halbgötter sind mit verschiedenen Kräften bevollmächtigt, um die materielle Welt zu verwalten. Diese Halbgötter sind alle Lebewesen (*nityānām*) mit unterschiedlichen Graden materieller Macht. Sie können dem Höchsten Herrn – Nārāyaṇa, Viṣṇu oder Kṛṣṇa – nicht gleichkommen. Jeder, der glaubt, Gott und die Halbgötter befänden sich auf der gleichen Ebene, ist ein Atheist (*pāṣaṇḍī*). Selbst so mächtige Halbgötter wie Brahmā und Śiva können nicht mit dem Höchsten Herrn verglichen werden. Vielmehr wird der Herr von Halbgöttern wie Brahmā und Śiva verehrt (*śiva-viriñci-nutam*). Aber seltsamerweise gibt es viele menschliche Führer, die von törichten Menschen unter der falschen Vorstellung des Anthropomorphismus oder Zoomorphismus verehrt werden. Die Worte *iha devatāḥ* beziehen sich auf einen mächtigen Menschen oder Halbgott der materiellen Welt. Aber die Höchste Persönlichkeit Gottes – Nārāyaṇa, Viṣṇu oder Kṛṣṇa – gehört nicht zu dieser Welt. Er befindet Sich in einer transzendentalen Stellung und steht über der materiellen Schöpfung. Sogar Śrīpāda Śaṅkarācārya, der Führer der Unpersönlichkeitsphilosophen, vertritt den Standpunkt, daß Sich Nārāyaṇa, Kṛṣṇa, jenseits der materiellen Schöpfung befindet. Trotzdem verehren törichte Menschen (*hṛta-jñāna*) die Halbgötter, weil sie sofortige Ergebnisse wollen. Sie bekommen die Ergebnisse auch, wissen aber nicht, daß die so erhaltenen Ergebnisse zeitweilig und nur für unintelligente Menschen gedacht sind. Der intelligente Mensch befindet sich im Kṛṣṇa-Bewußtsein, und er hat es nicht nötig, um irgendeines sofortigen, zeitweiligen Vorteils willen die armseligen Halbgötter zu verehren. Die Halbgötter der materiellen Welt werden samt ihren Verehrern mit der Vernichtung der materiellen Welt vergehen. So sind auch die Segnungen, die die Halbgötter erteilen, materiell und zeitweilig. Die materielle Welt wie auch ihre Bewohner – einschließlich der Halbgötter und ihrer Verehrer – sind wie Blasen im kosmischen Ozean. Die menschliche Gesellschaft jedoch trachtet wie von Sinnen nach zeitweiligem Besitz, wie materiellem Reichtum, Land, Familie und anderen Annehmlichkeiten. Um solche vergänglichen Dinge zu bekommen, verehren sie Halbgötter oder mächtige Personen in der menschlichen Gesellschaft. Wenn ein Mann einen Ministerposten in der Regierung bekommt, da er einem politischen Führer gehuldigt und geschmeichelt hat, glaubt er, eine große Segnung erlangt zu haben. Daher kriechen sie alle vor den sogenannten Führern oder „hohen Tieren“, um zeitweilige Vorteile zu erlangen, und tatsächlich bekommen sie solche Dinge. Solch törichte Menschen haben kein Interesse am Kṛṣṇa-Bewußtsein, das eine bleibende Lösung für die Beschwerlichkeiten des materiellen Daseins anbietet. Sie trachten alle nach Sinnengenuß, und die Aussicht auf ein wenig Sinnengenuß verlockt sie, ermächtigte Lebewesen wie die Halbgötter zu verehren. Dieser Vers deutet darauf hin, daß die Menschen am Kṛṣṇa-Bewußtsein nur selten Interesse finden. Sie sind meistens an materiellem Genuß interessiert und verehren daher irgendein mächtiges Lebewesen.

Vers 13 चातुर्वर्ण्यं मया सृष्टं गुणकर्मविभागशः ।
तस्य कर्तारमपि मां विद्ध्यकर्तारमव्ययम् ॥१३॥

cātur-varṇyaṁ mayā sṛṣṭaṁ guṇa-karma-vibhāgaśaḥ
tasya kartāram api māṁ viddhy akartāram avyayam

cātuḥ-varṇyam – die vier Unterteilungen der menschlichen Gesellschaft; *mayā* – von Mir; *sṛṣṭam* – geschaffen; *guṇa* – der Eigenschaft; *karma* – und Arbeit; *vibhāgaśaḥ* – in bezug auf Unterteilung; *tasya* – von dieser; *kartāram* – der Vater; *api* – obwohl; *mām* – Mich; *viddhi* – du solltest wissen; *akartāram* – als der Nichthandelnde; *avyayam* – unwandelbar.

In Entsprechung zu den drei Erscheinungsweisen der materiellen Natur und der Arbeit, die mit ihnen verbunden ist, wurden die vier Einteilungen der menschlichen Gesellschaft von Mir geschaffen. Und obwohl Ich der Schöpfer dieses Systems bin, solltest du wissen, daß Ich dennoch der Nichthandelnde bin, denn Ich bin unwandelbar.

ERLÄUTERUNG: Der Herr ist der Schöpfer von allem. Alles geht von Ihm aus, alles wird von Ihm erhalten, und alles ruht nach der Vernichtung in Ihm. Deshalb ist Er auch der Schöpfer der vier Einteilungen der Gesellschaftsordnung, angefangen mit der Klasse der intelligenten Menschen, die man als *brāhmaṇas* bezeichnet, da sie sich in der Erscheinungsweise der Tugend befinden. Die nächste Klasse ist die verwaltende Klasse, die man als *kṣatriyas* bezeichnet, da sie sich in der Erscheinungsweise der Leidenschaft befinden. Die *vaiśyas,* die gewerbetreibende Klasse, befinden sich in einer Mischung der

Erscheinungsweisen der Leidenschaft und Unwissenheit, und die *śūdras,* die Arbeiterklasse, befinden sich in der materiellen Erscheinungsweise der Unwissenheit. Obwohl Śrī Kṛṣṇa die vier Einteilungen der menschlichen Gesellschaft geschaffen hat, gehört Er nicht zu diesen Einteilungen, denn Er ist keine bedingte Seele. Die menschliche Gesellschaft, die nur einen kleinen Teil der Gesamtheit der bedingten Seelen bildet, unterscheidet sich kaum von anderen Tiergesellschaften, doch um die Menschen von der tierischen Stufe zu erheben und eine systematische Entwicklung von Kṛṣṇa-Bewußtsein zu ermöglichen, hat der Herr die oben erwähnten Einteilungen geschaffen. Die Neigung eines Menschen zu einer bestimmten Arbeit ist bedingt durch die Erscheinungsweisen der materiellen Natur, von denen er beeinflußt wird. Wie sich dieser Einfluß der verschiedenen Erscheinungsweisen der materiellen Natur im Leben des Menschen äußert, wird im Achtzehnten Kapitel dieses Buches beschrieben. Ein Mensch im Kṛṣṇa-Bewußtsein jedoch steht sogar noch über den *brāhmaṇas.* Von den *brāhmaṇas* wird erwartet, daß sie Wissen über das Brahman, die Höchste Absolute Wahrheit, besitzen, doch die meisten von ihnen befassen sich nur mit der unpersönlichen Brahman-Manifestation Śrī Kṛṣṇas. Wer aber das begrenzte Wissen eines *brāhmaṇa* transzendiert und Wissen über die Höchste Persönlichkeit Gottes, Śrī Kṛṣṇa, erlangt, erreicht die Ebene des Kṛṣṇa-Bewußtseins, das heißt, er wird ein Vaiṣṇava. Kṛṣṇa-Bewußtsein umfaßt Wissen über alle vollständigen Erweiterungen Kṛṣṇas, wie Rāma, Nṛsiṁha, Varāha usw. Und genauso wie Kṛṣṇa zu diesem System der vier Einteilungen der menschlichen Gesellschaft in transzendentaler Stellung steht, so steht auch jemand, der Kṛṣṇa-bewußt ist, zu allen Einteilungen der menschlichen Gesellschaft, wie Gesellschaftsgruppe, Nation und Rasse, in transzendentaler Stellung.

Vers 14 न मां कर्माणि लिम्पन्ति न मे कर्मफले स्पृहा ।
इति मां योऽभिजानाति कर्मभिर्न स बध्यते ॥१४॥

na māṁ karmāṇi limpanti na me karma-phale spṛhā
iti māṁ yo 'bhijānāti karmabhir na sa badhyate

na – niemals; *mām* – Mich; *karmāṇi* – alle Arten von Arbeit; *limpanti* – beeinflussen; *na* – und nicht; *me* – Mein; *karma-phale* – bei fruchtbringender Tätigkeit; *spṛhā* – Streben; *iti* – auf diese Weise; *mām* – Mich; *yaḥ* – jemand, der; *abhijānāti* – kennt; *karmabhiḥ* – durch die Reaktion auf solche Arbeit; *na* – nie; *saḥ* – er; *badhyate* – wird verstrickt.

Es gibt keine Arbeit, die Mich beeinflußt; auch strebe Ich nicht nach den Früchten des Handelns. Wer diese Wahrheit über Mich kennt, wird ebenfalls nicht in die fruchttragenden Reaktionen des Handelns verstrickt.

ERLÄUTERUNG: Wie es in der materiellen Welt konstitutionelle Gesetze gibt, die besagen, daß der König unfehlbar ist und daß er nicht den Gesetzen des Staates untersteht, so wird auch der Herr von den Tätigkeiten der materiellen Welt nicht beeinflußt, obwohl Er ihr Schöpfer ist. Er erschafft und bleibt dennoch unberührt von der Schöpfung, wohingegen die Lebewesen aufgrund ihrer Neigung, über die materiellen Reichtümer zu herrschen, in die fruchttragenden Ergebnisse ihrer materiellen Tätigkeiten verstrickt werden. In einem Unternehmen tragen die Angestellten selbst die Verantwortung für ihre Tätigkeiten, seien diese richtig oder falsch, und nicht der Besitzer des Unternehmens. Die Lebewesen gehen ihren jeweiligen Tätigkeiten der Sinnenbefriedigung nach, aber diese Tätigkeiten wurden ihnen nicht vom Herrn aufgetragen. Um ihre Sinnenbefriedigung zu verbessern, widmen sich die Lebewesen der Arbeit dieser Welt, und sie streben himmlisches Glück nach dem Tod an. Weil der Herr in Sich Selbst vollkommen ist, verspürt er keinerlei Anziehung zu sogenanntem himmlischem Glück. Die Halbgötter der himmlischen Planeten sind lediglich Diener, die Er angestellt hat. Und der Besitzer begehrt niemals das niedrige Glück, nach dem die Arbeiter streben. Auch wird der Herr niemals von den materiellen Aktionen und Reaktionen berührt. Zum Beispiel ist der Regen für die verschiedenen Arten der Vegetation, die auf der Erde erscheinen, nicht verantwortlich, obwohl es ohne Regen keine Vegetation geben kann. Die vedische *smṛti* bestätigt diese Tatsache wie folgt:

nimitta-mātram evāsau sṛjyānāṁ sarga-karmaṇi
pradhāna-kāraṇi-bhūtā yato vai sṛjya-śaktayaḥ

„In den materiellen Schöpfungen ist der Herr nur die höchste Ursache. Die unmittelbare Ursache ist die materielle Natur, durch die die kosmische Manifestation sichtbar wird." Es gibt eine große Vielfalt von geschaffenen Wesen, wie zum Beispiel die Halbgötter, Menschen und niederen Tiere, und sie alle sind den Reaktionen ihrer vergangenen guten und schlechten Tätigkeiten unterworfen. Der Herr gibt ihnen nur die geeigneten Möglichkeiten für diese Tätigkeiten und dazu die entsprechenden Richtlinien gemäß den Erscheinungsweisen der Natur, doch Er ist niemals für ihre vergangenen und gegenwärtigen Tätigkeiten verantwortlich. Dies wird im *Vedānta-sūtra* (2.1.34) bestätigt: *vaiṣamya-*

nairghṛṇye na sāpekṣatvāt. Der Herr ist niemals irgendeinem Lebewesen gegenüber voreingenommen. Das Lebewesen ist für seine Handlungen selbst verantwortlich. Der Herr gibt ihm nur mit Hilfe der materiellen Natur, der äußeren Energie, die Möglichkeiten zum Handeln. Jemand, der mit all diesen komplizierten Zusammenhängen des Gesetzes des *karma,* der fruchtbringenden Tätigkeiten, vertraut ist, wird von den Ergebnissen seiner Tätigkeiten nicht beeinflußt. Mit anderen Worten, wer das transzendentale Wesen des Herrn versteht, ist im Kṛṣṇa-Bewußtsein sehr erfahren und wird daher niemals den Gesetzen des *karma* unterworfen. Wenn jemand das transzendentale Wesen des Herrn nicht kennt und glaubt, die Werke des Herrn hätten fruchttragende Ergebnisse zum Ziel, wie dies bei den Tätigkeiten der gewöhnlichen Lebewesen der Fall ist, verstrickt er sich mit Sicherheit in fruchttragende Reaktionen. Jemand aber, der die Höchste Wahrheit kennt, ist eine befreite, im Kṛṣṇa-Bewußtsein fest verankerte Seele.

Vers 15 एवं ज्ञात्वा कृतं कर्म पूर्वैरपि मुमुक्षुभिः ।
कुरु कर्मैव तस्मात्त्वं पूर्वैः पूर्वतरं कृतम् ॥१५॥

evaṁ jñātvā kṛtaṁ karma pūrvair api mumukṣubhiḥ
kuru karmaiva tasmāt tvaṁ pūrvaiḥ pūrva-taraṁ kṛtam

evam – auf diese Weise; *jñātvā* – wohl wissend; *kṛtam* – wurde ausgeführt; *karma* – Handlung; *pūrvaiḥ* – von vergangenen Autoritäten; *api* – in der Tat; *mumukṣubhiḥ* – die Befreiung erlangten; *kuru* – führe aus; *karma* – vorgeschriebene Pflicht; *eva* – gewiß; *tasmāt* – deshalb; *tvam* – du; *pūrvaiḥ* – von den Vorfahren; *pūrva-taram* – in vergangenen Zeiten; *kṛtam* – wie ausgeführt.

Alle befreiten Seelen der vergangenen Zeiten handelten in diesem Wissen über Mein transzendentales Wesen. Deshalb solltest du deine vorgeschriebene Pflicht erfüllen, indem du ihrem Beispiel folgst.

ERLÄUTERUNG: Es gibt zwei Klassen von Menschen: diejenigen, deren Herz voller materieller Unreinheiten ist, und diejenigen, die von materieller Verunreinigung frei sind. Kṛṣṇa-Bewußtsein ist für beide gleichermaßen segensreich. Diejenigen, die voller Unreinheiten sind, können sich dem Kṛṣṇa-Bewußtsein zuwenden, um sich allmählich zu reinigen, indem sie den regulierenden Prinzipien des hingebungsvollen Dienstes folgen. Diejenigen, die bereits von allen Unreinheiten frei sind, sollten mit ihrer Betätigung im Kṛṣṇa-Bewußtsein fortfahren, so daß andere Menschen ihrem beispielhaften Verhalten folgen und daraus ihren Nutzen ziehen können. Törichte Menschen und Neulinge im Kṛṣṇa-Bewußtsein, die kein Wissen über Kṛṣṇa-Bewußtsein besitzen, wollen sich oft von allen Tätigkeiten zurückziehen. Als Arjuna den Wunsch äußerte, sich vom Schlachtfeld zurückzuziehen, wurde dies vom Herrn nicht gutgeheißen. Man braucht nur zu wissen, wie man handeln muß. Sich von den Tätigkeiten des Kṛṣṇa-Bewußtseins zurückzuziehen, um irgendwo im Abseits sogenanntes Kṛṣṇa-Bewußtsein zur Schau zu stellen, ist nicht so gut, wie tatsächlich Tätigkeiten zur Zufriedenstellung Kṛṣṇas auszuführen. Arjuna wird hier der Rat gegeben, im Kṛṣṇa-Bewußtsein zu handeln und dem Beispiel vorangegangener Schüler des Herrn zu folgen, wie zum Beispiel dem Sonnengott Vivasvān, von dem bereits zuvor die Rede war. Der Höchste Herr ist Sich nicht nur der eigenen vergangenen Taten bewußt, sondern auch all der Taten derjenigen, die sich in der Vergangenheit im Kṛṣṇa-Bewußtsein betätigten. Deshalb empfiehlt Er hier die Tätigkeiten des Sonnengottes, der diese Kunst vom Herrn vor einigen Millionen von Jahren erlernte. All diese Schüler Śrī Kṛṣṇas werden hier als befreite Seelen der vergangenen Zeiten bezeichnet, die ihre von Kṛṣṇa gegebenen Pflichten erfüllten.

Vers 16 किं कर्म किमकर्मेति कवयोऽप्यत्र मोहिताः ।
तत्ते कर्म प्रवक्ष्यामि यज्ज्ञात्वा मोक्ष्यसेऽशुभात् ॥१६॥

kiṁ karma kim akarmeti kavayo 'py atra mohitāḥ
tat te karma pravakṣyāmi yaj jñātvā mokṣyase 'śubhāt

kim – was ist; *karma* – Handeln; *kim* – was ist; *akarma* – Nichthandeln; *iti* – so; *kavayaḥ* – die Intelligenten; *api* – auch; *atra* – in dieser Angelegenheit; *mohitāḥ* – sind verwirrt; *tat* – dies; *te* – dir; *karma* – Handeln; *pravakṣyāmi* – Ich werde erklären; *yat* – welches; *jñātvā* – wissend; *mokṣyase* – du wirst befreit sein; *aśubhāt* – von Unglück.

Selbst die Intelligenten sind verwirrt, wenn sie bestimmen sollen, was Handeln und was Nichthandeln ist. Ich werde dir jetzt erklären, was Handeln ist, und wenn du dies weißt, wirst du von allem Unglück befreit sein.

ERLÄUTERUNG: Handeln im Kṛṣṇa-Bewußtsein muß mit dem Beispiel der vorangegangenen großen Gottgeweihten in Einklang stehen. Dies wird in Vers fünfzehn empfohlen. Warum solches Handeln nicht unabhängig sein soll, wird im folgenden erklärt.

Um im Kṛṣṇa-Bewußtsein zu handeln, muß man sich der Führung von Autoritäten anvertrauen, die einer Schülernachfolge angehören. Dies wurde zu Beginn des vorliegenden Kapitels erklärt. Das System des Kṛṣṇa-Bewußtseins wurde zuerst dem Sonnengott gelehrt; der Sonnengott erklärte es seinem Sohn Manu; Manu gab es an seinen Sohn Ikṣvāku weiter, und seit jener fernen Zeit ist dieses System auch auf unserer Erde bekannt. Deshalb muß man in die Fußstapfen vorangegangener Autoritäten in der Kette der Schülernachfolge treten. Andernfalls werden sich selbst die intelligentesten Menschen nicht im klaren darüber sein, was der Maßstab für Tätigkeiten im Kṛṣṇa-Bewußtsein ist. Aus diesem Grund beschloß der Herr, Arjuna persönlich im Kṛṣṇa-Bewußtsein zu unterweisen, und weil Arjuna auf diese Weise direkt vom Herrn unterwiesen wurde, wird jeder, der in seine Fußstapfen tritt, mit Sicherheit von aller Verwirrung befreit.

Es heißt in den Schriften, daß man nicht einfach durch unvollkommenes, experimentelles Wissen herausfinden kann, was Religion ist. In Wirklichkeit können die Grundsätze der Religion nur vom Herrn Selbst festgelegt werden: *dharmaṁ tu sākṣād bhagavat-praṇītam* (*Śrīmad-Bhāgavatam* 6.3.19). Niemand kann durch unvollkommene Spekulation einen religiösen Grundsatz schaffen. Man muß dem Beispiel großer Autoritäten folgen, wie Brahmā, Śiva, Nārada, Manu, die Kumāras, Kapila, Prahlāda, Bhīṣma, Śukadeva Gosvāmī, Yamarāja, Janaka und Bali Mahārāja. Durch mentale Spekulation kann man nicht erkennen, was Religion und Selbstverwirklichung ist. Deshalb erklärt der Herr, aus Seiner grundlosen Barmherzigkeit gegenüber Seinen Geweihten, Arjuna nun direkt, was Handeln und was Nichthandeln ist. Nur Handeln im Kṛṣṇa-Bewußtsein kann einen Menschen aus der Verstrickung des materiellen Daseins befreien.

Vers 17 कर्मणो ह्यपि बोद्धव्यं बोद्धव्यं च विकर्मणः ।
अकर्मणश्च बोद्धव्यं गहना कर्मणो गतिः ॥१७॥

karmaṇo hy api boddhavyaṁ boddhavyaṁ ca vikarmaṇaḥ
akarmaṇaś ca boddhavyaṁ gahanā karmaṇo gatiḥ

karmaṇaḥ – des Handelns; *hi* – gewiß; *api* – auch; *boddhavyam* – sollte verstanden werden; *boddhavyam* – sollte verstanden werden; *ca* – auch; *vikarmaṇaḥ* – des verbotenen Handelns; *akarmaṇaḥ* – des Nichthandelns; *ca* – auch; *boddhavyaṁ* – sollte verstanden werden; *gahanā* – sehr schwer; *karmaṇaḥ* – des Handelns; *gatiḥ* – Zugang.

Die Kompliziertheit des Handelns ist sehr schwer zu verstehen. Deshalb sollte man genau wissen, was Handeln ist, was verbotenes Handeln ist und was Nichthandeln ist.

ERLÄUTERUNG: Wenn es einem mit der Befreiung aus der materiellen Knechtschaft ernst ist, muß man die Unterschiede zwischen Handeln, Nichthandeln und unautorisiertem Handeln verstehen. Man muß Handeln, Reaktion und verbotenes Handeln eingehend analysieren, denn dies ist ein sehr schwieriges Thema. Um Kṛṣṇa-Bewußtsein und Handeln gemäß den Erscheinungsweisen der materiellen Natur voneinander unterscheiden zu können, muß man seine Beziehung zum Höchsten verstehen lernen; das heißt, jemand, der vollkommenes Wissen erlangt hat, weiß, daß jedes Lebewesen ein ewiger Diener des Herrn ist und daß man folglich im Kṛṣṇa-Bewußtsein handeln muß. Die gesamte *Bhagavad-gītā* ist auf diese Schlußfolgerung ausgerichtet. Alle anderen Schlußfolgerungen, die zu diesem Bewußtsein und den damit verbundenen Tätigkeiten im Widerspruch stehen, gehören zur Kategorie von *vikarma* (verbotene Tätigkeiten). Um all diese Punkte zu verstehen, muß man mit Autoritäten des Kṛṣṇa-Bewußtseins Gemeinschaft pflegen und von ihnen dieses geheime Wissen erlernen; dies ist genausogut wie vom Herrn direkt zu lernen. Wer jedoch nicht nach diesem Prinzip handelt, wird, selbst wenn er der intelligenteste Mensch ist, nur in Verwirrung geraten.

Vers 18 कर्मण्यकर्म यः पश्येदकर्मणि च कर्म यः ।
स बुद्धिमान्मनुष्येषु स युक्तः कृत्स्नकर्मकृत् ॥१८॥

karmaṇy akarma yaḥ paśyed akarmaṇi ca karma yaḥ
sa buddhimān manuṣyeṣu sa yuktaḥ kṛtsna-karma-kṛt

karmaṇi – in Handeln; *akarma* – Nichthandeln; *yaḥ* – jemand, der; *paśyet* – sieht; *akarmaṇi* – in Nichthandeln; *ca* – auch; *karma* – fruchtbringende Tätigkeit; *yaḥ* – jemand, der; *saḥ* – er; *buddhimān* – ist intelligent; *manuṣyeṣu* – in der menschlichen Gesellschaft; *saḥ* – er; *yuktaḥ* – befindet sich in transzendentaler Stellung; *kṛtsna-karma-kṛt* – obwohl mit allen möglichen Tätigkeiten beschäftigt.

Wer Nichthandeln in Handeln und Handeln in Nichthandeln sieht, ist intelligent unter den Menschen, und er befindet sich auf der transzendentalen Ebene, obwohl er allen möglichen Tätigkeiten nachgeht.

ERLÄUTERUNG: Wer im Kṛṣṇa-Bewußtsein handelt, ist automatisch von den Fesseln des *karma* frei. Er führt all seine Tätigkeiten für Kṛṣṇa aus, und daher ist er nicht gezwungen, deren Auswirkungen zu genießen oder zu erleiden. Folglich gehört er zu den Intelligenten der menschlichen Gesellschaft, obwohl er – für Kṛṣṇa – die verschiedensten Tätigkeiten verrichtet. *Akarma* bedeutet „Arbeit, auf die keine Reaktion folgt". Der Unpersönlichkeitsanhänger hört mit fruchtbringenden Tätigkeiten auf, weil er befürchtet, die entstehenden Reaktionen könnten Hindernisse auf dem Pfad der Selbstverwirklichung sein, doch der Persönlichkeitsphilosoph kennt sehr wohl seine Stellung als ewiger Diener der Höchsten Persönlichkeit Gottes, und deshalb widmet er sich Kṛṣṇa-bewußten Tätigkeiten. Weil er alles für Kṛṣṇa tut, genießt er bei der Ausführung dieses Dienstes nur transzendentales Glück. Von denen, die auf diese Weise beschäftigt sind, weiß man, daß sie keinen Wunsch nach persönlicher Sinnenbefriedigung haben. Das Bewußtsein, ein ewiger Diener Kṛṣṇas zu sein, macht einen immun gegen alle Arten von materiellen Reaktionen.

Vers 19 यस्य सर्वे समारम्भाः कामसङ्कल्पवर्जिताः ।
ज्ञानाग्निदग्धकर्माणं तमाहुः पण्डितं बुधाः ॥१९॥

yasya sarve samārambhāḥ kāma-saṅkalpa-varjitāḥ
jñānāgni-dagdha-karmāṇaṁ tam āhuḥ paṇḍitaṁ budhāḥ

yasya – jemand, dessen; *sarve* – alle Arten von; *samārambhāḥ* – Bemühungen; *kāma* – gegründet auf dem Wunsch nach Sinnenbefriedigung; *saṅkalpa* – Entschlossenheit; *varjitāḥ* – sind ohne; *jñāna* – des vollkommenen Wissens; *agni* – durch das Feuer; *dagdha* – verbrannt; *karmāṇam* – dessen Tätigkeiten; *tam* – ihn; *āhuḥ* – bezeichnen; *paṇḍitam* – gelehrt; *budhāḥ* – diejenigen, die wissen.

Jemanden, der in vollkommenem Wissen gründet, erkennt man daran, daß jede seiner Bemühungen frei ist von dem Wunsch nach Sinnenbefriedigung. Über jemanden, der so handelt, sagen die Weisen, daß das Feuer des vollkommenen Wissens alle Reaktionen auf seine Tätigkeiten verbrannt hat.

ERLÄUTERUNG: Nur jemand, der vollkommenes Wissen besitzt, kann die Taten eines Menschen im Kṛṣṇa-Bewußtsein verstehen. Die Tatsache, daß ein Kṛṣṇa-bewußter Mensch von jeglicher Neigung zur Sinnenbefriedigung frei ist, zeigt, daß er die Reaktionen seiner Handlungen durch vollkommenes Wissen verbrannt hat, nämlich durch das Wissen, daß er in seiner wesensgemäßen Stellung ein ewiger Diener der Höchsten Persönlichkeit Gottes ist. Wer diese Vollkommenheit des Wissens erlangt hat, ist wahrhaft gelehrt. Die Entwicklung dieses Wissens, der ewige Diener Kṛṣṇas zu sein, wird mit Feuer verglichen, das, wenn es einmal entfacht ist, die Reaktionen auf alle Tätigkeiten verbrennen kann.

Vers 20 त्यक्त्वा कर्मफलासङ्गं नित्यतृप्तो निराश्रयः ।
कर्मण्यभिप्रवृत्तोऽपि नैव किञ्चित्करोति सः ॥२०॥

tyaktvā karma-phalāsaṅgam nitya-tṛpto nirāśrayaḥ
karmaṇy abhipravṛtto 'pi naiva kiñcit karoti saḥ

tyaktvā – aufgegeben habend; *karma-phala-āsaṅgam* – Anhaftung an fruchttragende Ergebnisse; *nitya* – immer; *tṛptaḥ* – zufrieden; *nirāśrayaḥ* – ohne irgendwelche Zuflucht; *karmaṇi* – mit Tätigkeit; *abhipravṛttaḥ* – völlig beschäftigt; *api* – trotz; *na* – nicht; *eva* – gewiß; *kiñcit* – irgend etwas; *karoti* – tut; *saḥ* – er.

Da er alle Anhaftung an die Ergebnisse seiner Tätigkeiten aufgegeben hat und immer zufrieden und unabhängig ist, führt er nicht die geringste fruchtbringende Handlung aus, obwohl er mit vielen Unternehmungen beschäftigt ist.

ERLÄUTERUNG: Diese Freiheit von der Fessel der Handlungen ist nur im Kṛṣṇa-Bewußtsein möglich, wenn man alles für Kṛṣṇa tut. Ein Kṛṣṇabewußter Mensch handelt aus reiner Liebe zur Höchsten Persönlichkeit Gottes, und daher verspürt er keinerlei Anziehung zu den Ergebnissen des Handelns. Er kümmert sich nicht einmal um seine persönliche Erhaltung, denn er überläßt alles Kṛṣṇa. Er ist auch nicht bestrebt, sich Dinge anzueignen oder Dinge, die er bereits besitzt, ängstlich zu behüten. Er tut seine Pflicht nach besten Kräften und macht sich allein von Kṛṣṇa abhängig. Ein solch losgelöster Mensch ist immer frei von allen guten und schlechten Reaktionen; es ist, als handle er überhaupt nicht. Dies ist das Merkmal von *akarma,* von Handlungen, die keine materiellen Reaktionen nach sich ziehen. Alles andere, was nicht im Kṛṣṇa-Bewußtsein ausgeführt wird, ist deshalb Ursache von Bindung, und das ist die eigentliche Bedeutung von *vikarma,* wie zuvor erklärt wurde.

Vers 21 निराशीर्यतचित्तात्मा त्यक्तसर्वपरिग्रहः ।
शारीरं केवलं कर्म कुर्वन्नाप्नोति किल्बिषम् ॥२१॥

nirāśīr yata-cittātmā tyakta-sarva-parigrahaḥ
śārīraṁ kevalaṁ karma kurvan nāpnoti kilbiṣam

nirāśīḥ – ohne Verlangen nach dem Ergebnis; *yata* – beherrscht; *citta-ātmā* – Geist und Intelligenz; *tyakta* – aufgebend; *sarva* – jede; *parigrahaḥ* – Besitzanspruch; *śārīram* – um Körper und Seele zusammenzuhalten; *kevalam* – nur; *karma* – Arbeit; *kurvan* – tuend; *na* – nie; *āpnoti* – lädt auf sich; *kilbiṣam* – sündhafte Reaktionen.

Ein Mensch, der zu diesem Verständnis gelangt ist, vermag seinen Geist und seine Intelligenz vollkommen zu beherrschen; er gibt jeden Besitzanspruch auf und handelt nur für die zum Leben allernotwendigsten Dinge. Indem er auf diese Weise tätig ist, wird er niemals von sündhaften Reaktionen berührt.

ERLÄUTERUNG: Ein Kṛṣṇa-bewußter Mensch erwartet bei seinen Tätigkeiten weder gute noch schlechte Ergebnisse. Sein Geist und seine Intelligenz sind völlig beherrscht. Er weiß, daß er ein winziger Teil des Höchsten ist und daß er deshalb in der Rolle, die er als Teil des Ganzen spielt, nicht unabhängig handeln kann, sondern daß es der Herr ist, der durch ihn hindurch handelt. Wenn sich die Hand bewegt, so bewegt sie sich nicht nach ihrem eigenen Willen, sondern nach dem Willen des ganzen Körpers. Ein Kṛṣṇa-bewußter Mensch steht immer in Einklang mit dem höchsten Wunsch, denn er hat kein Verlangen nach eigener Sinnenbefriedigung. Er bewegt sich genau wie der Teil einer Maschine. So wie man ein Maschinenteil ölen und reinigen muß, damit es funktionsfähig bleibt, so arbeitet ein Kṛṣṇa-bewußter Mensch für die Bestreitung seiner materiellen Lebensgrundlagen, nur um fähig zu bleiben, sich im transzendentalen liebevollen Dienst des Herrn zu beschäftigen. Er ist deshalb frei von den Reaktionen auf alles, was er unternimmt. Wie ein Tier, hat er nicht einmal einen Besitzanspruch auf seinen Körper. Das Tier im Besitz eines Meisters hat keine wirkliche Unabhängigkeit, und es protestiert auch nicht, selbst wenn der grausame Besitzer sich anschickt, es zu töten.

Ein Kṛṣṇa-bewußter Mensch, der sich ausschließlich mit Selbstverwirklichung beschäftigt, hat kaum die Zeit, sich fälschlich um die Aneignung irgendwelcher materieller Gegenstände zu bemühen. Um Körper und Seele zusammenzuhalten, hat er es nicht nötig, durch üble Machenschaften Geld anzuhäufen. Folglich wird er auch nicht durch solche materiellen Sünden verunreinigt. Er ist frei von allen Reaktionen auf seine Handlungen.

Vers 22 यदृच्छालाभसन्तुष्टो द्वन्द्वातीतो विमत्सरः ।
समः सिद्धावसिद्धौ च कृत्वापि न निबध्यते ॥२२॥

yadṛcchā-lābha-santuṣṭo dvandvātīto vimatsaraḥ
samaḥ siddhāv asiddhau ca kṛtvāpi na nibadhyate

yadṛcchā – von sich aus; *lābha* – mit Gewinn; *santuṣṭaḥ* – zufrieden; *dvandva* – Dualität; *atītaḥ* – überwunden; *vimatsaraḥ* – frei von Neid; *samaḥ* – ausgeglichen; *siddhau* – bei Erfolg; *asiddhau* – Mißerfolg; *ca* – auch; *kṛtvā* – handelnd; *api* – obwohl; *na* – niemals; *nibadhyate* – wird beeinflußt.

Wer mit Gewinn zufrieden ist, der von selbst kommt, wer von Dualität frei ist und keinen Neid kennt und wer sowohl bei Erfolg als auch bei Mißerfolg ausgeglichen bleibt, wird niemals verstrickt, obwohl er handelt.

ERLÄUTERUNG: Ein Kṛṣṇa-bewußter Mensch unternimmt nicht einmal große Anstrengungen, um seinen Körper zu erhalten. Er ist mit Gewinnen zufrieden, die ihm von selbst zufallen. Er bettelt und borgt nicht, sondern arbeitet ehrlich, soweit es in seinen Kräften steht, und ist mit dem zufrieden, was er durch seine ehrliche Arbeit verdient. Er ist daher, was seinen Lebensunterhalt betrifft, unabhängig. Er läßt es nicht zu, daß der Dienst für jemand anders seinen Dienst im Kṛṣṇa-Bewußtsein behindert. Doch um dem Herrn zu dienen, kann er sich jeder Art von Tätigkeit zuwenden, ohne sich dabei von der Dualität der materiellen Welt stören zu lassen, wie zum Beispiel von Hitze und Kälte oder Glück und Leid. Ein Kṛṣṇa-bewußter Mensch steht über diesen Dualitäten, da er unter keinen Umständen zögert, für Kṛṣṇas Zufriedenstellung zu handeln. Deshalb bleibt er sowohl bei Erfolg als auch bei Mißerfolg ausgeglichen. Diese Eigenschaften werden sichtbar, wenn man völlig im transzendentalen Wissen verankert ist.

Vers 23 गतसङ्गस्य मुक्तस्य ज्ञानावस्थितचेतसः ।
यज्ञायाचरतः कर्म समग्रं प्रविलीयते ॥२३॥

gata-saṅgasya muktasya jñānāvasthita-cetasaḥ
yajñāyācarataḥ karma samagraṁ pravilīyate

gata-saṅgasya – von jemandem, der nicht an die Erscheinungsweisen der materiellen Natur angehaftet ist; *muktasya* – von jemandem, der befreit ist; *jñāna-avasthita* – in der Transzendenz verankert; *cetasaḥ* – dessen Weisheit; *yajñāya* – für Yajña (Kṛṣṇa); *ācarataḥ* – tuend; *karma* – Tätigkeit; *samagram* – in ihrer Gesamtheit; *pravilīyate* – geht vollständig ein.

Die Tätigkeiten eines Menschen, der nicht an die Erscheinungsweisen der materiellen Natur angehaftet ist und der völlig in transzendentalem Wissen verankert ist, gehen vollständig in die Transzendenz ein.

ERLÄUTERUNG: Wer völlig Kṛṣṇa-bewußt wird, ist von allen Dualitäten befreit und daher frei von der Verunreinigung durch die materiellen Erscheinungsweisen. Das Tor zur Befreiung steht ihm offen, weil er seine wesensgemäße Stellung in Beziehung zu Kṛṣṇa kennt, und so besteht keine Möglichkeit, daß sein Geist vom Kṛṣṇa-Bewußtsein abgelenkt wird. Folglich tut er alles, was er tut, für Śrī Kṛṣṇa, den ursprünglichen Viṣṇu. Deshalb sind all seine Tätigkeiten eigentlich Opfer, denn „Opfer" bedeutet, die Höchste Person, Kṛṣṇa, Viṣṇu, zufriedenzustellen. Alle Ergebnisse solcher Tätigkeiten gehen mit Gewißheit in die Transzendenz ein, und man erleidet keine materiellen Auswirkungen.

Vers 24 ब्रह्मार्पणं ब्रह्म हविर्ब्रह्माग्नौ ब्रह्मणा हुतम् ।
ब्रह्मैव तेन गन्तव्यं ब्रह्मकर्मसमाधिना ॥२४॥

brahmārpaṇaṁ brahma havir brahmāgnau brahmaṇā hutam
brahmaiva tena gantavyaṁ brahma-karma-samādhinā

brahma – im Wesen spirituell; *arpaṇam* – Beitrag; *brahma* – das Höchste; *haviḥ* – Butter; *brahma* – spirituell; *agnau* – im Feuer der Vollziehung; brahmaṇā – von der spirituellen Seele; *hutam* – dargebracht; *brahma* – spirituelles Königreich; *eva* – gewiß; *tena* – von ihm; *gantavyam* – erreicht werden; *brahma* – spirituell; *karma* – in Tätigkeiten; *samādhinā* – durch vollständige Versenkung.

Jemand, der völlig ins Kṛṣṇa-Bewußtsein vertieft ist, erreicht mit Sicherheit das spirituelle Königreich, denn er widmet sich vollständig spirituellen Tätigkeiten, bei denen die Ausführung absolut ist und das, was dargebracht wird, von der gleichen spirituellen Natur ist.

ERLÄUTERUNG: Hier wird beschrieben, wie Tätigkeiten im Kṛṣṇa-Bewußtsein einen Menschen letztlich zum spirituellen Ziel führen können. Im Kṛṣṇa-Bewußtsein gibt es verschiedene Tätigkeiten, die alle in den folgenden Versen beschrieben werden. Aber hier wird zunächst nur das Prinzip des Kṛṣṇa-Bewußtseins erklärt. Eine bedingte Seele, die in materielle Verunreinigung verstrickt ist, handelt mit Sicherheit unter materiellem Einfluß; sie muß sich aber von diesem Einfluß befreien. Der Vorgang, durch den die bedingte Seele dem materiellen Einfluß entkommen kann, ist Kṛṣṇa-Bewußtsein. Ein Patient zum Beispiel, der an einer Darmkrankheit leidet, weil er zu viele Milchprodukte zu sich genommen hat, kann durch ein anderes Milchprodukt, nämlich Joghurt, geheilt werden. Die bedingte Seele, die in materielles Bewußtsein versunken ist, kann durch den Vorgang des Kṛṣṇa-Bewußtseins geheilt werden, wie er hier in der *Gītā* erklärt wird. Dieser Vorgang wird im allgemeinen als *yajña* (Opfer) bezeichnet, das heißt Tätigkeiten, die ausschließlich für die Zufriedenstellung Viṣṇus, oder Kṛṣṇas, ausgeführt werden. Je mehr die Tätigkeiten der materiellen Welt im Kṛṣṇa-Bewußtsein, das heißt ausschließlich für Viṣṇu, verrichtet werden, desto mehr wird die Atmosphäre durch diese Versenkung ins Kṛṣṇa-Bewußtsein spiritualisiert. Das Wort *brahma* (Brahman) bedeutet „spirituell". Der Herr ist spirituell, und die Strahlen, die von Seinem transzendentalen Körper ausgehen, werden *brahmajyoti* genannt, Seine spirituelle Ausstrahlung. Alles, was existiert, befindet sich in diesem *brahmajyoti,* aber wenn das *jyoti* von Illusion (*māyā*), das heißt Sinnenbefriedigung, bedeckt wird, bezeichnet man es als materiell. Dieser materielle Schleier kann durch Kṛṣṇa-Bewußtsein augenblicklich entfernt werden; denn die Opfergabe für den Zweck des Kṛṣṇa-Bewußtseins, das, was diese Opfergabe oder diesen Beitrag verbraucht, der Vorgang des Verbrauchs, der Beitragende und das Ergebnis – sie alle zusammengenommen sind Brahman, die Absolute Wahrheit. Die von *māyā* bedeckte Absolute Wahrheit wird Materie genannt. Wenn jedoch Materie in den Dienst der Absoluten Wahrheit gestellt wird, gewinnt sie ihre spirituelle Eigenschaft zurück. Kṛṣṇa-Bewußtsein ist der Vorgang, das von Illusion bedeckte Bewußtsein in Brahman, das Höchste, umzuwandeln. Wenn der Geist völlig ins Kṛṣṇa-Bewußtsein versunken ist, sagt man, er sei in *samādhi* (Trance). Alles, was man in solch transzendentalem Bewußtsein tut, ist ein *yajña,* ein Opfer für das Absolute. In diesem Zustand spirituellen Bewußtseins werden der Beitragleistende, der Beitrag, der Verbrauch, der Ausführende oder Leiter der Opfertätigkeit sowie das Ergebnis, das heißt der letztliche Gewinn, allesamt eins im Absoluten, dem Höchsten Brahman. Das ist der Vorgang des Kṛṣṇa-Bewußtseins.

Vers 25 दैवमेवापरे यज्ञं योगिनः पर्युपासते ।
ब्रह्माग्नावपरे यज्ञं यज्ञेनैवोपजुह्वति ॥२५॥

daivam evāpare yajñaṁ yoginaḥ paryupāsate
brahmāgnāv apare yajñaṁ yajñenaivopajuhvati

daivam – bei der Verehrung der Halbgötter; *eva* – wie dies; *apare* – einige andere; *yajñam* – Opfer; *yoginaḥ* – Mystiker; *paryupāsate* – verehren auf vollkommene Weise; *brahma* – der Absoluten Wahrheit; *agnau* – im Feuer; *apare* – andere; *yajñam* – Opfer; *yajñena* – durch Opfer; *eva* – somit; *upajuhvati* – bringen dar.

Einige yogīs verehren die Halbgötter auf vollkommene Weise, indem sie ihnen verschiedene Opfer darbringen, und andere bringen Opfer im Feuer des Höchsten Brahman dar.

ERLÄUTERUNG: Wie oben beschrieben wurde, wird ein Mensch, der seine Pflichten im Kṛṣṇa-Bewußtsein erfüllt, auch als vollkommener *yogī* oder erstklassiger Mystiker bezeichnet. Doch es gibt auch andere, die auf ähnliche Weise Opfer darbringen: die einen verehren damit die Halbgötter und die anderen das Höchste Brahman, den unpersönlichen Aspekt des Höchsten Herrn. Es gibt also viele Opfer, die sich in verschiedenste Kategorien unterteilen lassen – entsprechend den verschiedenen Arten von Menschen, die sie ausführen –, doch diese Vielfalt von Opfern ist nur oberflächlich, denn in Wirklichkeit sind alle Opfer letztlich für den Höchsten Herrn, Viṣṇu, bestimmt, der auch als Yajña bezeichnet wird. All diese verschiedenen Arten von Opfern können in zwei Hauptkategorien unterteilt werden, nämlich Opfer weltlicher Güter und Opfer, die ausgeführt werden, um transzendentales Wissen zu erlangen. Die Gottgeweihten im Kṛṣṇa-Bewußtsein opfern alle materiellen Besitztümer für die Zufriedenstellung des Höchsten Herrn, wohingegen andere, die nach zeitweiligem, materiellem Glück streben, ihren materiellen Besitz opfern, um Halbgötter wie Indra oder den Sonnengott zu verehren. Und wieder andere, die Unpersönlichkeitsphilosophen, opfern ihre Identität, indem sie in das unpersönliche Brahman eingehen. Die Halbgötter sind mächtige Lebewesen, die vom Höchsten Herrn beauftragt sind, für alle materiellen Funktionen wie Wärme, Wasser und Licht im Universum zu sorgen und darüber zu wachen. Diejenigen, die an materiellen Vorteilen interessiert sind, verehren die Halbgötter durch verschiedene Opfer, wie sie den vedischen Ritualen gemäß vollzogen werden. Solche Menschen bezeichnet man als *bahv-īśvara-vādī,* diejenigen, die an viele Götter glauben. Andere hingegen, die den unpersönlichen Aspekt der Absoluten Wahrheit verehren und die Formen der Halbgötter als zeitweilig betrachten, opfern ihr individuelles Selbst im höchsten Feuer und beenden so ihr individuelles Dasein, indem sie in die Existenz des Höchsten eingehen. Solche Unpersönlichkeitsanhänger opfern ihre Zeit für philosophische Spekulationen, um das transzendentale Wesen des Höchsten zu verstehen. Mit anderen Worten, die fruchtbringenden Arbeiter opfern ihre materiellen Besitztümer, um materiellen Genuß zu erlangen, wohingegen die Unpersönlichkeitsanhänger ihre materiellen Bezeichnungen opfern, mit dem Ziel, in die Existenz des Höchsten einzugehen. Für den Unpersönlichkeitsanhänger ist der Altar des Opferfeuers das Höchste Brahman, und als Opfer bringen sie ihr Selbst dar, das vom Feuer des Brahman verzehrt wird. Ein Kṛṣṇa-bewußter Mensch wie Arjuna jedoch opfert alles für die Zufriedenstellung Kṛṣṇas, und so werden sowohl all seine materiellen Güter als auch sein Selbst – alles – für Kṛṣṇa geopfert. Somit ist er der *yogī* ersten Ranges, jedoch verliert er niemals seine individuelle Existenz.

Vers 26 श्रोत्रादीनीन्द्रियाण्यन्ये संयमाग्निषु जुह्वति ।
शब्दादीन् विषयानन्य इन्द्रियाग्निषु जुह्वति ॥२६॥

śrotrādīnīndriyāṇy anye saṁyamāgniṣu juhvati
śabdādīn viṣayān anya indriyāgniṣu juhvati

śrotra-ādīni – wie zum Beispiel der Vorgang des Hörens; *indriyāṇi* – Sinne; *anye* – andere; *saṁyama* – der Zurückhaltung; *agniṣu* – in den Feuern; *juhvati* – opfern; *śabda-ādīn* – Klangschwingung usw.; *viṣayān* – Objekte der Sinnenbefriedigung; *anye* – andere; *indriya* – der Sinnesorgane; *agniṣu* – in den Feuern; *juhvati* – sie opfern.

Einige [die unverfälschten brahmacārīs] opfern den Vorgang des Hörens und die Sinne im Feuer der Beherrschung des Geistes, und andere [die nach den Vorschriften lebenden Haushälter] opfern die Sinnesobjekte, wie zum Beispiel Klang, im Feuer der Sinne.

ERLÄUTERUNG: Die Mitglieder der vier Unterteilungen des menschlichen Lebens – *brahmacārīs, gṛhasthas, vānaprasthas* und *sannyāsīs* – sollten alle vollkommene *yogīs,* vollkommene Transzendentalisten, werden. Weil das menschliche Leben nicht dafür bestimmt ist, Sinnenbefriedigung wie die Tiere zu genießen, gibt es die vier Stufen des menschlichen Lebens, über die man ein vollkommenes, spirituelles Leben erreichen kann. Die *brahmacārīs,* das heißt die Schüler unter der Obhut eines echten spirituellen Meisters, üben sich in der Beherrschung des Geistes, indem sie sich von Sinnenbefriedigung fernhalten. Ein *brahmacārī* hört nur Worte, die mit Kṛṣṇa-Bewußtsein zu tun haben. Hören ist das Grundprinzip des Verstehens, und deshalb beschäftigt sich ein reiner *brahmacārī* voll und ganz im *harer nāmānukīrtanam* – im Chanten und Hören von der Herrlichkeit des Herrn. Er schenkt niemals materiellen Klangschwingungen Gehör, sondern konzentriert sich auf die transzendentale Klangschwingung von Hare Kṛṣṇa, Hare Kṛṣṇa. In ähnlicher Weise führen die Haushälter, die eine gewisse Erlaubnis zur Sinnenbefriedigung haben, solche Handlungen nur unter großen Einschränkungen aus. Sexualität, Berauschung und Fleischessen sind allgemeine Tendenzen der menschlichen Gesellschaft, doch ein regulierter Haushälter gibt sich nicht einem zügellosen Geschlechtsleben und anderen Sinnenfreuden hin. Die Institution der Ehe in Übereinstimmung mit den Grundsätzen des religiösen Lebens ist daher in jeder zivilisierten menschlichen Gesellschaft üblich, da dies der Weg zu gezügelter Sexualität ist. Diese gezügelte, unangehaftete Sexualität ist auch eine Art von *yajña,* denn der *gṛhastha* opfert seine allgemeine Neigung zur Sinnenbefriedigung für ein höheres, transzendentales Leben.

Vers 27 सर्वाणीन्द्रियकर्माणि प्राणकर्माणि चापरे ।
आत्मसंयमयोगाग्नौ जुह्वति ज्ञानदीपिते ॥२७॥

sarvāṇīndriya-karmāṇi prāṇa-karmāṇi cāpare
ātma-saṁyama-yogāgnau juhvati jñāna-dīpite

sarvāṇi – aller; *indriya* – Sinne; *karmāṇi* – Funktionen; *prāṇa-karmāṇi* – Funktionen des Lebensatems; *ca* – auch; *apare* – andere; *ātma-saṁyama* – der Beherrschung des Geistes; *yoga* – der Verbindungsvorgang; *agnau* – im Feuer des; *juhvati* – opfern; *jñāna-dīpite* – aufgrund des Dranges nach Selbstverwirklichung.

Andere, die bestrebt sind, durch die Beherrschung des Geistes und der Sinne Selbstverwirklichung zu erlangen, bringen die Funktionen all ihrer Sinne und des Lebensatems als Opfergaben im Feuer des beherrschten Geistes dar.

ERLÄUTERUNG: Hier wird auf das von Patañjali begründete *yoga*-System Bezug genommen. In Patañjalis *Yoga-sūtra* wird die Seele als *pratyag-ātmā* und *parāg-ātmā* bezeichnet. Solange die Seele an Sinnengenuß haftet, wird sie *parāg-ātmā* genannt, doch wenn sich die Seele von der Anhaftung an Sinnengenuß löst, wird sie *pratyag-ātmā* genannt. Die Seele ist den Funktionsweisen von zehn Luftarten unterworfen, die im Körper wirken, und dies wird durch das Atemsystem wahrgenommen. Das *yoga*-System Patañjalis lehrt uns, wie man die Wirkungsweisen der Körperluft mit Hilfe des mechanischen *yoga*-Systems beherrschen kann, so daß letztlich alle Funktionen der inneren Lüfte dazu benutzt werden können, die Seele von materieller Anhaftung zu reinigen. Gemäß diesem *yoga*-System ist *pratyag-ātmā* das endgültige Ziel. *Pratyag-ātmā* bedeutet, sich von Tätigkeiten in der Materie zurückzuziehen. Die Sinne stehen mit den Sinnesobjekten in einer Wechselbeziehung, die es dem Ohr erlaubt zu hören, dem Auge zu sehen, der Nase zu riechen, der Zunge zu schmecken und der Hand zu berühren, und so sind alle Sinne mit Tätigkeiten außerhalb des Selbst beschäftigt. Dies sind die Funktionen der *prāṇa-vāyu.* Die *apāna-vāyu* strömt nach unten; die *vyāna-vāyu* hat die Aufgabe, zusammenzuziehen und auszudehnen; die *samāna-vāyu* ermöglicht das Gleichgewicht, und die *udāna-vāyu* strömt nach oben. Wenn jemand mit Wissen erleuchtet ist, dann verwendet er all diese Luftarten in seinem Streben nach Selbstverwirklichung.

Vers 28 द्रव्ययज्ञास्तपोयज्ञा योगयज्ञास्तथापरे ।
स्वाध्यायज्ञानयज्ञाश्च यतयः संशितव्रताः ॥२८॥

dravya-yajñās tapo-yajñā yoga-yajñās tathāpare
svādhyāya-jñāna-yajñāś ca yatayaḥ saṁśita-vratāḥ

dravya-yajñāḥ – seine Besitztümer opfernd; *tapaḥ-yajñāḥ* – Opfer in Entsagung; *yoga-yajñāḥ* – Opfer in achtfacher Mystik; *tathā* – so; *apare* – andere; *svādhyāya* – Opfer im Studium der *Veden; jñāna-yajñāḥ* – Opfer in der Entwicklung transzendentalen Wissens; *ca* – auch; *yatayaḥ* – erleuchtete Menschen; *saṁśita-vratāḥ* – strenge Gelübde auf sich genommen habend.

Von denjenigen, die strenge Gelübde auf sich genommen haben, werden einige durch das Opfer ihrer Besitztümer erleuchtet, andere durch das Ausüben harter Entsagung, durch den yoga der achtfachen Mystik oder durch das Studium der Veden, um im transzendentalen Wissen Fortschritt zu machen.

ERLÄUTERUNG: Diese Opfer können in verschiedene Gruppen eingeteilt werden. Es gibt Menschen, die ihren Besitz als Opfer darbringen, indem sie verschiedene Arten von Spenden verteilen. In Indien eröffnen zum Beispiel reiche Kaufleute oder Mitglieder des Adelsstandes verschiedene Wohlfahrtseinrichtungen wie *dharmaśālā, anna-kṣetra, atithi-śālā, anāthālaya* und *vidyā-pīṭha.* Auch in anderen Ländern gibt es viele Krankenhäuser, Altersheime und ähnliche gemeinnützige Stiftungen, die dafür bestimmt sind, den Armen Nahrung, Ausbildung und ärztliche Behandlung kostenlos zukommen zu lassen. All diese wohltätigen Bemühungen werden *dravyamaya-yajña* genannt. Es gibt andere, die freiwillig verschiedene Arten von Entsagung, wie *candrāyaṇa* und *cāturmāsya* auf sich nehmen, um eine höhere Stufe im Leben zu erlangen oder zu den höheren Planeten im Universum erhoben zu werden. Diese Vorgänge erfordern, daß man strenge Gelübde auf sich nimmt und ein Leben nach strikten Vorschriften führt. Wenn man sich zum Beispiel das *cāturmāsya*-Gelübde auferlegt, das man während vier Monaten des Jahres (Juli bis Oktober) befolgt, dann unterläßt man es für diese Zeitspanne, sich zu rasieren oder gewisse Speisen zu sich zu nehmen, man ißt nur einmal am Tag oder verläßt das Haus nie. Ein solches Opfer der Annehmlichkeiten des Lebens wird *tapomaya-yajña* genannt. Andere beschäftigen sich mit verschiedenen Arten mystischen *yogas,* wie dem Patañjali-System (um in die Existenz des Absoluten einzugehen) oder dem System des *haṭha-yoga* bzw. *aṣṭaṅga-yoga* (um bestimmte Arten der Vollkommenheit zu erlangen), und wieder andere reisen zu allen heiligen Pilgerorten. All diese Bemühungen bezeichnet man als *yoga-yajña* oder Opfer, um eine bestimmte Art von Vollkommenheit in der materiellen Welt zu erreichen. Des weiteren gibt es diejenigen, die das Opfer des Studiums auf sich nehmen, indem sie sich dem Studium der vedischen Schriften, insbesondere der *Upaniṣaden* und der *Vedānta-sūtras,* oder dem Studium der *sāṅkhya*-Philosophie widmen. Diese Vorgänge werden *svādhyāya-yajña* genannt, Beschäftigungen im Opfer des Studiums. All diese *yogīs* beschäftigen sich voller Glauben mit verschiedenen Arten von Opfern und streben nach einer höheren Stufe des Lebens. Kṛṣṇa-Bewußtsein aber unterscheidet sich von all diesen Opfern, denn es ist direkter Dienst für den Höchsten Herrn. Kṛṣṇa-Bewußtsein kann man durch keines der oben erwähnten Opfer erlangen, sondern nur durch die Barmherzigkeit des Herrn und Seiner echten Geweihten. Aus diesem Grund ist Kṛṣṇa-Bewußtsein transzendental.

Vers 29 अपाने जुह्वति प्राणं प्राणेऽपानं तथापरे ।
प्राणापानगती रुद्ध्वा प्राणायामपरायणाः ।
अपरे नियताहाराः प्राणान् प्राणेषु जुह्वति ॥२९॥

apāne juhvati prāṇaṁ prāṇe 'pānaṁ tathāpare
prāṇāpana-gatī ruddhvā prāṇāyāma-parāyaṇāḥ
apare niyatāhārāḥ prāṇān prāṇeṣu juhvati

apāne – in die Luft, die nach unten strömt; *juhvati* – opfern; *prāṇam* – die Luft, die nach außen strömt; *prāṇe* – in die Luft, die nach außen strömt; *apānam* – die Luft, die nach unten strömt; *tathā* – wie auch; *apare* – andere; *prāṇa* – der Luft, die nach außen strömt; *apāna* – und der Luft, die nach unten strömt; *gatī* – die Bewegung; *ruddhvā* – anhaltend; *prāṇa-āyāma* – Trance, die durch das Anhalten des Atems erreicht wird; *parāyaṇāḥ* – dazu geneigt; *apare* – andere; *niyata* – beherrscht habend; *āhārāḥ* – Essen; *prāṇān* – die nach außen strömende Luft; *prāṇeṣu* – in die nach außen strömende Luft; *juhvati* – opfern.

Wieder andere, die dazu neigen, den Vorgang der Atembeherrschung zu praktizieren, um in Trance zu bleiben, üben sich darin, den ausströmenden Atem in den einströmenden und den einströmenden Atem in den ausströmenden zu opfern. So erreichen sie letztlich Trance, indem sie alles Atmen einstellen. Andere, die das Essen einschränken, bringen den ausströmenden Atem ihm selbst als Opfer dar.

ERLÄUTERUNG: Dieses *yoga*-System der Atembeherrschung nennt man *prāṇāyāma,* und im *haṭha-yoga*-System wird es zu Beginn mit Hilfe verschiedener Sitzstellungen ausgeübt. All diese Vorgänge werden empfohlen, um die Sinne zu beherrschen und in der spirituellen Verwirklichung fortzuschreiten. Zu dieser Technik gehört, daß man die Lüfte im Körper beherrscht, so daß man zum Beispiel die Richtung ihres Strömens umzukehren vermag. Die *apāna*-Luft strömt nach unten, und die *prāṇa*-Luft strömt nach oben. Der *prāṇāyāma-yogī* übt so lange, in entgegengesetzter Richtung zu atmen, bis sich die beiden Luftströme gegenseitig neutralisieren und *pūraka,* Gleichgewicht, herrscht. Wenn man den ausströmenden Atem in den einströmenden Atem opfert, wird das *recaka* genannt, und wenn beide Luftströme völlig zur Ruhe kommen, nennt man dies *kumbhaka-yoga.* Durch das Ausüben von *kumbhaka-yoga* kann man seine Lebensdauer verlängern, um in der spirituellen Verwirklichung die Vollkommenheit zu erlangen. Ein intelligenter *yogī* wartet nicht auf das nächste Leben, sondern ist bestrebt, in diesem einen Leben die Vollkommenheit zu erlangen, denn durch das Ausüben von *kumbhaka-yoga* können die *yogīs* ihr Leben um viele, viele Jahre verlängern. Ein Kṛṣṇa-bewußter Mensch jedoch wird dadurch, daß er immer im transzendentalen liebevollen Dienst des Herrn verankert ist, automatisch der Meister seiner Sinne. Da seine Sinne immer in Kṛṣṇas

Dienst beschäftigt sind, gibt es für sie keine Möglichkeit, auf andere Weise tätig zu werden. So gelangt er am Ende seines Lebens von selbst auf die transzendentale Ebene Śrī Kṛṣṇas, und deshalb unternimmt er keine Bemühung, seine Lebensdauer zu verlängern. Er wird sogleich auf die Ebene der Befreiung erhoben, wie es in der *Bhagavad-gītā* (14.26) beschrieben wird:

māṁ ca yo 'vyabhicāreṇa bhakti-yogena sevate
sa guṇān samatītyaitān brahma-bhūyāya kalpate

„Wer sich im ungetrübten hingebungsvollen Dienst des Herrn beschäftigt, überwindet die Erscheinungsweisen der materiellen Natur und wird sogleich auf die spirituelle Ebene erhoben." Jemand, der Kṛṣṇa-bewußt ist, befindet sich schon von Anfang an auf der transzendentalen Stufe, und er behält dieses Bewußtsein ständig bei. Er kommt daher nie zu Fall, und am Ende gelangt er direkt in das Reich des Herrn. Dieser Vers erwähnt auch die Methode, sein Essen einzuschränken, und dies wird von selbst erreicht, wenn man nur *kṛṣṇa-prasādam* ißt, das heißt Speisen, die zuerst dem Herrn geopfert wurden. Um die Sinne zu beherrschen, ist es sehr hilfreich, das Essen einzuschränken. Und ohne die Sinne zu beherrschen, ist es nicht möglich, sich aus der materiellen Verstrickung zu lösen.

Vers 30 सर्वेऽप्येते यज्ञविदो यज्ञक्षपितकल्मषाः ।
यज्ञशिष्टामृतभुजो यान्ति ब्रह्म सनातनम् ॥३०॥

sarve 'py ete yajña-vido yajña-kṣapita-kalmaṣāḥ
yajña-śiṣṭāmṛta-bhujo yānti brahma sanātanam

sarve – alle; *api* – obwohl scheinbar verschieden; *ete* – diese; *yajña-vidaḥ* – vertraut mit dem Zweck von Opferdarbringungen; *yajña-kṣapita* – als Ergebnis solcher Darbringungen geläutert; *kalmaṣāḥ* – von sündhaften Reaktionen; *yajña-śiṣṭa* – des Ergebnisses solcher *yajña*-Durchführungen; *amṛta-bhujaḥ* – diejenigen, die solchen Nektar gekostet haben; *yānti* – nähern sich; *brahma* – der höchsten; *sanātanam* – ewigen Sphäre.

Diejenigen, die diese Opfer ausführen und ihre Bedeutung kennen, werden von sündhaften Reaktionen gereinigt, und weil sie den Nektar des Ergebnisses dieser Opfer gekostet haben, schreiten sie der höchsten ewigen Sphäre entgegen.

ERLÄUTERUNG: Aus der vorangegangenen Erklärung verschiedener Arten von Opfern (nämlich Opfer des Besitzes, Studium der *Veden* oder philosophischer Lehren und Ausübung des *yoga*-Systems) kann man ersehen, daß sie alle das Ziel haben, die Sinne unter Kontrolle zu bringen. Sinnenbefriedigung ist die grundlegende Ursache des materiellen Daseins. Solange man sich daher nicht auf einer Ebene befindet, die von Sinnenbefriedigung frei ist, gibt es keine Möglichkeit, auf die ewige Ebene vollkommenen Wissens, vollkommener Glückseligkeit und vollkommenen Lebens erhoben zu werden. Diese Ebene befindet sich im Bereich der Ewigkeit, der Brahman-Sphäre. Alle oben erwähnten Opfer helfen einem, von den sündhaften Reaktionen des materiellen Daseins geläutert zu werden. Durch diesen Fortschritt wird man nicht nur im gegenwärtigen Leben glücklich und wohlhabend, sondern am Ende erreicht man auch das ewige Königreich Gottes, indem man entweder in das unpersönliche Brahman eingeht oder in die Gemeinschaft der Höchsten Persönlichkeit Gottes, Kṛṣṇa, aufgenommen wird.

Vers 31 नायं लोकोऽस्त्ययज्ञस्य कुतोऽन्यः कुरुसत्तम ॥३१॥

nāyaṁ loko 'sty ayajñasya kuto 'nyaḥ kuru-sattama

na – nie; *ayam* – dieser; *lokaḥ* – Planet; *asti* – es gibt; *ayajñasya* – für jemanden, der kein Opfer ausführt; *kutaḥ* – wo ist; *anyaḥ* – das andere; *kuru-sat-tama* – o bester der Kurus.

O Bester der Kuru-Dynastie, ohne Opfer kann man auf diesem Planeten oder in diesem Leben niemals glücklich sein – vom nächsten ganz zu schweigen.

ERLÄUTERUNG: In jeder Form des materiellen Daseins befindet man sich unweigerlich in Unwissenheit über seine wirkliche Stellung. Mit anderen Worten, das Dasein in der materiellen Welt hat seine Ursache in den vielfachen Reaktionen auf unser sündhaftes Leben. Unwissenheit ist die Ursache eines sündigen Lebens, und ein sündiges Leben ist die Ursache dafür, daß man sich weiter im materiellen Dasein dahinschleppt. Die menschliche Lebensform ist das einzige Schlupfloch, durch das man dieser Verstrickung entkommen kann. Die *Veden* bieten uns deshalb eine Möglichkeit zur Befreiung, indem sie uns die Pfade der Religion, des wirtschaftlichen Fortschritts und der regulierten Sinnenbefriedigung zeigen und letztlich darauf hinweisen, wie man diesen leidvollen Zustand völlig hinter sich lassen kann. Der Pfad der Religion, das heißt der verschiedenen Arten von Opfern, die oben empfohlen wurden, löst automatisch unsere wirtschaftlichen Probleme. Wenn *yajñas* ausgeführt werden, können wir genug Nahrungsmittel, genug Milch usw. bekommen, selbst im Falle einer sogenannten „Überbevölkerung". Wenn der Körper mit allem versorgt ist, strebt der Mensch natürlicherweise nach der Befriedigung seiner Sinne. Die *Veden* schreiben daher eine heilige Heirat vor, um die Befriedigung der Sinne zu regulieren. Auf diese Weise wird man allmählich auf die Ebene erhoben, auf der man von materieller Knechtschaft frei ist, und die höchste Vollkommenheit des befreiten Lebens besteht darin, mit dem Höchsten Herrn zusammensein zu dürfen. Vollkommenheit erlangt man, wie oben beschrieben wurde, wenn man Opfer (*yajña*) darbringt. Wie kann also jemand, der nicht bereit ist, gemäß den *Veden yajñas* auszuführen, im gegenwärtigen Leben oder gar im nächsten Leben auf einem anderen Planeten Glück erwarten? Auf den verschiedenen himmlischen Planeten gibt es verschiedene Grade materieller Annehmlichkeiten, und in jedem Fall erwartet diejenigen, die solche *yajñas* darbringen, unermeßliches Glück. Aber das höchste Glück, das ein Mensch erreichen kann, besteht darin, durch das Praktizieren von Kṛṣṇa-Bewußtsein zu den spirituellen Planeten zu gelangen. Ein Leben im Kṛṣṇa-Bewußtsein ist also die Lösung für alle Probleme des materiellen Daseins.

Vers 32 एवं बहुविधा यज्ञा वितता ब्रह्मणो मुखे ।
कर्मजान् विद्धि तान् सर्वानेवं ज्ञात्वा विमोक्ष्यसे ॥३२॥

evaṁ bahu-vidhā yajñā vitatā brahmaṇo mukhe
karma-jān viddhi tān sarvān evaṁ jñātvā vimokṣyase

evam – so; *bahu-vidhāḥ* – verschiedene Arten von; *yajñāḥ* – Opfern; *vitatāḥ* – werden verbreitet; *brahmaṇaḥ* – der *Veden; mukhe* – durch den Mund; *karma-jān* – aus Arbeit geboren; *viddhi* – du solltest wissen; *tān* – sie; *sarvān* – alle; *evam* – so; *jñātvā* – kennend; *vimokṣyase* – du wirst befreit werden.

All diese verschiedenen Opfer werden von den Veden gebilligt, und sie alle entstehen aus verschiedenen Arten der Handlung. Wenn du sie als solche kennst, wirst du befreit werden.

ERLÄUTERUNG: Wie in den vorangegangenen Versen erörtert wurde, beschreiben die *Veden* verschiedene Arten von Opfern, um den verschiedenen Arten von Menschen gerecht zu werden. Weil die Menschen so tief in die körperliche Lebensauffassung versunken sind, sind diese Opfer so eingerichtet, daß man bei ihrer Ausführung entweder mit dem Körper, mit dem Geist oder mit der Intelligenz tätig sein kann. Aber sie alle werden empfohlen, um letztlich Befreiung vom Körper herbeizuführen. Dies wird hier direkt aus dem Munde des Herrn bestätigt.

Vers 33 श्रेयान्द्रव्यमयाद्यज्ञाज्ज्ञानयज्ञः परन्तप ।
सर्वं कर्माखिलं पार्थ ज्ञाने परिसमाप्यते ॥३३॥

śreyān dravya-mayād yajñāj jñāna-yajñaḥ paran-tapa
sarvaṁ karmākhilaṁ pārtha jñāne parisamāpyate

śreyān – größer; *dravya-mayāt* – materieller Besitztümer; *yajñāt* – als das Opfer; *jñāna-yajñaḥ* – Opfer in Wissen; *param-tapa* – o Bezwinger des Feindes; *sarvam* – alle; *karma* – Tätigkeiten; *akhilam* – in ihrer Gesamtheit; *pārtha* – o Sohn Pṛthās; *jñāne* – in Wissen; *parisamāpyate* – enden.

O Bezwinger des Feindes, Opfer in Wissen darzubringen ist besser, als bloß materielle Besitztümer zu opfern. O Sohn Pṛthās, letztlich gipfeln alle Opfer von Arbeit in transzendentalem Wissen.

ERLÄUTERUNG: Der Zweck aller Opfer besteht darin, die Stufe vollständigen Wissens zu erreichen, dann von den Leiden des materiellen Daseins frei zu werden und sich schließlich im liebevollen transzendentalen Dienst des Herrn (Kṛṣṇa-Bewußtsein) zu beschäftigen. Trotzdem liegt in all diesen verschiedenen Opfertätigkeiten ein Geheimnis, und man sollte dieses Geheimnis kennen. Die jeweilige Form eines Opfers ist vom Glauben des Ausführenden abhängig, und derjenige, dessen Glaube die Stufe transzendentalen Wissens erreicht hat, sollte als fortgeschrittener betrachtet werden als diejenigen, die ohne solches Wissen bloß ihre materiellen Besitztümer opfern, denn ohne Wissen bleiben Opfer auf der materiellen Ebene und bringen keinen spirituellen Nutzen. Wirkliches Wissen gipfelt in Kṛṣṇa-Bewußtsein, der höchsten Stufe transzendentalen Wissens. Ohne höheres Wissen sind Opfer nichts weiter als materielle Tätigkeiten. Wenn man solche Tätigkeiten jedoch mit transzendentalem Wissen ausführt, befinden sie sich alle auf der spirituellen Ebene. Je nach den Unterschieden im Bewußtsein werden Opfertätigkeiten manchmal als *karma-kāṇḍa* (fruchtbringende Tätigkeiten) und manchmal als *jñāna-kāṇḍa* (Wissen in bezug auf die Suche nach der Wahrheit) bezeichnet. Besser ist es, wenn Wissen das Ziel ist.

Vers 34 तद्विद्धि प्रणिपातेन परिप्रश्नेन सेवया ।
उपदेक्ष्यन्ति ते ज्ञानं ज्ञानिनस्तत्त्वदर्शिनः ॥३४॥

tad viddhi praṇipātena paripraśnena sevayā
upadekṣyanti te jñānaṁ jñāninas tattva-darśinaḥ

tat – dieses Wissen über verschiedene Opfer; *viddhi* – versuche zu verstehen; *praṇipātena* – indem du dich an einen spirituellen Meister wendest; *paripraśnena* – durch ergebenes Fragen; *sevayā* – durch Dienen; *upadekṣyanti* – sie werden einweihen; *te* – dich; *jñānam* – in Wissen; *jñāninaḥ* – die selbstverwirklichten; *tattva* – der Wahrheit; *darśinaḥ* – Seher.

Versuche die Wahrheit zu erfahren, indem du dich an einen spirituellen Meister wendest. Stelle ihm in ergebener Haltung Fragen und diene ihm. Die selbstverwirklichten Seelen können dir Wissen offenbaren, weil sie die Wahrheit gesehen haben.

ERLÄUTERUNG: Der Pfad der spirituellen Erkenntnis ist zweifellos schwierig. Der Herr gibt uns daher den Rat, einen echten spirituellen Meister in der Kette der Schülernachfolge aufzusuchen, die vom Herrn Selbst ausgeht. Niemand kann ein echter spiritueller Meister sein, ohne sich an diesen Grundsatz der Schülernachfolge zu halten. Der Herr ist der ursprüngliche spirituelle Meister, und jemand, der der Schülernachfolge angehört, kann die Botschaft des Herrn, so wie sie ist, an seinen Schüler weitergeben. Niemand kann zu spiritueller Verwirklichung gelangen, indem er sich seinen eigenen Weg fabriziert, wie es heute bei törichten Heuchlern Mode geworden ist. Im *Bhāgavatam* (6.3.19) heißt es: *dharmaṁ tu sākṣād bhagavat-praṇītam.* „Der Pfad der Religion wird direkt vom Herrn festgelegt." Deshalb können einem gedankliche Spekulationen oder trockene Argumente nicht helfen, auf den richtigen Pfad zu gelangen. Ebenso kann man durch ein unabhängiges Studium von Büchern des Wissens keinen Fortschritt im spirituellen Leben machen. Man muß sich an einen echten spirituellen Meister wenden, um Wissen zu empfangen. Einen solchen spirituellen Meister sollte man annehmen, indem man sich ihm völlig ergibt, und man sollte ihm wie ein unterwürfiger Diener, ohne falschen Stolz, dienen. Die Zufriedenheit des selbstverwirklichten spirituellen Meisters ist das Geheimnis des Fortschritts im spirituellen Leben. Fragen und Ergebenheit sind die geeignete Kombination, um spirituelles Verständnis zu erlangen. Ohne Ergebenheit und Dienstbereitschaft werden die Fragen, die wir dem gelehrten spirituellen Meister stellen, keine Wirkung haben. Man muß imstande sein, die Prüfung des spirituellen Meisters zu bestehen, und wenn er den aufrichtigen Wunsch des Schülers sieht, segnet er ihn von selbst mit echtem spirituellem Verständnis. In diesem Vers werden sowohl blindes Folgen als auch absurdes Fragen verurteilt. Man sollte dem spirituellen Meister nicht nur in ergebener Haltung zuhören, sondern man muß sich auch durch Ergebenheit, Dienst und Fragen darum bemühen, von ihm ein klares spirituelles Verständnis zu bekommen. Ein echter spiritueller Meister ist von Natur aus zu seinem Schüler sehr gütig. Wenn der Schüler daher dem spirituellen Meister ergeben ist und sich immer bereit zeigt, ihm zu dienen, dann wird ihr Austausch von Wissen und Fragen vollkommen.

Vers 35 यज्ज्ञात्वा न पुनर्मोहमेवं यास्यसि पाण्डव ।
येन भूतान्यशेषाणि द्रक्ष्यस्यात्मन्यथो मयि ॥३५॥

yaj jñātvā na punar moham evaṁ yāsyasi pāṇḍava
yena bhūtāny aśeṣāṇi drakṣyasy ātmany atho mayi

yat – dies; *jñātvā* – wissend; *na* – niemals; *punaḥ* – wieder; *moham* – in Illusion; *evam* – auf diese Weise; *yāsyasi* – du wirst gehen; *pāṇḍava* – o Sohn Pāṇḍus; *yena* – durch welches; *bhūtāni* – Lebewesen; *aśeṣāṇi* – alle; *drakṣyasi* – du wirst sehen; *ātmani* – in der Höchsten Seele; *atha u* – oder mit anderen Worten; *mayi* – in Mir.

Wenn du auf diese Weise von einer selbstverwirklichten Seele wirkliches Wissen empfangen hast, wirst du nie wieder in solche Illusion fallen, denn durch dieses Wissen wirst du sehen, daß alle Lebewesen nichts anderes als Teile des Höchsten sind oder, mit anderen Worten, daß sie Mein sind.

ERLÄUTERUNG: Wenn man von einer selbstverwirklichten Seele, das heißt von jemandem, der die Dinge so kennt, wie sie sind, Wissen empfängt, erkennt man, daß alle Lebewesen Teile der Höchsten Persönlichkeit Gottes, Śrī Kṛṣṇa, sind. Die Vorstellung, etwas existiere getrennt von Kṛṣṇa, wird *māyā* genannt (*mā* – nicht, *yā* – dieses). Einige Menschen glauben, wir hätten mit Kṛṣṇa nichts zu tun; Kṛṣṇa sei nur eine bedeutende historische Persönlichkeit, und das Absolute sei das unpersönliche Brahman. In Wirklichkeit aber ist dieses unpersönliche Brahman, wie in der *Bhagavad-gītā* bestätigt wird, Kṛṣṇas persönliche Ausstrahlung. Kṛṣṇa, als die Höchste Persönlichkeit Gottes, ist die

Ursache von allem. In der *Brahma-saṁhitā* wird unmißverständlich gesagt, daß Kṛṣṇa die Höchste Persönlichkeit Gottes, die Ursache aller Ursachen, ist. Selbst die Millionen von Inkarnationen sind nur Seine verschiedenen Erweiterungen, ebenso wie auch die Lebewesen Seine Erweiterungen sind. Die Māyāvādī-Philosophen glauben irrtümlicherweise, daß Kṛṣṇa Seine eigene getrennte Individualität verliere, wenn Er Sich in viele Formen erweitere. Aber dies ist eine typisch materielle Vorstellung. In der materiellen Welt machen wir die Erfahrung, daß ein Gegenstand seine ursprüngliche Identität verliert, wenn er in mehrere Teile zerlegt wird. Doch die Māyāvādī-Philosophen verstehen nicht, was *absolut* bedeutet; sie wissen nicht, daß auf der absoluten Ebene eins plus eins gleich eins und eins minus eins ebenfalls gleich eins ist.

Aus Mangel an ausreichendem Wissen über die absolute Wissenschaft sind wir nun von Illusion bedeckt und glauben daher, wir seien von Kṛṣṇa getrennt. Obwohl wir getrennte Teile Kṛṣṇas sind, sind wir dennoch nicht von Ihm verschieden. Der körperliche Unterschied zwischen den Lebewesen ist *māyā,* das heißt, er existiert nicht wirklich. Wir sind alle dafür bestimmt, Kṛṣṇa zufriedenzustellen. Nur unter dem Einfluß von *māyā* dachte Arjuna, die zeitweilige körperliche Beziehung zu seinen Verwandten sei wichtiger als seine ewige spirituelle Beziehung zu Kṛṣṇa. Das Ziel der ganzen *Gītā* ist es, uns zu lehren, daß ein Lebewesen als Kṛṣṇas ewiger Diener nie von Kṛṣṇa getrennt sein kann, weshalb seine Vorstellung, eine von Kṛṣṇa getrennte Identität zu besitzen, *māyā* ist. Die Lebewesen haben als getrennte Bestandteile des Höchsten eine Aufgabe zu erfüllen, doch weil sie diese Aufgabe vergessen haben, wandern sie seit unvordenklichen Zeiten von Körper zu Körper und werden Menschen, Tiere, Halbgötter usw. Solche körperlichen Unterschiede entstehen, weil die Lebewesen den transzendentalen Dienst des Herrn vergessen haben. Wenn man aber durch Kṛṣṇa-Bewußtsein im transzendentalen Dienst tätig ist, wird man sogleich von dieser Illusion befreit. Solch reines Wissen kann man nur erlangen, wenn man sich an einen echten spirituellen Meister wendet, und so vermeidet man auch den Fehler zu glauben, das Lebewesen sei Kṛṣṇa ebenbürtig. Vollkommenes Wissen bedeutet zu verstehen, daß die Höchste Seele, Kṛṣṇa, die höchste Zuflucht für alle Lebewesen ist und daß die Lebewesen, die diesen Schutz aufgeben, von der materiellen Energie getäuscht werden und sich einbilden, getrennt von Kṛṣṇa zu existieren. So geraten sie unter den Einfluß verschiedener Formen materieller Identität und vergessen Kṛṣṇa. Wenn solche getäuschten Lebewesen jedoch ihr Kṛṣṇa-Bewußtsein entwickeln, muß man verstehen, daß sie sich auf dem Pfad der Befreiung befinden. Dies wird im *Bhāgavatam* (2.10.6) bestätigt:

muktir hitvānyathā-rūpaṁ svarūpeṇa vyavasthitiḥ. Befreiung bedeutet, in seiner wesensgemäßen Stellung als ewiger Diener Kṛṣṇas (das heißt im Kṛṣṇa-Bewußtsein) verankert zu sein.

Vers 36 अपि चेदसि पापेभ्यः सर्वेभ्यः पापकृत्तमः ।
सर्वं ज्ञानप्लवेनैव वृजिनं सन्तरिष्यसि ॥३६॥

api ced asi pāpebhyaḥ sarvebhyaḥ pāpa-kṛt-tamaḥ
sarvaṁ jñāna-plavenaiva vṛjinaṁ santariṣyasi

api – sogar; *cet* – wenn; *asi* – du bist; *pāpebhyaḥ* – von Sündern; *sarvebhyaḥ* – von allen; *pāpa-kṛt-tamaḥ* – der größte Sünder; *sarvam* – all diese sündhaften Reaktionen; *jñāna-plavena* – mit dem Boot des transzendentalen Wissens; *eva* – gewiß; *vṛjinam* – den Ozean der Leiden; *santariṣyasi* – du wirst vollständig überqueren.

Du magst sogar der sündigste aller Sünder sein, doch wenn du dich im Boot des transzendentalen Wissens befindest, wirst du fähig sein, den Ozean der Leiden zu überqueren.

ERLÄUTERUNG: Die eigene wesensgemäße Stellung in Beziehung zu Kṛṣṇa richtig zu verstehen ist so glückverheißend, daß man sogleich aus dem Kampf ums Dasein, den man im Ozean der Unwissenheit austrägt, gerettet werden kann. Die materielle Welt wird manchmal mit einem Ozean der Unwissenheit und manchmal mit einem brennenden Wald verglichen. Mitten im Ozean muß sogar der erfahrenste Schwimmer hart um sein Leben kämpfen. Wenn nun jemand dem ertrinkenden Schwimmer zu Hilfe kommt und ihn aus dem Wasser zieht, so ist er der größte Retter. Ebenso stellt vollkommenes Wissen, das man von der Höchsten Persönlichkeit Gottes empfängt, den Pfad der Befreiung dar. Das Boot des Kṛṣṇa-Bewußtseins ist sehr einfach, aber zugleich höchst erhaben.

Vers 37 यथैधांसि समिद्धोऽग्निर्भस्मसात्कुरुतेऽर्जुन ।
ज्ञानाग्निः सर्वकर्माणि भस्मसात्कुरुते तथा ॥३७॥

yathaidhāṁsi samiddho 'gnir bhasmа-sāt kurute 'rjuna
jñānāgniḥ sarva-karmāṇi bhasma-sāt kurute tathā

yathā – genauso wie; *edhāṁsi* – Brennholz; *samiddhaḥ* – loderndes; *agniḥ* – Feuer; *bhasma-sāt* – Asche; *kurute* – verwandelt zu; *arjuna* –

o Arjuna; *jñāna-agniḥ* – das Feuer des Wissens; *sarva-karmāṇi* – alle Reaktionen auf materielle Tätigkeiten; *bhasma-sāt* – zu Asche; *kurute* – es verwandelt; *tathā* – in ähnlicher Weise.

So wie ein loderndes Feuer Brennholz zu Asche verwandelt, o Arjuna, so verbrennt das Feuer des Wissens alle Reaktionen auf materielle Tätigkeiten zu Asche.

ERLÄUTERUNG: Vollkommenes Wissen vom Selbst, vom Überselbst und ihrer Beziehung zueinander wird hier mit Feuer verglichen. Dieses Feuer verbrennt nicht nur alle Reaktionen auf sündhafte Tätigkeiten, sondern auch alle Reaktionen auf fromme Tätigkeiten und verwandelt sie zu Asche. Reaktionen manifestieren sich in verschiedenen Stufen: Reaktionen, die gerade entstehen; Reaktionen, die gerade Früchte tragen; Reaktionen, die bereits eingetroffen sind, und Reaktionen *a priori.* Doch Wissen über die wesensgemäße Stellung des Lebewesens verbrennt alles zu Asche. Wenn man über vollständiges Wissen verfügt, werden alle Reaktionen – sowohl *a priori* als auch *a posteriori* – verzehrt. In den *Veden* (*Bṛhad-āraṇyaka Upaniṣad* 4.4.22) heißt es: *ubhe uhaivaiṣa ete taraty amṛtaḥ sādhv-asādhūnī.* „Man überwindet die Reaktionen auf alle frommen und unfrommen Tätigkeiten."

Vers 38 न हि ज्ञानेन सदृशं पवित्रमिह विद्यते ।
तत्स्वयं योगसंसिद्धः कालेनात्मनि विन्दति ॥३८॥

na hi jñānena sadṛśaṁ pavitram iha vidyate
tat svayaṁ yoga-saṁsiddhaḥ kālenātmani vindati

na – nichts; *hi* – gewiß; *jñānena* – mit Wissen; *sadṛśam* – im Vergleich; *pavitram* – geheiligt; *iha* – in dieser Welt; *vidyate* – es gibt; *tat* – dies; *svayam* – sich selbst; *yoga* – in Hingabe; *saṁsiddhaḥ* – er, der reif ist; *kālena* – im Laufe der Zeit; *ātmani* – in sich selbst; *vindati* – genießt.

In dieser Welt gibt es nichts, was so erhaben und rein ist wie transzendentales Wissen. Solches Wissen ist die reife Frucht aller Mystik, und wer auf dem Pfad des hingebungsvollen Dienstes fortgeschritten ist, genießt dieses Wissen schon bald in sich selbst.

ERLÄUTERUNG: Wenn wir von transzendentalem Wissen sprechen, so meinen wir damit spirituelles Verständnis. Daher gibt es nichts, was so erhaben und rein ist wie transzendentales Wissen. Unwissenheit ist die Ursache unserer Knechtschaft, und Wissen ist die Ursache unserer Befreiung. Dieses Wissen ist die reife Frucht hingebungsvollen Dienstes, und wenn man im transzendentalen Wissen verankert ist, braucht man nicht woanders nach Frieden zu suchen, denn man genießt Frieden in sich selbst. Mit anderen Worten, Wissen und Friede finden ihre Vollendung im Kṛṣṇa-Bewußtsein. Das ist die Schlußfolgerung der *Bhagavad-gītā.*

Vers 39 श्रद्धावाँल्लभते ज्ञानं तत्परः संयतेन्द्रियः ।
ज्ञानं लब्ध्वा परां शान्तिमचिरेणाधिगच्छति ॥३९॥

śraddhāvāl̐ labhate jñānaṁ tat-paraḥ saṁyatendriyaḥ
jñānaṁ labdhvā parāṁ śāntim acireṇādhigacchati

śraddhā-vān – ein gläubiger Mensch; *labhate* – erreicht; *jñānam* – Wissen; *tat-paraḥ* – sehr daran angehaftet; *saṁyata* – beherrschte; *indriyaḥ* – Sinne; *jñānam* – Wissen; *labdhvā* – erreicht habend; *parām* – transzendentalen; *śāntim* – Frieden; *acireṇa* – sehr bald; *adhigacchati* – erreicht.

Ein gläubiger Mensch, der sich dem transzendentalen Wissen gewidmet hat, und der seine Sinne unter Kontrolle hat, ist befähigt, solches Wissen zu erlangen, und wenn er es erlangt hat, erreicht er sehr schnell den höchsten spirituellen Frieden.

ERLÄUTERUNG: Das Wissen des Kṛṣṇa-Bewußtseins kann von einem gläubigen Menschen erreicht werden, der fest an Kṛṣṇa glaubt. Jemand wird als gläubig bezeichnet, wenn er davon überzeugt ist, daß er einfach dadurch, daß er im Kṛṣṇa-Bewußtsein handelt, die höchste Vollkommenheit erreichen kann. Diesen Glauben erreicht man durch hingebungsvollen Dienst und das Chanten von Hare Kṛṣṇa, Hare Kṛṣṇa, Kṛṣṇa Kṛṣṇa, Hare Hare / Hare Rāma, Hare Rāma, Rāma Rāma, Hare Hare, wodurch das Herz von allem materiellen Schmutz gereinigt wird. Darüber hinaus sollte man seine Sinne unter Kontrolle halten. Ein Mensch, der auf Kṛṣṇa vertraut und die Sinne beherrscht, kann problemlos und schnell die Vollkommenheit im Wissen des Kṛṣṇa-Bewußtseins erlangen.

Vers 40 अज्ञश्चाश्रद्दधानश्च संशयात्मा विनश्यति ।
नायं लोकोऽस्ति न परो न सुखं संशयात्मनः ॥४०॥

ajñaś cāśraddadhānaś ca saṁśayātmā vinaśyati
nāyaṁ loko 'sti na paro na sukhaṁ saṁśayātmanaḥ

ajñaḥ – ein Tor, der kein Wissen über die maßgeblichen Schriften hat; *ca* – und; *aśraddadhānaḥ* – ohne Glauben an die offenbarten Schriften; *ca* – auch; *saṁśaya* – von Zweifeln; *ātmā* – eine Person; *vinaśyati* – kommt zu Fall; *na* – niemals; *ayam* – in dieser; *lokaḥ* – Welt; *asti* – es gibt; *na* – weder; *paraḥ* – im nächsten Leben; *na* – noch; *sukham* – Glück; *saṁśaya* – zweifelnden; *ātmanaḥ* – des Menschen.

Unwissende und ungläubige Menschen aber, die an den offenbarten Schriften zweifeln, erreichen kein Gottesbewußtsein; sie kommen zu Fall. Für die zweifelnde Seele gibt es Glück weder in dieser Welt noch in der nächsten.

ERLÄUTERUNG: Von den vielen maßgebenden und autoritativen offenbarten Schriften ist die *Bhagavad-gītā* die beste. Menschen, die fast Tieren gleichen, glauben nicht an die maßgebenden offenbarten Schriften und kennen sie nicht, und selbst wenn sie die offenbarten Schriften kennen und aus ihnen zitieren können, glauben sie im Grunde nicht an diese Worte. Und selbst wenn es solche gibt, die an Schriften wie die *Bhagavad-gītā* glauben, dann glauben sie doch nicht an Śrī Kṛṣṇa, die Persönlichkeit Gottes, und verehren Ihn nicht. Solche Menschen können sich nicht im Kṛṣṇa-Bewußtsein halten; sie kommen zu Fall. Von all den oben erwähnten Menschen machen diejenigen, die keinen Glauben haben und immer zweifeln, keinerlei Fortschritte. Menschen ohne Glauben an Gott und Seine offenbarten Worte erwartet weder in diesem noch im nächsten Leben etwas Gutes. Für sie gibt es nicht das geringste Glück. Man sollte daher den Prinzipien der offenbarten Schriften mit Glauben folgen und dadurch auf die Ebene von Wissen erhoben werden. Nur dieses Wissen wird einem helfen, auf die transzendentale Ebene spirituellen Verständnisses zu gelangen. Mit anderen Worten, zweifelnde Menschen haben nicht die geringste Aussicht auf spirituelle Befreiung. Man sollte daher dem Beispiel großer *ācāryas* folgen, die der Schülernachfolge angehören, und so zum Erfolg kommen.

Vers 41 योगसन्न्यस्तकर्माणं ज्ञानसञ्छिन्नसंशयम् ।
आत्मवन्तं न कर्माणि निबध्नन्ति धनञ्जय ॥४१॥

yoga-sannyasta-karmāṇaṁ jñāna-sañchinna-saṁśayam
ātmavantaṁ na karmāṇi nibadhnanti dhanañ-jaya

yoga – durch hingebungsvollen Dienst in *karma-yoga; sannyasta* – jemand, der entsagt hat; *karmāṇam* – den Früchten seiner Handlungen; *jñāna* – durch Wissen; *sañchinna* – zerschnitten; *saṁśayam* – Zweifel; *ātma-vantam* – im Selbst verankert; *na* – niemals; *karmāṇi* – Tätigkeiten; *nibadhnanti* – binden; *dhanam-jaya* – o Eroberer von Reichtum.

Wer hingebungsvollen Dienst ausführt, indem er den Früchten seiner Tätigkeiten entsagt, und wessen Zweifel durch transzendentales Wissen zerstört worden sind, ist tatsächlich im Selbst verankert. Deshalb wird er, o Eroberer von Reichtum, von den Reaktionen seiner Tätigkeiten nicht gebunden.

ERLÄUTERUNG: Wer den Unterweisungen der *Bhagavad-gītā* folgt, wie sie vom Herrn, der Persönlichkeit Gottes, Selbst gegeben werden, wird durch die Gnade des transzendentalen Wissens von allen Zweifeln frei. So wird er als Teil des Herrn völlig Kṛṣṇa-bewußt und befindet sich bereits auf der Ebene der Selbsterkenntnis. Daher steht er zweifellos über der Bindung an Aktion und Reaktion.

Vers 42 तस्मादज्ञानसम्भूतं हृत्स्थं ज्ञानासिनात्मनः ।
छित्त्वैनं संशयं योगमातिष्ठोत्तिष्ठ भारत ॥४२॥

tasmād ajñāna-sambhūtaṁ hṛt-sthaṁ jñānāsinātmanaḥ
chittvainaṁ saṁśayaṁ yogam ātiṣṭhottiṣṭha bhārata

tasmāt – daher; *ajñāna-sambhūtam* – aus Unwissenheit entstanden; *hṛt-stham* – im Herzen befindlich; *jñāna* – des Wissens; *asinā* – mit der Waffe; *ātmanaḥ* – des Selbst; *chittvā* – durchschneidend; *enam* – diesen; *saṁśayam* – Zweifel; *yogam* – in *yoga; ātiṣṭha* – sei verankert; *uttiṣṭha* – erhebe dich, um zu kämpfen; *bhārata* – o Nachkomme Bharatas.

Daher sollten die Zweifel, die in deinem Herzen aus Unwissenheit entstanden sind, mit der Waffe des Wissens zerschlagen werden. Bewaffne dich mit yoga, o Bharata, erhebe dich und kämpfe.

ERLÄUTERUNG: Das *yoga*-System, das in diesem Kapitel erklärt wird, wird als *sanātana-yoga,* die ewigen Tätigkeiten des Lebewesens, bezeichnet. Dieser *yoga* wird in zwei Arten von Opfertätigkeiten unterteilt: die eine ist das Opfer materieller Besitztümer, und die andere ist das Entwickeln von Wissen über das Selbst, was eine reine spirituelle Tätigkeit ist. Wenn das Opfer materieller Besitztümer nicht mit spiritueller Verwirklichung verbunden ist, wird ein solches Opfer materiell. Doch wenn man ein solches Opfer mit einem spirituellen Ziel, das heißt im hingebungsvollen Dienst, darbringt, dann ist dies ein vollkommenes Opfer. Was spirituelle Tätigkeiten betrifft, so sehen wir, daß diese ebenfalls in zwei Kategorien unterteilt sind, nämlich einerseits in Wissen über das eigene Selbst (die wesensgemäße Stellung des Selbst) und andererseits die Wahrheit bezüglich der Höchsten Persönlichkeit Gottes. Wer dem Pfad der *Bhagavad-gītā,* wie sie ist, folgt, kann diese beiden wichtigen Unterteilungen des spirituellen Wissens sehr leicht verstehen. Für ihn ist es nicht schwierig, vollkommenes Wissen über das Selbst zu erlangen und zu verstehen, daß das Selbst ein winziger Teil des Herrn ist. Und dieses Verständnis hilft einem weiter, so daß man auch die transzendentalen Taten des Herrn leicht verstehen kann. Zu Beginn dieses Kapitels hat der Höchste Herr Selbst über die transzendentale Natur Seiner Taten gesprochen. Wer die Unterweisungen der *Gītā* nicht versteht, ist ungläubig und mißbraucht offensichtlich die winzige Unabhängigkeit, die ihm vom Herrn gewährt wird. Wer trotz dieser Unterweisungen die wahre Natur Śrī Kṛṣṇas als die ewige, glückselige, allwissende Persönlichkeit Gottes nicht versteht, ist zweifellos der größte Tor. Unwissenheit kann beseitigt werden, wenn man nach und nach die Prinzipien des Kṛṣṇa-Bewußtseins annimmt. Kṛṣṇa-Bewußtsein wird durch verschiedene Arten von Opfern wiedererweckt: durch Opfer zu den Halbgöttern, durch Opfer zum Brahman, durch Opfer im Zölibat, im Haushälterleben, in der Beherrschung der Sinne, in der Ausübung mystischen *yogas,* in der Auferlegung von *tapasya,* im Verzicht auf materielle Besitztümer, beim Studium der *Veden* und bei der Teilnahme an der sozialen Einrichtung des *varṇāśrama-dharma.* All diese Tätigkeiten werden als Opfer bezeichnet und beruhen auf einer Handlungsweise gemäß Regeln und Vorschriften. Doch bei all diesen Tätigkeiten ist Selbstverwirklichung der wichtigste Faktor. Wer *dieses* Ziel anstrebt, ist der echte Schüler der *Bhagavad-gītā,* doch wer an der Autorität Śrī Kṛṣṇas zweifelt, kommt zu Fall. Es wird daher geraten, die *Bhagavad-gītā,* wie auch jede andere Schrift, unter der Führung eines echten spirituellen Meisters zu studieren, indem man sich ihm ergibt und ihm Dienst darbringt. Ein echter spiritueller Meister gehört der Schülernachfolge an, die seit ewigen Zeiten besteht, und er weicht niemals von den Unterweisungen des Höchsten Herrn ab, wie sie vor Millionen von Jahren dem Sonnengott gegeben wurden, über den diese Lehren der *Bhagavad-gītā* in das irdische Königreich herabkamen. Man sollte daher dem Pfad der *Bhagavad-gītā* folgen, so wie er in der *Gītā* selbst beschrieben wird, und sich vor selbstsüchtigen Menschen hüten, die nur sich selbst verherrlichen wollen und dadurch andere vom rechten Pfad abbringen. Der Herr ist zweifellos die Höchste Person, und Seine Taten sind transzendental. Wer dies versteht, ist schon von Beginn seines *Bhagavad-gītā*-Studiums an eine befreite Seele.

Hiermit enden die Bhaktivedanta-Erläuterungen zum Vierten Kapitel der Śrīmad Bhagavad-gītā *mit dem Titel: „Transzendentales Wissen“.*

FÜNFTES KAPITEL

Karma-yoga – Handeln im Kṛṣṇa-Bewußtsein

Vers 1 अर्जुन उवाच
सन्न्यासं कर्मणां कृष्ण पुनर्योगं च शंससि ।
यच्छ्रेय एतयोरेकं तन्मे ब्रूहि सुनिश्चितम् ॥ १ ॥

arjuna uvāca
sannyāsaṁ karmaṇāṁ kṛṣṇa punar yogaṁ ca śaṁsasi
yac chreya etayor ekaṁ tan me brūhi su-niścitam

arjunaḥ uvāca – Arjuna sagte; *sannyāsam* – Entsagung; *karmaṇām* – aller Tätigkeiten; *kṛṣṇa* – o Kṛṣṇa; *punaḥ* – wieder; *yogam* – hingebungsvoller Dienst; *ca* – auch; *śaṁsasi* – Du lobst; *yat* – welches; *śreyaḥ* – ist segensreicher; *etayoḥ* – dieser beiden; *ekam* – eines; *tat* – dieses; *me* – mir; *brūhi* – bitte sage; *su-niścitam* – eindeutig.

Arjuna sagte: O Kṛṣṇa, zuerst forderst du mich auf, aller Tätigkeit zu entsagen, und dann wieder empfiehlst Du mir, in Hingabe zu handeln. Bitte sage mir nun eindeutig, was von beiden segensreicher ist.

ERLÄUTERUNG: Im Fünften Kapitel der *Bhagavad-gītā* sagt der Herr, daß Handeln im hingebungsvollen Dienst besser ist als trockene mentale Spekulation. Hingebungsvoller Dienst ist einfacher als mentale

Spekulation, weil er einen aufgrund seiner transzendentalen Natur von materiellen Reaktionen befreit. Im Zweiten Kapitel wurde das elementare Wissen über die Seele und ihre Verstrickung in den materiellen Körper erklärt. In diesem Zusammenhang wurde auch beschrieben, wie man sich durch *buddhi-yoga,* das heißt durch hingebungsvollen Dienst, aus der materiellen Gefangenschaft befreien kann. Im Dritten Kapitel wurde erklärt, daß jemand, der sich auf der Ebene des Wissens befindet, keinerlei Pflichten mehr zu erfüllen hat. Und im Vierten Kapitel sagte der Herr zu Arjuna, daß alle Arten von Opfern in Wissen gipfeln. Am Ende des Vierten Kapitels jedoch gab der Herr Arjuna den Rat, aufzuwachen und zu kämpfen, da er jetzt über vollkommenes Wissen verfüge. Weil Kṛṣṇa gleichzeitig die Wichtigkeit von Handeln in Hingabe und Nichthandeln in Wissen betont hatte, war Arjuna verwirrt, und seine Entschlossenheit geriet ins Wanken. Unter Entsagung in Wissen versteht Arjuna, daß man alle Arten von Arbeit, die als Sinnestätigkeiten ausgeführt werden, einstellt. Aber wie kann man aufhören, tätig zu sein, wenn man Arbeit im hingebungsvollen Dienst verrichtet? Mit anderen Worten, er glaubt, Entsagung in Wissen (*sannyāsa)* müsse völlig frei sein von jeglicher Art des Handelns, denn Handeln und Entsagung erscheinen ihm unvereinbar. Er scheint nicht verstanden zu haben, daß Handeln in völligem Wissen keine Reaktionen zur Folge hat und daher das gleiche ist wie Nichthandeln. Er fragt deshalb, ob er ganz aufhören soll zu handeln oder ob es besser sei, in vollkommenem Wissen zu handeln.

Vers 2 श्रीभगवानुवाच
सन्न्यासः कर्मयोगश्च निःश्रेयसकरावुभौ ।
तयोस्तु कर्मसन्न्यासात्कर्मयोगो विशिष्यते ॥ २ ॥

śrī-bhagavān uvāca
sannyāsaḥ karma-yogaś ca niḥśreyasa-karāv ubhau
tayos tu karma-sannyāsāt karma-yogo viśiṣyate

śrī-bhagavān uvāca – die Persönlichkeit Gottes sprach; *sannyāsaḥ* – Entsagung des Handelns; *karma-yogaḥ* – Handeln in Hingabe; *ca* – auch; *niḥśreyasa-karau* – führen zum Pfad der Befreiung; *ubhau* – beide; *tayoḥ* – von den zweien; *tu* – aber; *karma-sannyāsāt* – im Vergleich zur Entsagung fruchtbringender Tätigkeiten; *karma-yogaḥ* – Handeln in Hingabe; *viśiṣyate* – ist besser.

Die Persönlichkeit Gottes sprach: Sowohl Entsagung des Handelns als auch Handeln in Hingabe führen zu Befreiung. Doch von diesen beiden ist hingebungsvoller Dienst besser als die Entsagung aller Tätigkeiten.

ERLÄUTERUNG: Fruchtbringende Tätigkeiten (mit dem Ziel der Sinnenbefriedigung) sind die Ursache für materielle Knechtschaft. Solange man Tätigkeiten nachgeht, die das Ziel haben, die körperlichen Annehmlichkeiten zu verbessern, muß man von einem Körper zum anderen wandern und damit seine Gefangenschaft in der Materie unaufhörlich fortsetzen. Das *Śrīmad-Bhāgavatam* (5.5.4–6) bestätigt dies wie folgt:

nūnaṁ pramattaḥ kurute vikarma
yad indriya-prītaya āpṛṇoti
na sādhu manye yata ātmano 'yam
asann api kleśa-da āsa dehaḥ

parābhavas tāvad abodha-jāto
yāvan na jijñāsata ātma-tattvam
yāvat kriyās tāvad idaṁ mano vai
karmātmakaṁ yena śarīra-bandhaḥ

evaṁ manaḥ karma-vaśaṁ prayuṅkte
avidyayātmany upadhīyamāne
prītir na yāvan mayi vāsudeve
na mucyate deha-yogena tāvat

„Die Menschen sind verrückt nach Sinnenbefriedigung, und sie wissen nicht, daß ihr gegenwärtiger, leidvoller Körper das Ergebnis fruchtbringender Tätigkeiten der Vergangenheit ist. Obwohl dieser Körper zeitweilig ist, bereitet er uns ständig in vieler Hinsicht Schwierigkeiten. Deshalb ist es nicht gut, für Sinnenbefriedigung zu handeln. Das Leben gilt als Fehlschlag, wenn man es versäumt, sich Fragen über seine wahre Identität zu stellen. Solange man nicht seine wahre Identität kennt, ist man gezwungen, für fruchttragende Ergebnisse zu handeln, damit man sich seine Wünsche nach Sinnenbefriedigung erfüllen kann. Und solange man in das Bewußtsein der Sinnenbefriedigung vertieft ist, muß man von einem Körper zum nächsten wandern. Selbst wenn der Geist von fruchtbringenden Tätigkeiten in Anspruch genommen ist und von Unwissenheit beeinflußt wird, muß man Liebe für den hingebungsvollen Dienst Vāsudevas entwickeln. Nur dann hat man die Möglichkeit, von der Fessel des materiellen Daseins frei zu werden."

Daher reicht *jñāna* (das Wissen, daß man nicht der materielle Körper, sondern spirituelle Seele ist) für Befreiung nicht aus. Man muß als spirituelle Seele *handeln,* sonst gibt es kein Entkommen aus der materiellen Knechtschaft. Tätigkeiten im Kṛṣṇa-Bewußtsein befinden sich jedoch nicht auf der fruchtbringenden Ebene. In vollkommenem Wissen ausgeführte Tätigkeiten erlauben es einem, den Fortschritt in wirklichem Wissen zu stärken. Bloße Entsagung fruchtbringender Tätigkeiten, ohne Kṛṣṇa-Bewußtsein, läutert das Herz einer bedingten Seele im Grunde nicht, und solange das Herz nicht geläutert ist, muß man auf der fruchtbringenden Ebene handeln. Aber wenn man sich im Kṛṣṇa-Bewußtsein betätigt, kann man automatisch den Ergebnissen fruchtbringender Tätigkeiten entkommen, so daß man nicht wieder Tätigkeiten auf der materiellen Ebene aufzunehmen braucht. Daher ist Handeln im Kṛṣṇa-Bewußtsein stets höher einzustufen als bloße Entsagung, bei der immer die Gefahr besteht, wieder zu Fall zu kommen. Entsagung ohne Kṛṣṇa-Bewußtsein ist unvollkommen, wie Śrīla Rūpa Gosvāmī in seinem *Bhakti-rasāmṛta-sindhu* (1.2.258) bestätigt:

prāpañcikatayā buddhyā hari-sambandhi-vastunaḥ
mumukṣubhiḥ parityāgo vairāgyaṁ phalgu kathyate

„Wenn nach Befreiung strebende Menschen Dingen entsagen, von denen sie denken, sie seien materiell, die in Wirklichkeit aber mit der Höchsten Persönlichkeit Gottes in Beziehung stehen, so nennt man dies unvollkommene Entsagung." Entsagung ist vollkommen, wenn sie in dem Wissen ausgeübt wird, daß alles Existierende dem Herrn gehört und daß daher niemand irgend etwas als sein Eigentum beanspruchen sollte. Man sollte verstehen, daß in Wirklichkeit niemandem etwas gehört. Wie kann man also einer Sache entsagen, die einem gar nicht gehört? Jemand, der sich immer darüber bewußt ist, daß alles Kṛṣṇas Eigentum ist, beweist vollkommene Entsagung. Da alles Kṛṣṇa gehört, sollte alles in Kṛṣṇas Dienst gestellt werden. Diese vollkommene Handlungsweise im Kṛṣṇa-Bewußtsein ist weitaus besser als jedes Maß an künstlicher Entsagung von einem *sannyāsī* der Māyāvādī-Schule.

Vers 3 ज्ञेयः स नित्यसन्न्यासी यो न द्वेष्टि न काङ्क्षति ।
निर्द्वन्द्वो हि महाबाहो सुखं बन्धात्प्रमुच्यते ॥ ३ ॥

jñeyaḥ sa nitya-sannyāsī yo na dveṣṭi na kāṅkṣati
nirdvandvo hi mahā-bāho sukhaṁ bandhāt pramucyate

jñeyaḥ – sollte gekannt werden; *saḥ* – er; *nitya* – immer; *sannyāsī* – jemand, der Entsagung übt; *yaḥ* – der; *na* – niemals; *dveṣṭi* – verabscheut; *na* – und nicht; *kāṅkṣati* – wünscht; *nirdvandvaḥ* – frei von aller Dualität; *hi* – gewiß; *mahā-bāho* – o Starkarmiger; *sukham* – glücklich; *bandhāt* – von Bindung; *pramucyate* – wird völlig befreit.

Wer die Früchte seiner Tätigkeiten weder haßt noch begehrt, ist immer in Entsagung verankert. Ein solcher Mensch, befreit von aller Dualität, überwindet leicht die materielle Knechtschaft und ist völlig befreit, o starkarmiger Arjuna.

ERLÄUTERUNG: Wer im Kṛṣṇa-Bewußtsein fest verankert ist, ist immer entsagungsvoll, weil er die Ergebnisse seiner Tätigkeiten weder haßt noch begehrt. Solch ein entsagungsvoller Mensch, der sich dem transzendentalen liebevollen Dienst des Herrn geweiht hat, verfügt über vollkommenes Wissen, da er seine wesensgemäße Stellung in Beziehung zu Kṛṣṇa kennt. Er weiß sehr wohl, daß Kṛṣṇa das Ganze und daß er ein winziger Teil Kṛṣṇas ist. Dieses Wissen ist vollkommen, weil es die qualitative und quantitative Beziehung des Lebewesens zum Höchsten richtig beschreibt. Zu glauben, das Lebewesen sei mit Kṛṣṇa eins, entspricht nicht der Wahrheit, denn der Teil kann niemals dem Ganzen ebenbürtig sein. Jemand, der erkennt, daß er qualitativ mit Kṛṣṇa eins, doch quantitativ von Ihm verschieden ist, besitzt korrektes transzendentales Wissen, und dieses Wissen führt den Menschen zu innerer Erfüllung, so daß es für ihn nichts mehr gibt, wonach er strebt und worüber er klagt. In seinem Geist gibt es keine Dualität, denn alles, was er tut, tut er für Kṛṣṇa. Wer auf diese Weise von allen Dualitäten frei geworden ist, befindet sich – sogar in der materiellen Welt – auf der befreiten Stufe.

Vers 4 साङ्ख्ययोगौ पृथग्बालाः प्रवदन्ति न पण्डिताः ।
एकमप्यास्थितः सम्यगुभयोर्विन्दते फलम् ॥४॥

sāṅkhya-yogau pṛthag bālāḥ pravadanti na paṇḍitāḥ
ekam apy āsthitaḥ samyag ubhayor vindate phalam

sāṅkhya – analytisches Studium der materiellen Welt; *yogau* – Handeln im hingebungsvollen Dienst; *pṛthak* – verschieden; *bālāḥ* – die Unintelligenten; *pravadanti* – sagen; *na* – niemals; *paṇḍitāḥ* – die Gelehrten; *ekam* – in einem; *api* – sogar; *āsthitaḥ* – sich befindend; *samyak* –

vollständig; *ubhayoḥ* – von beiden; *vindate* – genießt; *phalam* – das Ergebnis.

Nur die Unwissenden sagen, hingebungsvoller Dienst [karma-yoga] sei etwas anderes als das analytische Studium der materiellen Welt [sāṅkhya]. Diejenigen, die wahrhaft gelehrt sind, erklären, daß jemand, der sich vollständig einem dieser Pfade widmet, die Ergebnisse beider erreicht.

ERLÄUTERUNG: Das Ziel des analytischen Studiums der materiellen Welt besteht darin, die Seele aller Existenz zu finden. Die Seele der materiellen Welt ist Viṣṇu, die Überseele. Wer dem Herrn hingebungsvollen Dienst darbringt, dient damit auch der Überseele. Der eine Vorgang besteht darin, die Wurzel des Baumes zu finden, und der andere darin, die Wurzel zu bewässern. Der wahre Student der *sāṅkhya*-Philosophie findet die Wurzel der materiellen Welt, Viṣṇu, und dann beschäftigt er sich in vollkommenem Wissen in dessen Dienst. Daher besteht im wesentlichen kein Unterschied zwischen diesen beiden Pfaden, denn das Ziel beider ist Viṣṇu. Diejenigen, die das endgültige Ziel nicht kennen, sagen, die Ziele von *sāṅkhya* und *karma-yoga* seien voneinander verschieden, doch jemand, der gelehrt ist, kennt das gemeinsame Ziel dieser verschiedenen Vorgänge.

Vers 5 यत्साङ्ख्यैः प्राप्यते स्थानं तद्योगैरपि गम्यते ।
एकं साङ्ख्यं च योगं च यः पश्यति स पश्यति ॥ ५ ॥

yat sāṅkhyaiḥ prāpyate sthānaṁ tad yogair api gamyate
ekaṁ sāṅkhyaṁ ca yogaṁ ca yaḥ paśyati sa paśyati

yat – was; *sāṅkhyaiḥ* – mittels *sāṅkhya*-Philosophie; *prāpyate* – wird erreicht; *sthānam* – Stellung; *tat* – diese; *yogaiḥ* – durch hingebungsvollen Dienst; *api* – auch; *gamyate* – man kann erreichen; *ekam* – eins; *sāṅkhyam* – analytisches Studium; *ca* – und; *yogam* – Tätigkeit in Hingabe; *ca* – und; *yaḥ* – jemand, der; *paśyati* – sieht; *saḥ* – er; *paśyati* – sieht wirklich.

Jemand, der weiß, daß man die Stellung, die man durch das analytische Studium erreicht, auch durch hingebungsvollen Dienst erreichen kann, und der daher erkennt, daß sich das analytische Studium und der hingebungsvolle Dienst auf derselben Ebene befinden, sieht die Dinge so, wie sie sind.

ERLÄUTERUNG: Der wahre Zweck philosophischen Forschens besteht darin, das endgültige Ziel des Lebens zu finden. Weil das endgültige Ziel des Lebens Selbstverwirklichung ist, unterscheiden sich die Schlußfolgerungen der beiden oben erwähnten Vorgänge nicht voneinander. Durch die philosophische Forschung des *sāṅkhya* gelangt man zu der Schlußfolgerung, daß das Lebewesen nicht ein Bestandteil der materiellen Welt, sondern ein Teil des höchsten spirituellen Ganzen ist. Folglich hat die spirituelle Seele nichts mit der materiellen Welt zu tun; ihre Handlungen müssen irgendwie in Beziehung zum Höchsten stehen. Erst wenn sie im Kṛṣṇa-Bewußtsein handelt, nimmt sie ihre wesensgemäße Stellung ein. Durch den ersten Vorgang, *sāṅkhya,* muß man sich von der Materie lösen, und durch den *yoga*-Vorgang der Hingabe muß man Anhaftungen an Tätigkeiten im Kṛṣṇa-Bewußtsein entwickeln. Im Grunde sind beide Vorgänge gleich, obwohl oberflächlich betrachtet der eine Loslösung und der andere Anhaftung mit sich bringt. Loslösung von Materie und Anhaftung an Kṛṣṇa sind jedoch das gleiche. Wer das verstehen kann, sieht die Dinge, wie sie sind.

Vers 6 सन्न्यासस्तु महाबाहो दुःखमाप्तुमयोगतः ।
योगयुक्तो मुनिर्ब्रह्म न चिरेणाधिगच्छति ॥ ६ ॥

sannyāsas tu mahā-bāho duḥkham āptum ayogataḥ
yoga-yukto munir brahma na cireṇādhigacchati

sannyāsaḥ – der Lebensstand der Entsagung; *tu* – aber; *mahā-bāho* – o Starkarmiger; *duḥkham* – Leid; *āptum* – man wird getroffen von; *ayogataḥ* – ohne hingebungsvollen Dienst; *yoga-yuktaḥ* – wer sich im hingebungsvollen Dienst beschäftigt; *muniḥ* – ein Denker; *brahma* – den Höchsten; *na cireṇa* – ohne Verzug; *adhigacchati* – erreicht.

Wer bloß allen Tätigkeiten entsagt und sich nicht im hingebungsvollen Dienst des Herrn beschäftigt, kann nicht glücklich werden. Aber ein besonnener Mensch, der hingebungsvollen Dienst ausführt, kann den Höchsten unverzüglich erreichen.

ERLÄUTERUNG: Es gibt zwei Klassen von *sannyāsīs,* Menschen im Lebensstand der Entsagung. Die Māyāvādī-*sannyāsīs* sind mit dem Studium der *sāṅkhya*-Philosophie beschäftigt, während die Vaiṣṇava-*sannyāsīs* die *Bhāgavatam*-Philosophie studieren, die den richtigen Kommentar zu den *Vedānta-sūtras* liefert. Auch die Māyāvādī-*sannyāsīs* studieren die

Vedānta-sūtras, benutzen dabei jedoch ihren eigenen Kommentar, den *Śārīraka-bhāṣya,* der von Śaṅkarācārya verfaßt wurde. Die Anhänger der *Bhāgavata*-Schule betätigen sich gemäß den *pāñcarātrikī*-Vorschriften im hingebungsvollen Dienst des Herrn, und daher gibt es für die Vaiṣṇava-*sannyāsīs* in diesem transzendentalen Dienst immer viele Beschäftigungen. Die Vaiṣṇava-*sannyāsīs* haben nichts mit materiellen Tätigkeiten zu tun, und dennoch führen sie in ihrem hingebungsvollen Dienst zum Herrn verschiedenste Tätigkeiten aus. Die Māyāvādī-*sannyāsīs* hingegen, die sich mit dem Studium von *sāṅkhya* und *Vedānta* und mit Spekulation befassen, können den transzendentalen Dienst des Herrn nicht kosten. Weil ihre Studien mit der Zeit sehr langweilig und fade werden, werden sie es müde, über das Brahman zu spekulieren, und suchen deshalb beim *Bhāgavatam* Zuflucht, ohne es jedoch richtig zu verstehen. Folglich wird es für sie sehr schwierig, das *Śrīmad-Bhāgavatam* zu studieren. Die trockenen Spekulationen und unpersönlichen Interpretationen mit künstlichen Mitteln helfen den Māyāvādī-*sannyāsīs* nicht weiter. Die Vaiṣṇava-*sannyāsīs* hingegen, die hingebungsvollen Dienst ausführen, erfahren bei der Erfüllung ihrer Pflichten transzendentales Glück, und dazu haben sie die Garantie, schließlich in das Königreich Gottes zu gelangen. Die Māyāvādī-*sannyāsīs* fallen manchmal vom Pfad der Selbstverwirklichung ab und wenden sich wieder weltlichen Tätigkeiten philanthropischer und altruistischer Natur zu, die nichts weiter als materielle Beschäftigungen sind. Daher lautet die Schlußfolgerung, daß diejenigen, die im Kṛṣṇa-Bewußtsein tätig sind, besser gestellt sind als die *sannyāsīs,* die nur darüber spekulieren, was Brahman ist und was nicht Brahman ist, obgleich auch sie nach vielen Geburten zum Kṛṣṇa-Bewußtsein kommen.

Vers 7 योगयुक्तो विशुद्धात्मा विजितात्मा जितेन्द्रियः ।
सर्वभूतात्मभूतात्मा कुर्वन्नपि न लिप्यते ॥ ७ ॥

yoga-yukto viśuddhātmā vijitātmā jitendriyaḥ
sarva-bhūtātma-bhūtātmā kurvann api na lipyate

yoga-yuktaḥ – im hingebungsvollen Dienst tätig; *viśuddha-ātmā* – eine geläuterte Seele; *vijita-ātmā* – selbstbeherrscht; *jita-indriyaḥ* – die Sinne bezwungen habend; *sarva-bhūta* – zu allen Lebewesen; *ātma-bhūta-ātmā* – voller Mitleid; *kurvan api* – obwohl Tätigkeiten ausführend; *na* – niemals; *lipyate* – wird verstrickt.

Wer in Hingabe handelt, wer eine reine Seele ist und wer Geist und Sinne beherrscht, ist jedem lieb, und jeder ist ihm lieb. Obwohl ein solcher Mensch stets tätig ist, wird er niemals verstrickt.

ERLÄUTERUNG: Jemand, der sich durch Kṛṣṇa-Bewußtsein auf dem Pfad der Befreiung befindet, ist jedem Lebewesen sehr lieb, und jedes Lebewesen ist ihm lieb. Dies ist auf sein Kṛṣṇa-Bewußtsein zurückzuführen. Eine solche Person sieht kein Lebewesen getrennt von Kṛṣṇa, geradeso wie die Blätter und Zweige eines Baumes nicht vom Baum getrennt sind. Er weiß sehr wohl, daß man das Wasser auf die Wurzeln gießen muß und daß das Wasser dann an alle Blätter und Zweige weitergeleitet wird oder daß dann, wenn man den Magen mit Nahrung versorgt, die Energie von selbst im ganzen Körper verteilt wird. Ebenso ist jemand, der sich im Kṛṣṇa-Bewußtsein betätigt, der Diener eines jeden, und so ist er jedem sehr lieb. Und weil jeder mit seinen Tätigkeiten zufrieden ist, kann man verstehen, daß sein Bewußtsein rein ist. Weil sein Bewußtsein rein ist, ist sein Geist völlig beherrscht, und weil sein Geist beherrscht ist, sind auch seine Sinne beherrscht. Weil sein Geist stets auf Kṛṣṇa gerichtet ist, besteht keine Möglichkeit, daß er von Kṛṣṇa abgelenkt wird oder seine Sinne mit anderen Dingen als dem Dienst des Herrn beschäftigt. Er möchte über nichts anderes hören als über Themen, die mit Kṛṣṇa zu tun haben; er möchte nichts essen, was nicht Kṛṣṇa geopfert wurde, und er möchte nirgendwo hingehen, wenn es nicht mit Kṛṣṇas Dienst verbunden ist. Deshalb sind seine Sinne beherrscht, und ein Mensch mit beherrschten Sinnen kann niemandem Schaden zufügen. Hier könnte sich die Frage erheben, warum Arjuna dann (in der Schlacht) gegenüber anderen Gewalt anwandte. War er etwa nicht Kṛṣṇa-bewußt? Die Antwort ist, daß Arjunas Gewalt nur oberflächlich war, denn (wie bereits im Zweiten Kapitel erklärt wurde) alle auf dem Schlachtfeld versammelten Personen lebten individuell weiter, da die Seele niemals erschlagen werden kann. Spirituell gesehen wurde also auf dem Schlachtfeld von Kurukṣetra niemand getötet. Es wurden nur die äußeren Gewänder gewechselt, wie es der Anweisung Kṛṣṇas entsprach, der persönlich anwesend war. Deshalb kämpfte Arjuna auf dem Schlachtfeld von Kurukṣetra eigentlich gar nicht; er führte nur in völligem Kṛṣṇa-Bewußtsein Kṛṣṇas Befehle aus. Ein solcher Mensch wird niemals in die Reaktionen seiner Handlungen verstrickt.

Vers नैव किञ्चित्करोमीति युक्तो मन्येत तत्त्ववित् ।
8–9 पश्यञ्शृण्वन् स्पृशञ्जिघ्रन्नश्नन् गच्छन् स्वपन् श्वसन् ॥ ८ ॥

प्रलपन् विसृजन् गृह्णन्नुन्मिषन्निमिषन्नपि ।
इन्द्रियाणीन्द्रियार्थेषु वर्तन्त इति धारयन् ॥ ९ ॥

naiva kiñcit karomīti yukto manyeta tattva-vit
paśyañ śṛṇvan spṛśañ jighrann aśnan gacchan svapañ śvasan

pralapan visṛjan gṛhṇann unmiṣan nimiṣann api
indriyāṇīndriyārtheṣu vartanta iti dhārayan

na – niemals; *eva* – gewiß; *kiñcit* – irgend etwas; *karomi* – ich tue; *iti* – so; *yuktaḥ* – in göttlichem Bewußtsein beschäftigt; *manyeta* – denkt; *tattva-vit* – jemand, der die Wahrheit kennt; *paśyan* – sehend; *śṛṇvan* – hörend; *spṛśan* – berührend; *jighran* – riechend; *aśnan* – essend; *gacchan* – gehend; *svapan* – träumend; *śvasan* – atmend; *pralapan* – sprechend; *visṛjan* – aufgebend; *gṛhṇan* – annehmend; *unmiṣan* – öffnend; *nimiṣan* – schließend; *api* – trotz; *indriyāṇi* – die Sinne; *indriya-artheṣu* – in Sinnenbefriedigung; *vartante* – mögen sie so beschäftigt sein; *iti* – auf diese Weise; *dhārayan* – überlegend.

Ein Mensch im göttlichen Bewußtsein weiß im Innern stets, daß er in Wirklichkeit nicht handelt, obwohl er sieht, hört, berührt, riecht, ißt, sich bewegt, schläft und atmet. Denn während er spricht, sich entleert, etwas annimmt, seine Augen öffnet oder schließt, weiß er immer, daß nur die materiellen Sinne mit ihren Objekten beschäftigt sind und daß er selbst darüber steht.

ERLÄUTERUNG: Ein Mensch im Kṛṣṇa-Bewußtsein befindet sich auf der reinen Stufe des Daseins, und folglich hat er nichts mit Tätigkeiten zu tun, die von fünf direkten oder indirekten Ursachen abhängig sind, nämlich dem Handelnden, der Handlung, den Umständen, der Bemühung und der Vorsehung. Dies ist darauf zurückzuführen, daß er sich im liebevollen transzendentalen Dienst Kṛṣṇas beschäftigt. Obwohl er, äußerlich gesehen, mit seinem Körper und seinen Sinnen handelt, ist er sich immer seiner eigentlichen Stellung bewußt, die darin besteht, spirituell tätig zu sein. Im materiellen Bewußtsein sind die Sinne mit Sinnenbefriedigung beschäftigt, doch im Kṛṣṇa-Bewußtsein sind die Sinne damit beschäftigt, Kṛṣṇas Sinne zufriedenzustellen. Deshalb ist ein Kṛṣṇa-bewußter Mensch stets frei, selbst wenn es so scheint, als sei er mit den Sinnesobjekten beschäftigt. Tätigkeiten wie Sehen und Hören sind Funktionen der wissenserwerbenden Sinne, wohingegen Bewegung, Sprache, Entleerung usw. Funktionen der Arbeitssinne sind. Ein Kṛṣṇa-bewußter Mensch wird niemals von den Tätigkeiten der Sinne beeinflußt. Er kann nichts anderes tun, als sich im Dienst des Herrn zu betätigen, da er weiß, daß er der ewige Diener des Herrn ist.

Vers 10 ब्रह्मण्याधाय कर्माणि सङ्गं त्यक्त्वा करोति यः ।
लिप्यते न स पापेन पद्मपत्रमिवाम्भसा ॥१०॥

brahmaṇy ādhāya karmāṇi saṅgaṁ tyaktvā karoti yaḥ
lipyate na sa pāpena padma-patram ivāmbhasā

brahmaṇi – der Höchsten Persönlichkeit Gottes; *ādhāya* – hingebend; *karmāṇi* – alle Tätigkeiten; *saṅgam* – Anhaftung; *tyaktvā* – aufgebend; *karoti* – führt aus; *yaḥ* – der; *lipyate* – wird beeinflußt; *na* – niemals; *saḥ* – er; *pāpena* – von Sünde; *padma-patram* – ein Lotosblatt; *iva* – wie; *ambhasā* – vom Wasser.

Wer seine Pflicht ohne Anhaftung erfüllt und die Ergebnisse dem Höchsten Herrn hingibt, wird nicht von sündhaften Handlungen beeinflußt, ebenso wie ein Lotosblatt vom Wasser nicht berührt wird.

ERLÄUTERUNG: *Brahmaṇi* bedeutet hier „im Kṛṣṇa-Bewußtsein". Die materielle Welt ist eine Gesamtmanifestation der drei materiellen Erscheinungsweisen, die im Sanskrit *pradhāna* genannt wird. Die vedischen Hymnen wie *sarvaṁ hy etad brahma* (*Māṇḍūkya Upaniṣad* 2) und *tasmād etad brahma nāma-rūpam annaṁ ca jāyate* (*Muṇḍaka Upaniṣad* 1.1.9) sowie auch die *Bhagavad-gītā* mit dem Vers *mama yonir mahad brahma* (14.3) weisen darauf hin, daß alles in der materiellen Welt eine Manifestation des Brahman ist. Zwar mögen die Wirkungen unterschiedlich manifestiert sein, doch sie sind alle nicht verschieden von der Ursache. In der *Īśopaniṣad* wird gesagt, daß alles mit dem Höchsten Brahman, Kṛṣṇa, verbunden ist und daß daher alles Ihm allein gehört. Wer sich vollkommen der Tatsache bewußt ist, daß alles Kṛṣṇa gehört, daß Er der Besitzer alles Existierenden ist und daß deshalb alles in Seinem Dienst steht, hat nichts mit den Ergebnissen seiner Tätigkeiten zu tun, seien diese nun tugendhaft oder sündhaft. Selbst der materielle Körper, der einem vom Herrn gegeben wurde, um eine bestimmte Art von Handlungen auszuführen, kann im Kṛṣṇa-Bewußtsein beschäftigt werden. Dann befindet er sich jenseits der Verunreinigungen durch sündhafte Reaktionen, genau wie ein Lotosblatt niemals naß wird, obwohl es sich im Wasser befindet. Der Herr sagt in der *Gītā* (3.30) auch: *mayi sarvāṇi karmāṇi sannyasya.* „Gib all deine Tätigkeiten Mir (Kṛṣṇa) hin." Die Schlußfolgerung lautet, daß ein Mensch ohne Kṛṣṇa-Bewußtsein auf der Ebene des materiellen Körpers und der Sinne aktiv ist, wohingegen ein Kṛṣṇa-bewußter Mensch in dem Wissen handelt, daß der Körper das Eigentum Kṛṣṇas ist und deshalb in Kṛṣṇas Dienst beschäftigt werden sollte.

Vers 11 कायेन मनसा बुद्ध्या केवलैरिन्द्रियैरपि ।
योगिनः कर्म कुर्वन्ति सङ्गं त्यक्त्वात्मशुद्धये ॥११॥

kāyena manasā buddhyā kevalair indriyair api
yoginaḥ karma kurvanti saṅgaṁ tyaktvātma-śuddhaye

kāyena – mit dem Körper; *manasā* – mit dem Geist; *buddhyā* – mit der Intelligenz; *kevalaiḥ* – geläutert; *indriyaiḥ* – mit den Sinnen; *api* – sogar; *yoginaḥ* – diejenigen, die Kṛṣṇa-bewußt sind; *karma* – Tätigkeiten; *kurvanti* – sie führen aus; *saṅgam* – Anhaftung; *tyaktvā* – aufgebend; *ātma* – des Selbst; *śuddhaye* – um der Läuterung willen.

Die yogīs, die Anhaftung aufgeben, handeln mit Körper, Geist, Intelligenz und sogar den Sinnen nur zum Zwecke der Läuterung.

ERLÄUTERUNG: Wenn man im Kṛṣṇa-Bewußtsein für die Zufriedenstellung der Sinne Kṛṣṇas handelt, wird jede Handlung des Körpers, des Geistes, der Intelligenz und sogar der Sinne von materieller Verunreinigung geläutert. Auf die Tätigkeiten eines Kṛṣṇa-bewußten Menschen folgen keine materiellen Reaktionen. Um geläuterte Tätigkeiten (*sad-ācāra*) auszuführen, genügt es also, sich einfach im Kṛṣṇa-Bewußtsein zu betätigen. Śrī Rūpa Gosvāmī beschreibt dies in seinem *Bhakti-rasāmṛta-sindhu* (1.2.187) wie folgt:

īhā yasya harer dāsye karmaṇā manasā girā
nikhilāsv apy avasthāsu jīvan-muktaḥ sa ucyate

„Jemand, der mit Körper, Geist, Intelligenz und Worten im Kṛṣṇa-Bewußtsein, das heißt im Dienste Kṛṣṇas, handelt, ist sogar schon in der materiellen Welt befreit, obwohl er vielen scheinbar materiellen Tätigkeiten nachgehen mag." Er besitzt kein falsches Ego, denn er glaubt nicht, daß er mit dem materiellen Körper identisch ist oder daß er der Besitzer des Körpers ist. Er weiß, daß er nicht der Körper ist und daß ihm der Körper auch nicht gehört. Er selbst gehört Kṛṣṇa, und auch der Körper gehört Kṛṣṇa. Wenn er alles, was er besitzt – Körper, Geist, Intelligenz, Worte, sein Leben, seinen Reichtum usw. –, in Kṛṣṇas Dienst stellt, ist er sogleich mit Kṛṣṇa verbunden. Er ist eins mit Kṛṣṇa und ist frei vom falschen Ego, das einen glauben macht, man sei der Körper, usw. Diese Stufe ist die Vollkommenheit des Kṛṣṇa-Bewußtseins.

Vers 12 युक्तः कर्मफलं त्यक्त्वा शान्तिमाप्नोति नैष्ठिकीम् ।
अयुक्तः कामकारेण फले सक्तो निबध्यते ॥१२॥

yuktaḥ karma-phalaṁ tyaktvā śāntim āpnoti naiṣṭhikīm
ayuktaḥ kāma-kāreṇa phale sakto nibadhyate

yuktaḥ – derjenige, der im hingebungsvollen Dienst tätig ist; *karma-phalam* – die Ergebnisse aller Tätigkeiten; *tyaktvā* – aufgebend; *śāntim* – vollkommenen Frieden; *āpnoti* – erreicht; *naiṣṭhikīm* – unerschütterlichen; *ayuktaḥ* – jemand, der nicht Kṛṣṇa-bewußt ist; *kāma-kāreṇa* – um das Ergebnis seiner Tätigkeiten zu genießen; *phale* – im Ergebnis; *saktaḥ* – angehaftet; *nibadhyate* – wird verstrickt.

Die fortwährend hingegebene Seele erlangt unverfälschten Frieden, weil sie das Ergebnis aller Tätigkeiten Mir opfert. Jemand hingegen, der nicht mit dem Göttlichen verbunden ist und gierig nach den Früchten seiner Tätigkeiten strebt, wird verstrickt.

ERLÄUTERUNG: Der Unterschied zwischen einem Menschen im Kṛṣṇa-Bewußtsein und einem Menschen im körperlichen Bewußtsein liegt darin, daß der Erstere an Kṛṣṇa angehaftet ist und der Letztere an die Ergebnisse seiner Tätigkeiten. Derjenige, der an Kṛṣṇa angehaftet ist und allein für Ihn handelt, befindet sich auf der Stufe der Befreiung und begehrt nicht die Ergebnisse seiner Tätigkeiten. Im *Bhāgavatam* wird erklärt, daß die Ursache aller Sorgen um das Ergebnis einer Tätigkeit darin besteht, daß man unter der Auffassung von Dualität handelt, das heißt ohne Wissen von der Absoluten Wahrheit. Kṛṣṇa ist die Höchste Absolute Wahrheit, die Persönlichkeit Gottes. Im Kṛṣṇa-Bewußtsein gibt es keine Dualität, denn alles, was existiert, ist ein Produkt der Energie Kṛṣṇas, und Kṛṣṇa ist absolut gut. Deshalb befinden sich Tätigkeiten im Kṛṣṇa-Bewußtsein auf der absoluten Ebene; sie sind transzendental und ziehen keine materiellen Reaktionen nach sich. Daher ist man im Kṛṣṇa-Bewußtsein von Frieden erfüllt. Wer jedoch in Profitkalkulationen für Sinnenbefriedigung verstrickt ist, kann diesen Frieden nicht finden. Das Geheimnis des Kṛṣṇa-Bewußtseins besteht also darin, zu erkennen, daß es nichts außerhalb von Kṛṣṇa gibt, und diese Erkenntnis bildet die Ebene von Frieden und Furchtlosigkeit.

Vers 13 सर्वकर्माणि मनसा सन्न्यस्यास्ते सुखं वशी ।
नवद्वारे पुरे देही नैव कुर्वन्न कारयन् ॥१३॥

sarva-karmāṇi manasā sannyasyāste sukhaṁ vaśī
nava-dvāre pure dehī naiva kurvan na kārayan

sarva – alle; *karmāṇi* – Tätigkeiten; *manasā* – durch den Geist; *sannyasya* – aufgebend; *āste* – bleibt; *sukham* – in Glück; *vaśī* – derjenige, der beherrscht ist; *nava-dvāre* – an dem Ort, wo es neun Tore gibt; *pure* – in der Stadt; *dehī* – die verkörperte Seele; *na* – niemals; *eva* – gewiß; *kurvan* – irgend etwas tuend; *na* – nicht; *kārayan* – veranlassend zu tun.

Wenn das verkörperte Lebewesen seine niedere Natur beherrscht und im Geist allen Handlungen entsagt, wohnt es glücklich in der Stadt der neun Tore [dem materiellen Körper], und weder ist es der Handelnde, noch ist es die Ursache von Handlung.

ERLÄUTERUNG: Die verkörperte Seele lebt in der Stadt der neun Tore. Die Tätigkeiten des Körpers, oder im übertragenen Sinne der Stadt des Körpers, werden von den jeweiligen Erscheinungsweisen der Natur automatisch ausgeführt. Obwohl sich die Seele den Bedingungen des Körpers unterworfen hat, kann sie, wenn sie es wünscht, diese Bedingungen überwinden. Nur weil sie ihre höhere Natur vergessen hat, identifiziert sie sich mit dem materiellen Körper, und daher leidet sie. Durch Kṛṣṇa-Bewußtsein ist es der verkörperten Seele möglich, ihre ursprüngliche Stellung wiederzufinden, um so aus ihrer körperlichen Gefangenschaft herauszukommen. Mit anderen Worten, wenn man sich dem Kṛṣṇa-Bewußtsein zuwendet, löst man sich sogleich von allen körperlichen Tätigkeiten. Wenn man zu einem solch beherrschten Leben findet, in dem man seine Vorstellungen gewandelt hat, wohnt man glücklich in der Stadt der neun Tore. Diese neun Tore werden wie folgt beschrieben:

nava-dvāre pure dehī haṁso lelāyate bahiḥ
vaśī sarvasya lokasya sthāvarasya carasya ca

„Der Herr, die Höchste Persönlichkeit Gottes, der Sich im Körper des Lebewesens befindet, ist der Beherrscher aller Lebewesen im ganzen Universum. Der Körper besteht aus neun Toren [zwei Augen, zwei Nasenlöcher, zwei Ohren, ein Mund, der Anus und das Genital]. Im bedingten Zustand identifiziert sich das Lebewesen mit dem Körper, doch wenn es sich mit dem Herrn in seinem Innern identifiziert, wird es ebenso frei wie der Herr, selbst wenn es sich noch im materiellen Körper befindet.“ (*Śvetāśvatara Upaniṣad* 3.18)

Aus diesem Grund also ist ein Kṛṣṇa-bewußter Mensch von den äußeren und inneren Tätigkeiten des materiellen Körpers frei.

Vers 14 न कर्तृत्वं न कर्माणि लोकस्य सृजति प्रभुः ।
न कर्मफलसंयोगं स्वभावस्तु प्रवर्तते ॥१४॥

na kartṛtvaṁ na karmāṇi lokasya sṛjati prabhuḥ
na karma-phala-saṁyogaṁ svabhāvas tu pravartate

na – niemals; *kartṛtvam* – Eigentum; *na* – weder; *karmāṇi* – Tätigkeiten; *lokasya* – der Menschen; *sṛjati* – erschafft; *prabhuḥ* – der Herr der Stadt des Körpers; *na* – noch; *karma-phala* – mit den Ergebnissen der Tätigkeiten; *saṁyogam* – Verbindung; *svabhāvaḥ* – die Erscheinungsweisen der materiellen Natur; *tu* – aber; *pravartate* – handeln.

Das verkörperte spirituelle Lebewesen, der Herr in der Stadt seines Körpers, verursacht niemals Tätigkeiten. Weder veranlaßt es andere zu handeln, noch erzeugt es die Früchte seiner Tätigkeiten. All dies wird von den Erscheinungsweisen der materiellen Natur bewirkt.

ERLÄUTERUNG: Wie im Siebten Kapitel erklärt wird, ist das Lebewesen eine der Energien oder Naturen des Höchsten Herrn, aber es unterscheidet sich von Materie, die eine andere Natur des Herrn ist, nämlich die niedere. Irgendwie ist die höhere Natur, das Lebewesen, seit unvordenklichen Zeiten in Verbindung mit der materiellen Natur. Der zeitweilige Körper, das heißt der materielle Aufenthaltsort, den das Lebewesen bekommt, ist die Ursache einer Vielfalt von Tätigkeiten und der sich daraus ergebenden Reaktionen. Wenn man in einem solch bedingten Zustand lebt, erleidet man die Ergebnisse der Tätigkeiten des Körpers, da man sich (aus Unwissenheit) mit dem Körper identifiziert. Es ist die seit unvordenklichen Zeiten erworbene Unwissenheit, die die Ursache körperlicher Leiden und Nöte ist. Sobald sich das Lebewesen von den Tätigkeiten des Körpers löst, wird es auch von den Reaktionen frei. Solange es sich in der Stadt des Körpers aufhält, scheint es Herr über sie zu sein, doch in Wirklichkeit ist es weder der Besitzer des Körpers noch der Herr über dessen Tätigkeiten und die daraus erfolgenden Reaktionen. Es befindet sich einfach inmitten des materiellen Ozeans und kämpft um seine Existenz. Die Wogen des Ozeans werfen es hin und her, und es hat keine Herrschaft über sie. Die beste Lösung, um aus dem Wasser herauszugelangen, besteht darin, sich dem transzendentalen Kṛṣṇa-Bewußtsein zuzuwenden. Nur dies wird einen aus allem Unheil erretten.

Vers 15 नादत्ते कस्यचित्पापं न चैव सुकृतं विभुः ।
अज्ञानेनावृतं ज्ञानं तेन मुह्यन्ति जन्तवः ॥१५॥

nādatte kasyacit pāpaṁ na caiva sukṛtaṁ vibhuḥ
ajñānenāvṛtaṁ jñānaṁ tena muhyanti jantavaḥ

na – nie; *ādatte* – nimmt an; *kasyacit* – irgend jemandes; *pāpam* – Sünde; *na* – und nicht; *ca* – auch; *eva* – gewiß; *su-kṛtam* – fromme Tätigkeiten; *vibhuḥ* – der Höchste Herr; *ajñānena* – durch Unwissenheit; *āvṛtam* – bedeckt; *jñānam* – Wissen; *tena* – dadurch; *muhyanti* – sind verwirrt; *jantavaḥ* – die Lebewesen.

Ebenso nimmt der Höchste Herr niemandes sündhafte oder fromme Tätigkeiten auf Sich. Die verkörperten Wesen jedoch sind verwirrt, da Unwissenheit ihr wahres Wissen bedeckt.

ERLÄUTERUNG: Das Sanskritwort *vibhu* bezeichnet den Höchsten Herrn, der unbegrenztes Wissen, unbegrenzte Reichtümer, unbegrenzte Stärke, unbegrenzten Ruhm, unbegrenzte Schönheit und unbegrenzte Entsagung in Vollkommenheit besitzt. Er ist immer in Sich Selbst zufrieden und wird weder von sündigen noch von frommen Tätigkeiten gestört. Er schafft für niemanden besondere Umstände; vielmehr ist es das Lebewesen selbst, das, durch Unwissenheit verwirrt, den Wunsch entwickelt, in bestimmte Lebensumstände versetzt zu werden, womit seine Kette von Aktion und Reaktion beginnt. Da das Lebewesen von höherer Natur ist, ist es voller Wissen. Trotzdem neigt es aufgrund seiner begrenzten Kraft dazu, von Unwissenheit beeinflußt zu werden. Der Herr ist allmächtig, das Lebewesen jedoch nicht. Der Herr ist *vibhu* (allwissend), und das Lebewesen ist *aṇu* (atomisch klein). Weil es eine lebendige Seele ist, hat es die Fähigkeit, nach seinem freien Willen zu wünschen, doch all diese Wünsche werden nur vom allmächtigen Herrn erfüllt. Wenn das Lebewesen verwirrte Wünsche hat, ist es ebenfalls der Herr, der es ihm erlaubt, diese Wünsche zu erfüllen; doch der Herr ist niemals für die Aktionen und Reaktionen verantwortlich, die durch die Wünsche des Lebewesens hervorgerufen werden. Da sich die verkörperte Seele in einem verwirrten Zustand befindet, identifiziert sie sich mit dem umständebedingten materiellen Körper und wird so dem zeitweiligen Leid und Glück des Lebens unterworfen. Der Herr ist als Paramātmā, die Überseele, der ständige Begleiter des Lebewesens und kennt deshalb die Wünsche der individuellen Seele, ebenso wie man den Duft einer Blume riechen kann, einfach indem man in ihrer Nähe ist. Wünsche sind eine feinstoffliche Form der Bindung des Lebewesens. Der Herr erfüllt die Wünsche des Lebewesens in dem Maße, wie es das Lebewesen verdient. „Der Mensch denkt, und Gott lenkt." Das Individuum besitzt also nicht die Allmacht, sich seine Wünsche selbst zu erfüllen. Der Herr jedoch kann die Wünsche eines jeden erfüllen, und weil Er Sich jedem gegenüber neutral verhält, mischt Er Sich nicht in die Wünsche der winzigen unabhängigen Lebewesen ein. Wenn sich jemand aber Kṛṣṇa wünscht, dann kümmert Sich Kṛṣṇa in besonderer Weise um ihn und ermutigt ihn, seine Wünsche so auszurichten, daß er den Herrn erreicht und ewig glücklich sein kann. Die vedischen Hymnen sagen daher: *eṣa u hy eva sādhu karma kārayati taṁ yam ebhyo lokebhya unninīṣate. eṣa u evāsādhu karma kārayati yam adho ninīṣate:* „Der Herr beschäftigt das Lebewesen mit frommen Tätigkeiten, so daß es erhoben werden kann, und Er beschäftigt es mit unfrommen Tätigkeiten, so daß es in die Hölle absinken kann." (*Kauṣītakī Upaniṣad* 3.8) In ähnlicher Weise heißt es im *Mahābhārata* (*Vana-parva* 31.27):

ajño jantur anīśo 'yam ātmanaḥ sukha-duḥkhayoḥ
īśvara-prerito gacchet svargaṁ vāśv abhram eva ca

„Das Lebewesen ist in seinem Leid und Glück völlig abhängig. Durch den Willen des Höchsten kann es in den Himmel oder in die Hölle gehen, geradeso wie eine Wolke vom Wind getrieben wird."

Somit verursacht die verkörperte Seele aufgrund ihres seit unvordenklichen Zeiten bestehenden Wunsches, Kṛṣṇa-Bewußtsein zu meiden, ihre eigene Verwirrung. Die Seele ist dem Wesen nach ewig, glückselig und wissend, aber weil sie winzig klein ist, kann sie ihre wesensgemäße Stellung als Diener des Herrn vergessen und in der Folge von Unwissenheit gefangen werden. Und im Bann der Unwissenheit macht das Lebewesen den Herrn für sein bedingtes Dasein verantwortlich. Aber die *Vedānta-sūtras* (2.1.34) bestätigen: *vaiṣamya-nairghṛṇye na sāpekṣatvāt tathā hi darśayati.* „Der Herr haßt oder liebt niemanden, obwohl es so erscheint."

Vers 16 ज्ञानेन तु तदज्ञानं येषां नाशितमात्मनः ।
तेषामादित्यवज्ज्ञानं प्रकाशयति तत्परम् ॥१६॥

jñānena tu tad ajñānaṁ yeṣāṁ nāśitam ātmanaḥ
teṣām āditya-vaj jñānaṁ prakāśayati tat param

jñānena – durch Wissen; *tu* – aber; *tat* – diese; *ajñānam* – Unwissenheit; *yeṣām* – wessen; *nāśitam* – wird zerstört; *ātmanaḥ* – des Lebewesens; *teṣām* – ihr; *āditya-vat* – wie die aufgehende Sonne; *jñānam* – Wissen; *prakāśayati* – enthüllt; *tat param* – Kṛṣṇa-Bewußtsein.

Wenn aber jemand mit dem Wissen erleuchtet ist, durch das Unwissenheit zerstört wird, dann enthüllt sein Wissen alles, ebenso wie die Sonne am Tage alles erleuchtet.

ERLÄUTERUNG: Diejenigen, die Kṛṣṇa vergessen haben, müssen zweifellos verwirrt sein, aber diejenigen, die sich im Kṛṣṇa-Bewußtsein befinden, sind nicht im geringsten verwirrt. In der *Bhagavad-gītā* heißt es: *sarvaṁ jñāna-plavena, jñānāgniḥ sarva-karmāṇi* und *na hi jñānena sadṛśam.* Wissen wird also immer als sehr wertvoll erachtet. Und was ist mit diesem Wissen gemeint? Vollkommenes Wissen, wie im Siebten Kapitel, Vers 19, erklärt wird, erlangt man, wenn man sich Kṛṣṇa ergibt: *bahūnāṁ janmanām ante jñānavān māṁ prapadyate.* Wenn man sich nach vielen, vielen Geburten in vollkommenem Wissen Kṛṣṇa ergibt, das heißt, wenn man Kṛṣṇa-Bewußtsein erreicht, dann wird einem alles enthüllt, ebenso wie die Sonne am Tage alles enthüllt. Das Lebewesen ist in so vieler Hinsicht verwirrt. Wenn es zum Beispiel in seiner Verwegenheit glaubt, selbst Gott zu sein, geht es in Wirklichkeit in die letzte Falle der Unwissenheit. Wenn ein Lebewesen Gott ist, wie kann es dann von Unwissenheit verwirrt werden? Kann Gott von Unwissenheit verwirrt werden? Wäre dies der Fall, dann wäre Unwissenheit oder Satan größer als Gott. Wirkliches Wissen kann man von jemandem empfangen, der über vollkommenes Kṛṣṇa-Bewußtsein verfügt. Deshalb muß man einen solchen echten spirituellen Meister finden und unter seiner Anleitung lernen, was Kṛṣṇa-Bewußtsein ist, denn Kṛṣṇa-Bewußtsein wird zweifellos alle Unwissenheit vertreiben, ebenso wie die Sonne die Dunkelheit vertreibt. Selbst wenn ein Mensch völlig erkannt hat, daß er nicht der Körper ist, sondern in transzendentaler Stellung zum Körper steht, bedeutet dies nicht, daß er imstande ist, zwischen der Seele und der Überseele zu unterscheiden. Er kann jedoch alles richtig erkennen, wenn er sich darum bemüht, bei einem vollkommenen, echten Kṛṣṇa-bewußten spirituellen Meister Zuflucht zu suchen. Man kann Gott und seine Beziehung zu Ihm nur dann verstehen, wenn man tatsächlich einen echten Stellvertreter Gottes trifft. Weil ein Stellvertreter Gottes Wissen über Gott besitzt, wird ihm die gleiche Ehre erwiesen, die man gewöhnlich Gott erweist; aber ein Stellvertreter Gottes behauptet niemals, selbst Gott zu sein. Man muß also lernen, worin der Unterschied zwischen Gott und dem Lebewesen besteht. Śrī Kṛṣṇa sagte daher im Zweiten Kapitel (2.12), daß jedes Lebewesen ein Individuum ist und daß der Herr ebenfalls ein Individuum ist. Sie alle waren Individuen in der Vergangenheit; sie sind Individuen in der Gegenwart, und sie werden auch in der Zukunft – selbst nach der Befreiung – weiterhin Individuen bleiben. In der Dunkelheit der Nacht scheint alles eins zu sein, doch am Tage, im Licht der Sonne, sehen wir die Dinge in ihrer wahren Identität. Identität mit Individualität im spirituellen Leben ist wahres Wissen.

Vers 17 तद्बुद्धयस्तदात्मानस्तन्निष्ठास्तत्परायणाः ।
गच्छन्त्यपुनरावृत्तिं ज्ञाननिर्धूतकल्मषाः ॥१७॥

tad-buddhayas tad-ātmānas tan-niṣṭhās tat-parāyaṇāḥ
gacchanty apunar-āvṛttiṁ jñāna-nirdhūta-kalmaṣāḥ

tat-buddhayaḥ – jene, deren Intelligenz immer auf den Höchsten gerichtet ist; *tat-ātmānaḥ* – diejenigen, deren Geist immer auf den Höchsten gerichtet ist; *tat-niṣṭhāḥ* – diejenigen, deren Glauben nur auf den Höchsten gerichtet ist; *tat-parāyaṇāḥ* – die vollständig bei Ihm Zuflucht gesucht haben; *gacchanti* – gehen; *apunaḥ-āvṛttim* – zur Befreiung; *jñāna* – durch Wissen; *nirdhūta* – gereinigt; *kalmaṣāḥ* – unheilvolle Dinge.

Wenn Intelligenz, Geist, Glaube und Zuflucht allesamt auf den Höchsten gerichtet sind, wird man durch vollständiges Wissen von allen unheilvollen Dingen gereinigt und kann so auf dem Pfad der Befreiung unbeirrt fortschreiten.

ERLÄUTERUNG: Die Höchste Transzendentale Wahrheit ist Śrī Kṛṣṇa. Die ganze *Bhagavad-gītā* dreht sich um die Erklärung, daß Śrī Kṛṣṇa die Höchste Persönlichkeit Gottes ist. Dies ist die Aussage aller vedischen Schriften. *Para-tattva* bedeutet die Höchste Realität, die von den Kennern des Höchsten als Brahman, Paramātmā und Bhagavān wahrgenommen wird. Bhagavān, die Höchste Persönlichkeit Gottes, ist der höchste Aspekt des Absoluten. Es gibt nichts Höheres. Der Herr sagt: *mattaḥ parataraṁ nānyat kiñcid asti dhanañ-jaya.* Auch das unpersönliche Brahman ist von Kṛṣṇa abhängig: *brahmaṇo hi pratiṣṭhāham.* Deshalb ist Kṛṣṇa in jeder Hinsicht die Höchste Realität. Jemand, dessen Geist, Intelligenz, Glaube und Zuflucht immer fest auf Kṛṣṇa gerichtet sind, das heißt jemand, der völlig Kṛṣṇa-bewußt ist, ist zweifellos von allen unheilvollen Dingen reingewaschen und besitzt vollkommenes Wissen über die Transzendenz. Ein Kṛṣṇa-bewußter Mensch versteht genau, daß es in Kṛṣṇa Dualität gibt (nämlich gleichzeitige Identität und Individualität), und wenn man solches transzendentales Wissen besitzt, kann man auf dem Pfad der Befreiung stetigen Fortschritt machen.

Vers 18 विद्याविनयसम्पन्ने ब्राह्मणे गवि हस्तिनि ।
शुनि चैव श्वपाके च पण्डिताः समदर्शिनः ॥१८॥

vidyā-vinaya-sampanne brāhmaṇe gavi hastini
śuni caiva śva-pāke ca paṇḍitāḥ sama-darśinaḥ

vidyā – mit Wissen; *vinaya* – und edler Natur; *sampanne* – voll ausgestattet; *brāhmaṇe* – im *brāhmaṇa; gavi* – in der Kuh; *hastini* – im Elefanten; *śuni* – im Hund; *ca* – und; *eva* – gewiß; *śva-pāke* – in dem Hundeesser (dem Kastenlosen); *ca* – beziehungsweise; *paṇḍitāḥ* – diejenigen, die weise sind; *sama-darśinaḥ* – die mit gleicher Sicht sehen.

Die demütigen Weisen sehen kraft wahren Wissens einen gelehrten und edlen brāhmaṇa, eine Kuh, einen Elefanten, einen Hund und einen Hundeesser [Kastenlosen] mit gleicher Sicht.

ERLÄUTERUNG: Ein Kṛṣṇa-bewußter Mensch macht keinen Unterschied zwischen Lebensformen oder Kasten. Der *brāhmaṇa* und der Kastenlose mögen vom sozialen Standpunkt aus betrachtet verschieden sein, so wie auch ein Hund, eine Kuh und ein Elefant in bezug auf die Lebensform verschieden sind, doch diese Unterschiede des Körpers sind in den Augen eines gelehrten Transzendentalisten bedeutungslos. Dies ist so, weil er sie alle in ihrer Beziehung zum Höchsten sieht, denn der Höchste Herr ist durch Seine vollständige Erweiterung als Paramātmā im Herzen eines jeden gegenwärtig. Ein solches Verständnis vom Höchsten ist wirkliches Wissen. Der Herr ist jedem Lebewesen in gleichem Maße gütig gesinnt, da Er alle als Freund behandelt, unabhängig davon, zu welcher Kaste oder Lebensart der Körper gehört. Die Lebewesen mögen sich in den verschiedensten Umständen befinden, doch der Herr behält immer Seine Stellung als Paramātmā bei. Der Herr ist sowohl im Kastenlosen als auch im *brāhmaṇa* als Paramātmā gegenwärtig, obwohl der Körper eines *brāhmaṇa* und der eines Kastenlosen nicht das gleiche sind. Die Körper sind materielle Erzeugnisse der verschiedenen Erscheinungsweisen der materiellen Natur, doch die Seele und die

Überseele im Körper sind von der gleichen spirituellen Eigenschaft. Daß die Seele und die Überseele qualitativ gleich sind, bedeutet jedoch nicht, daß sie auch in der Quantität gleich sind, denn die individuelle Seele ist nur in ihrem jeweiligen Körper gegenwärtig, wohingegen der Paramātmā in allen Körpern gegenwärtig ist. Ein Kṛṣṇa-bewußter Mensch ist sich dessen völlig bewußt, und daher ist er wahrhaft gelehrt und sieht alles mit gleicher Sicht. Die gemeinsamen Merkmale der Seele und der Überseele bestehen darin, daß sie beide bewußt, ewig und glückselig sind. Der Unterschied jedoch liegt darin, daß sich die individuelle Seele nur des Bereiches innerhalb der Grenzen ihres eigenen Körpers bewußt ist, wohingegen Sich die Überseele aller Körper bewußt ist. Die Überseele ist ohne Unterschied in allen Körpern gegenwärtig.

Vers 19 इहैव तैर्जितः सर्गो येषां साम्ये स्थितं मनः ।
निर्दोषं हि समं ब्रह्म तस्माद् ब्रह्मणि ते स्थिताः ॥१९॥

ihaiva tair jitaḥ sargo yeṣāṁ sāmye sthitaṁ manaḥ
nirdoṣaṁ hi samaṁ brahma tasmād brahmaṇi te sthitāḥ

iha – in diesem Leben; *eva* – gewiß; *taiḥ* – von ihnen; *jitaḥ* – überwunden; *sargaḥ* – Geburt und Tod; *yeṣām* – deren; *sāmye* – in Gleichmut; *sthitam* – sich befindend; *manaḥ* – Geist; *nirdoṣam* – makellos; *hi* – gewiß; *samam* – in Ausgeglichenheit; *brahma* – wie das Höchste; *tasmāt* – deshalb; *brahmaṇi* – im Höchsten; *te* – sie; *sthitāḥ* – befinden sich.

Diejenigen, deren Geist in Gleichmut und Ausgeglichenheit ruht, haben bereits die Bedingtheit von Geburt und Tod überwunden. Sie sind unbefleckt wie das Brahman, und so sind sie bereits im Brahman verankert.

ERLÄUTERUNG: Ausgeglichenheit des Geistes, wie oben erwähnt, ist das Zeichen von Selbstverwirklichung. Diejenigen, die diese Stufe tatsächlich erreicht haben, sollten als Seelen betrachtet werden, die alle Formen der materiellen Bedingtheit, insbesondere Geburt und Tod, überwunden haben. Solange man sich mit seinem Körper identifiziert, gilt man als bedingte Seele, doch sobald man durch Erkenntnis des Selbst zur Stufe der Ausgeglichenheit erhoben wird, ist man vom bedingten Leben befreit. Mit anderen Worten, auf dieser Stufe ist man nicht mehr gezwungen, in der materiellen Welt geboren zu werden, sondern kann nach dem Tod in den spirituellen Himmel gelangen. Der Herr ist unbefleckt, weil Er frei von Anziehung und Haß ist, und wenn ein Lebewesen Anziehung und Haß überwindet, wird es ebenso unbefleckt und qualifiziert sich, in den spirituellen Himmel einzugehen. Solche Menschen müssen als bereits befreite Seelen angesehen werden, und ihre Merkmale werden im folgenden beschrieben.

Vers 20 न प्रहृष्येत्प्रियं प्राप्य नोद्विजेत्प्राप्य चाप्रियम् ।
स्थिरबुद्धिरसम्मूढो ब्रह्मविद् ब्रह्मणि स्थितः ॥२०॥

na prahṛṣyet priyaṁ prāpya nodvijet prāpya cāpriyam
sthira-buddhir asammūḍho brahma-vid brahmaṇi sthitaḥ

na – nicht; *prahṛṣyet* – frohlockt; *priyam* – Angenehmes; *prāpya* – erreichend; *na* – nicht; *udvijet* – wird erregt; *prāpya* – erreichend; *ca* – auch; *apriyam* – Unangenehmes; *sthira-buddhiḥ* – im Selbst verankerte Intelligenz; *asammūḍhaḥ* – nicht verwirrt; *brahma-vit* – jemand, der den Höchsten in vollkommener Weise kennt; *brahmaṇi* – in der Transzendenz; *sthitaḥ* – verankert.

Wer weder frohlockt, wenn er etwas Angenehmes erreicht, noch klagt, wenn ihm etwas Unangenehmes widerfährt, wessen Intelligenz im Selbst verankert ist, wer nicht verwirrt ist und die Wissenschaft Gottes kennt, befindet sich bereits auf der Ebene der Transzendenz.

ERLÄUTERUNG: Hier werden die Merkmale eines selbstverwirklichten Menschen beschrieben. Das erste Merkmal ist, daß er nicht der Illusion unterliegt, den Körper fälschlich mit dem wahren Selbst gleichzusetzen. Er weiß genau, daß er nicht der Körper ist, sondern ein fragmentarischer Teil der Höchsten Persönlichkeit Gottes. Daher frohlockt er nicht, wenn er etwas bekommt, und klagt nicht, wenn er etwas verliert, das in Beziehung zu seinem Körper steht. Diese Ausgeglichenheit des Geistes wird als *sthira-buddhi,* im Selbst verankerte Intelligenz, bezeichnet. Ein Mensch mit solchen Eigenschaften gerät deshalb nie in die Illusion zu denken, der grobstoffliche Körper sei die Seele, denn er hält den Körper nicht für dauerhaft, ebensowenig wie er die Existenz der Seele ignoriert. Dieses Wissen erhebt ihn auf die Stufe, auf der er die Wissenschaft von der Absoluten Wahrheit – Brahman, Paramātmā und Bhagavān – vollständig versteht. Er kennt daher seine wesensgemäße Stellung sehr genau und versucht nicht fälschlich, mit dem Höchsten in jeder Beziehung eins zu werden. Dies bezeichnet man als Brahman-Erkenntnis oder auch als Selbstverwirklichung. Ein solches stetiges Bewußtsein wird Kṛṣṇa-Bewußtsein genannt.

Vers 21 बाह्यस्पर्शेष्वसक्तात्मा विन्दत्यात्मनि यत्सुखम् ।
स ब्रह्मयोगयुक्तात्मा सुखमक्षयमश्नुते ॥२१॥

bāhya-sparśeṣv asaktātmā vindaty ātmani yat sukham
sa brahma-yoga-yuktātmā sukham akṣayam aśnute

bāhya-sparśeṣu – an äußerer Sinnenfreude; *asakta-ātmā* – jemand, der nicht angehaftet ist; *vindati* – genießt; *ātmani* – im Selbst; *yat* – das, was; *sukham* – Glück; *saḥ* – er; *brahma-yoga* – durch Konzentration auf das Brahman; *yukta-ātmā* – mit dem Selbst verbunden; *sukham* – Glück; *akṣayam* – unbegrenztes; *aśnute* – genießt.

Solch ein befreiter Mensch fühlt sich nicht zu materieller Sinnenfreude hingezogen, sondern befindet sich immer in Trance und genießt die Freude im Innern. Auf diese Weise genießt der Selbstverwirklichte unbegrenztes Glück, denn er konzentriert sich auf den Höchsten.

ERLÄUTERUNG: Śrī Yāmunācārya, ein großer Gottgeweihter im Kṛṣṇa-Bewußtsein, sagte:

yad-avadhi mama cetaḥ kṛṣṇa-pādāravinde
nava-nava-rasa-dhāmany udyataṁ rantum āsīt
tad-avadhi bata nārī-saṅgame smaryamāne
bhavati mukha-vikāraḥ suṣṭhu niṣṭhīvanaṁ ca

„Seitdem ich im transzendentalen liebevollen Dienst Kṛṣṇas tätig bin, erfahre ich in Ihm immer neue Freude, und immer wenn ich an sexuellen Genuß denke, speie ich auf diesen Gedanken, und meine Lippen verziehen sich vor Abscheu."

Ein Mensch auf dem Pfad des *brahma-yoga,* des Kṛṣṇa-Bewußtseins, ist so sehr in den liebevollen Dienst Kṛṣṇas vertieft, daß er jeglichen Geschmack an materieller Sinnenfreude verliert. Die höchste materielle Freude ist sexuelle Freude. Die ganze Welt bewegt sich unter ihrem Zauber, und kein Materialist kann ohne diesen Beweggrund arbeiten. Ein Gottgeweihter im Kṛṣṇa-Bewußtsein hingegen kann mit viel größerer Energie arbeiten, ohne von sexueller Lust getrieben zu sein, die er, im Gegenteil, völlig vermeidet. Dies ist der Prüfstein für spirituelle Verwirklichung, denn spirituelle Verwirklichung und sexueller Genuß sind unvereinbar. Weil ein Kṛṣṇa-bewußter Mensch eine befreite Seele ist, fühlt er sich zu keiner Art von Sinnenfreude hingezogen.

Vers 22 ये हि संस्पर्शजा भोगा दुःखयोनय एव ते ।
आद्यन्तवन्तः कौन्तेय न तेषु रमते बुधः ॥२२॥

ye hi saṁsparśa-jā bhogā duḥkha-yonaya eva te
ādy-antavantaḥ kaunteya na teṣu ramate budhaḥ

ye – jene; *hi* – gewiß; *saṁsparśa-jāḥ* – durch Berührung mit den materiellen Sinnen; *bhogāḥ* – Genuß; *duḥkha* – Leid; *yonayaḥ* – Quellen von; *eva* – gewiß; *te* – sie sind; *ādi* Anfang; *anta* – Ende; *vantaḥ* – unterworfen; *kaunteya* – o Sohn Kuntīs; *na* – niemals; *teṣu* – an diesen; *ramate* – findet Freude; *budhaḥ* – der Intelligente.

Ein intelligenter Mensch schöpft nicht aus den Quellen des Leids, die aus der Berührung mit den materiellen Sinnen entstehen. O Sohn Kuntīs, solche Freuden haben einen Anfang und ein Ende, und daher erfreut sich der Weise nicht an ihnen.

ERLÄUTERUNG: Materielle Sinnenfreuden entstehen aus dem Kontakt mit den materiellen Sinnen, die alle zeitweilig sind, weil der Körper selbst zeitweilig ist. Eine befreite Seele ist an nichts Zeitweiligem interessiert. Wie könnte sich eine befreite Seele, die die Glückseligkeit transzendentaler Freude kennt, auf den Genuß falscher Freuden einlassen? Im *Padma Purāṇa* heißt es:

ramante yogino 'nante satyānanda cid-ātmani
iti rāma-padenāsau paraṁ brahmābhidhīyate

„Die Mystiker schöpfen unbegrenzte transzendentale Freude aus der Absoluten Wahrheit, und daher ist die Höchste Absolute Wahrheit, die Persönlichkeit Gottes, auch als Rāma bekannt."

Auch im *Śrīmad-Bhāgavatam* (5.5.1) wird gesagt:

nāyaṁ deho deha-bhājāṁ nṛ-loke
kaṣṭān kāmān arhate viḍ-bhujāṁ ye
tapo divyaṁ putrakā yena sattvaṁ
śuddhyed yasmād brahma-saukhyaṁ tv anantam

„Meine lieben Söhne, es gibt keinen Grund, in dieser menschlichen Lebensform sehr schwer für Sinnenfreude zu arbeiten; solche Freuden sind auch den Kotfressern (Schweinen) zugänglich. Vielmehr solltet ihr euch in diesem Leben *tapasya* auferlegen, durch die euer Dasein geläutert wird, und als Ergebnis werdet ihr imstande sein, grenzenlose transzendentale Glückseligkeit zu genießen."

Deshalb verspüren wahre *yogīs* und gelehrte Transzendentalisten keinerlei Anziehung zu Sinnenfreuden, die die Ursache fortgesetzten materiellen Daseins sind. Je mehr man an materiellen Freuden hängt, desto mehr wird man von materiellen Leiden gefangen.

Vers 23 शक्नोतीहैव यः सोढुं प्राक्शरीरविमोक्षणात् ।
कामक्रोधोद्भवं वेगं स युक्तः स सुखी नरः ॥२३॥

śaknotīhaiva yaḥ soḍhuṁ prāk śarīra-vimokṣaṇāt
kāma-krodhodbhavaṁ vegaṁ sa yuktaḥ sa sukhī naraḥ

śaknoti – ist imstande; *iha eva* – im gegenwärtigen Körper; *yaḥ* – derjenige, der; *soḍhum* – zu erdulden; *prāk* – bevor; *śarīra* – den Körper; *vimokṣaṇāt* – aufgebend; *kāma* – Begierde; *krodha* – und Zorn; *udbhavam* – entstanden aus; *vegam* – Dränge; *saḥ* – er; *yuktaḥ* – in Trance; *saḥ* – er; *sukhī* – glücklich; *naraḥ* – Mensch.

Wenn jemand, bevor er den gegenwärtigen Körper aufgibt, lernt, dem Drang der materiellen Sinne zu widerstehen und die Macht von Lust und Zorn zu bezwingen, befindet er sich in einer sicheren Stellung und lebt glücklich in dieser Welt.

ERLÄUTERUNG: Wenn man auf dem Pfad der Selbstverwirklichung stetig fortschreiten will, muß man versuchen, die Dränge der materiellen Sinne zu beherrschen. Es gibt den Drang des Redens, des Zornes, des Geistes, des Magens, des Genitals und der Zunge. Wer fähig ist, die Dränge all dieser verschiedenen Sinne wie auch den Geist zu beherrschen, wird *gosvāmī* oder *svāmī* genannt. Solche *gosvāmīs* führen ein streng beherrschtes Leben und gehen den Drängen der Sinne ganz aus dem Weg. Wenn materielle Wünsche nicht befriedigt werden, erzeugen sie Zorn, und so werden der Geist, die Augen und die Brust erregt. Deshalb muß man sich darin üben, die Sinne zu beherrschen, bevor man den materiellen Körper aufgibt. Wer dazu fähig ist, wird als selbstverwirklicht angesehen, und er ist glücklich in diesem Zustand der Selbstverwirklichung. Es ist die Pflicht des Transzendentalisten, mit aller Kraft zu versuchen, Lust und Zorn zu beherrschen.

Vers 24 योऽन्तःसुखोऽन्तरारामस्तथान्तर्ज्योतिरेव यः ।
स योगी ब्रह्मनिर्वाणं ब्रह्मभूतोऽधिगच्छति ॥२४॥

yo 'ntaḥ-sukho 'ntar-ārāmas tathāntar-jyotir eva yaḥ
sa yogī brahma-nirvāṇaṁ brahma-bhūto 'dhigacchati

yaḥ – jemand, der; *antaḥ-sukhaḥ* – glücklich im Innern; *antaḥ-ārāmaḥ* – aktiv im Innern genießend; *tathā* – wie auch; *antaḥ-jyotiḥ* – nach innen gerichtet; *eva* – gewiß; *yaḥ* – jeder; *saḥ* – er; *yogī* – ein Transzendentalist; *brahma-nirvāṇam* – Befreiung im Höchsten; *brahma-bhūtaḥ* – auf der Stufe der Selbstverwirklichung; *adhigacchati* – erreicht.

Jemand, dessen Glück im Innern liegt, der im Innern tätig ist und im Innern Freude erfährt und dessen Ziel im Innern liegt, ist wahrhaft der vollkommene Mystiker. Er ist im Höchsten befreit, und letztlich erreicht er den Höchsten

ERLÄUTERUNG: Wie kann man, solange man nicht fähig ist, Glück im Innern zu kosten, aufhören, in weltlichen Beschäftigungen nach äußerem, oberflächlichem Glück zu suchen? Ein Mensch auf der Stufe der Befreiung genießt Glück durch tatsächliche Erfahrung. Er kann sich daher an jedem beliebigen Ort schweigend niederlassen und die Tätigkeiten des Lebens von innen her genießen. Solch ein befreiter Mensch begehrt nicht mehr äußeres, materielles Glück. Diesen Zustand nennt man *brahma-bhūta,* und wenn man ihn erreicht, ist es sicher, daß man zu Gott, nach Hause, zurückkehrt.

Vers 25 लभन्ते ब्रह्मनिर्वाणमृषयः क्षीणकल्मषाः ।
छिन्नद्वैधा यतात्मानः सर्वभूतहिते रताः ॥२५॥

labhante brahma-nirvāṇam ṛṣayaḥ kṣīṇa-kalmaṣāḥ
chinna-dvaidhā yatātmānaḥ sarva-bhūta-hite ratāḥ

labhante – erreichen; *brahma-nirvāṇam* – Befreiung im Höchsten; *ṛṣayaḥ* – diejenigen, die im Innern aktiv sind; *kṣīṇa-kalmaṣāḥ* – die frei von allen Sünden sind; *chinna* – durchtrennt habend; *dvaidhāḥ* – Dualität; *yata-ātmānaḥ* – mit Selbstverwirklichung beschäftigt; *sarva-bhūta* – für alle Lebewesen; *hite* – in Wohlfahrtstätigkeit; *ratāḥ* – beschäftigt.

Diejenigen, die sich jenseits der Dualitäten befinden, die aus Zweifeln entstehen, deren Geist im Innern tätig ist, die immer für das Wohl aller Lebewesen handeln und die von allen Sünden frei sind, erreichen Befreiung im Höchsten.

ERLÄUTERUNG: Nur von einem völlig Kṛṣṇa-bewußten Menschen kann man sagen, daß er zum Wohl aller Lebewesen handelt. Wenn jemand wirklich verstanden hat, daß Kṛṣṇa der Urquell von allem ist, und auch in diesem Bewußtsein handelt, dann handelt er zum Wohl aller.

Die Menschheit leidet, weil sie vergessen hat, daß Kṛṣṇa der höchste Genießer, der höchste Besitzer und der höchste Freund ist. Daher ist es die höchste Wohltätigkeitsarbeit, wenn man sich darum bemüht, dieses Bewußtsein in der ganzen menschlichen Gesellschaft wiederzubeleben. Man kann keine solche erstklassige Wohlfahrtsarbeit leisten, ohne im Höchsten befreit zu sein. Ein Kṛṣṇa-bewußter Mensch zweifelt nicht an der Oberherrschaft Kṛṣṇas. Er kennt keine Zweifel, weil er völlig frei von allen Sünden ist. Das ist die Stufe göttlicher Liebe.

Jemand, der sich nur um das körperliche Wohlergehen der menschlichen Gesellschaft bemüht, kann im Grunde niemandem helfen. Eine zeitweilige Linderung der Leiden des äußeren Körpers und des Geistes stellt keine befriedigende Lösung dar. Die eigentliche Ursache der Schwierigkeiten im harten Lebenskampf liegt darin, daß man seine Beziehung zum Höchsten Herrn vergessen hat. Wenn sich ein Mensch seiner Beziehung zu Kṛṣṇa völlig bewußt ist, ist er tatsächlich eine befreite Seele, obwohl er sich noch im materiellen Leib befinden mag.

Vers 26 कामक्रोधविमुक्तानां यतीनां यतचेतसाम् ।
अभितो ब्रह्मनिर्वाणं वर्तते विदितात्मनाम् ॥२६॥

kāma-krodha-vimuktānāṁ yatīnāṁ yata-cetasām
abhito brahma-nirvāṇaṁ vartate viditātmanām

kāma – von Begierden; *krodha* – und Zorn; *vimuktānām* – derjenigen, die befreit sind; *yatīnām* – der heiligen Persönlichkeiten; *yata-cetasām* – die den Geist völlig unter Kontrolle haben; *abhitaḥ* – in naher Zukunft zugesichert; *brahma-nirvāṇam* – Befreiung im Höchsten; *vartate* – gibt es; *vidita-ātmanām* – von denen, die selbstverwirklicht sind.

Denjenigen, die von Zorn und allen materiellen Wünschen frei sind, die selbstverwirklicht, selbstdiszipliniert und ständig um Vollkommenheit bemüht sind, ist in sehr naher Zukunft Befreiung im Höchsten sicher.

ERLÄUTERUNG: Von allen heiligen Menschen, die ohne Abweichung nach Erlösung streben, ist derjenige, der sich im Kṛṣṇa-Bewußtsein befindet, der Deste. Dies wird im *Bhāgavatam* (4.22.39) wie folgt bestätigt:

yat-pāda-paṅkaja-palāśa-vilāsa-bhaktyā
karmāśayaṁ grathitam udgrathayanti santaḥ

tadvan na rikta-matayo yatayo 'pi ruddha-
sroto-gaṇās tam araṇaṁ bhaja vāsudevam

„Versuche einfach, Vāsudeva, die Höchste Persönlichkeit Gottes, durch hingebungsvollen Dienst zu verehren. Selbst große Weise sind nicht fähig, die Dränge der Sinne so wirksam zu beherrschen wie diejenigen, die transzendentale Glückseligkeit erfahren, indem sie den Lotosfüßen des Herrn dienen und so den tiefverwurzelten Wunsch nach fruchtbringenden Tätigkeiten entwurzeln."

Der Wunsch, die Früchte der Arbeit zu genießen, ist in der bedingten Seele so tief verwurzelt, daß es selbst für große Weise – trotz harter Bemühung – sehr schwierig ist, diese Wünsche zu beherrschen. Ein Geweihter des Herrn, der im Kṛṣṇa-Bewußtsein ohne Unterlaß hingebungsvollen Dienst darbringt und sich auf der vollkommenen Stufe der Selbstverwirklichung befindet, erreicht sehr schnell Befreiung im Höchsten. Weil er vollständiges Wissen über Selbstverwirklichung besitzt, bleibt er immer in Trance verankert. In diesem Zusammenhang gibt es einen schönen Vergleich:

darśana-dhyāna-saṁsparśair matsya-kūrma-vihaṅgamāḥ
svāny apatyāni puṣṇanti tathāham api padma-ja

„Allein durch Anblicken, Meditation und Berührung sorgen der Fisch, die Schildkröte und die Vögel für ihre Nachkommen. Und dasselbe gilt für mich, o Padmaja!"

Der Fisch zieht seine Nachkommen auf, indem er sie einfach anblickt, und die Schildkröte, indem sie einfach über sie meditiert. Die Schildkröte versteckt ihre Eier am Land und kehrt dann wieder ins Wasser zurück, wo sie aus der Distanz über ihre Eier meditiert. Ebenso ist der Gottgeweihte im Kṛṣṇa-Bewußtsein imstande, obwohl er vom Reich des Herrn weit entfernt ist, sich in dieses Reich zu erheben, indem er einfach ständig über den Herrn meditiert, das heißt, sich im Kṛṣṇa-Bewußtsein beschäftigt. Er nimmt die Qualen der materiellen Leiden nicht wahr. Diese Stufe des Lebens wird *brahma-nirvāṇa,* die Abwesenheit materieller Leiden aufgrund ständiger Meditation über den Höchsten, genannt.

Vers 27–28

स्पर्शान् कृत्वा बहिर्बाह्यांश्चक्षुश्चैवान्तरे भ्रुवोः ।
प्राणापानौ समौ कृत्वा नासाभ्यन्तरचारिणौ ॥२७॥

यतेन्द्रियमनोबुद्धिर्मुनिर्मोक्षपरायणः ।
विगतेच्छाभयक्रोधो यः सदा मुक्त एव सः ॥२८॥

sparśān kṛtvā bahir bāhyāṁś cakṣuś caivāntare bhruvoḥ
prāṇāpānau samau kṛtvā nāsābhyantara-cāriṇau

yatendriya-mano-buddhir munir mokṣa-parāyaṇaḥ
vigatecchā-bhaya-krodho yaḥ sadā mukta eva saḥ

sparśān – Sinnesobjekte, wie zum Beispiel Klang; *kṛtvā* – haltend; *bahiḥ* – äußere; *bāhyān* – unnötig; *cakṣuḥ* – Augen; *ca* – ebenfalls; *eva* – gewiß; *antare* – zwischen; *bhruvoḥ* – den Augenbrauen; *prāṇa-apānau* – die nach oben und nach unten strömende Luft; *samau* – in Aufhebung; *kṛtvā* – haltend; *nāsa-abhyantara* – in den Nasenöffnungen; *cāriṇau* – blasend; *yata* – beherrscht; *indriya* – Sinne; *manaḥ* – Geist; *buddhiḥ* – Intelligenz; *muniḥ* – der Transzendentalist; *mokṣa* – für Befreiung; *parāyaṇaḥ* – bestimmt für; *vigata* – aufgegeben habend; *icchā* – Begierden; *bhaya* – Angst; *krodhaḥ* – Zorn; *yaḥ* – jemand, der; *sadā* – immer; *muktaḥ* – befreit; *eva* – gewiß; *saḥ* – er ist.

Indem der Transzendentalist, der nach Befreiung strebt, alle äußeren Sinnesobjekte ausschließt, die Augen und den Blick zwischen die beiden Augenbrauen richtet, den ein- und ausströmenden Atem in den Nasenöffnungen zum Stillstand bringt und so Geist, Sinne und Intelligenz beherrscht, wird er von Begierden, Angst und Zorn frei. Wer sich immer in diesem Zustand befindet, ist gewiß befreit.

ERLÄUTERUNG: Jemand, der Kṛṣṇa-Bewußtsein praktiziert, kann sogleich seine spirituelle Identität verstehen, und dann kann er durch seinen hingebungsvollen Dienst auch den Höchsten Herrn verstehen. Wenn man im hingebungsvollen Dienst verankert ist, gelangt man auf die transzendentale Ebene, auf der man qualifiziert ist, im Bereich seiner Tätigkeiten die Gegenwart des Herrn zu spüren. Diese Ebene wird Befreiung im Höchsten genannt.

Nachdem der Herr die obengenannten Prinzipien der Befreiung im Höchsten erklärt hat, unterweist Er Arjuna, wie man diese Ebene durch mystischen *yoga,* bekannt als *aṣṭāṅga-yoga,* erreichen kann. Dieser *yoga* ist in acht Stufen unterteilt: *yama, niyama, āsana, prāṇāyāma, pratyāhāra, dhāraṇā, dhyāna* und *samādhi.* Eine ausführliche Beschreibung dieses *yoga*-Systems ist im Sechsten Kapitel zu finden; hier, am Ende des Fünften Kapitels, wird dieses Thema nur vorbereitend erklärt. Durch den *yoga*-Vorgang des *pratyāhāra* muß man sich von den Sinnesobjekten, wie Klang, Berührung, Form, Geschmack und Geruch, lösen, dann den Blick zwischen die beiden Augenbrauen richten und sich mit halbgeschlossenen Lidern auf die Nasenspitze konzentrieren. Es nützt nichts, die Augen ganz zu schließen, da dann immer die Möglichkeit besteht einzuschlafen. Auch nützt es nichts, die Augen vollständig zu öffnen, da dann die Gefahr besteht, von Sinnesobjekten angezogen zu werden. Die Atembewegung wird in den Nasenöffnungen angehalten, indem man die auf- und abströmende Luft im Körper neutralisiert. Durch die Ausübung solchen *yogas* erlangt man die Fähigkeit, die Sinne zu beherrschen, sich von äußeren Sinnesobjekten zurückzuziehen und sich so auf die Befreiung im Höchsten vorzubereiten.

Dieser *yoga*-Vorgang hilft einem, von allen Arten der Angst und des Zornes frei zu werden und so auf der transzendentalen Ebene die Gegenwart der Überseele wahrzunehmen. Mit anderen Worten, Kṛṣṇa-Bewußtsein ist der einfachste Vorgang, um die Prinzipien des *yoga* auszuführen. Dies wird im nächsten Kapitel ausführlich erklärt werden. Weil ein Kṛṣṇa-bewußter Mensch immer im hingebungsvollen Dienst beschäftigt ist, besteht für ihn nicht die Gefahr, daß seine Sinne von irgendwelchen anderen Tätigkeiten abgelenkt werden. Deshalb ist dies eine bessere Methode der Sinnesbeherrschung als *aṣṭāṅga-yoga*.

Vers 29 भोक्तारं यज्ञतपसां सर्वलोकमहेश्वरम् ।
सुहृदं सर्वभूतानां ज्ञात्वा मां शान्तिमृच्छति ॥२९॥

bhoktāraṁ yajña-tapasāṁ sarva-loka-maheśvaram
suhṛdaṁ sarva-bhūtānāṁ jñātvā māṁ śāntim ṛcchati

bhoktāram – der Nutznießer; *yajña* – von Opfern; *tapasām* – Bußen und Entsagungen; *sarva-loka* – aller Planeten und der Halbgötter auf ihnen; *maha-īśvaram* – der Höchste Herr; *su-hṛdam* – der Wohltäter; *sarva* – aller; *bhūtānām* – Lebewesen; *jñātvā* – auf diese Weise kennend; *mām* – Mich (Śrī Kṛṣṇa); *śāntim* – Linderung aller materiellen Qualen; *ṛcchati* – man erreicht.

Derjenige, der sich vollkommen über Mich bewußt ist und weiß, daß Ich der letztliche Nutznießer aller Opfer und Entsagungen, der Höchste Herr aller Planeten und Halbgötter und der Wohltäter und wohlmeinende Freund aller Lebewesen bin, erlangt Frieden von den Qualen des materiellen Daseins.

ERLÄUTERUNG: Die bedingten Seelen, die sich in den Fängen der illusionierenden Energie befinden, sind alle bestrebt, in der materiellen Welt Frieden zu finden. Sie kennen jedoch die Friedensformel nicht, die in diesem Teil der *Bhagavad-gītā* erklärt wird. Die beste Friedensformel lautet einfach: Śrī Kṛṣṇa ist der Nutznießer aller menschlichen Tätigkeiten. Die Menschen sollten alles für den transzendentalen Dienst des Herrn opfern, denn Er ist der Besitzer aller Planeten und aller Halbgötter, die auf ihnen wohnen. Niemand ist größer als Er. Er ist größer als die größten der Halbgötter, Śiva und Brahmā. Dies wird in den *Veden* (*Śvetāśvatara Upaniṣad* 6.7) beschrieben: *tam īśvarāṇāṁ paramaṁ maheśvaram.* Im Banne der Illusion versuchen die Lebewesen, alles in ihrem Umkreis zu beherrschen; in Wirklichkeit aber werden sie von der materiellen Energie des Herrn beherrscht. Der Herr ist der Meister der materiellen Natur, und die bedingten Seelen unterstehen ihren strengen Regeln. Solange man diese einfachen Tatsachen nicht versteht, ist es nicht möglich, auf der Welt Frieden zu erreichen, weder individuell noch kollektiv. Dies ist der Grundgedanke des Kṛṣṇa-Bewußtseins: Śrī Kṛṣṇa ist der Höchste Herrscher, und alle Lebewesen, einschließlich der großen Halbgötter, sind Seine Untergebenen. Vollkommener Friede läßt sich nur in vollkommenem Kṛṣṇa-Bewußtsein finden.

Das Fünfte Kapitel ist eine praktische Erklärung des Kṛṣṇa-Bewußtseins, das allgemein als *karma-yoga* bezeichnet wird. Die Frage der mentalen Spekulanten, wie *karma-yoga* zu Befreiung führen kann, ist hiermit beantwortet. Im Kṛṣṇa-Bewußtsein zu handeln bedeutet, mit vollständigem Wissen über die Oberherrschaft des Herrn zu handeln. Solches Handeln ist nicht verschieden von transzendentalem Wissen. Direktes Kṛṣṇa-Bewußtsein ist *bhakti-yoga,* und *jñāna-yoga* ist ein Pfad, der zu *bhakti-yoga* führt. Kṛṣṇa-Bewußtsein bedeutet, in vollständigem Bewußtsein über seine Beziehung zum Höchsten Absoluten zu handeln, und die Vollkommenheit dieses Bewußtseins besteht darin, vollständiges Wissen über Kṛṣṇa, die Höchste Persönlichkeit Gottes, zu besitzen. Die reine Seele ist als fragmentarischer Teil Gottes dessen ewiger Diener, doch wenn sie den Wunsch entwickelt, über *māyā* zu herrschen, kommt sie mit *māyā* (Illusion) in Berührung, und das ist die Ursache ihrer vielen Leiden. Solange die Seele mit Materie in Berührung ist, muß sie entsprechend ihren materiellen Bedürfnissen handeln. Kṛṣṇa-Bewußtsein erhebt einen jedoch auf die Ebene des spirituellen Lebens, selbst wenn man sich noch im Einflußbereich der Materie befindet, denn Kṛṣṇa-Bewußtsein bedeutet, durch praktisches Handeln in der materiellen Welt das spirituelle Dasein wiederzuerwecken. Je weiter man fortschreitet, desto mehr wird man aus der Gewalt der Materie befreit. Der Herr bevorzugt oder benachteiligt niemanden. Alles hängt davon ab, inwieweit man seine Pflichten im Kṛṣṇa-Bewußtsein praktisch erfüllt, was einem hilft, die Sinne in jeder Beziehung zu beherrschen und den Einfluß von Lust und Zorn zu bezwingen. Und jemand, der im Kṛṣṇa-Bewußtsein einen solch festen Stand hat und die oben erwähnten Leidenschaften beherrscht, befindet sich tatsächlich auf der transzendentalen Ebene, der Ebene des *brahma-nirvāṇa.* Der achtfache Pfad des mystischen *yoga* ist im Kṛṣṇa-Bewußtsein automatisch mit eingeschlossen, weil man im Kṛṣṇa-Bewußtsein direkt das letztliche Ziel dieses Pfades erreicht. Durch das Beschreiten der acht Stufen von *yama, niyama, āsana, prāṇāyāma, pratyāhāra, dhāraṇā, dhyāna* und *samādhi* kann man allmählich erhoben werden, doch dies sind nur Vorstufen der Vollkommenheit, die man durch hingebungsvollen Dienst erreichen kann. Nur hingebungsvoller Dienst kann dem Menschen Frieden bringen. Er ist die höchste Vollkommenheit des Lebens.

Hiermit enden die Bhaktivedanta-Erläuterungen zum Fünften Kapitel der Śrīmad Bhagavad-gītā *mit dem Titel:* „Karma-yoga – *Handeln im Kṛṣṇa-Bewußtsein".*

SECHSTES KAPITEL

Dhyāna-yoga

Vers 1 श्रीभगवानुवाच
अनाश्रितः कर्मफलं कार्यं कर्म करोति यः ।
स सन्न्यासी च योगी च न निरग्निर्न चाक्रियः ॥ १ ॥

śrī-bhagavān uvāca
anāśritaḥ karma-phalaṁ kāryaṁ karma karoti yaḥ
sa sannyāsī ca yogī ca na niragnir na cākriyaḥ

śrī-bhagavān uvāca – der Herr sprach; *anāśritaḥ* – ohne Zuflucht zu suchen; *karma-phalam* – des Ergebnisses der Arbeit; *kāryam* – pflichtgemäße; *karma* – Tätigkeit; *karoti* – führt aus; *yaḥ* – jemand, der; *saḥ* – er; *sannyāsī* – im Lebensstand der Entsagung; *ca* – auch; *yogī* – Mystiker; *ca* – auch; *na* – nicht; *niḥ* – ohne; *agniḥ* – Feuer; *na* – nicht; *ca* – auch; *akriyaḥ* – ohne Pflicht.

Die Höchste Persönlichkeit Gottes sprach: Wer nicht an den Früchten seiner Arbeit haftet und so handelt, wie es seine Pflicht vorschreibt, befindet sich im Lebensstand der Entsagung. Er ist der wahre Mystiker, und nicht der, der kein Feuer entzündet und keine Pflicht erfüllt.

ERLÄUTERUNG: In diesem Kapitel erklärt der Herr, daß der Vorgang des achtfachen *yoga*-Systems ein Mittel ist, um den Geist und die Sinne zu beherrschen. Dies ist jedoch für die meisten Menschen sehr schwierig, besonders im Zeitalter des Kali. Obwohl in diesem Kapitel das achtfache *yoga*-System empfohlen wird, betont der Herr, daß der Vorgang des *karma-yoga,* das heißt des Handelns im Kṛṣṇa-Bewußtsein, besser ist. Jeder auf dieser Welt ist tätig, um seine Familie und alles, was dazugehört, zu erhalten; aber niemand handelt ohne irgendein Selbstinteresse oder irgendeine persönliche Befriedigung – ob nun für sich selbst oder für einen erweiterten Kreis. Das Kriterium für Vollkommenheit besteht darin, daß man im Kṛṣṇa-Bewußtsein handelt, frei von dem Wunsch, die Früchte seiner Tätigkeiten selbst zu genießen. Im Kṛṣṇa-Bewußtsein zu handeln ist die Pflicht aller Lebewesen, da sie alle von Natur aus winzige Teile des Höchsten sind. Die Teile des Körpers arbeiten für die Zufriedenstellung des ganzen Körpers. Sie handeln nicht zu ihrer eigenen Zufriedenstellung, sondern zur Zufriedenstellung des vollständigen Ganzen. In ähnlicher Weise ist das Lebewesen, das zur Zufriedenstellung des Höchsten Ganzen handelt, und nicht für die eigene Befriedigung, der vollkommene *sannyāsī,* der vollkommene *yogī.*

Manchmal gibt es *sannyāsīs,* die künstlich glauben, sie seien von allen materiellen Pflichten frei geworden, und die deshalb aufhören, *agnihotra yajñas* (Feueropfer) darzubringen. In Wirklichkeit aber ist auch dies ein selbstisches Interesse, denn ihr Ziel ist es, mit dem unpersönlichen Brahman eins zu werden. Ein solcher Wunsch ist erhabener als jeder materielle Wunsch, aber er ist nicht frei von selbstischen Motiven. Ebenso trachtet der mystische *yogī,* der mit halbgeöffneten Augen das *yoga*-System praktiziert und alle materiellen Tätigkeiten einstellt, nach irgendeiner Befriedigung für sich selbst. Jemand aber, der im Kṛṣṇa-Bewußtsein handelt, arbeitet für die Zufriedenstellung des Ganzen und hegt keine selbstischen Motive. Ein Kṛṣṇa-bewußter Mensch ist frei von allen Verlangen nach eigener Befriedigung. Sein Kriterium für Erfolg ist die Zufriedenheit Kṛṣṇas, und daher ist er der vollkommene *sannyāsī* und der vollkommene *yogī.* Śrī Caitanya, das höchste Beispiel für vollkommene Entsagung, sprach das folgende Gebet:

na dhanaṁ na janaṁ na sundarīṁ
kavitāṁ vā jagad-īśa kāmaye
mama janmani janmanīśvare
bhavatād bhaktir ahaitukī tvayi

„O allmächtiger Herr, ich begehre weder Reichtum noch schöne Frauen, noch eine große Anhängerschaft. Das einzige, was ich möchte, ist die grundlose Barmherzigkeit Deines hingebungsvollen Dienstes – Geburt für Geburt."

Vers 2 यं सन्न्यासमिति प्राहुर्योगं तं विद्धि पाण्डव ।
न ह्यसन्न्यस्तसङ्कल्पो योगी भवति कश्चन ॥ २ ॥

yaṁ sannyāsam iti prāhur yogaṁ taṁ viddhi pāṇḍava
na hy asannyasta-saṅkalpo yogī bhavati kaścana

yam – was; *sannyāsam* – Entsagung; *iti* – so; *prāhuḥ* – sie nennen; *yogam* – sich mit dem Höchsten verbinden; *tam* – dieses; *viddhi* – du mußt wissen; *pāṇḍava* – o Sohn Pāṇḍus; *na* – niemals; *hi* – gewiß; *asannyasta* – ohne aufzugeben; *saṅkalpaḥ* – den Wunsch nach eigener Befriedigung; *yogī* – ein mystischer Transzendentalist; *bhavati* – wird; *kaścana* – jemand.

Du solltest wissen, daß das, was man als Entsagung bezeichnet, das gleiche ist wie yoga oder der Vorgang der Verbindung mit dem Höchsten, o Sohn Pāṇḍus, denn niemand kann ein yogī werden, solange er nicht dem Wunsch nach Sinnenbefriedigung entsagt.

ERLÄUTERUNG: Die wirkliche Bedeutung von *sannyāsa-yoga* oder *bhakti* besteht darin, daß man seine wesensgemäße Stellung als Lebewesen kennt und dementsprechend handelt. Das Lebewesen hat keine gesonderte, unabhängige Identität. Es ist die marginale Energie des Höchsten. Wenn es von der materiellen Energie gefangen ist, ist es bedingt, und wenn es Kṛṣṇa-bewußt ist, das heißt bewußt über die spirituelle Energie, befindet es sich in seinem wirklichen und natürlichen Lebenszustand. Wenn man daher über vollständiges Wissen verfügt, löst man sich von aller materiellen Sinnenbefriedigung, das heißt, man entsagt allen Arten sinnenbefriedigender Tätigkeiten. Dies wird von den *yogīs* praktiziert, die ihre Sinne von materieller Anhaftung zurückziehen. Ein Mensch im Kṛṣṇa-Bewußtsein aber hat gar keine Gelegenheit, seine Sinne mit irgend etwas zu beschäftigen, was nicht im Interesse Kṛṣṇas ist. Daher ist ein Kṛṣṇa-bewußter Mensch gleichzeitig ein *sannyāsī* und ein *yogī.* Im Kṛṣṇa-Bewußtsein erreicht man automatisch das Ziel der Vorgänge des *jñāna* und *yoga,* nämlich Wissen und Sinnesbeherrschung. Wenn man unfähig ist, seine selbstische Natur zu überwinden, dann haben *jñāna* und *yoga* keinen Nutzen. Das wirkliche Ziel für das Lebewesen besteht darin, jede selbstische Befriedigung aufzugeben und bereit zu sein, den Höchsten zufriedenzustellen. Ein Mensch im Kṛṣṇa-Bewußtsein trachtet nach keinerlei persönlichem Genuß, sondern strebt immer danach, den Höchsten zu erfreuen. Wer kein Wissen über den Höchsten hat, muß deshalb gezwungenermaßen selbstischen Tätigkeiten nachgehen, denn niemand kann sich in einem Zustand der Untätigkeit halten. Man erreicht in vollkommener Weise das Ziel aller anderen Vorgänge, wenn man einfach Kṛṣṇa-Bewußtsein praktiziert.

Vers 3 आरुरुक्षोर्मुनेर्योगं कर्म कारणमुच्यते ।
योगारूढस्य तस्यैव शमः कारणमुच्यते ॥ ३ ॥

ārurukṣor muner yogaṁ karma kāraṇam ucyate
yogārūḍhasya tasyaiva śamaḥ kāraṇam ucyate

ārurukṣoḥ – jemand, der gerade mit *yoga* begonnen hat; *muneḥ* – des Weisen; *yogam* – das achtfache *yoga*-System; *karma* – Arbeit; *kāraṇam* – der Weg; *ucyate* – man sagt, es sei; *yoga* – achtfacher *yoga; ārūḍhasya* – von jemandem, der erreicht hat; *tasya* – sein; *eva* – gewiß; *śamaḥ* – Beendigung aller materiellen Tätigkeiten; *kāraṇam* – der Weg; *ucyate* – man sagt, es sei.

Einem Neuling im achtfachen yoga-System wird Arbeit als Weg empfohlen, und die Einstellung aller materiellen Tätigkeiten gilt als Weg für denjenigen, der im yoga bereits fortgeschritten ist.

ERLÄUTERUNG: Der Vorgang, sich mit dem Höchsten zu verbinden, wird *yoga* genannt. *Yoga* kann mit einer Leiter verglichen werden, mit deren Hilfe man die höchste spirituelle Verwirklichung erreichen kann. Diese Leiter beginnt bei der niedrigsten materiellen Lebensstufe und führt das Lebewesen bis hin zur vollkommenen Selbstverwirklichung im reinen spirituellen Leben. Die verschiedenen Sprossen der Leiter werden nach den verschiedenen Graden des spirituellen Fortschritts benannt, und sie werden in drei Teile unterteilt, nämlich in *jñāna-yoga, dhyāna-yoga* und *bhakti-yoga;* die Leiter an sich aber heißt immer *yoga.* Der Anfang der Leiter wird als *yoga-rurukṣu*-Stufe bezeichnet und die höchste Sprosse als *yogārūḍha.*

Was das achtfache *yoga*-System betrifft, so muß man am Anfang, um in Meditation zu versinken, regulierenden Prinzipien folgen und sich in verschiedenen Sitzstellungen üben (die alle mehr oder weniger körperliche Übungen sind); diese anfänglichen Stufen gelten als fruchtbringende materielle Tätigkeiten. All diese Tätigkeiten führen letztlich zu vollkommener geistiger Ausgeglichenheit, so daß man seine Sinne beherrschen kann. Wenn man den Vorgang der Meditation vollendet beherrscht, beendet man alle störenden Einflüsse des Geistes.

Ein Kṛṣṇa-bewußter Mensch jedoch befindet sich von Anfang an auf der Ebene der Meditation, weil er immer an Kṛṣṇa denkt. Und da er ständig im Dienste Kṛṣṇas beschäftigt ist, hat er zweifellos alle materiellen Tätigkeiten beendet.

Vers 4 यदा हि नेन्द्रियार्थेषु न कर्मस्वनुषज्जते ।
सर्वसङ्कल्पसन्न्यासी योगारूढस्तदोच्यते ॥ ४ ॥

yadā hi nendriyārtheṣu na karmasv anuṣajjate
sarva-saṅkalpa-sannyāsī yogārūḍhas tadocyate

yadā – wenn; *hi* – gewiß; *na* – nicht; *indriya-artheṣu* – mit Sinnenbefriedigung; *na* – niemals; *karmasu* – mit fruchtbringenden Tätigkeiten; *anuṣajjate* – beschäftigt sich notwendigerweise; *sarva-saṅkalpa* – allen materiellen Wünschen; *sannyāsī* – jemand, der entsagt; *yoga-ārūḍhaḥ* – im *yoga* fortgeschritten; *tadā* – zu dieser Zeit; *ucyate* – man sagt, er sei.

Man sagt, jemand sei in yoga fortgeschritten, wenn er alle materiellen Wünsche aufgegeben hat und weder für Sinnenbefriedigung handelt noch fruchtbringenden Tätigkeiten nachgeht.

ERLÄUTERUNG: Wenn jemand völlig im transzendentalen liebevollen Dienst des Herrn beschäftigt ist, ist er im Selbst zufrieden, und daher beschäftigt er sich nicht mehr mit Sinnenbefriedigung oder fruchtbringenden Tätigkeiten. Wenn man sich nicht auf dieser Ebene befindet, beschäftigt man sich gezwungenermaßen mit Sinnenbefriedigung, da niemand leben kann, ohne tätig zu sein. Wer nicht Kṛṣṇa-bewußt ist, geht zwangsläufig ständig egoistischen Tätigkeiten nach, die entweder für ihn selbst bestimmt sind oder für diejenigen, mit denen er sich identifiziert. Ein Kṛṣṇa-bewußter Mensch jedoch verrichtet all seine Tätigkeiten für die Zufriedenstellung Kṛṣṇas und kann so auf vollkommene Weise von Sinnenbefriedigung losgelöst sein. Jemand, der sich nicht auf dieser Stufe der Verwirklichung befindet, muß auf mechanische Weise versuchen, materiellen Wünschen zu entkommen, bevor er die höchste Sprosse der *yoga*-Leiter erreichen kann.

Vers 5 उद्धरेदात्मनात्मानं नात्मानमवसादयेत् ।
आत्मैव ह्यात्मनो बन्धुरात्मैव रिपुरात्मनः ॥ ५ ॥

uddhared ātmanātmānaṁ nātmānam avasādayet
ātmaiva hy ātmano bandhur ātmaiva ripur ātmanaḥ

uddharet – man muß befreien; *ātmanā* – durch den Geist; *ātmānam* – die bedingte Seele; *na* – niemals; *ātmānam* – die bedingte Seele;

avasādayet – erniedrigt; *ātmā* – Geist; *eva* – gewiß; *hi* – in der Tat; *ātmanaḥ* – der bedingten Seele; *bandhuḥ* – Freund; *ātmā* – Geist; *eva* – gewiß; *ripuḥ* – Feind; *ātmanaḥ* – der bedingten Seele.

Man sollte sich mit Hilfe seines Geistes befreien, und nicht erniedrigen. Der Geist ist der Freund der bedingten Seele, aber auch ihr Feind.

ERLÄUTERUNG: Das Wort *ātmā* bedeutet, je nach Zusammenhang, Körper, Geist oder Seele. Im *yoga*-System sind der Geist und die bedingte Seele von besonderer Bedeutung. Da der Geist der Mittelpunkt der *yoga*-Praxis ist, bezieht sich *ātmā* hier auf den Geist. Das Ziel des *yoga*-Systems besteht darin, den Geist zu beherrschen und von der Anhaftung an die Sinnesobjekte zurückzuziehen. Es wird hier betont, daß der Geist so geschult werden muß, daß er die bedingte Seele aus dem Sumpf der Unwissenheit ziehen kann. Im materiellen Dasein unterliegt man dem Einfluß des Geistes und der Sinne, ja der Geist ist die Ursache davon, daß die reine Seele in die materielle Welt verstrickt wird, weil er sich mit dem falschen Ego identifiziert, das danach strebt, die materielle Natur zu beherrschen. Deshalb sollte der Geist so geschult werden, daß er durch das Geflimmer der materiellen Natur nicht erregt wird; auf diese Weise kann die bedingte Seele gerettet werden. Man sollte sich nicht erniedrigen, indem man den Reizen der Sinnesobjekte erliegt, denn je mehr man sich zu den Sinnesobjekten hingezogen fühlt, desto mehr wird man ins materielle Dasein verstrickt. Der beste Weg, sich aus dieser Verstrickung zu lösen, besteht darin, den Geist ständig im Kṛṣṇa-Bewußtsein zu beschäftigen. Das Wort *hi* wird hier gebraucht, um diesen Punkt hervorzuheben, daß man nämlich auf diese Weise handeln *muß.* An einer anderen Stelle heißt es:

mana eva manuṣyāṇāṁ kāraṇaṁ bandha-mokṣayoḥ
bandhāya viṣayāsaṅgo muktyai nirviṣayaṁ manaḥ

„Für den Menschen ist der Geist sowohl die Ursache von Knechtschaft als auch die Ursache von Befreiung. Der in Sinnesobjekte vertiefte Geist ist die Ursache von Knechtschaft, und der von den Sinnesobjekten losgelöste Geist ist die Ursache von Befreiung.“ (*Amṛta-bindu Upaniṣad* 2) Deshalb ist der Geist, der immer im Kṛṣṇa-Bewußtsein beschäftigt ist, die Ursache höchster Befreiung.

Vers 6 बन्धुरात्मात्मनस्तस्य येनात्मैवात्मना जितः ।
अनात्मनस्तु शत्रुत्वे वर्तेतात्मैव शत्रुवत् ॥ ६ ॥

bandhur ātmātmanas tasya yenātmaivātmanā jitaḥ
anātmanas tu śatrutve vartetātmaiva śatru-vat

bandhuḥ – Freund; *ātmā* – der Geist; *ātmanaḥ* – des Lebewesens; *tasya* – von ihm; *yena* – durch den; *ātmā* – der Geist; *eva* – gewiß; *ātmanā* – vom Lebewesen; *jitaḥ* – bezwungen; *anātmanaḥ* – desjenigen, der es versäumt hat, den Geist zu beherrschen; *tu* – aber; *śatrutve* – aufgrund von Feindschaft; *varteta* – bleibt; *ātmā eva* – der gleiche Geist; *śatru-vat* – als Feind.

Für den, der den Geist bezwungen hat, ist der Geist der beste Freund; doch für den, der dies versäumt hat, bleibt der Geist der größte Feind.

ERLÄUTERUNG: Es ist das Ziel des achtfachen *yoga,* den Geist zu beherrschen, um ihn zu einem Freund zu machen, der die Aufgabe des menschlichen Lebens zu erfüllen hilft. Ohne den Geist zu beherrschen, ist das Praktizieren von *yoga* (als Show) nichts als Zeitverschwendung. Wer seinen Geist nicht beherrschen kann, lebt ständig mit dem größten Feind zusammen, und so wird sein menschliches Leben und dessen Mission ruiniert. Es ist die wesensgemäße Stellung des Lebewesens, die Anordnungen eines Höheren auszuführen. Solange der Geist ein unbezwungener Feind bleibt, muß man dem Diktat von Lust, Zorn, Geiz, Illusion usw. folgen. Wenn aber der Geist bezwungen ist, folgt man freiwillig den Anweisungen der Persönlichkeit Gottes, die im Herzen eines jeden als Paramātmā gegenwärtig ist. Echte *yoga*-Praxis läuft darauf hinaus, dem Paramātmā im Herzen zu begegnen und dann Seinen Anweisungen zu folgen. Derjenige jedoch, der sich direkt dem Kṛṣṇa-Bewußtsein zuwendet, wird sich automatisch auf vollkommene Weise den Anordnungen des Herrn ergeben.

Vers 7 जितात्मनः प्रशान्तस्य परमात्मा समाहितः ।
शीतोष्णसुखदुःखेषु तथा मानापमानयोः ॥ ७ ॥

jitātmanaḥ praśāntasya paramātmā samāhitaḥ
śītoṣṇa-sukha-duḥkheṣu tathā-mānāpamānayoḥ

jita-ātmanaḥ – desjenigen, der den Geist bezwungen hat; *praśāntasya* – der durch solche Beherrschung des Geistes Ausgeglichenheit erlangt hat; *parama-ātmā* – die Überseele; *samāhitaḥ* – vollständig erreicht; *śīta* – in Kälte; *uṣṇa* – Hitze; *sukha* – Glück; *duḥkheṣu* – und Leid; *tathā* – auch; *māna* – in Ehre; *apamānayoḥ* – und Schmach.

Für jemanden, der den Geist bezwungen hat, ist die Überseele bereits erreicht, denn er hat Ausgeglichenheit erlangt. Für einen solchen Menschen sind Glück und Leid, Hitze und Kälte, Ehre und Schmach alle das gleiche.

ERLÄUTERUNG: Eigentlich wird von jedem Lebewesen erwartet, daß es den Anweisungen des Herrn, der Höchsten Persönlichkeit Gottes, folgt, der Sich als Paramātmā im Herzen eines jeden befindet. Wenn der Geist durch die äußere, illusionierende Energie irregeführt wird, wird man in materielle Tätigkeiten verstrickt. Sobald man daher den Geist durch eines der *yoga*-Systeme zu beherrschen vermag, kann man sagen, daß man das Ziel bereits erreicht hat. Das Lebewesen muß in jedem Fall höheren Weisungen folgen. Wenn der Geist fest auf die höhere Natur gerichtet ist, hat er keine andere Möglichkeit, als den Weisungen des Höchsten zu folgen. Der Geist muß sich einer höheren Anweisung fügen und ihr dann folgen. Wenn man den Geist einmal beherrscht, folgt man von selbst den Anweisungen des Paramātmā, der Überseele. Durch Kṛṣṇa-Bewußtsein kann man diese transzendentale Ebene sogleich erreichen, weshalb der Geweihte Kṛṣṇas von der Dualität des materiellen Daseins – Leid und Glück, Kälte und Hitze usw. – nicht berührt wird. Dieser Zustand ist praktischer *samādhi,* Versenkung in den Höchsten.

Vers 8 ज्ञानविज्ञानतृप्तात्मा कूटस्थो विजितेन्द्रियः ।
युक्त इत्युच्यते योगी समलोष्ट्राश्मकाञ्चनः ॥ ८ ॥

jñāna-vijñāna-tṛptātmā kūṭa-stho vijitendriyaḥ
yukta ity ucyate yogī sama-loṣṭrāśma-kāñcanaḥ

jñāna – durch gelerntes Wissen; *vijñāna* – und verwirklichtes Wissen; *tṛpta* – zufrieden; *ātmā* – ein Lebewesen; *kūṭa-sthaḥ* – spirituell situiert; *vijita-indriyaḥ* – mit beherrschten Sinnen; *yuktaḥ* – für Selbstverwirklichung qualifiziert; *iti* – so; *ucyate* – wird genannt; *yogī* – ein Mystiker; *sama* – sieht als gleich; *loṣṭra* – Kiesel; *aśma* – Stein; *kāñcanaḥ* – Gold.

Ein Mensch gilt als selbstverwirklicht und wird als yogī [Mystiker] bezeichnet, wenn er kraft gelernten und verwirklichten Wissens völlig zufrieden ist. Ein solcher Mensch ist in der Transzendenz verankert und selbstbeherrscht. Er sieht alles – ob Kiesel, Steine oder Gold – als gleich an.

ERLÄUTERUNG: Buchwissen ohne Verwirklichung der Höchsten Wahrheit ist nutzlos. Dies wird wie folgt bestätigt:

ataḥ śrī-kṛṣṇa-nāmādi na bhaved grāhyam indriyaiḥ
sevonmukhe hi jihvādau svayam eva sphuraty adaḥ

„Niemand kann das transzendentale Wesen des Namens, der Gestalt, der Eigenschaften und der Spiele Śrī Kṛṣṇas mit seinen materiell verunreinigten Sinnen verstehen. Nur jemandem, der durch den transzendentalen Dienst des Herrn spirituell erfüllt ist, werden der transzendentale Name, die transzendentale Gestalt, die transzendentalen Eigenschaften und die transzendentalen Spiele des Herrn offenbart." (*Bhakti-rasāmṛta-sindhu* 1.2.234)

Die *Bhagavad-gītā* ist die Wissenschaft des Kṛṣṇa-Bewußtseins. Allein durch weltliche Gelehrtheit kann niemand Kṛṣṇa-bewußt werden. Man muß das Glück haben, mit jemandem zusammenzukommen, der in reinem Bewußtsein verankert ist. Weil ein Kṛṣṇa-bewußter Mensch allein mit reinem hingebungsvollem Dienst zufrieden ist, verfügt er durch die Gnade Kṛṣṇas über verwirklichtes Wissen, und durch verwirklichtes Wissen erreicht man die Vollkommenheit. Aufgrund von transzendentalem Wissen bleibt man in seinen Überzeugungen gefestigt, wohingegen jemand, der bloß akademisches Wissen besitzt, durch vermeintliche Widersprüche leicht getäuscht und verwirrt werden kann. Nur jemand, der eine verwirklichte Seele ist, ist tatsächlich selbstbeherrscht, und zwar weil er sich Kṛṣṇa ergeben hat. Er ist transzendental, weil er nichts mit weltlicher Gelehrsamkeit zu tun hat. Für ihn sind weltliche Gelehrsamkeit und mentale Spekulation, die anderen so wertvoll wie Gold erscheinen mögen, nicht mehr wert als Kiesel oder Steine.

Vers 9 सुहृन्मित्रार्युदासीनमध्यस्थद्वेष्यबन्धुषु ।
साधुष्वपि च पापेषु समबुद्धिर्विशिष्यते ॥ ९ ॥

suhṛn-mitrāry-udāsīna- madhyastha-dveṣya-bandhuṣu
sādhuṣv api ca pāpeṣu sama-buddhir viśiṣyate

su-hṛt – von Natur aus wohlmeinende Freunde; *mitra* – Wohltäter mit Zuneigung; *ari* – Feinde; *udāsīna* – neutral zwischen den Gegnern; *madhya-stha* – Vermittler zwischen gegnerischen Parteien; *dveṣya* – die Neidischen; *bandhuṣu* – und die Verwandten oder Freunde; *sādhuṣu* – den Frommen; *api* – sowie auch; *ca* – und; *pāpeṣu* – den Sündern; *sama-buddhiḥ* – mit gleicher Intelligenz; *viśiṣyate* – ist weit fortgeschritten.

Als noch weiter fortgeschritten gilt derjenige, der aufrichtige Gönner, zugeneigte Wohltäter, Neutralgesinnte, Vermittler und Neider,

Freunde und Feinde sowie die Frommen und die Sünder alle mit gleicher Geisteshaltung sieht.

Vers 10 योगी युञ्जीत सततमात्मानं रहसि स्थितः ।
एकाकी यतचित्तात्मा निराशीरपरिग्रहः ॥१०॥

yogī yuñjīta satatam ātmānaṁ rahasi sthitaḥ
ekākī yata-cittātmā nirāśīr aparigrahaḥ

yogī – ein Transzendentalist; *yuñjīta* – muß sich im Kṛṣṇa-Bewußtsein konzentrieren; *satatam* – ständig; *ātmānam* – sich (mit Körper, Geist und Selbst); *rahasi* – an einem einsamen Ort; *sthitaḥ* – sich befindend; *ekākī* – allein; *yata-citta-ātmā* – immer achtsam im Geist; *nirāśīḥ* – ohne von irgend etwas anderem angezogen zu werden; *aparigrahaḥ* – frei von dem Gefühl der Besitzgier.

Ein Transzendentalist sollte seinen Körper, seinen Geist und sein Selbst immer in Beziehung zum Höchsten beschäftigen; er sollte allein an einem einsamen Ort leben und seinen Geist stets sorgfältig beherrschen. Er sollte von Wünschen und Gefühlen der Besitzgier frei sein.

ERLÄUTERUNG: Kṛṣṇa wird in verschiedenen Stufen als Brahman, Paramātmā und die Höchste Persönlichkeit Gottes erkannt. Kṛṣṇa-Bewußtsein bedeutet, kurz gesagt, immer im transzendentalen liebevollen Dienst des Herrn beschäftigt zu sein. Aber auch diejenigen, die sich auf das unpersönliche Brahman oder die lokalisierte Überseele konzentrieren, sind teilweise Kṛṣṇa-bewußt, denn das unpersönliche Brahman ist die spirituelle Ausstrahlung Kṛṣṇas, und die Überseele ist die alldurchdringende Teilerweiterung Kṛṣṇas. Folglich sind auch der Unpersönlichkeitsanhänger und der Meditierende indirekt Kṛṣṇa-bewußt. Aber ein Gottgeweihter, der direkt Kṛṣṇa-Bewußtsein entwickelt, ist der höchste Transzendentalist, da er sowohl das Brahman als auch den Paramātmā versteht. Sein Wissen über die Absolute Wahrheit ist vollkommen, wohingegen der Unpersönlichkeitsanhänger und der meditierende *yogī* nur unvollkommen Kṛṣṇa-bewußt sind.

Nichtsdestoweniger wird ihnen allen hiermit geraten, ohne Abweichung ihrem jeweiligen Pfad zu folgen, so daß sie früher oder später die höchste Vollkommenheit erreichen. Das oberste Gebot für einen Transzendentalisten lautet, seinen Geist immer auf Kṛṣṇa zu richten. Man sollte immer an Kṛṣṇa denken und Ihn nicht einmal für einen Augenblick vergessen. Die Konzentration des Geistes auf den Höchsten wird *samādhi* oder Trance genannt. Um den Geist zu konzentrieren, sollte man immer in der Abgeschiedenheit bleiben und jede Störung durch äußere Objekte vermeiden. Der Transzendentalist sollte sehr darauf achten, Bedingungen, die seine Verwirklichung günstig beeinflussen, anzunehmen und ungünstige Bedingungen abzulehnen. Und er sollte es mit vollkommener Entschlossenheit vermeiden, nach unnötigen materiellen Dingen zu streben, die ihn in Besitzgier verstricken.

Wenn man sich jedoch direkt im Kṛṣṇa-Bewußtsein beschäftigt, sind all diese Voraussetzungen und Vorsichtsmaßnahmen auf vollkommene Weise erfüllt, denn direktes Kṛṣṇa-Bewußtsein bedeutet Selbstentäußerung, wobei kaum eine Möglichkeit für materielle Besitzgier besteht. Śrīla Rūpa Gosvāmī charakterisiert Kṛṣṇa-Bewußtsein wie folgt:

anāsaktasya viṣayān yathārham upayuñjataḥ
nirbandhaḥ kṛṣṇa-sambandhe yuktaṁ vairāgyam ucyate

prāpañcikatayā buddhyā hari-sambandhi-vastunaḥ
mumukṣubhiḥ parityāgo vairāgyaṁ phalgu kathyate

„Wenn man an nichts haftet, aber zugleich alles in Beziehung zu Kṛṣṇa annimmt, ist man auf richtige Weise frei von aller Besitzgier. Wer andererseits alles zurückweist, ohne die Beziehung dieser Dinge zu Kṛṣṇa zu kennen, ist in seiner Entsagung nicht so vollkommen." (*Bhaktirasāmṛta-sindhu* 1.2.255–256)

Ein Kṛṣṇa-bewußter Mensch weiß sehr wohl, daß alles Kṛṣṇa gehört, und daher ist er stets frei von dem Gefühl, etwas persönlich zu besitzen. Er begehrt daher nichts für sich selbst. Er weiß die Dinge anzunehmen, die für sein Kṛṣṇa-Bewußtsein vorteilhaft sind, und die Dinge abzulehnen, die für sein Kṛṣṇa-Bewußtsein nachteilig sind. Er steht über materiellen Dingen, weil er sich immer auf der transzendentalen Ebene befindet, und er ist immer allein, da er nichts mit Menschen zu tun hat, die nicht Kṛṣṇa-bewußt sind. Deshalb ist ein Mensch im Kṛṣṇa-Bewußtsein der vollkommene *yogī*.

Vers 11–12

शुचौ देशे प्रतिष्ठाप्य स्थिरमासनमात्मनः ।
नात्युच्छ्रितं नातिनीचं चैलाजिनकुशोत्तरम् ॥११॥

तत्रैकाग्रं मनः कृत्वा यतचित्तेन्द्रियक्रियः ।
उपविश्यासने युञ्ज्याद्योगमात्मविशुद्धये ॥१२॥

śucau deśe pratiṣṭhāpya sthiram āsanam ātmanaḥ
nāty-ucchritaṁ nāti-nīcaṁ cailājina-kuśottaram

tatraikāgraṁ manaḥ kṛtvā yata-cittendriya-kriyaḥ
upaviśyāsane yuñjyād yogam ātma-viśuddhaye

śucau – in einer geheiligten; *deśe* – Gegend; *pratiṣṭhāpya* – aufstellend; *sthiram* – fest; *āsanam* – Sitz; *ātmanaḥ* – seinen eigenen; *na* – nicht; *ati* – zu; *ucchritam* – hoch; *na* – und nicht; *ati* – zu; *nīcam* – niedrig; *caila-ajina* – aus einem weichen Tuch und einem Rehfell; *kuśa* – und *kuśa*-Gras; *uttaram* – bedeckend; *tatra* – darauf; *eka-agram* – mit konzentrierter Aufmerksamkeit; *manaḥ* – Geist; *kṛtvā* – machend; *yata-citta* – den Geist beherrschend; *indriya* – Sinne; *kriyaḥ* – und Tätigkeiten; *upaviśya* – sitzend; *āsane* – auf dem Sitz; *yuñjyāt* – sollte ausführen; *yogam* – den Vorgang des *yoga; ātma* – das Herz; *viśuddhaye* – um zu reinigen.

Um yoga zu praktizieren, sollte man an einen einsamen Ort gehen, kuśa-Gras auf den Boden legen und es mit einem Rehfell und einem weichen Tuch bedecken. Der Sitz sollte nicht zu hoch und nicht zu niedrig sein, und er sollte sich an einem heiligen Ort befinden. Der yogī sollte fest darauf sitzen und sich in den Vorgang des yoga vertiefen, um sein Herz zu reinigen, indem er seinen Geist, seine Sinne und seine Tätigkeiten beherrscht und den Geist auf einen Punkt fixiert.

ERLÄUTERUNG: „Heiliger Ort“ bezieht sich auf einen Pilgerort. In Indien verlassen die *yogīs* – die Transzendentalisten oder die Gottgeweihten – alle ihr Zuhause und lassen sich an heiligen Orten wie Prayāga, Mathurā, Vṛndāvana, Rishikesh und Haridwar nieder, um dort am Ufer von heiligen Flüssen wie der Yamunā und dem Ganges in Einsamkeit *yoga* zu praktizieren. Dies ist aber oft nicht möglich, besonders für westliche Menschen. Die sogenannten *yoga*-Gesellschaften in den großen Städten mögen zwar erfolgreich darin sein, einen materiellen Nutzen zu erzielen, doch für die eigentliche Ausübung von *yoga* sind sie völlig ungeeignet. Wer nicht selbstbeherrscht ist und einen ungestörten Geist besitzt, kann nicht meditieren. Deshalb wird im *Bṛhan-nāradīya Purāṇa* gesagt, daß im Kali-yuga (dem gegenwärtigen *yuga* oder Zeitalter), in dem die Menschen im allgemeinen nur noch ein kurzes Leben haben, sich nur langsam der spirituellen Verwirklichung zuwenden und immer von Ängsten und Sorgen geplagt werden, das beste Mittel für spirituelle Verwirklichung darin besteht, den Heiligen Namen des Herrn zu chanten.

harer nāma harer nāma harer nāmaiva kevalam
kalau nāsty eva nāsty eva nāsty eva gatir anyathā

„In diesem Zeitalter des Streites und der Heuchelei ist das einzige Mittel zur Befreiung das Chanten der Heiligen Namen des Herrn. Es gibt keinen anderen Weg. Es gibt keinen anderen Weg. Es gibt keinen anderen Weg."

Vers 13–14

समं कायशिरोग्रीवं धारयन्नचलं स्थिरः ।
सम्प्रेक्ष्य नासिकाग्रं स्वं दिशश्चानवलोकयन् ॥१३॥

प्रशान्तात्मा विगतभीर्ब्रह्मचारिव्रते स्थितः ।
मनः संयम्य मच्चित्तो युक्त आसीत मत्परः ॥१४॥

samaṁ kāya-śiro-grīvaṁ dhārayann acalaṁ sthiraḥ
samprekṣya nāsikāgraṁ svaṁ diśaś cānavalokayan

praśāntātmā vigata-bhīr brahmacāri-vrate sthitaḥ
manaḥ saṁyamya mac-citto yukta āsīta mat-paraḥ

samam – gerade; *kāya* – Körper; *śiraḥ* – Kopf; *grīvam* – und Hals; *dhārayan* – haltend; *acalam* – unbewegt; *sthiraḥ* – ruhig; *samprekṣya* – blickend; *nāsikā* – der Nase; *agram* – auf die Spitze; *svam* – eigene; *diśaḥ* – an allen Seiten; *ca* – auch; *anavalokayan* – nicht blickend; *praśānta* – ungestört; *ātmā* – Geist; *vigata-bhīḥ* – frei von Furcht; *brahmacāri-vrate* – im Gelübde des Zölibats; *sthitaḥ* – verankert; *manaḥ* – Geist; *saṁyamya* – völlig bezwingend; *mat* – auf Mich (Kṛṣṇa); *cittaḥ* – den Geist konzentrierend; *yuktaḥ* – der wahre *yogī; āsīta* – sollte sitzen; *mat* – Mich; *paraḥ* – das endgültige Ziel.

Man sollte Körper, Hals und Kopf aufrecht in einer geraden Linie halten und fortwährend auf die Nasenspitze starren. Auf diese Weise sollte man mit ungestörtem, beherrschtem Geist, ohne Furcht und völlig frei von sexuellem Verlangen über Mich im Herzen meditieren und Mich zum endgültigen Ziel des Lebens machen.

ERLÄUTERUNG: Das Ziel des Lebens besteht darin, Kṛṣṇa zu erkennen, der Sich als Paramātmā, die vierhändige Viṣṇu-Form, im Herzen eines jeden Lebewesens befindet. Der *yoga*-Vorgang wird praktiziert, um diese lokalisierte Form Viṣṇus zu entdecken und zu sehen, und für keinen anderen Zweck. Die lokalisierte *viṣṇu-mūrti* ist die vollständige Repräsentation Kṛṣṇas, die im Herzen eines jeden gegenwärtig ist. Wer nicht die Absicht hat, diese *viṣṇu-mūrti* zu erkennen, ist nur mit nutzlosem Schein-*yoga* beschäftigt und verschwendet seine Zeit. Kṛṣṇa ist das endgültige Ziel des Lebens, und die *viṣṇu-mūrti* im Herzen zu erkennen ist das Ziel des *yoga*-Vorganges. Um dies zu erreichen, muß man sich jeglichen geschlechtlichen Kontaktes enthalten; daher muß man sein Heim verlassen und allein an einem einsamen Ort leben, indem man in der oben beschriebenen Sitzstellung verharrt. Man kann nicht täglich zu Hause oder anderswo dem Geschlechtsleben frönen, dann an einem sogenannten *yoga*-Kursus teilnehmen und so zu einem *yogī* werden. Man muß sich darin üben, den Geist zu beherrschen und alle Arten von Sinnenbefriedigung zu vermeiden, von denen Sexualität an erster Stelle steht. In den Regeln des Zölibats, die von dem großen Weisen Yājñavalkya niedergeschrieben wurden, heißt es:

karmaṇā manasā vācā sarvāvasthāsu sarvadā
sarvatra maithuna-tyāgo brahmacaryaṁ pracakṣate

„Das Gelübde des *brahmacarya* soll einem helfen, sich in Taten, Worten und Gedanken – zu allen Zeiten, unter allen Umständen und an allen Orten – der Sexualität vollständig zu enthalten."

Es ist nicht möglich, richtigen *yoga* zu praktizieren, wenn man seinem Geschlechtstrieb nachgibt. *Brahmacarya* wird deshalb von Kindheit an gelehrt, wenn man noch nichts von Sexualität weiß. Im Alter von fünf Jahren werden die Kinder zur *guru-kula* geschickt, dem Ort, an dem der spirituelle Meister lebt, und der Meister erzieht die Knaben in der strikten Disziplin, *brahmacārīs* zu werden. Ohne diese Grundlage kann man in keinem *yoga* Fortschritte machen, weder in *dhyāna, jñāna* noch in *bhakti.* Als *brahmacārī* wird aber auch derjenige bezeichnet, der den Regeln und Vorschriften des verheirateten Lebens folgt und nur mit seiner Frau eine sexuelle Beziehung unterhält (und auch das nur unter Regulierungen). Ein solcher enthaltsamer Haushälter-*brahmacārī* wird von der *bhakti*-Schule akzeptiert, doch die *jñāna*- und die *dhyāna*-Schule erkennen nicht einmal einen Haushälter-*brahmacārī* an. Sie fordern kompromißlos völlige Enthaltsamkeit. In der *bhakti*-Schule ist einem Haushälter-*brahmacārī* ein beherrschtes Geschlechtsleben erlaubt, denn der Vorgang des *bhakti-yoga* ist so mächtig, daß man auf natürliche Weise die Anziehung zur Sexualität verliert, weil man die höhere Freude des Dienstes zum Herrn erfährt. In der *Bhagavad-gītā* (2.59) heißt es:

viṣayā vinivartante nirāhārasya dehinaḥ
rasa-varjaṁ raso 'py asya paraṁ dṛṣṭvā nivartate

Während andere sich zwingen müssen, sich von Sinnenbefriedigung zurückzuhalten, verzichtet ein Geweihter des Herrn von selbst darauf, da er einen höheren Geschmack erfährt. Außer den Gottgeweihten kennt niemand diesen höheren Geschmack.

Vigata-bhīḥ. Man kann nicht furchtlos sein, solange man nicht völlig Kṛṣṇa-bewußt ist. Eine bedingte Seele ist ständig voller Furcht, weil ihr Gedächtnis verkümmert ist, das heißt, weil sie ihre ewige Beziehung zu Kṛṣṇa vergessen hat. Im *Bhāgavatam* (11.2.37) heißt es: *bhayaṁ dvitīyābhiniveśataḥ syād īśād apetasya viparyayo 'smṛtiḥ.* Kṛṣṇa-Bewußtsein ist die einzige Grundlage für Furchtlosigkeit; deshalb ist es nur einem Kṛṣṇa-bewußten Menschen möglich, *yoga* in Vollkommenheit zu praktizieren. Und weil er bereits das endgültige Ziel des *yoga* erreicht hat, nämlich den Herrn im Innern zu sehen, ist er der beste aller *yogīs.* Dies sind die Prinzipien des *yoga*-Systems, und sie unterscheiden sich sehr von denen der populären sogenannten *yoga*-Gesellschaften.

Vers 15 युञ्जन्नेवं सदात्मानं योगी नियतमानसः ।
शान्तिं निर्वाणपरमां मत्संस्थामधिगच्छति ॥१५॥

yuñjann evaṁ sadātmānaṁ yogī niyata-mānasaḥ
śāntiṁ nirvāṇa-paramāṁ mat-saṁsthām adhigacchati

yuñjan – sich übend; *evam* – wie oben beschrieben; *sadā* – ständig; *ātmānam* – Körper, Geist und Seele; *yogī* – der mystische Transzendentalist; *niyata-mānasaḥ* – mit reguliertem Geist; *śāntim* – Frieden; *nirvāṇa-paramām* – Beendigung des materiellen Daseins; *mat-saṁsthām* – den spirituellen Himmel (das Königreich Gottes); *adhigacchati* – erreicht.

Indem sich der mystische Transzendentalist auf diese Weise ständig darin übt, Körper, Geist und Tätigkeiten zu beherrschen, beendet er das materielle Dasein, da sein Geist reguliert ist, und erreicht das Königreich Gottes [das Reich Kṛṣṇas].

ERLÄUTERUNG: Das endgültige Ziel von *yoga* wird hiermit eindeutig erklärt. *Yoga* ist nicht dafür gedacht, irgendwelche materiellen Annehmlichkeiten zu erlangen; *yoga* soll einen dazu befähigen, das materielle Dasein zu beenden. Wer seine Gesundheit verbessern will und nach materieller Vollkommenheit strebt, ist gemäß der *Bhagavad-gītā* kein *yogī.* Das materielle Dasein vollständig zu beenden bedeutet aber nicht, daß man in „die Leere" eingeht, die sowieso nur in der Phantasie existiert, denn nirgendwo in der Schöpfung des Herrn gibt es Leere. Vielmehr wird man durch die Beendigung des materiellen Daseins dazu befähigt, in den spirituellen Himmel, das Reich des Herrn, einzutreten. Dieses Reich wird ebenfalls in der *Bhagavad-gītā* beschrieben, wo es heißt, daß dort weder Sonne noch Mond, noch Elektrizität notwendig sind. Alle Planeten im spirituellen Königreich leuchten aus sich selbst heraus, so wie die Sonne am materiellen Himmel. Das Königreich Gottes ist überall, doch der spirituelle Himmel und seine Planeten werden als *paraṁ dhāma,* die übergeordneten Reiche, bezeichnet.

Ein *yogī* auf der höchsten Stufe, der vollkommenes Wissen über Śrī Kṛṣṇa besitzt, kann wahren Frieden finden. Wie hier vom Herrn Selbst erklärt wird (*mat-cittaḥ, mat-paraḥ, mat-saṁsthām*), erreicht ein solcher *yogī* schließlich Sein höchstes Reich, Kṛṣṇaloka, das auch Goloka Vṛndāvana genannt wird. In der *Brahma-saṁhitā* (5.37) heißt es: *goloka eva nivasaty akhilātma-bhūtaḥ.* Obwohl Sich der Herr ewig in Seinem Reich Goloka aufhält, manifestiert Er Sich kraft Seiner höheren, spirituellen Energien gleichzeitig als alldurchdringendes Brahman und als lokalisierter Paramātmā. Niemand kann den spirituellen Himmel (Vaikuṇṭha) oder das ewige Reich Kṛṣṇas (Goloka Vṛndāvana) erreichen, ohne Kṛṣṇa und Seine vollständige Erweiterung Viṣṇu richtig zu verstehen. Deshalb ist jemand, der im Kṛṣṇa-Bewußtsein tätig ist, der vollkommene *yogī,* da sein Geist immer in Kṛṣṇas Taten vertieft ist (*sa vai manaḥ kṛṣṇa-padāravindayoḥ*). Ebenso heißt es in den *Veden* (*Śvetāśvatara Upaniṣad* 3.8): *tam eva viditvāti mṛtyum eti.* „Man kann den Pfad von Geburt und Tod nur überwinden, wenn man die Höchste Persönlichkeit Gottes, Kṛṣṇa, versteht.“ Mit anderen Worten, die Vollkommenheit des *yoga* besteht in der Befreiung vom materiellen Dasein und nicht in irgendwelchen magischen Spielereien oder gymnastischen Kunststücken, nur um damit unschuldige Menschen zum Narren zu halten.

Vers 16 नात्यश्नतस्तु योगोऽस्ति न चैकान्तमनश्नतः ।
न चातिस्वप्नशीलस्य जाग्रतो नैव चार्जुन ॥१६॥

nāty-aśnatas tu yogo 'sti na caikāntam anaśnataḥ
na cāti-svapna-śīlasya jāgrato naiva cārjuna

na – niemals; *ati* – zuviel; *aśnataḥ* – von jemandem, der ißt; *tu* – aber; *yogaḥ* – Verbindung mit dem Höchsten; *asti* – es gibt; *na* – nicht; *ca* – auch; *ekāntam* – zu sehr; *anaśnataḥ* – sich vom Essen zurückhaltend; *na* – nicht; *ca* – auch; *ati* – zuviel; *svapna-śīlasya* – von jemandem, der schläft; *jāgrataḥ* – oder jemand, der zu lange Nachtwache hält; *na* – nicht; *eva* – jemals; *ca* – und; *arjuna* – o Arjuna.

O Arjuna, es ist nicht möglich, ein yogī zu werden, wenn man zuviel ißt oder zuwenig ißt, wenn man zuviel schläft oder nicht genug schläft.

ERLÄUTERUNG: Hier wird den *yogīs* empfohlen, Essen und Schlafen zu regulieren. Zuviel zu essen bedeutet, mehr zu essen, als notwendig ist, um Körper und Seele zusammenzuhalten. Für die Menschen ist es nicht notwendig, Tiere zu essen, da ausreichend für Getreide, Gemüse, Früchte und Milch gesorgt ist. Nach Aussage der *Bhagavad-gītā* befinden sich solch einfache Nahrungsmittel in der Erscheinungsweise der Tugend. Tierfleisch ist für die Menschen in der Erscheinungsweise der Unwissenheit bestimmt. Daher werden diejenigen, die Fleisch essen, trinken, rauchen und Nahrung zu sich nehmen, die nicht zuerst Kṛṣṇa geopfert wurde, sündhafte Reaktionen erleiden, da sie nur verunreinigte Dinge essen. *Bhuñjate te tv aghaṁ pāpā ye pacanty ātma-kāraṇāt.* Jeder, der nur zur Sinnenfreude ißt und für sich selbst kocht, ohne seine Nahrung Kṛṣṇa zu opfern, ißt nur Sünde. Wer Sünde ißt und mehr ißt, als ihm zusteht, ist unfähig, vollkommenen *yoga* zu praktizieren. Das beste ist, nur die Überreste von Speisen zu essen, die Kṛṣṇa geopfert wurden. Ein Mensch im Kṛṣṇa-Bewußtsein ißt nichts, was nicht zuerst Kṛṣṇa geopfert wurde. Deshalb kann nur ein Kṛṣṇa-bewußter Mensch Vollkommenheit im *yoga* erreichen. Ebensowenig kann jemand *yoga* praktizieren, der sich künstlich vom Essen zurückhält und nach eigener Laune fastet. Der Kṛṣṇa-bewußte Mensch fastet, wie es in den Schriften empfohlen wird. Er fastet nicht länger und ißt nicht mehr als notwendig, und daher ist er fähig, *yoga* zu praktizieren. Wer mehr ißt, als er braucht, wird während des Schlafes viel träumen und muß folglich länger schlafen als notwendig. Man sollte täglich nicht mehr als sechs Stunden schlafen. Wer von den vierundzwanzig Stunden mehr als sechs Stunden schläft, wird zweifellos von der Erscheinungsweise der Unwissenheit beeinflußt. Ein Mensch in der Erscheinungsweise der Unwissenheit ist träge und neigt dazu, viel zu schlafen. Für einen solchen Menschen ist es nicht möglich, *yoga* zu praktizieren.

Vers 17 युक्ताहारविहारस्य युक्तचेष्टस्य कर्मसु ।
युक्तस्वप्नावबोधस्य योगो भवति दुःखहा ॥१७॥

yuktāhāra-vihārasya yukta-ceṣṭasya karmasu
yukta-svapnāvabodhasya yogo bhavati duḥkha-hā

yukta – geregelt; *āhāra* – Essen; *vihārasya* – Erholung; *yukta* – geregelt; *ceṣṭasya* – von jemandem, der für seinen Unterhalt arbeitet; *karmasu* –

bei der Erfüllung der Pflichten; *yukta* – geregelt; *svapna-avabodhasya* – Schlaf und Wachsein; *yogaḥ* – Ausübung von *yoga; bhavati* – wird; *duḥkha-hā* – Leiden vermindern.

Wer in seinen Gewohnheiten des Essens, Schlafens, Entspannens und Arbeitens maßvoll ist, kann alle materiellen Leiden lindern, indem er das yoga-System praktiziert.

ERLÄUTERUNG: Ein Übermaß an Essen, Schlaf, Verteidigung und Geschlechtsverkehr – was Bedürfnisse des Körpers sind – kann den Fortschritt auf dem Pfad des *yoga* behindern. Was das Essen betrifft, so kann es nur reguliert sein, wenn man es gewohnt ist, *prasādam,* geheiligte Nahrung, zu sich zu nehmen. Wie in der *Bhagavad-gītā* (9.26) beschrieben wird, kann man Śrī Kṛṣṇa Gemüse, Blumen, Früchte, Getreide, Milch usw. opfern. Auf diese Weise wird ein Mensch im Kṛṣṇa-Bewußtsein automatisch geschult, nichts zu sich zu nehmen, was nicht für die Ernährung des Menschen bestimmt ist und sich nicht in der Kategorie der Tugend befindet. Was das Schlafen betrifft, so ist ein Gottgeweihter immer sehr begierig, seine Pflichten im Kṛṣṇa-Bewußtsein zu erfüllen, und deshalb sieht er jede unnötig verschlafene Zeit als großen Verlust an. Für einen Kṛṣṇa-bewußten Menschen ist es unerträglich, auch nur eine Minute seines Lebens verstreichen zu lassen, ohne im Dienste Kṛṣṇas beschäftigt zu sein *(avyartha-kālātvam).* Deshalb beschränkt er seinen Schlaf auf ein Mindestmaß. Sein Vorbild in dieser Hinsicht ist Śrīla Rūpa Gosvāmī, der ständig im Dienste Kṛṣṇas beschäftigt war und nicht länger als zwei Stunden täglich schlafen konnte, und manchmal nicht einmal das. Und Ṭhākura Haridāsa dachte nicht daran, *prasādam* zu sich zu nehmen oder auch nur für einen Augenblick zu schlafen, bevor er nicht täglich auf seiner Gebetskette dreihunderttausendmal den Heiligen Namen gechantet hatte. Was Arbeit betrifft, so tut ein Kṛṣṇa-bewußter Mensch nichts, was nicht mit dem Interesse Kṛṣṇas verbunden ist, und daher sind seine Tätigkeiten immer reguliert und unberührt von Sinnenbefriedigung. Da jemand, der Kṛṣṇa-bewußt ist, kein Interesse an Sinnenbefriedigung hat, gibt es für ihn auch keinen materiellen Müßiggang. Und da er in seinem Handeln, Sprechen, Schlafen, Wachsein und allen anderen körperlichen Tätigkeiten reguliert ist, gibt es für ihn kein materielles Leid.

Vers 18 यदा विनियतं चित्तमात्मन्येवावतिष्ठते ।
निस्पृहः सर्वकामेभ्यो युक्त इत्युच्यते तदा ॥१८॥

yadā viniyataṁ cittam ātmany evāvatiṣṭhate
nispṛhaḥ sarva-kāmebhyo yukta ity ucyate tadā

yadā – wenn; *viniyatam* – beherrscht im besonderen; *cittam* – den Geist und dessen Tätigkeiten; *ātmani* – in der Transzendenz; *eva* – gewiß; *avatiṣṭhate* – wird verankert; *nispṛhaḥ* – frei von Wünschen; *sarva* – für alle Arten von; *kāmebhyaḥ* – materielle Sinnenbefriedigung; *yuktaḥ* – im *yoga* fest verankert; *iti* – auf diese Weise; *ucyate* – man sagt, er sei; *tadā* – zu dieser Zeit.

Wenn der yogī durch das Praktizieren von yoga die Tätigkeiten seines Geistes zügelt und sich auf die Ebene der Transzendenz erhebt – frei von materiellen Wünschen – , sagt man von ihm, er sei im yoga fest verankert.

ERLÄUTERUNG: Die Tätigkeiten eines *yogī* unterscheiden sich von denen eines gewöhnlichen Menschen dadurch, daß er alle Arten materieller Wünsche, von denen Sexualität an erster Stelle steht, aufgegeben hat. Ein vollkommener *yogī* vermag die Tätigkeit seines Geistes so sehr zu beherrschen, daß er nicht mehr von materiellen Wünschen gestört werden kann. Wie es im *Śrīmad-Bhāgavatam* (9.4.18–20) heißt, erreichen diejenigen, die sich im Kṛṣṇa-Bewußtsein betätigen, automatisch diese Stufe der Vollkommenheit:

sa vai manaḥ kṛṣṇa-padāravindayor
vacāṁsi vaikuṇṭha-guṇānuvarṇane
karau harer mandira-mārjanādiṣu
śrutiṁ cakārācyuta-sat-kathodaye

mukunda-liṅgālaya-darśane dṛśau
tad-bhṛtya-gātra-sparśe 'ṅga-saṅgamam
ghrāṇaṁ ca tat-pāda-saroja-saurabhe
śrīmat-tulasyā rasanāṁ tad-arpite

pādau hareḥ kṣetra-padānusarpaṇe
śiro hṛṣīkeśa-padābhivandane
kāmaṁ ca dāsye na tu kāma-kāmyayā
yathottama-śloka-janāśrayā ratiḥ

„König Ambarīṣa richtete als erstes seinen Geist auf die Lotosfüße Śrī Kṛṣṇas; dann beschäftigte er seine Worte damit, die transzendentalen Eigenschaften des Herrn zu beschreiben; mit seinen Händen wischte er den Tempel des Herrn; mit seinen Ohren hörte er über die Taten und

Spiele des Herrn; mit seinen Augen betrachtete er die transzendentalen Formen des Herrn; mit seinem Körper berührte er die Körper der Gottgeweihten; mit seinem Geruchssinn roch er den Duft der Lotosblumen, die dem Herrn geopfert worden waren; mit seiner Zunge kostete er das *tulasī*-Blatt, das den Lotosfüßen des Herrn dargebracht worden war; mit seinen Beinen ging er zu den Pilgerstätten und zu den Tempeln des Herrn; er verneigte sein Haupt, um dem Herrn Ehrerbietungen darzubringen, und seine Wünsche beschäftigte er darin, die Mission des Herrn zu erfüllen. All diese transzendentalen Tätigkeiten sind einem reinen Gottgeweihten angemessen."

Diese transzendentale Stufe mag den Unpersönlichkeitsanhängern unbeschreiblich erscheinen, aber für einen Gottgeweihten im Kṛṣṇa-Bewußtsein wird dies etwas sehr Leichtes und Praktisches, wie aus der obigen Beschreibung der Tätigkeiten Mahārāja Ambarīṣas hervorgeht. Für jemanden, dessen Geist nicht in die ständige Erinnerung an die Lotosfüße des Herrn vertieft ist, sind solche transzendentalen Tätigkeiten nicht praktisch. Im hingebungsvollen Dienst werden deshalb alle Sinne im Dienst des Herrn verwendet, und diese vorgeschriebenen Tätigkeiten heißen *arcana.* Die Sinne und der Geist müssen immer aktiv sein; sie einfach zu verneinen ist nicht möglich. Der vollkommene Vorgang, um die transzendentale Stufe zu erreichen, die hier in der *Bhagavad-gītā* als *yukta* bezeichnet wird, besteht deshalb für alle Menschen – und insbesondere für diejenigen, die nicht im Stand der Entsagung leben – darin, die Sinne und den Geist, wie oben beschrieben wurde, im transzendentalen Dienst des Herrn zu beschäftigen.

Vers 19 यथा दीपो निवातस्थो नेङ्गते सोपमा स्मृता ।
योगिनो यतचित्तस्य युञ्जतो योगमात्मनः ॥१९॥

yathā dīpo nivāta-stho neṅgate sopamā smṛtā
yogino yata-cittasya yuñjato yogam ātmanaḥ

yathā – wie; *dīpaḥ* – eine Lampe; *nivāta-sthaḥ* – an einem Ort ohne Wind; *na* – nicht; *iṅgate* – flackert; *sā* – dieser; *upamā* – Vergleich; *smṛtā* – wird betrachtet; *yoginaḥ* – des *yogī; yata-cittasya* – dessen Geist beherrscht ist; *yuñjataḥ* – ständig beschäftigt; *yogam* – in Meditation; *ātmanaḥ* – über die Transzendenz.

So wie ein Licht an einem windstillen Ort nicht flackert, bleibt auch der Transzendentalist, dessen Geist beherrscht ist, in seiner Meditation über das transzendente Selbst immer stetig.

ERLÄUTERUNG: Ein wahrhaft Kṛṣṇa-bewußter Mensch, der immer in der Transzendenz verankert ist und ununterbrochen und ungestört über seinen verehrungswürdigen Herrn meditiert, ist so beständig wie ein Licht an einem windstillen Ort.

Vers 20–23

यत्रोपरमते चित्तं निरुद्धं योगसेवया ।
यत्र चैवात्मनात्मानं पश्यन्नात्मनि तुष्यति ॥२०॥

सुखमात्यन्तिकं यत्तद् बुद्धिग्राह्यमतीन्द्रियम् ।
वेत्ति यत्र न चैवायं स्थितश्चलति तत्त्वतः ॥२१॥

यं लब्ध्वा चापरं लाभं मन्यते नाधिकं ततः ।
यस्मिन् स्थितो न दुःखेन गुरुणापि विचाल्यते ॥२२॥

तं विद्याद् दुःखसंयोगवियोगं योगसंज्ञितम् ॥२३॥

yatroparamate cittaṁ niruddhaṁ yoga-sevayā
yatra caivātmanātmānaṁ paśyann ātmani tuṣyati

sukham ātyantikaṁ yat tad buddhi-grāhyam atīndriyam
vetti yatra na caivāyaṁ sthitaś calati tattvataḥ

yaṁ labdhvā cāparaṁ lābhaṁ manyate nādhikaṁ tataḥ
yasmin sthito na duḥkhena guruṇāpi vicālyate

taṁ vidyād duḥkha-saṁyoga- viyogaṁ yoga-saṁjñitam

yatra – in diesem Zustand, in dem; *uparamate* – aufhören (weil man transzendentales Glück erfährt); *cittam* – Tätigkeiten des Geistes; *niruddham* – von Materie zurückgezogen; *yoga-sevayā* – durch Ausübung von *yoga; yatra* – in diesem; *ca* – auch; *eva* – gewiß; *ātmanā* – durch den reinen Geist; *ātmānam* – das Selbst; *paśyan* – die Position erkennend von; *ātmani* – im Selbst; *tuṣyati* – man wird zufrieden; *sukham* – Glück; *ātyantikam* – höchstes; *yat* – welches; *tat* – das; *buddhi* – durch Intelligenz; *grāhyam* – zugänglich; *atīndriyam* – transzendental; *vetti* – man kennt; *yatra* – worin; *na* – niemals; *ca* – auch; *eva* – gewiß; *ayam* – er; *sthitaḥ* – verankert; *calati* – bewegt sich; *tattvataḥ* – von der Wahrheit; *yam* – das, was; *labdhvā* – durch Erlangen; *ca* – auch; *aparam* – irgendeinen anderen; *lābham* – Gewinn; *manyate* – betrachtet; *na* – niemals; *adhikam* – mehr; *tataḥ* – als dies; *yasmin* – in dem; *sthitaḥ* – verankert sein; *na* – niemals; *duḥkhena* – von Leiden; *guruṇā api* – obwohl sehr schwierig; *vicālyate* – wird erschüttert; *tam* – dies; *vidyāt* – du mußt wissen; *duḥkha-saṁyoga* – der Leiden, die aus der Berührung mit Materie entstehen; *viyogam* – Beendigung; *yoga-saṁjñitam* – Trance in *yoga* genannt.

Auf der Stufe der Vollkommenheit, die Trance oder samādhi genannt wird, ist der Geist durch das Praktizieren von yoga vollständig von allen materiellen mentalen Tätigkeiten gelöst. Diese Vollkommenheit ist dadurch charakterisiert, daß man die Fähigkeit erlangt, durch den reinen Geist das Selbst zu sehen und im Selbst Freude und Zufriedenheit zu genießen. In diesem freudvollen Zustand erfährt man grenzenloses transzendentales Glück, das durch transzendentale Sinne wahrgenommen wird. So verankert, weicht man niemals von der Wahrheit ab, und wenn man diese Stufe erreicht hat, ist man überzeugt, daß es keinen größeren Gewinn gibt. In einer solchen Stellung gerät man niemals, nicht einmal inmitten der größten Schwierigkeiten, ins Wanken. Dies ist in der Tat wirkliche Freiheit von allen Leiden, die aus der Berührung mit der Materie entstehen.

ERLÄUTERUNG: Durch das Praktizieren von *yoga* löst man sich allmählich von materiellen Vorstellungen. Das ist das Hauptmerkmal des *yoga*-Prinzips. Nach dieser Stufe erreicht man die Stufe der Trance (*samādhi*), was bedeutet, daß der *yogī* durch seinen transzendentalen Geist und seine transzendentale Intelligenz die Überseele erkennt, ohne jedoch dem Irrtum zu unterliegen, das Selbst mit dem Überselbst gleichzusetzen. Der Pfad des *yoga* basiert mehr oder weniger auf den Prinzipien des Patañjali-Systems. Einige unautorisierte Kommentatoren versuchen zu erklären, die individuelle Seele sei mit der Überseele identisch, und die Monisten glauben, dies zu verwirklichen sei Befreiung. Doch dadurch beweisen sie, daß sie den eigentlichen Zweck von Patañjalis *yoga*-System nicht kennen. Im Patañjali-System ist transzendentale Glückseligkeit ein gültiges Prinzip, doch die Monisten erkennen diese transzendentale Glückseligkeit nicht an, weil sie befürchten, dadurch die Theorie des Einsseins in Frage zu stellen. Die Dualität von Wissen und Wissendem wird von den Nichtdualisten verneint, doch im vorliegenden Vers wird erklärt, daß transzendentale Freude – erfahren durch transzendentale Sinne – existiert. Und das wird auch von Patañjali Muni, dem berühmten Vertreter des *yoga*-Systems, bestätigt. Der große Weise erklärt in seinen *Yoga-sūtras* (4.34): *puruṣārtha-śūnyānāṁ guṇānāṁ pratiprasavaḥ kaivalyaṁ svarūpa-pratiṣṭhā vā citi-śaktir iti.*

Diese *citi-śakti,* die innere Energie, ist transzendental. *Puruṣārtha* bezieht sich auf materielle Religiosität, wirtschaftliche Entwicklung, Sinnenbefriedigung und am Ende den Versuch, mit dem Höchsten eins zu werden. Dieses „Einssein mit dem Höchsten“ wird von den Monisten *kaivalyam* genannt. Laut Patañjali aber ist dieses *kaivalyam* eine innere, transzendentale Energie, durch die sich das Lebewesen seiner wesensgemäßen Stellung bewußt wird. Diesen Vorgang nannte Śrī Caitanya *ceto-darpaṇa-mārjanam,* das Reinigen des unreinen Spiegels des Geistes. Diese „Reinigung" ist die wahre Befreiung (*bhava-mahā-dāvāgni-nirvāpaṇam*). Die Theorie des *nirvāṇa* – ebenfalls eine vorbereitende Erkenntnis – stimmt mit diesem Prinzip überein. Im *Bhāgavatam* (2.10.6) wird dies *svarūpeṇa vyavasthitiḥ* genannt, und hier im vorliegenden Vers wird dasselbe von der *Bhagavad-gītā* bestätigt.

Nach dem *nirvāṇa,* der Beendigung des materiellen Daseins, erreicht das Lebewesen die Ebene, auf der es spirituelle Tätigkeiten ausführt, das heißt die Ebene des Kṛṣṇa-Bewußtseins, des hingebungsvollen Dienstes für den Herrn. *Svarūpeṇa vyavasthitiḥ:* Hier erst beginnt „das wirkliche Leben des Lebewesens", um es mit den Worten des *Bhāgavatam* auszudrücken. *Māyā,* Illusion, ist der Zustand, in dem das spirituelle Leben von materieller Verunreinigung bedeckt wird. Befreiung von diesem materiellen Einfluß bedeutet jedoch nicht, daß die ursprüngliche, ewige Stellung des Lebewesens vernichtet wird. Damit stimmt auch Patañjali überein: *kaivalyaṁ svarūpa-pratiṣṭhā vā citi-śaktir iti.* Diese *citi-śakti,* die transzendentale Freude, ist wahres Leben. Im *Vedānta-sūtra* (1.1.12) wird dies mit den Worten *ānanda-mayo 'bhyāsāt* bestätigt. Diese natürliche transzendentale Freude ist das endgültige Ziel des *yoga,* und dieses Ziel wird durch hingebungsvollen Dienst, *bhakti-yoga,* leicht erreicht. *Bhakti-yoga* wird im Siebten Kapitel der *Bhagavad-gītā* eingehend beschrieben.

In dem *yoga*-System, wie es in diesem Kapitel beschrieben wird, gibt es zwei Arten von *samādhi: samprajñāta-samādhi* und *asamprajñāta-samādhi.* Wenn man die transzendentale Position mittels philosophischen Forschens erreicht, wird dies *samprajñāta-samādhi* genannt. Im *asamprajñāta-samādhi* hat man keine Verbindung mehr mit weltlichen Freuden, denn auf dieser Stufe hat man alle Arten von Glück, das durch die Sinne erfahren wird, transzendiert. Wenn der *yogī* einmal in dieser transzendentalen Position verankert ist, kommt er niemals zu Fall. Nur wenn ein *yogī* imstande ist, diese Position zu erreichen, ist seine Bemühung erfolgreich. Der sogenannte *yoga* unserer heutigen Zeit, bei dem alle möglichen Sinnesfreuden erlaubt sind, ist in sich selbst widersprüchlich. Ein *yogī,* der Sex und Drogen genießt, ist ein Witz. Selbst jene *yogīs,* die auf dem Pfad des *yoga* nach *siddhis* (mystischen Kräften) streben, können nicht als vollkommen bezeichnet werden. Wenn sich die *yogīs* von den Nebenerscheinungen des *yoga* verlocken lassen, sind sie nicht imstande, die Stufe der Vollkommenheit, wie sie in diesem Vers beschrieben wird, zu erreichen. Menschen, die ihre Zeit mit der Zurschaustellung gymnastischer Kunststücke oder *siddhis* vergeuden, sollten wissen, daß ihnen auf diese Weise das Ziel des *yoga* entgeht.

Der beste Vorgang, in diesem Zeitalter *yoga* zu praktizieren, ist Kṛṣṇa-Bewußtsein, bei dem es keine Enttäuschung gibt. Ein Kṛṣṇa-bewußter Mensch ist in seiner Beschäftigung so glücklich, daß er kein anderes Glück begehrt. Beim Praktizieren von *haṭha-yoga, dhyāna-yoga* und *jñāna-yoga* gibt es, vor allem im gegenwärtigen Zeitalter der Heuchelei, viele Hindernisse, doch wenn man *karma-yoga* oder *bhakti-yoga* ausübt, kennt man solche Probleme nicht.

Solange der materielle Körper existiert, muß man sich mit den Bedürfnissen des Körpers, nämlich Essen, Schlafen, Verteidigung und Fortpflanzung, auseinandersetzen. Aber wenn ein Mensch im reinen *bhakti-yoga,* im Kṛṣṇa-Bewußtsein, diese Bedürfnisse des Körpers erfüllt, so tut er dies nicht, um seine Sinne zu genießen. Vielmehr beschränkt er sich einfach auf die grundlegendsten Lebensnotwendigkeiten, um das Beste aus einem schlechten Geschäft zu machen, und genießt transzendentales Glück im Kṛṣṇa-Bewußtsein. Er ist immer mit Entschlossenheit bemüht, seine Pflichten im *bhakti-yoga,* im Kṛṣṇa-Bewußtsein, zu erfüllen, und läßt sich dabei von unverhofften Ereignissen wie Unfällen, Krankheiten, Nöten und selbst dem Tod eines geliebten Verwandten nicht berühren. Unglücksfälle hindern ihn niemals an der Erfüllung seiner Pflicht. In der *Bhagavad-gītā* (2.14) heißt es: *āgamāpāyino 'nityās tāṁs titikṣasva bhārata.* Er erduldet all diese unerwarteten Ereignisse, weil er weiß, daß sie kommen und gehen und seine Pflichten nicht beeinflussen. Auf diese Weise erreicht er die höchste Vollkommenheit im *yoga.*

Vers 24 स निश्चयेन योक्तव्यो योगोऽनिर्विण्णचेतसा ।
सङ्कल्पप्रभवान् कामांस्त्यक्त्वा सर्वानशेषतः ।
मनसैवेन्द्रियग्रामं विनियम्य समन्ततः ॥२४॥

sa niścayena yoktavyo yogo 'nirviṇṇa-cetasā
saṅkalpa-prabhavān kāmāṁs tyaktvā sarvān aśeṣataḥ
manasaivendriya-grāmaṁ viniyamya samantataḥ

saḥ – dieses; *niścayena* – mit überzeugter Entschlossenheit; *yoktavyaḥ* – muß praktiziert werden; *yogaḥ* – *yoga*-System; *anirviṇṇa-cetasā* – ohne Abweichung; *saṅkalpa* – gedankliche Spekulation; *prabhavān* – geboren aus; *kāmān* – materielle Wünsche; *tyaktvā* – aufgebend; *sarvān* –

alle; *aśeṣataḥ* – vollständig; *manasā* – durch den Geist; *eva* – gewiß; *indriya-grāmam* – die Gesamtheit der Sinne; *viniyamya* – regulierend; *samantataḥ* – von allen Seiten.

Man sollte yoga mit Entschlossenheit und Glauben praktizieren und nicht vom Pfad abweichen. Man sollte alle materiellen Wünsche, die aus gedanklicher Spekulation entstehen, ohne Ausnahme aufgeben und so alle Sinne von allen Seiten durch den Geist beherrschen.

ERLÄUTERUNG: Wer *yoga* praktiziert, sollte diesen Vorgang entschlossen und geduldig ausführen, ohne davon abzuweichen. Man sollte vom letztlichen Erfolg überzeugt sein und diesem Pfad mit großer Ausdauer folgen, ohne sich entmutigen zu lassen, wenn sich nicht sogleich Erfolg einstellt. Jedem, der strikt den Anweisungen folgt, ist Erfolg garantiert. Bezüglich *bhakti-yoga* sagt Rūpa Gosvāmī:

utsāhān niścayād dhairyāt tat-tat-karma-pravartanāt
saṅga-tyāgāt sato vṛtteḥ ṣaḍbhir bhaktiḥ prasidhyati

„Wenn man den Vorgang des *bhakti-yoga* mit voller Begeisterung, Ausdauer und Entschlossenheit ausführt, den vorgeschriebenen Pflichten in der Gemeinschaft von Gottgeweihten folgt und ausschließlich in Tugend handelt, ist einem der Erfolg gewiß." (*Upadeśāmṛta* 3)

Was Entschlossenheit betrifft, so sollte man dem Beispiel des Sperlingsweibchens folgen, das seine Eier in den Wellen des Ozeans verlor. Ein Sperlingsweibchen hatte seine Eier an das Ufer des Ozeans gelegt, aber der große Ozean trug die Eier auf seinen Wellen davon. Der kleine Vogel war sehr aufgeregt und bat den Ozean, die Eier zurückzugeben. Der Ozean jedoch beachtete ihn nicht einmal. Darauf entschloß sich der Sperling, den Ozean zu leeren und auszutrocknen. Er begann, mit seinem kleinen Schnabel Wasser zu schöpfen, und jeder lachte über seine unmögliche Entschlossenheit. Die Nachricht von seinem Vorhaben verbreitete sich rasch, und schließlich hörte auch Garuḍa, der gigantische, gefiederte Träger Viṣṇus, davon. Er bekam Mitleid mit seiner kleinen Vogelschwester, und so kam er persönlich herbei. Als er die Entschlossenheit des kleinen Sperlings sah, war er sehr erfreut und versprach, ihm zu helfen. Garuḍa befahl dem Ozean, die Eier zurückzugeben, und drohte, andernfalls selbst die Arbeit des Sperlings zu übernehmen. Der Ozean erschrak sehr und gab die Eier sogleich zurück. So wurde der Sperling durch die Gnade Garuḍas zufrieden und glücklich.

In ähnlicher Weise mag das Praktizieren von *yoga,* besonders von *bhakti-yoga* im Kṛṣṇa-Bewußtsein, sehr schwierig erscheinen, doch wenn man den Prinzipien mit großer Entschlossenheit folgt, wird einem der Herr mit Sicherheit helfen, denn: Hilf dir selbst, so hilft dir Gott.

Vers 25 शनैः शनैरुपरमेद् बुद्ध्या धृतिगृहीतया ।
आत्मसंस्थं मनः कृत्वा न किञ्चिदपि चिन्तयेत् ॥२५॥

śanaiḥ śanair uparamed buddhyā dhṛti-gṛhītayā
ātma-saṁsthaṁ manaḥ kṛtvā na kiñcid api cintayet

śanaiḥ – allmählich; *śanaiḥ* – Schritt für Schritt; *uparamet* – man sollte zurückhalten; *buddhyā* – durch Intelligenz; *dhṛti-gṛhītayā* – von Überzeugung gestützt; *ātma-saṁstham* – auf die Transzendenz gerichtet; *manaḥ* – Geist; *kṛtvā* – machend; *na* – nicht; *kiñcit* – irgend etwas anderes; *api* – sogar; *cintayet* – sollte denken an.

Allmählich, Schritt für Schritt, sollte man mit Hilfe der Intelligenz, gestützt von voller Überzeugung, in Trance versinken, und so sollte der Geist allein auf das Selbst gerichtet werden und an nichts anderes denken.

ERLÄUTERUNG: Durch echte Überzeugung und Intelligenz sollte man allmählich die Tätigkeiten der Sinne einstellen. Das nennt man *pratyāhāra.* Wenn der Geist durch Überzeugung, Meditation und Loslösung von den Sinnen beherrscht ist, sollte er in *samādhi* (Trance) versinken. Dann besteht keine Gefahr mehr, in die materielle Lebensauffassung zurückzufallen. Mit anderen Worten, obwohl man mit der Materie zu tun hat, solange der materielle Körper existiert, sollte man nicht an die Befriedigung der Sinne denken. Man sollte an keine andere Freude denken als an die Freude des Höchsten Selbst. Dieser Zustand wird leicht erreicht, wenn man direkt Kṛṣṇa-Bewußtsein praktiziert.

Vers 26 यतो यतो निश्चलति मनश्चञ्चलमस्थिरम् ।
ततस्ततो नियम्यैतदात्मन्येव वशं नयेत् ॥२६॥

yato yato niścalati manaś cañcalam asthiram
tatas tato niyamyaitad ātmany eva vaśaṁ nayet

yataḥ yataḥ – wohin auch immer; *niścalati* – wird sehr aufgewühlt; *manaḥ* – der Geist; *cañcalam* – flatterhaft; *asthiram* – unstet; *tataḥ*

tataḥ – von dort; *niyamya* – regulierend; *etat* – diesen; *ātmani* – im Selbst; *eva* – gewiß; *vaśam* – Herrschaft; *nayet* – man muß bringen unter.

Wohin auch immer der Geist aufgrund seiner flatterhaften und unsteten Natur wandert, man muß ihn auf jeden Fall zurückziehen und wieder unter die Herrschaft des Selbst bringen.

ERLÄUTERUNG: Der Geist ist von Natur aus flatterhaft und unstet. Ein selbstverwirklichter *yogī* jedoch muß den Geist beherrschen; der Geist sollte nicht ihn beherrschen. Wer den Geist beherrscht (und damit auch die Sinne), wird *gosvāmī* oder *svāmī* genannt, und wer vom Geist beherrscht wird, wird *go-dāsa,* Diener der Sinne, genannt. Ein *gosvāmī* weiß, was wahre Sinnenfreude ist, nämlich Sinnenfreude auf der transzendentalen Ebene, auf der die Sinne im Dienste Hṛṣīkeśas, Kṛṣṇas, des höchsten Besitzers der Sinne, beschäftigt sind. Kṛṣṇa mit geläuterten Sinnen zu dienen wird Kṛṣṇa-Bewußtsein genannt. Dies ist der Vorgang, um die Sinne völlig unter Kontrolle zu bringen, und darüber hinaus ist es auch die höchste Vollkommenheit des *yoga.*

Vers 27 प्रशान्तमनसं ह्येनं योगिनं सुखमुत्तमम् ।
उपैति शान्तरजसं ब्रह्मभूतमकल्मषम् ॥२७॥

praśānta-manasaṁ hy enaṁ yoginaṁ sukham uttamam
upaiti śānta-rajasaṁ brahma-bhūtam akalmaṣam

praśānta – friedvoll, auf die Lotosfüße Kṛṣṇas gerichtet; *manasam* – dessen Geist; *hi* – wahrlich; *enam* – dieser; *yoginam* – *yogī; sukham* – Glück; *uttamam* – das höchste; *upaiti* – erreicht; *śānta-rajasam* – seine Leidenschaft beruhigt; *brahma-bhūtam* – Befreiung durch Identifikation mit dem Absoluten; *akalmaṣam* – befreit von allen vergangenen sündhaften Reaktionen.

Der yogī, dessen Geist auf Mich gerichtet ist, erreicht wahrlich die höchste Vollkommenheit transzendentalen Glücks. Er befindet sich jenseits der Erscheinungsweise der Leidenschaft, er erkennt seine qualitative Gleichheit mit dem Höchsten, und so ist er von allen Reaktionen auf vergangene Taten befreit.

ERLÄUTERUNG: *Brahma-bhūta* ist der Zustand, in dem man von materieller Verunreinigung frei ist und sich im transzendentalen Dienst des Herrn beschäftigt. *Mad-bhaktiṁ labhate parām* (*Bg.* 18.54). Man kann nicht auf der Ebene des Brahman, des Absoluten, bleiben, solange der Geist nicht fest auf die Lotosfüße des Herrn gerichtet ist. *Sa vai manaḥ kṛṣṇa-padāravindayoḥ.* Immer im transzendentalen liebevollen Dienst des Herrn beschäftigt zu sein, das heißt im Kṛṣṇa-Bewußtsein zu leben, ist Befreiung von der Erscheinungsweise der Leidenschaft und aller materiellen Verunreinigung.

Vers 28 युञ्जन्नेवं सदात्मानं योगी विगतकल्मषः ।
सुखेन ब्रह्मसंस्पर्शमत्यन्तं सुखमश्नुते ॥२८॥

yuñjann evaṁ sadātmānaṁ yogī vigata-kalmaṣaḥ
sukhena brahma-saṁsparśam atyantaṁ sukham aśnute

yuñjan – sich im *yoga* beschäftigend; *evam* – auf diese Weise; *sadā* – immer; *ātmānam* – das Selbst; *yogī* – jemand, der mit dem Höchsten Selbst in Berührung ist; *vigata* – befreit von; *kalmaṣaḥ* – aller materiellen Verunreinigung; *sukhena* – in transzendentalem Glück; *brahma-saṁsparśam* – immer mit dem Höchsten in Berührung; *atyantam* – das höchste; *sukham* – Glück; *aśnute* – erreicht.

Auf diese Weise wird der selbstbeherrschte yogī, der ununterbrochen in den Vorgang des yoga vertieft ist, von aller materiellen Verunreinigung frei und erreicht die höchste Stufe vollkommenen Glücks im transzendentalen liebevollen Dienst des Herrn.

ERLÄUTERUNG: Selbstverwirklichung bedeutet, seine wesensgemäße Stellung in Beziehung zum Höchsten zu kennen. Die individuelle Seele ist ein winziger Teil des Höchsten, und es ist ihre Stellung, dem Herrn transzendentalen Dienst darzubringen. Dieser transzendentale Kontakt mit dem Höchsten wird *brahma-saṁsparśa* genannt.

Vers 29 सर्वभूतस्थमात्मानं सर्वभूतानि चात्मनि ।
ईक्षते योगयुक्तात्मा सर्वत्र समदर्शनः ॥२९॥

sarva-bhūta-stham ātmānaṁ sarva-bhūtāni cātmani
īkṣate yoga-yuktātmā sarvatra sama-darśanaḥ

sarva-bhūta-stham – in allen Wesen gegenwärtig; *ātmānam* – die Überseele; *sarva* – alle; *bhūtāni* – Lebewesen; *ca* – auch; *ātmani* – im

Selbst; *īkṣate* – sieht; *yoga-yukta-ātmā* – jemand, der fest mit Kṛṣṇa-Bewußtsein verbunden ist; *sarvatra* – überall; *sama-darśanaḥ* – sieht ohne Unterschied.

Ein wahrer yogī sieht Mich in allen Wesen und sieht auch jedes Wesen in Mir. Wahrlich, die selbstverwirklichte Seele sieht Mich, denselben Höchsten Herrn, überall.

ERLÄUTERUNG: Ein Kṛṣṇa-bewußter *yogī* hat die vollkommene Sicht, da er Kṛṣṇa, den Höchsten, im Herzen eines jeden als Überseele (Paramātmā) wahrnimmt. *Īśvaraḥ sarva-bhūtānāṁ hṛd-deśe 'rjuna tiṣṭhati.* Der Herr in Seinem Paramātmā-Aspekt befindet Sich sowohl im Herzen eines Hundes als auch im Herzen eines *brāhmaṇa.* Der vollkommene *yogī* weiß, daß der Herr ewig transzendental ist und nicht von der Materie berührt wird, auch wenn Er im Herzen eines Hundes oder eines *brāhmaṇa* gegenwärtig ist. Dies ist die höchste Neutralität des Herrn. Auch die individuelle Seele befindet sich im individuellen Herzen, aber sie ist nicht in allen Herzen gegenwärtig. Das ist der Unterschied zwischen der individuellen Seele und der Überseele. Jemand, der nicht tatsächlich *yoga* praktiziert, hat keine solche klare Sicht. Ein Kṛṣṇa-bewußter Mensch kann Kṛṣṇa überall sehen, sowohl im Herzen eines Gläubigen als auch im Herzen eines Ungläubigen. In der *smṛti* wird dies wie folgt bestätigt: *ātatatvāc ca mātṛtvāc ca ātmā hi paramo hariḥ.* Weil der Herr der Ursprung aller Lebewesen ist, ist Er wie eine Mutter, die für all diese Lebewesen sorgt. Ebenso wie die Mutter all ihren verschiedenen Kindern gleichgesinnt ist, so ist es auch der höchste Vater (bzw. die höchste Mutter), und deshalb ist die Überseele immer in jedem Lebewesen gegenwärtig.

Andererseits befindet sich auch jedes Lebewesen in Kṛṣṇa, nämlich in Seiner Energie. Wie im Siebten Kapitel erklärt wird, hat der Herr grundsätzlich zwei Energien – die spirituelle (oder höhere) und die materielle (oder niedere) Energie. Obwohl das Lebewesen ein Teil der höheren Energie ist, wird es von der niederen Energie bedingt; aber in jedem Fall befindet sich das Lebewesen immer in der Energie des Herrn. Jedes Lebewesen befindet sich also auf die eine oder andere Weise in Ihm.

Der *yogī* sieht alle Lebewesen mit gleichen Augen, denn er sieht, daß sie unter allen Umständen Diener Gottes sind, wenngleich sie sich je nach den Ergebnissen ihrer fruchtbringenden Arbeit in verschiedenen Situationen befinden mögen. Während sich das Lebewesen in der materiellen Energie befindet, dient es den materiellen Sinnen, und wenn es sich in der spirituellen Energie befindet, dient es direkt dem Höchsten Herrn. In beiden Fällen aber ist das Lebewesen der Diener Gottes. Diese Sicht der Gleichheit findet in einem Kṛṣṇa-bewußten Menschen ihre Vollkommenheit.

Vers 30 यो मां पश्यति सर्वत्र सर्वं च मयि पश्यति ।
तस्याहं न प्रणश्यामि स च मे न प्रणश्यति ॥३०॥

yo māṁ paśyati sarvatra sarvaṁ ca mayi paśyati
tasyāhaṁ na praṇaśyāmi sa ca me na praṇaśyati

yaḥ – jeder, der; *mām* – Mich; *paśyati* – sieht; *sarvatra* – überall; *sarvam* – alles; *ca* – und; *mayi* – in Mir; *paśyati* – sieht; *tasya* – für ihn; *aham* – Ich; *na* – nicht; *praṇaśyāmi* – bin verloren; *saḥ* – er; *ca* – auch; *me* – für Mich; *na* – und nicht; *praṇaśyati* – ist verloren.

Jemand, der Mich überall sieht und alles in Mir sieht, ist niemals von Mir getrennt, und Ich bin niemals von ihm getrennt.

ERLÄUTERUNG: Ein Mensch im Kṛṣṇa-Bewußtsein sieht Kṛṣṇa zweifellos überall, und er sieht alles in Kṛṣṇa. Es mag erscheinen, als sehe ein solcher Mensch die verschiedenen Formen der materiellen Natur als getrennte Manifestationen, doch in jedem Fall ist er sich immer über Kṛṣṇa bewußt, da er weiß, daß alles eine Manifestation von Kṛṣṇas Energie ist. Nichts kann ohne Kṛṣṇa existieren, und Kṛṣṇa ist der Herr aller Dinge – dies ist das Grundprinzip des Kṛṣṇa-Bewußtseins. Kṛṣṇa-Bewußtsein bedeutet, Liebe zu Kṛṣṇa zu entwickeln, was sogar zu materieller Befreiung transzendental ist. Auf dieser Stufe, jenseits von Selbstverwirklichung, wird der Gottgeweihte mit Kṛṣṇa in dem Sinne eins, daß Kṛṣṇa alles für den Gottgeweihten wird und daß der Gottgeweihte von Liebe zu Kṛṣṇa erfüllt wird. Dann besteht zwischen dem Herrn und dem Gottgeweihten eine enge Beziehung. Wenn das Lebewesen diese Stufe erreicht, geht seine Individualität nicht verloren, und die Persönlichkeit Gottes entschwindet niemals seiner Sicht. Mit Kṛṣṇa zu verschmelzen wäre spirituelle Vernichtung. Ein Gottgeweihter nimmt ein solches Risiko nicht auf sich. In der *Brahma-saṁhitā* (5.38) heißt es:

premāñjana-cchurita-bhakti-vilocanena
santaḥ sadaiva hṛdayeṣu vilokayanti
yaṁ śyāmasundaram acintya-guṇa-svarūpaṁ
govindam ādi-puruṣaṁ tam ahaṁ bhajāmi

„Ich verehre Govinda, den urersten Herrn, den derjenige Gottgeweihte, dessen Augen mit dem Balsam der Liebe gesalbt sind, immer in Seiner ewigen Gestalt als Śyāmasundara im Innern seines Herzens sieht."

Auf dieser Stufe entzieht Sich Śrī Kṛṣṇa niemals der Sicht des Gottgeweihten, ebenso wie der Gottgeweihte den Herrn niemals seinem Blick entschwinden läßt. Das gleiche gilt für einen *yogī,* der den Herrn als Paramātmā in seinem Herzen sieht. Ein solcher *yogī* wird zu einem reinen Gottgeweihten und kann es nicht ertragen, auch nur einen Augenblick zu leben, ohne den Herrn in seinem Innern zu sehen.

Vers 31 सर्वभूतस्थितं यो मां भजत्येकत्वमास्थितः ।
सर्वथा वर्तमानोऽपि स योगी मयि वर्तते ॥३१॥

sarva-bhūta-sthitaṁ yo māṁ bhajaty ekatvam āsthitaḥ
sarvathā vartamāno 'pi sa yogī mayi vartate

sarva-bhūta-sthitam – im Herzen aller gegenwärtig; *yaḥ* – er, der; *mām* – Mir; *bhajati* – dient im hingebungsvollen Dienst; *ekatvam* – in Einheit; *āsthitaḥ* – sich befindend; *sarvathā* – in jeder Hinsicht; *vartamānaḥ* – ist gegenwärtig; *api* – trotz; *saḥ* – er; *yogī* – der Transzendentalist; *mayi* – in Mir; *vartate* – bleibt.

Ein solcher yogī, der der Überseele verehrenden Dienst darbringt und weiß, daß Ich und die Überseele eins sind, bleibt unter allen Umständen immer in Mir.

ERLÄUTERUNG: Ein *yogī,* der über die Überseele meditiert, sieht in seinem Innern Viṣṇu, die vollständige Erweiterung Kṛṣṇas, mit vier Händen, die Muschelhorn, Rad, Keule und Lotos halten. Der *yogī* sollte wissen, daß Viṣṇu von Kṛṣṇa nicht verschieden ist. Kṛṣṇa befindet Sich in dieser Form als Überseele in jedem Herzen, und folglich gibt es keinen Unterschied zwischen den unzähligen Überseelen, die im Herzen der unzähligen Lebewesen gegenwärtig sind. Auch besteht kein Unterschied zwischen einem Kṛṣṇa-bewußten Menschen, der ständig im transzendentalen liebevollen Dienst Kṛṣṇas beschäftigt ist, und einem vollkommenen *yogī,* der über die Überseele meditiert. Der *yogī* im Kṛṣṇa-Bewußtsein bleibt immer in Kṛṣṇa verankert, obwohl er im materiellen Dasein mit den unterschiedlichsten Tätigkeiten beschäftigt sein mag. Dies wird im *Bhakti-rasāmṛta-sindhu* (1.2.187) von Śrīla Rūpa Gosvāmī bestätigt: *nikhilāsv apy avasthāsu jīvan-muktaḥ sa ucyate.* Ein Gottgeweihter, der stets im Kṛṣṇa-Bewußtsein handelt, ist automatisch befreit. Im *Nārada Pañcarātra* wird dies folgendermaßen bestätigt:

dik-kālādy-anavacchinne kṛṣṇe ceto vidhāya ca
tan-mayo bhavati kṣipraṁ jīvo brahmaṇi yojayet

„Indem man seine Aufmerksamkeit auf die transzendentale Gestalt Kṛṣṇas richtet, der alldurchdringend ist und Sich jenseits von Raum und Zeit befindet, versinkt man in Gedanken an Kṛṣṇa und erreicht den glücklichen Zustand der transzendentalen Gemeinschaft mit Ihm."

Kṛṣṇa-Bewußtsein ist die höchste Stufe der Trance im *yoga.* Eben dieses Verständnis, daß Kṛṣṇa als Paramātmā im Herzen eines jeden gegenwärtig ist, befreit den *yogī* von allen Unvollkommenheiten. Die *Veden* (*Gopāla-tāpanī Upaniṣad* 1.21) beschreiben diese unbegreifliche Macht des Herrn wie folgt: *eko 'pi san bahudhā yo 'vabhāti.* „Obwohl der Herr eins ist, wird Er zu vielen, indem Er in unzähligen Herzen gegenwärtig ist." Ebenso heißt es in der *smṛti-śāstra:*

eka eva paro viṣṇuḥ sarva-vyāpi na saṁśayaḥ
aiśvaryād rūpam ekaṁ ca sūrya-vat bahudheyate

„Viṣṇu ist eins, und dennoch ist Er alldurchdringend. Durch Seine unvorstellbare Kraft ist er trotz Seiner ungeteilten Form überall gegenwärtig. Wie die Sonne erscheint Er an vielen Orten gleichzeitig."

Vers 32 आत्मौपम्येन सर्वत्र समं पश्यति योऽर्जुन ।
सुखं वा यदि वा दुःखं स योगी परमो मतः ॥३२॥

ātmaupamyena sarvatra samaṁ paśyati yo 'rjuna
sukhaṁ vā yadi vā duḥkhaṁ sa yogī paramo mataḥ

ātma – mit seinem Selbst; *aupamyena* – durch Vergleich; *sarvatra* – überall; *samam* – gleich, ohne Unterschiede; *paśyati* – sieht; *yaḥ* – er, der; *arjuna* – o Arjuna; *sukham* – Glück; *vā* – oder; *yadi* – wenn; *vā* – oder; *duḥkham* – Leid; *saḥ* – solcher; *yogī* – ein Transzendentalist; *paramaḥ* – vollkommen; *mataḥ* – gilt als.

Ein vollkommener yogī ist, wer durch Vergleich mit seinem eigenen Selbst die wahre Gleichheit aller Wesen sieht – sowohl in ihrem Glück als auch in ihrem Leid, o Arjuna.

ERLÄUTERUNG: Wer Kṛṣṇa-bewußt ist, ist ein vollkommener *yogī;* aufgrund seiner eigenen Erfahrung ist er sich des Glücks und Leids eines jeden bewußt. Die Ursache für das Leid eines Lebewesens liegt im Vergessen seiner Beziehung zu Gott. Und die Ursache für sein Glück liegt in dem Wissen, daß Kṛṣṇa der höchste Genießer aller Tätigkeiten des Menschen ist, daß Er der Besitzer aller Länder und Planeten ist und daß Er der aufrichtigste Freund aller Lebewesen ist. Der vollkommene *yogī* weiß, daß das Lebewesen nur deshalb von den Erscheinungsweisen der materiellen Natur bedingt wird und den dreifachen materiellen Leiden unterworfen ist, weil es seine Beziehung zu Kṛṣṇa vergessen hat. Und weil er im Kṛṣṇa-Bewußtsein glücklich ist, versucht er, das Wissen von Kṛṣṇa überall zu verbreiten. Weil der vollkommene *yogī* versucht, andere davon zu überzeugen, wie wichtig es ist, Kṛṣṇa-bewußt zu werden, ist er der größte Wohltäter für die Welt, und er ist der liebste Diener des Herrn. *Na ca tasmān manuṣyeṣu kaścin me priya-kṛttamaḥ* (*Bg.* 18.69). Mit anderen Worten, ein Geweihter des Herrn ist immer um das Wohl aller Lebewesen besorgt, und deshalb ist er wahrhaftig der Freund eines jeden. Er ist der beste *yogī,* denn er bemüht sich nicht nur um Vollkommenheit für sich selbst, sondern auch für alle anderen. Er beneidet seine Mitlebewesen nicht. Hierdurch unterscheidet sich ein reiner Gottgeweihter von einem *yogī,* der nur an seinem eigenen Fortschritt interessiert ist. Der *yogī,* der sich an einen einsamen Ort zurückgezogen hat, um auf vollkommene Weise zu meditieren, hat nicht unbedingt dieselbe Vollkommenheit erreicht wie ein Gottgeweihter, der sein Bestes versucht, um jeden Menschen zum Kṛṣṇa-Bewußtsein zu bringen.

Vers 33 अर्जुन उवाच
योऽयं योगस्त्वया प्रोक्तः साम्येन मधुसूदन ।
एतस्याहं न पश्यामि चञ्चलत्वात्स्थितिं स्थिराम् ॥३३॥

arjuna uvāca
yo 'yaṁ yogas tvayā proktaḥ sāmyena madhusūdana
etasyāhaṁ na paśyāmi cañcalatvāt sthitiṁ sthirām

arjunaḥ uvāca – Arjuna sagte; *yaḥ ayam* – dieses System; *yogaḥ* – Mystik; *tvayā* – von Dir; *proktaḥ* – beschrieben; *sāmyena* – im allgemeinen; *madhu-sūdana* – o Vernichter des Dämons Madhu; *etasya* – von diesen; *aham* – ich; *na* – nicht; *paśyāmi* – sehe; *cañcalatvāt* – weil er ruhelos ist; *sthitim* – Stellung; *sthirām* – fest.

Arjuna sagte: O Madhusūdana, das yoga-System, das Du zusammengefaßt hast, erscheint mir undurchführbar und unerträglich, denn der Geist ist ruhelos und unstet.

ERLÄUTERUNG: Das System der Mystik, das Śrī Kṛṣṇa Arjuna beschrieb, angefangen mit den Worten *śucau deśe* bis zu den Worten *yogī paramaḥ,* wird hier von Arjuna abgelehnt, weil er sich unfähig fühlt, es zu praktizieren. Im gegenwärtigen Zeitalter des Kali ist es einem gewöhnlichen Menschen nicht möglich, sein Heim zu verlassen und sich an einen einsamen Ort in den Bergen oder im Dschungel zurückzuziehen, um dort *yoga* zu praktizieren. Das gegenwärtige Zeitalter ist durch einen erbitterten Kampf um ein kurzes Leben gekennzeichnet. Die Menschen haben kein ernsthaftes Interesse an Selbstverwirklichung, selbst wenn sich ein einfacher und leicht durchführbarer Vorgang anbietet, ganz zu schweigen also von diesem schwierigen *yoga*-System, das strikte Vorschriften für die Lebensgewohnheiten, die Art zu sitzen, die Wahl des Aufenthaltsortes und die Loslösung des Geistes von materiellen Betätigungen mit sich bringt. Als praktisch denkender Mensch hielt Arjuna es für unmöglich, diesem *yoga*-System zu folgen, obwohl er viele hervorragende Eigenschaften besaß. Er gehörte zur königlichen Familie und nahm dank seiner zahlreichen guten Eigenschaften eine hohe Stellung ein. Er war ein großer Krieger, er besaß eine lange Lebensdauer, und vor allem war er der vertrauteste Freund Śrī Kṛṣṇas, der Höchsten Persönlichkeit Gottes. Vor fünftausend Jahren hatte Arjuna also viel bessere Voraussetzungen als wir heute, und dennoch weigerte er sich, diesem *yoga*-System zu folgen. Wir finden nirgendwo in der Geschichte einen Hinweis darauf, daß Arjuna dieses System jemals praktiziert hat. Es muß also als Tatsache angesehen werden, daß es im Zeitalter des Kali allgemein unmöglich ist, dieses System durchzuführen. Natürlich mag es für einige sehr wenige, seltene Menschen möglich sein, doch für die Menschen im allgemeinen ist es ein unmögliches Unterfangen. Wenn dies bereits vor fünftausend Jahren der Fall war, wie sollte es dann heute möglich sein? Diejenigen, die dieses *yoga*-System in verschiedenen sogenannten Schulen und Gesellschaften imitieren, mögen darauf zwar sehr stolz sein, aber in Wirklichkeit verschwenden sie nur ihre Zeit. Sie befinden sich in Unwissenheit über das wirkliche Ziel.

Vers 34 चञ्चलं हि मनः कृष्ण प्रमाथि बलवद् दृढम् ।
तस्याहं निग्रहं मन्ये वायोरिव सुदुष्करम् ॥३४॥

cañcalaṁ hi manaḥ kṛṣṇa pramāthi balavad dṛḍham
tasyāhaṁ nigrahaṁ manye vāyor iva su-duṣkaram

cañcalam – flatterhaft; *hi* – gewiß; *manaḥ* – Geist; *kṛṣṇa* – o Kṛṣṇa; *pramāthi* – erregend; *bala-vat* – kraftvoll; *dṛḍham* – widerspenstig;

tasya – sein; *aham* – ich; *nigraham* – bezwingend; *manye* – ich glaube; *vāyoḥ* – des Windes; *iva* – wie; *su-duṣkaram* – schwierig.

Denn der Geist ist ruhelos, stürmisch, widerspenstig und sehr stark, o Kṛṣṇa, und ihn zu bezwingen erscheint mir schwieriger, als den Wind zu beherrschen.

ERLÄUTERUNG: Der Geist ist so stark und widerspenstig, daß er manchmal die Intelligenz überwältigt, obwohl er eigentlich der Intelligenz untergeordnet sein sollte. Für einen Menschen, der mit den vielen Widerständen des Alltagslebens zu kämpfen hat, ist es zweifellos sehr schwierig, den Geist zu beherrschen. Man kann zwar künstlich versuchen, gegenüber Freund und Feind Gleichmut zu bewahren, doch letzten Endes ist kein weltlicher Mensch dazu in der Lage, da dies schwieriger ist, als den stürmenden Wind zu beherrschen. In den vedischen Schriften (*Kaṭha Upaniṣad* 1.3.3–4) heißt es:

ātmānaṁ rathinaṁ viddhi śarīraṁ ratham eva ca
buddhiṁ tu sārathiṁ viddhi manaḥ pragraham eva ca

indriyāṇi hayān āhur viṣayāṁs teṣu go-carān
ātmendriya-mano-yuktaṁ bhoktety āhur manīṣiṇaḥ

„Das Individuum ist der Reisende im Wagen des materiellen Körpers, und die Intelligenz ist der Fahrer. Der Geist ist der Zügel, und die Sinne sind die Pferde. Auf diese Weise ist das Selbst in Gemeinschaft mit dem Geist und den Sinnen entweder der Genießende oder der Leidende. So wird es von den großen Denkern beschrieben."

Eigentlich sollte die Intelligenz den Geist führen, doch der Geist ist so stark und widerspenstig, daß er die Intelligenz oft überwältigt, genauso wie eine akute Infektion die Wirksamkeit einer Medizin besiegt. Weil der Geist so stark ist, sollte er durch den Vorgang des *yoga* beherrscht werden. Doch dieser *yoga* ist für einen Menschen mit weltlichen Pflichten, wie Arjuna es war, nicht praktisch, und schon gar nicht für den modernen Menschen. Der in diesem Vers gebrauchte Vergleich ist sehr zutreffend: Es ist unmöglich, den Wind einzufangen. Und noch schwieriger ist es, den stürmischen Geist zu beherrschen. Der einfachste Weg, den Geist zu beherrschen, ist das demütige Chanten von Hare Kṛṣṇa, dem großen *mantra* der Befreiung, wie es von Śrī Caitanya empfohlen wurde. Die vorgeschriebene Methode lautet: *sa vai manaḥ kṛṣṇa-padāravindayoḥ.* Man muß seinen Geist völlig mit Kṛṣṇa beschäftigen. Nur dann wird es keine anderen Beschäftigungen mehr geben, die den Geist aufwühlen könnten.

Vers 35 श्रीभगवानुवाच
असंशयं महाबाहो मनो दुर्निग्रहं चलम् ।
अभ्यासेन तु कौन्तेय वैराग्येण च गृह्यते ॥३५॥

śrī-bhagavān uvāca
asaṁśayaṁ mahā-bāho mano durnigrahaṁ calam
abhyāsena tu kaunteya vairāgyeṇa ca gṛhyate

śrī-bhagavān uvāca – die Persönlichkeit Gottes sprach; *asaṁśayam* – zweifellos; *mahā-bāho* – o Starkarmiger; *manaḥ* – der Geist; *durnigraham* – schwer zu bezwingen; *calam* – unstet; *abhyāsena* – durch Praxis; *tu* – aber; *kaunteya* – o Sohn Kuntīs; *vairāgyeṇa* – durch Loslösung; *ca* – auch; *gṛhyate* – kann so beherrscht werden.

Der Höchste Herr, Śrī Kṛṣṇa, sprach: O starkarmiger Sohn Kuntīs, es ist zweifellos sehr schwierig, den ruhelosen Geist zu zügeln, aber durch geeignete Übung und durch Loslösung ist es möglich.

ERLÄUTERUNG: Der Herr, die Höchste Persönlichkeit Gottes, stimmt hier Arjunas Aussage zu, daß es schwierig ist, den widerspenstigen Geist zu beherrschen. Gleichzeitig aber weist Er darauf hin, daß es durch Übung und Loslösung möglich ist. Worin besteht diese Übung? Im gegenwärtigen Zeitalter kann niemand solch strenge Regeln und Vorschriften befolgen, wie sich an einem heiligen Ort niederzusetzen, den Geist auf die Überseele zu richten, die Sinne und den Geist zurückzuziehen, das Zölibat einzuhalten, allein zu leben, usw. Auf dem Pfad des Kṛṣṇa-Bewußtseins jedoch beschäftigt man sich in neun Arten des hingebungsvollen Dienstes zum Herrn. Die erste und wichtigste dieser hingebungsvollen Betätigungen ist das Hören über Kṛṣṇa. Dies ist ein sehr mächtiges transzendentales Mittel, um den Geist von allen schlechten Einflüssen zu reinigen. Je mehr man über Kṛṣṇa hört, desto mehr wird man erleuchtet und löst sich von allem, was den Geist von Kṛṣṇa fortzieht. Indem man den Geist von Tätigkeiten löst, die nicht dem Herrn geweiht sind, kann man sehr leicht *vairāgya* erlernen. *Vairāgya* bedeutet Loslösung von Materie und die Beschäftigung des Geistes auf der spirituellen Ebene. Unpersönliche spirituelle Loslösung ist schwieriger zu erreichen als die Anhaftung des Geistes an die Taten Kṛṣṇas. Hören über Kṛṣṇa ist etwas sehr Praktisches, denn durch solches Hören entwickelt man automatisch Anhaftung an den Höchsten Herrn. Diese Anhaftung wird *pareśānubhūti,* spirituelle Zufriedenheit, genannt. Sie gleicht dem Gefühl der Zufriedenheit, die ein hungriger Mensch mit jedem Bissen, den er zu sich nimmt, empfindet. Je mehr man ißt, desto mehr wird der Hunger gestillt, und man fühlt Zufriedenheit und Stärke. Ebenso empfindet man bei der Ausübung hingebungsvollen Dienstes in dem Maße transzendentale Zufriedenheit, wie der Geist von materiellen Objekten gelöst ist. Es ist so, als heile man eine Krankheit durch fachkundige Behandlung und geeignete Diät. Über die transzendentalen Taten Śrī Kṛṣṇas zu hören ist daher die fachkundige Behandlung für den verrückten Geist, und Nahrung zu essen, die Kṛṣṇa geopfert wurde, ist die geeignete Diät für den leidenden Patienten. Diese Behandlung ist der Vorgang des Kṛṣṇa-Bewußtseins.

Vers 36 असंयतात्मना योगो दुष्प्राप इति मे मतिः ।
वश्यात्मना तु यतता शक्योऽवाप्तुमुपायतः ॥३६॥

asaṁyatātmanā yogo duṣprāpa iti me matiḥ
vaśyātmanā tu yatatā śakyo 'vāptum upāyataḥ

asaṁyata – ungezügelt; *ātmanā* – durch den Geist; *yogaḥ* – Selbstverwirklichung; *duṣprāpaḥ* – schwierig zu erreichen; *iti* – so; *me* – Meine; *matiḥ* – Meinung; *vaśya* – beherrscht; *ātmanā* – durch den Geist; *tu* – aber; *yatatā* – während man sich bemüht; *śakyaḥ* – praktisch; *avāptum* – zu erreichen; *upāyataḥ* – mit geeigneten Mitteln.

Für einen Menschen mit ungezügeltem Geist ist Selbstverwirklichung ein schwieriges Unterfangen. Demjenigen aber, dessen Geist beherrscht ist und der sich mit geeigneten Mitteln bemüht, ist der Erfolg sicher. Das ist Meine Meinung.

ERLÄUTERUNG: Die Höchste Persönlichkeit Gottes erklärt, daß jemand, der sich nicht der richtigen Behandlung unterzieht, um den Geist von materieller Betätigung zu lösen, auf dem Pfad der Selbstverwirklichung schwerlich Erfolg erreichen kann. Der Versuch, *yoga* zu praktizieren, während man mit dem Geist gleichzeitig bei materiellem Genuß verweilt, ist ebenso aussichtslos wie der Versuch, Feuer zu entzünden, während man Wasser darauf gießt. *Yoga,* der nicht mit der Beherrschung des Geistes verbunden ist, ist Zeitverschwendung. Eine solche *yoga*-Show mag zwar materiell gesehen gewinnbringend sein, doch sie ist nutzlos, was spirituelle Verwirklichung betrifft. Daher muß der Geist beherrscht werden, indem man ihn ständig im transzendentalen liebevollen Dienst des Herrn beschäftigt. Solange man nicht im Kṛṣṇa-Bewußtsein tätig ist, kann man den Geist auf lange Sicht nicht beherrschen. Ein Kṛṣṇa-bewußter Mensch erreicht leicht das

Ergebnis von *yoga,* ohne eine gesonderte Anstrengung machen zu müssen; doch jemand, der *yoga* praktiziert, kann nicht erfolgreich sein, ohne Kṛṣṇa-bewußt zu werden.

Vers 37 अर्जुन उवाच
अयतिः श्रद्धयोपेतो योगाच्चलितमानसः ।
अप्राप्य योगसंसिद्धिं कां गतिं कृष्ण गच्छति ॥३७॥

arjuna uvāca
ayatiḥ śraddhayopeto yogāc calita-mānasaḥ
aprāpya yoga-saṁsiddhiṁ kāṁ gatiṁ kṛṣṇa gacchati

arjunaḥ uvāca – Arjuna sagte; *ayatiḥ* – der Transzendentalist, der nicht erfolgreich ist; *śraddhayā* – mit Glauben; *upetaḥ* – beschäftigt; *yogāt* – von der Verbindung durch Mystik; *calita* – abgewichen; *mānasaḥ* – der einen solchen Geist hat; *aprāpya* – scheiternd; *yoga-saṁsiddhim* – die höchste Vollkommenheit der Mystik; *kām* – welche; *gatim* – Bestimmung; *kṛṣṇa* – o Kṛṣṇa; *gacchati* – erreicht.

Arjuna sagte: O Kṛṣṇa, was ist die Bestimmung eines Transzendentalisten, der nicht erfolgreich ist, der am Anfang den Vorgang der Selbstverwirklichung mit Glauben aufnimmt, ihn später jedoch aufgrund seiner Weltzugewandtheit wieder verläßt und daher die Vollkommenheit der Mystik nicht erreicht?

ERLÄUTERUNG: Die *Bhagavad-gītā* beschreibt den Pfad der Selbstverwirklichung oder, mit anderen Worten, den Pfad der Mystik. Das Grundprinzip von Selbstverwirklichung ist die Erkenntnis, daß das Lebewesen nicht mit dem materiellen Körper identisch, sondern von ihm verschieden ist und daß sein Glück in ewigem Leben, ewiger Glückseligkeit und ewigem Wissen liegt, das heißt auf der transzendentalen Ebene, jenseits von Körper und Geist. Verschiedene Pfade werden eingeschlagen, um nach Selbstverwirklichung zu streben: der Pfad des Wissens, der Pfad des achtfachen *yoga*-Systems und der Pfad des *bhakti-yoga.* Bei jedem dieser Vorgänge muß man die wesensgemäße Stellung des Lebewesens, seine Beziehung zu Gott und die Tätigkeiten erkennen, durch die man die verlorene Beziehung wiederherstellen und die höchste Stufe der Vollkommenheit des Kṛṣṇa-Bewußtseins erreichen kann. Wenn man einem der drei oben erwähnten Vorgänge folgt, ist es sicher, daß man früher oder später das höchste Ziel erreicht. Dies wurde vom Herrn im Zweiten Kapitel versichert: Schon eine kleine Bemühung auf dem transzendentalen Pfad eröffnet große Hoffnung auf Befreiung. Von diesen drei Vorgängen ist der Pfad des *bhakti-yoga* für das gegenwärtige Zeitalter besonders geeignet, da er die unmittelbarste Methode der Gotteserkenntnis ist. Um doppelte Sicherheit zu haben, bittet Arjuna Śrī Kṛṣṇa, Seine frühere Aussage noch einmal zu bestätigen. Man mag sich zwar mit Ernsthaftigkeit dem Pfad der Wissensentwicklung oder des achtfachen *yoga*-Systems widmen, doch weil diese Vorgänge der Selbstverwirklichung im gegenwärtigen Zeitalter im allgemeinen sehr schwierig durchzuführen sind, besteht trotz ständiger Bemühung die Gefahr, daß man scheitert, und dies aus vielen Gründen. Ersteinmal kann es sein, daß man dem Vorgang nicht ernsthaft genug folgt. Dem transzendentalen Pfad zu folgen bedeutet mehr oder weniger, der illusionierenden Energie den Krieg zu erklären. Deshalb versucht die illusionierende Energie, jeden, der ihren Fängen entkommen möchte, mit den verschiedensten Verlockungen zu Fall zu bringen. Die bedingte Seele, die bereits von den Erscheinungsweisen der materiellen Energie betört ist, kann jederzeit wieder von ihnen verführt werden, selbst wenn sie einer transzendentalen Disziplin folgt. Diese Abweichung vom transzendentalen Pfad wird *yogāc calita-mānasaḥ* genannt, und Arjuna war bestrebt zu wissen, was die Folgen einer solchen Abweichung vom Pfad der Selbstverwirklichung sind.

Vers 38 कच्चिन्नोभयविभ्रष्टश्छिन्नाभ्रमिव नश्यति ।
अप्रतिष्ठो महाबाहो विमूढो ब्रह्मणः पथि ॥३८॥

kaccin nobhaya-vibhraṣṭaś chinnābhram iva naśyati
apratiṣṭho mahā-bāho vimūḍho brahmaṇaḥ pathi

kaccit – ob; *na* – nicht; *ubhaya* – beiden; *vibhraṣṭaḥ* – abgewichen von; *chinna* – zerrissen; *abhram* – Wolke; *iva* – wie; *naśyati* – vergeht; *apratiṣṭhaḥ* – ohne irgendeine Stellung; *mahā-bāho* – o starkarmiger Kṛṣṇa; *vimūḍhaḥ* – verwirrt; *brahmaṇaḥ* – der Transzendenz; *pathi* – auf dem Pfad.

O starkarmiger Kṛṣṇa, ist ein solcher Mensch, der vom Pfad der Transzendenz abirrt, nicht sowohl des spirituellen als auch des materiellen Erfolges beraubt, und wird er nicht wie eine zerrissene Wolke vergehen, haltlos in jeder Beziehung?

ERLÄUTERUNG: Es gibt zwei Arten von Fortschritt. Diejenigen, die Materialisten sind, haben kein Interesse an der Transzendenz; deshalb sind sie mehr daran interessiert, durch wirtschaftliche Entwicklung materiellen Fortschritt zu machen oder durch geeignete Werke zu höheren Planeten erhoben zu werden. Wenn man den Pfad der Transzendenz beschreiten will, muß man mit allen materiellen Tätigkeiten aufhören und auf alle Arten sogenannten materiellen Glücks verzichten. Wenn der angehende Transzendentalist in seinen Bestrebungen jedoch scheitert, scheint er in doppelter Hinsicht der Verlierer zu sein; mit anderen Worten, ihm wird weder materielles Glück noch spirituelle Vollkommenheit zuteil. Er ist haltlos wie eine zerrissene Wolke. Eine Wolke am Himmel löst sich manchmal von einer kleineren Wolke, um sich mit einer größeren zu verbinden. Gelingt ihr dies jedoch nicht, so wird sie vom Wind weggeblasen und verliert sich am weiten Himmel. Der *brahmaṇaḥ pathi* ist der Pfad der transzendentalen Verwirklichung, auf dem man erkennt, daß man dem Wesen nach spirituell ist, ein Teil des Höchsten Herrn, der Sich als Brahman, Paramātmā und Bhagavān manifestiert. Śrī Kṛṣṇa ist der vollkommene, höchste Aspekt der Absoluten Wahrheit, und wer sich dieser Höchsten Person ergibt, ist als erfolgreicher Transzendentalist zu betrachten. Dieses Ziel des Lebens durch Brahman- und Paramātmā-Erkenntnis zu erreichen erfordert viele, viele Geburten (*bahūnāṁ janmanām ante*). Kṛṣṇa-Bewußtsein, *bhakti-yoga,* hingegen ist die direkte Methode, um dieses Ziel zu erreichen, und deshalb ist es der höchste Pfad der transzendentalen Erkenntnis.

Vers 39 एतन्मे संशयं कृष्ण छेत्तुमर्हस्यशेषतः ।
त्वदन्यः संशयस्यास्य छेत्ता न ह्युपपद्यते ॥३९॥

etan me saṁśayaṁ kṛṣṇa chettum arhasy aśeṣataḥ
tvad-anyaḥ saṁśayasyāsya chettā na hy upapadyate

etat – dies ist; *me* – mein; *saṁśayam* – Zweifel; *kṛṣṇa* – o Kṛṣṇa; *chettum* – zu vertreiben; *arhasi* – Du wirst gebeten; *aśeṣataḥ* – vollständig; *tvat* – als Du; *anyaḥ* – ein anderer; *saṁśayasya* – des Zweifels; *asya* – dieses; *chettā* – jemand, der zerschlägt; *na* – niemals; *hi* – gewiß; *upapadyate* – kann gefunden werden.

Das ist mein Zweifel, o Kṛṣṇa, und ich bitte Dich, ihn völlig zu beseitigen. Außer Dir gibt es niemanden, der diesen Zweifel zerschlagen kann.

ERLÄUTERUNG: Kṛṣṇa besitzt vollkommenes Wissen über Vergangenheit, Gegenwart und Zukunft. Am Anfang der *Bhagavad-gītā* sagte der Herr, daß alle Lebewesen in der Vergangenheit als Individuen existierten, daß sie jetzt in der Gegenwart existieren und daß sie ihre individuelle Identität auch in der Zukunft – selbst nach der Befreiung aus der materiellen Verstrickung – behalten werden. Der Herr hat also die Frage nach der Zukunft des individuellen Lebewesens bereits geklärt. Arjuna möchte nun als nächstes wissen, wie die Zukunft für einen Transzendentalisten aussieht, der das Ziel nicht erreicht. Niemand kommt Kṛṣṇa gleich, und niemand übertrifft Ihn, und auch die sogenannten großen Weisen und Philosophen, die von der Barmherzigkeit der materiellen Natur abhängen, können Ihm gewiß nicht gleichkommen. Deshalb sind Kṛṣṇas Worte die endgültige und vollständige Antwort auf alle Zweifel, denn Er kennt Vergangenheit, Gegenwart und Zukunft in Vollkommenheit – doch niemand kennt Ihn. Nur Kṛṣṇa und Kṛṣṇa-bewußte Gottgeweihte wissen, was was ist.

Vers 40 श्रीभगवानुवाच
पार्थ नैवेह नामुत्र विनाशस्तस्य विद्यते ।
न हि कल्याणकृत्कश्चिद् दुर्गतिं तात गच्छति ॥४०॥

śrī-bhagavān uvāca
pārtha naiveha nāmutra vināśas tasya vidyate
na hi kalyāṇa-kṛt kaścid durgatiṁ tāta gacchati

śrī-bhagavān uvāca – die Höchste Persönlichkeit Gottes sprach; *pārtha* – o Sohn Pṛthās; *na eva* – niemals ist es so; *iha* – in dieser materiellen Welt; *na* – niemals; *amutra* – im nächsten Leben; *vināśaḥ* – Vernichtung; *tasya* – seine; *vidyate* – existiert; *na* – niemals; *hi* – gewiß; *kalyāṇa-kṛt* – jemand, der glückbringenden Tätigkeiten nachgeht; *kaścit* – jemand; *durgatim* – zur Erniedrigung; *tāta* – Mein Freund; *gacchati* – geht.

Die Höchste Persönlichkeit Gottes sprach: O Sohn Pṛthās, ein Transzendentalist, der glückbringenden Tätigkeiten nachgeht, wird weder in dieser Welt noch in der spirituellen Welt Vernichtung erleiden; wer Gutes tut, Mein Freund, wird niemals vom Schlechten besiegt.

ERLÄUTERUNG: Śrī Nārada Muni gibt Vyāsadeva im *Śrīmad-Bhāgavatam* (1.5.17) die folgende Unterweisung:

tyaktvā sva-dharmaṁ caraṇāmbujaṁ harer
bhajann apakvo 'tha patet tato yadi
yatra kva vābhadram abhūd amuṣya kiṁ
ko vārtha āpto 'bhajatāṁ sva-dharmataḥ

„Wenn jemand alle materiellen Erwartungen aufgibt und völlig bei der Höchsten Persönlichkeit Gottes Zuflucht sucht, gibt es für ihn in keiner Hinsicht Verlust oder Erniedrigung. Ein Nichtgottgeweihter hingegen gewinnt nichts, selbst wenn er all seinen vorgeschriebenen Pflichten vollständig nachkommt."

In materieller Hinsicht gibt es viele Tätigkeiten, die sowohl von den Schriften als auch von der Tradition vorgeschrieben werden, doch ein Transzendentalist sollte alle materiellen Tätigkeiten aufgeben, um spirituellen Fortschritt im Leben zu machen, das heißt um Kṛṣṇa-Bewußtsein zu entwickeln. Hier könnte der Einwand erhoben werden, daß man auf dem Pfad des Kṛṣṇa-Bewußtseins nur dann die höchste Vollkommenheit erreiche, wenn man ihn vollende, daß man aber sowohl in materieller als auch in spiritueller Hinsicht verliere, wenn man diese Stufe der Vollkommenheit nicht erreiche; und wenn es einem nicht gelinge, seine transzendentalen Tätigkeiten in vollkommener Weise auszuführen, sei man den Reaktionen unterworfen, die man laut den Schriften für die Nichterfüllung seiner vorgeschriebenen Pflichten erleiden müsse. Das *Bhāgavatam* jedoch versichert dem unvollkommenen Transzendentalisten, daß er sich keine Sorgen zu machen brauche. Selbst wenn er Reaktionen erleiden muß, weil er seine vorgeschriebenen Pflichten nicht vollkommen ausführte, ist er kein Verlierer, denn das glückspendende Kṛṣṇa-Bewußtsein wird niemals vergessen, und jemand, der einmal auf diese Weise tätig war, wird damit fortfahren, selbst wenn er im nächsten Leben in einer niedrigen Familie geboren wird. Wer andererseits aber nur streng den vorgeschriebenen Pflichten folgt, ohne Kṛṣṇa-Bewußtsein zu entwickeln, wird nicht unbedingt glückbringende Ergebnisse erreichen.

Dies soll im folgenden näher erläutert werden. Die Menschen können in zwei Gruppen unterteilt werden: diejenigen, die regulierenden Prinzipien folgen, und diejenigen, die keinen regulierenden Prinzipien folgen. Diejenigen, die nur nach animalischer Sinnenbefriedigung streben, ohne etwas von ihrem nächsten Leben oder von spiritueller Erlösung zu wissen, gehören zu den unregulierten Menschen. Und diejenigen, die den von den Schriften vorgeschriebenen Prinzipien und Pflichten folgen, werden zu den regulierten Menschen gezählt. Die unregulierten Menschen – ob zivilisiert oder unzivilisiert, gebildet oder ungebildet, stark oder schwach – sind voller tierischer Neigungen. Ihre Tätigkeiten sind niemals glückbringend, denn weil sie die tierischen Neigungen, wie Essen, Schlafen, Verteidigung und Geschlechtslust, genießen, bleiben sie fortwährend im materiellen Dasein, das immer leidvoll ist. Diejenigen hingegen, deren Leben durch die Unterweisungen der Schriften reguliert ist, machen zweifellos Fortschritt und erheben sich so allmählich zum Kṛṣṇa-Bewußtsein.

Die Menschen, die dem glückverheißenden Pfad folgen, können ihrerseits in drei Gruppen gegliedert werden: (1) diejenigen, die den Regeln und Regulierungen der Schriften folgen und daher materiellen Wohlstand genießen, (2) diejenigen, die die endgültige Befreiung vom materiellen Dasein suchen, und (3) diejenigen, die Gottgeweihte im Kṛṣṇa-Bewußtsein sind. Diejenigen, die den Regeln und Regulierungen der Schriften folgen, um materielles Glück zu erlangen, können weiter in zwei Gruppen eingeteilt werden: diejenigen, die nach den Früchten ihrer Arbeit streben, und diejenigen, die sich keine fruchttragenden Ergebnisse für Sinnenbefriedigung wünschen. Diejenigen, die um der Sinnenbefriedigung willen nach fruchttragenden Ergebnissen streben, können auf eine höhere Lebensstufe – sogar auf die höheren Planeten – erhoben werden, doch weil sie dadurch nicht aus dem materiellen Dasein befreit werden, ist es nicht der wahrhaft glückbringende Pfad, den sie eingeschlagen haben. Die einzig glückbringenden Tätigkeiten sind diejenigen, die einen zur Befreiung führen. Jede Tätigkeit, die nicht auf endgültige Selbstverwirklichung oder Befreiung von der materiellen, körperlichen Lebensauffassung hinzielt, ist alles andere als glückbringend. Tätigkeiten im Kṛṣṇa-Bewußtsein sind die einzig glückbringenden Tätigkeiten, und jeder, der freiwillig alle körperlichen Unbequemlichkeiten auf sich nimmt, um auf dem Pfad des Kṛṣṇa-Bewußtseins fortzuschreiten, kann als vollkommener Transzendentalist bezeichnet werden, der die höchste Entsagung ausübt. Weil auch das achtfache *yoga*-System letztlich zur Verwirklichung des Kṛṣṇa-Bewußtseins führt, ist es ebenfalls glückbringend, und niemand, der dabei sein Bestes versucht, muß Erniedrigung befürchten.

Vers 41 प्राप्य पुण्यकृतां लोकानुषित्वा शाश्वतीः समाः ।
शुचीनां श्रीमतां गेहे योगभ्रष्टोऽभिजायते ॥४१॥

prāpya puṇya-kṛtāṁ lokān uṣitvā śāśvatīḥ samāḥ
śucīnāṁ śrīmatāṁ gehe yoga-bhraṣṭo 'bhijāyate

prāpya – nach dem Erreichen; *puṇya-kṛtām* – derjenigen, die fromme Werke ausführten; *lokān* – Planeten; *uṣitvā* – nachdem er gelebt hat; *śāśvatīḥ* – viele; *samāḥ* – Jahre; *śucīnām* – von den Frommen; *śrīmatām* – von den Reichen; *gehe* – im Hause; *yoga-bhraṣṭaḥ* – jemand, der vom Pfad der Selbstverwirklichung abgekommen ist; *abhijāyate* – wird geboren.

Nach vielen, vielen Jahren des Genusses auf den Planeten der frommen Lebewesen wird der gescheiterte yogī in einer Familie rechtschaffener Menschen oder in einer reichen, aristokratischen Familie geboren.

ERLÄUTERUNG: Es gibt zwei Arten von gescheiterten *yogīs:* Der eine ist nach sehr geringem Fortschritt zu Fall gekommen, und der andere, nachdem er für lange Zeit *yoga* praktiziert hat. Der *yogī,* der nach kurzer Zeit zu Fall kam, gelangt auf die höheren Planeten, zu denen die frommen Lebewesen Zutritt haben. Nachdem er dort ein langes Leben verbracht hat, wird er wieder zur Erde zurückgeschickt, um in der Familie eines rechtschaffenen *brāhmaṇa-vaiṣṇava* oder in einer Familie aristokratischer Kaufleute geboren zu werden.

Das wirkliche Ziel des *yoga* besteht darin, die höchste Vollkommenheit des Kṛṣṇa-Bewußtseins zu erreichen, wie es im letzten Vers dieses Kapitels erklärt wird. Aber denen, die es nicht bis zum Ziel durchhalten und aufgrund materieller Verlockungen scheitern, ist es durch die Gnade des Herrn erlaubt, ihre materiellen Neigungen voll auszuleben. Und danach wird ihnen die Möglichkeit gegeben, ein wohlhabendes Leben in einer rechtschaffenen oder aristokratischen Familie zu führen. Diejenigen, die in solchen Familien geboren werden, können diese Möglichkeit nutzen, indem sie versuchen, sich zur Stufe vollkommenen Kṛṣṇa-Bewußtseins zu erheben.

Vers 42 अथ वा योगिनामेव कुले भवति धीमताम् ।
एतद्धि दुर्लभतरं लोके जन्म यदीदृशम् ॥४२॥

atha vā yoginām eva kule bhavati dhīmatām
etad dhi durlabha-taraṁ loke janma yad īdṛśam

atha vā – oder; *yoginām* – gelehrter Transzendentalisten; *eva* – gewiß; *kule* – in der Familie; *bhavati* – wird geboren; *dhī-matām* – von denen, die große Weisheit besitzen; *etat* – dies; *hi* – wahrlich; *durlabha-taram* – sehr selten; *loke* – in dieser Welt; *janma* – Geburt; *yat* – das, was; *īdṛśam* – wie diese.

Oder er [derjenige, der nach langer Ausübung von yoga gescheitert ist] wird in einer Familie von Transzendentalisten geboren, die zweifelsohne große Weisheit besitzen. Wahrlich, eine solche Geburt ist sehr selten in dieser Welt.

ERLÄUTERUNG: Die Geburt in einer Familie von *yogīs* oder Transzendentalisten – die alle große Weisheit besitzen – wird hier gepriesen, weil das Kind, das in einer solchen Familie geboren wird, gleich von Beginn seines Lebens an spirituelle Führung bekommt. Das ist besonders bei den *ācārya-* oder *gosvāmī*-Familien der Fall. Die Mitglieder solcher Familien sind durch Tradition und Erziehung sehr gelehrt und gottergeben, und so haben sie die Fähigkeit, spirituelle Meister zu werden. In Indien gibt es viele solcher *ācārya*-Familien, doch weil es ihnen an angemessener Schulung und Ausbildung mangelt, sind sie heute nicht mehr das, was sie einmal waren. Durch die Gnade des Herrn gibt es jedoch immer noch Familien, die Generation für Generation Transzendentalisten hervorbringen, und es ist zweifellos ein großes Glück, in solchen Familien geboren zu werden. Glücklicherweise hatten sowohl unser spiritueller Meister, Oṁ Viṣṇupāda Śrī Śrīmad Bhaktisiddhānta Sarasvatī Gosvāmī Mahārāja, als auch unsere Wenigkeit durch die Gnade des Herrn die Gelegenheit, in solchen Familien geboren zu werden, und beide wurden wir von Anbeginn unseres Lebens im hingebungsvollen Dienst des Herrn geschult. Später trafen wir uns aufgrund der Fügung des transzendentalen Systems.

Vers 43 तत्र तं बुद्धिसंयोगं लभते पौर्वदेहिकम् ।
यतते च ततो भूयः संसिद्धौ कुरुनन्दन ॥४३॥

tatra taṁ buddhi-saṁyogaṁ labhate paurva-dehikam
yatate ca tato bhūyaḥ saṁsiddhau kuru-nandana

tatra – darauf; *tam* – dieses; *buddhi-saṁyogam* – Wiederbeleben solchen Bewußtseins; *labhate* – gewinnt; *paurva-dehikam* – vom früheren Körper; *yatate* – er bemüht sich; *ca* – auch; *tataḥ* – danach; *bhūyaḥ* – wieder; *saṁsiddhau* – um Vollkommenheit; *kuru-nandana* – o Sohn Kurus.

Wenn er in einer solchen Familie geboren wird, erweckt er das göttliche Bewußtsein seines vorherigen Lebens wieder und versucht weiteren Fortschritt zu machen, um vollständigen Erfolg zu erreichen, o Sohn Kurus.

ERLÄUTERUNG: Das Beispiel König Bharatas, der zwei Leben später in einer erhabenen *brāhmaṇa*-Familie geboren wurde, veranschaulicht, wie die Geburt in einer geeigneten Familie dazu führt, daß man das transzendentale Bewußtsein seines früheren Lebens wiedererweckt.

König Bharata war Kaiser der Welt, und seit seiner Zeit ist die Erde unter den Halbgöttern als Bhārata-varṣa bekannt. Vorher hieß sie Ilāvṛta-varṣa. Der Kaiser zog sich in jungen Jahren zurück, um spirituelle Vollkommenheit zu erlangen, aber er scheiterte in seiner Bemühung um Erfolg und wurde darauf in der Familie eines frommen *brāhmaṇa* geboren. Weil er sich immer absonderte und mit niemandem sprach, nannte man ihn Jaḍa Bharata, doch später erkannte ihn König Rahūgaṇa als den größten Transzendentalisten. An seinem Leben wird deutlich, daß spirituelles Streben, das heißt das Praktizieren von *yoga,* niemals vergeblich ist. Durch die Gnade des Herrn bekommt der Transzendentalist immer wieder eine Gelegenheit, die höchste Vollkommenheit im Kṛṣṇa-Bewußtsein zu erreichen.

Vers 44 पूर्वाभ्यासेन तेनैव ह्रियते ह्यवशोऽपि सः ।
जिज्ञासुरपि योगस्य शब्दब्रह्मातिवर्तते ॥४४॥

pūrvābhyāsena tenaiva hriyate hy avaśo 'pi saḥ
jijñāsur api yogasya śabda-brahmātivartate

pūrva – frühere; *abhyāsena* – durch die Ausführung; *tena* – dadurch; *eva* – gewiß; *hriyate* – ist angezogen; *hi* – sicherlich; *avaśaḥ* – von selbst; *api* – auch; *saḥ* – er; *jijñāsuḥ* – wißbegierig; *api* – sogar; *yogasya* – über *yoga; śabda-brahma* – rituelle Prinzipien der Schriften; *ativartate* – transzendiert.

Kraft des göttlichen Bewußtseins seines vorherigen Lebens fühlt er sich von selbst – sogar wenn er nicht danach strebt – zu den Prinzipien des yoga hingezogen. Ein solcher wißbegieriger Transzendentalist steht immer über den rituellen Prinzipien der Schriften.

ERLÄUTERUNG: Fortgeschrittene *yogīs* verspüren keine große Anziehung zu den Ritualen der Schriften, doch sie fühlen sich automatisch zu den Prinzipien des *yoga* hingezogen, durch die sie zu vollkommenem Kṛṣṇa-Bewußtsein, der höchsten Vollkommenheit des *yoga,* erhoben werden können. Warum sich fortgeschrittene Transzendentalisten nicht für vedische Rituale interessieren, wird im *Śrīmad-Bhāgavatam* (3.33.7) wie folgt erklärt:

aho bata śva-paco 'to garīyān
yaj-jihvāgre vartate nāma tubhyam
tepus tapas te juhuvuḥ sasnur āryā
brahmānūcur nāma gṛṇanti ye te

„O mein Herr! Menschen, die Deine Heiligen Namen chanten, sind im spirituellen Leben sehr weit fortgeschritten, selbst wenn sie in Familien von Hundeessern geboren wurden. Sie haben zweifellos bereits alle Arten von Entsagungen und Opfern hinter sich, sie haben an allen heiligen Orten gebadet und das Studium aller Schriften abgeschlossen."

Ein sehr berühmtes Beispiel hierfür ist Ṭhākura Haridāsa, den Śrī Caitanya als einen Seiner wichtigsten Schüler anerkannte. Obwohl Ṭhākura Haridāsa aus einer Moslemfamilie stammte, wurde er von Śrī Caitanya zum *nāmācārya* ernannt, da er streng das Gelübde einhielt, jeden Tag dreihunderttausend Heilige Namen des Herrn zu chanten: Hare Kṛṣṇa, Hare Kṛṣṇa, Kṛṣṇa Kṛṣṇa, Hare Hare / Hare Rāma, Hare Rāma, Rāma Rāma, Hare Hare. Die Tatsache, daß er den Heiligen Namen des Herrn ständig chantete, läßt darauf schließen, daß er in seinem vorangegangenen Leben bereits alle rituellen Vorgänge der *Veden* (*śabda-brahma*) durchgeführt haben mußte. Denn nur wenn man geläutert ist, kann man sich den Prinzipien des Kṛṣṇa-Bewußtseins zuwenden und mit dem Chanten des Heiligen Namens des Herrn, Hare Kṛṣṇa, beginnen.

Vers 45 प्रयत्नाद्यतमानस्तु योगी संशुद्धकिल्बिषः ।
अनेकजन्मसंसिद्धस्ततो याति परां गतिम् ॥४५॥

prayatnād yatamānas tu yogī saṁśuddha-kilbiṣaḥ
aneka-janma-saṁsiddhas tato yāti parāṁ gatim

prayatnāt – durch strenge Ausübung; *yatamānaḥ* – sich bemühend; *tu* – und; *yogī* – ein solcher Transzendentalist; *saṁśuddha* – reingewaschen; *kilbiṣaḥ* – dessen Sünden; *aneka* – nach vielen, vielen; *janma* – Geburten; *saṁsiddhaḥ* – Vollkommenheit erreicht habend; *tataḥ* – darauf; *yāti* – erlangt; *parām* – die höchste; *gatim* – Bestimmung.

Und wenn sich der yogī ernsthaft bemüht, weiteren Fortschritt zu machen, und von allen Verunreinigungen reingewaschen wird, dann erlangt er nach vielen, vielen Geburten der Vorbereitung die Vollkommenheit und erreicht das höchste Ziel.

ERLÄUTERUNG: Wenn jemand in einer besonders rechtschaffenen, aristokratischen oder heiligen Familie geboren wird, wird er sich im Laufe der Zeit darüber bewußt, daß er sich in einer günstigen Lage befindet, um *yoga* zu praktizieren. Mit Entschlossenheit widmet er sich daher der unvollendeten Aufgabe und läutert sich auf diese Weise vollständig von allen materiellen Verunreinigungen. Wenn er schließlich von allen Unreinheiten frei ist, erreicht er die höchste Vollkommenheit – Kṛṣṇa-Bewußtsein. Kṛṣṇa-Bewußtsein ist die vollkommene Stufe, auf der man von allen Verunreinigungen frei ist. Das wird in der *Bhagavad-gītā* (7.28) bestätigt:

yeṣāṁ tv anta-gataṁ pāpaṁ janānāṁ puṇya-karmaṇām
te dvandva-moha-nirmuktā bhajante māṁ dṛḍha-vratāḥ

„Wenn man nach vielen, vielen Leben, in denen man fromme Werke getan hat, von allen Verunreinigungen und illusorischen Dualitäten völlig frei geworden ist, beginnt man, sich im transzendentalen liebevollen Dienst des Herrn zu beschäftigen."

Vers 46 तपस्विभ्योऽधिको योगी ज्ञानिभ्योऽपि मतोऽधिकः ।
कर्मिभ्यश्चाधिको योगी तस्माद्योगी भवार्जुन ॥४६॥

tapasvibhyo 'dhiko yogī jñānibhyo 'pi mato 'dhikaḥ
karmibhyaś cādhiko yogī tasmād yogī bhavārjuna

tapasvibhyaḥ – als die Asketen; *adhikaḥ* – größer; *yogī* – der *yogī; jñānibhyaḥ* – als der Weise; *api* – auch; *mataḥ* – gilt; *adhikaḥ* – größer; *karmibhyaḥ* – als die fruchtbringenden Arbeiter; *ca* – auch; *adhikaḥ* – größer; *yogī* – der *yogī; tasmāt* – deshalb; *yogī* – ein Transzendentalist; *bhava* – werde; *arjuna* – o Arjuna.

Ein yogī ist größer als ein Asket, größer als ein Empiriker und größer als ein fruchtbringender Arbeiter. Deshalb, o Arjuna, sei unter allen Umständen ein yogī.

ERLÄUTERUNG: Wenn wir von *yoga* sprechen, so meinen wir damit das Verbinden unseres Bewußtseins mit der Höchsten Absoluten Wahrheit. Gemäß dem Vorgang, dem man sich zugewandt hat, trägt *yoga* verschiedene Namen: *karma-yoga,* wenn der Verbindungsvorgang vorwiegend aus fruchtbringenden Tätigkeiten besteht, *jñāna-yoga,* wenn er vorwiegend empirisch ist, und *bhakti-yoga,* wenn er vorwiegend in einer Beziehung der Hingabe zum Höchsten Herrn gründet. *Bhakti-yoga,* oder Kṛṣṇa-Bewußtsein, ist die höchste Vollkommenheit aller Arten von *yoga,* wie im nächsten Vers erklärt wird. Der Herr erklärt im vorliegenden Vers die Überlegenheit des *yoga,* aber Er sagt nicht, daß der *yoga*-Vorgang besser sei als *bhakti-yoga. Bhakti-yoga* ist vollkommenes spirituelles Wissen und kann daher von nichts übertroffen werden. Askese ohne Selbsterkenntnis ist unvollkommen, ebenso wie empirisches Wissen ohne Hingabe zum Höchsten unvollkommen ist, und fruchtbringende Arbeit ohne Kṛṣṇa-Bewußtsein ist Zeitverschwendung. Im vorliegenden Vers wird der *yoga*-Vorgang speziell hervorgehoben, und die höchste Stufe von *yoga* ist *bhakti-yoga,* wie aus den obigen Gründen hervorgeht. Dies wird im nächsten Vers noch deutlicher erklärt.

Vers 47 योगिनामपि सर्वेषां मद्गतेनान्तरात्मना ।
श्रद्धावान् भजते यो मां स मे युक्ततमो मतः ॥४७॥

yoginām api sarveṣāṁ mad-gatenāntar-ātmanā
śraddhāvān bhajate yo māṁ sa me yukta-tamo mataḥ

yoginām – von *yogīs; api* – auch; *sarveṣām* – allen Arten von; *mat-gatena* – in Mir weilend, immer an Mich denkend; *antaḥ-ātmanā* – im Innern; *śraddhā-vān* – voller Glauben; *bhajate* – bringt transzendentalen liebevollen Dienst dar; *yaḥ* – derjenige, der; *mām* – Mir (dem Höchsten Herrn); *saḥ* – er; *me* – von Mir; *yukta-tamaḥ* – der größte *yogī; mataḥ* – wird betrachtet als.

Und von allen yogīs ist derjenige, der großen Glauben besitzt und immer in Mir weilt, immer an Mich denkt und Mir transzendentalen liebevollen Dienst darbringt, am engsten mit Mir in yoga vereint, und er ist der höchste von allen. Das ist Meine Meinung.

ERLÄUTERUNG: Das Wort *bhajate* ist hier von Bedeutung. *Bhajate* hat seine Wurzel in dem Verb *bhaj,* das verwendet wird, wenn es notwendig ist, Dienst darzubringen. Das Wort „verehren" kann nicht im gleichen Sinne wie *bhaj* gebraucht werden. Verehren bedeutet bewundern oder jemandem, der es Wert ist, Achtung und Ehre zu erweisen. Aber Dienst mit Liebe und Glauben ist besonders für die Höchste Persönlichkeit Gottes bestimmt. Man kann es vermeiden, einen achtbaren Menschen oder einen Halbgott zu verehren, und man wird vielleicht als unhöflich bezeichnet, aber den Dienst für den Höchsten Herrn kann man nicht vermeiden, ohne sich selbst tief ins Verderben zu stürzen. Jedes Lebewesen ist ein Teil des Herrn, der Höchsten Persönlichkeit Gottes, daher ist es die wesensgemäße Bestimmung eines jeden Lebewesens, Ihm zu dienen. Wenn das Lebewesen dies unterläßt, kommt es zu Fall. Dies wird im *Bhāgavatam* (11.5.3) wie folgt bestätigt:

ya eṣāṁ puruṣaṁ sākṣād ātma-prabhavam īśvaram
na bhajanty avajānanti sthānād bhraṣṭāḥ patanty adhaḥ

„Jeder, der seine Pflicht gegenüber dem urersten Herrn, der Quelle aller Lebewesen, vernachlässigt und Ihm nicht dient, wird mit Sicherheit von seiner wesensgemäßen Stellung fallen."

Auch in diesem Vers wird das Wort *bhajanti* gebraucht. Folglich läßt sich das Wort *bhajanti* nur auf den Höchsten Herrn anwenden, wohingegen sich das Wort „verehren" auch auf Halbgötter oder jedes andere gewöhnliche Lebewesen beziehen kann. Das Wort *avajānanti,* das in diesem Vers des *Śrīmad-Bhāgavatam* vorkommt, findet man auch in der *Bhagavad-gītā: avajānanti māṁ mūḍhāḥ* „Nur Toren und Schurken verspotten die Höchste Persönlichkeit Gottes, Śrī Kṛṣṇa." Solche Toren maßen es sich an, Kommentare zur *Bhagavad-gītā* zu schreiben, ohne dem Herrn gegenüber eine dienende Haltung einzunehmen. Folglich sind sie auch unfähig, zwischen dem Wort *bhajanti* und dem Wort „verehren" richtig zu unterscheiden.

Alle Arten von *yoga*-Vorgängen gipfeln in *bhakti-yoga.* Alle anderen *yogas* sind nichts weiter als Mittel, um zum Punkt der *bhakti* im *bhakti-yoga* zu kommen. *Yoga* bedeutet eigentlich *bhakti-yoga,* denn alle anderen Formen von *yoga* sind nichts weiter als Schritte auf dem Weg zum Ziel, *bhakti-yoga.* Zwischen dem Beginn des *karma-yoga* und dem Ende des *bhakti-yoga* liegt ein langer Weg der Selbstverwirklichung. Man beginnt diesen Pfad mit *karma-yoga,* wobei man auf fruchttragende Ergebnisse verzichtet. Wenn *karma-yoga* an Wissen und Entsagung zunimmt, nennt man diese Stufe *jñāna-yoga.* Wenn sich *jñāna-yoga* durch verschiedene körperliche Übungen zu Meditation über die Überseele entwickelt und der Geist auf die Überseele gerichtet ist, wird dies *aṣṭāṅga-yoga* genannt. Und wenn man über *aṣṭāṅga-yoga* hinausgeht und sich direkt der Höchsten Persönlichkeit Gottes, Kṛṣṇa, zuwendet, wird dies *bhakti-yoga,* die höchste Stufe, genannt. Eigentlich ist *bhakti-yoga* das endgültige Ziel, doch um *bhakti-yoga* genau zu analysieren, muß man diese anderen *yogas* verstehen. Der *yogī,* der sich immer weiter vorwärtsbewegt, befindet sich daher auf dem wahren Pfad des ewigen Glücks. Wer aber an einem bestimmten Punkt stehenbleibt und nicht weiter fortschreitet, wird dementsprechend *karma-yogī, jñāna-yogī, dhyāna-yogī, rāja-yogī, haṭha-yogī* usw. genannt. Wenn jemand das Glück hat, bis zur Stufe des *bhakti-yoga* zu kommen, kann man darauf schließen, daß er alle anderen *yogas* hinter sich gelassen hat. Kṛṣṇa-bewußt zu werden ist daher die höchste Stufe des *yoga,* genauso wie von den Himālayas, die das höchste Gebirge der Welt darstellen, der allesüberragende Mount Everest als der höchste Gipfel bezeichnet wird.

Nur wenn man sehr vom Glück begünstigt ist, kommt man zum Pfad des *bhakti-yoga* und erreicht Kṛṣṇa-Bewußtsein, die ideale Stellung gemäß den vedischen Schriften. Der vollkommene *yogī* richtet seinen Geist auf Kṛṣṇa, der Śyāmasundara genannt wird, dessen bezaubernde Körpertönung der Farbe einer Wolke gleicht, dessen lotosgleiches Antlitz wie die Sonne leuchtet, dessen Gewand mit funkelnden Juwelen besetzt ist und dessen Körper mit Blumengirlanden geschmückt ist. Seine prachtvolle Ausstrahlung, *brahmajyoti* genannt, erleuchtet alle Himmelsrichtungen. Er inkarniert Sich in verschiedenen Formen, wie Rāma, Nṛsiṁha, Varāha und Kṛṣṇa, die Höchste Persönlichkeit Gottes, und Er erscheint wie ein Mensch, als der Sohn Mutter Yaśodās, und Er ist als Kṛṣṇa, Govinda und Vāsudeva bekannt. Er ist das vollkommene Kind, der vollkommene Ehemann, der vollkommene Freund und Meister, und Er birgt alle Reichtümer und alle transzendentalen Eigenschaften in Sich. Wer sich all dieser Merkmale des Herrn immer völlig bewußt ist, wird als der höchste *yogī* bezeichnet.

Wie in allen vedischen Schriften bestätigt wird, kann diese Stufe höchster Vollkommenheit im *yoga* nur durch *bhakti-yoga* erreicht werden:

yasya deve parā bhaktir yathā deve tathā gurau
tasyaite kathitā hy arthāḥ prakāśante mahātmanaḥ

„Jenen großen Seelen, die bedingungslosen Glauben an den Herrn und den spirituellen Meister haben, wird die gesamte Bedeutung des vedischen Wissens automatisch offenbart." (*Śvetāśvatara Upaniṣad* 6.23)

bhaktir asya bhajanaṁ tad ihāmutropādhi-nairāsyenāmuṣmin
manaḥ-kalpanam, etad eva naiṣkarmyam

„*Bhakti* bedeutet hingebungsvoller Dienst für den Herrn, frei von dem Wunsch nach materiellem Gewinn, sowohl in diesem als auch im nächsten Leben. Frei von solchen Neigungen, sollte man den Geist völlig in den Höchsten versenken. Das ist die Bedeutung von *naiṣkarmya." (Gopāla-tāpanī Upaniṣad* 1.15)

Dies sind einige der Mittel zur Ausübung von *bhakti,* Kṛṣṇa-Bewußtsein, der höchsten Stufe der Vollkommenheit des *yoga*-Systems.

Hiermit enden die Bhaktivedanta-Erläuterungen zum Sechsten Kapitel der Śrīmad Bhagavad-gītā *mit dem Titel:* „Dhyāna-yoga".

SIEBTES KAPITEL

Wissen vom Absoluten

Vers 1 श्रीभगवानुवाच
मय्यासक्तमनाः पार्थ योगं युञ्जन्मदाश्रयः ।
असंशयं समग्रं मां यथा ज्ञास्यसि तच्छृणु ॥ १ ॥

śrī-bhagavān uvāca
mayy āsakta-manāḥ pārtha yogaṁ yuñjan mad-āśrayaḥ
asaṁśayaṁ samagraṁ māṁ yathā jñāsyasi tac chṛṇu

śrī-bhagavān uvāca – der Höchste Herr sprach; *mayi* – an Mich; *āsakta-manāḥ* – mit angehaftetem Geist; *pārtha* – o Sohn Pṛthās; *yogam* – Selbstverwirklichung; *yuñjan* – ausübend; *mat-āśrayaḥ* – im Bewußtsein über Mich (Kṛṣṇa-Bewußtsein); *asaṁśayam* – ohne Zweifel; *samagram* – vollständig; *mām* – Mich; *yathā* – wie; *jñāsyasi* – du kannst kennen; *tat* – dies; *śṛṇu* – höre.

Die Höchste Persönlichkeit Gottes sprach: Höre nun, O Sohn Pṛthās, wie du Mich, frei von allen Zweifeln, vollständig erkennen kannst, indem du, völlig über Mich bewußt und den Geist auf Mich gerichtet, yoga praktizierst.

ERLÄUTERUNG: Im Siebten Kapitel der *Bhagavad-gītā* wird das Wesen des Kṛṣṇa-Bewußtseins umfassend beschrieben. Kṛṣṇa besitzt alle Füllen in Vollkommenheit, und hier wird beschrieben, wie Er diese Füllen entfaltet. Ein weiteres Thema des Siebten Kapitels sind die vier Arten vom Glück begünstigter Menschen, die sich Kṛṣṇa nähern, und die vier Arten unglückseliger Menschen, die sich Kṛṣṇa niemals zuwenden.

In den ersten sechs Kapiteln der *Bhagavad-gītā* ist das Lebewesen als nichtmaterielle, spirituelle Seele beschrieben worden, die durch verschiedene Arten von *yoga* Selbstverwirklichung erreichen kann. Am Ende des Sechsten Kapitels wurde ausdrücklich erklärt, daß die beständige Konzentration des Geistes auf Kṛṣṇa – mit anderen Worten, Kṛṣṇa-Bewußtsein – die höchste Form aller *yoga*-Vorgänge darstellt. Nur wenn man den Geist auf Kṛṣṇa richtet, und nicht auf andere Weise, kann man die Absolute Wahrheit vollständig erkennen. Die Erkenntnis des unpersönlichen *brahmajyoti* oder des lokalisierten Paramātmā ist nicht vollkommen, denn dies stellt nur eine Teilerkenntnis der Absoluten Wahrheit dar. Vollkommenes und wissenschaftliches Wissen ist in Kṛṣṇa zu finden, und jedem, der Kṛṣṇa-Bewußtsein entwickelt, wird alles offenbart. Auf der Stufe des vollständigen Kṛṣṇa-Bewußtseins erkennt man, daß Kṛṣṇa das endgültige Wissen jenseits aller Zweifel ist. Die verschiedenen Formen des *yoga* sind nichts weiter als Stufen auf dem Pfad zum Kṛṣṇa-Bewußtsein. Jemand, der sich direkt dem Kṛṣṇa-Bewußtsein zuwendet, besitzt automatisch vollständiges Wissen über das *brahmajyoti* und den Paramātmā. Wenn man den *yoga* des Kṛṣṇa-Bewußtseins praktiziert, kann man alles in Vollkommenheit erkennen – die Absolute Wahrheit, die Lebewesen, die materielle Natur und ihre Manifestationen mit allem, was dazugehört.

Man sollte sich deshalb demjenigen *yoga*-Pfad zuwenden, der im letzten Vers des Sechsten Kapitels beschrieben wird. Es ist möglich, den Geist auf Kṛṣṇa, den Höchsten, zu richten, wenn man den Vorschriften des hingebungsvollen Dienstes folgt, der sich in neun verschiedene Vorgänge unterteilen läßt, von denen *śravaṇam* der erste und wichtigste ist. Aus diesem Grund sagt der Herr zu Arjuna: „Höre von Mir" (*tac chṛṇu*). Niemand kann eine größere Autorität sein als Kṛṣṇa, und von Ihm zu hören bietet einem deshalb die größte Möglichkeit, im Kṛṣṇa-Bewußtsein die Vollkommenheit zu erreichen. Man muß deshalb direkt von Kṛṣṇa oder von einem reinen Geweihten Kṛṣṇas Wissen empfangen – und auf keinen Fall von einem Nichtgottgeweihten und Emporkömmling, der auf seine akademische Ausbildung stolz ist.

Das *Śrīmad-Bhāgavatam* beschreibt im Zweiten Kapitel des Ersten Cantos diesen Vorgang, durch den man Kṛṣṇa, die Höchste Persönlichkeit Gottes, die Absolute Wahrheit, erkennen kann, wie folgt:

śṛṇvatāṁ sva-kathāḥ kṛṣṇaḥ puṇya-śravaṇa-kīrtanaḥ
hṛdy antaḥ-stho hy abhadrāṇi vidhunoti suhṛt satām

naṣṭa-prāyeṣv abhadreṣu nityaṁ bhāgavata-sevayā
bhagavaty uttama-śloke bhaktir bhavati naiṣṭhikī

tadā rajas-tamo-bhāvāḥ kāma-lobhādayaś ca ye
ceta etair anāviddhaṁ sthitaṁ sattve prasīdati

evaṁ prasanna-manaso bhagavad-bhakti-yogataḥ
bhagavat-tattva-vijñānaṁ mukta-saṅgasya jāyate

bhidyate hṛdaya-granthiś chidyante sarva-saṁśayāḥ
kṣīyante cāsya karmāṇi dṛṣṭa evātmanīśvare

„Aus den vedischen Schriften über Kṛṣṇa oder aus der *Bhagavad-gītā* direkt von Kṛṣṇa zu hören ist in sich selbst eine fromme Tätigkeit. Wenn ein Gottgeweihter ständig damit beschäftigt ist, über Kṛṣṇa zu hören, offenbart Sich ihm Śrī Kṛṣṇa, der im Herzen eines jeden weilt, als höchster wohlmeinender Freund und läutert ihn von innen. So entwickelt der Gottgeweihte auf natürliche Weise sein schlummerndes transzendentales Wissen. Je mehr er aus dem *Bhāgavatam* und von den Gottgeweihten über Kṛṣṇa hört, desto mehr wird er im hingebungsvollen Dienst des Herrn gefestigt. Wenn man hingebungsvollen Dienst entwickelt, wird man von den Erscheinungsweisen der Leidenschaft und Unwissenheit frei, und materielle Lust und Habgier lassen nach. Wenn diese Unreinheiten fortgewaschen sind, bleibt der angehende Transzendentalist fest auf der Ebene reiner Tugend verankert, er wird durch hingebungsvollen Dienst belebt und versteht die Wissenschaft von Gott vollkommen. So durchtrennt *bhakti-yoga* den festen Knoten materieller Anhaftung und befähigt den Gottgeweihten, sogleich die Stufe von *asaṁśayaṁ samagram* zu erreichen, auf der man die Höchste Absolute Wahrheit, die Persönlichkeit Gottes, versteht.“ (*Śrīmad-Bhāgavatam* 1.2.17–21)

Deshalb kann man die Wissenschaft von Kṛṣṇa nur verstehen, wenn man von Kṛṣṇa oder Seinem Kṛṣṇa-bewußten Geweihten hört.

Vers 2 ज्ञानं तेऽहं सविज्ञानमिदं वक्ष्याम्यशेषतः ।
यज्ज्ञात्वा नेह भूयोऽन्यज्ज्ञातव्यमवशिष्यते ॥ २ ॥

jñānaṁ te 'haṁ sa-vijñānam idaṁ vakṣyāmy aśeṣataḥ
yaj jñātvā neha bhūyo 'nyaj jñātavyam avaśiṣyate

jñānam – phänomenales Wissen; *te* – dir: *aham* – Ich; *sa* – mit; *vijñānam* – numinoses Wissen; *idam* – dieses; *vakṣyāmi* – werde erklären; *aśeṣataḥ* – vollständig; *yat* – welches; *jñātvā* – kennend; *na* – nicht; *iha* – in dieser Welt; *bhūyaḥ* – weiter; *anyat* – irgend etwas mehr; *jñātavyam* – zu erkennen; *avaśiṣyate* – bleibt.

Ich werde dir nun dieses phänomenale und numinose Wissen in seiner ganzen Fülle erklären, und wenn du es verstanden hast, wird es für dich nichts mehr zu erkennen geben.

ERLÄUTERUNG: Vollständiges Wissen umfaßt Wissen über die phänomenale Welt, die spirituelle Natur hinter ihr und den Ursprung von beidem. Vollständiges Wissen bedeutet daher transzendentales Wissen. Der Herr möchte das oben erwähnte System des Wissens Arjuna erklären, weil dieser Sein vertrauter Geweihter und Freund ist. Der Herr hat dies bereits zu Beginn des Vierten Kapitels erklärt, und hier bestätigt Er es erneut: Nur ein Gottgeweihter in der Schülernachfolge, die direkt vom Herrn ausgeht, kann vollkommenes Wissen erlangen. Deshalb sollte man so intelligent sein, nach der Quelle allen Wissens zu suchen, die die Ursache aller Ursachen und das einzige Meditationsobjekt bei allen *yoga*-Vorgängen ist. Wenn man die Ursache aller Ursachen erkennt, kennt man alles, was es zu erkennen gibt, und nichts bleibt unerkannt. In den *Veden* (*Muṇḍaka Upaniṣad* 1.1.3) heißt es: *kasmin nu bhagavo vijñāte sarvam idam vijñātaṁ bhavatīti.*

Vers 3 मनुष्याणां सहस्रेषु कश्चिद्यतति सिद्धये ।
यततामपि सिद्धानां कश्चिन्मां वेत्ति तत्त्वतः ॥ ३ ॥

manuṣyāṇāṁ sahasreṣu kaścid yatati siddhaye
yatatām api siddhānāṁ kaścin māṁ vetti tattvataḥ

manuṣyāṇām – von Menschen; *sahasreṣu* – von vielen Tausenden; *kaścit* – einer; *yatati* – bemüht sich; *siddhaye* – um Vollkommenheit; *yatatām* – von denen, die sich so bemühen; *api* – tatsächlich; *siddhānām* – von denen, die die Vollkommenheit erreicht haben; *kaścit* – einer; *mām* – Mich; *vetti* – kennt; *tattvataḥ* – in Wahrheit.

Unter vielen Tausenden von Menschen bemüht sich vielleicht einer um Vollkommenheit, und von denen, die die Vollkommenheit erreicht haben, kennt kaum einer Mich in Wahrheit.

ERLÄUTERUNG: Es gibt verschiedene Klassen von Menschen, und unter vielen Tausenden ist vielleicht einer in solchem Maße an transzendentaler Verwirklichung interessiert, daß er zu verstehen versucht, was das Selbst, was der Körper und was die Absolute Wahrheit ist. Im allgemeinen gehen die Menschen nur den tierischen Neigungen nach, das heißt Essen, Schlafen, Verteidigung und Fortpflanzung, und kaum einer ist an transzendentalem Wissen interessiert. Die ersten sechs Kapitel der *Gītā* sind für diejenigen bestimmt, die sich für transzendentales Wissen interessieren, das heißt für das Selbst, das Überselbst und für den Vorgang, durch *jñāna-yoga*, durch *dhyāna-yoga* und durch die Unterscheidung des Selbst von der Materie Wissen zu entwickeln. Kṛṣṇa jedoch kann nur von denen erkannt werden, die Kṛṣṇa-bewußt sind. Andere Transzendentalisten erreichen vielleicht die unpersönliche Brahman-Erkenntnis, denn dies ist einfacher, als Kṛṣṇa zu verstehen. Kṛṣṇa ist die Höchste Person, aber gleichzeitig befindet Er Sich jenseits der Brahman- und Paramātmā-Erkenntnis. Was die *yogīs* und *jñānīs* betrifft, so sind sie völlig verwirrt, wenn sie versuchen, Kṛṣṇa zu verstehen. Zwar hat der größte Unpersönlichkeitsphilosoph, Śrīpāda Śaṅkarācārya, in seinem Kommentar zur *Gītā* anerkannt, daß Kṛṣṇa die Höchste Persönlichkeit Gottes ist, doch seine Anhänger erkennen Kṛṣṇa nicht auf diese Weise an, da es äußerst schwierig ist, Kṛṣṇa zu verstehen, selbst wenn man die transzendentale Erkenntnis des unpersönlichen Brahman erreicht hat.

Kṛṣṇa ist die Höchste Persönlichkeit Gottes, die Ursache aller Ursachen, der urerste Herr, Govinda. *Īśvaraḥ paramaḥ kṛṣṇaḥ sac-cid-ānanda-vigrahaḥ/ anādir ādir govindaḥ sarva-kāraṇa-kāraṇam.* Den Nichtgottgeweihten fällt es sehr schwer, Kṛṣṇa zu verstehen. Zwar behaupten sie, der Pfad des hingebungsvollen Dienstes, *bhakti-yoga*, sei sehr einfach, aber sie selbst sind unfähig, ihn zu praktizieren. Wenn der Pfad der *bhakti* tatsächlich so einfach ist, wie diese Menschen behaupten, muß man sich fragen, warum sie dann dem schwierigen Pfad folgen. Im Grunde ist der *bhakti*-Pfad nicht einfach. Der sogenannte *bhakti-yoga,* wie er von unautorisierten Personen, die kein Wissen über *bhakti* haben, praktiziert wird, mag einfach sein, doch wenn es darum geht, tatsächlich nach den Regeln und Vorschriften des hingebungsvollen Dienstes zu leben, verlassen diese spekulierenden Gelehrten und Philosophen den Pfad. Śrīla Rūpa Gosvāmī schreibt in seinem *Bhakti-rasāmṛta-sindhu* (1.2.101):

śruti-smṛti-purāṇādi- pañcarātra-vidhiṁ vinā
aikāntikī harer bhaktir utpātāyaiva kalpate

„Hingebungsvoller Dienst für den Herrn, der sich nicht nach den autorisierten vedischen Schriften, wie den *Upaniṣaden,* den *Purāṇas* und dem *Nārada Pañcarātra,* richtet, ist nur eine unnötige Störung in der Gesellschaft."

Für den Brahman-verwirklichten Unpersönlichkeitsanhänger oder den Paramātmā-verwirklichten *yogī* ist es nicht möglich, Kṛṣṇa, die Höchste Persönlichkeit Gottes, als den Sohn Mutter Yaśodās oder den Wagenlenker Arjunas zu verstehen. Selbst die großen Halbgötter sind manchmal verwirrt und können Kṛṣṇa nicht verstehen (*muhyanti yat sūrayaḥ*). In diesem Zusammenhang sagt der Herr: *māṁ tu veda na kaścana*. „Niemand kennt Mich so, wie Ich bin." Und über denjenigen, der Kṛṣṇa tatsächlich kennt, heißt es: *sa mahātmā su-durlabhaḥ*. „Solch eine große Seele ist sehr selten." Solange man also keinen hingebungsvollen Dienst für den Herrn ausführt, kann man selbst als großer Gelehrter oder Philosoph Kṛṣṇa nicht so verstehen, wie Er ist (*tattvataḥ*). Nur die reinen Gottgeweihten können ein gewisses Ausmaß von den unbegreiflichen transzendentalen Eigenschaften Kṛṣṇas, der Ursache aller Ursachen, verstehen – von Seiner Allmacht und Seinen Füllen, Seinem Reichtum, Seinem Ruhm, Seiner Stärke, Seiner Schönheit, Seinem Wissen und Seiner Entsagung –, denn Kṛṣṇa ist Seinen Geweihten wohlgesonnen. Er ist der höchste Aspekt der Brahman-Erkenntnis, und allein die Gottgeweihten können Ihn so erkennen, wie Er ist. Deshalb heißt es:

ataḥ śrī-kṛṣṇa-nāmādi na bhaved grāhyam indriyaiḥ
sevonmukhe hi jihvādau svayam eva sphuraty adaḥ

„Niemand kann mit seinen stumpfen materiellen Sinnen Kṛṣṇa so verstehen, wie Er ist. Den Gottgeweihten aber offenbart Er Sich, da Er an ihnen Wohlgefallen findet, weil sie Ihm transzendentalen liebevollen Dienst darbringen." (*Bhakti-rasāmṛta-sindhu* 1.2.234)

Vers 4 भूमिरापोऽनलो वायुः खं मनो बुद्धिरेव च ।
अहङ्कार इतीयं मे भिन्ना प्रकृतिरष्टधा ॥ ४ ॥

bhūmir āpo 'nalo vāyuḥ khaṁ mano buddhir eva ca
ahaṅkāra itīyaṁ me bhinnā prakṛtir aṣṭadhā

bhūmiḥ – Erde; *āpaḥ* – Wasser; *analaḥ* – Feuer; *vāyuḥ* – Luft; *kham* – Äther; *manaḥ* – Geist; *buddhiḥ* – Intelligenz; *eva* – gewiß; *ca* – und; *ahaṅkāraḥ* – falsches Ego; *iti* – auf diese Weise; *iyam* – all diese; *me* – Meine; *bhinnā* – abgesonderten; *prakṛtiḥ* – Energien; *aṣṭadhā* – achtfach.

Erde, Wasser, Feuer, Luft, Äther, Geist, Intelligenz und falsches Ego – all diese acht Elemente bilden zusammen Meine abgesonderten, materiellen Energien.

ERLÄUTERUNG: Die Wissenschaft von Gott analysiert die wesensgemäße Stellung Gottes und Seiner vielfältigen Energien. Die materielle Natur wird *prakṛti* genannt, das heißt diejenige Energie, die der Herr durch Seine verschiedenen *puruṣa*-Inkarnationen (-Erweiterungen) manifestiert. Dies wird im *Nārada Pañcarātra,* einem der *Sātvata-tantras,* beschrieben:

viṣṇos tu trīṇi rūpāṇi puruṣākhyāny atho viduḥ
ekaṁ tu mahataḥ sraṣṭṛ dvitīyaṁ tv aṇḍa-saṁsthitam
tṛtīyaṁ sarva-bhūta-sthaṁ tāni jñātvā vimucyate

„Um die materielle Schöpfung zu manifestieren, nimmt Śrī Kṛṣṇas vollständige Erweiterung die Form dreier Viṣṇus an. Der erste, Mahā-viṣṇu, erschafft die gesamte materielle Energie, die als *mahat-tattva* bezeichnet wird. Der zweite, Garbhodaka-śāyī Viṣṇu, geht in alle Universen ein, um in ihnen Mannigfaltigkeit zu erschaffen, und der dritte, Kṣīrodaka-śāyī Viṣṇu, ist als alldurchdringende Überseele, auch Paramātmā genannt, in allen Universen, ja sogar in den Atomen gegenwärtig. Jeder, der diese drei Viṣṇus kennt, kann aus der materiellen Verstrickung befreit werden."

Die materielle Welt ist eine zeitweilige Manifestation einer der Energien des Herrn. Alle Tätigkeiten der materiellen Welt werden von diesen drei Viṣṇu-Erweiterungen Śrī Kṛṣṇas gelenkt. Diese *puruṣas* werden Inkarnationen genannt. Wer die Wissenschaft von Gott (Kṛṣṇa) nicht kennt, nimmt im allgemeinen an, die materielle Welt sei für den Genuß der Lebewesen geschaffen und die Lebewesen seien die *puruṣas,* das heißt die Ursache, die Beherrscher und die Genießer der materiellen Energie. Gemäß der *Bhagavad-gītā* ist diese atheistische Schlußfolgerung falsch. Im vorliegenden Vers heißt es, daß Kṛṣṇa die ursprüngliche Ursache der materiellen Manifestation ist. Dies wird auch vom *Śrīmad-Bhāgavatam* bestätigt. Die Bestandteile der materiellen Manifestation sind abgesonderte Energien des Herrn. Sogar das *brahmajyoti,* das höchste Ziel der Unpersönlichkeitsanhänger, ist eine spirituelle Energie, die sich im spirituellen Himmel entfaltet. Im *brahmajyoti* gibt es keine spirituelle Mannigfaltigkeit, wie es sie auf den Vaikuṇṭha-lokas gibt, doch die Unpersönlichkeitsanhänger halten dieses *brahmajyoti* für das endgültige, ewige Ziel. Auch der Paramātmā ist nicht das höchste Ziel, denn Er ist ein zeitweiliger, alldurchdringender Aspekt Kṣīrodaka-śāyī Viṣṇus. Der Paramātmā ist keine Manifestation, die Sich ewig in der spirituellen Welt befindet. Daher ist Kṛṣṇa, die Höchste Persönlichkeit Gottes, die tatsächliche Absolute Wahrheit. Er ist die vollständige Persönlichkeit, der Energieursprung, und Er besitzt verschiedene abgesonderte und innere Energien.

Wie oben erwähnt wurde, gibt es in der materiellen Energie acht hauptsächliche Elemente. Von diesen werden die ersten fünf – Erde, Wasser, Feuer, Luft und Äther – als die fünf gigantischen oder grobstofflichen Schöpfungen bezeichnet, in denen auch die fünf Sinnesobjekte enthalten sind: die Manifestationen materiellen Klangs, materieller Berührung, materieller Form, materiellen Geschmacks und materiellen Geruchs. Die materielle Wissenschaft umfaßt diese zehn Punkte und nichts darüber hinaus. Die anderen drei Punkte, nämlich Geist, Intelligenz und falsches Ego, werden von den Materialisten nicht beachtet. Philosophen, die sich auf der mentalen Ebene betätigen, haben ebenfalls kein vollkommenes Wissen, weil sie die höchste Ursache, Kṛṣṇa, nicht kennen. Das falsche Ego – die Vorstellungen „Ich bin" und „Das gehört mir", die das Grundprinzip des materiellen Daseins bilden – schließt zehn Sinnesorgane für materielle Tätigkeiten mit ein. Intelligenz bezieht sich auf die Gesamtheit der materiellen Schöpfung, das *mahat-tattva*. Die vierundzwanzig Elemente der materiellen Welt sind also aus den acht abgesonderten Energien des Herrn hervorgegangen. Diese vierundzwanzig Elemente, die der Gegenstand der atheistischen *sāṅkhya*-Philosophie sind, sind ursprünglich Produkte von Kṛṣṇas Energien und sind von Ihm abgesondert, doch die atheistischen *sāṅkhya*-Philosophen, die nur über geringes Wissen verfügen, wissen nicht, daß Kṛṣṇa die Ursache aller Ursachen ist. Das Diskussionsthema der *sāṅkhya*-Philosophie bezieht sich also nur auf die Manifestation der äußeren Energie Kṛṣṇas, wie sie hier in der *Bhagavad-gītā* beschrieben wird.

Vers 5 अपरेयमितस्त्वन्यां प्रकृतिं विद्धि मे पराम् ।
जीवभूतां महाबाहो ययेदं धार्यते जगत् ॥ ५ ॥

apareyam itas tv anyāṁ prakṛtiṁ viddhi me parām
jīva-bhūtāṁ mahā-bāho yayedaṁ dhāryate jagat

aparā – niedere; *iyam* – diese; *itaḥ* – neben dieser; *tu* – aber; *anyām* – eine andere; *prakṛtim* – Energie; *viddhi* – versuche zu verstehen; *me* – Meine; *parām* – höhere; *jīva-bhūtām* – die Lebewesen umfassend; *mahā*-

bāho – o Starkarmiger; *yayā* – von denen; *idam* – diese; *dhāryate* – wird benutzt oder ausgebeutet; *jagat* – die materielle Welt.

Neben diesen niederen Energien, o starkarmiger Arjuna, gibt es eine andere Energie, Meine höhere Energie, welche die Lebewesen umfaßt, die die Reichtümer der materiellen, niederen Natur ausbeuten.

ERLÄUTERUNG: Hier wird eindeutig gesagt, daß die Lebewesen zur höheren Natur (oder Energie) des Höchsten Herrn gehören. Die niedere Energie ist Materie, die aus verschiedenen Elementen besteht, nämlich Erde, Wasser, Feuer, Luft, Äther, Geist, Intelligenz und falsches Ego. Beide Formen der materiellen Natur – die grobstoffliche (Erde usw.) und die feinstoffliche (Geist usw.) – sind Produkte der niederen Energie. Die Lebewesen, die diese untergeordneten Energien für verschiedene Zwecke ausbeuten, gehören zur höheren Energie des Höchsten Herrn, und es ist auf diese Energie zurückzuführen, daß die ganze materielle Welt funktioniert. Die kosmische Manifestation hat von sich aus keine Kraft, aktiv zu sein, solange sie nicht von der höheren Energie, den Lebewesen, bewegt wird. Energien werden immer vom Energieursprung gelenkt, und daher werden die Lebewesen immer vom Herrn beherrscht – sie besitzen kein unabhängiges Dasein. Sie sind keinesfalls genauso mächtig wie der Herr, wie unintelligente Menschen glauben. Der Unterschied zwischen den Lebewesen und dem Herrn wird im *Śrīmad-Bhāgavatam* (10.87.30) wie folgt beschrieben:

aparimitā dhruvās tanu-bhṛto yadi sarva-gatās
tarhi na śāsyateti niyamo dhruva netarathā
ajani ca yan-mayaṁ tad avimucya niyantṛ bhavet
samam anujānatāṁ yad amataṁ mata-duṣṭatayā

„O Höchster Ewiger! Wären die verkörperten Lebewesen ewig und alldurchdringend wie Du, unterständen sie nicht Deiner Herrschaft. Wenn die Lebewesen aber als winzige Energien Deiner Persönlichkeit anerkannt werden, bedeutet dies sogleich, daß sie Deiner höchsten Herrschaft untergeordnet sind. Daher ist es erforderlich, daß sich die Lebewesen, um wahre Befreiung zu erlangen, Deiner Herrschaft ergeben, und diese Ergebung wird sie glücklich machen. Nur in dieser wesensgemäßen Stellung können sie Herrschende sein. Menschen mit begrenztem Wissen, die die monistische Theorie vertreten, der zufolge Gott und die Lebewesen in jeder Beziehung gleich sind, sind in Wirklichkeit einer falschen und unreinen Auffassung zum Opfer gefallen."

Der Höchste Herr, Kṛṣṇa, ist der einzige Herrscher, und alle Lebewesen werden von Ihm beherrscht. Die Lebewesen sind Seine höhere Energie, denn sie befinden sich der Eigenschaft nach auf derselben Ebene der Existenz wie der Höchste, doch in bezug auf das Ausmaß ihrer Macht sind sie Ihm niemals ebenbürtig. Während die höhere Energie (das Lebewesen) die grobstoffliche und feinstoffliche niedere Energie (Materie) ausbeutet, vergißt sie ihren wirklichen, spirituellen Geist und ihre wirkliche, spirituelle Intelligenz. Dieses Vergessen ist auf den Einfluß zurückzuführen, den die Materie auf das Lebewesen ausübt. Wenn das Lebewesen jedoch vom Einfluß der illusionierenden materiellen Energie frei wird, erreicht es die Stufe, die *mukti* oder Befreiung genannt wird. Unter dem Einfluß der materiellen Illusion denkt das falsche Ego: „Ich bin Materie, und mir gehören materielle Güter." Das Lebewesen erkennt seine wahre Stellung, wenn es von allen materiellen Vorstellungen, auch der Vorstellung, mit Gott in jeder Beziehung eins zu werden, befreit ist. Man kann also aus den Lehren der *Gītā* schlußfolgern, daß das Lebewesen nur eine der mannigfaltigen Energien Kṛṣṇas ist; und wenn diese Energie von der materiellen Verunreinigung befreit ist, wird sie völlig Kṛṣṇa-bewußt, was die vollkommene Befreiung darstellt.

Vers 6 एतद्योनीनि भूतानि सर्वाणीत्युपधारय ।
अहं कृत्स्नस्य जगतः प्रभवः प्रलयस्तथा ॥ ६ ॥

etad-yonīni bhūtāni sarvāṇīty upadhāraya
ahaṁ kṛtsnasya jagataḥ prabhavaḥ pralayas tathā

etat – diese beiden Naturen; *yonīni* – deren Quelle der Geburt; *bhūtāni* – alles Erschaffene; *sarvāṇī* – alle; *iti* – auf diese Weise; *upadhāraya* – wisse; *aham* – Ich; *kṛtsnasya* – allumfassend; *jagataḥ* – der Welt; *prabhavaḥ* – die Quelle der Manifestation; *pralayaḥ* – Vernichtung; *tathā* – ebenso wie.

Alle erschaffenen Wesen haben ihren Ursprung in diesen beiden Naturen. Wisse, von allem, was materiell und was spirituell ist in dieser Welt, bin Ich sowohl der Ursprung als auch die Auflösung.

ERLÄUTERUNG: Alles in dieser Welt ist ein Produkt von Materie und spiritueller Energie. Die spirituelle Energie ist die Grundlage der Schöpfung, und die Materie wird von der spirituellen Energie geschaffen. Es ist nicht so, daß Materie auf einer bestimmten Stufe ihrer Entwicklung die spirituelle Energie hervorbringt. Im Gegenteil, die materielle Welt existiert nur auf der Grundlage der spirituellen Energie. Unser materieller Körper entwickelt sich, weil die spirituelle Energie in der Materie gegenwärtig ist. Ein Kind wächst allmählich zum Knaben und dann zum Mann heran, weil diese höhere Energie, die spirituelle Seele, gegenwärtig ist. Ebenso entwickelt sich die gesamte kosmische Manifestation des gigantischen Universums, weil die Überseele, Viṣṇu, gegenwärtig ist. Die spirituelle Natur und die Materie, die sich verbinden, um dieses gigantische Universum zu manifestieren, sind ursprünglich also Energien, die vom Herrn ausgehen, und folglich ist der Herr die ursprüngliche Ursache aller Dinge. Der fragmentarische Teil des Herrn, das Lebewesen, kann vielleicht die Ursache eines großen Wolkenkratzers, einer großen Fabrik oder sogar einer großen Stadt sein, aber es kann niemals die Ursache eines großen Universums sein. Die Ursache dieses großen Universums ist die große Seele, das heißt die Überseele. Und Kṛṣṇa, der Höchste, ist die Ursache der großen wie auch der kleinen Seelen. Deshalb ist Er die ursprüngliche Ursache aller Ursachen. Dies wird in der *Kaṭha Upaniṣad* (2.2.13) bestätigt: *nityo nityānāṁ cetanaś cetanānām.*

Vers 7 मत्तः परतरं नान्यत्किञ्चिदस्ति धनञ्जय ।
मयि सर्वमिदं प्रोतं सूत्रे मणिगणा इव ॥ ७ ॥

mattaḥ parataraṁ nānyat kiñcid asti dhanañ-jaya
mayi sarvam idaṁ protaṁ sūtre maṇi-gaṇā iva

mattaḥ – jenseits von Mir; *para-taram* – höher; *na* – nicht; *anyat kiñcit* – irgend etwas anderes; *asti* – es gibt; *dhanam-jaya* – o Eroberer von Reichtum; *mayi* – in Mir; *sarvam* – alles, was es gibt; *idam* – was wir sehen; *protam* – ist aufgezogen; *sūtre* – auf einer Schnur; *maṇi-gaṇāḥ* – Perlen; *iva* – wie.

O Eroberer von Reichtum, es gibt keine Wahrheit über Mir. Alles ruht auf Mir wie Perlen auf einer Schnur.

ERLÄUTERUNG: Es ist eine alte Streitfrage, ob die Höchste Absolute Wahrheit persönlich oder unpersönlich ist. Was die *Bhagavad-gītā* betrifft, so ist die Absolute Wahrheit die Persönlichkeit Gottes, Śrī Kṛṣṇa, und dies wird auf jeder Seite bestätigt. Besonders im vorliegenden Vers wird betont, daß die Absolute Wahrheit eine Person ist. Daß die Persönlichkeit Gottes die Höchste Absolute Wahrheit ist, wird auch in der *Brahma-saṁhitā* bestätigt: *īśvaraḥ paramaḥ kṛṣṇaḥ sac-cid-ānanda-vigrahaḥ.* Dieser Vers besagt, daß die Höchste Absolute Wahrheit, die Persönlichkeit Gottes, Śrī Kṛṣṇa ist. Er ist der urerste Herr und das Behältnis aller Freude, Govinda, und Er ist die ewige Gestalt vollkommener Glückseligkeit und vollkommenen Wissens. Diese autoritativen Schriften lassen keinen Zweifel darüber, daß die Absolute Wahrheit die Höchste Person, die Ursache aller Ursachen, ist. Die Unpersönlichkeitsanhänger jedoch behaupten das Gegenteil und stützen sich dabei auf die folgende vedische Aussage, die in der *Śvetāśvatara Upaniṣad* (3.10) zu finden ist: *tato yad uttara-taraṁ tad arūpam anāmayam/ ya etad vidur amṛtās te bhavanti athetare duḥkham evāpiyanti.* „In der materiellen Welt gilt Brahmā, das urerste Lebewesen im Universum, als der höchste unter den Halbgöttern, Menschen und niederen Tieren. Aber jenseits von Brahmā liegt die Transzendenz, die keine materielle Form hat und die von allen materiellen Verunreinigungen frei ist. Jeder, der diese Transzendenz zu erkennen vermag, wird ebenfalls transzendental; aber diejenigen, die die Transzendenz nicht kennen, müssen die Leiden der materiellen Welt ertragen."

Die Unpersönlichkeitsphilosophen betonen vor allem das Wort *arūpam.* Aber dieses Wort bezieht sich nicht auf etwas Unpersönliches. Es weist darauf hin, daß die Absolute Wahrheit keine materielle, sondern eine transzendentale Form hat, die, wie der oben zitierte Vers aus der *Brahma-saṁhitā* bestätigt, ewig, glückselig und voller Wissen ist. Dies wird von anderen Versen der *Śvetāśvatara Upaniṣad* (3.8–9) bestätigt:

vedāham etaṁ puruṣaṁ mahāntam
āditya-varṇaṁ tamasaḥ parastāt
tam eva viditvāti mṛtyum eti
nānyaḥ panthā vidyate 'yanāya

yasmāt paraṁ nāparam asti kiñcid
yasmān nāṇīyo no jyāyo 'sti kiñcit
vṛkṣa iva stabdho divi tiṣṭhaty ekas
tenedaṁ pūrṇaṁ puruṣeṇa sarvam

„Ich kenne den Herrn, die Höchste Persönlichkeit Gottes, der in transzendentaler Stellung zu allen materiellen Vorstellungen der Dunkelheit steht. Nur wer Ihn kennt, kann die Fesseln von Geburt und Tod überwinden. Es gibt keinen anderen Weg zur Befreiung als die Erkenntnis dieser Höchsten Person.

Es gibt keine Wahrheit, die über diesem Höchsten steht, denn Er ist der Allerhöchste. Er ist kleiner als das Kleinste, und Er ist größer als das Größte. Er gleicht einem ruhigen Baum, und Er erleuchtet den transzendentalen Himmel, und wie ein Baum seine Wurzeln ausbreitet, so breitet Er Seine vielfachen Energien aus.“

Aus diesen Versen geht eindeutig hervor, daß die Höchste Absolute Wahrheit die Höchste Persönlichkeit Gottes ist, die durch Ihre vielfältigen materiellen und spirituellen Energien alldurchdringend ist.

Vers 8 रसोऽहमप्सु कौन्तेय प्रभास्मि शशिसूर्ययोः ।
प्रणवः सर्ववेदेषु शब्दः खे पौरुषं नृषु ॥ ८ ॥

raso 'ham apsu kaunteya prabhāsmi śaśi-sūryayoḥ
praṇavaḥ sarva-vedeṣu śabdaḥ khe pauruṣaṁ nṛṣu

rasaḥ – Geschmack; *aham* – Ich; *apsu* – im Wasser; *kaunteya* – o Sohn Kuntīs; *prabhā* – das Licht; *asmi* – Ich bin; *śaśi-sūryayoḥ* – des Mondes und der Sonne; *praṇavaḥ* – die drei Buchstaben *a-u-m*; *sarva* – in allen; *vedeṣu* – den *Veden*; *śabdaḥ* – Klangschwingung; *khe* – im Äther; *pauruṣaṁ* – Fähigkeit; *nṛṣu* – im Menschen.

O Sohn Kuntīs, Ich bin der Geschmack des Wassers, das Licht der Sonne und des Mondes und die Silbe oṁ in den vedischen mantras; Ich bin der Klang im Äther und die Fähigkeit im Menschen.

ERLÄUTERUNG: Dieser Vers erklärt, wie der Herr durch Seine mannigfaltigen materiellen und spirituellen Energien alldurchdringend ist. Der Höchste Herr kann zunächst durch Seine verschiedenen Energien wahrgenommen werden, und auf diese Weise wird Er in Seinem unpersönlichen Aspekt erkannt. Ebenso wie der Halbgott der Sonne eine Person ist und durch seine alldurchdringende Energie, den Sonnenschein, wahrgenommen wird, so wird der Herr, obwohl Er persönlich in Seinem ewigen Reich weilt, durch Seine alldurchdringenden, überall verbreiteten Energien wahrgenommen.

Das aktive Prinzip des Wassers ist sein Geschmack. Niemand trinkt gerne Meerwasser, weil der reine Geschmack des Wassers mit Salz vermischt ist. Wie sehr man sich zu einer bestimmten Art von Wasser hingezogen fühlt, beruht auf der Reinheit seines Geschmacks, und dieser reine Geschmack ist eine der Energien des Herrn. Der Unpersönlichkeitsanhänger nimmt die Gegenwart des Herrn im Wasser durch dessen Geschmack wahr, und ebenso tut es der Persönlichkeitsanhänger, aber er preist dabei den Herrn, weil dieser so gütig ist, für schmackhaftes

Wasser zu sorgen, um den Durst der Menschen zu stillen. Das ist die Art und Weise, den Höchsten wahrzunehmen. Praktisch gesehen gibt es zwischen der Persönlichkeitslehre und der Unpersönlichkeitslehre keinen Widerstreit. Wer Gott kennt, weiß, daß der unpersönliche und der persönliche Aspekt gleichzeitig in allem gegenwärtig sind und daß es dabei keinen Widerspruch gibt. Deshalb verkündete Śrī Caitanya Seine erhabene Lehre des *acintya-bheda-* und *abheda-tattva*, die Lehre des gleichzeitigen Eins- und Verschiedenseins.

Das Licht der Sonne und des Mondes geht ebenfalls ursprünglich vom *brahmajyoti*, der unpersönlichen Ausstrahlung des Herrn, aus. Und *praṇava*, der transzendentale Klang *oṁ-kāra* am Anfang jeder vedischen Hymne, ist eine Anrufung an den Höchsten Herrn. Weil die Unpersönlichkeitsanhänger große Angst haben, den Höchsten Herrn, Śrī Kṛṣṇa, mit Seinen unzähligen Namen anzurufen, ziehen sie es vor, den transzendentalen Klang *oṁ-kāra* zu chanten. Sie verstehen jedoch nicht, daß *oṁ-kāra* die Klangrepräsentation Kṛṣṇas ist. Der Einflußbereich des Kṛṣṇa-Bewußtseins erstreckt sich überallhin, und wer das Kṛṣṇa-Bewußtsein kennt, ist gesegnet, wohingegen diejenigen, die Kṛṣṇa nicht kennen, sich in Illusion befinden. Wissen über Kṛṣṇa zu besitzen bedeutet also Befreiung, wohingegen Unwissenheit über Kṛṣṇa Ursache von Knechtschaft ist.

Vers 9 पुण्यो गन्धः पृथिव्यां च तेजश्चास्मि विभावसौ ।
जीवनं सर्वभूतेषु तपश्चास्मि तपस्विषु ॥ ९ ॥

puṇyo gandhaḥ pṛthivyāṁ ca tejaś cāsmi vibhāvasau
jīvanaṁ sarva-bhūteṣu tapaś cāsmi tapasviṣu

puṇyaḥ – ursprünglicher; *gandhaḥ* – Duft; *pṛthivyām* – in der Erde; *ca* – auch; *tejaḥ* – Hitze; *ca* – auch; *asmi* – Ich bin; *vibhāvasau* – im Feuer; *jīvanam* – Leben; *sarva* – in allen; *bhūteṣu* – Lebewesen; *tapaḥ* – Entsagung; *ca* – auch; *asmi* – Ich bin; *tapasviṣu* – in denjenigen, die sich Entsagung auferlegen.

Ich bin der ursprüngliche Duft der Erde, und Ich bin die Hitze im Feuer. Ich bin das Leben in allem Lebendigen, und Ich bin die Entsagung der Asketen.

ERLÄUTERUNG: *Puṇya* bezieht sich auf das, was nicht verdorben ist, auf das Ursprüngliche. Alles in der materiellen Welt hat einen bestimmten Geruch oder Duft, wie zum Beispiel der Duft einer Blume oder der

Duft in der Erde, im Wasser, im Feuer, in der Luft usw. Der unvermischte Duft, der ursprüngliche Duft, der alles durchdringt, ist Kṛṣṇa. Ebenso hat alles einen bestimmten ursprünglichen Geschmack, und dieser Geschmack kann durch die Vermischung mit chemischen Stoffen verändert werden. Alles Ursprüngliche hat also einen bestimmten Geruch, einen bestimmten Duft und einen bestimmten Geschmack. *Vibhāvasu* bedeutet Feuer. Ohne Feuer sind wir nicht in der Lage, Fabriken zu unterhalten, zu kochen und vieles mehr, und dieses Feuer ist Kṛṣṇa, ebenso wie die Hitze im Feuer Kṛṣṇa ist. Der vedischen Medizin zufolge haben Verdauungsstörungen ihre Ursache in einer zu niedrigen Temperatur im Magen. Selbst für die Verdauung ist also Feuer notwendig. Im Kṛṣṇa-Bewußtsein erkennen wir, daß Erde, Wasser, Feuer, Luft und jedes aktive Prinzip wie auch alle chemischen Stoffe und materiellen Elemente ihren Ursprung in Kṛṣṇa haben. Auch die Lebensdauer eines Menschen hängt von Kṛṣṇa ab. Durch die Gnade Kṛṣṇas kann deshalb ein Mensch sein Leben verlängern oder verkürzen. Kṛṣṇa-Bewußtsein wirkt also in jedem Bereich.

Vers 10 बीजं मां सर्वभूतानां विद्धि पार्थ सनातनम् ।
बुद्धिर्बुद्धिमतामस्मि तेजस्तेजस्विनामहम् ॥१०॥

bījaṁ māṁ sarva-bhūtānāṁ viddhi pārtha sanātanam
buddhir buddhimatām asmi tejas tejasvinām aham

bījam – der Same; *mām* – Mich; *sarva-bhūtānām* – aller Lebewesen; *viddhi* – versuche zu verstehen; *pārtha* – o Sohn Pṛthās; *sanātanam* – ursprünglich, ewig; *buddhiḥ* – Intelligenz; *buddhi-matām* – der Intelligenten; *asmi* – Ich bin; *tejaḥ* – Macht; *tejasvinām* – der Mächtigen; *aham* – Ich bin.

O Sohn Pṛthās, wisse, daß Ich der ursprüngliche Same alles Existierenden, die Intelligenz der Intelligenten und die Macht aller mächtigen Menschen bin.

ERLÄUTERUNG: *Bījam* bedeutet „Same“, und Kṛṣṇa ist der Same aller Dinge. Es gibt verschiedene Lebewesen, solche, die sich bewegen, und solche, die sich nicht bewegen. Vögel, Tiere, Menschen und viele andere Geschöpfe gehören zu den Lebewesen, die sich bewegen; Bäume und Pflanzen hingegen können sich nicht bewegen, sondern stehen immer an einem Ort. Jedes Lebewesen gehört zu einer der 8 400 000 Lebensformen, von denen sich die einen bewegen können und die anderen nicht. In allen Fällen aber ist Kṛṣṇa der Same ihres Lebens. Wie es in den vedischen Schriften heißt, ist das Brahman, die Höchste Absolute Wahrheit, das, von dem alles ausgeht: *yato vā imāni bhūtāni jāyante* (*Taittirīya Upaniṣad* 3.1). Kṛṣṇa ist Para-brahman, das Höchste Brahman. Brahman ist unpersönlich, und Para-brahman ist persönlich. Das unpersönliche Brahman gründet auf dem persönlichen Aspekt – dies wird in der *Bhagavad-gītā* (14.27) erklärt: *brahmaṇo hi pratiṣṭhāham*. Daher ist Kṛṣṇa die ursprüngliche Quelle allen Seins oder, mit anderen Worten, die Wurzel. So wie die Wurzel eines Baumes den ganzen Baum erhält, so erhält Kṛṣṇa, die ursprüngliche Wurzel aller Dinge, alles in der materiellen Manifestation. Dies wird ebenfalls in den vedischen Schriften (*Kaṭha Upaniṣad* 2.2.13) bestätigt:

nityo nityānāṁ cetanaś cetanānām
eko bahūnāṁ yo vidadhāti kāmān

Er ist der höchste Ewige unter allen Ewigen. Er ist das höchste Lebewesen unter allen Lebewesen, und Er allein erhält alles Leben. Ohne Intelligenz kann man nichts tun, und Kṛṣṇa sagt hier auch, daß Er die Wurzel aller Intelligenz ist. Solange ein Mensch nicht intelligent ist, kann er die Höchste Persönlichkeit Gottes, Kṛṣṇa, nicht verstehen.

Vers 11 बलं बलवतां चाहं कामरागविवर्जितम् ।
धर्माविरुद्धो भूतेषु कामोऽस्मि भरतर्षभ ॥११॥

balaṁ balavatāṁ cāhaṁ kāma-rāga-vivarjitam
dharmāviruddho bhūteṣu kāmo 'smi bharatarṣabha

balam – Stärke; *bala-vatām* – der Starken; *ca* – und; *aham* – Ich bin; *kāma* – Leidenschaft; *rāga* – und Anhaftung; *vivarjitam* – frei von; *dharma-aviruddhaḥ* – nicht gegen die religiösen Prinzipien; *bhūteṣu* – in allen Wesen; *kāmaḥ* – Sexualität; *asmi* – Ich bin; *bharata-ṛṣabha* – o Herr der Bhāratas.

Ich bin die Stärke der Starken, frei von Leidenschaft und Verlangen, und Ich bin die Sexualität, die nicht im Widerspruch zu den religiösen Prinzipien steht, o Herr der Bhāratas [Arjuna].

ERLÄUTERUNG: Die Stärke eines starken Mannes sollte angewandt werden, um die Schwachen zu beschützen, und nicht, um andere anzugreifen. Was Sexualität betrifft, so sollte sie in Übereinstimmung mit den religiösen Prinzipien (*dharma*) benutzt werden, um Kinder zu zeugen, und nicht auf andere Weise. Die Eltern haben dann die Verantwortung, daß ihre Kinder Kṛṣṇa-bewußt werden.

Vers 12 ये चैव सात्त्विका भावा राजसास्तामसाश्च ये ।
मत्त एवेति तान् विद्धि न त्वहं तेषु ते मयि ॥१२॥

ye caiva sāttvikā bhāvā rājasās tāmasāś ca ye
matta eveti tān viddhi na tv ahaṁ teṣu te mayi

ye – alle, die; *ca* – und; *eva* – gewiß; *sāttvikāḥ* – in Tugend; *bhāvāḥ* – Daseinszustände; *rājasāḥ* – in der Erscheinungsweise der Leidenschaft; *tāmasāḥ* – in der Erscheinungsweise der Unwissenheit; *ca* – auch; *ye* – alle, die; *mattaḥ* – von Mir; *eva* – gewiß; *iti* – auf diese Art und Weise; *tān* – diejenigen; *viddhi* – versuche zu verstehen; *na* – nicht; *tu* – aber; *aham* – Ich; *teṣu* – in ihnen; *te* – sie; *mayi* – in Mir.

Wisse, daß alle Daseinsstufen – seien sie in Tugend, Leidenschaft oder Unwissenheit – eine Manifestation Meiner Energie sind. In gewissem Sinne bin Ich alles – doch Ich bin unabhängig; Ich stehe nicht unter dem Einfluß der Erscheinungsweisen der materiellen Natur – im Gegenteil, sie sind in Mir.

ERLÄUTERUNG: Alle materiellen Tätigkeiten in der Welt werden unter dem Einfluß der drei Erscheinungsweisen der materiellen Natur ausgeführt. Obwohl diese Erscheinungsweisen der materiellen Natur vom Höchsten Herrn, Kṛṣṇa, ausgehen, ist Er ihnen nicht unterworfen. Zum Beispiel kann ein Bürger durch die Gesetze des Staates bestraft werden, doch der König, der Gesetzgeber, ist diesen Gesetzen nicht unterworfen. In ähnlicher Weise gehen alle Erscheinungsweisen der materiellen Natur – Tugend, Leidenschaft und Unwissenheit – vom Höchsten Herrn, Kṛṣṇa, aus, doch Kṛṣṇa Selbst wird von der materiellen Natur nicht berührt. Deshalb ist Er *nirguṇa*, was bedeutet, daß die *guṇas*, die Erscheinungsweisen, Ihn nicht beeinflussen, obwohl sie aus Ihm hervorgehen. Das ist eines der besonderen Merkmale Bhagavāns, der Höchsten Persönlichkeit Gottes.

Vers 13 त्रिभिर्गुणमयैर्भावैरेभिः सर्वमिदं जगत् ।
मोहितं नाभिजानाति मामेभ्यः परमव्ययम् ॥१३॥

tribhir guṇa-mayair bhāvair ebhiḥ sarvam idaṁ jagat
mohitaṁ nābhijānāti mām ebhyaḥ param avyayam

tribhiḥ – drei; *guṇa-mayaiḥ* – aus den *guṇas* bestehend; *bhāvaiḥ* – durch die Daseinszustände; *ebhiḥ* – all diese; *sarvam* – gesamte; *idam* – dieses; *jagat* – Universum; *mohitam* – getäuscht; *na abhijānāti* – kennt nicht; *mām* – Mich; *ebhyaḥ* – über diesen; *param* – der Höchste; *avyayam* – unerschöpflich.

Getäuscht von den drei Erscheinungsweisen [Tugend, Leidenschaft und Unwissenheit], kennt die gesamte Welt Mich nicht, der Ich über den Erscheinungsweisen stehe und unerschöpflich bin.

ERLÄUTERUNG: Die ganze Welt wird von den drei Erscheinungsweisen der materiellen Natur betört. Diejenigen, die durch den Einfluß dieser drei Erscheinungsweisen verwirrt sind, können nicht verstehen, daß sich jenseits der materiellen Natur der Höchste Herr, Kṛṣṇa, befindet.

Jedes Lebewesen unter dem Einfluß der materiellen Natur hat eine bestimmte Art von Körper, dem bestimmte psychische und physische Tätigkeiten zugeordnet sind. Gemäß dem Einfluß der drei Erscheinungsweisen der materiellen Natur gibt es vier Klassen von Menschen. Diejenigen, die sich rein in der Erscheinungsweise der Tugend befinden, werden *brāhmaṇas* genannt. Diejenigen, die sich rein in der Erscheinungsweise der Leidenschaft befinden, werden *kṣatriyas* genannt. Diejenigen, die sich in den Erscheinungsweisen der Leidenschaft und Unwissenheit befinden, werden *vaiśyas* genannt, und diejenigen, die sich völlig in Unwissenheit befinden, werden *śūdras* genannt. Unterhalb dieser vier Einteilungen befinden sich die Tiere und die Menschen, die ein tierisches Leben führen. Man mag sich in diesem Leben als *brāhmaṇa*, *kṣatriya*, *vaiśya* oder irgend etwas anderes bezeichnen, doch in jedem Fall sind diese Bezeichnungen nicht von Dauer, denn sie beziehen sich auf den zeitweiligen Körper. Aber obwohl das Leben zeitweilig ist und wir nicht wissen, was wir im nächsten Leben sein werden, sehen wir uns aufgrund des Einflusses der illusionierenden Energie im Licht der körperlichen Lebensauffassung und glauben daher, Amerikaner, Inder, Russe oder *brāhmaṇa*, Hindu oder Moslem zu sein. Und wenn wir in die Erscheinungsweisen der materiellen Natur verstrickt werden, vergessen wir die Höchste Persönlichkeit Gottes, die hinter all diesen Erscheinungsweisen steht. Daher sagt Śrī Kṛṣṇa, daß Menschen, die von diesen drei Erscheinungsweisen der Natur getäuscht sind, nicht verstehen, daß Sich hinter der materiellen Fassade die Höchste Persönlichkeit Gottes befindet.

Es gibt viele verschiedene Arten von Lebewesen – Menschen, Halbgötter, Tiere usw. –, und jedes einzelne von ihnen steht unter dem Einfluß der materiellen Natur, und sie alle haben die transzendente Persönlichkeit Gottes vergessen. Diejenigen, die sich in den Erscheinungsweisen der Leidenschaft und Unwissenheit befinden, und selbst diejenigen, die sich in der Erscheinungsweise der Tugend befinden, können nicht über die Erkenntnis des unpersönlichen Brahman-Aspektes der Absoluten Wahrheit hinausgelangen. Sie sind vom persönlichen Aspekt des Höchsten Herrn verwirrt, der alle Schönheit, allen Reichtum, alles Wissen, alle Stärke, allen Ruhm und alle Entsagung besitzt. Wenn selbst jene, die sich in Tugend befinden, Kṛṣṇa nicht verstehen können, welche Hoffnung besteht dann für diejenigen, die sich in Leidenschaft und Unwissenheit befinden? Kṛṣṇa-Bewußtsein ist transzendental zu diesen drei Erscheinungsweisen der materiellen Natur, und diejenigen, die völlig im Kṛṣṇa-Bewußtsein verankert sind, haben tatsächlich die Stufe der Befreiung erreicht.

Vers 14 दैवी ह्येषा गुणमयी मम माया दुरत्यया ।
मामेव ये प्रपद्यन्ते मायामेतां तरन्ति ते ॥१४॥

daivī hy eṣā guṇa-mayī mama māyā duratyayā
mām eva ye prapadyante māyām etāṁ taranti te

daivī – transzendental; *hi* – gewiß; *eṣā* – diese; *guṇa-mayī* – bestehend aus den drei Erscheinungsweisen der materiellen Natur; *mama* – Meine; *māyā* – Energie; *duratyayā* – äußerst schwierig zu überwinden; *mām* – Mir; *eva* – gewiß; *ye* – diejenigen, die; *prapadyante* – sich ergeben; *māyām etāṁ* – diese illusorische Energie; *taranti* – überwinden; *te* – sie.

Diese Meine göttliche Energie, die aus den drei Erscheinungsweisen der materiellen Natur besteht, ist sehr schwer zu überwinden. Aber diejenigen, die sich Mir ergeben, können sie sehr leicht hinter sich lassen.

ERLÄUTERUNG: Der Herr, die Höchste Persönlichkeit Gottes, besitzt unzählige Energien, und all diese Energien sind göttlich. Obwohl die Lebewesen Teile Seiner Energien sind und deshalb ebenfalls als göttlich bezeichnet werden können, wurde ihre ursprüngliche, höhere Kraft durch die Berührung mit der materiellen Energie bedeckt. Wer so von der materiellen Energie bedeckt ist, kann unmöglich ihrem Einfluß entkommen. Wie zuvor schon erklärt wurde, sind sowohl die materielle wie auch die spirituelle Natur als Emanationen der Höchsten Persönlichkeit Gottes ewig. Die Lebewesen gehören zur ewigen, höheren Natur des Herrn, aber weil sie durch die niedere Natur, die Materie, verunreinigt sind, ist ihre Illusion ebenfalls ewig. Die bedingte Seele wird deshalb als *nitya-baddha*, ewig bedingt, bezeichnet. Niemand kann zurückverfolgen, zu welchem Zeitpunkt in der materiellen Geschichte sie in ihren bedingten Zustand geriet. Folglich ist es für sie sehr schwer, der materiellen Natur zu entkommen – obwohl die materielle Natur die niedere Energie ist –, denn die materielle Energie wird letztlich vom höchsten Willen gelenkt, den das Lebewesen nicht überwinden kann. Die niedere, materielle Natur wird hier als göttliche Natur bezeichnet, weil sie mit dem Göttlichen verbunden ist und vom göttlichen Willen bewegt wird. Weil hinter der materiellen Natur der göttliche Wille steht, kann sie beim Aufbau und bei der Zerstörung der kosmischen Manifestation auf solch wunderbare Weise wirken, obwohl sie eigentlich zur niederen Kategorie gehört. Die *Veden* bestätigen dies wie folgt: *māyāṁ tu prakṛtiṁ vidyān māyinaṁ tu maheśvaram*. „*Māyā* [Illusion] ist falsch, das heißt zeitweilig, doch im Hintergrund *māyās* befindet Sich der höchste Zauberer, die Persönlichkeit Gottes, der der höchste Herrscher, Maheśvara, ist." (*Śvetāśvatara Upaniṣad* 4.10)

Eine andere Bedeutung von *guṇa* ist „Seil", was darauf hinweist, daß die bedingte Seele fest von den Seilen der Illusion gefesselt ist. Ein Mensch, der an Händen und Füßen gefesselt ist, kann sich nicht selbst befreien, sondern ist auf die Hilfe anderer angewiesen. Jemand aber, der selbst gefesselt ist, kann ihm nicht helfen; der Retter muß selbst befreit sein. In ähnlicher Weise kann allein Śrī Kṛṣṇa bzw. Sein echter Stellvertreter, der spirituelle Meister, die bedingte Seele befreien. Ohne solche höhere Hilfe kann man nicht aus der Gefangenschaft der materiellen Natur befreit werden. Hingebungsvoller Dienst, Kṛṣṇa Bewußtsein, kann einem helfen, solche Befreiung zu erlangen. Da Kṛṣṇa der Herr der illusionierenden Energie ist, kann Er dieser unüberwindlichen Energie befehlen, die bedingte Seele freizulassen. Er befiehlt diese Freilassung aus Seiner grundlosen Barmherzigkeit gegenüber der ergebenen Seele und aus Seiner väterlichen Zuneigung, da das Lebewesen ursprünglich ein geliebter Sohn des Herrn ist. Sich den Lotosfüßen des Herrn zu ergeben ist daher das einzige Mittel, um aus der Gewalt der mächtigen materiellen Natur frei zu werden.

Die Worte *mām eva* sind ebenfalls von Bedeutung. *Mām* bedeutet „allein zu Kṛṣṇa (Viṣṇu)", und nicht zu Brahmā oder Śiva. Obwohl Brahmā und Śiva auf einer sehr hohen Stufe stehen und sich fast auf der gleichen Ebene wie Viṣṇu befinden, ist es für diese Inkarnationen von *rajo-guṇa* (Leidenschaft) und *tamo-guṇa* (Unwissenheit) nicht möglich, die bedingte Seele aus der Gewalt *māyās* zu befreien. Mit anderen Worten, auch Brahmā und Śiva stehen unter dem Einfluß *māyās*. Allein Viṣṇu ist der Herr über *māyā*; deshalb kann nur Er die bedingte Seele befreien. Die *Veden* (*Śvetāśvatara Upaniṣad* 3.8) bestätigen dies mit den Worten: *tam eva viditvā*. „Freiheit ist nur möglich, wenn man Kṛṣṇa versteht." Selbst Śiva bestätigt, daß Befreiung nur durch die Barmherzigkeit Viṣṇus erreicht werden kann. Śiva sagt: *mukti-pradātā sarveṣāṁ viṣṇur eva na saṁśayaḥ*. „Es besteht kein Zweifel darüber, daß es Viṣṇu ist, der jedem Befreiung gewährt."

Vers 15 न मां दुष्कृतिनो मूढाः प्रपद्यन्ते नराधमाः ।
माययापहृतज्ञाना आसुरं भावमाश्रिताः ॥१५॥

na māṁ duṣkṛtino mūḍhāḥ prapadyante narādhamāḥ
māyayāpahṛta-jñānā āsuraṁ bhāvam āśritāḥ

na – nicht; *mām* – Mir; *duṣkṛtinaḥ* – gottlose Menschen; *mūḍhāḥ* – töricht; *prapadyante* – ergeben sich; *nara-adhamāḥ* – die Niedrigsten der Menschheit; *māyayā* – von der illusionierenden Energie; *apahṛta* – gestohlen; *jñānāḥ* – deren Wissen; *āsuram* – dämonische; *bhāvam* – Natur; *āśritāḥ* – annehmend.

Jene gottlosen Menschen, die abgestumpft und dumm sind, die die Niedrigsten der Menschheit sind, deren Wissen von Illusion gestohlen ist und die das atheistische Wesen von Dämonen haben, ergeben sich Mir nicht.

ERLÄUTERUNG: In der *Bhagavad-gītā* wird gesagt, daß man die strengen Gesetze der materiellen Natur überwinden kann, wenn man sich einfach den Lotosfüßen der Höchsten Persönlichkeit, Kṛṣṇa, ergibt. Hier nun erhebt sich die Frage, warum sich dann gebildete Philosophen, Wissenschaftler, Geschäftsleute, Politiker und all die Führer der Menschen nicht den Lotosfüßen Śrī Kṛṣṇas, der allmächtigen Persönlichkeit Gottes, ergeben. Mit großer Ausdauer machen die Führer der Menschheit schon seit vielen Jahren, ja schon seit vielen Generationen die verschiedensten Pläne und suchen nach Wegen, um *mukti*, Befreiung von den Gesetzen der materiellen Natur, zu finden; doch wenn diese Befreiung möglich ist, einfach indem man sich den Lotosfüßen der Höchsten Persönlichkeit Gottes ergibt, warum nehmen dann diese intelligenten und hart arbeitenden Führer diese einfache Methode nicht an?

Die *Gītā* beantwortet diese Frage sehr offen. Die wirklich intelligenten Führer der Gesellschaft, wie Brahmā, Śiva, Kapila, die Kumāras, Manu, Vyāsa, Devala, Asita, Janaka, Prahlāda, Bali und später Madhvācārya, Rāmānujācārya, Śrī Caitanya und viele andere – die alle wahre Philosophen, Politiker, Erzieher, Wissenschaftler usw. sind –, ergeben sich den Lotosfüßen der Höchsten Person, der allmächtigen Autorität. Diejenigen aber, die Bezeichnungen wie Philosoph, Wissenschaftler, Erzieher und Politiker nicht wirklich verdienen, sondern sich nur als solche ausgeben, um materielle Vorteile zu gewinnen, erkennen den Plan oder Pfad des Höchsten Herrn nicht an. Sie wissen nichts über Gott; sie schmieden einfach nur ihre eigenen weltlichen Pläne und machen daher die Probleme des materiellen Daseins mit ihren vergeblichen Versuchen, sie zu lösen, nur noch komplizierter. Weil die materielle Energie (die Natur) sehr mächtig ist, kann sie den unautorisierten Plänen der Atheisten widerstehen und das Wissen ihrer sogenannten „Planungsausschüsse“ nutzlos werden lassen.

Die atheistischen Plänemacher werden hier mit dem Wort *duṣkṛtinaḥ*, „gottlose Menschen“, bezeichnet. *Kṛtī* bedeutet „jemand, der verdienstvolle Arbeit leistet“. Die atheistischen Plänemacher sind manchmal sehr intelligent und verdienen ebenfalls Anerkennung, denn jedes große Vorhaben, ob gut oder schlecht, erfordert Intelligenz, um ausgeführt zu werden. Weil die atheistischen Plänemacher ihre Intelligenz jedoch falsch benutzen – nämlich um dem Plan des Höchsten Herrn entgegenzuwirken –, werden sie *duṣkṛtī* genannt, was darauf hinweist, daß ihre Intelligenz und ihre Anstrengungen in die falsche Richtung gelenkt sind.

In der *Gītā* wird klar gesagt, daß die materielle Energie ganz nach der Weisung des Höchsten Herrn arbeitet. Sie hat keine unabhängige Autorität. Sie ist in ihrer Wirkungsweise wie ein Schatten, der sich nur in Übereinstimmung mit den Bewegungen des Gegenstandes, von dem er abhängig ist, bewegen kann. Nichtsdestoweniger ist die materielle Energie sehr mächtig, und der Atheist weiß aufgrund seines gottlosen Charakters nicht, wie sie wirkt, ebenso wie er auch keine Möglichkeit hat, den Plan des Höchsten Herrn zu kennen. Weil er von Illusion und den Erscheinungsweisen der Leidenschaft und Unwissenheit beeinflußt wird, werden all seine Pläne vereitelt, wie es bei Hiraṇyakaśipu und Rāvaṇa der Fall war, deren Pläne zu Staub zerschlagen wurden, obwohl beide als Wissenschaftler, Philosophen, Politiker und Erzieher in materieller Hinsicht sehr gelehrt waren. Es gibt vier Arten von *duṣkṛtinas*, gottlosen Menschen, die wie folgt beschrieben werden:

(1) Die *mūḍhas* sind diejenigen, die abgestumpft und dumm sind,

so wie schwer arbeitende Lasttiere. Sie wollen die Früchte ihrer Arbeit selbst genießen, statt sie mit dem Höchsten zu teilen. Das typische Beispiel eines Lasttieres ist der Esel. Dieses anspruchslose Tier wird von seinem Meister angetrieben, sehr schwer zu arbeiten. Der Esel weiß eigentlich nicht, für wen er Tag und Nacht so schwer arbeitet. Er ist zufrieden, wenn er seinen Magen mit einem Büschel Gras füllen kann, wenn er eine Weile schlafen kann – wobei er befürchten muß, von seinem Meister geschlagen zu werden – und wenn er seine sexuellen Gelüste befriedigen kann, selbst auf das Risiko hin, vom anderen Geschlecht wiederholt getreten zu werden. Der Esel singt manchmal auch Poesie und Philosophie, doch in Wirklichkeit stellt sein Schreien für andere nur eine Störung dar. Das ist die Lage des dummen fruchtbringenden Arbeiters, der nicht weiß, für wen er arbeiten soll. Er weiß nicht, daß *karma* (Handlung) für *yajña* (Opfer) bestimmt ist.

Sehr oft sagen diejenigen, die Tag und Nacht sehr schwer arbeiten, um die Last selbstgeschaffener Pflichten abzutragen, sie hätten keine Zeit, über die Unsterblichkeit des Lebewesens zu hören. Für solche *mūḍhas* sind materielle Gewinne, die vergänglich sind, das ein und alles ihres Lebens, obwohl sie selbst nur einen sehr geringen Teil der Früchte ihrer Arbeit genießen. Manchmal verbringen sie um materiellen Profits willen schlaflose Tage und Nächte, und obwohl sie an Magengeschwüren oder Verdauungsstörungen leiden, geben sie sich damit zufrieden, praktisch nichts zu essen. Sie sind einfach darin vertieft, zum Nutzen falscher Meister Tag und Nacht schwer zu arbeiten. Weil diese törichten Menschen ihren wirklichen Meister nicht kennen, verschwenden sie ihre kostbare Zeit damit, dem Mammon zu dienen. Zu ihrem Unglück ergeben sie sich niemals dem höchsten Meister, dem Meister aller Meister, und nehmen sich auch nicht die Zeit, sich an die richtigen Quellen zu wenden, um über Ihn zu hören. Das Schwein, das Kot frißt, kümmert sich nicht um Süßigkeiten aus Zucker und Ghee (Butterfett), und ebenso ziehen es die törichten fruchtbringenden Arbeiter vor, unermüdlich der Flut von Neuigkeiten aus der schillernden Welt des Sinnengenusses zu lauschen, ohne jedoch Zeit zu finden, über die ewige Lebenskraft zu hören, die die materielle Welt bewegt.

(2) Die zweite Klasse von *duṣkṛtī*, gottlosen Menschen. wird *narādhama*, „die Niedrigsten der Menschheit“, genannt. *Nara* bedeutet „Mensch“, und *adhama* bedeutet „der Niedrigste“. Unter den 8 400 000 Lebensformen gibt es 400 000 menschliche Arten, und unter diesen gibt es zahlreiche niedere Formen menschlichen Lebens, die größtenteils unzivilisiert sind. Zu den zivilisierten Menschen zählen diejenigen, die in ihrem sozialen, politischen und religiösen Leben re-

gulierenden Prinzipien folgen. Diejenigen, die zwar sozial und politisch entwickelt sind, aber keinen religiösen Prinzipien folgen, müssen als *narādhama* angesehen werden. Ebenso ist Religion ohne Gott keine wahre Religion, denn der Sinn religiöser Prinzipien liegt darin, die Höchste Wahrheit und die Beziehung des Menschen zu Ihr zu erkennen. In der *Gītā* erklärt der Höchste Herr unmißverständlich, daß es keine Autorität über Ihm gibt und daß Er die Höchste Wahrheit ist. Die zivilisierte Form des menschlichen Lebens ist dafür bestimmt, daß der Mensch das verlorene Bewußtsein seiner ewigen Beziehung zur Höchsten Wahrheit, der allmächtigen Persönlichkeit Gottes, Śrī Kṛṣṇa, wiederbelebt. Jeder, der diese Gelegenheit verstreichen läßt, wird als *narādhama* eingestuft. Wir erfahren aus den offenbarten Schriften, daß das Kind im Mutterleib, wo es sich in einer äußerst unbequemen Lage befindet, zu Gott um Befreiung betet und verspricht, Ihn allein zu verehren, sobald es herausgelangt. Zu Gott zu beten, wenn man sich in Schwierigkeiten befindet, ist eine natürliche Veranlagung des Lebewesens, denn es ist ewig mit Gott verbunden. Aber weil das Kind von *māyā*, der illusionierenden Energie, beeinflußt wird, vergißt es nach seiner Befreiung sowohl die Schwierigkeiten der Geburt als auch seinen Befreier.

Es ist die Pflicht derjenigen, die für Kinder verantwortlich sind, das göttliche Bewußtsein, das in ihnen schlummert, wiederzubeleben. In der *Manu-smṛti*, der Anleitung für religiöse Prinzipien, werden zehn Läuterungszeremonien vorgeschrieben, die dafür bestimmt sind, im Rahmen des *varṇāśrama*-Systems das Gottesbewußtsein wiederzubeleben. Heutzutage jedoch werden diese Vorgänge in keinem Teil der Welt streng befolgt, und deshalb sind 99,9 Prozent der Bevölkerung *narādhamas*.

Wenn die gesamte Bevölkerung zu *narādhamas* wird, wird ihr ganzer sogenannter Fortschritt durch die allmächtige Energie der materiellen Natur null und nichtig gemacht. Gemäß dem Maßstab der *Gītā* gilt ein Mensch dann als gelehrt, wenn er einen gelehrten *brāhmaṇa*, einen Hund, eine Kuh, einen Elefanten und einen Hundeesser mit gleichen Augen sieht. Dies ist die Sicht eines wahren Gottgeweihten. Śrī Nityānanda Prabhu, der die Inkarnation Gottes als göttlicher Meister ist, befreite zwei typische *narādhamas*, die Brüder Jagāi und Mādhāi, und zeigte so, wie die Barmherzigkeit eines wahren Gottgeweihten den niedrigsten Menschen zuteil wird. Ein *narādhama*, der selbst von der Persönlichkeit Gottes zurückgewiesen wird, kann also nur durch die Barmherzigkeit eines Gottgeweihten sein spirituelles Bewußtsein wiederbeleben.

Śrī Caitanya Mahāprabhu, der den *bhāgavata-dharma*, den Pfad der

Gottgeweihten, verkündete, hat den Menschen empfohlen, in ergebener Haltung die Botschaft der Persönlichkeit Gottes zu hören. Die Essenz dieser Botschaft ist die *Bhagavad-gītā*. Die Niedrigsten unter den Menschen können nur durch solch ergebenes Hören befreit werden, aber unglücklicherweise weigern sie sich sogar, diesen Botschaften auch nur zuzuhören, geschweige denn, sich dem Willen des Höchsten Herrn zu ergeben. Die *narādhamas*, die Niedrigsten der Menschheit, versäumen es also völlig, der ersten Pflicht des Menschen nachzukommen.

(3) Die nächste Klasse von *duṣkṛtī* wird *māyayāpahṛta-jñānāḥ* genannt; diejenigen, deren Gelehrtheit und Bildung durch den Einfluß der illusionierenden materiellen Energie zunichte gemacht wurde. Solche Menschen sind meistens hochgelehrt – große Philosophen, Dichter, Literaten, Wissenschaftler usw. –, doch sie alle werden von der illusionierenden Energie in die Irre geführt, und daher widersetzen sie sich dem Höchsten Herrn.

Heutzutage gibt es eine große Anzahl von *māyayāpahṛta-jñānāḥ,* sogar unter den Gelehrten der *Bhagavad-gītā*. In der *Gītā* wird mit einfachen und verständlichen Worten erklärt, daß Śrī Kṛṣṇa die Höchste Persönlichkeit Gottes ist. Es gibt niemanden, der Ihm gleichkommt oder der größer ist als Er. Er wird als der Vater Brahmās, des ursprünglichen Vaters aller Menschen, bezeichnet. Ja, Śrī Kṛṣṇa wird nicht nur als der Vater Brahmās, sondern auch als der Vater aller Lebensformen bezeichnet. Er ist der Ursprung des unpersönlichen Brahman und des Paramātmā, der Überseele in jedem Lebewesen, die Seine vollständige Teilerweiterung ist. Er ist der Urquell allen Seins, und jedem wird geraten, sich Seinen Lotosfüßen zu ergeben. Trotz all dieser deutlichen Aussagen verspotten die *māyayāpahṛta-jñānāḥ* die Persönlichkeit des Höchsten Herrn und halten Ihn lediglich für einen gewöhnlichen Menschen. Sie wissen nicht, daß die gesegnete Form des menschlichen Lebens nach der ewigen transzendentalen Gestalt des Höchsten Herrn entworfen ist.

Alle unautorisierten Interpretationen der *Gītā* seitens der *māyayāpahṛta-jñānāḥ,* die nichts mit dem *paramparā*-System zu tun haben, bilden nur Hindernisse auf dem Pfad der spirituellen Erkenntnis. Diese verblendeten Kommentatoren ergeben sich den Lotosfüßen Śrī Kṛṣṇas nicht, ebensowenig wie sie andere lehren, diesem Prinzip zu folgen.

(4) Die letzte Klasse von *duṣkṛtī*s wird als *āsuraṁ bhāvam āśritāḥ* bezeichnet; es sind diejenigen, die dämonischen Prinzipien folgen. Diese Menschen sind unverhüllt atheistisch. Einige von ihnen behaupten, der Höchste Herr könne niemals in die materielle Welt herabsteigen, doch sie sind unfähig, irgendwelche stichhaltigen Gründe dafür anzugeben,

warum dies nicht möglich sein soll. Wieder andere sagen, Er sei dem unpersönlichen Aspekt untergeordnet, obwohl in der *Gītā* genau das Gegenteil erklärt wird. Weil die Atheisten auf die Höchste Persönlichkeit Gottes neidisch sind, werden sie viele falsche Inkarnationen hervorbringen, die alle der Fabrik ihres Gehirns entspringen. Solche Menschen, die es sich zum Lebensgrundsatz gemacht haben, die Persönlichkeit Gottes zu lästern, können sich den Lotosfüßen Śrī Kṛṣṇas nicht ergeben.

Śrī Yāmunācārya Ālabandaru aus Südindien sagte: „O mein Herr! Menschen, die atheistischen Prinzipien folgen, vermögen Dich nicht zu erkennen – trotz Deiner ungewöhnlichen Eigenschaften, Merkmale und Taten, trotz der Tatsache, daß Deine Persönlichkeit von allen offenbarten Schriften in der Kategorie der Erscheinungsweise der Tugend beschrieben wird, und trotz der Tatsache, daß Du von allen namhaften Autoritäten anerkannt wirst, die göttliche Eigenschaften besitzen und für ihr tiefgründiges Wissen über die transzendentale Wissenschaft berühmt sind.“

(1) Die abgestumpften und dummen Menschen, (2) die Niedrigsten der Menschheit, (3) die irregeführten Spekulanten und (4) die erklärten Atheisten, wie sie alle oben beschrieben wurden, ergeben sich also trotz aller Ratschläge der Schriften und Autoritäten niemals den Lotosfüßen der Persönlichkeit Gottes.

Vers 16 चतुर्विधा भजन्ते मां जनाः सुकृतिनोऽर्जुन ।
आर्तो जिज्ञासुरर्थार्थी ज्ञानी च भरतर्षभ ॥१६॥

catur-vidhā bhajante māṁ janāḥ su-kṛtino 'rjuna
ārto jijñāsur arthārthī jñānī ca bharatarṣabha

catuḥ-vidhāḥ – vier Arten von; *bhajante* – bringen Dienst dar; *mām* – Mir; *janāḥ* – Menschen; *su-kṛtinaḥ* – diejenigen, die fromm sind; *arjuna* – o Arjuna; *ārtaḥ* – der Notleidende; *jijñāsuḥ* – der Wißbegierige; *artha-arthī* – jemand, der materiellen Gewinn begehrt; *jñānī* – jemand, der die Dinge kennt, wie sie sind; *ca* – auch; *bharata-ṛṣabha* – o bester unter den Nachkommen Bharatas.

O bester unter den Bhāratas [Arjuna], vier Arten frommer Menschen beginnen Mir in Hingabe zu dienen – der Notleidende, derjenige, der Reichtum begehrt, der Neugierige und derjenige, der nach Wissen vom Absoluten sucht.

ERLÄUTERUNG: Diejenigen, die in diesem Vers beschrieben werden, folgen, im Gegensatz zu den gottlosen Menschen, den regulierenden Prinzipien der Schriften. Sie werden *su-kṛtinaḥ* genannt, weil sie den Geboten und Verboten der Schriften wie auch den Moral- und Sozialgesetzen folgen und mehr oder weniger dem Höchsten Herrn ergeben sind. Sie werden in vier Gruppen unterteilt: diejenigen, die sich manchmal in einer Notlage befinden; diejenigen, die Geld brauchen; diejenigen, die manchmal Fragen stellen, und diejenigen, die manchmal Wissen über die Absolute Wahrheit suchen. Diese Menschen kommen zum Höchsten Herrn, um Ihm unter verschiedenen Bedingungen hingebungsvollen Dienst darzubringen. Sie sind keine reinen Gottgeweihten, weil sie im Austausch für ihren hingebungsvollen Dienst bestimmte Wünsche erfüllt haben wollen. Reiner hingebungsvoller Dienst ist frei von Bestrebungen und frei vom Wunsch nach materiellem Profit. Der *Bhakti-rasāmṛta-sindhu* (1.1.11) definiert reine Hingabe auf folgende Weise:

anyābhilāṣitā-śūnyaṁ jñāna-karmādy-anāvṛtam
ānukūlyena kṛṣṇānu- śīlanaṁ bhaktir uttamā

„Man sollte dem Höchsten Herrn, Śrī Kṛṣṇa, transzendentalen liebevollen Dienst in einer positiven, hingebungsvollen Haltung darbringen, frei von dem Wunsch, durch fruchtbringende Tätigkeiten oder philosophische Spekulation materiellen Profit oder Gewinn zu erlangen. Dies wird reiner hingebungsvoller Dienst genannt."

Wenn sich diese vier Arten von Menschen dem Höchsten Herrn zuwenden, um Ihm hingebungsvollen Dienst darzubringen, und wenn sie durch die Gemeinschaft mit einem reinen Gottgeweihten vollständig geläutert worden sind, werden auch sie zu reinen Gottgeweihten. Was die gottlosen Menschen betrifft, so ist es für sie sehr schwierig, sich dem hingebungsvollen Dienst zuzuwenden, weil ihr Leben selbstsüchtig, unreguliert und ohne spirituelle Ziele ist. Aber sogar einige von ihnen werden zu reinen Gottgeweihten, wenn sie zufällig mit einem reinen Gottgeweihten zusammenkommen.

Wenn diejenigen, die sich fruchtbringenden Tätigkeiten verschrieben haben, in materielle Not geraten und sich in dieser Not dem Herrn zuwenden, bekommen sie die Möglichkeit, mit reinen Gottgeweihten Gemeinschaft zu haben, um in der Folge selbst Gottgeweihte zu werden. Diejenigen, die aus irgendwelchen Gründen frustriert sind, wenden sich manchmal ebenfalls an reine Gottgeweihte und beginnen in ihrer Gemeinschaft, über Gott Fragen zu stellen. Ebenso kommt es manchmal vor, daß die trockenen Philosophen, wenn sie von all ihren Spekulationen genug haben, etwas über Gott erfahren wollen; sie wenden sich dann dem Höchsten Herrn zu, um Ihm hingebungsvollen Dienst darzubringen, und so transzendieren sie das Wissen über das unpersönliche Brahman und den lokalisierten Paramātmā und kommen durch die Gnade des Höchsten Herrn bzw. Seines reinen Geweihten zur persönlichen Auffassung von Gott. Zusammenfassend kann man also sagen, daß die Notleidenden, die Neugierigen, diejenigen, die nach Wissen suchen, und diejenigen, die in Geldnot sind, reine Gottgeweihte werden können, wenn sie sich von allen materiellen Wünschen befreien und vollständig verstehen, daß materielle Entlohnung nichts mit spirituellem Fortschritt zu tun hat. Solange die Gottgeweihten im transzendentalen Dienst des Herrn diese Stufe der Reinheit nicht erreichen, sind sie immer noch mit fruchtbringenden Tätigkeiten, dem Streben nach weltlichem Wissen usw. behaftet. Man muß daher all diese materiellen Motive hinter sich lassen, bevor man zur Stufe reinen hingebungsvollen Dienstes kommen kann.

Vers 17 तेषां ज्ञानी नित्ययुक्त एकभक्तिर्विशिष्यते ।
प्रियो हि ज्ञानिनोऽत्यर्थमहं स च मम प्रियः ॥१७॥

teṣāṁ jñānī nitya-yukta eka-bhaktir viśiṣyate
priyo hi jñānino 'tyartham ahaṁ sa ca mama priyaḥ

teṣāṁ – von ihnen; *jñānī* – derjenige in vollem Wissen; *nitya-yuktaḥ* – immer beschäftigt; *eka* – ausschließlich; *bhaktiḥ* – in hingebungsvollem Dienst; *viśiṣyate* – ist besonders; *priyaḥ* – sehr lieb; *hi* – gewiß; *jñāninaḥ* – demjenigen, der im Wissen gründet; *atyartham* – hoch; *aham* – Ich bin; *saḥ* – er; *ca* – auch; *mama* – Mir; *priyaḥ* – lieb.

Von diesen ist derjenige, der in vollem Wissen gründet und der immer im reinen hingebungsvollen Dienst beschäftigt ist, der beste. Denn Ich bin ihm sehr lieb, und er ist Mir lieb.

ERLÄUTERUNG: Frei von aller Verunreinigung durch materielle Wünsche, können die Notleidenden, die Neugierigen, die Mittellosen und die nach höchstem Wissen Suchenden alle zu reinen Gottgeweihten werden. Von ihnen wird derjenige, der Wissen über die Absolute Wahrheit besitzt und von allen materiellen Wünschen frei ist, ein wirklich reiner Gottgeweihter werden. Und von diesen vier Klassen, so sagt der Herr, ist der Gottgeweihte, der über vollständiges Wissen verfügt und sich gleichzeitig im hingebungsvollen Dienst betätigt, der beste. Wenn man nach Wissen forscht, erkennt man, daß das Selbst vom materiellen Körper verschieden ist, und wenn man weiteren Fortschritt macht, erlangt man Wissen über das unpersönliche Brahman und den Paramātmā. Wenn man völlig gereinigt ist, erkennt man seine wesensgemäße Stellung als ewiger Diener Gottes. Der Neugierige, der Notleidende, derjenige, der nach materiellen Vorteilen strebt, und derjenige, der über Wissen verfügt – sie alle können durch die Gemeinschaft mit reinen Gottgeweihten ebenfalls rein werden. Im Vorbereitungsstadium aber ist derjenige, der volles Wissen über den Höchsten Herrn hat und zugleich hingebungsvollen Dienst ausführt, dem Herrn besonders lieb. Wer reines Wissen über die Transzendenz der Höchsten Persönlichkeit Gottes besitzt, wird im hingebungsvollen Dienst so sehr beschützt, daß materielle Verunreinigungen ihn nicht berühren können.

Vers 18 उदाराः सर्व एवैते ज्ञानी त्वात्मैव मे मतम् ।
आस्थितः स हि युक्तात्मा मामेवानुत्तमां गतिम् ॥१८॥

udārāḥ sarva evaite jñānī tv ātmaiva me matam
āsthitaḥ sa hi yuktātmā mām evānuttamāṁ gatim

udārāḥ – edel; *sarve* – alle; *eva* – gewiß; *ete* – diese; *jñānī* – derjenige, der im Wissen gründet; *tu* – aber; *ātmā eva* – genauso wie Ich; *me* – Meine; *matam* – Meinung; *āsthitaḥ* – verankert; *saḥ* – er; *hi* – gewiß; *yukta-ātmā* – im hingebungsvollen Dienst beschäftigt; *mām* – in Mir; *eva* – gewiß; *anuttamām* – die höchste; *gatim* – Bestimmung.

All diese Geweihten sind zweifellos edle Seelen, doch derjenige, der im Wissen über Mich gründet, ist Mir so lieb wie Mein eigenes Selbst. Weil er in Meinem transzendentalen Dienst tätig ist, ist es ihm sicher, daß er Mich erreicht, das höchste und vollkommenste Ziel.

ERLÄUTERUNG: Man sollte nicht glauben, daß die Gottgeweihten, deren Wissen nicht so umfassend ist, dem Herrn nicht lieb seien. Der Herr sagt hier, daß sie alle edel sind, denn jeder, der aus irgendeinem Grund zum Herrn kommt, wird als *mahātmā*, als große Seele, bezeichnet. Die Gottgeweihten, die aus ihrem hingebungsvollen Dienst einen Nutzen ziehen wollen, werden vom Herrn anerkannt, weil ein Austausch von Zuneigung stattfindet. Mit Zuneigung bitten sie den Herrn um einen materiellen Vorteil, und wenn sie ihn bekommen, werden sie so zufrieden, daß sie dadurch auch im hingebungsvollen Dienst Fortschritt machen. Aber der Gottgeweihte, der in vollkommenem Wissen gründet, ist dem Herrn besonders lieb, weil es sein einziges Ziel ist, dem Höchsten Herrn mit Liebe und Hingabe zu dienen. Ein solcher Gottgeweihter kann nicht eine Sekunde leben, ohne mit dem Höchsten Herrn verbunden zu sein oder Ihm zu dienen. Ebenso ist der Höchste Herr Seinem Geweihten sehr zugetan und kann nicht von ihm getrennt sein.

Im *Śrīmad-Bhāgavatam* (9.4.68) sagt der Herr:

sādhavo hṛdayaṁ mahyaṁ sādhūnāṁ hṛdayaṁ tv aham
mad-anyat te na jānanti nāhaṁ tebhyo manāg api

„Die Gottgeweihten sind immer in Meinem Herzen, und Ich bin immer im Herzen der Gottgeweihten. Der Gottgeweihte kennt nichts außer Mir, und auch Ich kann den Gottgeweihten nicht vergessen. Zwischen Mir und Meinen reinen Geweihten besteht eine sehr innige Beziehung. Reine Gottgeweihte, die vollkommenes Wissen besitzen, sind niemals von der spirituellen Natur getrennt, und daher sind sie Mir sehr lieb."

Vers 19 बहूनां जन्मनामन्ते ज्ञानवान्मां प्रपद्यते ।
वासुदेवः सर्वमिति स महात्मा सुदुर्लभः ॥१९॥

bahūnāṁ janmanām ante jñānavān māṁ prapadyate
vāsudevaḥ sarvam iti sa mahātmā su-durlabhaḥ

bahūnām – viele; *janmanām* – wiederholte Geburten und Tode; *ante* – nach; *jñāna-vān* – jemand, der über vollständiges Wissen verfügt; *mām* – Mir; *prapadyate* – ergibt sich; *vāsudevaḥ* – die Persönlichkeit Gottes, Kṛṣṇa; *sarvam* – alles; *iti* – auf diese Weise; *saḥ* – diese; *mahā-ātmā* – große Seele; *su-durlabhaḥ* – sehr selten zu finden.

Wer nach vielen Geburten und Toden tatsächlich in Wissen gründet, ergibt sich Mir, da er weiß, daß Ich die Ursache aller Ursachen und daß Ich alles bin. Solch eine große Seele ist sehr selten.

ERLÄUTERUNG: Wenn das Lebewesen nach vielen, vielen Leben zum Punkt kommt, wo es hingebungsvollen Dienst oder transzendentale Rituale ausführt, entwickelt es letzten Endes transzendentales reines Wissen und erkennt, daß die Höchste Persönlichkeit Gottes das endgültige Ziel aller spirituellen Erkenntnis ist. Am Anfang des Pfades der spirituellen Erkenntnis, während man noch versucht, seine Anhaftung an den Materialismus aufzugeben, neigt man sehr leicht zu unpersönlichen Vorstellungen; doch wenn man weiteren Fortschritt macht, kann man verstehen, daß es im spirituellen Leben Tätigkeiten gibt und daß diese Tätigkeiten hingebungsvollen Dienst darstellen. Wenn man dies erkennt, entwickelt man Anhaftung an die Höchste Persönlichkeit Gottes und ergibt sich dem Herrn. An diesem Punkt versteht man, daß Śrī Kṛṣṇas Barmherzigkeit alles ist, daß Er die Ursache aller Ursachen ist und daß die materielle Manifestation nicht unabhängig von Ihm ist. Man erkennt, daß die materielle Welt eine verzerrte Spiegelung der spirituellen Mannigfaltigkeit ist und daß es in allem eine Beziehung zum Höchsten Herrn, Śrī Kṛṣṇa, gibt. So sieht man alles in Beziehung zu Vāsudeva, Śrī Kṛṣṇa. Eine solche universale Sicht von Vāsudeva bringt einen schnell zum höchsten Ziel, der völligen Hingabe zum Höchsten Herrn, Śrī Kṛṣṇa. Solche ergebenen, großen Seelen sind sehr selten.

Der vorliegende Vers der *Bhagavad-gītā* wird im Dritten Kapitel (Vers vierzehn und fünfzehn) der *Śvetāśvatara Upaniṣad* sehr schön erklärt:

sahasra-śīrṣā puruṣaḥ sahasrākṣaḥ sahasra-pāt
sa bhūmiṁ viśvato vṛtvā- tyātiṣṭhad daśāṅgulam

puruṣa evedaṁ sarvaṁ yad bhūtaṁ yac ca bhavyam
utāmṛtatvasyeśāno yad annenātirohati

„Śrī Viṣṇu hat Tausende Köpfe, Tausende Augen und Tausende Füße. Er umfasst das gesamte Universum in seiner Ganzheit und erstreckt Sich darüber hinaus noch um die Breite von zehn Fingern. Er ist in der Tat dieses ganze Universum. Er ist alles, was war und alles, was sein wird. Er ist der Herr der Unsterblichkeit und der Herr all dessen, was durch Nahrung erhalten wird." In der *Chāndogya Upaniṣad* (5.1.15) heißt es: *na vai vāco na cakṣūṁṣi na śrotrāṇi na manāṁsīty ācakṣate prāṇa iti evācakṣate prāṇo hy evaitāni sarvāṇi bhavanti.* „Weder die Kraft zu sprechen noch die Kraft zu sehen, noch die Kraft zu hören, noch die Kraft zu denken ist der ursprüngliche, bewegende Faktor im Körper eines Lebewesens; es ist die Lebensluft, die das Zentrum aller Tätigkeiten ist." Ebenso ist Vāsudeva, die Höchste Persönlichkeit Gottes, Śrī Kṛṣṇa, der ursprüngliche, bewegende Faktor in allem. Und weil Vāsudeva alldurchdringend ist und alles Vāsudeva ist, ergibt sich Ihm der Gottgeweihte in vollem Wissen (vergleiche *Bhagavad-gītā* 7.17 und 11.40).

Vers 20 कामैस्तैस्तैर्हृतज्ञानाः प्रपद्यन्तेऽन्यदेवताः ।
तं तं नियममास्थाय प्रकृत्या नियताः स्वया ॥२०॥

kāmais tais tair hṛta-jñānāḥ prapadyante 'nya-devatāḥ
taṁ taṁ niyamam āsthāya prakṛtyā niyatāḥ svayā

kāmaiḥ – durch Wünsche; *taiḥ taiḥ* – verschiedene; *hṛta* – beraubt; *jñānāḥ* – des Wissens; *prapadyante* – ergeben sich; *anya* – anderen; *devatāḥ* – Halbgöttern; *tam tam* – entsprechend; *niyamam* – Regulierungen; *āsthāya* – befolgend; *prakṛtyā* – der Natur; *niyatāḥ* – beherrscht; *svayā* – von ihrer eigenen.

Diejenigen, deren Intelligenz von materiellen Wünschen gestohlen wurde, ergeben sich Halbgöttern und folgen, jeder seiner eigenen Natur entsprechend, bestimmten Regeln und Vorschriften der Verehrung.

ERLÄUTERUNG: Diejenigen, die von allen materiellen Verunreinigungen befreit sind, ergeben sich dem Höchsten Herrn und beschäftigen sich in Seinem hingebungsvollen Dienst. Solange die Lebewesen nicht alle materielle Verunreinigung vollständig fortgewaschen haben, bleiben sie dem Wesen nach Nichtgottgeweihte. Aber selbst diejenigen, die materielle Wünsche haben und beim Höchsten Herrn Zuflucht suchen, fühlen sich nicht übermäßig zur äußeren Natur hingezogen; weil sie sich dem richtigen Ziel nähern, werden sie bald von aller materiellen Lust frei. Im *Śrīmad-Bhāgavatam* wird empfohlen, sich unter allen Umständen Vāsudeva zu ergeben und Ihn zu verehren – ob man ein reiner Gottgeweihter ist, der keine materiellen Wünsche hat, ob man voller materieller Wünsche ist oder ob man sich Befreiung von aller materiellen Verunreinigung wünscht. Dies ist die Aussage des *Bhāgavatam* (2.3.10):

akāmaḥ sarva-kāmo vā mokṣa-kāma udāra-dhīḥ
tīvreṇa bhakti-yogena yajeta puruṣaṁ param

Unintelligente Menschen, die ihr spirituelles Verständnis verloren haben, suchen bei Halbgöttern Zuflucht, um sofortige Befriedigung ihrer materiellen Wünsche zu bekommen. Im allgemeinen wenden sich solche Menschen nicht an die Höchste Persönlichkeit Gottes, da sie sich in den niederen Erscheinungsweisen der Natur (Unwissenheit und Leidenschaft) befinden und deshalb verschiedene Halbgötter verehren. Indem sie den Regeln und Vorschriften der Verehrung folgen, werden ihre Wünsche erfüllt. Diese Wünsche jedoch, von denen die Halbgottverehrer getrieben werden, sind sehr kurzsichtig; im Gegensatz zum Gottgeweihten, der sich nicht irreführen läßt, wissen die Halbgottverehrer nicht, wie man das höchste Ziel erreichen kann. Weil in den vedischen Schriften empfohlen wird, für verschiedene Zwecke verschiedene Götter zu verehren (zum Beispiel wird einem Kranken empfohlen, die Sonne zu verehren), glauben diejenigen, die keine Geweihten des Herrn sind, für bestimmte Zwecke sei die Verehrung von Halbgöttern besser als die Verehrung des Höchsten Herrn. Ein reiner Gottgeweihter jedoch weiß, daß der Höchste Herr, Śrī Kṛṣṇa, der Meister eines jeden ist. Im *Caitanya-caritāmṛta* (*Ādi* 5.142) heißt es: *ekale īśvara kṛṣṇa, āra saba bhṛtya*. „Nur die Höchste Persönlichkeit Gottes, Kṛṣṇa, ist Meister, und alle anderen sind Diener." Daher wendet sich ein reiner Gottgeweihter niemals an die Halbgötter, um sich seine materiellen Bedürfnisse erfüllen zu lassen. Er verläßt sich auf den Höchsten Herrn und ist einfach mit dem zufrieden, was er von Ihm bekommt.

Vers 21 यो यो यां यां तनुं भक्तः श्रद्धयार्चितुमिच्छति ।
तस्य तस्याचलां श्रद्धां तामेव विदधाम्यहम् ॥२१॥

yo yo yāṁ yāṁ tanuṁ bhaktaḥ śraddhayārcitum icchati
tasya tasyācalāṁ śraddhāṁ tām eva vidadhāmy aham

yaḥ yaḥ – wer auch immer; *yām yām* – welche auch immer; *tanum* – Form eines Halbgottes; *bhaktaḥ* – Geweihter; *śraddhayā* – mit Glauben; *arcitum* – zu verehren; *icchati* – wünscht; *tasya tasya* – ihm; *acalām* – fest; *śraddhām* – Glauben; *tām* – diesen; *eva* – sicherlich; *vidadhāmi* – gebe; *aham* – Ich.

Ich weile als Überseele im Herzen eines jeden. Sobald jemand den Wunsch hat, einen bestimmten Halbgott zu verehren, festige Ich seinen Glauben, so daß er sich dieser bestimmten Gottheit hingeben kann.

ERLÄUTERUNG: Gott hat jedem Unabhängigkeit gegeben. Wenn jemand also den Wunsch nach materiellem Genuß hat und sich von den materiellen Halbgöttern aufrichtig die Möglichkeiten hierzu wünscht, versteht dies der Höchste Herr, der Sich als Überseele im Herzen eines jeden befindet, und gewährt einem solchen Menschen diese Möglichkeiten. Als der höchste Vater aller Lebewesen mischt Er Sich nicht in ihre Unabhängigkeit ein, sondern gibt ihnen alle Möglichkeiten, so daß sie sich ihre materiellen Wünsche erfüllen können. Hier könnte man sich fragen, warum der allmächtige Gott den Lebewesen die Gelegenheit gibt, die materielle Welt zu genießen, und sie damit in die Falle der illusionierenden Energie gehen läßt. Die Antwort lautet, daß unsere Unabhängigkeit keine Bedeutung hätte, wenn der Höchste Herr als Überseele diese Möglichkeiten nicht gäbe. Deshalb gewährt Er jedem völlige Unabhängigkeit, zu tun, was ihm beliebt, aber Seine endgültige Anweisung finden wir in der *Bhagavad-gītā*: Man sollte alle anderen Beschäftigungen aufgeben und sich Ihm völlig ergeben. Das wird die Menschen glücklich machen.

Sowohl die Menschen wie auch die Halbgötter sind dem Willen der Höchsten Persönlichkeit Gottes untergeordnet; deshalb kann ein Mensch nicht aus seinem eigenen Wunsch heraus einen Halbgott verehren, ebenso wie der Halbgott niemandem ohne den höchsten Willen eine Segnung gewähren kann. Deswegen sagt man, daß sich nicht einmal ein Grashalm ohne den Willen der Höchsten Persönlichkeit Gottes bewegen kann. Im allgemeinen wenden sich die Menschen, die in der materiellen Welt Not leiden, an die Halbgötter, so wie es in den vedischen Schriften empfohlen wird. Für jeden Wunsch gibt es einen bestimmten Halbgott, den man verehren kann. Einem Kranken zum Beispiel wird empfohlen, den Sonnengott zu verehren; ein Mensch, der gebildet sein möchte, kann die Göttin der Gelehrsamkeit, Sarasvatī, verehren, und jemand, der eine schöne Ehefrau begehrt, kann die Göttin Umā, die Gemahlin Śivas, verehren. Auf diese Weise gibt es in den *śāstras* (den vedischen Schriften) Empfehlungen, wie man die verschiedenen Halbgötter verehren kann. Und weil ein bestimmtes Lebewesen eine bestimmte materielle Annehmlichkeit genießen will, gibt der Herr ihm die Inspiration und den starken Wunsch, diese Segnung von dem betreffenden Halbgott zu erlangen, so daß das Lebewesen in der Folge diese Segnung auch bekommt. Die bestimmte Art der hingebungsvollen Haltung, die ein Lebewesen gegenüber einem bestimmten Halbgott zeigt, kommt ebenfalls vom Höchsten Herrn, und nicht von dem betreffenden Halbgott, denn die Halbgötter sind nicht in der Lage, in den Lebewesen eine solche Neigung zu erwecken; vielmehr ist es Kṛṣṇa, der Höchste Herr, der dem Menschen den Anstoß gibt, gewisse Halbgötter zu verehren, denn Er ist als Überseele im Herzen aller Lebewesen gegenwärtig. Die Halbgötter sind in Wirklichkeit verschiedene Teile des universalen Körpers des Höchsten Herrn; deshalb haben sie keine Unabhängigkeit. In den vedischen Schriften gibt es in diesem Zusammenhang den folgenden Vers: „Der Herr, die Höchste Persönlichkeit Gottes, ist als Überseele auch im Herzen des Halbgottes gegenwärtig; daher sorgt Er durch den Halbgott dafür, daß der Wunsch des Lebewesens erfüllt wird. Aber sowohl der Halbgott als auch das Lebewesen sind vom höchsten Willen abhängig. Sie sind nicht unabhängig."

Vers 22 स तया श्रद्धया युक्तस्तस्याराधनमीहते ।
लभते च ततः कामान्मयैव विहितान् हि तान् ॥२२॥

sa tayā śraddhayā yuktas tasyārādhanam īhate
labhate ca tataḥ kāmān mayaiva vihitān hi tān

saḥ – er; *tayā* – mit diesem; *śraddhayā* – Glauben; *yuktaḥ* – erfüllt; *tasya* – dieses Halbgottes; *ārādhanam* – für die Verehrung; *īhate* – bemüht sich; *labhate* – erreicht; *ca* – und; *tataḥ* – von diesem; *kāmān* – seine Wünsche; *mayā* – von Mir; *eva* – allein; *vihitān* – gesorgt; *hi* – gewiß; *tān* – diese.

Mit solchem Glauben erfüllt, bemüht er sich, einen bestimmten Halbgott zu verehren, und erlangt die Erfüllung seiner Wünsche. Doch in Wirklichkeit werden diese Segnungen von Mir allein erteilt.

ERLÄUTERUNG: Ohne die Einwilligung des Höchsten Herrn können die Halbgötter ihren Geweihten keine Segnung gewähren. Das Lebewesen vergißt vielleicht, daß alles das Eigentum des Höchsten Herrn ist, doch die Halbgötter vergessen dies nicht. Die Verehrung der Halbgötter und das Erreichen der gewünschten Ergebnisse hängen also nicht von den Halbgöttern ab, sondern von den Vorkehrungen der Höchsten Persönlichkeit Gottes. Das unintelligente Lebewesen weiß dies nicht und wendet sich daher törichterweise an die Halbgötter, nur um ein materielles Ziel zu erreichen. Der reine Gottgeweihte aber betet nur zum Höchsten Herrn, wenn er etwas braucht. Um materielle Vorteile zu bitten ist jedoch nicht das Zeichen eines reinen Gottgeweihten. Gewöhnlich wendet sich ein Lebewesen an die Halbgötter, weil es verrückt danach ist, seine Lust zu befriedigen. Dies geschieht, wenn sich das Lebewesen etwas Unzulässiges wünscht und der Herr Selbst den Wunsch nicht erfüllt. Im *Caitanya-caritāmṛta* heißt es, daß jemand, der den Höchsten Herrn verehrt und gleichzeitig nach materiellem Genuß trachtet, unvereinbare Wünsche hat. Hingebungsvoller Dienst für den Höchsten Herrn und die Verehrung eines Halbgottes können sich nicht auf der gleichen Ebene befinden, weil die Verehrung eines Halbgottes materiell und hingebungsvoller Dienst für den Höchsten Herrn völlig spirituell ist.

Für das Lebewesen, das den Wunsch hat, zu Gott zurückzukehren, sind materielle Wünsche Hindernisse. Einem reinen Gottgeweihten werden deshalb die materiellen Vorteile nicht gewährt, die von weniger intelligenten Menschen begehrt werden, welche deshalb lieber die Halbgötter der materiellen Welt verehren, als sich im hingebungsvollen Dienst des Höchsten Herrn zu beschäftigen.

Vers 23 अन्तवत्तु फलं तेषां तद्भवत्यल्पमेधसाम् ।
देवान्देवयजो यान्ति मद्भक्ता यान्ति मामपि ॥२३॥

antavat tu phalaṁ teṣāṁ tad bhavaty alpa-medhasām
devān deva-yajo yānti mad-bhaktā yānti mām api

anta-vat – vergänglich; *tu* – aber; *phalam* – Frucht; *teṣām* – ihre; *tat* – diese; *bhavati* – wird; *alpa-medhasām* – derjenigen mit geringer Intelligenz; *devān* – den Halbgöttern; *deva-yajaḥ* – die Verehrer der Halbgötter; *yānti* – gehen; *mat* – Meine; *bhaktāḥ* – Geweihten; *yānti* – gehen; *mām* – zu Mir; *api* – auch.

Menschen mit geringer Intelligenz verehren die Halbgötter, und ihre Früchte sind begrenzt und vergänglich. Die Verehrer der Halbgötter gehen zu den Planeten der Halbgötter, doch Meine Geweihten erreichen letztlich Meinen höchsten Planeten.

ERLÄUTERUNG: Einige Kommentatoren der *Bhagavad-gītā* behaupten, man könne durch die Verehrung der Halbgötter den Höchsten Herrn erreichen, doch hier in diesem Vers wird unmißverständlich gesagt, daß die Verehrer der Halbgötter zu den verschiedenen Planetensystemen gehen, auf denen diese Halbgötter leben. Ein Verehrer der Sonne zum Beispiel erreicht die Sonne, und ein Verehrer des Halbgottes des Mondes gelangt zum Mond. Wenn jemand einen Halbgott wie Indra verehren will, so kann er auch den Planeten dieses Halbgottes erreichen. Es ist nicht so, daß jeder, egal welchen Halbgott er verehrt, die Höchste Persönlichkeit Gottes erreichen wird. Diese Behauptung wird hier widerlegt, denn es heißt eindeutig, daß die Verehrer der Halbgötter nur die Planeten der Halbgötter erreichen und in der materiellen Welt bleiben, wohingegen die Gottgeweihten direkt den höchsten Planeten der Persönlichkeit Gottes erreichen.

Hier könnte der folgende Einwand erhoben werden: Wenn die Halbgötter Teile des Körpers des Höchsten Herrn sind, dann müßte man durch ihre Verehrung doch dasselbe Ziel erreichen, wie wenn man den Höchsten Herrn direkt verehrt. Dieses Argument jedoch zeugt nur von der geringen Intelligenz der Halbgottverehrer, da sie nicht wissen, welchem Teil des Körpers Nahrung zugeführt werden muß. Einige von ihnen sind so töricht, daß sie behaupten, man könne den einzelnen Körperteilen für sich Nahrung zuführen. Diese Ansicht ist nicht sehr vernünftig, denn kann jemand seinem Körper durch die Augen oder Ohren Nahrung zuführen? Sie wissen nicht, daß die Halbgötter verschiedene Teile des universalen Körpers des Höchsten Herrn sind, und so glauben sie in ihrer Unwissenheit, jeder einzelne Halbgott sei ein gesonderter Gott und ein Konkurrent des Höchsten Herrn.

Nicht nur die Halbgötter sind Teile des Höchsten Herrn, sondern auch die gewöhnlichen Lebewesen. Im *Śrīmad-Bhāgavatam* heißt es, daß die *brāhmaṇas* der Kopf des Höchsten Herrn sind, die *kṣatriyas* Seine Arme, die *vaiśyas* Sein Magen und die *śūdras* Seine Beine und daß sie alle verschiedene Funktionen haben. Wenn jemand sich darüber bewußt ist, daß sowohl die Halbgötter als auch er selbst Teile des Höchsten Herrn sind, dann ist sein Wissen vollkommen, unabhängig davon, in welcher Stellung er sich befindet. Aber wenn man dies nicht versteht, gelangt man auf die Planeten der Halbgötter, wohingegen die Gottgeweihten ein ganz anderes Ziel erreichen.

Die Ergebnisse, die man durch die Segnungen der Halbgötter bekommt, sind vergänglich, weil in der materiellen Welt die Planeten, die Halbgötter und ihre Verehrer alle vergänglich sind. Deshalb wird in diesem Vers klar darauf hingewiesen, daß nur die Lebewesen mit geringer Intelligenz die Halbgötter verehren, da alle Ergebnisse, die man dadurch bekommt, vergänglich sind. Weil der reine Gottgeweihte, der im Kṛṣṇa-Bewußtsein dem Höchsten Herrn hingebungsvollen Dienst darbringt, ein ewiges, glückseliges Dasein voller Wissen erreicht, unterscheidet sich sein Erfolg von dem des gewöhnlichen Halbgottverehrers. Der Höchste Herr ist unbegrenzt; Seine Gunst ist unbegrenzt, und Seine Barmherzigkeit ist unbegrenzt. Deshalb ist die Barmherzigkeit, die der Höchste Herr Seinem reinen Geweihten gewährt, ebenfalls unbegrenzt.

Vers 24 अव्यक्तं व्यक्तिमापन्नं मन्यन्ते मामबुद्धयः ।
परं भावमजानन्तो ममाव्ययमनुत्तमम् ॥२४॥

avyaktaṁ vyaktim āpannaṁ manyante mām abuddhayaḥ
paraṁ bhāvam ajānanto mamāvyayam anuttamam

avyaktam – unmanifestiert; *vyaktim* – Persönlichkeit; *āpannam* – erreicht; *manyante* – denken; *mām* – Mich; *abuddhayaḥ* – unintelligente Menschen; *param* – höchste; *bhāvam* – Existenz; *ajānantaḥ* – ohne zu kennen; *mama* – Meine; *avyayam* – unvergängliche; *anuttamam* – die feinste.

Unintelligente Menschen, die Mich nicht vollkommen kennen, glauben, daß Ich, die Höchste Persönlichkeit Gottes, Kṛṣṇa, zuvor unpersönlich gewesen sei und nun diese persönliche Form angenommen

habe. Aufgrund ihres geringen Wissens kennen sie Meine höhere Natur nicht, die unvergänglich und absolut ist.

ERLÄUTERUNG: Diejenigen, die die Halbgötter verehren, sind als Menschen mit geringer Intelligenz bezeichnet worden, und hier wird Ähnliches über die Unpersönlichkeitsanhänger gesagt. Śrī Kṛṣṇa spricht hier in Seiner persönlichen Form zu Arjuna, und dennoch behaupten die Unpersönlichkeitsanhänger in ihrer Unwissenheit, der Höchste Herr habe letztlich keine Form. Yāmunācārya, ein großer Geweihter des Herrn in der Schülernachfolge Rāmānujācāryas, hat in diesem Zusammenhang einen sehr treffenden Vers geschrieben:

tvāṁ śīla-rūpa-caritaiḥ parama-prakṛṣṭaiḥ
sattvena sāttvikatayā prabalaiś ca śāstraiḥ
prakhyāta-daiva-paramārtha-vidāṁ mataiś ca
naivāsura-prakṛtayaḥ prabhavanti boddhum

„Mein lieber Herr, Gottgeweihte wie Vyāsadeva und Nārada wissen, daß Du die Persönlichkeit Gottes bist. Durch das Studium der verschiedenen vedischen Schriften kann man dahin gelangen, Deine Eigenschaften, Deine Gestalt und Deine Taten zu verstehen, und so kann man erkennen, daß Du die Höchste Persönlichkeit Gottes bist. Doch diejenigen, die sich in den Erscheinungsweisen der Leidenschaft und Unwissenheit befinden, die Dämonen und die Nichtgottgeweihten, können Dich nicht verstehen. Sie sind nicht qualifiziert, Dich zu verstehen. Ganz gleich wie kundig solche Nichtgottgeweihten darin sind, über den *Vedānta*, die *Upaniṣaden* und andere vedische Schriften zu diskutieren, es ist ihnen nicht möglich, die Persönlichkeit Gottes zu verstehen." (*Stotra-ratna* 12)

In der *Brahma-saṁhitā* wird gesagt, daß die Persönlichkeit Gottes nicht einfach durch das Studium der *Vedānta*-Literatur verstanden werden kann. Nur durch die Barmherzigkeit des Höchsten Herrn kann man die Persönlichkeit des Höchsten erkennen. Deshalb heißt es in diesem Vers, daß nicht nur die Verehrer der Halbgötter weniger intelligent sind, sondern auch die Nichtgottgeweihten, die sich ohne die geringste Spur wahren Kṛṣṇa-Bewußtseins mit dem *Vedānta* befassen und über die vedische Literatur spekulieren. Auch ihnen ist es nicht möglich, das persönliche Wesen Gottes zu verstehen. Menschen, die der Auffassung sind, die Absolute Wahrheit sei unpersönlich, werden als *abuddhayaḥ* bezeichnet, denn sie kennen den höchsten Aspekt der Absoluten Wahrheit nicht. Im *Śrīmad-Bhāgavatam* wird gesagt, daß die

Erkenntnis des Höchsten mit der Erkenntnis des unpersönlichen Brahman beginnt und dann zur lokalisierten Überseele aufsteigt – doch der höchste Aspekt der Absoluten Wahrheit ist die Persönlichkeit Gottes. Die modernen Unpersönlichkeitsanhänger sind sogar noch unintelligenter, denn sie folgen nicht einmal ihrem großen Vorgänger, Śaṅkarācārya, der eindeutig gesagt hat, daß Kṛṣṇa die Höchste Persönlichkeit Gottes ist. Da die Unpersönlichkeitsanhänger die Höchste Wahrheit nicht verstehen, glauben sie, Kṛṣṇa sei einfach nur der Sohn Devakīs und Vasudevas oder ein Prinz oder ein mächtiges Lebewesen. Diese Haltung wird in der *Bhagavad-gītā* (9.11) ebenfalls verurteilt: *Avajānanti māṁ mūḍhā mānuṣīṁ tanum āśritam.* „Nur die Toren halten Mich für einen gewöhnlichen Menschen."

Es ist also eine Tatsache, daß niemand Kṛṣṇa verstehen kann, ohne hingebungsvollen Dienst zu leisten und Kṛṣṇa-Bewußtsein zu entwickeln. Dies wird im *Bhāgavatam* (10.14.29) bestätigt:

athāpi te deva padāmbuja-dvaya-
prasāda-leśānugṛhīta eva hi
jānāti tattvaṁ bhagavan-mahimno
na cānya eko 'pi ciraṁ vicinvan

„O mein Herr, selbst wenn man nur ein wenig von der Barmherzigkeit Deiner Lotosfüße begünstigt wird, kann man die Größe Deiner Persönlichkeit verstehen. Aber diejenigen, die spekulieren, um die Höchste Persönlichkeit Gottes zu verstehen, sind nicht in der Lage, Dich zu verstehen, selbst wenn sie für viele Jahre die *Veden* studieren."

Man kann Kṛṣṇa, die Höchste Persönlichkteit Gottes, Seine Gestalt, Seine Eigenschaften und Seinen Namen nicht durch bloße mentale Spekulation oder Erörterung der vedischen Schriften verstehen. Man muß Ihn durch hingebungsvollen Dienst verstehen. Nur wenn man völlig im Kṛṣṇa-Bewußtsein beschäftigt ist, das mit dem Chanten des *mahā-mantra* – Hare Kṛṣṇa, Hare Kṛṣṇa, Kṛṣṇa Kṛṣṇa, Hare Hare / Hare Rāma, Hare Rāma, Rāma Rāma, Hare Hare – beginnt, kann man die Höchste Persönlichkeit Gottes verstehen. Die atheistischen Unpersönlichkeitsanhänger glauben, Kṛṣṇa habe einen materiellen Körper und all Seine Taten, Seine Gestalt und alles andere seien *māyā*. Diese Unpersönlichkeitsanhänger werden als Māyāvādīs bezeichnet. Sie kennen die endgültige Wahrheit nicht.

Im zwanzigsten Vers dieses Kapitels heißt es: *kāmais tais tair hṛta-jñānāḥ prapadyante 'nya-devatāḥ.* „Diejenigen, die durch lustvolle Wünsche verblendet sind, ergeben sich den verschiedenen Halbgöttern."

Wie wir wissen, gibt es neben der Höchsten Persönlichkeit Gottes viele Halbgötter, die alle ihren Planeten haben, ebenso wie auch Kṛṣṇa einen Planeten hat. In diesem Zusammenhang hieß es im dreiundzwanzigsten Vers: *devān deva-yajo yānti mad-bhaktā yānti mām api*. Diejenigen, die die Halbgötter verehren, erreichen die verschiedenen Planeten der Halbgötter, und diejenigen, die Geweihte Śrī Kṛṣṇas sind, gelangen auf den Planeten Kṛṣṇaloka. Obwohl dies unmißverständliche Aussagen sind, beharren die törichten Unpersönlichkeitsanhänger auf der Meinung, der Herr sei formlos und alle diese Formen seien Einbildung. Geht aus der *Gītā* etwa hervor, daß die Halbgötter und ihre Planeten unpersönlich seien? Es ist klar, daß weder die Halbgötter noch Kṛṣṇa, die Höchste Persönlichkeit Gottes, unpersönlich sind. Sie sind alle Personen; Śrī Kṛṣṇa ist die Höchste Persönlichkeit Gottes, und Er besitzt einen eigenen Planeten, ebenso wie auch die Halbgötter ihre jeweiligen Planeten besitzen.

Deshalb ist die monistische Behauptung, die endgültige Wahrheit sei formlos und jede Form sei Einbildung, falsch. Hier wird eindeutig gesagt, daß sie keine Einbildung ist. Aus der *Bhagavad-gītā* geht klar hervor, daß die Form der Halbgötter und die des Höchsten Herrn gleichzeitig existieren und daß Śrī Kṛṣṇa *sac-cid-ānanda*, ewig, glückselig und voller Wissen, ist. Die vedische Literatur bestätigt, daß die Höchste Absolute Wahrheit Wissen und glückselige Freude ist, *vijñānam ānandaṁ brahma* (*Bṛhad-āraṇyaka Upaniṣad* 3.9.28), und daß Sie das unbegrenzte Behältnis aller glückverheißenden Eigenschaften ist, *ananta-kalyāna-guṇātmako 'sau* (*Viṣṇu Purāṇa* 6.5.84).

Und in der *Gītā* sagt der Herr, daß Er, obwohl ungeboren (*aja*), dennoch in Seiner persönlichen Form erscheint. Dies sind die Tatsachen, wie sie in der *Bhagavad-gītā* beschrieben werden, und wir sollten sie genauso verstehen. Es ist unmöglich, daß die Höchste Persönlichkeit Gottes unpersönlich ist; deshalb ist die Theorie der Einbildung, die von den monistischen Unpersönlichkeitsanhängem vertreten wird, nach dem Urteil der *Gītā* falsch. Es kann also keinen Zweifel geben, daß die Höchste Absolute Wahrheit, Śrī Kṛṣṇa, sowohl Form als auch Persönlichkeit besitzt.

Vers 25 नाहं प्रकाशः सर्वस्य योगमायासमावृतः ।
मूढोऽयं नाभिजानाति लोको मामजमव्ययम् ॥२५॥

nāhaṁ prakāśaḥ sarvasya yoga-māyā-samāvṛtaḥ
mūḍho 'yaṁ nābhijānāti loko mām ajam avyayam

na – und nicht; *aham* – Ich; *prakāśaḥ* – sichtbar; *sarvasya* – jedem; *yoga-māyā* – durch die innere Kraft; *samāvṛtaḥ* – bedeckt; *mūḍhaḥ* – den Toren; *ayam* – diese; *na* – nicht; *abhijānāti* – können verstehen; *lokaḥ* – Menschen; *mām* – Mich; *ajam* – ungeboren; *avyayam* – unerschöpflich.

Den Toren und unintelligenten Menschen offenbare Ich Mich niemals. Für sie bin Ich von Meiner inneren Energie bedeckt, und deshalb wissen sie nicht, daß Ich ungeboren und unfehlbar bin.

ERLÄUTERUNG: Hier könnte man sich fragen, warum Kṛṣṇa, der doch auf unserer Erde lebte und allen Menschen sichtbar war, Sich nicht auch heute jedem offenbart. In Wirklichkeit aber war Er damals nicht jedem offenbar. Als Kṛṣṇa gegenwärtig war, gab es nur wenige, die verstanden, daß Er die Höchste Persönlichkeit Gottes war. Als sich Śiśupāla in der Versammlung der Kurus dagegen aussprach, daß Kṛṣṇa zum Vorsitzenden der Versammlung gewählt wurde, stellte sich Bhīṣma auf Kṛṣṇas Seite und erklärte, Kṛṣṇa sei der Höchste Gott. Auch die Pāṇḍavas und einige andere wußten, daß Er der Höchste war, aber nicht jeder. Den Nichtgottgeweihten und den gewöhnlichen Menschen offenbarte Er Sich nicht. Deshalb sagt Kṛṣṇa in der *Bhagavad-gītā,* daß Ihn alle Menschen, außer Seinen reinen Geweihten, für einen der Ihren halten. Er offenbarte Sich nur Seinen Geweihten als das Behältnis aller Freude; für die anderen, die unintelligenten Nichtgottgeweihten, war Er von Seiner inneren Energie bedeckt.

In den Gebeten Königin Kuntīs im *Śrīmad-Bhāgavatam* (1.8.19) heißt es, daß der Herr vom Schleier *yoga-māyās* bedeckt ist und daß gewöhnliche Menschen Ihn deshalb nicht verstehen können. Dieser Schleier *yoga-māyās* wird auch in der *Īśopaniṣad* (*mantra* 15) beschrieben, wo der Gottgeweihte betet:

hiraṇmayena pātreṇa satyasyāpihitaṁ mukham
tat tvaṁ pūṣann apāvṛṇu satya-dharmāya dṛṣṭaye

„O mein Herr, Du bist der Erhalter des gesamten Universums, und hingebungsvoller Dienst für Dich ist das höchste religiöse Prinzip. Deshalb bete ich, Du mögest auch mich erhalten. Deine transzendentale Form wird von *yoga-māyā* bedeckt. Das *brahmajyoti* ist die Bedeckung der inneren Energie. Bitte entferne gütigerweise diese gleißende Ausstrahlung, die mich davon abhält, Deine *sac-cid-ānanda-vigraha*, Deine ewige Gestalt der Glückseligkeit und des Wissens, zu sehen." Die Höchste Persönlichkeit Gottes in Ihrer transzendentalen Gestalt der Glückseligkeit und des Wissens wird von der inneren

Energie, dem *brahmajyoti,* bedeckt, und aus diesem Grund vermögen die unintelligenten Unpersönlichkeitsanhänger den Höchsten nicht wahrzunehmen.

Im *Śrīmad-Bhāgavatam* (10.14.7) wendet sich Brahmā mit dem folgenden Gebet an den Höchsten Herrn: „O Höchste Persönlichkeit Gottes, O Überseele, O Meister aller Mysterien, wer kann Deine Kraft und Deine Spiele in dieser Welt ermessen? Deine innere Energie erweitert sich ständig, und deshalb kann Dich niemand verstehen. Große Wissenschaftler und Gelehrte können zwar versuchen, den atomaren Aufbau der materiellen Welt und ihre Planeten zu untersuchen, aber sie sind dennoch unfähig, Deine Macht und Energie zu ermessen, obwohl Du vor ihnen gegenwärtig bist." Die Höchste Persönlichkeit Gottes, Śrī Kṛṣṇa, ist nicht nur ungeboren, sondern auch *avyaya*, unerschöpflich. Seine ewige Gestalt ist Glückseligkeit und Wissen, und Seine Energien sind alle unerschöpflich.

Vers 26 वेदाहं समतीतानि वर्तमानानि चार्जुन ।
भविष्याणि च भूतानि मां तु वेद न कश्चन ॥२६॥

vedāhaṁ samatītāni vartamānāni cārjuna
bhaviṣyāṇi ca bhūtāni māṁ tu veda na kaścana

veda – kenne; *aham* – Ich; *samatītāni* – vollständig vergangen; *vartamānāni* – gegenwärtig; *ca* – und; *arjuna* – o Arjuna; *bhaviṣyāṇi* – zukünftig; *ca* – auch; *bhūtāni* – alle Lebewesen; *mām* – Mich; *tu* – aber; *veda* – kennt; *na* – nicht; *kaścana* – jemand.

O Arjuna, als die Höchste Persönlichkeit Gottes weiß Ich alles, was in der Vergangenheit geschah, alles, was in der Gegenwart geschieht, und alles, was sich in der Zukunft ereignen wird. Ich kenne auch alle Lebewesen, doch Mich kennt niemand.

ERLÄUTERUNG: Hier wird die Frage der Persönlichkeit und Unpersönlichkeit eindeutig geklärt. Wenn die Form Kṛṣṇas, der Höchsten Persönlichkeit Gottes, *māyā*, materiell, wäre, wie die Unpersönlichkeitsanhänger meinen, dann würde Er, wie das Lebewesen, Seinen Körper wechseln und alles aus Seinem vergangenen Leben vergessen. Jemand, der einen materiellen Körper hat, kann sich nicht an sein vergangenes Leben erinnern, und er ist auch nicht in der Lage, das Ergebnis seines gegenwärtigen Lebens oder sein zukünftiges Leben vorauszusagen; deshalb kennt er weder die Vergangenheit noch die Gegenwart, noch die

Zukunft. Solange man von der materiellen Verunreinigung nicht frei ist, kann man Vergangenheit, Gegenwart und Zukunft nicht kennen.

Śrī Kṛṣṇa sagt im vorliegenden Vers eindeutig, daß Er, im Gegensatz zu den gewöhnlichen Menschen, alles weiß, was in der Vergangenheit geschah, was in der Gegenwart geschieht und was in der Zukunft noch geschehen wird. Im Vierten Kapitel haben wir gesehen, daß Śrī Kṛṣṇa Sich daran erinnert, Vivasvān, den Sonnengott, vor Millionen von Jahren unterwiesen zu haben. Kṛṣṇa kennt jedes Lebewesen, weil Er Sich als Überseele im Herzen eines jeden befindet. Aber obwohl Kṛṣṇa als die Höchste Persönlichkeit Gottes erscheint und Sich auch im Herzen eines jeden Lebewesens als Überseele befindet, können Ihn die unintelligenten Menschen nicht als die Höchste Person erkennen, selbst wenn sie in der Lage sind, das unpersönliche Brahman zu erkennen. Śrī Kṛṣṇas transzendentaler Körper ist zweifellos nicht vergänglich. Kṛṣṇa ist genau wie die Sonne, und *māyā* ist wie eine Wolke. In der materiellen Welt sehen wir die Sonne, die Wolken und verschiedene Sterne und Planeten, und manchmal kommt es vor, daß die Wolken für eine gewisse Zeit den gesamten Himmel bedecken. Diese Bedeckung bezieht sich jedoch nur auf unsere begrenzte Sicht, denn die Sonne, der Mond und die Sterne können nicht wirklich bedeckt werden. Ebenso kann auch *māyā* den Höchsten Herrn nicht bedecken; vielmehr entzieht Er Sich durch Seine innere Energie der Sicht der unintelligenten Menschenklasse. Wie im dritten Vers dieses Kapitels erklärt wird, versuchen unter Millionen und Abermillionen von Menschen nur einige wenige, in der menschlichen Lebensform vollkommen zu werden, und von vielen Tausenden solcher Menschen, die die Vollkommenheit erreicht haben, kann kaum einer Śrī Kṛṣṇa in Wahrheit verstehen. Selbst wenn man in der Erkenntnis des unpersönlichen Brahman oder des lokalisierten Paramātmā die Vollkommenheit erreicht hat, ist es einem unmöglich, die Höchste Persönlichkeit Gottes, Śrī Kṛṣṇa, zu verstehen, ohne Kṛṣṇa-bewußt zu sein.

Vers 27 इच्छाद्वेषसमुत्थेन द्वन्द्वमोहेन भारत ।
सर्वभूतानि सम्मोहं सर्गे यान्ति परन्तप ॥२७॥

icchā-dveṣa-samutthena dvandva-mohena bhārata
sarva-bhūtāni sammohaṁ sarge yānti paran-tapa

icchā – Verlangen; *dveṣa* – und Haß; *samutthena* – entstanden aus; *dvandva* – der Dualität; *mohena* – durch die Illusion; *bhārata* – o Nachkomme Bharatas; *sarva* – alle; *bhūtani* – Lebewesen; *sammoham* – in

Täuschung; *sarge* – geboren; *yānti* – gehen; *param-tapa* – o Bezwinger der Feinde.

O Nachkomme Bharatas, o Bezwinger der Feinde, alle Lebewesen werden in Täuschung geboren, verwirrt von den Dualitäten, die aus Verlangen und Haß entstehen.

ERLÄUTERUNG: Es ist die wahre, wesensgemäße Stellung des Lebewesens, dem Höchsten Herrn, der reines Wissen ist, untergeordnet zu sein. Wenn man sich in Täuschung von diesem reinen Wissen trennen läßt, gerät man unter die Herrschaft der illusionierenden Energie und kann die Höchste Persönlichkeit Gottes nicht verstehen. Die illusionierende Energie manifestiert sich in der Dualität von Verlangen und Haß. Verlangen und Haß verleiten den unwissenden Menschen dazu, mit Kṛṣṇa eins werden zu wollen und Ihn als die Höchste Persönlichkeit Gottes zu beneiden. Die reinen Gottgeweihten, die nicht von Verlangen und Haß getäuscht und verunreinigt sind, verstehen, daß Śrī Kṛṣṇa durch Seine innere Energie erscheint, aber diejenigen, die von Dualität und Unwissenheit getäuscht sind, glauben, die Höchste Persönlichkeit Gottes sei von den materiellen Energien erschaffen worden. Das ist ihr Mißgeschick. Solche verblendeten Menschen leben bezeichnenderweise in Dualitäten wie Schmach und Ehre, Leid und Glück, Frau und Mann, Gut und Schlecht, Freude und Schmerz usw. und denken: „Dies ist meine Frau; dies ist mein Haus; ich bin der Besitzer dieses Hauses; ich bin der Ehemann dieser Frau." Dies sind alles Dualitäten, die aus Illusion entstehen, und diejenigen, die von diesen Dualitäten getäuscht werden, sind völlig verblendet und sind deshalb nicht in der Lage, die Höchste Persönlichkeit Gottes zu verstehen.

Vers 28 येषां त्वन्तगतं पापं जनानां पुण्यकर्मणाम् ।
ते द्वन्द्वमोहनिर्मुक्ता भजन्ते मां दृढव्रताः ॥२८॥

yeṣāṁ tv anta-gataṁ pāpaṁ janānāṁ puṇya-karmaṇām
te dvandva-moha-nirmuktā bhajante māṁ dṛḍha-vratāḥ

yeṣām – deren; *tu* – aber; *anta-gatam* – vollständig getilgt; *pāpam* – Sünde; *janānām* – der Menschen; *puṇya* – fromme; *karmaṇām* – deren frühere Tätigkeiten; *te* – sie; *dvandva* – der Dualität; *moha* – Täuschung; *nirmuktāḥ* – frei von; *bhajante* – beschäftigen sich im hingebungsvollen Dienst; *mām* – zu Mir; *dṛḍha-vratāḥ* – mit Entschlossenheit.

Menschen, die in vorangegangenen und im gegenwärtigen Leben fromm gehandelt haben und deren Sünden vollständig getilgt sind,

sind frei von den Dualitäten der Täuschung, und sie beschäftigen sich mit Entschlossenheit in Meinem Dienst.

ERLÄUTERUNG: In diesem Vers werden diejenigen beschrieben, die geeignet sind, auf die transzendentale Ebene erhoben zu werden. Für Menschen, die sündig, atheistisch, dumm und betrügerisch sind, ist es sehr schwierig, die Dualität von Verlangen und Haß zu überwinden. Nur diejenigen, die in ihrem Leben den regulierenden Prinzipien der Religion gefolgt sind, die fromm gehandelt und alle sündhaften Reaktionen überwunden haben, können sich dem hingebungsvollen Dienst zuwenden und sich allmählich auf die Stufe des reinen Wissens über die Höchste Persönlichkeit Gottes erheben. Dann können sie allmählich beginnen, in Trance über die Höchste Persönlichkeit Gottes zu meditieren. Dies ist der Vorgang, um die spirituelle Ebene zu erreichen. Und diese Erhebung ist im Kṛṣṇa-Bewußtsein in der Gemeinschaft reiner Gottgeweihter möglich, denn in der Gemeinschaft großer Gottgeweihter kann man von Täuschung befreit werden.

Im *Śrīmad-Bhāgavatam* (5.5.2) heißt es, daß man den Gottgeweihten dienen muß, wenn man tatsächlich befreit werden will (*mahat-sevāṁ dvāram āhur vimukteḥ*); aber diejenigen, die mit materialistischen Menschen Umgang haben, befinden sich auf dem Pfad, der zum dunkelsten Bereich des Daseins führt (*tamo-dvāraṁ yoṣitāṁ saṅgi-saṅgam*). Die Geweihten des Herrn reisen über die ganze Erde, nur um die bedingten Seelen aus ihrer Illusion zu befreien. Die Unpersönlichkeitsanhänger wissen nicht, daß es die größte Verletzung der Gesetze Gottes ist, wenn man seine wesensgemäße Stellung, nämlich dem Höchsten Herrn untergeordnet zu sein, vergißt. Solange man sich nicht wieder in seiner wesensgemäßen Stellung befindet, ist es nicht möglich, die Höchste Persönlichkeit Gottes zu verstehen oder mit Entschlossenheit voll in Seinem transzendentalen liebevollen Dienst beschäftigt zu sein.

Vers 29 जरामरणमोक्षाय मामाश्रित्य यतन्ति ये ।
ते ब्रह्म तद्विदुः कृत्स्नमध्यात्मं कर्म चाखिलम् ॥२९॥

jarā-maraṇa-mokṣāya māṁ āśritya yatanti ye
te brahma tad viduḥ kṛtsnam adhyātmaṁ karma cākhilam

jarā – von Alter; *maraṇa* – und Tod; *mokṣāya* – zum Zweck der Befreiung; *māṁ* – Mir; *āśritya* – Zuflucht suchend bei; *yatanti* – bemühen sich; *ye* – all jene, die; *te* – solche Menschen; *brahma* – Brahman; *tat* – wahrhaft dieses; *viduḥ* – sie kennen; *kṛtsnam* – alles; *adhyātmaṁ* – transzendentale; *karma* – Tätigkeiten; *ca* – auch; *akhilam* – völlig.

Intelligente Menschen, die nach Befreiung von Alter und Tod streben, suchen bei Mir im hingebungsvollen Dienst Zuflucht. Sie sind wahrhaft Brahman, da sie vollkommenes Wissen über transzendentale Tätigkeiten besitzen.

ERLÄUTERUNG: Geburt, Tod, Alter und Krankheiten beeinflussen unseren materiellen Körper, nicht aber den spirituellen Körper. Für den spirituellen Körper gibt es keine Geburt, keinen Tod, kein Alter und keine Krankheit. Wer also einen spirituellen Körper erlangt, einer der Gefährten der Höchsten Persönlichkeit Gottes wird und sich im ewigen hingebungsvollen Dienst betätigt, hat die vollkommene Befreiung erlangt. *Ahaṁ brahmāsmi:* „Ich bin von spiritueller Natur." Dies bedeutet, daß man verstehen sollte, daß man Brahman ist – spirituelle Seele. Diese Brahman-Erkenntnis ist auch im hingebungsvollen Dienst enthalten, wie im vorliegenden Vers erklärt wird. Die reinen Gottgeweihten sind auf der Brahman-Ebene verankert, transzendental zum materiellen Dasein, und sie besitzen vollkommenes Wissen über transzendentale Tätigkeiten.

Wenn die vier Arten von unreinen Gottgeweihten, die den transzendentalen Dienst des Herrn aufnehmen und sich dadurch ihre Wünsche erfüllen, völlig Kṛṣṇa-bewußt werden, ist es ihnen möglich, sich durch die Gnade des Höchsten Herrn Seiner spirituellen Gemeinschaft zu erfreuen. Aber diejenigen, die die Halbgötter verehren, erreichen niemals den höchsten Planeten des Herrn. Selbst die weniger intelligenten Menschen, die nur das Brahman erkennen, können den höchsten Planeten Kṛṣṇas, Goloka Vṛndāvana, nicht erreichen. Nur diejenigen, die Tätigkeiten im Kṛṣṇa-Bewußtsein ausführen (*mām āśritya*), sind wirklich berechtigt, als Brahman bezeichnet zu werden, da sie sich bemühen, tatsächlich den Planeten Kṛṣṇas zu erreichen. Solche Menschen zweifeln nicht an Kṛṣṇa, und daher sind sie tatsächlich Brahman.

Diejenigen, die die *arcā*-Form, die Bildgestalt des Herrn, verehren oder über den Herrn meditieren, um von der materiellen Fessel befreit zu werden, verstehen durch die Gnade des Herrn ebenfalls die Bedeutung von Brahman, *adhibhūta* usw., wie dies vom Herrn im nächsten Kapitel erklärt wird.

Vers 30 साधिभूताधिदैवं मां साधियज्ञं च ये विदुः ।
प्रयाणकालेऽपि च मां ते विदुर्युक्तचेतसः ॥३०॥

sādhibhūtādhidaivaṁ māṁ sādhiyajñaṁ ca ye viduḥ
prayāṇa-kāle 'pi ca māṁ te vidur yukta-cetasaḥ

sa-adhibhūta – und das beherrschende Prinzip der materiellen Manifestation; *adhidaivam* – alle Halbgötter beherrschend; *mām* – Mich: *sa-adhiyajñam* – und alle Opfer beherrschend: *ca* – auch; *ye* – diejenigen, die; *viduḥ* – kennen; *prayāṇa* – des Todes; *kāle* – zur Zeit; *api* – sogar; *ca* – und; *mām* – Mich; *te* – sie; *viduḥ* – kennen; *yukta-cetasaḥ* – ihren Geist auf Mich gerichtet.

Diejenigen, die ihr Bewußtsein völlig auf Mich gerichtet haben und wissen, daß Ich, der Höchste Herr, das beherrschende Prinzip der materiellen Manifestation, der Halbgötter und aller Opfervorgänge bin, sind in der Lage, Mich, die Höchste Persönlichkeit Gottes, sogar zum Zeitpunkt des Todes vollkommen zu verstehen und zu kennen.

ERLÄUTERUNG: Menschen, die im Kṛṣṇa-Bewußtsein handeln, weichen niemals vom Pfad ab, der einen zum vollkommenen Verständnis der Höchsten Persönlichkeit Gottes führt. In der transzendentalen Gemeinschaft des Kṛṣṇa-Bewußtseins kann man verstehen lernen, daß der Höchste Herr das beherrschende Prinzip der materiellen Manifestation und sogar der Halbgötter ist. Durch diese transzendentale Gemeinschaft wird man allmählich von der Höchsten Persönlichkeit Gottes überzeugt, und zur Zeit des Todes wird ein solcher Kṛṣṇa-bewußter Mensch Kṛṣṇa niemals vergessen. Und so wird er zum Planeten des Höchsten Herrn, Goloka Vṛndāvana, erhoben.

Das Siebte Kapitel erklärt insbesondere, wie man völlig Kṛṣṇa-bewußt werden kann. Kṛṣṇa-Bewußtsein beginnt, wenn man mit Kṛṣṇa-bewußten Menschen zusammenkommt. Solche Gemeinschaft ist spirituell und bringt einen direkt mit Kṛṣṇa in Berührung, durch dessen Gnade man Ihn als die Höchste Persönlichkeit Gottes erkennen kann. Gleichzeitig kann man auch in Wahrheit verstehen, was die wesensgemäße Stellung des Lebewesens ist und wie das Lebewesen Kṛṣṇa vergißt und in der Folge in materielle Tätigkeiten verstrickt wird. Wenn das Lebewesen in der richtigen Gemeinschaft allmählich Kṛṣṇa-Bewußtsein entwickelt, kann es verstehen, daß es nur aufgrund der Tatsache, daß es Kṛṣṇa vergessen hat, unter den Einfluß der Gesetze der materiellen Natur geriet. Ebenso versteht es, daß die menschliche Lebensform eine Gelegenheit ist, sein Kṛṣṇa-Bewußtsein wiederzugewinnen, und daß dieses Leben voll genutzt werden sollte, um die grundlose Barmherzigkeit des Höchsten Herrn zu erlangen.

In diesem Kapitel wurden viele Themen behandelt: der Notleidende, der Wißbegierige und der materiell Bedürftige, Wissen vom Brahman, Wissen vom Paramātmā, Befreiung von Geburt, Tod und Krankheiten und die Verehrung des Höchsten Herrn. Wer jedoch im Kṛṣṇa-

Bewußtsein tatsächlich fortgeschritten ist, kümmert sich nicht um diese verschiedenen Vorgänge. Er beschäftigt sich einfach direkt in Kṛṣṇa-bewußten Tätigkeiten und erreicht dadurch seine wirkliche, wesenseigene Stellung als ewiger Diener Śrī Kṛṣṇas. Auf dieser Stufe findet er Freude daran, im reinen hingebungsvollen Dienst über den Herrn zu hören und Ihn zu lobpreisen. Er ist davon überzeugt, daß so all seine Wünsche in Erfüllung gehen. Dieser entschlossene Glaube wird *dṛḍha-vrata* genannt und bildet den Anfang von *bhakti-yoga*, dem transzendentalen liebevollen Dienst. So lautet die Aussage aller Schriften. Und das Siebte Kapitel der *Bhagavad-gītā* beschreibt das Wesen und den Kern dieser Überzeugung.

Hiermit enden die Bhaktivedanta-Erläuterungen zum Siebten Kapitel der Śrīmad Bhagavad-gītā *mit dem Titel: „Wissen vom Absoluten“.*

ACHTES KAPITEL

Wie man den Höchsten erreicht

Vers 1 अर्जुन उवाच
किं तद्ब्रह्म किमध्यात्मं किं कर्म पुरुषोत्तम ।
अधिभूतं च किं प्रोक्तमधिदैवं किमुच्यते ॥ १ ॥

arjuna uvāca
kiṁ tad brahma kim adhyātmaṁ kiṁ karma puruṣottama
adhibhūtaṁ ca kiṁ proktam adhidaivaṁ kim ucyate

arjunaḥ uvāca – Arjuna sagte; *kim* – was; *tat* – dieses; *brahma* – Brahman; *kim* – was; *adhyātmam* – das Selbst; *kim* – was; *karma* – fruchtbringende Tätigkeiten; *puruṣa-uttama* – o Höchste Person; *adhibhūtam* – die materielle Manifestation; *ca* – und; *kim* – was; *proktam* – wird genannt; *adhidaivam* – die Halbgötter; *kim* – was; *ucyate* – wird genannt.

Arjuna fragte: O mein Herr, o Höchste Person, was ist Brahman? Was ist das Selbst? Was sind fruchtbringende Tätigkeiten? Was ist die materielle Manifestation? Und was sind die Halbgötter? Bitte erkläre mir dies.

ERLÄUTERUNG: In diesem Kapitel beantwortet Śrī Kṛṣṇa verschiedene Fragen Arjunas, angefangen mit der Frage: „Was ist Brahman?“

Der Herr erklärt auch *karma* (fruchtbringende Tätigkeiten), hingebungsvollen Dienst, die Prinzipien des *yoga* und hingebungsvollen Dienst in seiner reinen Form. Das *Śrīmad-Bhāgavatam* erklärt, daß die Höchste Absolute Wahrheit als Brahman, Paramātmā und Bhagavān bezeichnet wird. Darüber hinaus wird auch das Lebewesen, die individuelle Seele, Brahman genannt. Eine andere Frage Arjunas bezieht sich auf den *ātmā,* was Körper, Seele oder Geist bedeuten kann. Gemäß dem vedischen Wörterbuch bezieht sich *ātmā* sowohl auf den Geist, die Seele, den Körper wie auch auf die Sinne.

Arjuna sprach den Höchsten Herrn als Puruṣottama, „Höchste Person", an, was bedeutet, daß er diese Fragen nicht bloß einem Freund stellte, sondern der Höchsten Person, da er wußte, daß Kṛṣṇa als höchste Autorität imstande ist, endgültige Antworten zu geben.

Vers 2 अधियज्ञः कथं कोऽत्र देहेऽस्मिन्मधुसूदन ।
प्रयाणकाले च कथं ज्ञेयोऽसि नियतात्मभिः ॥ २ ॥

adhiyajñaḥ kathaṁ ko 'tra dehe 'smin madhusūdana
prayāṇa-kāle ca kathaṁ jñeyo 'si niyatātmabhiḥ

adhiyajñaḥ – der Herr des Opfers; *katham* – wie; *kaḥ* – wer; *atra* – hier; *dehe* – im Körper; *asmin* – dieser; *madhusūdana* – o Madhusūdana; *prayāṇa-kāle* – zur Zeit des Todes; *ca* – und; *katham* – wie; *jñeyaḥ asi* – kannst Du gekannt werden; *niyata-ātmabhiḥ* – von den Selbstbeherrschten.

Wer ist der Herr des Opfers, und wie lebt Er im Körper, o Madhusūdana? Und wie können diejenigen, die im hingebungsvollen Dienst tätig sind, Dich zur Zeit des Todes kennen?

ERLÄUTERUNG: „Herr des Opfers" kann sich sowohl auf Indra als auch auf Viṣṇu beziehen. Viṣṇu ist der Herr der Haupthalbgötter, einschließlich Brahmās und Śivas, und Indra ist der Herr der verwaltenden Halbgötter. Sowohl Indra als auch Viṣṇu werden durch die Darbringung von *yajñas* verehrt, doch hier fragt Arjuna, wer tatsächlich der Herr des *yajña,* des Opfers, ist und wie Sich dieser im Körper des Lebewesens befindet.

Hier wird Kṛṣṇa von Arjuna als Madhusūdana angesprochen, weil Er einmal einen Dämon namens Madhu tötete. Diese Fragen, die einige Zweifel verraten, hätten in Arjunas Geist eigentlich nicht auftauchen dürfen, denn Arjuna war ein Kṛṣṇa-bewußter Gottgeweihter. Deshalb werden diese Zweifel mit Dämonen verglichen, und weil Kṛṣṇa im Töten von Dämonen so erfahren ist, spricht Arjuna Ihn hier mit dem Namen Madhusūdana an, um Kṛṣṇa zu bitten, Er möge die dämonischen Zweifel seines Geistes töten.

Das Wort *prayāṇa-kāle,* das in diesem Vers benutzt wird, ist sehr bedeutsam, denn alles, was wir in diesem Leben tun, wird zur Zeit des Todes geprüft werden. Arjuna ist sehr bestrebt zu erfahren, wie diejenigen, die sich ständig im Kṛṣṇa-Bewußtsein betätigen, diese letzte Prüfung bestehen können. Zum Zeitpunkt des Todes sind alle körperlichen Funktionen gestört, und der Geist befindet sich in einem aufgewühlten Zustand. Wenn man auf diese Weise von körperlichen Leiden gepeinigt wird, ist es nicht sicher, daß man sich an den Höchsten Herrn zu erinnern vermag. Mahārāja Kulaśekhara, ein großer Gottgeweihter, betet: „Mein lieber Herr, es ist besser, wenn ich sogleich sterbe, jetzt, wo ich noch gesund bin, so daß der Schwan meines Geistes in den Stengel Deiner Lotosfüße eintauchen kann.“ Diese Metapher wird gebraucht, weil der Schwan als Wasservogel Freude daran findet, in den Lotosblumen herumzuwühlen; in seinem spielerischen Trieb liebt er es, in die Lotosblumen einzutauchen. Mahārāja Kulaśekhara sagt also zum Herrn: „Mein Geist ist nun ausgeglichen, und ich bin gesund. Wenn ich sogleich sterbe und an Deine Lotosfüße denke, dann bin ich überzeugt, daß ich in der Ausführung Deines hingebungsvollen Dienstes die Vollkommenheit erreicht habe. Aber wenn ich auf meinen natürlichen Tod warten muß, dann weiß ich nicht, was geschehen wird, denn zu diesem Zeitpunkt werden die körperlichen Funktionen völlig gestört sein, meine Kehle wird verstopft sein, und ich weiß nicht, ob ich fähig sein werde, Deinen Namen zu chanten. Laß mich daher lieber sogleich sterben.“ Arjuna fragt also, wie man seinen Geist zu einer solchen Zeit auf Kṛṣṇas Lotosfüße richten kann.

Vers 3 श्रीभगवानुवाच
अक्षरं ब्रह्म परमं स्वभावोऽध्यात्ममुच्यते ।
भूतभावोद्भवकरो विसर्गः कर्मसंज्ञितः ॥ ३ ॥

śrī-bhagavān uvāca
akṣaraṁ brahma paramaṁ svabhāvo 'dhyātmam ucyate
bhūta-bhāvodbhava-karo visargaḥ karma-saṁjñitaḥ

śrī-bhagavān uvāca – die Höchste Persönlichkeit Gottes sprach; *akṣaram* – unzerstörbar; *brahma* – Brahman; *paramam* – transzendental;

svabhāvaḥ – ewige Natur; *adhyātmam* – das Selbst; *ucyate* – wird genannt; *bhūta-bhāva-udbhava-karaḥ* – die materiellen Körper der Lebewesen erzeugend; *visargaḥ* – Schöpfung; *karma* – fruchtbringende Tätigkeiten; *saṁjñitaḥ* – wird genannt.

Die Höchste Persönlichkeit Gottes sprach: Das unzerstörbare, transzendentale Lebewesen wird Brahman genannt, und seine ewige Natur wird adhyātma, das Selbst, genannt. Tätigkeiten, die sich auf die Entwicklung der materiellen Körper der Lebewesen beziehen, nennt man karma, fruchtbringende Tätigkeiten.

ERLÄUTERUNG: Das Brahman ist unzerstörbar und existiert ewig, und seine Beschaffenheit verändert sich niemals. Aber über dem Brahman steht Para-brahman. Brahman bezieht sich auf das Lebewesen und Para-brahman auf die Höchste Persönlichkeit Gottes. Die wesensgemäße Stellung des Lebewesens unterscheidet sich von der Stellung, die es in der materiellen Welt einnimmt. Im materiellen Bewußtsein versucht es, Herr über die Materie zu sein; im spirituellen Bewußtsein, im Kṛṣṇa-Bewußtsein, hingegen ist es seine Stellung, dem Höchsten zu dienen. Wenn das Bewußtsein des Lebewesens materiell verunreinigt ist, muß es verschiedene Körper in der materiellen Welt annehmen. Diese mannigfaltige Schöpfung von Körpern unter dem Einfluß materiellen Bewußtseins wird *karma* genannt.

In den vedischen Schriften wird das Lebewesen als *jīvātmā* und als Brahman bezeichnet, niemals aber als Para-brahman. Das Lebewesen (*jīvātmā*) nimmt verschiedene Positionen ein – manchmal sinkt es in die dunkle materielle Natur und identifiziert sich mit Materie, und manchmal identifiziert es sich mit der höheren, spirituellen Natur. Deshalb werden die Lebewesen als die marginale Energie des Höchsten Herrn bezeichnet. Je nachdem, ob sich das Lebewesen mit der materiellen oder mit der spirituellen Natur identifiziert, bekommt es einen materiellen oder spirituellen Körper. In der materiellen Natur kann es irgendeinen Körper aus den 8 400 000 Lebensformen annehmen, doch in der spirituellen Natur hat es nur einen Körper. In der materiellen Natur erscheint es gemäß seinem *karma* manchmal als Mensch, Halbgott, Tier, Vogel usw. Um auf die materiellen himmlischen Planeten zu gelangen und ihre Möglichkeiten zur Sinnenbefriedigung zu genießen, führt das Lebewesen manchmal Opfer (*yajñas*) aus, doch wenn die Reaktionen auf seine frommen Tätigkeiten erschöpft sind, kehrt es in der Form eines Menschen wieder auf die Erde zurück. Dieser Vorgang wird *karma* genannt.

Der Vorgang, vedische Opfer auszuführen, wird in der *Chāndogya Upaniṣad* beschrieben. Auf dem Opferaltar werden in fünf verschiedenen Feuern fünf Arten von Opferungen dargebracht. Die fünf Feuer symbolisieren die himmlischen Planeten, die Wolken und die Erde sowie Mann und Frau, und die fünf Arten von Opferdarbringungen sind Glaube, der Genießer auf dem Mond, Regen, Getreide und Samen.

Bei diesem Vorgang vollzieht das Lebewesen bestimmte Opfer, um auf bestimmte himmlische Planeten erhoben zu werden, die es in der Folge auch erreicht. Wenn die Verdienste der Opferdarbringung erschöpft sind, kehrt das Lebewesen in Form von Regen auf die Erde zurück und nimmt die Form von Getreide an; das Getreide wird von einem Mann gegessen und in Samen umgewandelt; der Same befruchtet eine Frau, und auf diese Weise bekommt das Lebewesen erneut einen menschlichen Körper, um Opfer darzubringen und so den gleichen Kreislauf zu wiederholen. Auf diese Weise wandert das Lebewesen auf dem materiellen Pfad unaufhörlich auf und ab. Der Kṛṣṇa-bewußte Mensch jedoch vermeidet solche Opfer. Er wendet sich direkt dem Kṛṣṇa-Bewußtsein zu und bereitet sich so vor, zu Gott zurückzukehren.

Unpersönlichkeitsanhänger, die die *Bhagavad-gītā* kommentieren, vertreten die unsinnige Theorie, das Brahman nehme in der materiellen Welt die Form des *jīva* an, und um dies zu belegen, führen sie den siebten Vers des Fünfzehnten Kapitels der *Gītā* an. In diesem Vers jedoch bezeichnet der Herr die Lebewesen als „Meine ewigen fragmentarischen Teile". Der fragmentarische Teil Gottes, das Lebewesen, mag in die materielle Welt fallen, doch der Höchste Herr (Acyuta) kommt niemals zu Fall. Deshalb kann die Behauptung, daß das Höchste Brahman die Form des *jīva* annehme, nicht akzeptiert werden. Es ist wichtig, sich daran zu erinnern, daß in den vedischen Schriften zwischen Brahman (dem Lebewesen) und Para-brahman (dem Höchsten Herrn) unterschieden wird.

Vers 4 अधिभूतं क्षरो भावः पुरुषश्चाधिदैवतम् ।
अधियज्ञोऽहमेवात्र देहे देहभृतां वर ॥ ४ ॥

adhibhūtaṁ kṣaro bhāvaḥ puruṣaś cādhidaivatam
adhiyajño 'ham evātra dehe deha-bhṛtāṁ vara

adhibhūtam – die materielle Manifestation; *kṣaraḥ* – sich ständig wandelnd; *bhāvaḥ* – Natur; *puruṣaḥ* – die universale Form, einschließlich aller Halbgötter, wie Sonne und Mond; *ca* – und; *adhidaivatam* – *adhidaiva* genannt; *adhiyajñaḥ* – die Überseele; *aham* – Ich (Kṛṣṇa); *eva* – gewiß; *atra* – in diesem; *dehe* – Körper; *deha-bhṛtām* – der verkörperten Lebewesen; *vara* – o Bester.

O bestes der verkörperten Lebewesen, die materielle Natur, die sich ständig wandelt, wird adhibhūta [die materielle Manifestation] genannt. Die universale Form des Herrn, die alle Halbgötter, wie die der Sonne und des Mondes, umfaßt, wird adhidaiva genannt. Und Ich, der Höchste Herr, der Ich im Herzen aller verkörperten Lebewesen als Überseele gegenwärtig bin, werde adhiyajña [der Herr des Opfers] genannt.

ERLÄUTERUNG: Die materielle Natur wandelt sich ständig. Materielle Körper durchlaufen im allgemeinen sechs Stadien: sie werden geboren, wachsen, bleiben eine Zeitlang bestehen, erzeugen Nebenprodukte, schwinden dahin und vergehen schließlich. Diese materielle Natur wird *adhibhūta* genannt. Sie wird zu einem bestimmten Zeitpunkt geschaffen und zu einem bestimmten Zeitpunkt wieder vernichtet. Die Vorstellung von der universalen Form des Höchsten Herrn, die alle Halbgötter mit ihren jeweiligen Planeten umfaßt, wird *adhidaivata* genannt. Und im Körper befindet Sich neben der individuellen Seele die Überseele, eine vollständige Repräsentation Śrī Kṛṣṇas. Die Überseele wird Paramātmā oder *adhiyajña* genannt und befindet Sich im Herzen. Das Wort *eva* ist im Zusammenhang mit diesem Vers besonders wichtig, weil der Herr mit diesem Wort betont, daß der Paramātmā von Ihm nicht verschieden ist. Die Überseele, die Höchste Persönlichkeit Gottes, die Sich neben der individuellen Seele befindet, ist der Zeuge der Tätigkeiten der individuellen Seele und die Quelle ihrer verschiedenen Bewußtseinszustände. Die Überseele gibt der individuellen Seele die Möglichkeit, frei zu handeln, und beobachtet als Zeuge ihre Tätigkeiten. Der reine, Kṛṣṇa-bewußte Gottgeweihte, der sich im transzendentalen Dienst des Herrn beschäftigt, erkennt automatisch, welche Aufgabe all diese verschiedenen Manifestationen des Höchsten Herrn erfüllen. Die gigantische universale Form des Herrn wird *adhidaivata* genannt. Sie ist das Ziel des Neulings, der nicht in der Lage ist, sich dem Höchsten Herrn in Seiner Manifestation als Überseele zuzuwenden; ihm wird empfohlen, über die universale Form, den *virāṭ-puruṣa,* zu meditieren, dessen Beine von den niederen Planeten repräsentiert werden, dessen Augen von der Sonne und dem Mond repräsentiert werden und dessen Kopf vom oberen Planetensystem repräsentiert wird.

Vers 5 अन्तकाले च मामेव स्मरन्मुक्त्वा कलेवरम् ।
यः प्रयाति स मद्भावं याति नास्त्यत्र संशयः ॥ ५ ॥

anta-kāle ca mām eva smaran muktvā kalevaram
yaḥ prayāti sa mad-bhāvaṁ yāti nāsty atra saṁśayaḥ

anta-kāle – am Ende des Lebens; *ca* – auch; *mām* – an Mich; *eva* – gewiß; *smaran* – sich erinnernd; *muktvā* – verlassend; *kalevaram* – den Körper; *yaḥ* – derjenige, der; *prayāti* – geht; *saḥ* – er; *mat-bhāvam* – Meine Natur; *yāti* – erreicht; *na* – nicht; *asti* – es gibt; *atra* – hier; *saṁśayaḥ* – Zweifel.

Und jeder, der sich am Ende seines Lebens, wenn er seinen Körper verläßt, an Mich allein erinnert, erreicht sogleich Meine Natur. Darüber besteht kein Zweifel.

ERLÄUTERUNG: Dieser Vers betont die Wichtigkeit des Kṛṣṇa-Bewußtseins. Jeder, der seinen Körper im Kṛṣṇa-Bewußtsein verläßt, wird sogleich zur transzendentalen Natur des Höchsten Herrn erhoben. Der Höchste Herr ist der reinste der Reinen, und deshalb ist jeder, der ständig Kṛṣṇa-bewußt ist, ebenfalls der reinste der Reinen. Das Wort *smaran* („sich erinnernd") ist von Bedeutung. Erinnerung an Kṛṣṇa ist für die unreine Seele, die niemals hingebungsvollen Dienst im Kṛṣṇa-Bewußtsein praktiziert hat, nicht möglich. Deshalb sollte man schon vom Anfang des Lebens an Kṛṣṇa-Bewußtsein praktizieren. Wenn man sein Leben erfolgreich beschließen will, ist es unbedingt erforderlich, sich im Vorgang der Erinnerung an Kṛṣṇa zu üben. Deshalb sollte man ständig und ohne Unterlaß den *mahā-mantra* chanten – Hare Kṛṣṇa, Hare Kṛṣṇa, Kṛṣṇa Kṛṣṇa, Hare Hare / Hare Rāma, Hare Rāma, Rāma Rāma, Hare Hare. Śrī Caitanya hat die Anweisung gegeben, man solle so duldsam wie ein Baum sein (*taror api sahiṣṇunā*). Jemand, der Hare Kṛṣṇa chantet, mag auf viele Hindernisse stoßen, aber er sollte diese Schwierigkeiten erdulden und fortfahren, Hare Kṛṣṇa, Hare Kṛṣṇa, Kṛṣṇa Kṛṣṇa Hare Hare / Hare Rāma, Hare Rāma, Rāma Rāma, Hare Hare zu chanten. Auf diese Weise kann er am Ende seines Lebens den vollen Nutzen des Kṛṣṇa-Bewußtseins erfahren.

Vers 6 यं यं वापि स्मरन् भावं त्यजत्यन्ते कलेवरम् ।
तं तमेवैति कौन्तेय सदा तद्भावभावितः ॥ ६ ॥

yaṁ yaṁ vāpi smaran bhāvaṁ tyajaty ante kalevaram
taṁ tam evaiti kaunteya sadā tad-bhāva-bhāvitaḥ

yam yam – was auch immer; *vā api* – überhaupt; *smaran* – sich erinnernd; *bhāvam* – Natur; *tyajati* – gibt auf; *ante* – am Ende; *kalevaram* – diesen Körper; *tam tam* – ebenso; *eva* – gewiß; *eti* – bekommt; *kaunteya* – o Sohn Kuntīs; *sadā* – immer; *tat* – diesen; *bhāva* – Seinszustand; *bhāvitaḥ* – sich erinnernd.

Was auch immer der Daseinszustand ist, an den man sich erinnert, wenn man seinen Körper verläßt, o Sohn Kuntīs, diesen Zustand wird man ohne Zweifel erreichen.

ERLÄUTERUNG: Dieser Vers erklärt den Vorgang, wie man im kritischen Augenblick des Todes seinen Daseinszustand, das heißt seinen Körper, wechselt. Wer am Ende des Lebens, wenn er seinen Körper verläßt, an Kṛṣṇa denkt, erreicht die transzendentale Natur des Höchsten Herrn, aber es ist nicht wahr, daß jemand, der an etwas anderes als an Kṛṣṇa denkt, die gleiche transzendentale Ebene erreicht. Darüber sollten wir uns klar bewußt sein. Wie ist es möglich, im richtigen Bewußtsein zu sterben? In diesem Zusammenhang ist das Beispiel von Mahārāja Bharata sehr lehrreich. Obwohl er eine große Persönlichkeit war, dachte er am Ende seines Lebens an ein Reh, und so wurde er in seinem nächsten Leben im Körper eines Rehes geboren. Als Reh konnte er sich zwar an seine vergangenen Tätigkeiten erinnern, aber dennoch war er gezwungen, in diesem Tierkörper zu leben. Natürlich beeinflussen die Gedanken und Handlungen unseres gegenwärtigen Lebens unseren Bewußtseinszustand zum Zeitpunkt des Todes, und so wird das nächste Leben vom gegenwärtigen Leben bestimmt. Wenn man ein Leben in der Erscheinungsweise der Tugend führt und immer an Kṛṣṇa denkt, ist es einem möglich, sich auch am Ende des Lebens an Kṛṣṇa zu erinnern. Dies wird einem helfen, zur transzendentalen Natur Kṛṣṇas erhoben zu werden. Wenn man in den transzendentalen Dienst Kṛṣṇas vertieft ist, dann wird der nächste Körper, den man erhält, transzendental (spirituell) sein, und nicht materiell. Deshalb ist das Chanten von Hare Kṛṣṇa, Hare Kṛṣṇa, Kṛṣṇa Kṛṣṇa, Hare Hare / Hare Rāma, Hare Rāma, Rāma Rāma, Hare Hare der beste Vorgang, um aus dem Wechsel des Daseinszustandes am Ende des Lebens einen Erfolg zu machen.

Vers 7 तस्मात्सर्वेषु कालेषु मामनुस्मर युध्य च ।
मय्यर्पितमनोबुद्धिर्मामेवैष्यस्यसंशयः ॥ ७ ॥

tasmāt sarveṣu kāleṣu mām anusmara yudhya ca
mayy arpita-mano-buddhir mām evaiṣyasy asaṁśayaḥ

tasmāt – deshalb; *sarveṣu* – zu allen; *kāleṣu* – Zeiten; *mām* – an Mich; *anusmara* – fahre fort, dich zu erinnern; *yudhya* – kämpfe; *ca* – auch; *mayi* – Mir; *arpita* – hingebend; *manaḥ* – Geist; *buddhiḥ* – Intelligenz; *mām* – Mir; *eva* – gewiß; *eṣyasi* – du wirst erreichen; *asaṁśayaḥ* – ohne Zweifel.

Daher, o Arjuna, solltest du immer an Mich in Meiner Form als Kṛṣṇa denken und zur gleichen Zeit deine vorgeschriebene Pflicht des Kämpfens erfüllen. Wenn du deine Tätigkeiten Mir weihst und deinen Geist und deine Intelligenz auf Mich richtest, wirst du Mich ohne Zweifel erreichen.

ERLÄUTERUNG: Diese Unterweisung, die Arjuna hier bekommt, ist für alle Menschen, die materiellen Tätigkeiten nachgehen, sehr wichtig. Der Herr sagt nicht, daß man seine vorgeschriebenen Pflichten und Beschäftigungen aufgeben soll. Man kann ihnen weiter nachgehen und zur gleichen Zeit an Kṛṣṇa denken, indem man Hare Kṛṣṇa chantet. Dies wird einen von materieller Verunreinigung befreien, und so kann man den Geist und die Intelligenz auf Kṛṣṇa richten. Durch das Chanten von Kṛṣṇas Namen wird man ohne Zweifel zum höchsten Planeten, Kṛṣṇaloka, erhoben werden.

Vers 8 अभ्यासयोगयुक्तेन चेतसा नान्यगामिना ।
परमं पुरुषं दिव्यं याति पार्थानुचिन्तयन् ॥ ८ ॥

abhyāsa-yoga-yuktena cetasā nānya-gāminā
paramaṁ puruṣaṁ divyaṁ yāti pārthānucintayan

abhyāsa-yoga – durch Meditationsübung; *yuktena* – beschäftigt sein; *cetasā* – durch den Geist und die Intelligenz; *na anya-gāminā* – ohne daß sie abgelenkt werden; *paramam* – die Höchste; *puruṣam* – Persönlichkeit Gottes; *divyam* – transzendental; *yāti* – man erreicht; *pārtha* – o Sohn Pṛthās; *anucintayan* – ständig denkend an.

Wer über Mich als die Höchste Persönlichkeit Gottes meditiert, indem er seinen Geist ständig darin übt, sich an Mich zu erinnern, und von diesem Pfad nicht abweicht, o Pārtha, dem ist es sicher, Mich zu erreichen.

ERLÄUTERUNG: In diesem Vers betont Śrī Kṛṣṇa, wie wichtig es ist, sich an Ihn zu erinnern. Die Erinnerung an Śrī Kṛṣṇa wird durch den Vorgang des Chantens des Hare-Kṛṣṇa-*mahā-mantra* wiederbelebt. Durch solches Chanten und Hören der Klangschwingung des Höchsten Herrn werden Ohr, Zunge und Geist beschäftigt. Diese mystische Meditation ist sehr einfach auszuüben, und sie hilft einem, den Höchsten Herrn zu erreichen. *Puruṣam* bedeutet „Genießer". Obwohl die Lebewesen zur marginalen Energie des Höchsten Herrn gehören, sind sie in dieser Welt materiell verunreinigt. Sie halten sich selbst für Genießer, doch in Wirklichkeit sind sie nicht der höchste Genießer, denn wie im vorliegenden Vers eindeutig gesagt wird, ist die Höchste Persönlichkeit Gottes in Ihren verschiedenen Manifestationen und vollständigen Erweiterungen als Nārāyaṇa, Vāsudeva usw. der höchste Genießer.

Der Gottgeweihte kann ständig an das Ziel der Verehrung, den Höchsten Herrn, in jedem beliebigen Seiner Aspekte – Nārāyaṇa, Kṛṣṇa, Rāma usw. – denken, indem er Hare Kṛṣṇa chantet. Durch diesen Vorgang wird der Gottgeweihte geläutert, und dank seines ständigen Chantens wird er am Ende des Lebens zum Königreich Gottes erhoben werden. So wie man bei der Ausübung von *yoga* über die Überseele im Innern meditiert, richtet man beim Chanten von Hare Kṛṣṇa seinen Geist immer auf den Höchsten Herrn. Der Geist ist launisch, und deshalb ist es notwendig, ihn zu zwingen, an Kṛṣṇa zu denken. Ein oft angeführtes Beispiel in diesem Zusammenhang ist das der Raupe, denn ebenso, wie die Raupe einfach dadurch, daß sie ständig daran denkt, ein Schmetterling zu werden, noch im selben Leben in einen Schmetterling verwandelt wird, so können auch wir, wenn wir ständig an Kṛṣṇa denken, mit Sicherheit am Ende unseres Lebens die gleichen körperlichen Eigenschaften erlangen wie Kṛṣṇa.

Vers 9 कविं पुराणमनुशासितारमणोरणीयांसमनुस्मरेद्यः ।
सर्वस्य धातारमचिन्त्यरूपमादित्यवर्णं तमसः परस्तात् ॥ ९ ॥

kavim̐ purāṇam anuśāsitāram
aṇor aṇīyāṁsam anusmared yaḥ
sarvasya dhātāram acintya-rūpam
āditya-varṇaṁ tamasaḥ parastāt

kavim – derjenige, der alles weiß; *purāṇam* – der Älteste; *anuśāsitāram* – der Beherrscher; *aṇoḥ* – als das Atom; *aṇīyāṁsam* – kleiner;

anusmaret – denkt ständig an; *yaḥ* – derjenige, der; *sarvasya* – von allem; *dhātāram* – der Erhalter; *acintya* – unbegreiflich; *rūpam* – dessen Form; *āditya-varṇam* – leuchtend wie die Sonne; *tamasaḥ* – zur Dunkelheit; *parastāt* – transzendental.

Man sollte über die Höchste Person als denjenigen meditieren, der alles weiß, der der Älteste ist, der Meister und Beherrscher von allem, der kleiner als das Kleinste ist, jenseits aller materiellen Vorstellungen und völlig unbegreiflich, und der immer eine Person ist. Er ist leuchtend wie die Sonne, und Er ist transzendental, jenseits der materiellen Natur.

ERLÄUTERUNG: Dieser Vers beschreibt den Vorgang der Meditation über den Höchsten. Der wichtigste Punkt ist, daß Er nicht unpersönlich oder leer ist. Man kann nicht über etwas Unpersönliches oder Leeres meditieren, und diejenigen, die es versuchen, stoßen auf viele Schwierigkeiten. Der Vorgang, an Kṛṣṇa zu denken, ist hingegen sehr einfach und wird hier praktisch beschrieben. Als erstes wird gesagt, daß der Herr *puruṣa,* eine Person, ist – wir denken an die *Person* Rāma und an die *Person* Kṛṣṇa. Und die Eigenschaften, die mit dieser Person verbunden sind – sei es nun Rāma oder Kṛṣṇa –, werden im vorliegenden Vers der *Bhagavad-gītā* beschrieben. Der Herr ist *kavi,* das heißt, Er kennt Vergangenheit, Gegenwart und Zukunft, und deshalb ist Er allwissend. Er ist die älteste Persönlichkeit, weil Er der Ursprung von allem ist; alles wird von Ihm geboren. Er ist auch der höchste Beherrscher des Universums, und Er ist der Erhalter und Lehrer der Menschheit. Er ist kleiner als das Kleinste. Das Lebewesen ist so klein wie der zehntausendste Teil einer Haarspitze, doch der Herr ist so unvorstellbar klein, daß Er sogar in das Herz dieses Teilchens eingehen kann. Deshalb heißt es, daß Er kleiner als das Kleinste ist. Als der Höchste kann Er in das Atom und in das Herz des Kleinsten eingehen und es als Überseele lenken. Doch obwohl Er so klein ist, ist Er alldurchdringend und erhält alles. Von Ihm werden alle Planetensysteme erhalten. Wir fragen uns oft, wie all die großen Planeten im All schweben können, doch wie hier erklärt wird, werden all diese großen Planeten und Galaxien durch die unbegreifliche Energie des Höchsten Herrn erhalten. Das Wort *acintya* („unbegreiflich“) ist in diesem Zusammenhang sehr bedeutsam. Gottes Energie befindet sich jenseits unseres Vorstellungsvermögens, jenseits der Dimensionen, in denen wir denken, und wird daher als unbegreiflich (*acintya)* bezeichnet. Wer könnte dies bestreiten? Er durchdringt die gesamte materielle Welt und ist dennoch jenseits von ihr. Wie können wir begreifen, was jenseits der materiellen Welt ist, wenn wir nicht einmal die materielle Welt begreifen, die, verglichen mit der spirituellen Welt, unbedeutend ist? *Acintya* bezieht sich auf das, was sich jenseits der materiellen Welt befindet, das, was unsere Argumente, unsere Logik und unsere philosophische Spekulation übersteigt, das, was unbegreiflich ist. Deshalb sollten intelligente Menschen nutzlose Argumente und Spekulationen vermeiden und akzeptieren, was in den Schriften wie den *Veden,* der *Bhagavad-gītā* und dem *Śrīmad-Bhāgavatam* gesagt wird, und den dort festgelegten Prinzipien folgen. Dieser Pfad wird einen zum wahren Wissen führen.

Vers 10 प्रयाणकाले मनसाचलेन भक्त्या युक्तो योगबलेन चैव ।
भ्रुवोर्मध्ये प्राणमावेश्य सम्यक् स तं परं पुरुषमुपैति दिव्यम् ॥१०॥

prayāṇa-kāle manasācalena
bhaktyā yukto yoga-balena caiva
bhruvor madhye prāṇam āveśya samyak
sa taṁ paraṁ puruṣam upaiti divyam

prayāṇa-kāle – zur Zeit des Todes; *manasā* – durch den Geist; *acalena* – ohne daß er abgelenkt wird; *bhaktyā* – in vollkommener Hingabe; *yuktaḥ* – beschäftigt; *yoga-balena* – durch die Kraft des mystischen *yoga; ca* – auch; *eva* – gewiß; *bhruvoḥ* – die beiden Augenbrauen; *madhye* – zwischen; *prāṇam* – die Lebensluft; *āveśya* – richtend; *samyak* – vollständig; *saḥ* – er; *tam* – diese; *param* – transzendentale; *puruṣam* – Persönlichkeit Gottes; *upaiti* – erreicht; *divyam* – im spirituellen Königreich.

Wer zum Zeitpunkt des Todes seine Lebensluft zwischen die Augenbrauen richtet und sich durch die Kraft von yoga in vollkommener Hingabe an den Höchsten Herrn erinnert, ohne im Geist abzuweichen, wird die Höchste Persönlichkeit Gottes mit Gewißheit erreichen.

ERLÄUTERUNG: In diesem Vers wird unmißverständlich gesagt, daß der Geist zur Zeit des Todes in Hingabe auf die Höchste Persönlichkeit Gottes gerichtet werden muß. Denjenigen, die im *yoga* geübt sind, wird empfohlen, die Lebenskraft zum Punkt zwischen den Augenbrauen, dem *ājñā-cakra,* zu erheben. Der vorliegende Vers empfiehlt den Vorgang des *ṣaṭ-cakra-yoga,* das heißt den Vorgang der Meditation über die sechs *cakras.* Ein reiner Gottgeweihter jedoch praktiziert nicht solchen *yoga,* sondern er beschäftigt sich immer nur im Kṛṣṇa-Bewußtsein, und deshalb ist es ihm zum Zeitpunkt des Todes durch Kṛṣṇas Gnade möglich, sich an Ihn, die Höchste Persönlichkeit Gottes, zu erinnern. Dies wird in Vers vierzehn erklärt.

Die Worte *yoga-balena* sind in diesem Vers besonders wichtig, denn ohne *yoga* zu praktizieren – sei es nun *ṣaṭ-cakra-yoga* oder *bhakti-yoga* –, kann man diesen transzendentalen Seinszustand zum Zeitpunkt des Todes nicht erreichen. Man kann sich nicht einfach beim Tod plötzlich an den Höchsten Herrn erinnern, wenn man sich nicht zuvor in einem *yoga*-System, insbesondere im System des *bhakti-yoga,* geübt hat. Da der Geist zur Zeit des Todes sehr aufgewühlt ist, sollte man sich während des Lebens durch *yoga* darum bemühen, die transzendentale Stufe zu erreichen.

Vers 11 यदक्षरं वेदविदो वदन्ति विशन्ति यद्यतयो वीतरागाः ।
यदिच्छन्तो ब्रह्मचर्यं चरन्ति तत्ते पदं सङ्ग्रहेण प्रवक्ष्ये ॥११॥

yad akṣaraṁ veda-vido vadanti
viśanti yad yatayo vīta-rāgāḥ
yad icchanto brahma-caryaṁ caranti
tat te padaṁ saṅgraheṇa pravakṣye

yat – das, was; *akṣaram* – die Silbe *oṁ; veda-vidaḥ* – diejenigen, die die *Veden* kennen; *vadanti* – sprechen; *viśanti* – gehen ein; *yat* – in welches; *yatayaḥ* – große Weise; *vīta-rāgāḥ* – im Lebensstand der Entsagung; *yat* – das, was; *icchantaḥ* – sich wünschend; *brahma-caryam* – Zölibat; *caranti* – befolgen; *tat* – das; *te* – dir; *padam* – Zustand; *saṅgraheṇa* – zusammengefaßt; *pravakṣye* – Ich werde erklären.

Die großen Weisen im Lebensstand der Entsagung, die in den Veden bewandert sind und den oṁ-kāra chanten, gehen in das Brahman ein. Wer sich solche Vollkommenheit wünscht, lebt im Zölibat. Ich werde dir jetzt kurz diesen Vorgang erklären, durch den man Erlösung erlangen kann.

ERLÄUTERUNG: Śrī Kṛṣṇa empfahl Arjuna den Vorgang des *ṣaṭ-cakra-yoga,* bei dem man die Lebensluft zwischen die Augenbrauen richtet. Weil Kṛṣṇa davon ausgeht, daß Arjuna nicht weiß, wie man *ṣaṭ-cakra-yoga* praktiziert, will Er nun in den folgenden Versen diesen Vorgang erklären. Er weist darauf hin, daß das Brahman, obwohl eins und absolut, vielfältige Manifestationen und Aspekte hat. Der Aspekt, der insbesondere für die Unpersönlichkeitsanhänger wichtig ist, ist der *akṣara* oder *oṁ-kāra* (die Silbe *oṁ*), der mit dem Brahman identisch ist. Kṛṣṇa erklärt hier das unpersönliche Brahman, in das die Weisen im Stand der Entsagung eingehen.

Im vedischen System der Bildung werden die Schüler von Anfang an darin unterrichtet, *oṁ* zu chanten und Wissen über das absolute unpersönliche Brahman zu entwickeln, indem sie im strikten Zölibat mit dem spirituellen Meister zusammenleben. Durch diese Ausbildung erkennen sie zwei der Aspekte des Brahman. Dieses System ist sehr wichtig, damit die Schüler im spirituellen Leben Fortschritte machen können, doch in der heutigen Zeit ist ein solches *brahmacārī*-Leben (unverheiratetes, zölibatäres Leben) nicht möglich. Die soziale Struktur der Welt hat sich so sehr verändert, daß es keine Möglichkeit mehr gibt, von Beginn des Schülerlebens an den Prinzipien des Zölibats zu folgen. Überall auf der Welt gibt es Institutionen für verschiedenste Wissensgebiete, aber es gibt keine anerkannte Institution, in der die Schüler in den Prinzipien des *brahmacarya* erzogen werden können. Ohne im Zölibat zu leben, ist es sehr schwierig, im spirituellen Leben Fortschritt zu machen. Deshalb hat Śrī Caitanya gelehrt, daß es gemäß den Anweisungen der Schriften im gegenwärtigen Zeitalter des Kali keinen anderen Weg gibt, den Höchsten zu erkennen, als das Chanten der Heiligen Namen Śrī Kṛṣṇas: Hare Kṛṣṇa, Hare Kṛṣṇa, Kṛṣṇa Kṛṣṇa, Hare Hare / Hare Rāma, Hare Rāma, Rāma Rāma, Hare Hare.

Vers 12 सर्वद्वाराणि संयम्य मनो हृदि निरुध्य च ।
मूर्ध्न्याधायात्मनः प्राणमास्थितो योगधारणाम् ॥१२॥

sarva-dvārāṇi saṁyamya mano hṛdi nirudhya ca
mūrdhny ādhāyātmanaḥ prāṇam āsthito yoga-dhāraṇām

sarva-dvārāṇi – alle Tore des Körpers; *saṁyamya* – beherrschend; *manaḥ* – den Geist; *hṛdi* – im Herzen; *nirudhya* – eingeschlossen; *ca* – auch; *mūrdhni* – auf den Kopf; *ādhāya* – richtend; *ātmanaḥ* – der Seele; *prāṇam* – die Lebensluft; *āsthitaḥ* – befindlich; *yoga-dhāraṇām* – die Stufe des *yoga*.

Yoga bedeutet, sich von allen Tätigkeiten der Sinne zu lösen. Indem man alle Tore der Sinne schließt, den Geist auf das Herz und die Lebensluft auf den höchsten Punkt des Kopfes richtet, wird man im yoga gefestigt.

ERLÄUTERUNG: Um *yoga* zu praktizieren, wie es hier beschrieben wird, muß man zuerst alle Tore des Sinnengenusses schließen. Diesen Vorgang nennt man *pratyāhāra,* das Zurückziehen der Sinne von ihren Objekten. Die Sinnesorgane, mit denen man Wissen erwirbt – die Augen, die Ohren, die Nase, die Zunge und der Tastsinn –, sollten völlig beherrscht werden, und es sollte ihnen nicht gestattet sein, ihre Begierden zu befriedigen. Auf diese Weise richtet sich der Geist auf die Überseele im Herzen, und die Lebenskraft wird zum höchsten Punkt des Kopfes erhoben. Dieser Vorgang wird im Sechsten Kapitel detailliert erklärt. Aber wie bereits gesagt wurde, ist dieser Vorgang im gegenwärtigen Zeitalter nicht mehr durchführbar. Der beste Vorgang ist Kṛṣṇa-Bewußtsein. Wenn man imstande ist, seinen Geist im hingebungsvollen Dienst immer auf Kṛṣṇa zu richten, ist es sehr leicht, in ungestörter transzendentaler Trance, *samādhi,* zu bleiben.

Vers 13 ॐ इत्येकाक्षरं ब्रह्म व्याहरन्मामनुस्मरन् ।
यः प्रयाति त्यजन्देहं स याति परमां गतिम् ॥१३॥

oṁ ity ekākṣaraṁ brahma vyāharan mām anusmaran
yaḥ prayāti tyajan dehaṁ sa yāti paramāṁ gatim

oṁ – die Buchstabenkombination des *oṁ* (*oṁ-kāra*); *iti* – auf diese Weise; *eka-akṣaram* – die eine Silbe; *brahma* – absolut; *vyāharan* – vibrierend; *mām* – an Mich (Kṛṣṇa); *anusmaran* – sich erinnernd; *yaḥ* – jeder, der; *prayāti* – verläßt; *tyajan* – aufgebend; *deham* – den Körper; *saḥ* – er; *yāti* – erreicht; *paramām* – die höchste; *gatim* – Bestimmung.

Wenn man in diesem yoga-Vorgang gefestigt ist und die heilige Silbe oṁ, die höchste Buchstabenkombination, chantet und wenn man dann beim Verlassen des Körpers an die Höchste Persönlichkeit Gottes denkt, wird man mit Sicherheit die spirituellen Planeten erreichen.

ERLÄUTERUNG: In diesem Vers wird eindeutig gesagt, daß *oṁ,* Brahman und Śrī Kṛṣṇa nicht verschieden sind. *Oṁ* ist die unpersönliche Klangrepräsentation Kṛṣṇas, aber *oṁ* ist in der Klangschwingung von Hare Kṛṣṇa enthalten. Deshalb wird für das gegenwärtige Zeitalter das Chanten des Hare-Kṛṣṇa-*mantra* empfohlen. Wenn man am Ende seines Lebens den Körper verläßt und dabei Hare Kṛṣṇa, Hare Kṛṣṇa, Kṛṣṇa Kṛṣṇa, Hare Hare / Hare Rāma, Hare Rāma, Rāma Rāma, Hare Hare chantet, wird man mit Sicherheit einen der spirituellen Planeten erreichen, je nachdem, welcher Verehrung man sich zugewandt hat.

Die Geweihten Kṛṣṇas gelangen auf den Planeten Kṛṣṇas, Goloka Vṛndāvana, und andere, die ebenfalls den persönlichen Aspekt Gottes verehren, gelangen auf einen der unzähligen Vaikuṇṭha-Planeten im spirituellen Himmel. Die Unpersönlichkeitsanhänger hingegen bleiben im *brahmajyoti.*

Vers 14 अनन्यचेताः सततं यो मां स्मरति नित्यशः ।
तस्याहं सुलभः पार्थ नित्ययुक्तस्य योगिनः ॥१४॥

ananya-cetāḥ satataṁ yo māṁ smarati nityaśaḥ
tasyāhaṁ sulabhaḥ pārtha nitya-yuktasya yoginaḥ

ananya-cetāḥ – ohne Abweichung des Geistes; *satatam* – immer; *yaḥ* – jeder, der; *mām* – an Mich (Kṛṣṇa); *smarati* – erinnert sich; *nityaśaḥ* – regelmäßig; *tasya* – für ihn; *aham* – Ich bin; *su-labhaḥ* – sehr leicht zu erreichen; *pārtha* – o Sohn Pṛthās; *nitya* – regelmäßig; *yuktasya* – beschäftigt; *yoginaḥ* – für den Gottgeweihten.

Für denjenigen, der sich, ohne abzuweichen, an Mich erinnert, bin Ich sehr leicht zu erreichen, o Sohn Pṛthās, da er sich ständig im hingebungsvollen Dienst betätigt.

ERLÄUTERUNG: Dieser Vers beschreibt insbesondere, welches Ziel die unverfälschten Gottgeweihten, die der Höchsten Persönlichkeit Gottes in *bhakti-yoga* dienen, letztlich erreichen. In früheren Versen wurden vier Arten von Menschen beschrieben, die Gottgeweihte werden – die Leidenden, die Wißbegierigen, diejenigen, die nach materiellem Gewinn streben, und die spekulierenden Philosophen. Auch verschiedene Vorgänge der Befreiung wurden beschrieben: *karma-yoga, jñāna-yoga* und *haṭha-yoga.* In den Prinzipien dieser *yoga*-Systeme können auch Elemente von *bhakti* gefunden werden, aber der obige Vers bezieht sich insbesondere auf reinen *bhakti-yoga,* der nicht im geringsten mit *jñāna, karma* oder *haṭha* vermischt ist. Wie durch das Wort *ananya-cetāḥ* angedeutet wird, wünscht sich ein Gottgeweihter auf der Stufe des reinen *bhakti-yoga* nichts anderes als Kṛṣṇa. Ein reiner Gottgeweihter wünscht sich nicht, auf die himmlischen Planeten erhoben zu werden oder mit dem *brahmajyoti* eins zu werden, und er strebt auch nicht nach Erlösung oder Befreiung aus der materiellen Verstrickung. Ein reiner Gottgeweihter begehrt nichts. Im *Caitanya-caritāmṛta* wird der reine Gottgeweihte als *niṣkāma* bezeichnet, was bedeutet, daß er kein Selbstinteresse verfolgt. Er allein findet vollkommenen Frieden, und nicht diejenigen, die nach persönlichen Vorteilen trachten. Ein *jñāna-yogī, karma-yogī* oder *haṭha-yogī* verfolgt seine eigenen, selbstischen Interessen, aber ein vollkommener Gottgeweihter kennt keinen anderen Wunsch, als die Höchste Persönlichkeit Gottes zu erfreuen. Deshalb sagt der Herr, daß Er für jeden, der unerschütterliche Hingabe zu Ihm hat, leicht zu erreichen ist.

Ein reiner Gottgeweihter ist immer damit beschäftigt, Kṛṣṇa in einem Seiner vielen persönlichen Aspekte hingebungsvollen Dienst darzubringen. Von Kṛṣṇa gehen verschiedenste vollständige Erweiterungen und Inkarnationen aus, wie Rāma und Nṛsiṁha, und einem Gottgeweihten steht es frei zu wählen, auf welche dieser transzendentalen Formen er seinen Geist im liebevollen Dienst richten möchte. Ein solcher Gottgeweihter stößt auf keines der Probleme, von denen die Befolger anderer *yoga*-Systeme verfolgt werden. *Bhakti-yoga* ist sehr einfach und rein und leicht zu praktizieren. Man kann diesen Vorgang aufnehmen, indem man einfach Hare Kṛṣṇa chantet. Der Herr ist barmherzig zu allen, doch wie wir bereits erklärt haben, ist Er besonders denen zugeneigt, die Ihm immer, ohne abzuweichen, dienen. Der Herr hilft solchen Gottgeweihten auf verschiedenste Weise. In den *Veden* (*Kaṭha Upaniṣad* 1.2.23) heißt es in diesem Zusammenhang: *yam evaiṣa vṛṇute tena labhyas/ tasyaiṣa ātmā vivṛṇute tanuṁ svām.* „Wer sich völlig ergeben hat und sich im hingebungsvollen Dienst des Höchsten Herrn beschäftigt, ist befähigt, den Höchsten Herrn in Wahrheit zu verstehen." Und wie es in der *Bhagavad-gītā* (10.10) heißt, gibt der Herr einem solchen Gottgeweihten genügend Intelligenz (*dadāmi buddhi-yogaṁ tam*), so daß dieser Ihn letztlich in Seinem spirituellen Königreich erreichen kann.

Es ist die besondere Qualifikation des reinen Gottgeweihten, daß er immer an Kṛṣṇa denkt, ohne davon abzuweichen und ohne Zeit oder Ort in Betracht zu ziehen. Er sollte sich von keinen Hindernissen aufhalten lassen, und er sollte fähig sein, seinen Dienst überall und zu jeder Zeit auszuführen. Manche Leute sagen, ein Gottgeweihter müsse an heiligen Orten wie Vṛndāvana oder in einer anderen heiligen Stadt des Herrn leben, doch ein reiner Gottgeweihter kann überall leben und durch seinen hingebungsvollen Dienst die Atmosphäre von Vṛndāvana schaffen. Es war Śrī Advaita, der einmal zu Śrī Caitanya sagte: „Wo immer Du bist, o Herr – *dort* ist Vṛndāvana."

Die Worte *satatam* und *nityaśaḥ,* die „immer", „regelmäßig" oder „jeden Tag" bedeuten, weisen darauf hin, daß sich ein reiner Gottgeweihter ständig an Kṛṣṇa erinnert und über Ihn meditiert. Dies sind die Merkmale eines reinen Gottgeweihten, für den der Herr am leichtesten zu erreichen ist. *Bhakti-yoga* ist das System, das die *Gītā* vor allen anderen empfiehlt. Im allgemeinen spricht man von fünf Arten von *bhakti-yogīs,* die sich im hingebungsvollen Dienst beschäftigen: (1) *śānta-bhakta,* in einer neutralen Beziehung; (2) *dāsya-bhakta,* in einer Beziehung als Diener; (3) *sakhya-bhakta,* in einer Beziehung als Freund; (4) *vātsalya-bhakta,* in einer elterlichen Beziehung, und (5) *mādhurya-bhakta,* in einer Beziehung als eheliche Geliebte des Höchsten Herrn. In jeder dieser Beziehungen ist der reine Gottgeweihte ständig im transzendentalen liebevollen Dienst des Höchsten Herrn beschäftigt und kann Ihn nicht vergessen; daher ist der Herr für ihn sehr leicht erreichbar. Ein reiner Gottgeweihter kann den Herrn nicht einmal für einen Augenblick vergessen, und ebenso kann der Höchste Herr Seinen Geweihten nicht einmal für einen Augenblick vergessen. Dies ist die große Segnung, die einem durch den Kṛṣṇa-bewußten Vorgang des Chantens des *mahā-mantra* – Hare Kṛṣṇa, Hare Kṛṣṇa, Kṛṣṇa Kṛṣṇa, Hare Hare / Hare Rāma, Hare Rāma, Rāma Rāma, Hare Hare – zuteil wird.

Vers 15 मामुपेत्य पुनर्जन्म दुःखालयमशाश्वतम् ।
नाप्नुवन्ति महात्मानः संसिद्धिं परमां गताः ॥१५॥

mām upetya punar janma duḥkhālayam aśāśvatam
nāpnuvanti mahātmānaḥ saṁsiddhiṁ paramāṁ gatāḥ

mām – Mich; *upetya* – erreichend; *punaḥ* – wieder; *janma* – Geburt; *duḥkha-ālayam* – Ort der Leiden; *aśāśvatam* – zeitweilig; *na* – niemals; *āpnuvanti* – erreichen; *mahā-ātmānaḥ* – die großen Seelen; *saṁsiddhim* – Vollkommenheit; *paramām* – die höchste; *gatāḥ* – erreicht habend.

Nachdem die großen Seelen, die hingegebenen yogīs, Mich erreicht haben, kehren sie nie wieder in diese zeitweilige Welt zurück, die voller Leiden ist, denn sie haben die höchste Vollkommenheit erreicht.

ERLÄUTERUNG: Da die zeitweilige materielle Welt ein Ort der Leiden ist, wo sich Geburt, Alter, Krankheit und Tod wiederholen, ist es natürlich, daß derjenige, der die höchste Vollkommenheit erreicht hat und zum höchsten Planeten, Kṛṣṇaloka, Goloka Vṛndāvana, gelangt, nicht mehr den Wunsch hat zurückzukehren. Die vedischen Schriften bezeichnen den höchsten Planeten als *avyakta* und *akṣara* und als *paramā gati;* mit anderen Worten, dieser Planet liegt jenseits unserer materiellen Sicht, und er ist unerklärlich, aber er ist das höchste Ziel, der Bestimmungsort der *mahātmās* (der großen Seelen). Die *mahātmās* empfangen von den selbstverwirklichten Gottgeweihten transzendentale Botschaften, und auf diese Weise entwickeln sie allmählich hingebungsvollen Dienst im Kṛṣṇa-Bewußtsein und vertiefen sich so sehr in den transzendentalen Dienst, daß sie nicht mehr danach streben, auf einen der materiellen Planeten erhoben zu werden, ja sie wollen nicht einmal auf einen spirituellen Planeten erhoben werden. Sie wünschen sich ausschließlich Kṛṣṇa und Kṛṣṇas Gemeinschaft, und sonst nichts. Das ist die höchste Vollkommenheit des Lebens. Dieser Vers bezieht sich insbesondere auf die Persönlichkeitsanhänger, die Geweihten des Höchsten Herrn, Kṛṣṇa. Diese Gottgeweihten im Kṛṣṇa-Bewußtsein erreichen die höchste Vollkommenheit. Mit anderen Worten, sie sind die höchsten Seelen.

Vers 16 आब्रह्मभुवनाल्लोकाः पुनरावर्तिनोऽर्जुन ।
मामुपेत्य तु कौन्तेय पुनर्जन्म न विद्यते ॥१६॥

ā-brahma-bhuvanāl lokāḥ punar āvartino 'rjuna
mām upetya tu kaunteya punar janma na vidyate

ā-brahma-bhuvanāt – bis hinauf zum Planeten Brahmaloka; *lokāḥ* – die Planetensysteme; *punaḥ* – wieder; *āvartinaḥ* – zurückkehrend; *arjuna* – o Arjuna; *mām* – zu Mir; *upetya* – kommend; *tu* – aber; *kaunteya* – o Sohn Kuntīs; *punaḥ janma* – Wiedergeburt; *na* – niemals; *vidyate* – findet statt.

Alle Planeten in der materiellen Welt – vom höchsten bis hinab zum niedrigsten – sind Orte des Leids, an denen sich Geburt und Tod wiederholen. Wer aber in Mein Reich gelangt, o Sohn Kuntīs, wird niemals wieder geboren.

ERLÄUTERUNG: Alle Arten von *yogīs* – *karma-yogīs, jñāna-yogīs, haṭha-yogīs* usw. – müssen irgendwann einmal zur Stufe der vollkommenen Hingabe im *bhakti-yoga* oder Kṛṣṇa-Bewußtsein kommen, bevor sie in das transzendentale Reich Kṛṣṇas gelangen können, von wo sie niemals wieder zurückzukehren brauchen. Selbst diejenigen, die die höchsten materiellen Planeten, die Planeten der Halbgötter, erreichen, bleiben Gefangene im Kreislauf von Geburt und Tod. So wie die Menschen von der Erde zu höheren Planeten erhoben werden, so fallen die Bewohner der höheren Planeten, wie Brahmaloka, Candraloka, Indraloka usw., auf die Erde herab. Wenn man das Opfer namens *pañcāgni-vidyā* ausführt, das in der *Chāndogya Upaniṣad* empfohlen wird, kann man auf Brahmaloka erhoben werden, doch wenn man auf Brahmaloka kein Kṛṣṇa-Bewußtsein entwickelt, muß man wieder zur Erde zurückkehren. Diejenigen, die auf den höheren Planeten im Kṛṣṇa-Bewußtsein Fortschritt machen, gelangen allmählich zu immer höheren Planeten und werden zur Zeit der universalen Vernichtung zum ewigen spirituellen Königreich erhoben. Baladeva Vidyābhūṣaṇa zitiert in seinem Kommentar zur *Bhagavad-gītā* den folgenden Vers:

brahmaṇā saha te sarve samprāpte pratisañcare
parasyānte kṛtātmānā praviśanti paraṁ padam

„Wenn das materielle Universum vernichtet wird, werden Brahmā und seine Geweihten, die ständig ins Kṛṣṇa-Bewußtsein vertieft sind, in die spirituelle Welt erhoben und erreichen dort, ihren Wünschen entsprechend, bestimmte spirituelle Planeten."

Vers 17 सहस्रयुगपर्यन्तमहर्यद् ब्रह्मणो विदुः ।
रात्रिं युगसहस्रान्तां तेऽहोरात्रविदो जनाः ॥१७॥

sahasra-yuga-paryantam ahar yad brahmaṇo viduḥ
rātriṁ yuga-sahasrāntāṁ te 'ho-rātra-vido janāḥ

sahasra – eintausend; *yuga* – Zeitalter; *paryantam* – einschließlich; *ahaḥ* – Tag; *yat* – derjenige, der; *brahmaṇaḥ* – Brahmās; *viduḥ* – sie wissen; *rātrim* – Nacht; *yuga* – Zeitalter; *sahasra-antām* – ebenso zu Ende nach eintausend; *te* – sie; *ahaḥ-rātra* – Tag und Nacht; *vidaḥ* – die verstehen; *janāḥ* – Menschen.

Nach menschlicher Zeitrechnung ergeben eintausend Zeitalter zusammengenommen die Dauer eines Tages im Leben Brahmās. Und ebensolange währt seine Nacht.

ERLÄUTERUNG: Das materielle Universum existiert nur für eine begrenzte Zeitspanne. Diese Zeitspanne unterteilt sich in Einheiten von *kalpas.* Ein *kalpa* ist ein Tag Brahmās, und ein Tag Brahmās besteht aus eintausend Zyklen von je vier *yugas* oder Zeitaltern: Satya, Tretā, Dvāpara und Kali. Das Zeitalter des Satya ist von Tugend, Weisheit und Religion charakterisiert; im Satya-yuga gibt es praktisch keine Unwissenheit und kein Laster, und dieses *yuga* dauert 1 728 000 Jahre. Im Tretā-yuga treten Laster auf, und dieses *yuga* dauert 1 296 000 Jahre.

Im Dvāpara-yuga nehmen Tugend und Religion noch mehr ab, und die Laster nehmen zu; dieses *yuga* dauert 864 000 Jahre. Und im Kali-yuga schließlich (dem *yuga,* das vor 5 000 Jahren begonnen hat) nehmen Streit, Unwissenheit, Irreligiosität und Laster überhand, und wahre Tugend ist so gut wie nicht mehr vorhanden; dieses *yuga* dauert 432 000 Jahre. Im Kali-yuga nimmt die Lasterhaftigkeit solche Ausmaße an, daß am Ende des *yuga* der Höchste Herr persönlich als Kalki-*avatāra* erscheint, die Dämonen vernichtet, Seine Geweihten rettet und ein neues Satya-yuga einleitet. Dann beginnt der gleiche Zyklus wieder von vorn. Tausend Zyklen dieser vier *yugas* stellen einen Tag Brahmās dar, und ebensolang dauert seine Nacht. Brahmā lebt einhundert solcher „Jahre" und stirbt dann. Diese einhundert Jahre betragen nach unserer Zeitrechnung insgesamt 311 Billionen und 40 Milliarden Erdenjahre. Nach diesen Berechnungen scheint das Leben Brahmās phantastisch und unendlich lang zu sein, doch aus der Sicht der Ewigkeit ist es so kurz wie ein aufleuchtender Blitz. Im Ozean der Ursachen gibt es unzählige Brahmās, die wie Blasen im Atlantik entstehen und wieder vergehen. Brahmā und seine Schöpfung sind Teil des materiellen Universums, und daher befinden sie sich in ständigem Wandel.

Im materiellen Universum ist nicht einmal Brahmā von Geburt, Alter, Krankheit und Tod frei. Aber weil Brahmā direkt im Dienst des Höchsten Herrn, in der Verwaltung des Universums, tätig ist, erlangt er sogleich Befreiung. Fortgeschrittene *sannyāsīs* werden auf Brahmās Planeten, Brahmaloka, erhoben, der der höchste Planet im materiellen Universum ist und der alle Planeten im oberen Bereich des himmlischen Planetensystems überdauert; doch unter dem Einfluß des Gesetzes der materiellen Natur sind im Laufe der Zeit auch Brahmā und alle Bewohner von Brahmaloka dem Tod unterworfen.

Vers 18 अव्यक्ताद्व्यक्तयः सर्वाः प्रभवन्त्यहरागमे ।
रात्र्यागमे प्रलीयन्ते तत्रैवाव्यक्तसंज्ञके ॥१८॥

avyaktād vyaktayaḥ sarvāḥ prabhavanty ahar-āgame
rātry-āgame pralīyante tatraivāvyakta-saṁjñake

avyaktāt – vom unmanifestierten Zustand; *vyaktayaḥ* – Lebewesen; *sarvāḥ* – alle; *prabhavanti* – werden manifestiert; *ahaḥ-āgame* – zu Beginn des Tages; *rātri-āgame* – beim Anbruch der Nacht; *pralīyante* – werden vernichtet; *tatra* – in jenes; *eva* – gewiß; *avyakta* – das Unmanifestierte; *saṁjñake* – das genannt wird.

Zu Beginn von Brahmās Tag werden alle Lebewesen aus dem unmanifestierten Zustand manifestiert, und wenn danach die Nacht anbricht, gehen sie wieder in das Unmanifestierte ein.

Vers 19 भूतग्रामः स एवायं भूत्वा भूत्वा प्रलीयते ।
राज्यागमेऽवशः पार्थ प्रभवत्यहरागमे ॥१९॥

bhūta-grāmaḥ sa evāyaṁ bhūtvā bhūtvā pralīyate
rātry-āgame 'vaśaḥ pārtha prabhavaty ahar-āgame

bhūta-grāmaḥ – die Gesamtheit aller Lebewesen; *saḥ* – diese; *eva* – gewiß; *ayam* – dieses; *bhūtvā bhūtvā* – wiederholtes Geborenwerden; *pralīyate* – wird vernichtet; *rātri* – der Nacht; *āgame* – bei Beginn; *avaśaḥ* – automatisch; *pārtha* – o Sohn Pṛthās; *prabhavati* – wird manifestiert; *ahaḥ* – des Tages; *āgame* – zu Beginn.

Immer wenn Brahmās Tag anbricht, treten alle Lebewesen ins Dasein, und wenn Brahmās Nacht hereinbricht, werden sie hilflos wieder vernichtet.

ERLÄUTERUNG: Die unintelligenten Lebewesen, die versuchen, in der materiellen Welt zu bleiben, werden manchmal auf die höheren Planeten erhoben, doch dann müssen sie wieder auf die Erde zurückkehren. Während Brahmās Tag können sie auf den höheren und niederen Planeten dieses materiellen Universums ihre Tätigkeiten entfalten, doch wenn Brahmās Nacht hereinbricht, werden sie alle vernichtet. Während des Tages erhalten sie verschiedenste Körper, um materiellen Tätigkeiten nachgehen zu können, doch während der Nacht haben sie keine Körper mehr, sondern befinden sich alle zusammen im Körper Viṣṇus. Und beim Anbruch des nächsten Tages von Brahmā treten sie alle wieder ins Dasein. *Bhūtvā bhūtvā pralīyate:* Während des Tages werden sie manifestiert, und in der Nacht werden sie vernichtet. Wenn schließlich Brahmās Leben zu Ende geht, werden sie alle vernichtet und bleiben für Millionen und Abermillionen von Jahren in einem unmanifestierten Zustand. Wenn dann in einem anderen Weltalter Brahmā wieder geboren wird, werden auch sie wieder manifestiert. Auf diese Weise werden sie unter dem Bann der materiellen Welt gefangengehalten. Aber diejenigen, die wahrhaft intelligent sind und den Pfad des Kṛṣṇa-Bewußtseins einschlagen, verwenden das menschliche Leben völlig im hingebungsvollen Dienst des Herrn und chanten Hare Kṛṣṇa, Hare Kṛṣṇa, Kṛṣṇa Kṛṣṇa, Hare Hare / Hare Rāma, Hare Rāma, Rāma Rāma, Hare Hare.

Auf diese Weise erheben sie sich – bereits in diesem Leben – auf den spirituellen Planeten Kṛṣṇas und erlangen dort ewige Glückseligkeit, ohne solchen Wiedergeburten unterworfen zu sein.

Vers 20 परस्तस्मात्तु भावोऽन्योऽव्यक्तोऽव्यक्तात्सनातनः ।
यः स सर्वेषु भूतेषु नश्यत्सु न विनश्यति ॥२०॥

paras tasmāt tu bhāvo 'nyo 'vyakto 'vyaktāt sanātanaḥ
yaḥ sa sarveṣu bhūteṣu naśyatsu na vinaśyati

paraḥ – transzendental; *tasmāt* – zu dieser; *tu* – aber; *bhāvaḥ* – Natur; *anyaḥ* – eine andere; *avyaktaḥ* – unmanifestiert; *avyaktāt* – zum Unmanifestierten; *sanātanaḥ* – ewig; *yaḥ saḥ* – das, was; *sarveṣu* – die gesamte; *bhūteṣu* – Manifestation; *naśyatsu* – vernichtet werdend; *na* – niemals; *vinaśyati* – wird vernichtet.

Jedoch gibt es noch eine andere, unmanifestierte Natur, die ewig ist und zur manifestierten und unmanifestierten Materie in transzendentaler Stellung steht. Sie ist über alles erhaben und vergeht niemals. Wenn alles in der Welt vernichtet wird, bleibt dieser Teil, wie er ist.

ERLÄUTERUNG: Kṛṣṇas höhere, spirituelle Energie ist transzendental und ewig. Sie befindet sich jenseits aller Wandlungen der materiellen Natur, die während der Tage und Nächte Brahmās manifestiert bzw. vernichtet wird. Kṛṣṇas höhere Energie ist der materiellen Natur qualitativ genau entgegengesetzt. Diese höhere und niedere Natur werden im Siebten Kapitel erklärt.

Vers 21 अव्यक्तोऽक्षर इत्युक्तस्तमाहुः परमां गतिम् ।
यं प्राप्य न निवर्तन्ते तद्धाम परमं मम ॥२१॥

avyakto 'kṣara ity uktas tam āhuḥ paramāṁ gatim
yaṁ prāpya na nivartante tad dhāma paramaṁ mama

avyaktaḥ – unmanifestiert; *akṣaraḥ* – unfehlbar; *iti* – so; *uktaḥ* – wird genannt; *tam* – dies; *āhuḥ* – wird bezeichnet als; *paramām* – die höchste; *gatim* – Bestimmung; *yam* – welche; *prāpya* – erreichend; *na* – nie; *nivartante* – kommen zurück; *tat* – dies; *dhāma* – Reich; *paramam* – höchstes; *mama* – Mein.

Das, was die Vedāntisten als unmanifestiert und unfehlbar beschreiben und was als der höchste Bestimmungsort bezeichnet wird, der Ort,

von dem man, wenn man ihn erreicht, nie wieder zurückkehrt – dies ist Mein höchstes Reich.

ERLÄUTERUNG: Das höchste Reich Kṛṣṇas, der Persönlichkeit Gottes, wird in der *Brahma-saṁhitā* als *cintāmaṇi-dhāma* bezeichnet, ein Ort, an dem alle Wünsche erfüllt werden. In diesem höchsten Reich Śrī Kṛṣṇas, das als Goloka Vṛndāvana bekannt ist, stehen zahllose Paläste aus dem Stein der Weisen. Es gibt dort auch Bäume, „Wunschbäume" genannt, die auf Wunsch jede Art von Speise zur Verfügung stellen, und Kühe, *surabhi*-Kühe genannt, die eine unbegrenzte Menge Milch geben. In diesem Reich dienen dem Herrn Tausende und Abertausende von Glücksgöttinnen (Lakṣmīs), und man nennt Ihn Govinda, den urersten Herrn und die Ursache aller Ursachen. Er pflegt auf Seiner Flöte zu spielen (*veṇuṁ kvaṇantam*). In allen Welten gibt es nichts Anziehenderes als Seine transzendentale Gestalt – Seine Augen sind wie die Blütenblätter einer Lotosblume, und die Tönung Seines Körpers gleicht der Farbe von Wolken. Er ist so anziehend, daß Seine Schönheit die Schönheit Tausender von Liebesgöttern übertrifft. Er trägt ein safrangelbes Gewand und eine Blumengirlande, und in Seinem Haar steckt eine Pfauenfeder. In der *Bhagavad-gītā* gibt Śrī Kṛṣṇa nur einen kleinen Hinweis auf Sein persönliches Reich Goloka Vṛndāvana, den höchsten Planeten im spirituellen Königreich. Eine anschauliche Beschreibung ist in der *Brahma-saṁhitā* zu finden. In den vedischen Schriften (*Kaṭha Upaniṣad* 1.3.11) heißt es, daß es nichts Höheres gibt als das Reich des Höchsten Herrn und daß dieses Reich das endgültige Ziel ist (*puruṣān na paraṁ kiñcit sā kāṣṭhā paramā gatiḥ*). Wenn man es erreicht, kehrt man nie wieder in die materielle Welt zurück. Kṛṣṇas höchstes Reich und Kṛṣṇa Selbst sind nicht voneinander verschieden, da sie von gleicher Eigenschaft sind. Auf unserer Erde ist Vṛndāvana, das etwa 150 Kilometer südöstlich von Delhi liegt, ein Ebenbild des höchsten Goloka Vṛndāvana, das sich in der spirituellen Welt befindet. Als Kṛṣṇa auf der Erde erschien, entfaltete Er Seine transzendentalen Spiele in diesem besonderen Gebiet von ungefähr 270 Quadratkilometern, das als Vṛndāvana bekannt ist und im Bezirk von Mathurā, Indien, liegt.

Vers 22 पुरुषः स परः पार्थ भक्त्या लभ्यस्त्वनन्यया ।
यस्यान्तःस्थानि भूतानि येन सर्वमिदं ततम् ॥२२॥

puruṣaḥ sa paraḥ pārtha bhaktyā labhyas tv ananyayā
yasyāntaḥ-sthāni bhūtāni yena sarvam idaṁ tatam

puruṣaḥ – die Höchste Persönlichkeit; *saḥ* – Er; *paraḥ* – der Höchste, über dem es keinen Größeren gibt; *pārtha* – o Sohn Pṛthās; *bhaktyā* – durch hingebungsvollen Dienst; *labhyaḥ* – kann erreicht werden; *tu* – aber; *ananyayā* – ungetrübt, nicht abweichend; *yasya* – den; *antaḥ-sthāni* – innerhalb; *bhūtāni* – die gesamte materielle Manifestation; *yena* – von dem; *sarvam* – alles; *idam* – was auch immer wir sehen; *tatam* – wird durchdrungen.

Der Herr, die Höchste Persönlichkeit Gottes, der größer ist als alle, kann durch ungetrübte Hingabe erreicht werden. Obwohl Er Sich in Seinem Reich aufhält, ist Er alldurchdringend, und alles ruht in Ihm.

ERLÄUTERUNG: Hier wird eindeutig gesagt, daß der höchste Bestimmungsort, von dem es keine Rückkehr gibt, das Reich Kṛṣṇas, der Höchsten Person, ist. Die *Brahma-saṁhitā* beschreibt dieses höchste Reich als *ānanda-cinmaya-rasa,* einen Ort, an dem alles voll spiritueller Glückseligkeit ist. Alle Mannigfaltigkeit, die es dort gibt, weist die Eigenschaft spiritueller Glückseligkeit auf – nichts dort ist materiell. Diese Mannigfaltigkeit ist die spirituelle Erweiterung, die vom Höchsten Herrn Selbst ausgeht, denn alles, was dort existiert, ist eine Manifestation der spirituellen Energie, wie im Siebten Kapitel erklärt wurde. Aber obwohl der Herr ewiglich in diesem höchsten Reich weilt, ist Er gleichzeitig in der materiellen Welt – durch Seine materielle Energie – alldurchdringend. Auf diese Weise ist Er durch Seine materiellen und spirituellen Energien überall gegenwärtig, sowohl in der materiellen wie auch in der spirituellen Welt. *Yasyāntaḥ-sthāni* bedeutet, daß alles in Ihm ruht, entweder in Seiner spirituellen oder in Seiner materiellen Energie. Durch diese beiden Energien ist der Herr alldurchdringend.

Kṛṣṇas höchstes Reich oder die unzähligen Vaikuṇṭha-Planeten zu erreichen ist nur durch *bhakti,* hingebungsvollen Dienst, möglich, wie hier durch das Wort *bhaktyā* deutlich wird. Kein anderer Vorgang kann einem helfen, in dieses höchste Reich zu gelangen. Dieses höchste Reich und die Höchste Persönlichkeit Gottes werden auch in den *Veden* (*Gopāla-tāpanī Upaniṣad* 1.21) beschrieben. *Eko vaśī sarva-gaḥ kṛṣṇaḥ:* In diesem Reich gibt es nur einen Herrn, *eine* Höchste Persönlichkeit Gottes, deren Name Kṛṣṇa ist. Er ist die höchste und barmherzigste Gottheit, und obwohl Er diese eine Höchste Person ist, hat Er Sich in Millionen und Abermillionen von vollständigen Erweiterungen manifestiert. Die *Veden* vergleichen den Herrn mit einem Baum, der still an einem Ort steht, jedoch eine Vielfalt von Früchten, Blüten und sich wandelnden Blättern hervorbringt. Die vollständigen Erweiterungen des

Herrn, die über die Vaikuṇṭha-Planeten herrschen, sind vierarmig und tragen die verschiedensten Namen: Puruṣottama, Trivikrama, Keśava, Mādhava, Aniruddha, Hṛṣīkeśa, Saṅkarṣaṇa, Pradyumna, Śrīdhara, Vāsudeva, Dāmodara, Janārdana, Nārāyaṇa, Vāmana, Padmanābha usw.

Die *Brahma-saṁhitā* (5.37) bestätigt diese Tatsache ebenfalls: *goloka eva nivasaty akhilātma-bhūtaḥ.* Der Herr weilt ewig in Seinem höchsten Reich, Goloka Vṛndāvana, aber gleichzeitig ist Er alldurchdringend, so daß alles seine Ordnung hat. In diesem Zusammenhang heißt es in den *Veden* (*Śvetāśvatara Upaniṣad* 6.8): *parāsya śaktir vividhaiva śrūyate/ svābhāvikī jñāna-bala-kriyā ca.* Seine Energien sind so umfassend, daß sie alles in der kosmischen Manifestation systematisch und fehlerfrei lenken, obwohl der Höchste Herr Selbst weit, weit entfernt ist.

Vers 23 यत्र काले त्वनावृत्तिमावृत्तिं चैव योगिनः ।
प्रयाता यान्ति तं कालं वक्ष्यामि भरतर्षभ ॥२३॥

yatra kāle tv anāvṛttim āvṛttiṁ caiva yoginaḥ
prayātā yānti taṁ kālaṁ vakṣyāmi bharatarṣabha

yatra – zu welcher; *kāle* – Zeit; *tu* – und; *anāvṛttim* – keine Rückkehr; *āvṛttim* – Rückkehr; *ca* – auch; *eva* – gewiß; *yoginaḥ* – verschiedene Arten von Mystikern; *prayātāḥ* – nach dem Verscheiden; *yānti* – erreichen; *tam* – diese; *kālam* – Zeit; *vakṣyāmi* – Ich werde beschreiben; *bharata-ṛṣabha* – o bester der Bhāratas.

O bester der Bhāratas, Ich werde dir nun die verschiedenen Zeiten erklären, die beim Verlassen dieser Welt entscheiden, ob der yogī zurückkehrt oder nicht.

ERLÄUTERUNG: Die unverfälschten Geweihten des Höchsten Herrn, die völlig ergebene Seelen sind, kümmern sich nicht darum, wann oder durch welche Methode sie ihren Körper verlassen. Sie überlassen alles Kṛṣṇa und kehren so leicht und glücklich zu Gott zurück. Aber diejenigen, die keine unverfälschten Gottgeweihten sind und statt dessen auf Methoden spiritueller Verwirklichung wie *karma-yoga, jñāna-yoga* oder *haṭha-yoga* bauen, müssen den Körper zu einer geeigneten Zeit verlassen, um sicherzugehen, daß sie nicht wieder in diese Welt von Geburt und Tod zurückkehren müssen.

Wenn der *yogī* die Vollkommenheit erreicht hat, kann er selbst bestimmen, zu welcher Zeit und unter welchen Umständen er die materielle Welt verläßt. Aber wenn er nicht so vollkommen ist, hängt sein Erfolg davon ab, ob er zufällig zu einer bestimmten günstigen Zeit stirbt. Im nächsten Vers erklärt der Herr, welches diese günstige Zeit ist, die bewirkt, daß man nach dem Verlassen des Körpers nicht mehr zurückkehrt. Nach Ācārya Baladeva Vidyābhūṣana bezieht sich das Sanskritwort *kāla* hier auf die Gottheit der Zeit.

Vers 24 अग्निर्ज्योतिरहः शुक्लः षण्मासा उत्तरायणम् ।
तत्र प्रयाता गच्छन्ति ब्रह्म ब्रह्मविदो जनाः ॥२४॥

agnir jyotir ahaḥ śuklaḥ ṣaṇ-māsā uttarāyaṇam
tatra prayātā gacchanti brahma brahma-vido janāḥ

agniḥ – Feuer; *jyotiḥ* – Licht; *ahaḥ* – Tag; *śuklaḥ* – die helle Monatshälfte; *ṣaṭ-māsāḥ* – die sechs Monate; *uttara-ayanam* – wenn die Sonne im Norden reist; *tatra* – dort; *prayātāḥ* – diejenigen, die verscheiden; *gacchanti* – gehen; *brahma* – zum Absoluten; *brahma-vidaḥ* – die das Absolute kennen; *janāḥ* – Menschen.

Diejenigen, die das Höchste Brahman kennen, erreichen dieses Höchste, indem sie während der Zeit aus der Welt scheiden, in der der Feuergott seinen Einfluß ausübt, im Licht, zu einem glückverheißenden Augenblick des Tages, während der vierzehn Tage des zunehmenden Mondes oder während der sechs Monate, wenn die Sonne im Norden reist.

ERLÄUTERUNG: Wenn von Feuer, Licht, Tag und der Monatshälfte des Mondes die Rede ist, so sollte man verstehen, daß über all diese Faktoren verschiedene Gottheiten herrschen, die für die Reise der Seele Vorkehrungen treffen. Zum Zeitpunkt des Todes wird man vom Geist zu einem neuen Körper getragen. Wenn man den Körper zu der oben beschriebenen Zeit geplant oder auch zufällig verläßt, ist es einem möglich, das unpersönliche *brahmajyoti* zu erreichen. Mystiker, die in der Praxis des *yoga* fortgeschritten sind, können die Zeit und den Ort ihres Verscheidens selbst bestimmen. Andere haben darüber keine Kontrolle – wenn sie durch Zufall in einem glückverheißenden Augenblick verscheiden, werden sie nicht in den Kreislauf von Geburt und Tod zurückkehren, doch wenn nicht, ist es durchaus möglich, daß sie zurückkehren müssen. Für den reinen Gottgeweihten im Kṛṣṇa-Bewußtsein jedoch besteht nicht die Gefahr der Rückkehr, ob er den Körper nun in einem günstigen oder in einem ungünstigen Augenblick, überraschend oder unter Vorkehrungen verläßt.

Vers 25 धूमो रात्रिस्तथा कृष्णः षण्मासा दक्षिणायनम् ।
तत्र चान्द्रमसं ज्योतिर्योगी प्राप्य निवर्तते ॥२५॥

dhūmo rātris tathā kṛṣṇaḥ ṣaṇ-māsā dakṣiṇāyanam
tatra cāndramasaṁ jyotir yogī prāpya nivartate

dhūmaḥ – Rauch; *rātriḥ* – Nacht; *tathā* – auch; *kṛṣṇaḥ* – die vierzehn Tage des dunklen Mondes; *ṣaṭ-māsāḥ* – die sechs Monate; *dakṣiṇa-ayanam* – wenn die Sonne im Süden reist; *tatra* – dort; *cāndramasam* – den Mondplaneten; *jyotiḥ* – das Licht; *yogī* – der Mystiker; *prāpya* – erreichend; *nivartate* – kehrt zurück.

Der Mystiker, der während des Rauches verscheidet, nachts, während der vierzehn Tage des abnehmenden Mondes oder während der sechs Monate, wenn die Sonne im Süden reist, erreicht den Mondplaneten, kehrt aber wieder zurück.

ERLÄUTERUNG: Im Dritten Canto des *Śrīmad-Bhāgavatam* erklärt Kapila Muni, daß diejenigen, die auf der Erde fruchtbringende Tätigkeiten und Opferrituale mit Sachkenntnis ausführen, nach dem Tod den Mond erreichen. Diese fortgeschrittenen Seelen leben (nach der Zeitrechnung der Halbgötter) etwa 10 000 Jahre auf dem Mond und genießen das Leben, indem sie *soma-rasa* trinken. Am Ende kehren sie jedoch wieder auf die Erde zurück. Das bedeutet, daß es auf dem Mond höherentwickelte Lebewesen gibt, auch wenn es uns nicht möglich sein mag, sie mit unseren grobstofflichen Sinnen wahrzunehmen.

Vers 26 शुक्लकृष्णे गती ह्येते जगतः शाश्वते मते ।
एकया यात्यनावृत्तिमन्ययावर्तते पुनः ॥२६॥

śukla-kṛṣṇe gatī hy ete jagataḥ śāśvate mate
ekayā yāty anāvṛttim anyayāvartate punaḥ

śukla – Licht; *kṛṣṇe* – und Dunkelheit; *gatī* – Wege des Verlassens; *hi* – gewiß; *ete* – diese beiden; *jagataḥ* – der materiellen Welt; *śāśvate* – der *Veden; mate* – nach der Meinung; *ekayā* – auf dem einen; *yāti* – geht; *anāvṛttim* – zu keiner Rückkehr; *anyayā* – auf dem anderen; *āvartate* – kehrt zurück; *punaḥ* – wieder.

Nach Ansicht der Veden gibt es zwei Wege, auf denen man diese Welt verlassen kann – einen im Licht und einen in der Dunkelheit. Wer

im Licht verscheidet, kommt nicht wieder zurück. Wer jedoch in der Dunkelheit verscheidet, kehrt zurück.

ERLÄUTERUNG: Ācārya Baladeva Vidyābhūṣaṇa führt ein Zitat aus der *Chāndogya Upaniṣad* (5.10.3–5) an, das dieses Thema von Dahinscheiden und Wiederkehr auf die gleiche Weise beschreibt. Somit ist es denjenigen, die seit unvordenklichen Zeiten fruchtbringender Arbeit und philosophischen Spekulationen nachgehen, bestimmt, ständig zu gehen und zurückzukehren. Im Grunde erlangen sie keine endgültige Erlösung, da sie sich nicht Kṛṣṇa ergeben.

Vers 27 नैते सृती पार्थ जानन् योगी मुह्यति कश्चन ।
तस्मात्सर्वेषु कालेषु योगयुक्तो भवार्जुन ॥२७॥

naite sṛtī pārtha jānan yogī muhyati kaścana
tasmāt sarveṣu kāleṣu yoga-yukto bhavārjuna

na – niemals; *ete* – diese zwei; *sṛtī* – verschiedenen Wege; *pārtha* – o Sohn Pṛthās; *jānan* – selbst wenn er kennt; *yogī* – der Geweihte des Herrn; *muhyati* – ist verwirrt; *kaścana* – irgendein; *tasmāt* – deshalb; *sarveṣu kāleṣu* – immer; *yoga-yuktaḥ* – im Kṛṣṇa-Bewußtsein beschäftigt; *bhava* – werde nur; *arjuna* – o Arjuna.

Obwohl die Gottgeweihten diese beiden Wege kennen, o Arjuna, sind sie niemals verwirrt. Sei deshalb stets in Hingabe gefestigt.

ERLÄUTERUNG: Kṛṣṇa rät Arjuna hier, sich von den verschiedenen Wegen, die die Seele einschlagen kann, wenn sie die materielle Welt verläßt, nicht verwirren zu lassen. Ein Geweihter des Höchsten Herrn sollte sich nicht darum sorgen, ob er unter Vorkehrung oder zufällig verscheiden wird. Der Gottgeweihte sollte fest im Kṛṣṇa-Bewußtsein verankert sein und Hare Kṛṣṇa chanten. Er sollte sich darüber bewußt sein, daß es nur Schwierigkeiten mit sich bringt, wenn man sich mit diesen Wegen befaßt. Das beste Mittel, sich ununterbrochen ins Kṛṣṇa-Bewußtsein zu vertiefen, besteht darin, immer mit Kṛṣṇas Dienst verbunden zu sein; das wird den Weg zum spirituellen Königreich gefahrlos, sicher und direkt machen.

Das Wort *yoga-yukta* ist in diesem Vers von besonderer Bedeutung. Wer im *yoga* gefestigt ist, beschäftigt sich bei all seinen Tätigkeiten stets im Kṛṣṇa-Bewußtsein. Śrī Rūpa Gosvāmī empfiehlt, in materiellen Angelegenheiten unangehaftet zu sein und all seine Tätigkeiten im Kṛṣṇa-Bewußtsein auszuführen (*anāsaktasya viṣayān yathārham upayuñjataḥ*). Durch diesen Vorgang, der *yukta-vairāgya* genannt wird, erlangt man Vollkommenheit. Deshalb ist der Gottgeweihte nicht verwirrt, wenn er diese Beschreibungen hört, denn er weiß, daß es ihm aufgrund seines hingebungsvollen Dienstes garantiert ist, in das höchste Reich zurückzukehren.

Vers 28 वेदेषु यज्ञेषु तपःसु चैव दानेषु यत्पुण्यफलं प्रदिष्टम् ।
अत्येति तत्सर्वमिदं विदित्वा योगी परं स्थानमुपैति चाद्यम् ॥२८॥

vedeṣu yajñeṣu tapaḥsu caiva
dāneṣu yat puṇya-phalaṁ pradiṣṭam
atyeti tat sarvam idaṁ viditvā
yogī paraṁ sthānam upaiti cādyam

vedeṣu – im Studium der *Veden; yajñeṣu* – in der Ausführung von *yajñas,* Opfern; *tapaḥsu* – im Auferlegen verschiedener Arten von Entsagung; *ca* – auch; *eva* – gewiß; *dāneṣu* – beim Geben von Spenden; *yat* – das, was; *puṇya-phalam* – Ergebnis auf fromme Tätigkeiten; *pradiṣṭam* – hingewiesen; *atyeti* – übertrifft; *tat sarvam* – dies alles; *idam* – dies; *viditvā* – wissend; *yogī* – der Gottgeweihte; *param* – höchstes; *sthānam* – Reich; *upaiti* – erreicht; *ca* – auch; *ādyam* – ursprünglich.

Jemand, der sich dem Pfad des hingebungsvollen Dienstes zuwendet, ist nicht der Ergebnisse beraubt, die man erhält, wenn man die Veden studiert, Opfer darbringt, sich Entsagungen auferlegt, Spenden gibt oder philosophischen und fruchtbringenden Tätigkeiten nachgeht. Einfach dadurch, daß er hingebungsvollen Dienst ausführt, erreicht er dies alles, und am Ende gelangt er in das höchste, ewige Reich.

ERLÄUTERUNG: Dieser Vers ist die Zusammenfassung des Siebten und Achten Kapitels, in denen insbesondere Kṛṣṇa-Bewußtsein und hingebungsvoller Dienst behandelt werden. Man muß die *Veden* unter der Anleitung eines spirituellen Meisters studieren und sich viele Arten der Entsagung und Buße auferlegen, während man unter seiner Obhut lebt. Ein *brahmacārī* muß im Hause des spirituellen Meisters wie ein Diener leben, und er muß von Tür zu Tür gehen, um Almosen betteln und sie dem spirituellen Meister bringen. Er nimmt nur auf Geheiß seines spirituellen Meisters Essen zu sich, und wenn es der Meister einmal versäumt, den Schüler zum Essen zu rufen, so fastet dieser. Dies sind einige der vedischen Prinzipien für das *brahmacarya*-Leben.

Wenn der Schüler unter der Anleitung des Meisters vom fünften bis zum zwanzigsten Lebensjahr die *Veden* studiert, kann er einen vollkommenen Charakter entwickeln. Das Studium der *Veden* ist nicht für die Mußestunden von Lehnstuhlspekulanten bestimmt, sondern für die Bildung des Charakters. Nach dieser Schulung ist es dem *brahmacārī* erlaubt, zu heiraten und ein Leben als Haushälter zu führen. Als Haushälter muß er viele Opfer ausführen, um nach weiterer Erleuchtung zu streben. Ebenso muß er Spenden geben, indem er sich nach dem Land, der Zeit und dem Empfänger richtet und zwischen Spenden in Tugend, in Leidenschaft und in Unwissenheit unterscheidet, wie es in der *Bhagavad-gītā* beschrieben wird. Wenn er sich vom Haushälterleben zurückzieht und in den Lebensstand des *vānaprastha* tritt, nimmt er schwere Entsagung auf sich, wie im Wald zu leben, sich mit Baumrinde zu kleiden, sich nicht zu rasieren, usw. Wer nach den Vorschriften des *brahmacarya, gṛhastha, vānaprastha* und schließlich *sannyāsa* lebt, wird auf die vollkommene Stufe des Lebens erhoben. Einige gelangen auf die himmlischen Königreiche, und wenn sie dort weiteren Fortschritt machen, erreichen sie die Befreiung im spirituellen Himmel – entweder im unpersönlichen *brahmajyoti* oder auf den Vaikuṇṭha-Planeten oder auf Kṛṣṇaloka. Das ist der Pfad, der von den vedischen Schriften beschrieben wird.

Das Wunderbare am Kṛṣṇa-Bewußtsein ist jedoch, daß man mit einem Mal – indem man sich im hingebungsvollen Dienst beschäftigt – alle Rituale der verschiedenen Lebensstände hinter sich lassen kann.

Die Worte *idaṁ viditvā* weisen darauf hin, daß man sich darum bemühen soll, die Unterweisungen, die Śrī Kṛṣṇa hier in diesem Kapitel und im Siebten Kapitel der *Bhagavad-gītā* gibt, zu verstehen. Man sollte nicht versuchen, diese Kapitel durch akademische Gelehrsamkeit oder gedankliche Spekulation zu verstehen, sondern durch Hören in der Gemeinschaft von Gottgeweihten. Die Kapitel Sieben bis Zwölf sind die Essenz der *Bhagavad-gītā*. Die ersten sechs und die letzten sechs Kapitel sind wie eine Fassung, in die die mittleren sechs Kapitel, die vom Herrn besonders beschützt werden, eingebettet sind. Wenn jemand das Glück hat, die *Bhagavad-gītā* – und besonders diese mittleren sechs Kapitel – in der Gemeinschaft von Gottgeweihten verstehen zu lernen, wird sein Leben sogleich ruhmreich und erhaben über alle Bußen, Opfer, Spenden und Spekulationen, denn alle Ergebnisse, die man durch diese Tätigkeiten erreicht, erreicht man direkt durch Kṛṣṇa-Bewußtsein.

Jeder, der ein wenig Glauben in die *Bhagavad-gītā* besitzt, sollte die *Bhagavad-gītā* von einem Gottgeweihten lernen, denn wie zu Beginn des Vierten Kapitels klar gesagt wurde, kann die *Bhagavad-gītā* nur von

Gottgeweihten verstanden werden; niemand sonst ist in der Lage, den Sinn der *Bhagavad-gītā* vollkommen zu verstehen. Man sollte sich deshalb an einen Geweihten Kṛṣṇas, und nicht an mentale Spekulanten, wenden, wenn man die *Bhagavad-gītā* verstehen will. Dies ist ein Zeichen von Glauben. Eigentlich beginnt das echte Studium der *Bhagavad-gītā* erst dann, wenn man einen Gottgeweihten sucht und glücklicherweise die Gemeinschaft eines solchen Gottgeweihten bekommt. Erst dann gelangt man zum richtigen Verständnis der *Bhagavad-gītā*. Indem man in der Gemeinschaft dieses Gottgeweihten Fortschritt macht, erreicht man die Stufe des hingebungsvollen Dienstes, und dieser Dienst beseitigt alle Zweifel über Kṛṣṇa, Gott, und Seine Taten, Seine Gestalt, Seine Spiele, Seinen Namen und all Seine anderen Aspekte. Wenn all diese Zweifel und falschen Vorstellungen vollkommen berichtigt sind, wird man in seinem Studium nicht mehr abgelenkt. Dann erfährt man im Studium der *Bhagavad-gītā* große Freude und erreicht die Stufe, wo man sich immer Kṛṣṇa-bewußt fühlt. Auf der fortgeschrittenen Stufe verliebt man sich völlig in Kṛṣṇa, und diese höchstvollkommene Stufe des Lebens öffnet dem Gottgeweihten das Tor zu Kṛṣṇas Reich im spirituellen Himmel, Goloka Vṛndāvana, wo der Gottgeweihte ewiges Glück erlangt.

Hiermit enden die Bhaktivedanta-Erläuterungen zum Achten Kapitel der Śrīmad Bhagavad-gītā *mit dem Titel: „Wie man den Höchsten erreicht“.*

NEUNTES KAPITEL

Das vertraulichste Wissen

Vers 1 श्रीभगवानुवाच
इदं तु ते गुह्यतमं प्रवक्ष्याम्यनसूयवे ।
ज्ञानं विज्ञानसहितं यज्ज्ञात्वा मोक्ष्यसेऽशुभात् ॥ १ ॥

śrī-bhagavān uvāca
idaṁ tu te guhya-tamaṁ pravakṣyāmy anasūyave
jñānaṁ vijñāna-sahitaṁ yaj jñātvā mokṣyase 'śubhāt

śrī-bhagavān uvāca – die Höchste Persönlichkeit Gottes sprach; *idam* – dieses; *tu* – aber; *te* – zu dir; *guhya-tamam* – das vertraulichste; *pravakṣyāmi* – Ich spreche; *anasūyave* – zu denjenigen, die nicht neidisch sind; *jñānam* – Wissen; *vijñāna* – verwirklichtes Wissen; *sahitam* – mit; *yat* – das; *jñātvā* – kennend; *mokṣyase* – du wirst befreit werden; *aśubhāt* – vom leidvollen materiellen Dasein.

Die Höchste Persönlichkeit Gottes sprach: Mein lieber Arjuna, weil du Mich niemals beneidest, werde Ich dir dieses vertraulichste Wissen und dessen Verwirklichung offenbaren, und durch dieses Verständnis wirst du von den Leiden des materiellen Daseins befreit werden.

ERLÄUTERUNG: Je mehr ein Gottgeweihter über den Höchsten Herrn hört, desto mehr wird er erleuchtet. Dieser Vorgang des Hörens wird im *Śrīmad-Bhāgavatam* empfohlen: „Die Botschaften der Höchsten Persönlichkeit Gottes sind voller Energien, und diese Energien können erfahren werden, wenn die Gottgeweihten miteinander über den Höchsten Herrn sprechen." Dies kann nicht durch die Gemeinschaft gedanklicher Spekulanten oder akademischer Gelehrter erfahren werden, denn es ist verwirklichtes Wissen.

Die Gottgeweihten sind ständig im Dienst des Höchsten Herrn beschäftigt. Der Herr kennt die Mentalität und Aufrichtigkeit eines Lebewesens, das im Kṛṣṇa-Bewußtsein tätig ist, und gibt ihm die Intelligenz, um die Wissenschaft von Kṛṣṇa in der Gemeinschaft von Gottgeweihten zu verstehen. Gespräche über Kṛṣṇa sind sehr mächtig, und wenn ein vom Glück begünstigter Mensch solche Gemeinschaft hat und versucht, dieses Wissen aufzunehmen, wird er auf dem Weg zu spiritueller Erkenntnis gewiß Fortschritt machen. Um Arjuna zu immer höheren Stufen in Seinem mächtigen Dienst zu ermutigen, beschreibt Śrī Kṛṣṇa im Neunten Kapitel Themen, die vertraulicher sind als alle bereits offenbarten.

Der Anfang der *Bhagavad-gītā,* das Erste Kapitel, ist mehr oder weniger eine Einleitung zum übrigen Teil des Buches. Das im Zweiten und Dritten Kapitel beschriebene spirituelle Wissen wird als vertraulich bezeichnet. Die im Siebten und Achten Kapitel erörterten Themen befassen sich insbesondere mit hingebungsvollem Dienst, und weil sie zur Erleuchtung im Kṛṣṇa-Bewußtsein führen, gelten sie als noch vertraulicher. Aber die im Neunten Kapitel beschriebenen Themen handeln von unvermischter, reiner Hingabe, und daher wird es „das vertraulichste Wissen" genannt. Wer im vertraulichsten Wissen von Kṛṣṇa gründet, ist von Natur aus transzendental und erleidet daher keine materiellen Qualen mehr, obwohl er sich in der materiellen Welt befindet. Im *Bhakti-rasāmṛta-sindhu* wird gesagt, daß jemand, der den aufrichtigen Wunsch hat, dem Höchsten Herrn mit Liebe Dienst darzubringen, als befreit angesehen werden muß, auch wenn er sich noch im bedingten Zustand des materiellen Daseins befindet. Ebenso heißt es im Zehnten Kapitel der *Bhagavad-gītā,* daß jeder, der auf diese Weise handelt, eine befreite Seele ist.

Der erste Vers dieses Kapitels nun ist von besonderer Bedeutung. Die Worte *idaṁ jñānam* („dieses Wissen") beziehen sich auf reinen hingebungsvollen Dienst, der aus neun verschiedenen Tätigkeiten besteht: hören, chanten, sich erinnern, dienen, verehren, beten, gehorchen, Freundschaft pflegen und alles hingeben. Wenn man diese neun Elemente des hingebungsvollen Dienstes praktiziert, wird man zu spirituellem Bewußtsein, Kṛṣṇa-Bewußtsein, erhoben. Wenn das Herz auf diese Weise von der materiellen Verunreinigung befreit ist, kann man die Wissenschaft von Kṛṣṇa verstehen. Nur zu verstehen, daß das Lebewesen nicht materiell ist, genügt nicht. Diese Erkenntnis mag der Beginn spiritueller Verwirklichung sein, doch man sollte auch den Unterschied zwischen Tätigkeiten des Körpers und den spirituellen Tätigkeiten von jemandem kennen, der versteht, daß er nicht der Körper ist.

Im Siebten Kapitel sprachen wir bereits über die vielfältige Macht der Höchsten Persönlichkeit Gottes, Ihre verschiedenen Energien, die niedere und die höhere Natur und die gesamte materielle Manifestation. Jetzt werden in Kapitel Neun die Herrlichkeiten des Herrn beschrieben werden.

Das Sanskritwort *anasūyave* in diesm Vers ist ebenfalls sehr bedeutsam. Praktisch alle Kommentatoren beneiden Kṛṣṇa, die Höchste Persönlichkeit Gottes, auch wenn sie sehr gebildet sind, und selbst die größten Gelehrten interpretieren die *Bhagavad-gītā* falsch. Weil sie Kṛṣṇa beneiden, sind ihre Kommentare wertlos. Die Kommentare, die von Gottgeweihten verfaßt werden, sind autorisiert. Niemand kann die *Bhagavad-gītā* erklären oder vollkommenes Wissen von Kṛṣṇa vermitteln, wenn er neidisch ist. Wer Kṛṣṇas Charakter kritisiert, ohne Kṛṣṇa zu kennen, ist ein Narr. Solche Kommentare sollten daher sorgsam gemieden werden. Für den, der versteht, daß Kṛṣṇa die Höchste Persönlichkeit Gottes, die reine und transzendentale Persönlichkeit, ist, werden diese Kapitel von großem Nutzen sein.

Vers 2 राजविद्या राजगुह्यं पवित्रमिदमुत्तमम् ।
प्रत्यक्षावगमं धर्म्यं सुसुखं कर्तुमव्ययम् ॥ २ ॥

rāja-vidyā rāja-guhyaṁ pavitram idam uttamam
pratyakṣāvagamaṁ dharmyaṁ su-sukhaṁ kartum avyayam

rāja-vidyā – der König der Bildung; *rāja-guhyam* – der König vertraulichen Wissens; *pavitram* – das reinste; *idam* – dieses; *uttamam* – transzendental; *pratyakṣa* – durch direkte Erfahrung; *avagamam* – verstanden; *dharmyam* – das Prinzip der Religion; *su-sukham* – sehr glücklich; *kartum* – auszuführen; *avyayam* – immerwährend.

Dieses Wissen ist der König der Bildung und das geheimste aller Geheimnisse. Es ist das reinste Wissen, und weil es durch Erkenntnis eine direkte Wahrnehmung vom Selbst vermittelt, ist es die Vollkommenheit der Religion. Es ist immerwährend und wird mit Freude praktiziert.

ERLÄUTERUNG: Dieses Kapitel der *Bhagavad-gītā* wird als König der Bildung bezeichnet, weil es die Essenz aller zuvor erklärten Lehren und Philosophien ist. Zu den Hauptphilosophen Indiens zählen Gautama, Kaṇāda, Kapila, Yājñavalkya, Śāṇḍilya und Vaiśvānara. Und schließlich gibt es noch Vyāsadeva, den Autor des *Vedānta-sūtra.* Es herrscht also kein Mangel an Wissen im Bereich der Philosophie oder des transzendentalen Wissens. Hier nun sagt der Herr, daß das Neunte Kapitel der König all solchen Wissens ist, das heißt die Essenz allen Wissens, das durch das Studium der *Veden* und der verschiedenen Philosophien gewonnen werden kann. Es ist höchst vertraulich, weil vertrauliches oder transzendentales Wissen ein Verständnis des Unterschieds zwischen Seele und Körper einschließt. Und der König allen vertraulichen Wissens gipfelt im hingebungsvollen Dienst.

Im allgemeinen schließt die Bildung der Menschen dieses vertrauliche Wissen nicht mit ein, sondern beschränkt sich auf äußerliches Wissen. Was gewöhnliche Bildung betrifft, so befassen sich die Menschen mit den verschiedensten Wissensgebieten: Politik, Soziologie, Physik, Chemie, Mathematik, Astronomie, Technik usw. Überall auf der Welt gibt es zahllose Wissenszweige und viele große Universitäten, doch leider gibt es keine Universität oder Bildungsstätte, an der die Wissenschaft der spirituellen Seele gelehrt wird. Die Seele aber ist der wichtigste Teil des Körpers, denn ohne die Gegenwart der Seele ist der Körper wertlos. Trotzdem legen die Menschen großen Wert auf die körperlichen Lebensbedürfnisse, ohne sich um die lebendige Seele zu kümmern.

Die *Bhagavad-gītā* betont, besonders vom Zweiten Kapitel an, die Wichtigkeit der Seele. Gleich zu Anfang sagt der Herr, daß der Körper vergänglich und die Seele unvergänglich ist (*antavanta ime dehā nityasyoktāḥ śarīriṇaḥ*). Einfach zu wissen, daß die spirituelle Seele vom Körper verschieden und unveränderlich, unzerstörbar und ewig ist, ist bereits vertrauliches Wissen. Es beinhaltet jedoch noch keine positive Information über die Seele. Manche Menschen sind der Ansicht, die Seele sei vom Körper verschieden und bleibe nach dem Tod des Körpers bzw. nach der Befreiung vom Körper in einer Leere und werde unpersönlich. Doch diese Auffassung entspricht nicht der Wahrheit. Wie kann die Seele, die im Körper so aktiv ist, untätig sein, wenn sie vom Körper befreit ist? Sie ist immer aktiv. Wenn sie ewig ist, dann ist sie auch ewig aktiv, und ihre Tätigkeiten im spirituellen Königreich bilden den vertraulichsten Teil des spirituellen Wissens. Deshalb wird hier erklärt, daß diese Tätigkeiten der spirituellen Seele den König allen Wissens, den vertraulichsten Teil allen Wissens, darstellen.

Wie in der vedischen Literatur erklärt wird, ist dieses Wissen die reinste Form aller Tätigkeiten. Im *Padma Purāṇa* werden die sündigen Handlungen des Menschen analysiert, und wie es dort heißt, sind sie auf die Sünden zurückzuführen, die er seit jeher begangen hat. Diejenigen, die fruchtbringenden Handlungen nachgehen, sind in verschiedene Stufen und Formen sündhafter Reaktionen verstrickt. Wenn zum Beispiel der Same eines bestimmten Baumes gesät worden ist, sieht man den Baum nicht sogleich wachsen; es dauert einige Zeit. Zunächst ist er eine kleine, sprießende Pflanze, dann nimmt er die Form eines Baumes an, er blüht, trägt Früchte, und wenn er herangereift ist, werden die Blüten und Früchte von den Menschen genossen, die den Samen des Baumes gesät haben. Ähnlich verhält es sich, wenn ein Mensch eine sündhafte Handlung begeht – es dauert einige Zeit, bis sie Früchte trägt. Es gibt verschiedene Stufen sündhafter Reaktionen. Das Individuum mag von den sündhaften Handlungen bereits abgelassen haben, doch die Ergebnisse oder die Früchte dieser sündhaften Handlungen müssen immer noch genossen werden. Es gibt Sünden, die noch die Form von Samen haben, und es gibt andere, die bereits reif sind und uns Früchte bringen, die wir als Leid und Schmerz genießen.

Wie es im achtundzwanzigsten Vers des Siebten Kapitels heißt, kommt jemand dann zum hingebungsvollen Dienst der Höchsten Persönlichkeit Gottes, Kṛṣṇa, wenn er alle sündhaften Handlungen und Reaktionen beendet hat, nur noch fromme Tätigkeiten ausführt und von der Dualität der materiellen Welt frei ist. Mit anderen Worten, diejenigen, die sich tatsächlich im hingebungsvollen Dienst des Höchsten Herrn betätigen, sind bereits von allen Reaktionen befreit. Diese Aussage wird im *Padma Purāṇa* bestätigt:

aprārabdha-phalaṁ pāpaṁ kūṭaṁ bījaṁ phalonmukham
krameṇaiva pralīyeta viṣṇu-bhakti-ratātmanām

Für diejenigen, die im hingebungsvollen Dienst der Höchsten Persönlichkeit Gottes beschäftigt sind, verschwinden allmählich alle sündhaften Reaktionen, sowohl die ausgereiften, die gespeicherten wie auch diejenigen in Form von Samen. Die reinigende Kraft des hingebungsvollen Dienstes ist also sehr stark, und daher wird solcher Dienst als *pavitram uttamam* oder das Reinste bezeichnet. *Uttama* bedeutet „transzendental". *Tamas* bedeutet „die materielle Welt" oder „Dunkelheit", und *uttama* bedeutet „das, was transzendental zu materiellen Tätigkeiten ist". Hingebungsvolle Tätigkeiten dürfen niemals als materiell angesehen werden, wenngleich es manchmal so scheinen mag, als seien Gottgeweihte wie gewöhnliche Menschen tätig. Wer zu sehen vermag und sich mit hingebungsvollem Dienst auskennt, wird wissen, daß es sich dabei nicht um materielle Tätigkeiten handelt. All diese Tätigkeiten sind spirituell und hingebungsvoll, frei von jeder Verunreinigung durch die materiellen Erscheinungsweisen der Natur.

Es heißt, daß die Ausführung hingebungsvollen Dienstes so vollkommen ist, daß man die Ergebnisse unmittelbar wahrnehmen kann.

Dieses unmittelbare Ergebnis ist tatsächlich sichtbar, und wir haben die praktische Erfahrung gemacht, daß jeder, der die Heiligen Namen Kṛṣṇas chantet (Hare Kṛṣṇa, Hare Kṛṣṇa, Kṛṣṇa Kṛṣṇa, Hare Hare / Hare Rāma, Hare Rāma, Rāma Rāma, Hare Hare), im Laufe des Chantens ohne Vergehen transzendentale Freude verspürt und sehr schnell von aller materiellen Verunreinigung frei wird. Dies kann tatsächlich beobachtet werden. Wenn man nicht nur ständig über Kṛṣṇa hört, sondern darüber hinaus auch versucht, die Botschaft des hingebungsvollen Dienstes zu verbreiten, oder wenn man die missionarischen Tätigkeiten des Kṛṣṇa-Bewußtseins unterstützt, wird man allmählich bemerken, daß man spirituellen Fortschritt macht. Fortschritt im spirituellen Leben ist von keiner Vorbildung oder sonstigen Qualifikation abhängig. Die Methode an sich ist so rein, daß man rein wird, wenn man einfach nur nach ihr handelt.

Im *Vedānta-sūtra* (3.2.26) wird dies mit folgenden Worten beschrieben: *prakāśaś ca karmaṇy abhyāsāt.* „Hingebungsvoller Dienst ist so mächtig, daß man ohne jeden Zweifel erleuchtet wird, wenn man einfach die Tätigkeiten des hingebungsvollen Dienstes verrichtet." Ein praktisches Beispiel hierfür ist das vorangegangene Leben Nāradas, der in jenem Leben als Sohn einer Dienstmagd geboren wurde. Er war weder gebildet noch von hoher Herkunft; doch als seine Mutter einmal im Dienst großer Gottgeweihter beschäftigt war, half ihr Nārada dabei, und manchmal, in der Abwesenheit seiner Mutter, brachte er ihnen persönlichen Dienst dar. Nārada selbst sagt:

ucchiṣṭa-lepān anumodito dvijaiḥ
sakṛt sma bhuñje tad-apāsta-kilbiṣaḥ
evaṁ pravṛttasya viśuddha-cetasas
tad-dharma evātma-ruciḥ prajāyate

In diesem Vers des *Śrīmad-Bhāgavatam* (1.5.25) beschreibt Nārada seinem Schüler Vyāsadeva sein vorangegangenes Leben. Er sagt, daß er während eines viermonatigen Aufenthalts jener geläuterten Gottgeweihten ihr Dienstjunge war und mit ihnen enge Gemeinschaft hatte. Manchmal ließen diese Weisen Speisereste auf ihren Tellern zurück, und der Knabe, der ihre Teller abspülte, wollte die Reste essen. Er fragte daher die großen Gottgeweihten, und sie erteilten ihm ihre Erlaubnis. Nārada aß darauf diese Überreste und wurde folglich von allen sündhaften Reaktionen befreit. Als er weiter die Reste ihrer Speisen zu sich nahm, wurde er allmählich ebenso rein im Herzen wie die Weisen. Die großen Gottgeweihten kosteten den Geschmack unablässigen hingebungsvollen Dienstes für den Herrn, indem sie über Ihn hörten und chanteten, und allmählich entwickelte Nārada den gleichen Geschmack. Nārada sagt des weiteren:

tatrānv-ahaṁ kṛṣṇa-kathāḥ pragāyatām
anugraheṇāśṛṇavaṁ mano-harāḥ
tāḥ śraddhayā me 'nu-padaṁ viśṛṇvataḥ
priyaśravasy ṅa mamābhavad ruciḥ

Durch die Gemeinschaft der Weisen erwachte in ihm die Neigung, über die Herrlichkeit des Herrn zu chanten und zu hören, und er entwickelte ein intensives Verlangen nach hingebungsvollem Dienst. Dies bestätigt die Aussage des *Vedānta-sūtra: prakāśaś ca karmaṇy abhyāsāt.* Wenn jemand einfach den Tätigkeiten des hingebungsvollen Dienstes nachgeht, wird ihm alles von selbst offenbart, und er kann alles verstehen. Dies nennt man *pratyakṣa* oder direkte Wahrnehmung.

Das Wort *dharmyam* bedeutet „der Pfad der Religion". Nārada war eigentlich der Sohn einer Dienstmagd. Er hatte keine Gelegenheit, zur Schule zu gehen. Er war einfach seiner Mutter behilflich, und glücklicherweise diente seine Mutter den Gottgeweihten. Der kleine Nārada bekam ebenfalls die Gelegenheit hierzu und erreichte einfach durch die Gemeinschaft mit Gottgeweihten das höchste Ziel aller Religion. Das höchste Ziel aller Religion ist nach Aussage des *Śrīmad-Bhāgavatam* hingebungsvoller Dienst (*sa vai puṁsāṁ paro dharmo yato bhaktir adhokṣaje*). Religiöse Menschen wissen im allgemeinen nicht, daß die höchste Vollkommenheit der Religion darin besteht, die Stufe des hingebungsvollen Dienstes zu erreichen. Wie wir bereits in bezug auf den letzten Vers des Achten Kapitels erwähnten (*vedeṣu yajñeṣu tapaḥsu caiva*), ist vedisches Wissen im allgemeinen notwendig, um den Pfad der Selbstverwirklichung zu gehen. Aber in dieser Geschichte erlangte Nārada, obwohl er niemals die Schule des spirituellen Meisters besuchte oder in den vedischen Prinzipien geschult wurde, die höchsten Ergebnisse des vedischen Studiums. Dieser Vorgang ist so mächtig, daß man zur höchsten Vollkommenheit erhoben werden kann, auch wenn man den religiösen Vorgang nicht vorschriftsmäßig praktiziert. Wie ist dies möglich? Dies wird in der vedischen Literatur erklärt: *ācāryavān puruṣo veda.* Jemand, der sich in der Gemeinschaft großer *ācāryas* befindet, kann mit allem zur Selbstverwirklichung erforderlichen Wissen vertraut werden, selbst wenn er ungebildet ist oder die *Veden* nicht studiert hat.

Der Vorgang des hingebungsvollen Dienstes wird mit großer Freude praktiziert (*su-sukham*). Warum? Hingebungsvoller Dienst besteht aus *śravaṇaṁ kīrtanaṁ viṣṇoḥ.* Man kann also einfach dem Chanten über die Herrlichkeit des Herrn zuhören, oder man kann philosophischen Vorträgen autorisierter *ācāryas* über transzendentales Wissen beiwohnen. Einfach indem man dasitzt, kann man lernen. Außerdem kann man die Reste der Speisen, die Gott geopfert wurden – sehr wohlschmekkende Gerichte – essen. In jedem Zustand ist hingebungsvoller Dienst freudvoll. Man kann hingebungsvollen Dienst sogar in den ärmsten Verhältnissen ausführen. Der Herr sagt: *patraṁ puṣpaṁ phalaṁ toyam.* Er ist bereit, von dem Gottgeweihten jede Opferung entgegenzunehmen, egal was es ist. Ein Blatt, eine Blume, ein Stück Frucht oder ein wenig Wasser – was überall auf der Welt erhältlich ist – kann von *jedem* Menschen, ungeachtet seiner sozialen Stellung, geopfert werden, und es wird vom Herrn angenommen, wenn es mit Liebe geopfert wird. Es gibt in der Geschichte viele Beispiele hierfür. Nur weil große Weise wie Sanatkumāra die *tulasī*-Blätter kosteten, die den Lotosfüßen des Herrn geopfert worden waren, wurden sie zu großen Gottgeweihten. Der Vorgang der Hingabe ist also sehr schön und kann mit Freude praktiziert werden. Gott nimmt nur die Liebe, mit der Ihm etwas geopfert wird.

Es heißt hier, daß der hingebungsvolle Dienst ewig besteht. Es verhält sich nicht so, wie die Māyāvādī-Philosophen behaupten. Sie nehmen manchmal sogenannten hingebungsvollen Dienst auf, und solange sie nicht befreit sind, setzen sie ihren hingebungsvollen Dienst fort, doch am Ende, so denken sie, wenn sie Befreiung erlangen, werden sie „eins mit Gott". Solch vorübergehender, selbstischer hingebungsvoller Dienst kann nicht als reiner hingebungsvoller Dienst anerkannt werden. Wirklicher hingebungsvoller Dienst wird selbst nach der Befreiung fortgesetzt. Wenn der Gottgeweihte auf einen der spirituellen Planeten im Königreich Gottes gelangt, dient er auch dort dem Höchsten Herrn. Er versucht nicht, mit dem Höchsten Herrn eins zu werden.

Wie aus der *Bhagavad-gītā* hervorgehen wird, beginnt wahrer hingebungsvoller Dienst erst nach der Befreiung. Nachdem man befreit ist, das heißt, wenn man sich auf der Brahman-Stufe (*brahma-bhūta*) befindet, beginnt der hingebungsvolle Dienst (*samaḥ sarveṣu bhūteṣu mad-bhaktiṁ labhate parām*). Niemand kann die Höchste Persönlichkeit Gottes verstehen, indem er *karma-yoga, jñāna-yoga, aṣṭāṅga-yoga* oder irgendeinen anderen *yoga* unabhängig praktiziert. Durch diese *yoga*-Methoden kann man vielleicht ein wenig Fortschritt in Richtung *bhakti-yoga* machen, doch ohne auf die Ebene des hingebungsvollen Dienstes zu gelangen, kann man nicht verstehen, was die Persönlichkeit Gottes ist. Im *Śrīmad-Bhāgavatam* wird ebenfalls bestätigt, daß man die Wissenschaft von Kṛṣṇa, die Wissenschaft von Gott, verstehen kann, wenn man durch den Vorgang des hingebungsvollen Dienstes

His Divine Grace A.C. Bhaktivedanta Swami Prabhupāda

Gründer-*Ācārya* der Internationalen Gesellschaft für Krishna-Bewußtsein

Śrīla Bhaktisiddhānta Sarasvatī Ṭhākura, der spirituelle Meister von His Divine Grace A. C. Bhaktivedanta Swami Prabhupāda.

Śrīla Gaurakiśora dāsa Bābājī, der spirituelle Meister von Śrīla Bhaktisiddhānta Sarasvatī.

Śrīla Bhaktivinoda Ṭhākura, der Pionier der weltweiten Verbreitung des Kṛṣṇa-Bewußtsein.

Śrī Rūpa Gosvāmī und Śrī Sanātana Gosvāmī, die direkten Schüler Śrī Caitanya Mahāprabhus.

Śrī Pañca-tattva

Śrī Kṛṣṇa Caitanya, der vollkommene Prediger der *Śrīmad Bhagavad-gītā,* umgeben von Seinen engsten Gefährten.

Dhṛtarāṣṭra befragt Sañjaya über die Ereignisse auf dem Schlachtfeld. (Seite 35)

Śrī Kṛṣṇa spricht: „Erfülle deine Pflicht mit Gleichmut, o Arjuna, und gib alle Anhaftung an Erfolg und Mißerfolg auf. Solche Ausgeglichenheit wird *yoga* genannt.“ (Seite 128)

So wie die verkörperte Seele im gegenwärtigen Leben allmählich verschiedene Körperformen durchläuft – die der Kindheit, der Jugend und des Alters –, geht sie auch nach dem Tode in einen anderen Körper ein. (Seite 85)

Solange das Lebewesen nach Sinnenbefriedigung trachtet, ist es gezwungen, von einem Körper zum nächsten zu wandern. (Seite 259)

Ein demütiger Weiser betrachtet einen gelehrten *brāhmaṇa,* eine Kuh, einen Elefanten, einen Hund und einen Hundeesser mit gleichen Augen. (Seite 276)

Die Vollkommenheit des *yoga* besteht darin, über den Herrn im Herzen zu meditieren und Ihn zum höchsten Lebensziel zu machen. (Seite 301)

Die individuelle Seele ist der Fahrgast im Wagen des materiellen Körpers, die Intelligenz der Fahrer. Der Geist gleicht den Zügeln, während die Sinne den Pferden entsprechen. So erleidet oder genießt das Lebewesen das Zusammenspiel der Sinne und des Geistes. (Seite 323)

Ein *yogī,* der kein Geweihter Śrī Kṛṣṇas ist, muß strenge Askese üben, um einen geeigneten Augenblick für sein Verscheiden wählen zu können. (Seite 415)

Śrī Kṛṣṇa spricht: „Mein lieber Arjuna, betrachte nun Meine Füllen, Hunderttausende von verschiedenen göttlichen und vielfarbigen Formen. Betrachte diese wundervolle Vielfalt, die niemand zuvor jemals gesehen und von der niemand zuvor jemals gehört hat.“ (Seite 523)

Die materielle Natur besteht aus drei Erscheinungsweisen – Tugend, Leidenschaft und Unwissenheit. Wenn das ewige Lebewesen mit der materiellen Natur in Berührung kommt, wird es durch diese Erscheinungsweisen bedingt. (Seite 641)

Das Bewußtsein, das man während seines Lebens entwickelt hat, bestimmt zum Zeitpunkt des Todes, welchen Körper man – nach dem Gesetz des *karma* – im nächsten Leben bekommt. (Seite 678)

Wenn der Mensch tierische Eigenschaften annimmt, bekommt er im nächsten Leben einen Tierkörper, um entsprechend genießen zu können. (Seite 679)

Śrī Kṛṣṇa sagt: „Denke immer an Mich, werde Mein Geweihter, verehre Mich und erweise Mir deine Ehrerbietung. So wirst du mit Sicherheit zu Mir kommen.“ (Seite 798)

geläutert wird, insbesondere indem man von verwirklichten Seelen aus dem *Śrīmad-Bhāgavatam* oder der *Bhagavad-gītā* hört. *Evaṁ prasanna-manaso bhagavad-bhakti-yogataḥ.* Wenn das Herz von allem Unsinn befreit ist, kann man verstehen, was Gott ist. Somit ist der Vorgang des hingebungsvollen Dienstes, des Kṛṣṇa-Bewußtseins, der König aller Bildung und der König allen vertraulichen Wissens. Er ist die reinste Form der Religion und kann mit Freude und ohne Schwierigkeit praktiziert werden. Deshalb sollte man diese Methode annehmen.

Vers 3 अश्रद्दधानाः पुरुषा धर्मस्यास्य परन्तप ।
अप्राप्य मां निवर्तन्ते मृत्युसंसारवर्त्मनि ॥ ३ ॥

aśraddadhānāḥ puruṣā dharmasyāsya paran-tapa
aprāpya māṁ nivartante mṛtyu-saṁsāra-vartmani

aśraddadhānāḥ – diejenigen, die ungläubig sind; *puruṣaḥ* – solche Menschen; *dharmasya* – dem Vorgang der Religion gegenüber; *asya* – dies; *param-tapa* – o Vernichter der Feinde; *aprāpya* – ohne zu erreichen; *mām* – Mich; *nivartante* – kommen zurück; *mṛtyu* – des Todes; *saṁsāra* – im materiellen Dasein; *vartmani* – auf dem Pfad.

Diejenigen, die auf dem Pfad des hingebungsvollen Dienstes ohne Glauben sind, können Mich nicht erreichen, o Bezwinger der Feinde. Folglich kehren sie zum Pfad von Geburt und Tod in der materiellen Welt zurück.

ERLÄUTERUNG: Die Ungläubigen können den Vorgang des hingebungsvollen Dienstes nicht erfolgreich ausführen; das ist die Bedeutung dieses Verses. Glaube wird durch die Gemeinschaft mit Gottgeweihten erweckt. Bedauernswerte Menschen glauben nicht an Gott, selbst nachdem sie alle Beweise der vedischen Literatur von großen Persönlichkeiten vernommen haben. Sie sind von zögernder Natur, und sie sind nicht in der Lage, sich auf die Ebene gefestigten hingebungsvollen Dienstes zu erheben. Folglich ist Glaube einer der wichtigsten Faktoren für den Fortschritt im Kṛṣṇa-Bewußtsein. Nach Aussage des *Caitanya-caritāmṛta* ist Glaube die feste Überzeugung, daß man einfach durch Dienst für den Höchsten Herrn, Śrī Kṛṣṇa, die höchste Vollkommenheit erreichen kann. Das ist wirklicher Glaube. Im *Śrīmad-Bhāgavatam* (4.31.14) heißt es:

yathā taror mūla-niṣecanena
tṛpyanti tat-skandha-bhujopaśākhāḥ

prāṇopahārāc ca yathendriyāṇāṁ
tathaiva sarvārhaṇam acyutejyā

„Wenn man die Wurzel eines Baumes bewässert, werden alle Äste, Zweige und Blätter zufriedengestellt, und wenn man den Magen mit Essen versorgt, werden alle Sinne des Körpers zufriedengestellt. In ähnlicher Weise werden alle Halbgötter und alle Lebewesen zufriedengestellt, wenn man sich im transzendentalen Dienst des Höchsten Herrn beschäftigt."

Wenn man die *Bhagavad-gītā* gelesen hat, sollte man deshalb unverzüglich zur Schlußfolgerung der *Bhagavad-gītā* kommen: Man sollte alle anderen Beschäftigungen aufgeben und den Dienst für den Höchsten Herrn, Kṛṣṇa, die Persönlichkeit Gottes, aufnehmen. Glaube bedeutet, von dieser Lebensphilosophie überzeugt zu sein.

Die Entwicklung solchen Glaubens ist der Vorgang des Kṛṣṇa-Bewußtseins. Es gibt drei Gruppen von Kṛṣṇa-bewußten Menschen. Zur dritten Gruppe gehören diejenigen, die keinen Glauben haben. Selbst wenn sie nach außen hin im hingebungsvollen Dienst tätig sind, können sie die Stufe höchster Vollkommenheit nicht erreichen. Höchstwahrscheinlich werden sie sich nach einiger Zeit wieder abwenden. Sie mögen zwar im hingebungsvollen Dienst beschäftigt sein, aber weil es ihnen an völliger Überzeugung und festem Glauben mangelt, fällt es ihnen sehr schwer, am Kṛṣṇa-Bewußtsein festzuhalten. Wir haben bei der Ausübung unserer missionarischen Tätigkeiten die praktische Erfahrung gemacht, daß sich einige Menschen dem Kṛṣṇa-Bewußtsein mit einem versteckten Motiv zuwenden. Sobald es ihnen wirtschaftlich ein wenig besser geht, geben sie den Vorgang auf und gehen wieder ihre alten Wege. Nur durch Glauben kann man im Kṛṣṇa-Bewußtsein Fortschritt machen. Was die Entwicklung von Glauben betrifft, so gilt jemand, der in den Schriften des hingebungsvollen Dienstes wohlbewandert ist und die Stufe festen Glaubens erreicht hat, als erstklassiger Gottgeweihter. Zur zweiten Gruppe gehören diejenigen, die im Verständnis der Schriften des hingebungsvollen Dienstes nicht sehr fortgeschritten sind, die aber trotzdem von sich aus fest daran glauben, daß *kṛṣṇa-bhakti,* Dienst zu Kṛṣṇa, der beste Weg ist, und ihn deshalb in gutem Glauben angenommen haben. Daher befinden sie sich auf einer höheren Stufe als die drittklassigen Gottgeweihten, die weder über vollkommenes Wissen von den Schriften noch über festen Glauben verfügen, die aber aufgrund der Gemeinschaft mit Gottgeweihten und aufgrund ihres einfachen Wesens dennoch versuchen, diesem Pfad zu folgen. Der drittklassige Gottgeweihte kann zu Fall kommen, doch wenn man zur zweiten Klasse gehört, kommt man nicht zu Fall. Für den erstklassigen Gottgeweihten besteht keine Möglichkeit herunterzufallen. Auf dieser Stufe wird man mit Sicherheit Fortschritt machen und am Ende das Ziel erreichen. Was den drittklassigen Gottgeweihten betrifft, so glaubt er zwar, daß hingebungsvoller Dienst für Kṛṣṇa sehr gut ist, hat jedoch noch kein ausreichendes Wissen über Kṛṣṇa aus den Schriften wie dem *Śrīmad-Bhāgavatam* und der *Bhagavad-gītā*. Manchmal neigen diese drittklassigen Gottgeweihten zu *karma-yoga* oder *jñāna-yoga*, und zuweilen sind sie verwirrt, doch sowie die Infektion von *karma-yoga* oder *jñāna-yoga* verflogen ist, werden sie zu zweitklassigen oder sogar erstklassigen Gottgeweihten. Glaube an Kṛṣṇa wird ebenfalls in drei Stufen unterteilt und wird im *Śrīmad-Bhāgavatam* beschrieben. Erstklassige Anhaftung, zweitklassige Anhaftung und drittklassige Anhaftung werden ebenfalls im *Śrīmad-Bhāgavatam,* im Elften Canto, erklärt. Diejenigen, die keinen Glauben haben, selbst nachdem sie von Kṛṣṇa und der Vortrefflichkeit des hingebungsvollen Dienstes gehört haben, und die alles nur für schöne Worte halten, finden diesen Pfad sehr schwierig, auch wenn sie angeblich im hingebungsvollen Dienst beschäftigt sind. Für sie besteht sehr wenig Hoffnung, die Vollkommenheit zu erreichen. Folglich ist Glaube bei der Ausführung hingebungsvollen Dienstes sehr wichtig.

Vers 4 मया ततमिदं सर्वं जगदव्यक्तमूर्तिना ।
मत्स्थानि सर्वभूतानि न चाहं तेष्ववस्थितः ॥ ४ ॥

mayā tatam idaṁ sarvaṁ jagad avyakta-mūrtinā
mat-sthāni sarva-bhūtāni na cāhaṁ teṣv avasthitaḥ

mayā – von Mir; *tatam* – durchdrungen; *idam* – diese; *sarvam* – gesamte; *jagat* – kosmische Manifestation; *avyakta-mūrtinā* – durch die unmanifestierte Form; *mat-sthāni* – in Mir; *sarva-bhūtāni* – alle Lebewesen; *na* – nicht; *ca* – auch; *aham* – Ich; *teṣu* – in ihnen; *avasthitaḥ* – befindlich.

Von Mir, in Meiner unmanifestierten Form, wird das gesamte Universum durchdrungen. Alle Wesen sind in Mir, doch Ich bin nicht in ihnen.

ERLÄUTERUNG: Die Höchste Persönlichkeit Gottes ist nicht durch die grobstofflichen materiellen Sinne wahrnehmbar. Im *Bhakti-rasāmṛta-sindhu* (1.2.234) heißt es:

ataḥ śrī-kṛṣṇa-nāmādi na bhaved grāhyam indriyaiḥ
sevonmukhe hi jihvādau svayam eva sphuraty adaḥ

Śrī Kṛṣṇas Name, Sein Ruhm, Seine Spiele usw. können nicht durch materielle Sinne verstanden werden. Nur jemandem, der unter der richtigen Führung im reinen hingebungsvollen Dienst tätig ist, offenbart Sich der Herr. In der *Brahma-saṁhitā* (5.38) findet man die folgende Aussage: *premāñjana-cchurita-bhakti-vilocanena santaḥ sadaiva hṛdayeṣu vilokayanti.* Man kann die Höchste Persönlichkeit Gottes, Govinda, immer innerhalb und außerhalb von sich selbst sehen, wenn man dem Herrn gegenüber eine transzendentale liebevolle Haltung entwickelt hat. Daher ist Er für gewöhnliche Menschen nicht sichtbar. Hier wird gesagt, daß Er, obwohl alldurchdringend und allgegenwärtig, für die materiellen Sinne nicht wahrnehmbar ist. Dies wird durch das Wort *avyakta-mūrtinā* ausgedrückt. Aber obwohl wir Ihn nicht sehen können, ruht alles in Ihm. Wie wir bereits im Siebten Kapitel besprochen haben, ist die gesamte materielle kosmische Manifestation nichts als eine Zusammensetzung Seiner beiden Energien: der höheren, spirituellen Energie und der niederen, materiellen Energie. Wie die Sonnenstrahlen überall im Universum verbreitet sind, so ist die Energie des Herrn über die ganze Schöpfung verbreitet, und alles ruht in dieser Energie.

Die Tatsache, daß Er überall verbreitet ist, sollte einen jedoch nicht zur Schlußfolgerung bringen, daß Er Seine persönliche Existenz verloren habe. Um ein solches Argument zu widerlegen, sagt der Herr: „Ich bin überall, und alles ist in Mir, aber dennoch bin Ich weit entfernt von allem." Ein König zum Beispiel führt eine Regierung, die nichts anderes als eine Manifestation seiner Energie ist; die verschiedenen Regierungsabteilungen sind nichts anderes als die Energien des Königs, und jede Abteilung beruht auf seiner Macht. Aber dennoch kann man nicht erwarten, daß der König in jeder Abteilung persönlich anwesend ist. Das ist ein grobes Beispiel. In ähnlicher Weise beruhen alle Manifestationen, die wir sehen, und alles Existierende, sowohl in der materiellen als auch in der spirituellen Welt, auf der Energie der Höchsten Persönlichkeit Gottes. Die Schöpfung findet durch die Verbreitung der verschiedenen Energien des Herrn statt, und wie in der *Bhagavad-gītā* erklärt wird (*viṣṭabhyāham idaṁ kṛtsnam*), ist Er durch Seine persönliche Repräsentation, die Ausbreitung Seiner verschiedenen Energien, überall gegenwärtig.

Vers 5 न च मत्स्थानि भूतानि पश्य मे योगमैश्वरम् ।
भूतभृन्न च भूतस्थो ममात्मा भूतभावनः ॥ ५ ॥

na ca mat-sthāni bhūtāni paśya me yogam aiśvaram
bhūta-bhṛn na ca bhūta-stho mamātmā bhūta-bhāvanaḥ

na – niemals; *ca* – auch; *mat-sthāni* – in Mir befindlich; *bhūtāni* – die gesamte Schöpfung; *paśya* – sieh nur; *me* – Meine; *yogam aiśvaram* – unbegreifliche mystische Kraft; *bhūta-bhṛt* – der Erhalter aller Lebewesen; *na* – niemals; *ca* – auch; *bhūta-sthaḥ* – in der kosmischen Manifestation; *mama* – Mein; *ātmā* – Selbst; *bhūta-bhāvanaḥ* – die Quelle aller Manifestationen.

Und dennoch ruht alles Erschaffene nicht in Mir. Sieh nur Meine mystische Größe! Obwohl Ich der Erhalter aller Lebewesen bin und obwohl Ich allgegenwärtig bin, bin Ich nicht ein Teil der kosmischen Manifestation, denn Mein Selbst ist der Ursprung der Schöpfung.

ERLÄUTERUNG: Der Herr sagt, daß alles auf Ihm ruht (*mat-sthāni sarva-bhūtāni*). Dies sollte nicht mißverstanden werden. Der Herr kümmert Sich nicht direkt um die Erhaltung und Versorgung der materiellen Manifestation. Manchmal sehen wir ein Bild von Atlas, der den Erdball auf seinen Schultern trägt, und er scheint vom Tragen sehr erschöpft zu sein. Eine solche Vorstellung sollte jedoch nicht auf Kṛṣṇa übertragen werden, wenn es heißt, daß Er das geschaffene Universum aufrechterhält. Kṛṣṇa sagt, obwohl alles auf Ihm ruhe, sei Er dennoch weit entfernt von allem. Die Planetensysteme schweben im Raum, und dieser Raum ist die Energie des Höchsten Herrn. Der Herr aber ist verschieden vom Raum. Er weilt an einem anderen Ort. Deshalb sagt der Herr: „Obwohl sie sich in Meiner unbegreiflichen Energie befinden, bin Ich, als die Höchste Persönlichkeit Gottes, jenseits von ihnen.“ Das ist die unbegreifliche Größe des Herrn.

Im *Nirukti,* dem vedischen Wörterbuch, heißt es: *yujyate 'nena durghaṭeṣu kāryeṣu.* „Der Höchste Herr führt unvorstellbar schöne Spiele durch, bei denen Er Seine Energie entfaltet.“ Seine Person ist von verschiedenen mächtigen Energien erfüllt, und schon Sein Entschluß ist eine Tatsache. So ist die Persönlichkeit Gottes zu verstehen. Wir mögen uns vornehmen, etwas zu tun, doch es gibt sehr viele Hindernisse, die sich uns in den Weg stellen, und manchmal ist es uns nicht möglich, so zu handeln, wie wir gern möchten. Doch wenn Kṛṣṇa etwas tun möchte, geschieht alles – einfach durch Seinen Willen – auf so vollkommene Weise, daß man sich nicht einmal vorstellen kann, wie es geschieht. Der Herr erklärt diese Tatsache wie folgt: Obwohl Er die gesamte materielle Manifestation erhält und versorgt, berührt Er sie nicht. Einfach durch Seinen höchsten Willen wird alles erschaffen, alles versorgt, alles erhalten und alles vernichtet. Zwischen Seinem Verstand und Ihm Selbst gibt es keinen Unterschied (wie er zwischen unserem Selbst und unserem gegenwärtigen materiellen Verstand besteht), denn Er ist absolut spirituell. Der Herr ist gleichzeitig in allem gegenwärtig; doch der gewöhnliche Mensch ist nicht fähig zu verstehen, wie Er auch persönlich gegenwärtig sein kann. Obwohl Er von der materiellen Manifestation verschieden ist, ruht alles auf Ihm. Dies wird hier als *yogam aiśvaram* bezeichnet, die mystische Kraft der Höchsten Persönlichkeit Gottes.

Vers 6 यथाकाशस्थितो नित्यं वायुः सर्वत्रगो महान् ।
तथा सर्वाणि भूतानि मत्स्थानीत्युपधारय ॥ ६ ॥

yathākāśa-sthito nityaṁ vāyuḥ sarvatra-go mahān
tathā sarvāṇi bhūtāni mat-sthānīty upadhāraya

yathā – so wie; *ākāśa-sthitaḥ* – im Himmel befindlich; *nityam* – immer; *vāyuḥ* – der Wind; *sarvatra-gaḥ* – überall wehend; *mahān* – groß; *tathā* – in ähnlicher Weise; *sarvāṇi bhūtāni* – alle geschaffenen Wesen; *mat-sthāni* – in Mir befindlich; *iti* – so; *upadhāraya* – versuche zu verstehen.

Wisse, wie der mächtige Wind, der überall weht, sich immer innerhalb des Himmels befindet, befinden sich alle erschaffenen Wesen in Mir.

ERLÄUTERUNG: Für den gewöhnlichen Menschen ist es praktisch unbegreiflich, wie die gewaltige materielle Schöpfung in Kṛṣṇa ruhen kann. Hier jedoch gibt Kṛṣṇa ein Beispiel, das uns zu einem besseren Verständnis verhelfen kann: Der Himmel ist die größte Manifestation, die wir erfassen können. Und in diesem Himmel ist der Wind oder die Luft die größte Manifestation. Die Bewegung der Luft beeinflußt die Bewegung von allem. Doch obwohl der Wind so groß ist, befindet er sich innerhalb des Himmels; der Wind ist nicht jenseits des Himmels. In ähnlicher Weise existieren all die wunderbaren kosmischen Manifestationen durch den höchsten Willen Gottes, und sie alle sind diesem höchsten Willen untergeordnet. Wie wir zu sagen pflegen, kann sich nicht einmal ein Grashalm ohne den Willen der Höchsten Persönlichkeit Gottes bewegen. Mit anderen Worten, alles bewegt sich nach Seinem Willen – durch Seinen Willen wird alles erschaffen, alles erhalten und alles vernichtet. Dennoch ist Er von allem unberührt, ebenso wie der Himmel immer von den Bewegungen des Windes unberührt bleibt.

In den *Upaniṣaden* heißt es: *yad-bhīṣā vātaḥ pavate*. „Der Wind weht aus Furcht vor dem Höchsten Herrn.“ (*Taittirīya Upaniṣad* 2.8.1) In der *Bṛhad-āraṇyaka Upaniṣad* (3.8.9) heißt es: *etasya vā akṣarasya praśāsane gārgi sūrya-candramasau vidhṛtau tiṣṭhata etasya vā akṣarasya praśāsane gārgi dyāv-āpṛthivyau vidhṛtau tiṣṭhataḥ.* „Auf höchsten Befehl, unter der Oberaufsicht der Höchsten Persönlichkeit Gottes, bewegen sich der Mond, die Sonne und die anderen großen Planeten.“ Ebenso heißt es in der *Brahma-saṁhitā* (5.52):

yac-cakṣur eṣa savitā sakala-grahāṇāṁ
rājā samasta-sura-mūrtir aśeṣa-tejāḥ
yasyājñayā bhramati sambhṛta-kāla-cakro
govindam ādi-puruṣaṁ tam ahaṁ bhajāmi

Dies ist eine Beschreibung der Bewegung der Sonne. Es wird gesagt, daß die Sonne als eines der Augen des Höchsten Herrn angesehen wird und daß sie über unermeßliche Kraft verfügt, um Hitze und Licht zu verbreiten. Dennoch bewegt sie sich gemäß dem Befehl und dem höchsten Willen Govindas in ihrer vorgeschriebenen Bahn. Aus der vedischen Literatur geht also eindeutig hervor, daß die materielle Manifestation, die uns so wunderbar und groß erscheint, unter der vollständigen Herrschaft der Höchsten Persönlichkeit Gottes steht. Dies wird in den späteren Versen dieses Kapitels noch ausführlicher erklärt werden.

Vers 7 सर्वभूतानि कौन्तेय प्रकृतिं यान्ति मामिकाम् ।
कल्पक्षये पुनस्तानि कल्पादौ विसृजाम्यहम् ॥ ७ ॥

sarva-bhūtāni kaunteya prakṛtiṁ yānti māmikām
kalpa-kṣaye punas tāni kalpādau visṛjāmy aham

sarva-bhūtāni – alle Geschöpfe; *kaunteya* – o Sohn Kuntīs; *prakṛtim* – Natur; *yānti* – gehen ein; *māmikām* – Meine; *kalpa-kṣaye* – am Ende des Zeitalters; *punaḥ* – wieder; *tāni* – all diejenigen; *kalpa-ādau* – am Anfang des Zeitalters; *visṛjāmi* – erschaffe; *aham* – Ich.

O Sohn Kuntīs, am Ende des Zeitalters gehen alle materiellen Manifestationen in Meine Natur ein, und am Anfang des nächsten Zeitalters erschaffe Ich sie durch Meine Kraft erneut.

ERLÄUTERUNG: Die Schöpfung, Erhaltung und Vernichtung der materiellen kosmischen Manifestion sind völlig vom höchsten Willen der Persönlichkeit Gottes abhängig. „Am Ende des Zeitalters“ bedeutet zum Zeitpunkt von Brahmās Tod. Brahmā lebt einhundert Jahre lang, und einer seiner Tage entspricht etwa 4 300 000 000 unserer Erdenjahre. Seine Nacht währt ebensolange. Einer seiner Monate besteht aus dreißig solchen Tagen und Nächten und ein Jahr aus zwölf solchen Monaten. Nach Ablauf von einhundert solchen Jahren, wenn Brahmā stirbt, findet die Zerstörung oder Vernichtung statt; das bedeutet, daß die vom Höchsten Herrn manifestierte Energie wieder in Ihn zurückgezogen wird. Wenn es dann wieder notwendig ist, die kosmische Welt zu manifestieren, geschieht dies durch Seinen Willen. *Bahu syām:* „Obwohl Ich eins bin, werde Ich zu vielen." So lautet der vedische Aphorismus (*Chāndogya Upaniṣad* 6.2.3). Der Höchste Herr erweitert Sich in die materielle Energie, und so erscheint die gesamte kosmische Manifestation erneut.

Vers 8 प्रकृतिं स्वामवष्टभ्य विसृजामि पुनः पुनः ।
भूतग्राममिमं कृत्स्नमवशं प्रकृतेर्वशात् ॥ ८ ॥

prakṛtiṁ svām avaṣṭabhya visṛjāmi punaḥ punaḥ
bhūta-grāmam imaṁ kṛtsnam avaśaṁ prakṛter vaśāt

prakṛtim – die materielle Natur; *svām* – von Meinem persönlichen Selbst; *avaṣṭabhya* – eingehend in; *visṛjāmi* – Ich erschaffe; *punaḥ punaḥ* – immer wieder; *bhūta-grāmam* – alle kosmischen Manifestationen; *imam* – diese; *kṛtsnam* – gesamte; *avaśam* – automatisch; *prakṛteḥ* – der Kraft der Natur; *vaśāt* – unter Verpflichtung.

Die gesamte kosmische Ordnung untersteht Mir. Durch Meinen Willen wird sie immer wieder automatisch geschaffen, und durch Meinen Willen wird sie am Ende vernichtet.

ERLÄUTERUNG: Die materielle Welt ist die Manifestation der niederen Energie der Höchsten Persönlichkeit Gottes. Dies ist bereits mehrfach erklärt worden. Bei der Schöpfung wird die materielle Energie als *mahat-tattva* freigesetzt, in das der Herr als die erste *puruṣa*-Inkarnation, Mahā-viṣṇu, eingeht. Er liegt im Ozean der Ursachen und atmet unzählige Universen aus, und als Garbhodaka-śāyī Viṣṇu geht Er in jedes dieser Universen ein. Auf diese Weise wird jedes Universum erschaffen. Dann manifestiert Er Sich als Kṣīrodaka-śāyī Viṣṇu, und dieser Viṣṇu geht in alles ein, selbst in das winzige Atom. Diese Tatsache, daß Er in alles eingeht, wird im vorliegenden Vers erklärt.

Was nun die Lebewesen betrifft, so werden sie in den Schoß der materiellen Natur eingegeben und nehmen als Ergebnis ihrer vergangenen Taten verschiedene Stellungen ein. So beginnen die Tätigkeiten der Lebewesen in der materiellen Welt. Die verschiedenen Lebensformen existieren vom ersten Augenblick der Schöpfung an. Es ist nicht so, daß sich alles im Laufe der Zeit entwickelt. Die verschiedenen Lebensformen werden gleichzeitig mit dem Universum erschaffen. Menschen, Säugetiere, Raubtiere, Vögel – alles wird zur gleichen Zeit geschaffen, denn alle Wünsche, die die Lebewesen bei der letzten Vernichtung hatten, werden erneut manifestiert. Durch das Wort *avaśam* wird hier klar darauf hingewiesen, daß die Lebewesen mit diesem Vorgang nichts zu tun haben. Der Seinszustand, in dem sie sich in ihrem letzten Leben in der vergangenen Schöpfung befanden, wird einfach erneut manifestiert, und all dies geschieht einfach durch den Willen des Herrn. Das ist die unbegreifliche Macht der Höchsten Persönlichkeit Gottes. Und nachdem der Herr die verschiedenen Spezies erschaffen hat, hat Er keine Verbindung mit ihnen. Die Schöpfung findet statt, um den Neigungen der verschiedenen Lebewesen gerecht zu werden, und so wird der Herr nicht in diesen Vorgang verwickelt.

Vers 9 न च मां तानि कर्माणि निबध्नन्ति धनञ्जय ।
उदासीनवदासीनमसक्तं तेषु कर्मसु ॥ ९ ॥

na ca māṁ tāni karmāṇi nibadhnanti dhanañ-jaya
udāsīna-vad āsīnam asaktaṁ teṣu karmasu

na – niemals; *ca* – auch; *mām* – Mich; *tāni* – all diese; *karmāṇi* – Tätigkeiten; *nibadhnanti* – binden; *dhanam-jaya* – o Eroberer von Reichtum; *udāsīna-vat* – als neutral; *āsīnam* – befindlich; *asaktam* – ohne Anziehung; *teṣu* – zu ihnen; *karmasu* – Tätigkeiten.

O Dhanañjaya, all diese Tätigkeiten können Mich nicht binden. Ich bin immer unberührt von all diesen materiellen Vorgängen, als wäre Ich unbeteiligt.

ERLÄUTERUNG: Man sollte in diesem Zusammenhang nicht denken, die Höchste Persönlichkeit Gottes habe keine Beschäftigung. In Seiner spirituellen Welt ist der Herr immer beschäftigt. In der *Brahma-saṁhitā* (5.6) heißt es: *ātmārāmasya tasyāsti prakṛtyā na samāgamaḥ.* „Er geht immer Seinen ewigen, glückseligen, spirituellen Tätigkeiten nach, doch Er hat nichts mit den Tätigkeiten der materiellen Welt zu tun." Materielle Tätigkeiten werden von Seinen verschiedenen Energien ausgeführt. Der Herr verhält Sich immer neutral zu den materiellen Tätigkeiten der geschaffenen Welt. Auf diese Neutralität wird hier mit dem Wort *udāsīna-vat* hingewiesen. Er beherrscht die materiellen Vorgänge bis ins kleinste Detail, aber dennoch ist Er neutral. Man kann hier das Beispiel eines Oberrichters anführen, der auf seinem Richterstuhl sitzt. Auf seinen Befehl hin geschehen so viele Dinge: Jemand wird gehängt; ein anderer bekommt eine Gefängnisstrafe, und wieder einem anderen wird eine riesige Geldsumme zugesprochen – aber dennoch ist der Richter neutral. Er hat mit solchem Gewinn und Verlust nichts zu tun. In ähnlicher Weise ist der Herr immer neutral, obwohl Sein Einfluß sich auf jeden Tätigkeitsbereich erstreckt. Im *Vedānta-sūtra* (2.1.34) wird gesagt, daß Er Sich nicht innerhalb der Dualitäten der materiellen Welt befindet (*vaiṣamya-nairghṛṇye na*). Er steht in transzendentaler Stellung zu diesen Dualitäten. Auch wird Er von der Schöpfung und Vernichtung der materiellen Welt nicht berührt. Die Lebewesen nehmen ihren vergangenen Handlungen entsprechend verschiedene Formen in den vielfachen Arten des Lebens an, und der Herr mischt Sich darin nicht ein.

Vers 10 मयाध्यक्षेण प्रकृतिः सूयते सचराचरम् ।
हेतुनानेन कौन्तेय जगद्विपरिवर्तते ॥१०॥

mayādhyakṣeṇa prakṛtiḥ sūyate sa-carācaram
hetunānena kaunteya jagad viparivartate

mayā – von Mir; *adhyakṣeṇa* – durch Oberaufsicht; *prakṛtiḥ* – materielle Natur; *sūyate* – manifestiert sich; *sa* – beide; *cara-acaram* – die sich bewegenden und die sich nicht bewegenden; *hetunā* – aus diesem Grunde; *anena* – dies; *kaunteya* – o Sohn Kuntīs; *jagat* – die kosmische Manifestation; *viparivartate* – ist tätig.

Die materielle Natur, die eine Meiner Energien ist, ist unter Meiner Führung tätig, o Sohn Kuntīs, und bringt alle sich bewegenden und sich nicht bewegenden Wesen hervor. Nach ihrem Gesetz wird diese Manifestation immer wieder geschaffen und aufgelöst.

ERLÄUTERUNG: Obwohl der Höchste Herr von den Vorgängen in der materiellen Welt entfernt ist, bleibt Er dennoch der Höchste Lenker. Dies wird durch den vorliegenden Vers klar bestätigt. Der Höchste Herr ist der höchste Wille und der Hintergrund der materiellen Manifestation, doch die Verwaltung obliegt der materiellen Natur. Kṛṣṇa sagt in der *Bhagavad-gītā* auch, daß Er der Vater aller Lebewesen in den verschiedensten Formen und Arten ist. Der Vater gibt den Samen in den Schoß der Mutter, um ein Kind zu zeugen, und in ähnlicher Weise gibt der Höchste Herr durch Seinen bloßen Blick alle Lebewesen in den Schoß der materiellen Natur ein, aus dem sie, ihren vergangenen Wünschen und Tätigkeiten entsprechend, in verschiedenen Formen und Arten hervorkommen. Obwohl all diese Lebewesen unter dem Blick des Höchsten Herrn geboren werden, nehmen sie ihren vergangenen Taten und Wünschen gemäß verschiedene Körper an. Der Herr ist also nicht direkt mit der materiellen Welt verbunden. Er wirft lediglich Seinen Blick über die materielle Natur. Auf diese Weise wird die materielle Natur aktiviert, und alles wird augenblicklich erschaffen. Da der Höchste Herr über die materielle Natur blickt, ist Er zweifellos ebenfalls aktiv, doch Er hat mit der Manifestation der materiellen Welt direkt nichts zu tun. Dazu wird in der *smṛti* folgendes Beispiel gegeben: Wenn jemand vor einer Blume steht, kann er ihren Duft mit seinem Geruchssinn wahrnehmen, und doch sind das Riechen und die Blume voneinander getrennt. Eine ähnliche Verbindung besteht zwischen der materiellen Welt und der Höchsten Persönlichkeit Gottes. Eigentlich hat der Herr mit der materiellen Welt nichts zu tun, doch durch Seinen Blick findet die Schöpfung statt, und alles geschieht nach Seiner Fügung. Zusammenfassend kann man sagen, daß die materielle Natur ohne die Oberaufsicht der Höchsten Persönlichkeit Gottes nicht imstande ist, in irgendeiner Weise tätig zu sein. Aber dennoch ist die Höchste Persönlichkeit von allen materiellen Vorgängen losgelöst.

Vers 11 अवजानन्ति मां मूढा मानुषीं तनुमाश्रितम् ।
परं भावमजानन्तो मम भूतमहेश्वरम् ॥११॥

avajānanti māṁ mūḍhā mānuṣīṁ tanum āśritam
paraṁ bhāvam ajānanto mama bhūta-maheśvaram

avajānanti – verspotten; *mām* – Mich; *mūḍhāḥ* – törichte Menschen; *mānuṣīm* – in einer menschlichen Gestalt; *tanum* – einen Körper; *āśritam* – annehmend; *param* – transzendentales; *bhāvam* – Wesen; *ajānantaḥ* – nicht kennend; *mama* – Mein; *bhūta* – von allem Existierenden; *mahā-īśvaram* – der höchste Besitzer.

Toren verspotten Mich, wenn Ich in der menschlichen Gestalt herabsteige. Sie wissen nicht, daß Ich, als der Höchste Herr über alles Existierende, von transzendentalem Wesen bin.

ERLÄUTERUNG: Aus den Erklärungen der vorangegangenen Verse in diesem Kapitel wird klar, daß der Herr, die Höchste Persönlichkeit Gottes, kein gewöhnlicher Mensch ist, obwohl Er in menschlicher

Form erscheint. Die Persönlichkeit Gottes, die die Schöpfung, Erhaltung und Vernichtung der gesamten kosmischen Manifestation leitet, kann kein Mensch sein. Dennoch gibt es viele törichte Menschen, die glauben, Kṛṣṇa sei nichts weiter als ein mächtiger Mensch. In Wahrheit ist Er die ursprüngliche Höchste Persönlichkeit, wie es auch in der *Brahma-saṁhitā* bestätigt wird (*īśvaraḥ paramaḥ kṛṣṇaḥ*). Er ist der Höchste Herr.

Es gibt viele *īśvaras* oder Herrscher, von denen einer größer zu sein scheint als der andere. Bei gewöhnlichen Verwaltungsangelegenheiten in der materiellen Welt sehen wir zum Beispiel, daß einem Beamten oder Sekretär ein Direktor übergeordnet ist, diesem ein Minister und diesem wiederum ein Präsident. Jeder von ihnen ist ein *īśvara,* aber dem einen ist ein anderer übergeordnet. In der *Brahma-saṁhitā* wird gesagt, daß Kṛṣṇa der höchste *īśvara* ist. Sowohl in der materiellen als auch in der spirituellen Welt gibt es zweifellos viele Herrscher, doch Kṛṣṇa ist der Höchste Herrscher (*īśvaraḥ paramaḥ kṛṣṇaḥ*), und Sein Körper ist *sac-cid-ānanda,* immateriell.

Materielle Körper können nicht so wundervolle Taten vollbringen, wie sie in den vorangegangenen Versen beschrieben wurden. Der Körper Kṛṣṇas ist ewig, glückselig und voller Wissen. Obwohl Er kein gewöhnlicher Mensch ist, verspotten Ihn die Toren und halten Ihn für einen gewöhnlichen Menschen. Sein Körper wird hier als *mānuṣīm* bezeichnet, weil Er genauso handelt wie ein Mensch, wie ein Freund Arjunas, wie ein Politiker, der in die Schlacht von Kurukṣetra verwickelt ist. In vieler Hinsicht handelte Er genau wie ein gewöhnlicher Mensch, doch im Grunde ist Sein Körper *sac-cid-ānanda-vigraha* – ewige Glückseligkeit und absolutes Wissen. Dies wird auch in den vedischen Schriften bestätigt: *sac-cid-ānanda-rūpāya kṛṣṇāya.* „Ich erweise meine Ehrerbietungen Kṛṣṇa, der Höchsten Persönlichkeit Gottes, der die ewige, glückselige Form des Wissens ist." (*Gopāla-tāpanī Upaniṣad* 1.1) Es gibt noch andere vedische Beschreibungen, wie zum Beispiel *tam ekaṁ govindam:* „Du bist Govinda, die Freude der Sinne und der Kühe." *Sac-cid-ānanda-vigraham:* „Und Deine Gestalt ist transzendental, voller Wissen, Glückseligkeit und Ewigkeit." (*Gopāla-tāpanī Upaniṣad* 1.38)

Trotz der transzendentalen Eigenschaften von Śrī Kṛṣṇas Körper, dessen vollkommener Glückseligkeit und vollkommenem Wissen gibt es viele sogenannte Gelehrte und Kommentatoren der *Bhagavad-gītā,* die Kṛṣṇa verspotten und Ihn als gewöhnlichen Menschen bezeichnen. Der Gelehrte mag dank vergangener guter Taten als außergewöhnlicher Mensch geboren worden sein, doch eine solche Vorstellung von Kṛṣṇa zeugt von geringem Wissen. Deshalb wird er als *mūḍha* bezeichnet, denn nur törichte Menschen halten Kṛṣṇa für einen gewöhnlichen Menschen. Sie kennen die vertraulichen Taten des Höchsten Herrn und Seine verschiedenen Energien nicht, und deshalb glauben sie, Er sei ein gewöhnlicher Mensch. Sie wissen nicht, daß Kṛṣṇas Körper der Inbegriff vollkommenen Wissens und vollkommener Glückseligkeit ist, daß Er der Besitzer alles Existierenden ist und daß Er jedem Befreiung gewähren kann. Weil sie nicht wissen, daß Kṛṣṇa so viele transzendentale Eigenschaften in Sich birgt, verspotten sie Ihn.

Auch wissen sie nicht, daß das Erscheinen Kṛṣṇas, der Höchsten Persönlichkeit Gottes, in der materiellen Welt eine Manifestation Seiner inneren Energie ist. Er ist der Meister der materiellen Energie. Wie bereits an mehreren Stellen erklärt wurde (*mama māyā duratyayā*), sagt Er, daß die materielle Energie, obwohl sehr mächtig, unter Seiner Aufsicht steht und daß jeder, der sich Ihm ergibt, dem Einfluß dieser materiellen Energie entkommen kann. Wenn eine Seele, die sich Kṛṣṇa ergibt, dem Einfluß der materiellen Energie entkommen kann, wie kann dann der Höchste Herr, der die Schöpfung, Erhaltung und Vernichtung der gesamten kosmischen Natur leitet, einen materiellen Körper wie wir haben? Offensichtlich entspringt diese Vorstellung von Kṛṣṇa der reinen Torheit. Verblendete Menschen können sich indes nicht vorstellen, daß die Persönlichkeit Gottes, Kṛṣṇa, der wie ein gewöhnlicher Mensch erscheint, alle Atome und die gigantische Manifestation der universalen Form beherrschen kann. Das Größte und das Kleinste befinden sich jenseits ihres Begriffsvermögens, und folglich können sie sich nicht vorstellen, daß eine Form wie die eines Menschen gleichzeitig das Unendliche und das winzig Kleine beherrschen kann. Doch obwohl Er das Unbegrenzte und das Begrenzte beherrscht, ist Er von all diesen Manifestationen weit entfernt. Im Zusammenhang mit Seiner *yogam aiśvaram,* Seiner unbegreiflichen transzendentalen Energie, wird eindeutig gesagt, daß Er das Unbegrenzte und das Begrenzte gleichzeitig beherrschen kann, ohne jedoch davon berührt zu werden. Die Toren können sich nicht vorstellen, wie Kṛṣṇa, der geradeso wie ein menschliches Wesen erscheint, das Unbegrenzte und das Begrenzte beherrschen kann, wohingegen die reinen Gottgeweihten dies akzeptieren, denn sie wissen, daß Kṛṣṇa die Höchste Persönlichkeit Gottes ist. Deshalb ergeben sie sich Ihm völlig und beschäftigen sich im Kṛṣṇa-Bewußtsein, im hingebungsvollen Dienst des Herrn.

Zwischen den Unpersönlichkeitsanhängern und den Persönlichkeitsanhängern gibt es viele Meinungsverschiedenheiten in bezug auf das Erscheinen des Herrn in menschlicher Gestalt. Wenn wir jedoch die *Bhagavad-gītā* und das *Śrīmad-Bhāgavatam,* die autoritativen Texte zum

Verständnis der Wissenschaft von Kṛṣṇa, zu Rate ziehen, werden wir verstehen, daß Kṛṣṇa die Höchste Persönlichkeit Gottes ist. Er ist kein gewöhnlicher Mensch, obwohl Er auf der Erde wie ein gewöhnlicher Mensch erschien. Im *Śrīmad-Bhāgavatam,* Erster Canto, Erstes Kapitel, sagten die Weisen unter der Führung Śaunakas, als sie über die Taten Kṛṣṇas Fragen stellten:

kṛtavān kila karmāṇi saha rāmeṇa keśavaḥ
ati-martyāni bhagavān gūḍhaḥ kapaṭa-māṇuṣaḥ

„Śrī Kṛṣṇa, die Höchste Persönlichkeit Gottes, spielte zusammen mit Balarāma die Rolle eines Menschen, und so verschleiert, vollbrachte Er viele übermenschliche Taten." (*Śrīmad-Bhāgavatam* 1.1.20)

Das Erscheinen des Herrn als Mensch verwirrt die Toren. Kein Mensch könnte die wunderbaren Taten vollbringen, die Kṛṣṇa vollbrachte, als Er auf der Erde gegenwärtig war. Als Kṛṣṇa vor Seinem Vater und Seiner Mutter, Vasudeva und Devakī, erschien, zeigte Er Sich ihnen mit vier Händen, aber nach den Gebeten Seiner Eltern verwandelte Er Sich in ein gewöhnliches Kind. Im *Bhāgavatam* (10.3.46) heißt es in diesem Zusammenhang: *babhūva prākṛtaḥ śiśuḥ.* Er wurde genau wie ein gewöhnliches Kind, ein gewöhnlicher Mensch. Auch in diesem Vers wird darauf hingewiesen, daß das Erscheinen des Herrn als gewöhnlicher Mensch einer der Aspekte Seines transzendentalen Körpers ist. In ähnlicher Weise heißt es im Elften Kapitel der *Bhagavad-gītā,* daß Arjuna darum betete, Kṛṣṇas vierhändige Form zu sehen (*tenaiva rūpeṇa catur-bhujena*). Nachdem Kṛṣṇa diese Form offenbart hatte, nahm Er auf Bitten Arjunas wieder Seine ursprüngliche menschengleiche Form an (*mānuṣaṁ rūpam*). Diese verschiedenen Aspekte des Höchsten Herrn sind gewiß nicht die eines gewöhnlichen Menschen.

Einige von denen, die Kṛṣṇa verspotten und die von der Māyāvādī-Philosophie angesteckt sind, zitieren den folgenden Vers aus dem *Śrīmad-Bhāgavatam* (3.29.21), um zu beweisen, daß Kṛṣṇa nur ein gewöhnlicher Mensch ist: *ahaṁ sarveṣu bhūteṣu bhūtātmāvasthitaḥ sadā.* „Der Höchste ist in jedem Lebewesen gegenwärtig." Wir sollten unser Verständnis dieses Verses jedoch lieber von den Vaiṣṇava-*ācāryas* wie Jīva Gosvāmī und Viśvanātha Cakravartī Ṭhākura beziehen, als uns an die Interpretation unautorisierter Personen zu halten, die Kṛṣṇa verspotten. Jīva Gosvāmī sagt in seinem Kommentar zu diesem Vers, daß Kṛṣṇa in Seiner vollständigen Erweiterung als Paramātmā in allen beweglichen und unbeweglichen Wesen als Überseele gegenwärtig ist. Der Gottgeweihte auf der Anfängerstufe also, der nur der *arcā-mūrti,* der Form des

Höchsten Herrn im Tempel, seine Aufmerksamkeit schenkt und andere Lebewesen nicht achtet, verehrt die Form des Herrn im Tempel vergeblich. Es gibt drei Arten von Gottgeweihten, und der Neuling befindet sich auf der untersten Stufe. Der neue Gottgeweihte schenkt der Bildgestalt im Tempel mehr Aufmerksamkeit als den Gottgeweihten, und Viśvanātha Cakravartī Ṭhākura weist darauf hin, daß diese Einstellung berichtigt werden sollte. Ein Gottgeweihter sollte die folgende Sicht haben: Weil Kṛṣṇa im Herzen eines jeden als Paramātmā gegenwärtig ist, ist jeder Körper die Verkörperung oder der Tempel des Höchsten Herrn; folglich sollte man jeden Körper aufgrund der Gegenwart des Paramātmā respektieren, ebenso wie man dem Tempel des Herrn Achtung erweist. Jedem sollte also der angemessene Respekt erwiesen werden, und niemand sollte mißachtet werden.

Es gibt auch viele Unpersönlichkeitsanhänger, die über Tempelverehrung spotten. Sie sagen: „Wenn Gott überall ist, warum soll man sich auf die Verehrung im Tempel beschränken?" Aber wenn Gott überall ist, ist Er dann nicht auch im Tempel oder in der Bildgestalt? Die Persönlichkeits- und die Unpersönlichkeitsanhänger werden fortwährend miteinander streiten, doch ein vollkommener Gottgeweihter im Kṛṣṇa-Bewußtsein weiß, daß Kṛṣṇa einerseits die Höchste Persönlichkeit ist und andererseits gleichzeitig alles durchdringt, wie es in der *Brahma-saṁhitā* bestätigt wird. Obwohl Er Sich immer in Seinem persönlichen Reich, Goloka Vṛndāvana, aufhält, ist Er durch verschiedene Manifestationen Seiner Energie und durch Seine vollständige Erweiterung überall in allen Teilen der materiellen und spirituellen Schöpfung gegenwärtig.

Vers 12 मोघाशा मोघकर्माणो मोघज्ञाना विचेतसः ।
राक्षसीमासुरीं चैव प्रकृतिं मोहिनीं श्रिताः ॥१२॥

moghāśā mogha-karmāṇo mogha-jñānā vicetasaḥ
rākṣasīm āsurīṁ caiva prakṛtiṁ mohinīṁ śritāḥ

mogha-āśāḥ – in ihren Hoffnungen enttäuscht; *mogha-karmāṇaḥ* – in fruchtbringenden Handlungen gescheitert; *mogha-jñānāḥ* – im Wissen getäuscht; *vicetasaḥ* – verwirrt; *rākṣasīm* – dämonisch; *āsurīm* – atheistisch; *ca* – und; *eva* – gewiß; *prakṛtim* – Natur; *mohinīm* – verwirrend; *śritāḥ* – Zuflucht nehmend bei.

Diejenigen, die solcher Täuschung unterliegen, fühlen sich zu dämonischen und atheistischen Auffassungen hingezogen. In diesem verblen-

deten Zustand werden all ihre Hoffnungen auf Befreiung, all ihre fruchtbringenden Handlungen und all ihre Bemühungen um Wissen zunichte gemacht.

ERLÄUTERUNG: Es gibt viele Gottgeweihte, die sich selbst für Kṛṣṇa-bewußt halten und glauben, in Hingabe zu dienen, die aber in ihrem Herzen die Höchste Persönlichkeit Gottes, Kṛṣṇa, nicht als die Absolute Wahrheit anerkennen. Sie werden die Frucht des hingebungsvollen Dienstes, die Rückkehr zu Gott, niemals kosten. In ähnlicher Weise werden auch diejenigen, die fruchtbringenden, frommen Tätigkeiten nachgehen und letztlich hoffen, von der materiellen Verstrickung befreit zu werden, niemals erfolgreich sein, weil sie die Höchste Persönlichkeit Gottes, Kṛṣṇa, mißachten. Mit anderen Worten, Menschen, die Kṛṣṇa verspotten, müssen als dämonisch oder atheistisch angesehen werden. Wie im Siebten Kapitel der *Bhagavad-gītā* beschrieben wird, ergeben sich solche dämonischen Schurken Kṛṣṇa niemals. Ihre gedanklichen Spekulationen, mit deren Hilfe sie die Absolute Wahrheit erreichen wollen, führen sie vielmehr zu der falschen Schlußfolgerung, das gewöhnliche Lebewesen und Kṛṣṇa seien ein und dasselbe. Mit dieser falschen Überzeugung glauben sie, der menschliche Körper sei jetzt einfach von der materiellen Natur bedeckt, und sobald man von diesem materiellen Körper befreit sei, gäbe es keinen Unterschied mehr zwischen Gott und einem selbst. Dieser Versuch, mit Kṛṣṇa eins zu werden, wird scheitern, da er auf Verblendung beruht. Eine solche atheistische und dämonische Kultivierung spirituellen Wissens ist stets vergebens. Das ist die Aussage dieses Verses. Der Versuch solcher Menschen, mit Hilfe der vedischen Schriften wie des *Vedānta-sūtra* und der *Upaniṣaden* Wissen zu kultivieren, ist von vornherein zum Scheitern verurteilt.

Es ist daher ein schweres Vergehen, Kṛṣṇa, die Höchste Persönlichkeit Gottes, für einen gewöhnlichen Menschen zu halten. Diejenigen, die so denken, sind zweifellos verblendet, denn sie können die ewige Gestalt Kṛṣṇas nicht verstehen. In der *Bṛhad-viṣṇu-smṛti* heißt es unmißverständlich:

yo vetti bhautikaṁ dehaṁ kṛṣṇasya paramātmanaḥ
sa sarvasmād bahiṣ-kāryaḥ śrauta-smārta-vidhānataḥ
mukhaṁ tasyāvalokyāpi sa-celaṁ snānam ācaret

„Jemand, der den Körper Kṛṣṇas als materiell betrachtet, sollte von allen Ritualen und Handlungen der *śruti* und *smṛti* ausgeschlossen werden, und wenn man zufällig sein Gesicht sieht, sollte man sofort ein Bad im Ganges nehmen, um sich vor einer Ansteckung zu bewahren.“ Die

Menschen verhöhnen Kṛṣṇa, weil sie die Höchste Persönlichkeit Gottes beneiden. Sie erwartet mit Sicherheit das Schicksal, immer wieder in den atheistischen und dämonischen Lebensformen geboren zu werden. Fortwährend wird ihr wahres Wissen unter dem Schleier der Täuschung verborgen bleiben, und allmählich werden sie in den finstersten Bereich der Schöpfung hinabsinken.

Vers 13 महात्मानस्तु मां पार्थ दैवीं प्रकृतिमाश्रिताः ।
भजन्त्यनन्यमनसो ज्ञात्वा भूतादिमव्ययम् ॥१३॥

mahātmānas tu māṁ pārtha daivīṁ prakṛtim āśritāḥ
bhajanty ananya-manaso jñātvā bhūtādim avyayam

mahā-ātmānaḥ – die großen Seelen; *tu* – aber; *mām* – zu Mir; *pārtha* – o Sohn Pṛthās; *daivīm* – göttliche; *prakṛtim* – Natur; *āśritāḥ* – Zuflucht genommen habend bei; *bhajanti* – bringen Dienst dar; *ananya-manasaḥ* – ohne Abweichung des Geistes; *jñātvā* – wissend; *bhūta* – der Schöpfung; *ādim* – der Ursprung; *avyayam* – unerschöpflich.

O Sohn Pṛthās, diejenigen, die nicht verblendet sind, die großen Seelen, stehen unter dem Schutz der göttlichen Natur. Sie sind vollständig im hingebungsvollen Dienst beschäftigt, da sie Mich als die Höchste Persönlichkeit Gottes kennen, die ursprünglich und unerschöpflich ist.

ERLÄUTERUNG: In diesem Vers findet man eine klare Beschreibung des *mahātmā.* Das erste Kennzeichen des *mahātmā* besteht darin, daß er bereits in der göttlichen Natur verankert ist. Er untersteht nicht der Herrschaft der materiellen Natur. Und wodurch ist dies bewirkt worden? Dies wurde bereits im Siebten Kapitel erklärt: Wer sich der Höchsten Persönlichkeit Gottes, Śrī Kṛṣṇa, ergibt, wird sogleich von der Herrschaft der materiellen Natur befreit. Darin besteht die Qualifikation. Man kann von der Herrschaft der materiellen Natur befreit werden, sobald man seine Seele der Höchsten Persönlichkeit Gottes hingibt. Das ist die grundlegende Voraussetzung. Weil das Lebewesen zur marginalen Kraft gehört, wird es, sobald es von der Herrschaft der materiellen Energie befreit ist, der Führung der spirituellen Natur unterstellt. Die Führung der spirituellen Natur wird *daivī prakṛti,* göttliche Natur, genannt. Wenn man also auf diese Weise, durch Hingabe zur Höchsten Persönlichkeit Gottes, erhoben wird, erreicht man die Stufe der *mahātmās,* der großen Seelen.

Der *mahātmā* richtet seine ganze Aufmerksamkeit auf Kṛṣṇa und läßt sie auf nichts anderes abschweifen, da er genau weiß, daß Kṛṣṇa die ursprüngliche Höchste Person, die Ursache aller Ursachen, ist. Daran besteht kein Zweifel. Ein solcher *mahātmā,* eine solche große Seele, entwickelt sich durch Gemeinschaft mit anderen *mahātmās,* reinen Gottgeweihten. Reine Gottgeweihte fühlen sich nicht einmal zu anderen Formen Kṛṣṇas, wie dem vierarmigen Mahā-viṣṇu, hingezogen. Ihre Zuneigung gilt einzig und allein der zweiarmigen Form Kṛṣṇas. Sie verspüren keinerlei Anziehung zu anderen Formen Kṛṣṇas, und auch die Formen irgendwelcher Halbgötter oder Menschen sind ihnen gleichgültig. Sie meditieren nur über Kṛṣṇa im Kṛṣṇa-Bewußtsein. Sie sind ständig im unerschütterlichen Dienst des Herrn, im Kṛṣṇa-Bewußtsein, beschäftigt.

Vers 14 सततं कीर्तयन्तो मां यतन्तश्च दृढव्रताः ।
नमस्यन्तश्च मां भक्त्या नित्ययुक्ता उपासते ॥१४॥

satataṁ kīrtayanto māṁ yatantaś ca dṛḍha-vratāḥ
namasyantaś ca māṁ bhaktyā nitya-yuktā upāsate

satatam – immer; *kīrtayantaḥ* – chantend; *mām* – über Mich; *yatantaḥ* – sich mit voller Kraft bemühend; *ca* – auch; *dṛḍha-vratāḥ* – mit Entschlossenheit; *namasyantaḥ* – Ehrerbietungen darbringend; *ca* – und; *mām* – Mir; *bhaktyā* – mit Hingabe; *nitya-yuktāḥ* – ständig beschäftigt; *upāsate* – verehren.

Ohne Unterlaß preisen sie Meine Herrlichkeit, bemühen sich mit großer Entschlossenheit und verneigen sich vor Mir. So verehren Mich die großen Seelen unaufhörlich mit Hingabe.

ERLÄUTERUNG: Man kann einen *mahātmā* nicht einfach fabrizieren, indem man einen gewöhnlichen Menschen dazu stempelt. Die Merkmale eines *mahātmā* werden hier beschrieben: Er chantet ständig über die Herrlichkeiten des Höchsten Herrn, Śrī Kṛṣṇas, der Persönlichkeit Gottes. Er kennt keine andere Beschäftigung, als ständig den Herrn zu lobpreisen. Mit anderen Worten, er ist kein Unpersönlichkeitsanhänger. Was Lobpreisung betrifft, so muß man den Herrn verherrlichen, indem man Seinen Heiligen Namen, Seine ewige Gestalt, Seine transzendentalen Eigenschaften und Seine außergewöhnlichen Spiele preist. All diese Aspekte muß man verherrlichen; daher richtet ein *mahātmā* seine Zuneigung auf die Höchste Persönlichkeit Gottes.

Jemand, der sich zum unpersönlichen Aspekt des Höchsten Herrn, dem *brahmajyoti,* hingezogen fühlt, wird in der *Bhagavad-gītā* nicht als *mahātmā* bezeichnet. Er wird im nächsten Vers auf andere Weise beschrieben. Der *mahātmā* ist ständig mit verschiedenen Tätigkeiten des hingebungsvollen Dienstes beschäftigt, wie sie im *Śrīmad-Bhāgavatam* beschrieben werden, das heißt mit Hören und Chanten über Viṣṇu, und nicht über einen Halbgott oder einen Menschen. Dies ist Hingabe: *śravaṇaṁ kīrtanaṁ viṣṇoḥ* und *smaraṇam,* Erinnerung an den Herrn. Solch ein *mahātmā* ist fest entschlossen, letztlich die Gemeinschaft des Höchsten Herrn in einem der fünf transzendentalen *rasas* zu erreichen. Um dieses Ziel zu erreichen, stellt er alle Tätigkeiten – die Tätigkeiten des Geistes, des Körpers und des Sprechens – in den Dienst Śrī Kṛṣṇas, des Höchsten Herrn. Das wird vollständiges Kṛṣṇa-Bewußtsein genannt.

Im hingebungsvollen Dienst gibt es gewisse Tätigkeiten, die festgelegt sind, so zum Beispiel das Fasten an bestimmten Tagen, wie dem elften Tag des Mondes, Ekādaśī, und dem Erscheinungstag des Herrn. All diese Regeln und Regulierungen werden von den großen *ācāryas* denen empfohlen, die tatsächlich daran interessiert sind, in die Gemeinschaft der Höchsten Persönlichkeit Gottes in der transzendentalen Welt aufgenommen zu werden. Die *mahātmās,* die großen Seelen, halten sich streng an diese Regeln und Regulierungen, und deshalb ist es sicher, daß sie das gewünschte Ergebnis erreichen.

Wie im zweiten Vers dieses Kapitels beschrieben wird, ist hingebungsvoller Dienst nicht nur einfach, sondern kann auch mit Freude ausgeführt werden. Man braucht sich keine strengen Bußen und Entsagungen aufzuerlegen. Man kann sein Leben im hingebungsvollen Dienst unter der Anleitung eines kundigen spirituellen Meisters in jeder Position führen, ob als Haushälter oder als *sannyāsī* oder als *brahmacārī;* in jeder Position und überall auf der Welt kann man hingebungsvollen Dienst für die Höchste Persönlichkeit Gottes ausführen und so tatsächlich ein *mahātmā,* eine große Seele, werden.

Vers 15 ज्ञानयज्ञेन चाप्यन्ये यजन्तो मामुपासते ।
एकत्वेन पृथक्त्वेन बहुधा विश्वतोमुखम् ॥१५॥

jñāna-yajñena cāpy anye yajanto mām upāsate
ekatvena pṛthaktvena bahudhā viśvato-mukham

jñāna-yajñena – durch Kultivierung von Wissen; *ca* – auch; *api* – gewiß; *anye* – andere; *yajantaḥ* – opfernd; *mām* – Mich; *upāsate* – verehren;

ekatvena – in Einheit; *pṛthaktvena* – in Dualität; *bahudhā* – in Verschiedenheit; *viśvataḥ-mukham* – und in der universalen Form.

Andere, die Opfer ausführen, indem sie Wissen entwickeln, verehren den Höchsten Herrn als das Eine Ungeteilte, als den in viele Aufgeteilten und als die universale Form.

ERLÄUTERUNG: Dieser Vers ist die Zusammenfassung der vorangegangenen Verse. Der Herr teilt Arjuna mit, daß diejenigen, die völlig Kṛṣṇa-bewußt sind und nichts anderes als Kṛṣṇa kennen, *mahātmās* genannt werden; darüber hinaus gibt es Menschen, die zwar nicht unbedingt die Stellung eines *mahātmā* einnehmen, die aber ebenfalls Kṛṣṇa verehren, wenn auch auf andere Weise. Einige von ihnen wurden bereits beschrieben: die Notleidenden, die Mittellosen, die Neugierigen und diejenigen, die sich mit der Entwicklung von Wissen beschäftigen. Aber es gibt andere, die auf einer noch niedrigeren Stufe stehen, und diese werden in drei Gruppen unterteilt: (1) derjenige, der sich selbst verehrt, weil er denkt, er sei eins mit dem Höchsten Herrn, (2) derjenige, der sich eine Form des Höchsten Herrn ausdenkt und sie verehrt, und (3) derjenige, der die universale Form, die *viśva-rūpa* der Höchsten Persönlichkeit Gottes, verehrt. Von diesen dreien sind die Niedrigsten, nämlich diejenigen, die sich selbst als den Höchsten Herrn verehren und sich als Monisten bezeichnen, am häufigsten vertreten. Solche Menschen halten sich für den Höchsten Herrn, und in diesem Bewußtsein verehren sie sich selbst. Auch dies ist eine Form der Gottesverehrung, denn solche Menschen verstehen, daß sie nicht der materielle Körper, sondern spirituelle Seele sind; zumindest dieses Verständnis ist in ihnen vorhanden. Im allgemeinen verehren die Unpersönlichkeitsanhänger den Höchsten Herrn auf diese Weise. Zur zweiten Gruppe gehören die Verehrer der Halbgötter, diejenigen, die willkürlich irgendeine Form als die Form des Höchsten Herrn ansehen. Und zur dritten Gruppe zählen diejenigen, die sich nichts außerhalb der Manifestation des materiellen Universums vorstellen können. Sie betrachten das Universum als den höchsten Organismus, als das höchste, was es gibt, und verehren es daher. Das Universum ist ebenfalls eine Form des Herrn.

Vers 16 अहं क्रतुरहं यज्ञः स्वधाहमहमौषधम् ।
मन्त्रोऽहमहमेवाज्यमहमग्निरहं हुतम् ॥१६॥

ahaṁ kratur ahaṁ yajñaḥ svadhāham aham auṣadham
mantro 'ham aham evājyam aham agnir ahaṁ hutam

aham – Ich; *kratuḥ* – vedisches Ritual; *aham* – Ich; *yajñaḥ* – *smṛti*-Opfer; *svadhā* – Opfergabe; *aham* – Ich; *aham* – Ich; *auṣadham* – Heilkraut; *mantraḥ* – transzendentale Hymne; *aham* – Ich; *aham* – Ich; *eva* – gewiß; *ājyam* – geschmolzene Butter; *aham* – Ich; *agniḥ* – Feuer; *aham* – Ich; *hutam* – Opferung.

Aber Ich bin es, der das Ritual ist, Ich bin das Opfer, die Opferung zu den Ahnen, das Heilkraut und die transzendentalen Hymnen. Ich bin die Butter, das Feuer und die Opferung.

ERLÄUTERUNG: Das vedische Opfer namens Jyotiṣṭoma ist ebenfalls Kṛṣṇa, und Er ist auch der *mahā-yajña,* der in der *smṛti* erwähnt wird. Die Opfergaben, die dem Pitṛloka dargebracht werden, das heißt die Opfer zur Zufriedenstellung der Bewohner des Pitṛloka, gelten als eine Art Heilmittel in Form geklärter Butter und sind ebenfalls Kṛṣṇa. Auch die *mantras,* die in diesem Zusammenhang gechantet werden, sind Kṛṣṇa. Und viele andere Dinge, die aus Milchprodukten zubereitet werden und dafür bestimmt sind, im Opfer dargebracht zu werden, sind ebenfalls Kṛṣṇa. Das Feuer ist auch Kṛṣṇa, denn Feuer ist eines der fünf materiellen Elemente und zählt daher zu Kṛṣṇas abgesonderter Energie. Mit anderen Worten, die im *karma-kāṇḍa*-Teil der *Veden* empfohlenen vedischen Opfer sind in ihrer Gesamtheit ebenfalls Kṛṣṇa. Oder anders ausgedrückt: Von denen, die im hingebungsvollen Dienst tätig sind, kann man sagen, daß sie bereits alle Opfer ausgeführt haben, die in den *Veden* empfohlen werden.

Vers 17 पिताहमस्य जगतो माता धाता पितामहः ।
वेद्यं पवित्रमोंकार ऋक्साम यजुरेव च ॥१७॥

pitāham asya jagato mātā dhātā pitāmahaḥ
vedyaṁ pavitram oṁ-kāraḥ ṛk sāma yajur eva ca

pitā – Vater; *aham* – Ich; *asya* – von diesem; *jagataḥ* – Universum; *mātā* – Mutter; *dhātā* – Erhalter; *pitāmahaḥ* – Großvater; *vedyam* – das zu Erkennende; *pavitram* – das, was reinigt; *oṁ-kāra* – die Silbe *oṁ; ṛk* – der *Ṛg Veda; sāma* – der *Sāma Veda; yajuḥ* – der *Yajur Veda; eva* – gewiß; *ca* – und.

Ich bin der Vater des Universums, die Mutter, der Erhalter und der Großvater. Ich bin der Gegenstand des Wissens, der Läuternde und die Silbe oṁ. Ich bin auch der Ṛg, der Sāma und der Yajur Veda.

ERLÄUTERUNG: Alle kosmischen Manifestationen, bewegliche wie auch unbewegliche, werden durch verschiedene Wirkungsweisen der Energie Kṛṣṇas hervorgebracht. Im materiellen Dasein knüpfen wir verschiedene Beziehungen zu verschiedenen Lebewesen, die nichts anderes sind als Kṛṣṇas marginale Energie; unter dem Einfluß der Schöpfung *prakṛtis* scheinen einige von ihnen unser Vater, unsere Mutter, unser Großvater, unser Schöpfer usw. zu sein, während sie im Grunde nichts anderes sind als Bestandteile Kṛṣṇas. Als solche sind diese Lebewesen, die als unser Vater, unsere Mutter usw. erscheinen, nichts anderes als Kṛṣṇa. In diesem Vers bedeutet das Wort *dhātā* „Schöpfer". Unser Vater und unsere Mutter sind Bestandteile Kṛṣṇas, und auch der Schöpfer, die Großmutter, der Großvater usw. sind Kṛṣṇa. Im Grunde ist jedes Lebewesen – als Bestandteil Kṛṣṇas – ebenfalls Kṛṣṇa. Alle *Veden* haben daher nur Kṛṣṇa zum Ziel. Was immer wir durch die *Veden* erfahren möchten, ist letztlich ein Schritt vorwärts auf dem Pfad, Kṛṣṇa zu verstehen. Besonders das Wissen, das uns hilft, uns zu läutern und unsere wesensgemäße Stellung zu erkennen, ist Kṛṣṇa. In ähnlicher Weise ist das Lebewesen, das bestrebt ist, alle vedischen Prinzipien zu verstehen, ein Bestandteil Kṛṣṇas und ist als solches ebenfalls Kṛṣṇa. In allen vedischen *mantras* ist das Wort *oṁ,* das *praṇava* genannt wird, eine transzendentale Klangschwingung und ist ebenfalls Kṛṣṇa. Und weil in allen Hymnen der vier *Veden – Sāma, Yajur, Ṛg* und *Atharva* – das *praṇava* oder *oṁ-kāra* sehr häufig vorkommt, gilt es ebenfalls als Kṛṣṇa.

Vers 18 गतिर्भर्ता प्रभुः साक्षी निवासः शरणं सुहृत् ।
प्रभवः प्रलयः स्थानं निधानं बीजमव्ययम् ॥१८॥

gatir bhartā prabhuḥ sākṣī nivāsaḥ śaraṇaṁ suhṛt
prabhavaḥ pralayaḥ sthānaṁ nidhānaṁ bījam avyayam

gatiḥ – Ziel; *bhartā* – Erhalter; *prabhuḥ* – Herr; *sākṣī* – Zeuge; *nivāsaḥ* – Zuhause; *śaraṇam* – Zuflucht; *su-hṛt* – engster Freund; *prabhavaḥ* – Schöpfung; *pralayaḥ* – Auflösung; *sthānam* – Grundlage; *nidhānam* – Ruheort; *bījam* – Same; *avyayam* – unvergänglich.

Ich bin das Ziel, der Erhalter, der Meister, der Zeuge, das Zuhause, die Zuflucht und der beste Freund. Ich bin die Schöpfung und die Vernichtung, die Grundlage von allem, der Ruheort und der ewige Same.

ERLÄUTERUNG: Das Wort *gati* bezieht sich auf das Ziel, das man anstrebt. Doch die Menschen wissen nicht, was das höchste Ziel ist.

Dieses höchste Ziel ist Kṛṣṇa, und jemand, der Kṛṣṇa nicht kennt, geht in die Irre, und sein sogenannter Fortschritt ist entweder unvollständig oder halluzinatorisch. Es gibt viele Menschen, die sich verschiedene Halbgötter zu ihrem Ziel machen, und durch die genaue Ausführung der jeweiligen strikten Vorgänge erreichen sie verschiedene Planeten, wie Candraloka, Sūryaloka, Indraloka, Maharloka usw. Da jedoch all diese *lokas* Schöpfungen Kṛṣṇas sind, sind sie gleichzeitig Kṛṣṇa und nicht Kṛṣṇa. Da diese Planeten Manifestationen von Kṛṣṇas Energie sind, sind sie ebenfalls Kṛṣṇa, doch im Grunde dienen sie nur als ein Schritt vorwärts auf dem Weg zur Verwirklichung Kṛṣṇas. Sich den verschiedenen Energien Kṛṣṇas zu nähern bedeutet, sich Kṛṣṇa indirekt zu nähern. Man sollte sich direkt an Kṛṣṇa wenden, denn so kann man Zeit und Energie sparen. Wenn es zum Beispiel möglich ist, den obersten Stock eines Gebäudes mit dem Fahrstuhl zu erreichen, warum soll man dann Schritt für Schritt die Treppe hinauf steigen? Alles ruht auf Kṛṣṇas Energie; daher kann ohne Kṛṣṇas Schutz nichts existieren. Kṛṣṇa ist der höchste Herrscher, weil alles Ihm gehört und weil alles auf Seiner Energie ruht. Kṛṣṇa befindet Sich im Herzen aller Lebewesen, und deshalb ist Er der höchste Zeuge. Die Häuser, Länder und Planeten, die wir bewohnen, sind ebenfalls Kṛṣṇa. Kṛṣṇa ist die höchste Zuflucht, und deshalb sollte man bei Kṛṣṇa Zuflucht nehmen, ob man nun Schutz sucht oder Befreiung von seinen Leiden. Immer wenn wir Schutz benötigen, sollten wir uns darüber bewußt sein, daß uns nur eine lebendige Kraft Schutz gewähren kann. Kṛṣṇa ist das höchste Lebewesen. Und da Kṛṣṇa die Quelle unserer Herkunft, der höchste Vater, ist, kann niemand ein besserer Freund und Gönner sein als Kṛṣṇa. Kṛṣṇa ist die ursprüngliche Quelle der Schöpfung und die letztliche Ruhestätte nach der Vernichtung. Folglich ist Kṛṣṇa die ewige Ursache aller Ursachen.

Vers 19 तपाम्यहमहं वर्षं निगृह्णाम्युत्सृजामि च ।
अमृतं चैव मृत्युश्च सदसच्चाहमर्जुन ॥१९॥

tapāmy aham ahaṁ varṣaṁ nigṛhṇāmy utsṛjāmi ca
amṛtaṁ caiva mṛtyuś ca sad asac cāham arjuna

tapāmi – gebe Wärme; *aham* – Ich; *aham* – Ich; *varṣam* – Regen; *nigṛhṇāmi* – halte zurück; *utsṛjāmi* – sende aus; *ca* – und; *amṛtam* – Unsterblichkeit; *ca* – und; *eva* – gewiß; *mṛtyuḥ* – Tod; *ca* – und; sat – spirituelle Energie; *asat* – Materie; *ca* – und; *aham* – Ich; *arjuna* – o Arjuna.

O Arjuna, Ich sorge für Wärme, und Ich bin es, der den Regen zurückhält und aussendet. Ich bin die Unsterblichkeit, und Ich bin auch der personifizierte Tod. Sowohl die spirituelle als auch die materielle Energie befinden sich in Mir.

ERLÄUTERUNG: Durch Seine verschiedenen Energien – mit Hilfe von Elektrizität und Sonne – verbreitet Kṛṣṇa Wärme und Licht. Während des Sommers ist es Kṛṣṇa, der verhindert, daß Regen vom Himmel fällt, und während der Regenzeit läßt Er unaufhörliche Regengüsse niedergehen. Die Energie, die uns erhält, indem sie die Dauer unseres Lebens verlängert, ist Kṛṣṇa, und Kṛṣṇa begegnet uns am Ende des Lebens als der Tod. Wenn man all diese verschiedenen Energien Kṛṣṇas analysiert, kann man feststellen, daß es für Kṛṣṇa keinen Unterschied zwischen materieller und spiritueller Energie gibt; mit anderen Worten, Er ist sowohl materielle als auch spirituelle Energie. Auf der fortgeschrittenen Stufe des Kṛṣṇa-Bewußtseins trifft man daher keine solchen Unterscheidungen mehr. Man sieht in allen Dingen einzig und allein Kṛṣṇa.

Da Kṛṣṇa sowohl die materielle als auch die spirituelle Energie ist, ist die gigantische universale Form, die alle materiellen Manifestationen beinhaltet, ebenfalls Kṛṣṇa, und Seine Spiele in Vṛndāvana als zweihändiger Śyāmasundara, der auf einer Flöte spielt, sind die Spiele der Höchsten Persönlichkeit Gottes.

Vers 20 त्रैविद्या मां सोमपाः पूतपापा यज्ञैरिष्ट्वा स्वर्गतिं प्रार्थयन्ते ।
ते पुण्यमासाद्य सुरेन्द्रलोकमश्नन्ति दिव्यान्दिवि देवभोगान् ॥२०॥

trai-vidyā māṁ soma-pāḥ pūta-pāpā
yajñair iṣṭvā svar-gatiṁ prārthayante
te puṇyam āsādya surendra-lokam
aśnanti divyān divi deva-bhogān

trai-vidyāḥ – die Kenner der drei *Veden; mām* – Mich; *soma-pāḥ* – Trinker des *soma*-Saftes; *pūta* – geläutert; *pāpāḥ* – von Sünden; *yajñaiḥ* – mit Opfern; *iṣṭvā* – verehrend; *svaḥ-gatim* – Aufstieg zum Himmel; *prārthayante* – beten um; *te* – sie; *puṇyam* – fromm; *āsādya* – erreichend; *sura-indra* – Indras; *lokam* – den Planeten; *aśnanti* – genießen; *divyān* – himmlische; *divi* – im Himmel; *deva-bhogān* – die Freuden der Götter.

Diejenigen, die die Veden studieren und den soma-Saft trinken, weil sie zu den himmlischen Planeten gelangen wollen, verehren Mich indi-

rekt. Da sie von sündhaften Reaktionen geläutert wurden, werden sie auf dem frommen, himmlischen Planeten Indras geboren, wo sie die Freuden der Götter genießen.

ERLÄUTERUNG: Das Wort *trai-vidyāḥ* bezieht sich auf die drei *Veden – Sāma, Yajur* und *Ṛg.* Ein *brāhmaṇa,* der diese drei *Veden* studiert hat, wird *tri-vedī* genannt. Jeder, der dem Wissen, das man diesen drei *Veden* entnehmen kann, sehr zugetan ist, wird in der Gesellschaft geachtet. Leider gibt es viele große vedische Gelehrte, die den letztlichen Sinn des Studiums der *Veden* nicht kennen. Deshalb erklärt Kṛṣṇa hier, daß Er Selbst das endgültige Ziel der *tri-vedīs* ist. Wirkliche *tri-vedīs* suchen unter den Lotosfüßen Kṛṣṇas Zuflucht und beschäftigen sich im reinen hingebungsvollen Dienst, um den Herrn zufriedenzustellen. Hingebungsvoller Dienst beginnt mit dem Chanten des Hare-Kṛṣṇa-*mantra* und dem gleichzeitigen Versuch, Kṛṣṇa in Wahrheit zu verstehen. Leider entwickeln diejenigen, die die *Veden* nur formell studieren, ein größeres Interesse an Opferdarbringungen für verschiedene Halbgötter wie Indra und Candra. Durch solche Bemühungen werden die Verehrer verschiedener Halbgötter zweifellos von der Verunreinigung durch die niederen Eigenschaften der Natur geläutert und so zu den höheren Planetensystemen, den himmlischen Planeten, erhoben, die als Maharloka, Janaloka, Tapoloka usw. bezeichnet werden. Wenn man einmal diese höheren Planetensysteme erreicht hat, kann man seine Sinne hunderttausendmal besser befriedigen als auf unserem Planeten.

Vers 21 ते तं भुक्त्वा स्वर्गलोकं विशालं क्षीणे पुण्ये मर्त्यलोकं विशन्ति ।
एवं त्रयीधर्ममनुप्रपन्ना गतागतं कामकामा लभन्ते ॥२१॥

te taṁ bhuktvā svarga-lokaṁ viśālaṁ
kṣīṇe puṇye martya-lokaṁ viśanti
evaṁ trayī-dharmam anuprapannā
gatāgataṁ kāma-kāmā labhante

te – sie; *tam* – jenes; *bhuktvā* – genossen habend; *svarga-lokam* – Himmel; *viśālam* – unermeßlich; *kṣīṇe* – erschöpft; *puṇye* – die Ergebnisse ihrer frommen Handlungen; *martya-lokam* – zur Erde, dem Planeten des Todes; *viśanti* – fallen herab; *evam* – somit; *trayī* – der drei *Veden; dharmam* – Grundsätze; *anuprapannāḥ* – folgend; *gata-āgatam* – Tod und Geburt; *kāma-kāmāḥ* – Sinnengenüsse begehrend; *labhante* – erreichend.

Wenn sie auf diese Weise unermeßliche himmlische Sinnenfreuden genossen haben und die Ergebnisse ihrer frommen Handlungen erschöpft sind, kehren sie zurück zu diesem Planeten des Todes. So erlangen diejenigen, die nach Sinnengenuß streben, indem sie die Prinzipien der drei Veden befolgen, nur wiederholte Geburten und Tode.

ERLÄUTERUNG: Jemand, der zu den höheren Planetensystemen erhoben wird, genießt eine längere Lebensdauer und bessere Möglichkeiten zum Sinnengenuß, doch ist es ihm nicht gestattet, dort für immer zu bleiben. Er wird wieder zur Erde zurückgeschickt, wenn die Früchte seiner frommen Werke aufgezehrt sind. Wenn jemand nicht die Vollkommenheit des Wissens erlangt, auf die das *Vedānta-sūtra* hinweist (*janmādy asya yataḥ*), oder mit anderen Worten, wenn es ihm nicht gelingt, Kṛṣṇa, die Ursache aller Ursachen, zu verstehen, verfehlt er das höchste Ziel des Lebens und ist somit dem Prozeß unterworfen, zu den höheren Planeten erhoben zu werden und dann wieder herabzukommen, als säße er auf einem Riesenrad, das sich immer wieder auf und ab bewegt. Anstatt also zur spirituellen Welt erhoben zu werden, von der es nicht mehr möglich ist herabzufallen, bewegt man sich einfach im Kreislauf von Geburt und Tod durch die höheren und niederen Planetensysteme. Man sollte lieber die spirituelle Welt anstreben, um sich dort eines ewigen Lebens voller Glückseligkeit und Wissen zu erfreuen und niemals wieder zu diesem leidvollen materiellen Dasein zurückzukehren.

Vers 22 अनन्याश्चिन्तयन्तो मां ये जनाः पर्युपासते ।
तेषां नित्याभियुक्तानां योगक्षेमं वहाम्यहम् ॥२२॥

ananyāś cintayanto māṁ ye janāḥ paryupāsate
teṣāṁ nityābhiyuktānāṁ yoga-kṣemaṁ vahāmy aham

ananyāḥ – kein anderes Ziel habend; *cintayantaḥ* – sich konzentrierend; *mām* – auf Mich; *ye* – diejenigen, die; *janāḥ* – Personen; *paryupāsate* – angemessen verehren; *teṣām* – von ihnen; *nitya* – immer; *abhiyuktānām* – in Hingabe gefestigt; *yoga* – Bedürfnisse; *kṣemam* – Schutz; *vahāmi* – gewähre; *aham* – Ich.

Doch denjenigen, die Mich mit ausschließlicher Hingabe verehren und die über Meine transzendentale Gestalt meditieren – ihnen gebe Ich, was sie brauchen, und erhalte Ich, was sie haben.

ERLÄUTERUNG: Wer es nicht ertragen kann, auch nur einen Augenblick ohne Kṛṣṇa-Bewußtsein zu leben, kann nichts anderes tun, als vierundzwanzig Stunden am Tag an Kṛṣṇa zu denken, da er ständig im hingebungsvollen Dienst beschäftigt ist, indem er über den Herrn hört und chantet, sich an Ihn erinnert, Ihm Gebete darbringt, Ihn verehrt, Seinen Lotosfüßen dient, Ihm andere Dienste leistet, Freundschaft mit Ihm pflegt und sich Ihm völlig ergibt. Solche Tätigkeiten sind allglückverheißend und voller spiritueller Kraft, die den Gottgeweihten in seiner Selbstverwirklichung zur Vollkommenheit führt, so daß er nur noch den einen Wunsch hat, die Gemeinschaft der Höchsten Persönlichkeit Gottes zu erreichen. Zweifellos nähert sich ein solcher Gottgeweihter dem Herrn ohne Schwierigkeiten. Dies ist die Bedeutung von *yoga*. Durch die Barmherzigkeit des Herrn kehrt ein solcher Gottgeweihter niemals wieder zum materiellen Zustand des Lebens zurück. *Kṣema* bezieht sich auf den barmherzigen Schutz des Herrn. Der Herr hilft dem Gottgeweihten, Kṛṣṇa-Bewußtsein durch *yoga* zu erlangen, und wenn der Gottgeweihte völlig Kṛṣṇa-bewußt wird, bewahrt ihn der Herr davor, wieder in ein leidvolles, bedingtes Leben zurückzufallen.

Vers 23 येऽप्यन्यदेवताभक्ता यजन्ते श्रद्धयान्विताः ।
तेऽपि मामेव कौन्तेय यजन्त्यविधिपूर्वकम् ॥२३॥

ye 'py anya-devatā-bhaktā yajante śraddhayānvitāḥ
te 'pi mām eva kaunteya yajanty avidhi-pūrvakam

ye – diejenigen, die; *api* – auch; *anya* – von anderen; *devatā* – Götter; *bhaktāḥ* – Geweihte; *yajante* – verehren; *śraddhayā anvitāḥ* – mit Glauben; *te* – sie; *api* – auch; *mām* – Mich; *eva* – nur; *kaunteya* – o Sohn Kuntīs; *yajanti* – sie verehren; *avidhi-pūrvakam* – auf falsche Weise.

Diejenigen, die Geweihte anderer Götter sind und diese mit Glauben verehren, verehren im Grunde allein Mich, o Sohn Kuntīs, aber sie tun es auf falsche Weise.

ERLÄUTERUNG: „Menschen, die mit der Verehrung von Halbgöttern beschäftigt sind, sind nicht sehr intelligent, wenngleich solche Verehrung indirekt Mir dargebracht wird", sagt Kṛṣṇa. Wenn zum Beispiel jemand die Blätter und Äste eines Baumes begießt, ohne die Wurzel zu bewässern, zeugt sein Handeln davon, daß es ihm an Wissen mangelt oder daß er die Regeln und Vorschriften mißachtet. In ähnlicher Weise besteht der Vorgang, den verschiedenen Körperteilen Dienst zu erweisen, darin, dem Magen Nahrung zuzuführen. Die Halbgötter sind sozusagen verschiedene Beamte und Minister in der Regierung des Höchsten Herrn. Man muß den Gesetzen der Regierung folgen, nicht denen der Beamten und Minister. In ähnlicher Weise muß jeder seine Verehrung einzig und allein dem Höchsten Herrn darbringen. Dadurch werden die Beamten und Minister des Herrn automatisch zufriedengestellt. Die Beamten und Minister sind als Vertreter der Regierung tätig, und ihnen Bestechungsgelder anzubieten ist ungesetzlich. Dies wird hier mit dem Wort *avidhi-pūrvakam* ausgedrückt. Mit anderen Worten, Kṛṣṇa billigt die unnötige Verehrung der Halbgötter nicht.

Vers 24 अहं हि सर्वयज्ञानां भोक्ता च प्रभुरेव च ।
न तु मामभिजानन्ति तत्त्वेनातश्च्यवन्ति ते ॥२४॥

ahaṁ hi sarva-yajñānāṁ bhoktā ca prabhur eva ca
na tu mām abhijānanti tattvenātaś cyavanti te

aham – Ich; *hi* – gewiß; *sarva* – von allen; *yajñānām* – Opfern; *bhoktā* – der Genießer; *ca* – und; *prabhuḥ* – der Herr; *eva* – auch; *ca* – und; *na* – nicht; *tu* – aber; *mām* – Mich; *abhijānanti* – sie kennen; *tattvena* – in Wahrheit; *ataḥ* – deshalb; *cyavanti* – kommen zu Fall; *te* – sie.

Ich bin der einzige Genießer und Meister aller Opfer. Deshalb kommen diejenigen, die Mein wahres, transzendentales Wesen nicht erkennen, zu Fall.

ERLÄUTERUNG: Hier wird eindeutig gesagt, daß in der vedischen Literatur viele verschiedene *yajña*-Durchführungen empfohlen werden, daß sie im Grunde aber alle zur Zufriedenstellung des Höchsten Herrn bestimmt sind. *Yajña* bedeutet Viṣṇu. Im Dritten Kapitel der *Bhagavad-gītā* heißt es eindeutig, daß man nur zur Zufriedenstellung Yajñas, Viṣṇus, arbeiten sollte. Die vollkommene Form menschlicher Zivilisation, *varṇāśrama-dharma* genannt, ist insbesondere zur Zufriedenstellung Viṣṇus bestimmt. Deshalb sagt Kṛṣṇa in diesem Vers: „Ich bin der Genießer aller Opfer, denn Ich bin der höchste Meister." Unintelligente Menschen jedoch, die dies nicht wissen, verehren um zeitweiliger Vorteile willen verschiedene Halbgötter. Aus diesem Grunde fallen sie ins materielle Dasein hinab und erreichen nicht das erstrebte

Ziel des Lebens. Selbst um der Erfüllung materieller Wünsche willen sollte man lieber zum Höchsten Herrn beten (wenngleich dies keine reine Hingabe ist), und so wird man sein gewünschtes Ziel erreichen.

Vers 25 यान्ति देवव्रता देवान् पितॄन् यान्ति पितृव्रताः ।
भूतानि यान्ति भूतेज्या यान्ति मद्याजिनोऽपि माम् ॥२५॥

yānti deva-vratā devān pitṝn yānti pitṛ-vratāḥ
bhūtāni yānti bhūtejyā yānti mad-yājino 'pi mām

yānti – gehen; *deva-vratāḥ* – Verehrer der Halbgötter; *devān* – zu den Halbgöttern; *pitṝn* – zu den Vorfahren; *yānti* – gehen; *pitṛ-vratāḥ* – Verehrer der Vorfahren; *bhūtāni* – zu den Geistern und Gespenstern; *yānti* – gehen; *bhūta-ijyāḥ* – Verehrer der Geister und Gespenster; *yānti* – gehen; *mat* – Meine; *yājinaḥ* – Geweihten; *api* – aber; *mām* – zu Mir.

Diejenigen, die die Halbgötter verehren, werden unter den Halbgöttern geboren; diejenigen, die die Vorfahren verehren, gehen zu den Vorfahren; diejenigen, die Geister und Gespenster verehren, werden unter solchen Wesen geboren, und diejenigen, die Mich verehren, werden mit Mir leben.

ERLÄUTERUNG: Wenn jemand den Wunsch hat, zum Mond, zur Sonne oder zu einem beliebigen anderen Planeten zu gelangen, so kann er das gewünschte Ziel erreichen, indem er bestimmten vedischen Prinzipien folgt, die für diesen Zweck empfohlen werden, wie zum Beispiel dem Vorgang, der in der Fachsprache Darśa-paurṇamāsa genannt wird. Diese Prinzipien werden ausführlich in dem Teil der *Veden* beschrieben, der sich mit fruchtbringenden Handlungen befaßt und der eine bestimmte Verehrung von Halbgöttern empfiehlt, die auf verschiedenen himmlischen Planeten leben. In ähnlicher Weise kann man die Pitā-Planeten erreichen, indem man einen bestimmten *yajña* durchführt, oder man kann zu einem der zahlreichen Planeten der Geister gelangen und ein Yakṣa, Rakṣa oder Piśāca werden. Die Verehrung der Piśācas wird „schwarze Kunst" oder „schwarze Magie" genannt. Es gibt viele Menschen, die diese schwarze Kunst praktizieren und sie für spirituell halten, aber solche Tätigkeiten sind völlig materialistisch. Ein reiner Gottgeweihter jedoch, der ausschließlich die Höchste Persönlichkeit

Gottes verehrt, erreicht zweifellos die Vaikuṇṭha-Planeten oder Kṛṣṇaloka. Dieser wichtige Vers läßt ohne weiteres den folgenden Schluß zu: Wenn man einfach durch die Verehrung der Halbgötter zu den himmlischen Planeten, durch die Verehrung der Pitās zu den Pitā-Planeten und durch die Ausübung schwarzer Künste zu den Planeten der Geister gelangen kann, warum sollte dann der reine Gottgeweihte nicht zum Planeten Kṛṣṇas oder Viṣṇus gelangen können? Leider haben viele Menschen keine Kenntnis von diesen erhabenen Planeten, wo Kṛṣṇa und Viṣṇu leben, und kommen aus diesem Grunde zu Fall. Selbst die Unpersönlichkeitsanhänger fallen vom *brahmajyoti* herab. Deshalb verkündet die Bewegung für Kṛṣṇa-Bewußtsein der gesamten Menschheit die erhabene Botschaft, daß man einfach durch das Chanten des Hare-Kṛṣṇa-*mantra* im gegenwärtigen Leben die Vollkommenheit erreichen und nach Hause, zu Gott, zurückkehren kann.

Vers 26 पत्रं पुष्पं फलं तोयं यो मे भक्त्या प्रयच्छति ।
तदहं भक्त्युपहृतमश्नामि प्रयतात्मनः ॥२६॥

patraṁ puṣpaṁ phalaṁ toyaṁ yo me bhaktyā prayacchati
tad ahaṁ bhakty-upahṛtam aśnāmi prayatātmanaḥ

patram – ein Blatt; *puṣpam* – eine Blume; *phalam* – eine Frucht; *toyam* – Wasser; *yaḥ* – wer auch immer; *me* – Mir; *bhaktyā* – mit Hingabe; *prayacchati* – opfert; *tat* – das; *aham* – Ich; *bhakti-upahṛtam* – mit Hingabe geopfert; *aśnāmi* – nehme an; *prayata-ātmanaḥ* – von jemandem in reinem Bewußtsein.

Wenn Mir jemand mit Liebe und Hingabe ein Blatt, eine Blume, eine Frucht oder etwas Wasser opfert, werde Ich es annehmen.

ERLÄUTERUNG: Für einen intelligenten Menschen ist es unerläßlich, Kṛṣṇa-bewußt zu werden und sich im transzendentalen liebevollen Dienst des Herrn zu beschäftigen, um so ein unvergängliches, freudvolles Leben des ewigen Glücks zu erlangen. Der Vorgang, um ein solch wunderbares Ergebnis zu erzielen, ist sehr einfach und kann selbst vom Ärmsten der Armen aufgenommen werden, ohne daß er irgendeine Qualifikation mitzubringen braucht. Die einzige erforderliche Qualifikation in diesem Zusammenhang besteht darin, ein reiner Geweihter des Herrn zu sein. Es spielt keine Rolle, was man ist oder wo man sich befindet. Der Vorgang ist so einfach, daß es schon ausreicht, dem Höchsten Herrn mit aufrichtiger Liebe ein Blatt, etwas Wasser oder eine Frucht zu opfern, und der Herr wird es erfreut annehmen. Daher kann niemand vom Kṛṣṇa-Bewußtsein ausgeschlossen werden, da es so einfach und universal ist. Wer ist so dumm, daß er durch diese einfache Methode nicht Kṛṣṇa-bewußt werden und somit die höchste Vollkommenheit des Lebens – Ewigkeit, Glückseligkeit und Wissen – erlangen möchte? Kṛṣṇa möchte nur liebevollen Dienst, und weiter nichts. Von Seinem reinen Geweihten nimmt Kṛṣṇa sogar eine kleine Blume an. An Opferungen von Nichtgottgeweihten ist Er nicht interessiert. Er benötigt von niemandem etwas, denn Er ist in Sich Selbst vollkommen, und doch nimmt Er die Opfergaben Seines Geweihten in einem Austausch der Liebe und Zuneigung entgegen. Kṛṣṇa-Bewußtsein zu entwickeln ist die höchste Vollkommenheit des Lebens. Das Wort *bhakti* wird in diesem Vers zweimal gebraucht, um zu betonen, daß *bhakti,* hingebungsvoller Dienst, das einzige Mittel ist, um sich Kṛṣṇa zu nähern. Keine andere Eigenschaft, wie zum Beispiel ein *brāhmaṇa,* ein belesener Gelehrter, ein sehr reicher Mann oder ein großer Philosoph zu werden, kann Kṛṣṇa dazu bewegen, eine Opferung anzunehmen. Ohne das grundlegende Prinzip der *bhakti* kann nichts den Herrn dazu bringen, irgend etwas von irgend jemandem anzunehmen. *Bhakti* ist niemals von äußeren Ursachen abhängig. Der Vorgang der *bhakti* ist ewig und besteht darin, direkt im Dienst des absoluten Ganzen tätig zu sein.

Nachdem Śrī Kṛṣṇa klargestellt hat, daß Er der einzige Genießer, der urerste Herr und der wahre Empfänger aller Opferdarbringungen ist, offenbart Er nun, welche Arten von Opfern Er Sich wünscht. Wenn sich jemand im hingebungsvollen Dienst für den Höchsten betätigen möchte, um geläutert zu werden und das Ziel des Lebens – transzendentalen liebevollen Dienst zu Gott – zu erreichen, sollte er heraus finden, was Kṛṣṇa von ihm wünscht. Wer Kṛṣṇa liebt, wird Ihm alles geben, was Er Sich wünscht, und es vermeiden, Ihm etwas zu opfern, was Er Sich nicht wünscht oder worum Er nicht gebeten hat. Fleisch, Fisch und Eier sollten Kṛṣṇa folglich nicht geopfert werden. Wenn Er solche Dinge als Opfer wünschte, hätte Er es gesagt. Statt dessen bittet Er eindeutig darum, daß Ihm ein Blatt, eine Frucht, Blumen und Wasser dargebracht werden, und Er sagt von einem solchen Opfer: „Ich werde es annehmen." Wir sollten uns also im klaren darüber sein, daß Er Fleisch, Fisch und Eier nicht annehmen wird. Gemüse, Getreide, Früchte, Milch und Wasser sind die für den Menschen geeigneten Nahrungsmittel und werden von Śrī Kṛṣṇa Selbst vorgeschrieben. Was auch immer wir sonst essen, kann Ihm nicht geopfert werden, da Er es nicht annehmen wird. Wir können also nicht auf der Ebene liebender Hingabe handeln, wenn wir solche Nahrung opfern.

Im Dritten Kapitel, Vers 13, erklärt Śrī Kṛṣṇa, daß nur die Überreste von Opfern geläutert und daher geeignet seien, von denjenigen gegessen zu werden, die nach Fortschritt im Leben suchen und danach streben, von den Fesseln der materiellen Verstrickung befreit zu werden. Er sagt im gleichen Vers, daß diejenigen, die ihre Nahrung nicht opfern, nichts als Sünde essen. Mit anderen Worten, jeder Bissen, den sie zu sich nehmen, verstrickt sie nur noch mehr in das Wirrwarr der materiellen Natur. Wenn man jedoch wohlschmeckende, einfache Gemüsegerichte zubereitet, sie vor dem Bild oder der Bildgestalt Śrī Kṛṣṇas opfert, seine Ehrerbietungen darbringt und zu Kṛṣṇa betet, Er möge diese bescheidene Opferung annehmen, wird man befähigt, im Leben beständig Fortschritt zu machen, den Körper zu läutern und feine Gehirnzellen zu entwickeln, die ein klares Denken ermöglichen. Vor allem sollte die Opferung in einer liebevollen Haltung dargebracht werden. Kṛṣṇa braucht keine Nahrung, da Er bereits alles besitzt, doch Er wird die Opferung eines Menschen annehmen, der den Wunsch hat, Ihn auf diese Weise zu erfreuen. Das wichtige Element bei der Zubereitung, beim Verteilen und bei der Opferung ist die Liebe zu Kṛṣṇa.

Unpersönlichkeitsphilosophen, die behaupten, die Absolute Wahrheit sei ohne Sinne, können diesen Vers der *Bhagavad-gītā* nicht begreifen. Für sie ist er entweder eine Metapher oder ein Beweis für das weltliche Wesen Kṛṣṇas, des Sprechers der *Bhagavad-gītā*. In Wahrheit jedoch besitzt Kṛṣṇa, der Höchste Gott, sehr wohl Sinne, und es heißt, daß Seine Sinne miteinander austauschbar sind; mit anderen Worten, jeder Sinn kann die Funktion aller anderen Sinne erfüllen. Dies ist die Bedeutung der Aussage: „Kṛṣṇa ist absolut." Wenn Er keine Sinne hätte, könnte man kaum sagen, daß Er alle Füllen in Vollkommenheit besitze. Im Siebten Kapitel hat Kṛṣṇa erklärt, daß Er die Lebewesen in den Schoß der materiellen Natur eingibt. Dies geschieht, indem Er über die materielle Natur blickt. Auf diesen Vers übertragen, bedeutet dies: Wenn Kṛṣṇa die liebevollen Worte des Gottgeweihten beim Opfern der Speisen hört, so ist dies mit Seinem Essen und Genießen *völlig* identisch. Dieser Punkt sollte besonders betont werden: Weil Er absolut ist, ist Sein Hören mit Seinem Essen und Schmecken völlig identisch. Nur der Gottgeweihte, der Kṛṣṇa ohne Interpretation so akzeptiert, wie Er Sich Selbst beschreibt, kann verstehen, daß die Höchste Absolute Wahrheit Speisen essen und genießen kann.

Vers 27 यत्करोषि यदश्नासि यज्जुहोषि ददासि यत् ।
यत्तपस्यसि कौन्तेय तत्कुरुष्व मदर्पणम् ॥२७॥

yat karoṣi yad aśnāsi yaj juhoṣi dadāsi yat
yat tapasyasi kaunteya tat kuruṣva mad-arpaṇam

yat – was auch immer; *karoṣi* – du tust; *yat* – was auch immer; *aśnāsi* – du ißt; *yat* – was auch immer; *juhoṣi* – du opferst; *dadāsi* – du gibst fort; *yat* – was auch immer; *yat* – was auch immer; *tapasyasi* – Entsagung, die du dir auferlegst; *kaunteya* – o Sohn Kuntīs; *tat* – das; *kuruṣva* – tu; *mat* – für Mich; *arpaṇam* – als ein Opfer.

Alles, was du tust, alles, was du ißt, alles, was du opferst oder fortgibst, sowie alle Entsagung, die du dir auferlegst, solltest du, o Sohn Kuntīs, Mir als Opfer darbringen.

ERLÄUTERUNG: Somit ist es also die Pflicht eines jeden, sein Leben so zu gestalten, daß er Kṛṣṇa unter keinen Umständen vergißt. Jeder muß arbeiten, um Leib und Seele zusammenzuhalten, und Kṛṣṇa empfiehlt hier, daß man für Ihn arbeiten soll. Jeder muß etwas essen, um zu leben; deshalb sollte man die Reste von Speisen zu sich nehmen, die Kṛṣṇa geopfert wurden. Jeder zivilisierte Mensch muß religiöse Rituale und Zeremonien vollziehen; deshalb empfiehlt Kṛṣṇa: „Tu es für Mich", und dies wird *arcana* genannt. Jeder hat die Neigung, für wohltätige Zwecke zu spenden; Kṛṣṇa sagt: „Gib es Mir", und das bedeutet, daß alles überschüssige Geld dazu verwendet werden sollte, die Bewegung für Kṛṣṇa-Bewußtsein zu unterstützen. Heutzutage zeigen viele Menschen ein reges Interesse am Vorgang der Meditation, doch dieser Vorgang ist im gegenwärtigen Zeitalter nicht praktisch. Wenn sich jemand aber darin übt, vierundzwanzig Stunden am Tag über Kṛṣṇa zu meditieren, indem er auf seiner Gebetskette den Hare-Kṛṣṇa-*mantra* chantet, befindet er sich zweifellos auf der höchsten Stufe der Meditation und ist der größte aller *yogīs,* wie es im Sechsten Kapitel der *Bhagavad-gītā* bestätigt wird.

Vers 28 शुभाशुभफलैरेवं मोक्ष्यसे कर्मबन्धनैः ।
सन्न्यासयोगयुक्तात्मा विमुक्तो मामुपैष्यसि ॥२८॥

śubhāśubha-phalair evaṁ mokṣyase karma-bandhanaiḥ
sannyāsa-yoga-yuktātmā vimukto mām upaiṣyasi

śubha – von glückverheißenden; *aśubha* – und unglückverheißenden; *phalaiḥ* – Ergebnisse; *evam* – somit; *mokṣyase* – du wirst frei werden; *karma* – der Arbeit; *bandhanaiḥ* – von der Fessel; *sannyāsa* – der Entsagung; *yoga* – der *yoga; yukta-ātmā* – den Geist fest gerichtet habend auf; *vimuktaḥ* – befreit; *mām* – zu Mir; *upaiṣyasi* – du wirst kommen.

Auf diese Weise wirst du von der Fessel der Arbeit und ihren glückverheißenden und unglückverheißenden Ergebnissen befreit werden. Indem du deinen Geist gemäß dem Prinzip der Entsagung auf Mich richtest, wirst du befreit werden und zu Mir kommen.

ERLÄUTERUNG: Wer unter höherer Führung im Kṛṣṇa-Bewußtsein handelt wird *yukta* genannt. Der Fachausdruck lautet *yukta-vairāgya.* Dies wird von Rūpa Gosvāmī wie folgt erklärt:

anāsaktasya viṣayān yathārham upayuñjataḥ
nirbandhaḥ kṛṣṇa-sambandhe yuktaṁ vairāgyam ucyate
(*Bhakti-rasāmṛta-sindhu* 1.2.255)

Rūpa Gosvāmī sagt, daß wir gezwungen sind zu handeln, solange wir uns in der materiellen Welt aufhalten; wir können nicht aufhören, aktiv zu sein. Wenn man nun Handlungen ausführt und die Früchte zu Kṛṣṇa gibt, so wird dies *yukta-vairāgya* genannt. Da solche Tätigkeiten auf echter Entsagung gründen, reinigen sie den Spiegel des Geistes, und in dem Maße, wie der Handelnde auf dem Pfad spiritueller Erkenntnis fortschreitet, ergibt er sich allmählich völlig der Höchsten Persönlichkeit Gottes. Auf diese Weise erlangt er am Ende Befreiung, und was unter dieser Befreiung zu verstehen ist, wird hier ebenfalls näher erläutert: Man wird nicht etwa eins mit dem *brahmajyoti,* sondern gelangt vielmehr auf den Planeten des Höchsten Herrn. Es heißt hier ausdrücklich: *mām upaiṣyasi,* „er kommt zu Mir", zurück nach Hause, zurück zu Gott. Es gibt fünf verschiedene Stufen der Befreiung, und es heißt hier ausdrücklich, daß der Gottgeweihte, der sein ganzes Leben unter der Führung des Herrn verbracht hat, die Stufe erreicht hat, von der er, wenn er seinen Körper verläßt, nach Hause, zu Gott, zurückkehren und sich direkt in der Gemeinschaft des Höchsten Herrn beschäftigen kann.

Jeder, der kein anderes Interesse hat, als sein Leben dem Dienst des Herrn zu weihen, ist im Grunde ein *sannyāsī.* Ein solcher Mensch betrachtet sich immer als ewigen Diener, der vom höchsten Willen des Herrn abhängig ist. Was immer er daher tut, tut er für den Herrn. Jede Handlung, die er ausführt, ist ein Dienst für den Herrn. Den fruchtbringenden Handlungen und den vorgeschriebenen Pflichten, die in den *Veden* aufgeführt sind, schenkt er keine große Beachtung. Für gewöhnliche Menschen ist es unerläßlich, die vorgeschriebenen Pflichten der *Veden* zu befolgen; manchmal jedoch mag es so erscheinen, als verstoße ein reiner Gottgeweihter, der völlig im Dienst des Herrn beschäftigt ist, gegen die vorgeschriebenen vedischen Pflichten, aber im Grunde ist dies nicht der Fall.

Vaiṣṇava-Autoritäten erklären deshalb, daß selbst der intelligenteste Mensch die Pläne und Handlungen eines reinen Gottgeweihten nicht verstehen kann. Der genaue Wortlaut ist: *tāṅra vākya, kriyā, mudrā vijñeha nā bujhaya (Caitanya-caritāmṛta, Madhya* 23.39). Wer also stets im Dienst des Herrn tätig ist oder ständig daran denkt und Pläne schmiedet, wie er dem Herrn dienen kann, muß in der Gegenwart als völlig befreit betrachtet werden, und seine Rückkehr nach Hause, zu Gott, in der Zukunft ist garantiert. Er steht über aller materialistischen Kritik, ebenso wie Kṛṣṇa über aller Kritik steht.

Vers 29 समोऽहं सर्वभूतेषु न मे द्वेष्योऽस्ति न प्रियः ।
ये भजन्ति तु मां भक्त्या मयि ते तेषु चाप्यहम् ॥२९॥

samo 'haṁ sarva-bhūteṣu na me dveṣyo 'sti na priyaḥ
ye bhajanti tu māṁ bhaktyā mayi te teṣu cāpy aham

samaḥ – gleichgesinnt; *aham* – Ich; *sarva-bhūteṣu* – allen Lebewesen; *na* – niemand; *me* – Mir; *dveṣyaḥ* – haßerfüllt; *asti* – ist; *na* – nicht; *priyaḥ* – lieb; *ye* – diejenigen, die; *bhajanti* – bringen transzendentalen Dienst dar; *tu* – aber; *mām* – Mir; *bhaktyā* – in Hingabe; *mayi* – sind in Mir; *te* – solche Personen; *teṣu* – in ihnen; *ca* – auch; *api* – gewiß; *aham* – Ich.

Ich beneide niemanden, noch bevorzuge Ich jemanden. Ich bin allen gleichgesinnt. Doch jeder, der Mir in Hingabe dient, ist Mein Freund, ist in Mir, und auch Ich bin sein Freund.

ERLÄUTERUNG: An dieser Stelle mag sich die Frage erheben, warum Kṛṣṇa ein besonderes Interesse an den Gottgeweihten hat, die ständig in Seinem transzendentalen Dienst tätig sind, wenn Er doch jedem gleichgesinnt ist und niemand Sein besonderer Freund ist. Doch darin liegt keine Diskriminierung. Es ist natürlich. Ein Mensch in der materiellen Welt mag zwar sehr wohltätig veranlagt sein, aber dennoch hat er ein besonderes Interesse an seinen eigenen Kindern. Der Herr erklärt, daß jedes Lebewesen, ganz gleich in welcher Lebensform, Sein Sohn ist, und so versorgt Er jeden großzügig mit allen Lebensnotwendigkeiten. Er gleicht einer Wolke, die ihr Wasser überallhin vergießt, ohne darauf zu achten, ob der Regen auf Felsen, Land oder Wasser fällt. Seinen Geweihten jedoch schenkt Er besondere Aufmerksamkeit. Wie es in diesem Vers heißt, gründen solche Gottgeweihten immer im Kṛṣṇa-Bewußtsein, und daher befinden sie sich immer auf transzendentale Weise in Kṛṣṇa. Der Begriff „Kṛṣṇa-Bewußtsein" deutet bereits darauf hin, daß diejenigen, die sich in solchem Bewußtsein befinden, lebende Transzendentalisten sind, die in Kṛṣṇa gründen. Der Herr sagt hier unmißverständlich: *mayi te.* „Sie sind in Mir." Folglich ist der Herr natürlich auch in ihnen – es ist eine gegenseitige Beziehung. Dies erklärt auch die Worte *ye yathā māṁ prapadyante tāṁs tathaiva bhajāmy aham:* „In dem Maße, wie sich jemand Mir ergibt, kümmere Ich Mich um ihn." Diese transzendentale Wechselbeziehung besteht deshalb, weil sowohl der Herr als auch der Gottgeweihte Bewußtsein besitzen. Wenn ein Diamant in einen goldenen Ring eingefaßt ist, sieht er sehr schön aus. Dabei gewinnt sowohl das Gold als auch der Diamant an Schönheit. Das Lebewesen und der Herr funkeln ewig, und wenn sich ein Lebewesen dem Dienst des Herrn zuwendet, sieht es wie Gold aus. Der Herr ist wie der Diamant, und deshalb ist die Verbindung beider sehr schön. Lebewesen in ihrem reinen Zustand werden als Gottgeweihte bezeichnet. Der Höchste Herr wird zum Geweihten Seiner Geweihten. Ohne eine solche Wechselbeziehung zwischen dem Gottgeweihten und dem Höchsten Herrn könnte von Persönlichkeitsphilosophie keine Rede sein. In der Unpersönlichkeitsphilosophie gibt es, im Gegensatz zur Persönlichkeitsphilosophie, keinen Austausch zwischen dem Höchsten und dem Lebewesen.

Der Herr wird oft mit einem Wunschbaum verglichen. Alles, was sich ein Mensch von diesem Wunschbaum wünscht, wird ihm vom Herrn gewährt. Hier jedoch wird darüber hinaus erklärt, daß der Herr Seinen Geweihten besonders zugeneigt ist. Daran zeigt sich die besondere Barmherzigkeit des Herrn gegenüber Seinen Geweihten. Man sollte nicht denken, die Wechselbeziehung des Herrn mit Seinen Geweihten unterstehe dem Gesetz des *karma;* sie ist von transzendentaler Natur. Hingebungsvoller Dienst für den Herrn ist keine Tätigkeit der materiellen Welt, sondern Teil der spirituellen Welt, wo Ewigkeit, Glückseligkeit und Wissen herrschen.

Vers 30 अपि चेत्सुदुराचारो भजते मामनन्यभाक् ।
साधुरेव स मन्तव्यः सम्यग्व्यवसितो हि सः ॥३०॥

api cet su-durācāro bhajate mām ananya-bhāk
sādhur eva sa mantavyaḥ samyag vyavasito hi saḥ

api – sogar; *cet* – wenn; *su-durācāraḥ* – jemand, der die abscheulichsten Handlungen begeht; *bhajate* – im hingebungsvollen Dienst beschäftigt; *mām* – für Mich; *ananya-bhāk* – ohne Abweichung; *sādhuḥ* – ein Heiliger; *eva* – gewiß; *saḥ* – er; *mantavyaḥ* – muß betrachtet werden als; *samyak* – völlig; *vyavasitaḥ* – mit Entschlossenheit verfolgend; *hi* – zweifelsohne; *saḥ* – er.

Selbst wenn jemand die abscheulichsten Handlungen begeht, muß er, wenn er sich im hingebungsvollen Dienst betätigt, als Heiliger angesehen werden, da er mit Entschlossenheit das richtige Ziel anstrebt.

ERLÄUTERUNG: Das Wort *su-durācāraḥ,* das in diesem Vers gebraucht wird, ist sehr bedeutsam, und wir sollten es richtig verstehen. Für ein bedingtes Lebewesen gibt es zwei Arten von Handlungen: bedingte und wesensgemäße. Was den Schutz des Körpers oder das Befolgen der gesellschaftlichen und staatlichen Gesetze betrifft, so muß sicherlich jeder, selbst ein Gottgeweihter, verschiedene Tätigkeiten in Verbindung mit dem bedingten Leben ausführen, und diese werden bedingte Tätigkeiten genannt. Darüber hinaus geht das Lebewesen, das sich völlig seiner spirituellen Natur bewußt ist und sich im Kṛṣṇa-Bewußtsein, dem hingebungsvollen Dienst des Herrn, beschäftigt, Tätigkeiten nach, die transzendental genannt werden. Solche Tätigkeiten werden in der wesensgemäßen Stellung verrichtet, und sie werden hingebungsvoller Dienst genannt. Im bedingten Zustand nun kommt es manchmal vor, daß der hingebungsvolle Dienst und der bedingte Dienst in Beziehung zum Körper parallel laufen; manchmal jedoch sind diese Tätigkeiten auch einander entgegengesetzt. Ein Gottgeweihter ist sehr darauf bedacht, möglichst nichts zu tun, was seinen gesunden Zustand gefährden könnte. Er weiß, daß die Vollkommenheit seiner Tätigkeiten von seiner fortschreitenden Verwirklichung im Kṛṣṇa-Bewußtsein abhängig ist. Manchmal jedoch kann es geschehen, daß eine Person im Kṛṣṇa-Bewußtsein eine Handlung begeht, die aus sozialer oder politischer Sicht als höchst verabscheuungswürdig gelten könnte. Doch ein solches vorübergehendes Zufallkommen macht ihn nicht untauglich für hingebungsvollen Dienst. Im *Śrīmad-Bhāgavatam* heißt es, daß jemand, der zu Fall kommt, aber mit ganzem Herzen im transzendentalen Dienst des Höchsten Herrn beschäftigt ist, vom Herrn, der in seinem Herzen weilt, geläutert wird und daß Er ihm sein abscheuliches Verhalten verzeiht. Die materielle Verunreinigung ist so stark, daß manchmal sogar ein *yogī,* der völlig im hingebungsvollen Dienst des Herrn beschäftigt ist, ihrem Einfluß unterliegt; doch Kṛṣṇa-Bewußtsein ist so mächtig, daß solch ein gelegentliches Zufallkommen sogleich berichtigt wird. Deshalb ist der Vorgang des hingebungsvollen Dienstes immer ein Erfolg. Niemand sollte einen Gottgeweihten verspotten, wenn dieser zufällig vom idealen Pfad abkommt; denn wie der nächste Vers erklärt, wird solch gelegentliches Zufallkommen aufhören, sobald der Gottgeweihte fest im Kṛṣṇa-Bewußtsein verankert ist.

Man sollte sich also darüber bewußt sein, daß jemand, der im Kṛṣṇa-Bewußtsein gründet und mit Entschlossenheit den Vorgang des Chantens von Hare Kṛṣṇa, Hare Kṛṣṇa, Kṛṣṇa Kṛṣṇa, Hare Hare / Hare Rāma, Hare Rāma, Rāma Rāma, Hare Hare befolgt, sich auf der transzendentalen Ebene befindet, auch wenn er durch Zufall oder unglückliche Umstände einmal zu Fall kommt. Die Worte *sādhur eva* („Er ist heilig") sind sehr eindringlich. Sie sind eine Warnung an die Nichtgottgeweihten, einen Gottgeweihten wegen eines unglücklichen Falls nicht zu verspotten. Er sollte trotzdem als heilig angesehen werden, selbst wenn er unbeabsichtigt zu Fall gekommen ist. Das Wort *mantavyaḥ* ist sogar noch eindringlicher. Wenn man diese Regel nicht beachtet und einen Gottgeweihten verspottet, weil er zufällig zu Fall gekommen ist, verstößt man gegen die Anweisung des Höchsten Herrn. Die einzige Qualifikation eines Gottgeweihten besteht darin, unerschütterlich und ausschließlich im hingebungsvollen Dienst tätig zu sein.

Im *Nṛsiṁha Purāṇa* findet man die folgende Aussage:

bhagavati ca harāv ananya-cetā
bhṛśa-malino 'pi virājate manuṣyaḥ
na hi śaśa-kaluṣa-cchabiḥ kadācit
timira-parābhavatām upaiti candraḥ

Dieser Vers besagt, daß selbst jemand, der vollständig im hingebungsvollen Dienst des Herrn beschäftigt ist, manchmal abscheuliche Handlungen ausführen mag, daß diese Handlungen jedoch wie die Flecken auf dem Mond betrachtet werden sollten, die der Spur eines Kaninchens gleichen. Solche Flecken können für die Verbreitung des Mondlichtes kein Hindernis darstellen. In ähnlicher Weise wird ein Gottgeweihter, der zufällig vom Pfad des heiligen Charakters abweicht, nicht verabscheuungswürdig.

Andererseits sollte man jedoch nicht den falschen Schluß ziehen, daß ein Gottgeweihter im transzendentalen hingebungsvollen Dienst alle möglichen abscheulichen Handlungen begehen darf. Dieser Vers bezieht sich nur auf ein Zufallkommen aufgrund unglücklicher Umstände, herbeigeführt durch die starke Macht materieller Einflüsse. Hingebungsvoller Dienst ist mehr oder weniger eine Kriegserklärung gegen die illusionierende Energie. Solange man nicht stark genug ist, gegen die illusionierende Energie zu kämpfen, kann es vorkommen, daß man unbeabsichtigt zu Fall kommt. Wenn man aber stark genug ist, wird man nicht mehr solchen Rückschlägen unterworfen sein, wie zuvor bereits erklärt wurde. Niemand sollte diesen Vers dazu mißbrauchen, allen möglichen Unsinn zu machen und zu glauben, er sei immer noch ein Gottgeweihter. Wenn jemand seinen Charakter durch hingebungsvollen Dienst nicht verbessert, kann er nicht als Gottgeweihter hohen Ranges gelten.

Vers 31 क्षिप्रं भवति धर्मात्मा शश्वच्छान्तिं निगच्छति ।
कौन्तेय प्रतिजानीहि न मे भक्तः प्रणश्यति ॥३१॥

kṣipraṁ bhavati dharmātmā śaśvac-chāntiṁ nigacchati
kaunteya pratijānīhi na me bhaktaḥ praṇaśyati

kṣipram – sehr bald; *bhavati* – wird; *dharma-ātmā* – rechtschaffen; *śaśvat-śāntim* – beständigen Frieden; *nigacchati* – erlangt; *kaunteya* – o Sohn Kuntīs; *pratijānīhi* – verkünde; *na* – niemals; *me* – Mein; *bhaktaḥ* – Geweihter; *praṇaśyati* – geht zugrunde.

Sehr bald wird er rechtschaffen und erlangt beständigen Frieden. O Sohn Kuntīs, verkünde kühn, daß Mein Geweihter niemals vergeht.

ERLÄUTERUNG: Dieser Vers sollte nicht mißverstanden werden. Im Siebten Kapitel sagt der Herr, daß jemand, der Schlechtes tut, kein Geweihter des Herrn werden kann. Wer kein Geweihter des Herrn ist, hat keinerlei gute Eigenschaften. Es bleibt daher die Frage offen, wie jemand ein reiner Gottgeweihter sein kann, wenn er, unbeabsichtigt oder absichtlich, verabscheuenswerten Tätigkeiten nachgeht. Diese Frage ist tatsächlich berechtigt. Jene gottlosen Menschen, die sich, wie im Siebten Kapitel erklärt wurde, niemals dem hingebungsvollen Dienst des Herrn zuwenden, haben keine guten Eigenschaften. Dies wird auch im *Śrīmad-Bhāgavatam* bestätigt. Im allgemeinen ist ein Gottgeweihter, der den neun Arten hingebungsvoller Tätigkeiten nachgeht, damit beschäftigt, sein Herz von aller materiellen Verunreinigung zu befreien. Er nimmt die Höchste Persönlichkeit Gottes in sein Herz auf, und so werden alle sündhaften Verunreinigungen ganz natürlich fortgewaschen. Durch ständiges Denken an den Höchsten Herrn wird er von Natur aus rein. Den *Veden* zufolge gibt es eine bestimmte Regel, die vorsieht, daß man sich gewissen rituellen Vorgängen der Läuterung unterziehen muß, wenn man von seiner erhabenen Stellung fällt. Hier aber gibt es keine solche

Bedingung, denn der Läuterungsvorgang findet bereits im Herzen des Gottgeweihten statt, da dieser sich ständig an die Höchste Persönlichkeit Gottes erinnert. Deshalb sollte das Chanten von Hare Kṛṣṇa, Hare Kṛṣṇa, Kṛṣṇa Kṛṣṇa, Hare Hare / Hare Rāma, Hare Rāma, Rāma Rāma, Hare Hare ohne Unterlaß fortgesetzt werden. Das wird einen Gottgeweihten vor jedem unbeabsichtigten Zufallkommen beschützen. So wird er für immer von allen materiellen Verunreinigungen frei bleiben.

Vers 32 मां हि पार्थ व्यपाश्रित्य येऽपि स्युः पापयोनयः ।
स्त्रियो वैश्यास्तथा शूद्रास्तेऽपि यान्ति परां गतिम् ॥३२॥

māṁ hi pārtha vyapāśritya ye 'pi syuḥ pāpa-yonayaḥ
striyo vaiśyās tathā śūdrās te 'pi yānti parāṁ gatim

mām – bei Mir; *hi* – gewiß; *pārtha* – o Sohn Pṛthās; *vyapāśritya* – ausschließlich Zuflucht suchend; *ye* – diejenigen, die; *api* – auch; *syuḥ* – sind; *pāpa-yonayaḥ* – in einer niedrigen Familie geboren; *striyaḥ* – Frauen; *vaiśyāḥ* – Kaufleute; *tathā* – auch; *śūdrāḥ* – Menschen von niedriger Klasse; *te api* – sogar sie; *yānti* – gehen; *parām* – zum höchsten; *gatim* – Ziel.

O Sohn Pṛthās, diejenigen, die bei Mir Zuflucht suchen, können das höchste Ziel erreichen, auch wenn sie von niederer Geburt sind, wie Frauen, vaiśyas [Kaufleute] oder śūdras [Arbeiter].

ERLÄUTERUNG: Der Höchste Herr erklärt hier eindeutig, daß im hingebungsvollen Dienst keine Unterscheidung zwischen niederen und höheren Menschenklassen getroffen wird. Solche Einteilungen bestehen in der materiellen Lebensauffassung, aber für einen Menschen, der im transzendentalen hingebungsvollen Dienst des Herrn tätig ist, existieren sie nicht. Jeder ist geeignet, das höchste Ziel zu erreichen. Im *Śrīmad-Bhāgavatam* (2.4.18) heißt es, daß sogar die niedrigsten Menschen, die *caṇḍālas* (Hundeesser), durch die Gemeinschaft mit einem reinen Gottgeweihten geläutert werden können. Hingebungsvoller Dienst und die Führung eines reinen Gottgeweihten sind so stark, daß dabei kein Unterschied zwischen niederen und höheren Menschenklassen getroffen wird. Jeder kann an diesem Vorgang teilnehmen. Selbst der einfachste Mensch kann durch kundige Führung geläutert werden, wenn er bei einem reinen Gottgeweihten Zuflucht sucht. Den verschiedenen Erscheinungsweisen der materiellen Natur gemäß werden die Menschen in die Erscheinungsweise der Tugend (*brāhmaṇas*), in die Erscheinungsweise der Leidenschaft (*kṣatriyas* oder Verwalter), in die vermischten Erscheinungsweisen der Leidenschaft und Unwissenheit (*vaiśyas* oder Kaufleute) und in die Erscheinungsweise der Unwissenheit (*śūdras* oder Arbeiter) eingeteilt. Unterhalb dieser Einteilungen stehen die *caṇḍālas,* diejenigen, die in sündigen Familien geboren wurden. Im allgemeinen wird die Gemeinschaft derjenigen, die in sündigen Familien geboren wurden, von den höheren Klassen gemieden. Aber der Vorgang des hingebungsvollen Dienstes ist so stark, daß der reine Geweihte des Höchsten Herrn Menschen aller unteren Klassen zur höchsten Vollkommenheit des Lebens führen kann. Dies ist nur möglich, wenn man bei Kṛṣṇa Zuflucht sucht. Wie hier durch das Wort *vyapāśritya* angedeutet wird, muß man völlig bei Kṛṣṇa Zuflucht suchen. Auf diese Weise kann man sogar große *jñānīs* und *yogīs* bei weitem übertreffen.

Vers 33 किं पुनर्ब्राह्मणाः पुण्या भक्ता राजर्षयस्तथा ।
अनित्यमसुखं लोकमिमं प्राप्य भजस्व माम् ॥३३॥

kiṁ punar brāhmaṇāḥ puṇyā bhaktā rājarṣayas tathā
anityam asukhaṁ lokam imaṁ prāpya bhajasva mām

kim – wie viel; *punaḥ* – wieder; *brāhmaṇāḥ* – *brāhmaṇas; puṇyāḥ* – rechtschaffene; *bhaktāḥ* – Gottgeweihte; *rāja-ṛṣayaḥ* – heilige Könige; *tathā* – auch; *anityam* – zeitweilig; *asukham* – voller Leiden; *lokam* – Planet; *imam* – dieser; *prāpya* – gewinnend; *bhajasva* – beschäftige dich im hingebungsvollen Dienst; *mām* – für Mich.

Um wieviel mehr trifft dies für die rechtschaffenen brāhmaṇas, die Gottgeweihten und die heiligen Könige zu. Deshalb beschäftige dich, der du in diese zeitweilige, leiderfüllte Welt gekommen bist, in Meinem liebevollen Dienst.

ERLÄUTERUNG: In der materiellen Welt gibt es zwar unterschiedliche Menschenklassen, aber letztlich ist diese Welt für niemanden ein Ort des Glücks. Es heißt hier klar: *anityam asukhaṁ lokam.* Diese Welt ist zeitweilig und voller Leiden und daher für jeden vernünftigen Gentleman unbewohnbar. Die Höchste Persönlichkeit Gottes erklärt, daß diese Welt zeitweilig und voller Leiden ist. Einige Philosophen, vor allem die Māyāvādī-Philosophen, sagen, diese Welt sei falsch, doch aus der *Bhagavad-gītā* lernen wir, daß die Welt nicht falsch ist; sie ist zeitweilig. Zwischen zeitweilig und falsch besteht ein Unterschied. Die materielle Welt ist zeitweilig, aber es gibt noch eine andere Welt, die ewig ist. Die materielle Welt ist voller Leiden, die andere Welt jedoch ist ewig und voller Glückseligkeit.

Arjuna wurde in einer heiligen Königsfamilie geboren. Auch zu ihm sagt der Herr: „Nimm Meinen hingebungsvollen Dienst auf und komme schnell nach Hause, zu Gott, zurück." Niemand sollte in dieser vergänglichen Welt bleiben, die nichts als ein Ort des Elends ist. Jeder sollte bei der Brust der Höchsten Persönlichkeit Gottes Zuflucht suchen, um ewiges Glück zu finden. Der hingebungsvolle Dienst für den Höchsten Herrn ist der einzige Vorgang, durch den alle Probleme aller Klassen von Menschen gelöst werden können. Jeder sollte daher den Vorgang des Kṛṣṇa-Bewußtseins annehmen und sein Leben zur Vollkommenheit führen.

Vers 34 मन्मना भव मद्भक्तो मद्याजी मां नमस्कुरु ।
मामेवैष्यसि युक्त्वैवमात्मानं मत्परायणः ॥३४॥

man-manā bhava mad-bhakto mad-yājī māṁ namaskuru
mām evaiṣyasi yuktvaivam ātmānaṁ mat-parāyaṇaḥ

mat-manāḥ – immer an Mich denkend; *bhava* – werde; *mat* – Mein; *bhaktaḥ* – Geweihter; *mat* – Mein; *yājī* – Verehrer; *mām* – Mir; *namaskuru* – erweise Ehrerbietungen; *mām* – Mir; *eva* – vollständig; *eṣyasi* – du wirst kommen; *yuktvā* – versunken seiend; *evam* – auf diese Weise; *ātmānam* – deine Seele; *mat-parāyaṇaḥ* – Mir hingegeben.

Beschäftige deinen Geist immer damit, an Mich zu denken; werde Mein Geweihter, erweise Mir deine Ehrerbietungen und verehre Mich. Wenn du auf diese Weise völlig in Mich versunken bist, wirst du mit Gewißheit zu Mir kommen.

ERLÄUTERUNG: In diesem Vers wird eindeutig darauf hingewiesen, daß Kṛṣṇa-Bewußtsein das einzige Mittel ist, um aus der Gewalt der verunreinigten materiellen Welt befreit zu werden. Manchmal verdrehen skrupellose Kommentatoren die Bedeutung dessen, was hier klar gesagt wird: daß nämlich aller hingebungsvoller Dienst Kṛṣṇa, der Höchsten Persönlichkeit Gottes, dargebracht werden sollte. Aber leider verwirren skrupellose Kommentatoren den Leser mit Interpretationen, die überhaupt keinen Sinn ergeben. Solche Kommentatoren wissen nicht, daß zwischen Kṛṣṇas Geist und Kṛṣṇa kein Unterschied besteht. Kṛṣṇa ist kein gewöhnlicher Mensch; Er ist die Absolute Wahrheit. Sein Körper, Sein Geist und Er Selbst sind eins und absolut. Im *Kūrma Purāṇa,* das von Bhaktisiddhānta Sarasvatī Gosvāmī in seinen *Anubhāṣya*-Erläuterungen zum *Caitanya-caritāmṛta* (*Ādi-līlā,* Fünftes Kapitel, Vers 41–48) zitiert wird, heißt es: *deha-dehi-vibhedo 'yaṁ neśvare vidyate kvacit.* Dies bedeutet, daß zwischen dem Selbst und dem Körper Kṛṣṇas, des Höchsten Herrn, kein Unterschied besteht. Weil aber die Kommentatoren die Wissenschaft von Kṛṣṇa nicht kennen, verbergen sie Kṛṣṇa und trennen Seine Persönlichkeit von Seinem Geist und Seinem Körper. Obwohl dies von grober Unwissenheit über die Wissenschaft von Kṛṣṇa zeugt, gibt es Kommentatoren, die aus solcher Irreführung der Menschen Profit schlagen.

Es gibt dämonische Menschen, die ebenfalls an Kṛṣṇa denken, Ihn jedoch beneiden, wie zum Beispiel König Kaṁsa, Kṛṣṇas Onkel. Auch er dachte fortwährend an Kṛṣṇa, aber er sah in Kṛṣṇa seinen Feind. Er war ständig voller Angst, da er nicht wußte, wann Kṛṣṇa kommen würde, um ihn zu töten. Ein solches Bewußtsein wird uns nicht helfen. Man sollte in liebevoller Hingabe an Kṛṣṇa denken. Das ist *bhakti.* Man sollte sein Wissen über Kṛṣṇa ständig weiterentwickeln, und zwar in einer wohlgesinnten Haltung. Dies muß man von einem echten Lehrer lernen. Kṛṣṇa ist die Höchste Persönlichkeit Gottes, und wie wir bereits mehrfach erklärt haben, ist Sein Körper nicht materiell, sondern ewiges, glückseliges Wissen. Auf diese Weise über Kṛṣṇa zu sprechen wird einem helfen, ein Gottgeweihter zu werden. Der Versuch, Kṛṣṇa auf andere Art zu verstehen, indem man von einer falschen Quelle hört, wird sich als nutzlos erweisen.

Man sollte daher seinen Geist auf die ewige, ursprüngliche Gestalt Kṛṣṇas richten und Kṛṣṇa verehren, mit der festen Überzeugung im Herzen, daß Er der Höchste ist. In Indien gibt es Hunderttausende von Kṛṣṇa-Tempeln, wo hingebungsvoller Dienst praktiziert wird. Bei dieser Art der Verehrung muß man Kṛṣṇa seine Ehrerbietungen erweisen. Man sollte sich vor der Bildgestalt verbeugen und seinen Geist, seinen Körper, seine Tätigkeiten – kurzum alles – in Kṛṣṇas Dienst stellen. So wird man in der Lage sein, sich ohne Abweichung völlig in Kṛṣṇa zu versenken. Dies wird einem helfen, nach Kṛṣṇaloka zu gelangen. Man sollte sich nicht von skrupellosen Kommentatoren irreführen lassen. Man muß sich in den neun verschiedenen Vorgängen des hingebungsvollen Dienstes beschäftigen, angefangen mit Hören und Chanten über Kṛṣṇa. Reiner hingebungsvoller Dienst ist das höchste Gut der menschlichen Gesellschaft.

Im Siebten und Achten Kapitel der *Bhagavad-gītā* hat der Herr reinen hingebungsvollen Dienst erklärt, der frei von spekulativem Wissen, mystischem *yoga* und fruchtbringenden Handlungen ist. Diejenigen, die nicht vollkommen geläutert sind, mögen sich zu verschiedenen Aspekten des Herrn wie dem unpersönlichen *brahmajyoti* oder dem lokalisierten Paramātmā hingezogen fühlen, doch ein reiner Gottgeweihter wendet sich direkt dem Dienst des Höchsten Herrn zu.

Es gibt ein schönes Gedicht über Kṛṣṇa, in dem es heißt, daß jeder, der die Halbgötter verehrt, äußerst unintelligent ist und niemals die höchste Belohnung Kṛṣṇas erlangen kann. Der Gottgeweihte mag zu Beginn manchmal den Standard nicht einhalten können und zu Fall kommen, aber man sollte ihn nichtsdestoweniger höher einstufen als alle Philosophen und *yogīs.* Wer sich ständig im Kṛṣṇa-Bewußtsein betätigt, sollte als vollkommener Heiliger angesehen werden. Seine unbeabsichtigten Abweichungen vom hingebungsvollen Dienst werden nachlassen, und schon bald wird er ohne jeden Zweifel die Stufe vollendeter Vollkommenheit erreichen. Für den reinen Gottgeweihten besteht im Grunde keine Gefahr, zu Fall zu kommen, denn der Höchste Herr kümmert Sich persönlich um Seine reinen Geweihten. Deshalb sollte ein intelligenter Mensch unmittelbar den Vorgang des Kṛṣṇa-Bewußtseins aufnehmen und glücklich in der materiellen Welt leben. Ihm wird letztlich Kṛṣṇas höchste Belohnung zuteil werden.

Hiermit enden die Bhaktivedanta-Erläuterungen zum Neunten Kapitel der Śrīmad Bhagavad-gītā *mit dem Titel: „Das vertraulichste Wissen“.*

ZEHNTES KAPITEL

Die Füllen des Absoluten

Vers 1 श्रीभगवानुवाच
भूय एव महाबाहो शृणु मे परमं वचः ।
यत्तेऽहं प्रीयमाणाय वक्ष्यामि हितकाम्यया ॥ १ ॥

śrī-bhagavān uvāca
bhūya eva mahā-bāho śṛṇu me paramaṁ vacaḥ
yat te 'haṁ prīyamāṇāya vakṣyāmi hita-kāmyayā

śrī-bhagavān uvāca – die Höchste Persönlichkeit Gottes sprach; *bhūyaḥ* – wieder; *eva* – gewiß; *mahā-bāho* – o Starkarmiger; *śṛṇu* – höre nur; *me* – Meine; *paramam* – höchste; *vacaḥ* – Anweisung; *yat* – das, was; *te* – dir; *aham* – Ich; *prīyamāṇāya* – dich für Meinen geliebten Freund haltend; *vakṣyāmi* – spreche; *hita-kāmyayā* – zu deinem Nutzen.

Die Höchste Persönlichkeit Gottes sprach: Höre weiter, o starkarmiger Arjuna. Weil du Mein geliebter Freund bist, werde Ich zu deinem Nutzen weitersprechen und dir Wissen offenbaren, das alles bisher Gesagte übertrifft.

ERLÄUTERUNG: Das Wort *bhagavān* wird von Parāśara Muni folgendermaßen erklärt: Jemand, der sechs Füllen in Vollkommenheit besitzt, nämlich vollkommene Kraft, vollkommenen Ruhm, vollkommenen Reichtum, vollkommenes Wissen, vollkommene Schönheit und vollkommene Entsagung, ist Bhagavān, die Höchste Persönlichkeit Gottes. Als Kṛṣṇa auf der Erde gegenwärtig war, entfaltete Er alle sechs Füllen. Deshalb haben große Weise wie Parāśara Muni Kṛṣṇa einstimmig als die Höchste Persönlichkeit Gottes anerkannt. Jetzt unterweist Kṛṣṇa Arjuna in noch vertraulicherem Wissen über Seine Füllen und Seine Schöpfung. Zuvor, angefangen mit dem Siebten Kapitel, hat der Herr bereits Seine verschiedenen Energien und ihre Wirkungsweise erklärt. In diesem Kapitel nun beschreibt Er Arjuna Seine einzelnen Füllen. Im vorangegangenen Kapitel hat Er Seine verschiedenen Energien erklärt, damit die Hingabe Seines Geweihten auf fester Überzeugung gründet, und im vorliegenden Kapitel unterweist Er Arjuna erneut über Seine Manifestationen und Seine verschiedenen Füllen.

Je mehr man über den Höchsten Gott hört, desto mehr wird man im hingebungsvollen Dienst gefestigt. Man sollte immer in der Gemeinschaft von Gottgeweihten über den Herrn hören; dann wird man im hingebungsvollen Dienst Fortschritt machen. Gespräche in der Gemeinschaft von Gottgeweihten können nur unter denjenigen stattfinden, die wirklich bestrebt sind, Kṛṣṇa-bewußt zu werden. Andere können nicht an solchen Gesprächen teilnehmen. Der Herr gibt Arjuna eindeutig zu verstehen, daß dieses Gespräch zu seinem Nutzen stattfindet, da Arjuna Ihm sehr lieb ist.

Vers 2 न मे विदुः सुरगणाः प्रभवं न महर्षयः ।
अहमादिर्हि देवानां महर्षीणां च सर्वशः ॥२॥

na me viduḥ sura-gaṇāḥ prabhavaṁ na maharṣayaḥ
aham ādir hi devānāṁ maharṣīṇāṁ ca sarvaśaḥ

na – niemals; *me* – Mein; *viduḥ* – wisse; *sura-gaṇāḥ* – die Halbgötter; *prabhavam* – Ursprung, Füllen; *na* – niemals; *mahā-ṛṣayaḥ* – große Weise; *aham* – Ich bin; *ādiḥ* – der Ursprung; *hi* – gewiß; *devānām* – der Halbgötter; *mahā-ṛṣīṇām* – der großen Weisen; *ca* – auch; *sarvaśaḥ* – in jeder Hinsicht.

Weder die Scharen der Halbgötter noch die großen Weisen kennen Meinen Ursprung und Meine Füllen, denn Ich bin in jeder Hinsicht der Ursprung der Halbgötter und Weisen.

ERLÄUTERUNG: Wie es in der *Brahma-saṁhitā* heißt, ist Śrī Kṛṣṇa der Höchste Herr. Niemand ist größer als Er. Er ist die Ursache aller

Ursachen. Hier nun bestätigt der Herr persönlich, daß Er der Ursprung aller Halbgötter und Weisen ist. Selbst die Halbgötter und großen Weisen können Kṛṣṇa nicht verstehen; sie können weder Seinen Namen noch Seine Persönlichkeit verstehen; wie sollte dies also für Gelehrte unseres winzigen Planeten möglich sein? Niemand kann verstehen, warum der Höchste Gott als gewöhnlicher Mensch auf die Erde kommt und solch wunderbare, ungewöhnliche Taten vollbringt. Gelehrsamkeit ist also nicht die notwendige Qualifikation, um Kṛṣṇa zu verstehen. Selbst die Halbgötter und die großen Weisen haben versucht, Kṛṣṇa durch gedankliche Spekulation zu verstehen, aber es ist ihnen nicht gelungen. Auch im *Śrīmad-Bhāgavatam* wird klar gesagt, daß nicht einmal die großen Halbgötter imstande sind, die Höchste Persönlichkeit Gottes zu verstehen. Sie können spekulieren, soweit ihre begrenzten, unvollkommenen Sinne es erlauben, und können vielleicht zur negativen Schlußfolgerung der Unpersönlichkeitslehre gelangen, zur Erkenntnis von etwas, das nicht eine Manifestation der drei Erscheinungsweisen der materiellen Natur ist, oder sie können sich aufgrund mentaler Spekulation irgendetwas vorstellen, aber es wird ihnen nicht möglich sein, durch solch törichte Spekulationen Kṛṣṇa zu verstehen.

Hier sagt der Herr indirekt zu jedem, der die Absolute Wahrheit kennen möchte: „Hier bin Ich, die Höchste Persönlichkeit Gottes. Ich bin der Höchste." Dies sollte man wissen. Obwohl man den unbegreiflichen Herrn, der persönlich gegenwärtig ist, nicht verstehen kann, existiert Er dennoch. Eigentlich können wir Kṛṣṇa, der ewig, voller Glückseligkeit und voller Wissen ist, einfach durch das Studium Seiner Worte in der *Bhagavad-gītā* und im *Śrīmad-Bhāgavatam* verstehen. Zu der Auffassung, daß Gott eine beherrschende Macht oder das unpersönliche Brahman sei, können Menschen gelangen, die unter dem Einfluß der niederen Energie des Herrn stehen, doch die Persönlichkeit Gottes kann man nur verstehen, wenn man sich auf der transzendentalen Ebene befindet.

Weil die meisten Menschen Kṛṣṇas wahres Wesen nicht verstehen können, steigt Er aus Seiner grundlosen Barmherzigkeit herab, um solchen Spekulanten Seine Gunst zu erweisen. Doch trotz der ungewöhnlichen Taten des Höchsten Herrn denken diese Spekulanten aufgrund ihrer Verunreinigung durch die materielle Energie immer noch, das unpersönliche Brahman sei das Höchste. Nur die Gottgeweihten, die dem Höchsten Herrn völlig ergeben sind, können durch Seine Gnade verstehen, daß Er Kṛṣṇa ist. Die Gottgeweihten kümmern sich nicht um die unpersönliche Brahman-Auffassung von Gott; ihr Glauben und ihre Hingabe führen dazu, daß sie sich sogleich dem Höchsten Herrn ergeben, und durch die grundlose Barmherzigkeit Kṛṣṇas können sie Kṛṣṇa verstehen. Niemand sonst kann Ihn verstehen. Selbst große Weise stimmen in dieser Frage überein: Was ist *ātmā,* was ist der Höchste? Es ist derjenige, den wir verehren müssen.

Vers 3 यो मामजमनादिं च वेत्ति लोकमहेश्वरम् ।
असम्मूढः स मर्त्येषु सर्वपापैः प्रमुच्यते ॥ ३ ॥

yo mām ajam anādiṁ ca vetti loka-maheśvaram
asammūḍhaḥ sa martyeṣu sarva-pāpaiḥ pramucyate

yaḥ – jeder, der; *mām* – Mich; *ajam* – ungeboren; *anādim* – ohne Anfang; *ca* – auch; *vetti* – kennt; *loka* – der Planeten; *mahā-īśvaram* – der höchste Meister; *asammūḍhaḥ* – frei von Täuschung; *saḥ* – er; *martyeṣu* – unter denjenigen, die dem Tod unterworfen sind; *sarva-pāpaiḥ* – von allen sündhaften Reaktionen; *pramucyate* – ist befreit.

Nur derjenige unter den Menschen, der frei von Täuschung ist und Mich als den Ungeborenen, den Anfanglosen und den Höchsten Herrn aller Welten kennt, ist von allen Sünden befreit.

ERLÄUTERUNG: Im Siebten Kapitel der *Bhagavad-gītā* (7.3) heißt es: *manuṣyāṇām sahasreṣu kaścid yatati siddhaye.* Diejenigen, die versuchen, sich zur Ebene spiritueller Verwirklichung zu erheben, sind keine gewöhnlichen Menschen; sie stehen höher als Millionen und Abermillionen von gewöhnlichen Menschen, die kein Wissen über spirituelle Verwirklichung haben. Doch von denjenigen, die tatsächlich versuchen, ihr spirituelles Wesen zu verstehen, ist derjenige, der versteht, daß Kṛṣṇa die Höchste Persönlichkeit Gottes, der Besitzer von allem und der Ungeborene ist, der Erfolgreichste in spiritueller Verwirklichung. Nur auf dieser Stufe, wenn man Kṛṣṇas höchste Stellung völlig verstanden hat, kann man von allen sündhaften Reaktionen frei sein.

Hier wird der Herr mit dem Wort *aja,* „der Ungeborene", beschrieben, doch Er unterscheidet Sich von den Lebewesen, die im Zweiten Kapitel mit dem Wort *aja* beschrieben werden. Es besteht ein Unterschied zwischen dem Herrn und den Lebewesen, die aufgrund materieller Anhaftung geboren werden und sterben. Die bedingten Seelen wechseln ihren Körper, Sein Körper hingegen ist unveränderlich. Selbst wenn Er in die materielle Welt herabsteigt, bleibt Er der gleiche Ungeborene; deshalb heißt es im Vierten Kapitel, daß der Herr aufgrund Seiner inneren Kraft nicht der niederen, materiellen Energie untergeordnet ist, sondern Sich immer in der höheren Energie befindet.

Wie die Worte *vetti loka-maheśvaram* in diesem Vers andeuten, sollte man sich darüber bewußt sein, daß Śrī Kṛṣṇa der höchste Besitzer aller Planetensysteme des Universums ist. Er existierte vor der Schöpfung, und Er ist von Seiner Schöpfung verschieden. Alle Halbgötter wurden innerhalb der materiellen Welt erschaffen, doch was Kṛṣṇa betrifft, so heißt es, daß Er nicht erschaffen wurde; deshalb unterscheidet Sich Kṛṣṇa sogar von großen Halbgöttern wie Brahmā und Śiva. Und weil Er der Schöpfer Brahmās, Śivas und aller anderen Halbgötter ist, ist Er die Höchste Person aller Planeten.

Folglich ist Śrī Kṛṣṇa von allem Erschaffenen verschieden, und jeder, der Ihn als solchen kennt, wird sogleich von allen sündhaften Reaktionen befreit. Man muß von allen sündhaften Tätigkeiten befreit sein, um Wissen über den Höchsten Herrn zu haben. Wie es in der *Bhagavad-gītā* heißt, kann Er nur durch hingebungsvollen Dienst, und durch kein anderes Mittel, erkannt werden.

Man sollte nicht versuchen, Kṛṣṇa als einen Menschen zu sehen. Wie zuvor erklärt wurde, hält Ihn nur ein Narr für einen gewöhnlichen Menschen. Das gleiche wird hier nochmals in anderer Form ausgedrückt. Jemand, der im Gegensatz zum Narren intelligent genug ist, um die wesensgemäße Stellung Gottes zu verstehen, ist stets von allen sündhaften Reaktionen frei.

Wie kann Kṛṣṇa, der als der Sohn Devakīs bekannt ist, ungeboren sein? Auch dies wird im *Śrīmad-Bhāgavatam* erklärt: Als Er vor Devakī und Vasudeva erschien, wurde Er nicht als ein gewöhnliches Kind geboren; Er erschien in Seiner ursprünglichen Gestalt, und dann nahm Er die Gestalt eines gewöhnlichen Kindes an.

Alles, was unter Kṛṣṇas Führung getan wird, ist transzendental. Es kann nicht durch materielle Reaktionen verunreinigt werden, mögen diese nun glückverheißend oder unglückverheißend sein. Die Auffassung, daß es in der materiellen Welt glückverheißende und unglückverheißende Dinge gibt, entspringt mehr oder weniger der Einbildung, denn in der materiellen Welt gibt es nichts Glückverheißendes. Alles ist unglückverheißend, weil die materielle Natur an sich unglückverheißend ist. Wir bilden uns lediglich ein, sie sei glückverheißend. Wahres Glück ist von Tätigkeiten im Kṛṣṇa-Bewußtsein abhängig, die in völliger Hingabe und Dienstbereitschaft ausgeführt werden. Wenn wir tatsächlich den Wunsch haben, daß unsere Tätigkeiten glückverheißend sind, sollten wir nach den Anweisungen des Höchsten Herrn handeln. Solche

Anweisungen findet man in maßgebenden Schriften wie dem *Śrīmad-Bhāgavatam* und der *Bhagavad-gītā,* oder man empfängt sie von einem echten spirituellen Meister. Weil der spirituelle Meister der Stellvertreter des Höchsten Herrn ist, ist seine Unterweisung unmittelbar die Unterweisung des Höchsten Herrn. Der spirituelle Meister, die Heiligen und die Schriften geben die gleichen Unterweisungen. Zwischen diesen drei Quellen gibt es keinen Widerspruch. Handlungen, die unter solcher Leitung ausgeführt werden, sind frei von den Reaktionen, die auf alle Handlungen in der materiellen Welt folgen, sowohl auf fromme als auch auf gottlose. Die transzendentale Haltung des Gottgeweihten bei der Ausführung von Tätigkeiten ist die der Entsagung, und das nennt man *sannyāsa.* Wie es im ersten Vers des Sechsten Kapitels der *Bhagavad-gītā* heißt, besteht echte Entsagung darin, daß man aus Pflichtgefühl heraus so handelt, wie es einem vom Höchsten Herrn aufgetragen wurde, ohne die Früchte seiner Tätigkeiten zu begehren (*anāśritaḥ karma-phalam*). Jeder, der unter der Führung des Höchsten Herrn handelt, ist tatsächlich ein *sannyāsī* und ein *yogī,* und nicht derjenige, der sich lediglich wie ein *sannyāsī* oder Pseudo-*yogī* kleidet.

Vers 4–5

बुद्धिर्ज्ञानमसम्मोहः क्षमा सत्यं दमः शमः ।
सुखं दुःखं भवोऽभावो भयं चाभयमेव च ॥४॥

अहिंसा समता तुष्टिस्तपो दानं यशोऽयशः ।
भवन्ति भावा भूतानां मत्त एव पृथग्विधाः ॥५॥

buddhir jñānam asammohaḥ kṣamā satyaṁ damaḥ śamaḥ
sukhaṁ duḥkhaṁ bhavo 'bhāvo bhayaṁ cābhayam eva ca

ahiṁsā samatā tuṣṭis tapo dānaṁ yaśo 'yaśaḥ
bhavanti bhāvā bhūtānāṁ matta eva pṛthag-vidhāḥ

buddhiḥ – Intelligenz; *jñānam* – Wissen; *asammohaḥ* – Freiheit von Zweifeln; *kṣamā* – Nachsicht; *satyam* – Wahrhaftigkeit; *damaḥ* – Sinnesbeherrschung; *śamaḥ* – Beherrschung des Geistes; *sukham* – Glück; *duḥkham* – Leid; *bhavaḥ* – Geburt; *abhāvaḥ* – Tod; *bhayam* – Furcht; *ca* – auch; *abhayam* – Furchtlosigkeit; *eva* – auch; *ca* – und; *ahiṁsā* – Gewaltlosigkeit; *samatā* – Ausgeglichenheit; *tuṣṭiḥ* – Zufriedenheit; *tapaḥ* – Buße; *dānam* – Wohltätigkeit; *yaśaḥ* – Ruhm; *ayaśaḥ* – Schmach; *bhavanti* – entstehen; *bhāvāḥ* – Naturen; *bhūtānām* – der

Lebewesen; *mattaḥ* – von Mir; *eva* – gewiß; *pṛthak-vidhāḥ* – unterschiedlich angeordnet.

Intelligenz, Wissen, Freiheit von Zweifeln und Täuschung, Nachsicht, Wahrhaftigkeit, Beherrschung der Sinne, Beherrschung des Geistes, Glück und Leid, Geburt, Tod, Furcht, Furchtlosigkeit, Gewaltlosigkeit, Ausgeglichenheit, Zufriedenheit, Entsagung, Wohltätigkeit, Ruhm und Schmach – all diese verschiedenen Eigenschaften der Lebewesen wurden von Mir allein geschaffen.

ERLÄUTERUNG: Die verschiedenen Eigenschaften der Lebewesen, seien sie gut oder schlecht, wurden alle von Kṛṣṇa erschaffen, und sie werden hier beschrieben.

Intelligenz bezieht sich auf die Fähigkeit, die Dinge im richtigen Licht zu sehen, und Wissen bedeutet zu verstehen, was spirituell und was materiell ist. Gewöhnliches Wissen, das man durch eine Universitätsausbildung erwirbt, bezieht sich nur auf Materie und wird hier nicht als Wissen anerkannt. Wissen bedeutet, den Unterschied zwischen spiritueller Natur und Materie zu kennen. Im modernen Bildungswesen gibt es kein Wissen von der spirituellen Natur; man kümmert sich ausschließlich um die materiellen Elemente und die Bedürfnisse des Körpers. Deshalb ist akademisches Wissen unvollständig.

Asammoha, Freiheit von Zweifeln und Täuschung, kann von demjenigen erlangt werden, der nicht zögert und der die transzendentale Philosophie versteht. Langsam, aber sicher wird er frei von Verwirrung. Nichts sollte blind akzeptiert werden; alles sollte mit Sorgfalt und Vorsicht geprüft werden. Man sollte *kṣamā,* Toleranz und Nachsicht, üben, indem man über die geringen Vergehen anderer hinwegsieht. *Satyam,* Wahrhaftigkeit, bedeutet, Fakten so wie sie sind zum Nutzen anderer darzustellen. Fakten sollten nicht falsch dargestellt werden. Nach gesellschaftlicher Sitte sollte man die Wahrheit nur dann sprechen, wenn sie für andere angenehm ist; doch das ist keine Wahrhaftigkeit. Die Wahrheit sollte geradeheraus gesprochen werden, so daß andere verstehen können, wie die Dinge wirklich liegen. Wenn jemand ein Dieb ist und die Menschen darauf hingewiesen werden, daß er ein Dieb ist, so entspricht dies der Wahrheit. Obwohl die Wahrheit manchmal unangenehm ist, sollte man sich nicht scheuen, sie auszusprechen. Wahrhaftigkeit setzt voraus, daß die Tatsachen zum Nutzen anderer, so wie sie sind, dargestellt werden. Das ist die Definition von Wahrheit.

Beherrschung der Sinne bedeutet, die Sinne nicht für unnötigen persönlichen Genuß zu verwenden. Es ist nicht verboten, die Bedürfnisse der Sinne in angemessener Weise zu befriedigen, doch unnötiger Sinnengenuß schadet dem spirituellen Fortschritt. Deshalb sollte man die Sinne von unnötigem Gebrauch zurückhalten. In ähnlicher Weise sollte man den Geist von unnötigen Gedanken fernhalten; das wird *śama* genannt. Auch sollte man seine Zeit nicht damit vergeuden, über Mittel und Wege des Geldverdienens nachzudenken. Dies ist ein Mißbrauch der Denkkraft. Der Geist sollte dazu benutzt werden, das wichtigste Bedürfnis des Menschen zu verstehen, und zwar aus autoritativer Quelle. Die Denkkraft sollte in der Gemeinschaft von Menschen entwickelt werden, die Autoritäten auf dem Gebiet der Schriften sind, in der Gemeinschaft von Heiligen, spirituellen Meistern und Personen, deren Denken hochentwickelt ist. *Sukham,* Freude oder Glück, sollte man immer in solchen Dingen finden, die für die Kultivierung spirituellen Wissens im Kṛṣṇa-Bewußtsein förderlich sind. In ähnlicher Weise kann Leid oder Kummer als das definiert werden, was für die Kultivierung von Kṛṣṇa-Bewußtsein nachteilig ist. Alles, was die Entwicklung von Kṛṣṇa-Bewußtsein fördert, sollte man annehmen, und alles Nachteilige sollte man zurückweisen.

Bhava, Geburt, bezieht sich auf den Körper. Was die Seele betrifft, so gibt es für sie weder Geburt noch Tod; das haben wir bereits zu Beginn der *Bhagavad-gītā* besprochen. Geburt und Tod beziehen sich auf unsere Verkörperung in der materiellen Welt. Angst hat ihre Ursache in der Sorge um die Zukunft. Ein Mensch im Kṛṣṇa-Bewußtsein kennt keine Angst, denn aufgrund seiner Tätigkeiten ist es sicher, daß er zum spirituellen Himmel, nach Hause, zu Gott, zurückkehren wird. Deshalb ist seine Zukunft äußerst vielversprechend. Andere hingegen wissen nicht, was die Zukunft für sie bereithält; sie wissen nicht, was sie im nächsten Leben erwartet. Folglich leben sie in ständiger Sorge. Wenn wir frei von Angst werden wollen, ist es das beste, Kṛṣṇa zu verstehen und immer Kṛṣṇa-bewußt zu sein. So werden wir von aller Angst frei sein. Im *Śrīmad-Bhāgavatam* (11.2.37) heißt es, daß Angst dann entsteht, wenn wir unseren Geist in die illusionierende Energie vertiefen (*bhayaṁ dvitīyābhiniveśataḥ syāt*). Diejenigen aber, die von der illusionierenden Energie frei sind, die die Gewißheit haben, daß sie nicht der materielle Körper, sondern spirituelle Teile der Höchsten Persönlichkeit Gottes sind, und die sich daher im transzendentalen Dienst des Höchsten Herrn betätigen, haben nichts zu befürchten. Sie sehen einer glückverheißenden Zukunft entgegen. Angst ist ein Gemütszustand derjenigen, die nicht Kṛṣṇa-bewußt sind. *Abhayam,* Furchtlosigkeit, ist nur für Menschen im Kṛṣṇa-Bewußtsein möglich.

Ahiṁsā, Gewaltlosigkeit, bedeutet, nichts zu tun, was andere in Leid oder Verwirrung stürzt. Materieller Fortschritt, wie er von zahllosen Politikern, Soziologen, Philanthropen usw. versprochen wird, bringt keine guten Ergebnisse hervor, denn die Politiker und Philanthropen haben keine transzendentale Sicht; sie wissen nicht, was der menschlichen Gesellschaft wirklich nützt. *Ahiṁsā* bedeutet, die Menschen so auszubilden, daß sie aus dem menschlichen Körper den vollen Nutzen ziehen können. Der menschliche Körper ist für spirituelle Erkenntnis bestimmt, und jede Bewegung oder Kommission, die nicht dieses Ziel verfolgt, tut daher dem menschlichen Körper Gewalt an. Das, was das künftige spirituelle Glück der Menschen fördert, wird Gewaltlosigkeit genannt.

Samatā, Gleichmut, bedeutet Freiheit von Anhaftung und Abneigung. Sowohl ein hohes Maß an Anhaftung als auch ein hohes Maß an Abneigung ist nicht ratsam. Man sollte in der materiellen Welt ohne Anhaftung und Abneigung leben. Das, was für die Ausübung des Kṛṣṇa-Bewußtseins günstig ist, sollte man annehmen; das, was ungünstig ist, sollte man ablehnen. Diese Haltung wird *samatā,* Gleichmut, genannt. Für einen Menschen im Kṛṣṇa-Bewußtsein gibt es nur ein Kriterium, um etwas abzulehnen oder anzunehmen: seine Nützlichkeit bei der Ausübung des Kṛṣṇa-Bewußtseins.

Tuṣṭi, Zufriedenheit, bedeutet, nicht danach zu streben, durch unnötiges Streben immer mehr materielle Güter anzuhäufen. Man sollte mit dem zufrieden sein, was man durch die Gnade des Höchsten Herrn bekommt; das wird Zufriedenheit genannt. *Tapas* bedeutet Entsagung oder Buße. Es gibt viele Regeln und Regulierungen, die unter diesen Begriff fallen, wie zum Beispiel frühmorgens aufzustehen und ein Bad zu nehmen. Manchmal ist es sehr beschwerlich, früh am Morgen aufzustehen, doch Entsagung bedeutet, freiwillig Unannehmlichkeiten auf sich zu nehmen. In ähnlicher Weise gibt es Vorschriften für das Fasten an bestimmten Tagen des Monats. Solches Fasten mag vielleicht unangenehm erscheinen, aber wer entschlossen ist, in der Wissenschaft des Kṛṣṇa-Bewußtseins Fortschritt zu machen, sollte solche körperlichen Unannehmlichkeiten auf sich nehmen, wenn sie empfohlen werden. Man sollte jedoch nicht unnötig oder gegen die vedischen Anweisungen fasten. Man sollte nicht für politische Zwecke fasten. Dies ist laut *Bhagavad-gītā* Fasten in Unwissenheit, und alles, was in Unwissenheit oder Leidenschaft getan wird, führt nicht zu spirituellem Fortschritt. Alles hingegen, was in der Erscheinungsweise der Tugend getan wird, führt zu Fortschritt, und Fasten entsprechend den vedischen Anweisungen bereichert einen im spirituellen Wissen.

Was Wohltätigkeit betrifft, so sollte man fünfzig Prozent seines Einkommens für einen guten Zweck spenden. Und was ist ein guter

Zweck? Das, was im Sinne des Kṛṣṇa-Bewußtseins getan wird. Dies ist nicht nur ein guter Zweck, sondern der beste Zweck. Weil Kṛṣṇa gut ist, ist Seine Mission ebenfalls gut. Folglich sollten Spenden jemandem gegeben werden, der im Kṛṣṇa-Bewußtsein beschäftigt ist. Gemäß der vedischen Literatur ist es vorgeschrieben, Spenden an *brāhmaṇas* zu geben. Dieses System wird noch heute befolgt, wenn auch nicht genau entsprechend der vedischen Anweisung. Dennoch lautet die Vorschrift, daß Spenden an *brāhmaṇas* gegeben werden sollten. Warum? Weil sie sich mit der höheren Kultivierung spirituellen Wissens beschäftigen. Von einem *brāhmaṇa* wird erwartet, daß er sein ganzes Leben der Erkenntnis des Brahman weiht. *Brahma jānātīti brāhmaṇaḥ:* Jemand, der das Brahman kennt, wird als *brāhmaṇa* bezeichnet. Spenden werden deshalb an *brāhmaṇas* gegeben, weil sie ständig im höheren spirituellen Dienst beschäftigt sind und keine Zeit haben, ihren Lebensunterhalt selbst zu verdienen. In der vedischen Literatur werden Spenden außerdem demjenigen zugesprochen, der sich auf der Lebensstufe der Entsagung befindet, das heißt dem *sannyāsī.* Die *sannyāsīs* gehen bettelnd von Tür zu Tür, nicht des Geldes wegen, sondern um missionarischer Zwecke willen. Es ist vorgesehen, daß sie von Tür zu Tür gehen, um die Haushälter aus dem Schlummer der Unwissenheit zu erwecken. Weil sich die Haushälter mit Familienangelegenheiten befassen und den eigentlichen Sinn des Lebens vergessen haben, nämlich ihr Kṛṣṇa-Bewußtsein zu erwecken, ist es die Aufgabe des *sannyāsī,* als Bettler zu den Haushältern zu gehen und sie zu ermutigen, Kṛṣṇa-bewußt zu werden. Wie es in den *Veden* heißt, sollte man erwachen, um das zu erreichen, wofür das menschliche Leben bestimmt ist. Dieses Wissen und dessen Anwendung wird von den *sannyāsīs* verbreitet; Spenden müssen also den in Entsagung Lebenden und den *brāhmaṇas* und für ähnliche gute Zwecke gegeben werden, nicht für irgendeinen launenhaften Zweck.

Yaśas, Ruhm, sollte anhand der Aussage Śrī Caitanyas gemessen werden, der sagte, daß jemand dann berühmt ist, wenn man ihn als einen großen Gottgeweihten kennt. Das ist wirklicher Ruhm. Wenn jemand im Kṛṣṇa-Bewußtsein eine bedeutende Persönlichkeit geworden ist und dies bekannt wird, ist er wahrhaft berühmt. Wer nicht solchen Ruhm besitzt, ist unbedeutend.

All diese Eigenschaften sind überall im Universum, sowohl in der menschlichen Gesellschaft als auch in der Gesellschaft der Halbgötter, zu finden. Auf anderen Planeten gibt es viele Formen menschlicher Gesellschaften, und all diese Eigenschaften gibt es auch dort. Für jemanden, der im Kṛṣṇa-Bewußtsein Fortschritt machen möchte, erschafft Kṛṣṇa all diese Eigenschaften, doch der Betreffende muß sie selbst von innen her entwickeln. Wer im hingebungsvollen Dienst des Höchsten Herrn beschäftigt ist, entwickelt – durch die Vorkehrung des Höchsten Herrn – alle guten Eigenschaften.

Von allem, was wir in dieser Welt vorfinden, sei es gut oder schlecht, ist Kṛṣṇa der Ursprung. Nichts kann sich in der materiellen Welt manifestieren, was nicht in Kṛṣṇa ist. Das ist Wissen. Obwohl wir wissen, daß alles verschiedene Eigenschaften und Funktionen hat, sollten wir gleichzeitig erkennen, daß alles von Kṛṣṇa ausgeht.

Vers 6 महर्षयः सप्त पूर्वे चत्वारो मनवस्तथा ।
मद्भावा मानसा जाता येषां लोक इमाः प्रजाः ॥ ६ ॥

maharṣayaḥ sapta pūrve catvāro manavas tathā
mad-bhāvā mānasā jātā yeṣāṁ loka imāḥ prajāḥ

mahā-ṛṣayaḥ – die großen Weisen; *sapta* – sieben; *pūrve* – davor; *catvāraḥ* – vier; *manavaḥ* – Manus; *tathā* – auch; *mat-bhāvāḥ* – von Mir geboren; *mānasāḥ* – aus dem Geist; *jātāḥ* – geboren; *yeṣām* – von ihnen; *loke* – in der Welt; *imāḥ* – all diese; *prajāḥ* – Bevölkerung.

Die sieben großen Weisen, vor ihnen die vier anderen großen Weisen und die Manus [die Vorväter der Menschheit] wurden von Mir, aus Meinem Geist, geboren, und alle Lebewesen, die die verschiedenen Planeten bevölkern, stammen von ihnen ab.

ERLÄUTERUNG: Der Herr gibt hier eine genealogische Übersicht über die Bevölkerung des Universums. Brahmā ist das erste Lebewesen, das aus der Energie des Höchsten Herrn, der Hiraṇyagarbha genannt wird, geboren wurde. Von Brahmā kamen die sieben großen Weisen und vor ihnen die vier großen Weisen namens Sanaka, Sananda, Sanātana und Sanat-kumāra sowie die vierzehn Manus. Diese fünfundzwanzig großen Weisen sind die Patriarchen aller Lebewesen im ganzen Universum. Es gibt unzählige Universen und in jedem Universum unzählige Planeten, und jeder Planet wird von den unterschiedlichsten Lebensarten bevölkert. Sie alle wurden von diesen fünfundzwanzig Patriarchen geboren. Brahmā nahm für eintausend Jahre nach der Zeitrechnung der Halbgötter Entsagungen auf sich, bevor er durch die Gnade Kṛṣṇas erkannte, wie er die Schöpfung vollziehen mußte. Aus Brahmā gingen daraufhin Sanaka, Sananda, Sanātana und Sanat-kumāra hervor, danach Rudra und dann die sieben Weisen. Auf diese Weise sind alle *brāhmaṇas* und *kṣatriyas* aus der Energie der Höchsten Persönlichkeit Gottes hervorgegangen. Brahmā wird Pitāmaha, der Großvater, und Kṛṣṇa Prapitāmaha, der Vater des Großvaters, genannt. Dies wird im Elften Kapitel der *Bhagavad-gītā* (11.39) beschrieben.

Vers 7 एतां विभूतिं योगं च मम यो वेत्ति तत्त्वतः ।
सोऽविकल्पेन योगेन युज्यते नात्र संशयः ॥ ७ ॥

etāṁ vibhūtiṁ yogaṁ ca mama yo vetti tattvataḥ
so 'vikalpena yogena yujyate nātra saṁśayaḥ

etām – all dieser; *vibhūtim* – Reichtum; *yogam* – mystische Kraft; *ca* – auch; *mama* – von Mir; *yaḥ* – jeder, der; *vetti* – kennt; *tattvataḥ* – tatsächlich; *saḥ* – er; *avikalpena* – ohne Abweichung; *yogena* – im hingebungsvollen Dienst; *yujyate* – ist beschäftigt; *na* – niemals; *atra* – hier; *saṁśayaḥ* – Zweifel.

Wer von diesen Meinen Füllen und mystischen Kräften tatsächlich überzeugt ist, beschäftigt sich im unvermischten hingebungsvollen Dienst; darüber besteht kein Zweifel.

ERLÄUTERUNG: Der höchste Gipfel spiritueller Vollkommenheit ist Wissen über die Höchste Persönlichkeit Gottes. Nur wer von den verschiedenen Füllen des Höchsten Herrn fest überzeugt ist, kann sich im hingebungsvollen Dienst beschäftigen. Die Menschen wissen im allgemeinen, daß Gott groß ist, aber sie haben kein detailliertes Wissen darüber, wie groß Gott ist. Hier nun werden solche Einzelheiten beschrieben. Wenn man tatsächlich versteht, wie groß Gott ist, wird man automatisch eine ergebene Seele und beschäftigt sich im hingebungsvollen Dienst des Herrn. Wenn man die Füllen des Höchsten tatsächlich versteht, bleibt einem keine andere Wahl, als sich Ihm zu ergeben. Dieses tatsächliche Wissen kann man aus den Beschreibungen des *Śrīmad-Bhāgavatam,* der *Bhagavad-gītā* und ähnlicher Schriften beziehen.

Im Universum gibt es viele Halbgötter, die für die Verwaltung der Planetensysteme zuständig sind, und die Oberhäupter von ihnen sind Brahmā, Śiva, die vier großen Kumāras und die anderen Patriarchen. Die Bevölkerung des Universums hat viele Vorväter, und sie alle wurden vom Höchsten Herrn, Kṛṣṇa, geboren. Die Höchste Persönlichkeit Gottes, Kṛṣṇa, ist der ursprüngliche Vorvater aller Vorväter.

Dies sind einige der Füllen des Höchsten Herrn. Wenn man von ihnen fest überzeugt ist, nimmt man Kṛṣṇa mit starkem Glauben und ohne jeden Zweifel an und betätigt sich im hingebungsvollen Dienst. All dieses spezifische Wissen ist notwendig, um unser Interesse am liebenden hingebungsvollen Dienst des Herrn zu vergrößern. Man sollte es nicht versäumen, umfassend zu verstehen, wie groß Kṛṣṇa ist, denn wenn man Kṛṣṇas Größe kennt, wird man imstande sein, im aufrichtigen hingebungsvollen Dienst gefestigt zu sein.

Vers 8 अहं सर्वस्य प्रभवो मत्तः सर्वं प्रवर्तते ।
इति मत्वा भजन्ते मां बुधा भावसमन्विताः ॥८॥

ahaṁ sarvasya prabhavo mattaḥ sarvaṁ pravartate
iti matvā bhajante māṁ budhā bhāva-samanvitāḥ

aham – Ich; *sarvasya* – von allem; *prabhavaḥ* – die Quelle der Erzeugung; *mattaḥ* – von Mir; *sarvam* – alles; *pravartate* – geht aus; *iti* – so; *matvā* – kennend; *bhajante* – geben sich hin; *mām* – Mir; *budhāḥ* – die Gelehrten; *bhāva-samanvitāḥ* – mit großer Aufmerksamkeit.

Ich bin der Ursprung aller spirituellen und materiellen Welten. Alles geht von Mir aus. Die Weisen, die dies vollkommen verstanden haben, beschäftigen sich in Meinem hingebungsvollen Dienst und verehren Mich von ganzem Herzen.

ERLÄUTERUNG: Ein großer Gelehrter, der die *Veden* gründlich studiert hat, der Wissen von Autoritäten wie Śrī Caitanya empfangen hat und der diese Lehren anzuwenden weiß, versteht, daß Kṛṣṇa der Ursprung von allem ist, was in den materiellen und spirituellen Welten existiert, und weil er dies vollkommen verstanden hat, beschäftigt er sich unerschütterlich im hingebungsvollen Dienst des Höchsten Herrn. Er kann niemals, weder von irgendwelchen Narren noch von unsinnigen Kommentaren, von diesem Pfad abgebracht werden. Alle vedischen Schriften erklären übereinstimmend, daß Kṛṣṇa der Ursprung Brahmās, Śivas und aller anderen Halbgötter ist. Im *Atharva Veda* (*Gopāla-tāpanī Upaniṣad* 1.24) heißt es: *yo brahmāṇaṁ vidadhāti pūrvaṁ yo vai vedāṁś ca gāpayati sma kṛṣṇaḥ.* „Es war Kṛṣṇa, der zu Beginn Brahmā das vedische Wissen offenbarte und der in der Vergangenheit das vedische Wissen verkündete." Weiterhin heißt es in der *Nārāyaṇa Upaniṣad* (1): *atha puruṣo ha vai nārāyaṇo 'kāmayata prajāḥ sṛjeyeti.* „Darauf hatte die Höchste Persönlichkeit Nārāyaṇa den Wunsch, Lebewesen zu erschaffen." Die *Upaniṣad* fährt fort: *nārāyaṇād brahmā jāyate, nārāyaṇād prajāpatiḥ prajāyate, nārāyaṇād indro jāyate, nārāyaṇād aṣṭau vasavo jāyante, nārāyaṇād ekādaśa rudrā jāyante, nārāyaṇād dvādaśādityāḥ.* „Von Nārāyaṇa wurde Brahmā geboren, und von Nārāyaṇa wurden ebenfalls die Patriarchen geboren. Von Nārāyaṇa wurde Indra geboren, von Nārāyaṇa wurden die acht Vasus geboren, von Nārāyaṇa wurden die elf Rudras geboren, und von Nārāyaṇa wurden die zwölf Ādityas geboren." Dieser Nārāyaṇa ist eine Erweiterung Kṛṣṇas.

In den gleichen *Veden* heißt es: *brahmaṇyo devakī-putraḥ.* „Der Sohn Devakīs, Kṛṣṇa, ist die Höchste Persönlichkeit." (*Nārāyaṇa Upaniṣad* 4) Weiter heißt es: *eko vai nārāyaṇa āsīn na brahmā neśāno nāpo nāgni-somau neme dyāv-āpṛthivī na nakṣatrāṇi na sūryaḥ.* „Am Anfang der Schöpfung gab es nur die Höchste Persönlichkeit, Nārāyaṇa. Es gab keinen Brahmā, keinen Śiva, kein Wasser, kein Feuer, keinen Mond, keinen Himmel und keine Erde, keine Sterne am Himmel und keine Sonne." (*Mahā Upaniṣad* 1.2) In der *Mahā Upaniṣad* wird des weiteren gesagt, daß Śiva aus der Stirn des Höchsten Herrn geboren wurde. Somit besagen die *Veden,* daß es der Höchste Herr, der Schöpfer Brahmās und Śivas, ist, den man verehren muß.

Im *Mokṣa-dharma*-Teil des *Mahābhārata* sagt Kṛṣṇa auch:

prajāpatiṁ ca rudraṁ cāpy aham eva sṛjāmi vai
tau hi māṁ na vijānīto mama māyā-vimohitau

„Die Patriarchen, Śiva und andere sind von Mir erschaffen worden, obgleich sie nicht wissen, daß sie von Mir erschaffen wurden, da sie von Meiner illusionierenden Energie getäuscht sind."

Und im *Varāha Purāṇa* heißt es:

nārāyaṇaḥ paro devas tasmāj jātaś caturmukhaḥ
tasmād rudro 'bhavad devaḥ sa ca sarva-jñatāṁ gataḥ

„Nārāyaṇa ist die Höchste Persönlichkeit Gottes, und von Ihm wurde Brahmā geboren, von dem wiederum Śiva geboren wurde."

Śrī Kṛṣṇa ist der Ursprung aller Generationen, und Er wird die alles bewirkende Ursache genannt. Er sagt: „Weil alles von Mir geboren wurde, bin Ich die ursprüngliche Quelle von allem. Alles untersteht Mir; niemand ist Mir übergeordnet." Es gibt keinen anderen höchsten Kontrollierenden als Kṛṣṇa. Jemand, der durch einen echten spirituellen Meister und durch die vedischen Schriften ein solches Verständnis von Kṛṣṇa erlangt, setzt all seine Energie im Kṛṣṇa-Bewußtsein ein und wird so ein wahrer Gelehrter. Im Vergleich zu ihm sind alle anderen, die Kṛṣṇa nicht richtig verstehen, nichts weiter als Narren. Nur ein Narr würde Kṛṣṇa für einen gewöhnlichen Menschen halten. Ein Kṛṣṇa-bewußter Mensch sollte sich nicht von Narren verwirren lassen. Er sollte alle unautorisierten Kommentare und Interpretationen der *Bhagavad-gītā* meiden und mit Entschlossenheit und Stetigkeit im Kṛṣṇa-Bewußtsein fortschreiten.

Vers 9 मच्चित्ता मद्गतप्राणा बोधयन्तः परस्परम् ।
कथयन्तश्च मां नित्यं तुष्यन्ति च रमन्ति च ॥ ९ ॥

mac-cittā mad-gata-prāṇā bodhayantaḥ parasparam
kathayantaś ca māṁ nityaṁ tuṣyanti ca ramanti ca

mat-cittāḥ – ihre Gedanken völlig in Mich vertiefend; *mat-gata-prāṇāḥ* – ihr Leben Mir hingebend; *bodhayantaḥ* – predigend; *parasparam* – untereinander; *kathayantaḥ* – sprechend; *ca* – auch; *mām* – über Mich; *nityam* – ständig; *tuṣyanti* – erfahren Zufriedenheit; *ca* – auch; *ramanti* – genießen transzendentale Glückseligkeit; *ca* – auch.

Die Gedanken Meiner reinen Geweihten weilen in Mir, ihr Leben ist völlig Meinem Dienst hingegeben, und sie erfahren große Zufriedenheit und Glückseligkeit, indem sie sich ständig gegenseitig erleuchten und über Mich sprechen.

ERLÄUTERUNG: Reine Gottgeweihte, deren charakteristische Merkmale hier beschrieben werden, beschäftigen sich völlig im transzendentalen liebevollen Dienst des Herrn. Ihre Gedanken können niemals von den Lotosfüßen Kṛṣṇas abgelenkt werden. Ihre Gespräche drehen sich einzig und allein um transzendentale Themen. Die Kennzeichen der reinen Gottgeweihten werden in diesem Vers präzise beschrieben. Geweihte des Höchsten Herrn sind vierundzwanzig Stunden am Tag damit beschäftigt, die Eigenschaften und Spiele des Höchsten Herrn zu lobpreisen. Ihr Herz und ihre Seele sind ständig in Kṛṣṇa versunken, und es bereitet ihnen Freude, mit anderen Gottgeweihten über Ihn zu sprechen.

Im Anfangsstadium des hingebungsvollen Dienstes ziehen sie aus dem Dienst selbst transzendentale Freude, und auf der reifen Stufe erfahren sie tatsächlich Liebe zu Gott. Wenn sie diese transzendentale Stellung erlangt haben, können sie die höchste Vollkommenheit kosten, die vom Herrn in Seinem Reich entfaltet wird. Śrī Caitanya vergleicht transzendentalen hingebungsvollen Dienst mit dem Säen eines Samens in das Herz des Lebewesens. Es gibt unzählige Lebewesen, die die verschiedenen Planeten des Universums durchwandern, und unter ihnen gibt es einige wenige, die das Glück haben, einem reinen Gottgeweihten zu begegnen, und so die Möglichkeit bekommen, hingebungsvollen Dienst zu verstehen. Hingebungsvoller Dienst ist genau wie ein Same, und wenn dieser Same in das Herz eines Lebewesens gesät wird und dieses Lebewesen beginnt, ohne Unterlaß Hare Kṛṣṇa, Hare Kṛṣṇa, Kṛṣṇa Kṛṣṇa, Hare Hare / Hare Rāma, Hare Rāma, Rāma Rāma, Hare Hare zu hören und zu chanten, keimt dieser Same, genauso wie der Same eines Baumes keimt, wenn er regelmäßig bewässert wird. Die spirituelle Pflanze des hingebungsvollen Dienstes wächst allmählich immer weiter, bis sie die Bedeckung des materiellen Universums durchdringt und in die *brahmajyoti*-Ausstrahlung im spirituellen Himmel gelangt. Auch im spirituellen Himmel wächst die Pflanze immer weiter, bis sie den höchsten Planeten erreicht, den Planeten Kṛṣṇas, der Goloka Vṛndāvana genannt wird. Schließlich sucht die Pflanze unter den Lotosfüßen Kṛṣṇas Zuflucht und kommt dort zur Ruhe. So wie eine Pflanze nach und nach Blüten und Früchte hervorbringt, so bringt auch die Pflanze des hingebungsvollen Dienstes Blüten und Früchte hervor, und der Vorgang des Bewässerns in Form von Hören und Chanten wird weiter fortgesetzt. Diese Pflanze des hingebungsvollen Dienstes wird ausführlich im *Caitanya-caritāmṛta* (*Madhya-līlā,* Kapitel Neunzehn) beschrieben. Es wird dort erklärt, daß man völlig in Liebe zu Gott aufgeht, sobald die ausgewachsene Pflanze unter den Lotosfüßen des Höchsten Herrn Zuflucht sucht; dann kann man nicht einmal einen einzigen Augenblick leben, ohne mit dem Höchsten Herrn verbunden zu sein, ebenso wie ein Fisch ohne Wasser nicht leben kann. In einem solchen Zustand erwirbt der Gottgeweihte in Verbindung mit dem Höchsten Herrn wahrhaft transzendentale Eigenschaften.

Auch das *Śrīmad-Bhāgavatam* ist voll von Erzählungen über die Beziehung zwischen dem Höchsten Herrn und Seinen Geweihten; deshalb ist das *Śrīmad-Bhāgavatam* den Gottgeweihten sehr lieb, wie im *Bhāgavatam* selbst (12.13.18) erklärt wird: *śrīmad-bhāgavataṁ purāṇam amalaṁ yad vaiṣṇavānāṁ priyam.* In dieser Erzählung findet man nichts über materielle Tätigkeiten, wirtschaftliche Entwicklung, Sinnenbefriedigung oder Befreiung. Das *Śrīmad-Bhāgavatam* ist die einzige Erzählung, in der die transzendentale Natur des Höchsten Herrn und Seiner Geweihten umfassend beschrieben wird. Folglich erfahren die verwirklichten Seelen im Kṛṣṇa-Bewußtsein fortgesetzte Freude, wenn sie aus solchen transzendentalen Schriften hören, genauso wie ein Junge und ein Mädchen Freude empfinden, wenn sie zusammen sind.

Vers 10 तेषां सततयुक्तानां भजतां प्रीतिपूर्वकम् ।
दददामि बुद्धियोगं तं येन मामुपयान्ति ते ॥१०॥

teṣāṁ satata-yuktānāṁ bhajatāṁ prīti-pūrvakam
dadāmi buddhi-yogaṁ taṁ yena māṁ upayānti te

teṣām – ihnen; *satata-yuktānām* – immer beschäftigt; *bhajatām* – hingebungsvollen Dienst darzubringen; *prīti-pūrvakam* – in liebender Ekstase; *dadāmi* – Ich gebe; *buddhi-yogam* – wahre Intelligenz; *tam* – das; *yena* – durch welches; *mām* – zu Mir; *upayānti* – kommen; *te* – sie.

Denjenigen, die Mir ständig hingegeben sind und Mir mit Liebe dienen, gebe Ich das Verständnis, durch das sie zu Mir gelangen können.

ERLÄUTERUNG: In diesem Vers ist das Wort *buddhi-yoga* sehr bedeutsam. Erinnern wir uns noch einmal an das Zweite Kapitel: Dort sagte der Herr zu Arjuna, Er habe ihm viele Dinge mitgeteilt und werde ihn jetzt im *buddhi-yoga* unterweisen. Hier nun wird *buddhi-yoga* erklärt. *Buddhi-yoga* bedeutet Handeln im Kṛṣṇa-Bewußtsein; das ist die höchste Intelligenz. *Buddhi* bedeutet Intelligenz, und *yoga* bedeutet mystische Tätigkeiten oder mystische Erhebung. Wenn jemand versucht, nach Hause, zu Gott, zurückzukehren, und sich völlig dem Kṛṣṇa-Bewußtsein im hingebungsvollen Dienst widmet, werden seine Tätigkeiten *buddhi-yoga* genannt. Mit anderen Worten, *buddhi-yoga* ist der Vorgang, durch den man aus der Verstrickung der materiellen Welt herausgelangt. Das höchste Ziel allen Fortschritts ist Kṛṣṇa. Da die Menschen dies nicht wissen, ist die Gemeinschaft mit Gottgeweihten und einem echten spirituellen Meister so wichtig. Man sollte erkennen, daß das Ziel Kṛṣṇa ist, und sobald das Ziel einmal feststeht, kann man auf dem Pfad langsam, aber sicher vorwärtsschreiten und wird so das endgültige Ziel erreichen.

Wenn jemand das Ziel des Lebens kennt, aber an den Früchten seiner Tätigkeiten hängt, so handelt er in *karma-yoga.* Wenn jemand weiß, daß das Ziel Kṛṣṇa ist, aber an mentalen Spekulationen Freude findet, um Kṛṣṇa zu verstehen, so handelt er in *jñāna-yoga.* Und wenn jemand das Ziel kennt und allein im Kṛṣṇa-Bewußtsein und im hingebungsvollen Dienst nach Kṛṣṇa sucht, so handelt er in *bhakti-yoga* oder *buddhi-yoga,* dem vollendeten *yoga.* Dieser vollendete *yoga* ist die vollkommenste Stufe des Lebens.

Wenn jemand einen echten spirituellen Meister hat und einer spirituellen Organisation angehört, aber dennoch nicht intelligent genug ist, um Fortschritt zu machen, so wird ihm Kṛṣṇa von innen her Unterweisungen geben, so daß er letztlich ohne Schwierigkeit zu Ihm kommen kann. Die Qualifikation besteht darin, daß man sich ständig im Kṛṣṇa-Bewußtsein beschäftigt und mit Liebe und Hingabe alle möglichen Dienste leistet. Man sollte irgendeine Arbeit für Kṛṣṇa verrichten, und diese Arbeit sollte mit Liebe ausgeführt werden. Wenn ein Gottgeweihter nicht intelligent genug ist, um auf dem Pfad der Selbstverwirklichung Fortschritt zu machen, sich aber aufrichtig den Tätigkeiten des hingebungsvollen Dienstes widmet, gibt ihm der Herr die Möglichkeit, Fortschritt zu machen und letztlich zu Ihm zu gelangen.

Vers 11 तेषामेवानुकम्पार्थमहमज्ञानजं तमः ।
नाशयाम्यात्मभावस्थो ज्ञानदीपेन भास्वता ॥११॥

teṣām evānukampārtham aham ajñāna-jaṁ tamaḥ
nāśayāmy ātma-bhāva-stho jñāna-dīpena bhāsvatā

teṣām – ihnen; *eva* – gewiß; *anukampā-artham* – um besondere Barmherzigkeit zu erweisen; *aham* – Ich; *ajñāna-jam* – aufgrund von Unwissenheit; *tamaḥ* – Dunkelheit; *nāśayāmi* – vertreibe; *ātma-bhāva* – in ihren Herzen; *sthaḥ* – befindlich; *jñāna* – des Wissens; *dīpena* – mit der Fackel; *bhāsvatā* – leuchtend.

Um ihnen besondere Barmherzigkeit zu erweisen, zerstöre Ich, der Ich in ihren Herzen weile, mit der leuchtenden Fackel des Wissens die aus Unwissenheit geborene Finsternis.

ERLÄUTERUNG: Als Śrī Caitanya in Benares das Chanten von Hare Kṛṣṇa, Hare Kṛṣṇa, Kṛṣṇa Kṛṣṇa, Hare Hare / Hare Rāma, Hare Rāma, Rāma Rāma, Hare Hare verkündete, folgten Ihm Tausende von Menschen. Prakāśānanda Sarasvatī, ein sehr einflußreicher, großer Gelehrter des damaligen Benares, verspottete Śrī Caitanya und nannte Ihn einen sentimentalen Schwärmer. Manchmal kritisieren Māyāvādī-Philosophen die Gottgeweihten, weil sie denken, die meisten Gottgeweihten befänden sich in der Dunkelheit der Unwissenheit und seien philosophisch naive Schwärmer. Doch diese Annahme ist falsch. Es gibt sehr große Gelehrte, die die Philosophie der Hingabe vertreten haben. Doch selbst wenn ein Gottgeweihter aus ihren Schriften oder aus dem Wissen seines spirituellen Meisters keinen Vorteil zieht, hilft ihm Kṛṣṇa in seinem Herzen, vorausgesetzt, daß er sich in seinem hingebungsvollen Dienst aufrichtig bemüht. Folglich kann der aufrichtige Gottgeweihte, der im Kṛṣṇa-Bewußtsein beschäftigt ist, nicht ohne Wissen sein. Die einzige

Qualifikation besteht darin, daß man hingebungsvollen Dienst in vollem Kṛṣṇa-Bewußtsein verrichtet.

Die Māyāvādī-Philosophen denken, daß man ohne empirische Analyse kein reines Wissen haben könne. Ihnen gibt der Herr folgende Antwort: Denjenigen, die im reinen hingebungsvollen Dienst tätig sind, wird vom Höchsten Gott geholfen, selbst wenn sie nicht sehr gebildet sind und über kein ausreichendes Wissen von den vedischen Prinzipien verfügen. Das ist die Aussage dieses Verses.

Der Herr teilt Arjuna mit, daß es grundsätzlich nicht möglich ist, die Höchste Wahrheit, die Absolute Wahrheit, die Höchste Persönlichkeit Gottes, einfach durch Spekulieren zu verstehen, denn die Höchste Wahrheit ist so groß, daß es nicht möglich ist, Sie zu begreifen oder zu erreichen, indem man einfach eine mentale Anstrengung unternimmt. Der Mensch mag für Millionen von Jahren fortfahren zu spekulieren, doch wenn er nicht hingegeben ist und keine Liebe für die Höchste Wahrheit besitzt, wird er niemals Kṛṣṇa, die Höchste Wahrheit, verstehen. Nur durch hingebungsvollen Dienst kann die Höchste Wahrheit, Kṛṣṇa, erfreut werden, und durch Seine unbegreifliche Energie wird Er Sich dem Herzen des reinen Gottgeweihten offenbaren. Der reine Gottgeweihte trägt Kṛṣṇa immer im Herzen, und durch die Gegenwart Kṛṣṇas, der genau wie die Sonne ist, wird die Finsternis der Unwissenheit auf der Stelle vertrieben. Dies ist die besondere Barmherzigkeit, die Kṛṣṇa Seinem reinen Geweihten erweist.

Weil die bedingte Seele seit vielen, vielen Millionen von Geburten durch den Kontakt mit der Materie verunreinigt ist, ist ihr Herz immer vom Staub des Materialismus bedeckt. Doch jemand, der sich im hingebungsvollen Dienst beschäftigt und ununterbrochen Hare Kṛṣṇa chantet, wird sehr schnell von diesem Staub befreit und auf die Ebene reinen Wissens erhoben. Das höchste Ziel, Viṣṇu, kann nur durch diesen *mantra* und durch hingebungsvollen Dienst erreicht werden, nicht durch mentale Spekulation oder Logik. Der reine Gottgeweihte braucht sich um seine materiellen Lebensnotwendigkeiten keine Sorgen zu machen; er braucht keine Angst zu haben, denn wenn er die Dunkelheit aus seinem Herzen entfernt, wird er vom Herrn automatisch mit allem Notwendigen versorgt, da der Herr durch den liebenden hingebungsvollen Dienst des Gottgeweihten erfreut ist. Dies ist die Essenz der Lehren der *Bhagavad-gītā*. Durch das Studium der *Bhagavad-gītā* kann man eine dem Höchsten Herrn völlig ergebene Seele werden und sich im reinen hingebungsvollen Dienst beschäftigen. Wenn der Herr einen in Seine Obhut nimmt, wird man von allen materialistischen Bestrebungen vollständig frei.

Vers 12–13

अर्जुन उवाच
परं ब्रह्म परं धाम पवित्रं परमं भवान् ।
पुरुषं शाश्वतं दिव्यमादिदेवमजं विभुम् ॥१२॥

आहुस्त्वामृषयः सर्वे देवर्षिर्नारदस्तथा ।
असितो देवलो व्यासः स्वयं चैव ब्रवीषि मे ॥१३॥

arjuna uvāca
paraṁ brahma paraṁ dhāma pavitraṁ paramaṁ bhavān
puruṣaṁ śāśvataṁ divyam ādi-devam ajaṁ vibhum

āhus tvām ṛṣayaḥ sarve devarṣir nāradas tathā
asito devalo vyāsaḥ svayaṁ caiva bravīṣi me

arjunaḥ uvāca – Arjuna sprach; *param* – die höchste; *brahma* – Wahrheit; *param* – höchste; *dhāma* – Stütze; *pavitram* – rein; *paramam* – höchste; *bhavān* – Du; *puruṣam* – Persönlichkeit; *śāśvatam* – ewige; *divyam* – transzendentale; *ādi-devam* – der ursprüngliche Herr; *ajam* – ungeboren; *vibhum* – der Größte; *āhuḥ* – sagen; *tvām* – von Dir; *ṛṣayaḥ* – Weisen; *sarve* – alle; *deva-ṛṣiḥ* – der Weise unter den Halbgöttern; *nāradaḥ* – Nārada; *tathā* – auch; *asitaḥ* – Asita; *devalaḥ* – Devala; *vyāsaḥ* – Vyāsa; *svayam* – persönlich; *ca* – auch; *eva* – gewiß; *bravīṣi* – Du erklärst; *me* – mir.

Arjuna sprach: Du bist die Höchste Persönlichkeit Gottes, das höchste Reich, der Reinste, die Absolute Wahrheit. Du bist die ewige, transzendentale, ursprüngliche Person, der Ungeborene, der Größte. Alle bedeutenden Weisen, wie Nārada, Asita, Devala und Vyāsa, bestätigen diese Wahrheit über Dich, und jetzt erklärst Du es mir Selbst.

ERLÄUTERUNG: Mit diesen beiden Versen gibt der Höchste Herr dem Māyāvādī-Philosophen eine Chance, den Unterschied zwischen dem Höchsten und der individuellen Seele deutlich zu verstehen. Nachdem Arjuna die essentiellen vier Verse der *Bhagavad-gītā* in diesem Kapitel gehört hatte, wurde er von allen Zweifeln völlig frei und erkannte Kṛṣṇa als die Höchste Persönlichkeit Gottes an. Sogleich erklärt er unmißverständlich: „Du bist *paraṁ brahma,* die Höchste Persönlichkeit Gottes." Und an früherer Stelle sagte Kṛṣṇa, daß Er der Schöpfer von allem und jedem ist. Jeder Halbgott und jeder Mensch ist von Ihm abhängig. Menschen und Halbgötter denken aus Unwissenheit, sie seien absolut und von der Höchsten Persönlichkeit Gottes unabhängig. Diese Unwissenheit wird durch hingebungsvollen Dienst auf vollkommene Weise beseitigt, wie es der Herr bereits im vorangegangenen Vers erklärt hat. Nun erkennt Arjuna Kṛṣṇa durch dessen Gnade als die Höchste Wahrheit an, was auch mit den vedischen Anweisungen übereinstimmt. Wenn Arjuna Kṛṣṇa als die Höchste Persönlichkeit Gottes, die Absolute Wahrheit, anspricht, so tut er dies nicht, um Ihm zu schmeicheln, nur weil Kṛṣṇa sein vertrauter Freund ist. Alles, was Arjuna in diesen beiden Versen sagt, wird von der vedischen Wahrheit bestätigt. Die vedischen Unterweisungen besagen, daß nur jemand, der sich dem hingebungsvollen Dienst des Höchsten Herrn zuwendet, Ihn verstehen kann, und niemand sonst. Jedes einzelne Wort dieses von Arjuna gesprochenen Verses wird von den vedischen Unterweisungen bestätigt.

In der *Kena Upaniṣad* heißt es, daß das Höchste Brahman der Ruheort von allem ist, und Kṛṣṇa hat bereits erklärt, daß alles auf Ihm ruht. Die *Muṇḍaka Upaniṣad* bestätigt, daß der Höchste Herr, in dem alles ruht, nur von denjenigen erkannt werden kann, die ständig an Ihn denken. Dieses ständige Denken an Kṛṣṇa wird *smaraṇam* genannt und ist eine der Methoden des hingebungsvollen Dienstes. Einzig und allein durch hingebungsvollen Dienst zu Kṛṣṇa kann man seine eigene Stellung verstehen und den materiellen Körper hinter sich lassen.

In den *Veden* wird der Höchste Herr als der Reinste der Reinen bezeichnet. Wer versteht, daß Kṛṣṇa der Reinste der Reinen ist, kann von allen sündhaften Tätigkeiten gereinigt werden. Man kann nur von sündhaftem Handeln geheilt werden, wenn man sich dem Höchsten Herrn ergibt. Daß Arjuna Kṛṣṇa als den höchsten Reinen anerkennt, steht im Einklang mit den Unterweisungen der vedischen Literatur. Hiermit stimmen auch bedeutende Persönlichkeiten überein, von denen Nārada das Oberhaupt ist.

Kṛṣṇa ist die Höchste Persönlichkeit Gottes, und man sollte immer über Ihn meditieren und seine transzendentale Beziehung zu Ihm genießen. Er ist die höchste Existenz. Er ist frei von körperlichen Bedürfnissen, frei von Geburt und Tod. Nicht nur Arjuna bestätigt dies, sondern auch sämtliche vedischen Schriften, die *Purāṇas* und andere historische Aufzeichnungen. In allen vedischen Schriften wird Kṛṣṇa auf diese Weise beschrieben, und auch der Höchste Herr Selbst sagt im Vierten Kapitel: „Obwohl Ich ungeboren bin, erscheine Ich auf der Erde, um die religiösen Prinzipien festzulegen." Kṛṣṇa ist der höchste Ursprung. Er hat keine Ursache, denn Er ist die Ursache aller Ursachen, und alles geht von Ihm aus. Dieses vollkommene Wissen kann man durch die Gnade des Höchsten Herrn erfahren.

Arjunas Erkenntnis war nur durch die Gnade Kṛṣṇas möglich. Wenn wir die *Bhagavad-gītā* verstehen wollen, sollten wir die Aussagen dieser beiden Verse akzeptieren. Dies nennt man das *paramparā*-System, das Annehmen der Schülernachfolge. Nur wer der Schülernachfolge angehört, kann die *Bhagavad-gītā* verstehen. Durch sogenannte akademische Bildung ist dies nicht möglich. Leider halten diejenigen, die auf ihre akademische Bildung stolz sind, trotz zahlreicher Nachweise in den vedischen Schriften hartnäckig an ihrer Überzeugung fest, Kṛṣṇa sei ein gewöhnlicher Mensch.

Vers 14 सर्वमेतदृतं मन्ये यन्मां वदसि केशव ।
न हि ते भगवन् व्यक्तिं विदुर्देवा न दानवाः ॥१४॥

sarvam etad ṛtaṁ manye yan māṁ vadasi keśava
na hi te bhagavan vyaktiṁ vidur devā na dānavāḥ

sarvam – all; *etat* – dies; *ṛtam* – Wahrheit; *manye* – ich akzeptiere; *yat* – welche; *mām* – zu mir; *vadasi* – Du sagst; *keśava* – o Kṛṣṇa; *na* – niemals; *hi* – gewiß; *te* – Deine; *bhagavan* – o Persönlichkeit Gottes; *vyaktim* – Offenbarung; *viduḥ* – können verstehen; *devāḥ* – die Halbgötter; *na* – nicht; *dānavāḥ* – die Dämonen.

O Kṛṣṇa, alles, was Du mir gesagt hast, akzeptiere ich vollkommen als Wahrheit. Weder die Halbgötter noch die Dämonen, o Herr, können Deine Persönlichkeit verstehen.

ERLÄUTERUNG: Arjuna bestätigt hier, daß Menschen mit ungläubigem und dämonischem Charakter Kṛṣṇa nicht verstehen können. Nicht einmal die Halbgötter können Ihn verstehen, geschweige denn die sogenannten Gelehrten der modernen Welt. Durch die Gnade des Höchsten Herrn hat Arjuna begriffen, daß die Höchste Wahrheit Kṛṣṇa ist und daß Er der Vollkommene ist. Man sollte daher dem Pfad Arjunas folgen, denn Kṛṣṇa machte ihn zur Autorität der *Bhagavad-gītā.* Wie im Vierten Kapitel erklärt wurde, war das *paramparā*-System der Schülernachfolge, die das richtige Verständnis der *Bhagavad-gītā* ermöglichte, unterbrochen, und deshalb setzte Kṛṣṇa Arjuna als das erste Glied einer neuen Schülernachfolge ein, denn Er betrachtete Arjuna als vertrauten Freund und als großen Gottgeweihten. Wie wir bereits in unserer Einleitung zur *Gītopaniṣad* erwähnten, sollte die *Bhagavad-gītā* also durch das *paramparā*-System verstanden werden. Als das *paramparā*-System verlorengegangen war, wurde Arjuna dazu auserwählt, es zu erneuern. Man sollte dem Beispiel Arjunas folgen, der alles, was Kṛṣṇa sagte, als Wahrheit akzeptierte. Dann können wir die Essenz der *Bhagavad-gītā* verstehen, und nur dann können wir verstehen, daß Kṛṣṇa die Höchste Persönlichkeit Gottes ist.

Vers 15 स्वयमेवात्मनात्मानं वेत्थ त्वं पुरुषोत्तम ।
भूतभावन भूतेश देवदेव जगत्पते ॥१५॥

svayam evātmanātmānaṁ vettha tvaṁ puruṣottama
bhūta-bhāvana bhūteśa deva-deva jagat-pate

svayam – persönlich; *eva* – gewiß; *ātmanā* – durch Dich; *ātmānam* – Dich; *vettha* – kennst; *tvam* – Du; *puruṣa-uttama* – o größte aller Personen; *bhūta-bhāvana* – o Ursprung von allem; *bhūta-īśa* – o Herr von allem; *deva-deva* – o Herr aller Halbgötter; *jagat-pate* – o Herr des gesamten Universums.

Wahrlich, Du allein kennst Dich durch Deine innere Energie, o Höchste Person, Ursprung von allem, Herr aller Wesen, Gott der Götter, Herr des Universums!

ERLÄUTERUNG: Der Höchste Herr, Kṛṣṇa, kann von denjenigen verstanden werden, die, wie Arjuna und seine Nachfolger, durch die Ausführung hingebungsvollen Dienstes mit Ihm verbunden sind, wohingegen diejenigen, die von dämonischer oder atheistischer Mentalität sind, Kṛṣṇa nicht verstehen können. Mentale Spekulation, die einen vom Höchsten Herrn fortführt, ist eine schwere Sünde, und jemand, der Kṛṣṇa nicht kennt, sollte nicht versuchen, die *Bhagavad-gītā* zu kommentieren. Die *Bhagavad-gītā* ist das Wort Kṛṣṇas, und da sie die Wissenschaft von Kṛṣṇa ist, sollte man ihre Bedeutung von Kṛṣṇa erlernen, so wie Arjuna es tat. Man sollte sie niemals von Atheisten empfangen.

Im *Śrīmad-Bhāgavatam* (1.2.11) heißt es:

vadanti tat tattva-vidas tattvaṁ yaj jñānam advayam
brahmeti paramātmeti bhagavān iti śabdyate

Die Höchste Wahrheit wird in drei Aspekten erkannt: als unpersönliches Brahman, als lokalisierter Paramātmā und schließlich als die Höchste Persönlichkeit Gottes. Die letzte Stufe der Erkenntnis der Absoluten Wahrheit ist also die Höchste Persönlichkeit Gottes. Ein gewöhnlicher Mensch oder selbst ein befreiter Mensch, der das unpersönliche Brahman oder den lokalisierten Paramātmā erkannt hat, versteht noch nicht unbedingt Gottes Persönlichkeit. Solche Menschen mögen versuchen, die Höchste Person durch die Verse der *Bhagavad-gītā* zu verstehen, die von ebendieser Person, Kṛṣṇa, gesprochen wurden. Manchmal erkennen die Unpersönlichkeitsanhänger Kṛṣṇa als Bhagavān an, oder sie akzeptieren Seine Autorität. Doch viele befreite Seelen können nicht verstehen, daß Kṛṣṇa Puruṣottama, die Höchste Person, ist. Deshalb spricht Arjuna Ihn als Puruṣottama an. Aber vielleicht versteht man dann noch nicht, daß Kṛṣṇa der Vater aller Lebewesen ist. Deshalb spricht Arjuna Ihn als Bhūta-bhāvana an. Und wenn man Kṛṣṇa als den Vater aller Lebewesen erkennt, weiß man vielleicht immer noch nicht, daß Er auch der höchste Herrscher ist; deshalb wird Er hier als Bhūteśa, der höchste Herrscher über jeden, angesprochen. Und selbst wenn man Kṛṣṇa als den höchsten Herrscher über alle Lebewesen kennt, weiß man vielleicht nicht, daß Er der Ursprung aller Halbgötter ist; deshalb wird Er hier als Deva-deva, der von allen Halbgöttern verehrte Gott, angesprochen. Und selbst wenn man Ihn als den von allen Halbgöttern verehrten Gott kennt, weiß man vielleicht nicht, daß Er der höchste Besitzer aller Dinge ist; deshalb wird Er als Jagat-pati angesprochen. So wird in diesem Vers durch die Erkenntnis Arjunas die Wahrheit über Kṛṣṇa festgelegt, und wir sollten in Arjunas Fußstapfen treten, um Kṛṣṇa so zu verstehen, wie Er ist.

Vers 16 वक्तुमर्हस्यशेषेण दिव्या ह्यात्मविभूतयः ।
याभिर्विभूतिभिर्लोकानिमांस्त्वं व्याप्य तिष्ठसि ॥१६॥

vaktum arhasy aśeṣeṇa divyā hy ātma-vibhūtayaḥ
yābhir vibhūtibhir lokān imāṁs tvaṁ vyāpya tiṣṭhasi

vaktum – zu sagen; *arhasi* – Du verdienst; *aśeṣeṇa* – im einzelnen; *divyāḥ* – göttlich; *hi* – gewiß; *ātma* – Deine eigenen; *vibhūtayaḥ* – Füllen; *yābhiḥ* – durch die; *vibhūtibhiḥ* – Füllen; *lokān* – alle Planeten; *imān* – diese; *tvam* – Du; *vyāpya* – durchdringend; *tiṣṭhasi* – bleibst.

Bitte beschreibe mir im einzelnen Deine göttlichen Kräfte, mit denen Du all diese Welten durchdringst.

ERLÄUTERUNG: Aus diesem Vers wird ersichtlich, daß Arjuna mit seinem Verständnis von der Höchsten Persönlichkeit Gottes, Kṛṣṇa, bereits zufrieden ist. Durch Kṛṣṇas Gnade verfügt Arjuna über persönliche Erfahrung, Intelligenz und Wissen sowie über alles andere, was man erlangen kann; und darüber hinaus hat er aufgrund dieser Vorzüge verstanden, daß Kṛṣṇa die Höchste Persönlichkeit Gottes ist. Für ihn besteht daran kein Zweifel, und doch bittet er Kṛṣṇa, Sein alldurchdringendes Wesen zu erklären. Die meisten Menschen, insbesondere die Unpersönlichkeitsanhänger, befassen sich hauptsächlich mit dem alldurchdringenden Wesen des Höchsten. Deshalb fragt Arjuna Kṛṣṇa, wie Er durch Seine verschiedenen Energien in Seinem alldurchdringenden Aspekt überall gegenwärtig ist. Man sollte sich darüber im Klaren sein, daß Arjuna diese Frage zum Nutzen der gewöhnlichen Menschen stellte.

Vers 17 कथं विद्यामहं योगिंस्त्वां सदा परिचिन्तयन् ।
केषु केषु च भावेषु चिन्त्योऽसि भगवन्मया ॥१७॥

kathaṁ vidyām ahaṁ yogiṁs tvāṁ sadā paricintayan
keṣu keṣu ca bhāveṣu cintyo 'si bhagavan mayā

katham – wie; *vidyām aham* – soll ich kennen; *yogin* – o höchster Mystiker; *tvām* – Dich; *sadā* – immer; *paricintayan* – denkend an; *keṣu* – an welche; *keṣu* – an welche; *ca* – auch; *bhāveṣu* – Erscheinungsformen; *cintyaḥ asi* – man soll sich an Dich erinnern; *bhagavan* – o Höchster; *mayā* – von mir.

O Kṛṣṇa, o höchster Mystiker, wie soll ich ständig an Dich denken, und wie soll ich Dich verstehen? An welche Deiner mannigfaltigen Formen soll man sich erinnern, o Höchste Persönlichkeit Gottes?

ERLÄUTERUNG: Wie im vorangegangenen Kapitel erklärt wird, ist der Herr, die Höchste Persönlichkeit Gottes, von Seiner *yoga-māyā* verhüllt. Nur ergebene Seelen und Gottgeweihte können Ihn sehen. Arjuna ist jetzt davon überzeugt, daß sein Freund, Kṛṣṇa, der Höchste Herr ist, aber er möchte erfahren, was der allgemeine Vorgang ist, durch den der alldurchdringende Herr von gewöhnlichen Menschen verstanden werden kann. Gewöhnliche Menschen, einschließlich der Dämonen und Atheisten, können Kṛṣṇa nicht verstehen, denn Er wird von Seiner *yoga-māyā*-Energie bewacht. Arjuna stellt diese Fragen zu ihrem Nutzen. Der fortgeschrittene Gottgeweihte denkt nicht nur an seine eigene Erkenntnis, sondern an die Erkenntnis der gesamten Menschheit. Weil Arjuna ein Vaiṣṇava, ein Gottgeweihter, ist, ermöglicht er es in seiner Barmherzigkeit auch den gewöhnlichen Menschen, das alldurchdringende Wesen des Höchsten Herrn zu verstehen. Er spricht Śrī Kṛṣṇa hier insbesondere als *yogin* an, weil Śrī Kṛṣṇa der Herr der *yoga-māyā*-Energie ist, durch die Er für den gewöhnlichen Menschen entweder verhüllt oder unverhüllt ist. Der gewöhnliche Mensch, der keine Liebe zu Kṛṣṇa hat, kann nicht ständig an Kṛṣṇa denken; folglich muß er an materielle Dinge denken. Arjuna berücksichtigt die Denkweise der materialistischen Menschen dieser Welt. Die Worte *keṣu keṣu ca bhāveṣu* beziehen sich auf die materielle Natur (das Wort *bhāva* bedeutet „materielle Dinge"). Weil Materialisten Kṛṣṇa nicht in spiritueller Hinsicht verstehen können, wird ihnen geraten, den Verstand auf materielle Dinge zu richten und zu versuchen, Kṛṣṇa in materiellen Repräsentationen wahrzunehmen.

Vers 18 विस्तरेणात्मनो योगं विभूतिं च जनार्दन ।
भूयः कथय तृप्तिर्हि शृण्वतो नास्ति मेऽमृतम् ॥१८॥

vistareṇātmano yogaṁ vibhūtiṁ ca janārdana
bhūyaḥ kathaya tṛptir hi śṛṇvato nāsti me 'mṛtam

vistareṇa – im einzelnen; *ātmanaḥ* – Deine; *yogam* – mystische Kraft; *vibhūtim* – Füllen; *ca* – auch; *jana-ardana* – o Töter der Atheisten; *bhūyaḥ* – wieder; *kathaya* – beschreibe; *tṛptiḥ* – Zufriedenheit; *hi* – gewiß; *śṛṇvataḥ* – hörend; *na asti* – es gibt nicht; *me* – mein; *amṛtam* – Nektar.

O Janārdana, bitte beschreibe mir abermals im einzelnen die mystische Kraft Deiner Füllen. Ich werde es niemals müde, über Dich zu hören, denn je mehr ich höre, desto mehr möchte ich den Nektar Deiner Worte kosten.

ERLÄUTERUNG: Eine ähnliche Aussage machten die *ṛṣis* von Naimiṣāraṇya, angeführt von Śaunaka, gegenüber Sūta Gosvāmī. Sie sagten:

vayaṁ tu na vitṛpyāma uttama-śloka-vikrame
yac chṛṇvatāṁ rasa-jñānāṁ svādu svādu pade pade

„Selbst wenn man über die transzendentalen Spiele Kṛṣṇas, der mit erlesenen Gebeten gepriesen wird, fortwährend hört, kann man niemals genug bekommen. Diejenigen, die eine transzendentale Beziehung zu Kṛṣṇa aufgenommen haben, kosten in jedem Augenblick die Beschreibungen Seiner Spiele." (*Śrīmad-Bhāgavatam* 1.1.19) Arjuna wollte also über Kṛṣṇa hören, insbesondere über Seine Eigenschaft als alldurchdringender Höchster Herr.

Was nun *amṛtam,* Nektar, betrifft, so ist jede Erzählung oder Aussage, die sich auf Kṛṣṇa bezieht, genau wie Nektar. Und dieser Nektar kann durch praktische Erfahrung gekostet werden. Moderne Romane, Dichtungen und Darstellungen geschichtlicher Ereignisse unterscheiden sich von den transzendentalen Spielen des Herrn insofern, als man es überdrüssig wird, weltliche Geschichten zu hören, wohingegen man es niemals müde wird, Geschichten über Kṛṣṇa zu hören. Nur aus diesem Grunde ist die Geschichtsschreibung des Universums voll von Begebenheiten, die sich auf die Spiele der Inkarnationen Gottes beziehen. Die *Purāṇas* sind geschichtliche Erzählungen aus längst vergangenen Zeitaltern, die von den Spielen der mannigfachen Inkarnationen des Herrn berichten. Deshalb bleibt solche Lektüre trotz wiederholten Lesens ewig frisch.

Vers 19 श्रीभगवानुवाच
हन्त ते कथयिष्यामि दिव्या ह्यात्मविभूतयः ।
प्राधान्यतः कुरुश्रेष्ठ नास्त्यन्तो विस्तरस्य मे ॥१९॥

śrī-bhagavān uvāca
hanta te kathayiṣyāmi divyā hy ātma-vibhūtayaḥ
prādhānyataḥ kuru-śreṣṭha nāsty anto vistarasya me

śrī-bhagavān uvāca – die Höchste Persönlichkeit Gottes sprach; *hanta* – ja; *te* – dir; *kathayiṣyāmi* – Ich werde mitteilen; *divyāḥ* – göttliche; *hi* – gewiß; *ātma-vibhūtayaḥ* – persönliche Füllen; *prādhānyataḥ* – die hauptsächlich sind; *kuru-śreṣṭha* – o bester der Kurus; *na asti* – es gibt nicht; *antaḥ* – Grenze; *vistarasya* – in dem Ausmaß; *me* – Mein.

Die Höchste Persönlichkeit Gottes sprach: Ja, Ich werde dir von Meinen herrlichen Manifestationen berichten, doch nur von den bedeutendsten, o Arjuna, denn Meine Füllen sind grenzenlos.

ERLÄUTERUNG: Es ist nicht möglich, die Größe Kṛṣṇas und das Ausmaß Seiner Füllen zu erfassen. Die Sinne der individuellen Seele sind begrenzt und gestatten es ihr nicht, Kṛṣṇas Wesen in vollem Umfang zu verstehen. Trotzdem versuchen die Gottgeweihten, Kṛṣṇa zu verstehen, jedoch nicht in dem Bewußtsein, daß sie einmal fähig sein werden, Kṛṣṇa zu einem bestimmten Zeitpunkt oder auf irgendeiner Stufe des Lebens völlig zu verstehen. Vielmehr sind die Themen über Kṛṣṇa in sich selbst so köstlich, daß sie den Gottgeweihten wie Nektar erscheinen, und so finden sie in solchen Themen großen Genuß. Die reinen Gottgeweihten erfahren transzendentale Freude, wenn sie über Kṛṣṇas Füllen und Seine verschiedenen Energien sprechen. Deshalb lieben sie es, darüber zu hören und zu sprechen. Kṛṣṇa weiß, daß die Lebewesen das Ausmaß Seiner Füllen nicht verstehen können; deshalb ist Er bereit, nur die Hauptmanifestationen Seiner verschiedenen Energien anzuführen. Das Wort *prādhānyataḥ* („hauptsächlich") ist sehr wichtig, da wir nur einige der bedeutendsten Manifestationen des Herrn verstehen können, denn Seine Aspekte sind unbegrenzt. Es ist nicht möglich, sie alle zu verstehen. Das Wort *vibhūti* bezieht sich – in dem Zusammenhang, in dem es in diesem Vers gebraucht wird – auf die Füllen, durch die Er die gesamte kosmische Manifestation beherrscht. Im *Amara-kośa*-Wörterbuch wird erklärt, daß das Wort *vibhūti* auf außergewöhnliche Füllen hinweist.

Die Unpersönlichkeitsanhänger und Pantheisten können weder die außergewöhnlichen Füllen des Höchsten Herrn noch die Manifestationen Seiner göttlichen Energien verstehen. Sowohl in der materiellen Welt als auch in der spirituellen Welt durchdringen Seine Energien alle Arten der Manifestation. Im folgenden beschreibt Kṛṣṇa, was vom gewöhnlichen Menschen direkt wahrgenommen werden kann. Auf diese Weise beschreibt Er einen Teil Seiner mannigfaltigen Energie.

Vers 20 अहमात्मा गुडाकेश सर्वभूताशयस्थितः ।
अहमादिश्च मध्यं च भूतानामन्त एव च ॥२०॥

aham ātmā guḍākeśa sarva-bhūtāśaya-sthitaḥ
aham ādiś ca madhyaṁ ca bhūtānām anta eva ca

aham – Ich; *ātmā* – die Seele; *guḍākeśa* – o Arjuna; *sarva-bhūta* – aller Lebewesen; *āśaya-sthitaḥ* – im Herzen befindlich; *aham* – Ich bin; *ādiḥ* – der Ursprung; *ca* – auch; *madhyam* – Mitte; *ca* – auch; *bhūtānām* – aller Lebewesen; *antaḥ* – Ende; *eva* – gewiß; *ca* – und.

Ich bin die Überseele, o Arjuna, die in den Herzen aller Lebewesen weilt. Ich bin der Anfang, die Mitte und das Ende aller Wesen.

ERLÄUTERUNG: In diesem Vers wird Arjuna als Guḍākeśa angesprochen, „jemand, der die Dunkelheit des Schlafes bezwungen hat". Diejenigen, die in der Dunkelheit der Unwissenheit schlafen, können nicht verstehen, wie Sich die Höchste Persönlichkeit Gottes auf verschiedene

Weise in der materiellen und in der spirituellen Welt manifestiert. Deshalb ist die Anrede, die Kṛṣṇa in diesem Vers für Arjuna gebraucht, sehr bedeutsam. Weil Arjuna über solcher Dunkelheit steht, erklärt Sich die Persönlichkeit Gottes bereit, Ihre verschiedenen Füllen zu beschreiben.

Kṛṣṇa teilt Arjuna als erstes mit, daß Er in Form Seiner ersten Viṣṇu-Erweiterung die Seele der gesamten kosmischen Manifestation ist. Vor der materiellen Schöpfung manifestiert Sich der Höchste Herr durch Seine vollständige Erweiterung in Form der *puruṣa*-Inkarnationen, und von Ihm nimmt alles seinen Anfang. Deshalb ist Er *ātmā,* die Seele des *mahat-tattva,* das heißt der universalen Elemente. Die gesamte materielle Energie ist nicht die Ursache der Schöpfung; die eigentliche Ursache ist der Mahā-viṣṇu, der in das *mahat-tattva,* die gesamte materielle Energie, eingeht. Er ist die Seele. Wenn Mahā-viṣṇu in die erschaffenen Universen eingeht, manifestiert Er Sich als Überseele in jedem einzelnen Lebewesen. Wir wissen aus Erfahrung, daß der Körper des Lebewesens aufgrund der Gegenwart des spirituellen Funkens existiert, ohne den sich der Körper nicht entwickeln kann. In ähnlicher Weise kann sich die materielle Manifestation nur dann entwickeln, wenn die Höchste Seele, Kṛṣṇa, in sie eingeht. In der *Subāla Upaniṣad* heißt es: *prakṛty-ādi-sarva-bhūtāntar-yāmī sarva-śeṣī ca nārāyaṇaḥ.* „Die Höchste Persönlichkeit Gottes existiert als Überseele in allen manifestierten Universen."

Die drei *puruṣa-avatāras* werden im *Śrīmad-Bhāgavatam* beschrieben. Eine weitere Beschreibung findet man im *Nārada Pañcarātra,* einem der *Sātvata-tantras. Viṣṇos tu trīṇi rūpāṇi puruṣākhyāny atho viduḥ:* Die Höchste Persönlichkeit Gottes erscheint in der materiellen Manifestation in drei Aspekten – als Kāraṇodaka-śāyī Viṣṇu, Garbhodaka-śāyī Viṣṇu und Kṣīrodaka-śāyī Viṣṇu. Der Mahā-viṣṇu, auch Kāraṇodaka-śāyī Viṣṇu genannt, wird in der *Brahma-saṁhitā* (5.47) beschrieben. *Yaḥ kāra ṇārṇava-jale bhajati sma yoga-nidrām:* Der Höchste Herr, Kṛṣṇa, die Ursache aller Ursachen, legt Sich im kosmischen Ozean als Mahā-viṣṇu nieder. Folglich ist die Höchste Persönlichkeit Gottes der Anfang dieses Universums, der Erhalter der universalen Manifestationen sowie das Ende aller Energie.

Vers 21 आदित्यानामहं विष्णुर्ज्योतिषां रविरंशुमान् ।
मरीचिर्मरुतामस्मि नक्षत्राणामहं शशी ॥२१॥

ādityānām ahaṁ viṣṇur jyotiṣāṁ ravir aṁśumān
marīcir marutām asmi nakṣatrāṇām ahaṁ śaśī

ādityānām – von den Ādityas; *aham* – Ich bin; *viṣṇuḥ* – der Höchste Herr; *jyotiṣām* – von den Leuchtkörpern; *raviḥ* – die Sonne; *aṁśumān* – strahlend; *marīciḥ* – Marīci; *marutām* – von den Maruts; *asmi* – Ich bin; *nakṣatrāṇām* – von den Sternen; *aham* – Ich bin; *śaśī* – der Mond.

Von den Ādityas bin Ich Viṣṇu, von den Lichtquellen bin Ich die strahlende Sonne, von den Maruts bin Ich Marīci, und unter den Sternen bin Ich der Mond.

ERLÄUTERUNG: Es gibt zwölf Ādityas, von denen Kṛṣṇa das Oberhaupt ist. Von all den Leuchtkörpern, die am Himmel strahlen, steht die Sonne an erster Stelle, und in der *Brahma-saṁhitā* wird die Sonne als das leuchtende Auge des Höchsten Herrn bezeichnet. Es gibt fünfzig Arten von Winden, die im Raum wehen, und von diesen Winden ist Marīci die herrschende Gottheit und repräsentiert daher Kṛṣṇa.

Unter den Sternen am Nachthimmel ist der Mond der hellste, und daher repräsentiert er Kṛṣṇa. Aus diesem Vers geht hervor, daß der Mond zu den Sternen gehört; folglich reflektieren die Sterne, die am Himmel funkeln, ebenfalls das Licht der Sonne. Die Theorie, daß es viele Sonnen im Universum gibt, wird von der vedischen Literatur nicht bestätigt. Es gibt nur eine Sonne, und genauso wie der Mond das Licht der Sonne reflektiert, tun dies auch die Sterne. Da die *Bhagavad-gītā* hier erklärt, daß der Mond zu den Sternen gehört, sind die funkelnden Sterne keine Sonnen, sondern lassen sich mit dem Mond vergleichen.

Vers 22 वेदानां सामवेदोऽस्मि देवानामस्मि वासवः ।
इन्द्रियाणां मनश्चास्मि भूतानामस्मि चेतना ॥२२॥

vedānāṁ sāma-vedo 'smi devānām asmi vāsavaḥ
indriyāṇāṁ manaś cāsmi bhūtānām asmi cetanā

vedānām – von allen *Veden; sāma-vedaḥ* – der *Sāma Veda; asmi* – Ich bin; *devānām* – von allen Halbgöttern; *asmi* – Ich bin; *vāsavaḥ* – der König des Himmels; *indriyāṇām* – von allen Sinnen; *manaḥ* – der Geist; *ca* – auch; *asmi* – Ich bin; *bhūtānām* – von allen Lebewesen; *asmi* – Ich bin; *cetanā* – die Lebenskraft.

Von den Veden bin Ich der Sāma Veda; von den Halbgöttern bin Ich Indra, der König des Himmels; von den Sinnen bin Ich der Geist, und in den Lebewesen bin Ich die Lebenskraft [Bewußtsein].

ERLÄUTERUNG: Der Unterschied zwischen der materiellen und der spirituellen Natur besteht darin, daß Materie, im Gegensatz zu den Lebewesen, kein Bewußtsein hat. Folglich ist das Bewußtsein der Materie übergeordnet und ewig. Bewußtsein kann nicht durch eine Verbindung materieller Elemente erzeugt werden.

Vers 23 रुद्राणां शङ्करश्चास्मि वित्तेशो यक्षरक्षसाम् ।
वसूनां पावकश्चास्मि मेरुः शिखरिणामहम् ॥२३॥

rudrāṇāṁ śaṅkaraś cāsmi vitteśo yakṣa-rakṣasām
vasūnāṁ pāvakaś cāsmi meruḥ śikhariṇām aham

rudrāṇām – von allen Rudras; *śaṅkaraḥ* – Śiva; *ca* – auch; *asmi* – Ich bin; *vitta-īśaḥ* – der Schatzmeister der Halbgötter; *yakṣa-rakṣasām* – von den Yakṣas und Rākṣasas; *vasūnām* – von den Vasus; *pāvakaḥ* – Feuer; *ca* – auch; *asmi* – Ich bin; *meruḥ* – Meru; *śikhariṇām* – von allen Bergen; *aham* – Ich bin.

Von allen Rudras bin Ich Śiva, von den Yakṣas und Rākṣasas bin Ich der Herr des Reichtums [Kuvera], von den Vasus bin Ich das Feuer [Agni], und von den Bergen bin Ich Meru.

ERLÄUTERUNG: Es gibt elf Rudras, von denen Śaṅkara, Śiva, das Oberhaupt ist. Er ist die Inkarnation des Höchsten Herrn, die für die Erscheinungsweise der Unwissenheit im Universum zuständig ist. Der Führer der Yakṣas und Rākṣasas ist Kuvera, der Schatzmeister der Halbgötter, und er ist eine Repräsentation des Höchsten Herrn. Meru ist ein Berg, der für seine reichen Bodenschätze berühmt ist.

Vers 24 पुरोधसां च मुख्यं मां विद्धि पार्थ बृहस्पतिम् ।
सेनानीनामहं स्कन्दः सरसामस्मि सागरः ॥२४॥

purodhasāṁ ca mukhyaṁ māṁ viddhi pārtha bṛhaspatim
senānīnām ahaṁ skandaḥ sarasām asmi sāgaraḥ

purodhasām – von allen Priestern; *ca* – auch; *mukhyam* – das Oberhaupt; *mām* – Mich; *viddhi* – verstehe; *pārtha* – o Sohn Pṛthās; *bṛhaspatim* – Bṛhaspati; *senānīnām* – von allen Befehlshabern; *aham* – Ich bin; *skandaḥ* – Kārtikeya; *sarasām* – von allen Gewässern; *asmi* – Ich bin; *sāgaraḥ* – der Ozean.

Wisse, o Arjuna, von den Priestern bin Ich das Oberhaupt, Bṛhaspati. Von den Generälen bin Ich Kārttikeya, und von den Gewässern bin Ich der Ozean.

ERLÄUTERUNG: Indra ist der oberste Halbgott der himmlischen Planeten, und er wird auch der König des Himmels genannt. Der Planet, auf dem er regiert, wird Indraloka genannt. Bṛhaspati ist Indras Priester, und da Indra das Oberhaupt aller Könige ist, ist Bṛhaspati das Oberhaupt aller Priester. Und ebenso wie Indra das Oberhaupt aller Könige ist, ist Skanda (Kārttikeya), der Sohn Pārvatīs und Śivas, das Oberhaupt aller Militärbefehlshaber. Und von allen Gewässern ist der Ozean am größten. Diese Repräsentationen Kṛṣṇas geben nur einen Hinweis auf Seine Größe.

Vers 25 महर्षीणां भृगुरहं गिरामस्म्येकमक्षरम् ।
यज्ञानां जपयज्ञोऽस्मि स्थावराणां हिमालयः ॥२५॥

maharṣīṇāṁ bhṛgur ahaṁ girām asmy ekam akṣaram
yajñānāṁ japa-yajño 'smi sthāvarāṇāṁ himālayaḥ

mahā-ṛṣīṇām – unter den großen Weisen; *bhṛguḥ* – Bhṛgu; *aham* – Ich bin; *girām* – von den Klangschwingungen; *asmi* – Ich bin; *ekam akṣaram* – *praṇava; yajñānām* – von den Opfern; *japa-yajñaḥ* – das Chanten; *asmi* – Ich bin; *sthāvarāṇām* – von den unbeweglichen Dingen; *himālayaḥ* – das Himālaya-Gebirge.

Von den großen Weisen bin Ich Bhṛgu; von den Klangschwingungen bin Ich das transzendentale oṁ. Von den Opfern bin Ich das Chanten der Heiligen Namen [japa], und von den unbeweglichen Dingen bin Ich der Himālaya.

ERLÄUTERUNG: Brahmā, das erste Geschöpf im Universum, schuf eine Anzahl von Söhnen, denen es bestimmt war, verschiedenste Lebewesen hervorzubringen. Von diesen Söhnen ist Bhṛgu der mächtigste Weise. Von allen transzendentalen Klangschwingungen repräsentiert *oṁ* (*oṁ-kāra*) Kṛṣṇa. Von allen Opfern ist das Chanten von Hare Kṛṣṇa, Hare Kṛṣṇa, Kṛṣṇa Kṛṣṇa, Hare Hare / Hare Rāma, Hare Rāma, Rāma Rāma, Hare Hare die reinste Repräsentation Kṛṣṇas. Manchmal werden Tieropfer empfohlen, doch beim Opfer von Hare Kṛṣṇa, Hare Kṛṣṇa kann es keine Gewalt geben. Es ist das einfachste und reinste Opfer. Alles Erhabene in der Welt ist eine Repräsentation Kṛṣṇas. Deshalb repräsentiert Ihn auch der Himālaya, das größte Gebirge der Welt. Der Berg Meru wurde in einem vorangegangenen Vers erwähnt, doch der Meru bewegt sich manchmal, wohingegen sich der Himālaya niemals bewegt. Deshalb ist der Himālaya bedeutender als der Meru.

Vers 26 अश्वत्थः सर्ववृक्षाणां देवर्षीणां च नारदः ।
गन्धर्वाणां चित्ररथः सिद्धानां कपिलो मुनिः ॥२६॥

aśvatthaḥ sarva-vṛkṣāṇāṁ devarṣīṇāṁ ca nāradaḥ
gandharvāṇāṁ citrarathaḥ siddhānāṁ kapilo muniḥ

aśvatthaḥ – der Banyanbaum; *sarva-vṛkṣāṇām* – von allen Bäumen; *deva-ṛṣīṇām* – von allen Weisen unter den Halbgöttern; *ca* – und; *nāradaḥ* – Nārada; *gandharvāṇām* – von den Bewohnern des Gandharva-Planeten; *citrarathaḥ* – Citraratha; *siddhānām* – von all denen, die die Vollkommenheit erreicht haben; *kapilaḥ muniḥ* – Kapila Muni.

Von allen Bäumen bin Ich der Banyanbaum, und von den Weisen unter den Halbgöttern bin Ich Nārada. Von den Gandharvas bin Ich Citraratha, und von den vollkommenen Wesen bin Ich der Weise Kapila.

ERLÄUTERUNG: Der Banyanbaum (*aśvattha*) ist einer der höchsten und schönsten Bäume, und viele Menschen in Indien verehren ihn täglich während ihrer morgendlichen Rituale. Von den Halbgöttern verehren sie auch Nārada, der als der größte Gottgeweihte im Universum gilt und somit Kṛṣṇas Repräsentant als Gottgeweihter ist. Der Planet der Gandharvas wird von Wesen bewohnt, die wunderschön singen können, und unter ihnen ist Citraratha der beste Sänger. Unter den vollkommenen Lebewesen ist Kapila, der Sohn Devahūtis, eine Repräsentation Kṛṣṇas. Er wird zu den Inkarnationen Kṛṣṇas gezählt, und Seine Philosophie wird im *Śrīmad-Bhāgavatam* beschrieben. Später wurde ein anderer Kapila berühmt, der jedoch eine atheistische Philosophie vertrat. Zwischen diesen beiden Kapilas besteht also ein gewaltiger Unterschied.

Vers 27 उच्चैःश्रवसमश्वानां विद्धि माममृतोद्भवम् ।
ऐरावतं गजेन्द्राणां नराणां च नराधिपम् ॥२७॥

uccaiḥśravasam aśvānāṁ viddhi mām amṛtodbhavam
airāvataṁ gajendrāṇāṁ narāṇāṁ ca narādhipam

uccaiḥśravasam – Uccaiḥśravā; *aśvānām* – unter den Pferden; *viddhi* – wisse; *mām* – Mich; *amṛta-udbhavam* – durch das Quirlen des Ozeans hervorgebracht; *airāvatam* – Airāvata; *gaja-indrāṇām* – von den Elefantenfürsten; *narāṇām* – unter den Menschen; *ca* – und; *nara-adhipam* – der König.

Wisse, von den Pferden bin Ich Uccaiḥśravā, der aus dem Ozean geboren wurde, als dieser um der Erzeugung von Nektar willen gequirlt wurde. Von den Elefantenfürsten bin Ich Airāvata, und unter den Menschen bin Ich der Monarch.

ERLÄUTERUNG: Die gottgeweihten Halbgötter und die Dämonen (*asuras*) quirlten einst gemeinsam das Meer. Durch dieses Quirlen wurden Nektar und Gift erzeugt, und Śiva trank das Gift. Aus dem Nektar wurden viele Wesen hervorgebracht, und eines von ihnen war ein Pferd namens Uccaiḥśravā. Ein anderes Tier, das aus dem Nektar erzeugt wurde, war ein Elefant namens Airāvata. Weil diese beiden Tiere aus dem Nektar erzeugt wurden, kommt ihnen eine besondere Bedeutung zu, und sie sind Repräsentanten Kṛṣṇas.

Unter den Menschen ist der König der Repräsentant Kṛṣṇas, denn Kṛṣṇa ist der Erhalter des Universums, und die Könige, die aufgrund ihrer gottesfürchtigen Eigenschaften in ihr Amt eingesetzt wurden, sind die Erhalter ihres Königreichs. Könige wie Mahārāja Yudhiṣṭhira, Mahārāja Parīkṣit und Śrī Rāma waren in höchstem Maße fromme Könige, die ständig auf das Wohl der Bürger bedacht waren. Gemäß den vedischen Schriften gilt der König als Repräsentant Gottes. Im jetzigen Zeitalter jedoch ist mit dem Niedergang der religiösen Prinzipien allmählich auch die Monarchie verfallen und ist nun schließlich sogar abgeschafft worden. Es ist jedoch eine Tatsache, daß die Menschen in der Vergangenheit unter der Herrschaft rechtschaffener Könige glücklicher waren.

Vers 28 आयुधानामहं वज्रं धेनूनामस्मि कामधुक् ।
प्रजनश्चास्मि कन्दर्पः सर्पाणामस्मि वासुकिः ॥२८॥

āyudhānām ahaṁ vajraṁ dhenūnām asmi kāmadhuk
prajanaś cāsmi kandarpaḥ sarpāṇām asmi vāsukiḥ

āyudhānām – von allen Waffen; *aham* – Ich bin; *vajram* – der Donnerkeil; *dhenūnām* – von den Kühen; *asmi* – Ich bin; *kāma-dhuk* –

die *surabhi*-Kuh; *prajanaḥ* – die Ursache der Zeugung von Kindern; *ca* – und; *asmi* – Ich bin; *kandarpaḥ* – Cupido; *sarpāṇām* – von den Schlangen; *asmi* – Ich bin; *vāsukiḥ* – Vāsuki.

Von den Waffen bin Ich der Donnerkeil; von den Kühen bin Ich die surabhi. Von den Ursachen der Zeugung bin Ich Kandarpa, der Liebesgott, und von den Schlangen bin Ich Vāsuki.

ERLÄUTERUNG: Der Donnerkeil, der in der Tat eine gewaltige Waffe ist, repräsentiert Kṛṣṇas Macht. Auf Kṛṣṇaloka in der spirituellen Welt gibt es Kühe, die jederzeit gemolken werden können und soviel Milch geben, wie man möchte. Natürlich findet man solche Kühe nicht in der materiellen Welt, aber nach Aussage der Schriften findet man sie auf Kṛṣṇaloka. Der Herr besitzt viele solche Kühe, die *surabhi* genannt werden, und in den Schriften wird erklärt, daß Er damit beschäftigt ist, diese *surabhi*-Kühe zu hüten. Kandarpa ist der sexuelle Wunsch, gute Söhne zu zeugen; deshalb ist Kandarpa der Repräsentant Kṛṣṇas. Manchmal wird Geschlechtsverkehr nur um der Sinnenbefriedigung willen betrieben; solcher Geschlechtsverkehr repräsentiert Kṛṣṇa nicht. Aber Geschlechtsverkehr zur Zeugung guter Nachkommenschaft wird Kandarpa genannt und repräsentiert Kṛṣṇa.

Vers 29 अनन्तश्चास्मि नागानां वरुणो यादसामहम् ।
पितॄणामर्यमा चास्मि यमः संयमतामहम् ॥२९॥

anantaś cāsmi nāgānāṁ varuṇo yādasām aham
pitṝṇām aryamā cāsmi yamaḥ saṁyamatām aham

anantaḥ – Ananta; *ca* – auch; *asmi* – Ich bin; *nāgānām* – von den vielköpfigen Schlangen; *varuṇaḥ* – der Halbgott, der das Wasser beherrscht; *yādasām* – von allen Wasserlebewesen; *aham* – Ich bin; *pitṝṇām* – von den Vorfahren; *aryamā* – Aryamā; *ca* – auch; *asmi* – Ich bin; *yamaḥ* – der Herrscher des Todes; *saṁyamatām* – von allen Regulierenden; *aham* – Ich bin.

Von den vielköpfigen Nāgas bin Ich Ananta, und unter den Wasserlebewesen bin Ich der Halbgott Varuṇa. Von den verstorbenen Vorfahren bin Ich Aryamā, und von den Rechtsprechern bin Ich Yama, der Herr des Todes.

ERLÄUTERUNG: Von den vielköpfigen Nāga-Schlangen ist Ananta die größte, und von den Wasserlebewesen ist der Halbgott Varuṇa das Oberhaupt. Beide repräsentieren Kṛṣṇa. Des weiteren gibt es einen Planeten der Pitās oder Vorväter, über den Aryamā herrscht, und auch er ist ein Repräsentant Kṛṣṇas. Es gibt viele Lebewesen, die Übeltäter bestrafen, und von ihnen ist Yama das Oberhaupt. Er residiert auf einem Planeten in der Nähe der Erde. Diejenigen, die ein sehr sündhaftes Leben geführt haben, werden nach dem Tode dort hingebracht, und Yama verhängt verschiedene Strafen über sie.

Vers 30 प्रह्लादश्चास्मि दैत्यानां कालः कलयतामहम् ।
मृगाणां च मृगेन्द्रोऽहं वैनतेयश्च पक्षिणाम् ॥३०॥

prahlādaś cāsmi daityānāṁ kālaḥ kalayatām aham
mṛgāṇāṁ ca mṛgendro 'haṁ vainateyaś ca pakṣiṇām

prahlādaḥ – Prahlāda; *ca* – auch; *asmi* – Ich bin; *daityānām* – von den Dämonen; *kālaḥ* – Zeit; *kalayatām* – von den Bezwingern; *aham* – Ich bin; *mṛgāṇām* – von den Tieren; *ca* – und; *mṛga-indraḥ* – der Löwe; *aham* – Ich bin; *vainateyaḥ* – Garuḍa; *ca* – auch; *pakṣiṇām* – von den Vögeln.

Von den Daitya-Dämonen bin Ich der hingegebene Prahlāda, unter den Bezwingern bin Ich die Zeit, unter den wilden Tieren bin Ich der Löwe, und unter den Vögeln bin Ich Garuḍa.

ERLÄUTERUNG: Diti und Aditi sind Schwestern. Die Söhne Aditis werden Ādityas genannt, und die Söhne Ditis werden Daityas genannt. Alle Ādityas sind Geweihte des Herrn, und alle Daityas sind Atheisten. Obwohl Prahlāda in der Familie der Daityas geboren wurde, war er von Kindheit an ein großer Gottgeweihter. Wegen seines hingebungsvollen Dienstes und seiner Gottergebenheit gilt er als Repräsentant Kṛṣṇas.

Es gibt viele bezwingende Prinzipien, doch die Zeit läßt alle Dinge im materiellen Universum vergehen und repräsentiert daher Kṛṣṇa. Von den vielen Tieren ist der Löwe das mächtigste und wildeste, und unter den Vögeln, von denen es eine Million Arten gibt, ist Garuḍa, der Träger Śrī Viṣṇus, der bedeutendste.

Vers 31 पवनः पवतामस्मि रामः शस्त्रभृतामहम् ।
झषाणां मकरश्चास्मि स्रोतसामस्मि जाह्नवी ॥३१॥

pavanaḥ pavatām asmi rāmaḥ śastra-bhṛtām aham
jhaṣāṇāṁ makaraś cāsmi srotasām asmi jāhnavī

pavanaḥ – der Wind; *pavatām* – von allem, was reinigt; *asmi* – Ich bin; *rāmaḥ* – Rāma; *śastra-bhṛtām* – von den Waffenträgern; *aham* – Ich bin; *jhaṣāṇām* – von allen Fischen; *makaraḥ* – der Hai; *ca* – auch; *asmi* – Ich bin; *srotasām* – von den strömenden Flüssen; *asmi* – Ich bin; *jāhnavī* – der Ganges.

Von den reinigenden Kräften bin Ich der Wind, von den Waffenträgern bin Ich Rāma, von den Fischen bin Ich der Hai, und von den strömenden Flüssen bin Ich der Ganges.

ERLÄUTERUNG: Von allen Wassertieren ist der Hai eines der größten und für den Menschen sicherlich das gefährlichste. Folglich repräsentiert der Hai Kṛṣṇa.

Vers 32 सर्गाणामादिरन्तश्च मध्यं चैवाहमर्जुन ।
अध्यात्मविद्या विद्यानां वादः प्रवदतामहम् ॥३२॥

sargāṇām ādir antaś ca madhyaṁ caivāham arjuna
adhyātma-vidyā vidyānāṁ vādaḥ pravadatām aham

sargāṇām – von allen Schöpfungen; *ādiḥ* – der Anfang; *antaḥ* – Ende; *ca* – und; *madhyam* – Mitte; *ca* – auch; *eva* – gewiß; *aham* – Ich bin; *arjuna* – o Arjuna; *adhyātma-vidyā* – spirituelles Wissen; *vidyānām* – von aller Bildung; *vādaḥ* – die natürliche Schlußfolgerung; *pravadatām* – von den Argumenten; *aham* – Ich bin.

Von allen Schöpfungen bin Ich der Anfang, das Ende und auch die Mitte, o Arjuna. Von allen Wissenschaften bin Ich die spirituelle Wissenschaft des Selbst, und unter den Logikern bin Ich die schlüssige Wahrheit.

ERLÄUTERUNG: Von den erschaffenen Manifestationen ist die erste die Schöpfung der Gesamtheit der materiellen Elemente. Wie bereits erklärt, wird die kosmische Manifestation von Mahā-viṣṇu, Garbhodaka-śāyī Viṣṇu und Kṣīrodaka-śāyī Viṣṇu erschaffen und gelenkt, um dann von Śiva vernichtet zu werden. Brahmā ist ein untergeordneter Schöpfer. All diese Ausführenden von Schöpfung, Erhaltung und Vernichtung sind Inkarnationen der materiellen Eigenschaften des Höchsten Herrn. Folglich ist Er der Anfang, die Mitte und das Ende aller Schöpfung.

Es gibt verschiedene Arten von Büchern des Wissens, die für die höhere Bildung des Menschen bestimmt sind, wie zum Beispiel die vier *Veden,* ihre sechs Ergänzungsschriften, das *Vedānta-sūtra,* Bücher über Logik, Bücher über Religiosität und die *Purāṇas.* Insgesamt werden diese Bücher der Bildung also vierzehnfach unterteilt. Von ihnen ist das Buch, das *adhyātma-vidyā,* spirituelles Wissen, lehrt – insbesondere das *Vedānta-sūtra* –, eine Repräsentation Kṛṣṇas.

Logiker gebrauchen verschiedene Arten von Argumenten. Sein eigenes Argument mit Beweisen zu erhärten, die auch die Gegenseite unterstützen, wird *jalpa* genannt. Der Versuch, einfach nur die Gegenseite zu widerlegen, wird *vitaṇḍā* genannt. Die eigentliche Schlußfolgerung jedoch heißt *vāda.* Diese schlüssige Wahrheit ist eine Repräsentation Kṛṣṇas.

Vers 33 अक्षराणामकारोऽस्मि द्वन्द्वः सामासिकस्य च ।
अहमेवाक्षयः कालो धाताहं विश्वतोमुखः ॥३३॥

akṣarāṇāṁ a-kāro 'smi dvandvaḥ sāmāsikasya ca
aham evākṣayaḥ kālo dhātāhaṁ viśvato-mukhaḥ

akṣarāṇām – von den Buchstaben; *a-kāraḥ* – der erste Buchstabe; *asmi* – Ich bin; *dvandvaḥ* – das doppelte; *sāmāsikasya* – von den zusammengesetzten Wörtern; *ca* – und; *aham* – Ich bin; *eva* – gewiß; *akṣayaḥ* – ewige; *kālaḥ* – Zeit; *dhātā* – der Schöpfer; *aham* – Ich bin; *viśvataḥ-mukhaḥ* – Brahmā.

Von den Buchstaben bin Ich der Buchstabe A, und von den zusammengesetzten Wörtern bin Ich das Doppelwort. Ich bin die unerschöpfliche Zeit, und von den Schöpfern bin Ich Brahmā.

ERLÄUTERUNG: *A-kāra,* der erste Buchstabe des Sanskritalphabets, ist der Anfang der vedischen Literatur. Ohne den *a-kāra* kann nichts ausgesprochen werden; deshalb ist er der Anfang allen Klangs. Im Sanskrit gibt es auch viele zusammengesetzte Wörter, von denen das Doppelwort, wie *rāma-kṛṣṇa, dvandva* genannt wird. In diesem Kompositum haben die Wörter *rāma* und *kṛṣṇa* den gleichen Rang, und deshalb werden sie dual genannt.

Unter allen todbringenden Kräften ist die Zeit die stärkste, denn die Zeit tötet alles. Die Zeit ist der Repräsentant Kṛṣṇas, denn zu gegebener Zeit wird ein großes Feuer alles vernichten.

Von allen Lebewesen, die mit Schöpfungsaufgaben betraut sind, ist

Brahmā, der vier Köpfe hat, das Oberhaupt. Deshalb ist er ein Repräsentant des Höchsten Herrn, Kṛṣṇa.

Vers 34 मृत्युः सर्वहरश्चाहमुद्भवश्च भविष्यताम् ।
कीर्तिः श्रीर्वाक्च नारीणां स्मृतिर्मेधा धृतिः क्षमा ॥३४॥

mṛtyuḥ sarva-haraś cāham udbhavaś ca bhaviṣyatām
kīrtiḥ śrīr vāk ca nārīṇāṁ smṛtir medhā dhṛtiḥ kṣamā

mṛtyuḥ – der Tod; *sarva-haraḥ* – allesverschlingend; *ca* – auch; *aham* – Ich bin; *udbhavaḥ* – Erzeugung; *ca* – auch; *bhaviṣyatām* – zukünftiger Manifestationen; *kīrtiḥ* – Ruhm; *śrīḥ* – Reichtum oder Schönheit; *vāk* – erlesene Sprache; *ca* – auch; *nārīṇām* – von den Frauen; *smṛtiḥ* – Gedächtnis; *medhā* – Intelligenz; *dhṛtiḥ* – Standhaftigkeit; *kṣamā* – Geduld.

Ich bin der allesverschlingende Tod, und Ich bin das erzeugende Prinzip von allem, was in der Zukunft existieren wird. Unter den Frauen bin Ich Ruhm, Glück, erlesene Sprache, Gedächtnis, Intelligenz, Standhaftigkeit und Geduld.

ERLÄUTERUNG: Sowie ein Mensch geboren wird, stirbt er mit jedem Augenblick. Somit verschlingt der Tod jedes Lebewesen mit jedem Augenblick, doch erst der letzte Schlag wird als der eigentliche Tod bezeichnet. Dieser Tod ist Kṛṣṇa. Die Zukunft aller Lebewesen sieht gleich aus; sie alle sind sechs Wandlungen unterworfen: Sie werden geboren, sie wachsen heran, sie bleiben eine Zeitlang bestehen, sie pflanzen sich fort, sie schwinden dahin, und schließlich vergehen sie. Die erste dieser Wandlungen ist die Befreiung aus dem Mutterleib, und das ist Kṛṣṇa. Die Zeugung ist der Anfang aller zukünftigen Tätigkeiten.

Die sieben hier aufgeführten Eigenschaften – Ruhm, Glück, erlesene Sprache, Erinnerungsvermögen, Intelligenz, Standhaftigkeit und Geduld – gelten als weiblich. Wenn jemand sie alle oder zumindest einige von ihnen besitzt, gelangt er dadurch zu Ruhm. Wenn zum Beispiel jemand für seine Rechtschaffenheit bekannt ist, so ist dies die Ursache seines Ruhms. Sanskrit ist eine vollkommene Sprache und ist daher sehr ruhmreich. Wenn man sich nach dem Studium eines Themas an den Inhalt erinnern kann, ist man mit gutem Erinnerungsvermögen (*smṛti*) ausgestattet. Und die Fähigkeit, nicht nur viele Bücher über verschiedene Themen zu lesen, sondern sie zu verstehen und, wenn nötig, auch anzuwenden, wird Intelligenz (*medhā*) genannt und ist ebenfalls eine der obengenannten Eigenschaften. Die Fähigkeit, Unsicherheit zu überwinden, wird Festigkeit oder Standhaftigkeit (*dhṛti*) genannt. Und jemand, der demütig und bescheiden bleibt, obwohl er mit allen guten Eigenschaften ausgestattet ist, und der in der Lage ist, sowohl in Kummer als auch in großer Freude seine Fassung zu bewahren, besitzt die Eigenschaft der Geduld (*kṣamā*).

Vers 35 बृहत्साम तथा साम्नां गायत्री छन्दसामहम् ।
मासानां मार्गशीर्षोऽहमृतूनां कुसुमाकरः ॥३५॥

bṛhat-sāma tathā sāmnāṁ gāyatrī chandasām aham
māsānāṁ mārga-śīrṣo 'ham ṛtūnāṁ kusumākaraḥ

bṛhat-sāma – der *Bṛhat-sāma; tathā* – auch; *sāmnām* – der Lieder des *Sāma Veda; gāyatrī* – die Gāyatrī-Hymnen; *chandasām* – von aller Dichtung; *aham* – Ich bin; *māsānām* – von den Monaten; *mārga-śīrṣaḥ* – der Monat November-Dezember; *aham* – Ich bin; *ṛtūnām* – von allen Jahreszeiten; *kusuma-ākaraḥ* – der Frühling.

Von den Hymnen im Sāma Veda bin Ich der Bṛhat-sāma, und von aller Dichtung bin Ich der Gāyatrī. Von den Monaten bin Ich Mārgaśīrṣa [November-Dezember], und von den Jahreszeiten bin Ich der blumenreiche Frühling.

ERLÄUTERUNG: Der Herr hat bereits erklärt, daß Er von allen *Veden* der *Sāma Veda* ist. Der *Sāma Veda* ist reich an erlesenen Liedern, die von den verschiedenen Halbgöttern gesungen werden. Eines dieser Lieder ist der *Bṛhat-sāma,* der eine wunderschöne Melodie hat und um Mitternacht gesungen wird.

Im Sanskrit gibt es genau festgelegte Regeln für die Dichtkunst. Reim und Metrum werden nicht willkürlich verwendet, wie es in der modernen Dichtkunst üblich ist. In der klassischen Poesie ist der Gāyatrī-*mantra,* der von den wahrhaft qualifizierten *brāhmaṇas* gechantet wird, am bedeutendsten. Der Gāyatrī-*mantra* wird im *Śrīmad-Bhāgavatam* erwähnt. Weil der Gāyatrī-*mantra* insbesondere zur Erkenntnis Gottes bestimmt ist, repräsentiert er den Höchsten Herrn. Dieser *mantra* ist für spirituell fortgeschrittene Menschen bestimmt, und wenn man ihn mit Erfolg chantet, kann man auf die transzendentale Ebene des Herrn gelangen. Um den Gāyatrī-*mantra* chanten zu können, muß man zunächst die Eigenschaften eines vollkommenen Menschen erwerben, das heißt die Eigenschaften der Tugend in Übereinstimmung mit den Gesetzen der materiellen Natur. Der Gāyatrī-*mantra* spielt in der vedischen Zivilisation eine bedeutende Rolle und gilt als die Klanginkarnation des Brahman. Brahmā war der erste, der diesen *mantra* empfing, und von ihm wurde er in der Schülernachfolge herabgereicht.

Der Monat November-Dezember gilt als der beste aller Monate, da in Indien zu dieser Zeit die Getreidefelder abgeerntet werden und die Menschen infolgedessen sehr glücklich sind. Natürlich ist der Frühling überall beliebt, weil es in dieser Jahreszeit weder zu heiß noch zu kalt ist und weil die Blumen und Bäume sprießen und blühen. Im Frühling werden auch viele Zeremonien zum Gedenken an Kṛṣṇas Spiele abgehalten; deshalb gilt er als die erfreulichste aller Jahreszeiten und repräsentiert somit den Höchsten Herrn, Kṛṣṇa.

Vers 36 द्यूतं छलयतामस्मि तेजस्तेजस्विनामहम् ।
जयोऽस्मि व्यवसायोऽस्मि सत्त्वं सत्त्ववतामहम् ॥३६॥

dyūtaṁ chalayatām asmi tejas tejasvinām aham
jayo 'smi vyavasāyo 'smi sattvaṁ sattvavatām aham

dyūtam – Glücksspiel; *chalayatām* – von allem Betrug; *asmi* – Ich bin; *tejaḥ* – die Pracht; *tejasvinām* – von allem Prachtvollen; *aham* – Ich bin; *jayaḥ* – Sieg; *asmi* – Ich bin; *vyavasāyaḥ* – Wagnis oder Abenteuer; *asmi* – Ich bin; *sattvam* – die Stärke; *sattva-vatām* – der Starken; *aham* – Ich bin.

Von allem Betrug bin Ich das Glücksspiel, und von allem Prachtvollen bin Ich die Pracht. Ich bin der Sieg, Ich bin das Abenteuer, und Ich bin die Stärke der Starken.

ERLÄUTERUNG: Überall im Universum gibt es viele Arten von Betrügern. Von allem Betrug steht das Glücksspiel an erster Stelle und repräsentiert daher Kṛṣṇa. Weil Kṛṣṇa der Höchste ist, ist Er ein besserer Betrüger als jeder gewöhnliche Mensch. Wenn Kṛṣṇa jemanden betrügen möchte, kann Ihn niemand in Seinem Betrug übertreffen. Seine Größe ist nicht einseitig, sondern unbegrenzt vielseitig.

Unter den Siegern ist Er der Sieg. Er ist die Pracht des Prachtvollen. Unter den Kühnen und Fleißigen ist Er der Kühnste und Fleißigste. Unter den Abenteurern ist Er der größte Abenteurer, und unter den Starken ist Er der Stärkste. Als Kṛṣṇa auf der Erde gegenwärtig war, konnte Ihn niemand an Stärke übertreffen. Bereits in Seiner Kindheit hob Er den Govardhana-Hügel hoch. Niemand kann Ihn im Betrügen übertreffen; niemand kann Ihn an Pracht übertreffen; niemand kann Seine Siege übertreffen; niemand kann Seinen Wagemut übertreffen, und niemand kann Ihn an Stärke übertreffen.

Vers 37 वृष्णीनां वासुदेवोऽस्मि पाण्डवानां धनञ्जयः ।
मुनीनामप्यहं व्यासः कवीनामुशना कविः ॥३७॥

vṛṣṇīnāṁ vāsudevo 'smi pāṇḍavānāṁ dhanañ-jayaḥ
munīnām apy ahaṁ vyāsaḥ kavīnām uśanā kaviḥ

vṛṣṇīnām – der Nachkommen Vṛṣṇis; *vāsudevaḥ* – Kṛṣṇa in Dvārakā; *asmi* – Ich bin; *pāṇḍavānām* – der Pāṇḍavas; *dhanam-jayaḥ* – Arjuna; *munīnām* – der Weisen; *api* – auch; *aham* – Ich bin; *vyāsaḥ* – Vyāsa, der Verfasser aller vedischen Schriften; *kavīnām* – von allen großen Denkern; *uśanā* – Uśanā; *kaviḥ* – der Denker.

Von den Nachkommen Vṛṣṇis bin Ich Vāsudeva, und von den Pāṇḍavas bin Ich Arjuna. Von den Weisen bin Ich Vyāsa, und unter den großen Denkern bin Ich Uśanā.

ERLÄUTERUNG: Kṛṣṇa ist die ursprüngliche Höchste Persönlichkeit Gottes, und Baladeva ist Kṛṣṇas unmittelbare Erweiterung. Sowohl Kṛṣṇa als auch Baladeva erschienen als Söhne Vasudevas; deshalb können beide Vāsudeva genannt werden. Da andererseits Kṛṣṇa niemals Vṛndāvana verläßt, sind alle Formen Kṛṣṇas, die woanders erscheinen, Seine Erweiterungen. Da Vāsudeva Kṛṣṇas unmittelbare Erweiterung ist, ist Er nicht verschieden von Kṛṣṇa. Der Vāsudeva, auf den sich dieser Vers der *Bhagavad-gītā* bezieht, ist Baladeva, auch Balarāma genannt, denn Er ist die ursprüngliche Quelle aller Inkarnationen und somit der alleinige Ursprung Vāsudevas. Die unmittelbaren Erweiterungen des Herrn heißen *svāṁśa* (persönliche Erweiterungen), und es gibt auch Erweiterungen, die *vibhinnāṁśa* (getrennte Erweiterungen) genannt werden.

Unter den Söhnen Pāṇḍus ist Arjuna, der auch Dhanañjaya genannt wird, besonders berühmt. Er ist der beste unter den Menschen und repräsentiert daher Kṛṣṇa. Unter den *munis,* den Gelehrten des vedischen Wissens, ist Vyāsa der bedeutendste, weil er das vedische Wissen auf viele verschiedene Arten erklärt hat, damit es die Menschen im gegenwärtigen Zeitalter des Kali verstehen können. Vyāsa ist auch als Inkarnation Kṛṣṇas bekannt und repräsentiert deshalb ebenfalls Kṛṣṇa. Das Wort *kavi* bezieht sich auf diejenigen, die in der Lage sind, über jedes Thema gründlich nachzudenken. Der *kavi* Uśanā, Śukrācārya, war der spirituelle Meister der Dämonen und ein äußerst intelligenter und weitsichtiger Politiker. Somit ist Śukrācārya ein weiterer Repräsentant der Füllen Kṛṣṇas.

Vers 38 दण्डो दमयतामस्मि नीतिरस्मि जिगीषताम् ।
मौनं चैवास्मि गुह्यानां ज्ञानं ज्ञानवतामहम् ॥३८॥

daṇḍo damayatām asmi nītir asmi jigīṣatām
maunaṁ caivāsmi guhyānāṁ jñānaṁ jñānavatām aham

daṇḍaḥ – Bestrafung; *damayatām* – von allen Mitteln der Bekämpfung; *asmi* – Ich bin; *nītiḥ* – Moral; *asmi* – Ich bin; *jigīṣatām* – von denjenigen, die sich um Sieg bemühen; *maunam* – Schweigen; *ca* – und; *eva* – auch; *asmi* – Ich bin; *guhyānām* – von den Geheimnissen; *jñānam* – Wissen; *jñāna-vatām* – von den Weisen; *aham* – Ich bin.

Unter allen Mitteln, um Gesetzlosigkeit zu bekämpfen, bin Ich die Bestrafung, und in denjenigen, die nach Sieg streben, bin Ich die Moral. Von den Geheimnissen bin Ich das Schweigen, und von den Weisen bin Ich die Weisheit.

ERLÄUTERUNG: Es gibt viele Mittel, um Gesetzlosigkeit zu bekämpfen, und die wichtigsten von ihnen sind diejenigen, die Übeltäter bestrafen. Wenn Übeltäter bestraft werden, repräsentiert das Mittel der Bestrafung Kṛṣṇa. Für diejenigen, die versuchen, in einem bestimmten Tätigkeitsbereich siegreich zu sein, ist Moral das siegreichste Element. Unter den vertraulichen Tätigkeiten des Hörens, Denkens und Meditierens ist Schweigen am wichtigsten, denn durch Schweigen kann man sehr schnell Fortschritt machen. Der Weise ist derjenige, der zwischen materieller und spiritueller Energie, zwischen Gottes höherer und niederer Natur, unterscheiden kann. Solches Wissen ist Kṛṣṇa Selbst.

Vers 39 यच्चापि सर्वभूतानां बीजं तदहमर्जुन ।
न तदस्ति विना यत्स्यान्मया भूतं चराचरम् ॥३९॥

yac cāpi sarva-bhūtānāṁ bījaṁ tad aham arjuna
na tad asti vinā yat syān mayā bhūtaṁ carācaram

yat – was auch immer; *ca* – ebenfalls; *api* – sein mag; *sarva-bhūtānām* – von allen Schöpfungen; *bījam* – Same; *tat* – das; *aham* – Ich bin; *arjuna* –

o Arjuna; *na* – nicht; *tat* – das; *asti* – es gibt; *vinā* – ohne; *yat* – welches; *syāt* – existiert; *mayā* – Mich; *bhūtam* – erschaffenes Wesen; *cara-acaram* – beweglich und unbeweglich.

Des weiteren, o Arjuna, bin Ich der ursprüngliche Same aller Schöpfungen. Es gibt kein Geschöpf – ob beweglich oder unbeweglich –, das ohne Mich existieren kann.

ERLÄUTERUNG: Alles hat eine Ursache, und die Ursache oder der Same aller Manifestationen ist Kṛṣṇa. Ohne Kṛṣṇas Energie kann nichts existieren; deshalb wird Er als allmächtig bezeichnet. Ohne Seine Energie können weder die sich bewegenden noch die sich nicht bewegenden Lebewesen existieren. Alles, was nicht auf Kṛṣṇas Energie gründet, wird *māyā* genannt, „das, was nicht ist".

Vers 40 नान्तोऽस्ति मम दिव्यानां विभूतीनां परन्तप ।
एष तूद्देशतः प्रोक्तो विभूतेर्विस्तरो मया ॥४०॥

nānto 'sti mama divyānāṁ vibhūtīnāṁ paran-tapa
eṣa tūddeśataḥ prokto vibhūter vistaro mayā

na – nicht; *antaḥ* – eine Grenze; *asti* – es gibt; *mama* – Meiner; *divyānām* – der göttlichen; *vibhūtīnām* – Füllen; *param-tapa* – o Bezwinger der Feinde; *eṣaḥ* – all dies; *tu* – aber; *uddeśataḥ* – als Beispiele; *proktaḥ* – gesprochen; *vibhūteḥ* – der Füllen; *vistaraḥ* – das Ausmaß; *mayā* – von Mir.

O mächtiger Bezwinger der Feinde, Meine göttlichen Manifestationen haben kein Ende. Was Ich dir beschrieben habe, ist nur ein kleiner Hinweis auf Meine unendlichen Füllen.

ERLÄUTERUNG: Wie es in den vedischen Schriften heißt, kennen die Füllen und Energien des Höchsten keine Grenzen, obwohl sie auf verschiedene Weise verstanden werden; deshalb können niemals alle Füllen und Energien erklärt werden. Kṛṣṇa zählt nur einige Beispiele auf, um Arjunas Wißbegierde zu befriedigen.

Vers 41 यद्यद्विभूतिमत्सत्त्वं श्रीमदूर्जितमेव वा ।
तत्तदेवावगच्छ त्वं मम तेजोंऽशसम्भवम् ॥४१॥

yad yad vibhūtimat sattvaṁ śrīmad ūrjitam eva vā
tat tad evāvagaccha tvaṁ mama tejo-'ṁśa-sambhavam

yat yat – welche auch immer; *vibhūti* – Füllen; *mat* – besitzend; *sattvam* – Existenz; *śrīmat* – herrlich; *ūrjitam* – glorreich; *eva* – gewiß; *vā* – oder; *tat tat* – all diese; *eva* – gewiß; *avagaccha* – mußt wissen; *tvam* – du; *mama* – Meiner; *tejaḥ* – der Pracht; *aṁśa* – ein Teil; *sambhavam* – geboren aus.

Wisse, daß alle majestätischen, schönen und herrlichen Schöpfungen nur einem Funken Meiner Pracht entspringen.

ERLÄUTERUNG: Jede herrliche oder besonders schöne Schöpfung sollte – ob in der spirituellen oder materiellen Welt – als nichts weiter als eine fragmentarische Manifestation von Kṛṣṇas Füllen betrachtet werden. Alles, was mit außergewöhnlichen Füllen ausgestattet ist, sollte als eine Repräsentation von Kṛṣṇas Füllen erachtet werden.

Vers 42 अथ वा बहुनैतेन किं ज्ञातेन तवार्जुन ।
विष्टभ्याहमिदं कृत्स्नमेकांशेन स्थितो जगत् ॥४२॥

atha vā bahunaitena kiṁ jñātena tavārjuna
viṣṭabhyāham idaṁ kṛtsnam ekāṁśena sthito jagat

atha vā – oder; *bahunā* – viele; *etena* – von dieser Art; *kim* – was; *jñātena* – durch Wissen; *tava* – dein; *arjuna* – o Arjuna; *viṣṭabhya* – durchdringend; *aham* – Ich; *idam* – dieses; *kṛtsnam* – gesamte; *eka* – mit einem; *aṁśena* – Teil; *sthitaḥ* – befinde Mich; *jagat* – Universum.

Doch wozu, o Arjuna, ist all dieses detaillierte Wissen notwendig? Mit einem einzigen Bruchteil Meinerselbst durchdringe und erhalte Ich das gesamte Universum.

ERLÄUTERUNG: Der Höchste Herr ist in allen materiellen Universen gegenwärtig, indem Er als Überseele in alle Dinge eingeht. Der Herr erklärt Arjuna hier, daß es nicht notwendig sei, die Fülle und Pracht einzelner Manifestationen separat zu verstehen. Arjuna sollte verstehen, daß alle Manifestationen nur existieren können, weil Kṛṣṇa als Überseele in sie eingeht. Alle Lebewesen, angefangen von Brahmā, dem gigantischsten Geschöpf, bis hinunter zur kleinsten Ameise, existieren nur, weil der Herr in sie eingegangen ist und sie alle erhält.

Es gibt eine Missionsgesellschaft, die den Standpunkt vertritt, daß man durch die Verehrung eines beliebigen Halbgottes die Höchste Persönlichkeit Gottes bzw. das höchste Ziel erreiche. Hier jedoch wird die Verehrung der Halbgötter von Grund auf mißbilligt, da selbst die größten Halbgötter, wie Brahmā und Śiva, nur einen Teil der Füllen des Höchsten Herrn repräsentieren. Er ist der Ursprung von jedem, der geboren wird, und niemand ist größer als Er. Er ist *asamaurdhva,* das heißt, niemand kann Ihn übertreffen oder Ihm gleichkommen. Im *Padma Purāṇa* heißt es, daß jemand, der den Höchsten Herrn, Kṛṣṇa, mit den Halbgöttern gleichsetzt – selbst wenn es sich um Brahmā oder Śiva handelt –, auf der Stelle zum Atheisten wird. Wenn man jedoch die verschiedenen Beschreibungen der Füllen und Erweiterungen von Kṛṣṇas Energie gründlich studiert, kann man ohne jeden Zweifel die Stellung des Herrn, Śrī Kṛṣṇa, verstehen, und seinen Verstand ohne Abweichung auf die Verehrung Kṛṣṇas richten. In Seinem Aspekt der Überseele, der Erweiterung Seiner Teilrepräsentation, die in alles Existierende eingeht, ist der Herr alldurchdringend. Reine Gottgeweihte konzentrieren daher ihre Gedanken im Kṛṣṇa-Bewußtsein völlig auf den hingebungsvollen Dienst. So ist es ihnen möglich, ständig auf der transzendentalen Ebene zu bleiben. In den Versen 8 bis 11 dieses Kapitels findet man eine sehr klare Beschreibung von hingebungsvollem Dienst und der Verehrung Kṛṣṇas. Das ist der Pfad des reinen hingebungsvollen Dienstes. Wie man die höchste Vollkommenheit der Hingabe, Gemeinschaft mit der Höchsten Persönlichkeit Gottes, erreichen kann, ist in diesem Kapitel ausführlich erklärt worden. Śrīla Baladeva Vidyābhūṣaṇa, ein bedeutender *ācārya* in der Schülernachfolge, die von Kṛṣṇa ausgeht, schreibt zum Abschluß seines Kommentares zu diesem Kapitel:

yac-chakti-leśāt sūryādyā bhavanty aty-ugra-tejasaḥ
yad-aṁśena dhṛtaṁ viśvaṁ sa kṛṣṇo daśame 'rcyate

Von Śrī Kṛṣṇas mächtiger Energie bezieht selbst die mächtige Sonne ihre Macht, und die ganze Welt wird durch Kṛṣṇas Teilerweiterung erhalten. Deshalb ist Śrī Kṛṣṇa verehrenswert.

Hiermit enden die Bhaktivedanta-Erläuterungen zum Zehnten Kapitel der Śrīmad Bhagavad-gītā *mit dem Titel: „Die Füllen des Absoluten".*

ELFTES KAPITEL

Die universale Form

Vers 1 अर्जुन उवाच
मदनुग्रहाय परमं गुह्यमध्यात्मसंज्ञितम् ।
यत्त्वयोक्तं वचस्तेन मोहोऽयं विगतो मम ॥ १ ॥

arjuna uvāca
mad-anugrahāya paramaṁ guhyam adhyātma-saṁjñitam
yat tvayoktaṁ vacas tena moho 'yaṁ vigato mama

arjunaḥ uvāca – Arjuna sprach; *mat-anugrahāya* – nur um mir eine Gunst zu erweisen; *paramam* – höchstes; *guhyam* – vertrauliches Thema; *adhyātma* – spirituelles; *saṁjñitam* – hinsichtlich; *yat* – was; *tvayā* – von Dir; *uktam* – gesprochen; *vacaḥ* – Worte; *tena* – durch dies; *mohaḥ* – Illusion; *ayam* – diese; *vigataḥ* – ist beseitigt; *mama* – meine.

Arjuna sprach: Ich habe Deine Unterweisungen bezüglich dieser höchst vertraulichen spirituellen Themen vernommen, die Du mir in Deiner Güte erteilt hast, und meine Illusion ist jetzt von mir gewichen.

ERLÄUTERUNG: Aus diesem Kapitel geht hervor, daß Kṛṣṇa die Ursache aller Ursachen ist. Er ist sogar die Ursache des Mahā-viṣṇu, von dem die materiellen Universen ausgehen. Kṛṣṇa ist keine Inkarnation; Er ist der Ursprung aller Inkarnationen. Dies ist im letzten Kapitel ausführlich erklärt worden.

Was Arjuna betrifft, so sagt er hier, daß seine Illusion nun von ihm gewichen sei. Mit anderen Worten, er sieht Kṛṣṇa nicht mehr als einen gewöhnlichen Menschen, der mit ihm befreundet ist, sondern als den

Ursprung von allem. Nach dieser erleuchtenden Erkenntnis ist Arjuna sehr glücklich, einen so großen Freund wie Kṛṣṇa zu haben, doch er ist sich bewußt darüber, daß andere, im Gegensatz zu ihm, Kṛṣṇa nicht als den Ursprung von allem anerkennen würden. Um also Kṛṣṇas göttliches Wesen vor allen Menschen unter Beweis zu stellen, bittet Arjuna Kṛṣṇa in diesem Kapitel, Seine universale Form zu zeigen. Wenn man die universale Form Kṛṣṇas sieht, wird man von Angst erfüllt, wie Arjuna, doch in Seiner Güte nimmt Kṛṣṇa danach wieder Seine ursprüngliche Form an. Arjuna pflichtet dem bei, was Kṛṣṇa bereits mehrmals Selbst gesagt hat, daß nämlich Seine Worte allein zu Arjunas Wohl bestimmt sind. Arjuna bestätigt also, daß dies alles auf Kṛṣṇas Gnade zurückzuführen ist. Er ist jetzt überzeugt, daß Kṛṣṇa die Ursache aller Ursachen ist und im Herzen eines jeden als Überseele weilt.

Vers 2 भवाप्ययौ हि भूतानां श्रुतौ विस्तरशो मया ।
त्वत्तः कमलपत्राक्ष माहात्म्यमपि चाव्ययम् ॥ २ ॥

bhavāpyayau hi bhūtānāṁ śrutau vistaraśo mayā
tvattaḥ kamala-patrākṣa māhātmyam api cāvyayam

bhava – Erscheinen; *apyayau* – Fortgehen; *hi* – gewiß; *bhūtānām* – aller Lebewesen; *śrutau* – sind gehört worden; *vistaraśaḥ* – im einzelnen; *mayā* – von mir; *tvattaḥ* – von Dir; *kamala-patra-akṣa* – o Lotosäugiger; *māhātmyam* – Herrlichkeit; *api* – auch; *ca* – und; *avyayam* – unerschöpfliche.

O Lotosäugiger, ich habe von Dir im einzelnen über das Erscheinen und Fortgehen aller Lebewesen gehört und habe Deine unerschöpfliche Herrlichkeit erkannt.

ERLÄUTERUNG: Arjuna spricht Śrī Kṛṣṇa hier voller Freude als „Lotosäugiger" an (Kṛṣṇas Augen gleichen den Blütenblättern einer Lotosblume), denn Kṛṣṇa hat in einem vorangegangenen Kapitel bestätigt: *ahaṁ kṛtsnasya jagataḥ prabhavaḥ pralayas tathā.* „Ich bin die Ursache des Entstehens und Vergehens der gesamten materiellen Manifestation." Arjuna hat hierüber vom Herrn in allen Einzelheiten gehört. Ferner weiß Arjuna, daß Kṛṣṇa über allem Entstehen und Vergehen steht, obwohl Er die Ursache davon ist. Wie der Herr im Neunten Kapitel erklärte, ist Er alldurchdringend, obwohl Er nicht überall persönlich gegenwärtig ist. Das ist die unbegreifliche Macht Kṛṣṇas, die Arjuna, wie er hier erklärt, genau verstanden hat.

Vers 3 एवमेतद्यथात्थ त्वमात्मानं परमेश्वर ।
द्रष्टुमिच्छामि ते रूपमैश्वरं पुरुषोत्तम ॥ ३ ॥

evam etad yathāttha tvam ātmānaṁ parameśvara
draṣṭum icchāmi te rūpam aiśvaraṁ puruṣottama

evam – somit; *etat* – dies; *yathā* – wie es ist; *āttha* – hast gesprochen; *tvam* – Du; *ātmānam* – Dich Selbst; *parama-īśvara* – o Höchster Herr; *draṣṭum* – zu sehen; *icchāmi* – ich wünsche; *te* – Deine; *rūpam* – Form; *aiśvaram* – göttliche; *puruṣa-uttama* – o beste der Persönlichkeiten.

O größte aller Persönlichkeiten, o höchste Form, obwohl ich Dich in Deiner wahren Identität hier vor mir sehe, so wie Du Dich Selbst beschrieben hast, möchte ich sehen, wie Du in diese kosmische Manifestation eingegangen bist. Ich wünsche mir, diese Deine Form zu sehen.

ERLÄUTERUNG: Der Herr hat gesagt, daß die kosmische Manifestation nur möglich geworden sei und fortbestehe, weil Er durch Seine persönliche Repräsentation in das materielle Universum eingegangen sei. Was nun Arjuna betrifft, so ist er durch die Aussagen Kṛṣṇas erleuchtet worden, doch um andere in der Zukunft zu überzeugen, die Kṛṣṇa für einen gewöhnlichen Menschen halten könnten, möchte er Kṛṣṇa in Seiner universalen Form sehen. Er möchte sehen, wie Kṛṣṇa im Innern des Universums wirkt, obwohl Er davon entfernt ist. Daß Arjuna den Herrn als *puruṣottama* anspricht, ist ebenfalls bedeutsam. Da der Herr die Höchste Persönlichkeit Gottes ist, ist Er in Arjuna persönlich gegenwärtig. Er kennt Arjunas Wünsche, und daher versteht Er, daß es nicht Arjunas persönlicher Wunsch ist, Ihn in Seiner universalen Form zu sehen, da Arjuna völlig damit zufrieden ist, Ihn in Seiner persönlichen Gestalt als Kṛṣṇa zu sehen. Er weiß, daß Arjuna die universale Form sehen möchte, um andere zu überzeugen. Für sich selbst brauchte Arjuna keine solche Bestätigung. Auch ist Sich Kṛṣṇa darüber bewußt, daß Arjuna die universale Form sehen möchte, um einen Maßstab zu setzen, da es in der Zukunft viele Betrüger geben würde, die sich selbst als Inkarnationen Gottes ausgeben. Die Menschen sollten daher achtsam sein. Wer behauptet, Kṛṣṇa zu sein, sollte bereit sein, die universale Form zu zeigen, um seine Behauptung zu beweisen.

Vers 4 मन्यसे यदि तच्छक्यं मया द्रष्टुमिति प्रभो ।
योगेश्वर ततो मे त्वं दर्शयात्मानमव्ययम् ॥ ४ ॥

manyase yadi tac chakyaṁ mayā draṣṭum iti prabho
yogeśvara tato me tvaṁ darśayātmānam avyayam

manyase – Du denkst; *yadi* – wenn; *tat* – das; *śakyam* – ist imstande; *mayā* – von mir; *draṣṭum* – gesehen zu werden; *iti* – somit; *prabho* – o Herr; *yoga-īśvara* – o Herr aller mystischen Kräfte; *tataḥ* – dann; *me* – mir; *tvam* – Du; *darśaya* – zeige; *ātmānam* – Dein Selbst; *avyayam* – ewig.

Wenn Du denkst, daß ich imstande bin, Deine kosmische Form zu sehen, o mein Herr, o Meister aller mystischen Kraft, dann sei bitte so gütig, mir dieses unbegrenzte universale Selbst zu zeigen.

ERLÄUTERUNG: Es heißt in den Schriften, daß man den Höchsten Herrn, Kṛṣṇa, mit den materiellen Sinnen weder sehen, hören, verstehen noch wahrnehmen kann. Wenn man jedoch von Anfang an im liebevollen transzendentalen Dienst des Herrn beschäftigt ist, kann man den Herrn durch Offenbarung sehen. Da das Lebewesen nur ein spiritueller Funke ist, ist es ihm nicht möglich, den Höchsten Herrn zu sehen oder zu verstehen. Als Gottgeweihter verläßt sich Arjuna nicht auf seine Fähigkeit zu spekulieren; er erkennt seine Grenzen als Lebewesen, und gleichzeitig erkennt er, wie unfaßbar Kṛṣṇas Stellung ist. Arjuna war sich darüber bewußt, daß ein Lebewesen nicht in der Lage ist, den unbegrenzten Unendlichen zu verstehen. Wenn Sich der Unendliche jedoch offenbart, ist es durch die Gnade des Unendlichen möglich, das Wesen des Unendlichen zu verstehen. Das Wort *yogeśvara* ist hier ebenfalls sehr bedeutsam, denn der Herr verfügt über unbegreifliche Macht. Wenn es Ihm beliebt, kann Er Sich, obwohl Er unbegrenzt ist, durch Seine Gnade offenbaren. Deshalb gibt Arjuna Kṛṣṇa keine Befehle, sondern bittet einfach um Kṛṣṇas unbegreifliche Gnade. Kṛṣṇa ist nicht verpflichtet, Sich zu offenbaren, wenn man sich Ihm nicht völlig ergibt und sich nicht im hingebungsvollen Dienst beschäftigt. Folglich ist es für Menschen, die auf die Kraft ihrer gedanklichen Spekulation bauen, nicht möglich, Kṛṣṇa zu sehen.

Vers 5 श्रीभगवानुवाच
पश्य मे पार्थ रूपाणि शतशोऽथ सहस्रशः ।
नानाविधानि दिव्यानि नानावर्णाकृतीनि च ॥ ५॥

śrī-bhagavān uvāca
paśya me pārtha rūpāṇi śataśo 'tha sahasraśaḥ
nānā-vidhāni divyāni nānā-varṇākṛtīni ca

śrī-bhagavān uvāca – die Höchste Persönlichkeit Gottes sprach; *paśya* – sieh nur; *me* – Meine; *pārtha* – o Sohn Pṛthās; *rūpāṇi* – Formen; *śataśaḥ* – Hunderte; *atha* – auch; *sahasraśaḥ* – Tausende; *nānā-vidhāni* – mannigfaltige; *divyāni* – göttliche; *nānā* – mannigfaltige; *varṇa* – Farben; *ākṛtīni* – Formen; *ca* – auch.

Die Höchste Persönlichkeit Gottes sprach: Mein lieber Arjuna, o Sohn Pṛthās, betrachte nun Meine Füllen, Hunderttausende von verschiedenen göttlichen und vielfarbigen Formen.

ERLÄUTERUNG: Arjuna wollte Kṛṣṇa in Seiner universalen Form sehen, die – obwohl eine transzendentale Form – nur innerhalb der kosmischen Schöpfung manifestiert ist; daher ist sie der Zeitweiligkeit der materiellen Natur unterworfen. So wie die materielle Natur manchmal manifestiert und manchmal unmanifestiert ist, ist auch die universale Form Kṛṣṇas manchmal manifestiert und manchmal unmanifestiert. Sie befindet sich nicht ewig im spirituellen Himmel wie Kṛṣṇas andere Formen. Was den Gottgeweihten betrifft, so ist er nicht bestrebt, die universale Form zu sehen; doch weil Arjuna Kṛṣṇa so sehen wollte, offenbarte Kṛṣṇa diese Form. Die universale Form kann von keinem gewöhnlichen Menschen gesehen werden. Kṛṣṇa muß einem die Fähigkeit geben, sie zu sehen.

Vers 6 पश्यादित्यान् वसून् रुद्रानश्विनौ मरुतस्तथा ।
बहून्यदृष्टपूर्वाणि पश्याश्चर्याणि भारत ॥ ६ ॥

paśyādityān vasūn rudrān aśvinau marutas tathā
bahūny adṛṣṭa-pūrvāṇi paśyāścaryāṇi bhārata

paśya – siehe; *ādityān* – die zwölf Söhne Aditis; *vasūn* – die acht Vasus; *rudrān* – die elf Formen Rudras; *aśvinau* – die zwei Aśvinīs; *marutaḥ* – die neunundvierzig Maruts (Halbgötter des Windes); *tathā* – auch; *bahūni* – viele; *adṛṣṭa* – die du nicht gesehen hast; *pūrvāṇi* – zuvor; *paśya* – siehe; *āścaryāṇi* – all diese Wunder; *bhārata* – o bester der Bhāratas.

O bester der Bhāratas, sieh nur die verschiedenen Manifestationen der Ādityas, Vasus, Rudras, Aśvinī-kumāras und aller anderen Halbgötter. Betrachte diese wundervolle Vielfalt, die niemand zuvor jemals gesehen und von der niemand zuvor jemals gehört hat.

ERLÄUTERUNG: Obwohl Arjuna ein persönlicher Freund Kṛṣṇas war und sein Wissen das der größten Gelehrten übertraf, war es ihm nicht möglich, alles über Kṛṣṇa zu wissen. Hier heißt es, daß kein Mensch je zuvor von all diesen Formen und Manifestationen gehört oder gewußt hat. Jetzt offenbart Kṛṣṇa diese wunderbaren Formen.

Vers 7 इहैकस्थं जगत्कृत्स्नं पश्याद्य सचराचरम् ।
मम देहे गुडाकेश यच्चान्यद्द्रष्टुमिच्छसि ॥ ७ ॥

ihaika-sthaṁ jagat kṛtsnaṁ paśyādya sa-carācaram
mama dehe guḍākeśa yac cānyad draṣṭum icchasi

iha – an diesem; *eka-stham* – an einem Ort; *jagat* – das Universum; *kṛtsnam* – vollständig; *paśya* – siehe; *adya* – sofort; *sa* – mit; *cara* – die sich bewegenden; *acaram* – die sich nicht bewegenden; *mama* – Mein; *dehe* – in diesem Körper; *guḍākeśa* – o Arjuna; *yat* – das, was; *ca* – auch; *anyat* – anderer; *draṣṭum* – zu sehen; *icchasi* – du möchtest.

O Arjuna, alles, was du sehen möchtest, kannst du auf einmal in diesem Meinem Körper erblicken. Diese universale Form kann dir alles zeigen, was du jetzt und in der Zukunft sehen möchtest. Alles – das Bewegliche und Unbewegliche – ist hier vollständig an einem Ort zu sehen.

ERLÄUTERUNG: Niemand ist in der Lage, das gesamte Universum von einem Standort aus zu sehen. Selbst der fortgeschrittenste Wissenschaftler kann nicht sehen, was in anderen Teilen des Universums vor sich geht. Aber ein Gottgeweihter wie Arjuna kann alles in jedem beliebigen Teil des Universums sehen. Kṛṣṇa gibt ihm die Kraft, alles zu sehen, was er möchte – in Vergangenheit, Gegenwart und Zukunft. Somit ist Arjuna durch die Gnade Kṛṣṇas imstande, alles zu sehen.

Vers 8 न तु मां शक्यसे द्रष्टुमनेनैव स्वचक्षुषा ।
दिव्यं ददामि ते चक्षुः पश्य मे योगमैश्वरम् ॥ ८ ॥

na tu māṁ śakyase draṣṭum anenaiva sva-cakṣuṣā
divyaṁ dadāmi te cakṣuḥ paśya me yogam aiśvaram

na – niemals; *tu* – aber; *mām* – Mich; *śakyase* – bist in der Lage; *draṣṭum* – zu sehen; *anena* – mit diesen; *eva* – gewiß; *sva-cakṣuṣā* – deinen eigenen Augen; *divyam* – göttliche; *dadāmi* – Ich gebe; *te* – dir; *cakṣuḥ* – Augen; *paśya* – siehe; *me* – Meine; *yogam aiśvaram* – unbegreifliche mystische Kraft.

Doch mit deinen gegenwärtigen Augen kannst du Mich nicht sehen. Deshalb gebe Ich dir göttliche Augen. Erschaue Meinen mystischen Reichtum!

ERLÄUTERUNG: Ein reiner Gottgeweihter möchte Kṛṣṇa in keiner anderen Form als Seiner zweihändigen Gestalt sehen. Ein Gottgeweihter kann die universale Form nur durch die Gnade des Herrn sehen, das heißt nicht mit dem Verstand, sondern mit spirituellen Augen. Um die universale Form Kṛṣṇas zu sehen, wird Arjuna angewiesen, nicht seinen Verstand, sondern seine Sicht zu ändern. Die universale Form Kṛṣṇas ist nicht so wichtig, wie aus den folgenden Versen deutlich werden wird; aber weil Arjuna sie sehen wollte, gibt ihm der Herr die dazu erforderliche Sicht.

Gottgeweihte, die die transzendentale Beziehung zu Kṛṣṇa richtig erkannt haben, fühlen sich zu Seinen liebevollen Aspekten hingezogen, und nicht zu einer gottlosen Entfaltung materieller Füllen. Die Spielkameraden Kṛṣṇas, die Freunde Kṛṣṇas und die Eltern Kṛṣṇas wollen niemals, daß Kṛṣṇa Seine Füllen offenbart. Sie sind so sehr von reiner Liebe erfüllt, daß sie nicht einmal wissen, daß Kṛṣṇa die Höchste Persönlichkeit Gottes ist. In ihrem liebevollen Austausch vergessen sie, daß Kṛṣṇa der Höchste Herr ist. Im *Śrīmad-Bhāgavatam* heißt es, daß die Knaben, die mit Kṛṣṇa spielen, alle überaus fromme Seelen sind und daß sie nach vielen, vielen Geburten die Möglichkeit bekamen, mit Kṛṣṇa zu spielen. Diese Knaben wissen nicht, daß Kṛṣṇa die Höchste Persönlichkeit Gottes ist; vielmehr betrachten sie Ihn als ihren persönlichen Freund. Deshalb spricht Śukadeva Gosvāmī den folgenden Vers:

itthaṁ satāṁ brahma-sukhānubhūtyā
dāsyaṁ gatānāṁ para-daivatena
māyāśritānāṁ nara-dārakeṇa
sākaṁ vijahruḥ kṛta-puṇya-puñjāḥ

„Hier ist die Höchste Person, die von großen Weisen als das unpersönliche Brahman, von Gottgeweihten als die Höchste Persönlichkeit Gottes und von gewöhnlichen Menschen als ein Geschöpf der materiellen Natur angesehen wird. Diese Knaben, die in ihren vorangegangenen Leben viele, viele fromme Handlungen ausgeführt haben, spielen jetzt mit dieser Höchsten Persönlichkeit Gottes." (*Śrīmad-Bhāgavatam* 10.12.11)

Im Grunde liegt dem Gottgeweihten nichts daran, die *viśva-rūpa,* die universale Form, zu sehen. Arjuna wollte sie nur deshalb sehen, um Kṛṣṇas Worte zu erhärten, so daß in der Zukunft die Menschen verstehen könnten, daß Sich Kṛṣṇa nicht nur theoretisch oder philosophisch als der Höchste präsentierte, sondern daß Er Sich Arjuna tatsächlich als solcher offenbarte. Arjuna muß dies bestätigen, denn er ist der Anfang des *paramparā*-Systems. Diejenigen, denen tatsächlich daran gelegen ist, die Höchste Persönlichkeit Gottes, Kṛṣṇa, zu verstehen und in die Fußstapfen Arjunas zu treten, sollten sich darüber bewußt sein, daß Kṛṣṇa Sich nicht nur theoretisch als der Höchste präsentierte, sondern Sich tatsächlich als der Höchste offenbarte.

Wie wir bereits erklärt haben, gab der Herr Arjuna die erforderliche Kraft, um die universale Form zu sehen, weil Er wußte, daß Arjuna sie nicht aus einem persönlichen Motiv heraus sehen wollte.

Vers 9 सञ्जय उवाच
एवमुक्त्वा ततो राजन्महायोगेश्वरो हरिः ।
दर्शयामास पार्थाय परमं रूपमैश्वरम् ॥ ९ ॥

sañjaya uvāca
evam uktvā tato rājan mahā-yogeśvaro hariḥ
darśayām āsa pārthāya paramaṁ rūpam aiśvaram

sañjayaḥ uvāca – Sañjaya sagte; *evam* – somit; *uktvā* – sprechend; *tataḥ* – danach; *rājan* – o König; *mahā-yoga-īśvaraḥ* – der mächtigste Mystiker; *hariḥ* – die Höchste Persönlichkeit Gottes, Kṛṣṇa; *darśayām āsa* – zeigte; *pārthāya* – Arjuna; *paramam* – die göttliche; *rūpam aiśvaram* – universale Form.

Sañjaya sagte: O König, nachdem der Herr aller mystischen Kräfte, die Persönlichkeit Gottes, diese Worte gesprochen hatte, offenbarte Er Arjuna die universale Form.

Vers 10–11 अनेकवक्त्रनयनमनेकाद्भुतदर्शनम् ।
अनेकदिव्याभरणं दिव्यानेकोद्यतायुधम् ॥१०॥

दिव्यमाल्याम्बरधरं दिव्यगन्धानुलेपनम् ।
सर्वाश्चर्यमयं देवमनन्तं विश्वतोमुखम् ॥११॥

aneka-vaktra-nayanam anekādbhuta-darśanam
aneka-divyābharaṇaṁ divyānekodyatāyudham

divya-mālyāmbara-dharaṁ divya-gandhānulepanam
sarvāścarya-mayaṁ devam anantaṁ viśvato-mukham

aneka – verschiedene; *vaktra* – Münder; *nayanam* – Augen; *aneka* – verschiedene; *adbhuta* – wunderbare; *darśanam* – Anblicke; *aneka* – viele; *divya* – göttliche; *ābharaṇam* – Schmuckstücke; *divya* – göttliche; *aneka* – viele; *udyata* – erhobene; *āyudham* – Waffen; *divya* – göttliche; *mālya* – Girlanden; *ambara* – Gewänder; *dharam* – tragend; *divya* – göttliche; *gandha* – Duftstoffe; *anulepanam* – eingerieben mit; *sarva* – alle; *āścarya-mayam* – wunderbar; *devam* – glänzend; *anantam* – unbegrenzt; *viśvataḥ-mukham* – alldurchdringend.

Arjuna sah in der universalen Form unzählige Münder, unzählige Augen und unbegrenzte wundervolle Erscheinungen. Die Form war mit vielen himmlischen Schmuckstücken verziert und trug viele göttliche erhobene Waffen. Sie trug himmlische Girlanden und Gewänder, und ihr Körper war mit vielen göttlichen Duftstoffen eingerieben. Alles war wunderbar, strahlend, unendlich und alldurchdringend.

ERLÄUTERUNG: Der wiederholte Gebrauch des Wortes „viele“ in diesen beiden Versen deutet darauf hin, daß die Anzahl der Hände, Münder, Beine und anderen Manifestationen, die Arjuna sah, unbegrenzt war. Diese Manifestationen waren über das ganze Universum verbreitet, doch durch die Gnade des Herrn konnte Arjuna sie alle von einem Ort aus sehen. Dies war allein auf die unbegreifliche Kraft des Herrn zurückzuführen.

Vers 12 दिवि सूर्यसहस्रस्य भवेद्युगपदुत्थिता ।
यदि भाः सदृशी सा स्याद्भासस्तस्य महात्मनः ॥१२॥

divi sūrya-sahasrasya bhaved yugapad utthitā
yadi bhāḥ sadṛśī sā syād bhāsas tasya mahātmanaḥ

divi – am Himmel; *sūrya* – von Sonnen; *sahasrasya* – von vielen Tausenden; *bhavet* – es gab; *yugapat* – gleichzeitig; *utthitā* – gegenwärtig; *yadi* – wenn; *bhāḥ* – Licht; *sadṛśī* – wie das; *sā* – jenes; *syāt* – könnte sein; *bhāsaḥ* – Glanz; *tasya* – von Ihm; *mahātmanaḥ* – der große Herr.

Wenn Hunderttausende von Sonnen gleichzeitig am Himmel aufstiegen, gliche ihr strahlender Glanz vielleicht dem Glanz der Höchsten Person in jener universalen Form.

ERLÄUTERUNG: Was Arjuna sah, war unbeschreiblich; trotzdem versucht Sañjaya, Dhṛtarāṣṭra eine Vorstellung von dieser großen Offenbarung zu vermitteln. Weder Sañjaya noch Dhṛtarāṣṭra waren auf dem

Schlachtfeld zugegen, doch durch die Gnade Vyāsas konnte Sañjaya alle Geschehnisse beobachten. Daher vergleicht er jetzt die Situation, soweit sie überhaupt verstanden werden kann, mit einem vorstellbaren Phänomen (nämlich mit Tausenden von Sonnen).

Vers 13 तत्रैकस्थं जगत्कृत्स्नं प्रविभक्तमनेकधा ।
अपश्यद्देवदेवस्य शरीरे पाण्डवस्तदा ॥१३॥

tatraika-sthaṁ jagat kṛtsnaṁ pravibhaktam anekadhā
apaśyad deva-devasya śarīre pāṇḍavas tadā

tatra – dort; *eka-stham* – an einem Ort; *jagat* – das Universum; *kṛtsnam* – vollständig; *pravibhaktam* – aufgeteilt; *anekadhā* – in viele; *apaśyat* – konnte sehen; *deva-devasya* – der Höchsten Persönlichkeit Gottes; *śarīre* – in der universalen Form; *pāṇḍavaḥ* – Arjuna; *tadā* – zu dieser Zeit.

Da sah Arjuna in der universalen Form des Herrn die grenzenlosen Erweiterungen des Universums, die sich alle an einem Ort befanden, obwohl sie in viele, viele Tausende aufgeteilt waren.

ERLÄUTERUNG: Das Wort *tatra* („dort“) ist sehr bedeutsam. Es deutet darauf hin, daß Arjuna und Kṛṣṇa gemeinsam auf dem Streitwagen saßen, als Arjuna die universale Form sah. Andere auf dem Schlachtfeld konnten diese Form nicht sehen, weil Kṛṣṇa nur Arjuna die Sicht dazu gab. Arjuna erblickte im Körper Kṛṣṇas viele Tausende von Planeten. Aus den vedischen Schriften erfahren wir, daß es viele Universen und viele Planeten gibt. Einige bestehen aus Erde, einige aus Gold und andere aus Juwelen. Einige sind sehr groß, andere sind weniger groß, usw. Während Arjuna auf seinem Streitwagen saß, konnte er all dies sehen. Aber niemand konnte verstehen, was zwischen Kṛṣṇa und Arjuna vorging.

Vers 14 ततः स विस्मयाविष्टो हृष्टरोमा धनञ्जयः ।
प्रणम्य शिरसा देवं कृताञ्जलिरभाषत ॥१४॥

tataḥ sa vismayāviṣṭo hṛṣṭa-romā dhanañ-jayaḥ
praṇamya śirasā devaṁ kṛtāñjalir abhāṣata

tataḥ – danach; *saḥ* – er; *vismaya-āviṣṭaḥ* – von Verwunderung überwältigt; *hṛṣṭa-romā* – während sich seine Körperhaare aufgrund seiner großen Ekstase sträubten; *dhanam-jayaḥ* – Arjuna; *praṇamya* – Ehrerbietungen erweisend; *śirasā* – mit dem Kopf; *devam* – der Höchsten Persönlichkeit Gottes; *kṛta-añjaliḥ* – mit gefalteten Händen; *abhāṣata* – begann zu sprechen.

Arjuna, der verwirrt und erstaunt war und dessen Haare sich sträubten, neigte daraufhin seinen Kopf, um dem Höchsten Herrn Ehrerbietungen zu erweisen, und mit gefalteten Händen brachte er Ihm Gebete dar.

ERLÄUTERUNG: Als sich die göttliche Erscheinung offenbarte, änderte sich die Beziehung zwischen Kṛṣṇa und Arjuna sogleich. Zuvor beruhte ihre Beziehung auf Freundschaft, doch nach der Offenbarung bringt Arjuna Kṛṣṇa mit großer Achtung Ehrerbietungen dar und betet mit gefalteten Händen zu Ihm. Er lobpreist die universale Form. Somit wandelt sich Arjunas Beziehung zu Kṛṣṇa von Freundschaft zu Erstaunen. Große Gottgeweihte sehen Kṛṣṇa als das Behältnis aller Beziehungen. Die Schriften sprechen von zwölf grundlegenden Beziehungen, und sie alle sind in Kṛṣṇa zu finden. Es heißt, daß Er der Ozean aller Beziehungen ist, die zwischen zwei Lebewesen, zwischen den Göttern oder zwischen dem Höchsten Herrn und Seinem Geweihten ausgetauscht werden.

Arjuna wurde von der Beziehung des Erstaunens überwältigt, und in diesem Erstaunen geriet er in Ekstase, obwohl er von Natur aus sehr nüchtern, besonnen und ruhig war; seine Haare sträubten sich, und er brachte dem Höchsten Herrn mit gefalteten Händen Ehrerbietungen dar. Natürlich war es nicht Angst, was Arjuna so bewegte, sondern der Anblick der Wunder des Höchsten Herrn. Die unmittelbare Folge war Verwunderung, die seine natürliche liebevolle Beziehung der Freundschaft überwältigte, und daher reagierte er auf diese Weise.

Vers 15 अर्जुन उवाच
पश्यामि देवांस्तव देव देहे सर्वांस्तथा भूतविशेषसङ्घान् ।
ब्रह्माणमीशं कमलासनस्थमृषींश्च सर्वानुरगांश्च दिव्यान् ॥१५॥

arjuna uvāca
paśyāmi devāṁs tava deva dehe
sarvāṁs tathā bhūta-viśeṣa-saṅghān

brahmāṇam īśaṁ kamalāsana-stham
ṛṣīṁś ca sarvān uragāṁś ca divyān

arjunaḥ uvāca – Arjuna sprach; *paśyāmi* – ich sehe; *devān* – alle Halbgötter; *tava* – Dein; *deva* – o Herr; *dehe* – in dem Körper; *sarvān* – alle; *tathā* – auch; *bhūta* – Lebewesen; *viśeṣa-saṅghān* – insbesondere versammelt; *brahmāṇam* – Brahmā; *īśam* – Śiva; *kamala-āsana-stham* – auf der Lotosblume sitzend; *ṛṣīn* – große Weise; *ca* – auch; *sarvān* – alle; *uragān* – Schlangen; *ca* – auch; *divyān* – göttliche.

Arjuna sprach: Mein lieber Śrī Kṛṣṇa, ich sehe in Deinem Körper alle Halbgötter und eine Vielfalt anderer Lebewesen versammelt. Ich sehe Brahmā auf der Lotosblume sitzen, und ich erblicke Śiva sowie alle Weisen und die göttlichen Schlangen.

ERLÄUTERUNG: Arjuna sieht alles im Universum; folglich sieht er auch Brahmā, der das erste Geschöpf im Universum ist, und die göttliche Schlange, auf der Garbhodaka-śāyī Viṣṇu in den unteren Regionen des Universums liegt. Dieses Schlangenbett wird Vāsuki genannt. Es gibt auch noch andere Schlangen, die den Namen Vāsuki tragen. Arjunas Sicht reicht von Garbhodaka-śāyī Viṣṇu bis hinauf in den höchsten Bereich des Universums, wo Brahmā, das erste Geschöpf des Universums, auf seinem Lotosblumenplaneten residiert. Dies bedeutet, daß Arjuna, der auf seinem Streitwagen saß, ohne sich von der Stelle zu bewegen, vom Anfang bis zum Ende alles sehen konnte. Dies war durch die Gnade des Höchsten Herrn, Kṛṣṇa, möglich.

Vers 16 अनेकबाहूदरवक्त्रनेत्रं पश्यामि त्वां सर्वतोऽनन्तरूपम् ।
नान्तं न मध्यं न पुनस्तवादिं पश्यामि विश्वेश्वर विश्वरूप ॥१६॥

aneka-bāhūdara-vaktra-netraṁ
paśyāmi tvām sarvato 'nanta-rūpam
nāntaṁ na madhyaṁ na punas tavādiṁ
paśyāmi viśveśvara viśva-rūpa

aneka – viele; *bāhu* – Arme; *udara* – Bäuche; *vaktra* – Münder; *netram* – Augen; *paśyāmi* – ich sehe; *tvām* – Dich; *sarvataḥ* – an allen Seiten; *ananta-rūpam* – unbegrenzte Form; *na antam* – kein Ende; *na madhyam* – keine Mitte; *na punaḥ* – und auch kein; *tava* – Dein; *ādim* – Beginn; *paśyāmi* – ich sehe; *viśva-īśvara* – o Herr des Universums; *viśva-rūpa* – in der Form des Universums.

O Herr des Universums, o universale Form, ich sehe in Deinem Körper viele, viele Arme, Bäuche, Münder und Augen, die überall und ohne Grenzen verbreitet sind. Ich sehe in Dir kein Ende, keine Mitte und keinen Anfang.

ERLÄUTERUNG: Kṛṣṇa ist die Höchste Persönlichkeit Gottes und ist unbegrenzt; deshalb konnte durch Ihn alles gesehen werden.

Vers 17 किरीटिनं गदिनं चक्रिणं च तेजोराशिं सर्वतो दीप्तिमन्तम् ।
पश्यामि त्वां दुर्निरीक्ष्यं समन्ताद् दीप्तानलार्कद्युतिमप्रमेयम् ॥१७॥

kirīṭinaṁ gadinaṁ cakriṇaṁ ca
tejo-rāśiṁ sarvato dīptimantam
paśyāmi tvāṁ durnirīkṣyaṁ samantād
dīptānalārka-dyutim aprameyam

kirīṭinam – mit Helmen; *gadinam* – mit Keulen; *cakriṇam* – mit Feuerrädern; *ca* – und; *tejaḥ-rāśim* – Ausstrahlung; *sarvataḥ* – zu allen Seiten; *dīpti-mantam* – gleißend; *paśyāmi* – ich sehe; *tvām* – Dich; *durnirīkṣyam* – schwer zu sehen; *samantāt* – überall; *dīpta-anala* – loderndes Feuer; *arka* – der Sonne; *dyutim* – der Sonnenschein; *aprameyam* – unermeßlich.

Aufgrund Deiner blendenden Ausstrahlung, die sich in alle Richtungen ausbreitet, wie das Lodern eines Feuers oder die unermeßlichen Strahlen der Sonne, fällt es mir sehr schwer, Deine Form zu betrachten. Und doch sehe ich überall diese gleißende Form, die mit verschiedensten Kronen, Keulen und Feuerrädern geschmückt ist.

Vers 18 त्वमक्षरं परमं वेदितव्यं त्वमस्य विश्वस्य परं निधानम् ।
त्वमव्ययः शाश्वतधर्मगोप्ता सनातनस्त्वं पुरुषो मतो मे ॥१८॥

tvam akṣaraṁ paramaṁ veditavyaṁ
tvam asya viśvasya paraṁ nidhānam
tvam avyayaḥ śāśvata-dharma-goptā
sanātanas tvaṁ puruṣo mato me

tvam – Du; *akṣaram* – der unfehlbare; *paramam* – Höchste; *veditavyam* – verstanden zu werden; *tvam* – Du; *asya* – von diesem; *viśvasya* – Universum; *param* – höchste; *nidhānam* – Grundlage; *tvam* – Du;

avyayaḥ – unerschöpflich; *śāśvata-dharma-goptā* – Erhalter der ewigen Religion; *sanātanaḥ* – ewig; *tvam* – Du; *puruṣaḥ* – die Höchste Persönlichkeit; *mataḥ me* – das ist meine Meinung.

Du bist das höchste, ursprüngliche Ziel. Du bist der letztliche Ruheort des gesamten Universums. Du bist unerschöpflich, und Du bist der Älteste. Du bist der Erhalter der ewigen Religion, die Persönlichkeit Gottes. Das ist meine Meinung.

Vers 19 अनादिमध्यान्तमनन्तवीर्यमनन्तबाहुं शशिसूर्यनेत्रम् ।
पश्यामि त्वां दीप्तहुताशवक्त्रं स्वतेजसा विश्वमिदं तपन्तम् ॥१९॥

anādi-madhyāntam ananta-vīryam
ananta-bāhuṁ śaśi-sūrya-netram
paśyāmi tvāṁ dīpta-hutāśa-vaktraṁ
sva-tejasā viśvam idaṁ tapantam

anādi – ohne Anfang; *madhya* – Mitte; *antam* – und Ende; *ananta* – unbegrenzt; *vīryam* – Herrlichkeit; *ananta* – unbegrenzt; *bāhum* – Arme; *śaśi* – der Mond; *sūrya* – und die Sonne; *netram* – Augen; *paśyāmi* – ich sehe; *tvām* – Dich; *dīpta* – lodernd; *hutāśa-vaktram* – Feuer, das aus Deinem Mund kommt; *sva-tejasā* – durch Deine Ausstrahlung; *viśvam* – Universum; *idam* – dieses; *tapantam* – erhitzend.

Du hast keinen Anfang, keine Mitte und kein Ende. Deine Herrlichkeit ist unbegrenzt. Du hast zahllose Arme, und die Sonne und der Mond sind Deine Augen. Ich sehe Dich mit loderndem Feuer, das aus Deinem Mund kommt; durch Deine Ausstrahlung erhitzt Du das gesamte Universum.

ERLÄUTERUNG: Dem Ausmaß der sechs Füllen der Höchsten Persönlichkeit Gottes sind keine Grenzen gesetzt. Hier und an vielen anderen Stellen findet man Wiederholungen, aber den Schriften gemäß ist die Wiederholung der Herrlichkeit Kṛṣṇas keine literarische Schwäche. Es heißt, daß bei Verwirrung, Erstaunen oder großer Ekstase Aussagen immer wieder wiederholt werden. Das ist kein Fehler.

Vers 20 द्यावापृथिव्योरिदमन्तरं हि व्याप्तं त्वयैकेन दिशश्च सर्वाः ।
दृष्ट्वाद्भुतं रूपमुग्रं तवेदं लोकत्रयं प्रव्यथितं महात्मन् ॥२०॥

dyāv ā-pṛthivyor idam antaraṁ hi
vyāptaṁ tvayaikena diśaś ca sarvāḥ
dṛṣṭvādbhutaṁ rūpam ugraṁ tavedaṁ
loka-trayaṁ pravyathitaṁ mahātman

dyau – aus dem All; *ā-pṛthivyoḥ* – zur Erde; *idam* – dies; *antaram* – zwischen; *hi* – gewiß; *vyāptam* – durchdrungen; *tvayā* – von Dir; *ekena* – allein; *diśaḥ* – Richtungen; *ca* – und; *sarvāḥ* – alle; *dṛṣṭvā* – durch Sehen; *adbhutam* – wundervoll; *rūpam* – Form; *ugram* – schreckliche; *tava* – Deine; *idam* – diese; *loka* – die Planetensysteme; *trayam* – drei; *pravyathitam* – verwirrt; *mahā-ātman* – o große Persönlichkeit.

Obwohl Du eins bist, bist Du über den ganzen Himmel, die Planeten und den Raum dazwischen verbreitet. O große Persönlichkeit, während ich diese wundersame und schreckenerregende Form betrachte, sind alle Planetensysteme gestört.

ERLÄUTERUNG: In diesem Vers sind die Worte *dyāv ā-pṛthivyoḥ* („der Raum zwischen Himmel und Erde“) und *loka-trayam* („die drei Welten“) von Bedeutung, denn offenbar konnte nicht nur Arjuna diese universale Form des Herrn sehen, sondern auch andere auf anderen Planetensystemen. Arjuna träumte nicht; all diejenigen, die der Herr mit göttlicher Sicht ausstattete, konnten die universale Form auf dem Schlachtfeld sehen.

Vers 21 अमी हि त्वां सुरसङ्घा विशन्ति केचिद्भीताः प्राञ्जलयो गृणन्ति ।
स्वस्तीत्युक्त्वा महर्षिसिद्धसङ्घाः स्तुवन्ति त्वां स्तुतिभिः पुष्कलाभिः ॥२१॥

amī hi tvāṁ sura-saṅghāḥ viśanti
kecid bhītāḥ prāñjalayo gṛṇanti
svastīty uktvā maharṣi-siddha-saṅghāḥ
stuvanti tvāṁ stutibhiḥ puṣkalābhiḥ

amī – all jene; *hi* – gewiß; *tvām* – Du; *sura-saṅghāḥ* – Scharen von Halbgöttern; *viśanti* – gehen ein; *kecit* – einige von ihnen; *bhītāḥ* – aus Furcht; *prāñjalayaḥ* – mit gefalteten Händen; *gṛṇanti* – bringen Gebete dar; *svasti* – aller Friede; *iti* – so; *uktvā* – sprechend; *mahā-ṛṣi* – große Weise; *siddha-saṅghāḥ* – vollkommene Wesen; *stuvanti* – singen Hymnen; *tvām* – zu Dir; *stutibhiḥ* – mit Gebeten; *puṣkalābhiḥ* – vedische Hymnen.

All die Scharen der Halbgötter ergeben sich vor Dir und gehen in Dich ein. Einige bringen Dir furchterfüllt mit gefalteten Händen Gebete dar. Scharen großer Weiser und vollkommener Wesen rufen „Frieden!“ und singen Gebete und vedische Hymnen.

ERLÄUTERUNG: Die Halbgötter aller Planetensysteme fürchteten sich vor der schreckenerregenden Manifestation der universalen Form und ihrer gleißenden Ausstrahlung und beteten deshalb um Schutz.

Vers 22 रुद्रादित्या वसवो ये च साध्या विश्वेऽश्विनौ मरुतश्चोष्मपाश्च ।
गन्धर्वयक्षासुरसिद्धसङ्घा वीक्षन्ते त्वां विस्मिताश्चैव सर्वे ॥२२॥

rudrādityā vasavo ye ca sādhyā
viśve 'śvinau marutaś coṣmapāś ca
gandharva-yakṣāsura-siddha-saṅghā
vīkṣante tvāṁ vismitāś caiva sarve

rudra – Manifestationen Śivas; *ādityāḥ* – die Ādityas; *vasavaḥ* – die Vasus; *ye* – all diese; *ca* – und; *sādhyāḥ* – die Sādhyas; *viśve* – die Viśvedevas; *aśvinau* – die Aśvinī-kumāras; *marutaḥ* – die Maruts; *ca* – und; *uṣma-pāḥ* – die Vorväter; *ca* – und; *gandharva* – der Gandharvas; *yakṣa* – die Yakṣas; *asura* – die Dämonen; *siddha* – und die vollkommenen Halbgötter; *saṅghāḥ* – die Versammlungen; *vīkṣante* – betrachten; *tvām* – Dich; *vismitāḥ* – mit Erstaunen; *ca* – auch; *eva* – gewiß; *sarve* – alle.

All die vielfältigen Manifestationen Śivas, die Ādityas, die Vasus, die Sādhyas, die Viśvedevas, die beiden Aśvīs, die Maruts, die Vorväter, die Gandharvas, die Yakṣas, die Asuras und die vollkommenen Halbgötter betrachten Dich mit Erstaunen.

Vers 23 रूपं महत्ते बहुवक्त्रनेत्रं महाबाहो बहुबाहूरुपादम् ।
बहूदरं बहुदंष्ट्राकरालं दृष्ट्वा लोकाः प्रव्यथितास्तथाहम् ॥२३॥

rūpaṁ mahat te bahu-vaktra-netraṁ
mahā-bāho bahu-bāhūru-pādam
bahūdaraṁ bahu-daṁṣṭrā-karālaṁ
dṛṣṭvā lokāḥ pravyathitās tathāham

rūpam – die Form; *mahat* – sehr groß; *te* – von Dir; *bahu* – viele; *vaktra* – Gesichter; *netram* – und Augen; *mahā-bāho* – o Starkarmiger; *bahu* –

viele; *bāhu* – Arme; *ūru* – Schenkel; *pādam* – und Beine; *bahu-udaram* – viele Bäuche; *bahu-daṁṣṭrā* – viele Zähne; *karālam* – schrecklich; *dṛṣṭvā* – sehend; *lokāḥ* – alle Planeten; *pravyathitāḥ* – verwirrt; *tathā* – in ähnlicher Weise; *aham* – ich.

O Starkarmiger, alle Planeten mit ihren Halbgöttern sind verwirrt beim Anblick Deiner gewaltigen Form mit ihren vielen Gesichtern, Augen, Armen, Schenkeln, Beinen und Bäuchen sowie ihren vielen furchterregenden Zähnen. Und so wie sie, bin auch ich verwirrt.

Vers 24 नभःस्पृशं दीप्तमनेकवर्णं व्यात्ताननं दीप्तविशालनेत्रम् ।
दृष्ट्वा हि त्वां प्रव्यथितान्तरात्मा धृतिं न विन्दामि शमं च विष्णो ॥२४॥

nabhaḥ-spṛśaṁ dīptam aneka-varṇaṁ
vyāttānanaṁ dīpta-viśāla-netram
dṛṣṭvā hi tvāṁ pravyathitāntar-ātmā
dhṛtiṁ na vindāmi śamaṁ ca viṣṇo

nabhaḥ-spṛśam – den Himmel berührend; *dīptam* – leuchtend; *aneka* – viele; *varṇam* – Farben; *vyātta* – offene; *ānanam* – Münder; *dīpta* – leuchtende; *viśāla* – sehr große; *netram* – Augen; *dṛṣṭvā* – sehend; *hi* – gewiß; *tvām* – Du; *pravyathita* – verwirrt; *antaḥ* – innen; *ātmā* – Seele; *dhṛtim* – Standhaftigkeit; *na* – nicht; *vindāmi* – ich habe; *śamam* – Gleichmut; *ca* – auch; *viṣṇo* – o Śrī Viṣṇu.

O alldurchdringender Viṣṇu, der Anblick Deiner vielen gleißenden Farben, die den Himmel berühren, Deiner aufgerissenen Münder und Deiner großen, glühenden Augen läßt meinen Geist vor Furcht erschaudern. Ich kann meine Standhaftigkeit und meinen Gleichmut nicht mehr bewahren.

Vers 25 दंष्ट्राकरालानि च ते मुखानि दृष्ट्वैव कालानलसन्निभानि ।
दिशो न जाने न लभे च शर्म प्रसीद देवेश जगन्निवास ॥२५॥

daṁṣṭrā-karālāni ca te mukhāni
dṛṣṭvaiva kālānala-sannibhāni
diśo na jāne na labhe ca śarma
prasīda deveśa jagan-nivāsa

daṁṣṭrā – Zähne; *karālāni* – schreckliche; *ca* – auch; *te* – Deine; *mukhāni* – Gesichter; *dṛṣṭvā* – sehend; *eva* – somit; *kāla-anala* – das

Feuer des Todes; *sannibhāni* – als ob; *diśaḥ* – die Richtungen; *na* – nicht; *jāne* – ich weiß; *na* – nicht; *labhe* – ich erlange; *ca* – und; *śarma* – Gnade; *prasīda* – sei erfreut; *deva-īśa* – o Herr aller Herren; *jagat-nivāsa* – o Zuflucht der Welten.

O Herr der Herren, o Zuflucht der Welten, bitte sei mir gnädig. Ich kann meine Ausgeglichenheit nicht bewahren, da ich Deine lodernden, totengleichen Gesichter und Deine furchterregenden Zähne sehe. In jeder Hinsicht bin ich verwirrt.

Vers 26–27

अमी च त्वां धृतराष्ट्रस्य पुत्राः सर्वे सहैवावनिपालसङ्घैः ।
भीष्मो द्रोणः सूतपुत्रस्तथासौ सहास्मदीयैरपि योधमुख्यैः ॥२६॥

वक्त्राणि ते त्वरमाणा विशन्ति दंष्ट्राकरालानि भयानकानि ।
केचिद्विलग्ना दशनान्तरेषु सन्दृश्यन्ते चूर्णितैरुत्तमाङ्गैः ॥२७॥

amī ca tvāṁ dhṛtarāṣṭrasya putrāḥ
sarve sahaivāvani-pāla-saṅghaiḥ
bhīṣmo droṇaḥ sūta-putras tathāsau
sahāsmadīyair api yodha-mukhyaiḥ

vaktrāṇi te tvaramāṇā viśanti
daṁṣṭrā-karālāni bhayānakāni
kecid vilagnā daśanāntareṣu
sandṛśyante cūrṇitair uttamāṅgaiḥ

amī – diese; *ca* – auch; *tvām* – Du; *dhṛtarāṣṭrasya* – Dhṛtarāṣṭras; *putrāḥ* – die Söhne; *sarve* – alle; *saha* – mit; *eva* – tatsächlich; *avani-pāla* – der kriegerischen Könige; *saṅghaiḥ* – die Gruppen; *bhīṣmaḥ* – Bhīṣmadeva; *droṇaḥ* – Droṇācārya; *sūta-putraḥ* – Karṇa; *tathā* – auch; *asau* – das; *saha* – mit; *asmadīyaiḥ* – unser; *api* – auch; *yodha-mukhyaiḥ* – Anführer unter den Kriegern; *vaktrāṇi* – Münder; *te* – Deine; *tvaramāṇāḥ* – stürzend; *viśanti* – gehen ein; *daṁṣṭrā* – Zähne; *karālāni* – schreckliche; *bhayānakāni* – sehr furchterregende; *kecit* – einige von ihnen; *vilagnāḥ* – gefangen werdend; *daśana-antareṣu* – zwischen den Zähnen; *sandṛśyante* – werden gesehen; *cūrṇitaiḥ* – mit zermalmten; *uttama-aṅgaiḥ* – Köpfen.

Alle Söhne Dhṛtarāṣṭras und ihre verbündeten Könige sowie Bhīṣma, Droṇa und Karṇa – und auch unsere führenden Krieger – stürzen in

Deine furchterregenden Münder. Und einige sehe ich gefangen zwischen Deinen Zähnen, mit zermalmten Köpfen.

ERLÄUTERUNG: In einem vorangegangenen Vers hat der Herr versprochen, Arjuna Dinge zu zeigen, die ihn sehr interessieren würden. Jetzt sieht Arjuna, daß die Anführer der Gegenseite (Bhīṣma, Droṇa, Karṇa und alle Söhne Dhṛtarāṣṭras), ihre Soldaten sowie auch seine eigenen Soldaten allesamt vernichtet werden. Dies deutet darauf hin, daß nach dem Tod fast aller in Kurukṣetra versammelten Krieger Arjuna siegreich aus der Schlacht hervorgehen wird. Ferner wird hier erwähnt, daß Bhīṣma, der als unbesiegbar gilt, ebenfalls fallen wird. Das gleiche gilt für Karṇa. Es werden nicht nur die großen Krieger der Gegenseite, wie Bhīṣma, fallen, sondern auch einige der mächtigen Krieger auf Arjunas Seite.

Vers 28 यथा नदीनां बहवोऽम्बुवेगाः समुद्रमेवाभिमुखा द्रवन्ति ।
तथा तवामी नरलोकवीरा विशन्ति वक्त्राण्यभिविज्वलन्ति ॥२८॥

yathā nadīnāṁ bahavo 'mbu-vegāḥ
samudram evābhimukhā dravanti
tathā tavāmī nara-loka-vīrā
viśanti vaktrāṇy abhivijvalanti

yathā – wie; *nadīnām* – der Flüsse; *bahavaḥ* – die vielen; *ambu-vegāḥ* – Wellen der Gewässer; *samudram* – das Meer; *eva* – gewiß; *abhimukhāḥ* – zum; *dravanti* – gleiten; *tathā* – in ähnlicher Weise; *tava* – Deine; *amī* – all diese; *nara-loka-vīrāḥ* – Könige der menschlichen Gesellschaft; *viśanti* – gehen ein; *vaktrāṇi* – die Münder; *abhivijvalanti* – und brennen.

Wie die vielen Wellen der Flüsse ins Meer fließen, so gehen all diese großen Krieger brennend in Deine Münder ein.

Vers 29 यथा प्रदीप्तं ज्वलनं पतङ्गा विशन्ति नाशाय समृद्धवेगाः ।
तथैव नाशाय विशन्ति लोकास्तवापि वक्त्राणि समृद्धवेगाः ॥२९॥

yathā pradīptaṁ jvalanaṁ pataṅgā
viśanti nāśāya samṛddha-vegāḥ

tathaiva nāśāya viśanti lokās
tavāpi vaktrāṇi samṛddha-vegāḥ

yathā – so wie; *pradīptam* – loderndes; *jvalanam* – ein Feuer; *pataṅgāḥ* – Motten; *viśanti* – gehen ein in; *nāśāya* – der Vernichtung entgegen; *samṛddha* – mit voller; *vegāḥ* – Geschwindigkeit; *tathā eva* – ebenso; *nāśāya* – der Vernichtung entgegen; *viśanti* – gehen ein; *lokāḥ* – alle Menschen; *tava* – Deine; *api* – auch; *vaktrāṇi* – Münder; *samṛddha-vegāḥ* – mit rasender Geschwindigkeit.

Ich sehe alle Menschen mit rasender Geschwindigkeit in Deine Münder stürzen, so wie Motten, die in ein loderndes Feuer stürzen, der Vernichtung entgegen.

Vers 30 लेलिह्यसे ग्रसमानः समन्ताल्लोकान् समग्रान् वदनैर्ज्वलद्भिः ।
तेजोभिरापूर्य जगत्समग्रं भासस्तवोग्राः प्रतपन्ति विष्णो ॥३०॥

lelihyase grasamānaḥ samantāl
lokān samagrān vadanair jvaladbhiḥ
tejobhir āpūrya jagat samagraṁ
bhāsas tavogrāḥ pratapanti viṣṇo

lelihyase – Du leckst; *grasamānaḥ* – verschlingend; *samantāt* – aus allen Richtungen; *lokān* – Menschen; *samagrān* – alle; *vadanaiḥ* – mit den Mündern; *jvaladbhiḥ* – lodernd; *tejobhiḥ* – durch Glanz; *āpūrya* – bedeckend; *jagat* – das Universum; *samagram* – alle; *bhāsaḥ* – Strahlen; *tava* – Deine; *ugrāḥ* – schrecklich; *pratapanti* – versengen; *viṣṇo* – o alldurchdringender Herr.

O Viṣṇu, ich sehe, wie Du alle Menschen aus allen Richtungen mit Deinen flammenden Mündern verschlingst. Mit Deinem leuchtenden Glanz durchdringst Du das gesamte Universum. Schreckliche, sengende Strahlen gehen von Dir aus.

Vers 31 आख्याहि मे को भवानुग्ररूपो नमोऽस्तु ते देववर प्रसीद ।
विज्ञातुमिच्छामि भवन्तमाद्यं न हि प्रजानामि तव प्रवृत्तिम् ॥३१॥

ākhyāhi me ko bhavān ugra-rūpo
namo 'stu te deva-vara prasīda
vijñātum icchāmi bhavantam ādyaṁ
na hi prajānāmi tava pravṛttim

ākhyāhi – bitte erkläre; *me* – mir; *kaḥ* – der; *bhavān* – Du; *ugra-rūpaḥ* – furchterregende Form; *namaḥ astu* – Ehrerbietungen; *te* – Dir; *deva-vara* – o Großer unter den Halbgöttern; *prasīda* – sei gnädig; *vijñātum* – wissen; *icchāmi* – ich will; *bhavantam* – über Dich; *ādyam* – der Ursprüngliche; *na* – nicht; *hi* – gewiß; *prajānāmi* – ich weiß; *tava* – Deine; *pravṛttim* – Mission.

O Herr der Herren, furchterregende Gestalt, bitte sage mir, wer Du bist. Ich erweise Dir meine Ehrerbietungen; bitte sei mir gnädig. Du bist der ursprüngliche Herr. Ich will mehr über Dich erfahren, denn ich weiß nicht, was Deine Mission ist.

Vers 32 श्रीभगवानुवाच
कालोऽस्मि लोकक्षयकृत्प्रवृद्धो लोकान् समाहर्तुमिह प्रवृत्तः ।
ऋतेऽपि त्वां न भविष्यन्ति सर्वे येऽवस्थिताः प्रत्यनीकेषु योधाः ॥३२॥

śrī-bhagavān uvāca
kālo 'smi loka-kṣaya-kṛt pravṛddho
lokān samāhartum iha pravṛttaḥ
ṛte 'pi tvāṁ na bhaviṣyanti sarve
ye 'vasthitāḥ praty-anīkeṣu yodhāḥ

śrī-bhagavān uvāca – die Höchste Persönlichkeit Gottes sprach; *kālaḥ* – Zeit; *asmi* – Ich bin; *loka* – der Welten; *kṣaya-kṛt* – der Zerstörer; *pravṛddhaḥ* – groß; *lokān* – alle Menschen; *samāhartum* – zu zerstören; *iha* – in dieser Welt; *pravṛttaḥ* – beschäftigt; *ṛte* – ohne, ausgenommen; *api* – sogar; *tvām* – du; *na* – niemals; *bhaviṣyanti* – wirst sein; *sarve* – alle; *ye* – diejenigen, die; *avasthitāḥ* – befindlich; *prati-anīkeṣu* – auf den gegenüberliegenden Seiten; *yodhāḥ* – die Soldaten.

Die Höchste Persönlichkeit Gottes sprach: Zeit bin Ich, die große Zerstörerin der Welten, und Ich bin gekommen, um alle Menschen zu vernichten. Außer euch [den Pāṇḍavas] werden alle Soldaten hier auf beiden Seiten getötet werden.

ERLÄUTERUNG: Obwohl Arjuna wußte, daß Kṛṣṇa sein Freund und die Höchste Persönlichkeit Gottes war, verwirrten ihn die verschiedenen Formen, die Kṛṣṇa offenbarte. Deshalb stellte er weitere Fragen nach dem eigentlichen Sinn hinter dieser zerstörenden Kraft. In den *Veden* wird gesagt, daß die höchste Wahrheit alles, selbst die *brāhmaṇas,* zerstört. So heißt es in der *Kaṭha Upaniṣad* (1.2.25):

yasya brahma ca kṣatraṁ ca ubhe bhavata odanaḥ
mṛtyur yasyopasecanaṁ ka itthā veda yatra saḥ

Letztlich werden alle *brāhmaṇas, kṣatriyas* sowie alle anderen wie eine Mahlzeit vom Höchsten verschlungen. Diese Form des Höchsten Herrn ist der allesverschlingende Gigant, und Kṛṣṇa zeigt Sich hier in dieser Form der allesverschlingenden Zeit. Außer einigen Pāṇḍavas sollte jeder, der auf dem Schlachtfeld anwesend war, von Ihm verschlungen werden.

Arjuna befürwortete den Kampf nicht, und er hielt es für besser, nicht zu kämpfen; dann würde es keine Enttäuschung geben. Darauf erwiderte der Herr, daß selbst dann, wenn Arjuna nicht kämpfte, jeder vernichtet werden würde, da dies Sein Plan sei. Wenn Arjuna sich vom Kampf zurückzöge, würden sie auf andere Weise sterben; ihr Tod könne nicht aufgehalten werden, auch wenn Arjuna nicht kämpfte. In der Tat, sie waren bereits tot. Zeit bedeutet Zerstörung, und allen Manifestationen ist es durch den Wunsch des Höchsten Herrn bestimmt zu vergehen. Das ist das Gesetz der Natur.

Vers 33 तस्मात्त्वमुत्तिष्ठ यशो लभस्व जित्वा शत्रून् भुङ्क्ष्व राज्यं समृद्धम् ।
मयैवैते निहताः पूर्वमेव निमित्तमात्रं भव सव्यसाचिन् ॥३३॥

tasmāt tvam uttiṣṭha yaśo labhasva
jitvā śatrūn bhuṅkṣva rājyaṁ samṛddham
mayaivaite nihatāḥ pūrvam eva
nimitta-mātraṁ bhava savya-sācin

tasmāt – deshalb; *tvam* – du; *uttiṣṭha* – steh auf; *yaśaḥ* – Ruhm; *labhasva* – Gewinn; *jitvā* – besiegend; *śatrūn* – Feinde; *bhuṅkṣva* – genieße; *rājyam* – Königreich; *samṛddham* – blühendes; *mayā* – von Mir; *eva* – gewiß; *ete* – all diese; *nihatāḥ* – getötet; *pūrvam eva* – durch frühere Vorkehrung; *nimitta-mātram* – nur die Ursache; *bhava* – werde; *savya-sācin* – o Savyasācī.

Daher erhebe dich, rüste dich zum Kampf und werde glorreich. Besiege deine Feinde, und erfreue dich eines blühenden Königreiches. Durch Meine Vorkehrung sind sie bereits dem Tode geweiht, und du, o Savyasācī, kannst in diesem Kampf nur ein Werkzeug sein.

ERLÄUTERUNG: Das Wort *savya-sācin* bezieht sich auf jemanden, der auf dem Schlachtfeld meisterhaft mit Pfeilen umgehen kann; Arjuna wird also als meisterhafter Krieger angesprochen, der fähig ist, seine Feinde mit Pfeilen zu töten. „Werde einfach ein Werkzeug“: *nimitta-mātram.* Auch dieses Wort ist sehr bedeutsam. Die ganze Welt bewegt sich nach dem Plan der Höchsten Persönlichkeit Gottes. Törichte Menschen, denen es an Wissen mangelt, denken, die Natur bewege sich ohne einen Plan und alle Manifestationen seien nichts als zufällige Gebilde. Es gibt viele sogenannte Wissenschaftler, die vermuten, daß es „vielleicht so war“ oder „eventuell so gewesen sein könnte“, aber von „vielleicht“ oder „eventuell“ kann keine Rede sein. Hinter der materiellen Welt steht ein ganz bestimmter Plan. Und wie sieht dieser Plan aus? Die kosmische Manifestation bietet den bedingten Seelen eine Möglichkeit, nach Hause, zu Gott, zurückzukehren. Solange sie ihre anmaßende Gesinnung nicht ablegen und weiterhin versuchen, die materielle Natur zu beherrschen, bleiben sie bedingt. Doch jeder, der den Plan des Höchsten Herrn versteht und sich dem Kṛṣṇa-Bewußtsein widmet, ist in höchstem Maße intelligent. Die Schöpfung und Vernichtung der kosmischen Manifestation unterstehen der höheren Führung Gottes. Folglich stand hinter der Schlacht von Kurukṣetra der Plan Gottes. Arjuna weigerte sich zu kämpfen, doch ihm wurde gesagt, daß er in Übereinstimmung mit dem Wunsch des Höchsten Herrn kämpfen solle. Dann werde er glücklich sein. Wenn man völlig Kṛṣṇa-bewußt ist und sein Leben dem transzendentalen Dienst des Herrn geweiht hat, ist man vollkommen.

Vers 34 द्रोणं च भीष्मं च जयद्रथं च कर्णं तथान्यानपि योधवीरान् ।
मया हतांस्त्वं जहि मा व्यथिष्ठा युध्यस्व जेतासि रणे सपत्नान् ॥३४॥

droṇaṁ ca bhīṣmaṁ ca jayadrathaṁ ca
karṇaṁ tathānyān api yodha-vīrān
mayā hatāṁs tvaṁ jahi mā vyathiṣṭhā
yudhyasva jetāsi raṇe sapatnān

droṇam ca – auch Droṇa; *bhīṣmam ca* – auch Bhīṣma; *jayadratham ca* – auch Jayadratha; *karṇam* – Karṇa; *tathā* – auch; *anyān* – andere; *api* – gewiß; *yodha-vīrān* – große Krieger; *mayā* – von Mir; *hatān* – bereits getötet; *tvam* – du; *jahi* – vernichte; *mā* – nicht; *vyathiṣṭhāḥ* – mache dir Sorgen; *yudhyasva* – kämpfe einfach; *jetā asi* – du wirst besiegen; *raṇe* – im Kampf; *sapatnān* – Feinde.

Droṇa, Bhīṣma, Jayadratha, Karṇa und die anderen großen Krieger sind bereits von Mir vernichtet worden. Töte sie also, und sei nicht

beunruhigt. Kämpfe nur, und du wirst deine Feinde in der Schlacht besiegen.

ERLÄUTERUNG: Alles geschieht nach dem Plan der Höchsten Persönlichkeit Gottes. Kṛṣṇa ist so gütig und barmherzig zu Seinen Geweihten, die Seinen Plan nach Seinem Wunsch ausführen, daß Er ihnen allen Ruhm zukommen lassen möchte. Das Leben sollte daher so gestaltet werden, daß jeder im Kṛṣṇa-Bewußtsein handelt und die Höchste Persönlichkeit Gottes durch das Medium eines spirituellen Meisters versteht. Die Pläne des Herrn, der Höchsten Persönlichkeit Gottes, können durch Seine Gnade verstanden werden, und die Pläne Seiner Geweihten sind so gut wie Seine eigenen Pläne. Man sollte solchen Plänen folgen und auf diese Weise aus dem Kampf ums Dasein siegreich hervorgehen.

Vers 35 सञ्जय उवाच
एतच्छ्रुत्वा वचनं केशवस्य कृताञ्जलिर्वेपमानः किरीती ।
नमस्कृत्वा भूय एवाह कृष्णं सगद्गदं भीतभीतः प्रणम्य ॥३५॥

sañjaya uvāca
etac chrutvā vacanaṁ keśavasya
kṛtāñjalir vepamānaḥ kirītī
namaskṛtvā bhūya evāha kṛṣṇaṁ
sa-gadgadaṁ bhīta-bhītaḥ praṇamya

sañjayaḥ uvāca – Sañjaya sagte; *etat* – somit; *śrutvā* – hörend; *vacanam* – die Worte; *keśavasya* – Kṛṣṇas; *kṛta-añjaliḥ* – mit gefalteten Händen; *vepamānaḥ* – zitternd; *kirītī* – Arjuna; *namaskṛtvā* – Ehrerbietungen erweisend; *bhūyaḥ* – wieder; *eva* – auch; *āha* – sagte; *kṛṣṇam* – zu Kṛṣṇa; *sa-gadgadam* – mit stockender Stimme; *bhīta-bhītaḥ* – ehrfürchtig; *praṇamya* – Ehrerbietungen darbringend.

Sañjaya sprach zu Dhṛtarāṣṭra: O König, nachdem der zitternde Arjuna diese Worte der Höchsten Persönlichkeit Gottes vernommen hatte, brachte er immer wieder mit gefalteten Händen seine Ehrerbietungen dar. Ehrfurchtsvoll und mit stockender Stimme sprach er zu Śrī Kṛṣṇa die folgenden Worte.

ERLÄUTERUNG: Wie wir bereits erklärt haben, wurde Arjuna aufgrund der Manifestation der universalen Form der Höchsten Persönlichkeit Gottes von Erstaunen überwältigt; deshalb brachte er Kṛṣṇa immer wieder seine achtungsvollen Ehrerbietungen dar, und mit stockender

Stimme begann er zu beten, nicht als Freund, sondern als Gottgeweihter in Erstaunen.

Vers 36 अर्जुन उवाच
स्थाने हृषीकेश तव प्रकीर्त्या जगत्प्रहृष्यत्यनुरज्यते च ।
रक्षांसि भीतानि दिशो द्रवन्ति सर्वे नमस्यन्ति च सिद्धसङ्घाः ॥३६॥

arjuna uvāca
sthāne hṛṣīkeśa tava prakīrtyā
jagat prahṛṣyaty anurajyate ca
rakṣāṁsi bhītāni diśo dravanti
sarve namasyanti ca siddha-saṅghāḥ

arjunaḥ uvāca – Arjuna sagte; *sthāne* – richtig; *hṛṣīka-īśa* – o Meister aller Sinne; *tava* – Deine; *prakīrtyā* – durch die Herrlichkeit; *jagat* – die gesamte Welt; *prahṛṣyati* – frohlockt; *anurajyate* – entwickelt Zuneigung; *ca* – und; *rakṣāṁsi* – die Dämonen; *bhītāni* – aus Furcht; *diśaḥ* – in alle Richtungen; *dravanti* – fliehen; *sarve* – alle; *namasyanti* – erweisen Achtung; *ca* – auch; *siddha-saṅghāḥ* – die vollkommenen Menschen.

Arjuna sagte: O Meister der Sinne, die Welt wird von Freude erfüllt, wenn sie Deinen Namen hört, und so entwickelt jeder Zuneigung zu Dir. Während die vollkommenen Wesen Dir achtungsvolle Ehrerbietungen erweisen, fürchten sich die Dämonen, und sie fliehen in alle Richtungen. All dies ist vollkommen richtig.

ERLÄUTERUNG: Nachdem Arjuna von Kṛṣṇa über den Ausgang der Schlacht gehört hatte, wurde er erleuchtet, und als großer Geweihter und Freund der Höchsten Persönlichkeit Gottes erklärte er, daß alles, was Kṛṣṇa tue, genau richtig sei. Arjuna bestätigte, daß Kṛṣṇa für die Gottgeweihten der Erhalter und das Ziel der Verehrung ist, für die unerwünschten Elemente hingegen der Vernichter. Seine Handlungen sind für alle gleichermaßen gut. Wie aus diesem Vers hervorgeht, hatte Arjuna gesehen, daß gegen Ende der Schlacht von Kurukṣetra viele Halbgötter und *siddhas* sowie die intelligenten Lebewesen der höheren Planeten im Weltall gegenwärtig sein würden, um den Kampf zu beobachten, weil Kṛṣṇa anwesend war. Als Arjuna die universale Form des Herrn sah, waren die Halbgötter sehr erfreut, wohingegen es die Dämonen und Atheisten nicht ertragen konnten, daß der Herr gepriesen wurde. Weil sie sich von Natur aus vor der vernichtenden Form der Höchsten Persönlichkeit Gottes fürchteten, ergriffen sie die Flucht.

Kṛṣṇas Verhalten gegenüber den Gottgeweihten und den Dämonen wird hier von Arjuna gepriesen. Ein Gottgeweihter lobpreist den Herrn unter allen Umständen, weil er weiß, daß alles, was der Herr tut, für alle gut ist.

Vers 37 कस्माच्च ते न नमेरन्महात्मन् गरीयसे ब्रह्मणोऽप्यादिकर्त्रे ।
अनन्त देवेश जगन्निवास त्वमक्षरं सदसत्तत्परं यत् ॥३७॥

kasmāc ca te na nameran mahātman
garīyase brahmaṇo 'py ādi-kartre
ananta deveśa jagan-nivāsa
tvam akṣaraṁ sad-asat tat paraṁ yat

kasmāt – warum; *ca* – auch; *te* – Dir; *na* – nicht; *nameran* – sie sollten gebührende Ehrerbietungen erweisen; *mahā-ātman* – o Großer; *garīyase* – der Du besser bist; *brahmaṇaḥ* – als Brahmā; *api* – obwohl; *ādi-kartre* – dem höchsten Schöpfer; *ananta* – o Unbegrenzter; *deva-īśa* – o Gott der Götter; *jagat-nivāsa* – o Zuflucht des Universums; *tvam* – Du bist; *akṣaram* – unvergänglich; *sat-asat* – zu Ursache und Wirkung; *tat param* – transzendental; *yat* – weil.

O große Persönlichkeit, größer sogar als Brahmā, Du bist der ursprüngliche Schöpfer. Warum also sollten sie Dir nicht ihre achtungsvollen Ehrerbietungen darbringen? O Unbegrenzter, Gott der Götter, Zuflucht des Universums! Du bist die unversiegliche Quelle, die Ursache aller Ursachen, und Du bist transzendental zur materiellen Manifestation.

ERLÄUTERUNG: Durch diese ehrfürchtigen Gebete deutet Arjuna an, daß Kṛṣṇa für jeden verehrenswert ist. Er ist alldurchdringend, und Er ist die Seele aller Seelen. Arjuna spricht Kṛṣṇa hier als *mahātmā* an, was auf Seine außerordentliche Großmut und Seine Unbegrenztheit hinweist. Das Wort *ananta* besagt, daß es nichts gibt, was nicht dem Einfluß und der Energie des Höchsten Herrn untersteht, und *deveśa* bedeutet, daß Er der Gebieter aller Halbgötter ist und über ihnen allen steht. Er ist die Zuflucht des gesamten Universums. Auch hielt es Arjuna für geziemend, daß alle vollkommenen Lebewesen und die mächtigen Halbgötter dem Herrn ihre achtungsvollen Ehrerbietungen erweisen, da niemand größer ist als Er. Arjuna erwähnt insbesondere, daß Kṛṣṇa größer ist als Brahmā, da dieser von Kṛṣṇa erschaffen wurde. Brahmā wurde aus dem Lotosstengel geboren, der aus dem

Nabel Garbhodaka-śāyī Viṣṇus, einer vollständigen Erweiterung Kṛṣṇas, wächst. Deshalb müssen Brahmā wie auch Śiva, der von Brahmā geboren wurde, sowie alle anderen Halbgötter dem Herrn ihre achtungsvollen Ehrerbietungen erweisen. Im *Śrīmad-Bhāgavatam* heißt es, daß der Herr von Śiva, Brahmā und anderen Halbgöttern verehrt wird. Das Wort *akṣaram* ist sehr bedeutsam, da die materielle Schöpfung der Zerstörung anheimfällt, wohingegen der Herr über der materiellen Schöpfung steht. Er ist die Ursache aller Ursachen, und somit ist Er sowohl den bedingten Lebewesen in der materiellen Natur, als auch der materiellen kosmischen Manifestation selbst übergeordnet. Folglich ist Er der über alles erhabene Höchste.

Vers 38 त्वमादिदेवः पुरुषः पुराणस्त्वमस्य विश्वस्य परं निधानम् ।
वेत्तासि वेद्यं च परं च धाम त्वया ततं विश्वमनन्तरूप ॥३८॥

tvam ādi-devaḥ puruṣaḥ purāṇas
tvam asya viśvasya paraṁ nidhānam
vettāsi vedyaṁ ca paraṁ ca dhāma
tvayā tataṁ viśvam ananta-rūpa

tvam – Du; *ādi-devaḥ* – der ursprüngliche Höchste Gott; *puruṣaḥ* – Persönlichkeit; *purāṇaḥ* – alt; *tvam* – Du; *asya* – von diesem; *viśvasya* – Universum; *param* – transzendental; *nidhānam* – Zuflucht; *vettā* – der Kenner; *asi* – Du bist; *vedyam* – das Ziel des Wissens; *ca* – und; *param* – transzendental; *ca* – und; *dhāma* – Zuflucht; *tvayā* – von Dir; *tatam* – durchdrungen; *viśvam* – das Universum; *ananta-rūpa* – o unbegrenzte Form.

Du bist die ursprüngliche Persönlichkeit Gottes, der Älteste, die letztliche Ruhestätte der manifestierten kosmischen Welt. Du besitzt alles Wissen, und Du bist das Ziel allen Wissens. Du bist der höchste Zufluchtsort jenseits der materiellen Erscheinungsweisen. O grenzenlose Form! Die gesamte kosmische Manifestation ist von Dir durchdrungen!

ERLÄUTERUNG: Alles ruht auf der Höchsten Persönlichkeit Gottes; deshalb ist Er der letztliche Ruheort. *Nidhānam* bedeutet, daß alles, selbst die Brahman-Ausstrahlung, auf der Höchsten Persönlichkeit Gottes, Kṛṣṇa, ruht. Er weiß alles, was in dieser Welt geschieht, und wenn Wissen eine Schlußfolgerung hat, so ist Er diese Schlußfolgerung; deshalb ist Er der Gegenstand und das Ziel allen Wissens. Er wird als das

Objekt des Wissens bezeichnet, weil Er alldurchdringend ist. Weil Er die Ursache der spirituellen Welt ist, ist Er transzendental. Er ist auch die höchste Persönlichkeit in der spirituellen Welt.

Vers 39 वायुर्यमोऽग्निर्वरुणः शशाङ्कः प्रजापतिस्त्वं प्रपितामहश्च ।
नमो नमस्तेऽस्तु सहस्रकृत्वः पुनश्च भूयोऽपि नमो नमस्ते ॥३९॥

vāyur yamo 'gnir varuṇaḥ śaśāṅkaḥ
prajāpatis tvaṁ prapitāmahaś ca
namo namas te 'stu sahasra-kṛtvaḥ
punaś ca bhūyo 'pi namo namas te

vāyuḥ – Luft; *yamaḥ* – der Herrscher; *agniḥ* – Feuer; *varuṇaḥ* – Wasser; *śaśa-aṅkaḥ* – der Mond; *prajāpatiḥ* – Brahmā; *tvam* – Du; *prapitāmahaḥ* – der Urgroßvater; *ca* – auch; *namaḥ* – meine Achtung; *namaḥ* – wieder meine Achtung; *te* – Dir; *astu* – es möge sein; *sahasra-kṛtvaḥ* – tausendmal; *punaḥ ca* – und wieder; *bhūyaḥ* – wieder; *api* – auch; *namaḥ* – meine Ehrerbietungen erweisend; *namaḥ te* – Dir meine Ehrerbietungen erweisend.

Du bist die Luft, und Du bist der höchste Herrscher! Du bist das Feuer, Du bist das Wasser, und Du bist der Mond! Du bist Brahmā, das ersterschaffene Lebewesen, und Du bist der Urgroßvater. Deshalb erweise ich Dir tausendmal, immer und immer wieder, meine achtungsvollen Ehrerbietungen!

ERLÄUTERUNG: Der Herr wird hier als *vāyu* (Luft) angesprochen, denn die Luft ist die wichtigste Repräsentation der Halbgötter, da sie alles durchdringt. Arjuna spricht Kṛṣṇa hier auch als Urgroßvater an, weil Er der Vater Brahmās, des ersten erschaffenen Lebewesens im Universum, ist.

Vers 40 नमः पुरस्तादथ पृष्ठतस्ते नमोऽस्तु ते सर्वत एव सर्व ।
अनन्तवीर्यामितविक्रमस्त्वं सर्वं समाप्नोषि ततोऽसि सर्वः ॥४०॥

namaḥ purastād atha pṛṣṭhatas te
namo 'stu te sarvata eva sarva
ananta-vīryāmita-vikramas tvaṁ
sarvaṁ samāpnoṣi tato 'si sarvaḥ

namaḥ – Ehrerbietungen erweisend; *purastāt* – von vorn; *atha* – auch; *pṛṣṭhataḥ* – von hinten; *te* – Dir; *namaḥ astu* – ich erweise meine Achtung; *te* – Dir; *sarvataḥ* – von allen Seiten; *eva* – wirklich; *sarva* – weil Du alles bist; *ananta-vīrya* – unbegrenzte Macht; *amita-vikramaḥ* – und unbegrenzte Kraft; *tvam* – Du; *sarvam* – alles; *samāpnoṣi* – Du durchdringst; *tataḥ* – deshalb; *asi* – Du bist; *sarvaḥ* – alles.

Von vorn, von hinten, von allen Seiten erweise ich Dir meine Ehrerbietungen! O ungebundene Kraft, Du bist der Meister grenzenloser Macht! Du bist alldurchdringend, und deshalb bist Du alles!

ERLÄUTERUNG: Aus ekstatischer Liebe zu Kṛṣṇa, seinem Freund, erweist Arjuna Ihm von allen Seiten Ehrerbietungen. Er erklärt, daß Kṛṣṇa der Meister aller Kräfte und allen Heldenmuts ist und daß Er allen großen Kriegern, die auf dem Schlachtfeld versammelt waren, bei weitem überlegen ist. Im *Viṣṇu Purāṇa* (1.9.69) heißt es:

yo 'yaṁ tavāgato deva samīpaṁ devatā-gaṇaḥ
sa tvam eva jagat-sraṣṭā yataḥ sarva-gato bhavān

„Jeder, der vor Dich tritt, und sei er selbst ein Halbgott, wurde von Dir erschaffen, o Höchste Persönlichkeit Gottes."

Vers 41–42

सखेति मत्वा प्रसभं यदुक्तं हे कृष्ण हे यादव हे सखेति ।
अजानता महिमानं तवेदं मया प्रमादात्प्रणयेन वापि ॥४१॥
यच्चावहासार्थमसत्कृतोऽसि विहारशय्यासनभोजनेषु ।
एकोऽथ वाप्यच्युत तत्समक्षं तत्क्षामये त्वामहमप्रमेयम् ॥४२॥

sakheti matvā prasabhaṁ yad uktaṁ
he kṛṣṇa he yādava he sakheti
ajānatā mahimānaṁ tavedaṁ
mayā pramādāt praṇayena vāpi

yac cāvahāsārtham asat-kṛto 'si
vihāra-śayyāsana-bhojaneṣu
eko 'tha vāpy acyuta tat-samakṣaṁ
tat kṣāmaye tvām aham aprameyam

sakhā – Freund; *iti* – somit; *matvā* – denkend; *prasabham* – überheblich; *yat* – alles, was; *uktam* – gesagt; *he kṛṣṇa* – o Kṛṣṇa; *he yādava* –

o Yādava; *he sakhe* – o mein lieber Freund; *iti* – auf diese Weise; *ajānatā* – ohne zu kennen; *mahimānam* – Herrlichkeit; *tava* – Deine; *idam* – dies; *mayā* – von mir; *pramādāt* – aus Dummheit; *praṇayena* – aus Liebe; *vā api* – entweder; *yat* – alles, was; *ca* – auch; *avahāsa-artham* – im Scherz; *asat-kṛtaḥ* – mißachtet; *asi* – Du wurdest; *vihāra* – beim Ausruhen; *śayyā* – beim Liegen; *āsana* – beim Sitzen; *bhojaneṣu* – oder beim gemeinsamen Essen; *ekaḥ* – allein; *atha vā* – oder; *api* – auch; *acyuta* – o Unfehlbarer; *tat-samakṣam* – unter Gefährten; *tat* – all jene; *kṣāmaye* – bitte um Vergebung; *tvām* – Dich; *aham* – ich; *aprameyam* – unermeßlich.

Da ich Dich für meinen Freund hielt, habe ich Dich in meiner Unbesonnenheit mit „o Kṛṣṇa“, „o Yādava“, „o mein Freund“ angesprochen, ohne Deine Herrlichkeit zu kennen. Bitte vergib mir alles, was ich aus Verrücktheit oder aus Liebe getan haben mag. Ich habe Dich oft mißachtet, indem ich mit Dir scherzte, während wir uns zusammen ausruhten, auf dem gleichen Bett lagen, zusammen saßen oder miteinander speisten, manchmal allein und manchmal in der Gegenwart vieler Freunde. O Unfehlbarer, bitte verzeihe mir all diese Vergehen.

ERLÄUTERUNG: Obwohl Sich Kṛṣṇa vor Arjuna in Seiner universalen Form offenbart, erinnert sich Arjuna an seine freundschaftliche Beziehung zu Kṛṣṇa und bittet Ihn daher um Verzeihung für die vielen ungezwungenen Gesten, die er sich aufgrund ihrer Freundschaft erlaubt hatte. Arjuna gesteht ein, daß er zuvor nicht gewußt habe, daß Kṛṣṇa eine solche universale Form annehmen könne, obwohl er als Kṛṣṇas vertrauter Freund von Ihm bereits darüber gehört hatte. Arjuna wußte nicht, wie oft er Kṛṣṇa mißachtet hatte, indem er Ihn mit „o mein Freund“, „o Kṛṣṇa“, „o Yādava“ usw. ansprach, ohne sich dabei über Kṛṣṇas Größe bewußt zu sein. Aber Kṛṣṇa ist so gütig und barmherzig, daß Er trotz Seiner Füllen zu Arjuna eine freundschaftliche Beziehung unterhielt. Dies ist die Natur des transzendentalen liebevollen Austausches zwischen dem Gottgeweihten und dem Herrn. Die Beziehung zwischen dem Lebewesen und Kṛṣṇa besteht ewig, und wie wir aus dem Verhalten Arjunas ersehen können, kann man sie nicht vergessen. Obwohl Arjuna die Füllen Kṛṣṇas in der universalen Form gesehen hat, kann er seine freundschaftliche Beziehung zu Ihm nicht vergessen.

Vers 43 पितासि लोकस्य चराचरस्य त्वमस्य पूज्यश्च गुरुर्गरीयान् ।
न त्वत्समोऽस्त्यभ्यधिकः कुतोऽन्यो लोकत्रयेऽप्यप्रतिमप्रभाव ॥४३॥

pitāsi lokasya carācarasya
tvam asya pūjyaś ca gurur garīyān
na tvat-samo 'sty abhyadhikaḥ kuto 'nyo
loka-traye 'py apratima-prabhāva

pitā – der Vater; *asi* – Du bist; *lokasya* – der gesamten Welt; *cara* – sich bewegend; *acarasya* – und sich nicht bewegend; *tvam* – Du bist; *asya* – von diesem; *pūjyaḥ* – verehrenswert; *ca* – auch; *guruḥ* – Meister; *garīyān* – ruhmreich; *na* – niemals; *tvat-samaḥ* – Dir gleich; *asti* – es gibt; *abhyadhikaḥ* – größer; *kutaḥ* – wie ist es möglich; *anyaḥ* – anderer; *loka-traye* – in den drei Planetensystemen; *api* – auch; *apratima-prabhāva* – o grenzenlose Macht.

Du bist der Vater der gesamten kosmischen Manifestation, des Beweglichen und des Unbeweglichen. Du bist ihr ehrwürdiges Oberhaupt, der höchste spirituelle Meister. Niemand ist größer als Du, und niemand kann eins mit Dir sein. Wie also könnte es in den drei Welten jemanden geben, der größer ist als Du, o Herr unermeßlicher Macht?

ERLÄUTERUNG: Kṛṣṇa, die Höchste Persönlichkeit Gottes, ist verehrenswert, genauso wie ein Vater für seinen Sohn verehrenswert ist. Er ist der spirituelle Meister, weil Er am Anfang die vedischen Lehren zu Brahmā herabreichte und sie auch jetzt, in Form der *Bhagavad-gītā,* Arjuna vermittelt. Deshalb ist Er der ursprüngliche spirituelle Meister, und jeder echte spirituelle Meister der heutigen Zeit muß in der Schülernachfolge stehen, die von Kṛṣṇa ausgeht. Ohne ein Repräsentant Kṛṣṇas zu sein, ist es nicht möglich, spiritueller Meister oder ein Lehrer transzendentaler Themen zu werden.

Dem Herrn werden in jeder Hinsicht Ehrerbietungen dargebracht. Er ist von unermeßlicher Größe. Niemand kann größer sein als die Höchste Persönlichkeit Gottes, Kṛṣṇa, denn es gibt niemanden – ob in der spirituellen oder materiellen Welt –, der Kṛṣṇa gleichkommt oder Ihn übertrifft. Jeder ist Ihm untergeordnet. Niemand kann Ihn überragen. Hierzu heißt es in der *Śvetāśvatara Upaniṣad* (6.8):

na tasya kāryaṁ karaṇaṁ ca vidyate
na tat-samaś cābhyadhikaś ca dṛśyate

Der Höchste Herr, Kṛṣṇa, hat Sinne und einen Körper wie der gewöhnliche Mensch, doch für Ihn besteht kein Unterschied zwischen Seinen Sinnen, Seinem Körper, Seinem Geist und Ihm Selbst. Törichte Menschen, die Ihn nicht vollkommen verstehen, behaupten, Kṛṣṇa sei von

Seiner Seele, Seinem Geist, Seinem Herzen und allem anderen verschieden. Aber Kṛṣṇa ist absolut, und deshalb sind Seine Taten und Seine Kräfte ebenfalls absolut. In den Schriften heißt es auch, daß Seine Sinne zwar nicht wie die unseren sind, daß Er aber dennoch alle Sinnestätigkeiten ausführen kann; folglich sind Seine Sinne weder unvollkommen noch begrenzt. Niemand kann größer sein als Er, niemand kann Ihm gleichkommen, und jeder ist Ihm untergeordnet.

Das Wissen, die Stärke und die Taten der Höchsten Persönlichkeit sind allesamt transzendental. Hierzu heißt es in der *Bhagavad-gītā* (4.9):

janma karma ca me divyam evaṁ yo vetti tattvataḥ
tyaktvā dehaṁ punar janma naiti mām eti so 'rjuna

Jeder, der Kṛṣṇas transzendentalen Körper, Seine Taten und Seine Vollkommenheit kennt, kehrt nach Verlassen des Körpers zu Ihm zurück und kommt nicht wieder in diese leidvolle Welt zurück. Daher sollte man sich darüber bewußt sein, daß Kṛṣṇas Taten von denen anderer Lebewesen verschieden sind. Das beste ist, den Prinzipien Kṛṣṇas zu folgen; das wird einen zur Vollkommenheit führen. Es steht auch geschrieben, daß es niemanden gibt, der Kṛṣṇas Meister ist; jeder ist Sein Diener. Dies wird im *Caitanya-caritāmṛta* (*Ādi* 5.142) bestätigt: *ekale īśvara kṛṣṇa, āra saba bhṛtya.* Allein Kṛṣṇa ist Gott; jeder andere ist Sein Diener. Jeder fügt sich Seinen Anordnungen. Es gibt niemanden, der sich Seinen Anordnungen widersetzen könnte. Jeder handelt nach Seiner Weisung, da jeder Seiner Oberaufsicht untersteht. Wie es in der *Brahma-saṁhitā* heißt, ist Er die Ursache aller Ursachen.

Vers 44 तस्मात्प्रणम्य प्रणिधाय कायं प्रसादये त्वामहमीशमीड्यम् ।
पितेव पुत्रस्य सखेव सख्युः प्रियः प्रियायार्हसि देव सोढुम् ॥४४॥

tasmāt praṇamya praṇidhāya kāyaṁ
prasādaye tvām aham īśam īḍyam
piteva putrasya sakheva sakhyuḥ
priyaḥ priyāyārhasi deva soḍhum

tasmāt – deshalb; *praṇamya* – Ehrerbietungen darbringend; *praṇidhāya* – niederlegend; *kāyam* – den Körper; *prasādaye* – um Barmherzigkeit flehen; *tvām* – Dir; *aham* – ich; *īśam* – dem Höchsten Herrn; *īḍyam* – verehrenswert; *pitā iva* – wie ein Vater; *putrasya* – mit einem Sohn; *sakhā iva* – wie ein Freund; *sakhyuḥ* – mit einem Freund; *priyaḥ* – ein

Liebender; *priyāyāḥ* – mit der Geliebten; *arhasi* – Du solltest; *deva* – mein Herr; *soḍhum* – dulden.

Du bist der Höchste Herr, der für jedes Lebewesen verehrenswert ist. Deshalb falle ich vor Dir nieder, um Dir meine achtungsvollen Ehrerbietungen zu erweisen und Deine Barmherzigkeit zu erflehen. Bitte sieh über alle Vergehen hinweg, die ich Dir gegenüber begangen habe, so wie ein Vater die Frechheit seines Sohnes erduldet, ein Freund die Unverschämtheit eines Freundes oder ein Ehemann die Ungezwungenheit seiner Frau.

ERLÄUTERUNG: Kṛṣṇas Geweihte sind in verschiedenen Beziehungen mit Kṛṣṇa verbunden; der eine sieht Kṛṣṇa als seinen Sohn, andere sehen Kṛṣṇa als Gemahl, als Freund oder als Meister. Kṛṣṇa und Arjuna verbindet die Beziehung der Freundschaft. So wie der Vater, der Ehemann oder ein Meister Nachsicht üben, so übt auch Kṛṣṇa Nachsicht.

Vers 45 अदृष्टपूर्वं हृषितोऽस्मि दृष्ट्वा भयेन च प्रव्यथितं मनो मे ।
तदेव मे दर्शय देव रूपं प्रसीद देवेश जगन्निवास ॥४५॥

adṛṣṭa-pūrvaṁ hṛṣito 'smi dṛṣṭvā
bhayena ca pravyathitaṁ mano me
tad eva me darśaya deva rūpaṁ
prasīda deveśa jagan-nivāsa

adṛṣṭa-pūrvam – nie zuvor gesehen; *hṛṣitaḥ* – beglückt; *asmi* – ich bin; *dṛṣṭvā* – durch Sehen; *bhayena* – aus Furcht; *ca* – auch; *pravyathitam* – verwirrt; *manaḥ* – Geist; *me* – mein; *tat* – das; *eva* – gewiß; *me* – mir; *darśaya* – zeige; *deva* – o Herr; *rūpam* – die Form; *prasīda* – sei bitte gnädig; *deva-īśa* – o Herr der Herren; *jagat-nivāsa* – o Zuflucht des Universums.

Nachdem ich die universale Form gesehen habe, die ich niemals zuvor sah, bin ich von Freude erfüllt, doch gleichzeitig ist mein Geist von Furcht erregt. Sei mir daher bitte gnädig und zeige Dich wieder in Deiner Gestalt der Persönlichkeit Gottes, o Herr der Herren, o Zuflucht des Universums.

ERLÄUTERUNG: Arjuna hat immer eine vertrauliche Beziehung zu Kṛṣṇa, weil er dessen guter Freund ist, und genauso wie ein Freund über den Reichtum seines Freundes beglückt ist, bereitet es Arjuna große

Freude zu sehen, daß sein Freund die Höchste Persönlichkeit Gottes ist und eine so wunderbare universale Form zeigen kann. Doch nachdem Arjuna die universale Form gesehen hat, befürchtete er, aufgrund seiner ungetrübten freundschaftlichen Haltung viele Vergehen gegen Kṛṣṇa begangen zu haben. Diese Befürchtungen beunruhigten ihn, obwohl sie eigentlich völlig unbegründet waren. Arjuna bittet Kṛṣṇa daher, Seine Nārāyaṇa-Form zu zeigen, denn der Herr kann jede beliebige Form annehmen. Die universale Form, die Arjuna sah, ist materiell und ebenso zeitweilig wie die materielle Welt. Doch auf den Vaikuṇṭha-Planeten residiert Kṛṣṇa in Seiner transzendentalen Form des vierhändigen Nārāyaṇa. Im spirituellen Himmel gibt es unzählige Planeten, und auf jedem dieser Planeten ist Kṛṣṇa unter verschiedenen Namen in Form Seiner vollständigen Erweiterungen gegenwärtig. Arjuna wollte also eine der Formen sehen, die auf den Vaikuṇṭha-Planeten manifestiert sind. Natürlich ist auf jedem Vaikuṇṭha-Planeten die Gestalt Nārāyaṇas vierhändig, aber die vier Hände halten die vier Zeichen – Muschelhorn, Keule, Lotosblume und Feuerrad – in unterschiedlicher Anordnung. Je nachdem, in welchen Händen die Nārāyaṇas diese vier Zeichen halten, haben Sie verschiedene Namen. All diese Formen sind eins mit Kṛṣṇa; daher bittet Arjuna Ihn, Seine vierhändige Gestalt sehen zu dürfen.

Vers 46 किरीटिनं गदिनं चक्रहस्तमिच्छामि त्वां द्रष्टुमहं तथैव ।
तेनैव रूपेण चतुर्भुजेन सहस्रबाहो भव विश्वमूर्ते ॥४६॥

kirīṭinaṁ gadinaṁ cakra-hastam
icchāmi tvāṁ draṣṭum ahaṁ tathaiva
tenaiva rūpeṇa catur-bhujena
sahasra-bāho bhava viśva-mūrte

kirīṭinam – mit Helm; *gadinam* – mit Keule; *cakra-hastam* – Feuerrad in der Hand; *icchāmi* – ich wünsche mir; *tvām* – Dich; *draṣṭum* – zu sehen; *aham* – ich; *tathā eva* – in jener Position; *tena eva* – in dieser; *rūpena* – Form; *catuḥ-bhujena* – vierhändig; *sahasra-bāho* – o Tausendhändiger; *bhava* – werde nur; *viśva-mūrte* – o universale Form.

O universale Form, o tausendarmiger Herr, ich möchte Dich in Deiner vierarmigen Gestalt sehen, mit Helm auf dem Haupt und mit Keule, Feuerrad, Muschelhorn und Lotosblume in den Händen. Ich sehne mich danach, Dich in dieser Form zu sehen.

ERLÄUTERUNG: In der *Brahma-saṁhitā* (5.39) heißt es: *rāmādi-mūrtiṣu kalā-niyamena tiṣṭhan:* Der Herr existiert ewiglich in Hunderten und Tausenden von Formen, von denen die wichtigsten Rāma, Nṛsiṁha, Nārāyaṇa usw. sind. Es gibt unzählige solcher Formen, doch Arjuna wußte, daß Kṛṣṇa die ursprüngliche Persönlichkeit Gottes ist und daß Er nur vorübergehend Seine zeitweilige universale Form offenbart hatte. Er bittet nun darum, die Gestalt Nārāyaṇas, eine spirituelle Form, sehen zu dürfen. Dieser Vers beweist ohne jeden Zweifel die Aussage des *Śrīmad-Bhāgavatam,* daß Kṛṣṇa die ursprüngliche Persönlichkeit Gottes ist und daß alle anderen Formen von Ihm ausgehen. Er ist von Seinen vollständigen Erweiterungen nicht verschieden, und in jeder Seiner zahllosen Formen ist Er Gott. In all diesen Formen ist Er frisch wie ein Jüngling. Dies ist das beständige Merkmal der Höchsten Persönlichkeit Gottes. Wer Kṛṣṇa kennt, wird auf der Stelle frei von aller Verunreinigung der materiellen Welt.

Vers 47 श्रीभगवानुवाच
मया प्रसन्नेन तवार्जुनेदं रूपं परं दर्शितमात्मयोगात् ।
तेजोमयं विश्वमनन्तमाद्यं यन्मे त्वदन्येन न दृष्टपूर्वम् ॥४७॥

śrī-bhagavān uvāca
mayā prasannena tavārjunedaṁ
rūpaṁ paraṁ darśitam ātma-yogāt
tejo-mayaṁ viśvam anantam ādyaṁ
yan me tvad anyena na dṛṣṭa-pūrvam

śrī-bhagavān uvāca – die Höchste Persönlichkeit Gottes sprach; *mayā* – durch Mich; *prasannena* – mit Freude; *tava* – dir; *arjuna* – o Arjuna; *idam* – diese; *rūpam* – Form; *param* – transzendental; *darśitam* – gezeigt; *ātma-yogāt* – durch Meine innere Kraft; *tejaḥ-mayam* – voller Glanz; *viśvam* – das ganze Universum; *anantam* – unbegrenzt; *ādyam* – ursprünglich; *yat* – das, was; *me* – Mein; *tvat anyena* – außer dir; *na dṛṣṭa-pūrvam* – niemand hat zuvor gesehen.

Die Höchste Persönlichkeit Gottes sprach: Mein lieber Arjuna, mit Freuden habe Ich dir, durch Meine innere Kraft, diese höchste universale Form innerhalb der materiellen Welt gezeigt. Niemand vor dir hat jemals diese ursprüngliche, unbegrenzte und gleißende Form gesehen.

ERLÄUTERUNG: Arjuna wollte die universale Form des Höchsten Herrn sehen, und aus Seiner Gnade gegenüber Seinem Geweihten Arjuna offenbarte Śrī Kṛṣṇa Seine universale Form, erfüllt mit Ausstrahlung und Reichtum. Diese Form war gleißend wie die Sonne, und ihre vielen Gesichter wechselten rasch. Kṛṣṇa offenbarte diese Form nur, um den Wunsch Seines Freundes Arjuna zu erfüllen. Kṛṣṇa manifestierte diese Form durch Seine innere Energie, die durch menschliche Spekulation nicht erfaßt werden kann. Vor Arjuna hatte niemand diese universale Form des Herrn gesehen, doch weil diese Form Arjuna offenbart wurde, konnten andere Gottgeweihte auf den himmlischen Planeten und auf anderen Planeten im Weltall sie ebenfalls sehen. Sie hatten sie nie zuvor gesehen, doch weil Arjuna sie sehen konnte, waren auch sie in der Lage, sie zu sehen. Mit anderen Worten, alle Gottgeweihten der Schülernachfolge konnten die universale Form sehen, die Arjuna durch die Gnade Kṛṣṇas offenbart wurde. Jemand wies darauf hin, daß diese Form auch Duryodhana gezeigt worden sei, als Kṛṣṇa Sich zu ihm begab, um eine Friedensverhandlung zu führen. Leider nahm Duryodhana dieses Friedensangebot nicht an, aber bei dieser Gelegenheit manifestierte Kṛṣṇa einige Seiner universalen Formen. Diese Formen sind indes verschieden von der Form, die Arjuna gezeigt wurde. Es wird hier eindeutig gesagt, daß niemand jemals zuvor diese Form gesehen hatte.

Vers 48 न वेदयज्ञाध्ययनैर्न दानैर्न च क्रियाभिर्न तपोभिरुग्रैः ।
एवंरूपः शक्य अहं नृलोके द्रष्टुं त्वदन्येन कुरुप्रवीर ॥४८॥

na veda-yajñādhyayanair na dānair
na ca kriyābhir na tapobhir ugraiḥ
evaṁ-rūpaḥ śakya ahaṁ nṛ-loke
draṣṭuṁ tvad anyena kuru-pravīra

na – niemals; *veda-yajña* – durch Opfer; *adhyayanaiḥ* – oder das Studium der *Veden; na* – niemals; *dānaiḥ* – durch Wohltätigkeit; *na* – niemals; *ca* – auch; *kriyābhiḥ* – durch fromme Werke; *na* – niemals; *tapobhiḥ* – durch harte Bußen; *ugraiḥ* – strenge; *evam-rūpaḥ* – in dieser Form; *śakyaḥ* – kann; *aham* – Ich; *nṛ-loke* – in der materiellen Welt; *draṣṭum* – gesehen werden; *tvat* – als dir; *anyena* – von einem anderen; *kuru-pravīra* – o bester unter den Kuru-Kriegern.

O bester unter den Kuru-Kriegern, niemand vor dir hat jemals diese Meine universale Form gesehen, denn weder durch das Studium der Veden noch durch Opferdarbringungen, noch durch Wohltätigkeit, noch durch fromme Werke, noch durch strenge Bußen kann Ich in dieser Form in der materiellen Welt gesehen werden.

ERLÄUTERUNG: Die göttliche Sicht, von der in diesem Zusammenhang die Rede ist, sollte richtig verstanden werden. Wer kann die göttliche Sicht haben? Göttlich bedeutet „göttergleich“. Solange man nicht die Stufe der Göttlichkeit eines Halbgottes erreicht, kann man keine göttliche Sicht haben. Und was ist ein Halbgott? In den vedischen Schriften heißt es, daß diejenigen, die Geweihte Viṣṇus sind, Halbgötter sind (*viṣṇu-bhaktāḥ smṛto daivāḥ*). Diejenigen, die von atheistischem Wesen sind, das heißt diejenigen, die nicht an Viṣṇu glauben oder nur den unpersönlichen Aspekt Kṛṣṇas als das Höchste anerkennen, können keine göttliche Sicht haben. Es ist nicht möglich, Kṛṣṇa herabzusetzen und gleichzeitig die göttliche Sicht zu haben. Man kann nicht die göttliche Sicht haben, ohne selbst göttlich zu sein. Mit anderen Worten, diejenigen, die mit göttlicher Sicht ausgestattet sind, können ebenfalls wie Arjuna sehen.

In der *Bhagavad-gītā* finden wir die Beschreibung der universalen Form. Diese Beschreibung war vor Arjuna niemandem bekannt, doch nach diesem Ereignis nun kann man sich eine ungefähre Vorstellung von der *viśva-rūpa* machen. Diejenigen, die von wahrhaft göttlichem Wesen sind, können die universale Form des Herrn sehen. Aber man kann nicht göttlich sein, ohne ein reiner Geweihter Kṛṣṇas zu sein. Die Gottgeweihten jedoch, die tatsächlich von göttlichem Wesen sind und die göttliche Sicht haben, sind nicht sonderlich daran interessiert, die universale Form des Herrn zu sehen. Wie in den vorangegangenen Versen erklärt wurde, fürchtete sich Arjuna sogar vor der universalen Form, und er wollte Śrī Kṛṣṇa in Seiner vierhändigen Viṣṇu-Form sehen.

Dieser Vers enthält mehrere bedeutsame Worte, wie zum Beispiel *veda-yajñādhyayanaiḥ,* was sich auf das Studium der vedischen Schriften und auf die Regeln für Opferdarbringungen bezieht. Das Wort *veda* bezieht sich auf alle möglichen Arten vedischer Literatur, wie die vier *Veden* (*Ṛg, Yajur, Sāma* und *Atharva*), die achtzehn *Purāṇas,* die *Upaniṣaden* und das *Vedānta-sūtra.* Man kann diese Schriften zu Hause oder irgendwo anders studieren. Dazu gibt es auch *sūtras* – *Kalpa-sūtras* und *Mīmāṁsā-sūtras* –, mit deren Hilfe man die verschiedenen Opfervorgänge studieren kann. *Dānaiḥ* bezieht sich auf Gaben, die einem würdigen Empfänger gegeben werden, wie den *brāhmaṇas* und Vaiṣṇavas, die im transzendentalen Dienst des Herrn tätig sind. Der Ausdruck „fromme Werke“ bezieht sich auf den *agni-hotra* und die vorgeschriebenen Pflichten der verschiedenen Kasten. Und das freiwillige Aufsichnehmen körperlicher Unannehmlichkeiten wird *tapasya* genannt. Selbst wenn man sich all diesen Vorgängen widmet – indem man körperliche Unannehmlichkeiten auf sich nimmt, Spenden gibt, die *Veden* studiert usw. –, ist es, solange man kein Gottgeweihter wie Arjuna ist, nicht möglich, die universale Form zu sehen. Die Unpersönlichkeitsanhänger mögen sich einbilden, die universale Form des Herrn zu sehen, doch der *Bhagavad-gītā* können wir entnehmen, daß die Unpersönlichkeitsanhänger keine Gottgeweihten sind. Folglich sind sie unfähig, die universale Form des Herrn zu sehen.

Es gibt viele Menschen, die Inkarnationen erfinden. Sie bezeichnen fälschlicherweise einen gewöhnlichen Menschen als Inkarnation, aber das ist einfach Dummheit. Wir sollten uns an die Prinzipien der *Bhagavad-gītā* halten; ansonsten ist es nicht möglich, vollkommenes spirituelles Wissen zu empfangen. Obwohl die *Bhagavad-gītā* als die einleitende Studie der Wissenschaft von Gott gilt, ist sie so vollkommen, daß man zu unterscheiden lernt, was was ist. Die Anhänger einer Pseudo-Inkarnation mögen vielleicht behaupten, daß sie ebenfalls die transzendentale Inkarnation Gottes, die universale Form, gesehen hätten, doch eine solche Behauptung ist unannehmbar, denn wie hier eindeutig gesagt wird, kann man die universale Form Gottes nur sehen, wenn man ein Geweihter Kṛṣṇas wird. Zuerst also muß man ein reiner Geweihter Kṛṣṇas werden; dann erst könnte man sagen, daß man die universale Form, die man gesehen habe, zeigen könne. Ein Geweihter Kṛṣṇas kann falsche Inkarnationen oder die Anhänger falscher Inkarnationen nicht anerkennen.

Vers 49 मा ते व्यथा मा च विमूढभावो दृष्ट्वा रूपं घोरमीदृङ्‍ ममेदम् ।
व्यपेतभीः प्रीतमनाः पुनस्त्वं तदेव मे रूपमिदं प्रपश्य ॥४९॥

mā te vyathā mā ca vimūḍha-bhāvo
dṛṣṭvā rūpaṁ ghoram īdṛṅ mamedam
vyapeta-bhīḥ prīta-manāḥ punas tvaṁ
tad eva me rūpam idaṁ prapaśya

mā – möge es nicht sein; *te* – für dich; *vyathā* – Störung; *mā* – möge es nicht sein; *ca* – auch; *vimūḍha-bhāvaḥ* – Verwirrung; *dṛṣṭvā* – durch Sehen; *rūpam* – Form; *ghoram* – schreckliche; *īdṛk* – wie sie ist; *mama* – Meine; *idam* – diese; *vyapeta-bhīḥ* – frei von aller Furcht; *prīta-manāḥ* – im Geiste zufrieden; *punaḥ* – wieder; *tvam* – du; *tat* – das; *eva* – so; *me* – Meine; *rūpam* – Form; *idam* – diese; *prapaśya* – sieh nur.

Der Anblick dieser Meiner schrecklichen Form hat dich verwirrt und beängstigt. Möge dies nun ein Ende haben. Mein Geweihter, sei wieder frei von aller Furcht. Mit friedvollem Geist sollst du jetzt die Gestalt sehen, nach der du dich sehnst.

ERLÄUTERUNG: Zu Beginn der *Bhagavad-gītā* schreckte Arjuna zurück vor dem Gedanken, Bhīṣma, seinen ehrwürdigen Großvater, und Droṇa, seinen Lehrer, töten zu müssen. Aber Kṛṣṇa sagte, er brauche sich nicht davor zu fürchten, seinen Großvater zu töten. Als die Söhne Dhṛtarāṣṭras versuchten, Draupadī in der Versammlung der Kurus zu entkleiden, hatten Bhīṣma und Droṇa dazu geschwiegen, und für diese Vernachlässigung ihrer Pflicht sollten sie getötet werden. Kṛṣṇa offenbarte Arjuna Seine universale Form, nur um ihm zu zeigen, daß diese Männer für ihr gesetzwidriges Verhalten bereits getötet worden waren. Diese Szene wurde Arjuna gezeigt, weil Gottgeweihte immer friedliebend sind und solche schrecklichen Handlungen nicht ausführen können. Der Zweck der Offenbarung der universalen Form war erfüllt; jetzt wollte Arjuna die vierarmige Form sehen, und Kṛṣṇa zeigte sie ihm. Ein Gottgeweihter hat kein großes Interesse an der universalen Form, da es nicht möglich ist, mit ihr liebevolle Gefühle auszutauschen. Ein Gottgeweihter möchte die Höchste Persönlichkeit Gottes entweder mit Gefühlen der Achtung und Ehrfurcht verehren, oder er möchte Kṛṣṇa in Seiner zweihändigen Gestalt sehen, um Ihm in einer liebevollen Beziehung Dienst darzubringen.

Vers 50 सञ्जय उवाच

इत्यर्जुनं वासुदेवस्तथोक्त्वा स्वकं रूपं दर्शयामास भूयः ।
आश्वासयामास च भीतमेनं भूत्वा पुनः सौम्यवपुर्महात्मा ॥५०॥

sañjaya uvāca
ity arjunaṁ vāsudevas tathoktvā
svakaṁ rūpaṁ darśayām āsa bhūyaḥ
āśvāsayām āsa ca bhītam enaṁ
bhūtvā punaḥ saumya-vapur mahātmā

sañjayaḥ uvāca – Sañjaya sagte; *iti* – so; *arjunam* – zu Arjuna; *vāsudevaḥ* – Kṛṣṇa; *tathā* – auf diese Weise; *uktvā* – sprechend; *svakam* – Seine eigene; *rūpam* – Gestalt; *darśayām āsa* – zeigte; *bhūyaḥ* – wieder; *āśvāsayām āsa* – ermutigte; *ca* – auch; *bhītam* – von Furcht erfüllt; *enam* – ihn; *bhūtvā* – werdend; *punaḥ* – wieder; *saumya-vapuḥ* – die schöne Gestalt; *mahā-ātmā* – der Große.

Sañjaya sagte zu Dhṛtarāṣṭra: Nachdem Kṛṣṇa, die Höchste Persönlichkeit Gottes, diese Worte zu Arjuna gesprochen hatte, offenbarte Er Seine wirkliche, vierarmige Form und schließlich Seine zweiarmige Gestalt, um so den furchterfüllten Arjuna zu ermutigen.

ERLÄUTERUNG: Als Kṛṣṇa als Vasudevas und Devakīs Sohn erschien, erschien Er zunächst als vierarmiger Nārāyaṇa, doch auf Bitten Seiner Eltern verwandelte Er Sich dem Aussehen nach in ein gewöhnliches Kind. Ebenso wußte Kṛṣṇa, daß Arjuna nicht daran interessiert war, eine vierhändige Form zu sehen; aber weil Arjuna darum bat, diese vierhändige Form zu sehen, zeigte der Herr Sich ihm wieder in dieser Form und schließlich in Seiner zweihändigen Form. Das Wort *saumya-vapuḥ* ist sehr bedeutsam. *Saumya-vapuḥ* bezieht sich auf die Form, die unter allen schönen Formen die schönste ist. Als Kṛṣṇa gegenwärtig war, fühlte sich jeder einfach schon bei Seinem Anblick zu Ihm hingezogen, und weil Kṛṣṇa der Lenker des Universums ist, vertrieb Er kurzerhand die Furcht Seines Geweihten Arjuna, indem Er ihm wieder Seine schöne Gestalt als Kṛṣṇa zeigte. In der *Brahma-saṁhitā* (5.38) heißt es: *premañjana-cchurita-bhakti-vilo canena.* Nur jemand, dessen Augen mit dem Balsam der Liebe gesalbt sind, kann die wunderschöne Gestalt Śrī Kṛṣṇas sehen.

Vers 51 अर्जुन उवाच
दृष्ट्वेदं मानुषं रूपं तव सौम्यं जनार्दन ।
इदानीमस्मि संवृत्तः सचेताः प्रकृतिं गतः ॥५१॥

arjuna uvāca
dṛṣṭvedaṁ mānuṣaṁ rūpaṁ tava saumyaṁ janārdana
idānīm asmi saṁvṛttaḥ sa-cetāḥ prakṛtiṁ gataḥ

arjunaḥ uvāca – Arjuna sagte; *dṛṣṭvā* – sehend; *idam* – diese; *mānuṣam* – menschliche; *rūpam* – Form; *tava* – Deine; *saumyam* – sehr schön; *janārdana* – o Bezwinger der Feinde; *idānīm* – jetzt; *asmi* – ich bin; *saṁvṛttaḥ* – gefestigt; *sa-cetāḥ* – in meinem Bewußtsein; *prakṛtim* – zu meinem eigenen Wesen; *gataḥ* – zurückgefunden.

Als Arjuna Kṛṣṇa so in Seiner ursprünglichen Gestalt sah, sagte er: O Janārdana, nun, da ich diese menschengleiche Gestalt sehe, die so überaus schön ist, habe ich mich wieder gefaßt und habe zu meinem ursprünglichen Wesen zurückgefunden.

ERLÄUTERUNG: Die Worte *mānuṣaṁ rūpam* in diesem Vers weisen eindeutig darauf hin, daß die ursprüngliche Gestalt der Höchsten Persönlichkeit Gottes zweihändig ist. Das beweist, daß diejenigen, die Kṛṣṇa verspotten, als wäre Er ein Mensch wie alle anderen, Sein göttliches Wesen nicht kennen. Wenn Kṛṣṇa ein gewöhnlicher Mensch wäre, wie könnte es Ihm dann möglich sein, die universale Form und darauf wieder die vierhändige Nārāyaṇa-Form zu zeigen? Die *Bhagavad-gītā* sagt also eindeutig aus, daß jemand, der denkt, Kṛṣṇa sei ein gewöhnlicher Mensch, und der den Leser irreführt, indem er behauptet, es sei das unpersönliche Brahman, das durch Kṛṣṇa hindurch spreche, das größte Unrecht begeht. Kṛṣṇa hat Seine universale Form und Seine vierhändige Viṣṇu-Form tatsächlich manifestiert. Wie also könnte Er ein gewöhnlicher Mensch sein? Ein reiner Gottgeweihter läßt sich von irreführenden Kommentaren zur *Bhagavad-gītā* nicht verwirren, da er weiß, was was ist. Die Originalverse der *Bhagavad-gītā* sind so klar wie die Sonne; sie benötigen nicht das Lampenlicht törichter Kommentatoren.

Vers 52 श्रीभगवानुवाच
सुदुर्दर्शमिदं रूपं दृष्टवानसि यन्मम ।
देवा अप्यस्य रूपस्य नित्यं दर्शनकाङ्क्षिणः ॥५२॥

śrī-bhagavān uvāca
su-durdarśam idaṁ rūpaṁ dṛṣṭavān asi yan mama
devā apy asya rūpasya nityaṁ darśana-kāṅkṣiṇaḥ

śrī-bhagavān uvāca – die Höchste Persönlichkeit Gottes sprach; *su-durdarśam* – sehr schwer zu sehen; *idam* – diese; *rūpam* – Form; *dṛṣṭavān asi* – die du gesehen hast; *yat* – welche; *mama* – Meine; *devāḥ* – die Halbgötter; *api* – auch; *asya* – diese; *rūpasya* – Form; *nityam* – ewiglich; *darśana-kāṅkṣiṇaḥ* – danach strebend zu sehen.

Die Höchste Persönlichkeit Gottes sprach: Mein lieber Arjuna, diese Meine Gestalt, die du jetzt siehst, ist sehr schwer zu schauen. Selbst die Halbgötter suchen stets nach einer Gelegenheit, diese Gestalt zu sehen, die so anziehend ist.

ERLÄUTERUNG: Im achtundvierzigsten Vers dieses Kapitels beendete Śrī Kṛṣṇa die Offenbarung Seiner universalen Form und teilte Arjuna mit, daß es nicht möglich sei, diese Form durch zahlreiche fromme Werke, Opfer usw. zu sehen. Hier nun wird das Wort *su-durdarśam* gebraucht, das darauf hinweist, daß Kṛṣṇas zweihändige Form noch vertraulicher ist. Es mag vielleicht möglich sein, die universale Form Kṛṣṇas zu sehen, indem man zu verschiedenen Tätigkeiten, wie Bußen, dem Studium der *Veden* oder philosophischer Spekulation, eine Spur hingebungsvollen Dienst hinzufügt. Dies ist vielleicht möglich, doch wie bereits erklärt wurde, kann man sie ohne eine Spur von *bhakti* nicht sehen. Noch schwieriger, als die universale Form zu sehen, ist es, Kṛṣṇa in Seiner zweihändigen Gestalt zu sehen – selbst für Halbgötter wie Brahmā und Śiva. Sie haben den Wunsch, Ihn zu sehen, und im *Śrīmad-Bhāgavatam* wird beschrieben, daß alle Halbgötter des Himmels erschienen, um Kṛṣṇa zu bewundern, als Er Sich scheinbar im Leib Seiner Mutter, Devakī, befand. Obwohl ihnen der Herr zu diesem Zeitpunkt nicht sichtbar war, brachten sie Ihm erlesene Gebete dar und warteten darauf, Ihn sehen zu können. Ein Narr mag Kṛṣṇa verspotten, da er Ihn für einen gewöhnlichen Menschen hält, oder es kann sein, daß er nicht Ihm, sondern dem unpersönlichen „Etwas" in Ihm Achtung erweist, doch dies sind alles unsinnige Auffassungen. Selbst Halbgötter wie Brahmā und Śiva wünschen sich, Kṛṣṇa in Seiner zweiarmigen Gestalt zu sehen.

In der *Bhagavad-gītā* (9.11) wird ebenfalls bestätigt, daß Er den Toren, die Ihn verspotten, nicht sichtbar ist: *avajānanti māṁ mūḍhā mānuṣīṁ tanum āśritam.* Wie es in der *Brahma-saṁhitā* und von Kṛṣṇa Selbst in der *Bhagavad-gītā* bestätigt wird, ist Sein Körper völlig spirituell und voller Glückseligkeit und Ewigkeit. Sein Körper gleicht niemals einem materiellen Körper. Doch für gewisse Menschen, die Kṛṣṇa zum Gegenstand eines Studiums machen wollen, indem sie die *Bhagavad-gītā* oder ähnliche vedische Schriften lesen, ist Kṛṣṇa ein Rätsel. Wer sich eines materiellen Vorgangs bedient, um Kṛṣṇa zu verstehen, wird Ihn für eine bedeutende historische Persönlichkeit und einen sehr gelehrten Philosophen, doch letztlich für einen gewöhnlichen Menschen halten, der trotz Seiner großen Macht einen materiellen Körper annehmen mußte. Letzten Endes denken solche Menschen, die Absolute Wahrheit sei unpersönlich; folglich glauben sie, die Absolute Wahrheit habe aus dem Unpersönlichen eine persönliche Form angenommen, die an die materielle Natur gebunden sei. Dies ist eine materialistische Auffassung vom Höchsten Herrn. Eine andere Auffassung beruht auf Spekulation. Diejenigen, die nach Wissen suchen, spekulieren auch über Kṛṣṇa und halten Ihn für weniger bedeutend als die universale Form des Höchsten. Folglich sind einige Menschen der Meinung, die universale Form Kṛṣṇas, die Arjuna offenbart wurde, sei wichtiger als Seine persönliche Form. Ihrer Ansicht nach existiert die persönliche Form des Höchsten nur in der Einbildung. Sie glauben, daß die Absolute Wahrheit letztendlich keine Person sei.

Der transzendentale Vorgang wird indes in der *Bhagavad-gītā* beschrieben, und zwar im Vierten Kapitel. Dort heißt es, daß man von Autoritäten über Kṛṣṇa hören muß. Dies ist der echte vedische Vorgang, und diejenigen, die tatsächlich den vedischen Lehren folgen, hören über Kṛṣṇa von Autoritäten, und durch wiederholtes Hören über Kṛṣṇa entwickeln sie Zuneigung zu Ihm. Wie wir bereits mehrfach erklärt haben, ist Kṛṣṇa von Seiner *yoga-māyā*-Energie bedeckt. Er kann nicht von jedem beliebigen Menschen gesehen oder erkannt werden. Er kann nur von jemandem gesehen werden, dem Er Sich offenbart. Dies wird in der vedischen Literatur bestätigt. Nur eine ergebene Seele kann die Absolute Wahrheit tatsächlich verstehen. Durch beständiges Kṛṣṇa-Bewußtsein und durch hingebungsvollen Dienst zu Kṛṣṇa können die Augen des Transzendentalisten geöffnet werden, und so kann er Kṛṣṇa durch Offenbarung sehen. Solche Offenbarung wird nicht einmal den Halbgöttern zuteil; daher fällt es selbst ihnen schwer, Kṛṣṇa zu verstehen, und die fortgeschrittenen Halbgötter hoffen stets darauf, Kṛṣṇa in Seiner zweihändigen Form zu sehen.

Die Schlußfolgerung lautet, daß es bereits äußerst schwierig und nicht jedem beliebigen Menschen möglich ist, die universale Form Kṛṣṇas zu sehen, daß es aber noch schwieriger ist, Seine persönliche Gestalt als Śyāmasundara zu verstehen.

Vers 53 नाहं वेदैर्न तपसा न दानेन न चेज्यया ।
शक्य एवंविधो द्रष्टुं दृष्टवानसि मां यथा ॥५३॥

nāhaṁ vedair na tapasā na dānena na cejyayā
śakya evaṁ-vidho draṣṭuṁ dṛṣṭavān asi māṁ yathā

na – niemals; *aham* – Ich; *vedaiḥ* – durch ein Studium der *Veden; na* – niemals; *tapasā* – durch strenge Bußen; *na* – niemals; *dānena* – durch Wohltätigkeit; *na* – niemals; *ca* – auch; *ijyayā* – durch Verehrung; *śakyaḥ* – es ist möglich; *evam-vidhaḥ* – wie diese; *draṣṭum* – zu sehen; *dṛṣṭavān* – sehend; *asi* – du bist; *mām* – Mich; *yathā* – wie.

Diese Form, die du mit deinen transzendentalen Augen siehst, kann weder durch ein bloßes Studium der Veden noch durch strenge Bußen, noch durch Wohltätigkeit, noch durch Verehrung verstanden werden. Durch solche Mittel ist es nicht möglich, Mich zu sehen, wie Ich bin.

ERLÄUTERUNG: Kṛṣṇa erschien vor Seinen Eltern Vasudeva und Devakī zuerst in einer vierhändigen Gestalt und verwandelte Sich dann in die zweihändige Gestalt. Dieses Mysterium ist für Atheisten und Menschen, denen es an hingebungsvollem Dienst mangelt, sehr schwer zu verstehen. Gelehrte, die lediglich mittels grammatikalischer Kenntnisse oder akademischer Fähigkeiten die vedischen Schriften studiert haben, können Kṛṣṇa nicht verstehen. Auch kann Er nicht von Menschen verstanden werden, die formell zur Verehrung in den Tempel gehen. Sie besuchen zwar den Tempel, aber sie können Kṛṣṇa nicht so verstehen, wie Er ist. Kṛṣṇa kann, wie Er Selbst im nächsten Vers erklärt, nur durch den Pfad des hingebungsvollen Dienstes verstanden werden.

Vers 54 भक्त्या त्वनन्यया शक्य अहमेवंविधोऽर्जुन ।
ज्ञातुं द्रष्टुं च तत्त्वेन प्रवेष्टुं च परन्तप ॥५४॥

bhaktyā tv ananyayā śakya aham evaṁ-vidho 'rjuna
jñātuṁ draṣṭuṁ ca tattvena praveṣṭuṁ ca paran-tapa

bhaktyā – durch hingebungsvollen Dienst; *tu* – aber; *ananyayā* – ohne mit fruchtbringenden Tätigkeiten oder spekulativem Wissen vermischt zu sein; *śakyaḥ* – möglich; *aham* – Ich; *evam-vidhaḥ* – wie dies; *arjuna* – o Arjuna; *jñātum* – zu kennen; *draṣṭum* – zu sehen; *ca* – und; *tattvena* – tatsächlich; *praveṣṭum* – eindringen in; *ca* – auch; *param-tapa* – o Bezwinger des Feindes.

Mein lieber Arjuna, nur durch ungeteilten hingebungsvollen Dienst kann Ich verstanden werden, wie Ich bin, so wie Ich vor dir stehe, und auf diese Weise kann Ich direkt gesehen werden. Nur so kannst du in das Geheimnis, Mich zu verstehen, eindringen.

ERLÄUTERUNG: Kṛṣṇa kann nur durch den Vorgang ungeteilten hingebungsvollen Dienstes verstanden werden. Er erklärt dies im vorliegenden Vers ausdrücklich, um unautorisierte Kommentatoren, die versuchen, die *Bhagavad-gītā* durch den Vorgang der Spekulation zu verstehen, darauf hinzuweisen, daß sie lediglich ihre Zeit verschwenden. Niemand ist in der Lage, Kṛṣṇa zu verstehen – zu verstehen, wie Er vor Seinen Eltern in einer vierhändigen Form erschien und Sich sogleich in eine zweihändige Form verwandelte. Diese Dinge sind durch ein Studium der *Veden* oder durch philosophische Spekulation sehr schwer zu verstehen. Deshalb wird hier unmißverständlich erklärt, daß niemand Kṛṣṇa auf diese Weise sehen oder diese Themen verstehen kann. Diejenigen jedoch, die sehr fortgeschrittene Studenten der vedischen Literatur sind, können aus den vedischen Schriften in vielerlei Hinsicht über Ihn lernen. Es gibt sehr viele Regeln und Regulierungen, und wenn man überhaupt den Wunsch hat, Kṛṣṇa zu verstehen, muß man den in den autoritativen Schriften niedergelegten regulierenden Prinzipien folgen. Man kann sich Bußen auferlegen, indem man diese Prinzipien befolgt. Um sich zum Beispiel ernsthaft Bußen zu unterziehen, kann man an Kṛṣṇas Erscheinungstag, Janmāṣṭamī, und an den beiden Ekādaśī-Tagen (dem elften Tag nach Neumond und dem elften Tag nach Vollmond) fasten. Was wohltätige Spenden betrifft, so versteht es sich von selbst, daß sie den Geweihten Kṛṣṇas gegeben werden sollten, die in Seinem hingebungsvollen Dienst beschäftigt sind, um die Kṛṣṇa-Philosophie, Kṛṣṇa-Bewußtsein, auf der ganzen Welt zu verbreiten. Kṛṣṇa-Bewußtsein ist ein Segen für die gesamte Menschheit. Śrī Caitanya wurde von Rūpa Gosvāmī als der größte Wohltäter bezeichnet, weil Er Liebe zu Kṛṣṇa, die sehr schwer zu erreichen ist, freizügig verteilte. Wenn man also einen Teil seines Geldes denjenigen gibt, die damit beschäftigt sind, Kṛṣṇa-Bewußtsein zu verbreiten, so ist diese Spende, die zum Zwecke der Verbreitung des Kṛṣṇa-Bewußtseins gegeben wurde, die bestmögliche Spende der Welt. Und wenn man sich der vorschriftsmäßigen Tempelverehrung widmet (in allen Tempeln Indiens befindet sich eine Bildgestalt, für gewöhnlich von Viṣṇu oder Kṛṣṇa), so ist auch dies eine Möglichkeit, Fortschritt zu machen, indem man der Höchsten Persönlichkeit Gottes Verehrung und Achtung darbringt. Für Anfänger im hingebungsvollen Dienst des Herrn ist Tempelverehrung unerläßlich; dies wird in den vedischen Schriften (*Śvetāśvatara Upaniṣad* 6.23) wie folgt bestätigt:

yasya deve parā bhaktir yathā deve tathā gurau
tasyaite kathitā hy arthāḥ prakāśante mahātmanaḥ

Wer unerschütterliche Hingabe zum Höchsten Herrn besitzt und von einem spirituellen Meister geführt wird, dem er mit gleicher Unerschütterlichkeit vertraut, kann die Höchste Persönlichkeit Gottes durch Offenbarung sehen. Man kann Kṛṣṇa nicht durch mentale Spekulation verstehen. Jemand, der nicht unter der persönlichen Anleitung eines echten spirituellen Meisters geschult wird, kann nicht einmal beginnen, Kṛṣṇa zu verstehen. Das Wort *tu* wird hier insbesondere gebraucht, um darauf hinzuweisen, daß kein anderer Vorgang, Kṛṣṇa zu verstehen, angewandt oder empfohlen werden oder erfolgreich sein kann.

Die persönlichen Formen Kṛṣṇas – die zweihändige und die vierhändige Form – werden als *su-durdarśam,* „sehr schwer zu sehen", beschrieben. Sie sind von der zeitweiligen universalen Form, die Arjuna gezeigt wurde, völlig verschieden. Die vierhändige Form Nārāyaṇas und die zweihändige Form Kṛṣṇas sind ewig und transzendental, wohingegen die universale Form, die Arjuna offenbart wurde, zeitweilig ist. Die Worte *tvad anyena na dṛṣṭa-pūrvam* (Vers 47) weisen darauf hin, daß vor Arjuna niemand diese universale Form gesehen hat. Sie deuten auch an, daß für Gottgeweihte keine Notwendigkeit bestand, diese Form zu sehen. Kṛṣṇa offenbarte diese Form auf Bitten Arjunas, damit die Menschen in der Zukunft jemanden, der sich als Inkarnation Kṛṣṇas ausgibt, prüfen können, indem sie ihn bitten, seine universale Form zu zeigen.

Das Wort *na,* das im vorangegangenen Vers mehrmals gebraucht, wurde, deutet darauf hin, daß man sich auf materielle Qualifikationen wie ein akademisches Studium der vedischen Schriften nicht allzuviel einbilden sollte. Man muß sich dem hingebungsvollen Dienst Kṛṣṇas zuwenden; nur dann kann man den Versuch unternehmen, die *Bhagavad-gītā* zu kommentieren.

Kṛṣṇa offenbarte zunächst die universale Form, darauf zeigte Er Sich in der vierhändigen Form Nārāyaṇas und schließlich in Seiner ursprünglichen zweihändigen Form. Hieraus läßt sich schließen, daß die vierhändigen Formen wie auch alle anderen Formen, die in den vedischen Schriften erwähnt werden, Emanationen des ursprünglichen zweihändigen Kṛṣṇa sind. Er ist der Ursprung aller Emanationen. Kṛṣṇa ist sogar von diesen Formen verschieden, ganz zu schweigen also von Seinem unpersönlichen Aspekt. Was die vierhändigen Formen Kṛṣṇas betrifft, so heißt es eindeutig, daß selbst jene vierhändige Form, die der Form Kṛṣṇas am meisten gleicht (das heißt die Form Mahā-viṣṇus, der auf dem kosmischen Ozean liegt und durch dessen Atmen unzählige Universen hervorgebracht und wieder eingezogen werden), ebenfalls eine Erweiterung des Höchsten Herrn ist. In der *Brahma-saṁhitā* (5.48) heißt es in diesem Zusammenhang:

yasyaika-niśvasita-kālam athāvalambya
jīvanti loma-vila-jā jagad-aṇḍa-nāthāḥ
viṣṇur mahān sa iha yasya kalā-viśeṣo
govindam ādi-puruṣaṁ tam ahaṁ bhajāmi

„Der Mahā-viṣṇu, in den all die unzähligen Universen eingehen und aus dem sie wieder hervorkommen, einfach durch Seinen Atemvorgang, ist eine vollständige Erweiterung Kṛṣṇas. Deshalb verehre ich Govinda, Kṛṣṇa, die Ursache aller Ursachen."

Die Schlußfolgerung lautet also, daß man die persönliche Form Kṛṣṇas als die Höchste Persönlichkeit Gottes verehren sollte, die ewig voller Glückseligkeit und Wissen ist. Er ist der Ursprung aller Viṣṇu-Formen, der Ursprung aller Inkarnationen, und Er ist die ursprüngliche Höchste Persönlichkeit, was in der *Bhagavad-gītā* bestätigt wird.

In den vedischen Schriften (*Gopāla-tāpanī Upaniṣad* 1.1) findet man die folgende Aussage:

sac-cid-ānanda-rūpāya kṛṣṇāyākliṣṭa-kāriṇe
namo vedānta-vedyāya gurave buddhi-sākṣiṇe

„Ich erweise Kṛṣṇa, dessen transzendentale Gestalt glückselig, ewig und voller Wissen ist, meine achtungsvollen Ehrerbietungen. Ich bringe Ihm meine Achtung dar, denn wenn man Ihn versteht, versteht man die *Veden,* und deshalb ist Er der höchste spirituelle Meister." Weiter heißt es: *kṛṣṇo vai paramaṁ daivatam.* „Kṛṣṇa ist die Höchste Persönlichkeit Gottes." (*Gopāla-tāpanī* 1.3) *Eko vaśī sarva-gaḥ kṛṣṇa īḍyaḥ:* „Dieser eine Kṛṣṇa ist die Höchste Persönlichkeit Gottes, und Er ist verehrenswert." *Eko 'pi san bahudhā yo 'vabhāti:* „Kṛṣṇa ist eins, aber Er manifestierte unbegrenzte Formen und Inkarnationen." (*Gopāla-tāpanī* 1.21)

In der *Brahma-saṁhitā* (5.1) heißt es:

īśvaraḥ paramaḥ kṛṣṇaḥ sac-cid-ānanda-vigrahaḥ
anādir ādir govindaḥ sarva-kāraṇa-kāraṇam

„Die Höchste Persönlichkeit Gottes ist Kṛṣṇa; Sein Körper ist voller Ewigkeit, Wissen und Glückseligkeit. Er hat keinen Anfang, denn Er ist der Anfang von allem. Er ist die Ursache aller Ursachen."

An einer anderen Stelle heißt es: *yatrāvatīrṇaṁ kṛṣṇākhyaṁ paraṁ brahma narākṛti.* „Die Höchste Absolute Wahrheit ist eine Person. Sein Name lautet Kṛṣṇa, und Er steigt manchmal auf die Erde herab." Ferner finden wir im *Śrīmad-Bhāgavatam* eine Beschreibung aller möglichen Inkarnationen der Höchsten Persönlichkeit Gottes, und in dieser Liste erscheint auch der Name Kṛṣṇas. Dann jedoch heißt es dort weiter, daß dieser Kṛṣṇa keine Inkarnation Gottes ist, sondern die ursprüngliche Höchste Persönlichkeit Gottes Selbst (*ete cāṁśa-kalāḥ puṁsaḥ kṛṣṇas tu bhagavān svayam*).

Des weiteren sagt der Herr in der *Bhagavad-gītā: mattaḥ parataraṁ nānyat.* „Es gibt nichts über Meiner Form als Höchste Persönlichkeit Gottes, Kṛṣṇa." Ferner sagt Er in der *Bhagavad-gītā: aham ādir hi devānām.* „Ich bin der Ursprung aller Halbgötter." Und nachdem Arjuna Kṛṣṇas Unterweisungen, die *Bhagavad-gītā,* verstanden hat, bestätigt er dies mit den Worten: *paraṁ brahma paraṁ dhāma pavitraṁ paramaṁ bhavān.* „Ich verstehe jetzt völlig, daß Du die Höchste Persönlichkeit Gottes, die Absolute Wahrheit, bist und daß Du die Zuflucht von allem bist." Folglich ist die universale Form, die Kṛṣṇa Arjuna zeigte, nicht die ursprüngliche Form Gottes. Die ursprüngliche Form ist die Form Kṛṣṇas. Die universale Form mit ihren Tausenden und

Abertausenden von Köpfen und Händen wird nur manifestiert, um die Aufmerksamkeit derer, die keine Liebe zu Gott besitzen, auf sich zu lenken. Sie ist nicht Gottes ursprüngliche Form.

Die universale Form übt keinen Reiz auf reine Gottgeweihte aus, die in verschiedenen transzendentalen liebevollen Beziehungen mit dem Herrn verbunden sind. Der Höchste Herr offenbart Sich in diesen Beziehungen der transzendentalen Liebe in Seiner ursprünglichen Form als Kṛṣṇa. Deshalb war die Form der universalen Manifestation für Arjuna, der mit Kṛṣṇa eine sehr enge freundschaftliche Beziehung hatte, kein Grund zur Freude, ja sie flößte ihm sogar Furcht ein. Arjuna, der ein ständiger Gefährte Kṛṣṇas war, muß transzendentale Augen gehabt haben; er war kein gewöhnlicher Mensch. Deshalb faszinierte ihn die universale Form nicht. Diese Form mag vielleicht solchen Menschen wunderbar erscheinen, die das Ziel haben, sich durch fruchtbringende Werke zu erheben, doch denjenigen, die im hingebungsvollen Dienst beschäftigt sind, ist die zweihändige Form Kṛṣṇas am liebsten.

Vers 55 मत्कर्मकृन्मत्परमो मद्भक्तः सङ्गवर्जितः ।
निर्वैरः सर्वभूतेषु यः स मामेति पाण्डव ॥५५॥

mat-karma-kṛn mat-paramo mad-bhaktaḥ saṅga-varjitaḥ
nirvairaḥ sarva-bhūteṣu yaḥ sa mām eti pāṇḍava

mat-karma-kṛt – damit beschäftigt, Meine Arbeit zu verrichten; *mat-paramaḥ* – Mich als den Höchsten betrachtend; *mat-bhaktaḥ* – in Meinem hingebungsvollen Dienst beschäftigt; *saṅga-varjitaḥ* – befreit von der Verunreinigung durch fruchtbringende Tätigkeiten und gedankliche Spekulation; *nirvairaḥ* – ohne einen Feind; *sarva-bhūteṣu* – unter allen Lebewesen; *yaḥ* – jemand, der; *saḥ* – er; *mām* – zu Mir; *eti* – kommt; *pāṇḍava* – o Sohn Pāṇḍus.

Mein lieber Arjuna, wer sich in Meinem reinen hingebungsvollen Dienst beschäftigt, frei von den Verunreinigungen durch fruchtbringende Tätigkeiten und gedankliche Spekulation, wer für Mich arbeitet, wer Mich zum höchsten Ziel seines Lebens macht und wer jedem Lebewesen ein Freund ist, gelangt mit Sicherheit zu Mir.

ERLÄUTERUNG: Jeder, der sich der höchsten aller Persönlichkeiten Gottes auf dem Kṛṣṇaloka-Planeten in der spirituellen Welt nähern will und mit der Höchsten Persönlichkeit, Kṛṣṇa, eng verbunden sein möchte, muß die Richtlinien befolgen, die hier von Ihm persönlich gegeben werden. Deshalb gilt dieser Vers als die Essenz der *Bhagavad-gītā.* Die

Bhagavad-gītā ist ein Buch, das für die bedingten Seelen bestimmt ist, die in der materiellen Welt mit dem Ziel tätig sind, die Natur zu beherrschen, und die das wahre, spirituelle Leben nicht kennen. Die *Bhagavad-gītā* soll zeigen, wie man seine spirituelle Existenz und seine ewige Beziehung zur höchsten spirituellen Persönlichkeit verstehen kann und wie man nach Hause, zu Gott, zurückkehren kann. Dies nun ist der Vers, der klar den Vorgang beschreibt, wie man im spirituellen Leben erfolgreich sein kann: durch hingebungsvollen Dienst.

Was Arbeit betrifft, so sollte man seine Energie ausschließlich auf Kṛṣṇa-bewußte Tätigkeiten übertragen. Hierzu heißt es im *Bhakti-rasāmṛta-sindhu* (1.2.255):

anāsaktasya viṣayān yathārham upayuñjataḥ
nirbandhaḥ kṛṣṇa-sambandhe yuktaṁ vairāgyam ucyate

Niemand sollte eine Arbeit verrichten, die nicht in Beziehung zu Kṛṣṇa steht. Das wird *kṛṣṇa-karma* genannt. Egal welche Tätigkeiten man verrichtet, man sollte nicht am Ergebnis seiner Arbeit haften. Das Ergebnis sollte allein Ihm gewidmet werden. Ein Geschäftsmann zum Beispiel kann seine Arbeit in Kṛṣṇa-Bewußtsein umwandeln, wenn er sie für Kṛṣṇa tut. Wenn Kṛṣṇa der Besitzer des Geschäfts ist, sollte Er auch den Gewinn dieses Geschäfts genießen. Wenn ein Geschäftsmann also Tausende und Abertausende von Dollars besitzt, muß er dies alles Kṛṣṇa darbringen, und wenn er es tut, ist dies Arbeit für Kṛṣṇa. Anstatt sich ein großes Haus für die Befriedigung seiner Sinne zu bauen, kann er einen wunderschönen Tempel für Kṛṣṇa bauen, die Bildgestalt Kṛṣṇas installieren und sich um Ihre Verehrung kümmern, so wie es die autorisierten Bücher des hingebungsvollen Dienstes vorschreiben. Dies alles ist *kṛṣṇa-karma.* Statt am Ergebnis seiner Arbeit zu haften, sollte man es Kṛṣṇa darbringen. Außerdem sollte man die Überreste der Speisen, die Kṛṣṇa dargebracht wurden, als *prasādam* zu sich nehmen. Wenn man ein großes Haus für Kṛṣṇa baut und die Bildgestalt Kṛṣṇas installiert, so ist es einem nicht untersagt, darin zu wohnen, aber man muß verstehen, daß der Besitzer des Gebäudes Kṛṣṇa ist. Dies wird Kṛṣṇa-Bewußtsein genannt. Sollte man jedoch nicht in der Lage sein, einen Tempel für Kṛṣṇa zu erbauen, so kann man zumindest den Tempel Kṛṣṇas reinigen; auch das ist *kṛṣṇa-karma.* Oder man kann einen Garten anlegen und pflegen. Jeder, der Land besitzt – und zumindest in Indien hat selbst der ärmste Mann ein kleines Stück Land –, kann darauf Blumen anpflanzen, um sie zu Kṛṣṇa zu opfern. Man kann *tulasī*-Pflanzen setzen, denn *tulasī*-Blätter sind sehr wichtig, und Kṛṣṇa hat dies in der *Bhagavad-gītā* empfohlen: *patraṁ puṣpaṁ phalaṁ toyam.* Kṛṣṇa möchte, daß man Ihm ein Blatt, eine Blume, eine Frucht oder etwas Wasser opfert; eine solche Opferung wird Ihn zufriedenstellen. Mit dem Blatt ist insbesondere *tulasī* gemeint. Man kann also *tulasī* anpflanzen und sie begießen. So kann sich selbst der ärmste Mann im Dienst Kṛṣṇas beschäftigen. Dies sind einige Beispiele, wie man für Kṛṣṇa arbeiten kann.

Das Wort *mat-paramaḥ* bezieht sich auf jemanden, der die Gemeinschaft Kṛṣṇas in Seinem höchsten Reich als die höchste Vollkommenheit des Lebens erachtet. Ein solcher Mensch wünscht sich nicht, auf die höheren Planeten, wie den Mond, die Sonne, die himmlischen Planeten oder selbst den höchsten Planeten des Universums, Brahmaloka, erhoben zu werden. All dies kann ihn nicht verlocken. Nur der spirituelle Himmel wirkt auf ihn anziehend. Und selbst im spirituellen Himmel ist er nicht damit zufrieden, in die leuchtende *brahmajyoti*-Ausstrahlung einzugehen, denn er möchte den höchsten spirituellen Planeten namens Kṛṣṇaloka oder Goloka Vṛndāvana erreichen. Da er vollkommenes Wissen über diesen Planeten besitzt, ist er an keinem anderen Planeten interessiert. Wie das Wort *mad-bhaktaḥ* andeutet, beschäftigt er sich voll und ganz im hingebungsvollen Dienst, vor allem in den neun hingebungsvollen Tätigkeiten: hören, chanten, sich erinnern, verehren, den Lotosfüßen des Herrn dienen, Gebete darbringen, die Befehle des Herrn ausführen, Freundschaft mit Ihm schließen und Ihm alles hingeben. Man kann sich in allen neun Vorgängen der Hingabe beschäftigen oder in acht, sieben oder mindestens in einem, und so wird man mit Sicherheit die Vollkommenheit erreichen.

Der Ausdruck *saṅga-varjitaḥ* ist sehr bedeutsam. Man sollte den Umgang mit Menschen, die gegen Kṛṣṇa sind, meiden. Nicht nur die Atheisten sind gegen Kṛṣṇa, sondern auch diejenigen, die zu fruchtbringenden Tätigkeiten und gedanklicher Spekulation neigen. Deshalb wird die reine Form hingebungsvollen Dienens im *Bhakti-rasāmṛta-sindhu* (1.1.11) wie folgt beschrieben:

anyābhilāṣitā-śūnyaṁ jñāna-karmādy-anāvṛtam
ānukūlyena kṛṣṇānu- śīlanaṁ bhaktir uttamā

In diesem Vers erklärt Śrīla Rūpa Gosvāmī unmißverständlich, daß jeder, der unvermischten hingebungsvollen Dienst ausführen möchte, zuerst von aller materiellen Verunreinigung frei sein muß. Er muß frei sein vom Umgang mit Menschen, die fruchtbringenden Tätigkeiten oder gedanklicher Spekulation verfallen sind. Wenn man von solchem unerwünschten Umgang sowie von der Verunreinigung durch materielle Wünsche frei geworden ist und in einer positiven, wohlmeinenden

Haltung Wissen über Kṛṣṇa kultiviert, so nennt man dies reinen hingebungsvollen Dienst. *Ānukūlyasya saṅkalpaḥ prātikūlyasya varjanam* (*Hari-bhakti-vilāsa* 11.676). Man sollte in einer positiven Haltung an Kṛṣṇa denken und für Ihn handeln, nicht in einer negativen Haltung. Kaṁsa war ein Feind Kṛṣṇas. Gleich von Kṛṣṇas Geburt an versuchte Kaṁsa, Kṛṣṇa auf alle möglichen Arten zu töten, und weil seine Pläne alle fehlschlugen, dachte er ständig an Kṛṣṇa. Somit war er jederzeit – während er arbeitete, während er aß und während er schlief – in jeder Hinsicht Kṛṣṇa-bewußt; aber dieses Kṛṣṇa-Bewußtsein war nicht positiv, und so galt er, obwohl er vierundzwanzig Stunden am Tag an Kṛṣṇa dachte, als Dämon, und Kṛṣṇa tötete ihn schließlich. Natürlich erlangt jeder, der von Kṛṣṇa getötet wird, augenblicklich Erlösung, aber das ist nicht das Ziel des reinen Gottgeweihten. Der reine Gottgeweihte wünscht sich nicht einmal Erlösung. Er möchte nicht einmal zum höchsten Planeten, Goloka Vṛndāvana, erhoben werden. Sein einziges Ziel ist es, Kṛṣṇa zu dienen, wo immer er auch ist.

Ein Geweihter Kṛṣṇas ist jedem freundlich gesinnt. Deshalb wird hier gesagt, daß er keinen Feind hat (*nirvairaḥ*). Wie ist dies zu verstehen? Ein Gottgeweihter im Kṛṣṇa-Bewußtsein weiß, daß nur hingebungsvoller Dienst zu Kṛṣṇa einen Menschen von allen Problemen des Lebens befreien kann. Er hat dies persönlich erfahren und möchte daher dieses System, Kṛṣṇa-Bewußtsein, in der menschlichen Gesellschaft einführen. Es gibt viele historische Beispiele von Geweihten des Herrn, die ihr Leben riskierten, um Gottesbewußtsein zu verbreiten. Das wohl bekannteste Beispiel ist Jesus Christus. Er wurde von den Nichtgottgeweihten gekreuzigt, aber dennoch opferte er sein Leben für die Verbreitung des Gottesbewußtseins. Natürlich wäre es ein oberflächliches Verständnis, wenn man glaubte, er sei getötet worden. Auch in Indien gibt es viele solcher Beispiele, wie zum Beispiel Ṭhākura Haridāsa und Prahlāda Mahārāja. Warum gingen diese Gottgeweihten ein solches Risiko ein? Weil sie Kṛṣṇa-Bewußtsein verbreiten wollten, und das ist kein leichtes Unterfangen. Ein Kṛṣṇa-bewußter Gottgeweihter weiß, daß das Leid eines Menschen darauf zurückzuführen ist, daß er seine ewige Beziehung zu Kṛṣṇa vergessen hat. Der größte Dienst, den man der menschlichen Gesellschaft erweisen kann, besteht deshalb darin, seinen Nächsten von allen materiellen Problemen zu erlösen. Auf diese Weise ist ein reiner Gottgeweihter im Dienst des Herrn beschäftigt. Wir können uns also vorstellen, wie barmherzig Kṛṣṇa zu denen ist, die sich in Seinem Dienst beschäftigen und alles für Ihn wagen. Deshalb ist es sicher, daß solche Menschen nach Verlassen des Körpers den höchsten Planeten erreichen werden.

Zusammenfassend läßt sich sagen, daß von Kṛṣṇa sowohl die universale Form, die eine zeitweilige Manifestation ist, als auch die Form der Zeit, die alles verschlingt, und selbst die vierhändige Viṣṇu-Form manifestiert wurden. Folglich ist Kṛṣṇa der Ursprung all dieser Manifestationen. Es ist nicht so, daß Kṛṣṇa eine Manifestation der ursprünglichen *viśva-rūpa* oder eine Erweiterung Viṣṇus ist. Kṛṣṇa ist der Ursprung aller Formen. Es gibt Hunderte und Tausende von Viṣṇus, aber für einen Gottgeweihten ist keine andere Form Kṛṣṇas wichtig außer der ursprünglichen Form, dem zweihändigen Śyāmasundara. In der *Brahma-saṁhitā* heißt es, daß diejenigen, die sich in Liebe und Hingabe zur Śyāmasundara-Form Kṛṣṇas hingezogen fühlen, in ihrem Herzen immer Ihn, und nichts anderes, sehen können. Die Bedeutung des Elften Kapitels liegt also darin, daß die Form Kṛṣṇas essentiell und absolut ist.

Hiermit enden die Bhaktivedanta-Erläuterungen zum Elften Kapitel der Śrīmad Bhagavad-gītā *mit dem Titel: „Die universale Form".*

ZWÖLFTES KAPITEL

Hingebungsvoller Dienst

Vers 1 अर्जुन उवाच
एवं सततयुक्ता ये भक्तास्त्वां पर्युपासते ।
ये चाप्यक्षरमव्यक्तं तेषां के योगवित्तमाः ॥ १ ॥

arjuna uvāca
evaṁ satata-yuktā ye bhaktās tvāṁ paryupāsate
ye cāpy akṣaram avyaktaṁ teṣāṁ ke yoga-vittamāḥ

arjunaḥ uvāca – Arjuna sagte; *evam* – auf diese Weise; *satata* – immer; *yuktāḥ* – beschäftigt; *ye* – diejenigen, die; *bhaktāḥ* – Gottgeweihte; *tvām* – Dich; *paryupāsate* – auf richtige Weise verehren; *ye* – diejenigen, die; *ca* – auch; *api* – wieder; *akṣaram* – jenseits der Sinne; *avyaktam* – das Unmanifestierte; *teṣām* – von ihnen; *ke* – wer; *yoga-vit-tamāḥ* – der Vollkommenste im Wissen des *yoga.*

Arjuna fragte: Wer gilt als vollkommener – diejenigen, die stets auf richtige Weise in Deinem hingebungsvollen Dienst beschäftigt sind, oder diejenigen, die das unpersönliche Brahman, das Unmanifestierte, verehren?

ERLÄUTERUNG: Kṛṣṇa hat nun Seine persönlichen, unpersönlichen und universalen Aspekte erklärt und verschiedene Arten von Gottgeweihten und *yogīs* beschrieben. Grundsätzlich können die Transzendentalisten in zwei Gruppen unterteilt werden: die Persönlichkeitsanhänger und die Unpersönlichkeitsanhänger. Der Persönlichkeitsanhänger, das heißt der Gottgeweihte, beschäftigt sich mit ganzer Kraft im Dienst des Höchsten Herrn. Der Unpersönlichkeitsanhänger jedoch beschäftigt sich nicht direkt in Kṛṣṇas Dienst, sondern meditiert über das unpersönliche Brahman, das Unmanifestierte.

In diesem Kapitel wird erklärt, daß von den verschiedenen Vorgängen zur Erkenntnis der Absoluten Wahrheit *bhakti-yoga,* hingebungsvoller Dienst, der höchste ist. Wenn man sich tatsächlich die Gemeinschaft der Höchsten Persönlichkeit Gottes wünscht, muß man sich dem hingebungsvollen Dienst zuwenden.

Diejenigen, die den Höchsten Herrn direkt durch hingebungsvollen Dienst verehren, werden Persönlichkeitsanhänger genannt, und diejenigen, die über das unpersönliche Brahman meditieren, werden Unpersönlichkeitsanhänger genannt. Arjuna fragt hier, wer von beiden höher einzustufen sei. Es gibt verschiedene Wege, um die Absolute Wahrheit zu erkennen, aber Kṛṣṇa erklärt in diesem Kapitel, daß *bhakti-yoga,* hingebungsvoller Dienst zu Ihm, der höchste von allen ist. *Bhakti-yoga* ist der direkteste Weg und gleichzeitig das einfachste Mittel, um die Gemeinschaft Gottes zu erlangen.

Im Zweiten Kapitel der *Bhagavad-gītā* erklärte der Höchste Herr, daß das Lebewesen nicht der materielle Körper, sondern ein spiritueller Funke ist. Und die Absolute Wahrheit ist das Spirituelle Ganze. Im Siebten Kapitel sagte Er, daß das Lebewesen ein Teil des höchsten Ganzen sei und empfahl, daß es seine Aufmerksamkeit ausschließlich auf das Ganze richten solle. Im Achten Kapitel wurde gesagt, daß jeder, der im Augenblick des Todes an Kṛṣṇa denkt, sofort zum spirituellen Himmel, dem Reich Kṛṣṇas, erhoben wird. Und am Ende des Sechsten Kapitels hat der Herr unmißverständlich erklärt, daß von allen *yogīs* derjenige am vollkommensten ist, der im Innern ständig an Kṛṣṇa denkt. Die Schlußfolgerung in praktisch jedem Kapitel lautete also, daß man Zuneigung zur persönlichen Form Kṛṣṇas entwickeln sollte, da dies die höchste Form spiritueller Verwirklichung darstellt.

Trotz alledem gibt es auch Menschen, die sich nicht zur persönlichen Form Kṛṣṇas hingezogen fühlen; sie sind so weit davon entfernt, daß sie sogar beim Schreiben von Kommentaren zur *Bhagavad-gītā* andere von Kṛṣṇa ablenken und alle Hingabe auf das unpersönliche *brahmajyoti* übertragen wollen. Sie ziehen es vor, über die unpersönliche Form der Absoluten Wahrheit zu meditieren, die jenseits der Reichweite der Sinne liegt und nicht manifestiert ist.

Somit gibt es also zwei Gruppen von Transzendentalisten. Arjuna versucht jetzt die Frage zu klären, welcher Vorgang leichter und welche der beiden Gruppen vollkommener ist. Mit anderen Worten, er möchte klar wissen, auf welcher Stufe er sich befindet, denn er selbst fühlt sich zur persönlichen Gestalt Kṛṣṇas hingezogen, nicht zum unpersönlichen Brahman. Er möchte wissen, ob seine Position sicher ist. Sowohl in der materiellen wie auch in der spirituellen Welt des Höchsten Herrn stellt die unpersönliche Manifestation für die Meditation ein Problem dar, denn im Grunde ist es nicht möglich, den unpersönlichen Aspekt der Absoluten Wahrheit auf vollkommene Weise zu erfassen. Arjuna will daher sagen: „Wozu eine solche Zeitverschwendung?" Arjuna machte im Elften Kapitel die Erfahrung, daß es das beste ist, sich auf die persönliche Form Kṛṣṇas zu konzentrieren, da er auf diese Weise alle anderen Formen automatisch verstehen konnte, ohne daß seine Liebe zu Kṛṣṇa beeinträchtigt wurde. Diese bedeutende Frage Arjunas an Kṛṣṇa wird den Unterschied zwischen der unpersönlichen und der persönlichen Auffassung von der Absoluten Wahrheit klarstellen.

Vers 2 श्रीभगवानुवाच
मय्यावेश्य मनो ये मां नित्ययुक्ता उपासते ।
श्रद्धया परयोपेतास्ते मे युक्ततमा मताः ॥ २ ॥

śrī-bhagavān uvāca
mayy āveśya mano ye māṁ nitya-yuktā upāsate
śraddhayā parayopetās te me yukta-tamā matāḥ

śrī-bhagavān uvāca – die Höchste Persönlichkeit Gottes sprach; *mayi* – auf Mich; *āveśya* – richtend; *manaḥ* – den Geist; *ye* – diejenigen, die; *mām* – Mich; *nitya* – immer; *yuktāḥ* – beschäftigt; *upāsate* – Verehrung; *śraddhayā* – mit Glauben; *parayā* – transzendentalem; *upetāḥ* – ausgestattet; *te* – sie; *me* – von Mir; *yukta-tamāḥ* – am vollkommensten im *yoga; matāḥ* – werden erachtet.

Die Höchste Persönlichkeit Gottes sprach: Diejenigen, die ihren Geist auf Meine persönliche Gestalt richten und Mich stets mit großem, transzendentalem Glauben verehren, werden von Mir als die Vollkommensten angesehen.

ERLÄUTERUNG: Als Antwort auf Arjunas Frage sagt Kṛṣṇa klar, daß derjenige, der sich auf Seine persönliche Form konzentriert und Ihn mit Glauben und Hingabe verehrt, als der vollkommenste *yogī* angesehen werden muß. Für einen Menschen in solchem Kṛṣṇa-Bewußtsein gibt es keine materiellen Tätigkeiten, da er alles für Kṛṣṇa tut. Ein reiner Gottgeweihter ist ständig beschäftigt – manchmal chantet er, manchmal hört er über Kṛṣṇa, zuweilen liest er Bücher über Kṛṣṇa, dann wieder kocht er *prasādam* oder geht zum Marktplatz, um etwas für Kṛṣṇa zu kaufen; ein anderes Mal reinigt er den Tempel oder spült Geschirr. Doch was immer er auch tut, er läßt keinen Augenblick verstreichen, ohne seine Tätigkeiten Kṛṣṇa zu weihen. Solches Handeln findet in vollkommenem *samādhi* statt.

Vers 3–4

ये त्वक्षरमनिर्देश्यमव्यक्तं पर्युपासते ।
सर्वत्रगमचिन्त्यं च कूटस्थमचलं ध्रुवम् ॥ ३ ॥

सन्नियम्येन्द्रियग्रामं सर्वत्र समबुद्धयः ।
ते प्राप्नुवन्ति मामेव सर्वभूतहिते रताः ॥ ४ ॥

ye tv akṣaram anirdeśyam avyaktaṁ paryupāsate
sarvatra-gam acintyaṁ ca kūṭa-stham acalaṁ dhruvam

sanniyamyendriya-grāmaṁ sarvatra sama-buddhayaḥ
te prāpnuvanti mām eva sarva-bhūta-hite ratāḥ

ye – diejenigen, die; *tu* – aber; *akṣaram* – das, was sich jenseits der Sinneswahrnehmung befindet; *anirdeśyam* – unbegrenzt; *avyaktam* – unmanifestiert; *paryupāsate* – sich völlig mit Verehrung beschäftigen; *sarvatra-gam* – alldurchdringend; *acintyam* – unbegreiflich; *ca* – auch; *kūṭa-stham* – unveränderlich; *acalam* – unbeweglich; *dhruvam* – gefestigt; *sanniyamya* – beherrschend; *indriya-grāmam* – alle Sinne; *sarvatra* – überall; *sama-buddhayaḥ* – gleichgesinnt; *te* – sie; *prāpnuvanti* – erreichen; *mām* – Mich; *eva* – gewiß; *sarva-bhūta-hite* – zum Wohl aller Lebewesen; *ratāḥ* – beschäftigt.

Diejenigen aber, die das Unmanifestierte verehren, das, was jenseits der Sinneswahrnehmung liegt, das Alldurchdringende, Unbegreifliche, Unwandelbare und Unbewegliche – den unpersönlichen Aspekt der Absoluten Wahrheit –, indem sie die Sinne beherrschen und jedem gleichgesinnt sind, solche Menschen, die zum Wohle aller beschäftigt sind, erreichen Mich am Ende ebenfalls.

ERLÄUTERUNG: Diejenigen, die den Höchsten Herrn, Kṛṣṇa, nicht direkt verehren, sondern versuchen, das gleiche Ziel durch einen indirekten Vorgang zu erreichen, gelangen am Ende ebenfalls zum höchsten Ziel, Śrī Kṛṣṇa. „Nach vielen Geburten sucht der Weise Zuflucht bei Mir, da er weiß, daß Vāsudeva alles ist.“ Wenn jemand nach vielen

Geburten zu vollkommenem Wissen gelangt, ergibt er sich Śrī Kṛṣṇa. Wenn man sich Gott nach der in diesem Vers beschriebenen Methode zuwendet, muß man die Sinne beherrschen, jedem Dienst darbringen und zum Wohl aller Wesen tätig sein. Aus diesem Vers läßt sich schließen, daß man sich Śrī Kṛṣṇa zuwenden muß; ansonsten ist vollkommene Erkenntnis nicht möglich. Oft sind große Bußen erforderlich, bevor man sich Ihm völlig ergibt.

Um die Überseele in jeder individuellen Seele wahrzunehmen, muß man die Sinnestätigkeiten des Sehens, Hörens, Schmeckens, Handelns usw. einstellen. Dann gelangt man zu der Erkenntnis, daß die Höchste Seele überall gegenwärtig ist. Wenn man dies verstanden hat, beneidet man kein Lebewesen – man sieht keinen Unterschied mehr zwischen Mensch und Tier, da man nur die Seele sieht und nicht die äußere Hülle. Für den gewöhnlichen Menschen jedoch ist diese Methode der unpersönlichen Verwirklichung sehr schwierig.

Vers 5 क्लेशोऽधिकतरस्तेषामव्यक्तासक्तचेतसाम् ।
अव्यक्ता हि गतिर्दुःखं देहवद्भिरवाप्यते ॥ ५ ॥

kleśo 'dhika-taras teṣām avyaktāsakta-cetasām
avyaktā hi gatir duḥkhaṁ dehavadbhir avāpyate

kleśaḥ – Mühe; *adhika-taraḥ* – sehr viel; *teṣām* – von ihnen; *avyakta* – dem Unmanifestierten; *āsakta* – angehaftet; *cetasām* – derjenigen, deren Geist; *avyaktā* – zum Unmanifestierten; *hi* – gewiß; *gatiḥ* – Fortschritt; *duḥkham* – mit Mühe; *deha-vadbhiḥ* – von den Verkörperten; *avāpyate* – wird erreicht.

Für diejenigen, deren Geist am unmanifestierten, unpersönlichen Aspekt des Höchsten haftet, ist Fortschritt sehr beschwerlich. Auf diesem Pfad fortzuschreiten ist für die verkörperten Seelen immer sehr schwierig.

ERLÄUTERUNG: Diejenigen Transzendentalisten, die sich dem unbegreiflichen, unmanifestierten, unpersönlichen Aspekt des Höchsten Herrn zuwenden, werden *jñāna-yogīs* genannt, und diejenigen, die völlig Kṛṣṇa-bewußt sind und sich im hingebungsvollen Dienst des Herrn beschäftigen, werden *bhakti-yogīs* genannt. Hier wird nun eindeutig der Unterschied zwischen *jñāna-yoga* und *bhakti-yoga* erklärt. Der Vorgang des *jñāna-yoga* führt zwar letztlich zum gleichen Ziel, aber er ist sehr beschwerlich, wohingegen der Pfad des *bhakti-yoga,* bei dem man sich direkt im Dienst der Höchsten Persönlichkeit Gottes betätigt, einfacher und für die verkörperte Seele natürlich ist. Die individuelle Seele ist seit unvordenklichen Zeiten verkörpert, und es fällt ihr sehr schwer, auch nur theoretisch zu verstehen, daß sie nicht der Körper ist. Deshalb verehrt der *bhakti-yogī* die Bildgestalt Kṛṣṇas, denn auf diese Weise kann die körperliche Lebensauffassung, die sich im Geist festgesetzt hat, richtig angewandt werden. Natürlich hat die Verehrung der Höchsten Persönlichkeit Gottes in Form Seiner Bildgestalt im Tempel nichts mit Götzenverehrung zu tun. Wie die vedischen Schriften erklären, kann Verehrung entweder *saguṇa* oder *nirguṇa* sein, das heißt Verehrung des Höchsten, der Eigenschaften besitzt bzw. keine Eigenschaften besitzt. Verehrung der Bildgestalt im Tempel ist *saguṇa*-Verehrung, da der Herr hierbei durch materielle Eigenschaften repräsentiert wird. Doch obwohl die Form des Herrn durch materielle Elemente wie Stein, Holz oder Ölfarbe repräsentiert wird, ist sie nicht materiell. Das ist das absolute Wesen des Höchsten Herrn.

Dies kann durch ein grobes Beispiel veranschaulicht werden. An der Straße sind Briefkästen aufgestellt, und wenn wir unsere Briefe in diese Kästen werfen, werden sie automatisch und ohne Schwierigkeiten an ihren Bestimmungsort gelangen. Aber jeder beliebige Kasten oder eine Imitation, die nicht vom Postamt aufgestellt wurde, wird diese Aufgabe nicht erfüllen. In ähnlicher Weise ist die Bildgestalt, die *arcā-vigraha,* eine autorisierte Repräsentation Gottes. Die *arcā-vigraha* ist eine Inkarnation des Höchsten Herrn, und durch diese Form nimmt Er Dienst entgegen. Gott ist omnipotent, allmächtig, und daher kann Er durch Seine Inkarnation der *arcā-vigraha* den Dienst Seines Geweihten entgegennehmen. Auf diese Weise macht Er es dem Menschen im bedingten Leben leicht, sich Ihm zu nähern.

Für einen Gottgeweihten ist es also nicht schwer, sich auf der Stelle direkt an den Höchsten zu wenden; diejenigen hingegen, die den unpersönlichen Weg der spirituellen Verwirklichung eingeschlagen haben, haben es sehr schwer. Sie müssen die unpersönliche Repräsentation des Höchsten verstehen, indem sie vedische Schriften wie die *Upaniṣaden* studieren; dazu müssen sie deren Sprache lernen, sie müssen die nichtwahrnehmbaren Gefühle verstehen und all diese Vorgänge bis ans Ende durchführen. Dies ist für einen gewöhnlichen Menschen nicht so leicht. Ein Mensch im Kṛṣṇa-Bewußtsein, der im hingebungsvollen Dienst tätig ist, kann einfach dadurch, daß er sich von einem echten spirituellen Meister führen läßt, der Bildgestalt regelmäßig Ehrerbietungen erweist, über die Herrlichkeit des Herrn hört und die Überreste der Speisen ißt, die dem Herrn dargebracht wurden, die Höchste Persönlichkeit Gottes sehr leicht erkennen. Ohne Zweifel beschreiten die Unpersönlichkeitsanhänger unnötigerweise einen mühseligen Pfad und riskieren dabei, daß sie die Absolute Wahrheit letztlich gar nicht erreichen. Der Persönlichkeitsanhänger dagegen wendet sich direkt an die Höchste Persönlichkeit Gottes, ohne jedes Risiko, ohne Mühsal und ohne Schwierigkeit. Im *Śrīmad-Bhāgavatam* findet man eine Textstelle mit einer ähnlichen Aussage. Es heißt dort: Man muß sich letzten Endes der Höchsten Persönlichkeit Gottes ergeben (und dieser Vorgang der Ergebung wird *bhakti* genannt), aber wenn man stattdessen die Mühe auf sich nimmt, zu analysieren, was Brahman und was nicht Brahman ist, und so sein ganzes Leben verbringt, dann ist das Ergebnis nur die Mühe, die man sich gemacht hat. Daher wird hier empfohlen, diesen mühsamen Pfad der Selbstverwirklichung nicht zu beschreiten, da das letztliche Ergebnis ungewiß ist.

Das Lebewesen ist ewiglich eine individuelle Seele, und wenn es in das spirituelle Ganze eingehen will, kann es bestenfalls den Ewigkeits- und den Wissensaspekt seines ursprünglichen Wesens verwirklichen, nicht aber den Glückseligkeitsaspekt. Durch die Gnade eines Gottgeweihten mag sich ein solcher Transzendentalist, der in bezug auf *jñāna-yoga* sehr gelehrt ist, dem Pfad des *bhakti-yoga,* dem Pfad des hingebungsvollen Dienstes, zuwenden. Dann jedoch wird die lange Beschäftigung mit der Unpersönlichkeitslehre zur Quelle weiterer Schwierigkeiten, da er die gewohnten Vorstellungen nicht aufgeben kann. Folglich bereitet das Unmanifestierte der verkörperten Seele nur Schwierigkeiten, sowohl während der Praxis als auch zur Zeit der Verwirklichung. Jedes Lebewesen besitzt eine gewisse Unabhängigkeit, und man sollte sich darüber im Klaren sein, daß diese unmanifestierte Erkenntnis der Natur des spirituellen, glückseligen Selbst widerspricht. Man sollte diesen Vorgang nicht aufnehmen. Der beste Weg für alle individuellen Lebewesen ist der Vorgang des Kṛṣṇa-Bewußtseins, der völlige Beschäftigung im Kṛṣṇa-Bewußtsein miteinschließt. Wenn man versucht, den hingebungsvollen Dienst zu meiden, so besteht die Gefahr, daß man dem Atheismus verfällt. Der Vorgang, die Aufmerksamkeit auf das Unmanifestierte und Unvorstellbare zu konzentrieren, das jenseits der Reichweite der Sinne liegt, wie es bereits in diesem Vers erklärt wurde, sollte deshalb niemals empfohlen werden, vor allem nicht im gegenwärtigen Zeitalter. Es ist ein Vorgang, von dem Śrī Kṛṣṇa abrät.

Vers ये तु सर्वाणि कर्माणि मयि सन्न्यस्य मत्पराः ।
6–7 अनन्येनैव योगेन मां ध्यायन्त उपासते ॥ ६ ॥

तेषामहं समुद्धर्ता मृत्युसंसारसागरात् ।
भवामि न चिरात्पार्थ मय्यावेशितचेतसाम् ॥ ७ ॥

ye tu sarvāṇi karmāṇi mayi sannyasya mat-parāḥ
ananyenaiva yogena māṁ dhyāyanta upāsate

teṣām ahaṁ samuddhartā mṛtyu-saṁsāra-sāgarāt
bhavāmi na cirāt pārtha mayy āveśita-cetasām

ye – diejenigen, die; *tu* – aber; *sarvāṇi* – alle; *karmāṇi* – Tätigkeiten; *mayi* – Mir; *sannyasya* – aufgebend; *mat-parāḥ* – Mir zugetan; *ananyena* – ohne Abweichung; *eva* – gewiß; *yogena* – durch Ausübung von solchem *bhakti-yoga; mām* – über Mich; *dhyāyantaḥ* – meditierend; *upāsate* – verehren; *teṣām* – von ihnen; *aham* – Ich; *samuddhartā* – der Erlöser; *mṛtyu* – des Todes; *saṁsāra* – im materiellen Dasein; *sāgarāt* – aus dem Ozean; *bhavāmi* – Ich werde; *na* – nicht; *cirāt* – nach langer Zeit; *pārtha* – o Sohn Pṛthās; *mayi* – auf Mich; *āveśita* – fest gerichtet; *cetasām* – von denjenigen, deren Geist.

Doch diejenigen, die Mich verehren, die all ihre Tätigkeiten Mir weihen, Mir ohne Abweichung hingegeben sind, sich im hingebungsvollen Dienst beschäftigen und immer über Mich meditieren, indem sie ihren Geist fest auf Mich richten, sie, o Sohn Pṛthās, befreie Ich sehr schnell aus dem Ozean von Geburt und Tod.

ERLÄUTERUNG: Es wird hier ausdrücklich gesagt, daß sich die Gottgeweihten in einer sehr glücklichen Lage befinden, da der Herr sie schon sehr bald aus dem materiellen Dasein befreien wird. Im reinen hingebungsvollen Dienst gelangt man zu der Erkenntnis, daß Gott groß ist und daß die individuelle Seele Ihm untergeordnet ist. Ihre Pflicht besteht darin, dem Herrn Dienst darzubringen; tut sie dies nicht, so wird sie *māyā* dienen.

Wie zuvor erklärt wurde, kann der Höchste Herr nur durch hingebungsvollen Dienst verstanden werden. Deshalb sollte man Ihm völlig hingegeben sein. Man sollte seinen Geist fest auf Kṛṣṇa richten, um Ihn zu erreichen. Man sollte nur für Kṛṣṇa arbeiten. Es spielt keine Rolle, welcher Beschäftigung man nachgeht, aber diese Beschäftigung sollte allein Kṛṣṇa gewidmet sein. Das ist der Standard des hingebungsvollen Dienstes. Der Gottgeweihte hat keinen anderen Wunsch, als die Höchste Persönlichkeit Gottes zu erfreuen. Die Mission seines Lebens besteht darin, Kṛṣṇa zu erfreuen, und für die Zufriedenstellung Kṛṣṇas kann er alles opfern, so wie es Arjuna in der Schlacht von Kurukṣetra tat. Der Vorgang ist sehr einfach: Man kann sich innerhalb seiner Arbeit

Kṛṣṇa hingeben und gleichzeitig Hare Kṛṣṇa, Hare Kṛṣṇa, Kṛṣṇa Kṛṣṇa, Hare Hare / Hare Rāma, Hare Rāma, Rāma Rāma, Hare Hare chanten. Solches transzendentales Chanten erweckt im Gottgeweihten Zuneigung zur Persönlichkeit Gottes.

Der Höchste Herr verspricht hier, daß Er einen reinen Gottgeweihten, der auf solche Weise beschäftigt ist, unverzüglich aus dem Ozean der materiellen Existenz befreien wird. Diejenigen, die auf dem Pfad des *yoga* fortgeschritten sind, können die Seele auf Wunsch durch den *yoga*-Vorgang auf jeden beliebigen Planeten erheben, und es gibt andere, die mit verschiedenen Mitteln das gleiche Ziel anstreben; doch was den Gottgeweihten betrifft, so heißt es hier eindeutig, daß der Herr persönlich kommt, um ihn zu erlösen. Der Gottgeweihte braucht also nicht zu warten, bis er hochqualifiziert ist, um sich selbst in den spirituellen Himmel zu erheben.

Im *Varāha Purāṇa* findet man folgenden Vers:

nayāmi paramaṁ sthānam arcir-ādi-gatiṁ vinā
garuḍa-skandham āropya yatheccham anivāritaḥ

Dieser Vers besagt, daß ein Gottgeweihter nicht *aṣṭāṅga-yoga,* zu praktizieren braucht, um seine Seele zu den spirituellen Planeten zu erheben. Die Verantwortung hierfür übernimmt der Höchste Herr persönlich. Er sagt hier eindeutig, daß Er Selbst zum Befreier Seines Geweihten wird. Ein Kind wird in jeder Beziehung von seinen Eltern umsorgt und kann sich daher geborgen fühlen. In ähnlicher Weise braucht sich ein Gottgeweihter nicht zu bemühen, sich durch die Ausübung von *yoga* auf andere Planeten zu erheben. Vielmehr kommt der Höchste Herr in Seiner großen Barmherzigkeit sogleich auf Seinem gefiederten Träger Garuḍa herbei und befreit den Gottgeweihten unverzüglich aus dem materiellen Dasein. Ein Mann, der ins Meer gefallen ist, mag sehr schwer kämpfen und mag auch ein guter Schwimmer sein, aber er kann sich nicht selbst retten. Wenn aber jemand zu Hilfe kommt und ihn aus dem Wasser zieht, wird er ohne Schwierigkeit gerettet. In ähnlicher Weise zieht der Herr den Gottgeweihten aus dem materiellen Dasein. Man braucht nur den einfachen Vorgang des Kṛṣṇa-Bewußtseins zu praktizieren und sich vollständig im hingebungsvollen Dienst zu beschäftigen. Jeder intelligente Mensch sollte den Vorgang des hingebungsvollen Dienstes stets allen anderen Pfaden vorziehen. Im *Nārāyaṇīya* wird dies wie folgt bestätigt:

yā vai sādhana-sampattiḥ puruṣārtha-catuṣṭaye
tayā vinā tad āpnoti naro nārāyaṇāśrayaḥ

Die Bedeutung dieses Verses ist, daß man sich nicht mit den verschiedenen Vorgängen fruchtbringender Tätigkeiten oder mit der Entwicklung von Wissen durch gedankliche Spekulation befassen sollte. Wer der Höchsten Persönlichkeit hingegeben ist, kann alles erreichen, was durch andere *yoga*-Vorgänge, Spekulation, Opfer, Wohltätigkeit, Rituale usw. erreicht werden kann. Das ist der besondere Segen, den der hingebungsvolle Dienst gewährt.

Einfach durch das Chanten von Kṛṣṇas Heiligem Namen – Hare Kṛṣṇa, Hare Kṛṣṇa, Kṛṣṇa Kṛṣṇa, Hare Hare / Hare Rāma, Hare Rāma, Rāma Rāma, Hare Hare – kann sich ein Geweihter des Herrn voller Freude und ohne Schwierigkeit dem höchsten Ziel nähern. Dieses Ziel kann man durch keinen anderen Vorgang der Religion erreichen.

Die Schlußfolgerung der *Bhagavad-gītā* findet man im Achtzehnten Kapitel:

sarva-dharmān parityajya mām ekaṁ śaraṇaṁ vraja
ahaṁ tvāṁ sarva-pāpebhyo mokṣayiṣyāmi mā śucaḥ

Man sollte alle anderen Vorgänge der Selbstverwirklichung aufgeben und einfach hingebungsvollen Dienst im Kṛṣṇa-Bewußtsein ausüben. So wird man in der Lage sein, die höchste Vollkommenheit des Lebens zu erreichen. Man braucht sich um die sündhaften Handlungen seines vergangenen Lebens keine Gedanken zu machen, denn man wird vom Höchsten Herrn völlig beschützt. Daher sollte man nicht versuchen, sich selbst durch spirituelle Erkenntnis zu befreien, denn das wäre sowieso nutzlos. Möge jeder beim höchsten allmächtigen Gott, Kṛṣṇa, Zuflucht suchen. Das ist die höchste Vollkommenheit des Lebens.

Vers 8 मय्येव मन आधत्स्व मयि बुद्धिं निवेशय ।
निवसिष्यसि मय्येव अत ऊर्ध्वं न संशयः ॥ ८ ॥

mayy eva mana ādhatsva mayi buddhiṁ niveśaya
nivasiṣyasi mayy eva ata ūrdhvaṁ na saṁśayaḥ

mayi – auf Mich; *eva* – gewiß; *manaḥ* – Geist; *ādhatsva* – richte; *mayi* – auf Mich; *buddhim* – Intelligenz; *niveśaya* – verwende; *nivasiṣyasi* – du wirst leben; *mayi* – in Mir; *eva* – gewiß; *ataḥ ūrdhvam* – danach; *na* – niemals; *saṁśayaḥ* – Zweifel.

Richte deinen Geist einfach auf Mich, die Höchste Persönlichkeit Gottes, und beschäftige all deine Intelligenz mit Mir. So wirst du ohne Zweifel immer in Mir leben.

ERLÄUTERUNG: Jemand, der in Śrī Kṛṣṇas hingebungsvollem Dienst tätig ist, lebt in einer direkten Beziehung mit dem Höchsten Herrn; es läßt sich also nicht bezweifeln, daß er sich von Anfang an auf der transzendentalen Ebene befindet. Ein Gottgeweihter lebt nicht auf der materiellen Ebene – er lebt in Kṛṣṇa. Der Heilige Name des Herrn und der Herr Selbst sind nicht voneinander verschieden; wenn daher ein Gottgeweihter Hare Kṛṣṇa chantet, tanzen Kṛṣṇa und Seine innere Energie auf der Zunge des Gottgeweihten. Wenn er Kṛṣṇa Nahrung opfert, nimmt Kṛṣṇa diese Speisen direkt an, und der Gottgeweihte wird Kṛṣṇa-isiert, indem er die Überreste ißt. Jemand, der sich nicht in solchem Dienst beschäftigt, kann nicht verstehen, wie dies möglich ist, obgleich es sich hierbei um einen Vorgang handelt, der in der *Bhagavad-gītā* und in anderen vedischen Schriften empfohlen wird.

Vers 9 अथ चित्तं समाधातुं न शक्नोषि मयि स्थिरम् ।
अभ्यासयोगेन ततो मामिच्छाप्तुं धनञ्जय ॥ ९ ॥

atha cittaṁ samādhātuṁ na śaknoṣi mayi sthiram
abhyāsa-yogena tato mām icchāptuṁ dhanañ-jaya

atha – wenn, daher; *cittam* – Geist; *samādhātum* – zu richten; *na* – nicht; *śaknoṣi* – du bist imstande; *mayi* – auf Mich; *sthiram* – stetig; *abhyāsa-yogena* – durch die Ausübung hingebungsvollen Dienstes; *tataḥ* – dann; *mām* – Mich; *icchā* – Wunsch; *āptum* – zu bekommen; *dhanam-jaya* – o Gewinner von Reichtum, Arjuna.

Mein lieber Arjuna, o Gewinner von Reichtum, wenn du deinen Geist nicht ohne Abweichung auf Mich richten kannst, so befolge die regulierenden Prinzipien des bhakti-yoga, und entwickle auf diese Weise den Wunsch, zu Mir zu gelangen.

ERLÄUTERUNG: In diesem Vers ist von zwei verschiedenen Vorgängen des *bhakti-yoga* die Rede. Der erste ist für diejenigen bestimmt, die durch transzendentale Liebe bereits Zuneigung zu Kṛṣṇa, der Höchsten Persönlichkeit Gottes, entwickelt haben. Und der andere Vorgang ist für diejenigen bestimmt, die diese transzendentale Liebe und Zuneigung zur Höchsten Person noch nicht entwickelt haben. Für die letztere Gruppe gibt es verschiedene vorgeschriebene Regeln und Regulierungen, die einem helfen, letztlich auf die Stufe der Zuneigung zu Kṛṣṇa erhoben zu werden.

Bhakti-yoga bedeutet Läuterung der Sinne. Im gegenwärtigen Zustand, im materiellen Dasein, sind die Sinne immer unrein, weil sie mit Sinnenbefriedigung beschäftigt sind. Durch die Ausübung von *bhakti-yoga* jedoch können die Sinne geläutert werden, und in diesem geläuterten Zustand kommen sie direkt mit dem Höchsten Herrn in Verbindung. Wenn man im materiellen Dasein einem Meister dient, dient man ihm nicht wirklich mit Liebe, sondern lediglich des Geldes wegen. Und auch der Meister kennt keine Liebe; er nimmt den Dienst entgegen und zahlt den Lohn. Von Liebe kann also keine Rede sein. Was jedoch spirituelles Leben betrifft, so muß man zur reinen Stufe der Liebe erhoben werden. Diese Stufe der Liebe kann durch die Ausübung hingebungsvollen Dienstes erreicht werden, der mit den gegenwärtigen Sinnen ausgeführt wird.

Diese Liebe zu Gott, die im Herzen eines jeden vorhanden ist, befindet sich zur Zeit in einem schlummernden Zustand. Sie nimmt dort verschiedene Erscheinungsformen an, die jedoch durch den Einfluß der Materie verunreinigt sind. Deshalb ist es notwendig, das Herz vom Einfluß der Materie zu läutern und die schlummernde, natürliche Liebe zu Kṛṣṇa wiederzuerwecken. Das ist der Vorgang des Kṛṣṇa-Bewußtseins.

Um *bhakti-yoga* zu praktizieren, sollte man, unter der Führung eines kundigen spirituellen Meisters, bestimmte regulierende Prinzipien ausüben: Man sollte frühmorgens aufstehen, ein Bad nehmen, in den Tempel gehen, Gebete darbringen und Hare Kṛṣṇa chanten, dann Blumen pflücken, um sie der Bildgestalt darzubringen, Speisen zubereiten, um sie der Bildgestalt darzubringen, *prasādam* zu sich nehmen, usw. Es gibt verschiedene Regeln und Regulierungen, die man beachten sollte. Überdies sollte man ständig von reinen Gottgeweihten aus der *Bhagavad-gītā* und dem *Śrīmad-Bhāgavatam* hören. Das Befolgen dieser Prinzipien kann es jedem ermöglichen, zur Ebene der Liebe zu Gott erhoben zu werden, und dann ist es sicher, daß man in das spirituelle Königreich Gottes gelangt. Die Ausübung von *bhakti-yoga* nach den obengenannten Regeln und Vorschriften unter der Anleitung eines spirituellen Meisters wird einen mit Sicherheit auf die Stufe der Liebe zu Gott erheben.

Vers 10 अभ्यासेऽप्यसमर्थोऽसि मत्कर्मपरमो भव ।
मदर्थमपि कर्माणि कुर्वन् सिद्धिमवाप्स्यसि ॥१०॥

abhyāse 'py asamartho 'si mat-karma-paramo bhava
mad-artham api karmāṇi kurvan siddhim avāpsyasi

abhyāse – bei der Ausübung von; *api* – selbst wenn; *asamarthaḥ* – unfähig; *asi* – du bist; *mat-karma* – Meine Arbeit; *paramaḥ* – gewidmet; *bhava* – werde; *mat-artham* – für Mich; *api* – sogar; *karmāṇi* – Arbeit; *kurvan* – ausführend; *siddhim* – Vollkommenheit; *avāpsyasi* – du wirst erreichen.

Wenn du die Prinzipien des bhakti-yoga nicht praktizieren kannst, dann versuche einfach, für Mich zu arbeiten, denn indem du für Mich arbeitest, kannst du die Stufe der Vollkommenheit erreichen.

ERLÄUTERUNG: Selbst jemand, der nicht imstande ist, die Vorgänge des *bhakti-yoga* unter der Anleitung eines spirituellen Meisters auszuüben, kann auf die Stufe der Vollkommenheit erhoben werden, wenn er für den Höchsten Herrn arbeitet. Wie diese Arbeit zu verrichten ist, wurde bereits im fünfundfünfzigsten Vers des Elften Kapitels erklärt. Man sollte mit der Verbreitung des Kṛṣṇa-Bewußtseins sympathisieren. Es gibt viele Gottgeweihte, die mit der Verbreitung des Kṛṣṇa-Bewußtseins beschäftigt sind, und sie benötigen Unterstützung. Selbst wenn man also nicht direkt die Prinzipien des *bhakti-yoga* ausüben kann, kann man versuchen, die Gottgeweihten in ihrer Mission zu unterstützen. Jede Bemühung erfordert Land, Kapital, Organisation und Arbeit. Genauso wie man im Geschäftsleben eine Niederlassung, Kapital, Arbeit und eine Organisation braucht, um sich zu erweitern, so sind auch in Kṛṣṇas Dienst solche Dinge erforderlich. Der einzige Unterschied besteht darin, daß man im Materialismus für die Befriedigung der Sinne arbeitet. Die gleiche Arbeit kann jedoch für die Zufriedenstellung Kṛṣṇas verrichtet werden, und dann sind es spirituelle Tätigkeiten. Wenn man genügend Geld besitzt, kann man den Bau eines Zentrums oder eines Tempels zur Verbreitung des Kṛṣṇa-Bewußtseins unterstützen. Oder man kann die Publikation Kṛṣṇa-bewußter Literatur fördern. Es gibt viele solcher Tätigkeitsbereiche im Kṛṣṇa-Bewußtsein, und man sollte sich für solche Tätigkeiten interessieren und sie unterstützen. Wenn man nicht die Früchte seiner Arbeit opfern kann, kann man zumindest einen gewissen Teil spenden, um Kṛṣṇa-Bewußtsein zu verbreiten. Dieser freiwillige Dienst für die Mission des Kṛṣṇa-Bewußtseins wird einem helfen, seine Liebe zu Gott zu entwickeln, wodurch man die Vollkommenheit erreicht.

Vers 11 अथैतदप्यशक्तोऽसि कर्तुं मद्योगमाश्रितः ।
सर्वकर्मफलत्यागं ततः कुरु यतात्मवान् ॥११॥

athaitad apy aśakto 'si kartuṁ mad-yogam āśritaḥ
sarva-karma-phala-tyāgaṁ tataḥ kuru yatātmavān

atha – selbst wenn; *etat* – dies; *api* – auch; *aśaktaḥ* – nicht imstande; *asi* – du bist; *kartum* – auszuführen; *mat* – für Mich; *yogam* – im hingebungsvollen Dienst; *āśritaḥ* – Zuflucht nehmend; *sarva-karma* – aller Handlungen; *phala* – von den Ergebnissen; *tyāgam* – Entsagung; *tataḥ* – dann; *kuru* – tue; *yata-ātma-vān* – im Selbst verankert.

Wenn du jedoch nicht imstande bist, in diesem Bewußtsein für Mich zu arbeiten, dann versuche, allen Früchten deiner Arbeit zu entsagen und im Selbst verankert zu sein.

ERLÄUTERUNG: Es kann sein, daß man aus gesellschaftlichen, familiären oder religiösen Erwägungen oder aus anderen Hinderungsgründen nicht einmal imstande ist, mit den Tätigkeiten des Kṛṣṇa-Bewußtseins zu sympathisieren. Wenn man sich direkt den Tätigkeiten des Kṛṣṇa-Bewußtseins anschließt, könnten Familienangehörige Einwände erheben, oder es könnten viele andere Schwierigkeiten auftreten. Einem Menschen, der vor diesem Problem steht, wird geraten, die angehäuften Ergebnisse seiner Arbeit für einen guten Zweck zu spenden. Die vedischen Schriften beschreiben in diesem Zusammenhang viele Vorgänge. Es gibt verschiedene Opfervorgänge für den Vollmondtag, und es gibt besondere Zeremonien, bei denen man die Ergebnisse seiner vergangenen Arbeit verwenden kann. So kann man allmählich auf die Ebene des Wissens erhoben werden. Manchmal sieht man auch, daß jemand, der an den Tätigkeiten des Kṛṣṇa-Bewußtseins nicht interessiert ist, einem Krankenhaus oder einer anderen sozialen Einrichtung Geld spendet und so den schwerverdienten Früchten seiner Arbeit entsagt. Auch dies wird hier empfohlen, denn wenn man sich darin übt, auf die Früchte seiner Arbeit zu verzichten, ist es sicher, daß man allmählich seinen Geist läutert, und auf dieser geläuterten Stufe des Geistes wird man in der Lage sein, Kṛṣṇa-Bewußtsein zu verstehen. Natürlich ist Kṛṣṇa-Bewußtsein nicht von irgendeiner anderen Erfahrung abhängig, denn Kṛṣṇa-Bewußtsein allein genügt, um den Geist eines Menschen zu läutern; aber wenn man sich aus irgendwelchen Gründen nicht in der Lage sieht, sich dem Kṛṣṇa-Bewußtsein zuzuwenden, kann man versuchen, den Ergebnissen seiner Handlungen zu entsagen. So gesehen, können auch sozialer Dienst, Dienst an der Gemeinde, an der Nation, Opfer für das Vaterland usw. annehmbar sein, mit dem Ziel, eines Tages auf die Stufe reinen hingebungsvollen Dienstes zum Höchsten Herrn zu gelangen. In der *Bhagavad-gītā* (18.46) finden wir die folgende Aussage: *yataḥ pravṛttir bhūtānām:* Wenn man sich dazu entschließt, für die höchste Ursache Opfer darzubringen, wird man, selbst wenn man nicht weiß, daß die höchste Ursache Kṛṣṇa ist, durch diesen Vorgang des Opfers allmählich zu der Einsicht gelangen, daß Kṛṣṇa die höchste Ursache ist.

Vers 12 श्रेयो हि ज्ञानमभ्यासाज्ज्ञानाद्ध्यानं विशिष्यते ।
ध्यानात्कर्मफलत्यागस्त्यागाच्छान्तिरनन्तरम् ॥१२॥

śreyo hi jñānam abhyāsāj jñānād dhyānaṁ viśiṣyate
dhyānāt karma-phala-tyāgas tyāgāc chāntir anantaram

śreyaḥ – besser; *hi* – gewiß; *jñānam* – Wissen; *abhyāsāt* – als die Ausübung; *jñānāt* – als Wissen; *dhyānam* – Meditation; *viśiṣyate* – wird als besser angesehen; *dhyānāt* – als Meditation; *karma-phala-tyāgaḥ* – Entsagung der Ergebnisse fruchtbringender Tätigkeiten; *tyāgāt* – durch solche Entsagung; *śāntiḥ* – Frieden; *anantaram* – danach.

Wenn du nicht auf diese Weise handeln kannst, dann beschäftige dich mit der Entwicklung von Wissen. Besser als Wissen jedoch ist Meditation, und besser als Meditation ist die Entsagung der Früchte seiner Tätigkeiten, denn durch solche Entsagung kann man inneren Frieden erlangen.

ERLÄUTERUNG: Wie in den vorherigen Versen erklärt wurde, gibt es zwei Arten hingebungsvollen Dienstes: den Weg der regulierenden Prinzipien und den Weg der vorbehaltlosen Zuneigung und Liebe zur Höchsten Persönlichkeit Gottes. Denjenigen, die tatsächlich nicht imstande sind, den Prinzipien des Kṛṣṇa-Bewußtseins zu folgen, wird empfohlen, Wissen zu entwickeln, denn durch Wissen kann man seine wahre Stellung verstehen lernen. Allmählich wird sich das Wissen zur Stufe der Meditation entwickeln, und durch Meditation bekommt man die Möglichkeit, allmählich die Höchste Persönlichkeit Gottes zu verstehen. Es gibt Vorgänge, die einen glauben machen, man sei selbst der Höchste, und diese Art der Meditation wird von denjenigen vorgezogen, die unfähig sind, sich im hingebungsvollen Dienst zu beschäftigen. Wenn man nicht in der Lage ist, auf solche Weise zu meditieren, so sollte man die Pflichten befolgen, die in den vedischen Schriften für *brāhmaṇas, kṣatriyas, vaiśyas* und *śūdras* vorgeschrieben sind und die im letzten Kapitel der *Bhagavad-gītā* beschrieben werden. In jedem Falle aber sollte man dem Ergebnis oder der Frucht seines *karma* entsagen, was bedeutet, daß man das Ergebnis seiner Arbeit für einen guten Zweck verwendet.

Zusammenfassend gesagt, gibt es zwei Vorgänge, die Höchste Persönlichkeit Gottes, das höchste Ziel, zu erreichen: den Vorgang allmählicher Entwicklung und den direkten Vorgang. Hingebungsvoller Dienst im Kṛṣṇa-Bewußtsein ist der direkte Vorgang, und der andere Vorgang besteht darin, den Früchten seiner Tätigkeiten zu entsagen. Auf diese Weise kann man auf die Stufe des Wissens gelangen, dann auf die Stufe der Meditation, dann auf die Stufe der Erkenntnis der Überseele und schließlich auf die Stufe der Erkenntnis der Höchsten Persönlichkeit Gottes. Man kann sich entweder für den Schritt-für-Schritt-Vorgang oder für den direkten Pfad entscheiden. Der direkte Vorgang ist nicht für jeden möglich, und daher ist der indirekte Vorgang ebenfalls gut. Man sollte jedoch verstehen, daß der indirekte Vorgang nicht Arjuna empfohlen wird, da er sich bereits auf der Stufe des liebenden hingebungsvollen Dienstes zum Höchsten Herrn befand. Der indirekte Weg ist für diejenigen bestimmt, die sich nicht auf dieser Stufe befinden; sie sollten dem allmählichen Pfad der Entsagung, des Wissens, der Meditation und der Erkenntnis der Überseele und des Brahman folgen. Was jedoch die *Bhagavad-gītā* betrifft, so wird hier die direkte Methode betont. Jedem wird geraten, den direkten Vorgang aufzunehmen und sich der Höchsten Persönlichkeit Gottes, Kṛṣṇa, zu ergeben.

Vers 13–14

अद्वेष्टा सर्वभूतानां मैत्रः करुण एव च ।
निर्ममो निरहङ्कारः समदुःखसुखः क्षमी ॥१३॥

सन्तुष्टः सततं योगी यतात्मा दृढनिश्चयः ।
मय्यर्पितमनोबुद्धिर्यो मद्भक्तः स मे प्रियः ॥१४॥

adveṣṭā sarva-bhūtānāṁ maitraḥ karuṇa eva ca
nirmamo nirahaṅkāraḥ sama-duḥkha-sukhaḥ kṣamī

santuṣṭaḥ satataṁ yogī yatātmā dṛḍha-niścayaḥ
mayy arpita-mano-buddhir yo mad-bhaktaḥ sa me priyaḥ

adveṣṭā – neidlos; *sarva-bhūtānām* – zu allen Lebewesen; *maitraḥ* – freundlich; *karuṇaḥ* – gütig; *eva* – gewiß; *ca* – auch; *nirmamaḥ* – ohne Besitzgefühl; *nirahaṅkāraḥ* – ohne falsches Ego; *sama* – gleich; *duḥkha* – in Leid; *sukhaḥ* – und Glück; *kṣamī* – verzeihend; *santuṣṭaḥ* – zufrieden; *satatam* – immer; *yogī* – jemand, der in Hingabe beschäftigt ist; *yata-ātmā* – selbstbeherrscht; *dṛḍha-niścayaḥ* – mit Entschlossenheit;

mayi – zu Mir; *arpita* – beschäftigt; *manaḥ* – Geist; *buddhiḥ* – und Intelligenz; *yaḥ* – jemand, der; *mat-bhaktaḥ* – Mein Geweihter; *saḥ* – er; *me* – Mir; *priyaḥ* – lieb.

Wer nicht neidisch, sondern allen Lebewesen ein gütiger Freund ist, wer keinen Besitzanspruch erhebt und von falschem Ego frei ist, wer in Glück und Leid gleichmütig bleibt, wer duldsam, immer zufrieden und selbstbeherrscht ist und sich mit Entschlossenheit im hingebungsvollen Dienst beschäftigt, indem er Geist und Intelligenz auf Mich richtet – ein solcher Geweihter ist Mir sehr lieb.

ERLÄUTERUNG: Der Herr wendet Sich nun wieder dem reinen hingebungsvollen Dienst zu und beschreibt in diesen beiden Versen die transzendentalen Eigenschaften eines reinen Gottgeweihten. Ein reiner Gottgeweihter wird niemals durch irgendwelche Umstände verwirrt. Weder beneidet er irgend jemanden, noch wird er seines Feindes Feind. Er denkt: „Es ist nur auf meine eigenen Missetaten der Vergangenheit zurückzuführen, daß diese Person sich mir gegenüber als Feind verhält. Deshalb ist es besser, zu leiden, als zu protestieren." Im *Śrīmad-Bhāgavatam* (10.14.8) heißt es: *tat te 'nukampāṁ su-samīkṣa māṇo bhuñjāna evātma-kṛtaṁ vipākam.* Wenn ein Gottgeweihter leidet oder in Schwierigkeiten ist, sieht er dies als die Barmherzigkeit des Herrn an. Er denkt: „Aufgrund meiner vergangenen Missetaten sollte ich eigentlich viel, viel mehr leiden, als ich jetzt leide. Es ist nur der Barmherzigkeit des Höchsten Herrn zu verdanken, daß ich nicht die Strafe bekomme, die ich verdiene. Durch die Barmherzigkeit der Höchsten Persönlichkeit Gottes bekomme ich nur einen geringen Teil." Deshalb ist der Gottgeweihte trotz vieler leidvoller Umstände immer gelassen, ruhig und geduldig. Auch ist er jedem stets freundlich gesinnt, selbst einem Feind. *Nirmama* bedeutet, daß ein Gottgeweihter den Leiden und Schwierigkeiten, die sich auf den Körper beziehen, nicht viel Bedeutung beimißt, da er genau verstanden hat, daß er nicht der materielle Körper ist. Er identifiziert sich nicht mit dem Körper; daher ist er frei von den Vorstellungen des falschen Ego und bleibt in Glück und Leid ausgeglichen. Er ist duldsam, und er ist mit allem zufrieden, was er durch die Gnade des Höchsten Herrn bekommt. Er bemüht sich nicht sonderlich um etwas, was nur unter großen Schwierigkeiten zu erreichen ist; deshalb ist er immer voller Freude. Er ist der vollkommenste Transzendentalist, denn er ist in den Anweisungen, die er von seinem spirituellen Meister empfangen hat, gefestigt, und weil seine Sinne beherrscht sind, ist er entschlossen. Er wird durch falsche Argumente nicht verunsichert, denn niemand kann ihn von seiner festen Entschlossenheit im hingebungsvollen Dienst abbringen. Er ist sich völlig darüber bewußt, daß Kṛṣṇa der ewige Herr ist, und daher kann ihn niemand aus der Fassung bringen. All diese Eigenschaften ermöglichen es ihm, seinen Geist und seine Intelligenz gänzlich auf den Höchsten Herrn zu richten. Eine solch hohe Stufe des hingebungsvollen Dienstes ist zweifellos sehr rar, doch ein Gottgeweihter erreicht diese Ebene, indem er den regulierenden Prinzipien des hingebungsvollen Dienstes folgt. Der Herr sagt des weiteren, daß Ihm ein solcher Gottgeweihter sehr lieb ist, denn Er ist mit den Tätigkeiten, die dieser Gottgeweihte in vollkommenem Kṛṣṇa-Bewußtsein ausführt, immer zufrieden.

Vers 15 यस्मान्नोद्विजते लोको लोकान्नोद्विजते च यः ।
हर्षामर्षभयोद्वेगैर्मुक्तो यः स च मे प्रियः ॥१५॥

yasmān nodvijate loko lokān nodvijate ca yaḥ
harṣāmarṣa-bhayodvegair mukto yaḥ sa ca me priyaḥ

yasmāt – von dem; *na* – nie; *udvijate* – werden gestört; *lokaḥ* – Menschen; *lokāt* – von Menschen; *na* – nie; *udvijate* – ist verwirrt; *ca* – auch; *yaḥ* – jeder, der; *harṣa* – von Glück; *amarṣa* – Leid; *bhaya* – Furcht; *udvegaiḥ* – und Sorge; *muktaḥ* – befreit; *yaḥ* – der; *saḥ* – jeder; *ca* – auch; *me* – Mir; *priyaḥ* – sehr lieb.

Derjenige, der niemanden in Schwierigkeiten bringt und der sich von niemandem verwirren läßt, der in Glück und Leid, Furcht und Sorge, ausgeglichen bleibt, ist Mir sehr lieb.

ERLÄUTERUNG: Hier werden weitere Eigenschaften eines Gottgeweihten beschrieben. Ein solcher Gottgeweihter bereitet niemandem Schwierigkeiten, Besorgnis, Angst oder Unzufriedenheit. Da ein Gottgeweihter jedem freundlich gesinnt ist, handelt er nie in einer Weise, die andere in Schwierigkeiten bringt, und wenn andere versuchen, dem Gottgeweihten Schwierigkeiten zu bereiten, läßt er sich nicht verwirren. Es ist auf die Gnade des Herrn zurückzuführen, daß er darin geübt ist, sich von keiner äußeren Störung beeinflussen zu lassen. Tatsächlich ist es so, daß ein Gottgeweihter, der ständig ins Kṛṣṇa-Bewußtsein vertieft und ständig im hingebungsvollen Dienst beschäftigt ist, durch keine äußeren Umstände aus der Ruhe gebracht werden kann. Im allgemeinen ist ein materialistischer Mensch sehr glücklich, wenn er etwas für seine

Sinnenbefriedigung und seinen Körper bekommt, doch sobald er sieht, daß andere etwas für die Befriedigung ihrer Sinne haben, was er nicht hat, wird er mißmutig und neidisch. Wenn er die Rache eines Feindes erwartet, fürchtet er sich, und wenn er ein Vorhaben nicht erfolgreich durchführen kann, verliert er den Mut. Ein Gottgeweihter, der immer in transzendentaler Stellung zu solchen Störungen steht, ist Kṛṣṇa sehr lieb.

Vers 16 अनपेक्षः शुचिर्दक्ष उदासीनो गतव्यथः ।
सर्वारम्भपरित्यागी यो मद्भक्तः स मे प्रियः ॥१६॥

anapekṣaḥ śucir dakṣa udāsīno gata-vyathaḥ
sarvārambha-parityāgī yo mad-bhaktaḥ sa me priyaḥ

anapekṣaḥ – neutral; *śuciḥ* – rein; *dakṣaḥ* – sachkundig; *udāsīnaḥ* – frei von Sorgen; *gata-vyathaḥ* – frei von allem Leid; *sarva-ārambha* – aller Bestrebungen; *parityāgī* – Entsagender; *yaḥ* – jeder, der; *mat-bhaktaḥ* – Mein Geweihter; *saḥ* – er; *me* – Mir; *priyaḥ* – sehr lieb.

Mein Geweihter, der nicht vom gewohnten Verlauf der Tätigkeiten abhängig ist, der rein, sachkundig, ohne Sorgen und frei von allem Leid ist und nicht nach Ergebnissen trachtet, ist Mir sehr lieb.

ERLÄUTERUNG: Ein Gottgeweihter nimmt Geld entgegen, wenn es ihm angeboten wird, aber er sollte sich nicht hart darum bemühen, es zu erwerben. Wenn ihm von selbst, durch die Gnade des Herrn, Geld zukommt, wird er nicht aus der Ruhe gebracht. Es ist für einen Gottgeweihten selbstverständlich, mindestens zweimal täglich ein Bad zu nehmen und frühmorgens aufzustehen, um sich im hingebungsvollen Dienst zu beschäftigen. So ist er von Natur aus innerlich wie auch äußerlich rein. Ein Gottgeweihter ist immer sachkundig, weil er den Sinn und Kern aller Tätigkeiten des Lebens genau versteht und weil er von den autoritativen Schriften überzeugt ist. Ein Gottgeweihter ergreift niemals für eine bestimmte Gruppierung Partei, und daher ist er frei von Sorgen. Er leidet nie, denn er ist frei von allen Designationen. Er weiß, daß sein Körper eine Designation ist, und daher können ihn körperliche Schmerzen nicht beeinflussen. Ein reiner Gottgeweihter bemüht sich um nichts, was den Prinzipien des hingebungsvollen Dienstes widerspricht. Es erfordert zum Beispiel viel Energie, ein großes Gebäude zu errichten, und ein Gottgeweihter übernimmt eine solche Aufgabe nicht, wenn er dadurch nicht seinen hingebungsvollen Dienst erweitern kann. Er mag einen Tempel für den Herrn bauen und viele damit verbundene Sorgen auf sich nehmen, doch er wird kein großes Haus für sich und seine Verwandten bauen.

Vers 17 यो न हृष्यति न द्वेष्टि न शोचति न काङ्क्षति ।
शुभाशुभपरित्यागी भक्तिमान् यः स मे प्रियः ॥१७॥

yo na hṛṣyati na dveṣṭi na śocati na kāṅkṣati
śubhāśubha-parityāgī bhaktimān yaḥ sa me priyaḥ

yaḥ – jemand, der; *na* – niemals; *hṛṣyati* – freut sich; *na* – niemals; *dveṣṭi* – ist bekümmert; *na* – niemals; *śocati* – klagt; *na* – niemals; *kāṅkṣati* – begehrt; *śubha* – des Glückverheißenden; *aśubha* – und des Unglückverheißenden; *parityāgi* – Entsagender; *bhakti-mān* – Gottgeweihter; *yaḥ* – jemand, der; *saḥ* – er ist; *me* – Mir; *priyaḥ* – lieb.

Wer weder frohlockt noch bekümmert ist, weder klagt noch etwas begehrt und sowohl glückverheißenden wie auch unglückverheißenden Dingen entsagt – ein solcher Gottgeweihter ist Mir sehr lieb.

ERLÄUTERUNG: Ein reiner Gottgeweihter ist bei materiellem Gewinn und Verlust weder glücklich noch betrübt. Auch ist er nicht sehr bestrebt, einen Sohn oder Schüler zu bekommen, und er ist nicht betrübt, wenn er sie nicht bekommt. Wenn er etwas verliert, was ihm sehr lieb ist, klagt er nicht. Und wenn er nicht das bekommt, was er sich wünscht, ist er nicht betrübt. Er ist transzendental zu allen Arten glückverheißender und unglückverheißender, sündhafter Handlungen. Er ist bereit, für die Zufriedenstellung des Höchsten Herrn jedes Risiko auf sich zu nehmen. Nichts kann ihn an der Ausführung seines hingebungsvollen Dienstes hindern. Ein solcher Gottgeweihter ist Kṛṣṇa sehr lieb.

Vers 18–19 समः शत्रौ च मित्रे च तथा मानापमानयोः ।
शीतोष्णसुखदुःखेषु समः सङ्गविवर्जितः ॥१८॥
तुल्यनिन्दास्तुतिर्मौनी सन्तुष्टो येन केनचित् ।
अनिकेतः स्थिरमतिर्भक्तिमान्मे प्रियो नरः ॥१९॥

samaḥ śatrau ca mitre ca tathā mānāpamānayoḥ
śītoṣṇa-sukha-duḥkheṣu samaḥ saṅga-vivarjitaḥ

tulya-nindā-stutir maunī santuṣṭo yena kenacit
aniketaḥ sthira-matir bhaktimān me priyo naraḥ

samaḥ – gleich; *śatrau* – zu einem Feind; *ca* – auch; *mitre* – zu einem Freund; *ca* – auch; *tathā* – so; *māna* – bei Ehre; *apamānayoḥ* – und Schmach; *śīta* – bei Kälte; *uṣṇa* – Hitze; *sukha* – Glück; *duḥkheṣu* – und Leid; *samaḥ* – ausgeglichen; *saṅga-vivarjitaḥ* – frei von aller Gemeinschaft; *tulya* – gleich; *nindā* – bei Beleidigung; *stutiḥ* – und Ansehen; *maunī* – schweigsam; *santuṣṭaḥ* – zufrieden; *yena kenacit* – mit allem; *aniketaḥ* – keine Unterkunft habend; *sthira* – gefestigte; *matiḥ* – Entschlossenheit; *bhakti-mān* – in Hingabe beschäftigt; *me* – zu Mir; *priyaḥ* – lieb; *naraḥ* – ein Mensch.

Wer Freunden und Feinden gleichgesinnt ist, wer bei Ehre und Schmach, Hitze und Kälte, Glück und Leid sowie Ruhm und Schande Gleichmut bewahrt, wer stets frei ist von verunreinigender Gemeinschaft, wer immer schweigsam und mit allem zufrieden ist, wer sich nicht um eine Unterkunft sorgt, wer im Wissen gefestigt ist und sich in Meinem hingebungsvollen Dienst beschäftigt – ein solcher Mensch ist Mir sehr lieb.

ERLÄUTERUNG: Ein Gottgeweihter ist immer frei von aller schlechten Gemeinschaft. Manchmal wird man gelobt und manchmal beleidigt; das bringt das Leben in der menschlichen Gesellschaft mit sich. Doch ein Gottgeweihter ist immer transzendental zu künstlicher Ehre und Schmach, künstlichem Glück und Leid. Er ist sehr duldsam. Er spricht über kein anderes Thema als Kṛṣṇa; deshalb heißt es, daß er schweigsam ist. Schweigsam zu sein bedeutet nicht, daß man nichts sagen sollte; es bedeutet vielmehr, daß man keinen Unsinn spricht. Man sollte nur über Wesentliches sprechen, und das Wesentlichste für einen Gottgeweihten sind Themen, die mit dem Höchsten Herrn verbunden sind. Ein Gottgeweihter ist unter allen Umständen glücklich. Manchmal bekommt er sehr wohlschmeckende Speisen und manchmal nicht, doch in jedem Fall ist er zufrieden. Auch sorgt er sich nicht um eine Unterkunft. Manchmal lebt er unter einem Baum und manchmal in einem palastartigen Gebäude, doch er fühlt sich zu keinem von beiden hingezogen. Man sagt, er sei gefestigt, weil er in seiner Entschlossenheit und seinem Wissen gefestigt ist. Wir mögen in der Beschreibung der Eigenschaften eines Gottgeweihten gewisse Wiederholungen finden, doch dadurch soll nur die Tatsache betont werden, daß ein Gottgeweihter all diese Eigenschaften entwickeln muß. Ohne gute Eigenschaften kann man kein reiner Gottgeweihter sein. *Harāv abhaktasya kuto mahad-guṇāḥ:* Jemand, der kein Gottgeweihter ist, besitzt keine guten Eigenschaften. Wer als Gottgeweihter angesehen werden möchte, sollte diese guten Eigenschaften entwickeln. Natürlich unternimmt ein Gottgeweihter keine zusätzlichen Bemühungen, um diese Eigenschaften zu erwerben; vielmehr hilft ihm seine Beschäftigung im Kṛṣṇa-Bewußtsein und im hingebungsvollen Dienst, sie automatisch zu entwickeln.

Vers 20 ये तु धर्मामृतमिदं यथोक्तं पर्युपासते ।
श्रद्दधाना मत्परमा भक्तास्तेऽतीव मे प्रियाः ॥२०॥

ye tu dharmāmṛtam idaṁ yathoktaṁ paryupāsate
śraddadhānā mat-paramā bhaktās te 'tīva me priyāḥ

ye – diejenigen, die; *tu* – aber; *dharma* – der Religion; *amṛtam* – Nektar; *idam* – dies; *yathā* – wie; *uktam* – gesagt; *paryupāsate* – beschäftigen sich völlig; *śraddadhānāḥ* – mit Glauben; *mat-paramāḥ* – Mich, den Höchsten Herrn, als alles betrachtend; *bhaktāḥ* – Gottgeweihte; *te* – sie; *atīva* – sehr, sehr; *me* – Mir; *priyāḥ* – lieb.

Diejenigen, die diesem unvergänglichen Pfad des hingebungsvollen Dienstes folgen und die mit Glauben völlig darin aufgehen, indem sie Mich zu ihrem höchsten Ziel machen, sind Mir sehr, sehr lieb.

ERLÄUTERUNG: In diesem Kapitel hat der Höchste Herr, angefangen mit Vers 2 (*mayy āveśya mano ye mām:* „den Geist auf Mich richtend") bis zum Ende (*ye tu dharmāmṛtam idam:* „diese Religion der ewigen Beschäftigung"), die Vorgänge des transzendentalen Dienstes beschrieben, durch die man sich Ihm nähern kann. Diese Vorgänge sind dem Herrn sehr lieb, und wer sie befolgt, wird vom Herrn anerkannt. Die Frage Arjunas, wer höher einzustufen sei – jemand, der dem Pfad des unpersönlichen Brahman folgt, oder jemand, der im persönlichen Dienst der Höchsten Persönlichkeit Gottes beschäftigt ist –, beantwortete der Herr ihm so ausführlich, daß kein Zweifel mehr daran bestehen kann, daß hingebungsvoller Dienst für die Persönlichkeit Gottes der beste aller Vorgänge spiritueller Erkenntnis ist. Mit anderen Worten, in diesem Kapitel wird erklärt, daß man durch gute Gemeinschaft Zuneigung zum reinen hingebungsvollen Dienst entwickelt und in der Folge einen echten spirituellen Meister annimmt. Unter seiner Anleitung beginnt man zu hören und zu chanten, man lernt, die regulierenden Prinzipien des hingebungsvollen Dienstes mit Glauben, Zuneigung und Hingabe zu befolgen, und so beschäftigt man sich im transzendentalen Dienst des Herrn. Dieser Pfad wird im vorliegenden Kapitel empfohlen; deshalb besteht kein Zweifel daran, daß hingebungsvoller Dienst der einzige absolute Pfad ist, um Selbstverwirklichung zu erlangen, das heißt, um die Höchste Persönlichkeit Gottes zu erreichen. Die unpersönliche Auffassung der Höchsten Absoluten Wahrheit, wie sie in diesem Kapitel beschrieben wird, wird nur so lange empfohlen, bis man sich dem Vorgang der Selbstverwirklichung ergibt. Mit anderen Worten, solange man nicht mit der Gemeinschaft eines reinen Gottgeweihten gesegnet ist, kann auch die unpersönliche Auffassung von Nutzen sein. Auf dem Pfad der unpersönlichen Erkenntnis der Absoluten Wahrheit führt man Tätigkeiten ohne Anhaftung an fruchttragende Ergebnisse aus, und man meditiert und kultiviert Wissen, um die spirituelle und materielle Natur zu verstehen. Dies ist erforderlich, solange man nicht die Gemeinschaft eines reinen Gottgeweihten hat. Wenn man vom Glück begünstigt ist und direkt den Wunsch entwickelt, sich im Kṛṣṇa-Bewußtsein, im reinen hingebungsvollen Dienst, zu beschäftigen, braucht man sich nicht mehr dem Schritt-für-Schritt-Vorgang der spirituellen Verwirklichung zu unterziehen. Hingebungsvoller Dienst, wie er in den mittleren sechs Kapiteln der *Bhagavad-gītā* beschrieben wird, ist der angenehmere Pfad. Man braucht sich um Dinge, die notwendig sind, um Körper und Seele zusammenzuhalten, keine Sorgen zu machen, denn durch die Gnade des Herrn bekommt man all diese Dinge wie von selbst.

Hiermit enden die Bhaktivedanta-Erläuterungen zum Zwölften Kapitel der Śrīmad Bhagavad-gītā *mit dem Titel: „Hingebungsvoller Dienst“.*

DREIZEHNTES KAPITEL

Natur, Genießer und Bewußtsein

Vers 1–2

अर्जुन उवाच
प्रकृतिं पुरुषं चैव क्षेत्रं क्षेत्रज्ञमेव च ।
एतद्वेदितुमिच्छामि ज्ञानं ज्ञेयं च केशव ॥ १ ॥

श्रीभगवानुवाच
इदं शरीरं कौन्तेय क्षेत्रमित्यभिधीयते ।
एतद्यो वेत्ति तं प्राहुः क्षेत्रज्ञ इति तद्विदः ॥ २ ॥

arjuna uvāca
prakṛtiṁ puruṣaṁ caiva kṣetraṁ kṣetra-jñam eva ca
etad veditum icchāmi jñānaṁ jñeyaṁ ca keśava

śrī-bhagavān uvāca
idaṁ śarīraṁ kaunteya kṣetram ity abhidhīyate
etad yo vetti taṁ prāhuḥ kṣetra-jña iti tad-vidaḥ

arjunaḥ uvāca – Arjuna sagte; *prakṛtim* – Natur; *puruṣam* – der Genießer; *ca* – auch; *eva* – gewiß; *kṣetram* – das Feld; *kṣetra-jñam* – der Kenner des Feldes; *eva* – gewiß; *ca* – auch; *etat* – dies alles; *veditum* – zu verstehen; *icchāmi* – ich wünsche; *jñānam* – Wissen; *jñeyam* – den Gegenstand des Wissens; *ca* – auch; *keśava* – o Kṛṣṇa; *śrī-bhagavān uvāca* – die Persönlichkeit Gottes sprach; *idam* – dieser; *śarīram* – Körper; *kaunteya* – o Sohn Kuntīs; *kṣetram* – das Feld; *iti* – so; *abhidhīyate* – wird genannt; *etat* – dies; *yaḥ* – jemand, der; *vetti* – kennt; *tam* – er; *prāhuḥ* – wird genannt; *kṣetra-jñaḥ* – der Kenner des Feldes; *iti* – so; *tat-vidaḥ* – von denen, die dies wissen.

Arjuna sagte: O mein lieber Kṛṣṇa, ich möchte wissen, was prakṛti [Natur] und puruṣa [der Genießer], was das Feld und der Kenner des Feldes, was Wissen und der Gegenstand des Wissens ist.

Die Höchste Persönlichkeit Gottes sprach: Der Körper, o Sohn Kuntīs, wird als das Feld bezeichnet, und derjenige, der den Körper kennt, wird als der Kenner des Feldes bezeichnet.

ERLÄUTERUNG: Arjuna wollte wissen, was *prakṛti* (die Natur), *puruṣa* (der Genießer), *kṣetra* (das Feld), *kṣetra-jña* (der Kenner des Feldes), Wissen und der Gegenstand des Wissens ist. Als Antwort auf diese Fragen erklärte Kṛṣṇa, der Körper sei das „Feld" und derjenige, der den Körper kenne, sei der „Kenner des Feldes". Der Körper ist das Tätigkeitsfeld der bedingten Seele. Die bedingte Seele ist im materiellen Dasein gefangen, und sie versucht, sich die materielle Natur untertan zu machen. Und so bekommt die bedingte Seele entsprechend ihrer Fähigkeit, die materielle Natur zu beherrschen, ein bestimmtes Tätigkeitsfeld. Dieses Tätigkeitsfeld ist der Körper. Und was ist der Körper? Der Körper besteht aus Sinnen. Die bedingte Seele möchte die Befriedigung dieser Sinne genießen, und je nach ihrem Vermögen, die Sinne zu genießen, wird ihr ein Körper oder Tätigkeitsfeld gegeben. Deshalb nennt man den Körper *kṣetra* oder das Tätigkeitsfeld der bedingten Seele. Jemand nun, der sich nicht mit dem Körper identifizieren sollte, nennt man *kṣetra-jña,* den Kenner des Feldes. Es ist nicht sehr schwierig, den Unterschied zwischen dem Feld und seinem Kenner, das heißt zwischen dem Körper und dem Kenner des Körpers, zu verstehen. Jeder kann einsehen, daß er von der Kindheit bis zum Alter fortwährend körperlichen Wandlungen unterworfen ist und dennoch die gleiche Person bleibt. Es besteht also ein Unterschied zwischen dem Kenner des Tätigkeitsfeldes und dem Tätigkeitsfeld an sich. Auf diese Weise kann die bedingte Seele verstehen, daß sie vom Körper verschieden ist. Wie zu Beginn erklärt wurde *(dehino 'smin),* befindet sich das Lebewesen im Körper, und der Körper verändert sich von Kindheit zu Knabenzeit, von Knabenzeit zu Jugend und von Jugend zu Alter, und die Person, die den Körper besitzt, weiß, daß sich der Körper verändert. Der Eigentümer des Körpers ist eindeutig *kṣetra-jña.* Manchmal denkt das Lebewesen:

„Ich bin glücklich", „ich bin ein Mann", „ich bin eine Frau", „ich bin ein Hund" oder „ich bin eine Katze." Dies sind alles körperliche Bezeichnungen, mit denen sich der Kenner des Körpers identifiziert. Der Kenner jedoch ist verschieden vom Körper. Obwohl wir viele Gegenstände gebrauchen, wie zum Beispiel unsere Kleider, wissen wir, daß wir von diesen Dingen verschieden sind. Ebenso können wir mit ein wenig Überlegung auch verstehen, daß wir vom Körper verschieden sind. Ich und Sie und jeder andere, der einen Körper besitzt – jeder wird *kṣetrajña,* Kenner des Tätigkeitsfeldes, genannt, und der Körper selbst wird *kṣetra,* Tätigkeitsfeld, genannt.

Die ersten sechs Kapitel der *Bhagavad-gītā* beschreiben den Kenner des Körpers, (das Lebewesen) und die Voraussetzungen, unter denen es den Höchsten Herrn verstehen kann. Die mittleren sechs Kapitel der *Bhagavad-gītā* beschreiben die Höchste Persönlichkeit Gottes und die Beziehung zwischen der individuellen Seele und der Überseele im Zusammenhang mit dem hingebungsvollen Dienst. Diese Kapitel geben eine eindeutige Definition der übergeordneten Stellung der Höchsten Persönlichkeit Gottes und der untergeordneten Stellung der individuellen Seele. Die Lebewesen befinden sich unter allen Umständen in einer untergeordneten Stellung, doch weil sie diese Tatsache vergessen haben, leiden sie. Wenn sie durch fromme Tätigkeiten geläutert sind, wenden sie sich, entsprechend ihrer Stufe, dem Herrn zu: wenn sie leiden, wenn sie Geld benötigen, aus Neugier oder wenn sie nach Wissen suchen. Dies wurde bereits beschrieben. Vom Dreizehnten Kapitel an wird nun erklärt, wie das Lebewesen mit der materiellen Natur in Berührung kommt und durch welche Vorgänge – fruchtbringende Tätigkeiten, Entwicklung von Wissen und Ausführung von hingebungsvollem Dienst – es vom Höchsten Herrn befreit wird. Ebenso wird beschrieben, wie das Lebewesen, obwohl vom materiellen Körper völlig verschieden, dennoch irgendwie an diesen gebunden wird.

Vers 3 क्षेत्रज्ञं चापि मां विद्धि सर्वक्षेत्रेषु भारत ।
क्षेत्रक्षेत्रज्ञयोर्ज्ञानं यत्तज्ज्ञानं मतं मम ॥ ३ ॥

kṣetra-jñaṁ cāpi māṁ viddhi sarva-kṣetreṣu bhārata
kṣetra-kṣetrajñayor jñānaṁ yat taj jñānaṁ mataṁ mama

kṣetra-jñam – den Kenner des Feldes; *ca* – ebenfalls; *api* – gewiß; *mām* – Mich; *viddhi* – wisse; *sarva* – allen; *kṣetreṣu* – in körperlichen Feldern; *bhārata* – o Nachkomme Bharatas; *kṣetra* – das Tätigkeitsfeld (der

Körper); *kṣetra-jñayoḥ* – und den Kenner des Feldes; *jñānam* – Wissen über; *yat* – das, was; *tat* – dies; *jñānam* – Wissen; *matam* – Ansicht; *mama* – Meine.

O Nachkomme Bharatas, du solltest verstehen, daß Ich ebenfalls der Kenner in allen Körpern bin, und den Körper und seinen Besitzer zu kennen wird als Wissen bezeichnet. Das ist Meine Ansicht.

ERLÄUTERUNG: Die Frage in bezug auf den Körper und den Kenner des Körpers, das heißt die Seele und die Überseele, bringt drei Hauptthemen mit sich: der Herr, das Lebewesen und die Materie. In jedem Tätigkeitsfeld, das heißt in jedem Körper, gibt es zwei Seelen: die individuelle Seele und die Überseele. Die Überseele ist eine vollständige Erweiterung der Höchsten Persönlichkeit Gottes, Kṛṣṇa, und deshalb sagt Kṛṣṇa hier: „Ich bin auch der Kenner des Körpers, aber Ich bin nicht der individuelle Kenner. Ich bin der höchste Kenner. Ich bin in jedem Körper als Paramātmā, als Überseele, gegenwärtig."

Wenn man das Thema des Tätigkeitsfeldes und des Kenners des Feldes eingehend studiert, so wie es in der *Bhagavad-gītā* beschrieben wird, kann man Wissen erlangen.

Der Herr sagt: „Ich bin der Kenner des Tätigkeitsfeldes in jedem individuellen Körper." Das Individuum ist der Kenner seines eigenen Körpers, aber es ist sich nicht anderer Körper bewußt. Die Höchste Persönlichkeit Gottes, die als Überseele in allen Körpern anwesend ist, weiß alles über alle Körper. Sie kennt alle Körper in allen verschiedenen Lebensformen. Ein Bürger kennt vielleicht sein eigenes Stück Land, doch der König kennt nicht nur seinen Palast, sondern auch alle Ländereien, die die einzelnen Bürger besitzen. Ebenso kann man sich individuell als Besitzer des Körpers bezeichnen, doch der Höchste Herr ist der Besitzer aller Körper. Der König ist der ursprüngliche Besitzer des Königreiches, und der Bürger ist der abhängige Besitzer. Ebenso ist der Höchste Herr der höchste Besitzer aller Körper.

Der Körper besteht aus Sinnen. Der Höchste Herr ist Hṛṣīkeśa, „der Lenker der Sinne". Er ist der ursprüngliche Lenker der Sinne, genau wie der König der ursprüngliche Lenker aller Tätigkeiten im Staate ist; die Bürger sind untergeordnete Lenker. Wenn der Herr sagt: „Ich bin ebenfalls der Kenner", so meint Er damit, daß Er der höchste Kenner ist – im Gegensatz zur individuellen Seele, die nur ihren eigenen Körper kennt. In den vedischen Schriften heißt es in diesem Zusammenhang:

kṣetrāṇi hi śarīrāṇi bījaṁ cāpi śubhāśubhe
tāni vetti sa yogātmā tataḥ kṣetra-jña ucyate

Der Körper wird *kṣetra* genannt, und in ihm befinden sich der Besitzer des Körpers und der Höchste Herr, der sowohl den Körper als auch den Besitzer des Körpers kennt. Deshalb ist Er der Kenner aller Felder. Der Unterschied zwischen dem Tätigkeitsfeld, dem Kenner der Tätigkeiten und dem höchsten Kenner der Tätigkeiten wird im folgenden beschrieben. Vollkommenes Wissen von der Beschaffenheit des Körpers, der Beschaffenheit der individuellen Seele und der Beschaffenheit der Überseele wird in den vedischen Schriften als *jñāna* bezeichnet. Das ist Kṛṣṇas Ansicht. Zu verstehen, daß die Seele und die Überseele eins und doch verschieden sind, ist Wissen. Wer das Tätigkeitsfeld und den Kenner der Tätigkeit nicht versteht, verfügt nicht über vollkommenes Wissen. Man muß die Stellung von *prakṛti* (der Natur), *puruṣa* (dem Genießer der Natur) und *īśvara* (dem Kenner, der sowohl die Natur als auch die individuelle Seele beherrscht und lenkt) verstehen. Man darf diese drei in ihren verschiedenen Eigenschaften und Funktionen nicht miteinander verwechseln, ebenso wie man auch den Maler, das Gemälde und die Staffelei nicht miteinander verwechseln darf. Die materielle Welt, die das Feld der Tätigkeiten ist, ist die Natur, und der Genießer der Natur ist das Lebewesen, und über beiden steht der höchste Herrscher, die Persönlichkeit Gottes. In den vedischen Schriften (*Śvetāśvatara Upaniṣad* 1.12) heißt es: *bhoktā bhogyaṁ preritāraṁ ca matvā/ sarvaṁ proktaṁ tri-vidhaṁ brahmam etat.* Es gibt drei Auffassungen vom Brahman: *prakṛti* ist Brahman als das Feld der Tätigkeiten; auch der *jīva* (die individuelle Seele) ist Brahman, und er versucht, die materielle Natur zu beherrschen, und der Beherrscher von beiden ist ebenfalls Brahman, aber Er ist der wirkliche Herrscher.

In diesem Kapitel wird auch erklärt, daß einer dieser beiden Kenner fehlbar ist und der andere unfehlbar. Der eine ist übergeordnet, und der andere ist untergeordnet. Wer glaubt, die beiden Kenner des Feldes seien ein und dasselbe, widerspricht der Höchsten Persönlichkeit Gottes, die hier unmißverständlich sagt: „Ich bin ebenfalls der Kenner des Tätigkeitsfeldes." Wer ein Seil fälschlich für eine Schlange hält, hat kein Wissen. Es gibt verschiedenste Arten von Körpern, und in jedem Körper gibt es verschiedene Besitzer. Weil jede individuelle Seele eine individuelle Fähigkeit hat, über die materielle Natur zu herrschen, gibt es unterschiedliche Körper. Aber in jedem Körper ist auch der Höchste als der Lenker gegenwärtig. Das Wort *ca* ist hier von Bedeutung, da es auf die Gesamtheit aller Körper hinweist. Das ist die Ansicht von Śrīla Baladeva Vidyābhūṣaṇa. Kṛṣṇa ist die Überseele, die Sich in jedem einzelnen Körper neben der individuellen Seele befindet. Und Kṛṣṇa sagt hier ausdrücklich, wirkliches Wissen bedeute zu verstehen, daß die Überseele sowohl das Tätigkeitsfeld als auch den begrenzten Genießer lenkt.

Vers 4 तत्क्षेत्रं यच्च यादृक्च यद्विकारि यतश्च यत् ।
स च यो यत्प्रभावश्च तत्समासेन मे शृणु ॥ ४ ॥

tat kṣetraṁ yac ca yādṛk ca yad-vikāri yataś ca yat
sa ca yo yat-prabhāvaś ca tat samāsena me śṛṇu

tat – dieses; *kṣetram* – Feld der Tätigkeiten; *yat* – was; *ca* – auch; *yādṛk* – wie es ist; *ca* – auch; *yat* – was sind; *vikāri* – Veränderungen; *yataḥ* – von wo; *ca* – auch; *yat* – was; *saḥ* – er; *ca* – auch; *yaḥ* – der; *yat* – was ist; *prabhāvaḥ* – Einfluß; *ca* – auch; *tat* – dies; *samāsena* – zusammengefaßt; *me* – von Mir; *śṛṇu* – höre.

Höre nun bitte Meine kurze Beschreibung dieses Tätigkeitsfeldes, wie es beschaffen ist, welches seine Veränderungen sind, wodurch es verursacht wird, wer der Kenner des Tätigkeitsfeldes ist und was seine Einflüsse sind.

ERLÄUTERUNG: Der Herr beschreibt nun das Tätigkeitsfeld und den Kenner des Tätigkeitsfeldes sowie ihre gegenseitige Beziehung. Man muß wissen, wie der Körper beschaffen ist, aus welchen materiellen Elementen der Körper besteht, unter wessen Lenkung der Körper tätig ist, wie die Veränderungen stattfinden, woher diese Veränderungen kommen, was die Ursachen und was die Gründe sind, was das endgültige Ziel der individuellen Seele ist und was die wahre Gestalt der individuellen Seele ist. Man sollte ebenfalls wissen, was der Unterschied zwischen der individuellen spirituellen Seele und der Überseele ist, was ihre Einflüsse und ihre Kräfte sind, usw. Wenn man die *Bhagavad-gītā* einfach direkt so annimmt, wie sie von der Höchsten Persönlichkeit Gottes erklärt wird, werden all diese Fragen geklärt sein. Man sollte sich jedoch davor hüten, zu glauben, die Höchste Persönlichkeit Gottes in jedem Körper sei mit der individuellen Seele, dem *jīva,* identisch. Das würde bedeuten, den Mächtigen mit dem Machtlosen gleichzusetzen.

Vers 5 ऋषिभिर्बहुधा गीतं छन्दोभिर्विविधैः पृथक् ।
ब्रह्मसूत्रपदैश्चैव हेतुमद्भिर्विनिश्चितैः ॥ ५ ॥

ṛṣibhir bahudhā gītaṁ chandobhir vividhaiḥ pṛthak
brahma-sūtra-padaiś caiva hetumadbhir viniścitaiḥ

ṛṣibhiḥ – von den großen Weisen; *bahudhā* – auf vielfache Weise; *gītam* – beschrieben; *chandobhiḥ* – in vedischen Hymnen; *vividhaiḥ* – verschiedene; *pṛthak* – auf unterschiedliche Weise; *brahma-sūtra* – des *Vedānta; padaiḥ* – durch die Aphorismen; *ca* – auch; *eva* – gewiß; *hetu-madbhiḥ* – mit Ursache und Wirkung; *viniścitaiḥ* – bestimmt.

Dieses Wissen über das Tätigkeitsfeld und den Kenner der Tätigkeiten wird von verschiedenen Weisen in verschiedenen vedischen Schriften beschrieben. Es wird insbesondere im Vedānta-sūtra erklärt, mit aller Beweisführung in bezug auf Ursache und Wirkung.

ERLÄUTERUNG: Die Höchste Persönlichkeit Gottes, Kṛṣṇa, ist die höchste Autorität, um dieses Wissen zu erklären. Aber selbst wenn man ein großer Gelehrter oder eine maßgebende Autorität ist, ist es die Regel, daß man immer vorangegangene Autoritäten als Beweis anführt. Kṛṣṇa erklärt deshalb diesen äußerst umstrittenen Punkt – die Dualität und Nichtdualität der Seele und der Überseele – , indem Er Sich auf Schriften wie den *Vedānta* bezieht, der als Autorität anerkannt wird. Als erstes sagt Er: „Dies wird von verschiedenen Weisen beschrieben." Was die Weisen betrifft, so ist neben Kṛṣṇa Selbst auch Vyāsadeva (der Verfasser des *Vedānta-sūtra)* ein großer Weiser, und in diesem *Vedānta-sūtra* wird die Dualität auf vollkommene Weise erklärt. Auch Vyāsadevas Vater, Parāśara, ist ein großer Weiser, und er schreibt in einem seiner Bücher über Religion: *ahaṁ tvaṁ ca tathānye*... „Wir – du, ich und alle anderen Lebewesen – sind alle transzendental, obwohl wir uns in materiellen Körpern befinden. Jetzt sind wir, gemäß unserem *karma,* unter den Einfluß der drei Erscheinungsweisen der materiellen Natur gefallen, und so befinden sich einige auf höheren Ebenen und andere auf niederen. Die höheren und niederen Stellungen existieren aufgrund von Unwissenheit und werden in einer unbegrenzten Anzahl von Lebewesen sichtbar. Die Überseele jedoch, die unfehlbar ist, wird niemals von den drei Eigenschaften der Natur verunreinigt – Sie ist transzendental." Ebenso wird auch in den ursprünglichen *Veden,* vor allem in der *Kaṭha Upaniṣad,* zwischen der Seele, der Überseele und dem Körper eine klare Unterscheidung gemacht. Es gibt viele große Weise, die dies erklärt haben, und unter ihnen gilt Parāśara als der größte.

Das Wort *chandobhiḥ* bezieht sich auf verschiedene vedische Schriften. So wird zum Beispiel in der *Taittirīya Upaniṣad,* die ein Zweig des

Yajur Veda ist, ebenfalls die materielle Natur, das Lebewesen und die Höchste Persönlichkeit Gottes beschrieben.

Wie bereits erklärt wurde, ist *kṣetra* das Tätigkeitsfeld, und es gibt zwei Arten von *kṣetra-jña:* das individuelle Lebewesen und das höchste Lebewesen. In der *Taittirīya Upaniṣad* (2.5) heißt es: *brahma pucchaṁ pratiṣṭhā.* Die Energie des Höchsten Herrn wirkt auf verschiedene Weise, und ein Aspekt wird *anna-maya* genannt, die Abhängigkeit des Lebewesens von Nahrung, um existieren zu können. Dies ist eine materialistische Erkenntnis des Höchsten. Die nächste Stufe über der Erkenntnis der Höchsten Absoluten Wahrheit in Form von Nahrung wird *prāṇa-maya* genannt, wo man die Absolute Wahrheit in den Lebenssymptomen oder Lebensformen erkennen kann. *Jñāna-maya* bezieht sich auf die Stufe, wo sich die Erkenntnis des Absoluten über die Lebenssymptome hinaus auf die Ebene von Denken, Fühlen und Wollen erhebt. Danach folgt die Ebene der Brahman-Verwirklichung, *vijñāna-maya* genannt, wo der Verstand und die Lebensmerkmale des Lebewesens vom Lebewesen selbst unterschieden werden. Die nächste und höchste Stufe ist *ānanda-maya,* die Erkenntnis der allglückseligen Natur. Somit gibt es fünf Stufen der Brahman-Erkenntnis, die man *brahma puccham* nennt. Von diesen fünf Stufen beziehen sich die ersten drei – *anna-maya, prāṇa-maya* und *jñāna-maya* – auf das Tätigkeitsfeld der Lebewesen. In transzendentaler Stellung zu all diesen Tätigkeitsfeldern befindet Sich der Höchste Herr, der *ānanda-maya* genannt wird. Auch das *Vedānta-sūtra* beschreibt den Höchsten mit den Worten: *ānanda-mayo 'bhyāsāt.* Die Höchste Persönlichkeit Gottes ist von Natur aus voller Freude. Um Seine transzendentale Glückseligkeit zu genießen, erweitert Er Sich in *vijñāna-maya, prāṇa-maya, jñāna-maya* und *anna-maya.* Im Tätigkeitsfeld gilt das Lebewesen als der Genießer, doch es ist nicht der *ānanda-maya.* Deshalb bedeutet es für das Lebewesen Vollkommenheit, wenn es sich entscheidet, sich mit dem *ānanda-maya* zu verbinden, um zu genießen. Dies ist das richtige Bild vom Höchsten Herrn als dem höchsten Kenner des Feldes, dem Lebewesen als dem untergeordneten Kenner und der Natur des Tätigkeitsfeldes. Man muß diese Wahrheit durch das *Vedānta-sūtra,* das auch *Brahma-sūtra* genannt wird, erkennen.

Es wird hier darauf hingewiesen, daß die Aphorismen des *Brahma-sūtra* auf äußerst logische Art und Weise zusammengestellt sind, um Ursache und Wirkung zu erklären. Einige dieser *sūtras,* Aphorismen, lauten: *na viyad aśruteḥ* (2.3.2), *nātmā śruteḥ* (2.3.18) und *parāt tu tac-chruteḥ* (2.3.40). Der erste Aphorismus bezieht sich auf das Tätigkeitsfeld, der zweite auf das Lebewesen und der dritte auf den

Höchsten Herrn, das *summum bonum* unter allen Manifestationen von verschiedenen Lebewesen.

Vers 6–7

महाभूतान्यहङ्कारो बुद्धिरव्यक्तमेव च ।
इन्द्रियाणि दशैकं च पञ्च चेन्द्रियगोचराः ॥ ६ ॥

इच्छा द्वेषः सुखं दुःखं सङ्घातश्चेतना धृतिः ।
एतत्क्षेत्रं समासेन सविकारमुदाहृतम् ॥ ७ ॥

mahā-bhūtāny ahaṅkāro buddhir avyaktam eva ca
indriyāṇi daśaikaṁ ca pañca cendriya-gocarāḥ

icchā dveṣaḥ sukhaṁ duḥkhaṁ saṅghātaś cetanā dhṛtiḥ
etat kṣetraṁ samāsena sa-vikāram udāhṛtam

mahā-bhūtāni – die großen Elemente; *ahaṅkāraḥ* – falsches Ego; *buddhiḥ* – Intelligenz; *avyaktam* – das Unmanifestierte; *eva* – gewiß; *ca* – auch; *indriyāṇi* – die Sinne; *daśa-ekam* – elf; *ca* – auch; *pañca* – fünf; *ca* – auch; *indriya-go-carāḥ* – die Sinnesobjekte; *icchā* – Verlangen; *dveṣaḥ* – Haß; *sukham* – Glück; *duḥkham* – Leid; *saṅghātaḥ* – die Gesamtheit; *cetanā* – Lebenssymptome; *dhṛtiḥ* – Überzeugung; *etat* – all dies; *kṣetram* – das Tätigkeitsfeld; *samāsena* – zusammengefaßt; *sa-vikāram* – mit Wechselwirkungen; *udāhṛtam* – veranschaulicht.

Die fünf großen Elemente, das falsche Ego, die Intelligenz, das Unmanifestierte, die zehn Sinne, der Geist, die fünf Sinnesobjekte, Verlangen, Haß, Glück, Leid, die Gesamtheit, die Lebenssymptome und die Überzeugungen – all dies wird, zusammengenommen, als das Tätigkeitsfeld und seine Wechselwirkungen bezeichnet.

ERLÄUTERUNG: Nach den autoritativen Aussagen aller großen Weisen, der vedischen Hymnen und der Aphorismen des *Vedānta-sūtra* werden die Bestandteile dieser Welt wie folgt beschrieben. Als erstes werden die fünf großen Elemente (*mahā-bhūta*) aufgezählt, nämlich Erde Wasser, Feuer, Luft und Äther. Dann folgen falsches Ego, Intelligenz und der unmanifestierte Zustand der drei Erscheinungsweisen der Natur. Weiter gibt es fünf wissenserwerbende Sinne – Augen, Ohren, Nase, Zunge und Haut – und fünf Arbeitssinne, nämlich Stimme, Beine, Hände, Anus und Genital. Über den Sinnen steht der Geist, der sich im Innern befindet und der deshalb auch als der innere Sinn bezeichnet werden kann. Mit dem Geist gibt es also insgesamt elf Sinne. Dann gibt es die fünf Sinnesobjekte: Geruch, Geschmack, Form, Berührung und

Klang. Die Gesamtheit dieser vierundzwanzig Elemente wird Tätigkeitsfeld genannt. Wenn man ein analytisches Studium dieser vierundzwanzig Elemente vornimmt, gelangt man zu einem detaillierten Verständnis des Tätigkeitsfeldes. Weiter gibt es Verlangen, Haß, Glück und Leid, welches die Wechselwirkungen und Repräsentationen der fünf großen Elemente im grobstofflichen Körper sind. Die Lebenssymptome, die von Bewußtsein repräsentiert werden, und Überzeugungen sind die Manifestationen des feinstofflichen Körpers – Geist, Ego und Intelligenz. Diese feinstofflichen Elemente gehören ebenfalls zum Tätigkeitsfeld.

Die fünf großen Elemente sind eine grobstoffliche Repräsentation des falschen Ego, das seinerseits den ursprünglichen Zustand des falschen Ego repräsentiert, nämlich die materialistische Auffassung, die in der Fachsprache als *tāmasa-buddhi* (Intelligenz in Unwissenheit) bezeichnet wird. Dies wiederum repräsentiert den unmanifestierten Zustand der drei Erscheinungsweisen der materiellen Natur. Die unmanifestierten Erscheinungsweisen der materiellen Natur werden *pradhāna* genannt.

Wer die Einzelheiten der Analyse dieser vierundzwanzig Elemente und ihrer Wechselwirkungen kennen möchte, sollte diese Philosophie eingehender studieren. Hier in der *Bhagavad-gītā* wird nur eine Zusammenfassung gegeben.

Der Körper ist die Repräsentation all dieser Faktoren, und es gibt sechs Veränderungen des Körpers: Er wird geboren, wächst, bleibt eine Zeitlang bestehen, erzeugt Nebenprodukte, beginnt zu zerfallen und vergeht schließlich. Das Tätigkeitsfeld ist daher vergänglich und materiell, wohingegen der *kṣetra-jña,* der Kenner des Feldes, das heißt sein Besitzer, von anderer Natur ist.

Vers 8–12

अमानित्वमदम्भित्वमहिंसा क्षान्तिरार्जवम् ।
आचार्योपासनं शौचं स्थैर्यमात्मविनिग्रहः ॥ ८ ॥

इन्द्रियार्थेषु वैराग्यमनहङ्कार एव च ।
जन्ममृत्युजराव्याधिदुःखदोषानुदर्शनम् ॥ ९ ॥

असक्तिरनभिष्वङ्गः पुत्रदारगृहादिषु ।
नित्यं च समचित्तत्वमिष्टानिष्टोपपत्तिषु ॥१०॥

मयि चानन्ययोगेन भक्तिरव्यभिचारिणी ।
विविक्तदेशसेवित्वमरतिर्जनसंसदि ॥११॥

अध्यात्मज्ञाननित्यत्वं तत्त्वज्ञानार्थदर्शनम् ।
एतज्ज्ञानमिति प्रोक्तमज्ञानं यदतोऽन्यथा ॥१२॥

amānitvam adambhitvam ahiṁsā kṣāntir ārjavam
ācāryopāsanaṁ śaucaṁ sthairyam ātma-vinigrahaḥ

indriyārtheṣu vairāgyam anahaṅkāra eva ca
janma-mṛtyu-jarā-vyādhi- duḥkha-doṣānudarśanam

asaktir anabhiṣvaṅgaḥ putra-dāra-gṛhādiṣu
nityaṁ ca sama-cittatvam iṣṭāniṣṭopapattiṣu

mayi cānanya-yogena bhaktir avyabhicāriṇī
vivikta-deśa-sevitvam aratir jana-saṁsadi

adhyātma-jñāna-nityatvaṁ tattva-jñānārtha-darśanam
etaj jñānaṃ iti proktam ajñānaṁ yad ato 'nyathā

amānitvam – Demut; *adambhitvam* – Freisein von Stolz; *ahiṁsā* – Gewaltlosigkeit; *kṣāntiḥ* – Duldsamkeit; *ārjavam* – Einfachheit; *ācārya-upāsanam* – Aufsuchen eines echten spirituellen Meisters; *śaucam* – Sauberkeit; *sthairyam* – Stetigkeit; *ātma-vinigrahaḥ* – Selbstbeherrschung; *indriya-artheṣu* – in bezug auf die Sinne; *vairāgyam* – Entsagung; *anahaṅkāraḥ* – Freisein von falschem Ego; *eva* – gewiß; *ca* – auch; *janma* – von Geburt; *mṛtyu* – Tod; *jarā* – Alter; *vyādhi* – und Krankheit; *duḥkha* – des Leides; *doṣa* – der Fehler; *anudarśanam* – beobachtend; *asaktiḥ* – Freisein von Anhaftung; *anabhiṣvaṅgaḥ* – ohne Gemeinschaft; *putra* – an den Sohn; *dāra* – Ehefrau; *gṛha-ādiṣu* – Heim usw.; *nityam* – ununterbrochen; *ca* – auch; *sama-cittatvam* – Ausgeglichenheit; *iṣṭa* – Erwünschtes; *aniṣṭa* – und Unerwünschtes; *upapattiṣu* – erlangt habend; *mayi* – zu Mir; *ca* – auch; *ananya-yogena* – durch unvermischten hingebungsvollen Dienst; *bhaktiḥ* – Hingabe; *avyabhicāriṇī* – ohne Unterbrechung; *vivikta* – zu einsamen; *deśa* – Orten; *sevitvam* – strebend nach; *aratiḥ* – ohne Anhaftung; *jana-saṁsadi* – an die Masse der Menschen; *adhyātma* – auf das Selbst bezogen; *jñāna* – in Wissen; *nityatvam* – Beständigkeit; *tattva-jñāna* – des Wissens über die Wahrheit; *artha* – für das Objekt; *darśanam* – Philosophie; *etat* – all dies; *jñānam* – Wissen; *iti* – so; *proktam* – erklärt; *ajñānam* – Unwissenheit; *yat* – das, was; *ataḥ* – von diesem; *anyathā* – verschieden.

Demut, Freisein von Stolz, Gewaltlosigkeit, Duldsamkeit, Einfachheit, Aufsuchen eines echten spirituellen Meisters, Sauberkeit, Unerschütterlichkeit, Selbstbeherrschung, Entsagung der Objekte der Sinnenbefriedigung, Freisein von falschem Ego, das Erkennen des Übels von Geburt, Tod, Alter und Krankheit, Loslösung, Freiheit von der

Verstrickung mit Kindern, Frau, Heim und so weiter, Gleichmut inmitten erfreulicher und unerfreulicher Ereignisse, beständige und unverfälschte Hingabe zu Mir, das Streben, sich an einen einsamen Ort zurückzuziehen, Loslösung von der allgemeinen Masse der Menschen, Erkenntnis der Wichtigkeit der Selbstverwirklichung und die philosophische Suche nach der Absoluten Wahrheit – all dies erkläre Ich hiermit für Wissen, und alles andere, was es sonst noch geben mag, ist Unwissenheit.

ERLÄUTERUNG: Unintelligente Menschen glauben manchmal fälschlicherweise, der hier beschriebene Vorgang des Wissens sei eine Wechselwirkung des Tätigkeitsfeldes. In Wirklichkeit aber ist dies der wahre Vorgang des Wissens, der demjenigen, der ihn aufnimmt, die Möglichkeit gibt, sich der Absoluten Wahrheit zu nähern. Dieser Vorgang ist nicht eine Wechselwirkung der vierundzwanzig Elemente, die zuvor beschrieben wurden. Vielmehr stellt dieser Vorgang das Mittel dar, um von der Verstrickung in diese Elemente frei zu werden. Die bedingte Seele ist im Körper gefangen, der eine Hülle aus vierundzwanzig Elementen ist, und der Vorgang des Wissens, wie er hier beschrieben wird, ist der Weg, um aus diesem Gefängnis herauszugelangen. Der wichtigste von allen Punkten in diesem Vorgang der Wissensentwicklung wird in der ersten Zeile des elften Verses beschrieben: *mayi cānanya-yogena bhaktir avyabhicāriṇī.* Der Pfad des Wissens gipfelt in unverfälschtem hingebungsvollem Dienst für den Herrn. Wenn man sich also dem transzendentalen Dienst des Herrn nicht zuwendet oder dazu nicht imstande ist, haben die anderen neunzehn Punkte keinen besonderen Wert. Doch wenn man sich dem hingebungsvollen Dienst zuwendet und vollkommen Kṛṣṇa-bewußt wird, entwickelt man die anderen neunzehn Eigenschaften von selbst. Dies wird im *Śrīmad-Bhāgavatam* (5.18.12) bestätigt: *yasyāsti bhaktir bhagavaty akiñcanā sarvair guṇais tatra samāsate surāḥ.* Wenn jemand die Stufe des hingebungsvollen Dienstes erreicht, entwickeln sich in ihm alle guten Eigenschaften des Wissens. Das im achten Vers erwähnte Prinzip, einen spirituellen Meister anzunehmen, ist essentiell. Selbst für jemanden, der sich dem hingebungsvollen Dienst zuwendet, ist dies der wichtigste Schritt. Transzendentales Leben beginnt, wenn man einen echten spirituellen Meister annimmt. Die Höchste Persönlichkeit Gottes, Śrī Kṛṣṇa, sagt hier klar, daß dieser Vorgang des Wissens der wahre Pfad ist. Jede Spekulation, die davon abweicht, ist Unsinn.

Die verschiedenen Punkte des hier dargelegten Wissens können wie folgt analysiert werden.

Demut bedeutet, nicht danach zu streben, von anderen geehrt zu werden. Die materielle Lebensauffassung macht uns sehr begierig, von anderen Ehre zu empfangen; doch in den Augen eines Menschen mit vollkommenem Wissen – der weiß, daß er nicht der Körper ist – ist alles, was sich auf den Körper bezieht, ob Ehre oder Schmach, wertlos. Man sollte nicht nach solchen trügerischen Zielen streben. Die Menschen sind darauf aus, für ihre Religion berühmt zu werden, und so kann man manchmal beobachten, wie sich jemand, ohne die Prinzipien der Religion zu verstehen, einer Gruppe anschließt, die in Wirklichkeit keinen religiösen Prinzipien folgt, und sich dann als religiöser Lehrer aufspielen möchte. Um zu prüfen, wie weit jemand tatsächlich in der spirituellen Wissenschaft fortgeschritten ist, sollte man anhand der hier beschriebenen Gesichtspunkte urteilen.

Unter Gewaltlosigkeit wird im allgemeinen verstanden, den Körper nicht zu töten oder zu verletzen; doch in Wirklichkeit bedeutet Gewaltlosigkeit, anderen kein Leid zuzufügen. Die Masse der Menschen ist durch Unwissenheit in der materiellen Lebensauffassung gefangen und ist daher unaufhörlich den materiellen Leiden ausgesetzt. Solange man also den Menschen kein spirituelles Wissen gibt, ist man gewalttätig. Man sollte sein bestes versuchen, um den Menschen wirkliches Wissen zu vermitteln, so daß sie erleuchtet werden und der materiellen Verstrickung entkommen können. Das ist Gewaltlosigkeit.

Duldsamkeit bedeutet, es gelernt zu haben, Schmähungen und Beleidigungen seitens anderer zu ertragen. Wenn man sich bemüht, im spirituellen Wissen fortzuschreiten, wird man oft von anderen beleidigt und geschmäht. Das ist zu erwarten, denn so ist die materielle Natur. Selbst ein kleiner Junge wie Prahlāda, der sich schon im Alter von fünf Jahren um spirituelles Wissen bemühte, geriet in Gefahr, als sein Vater seine Hingabe unterbinden wollte. Der Vater versuchte, ihn auf verschiedenste Arten zu töten, doch Prahlāda nahm dies alles duldsam auf sich. Es kann also viele Hindernisse geben, wenn man Fortschritt im spirituellen Wissen machen will, doch wir sollten duldsam sein und mit Entschlossenheit einfach weitermachen.

Einfachheit bedeutet, daß man ohne Diplomatie so aufrichtig sein sollte, daß man sogar einem Feind die reine Wahrheit offenbaren kann.

Das Annehmen eines spirituellen Meisters ist unbedingt notwendig, denn ohne die Anweisungen eines echten spirituellen Meisters kann man in der spirituellen Wissenschaft keinen Fortschritt machen. Man sollte sich dem spirituellen Meister in größter Demut nähern und ihm alle Dienste anbieten, so daß es ihm gefallen möge, dem Schüler seine Segnungen zu erteilen. Der spirituelle Meister ist der Repräsentant Kṛṣṇas, und wenn ein solcher echter spiritueller Meister seinem Schüler seine Segnungen gewährt, macht dieser Schüler sogleich großen Fortschritt, selbst wenn er nicht alle regulierenden Vorschriften befolgt. Oder es wird dem Schüler, der dem spirituellen Meister vorbehaltlos gedient hat, leichter fallen, die regulierenden Vorschriften zu befolgen.

Sauberkeit ist unerläßlich, um im spirituellen Leben Fortschritt zu machen. Es gibt zwei Arten von Sauberkeit: äußere und innere. Äußere Sauberkeit bedeutet, ein Bad zu nehmen, doch um innerlich sauber zu werden, muß man immer an Kṛṣṇa denken und Hare Kṛṣṇa, Hare Kṛṣṇa, Kṛṣṇa Kṛṣṇa, Hare Hare / Hare Rāma, Hare Rāma, Rāma Rāma, Hare Hare chanten. Dieser Vorgang reinigt den Geist vom angesammelten Staub des vergangenen *karma.*

Unerschütterlichkeit bedeutet, sehr entschlossen zu sein, im spirituellen Leben Fortschritt zu machen. Ohne solche Entschlossenheit kann man keinen spürbaren Fortschritt machen. Und Selbstbeherrschung bedeutet, nichts anzunehmen, was dem Pfad des spirituellen Fortschritts entgegensteht. Man sollte es sich zur Gewohnheit machen, alles abzulehnen, was für den Pfad des spirituellen Fortschritts nicht förderlich ist. Das ist wirkliche Entsagung. Die Sinne sind so stark, daß sie ständig nach Befriedigung begehren. Man sollte diesen Forderungen nicht nachgeben, denn diese Befriedigung ist nicht notwendig. Die Sinne sollten nur befriedigt werden, um den Körper gesund zu halten, so daß man seine Pflichten auf dem fortschreitenden Pfad des spirituellen Lebens erfüllen kann. Der wichtigste und zügelloseste aller Sinne ist die Zunge. Wenn man die Zunge zu beherrschen vermag, ist es auch möglich, die anderen Sinne zu beherrschen. Die Zunge hat die Aufgabe, zu schmecken und Laute zu formen; deshalb sollte die Zunge durch systematische Regulierung immer damit beschäftigt sein, die Reste von Speisen, die Kṛṣṇa geopfert wurden, zu schmecken und Hare Kṛṣṇa zu chanten. Was die Augen betrifft, so sollte ihnen nicht erlaubt werden, etwas anderes zu betrachten als die schöne Gestalt Kṛṣṇas. Auf diese Weise können die Augen beherrscht werden. Ebenso sollten die Ohren damit beschäftigt werden, über Kṛṣṇa zu hören, und die Nase sollte Blumen riechen, die Kṛṣṇa geopfert wurden. Das ist der Vorgang des hingebungsvollen Dienstes, und hieraus kann man ersehen, daß die *Bhagavad-gītā* in Wirklichkeit nichts anderes lehrt als die Wissenschaft des hingebungsvollen Dienstes. Hingebungsvoller Dienst ist das einzige und höchste Ziel. Unintelligente Kommentatoren der *Bhagavad-gītā* versuchen, den Geist des Lesers auf andere Dinge zu lenken, doch es gibt in der *Bhagavad-gītā* kein anderes Thema als hingebungsvollen Dienst.

Falsches Ego bedeutet, den Körper für das Selbst zu halten. Wenn man versteht, daß man nicht der Körper, sondern spirituelle Seele ist, erreicht man sein wahres Ego. Das Ego existiert immer. Das wahre Ego wird nicht verurteilt, nur das falsche. In den vedischen Schriften (*Bṛhad-āraṇyaka Upaniṣad* 1.4.10) heißt es: *ahaṁ brahmāsmi.* „Ich bin Brahman, ich bin spirituell." Dieses „ich bin", dieses Gefühl des Selbst, existiert auch auf der befreiten Stufe der Selbstverwirklichung. Dieses Gefühl des „ich bin" ist das Ego, doch wenn dieses Gefühl auf den falschen Körper gerichtet wird, ist es falsches Ego. Wenn das Gefühl des Selbst auf die Realität gerichtet wird, ist dies wahres Ego. Einige Philosophen sagen, wir sollten unser Ego aufgeben, aber dies ist nicht möglich, denn Ego bedeutet Identität. Was wir jedoch tatsächlich aufgeben sollten, ist die falsche Identifizierung mit dem Körper.

Man sollte sich des Leids bewußt sein, dem wir in Form von Geburt, Tod, Alter und Krankheit ausgesetzt sind. Es gibt in verschiedenen vedischen Schriften Beschreibungen der Geburt. Im *Bhāgavatam* finden wir eine anschauliche Beschreibung der Welt des Ungeborenen, der Lebensumstände des Kindes im Mutterschoß, seiner Leiden usw. Man sollte unbedingt verstehen, daß Geburt qualvoll ist. Weil wir jedoch vergessen haben, wie sehr wir im Mutterleib gelitten haben, bemühen wir uns nicht um eine Lösung für das Problem der Wiederholung von Geburt und Tod. Auch zur Zeit des Todes gibt es vielerlei Leiden, die ebenfalls in den maßgebenden Schriften beschrieben werden. Über diese Themen sollte gesprochen werden. Und was Krankheit und Alter betrifft, so macht jeder seine eigene Erfahrung. Niemand möchte krank sein, und niemand möchte alt werden, doch Krankheit und Alter sind unvermeidlich. Solange wir das materielle Leben in Anbetracht der Leiden von Geburt, Alter, Krankheit und Tod nicht mit Pessimismus sehen, haben wir keinen Antrieb, im spirituellen Leben Fortschritt zu machen.

Mit der Loslösung von Heim, Frau und Kindern ist nicht gemeint, daß man keine Gefühle für sie haben soll. Zuneigung zu ihnen ist natürlich, doch wenn sie für den spirituellen Fortschritt nicht förderlich sind, sollte man nicht an ihnen hängen. Der beste Vorgang, sein Heim angenehm zu gestalten, ist Kṛṣṇa-Bewußtsein. Wenn man völlig Kṛṣṇa-bewußt ist, kann man in seinem Heim eine sehr glückliche Atmosphäre schaffen, denn der Vorgang des Kṛṣṇa-Bewußtseins ist sehr einfach. Man braucht nur Hare Kṛṣṇa, Hare Kṛṣṇa, Kṛṣṇa Kṛṣṇa, Hare Hare / Hare Rāma, Hare Rāma, Rāma Rāma, Hare Hare zu chanten, die Überreste von Speisen zu essen, die Kṛṣṇa geopfert wurden, über Bücher wie die *Bhagavad-gītā* und das *Śrīmad-Bhāgavatam* zu sprechen und sich in der Bildgestaltenverehrung zu beschäftigen. Diese vier Tätigkeiten werden einen glücklich machen, und man sollte die Mitglieder seiner Familie darin ausbilden. Die Familie kann sich morgens und abends zusammensetzen und gemeinsam Hare Kṛṣṇa, Hare Kṛṣṇa, Kṛṣṇa Kṛṣṇa, Hare Hare / Hare Rāma, Hare Rāma, Rāma Rāma, Hare Hare chanten. Wenn man durch das Befolgen dieser vier Prinzipien sein Familienleben so gestalten kann, daß es für die Entwicklung des Kṛṣṇa-Bewußtseins förderlich ist, ist es nicht notwendig, vom Familienleben in den Lebensstand der Entsagung zu wechseln. Wenn das Familienleben jedoch für den spirituellen Fortschritt nicht förderlich, sondern hinderlich ist, sollte es aufgegeben werden. Man muß alles opfern, um Kṛṣṇa zu erkennen und Ihm zu dienen, genau wie es Arjuna tat. Arjuna wollte seine Familienangehörigen nicht töten, aber als er verstand, daß sie Hindernisse für seine Kṛṣṇa-Erkenntnis waren, nahm er Kṛṣṇas Anweisung an und kämpfte gegen seine Verwandten und tötete sie. Auf jeden Fall sollte man vom Glück und Leid des Familienlebens losgelöst sein, denn in dieser Welt kann man niemals völlig glücklich oder völlig unglücklich sein.

Glück und Leid sind untrennbar mit dem materiellen Leben verbunden. Wie in der *Bhagavad-gītā* empfohlen wird, sollte man lernen, sie zu erdulden. Da man dem Kommen und Gehen von Glück und Leid niemals Einhalt gebieten kann, sollte man sich von der materialistischen Lebensweise lösen und auf diese Weise von vornherein in beiden Fällen ausgeglichen bleiben. Gewöhnlich sind wir sehr glücklich, wenn wir etwas Erwünschtes bekommen, und wenn uns etwas Unerwünschtes widerfährt, sind wir unglücklich. Wenn wir uns jedoch tatsächlich auf der spirituellen Ebene befinden, werden uns diese Dinge nicht mehr berühren. Um diese Stufe zu erreichen, müssen wir unerschütterlichen hingebungsvollen Dienst ausführen. Ohne abzuweichen hingebungsvollen Dienst zu Kṛṣṇa auszuführen bedeutet, sich in den neun Vorgängen des hingebungsvollen Dienstes zu beschäftigen: chanten, hören, verehren, Ehrerbietungen darbringen usw., wie dies im letzten Vers des Neunten Kapitels beschrieben wird. Dies sind die Vorgänge, denen man folgen muß.

Es ist ganz natürlich, daß jemand, der ein spirituelles Leben führt, nicht mehr mit materialistischen Menschen verkehren will. Dies wäre völlig gegen seine Natur. Man kann seinen Fortschritt prüfen, indem man feststellt, inwieweit man bereit ist, an einem einsamen Ort ohne unerwünschte Gemeinschaft zu leben. Auch ist ein Gottgeweihter von Natur aus nicht an unnötigen Vergnügungen, Kinobesuchen oder gesellschaftlichen Veranstaltungen interessiert, denn er versteht, daß diese Dinge nichts als Zeitverschwendung sind. Es gibt viele Forscher und Philosophen, die Themen wie Sexualität usw. untersuchen, doch nach der *Bhagavad-gītā* haben solche Forschungsarbeiten und philosophischen Spekulationen keinen Wert. Sie sind mehr oder weniger sinnlos. Der *Bhagavad-gītā* zufolge sollte man mit philosophischem Verständnis nach dem Wesen der Seele forschen. Das Ziel aller Forschung sollte, wie es hier empfohlen wird, darin bestehen, das Selbst zu verstehen.

Wie aus diesen Versen hervorgeht, ist *bhakti-yoga* der geeignete Weg, um Selbstverwirklichung zu erlangen. Sobald von Hingabe die Rede ist, muß man die Beziehung zwischen der Überseele und der individuellen Seele in Betracht ziehen. Die individuelle Seele und die Überseele können nicht eins sein, zumindest nicht nach der *bhakti*-Auffassung, der Lebensauffassung der Hingabe. Dieser Dienst der individuellen Seele für die Höchste Seele ist *nityam* (ewig), wie hier eindeutig gesagt wird. Deswegen ist *bhakti,* hingebungsvoller Dienst, ewig. In dieser philosophischen Überzeugung muß man gefestigt sein.

Im *Śrīmad-Bhāgavatam* (1.2.11) wird dies genau erklärt. *Vadanti tat tattva-vidas tattvaṁ yaj jñānam advayam:* „Diejenigen, die die Absolute Wahrheit tatsächlich kennen, wissen, daß das Höchste Selbst in drei verschiedenen Aspekten, als Brahman, Paramātmā und Bhagavān, erkannt wird." Bhagavān ist die höchste Stufe der Erkenntnis der Absoluten Wahrheit; deshalb sollte man sich auf diese Stufe des Wissens erheben und sich im hingebungsvollen Dienst der Höchsten Persönlichkeit Gottes beschäftigen. Das ist die Vollkommenheit des Wissens.

Dieser Vorgang – angefangen mit dem Entwickeln von Demut bis hin zur Erkenntnis der Höchsten Wahrheit, der Absoluten Persönlichkeit Gottes – gleicht einer Treppe, die vom Erdgeschoß zum obersten Stockwerk führt. Auf dieser Treppe gibt es viele Menschen, die den ersten, zweiten oder dritten oder einen anderen Stock erreicht haben, doch solange man nicht das oberste Stockwerk erreicht, das heißt die Ebene, auf der man Kṛṣṇa versteht, befindet man sich immer noch auf einer niederen Stufe des Wissens. Wenn jemand versucht, sich mit Gott zu messen und gleichzeitig Fortschritt im spirituellen Wissen zu machen, so werden all seine Bemühungen scheitern. Hier wird klar gesagt, daß man ohne Demut kein wahres Wissen erlangen kann. Und sich selbst für Gott zu halten ist der größte Hochmut. Obwohl das Lebewesen ständig von den strengen Gesetzen der materiellen Natur getreten wird, denkt es aufgrund von Unwissenheit: „Ich bin Gott." Der Anfang des Wissens ist deshalb *amānitva,* Demut. Man sollte demütig sein und verstehen, daß man dem Höchsten Herrn untergeordnet ist. Nur weil man gegen den Höchsten Herrn rebelliert, gerät man unter den Einfluß der materiellen Natur. Diese Wahrheit muß man kennen, und man muß von ihr überzeugt sein.

Vers 13 ज्ञेयं यत्तत्प्रवक्ष्यामि यज्ज्ञात्वामृतमश्नुते ।
अनादि मत्परं ब्रह्म न सत्तन्नासदुच्यते ॥१३॥

jñeyaṁ yat tat pravakṣyāmi yaj jñātvāmṛtam aśnute
anādi mat-paraṁ brahma na sat tan nāsad ucyate

jñeyam – der Gegenstand des Wissens; *yat* – was; *tat* – das; *pravakṣyāmi* – Ich werde nun erklären; *yat* – was; *jñātvā* – kennend; *amṛtam* – Nektar; *aśnute* – man kostet; *anādi* – anfanglos; *mat-param* – Mir untergeordnet; *brahma* – die spirituelle Natur; *na* – weder; *sat* – Ursache; *tat* – dieses; *na* – noch; *asat* – Wirkung; *ucyate* – wird genannt.

Ich werde nun den Gegenstand des Wissens erklären, und mit diesem Wissen wirst du das Ewige kosten. Das Brahman, die spirituelle Natur, ist anfanglos und Mir untergeordnet. Es liegt jenseits der Ursache und Wirkung der materiellen Welt.

ERLÄUTERUNG: Der Herr hat bereits das Tätigkeitsfeld und den Kenner des Feldes erklärt, und Er beschrieb auch den Vorgang, um den Kenner des Tätigkeitsfeldes zu erkennen. Nun wird Er den Gegenstand des Wissens erklären, das heißt zuerst die Seele und dann die Überseele. Das Wissen über den Kenner, das heißt die Seele und die Überseele, erlaubt es einem, den Nektar des Lebens zu kosten. Wie im Zweiten Kapitel erklärt wird, ist das Lebewesen ewig. Das wird auch hier bestätigt. Es gibt keinen bestimmten Zeitpunkt, an dem der *jīva* geboren wurde, und niemand kann herausfinden, wann in der Geschichte der *jīvātmā* vom Höchsten Herrn manifestiert wurde. Deshalb ist der *jīvātmā* anfanglos. Die vedischen Schriften bestätigen dies: *na jāyate mriyate vā vipaścit* (*Kaṭha Upaniṣad* 1.2.18). Der Kenner des Körpers wird niemals geboren und stirbt niemals, und er ist voller Wissen.

Die vedischen Schriften (*Śvetāśvatara Upaniṣad* 6.16) sagen, daß der Höchste Herr als Überseele auch *pradhāna-kṣetrajña-patir guṇeśaḥ* ist, das heißt der Hauptkenner des Körpers und der Meister der drei Erscheinungsweisen der materiellen Natur. In der *smṛti* heißt es des weiteren: *dāsa-bhūto harer eva nānyasyaiva kadācana.* Die Lebewesen stehen ewig im Dienst des Höchsten Herrn. Das wird auch von Śrī Caitanyas Lehren bestätigt. Aus all diesem geht hervor, daß sich die Beschreibung des Brahman, wie sie in diesem Vers gegeben wird, auf die individuelle Seele bezieht, und wenn das Wort „Brahman" auf das Lebewesen angewandt wird, ist damit gemeint, daß es *vijñāna-brahma* ist – im Gegensatz zu *ānanda-brahma. Ānanda-brahma* ist das Höchste Brahman, die Höchste Persönlichkeit Gottes.

Vers 14 सर्वतः पाणिपादं तत्सर्वतोऽक्षिशिरोमुखम् ।
सर्वतः श्रुतिमल्लोके सर्वमावृत्य तिष्ठति ॥१४॥

sarvataḥ pāṇi-pādaṁ tat sarvato 'kṣi-śiro-mukham
sarvataḥ śrutimal loke sarvam āvṛtya tiṣṭhati

sarvataḥ – überall; *pāṇi* – Hände; *pādam* – Beine; *tat* – das; *sarvataḥ* – überall; *akṣi* – Augen; *śiraḥ* – Köpfe; *mukham* – Gesichter; *sarvataḥ* – überall; *śruti-mat* – Ohren habend; *loke* – in der Welt; *sarvam* – alles; *āvṛtya* – bedeckend; *tiṣṭhati* – existiert.

Überall sind Seine Hände und Beine, Seine Augen, Köpfe und Gesichter, und überall sind Seine Ohren. Auf diese Weise existiert die Überseele, die alles durchdringt.

ERLÄUTERUNG: Die Überseele, die Höchste Persönlichkeit Gottes, kann mit der Sonne verglichen werden. So wie die Sonne ihre unbegrenzten Strahlen überallhin verbreitet, so ist die Höchste Persönlichkeit Gottes in Ihrer Form als Überseele alldurchdringend, und in Ihr existieren alle individuellen Lebewesen – angefangen mit dem ersten großen Lehrer, Brahmā, bis hinab zu den kleinen Ameisen. Es gibt unbegrenzt viele Köpfe, Beine, Hände und Augen und unbegrenzt viele Lebewesen. Sie alle existieren in der Überseele und durch die Überseele. Deshalb ist die Überseele alldurchdringend. Die individuelle Seele jedoch kann nicht von sich behaupten, sie habe ihre Hände, Beine und Augen überall. Das ist nicht möglich. Wenn jemand denkt, er sei sich nur aufgrund von Unwissenheit nicht bewußt, daß seine Hände und Beine überall verbreitet seien, er werde aber zu dieser Stufe kommen, wenn er wahres Wissen erlange, dann ist seine Ansicht völlig widersprüchlich. Wenn die individuelle Seele der Höchste wäre, wie hätte sie dann von der materiellen Natur bedingt werden können? Der Höchste ist von der individuellen Seele verschieden. Der Höchste Herr kann Seine Hand unbegrenzt weit ausstrecken, die individuelle Seele jedoch nicht. In der *Bhagavad-gītā* sagt der Herr, wenn Ihm jemand eine Blume oder eine Frucht oder ein wenig Wasser opfere, werde Er es annehmen. Aber wie kann der Herr diese Dinge annehmen, wenn Er so weit weg ist? Darin besteht die Allmacht des Herrn: Obwohl Er Sich weit, weit entfernt von der Erde in Seinem eigenen Reich befindet, kann Er Seine Hand überallhin ausstrecken, um Opfergaben entgegenzunehmen. Das ist Seine Macht. In der *Brahma-saṁhitā* (5.37) heißt es: *goloka eva nivasaty akhilātma-bhūtaḥ.* Obwohl Er auf Seinem transzendentalen Planeten immer in Seine Spiele vertieft ist, ist Er alldurchdringend. Die individuelle Seele kann nicht behaupten, sie sei alldurchdringend. Deshalb beschreibt dieser Vers die Höchste Seele, die Persönlichkeit Gottes, und nicht die individuelle Seele.

Vers 15 सर्वेन्द्रियगुणाभासं सर्वेन्द्रियविवर्जितम् ।
असक्तं सर्वभृच्चैव निर्गुणं गुणभोक्तृ च ॥१५॥

sarvendriya-guṇābhāsaṁ sarvendriya-vivarjitam
asaktaṁ sarva-bhṛc caiva nirguṇaṁ guṇa-bhoktṛ ca

sarva – aller; *indriya* – Sinne; *guṇa* – der Eigenschaften; *ābhāsam* – die ursprüngliche Quelle; *sarva* – alle; *indriya* – Sinne; *vivarjitam* – existierend ohne; *asaktam* – ohne Anhaftung; *sarva-bhṛt* – der Erhalter eines jeden; *ca* – auch; *eva* – gewiß; *nirguṇam* – ohne materielle Eigenschaften; *guṇa-bhoktṛ* – Herr der *guṇas; ca* – auch.

Die Überseele ist die ursprüngliche Quelle aller Sinne, doch Sie Selbst ist ohne Sinne. Sie ist unangehaftet, obwohl Sie der Erhalter aller Lebewesen ist. Sie steht über den Erscheinungsweisen der Natur, und gleichzeitig ist Sie der Herr aller Erscheinungsweisen der materiellen Natur.

ERLÄUTERUNG: Obwohl der Höchste Herr der Ursprung aller Sinne der Lebewesen ist, hat Er keine materiellen Sinne wie sie. Eigentlich haben die individuellen Seelen spirituelle Sinne, aber im bedingten Leben sind diese von den materiellen Elementen bedeckt, und deshalb werden die Tätigkeiten der Sinne durch Materie hindurch manifestiert. Die Sinne des Höchsten Herrn jedoch sind nicht bedeckt. Seine Sinne sind transzendental und werden daher *nirguṇa* genannt. Mit *guṇa* sind die materiellen Erscheinungsweisen gemeint, aber die Sinne des Herrn sind frei von materieller Bedeckung. Man sollte verstehen, daß Seine Sinne nicht wie die unseren sind. Obwohl Er die Quelle all unserer Sinnestätigkeiten ist, hat Er transzendentale Sinne, die nicht verunreinigt sind. Dies wird in der *Śvetāśvatara Upaniṣad* (3.19) sehr schön erklärt: *apāṇi-pādo javano grahītā.* Der Herr, die Höchste Persönlichkeit Gottes, hat keine Hände, die von Materie verunreinigt sind, aber Er hat Hände und nimmt mit ihnen alle Opfer an, die Ihm dargebracht werden. Das ist der Unterschied zwischen der individuellen Seele und der Überseele. Die Überseele hat keine materiellen Augen, aber dennoch hat Sie

Augen – wie könnte Sie sonst sehen? Die Überseele sieht alles – Vergangenheit, Gegenwart und Zukunft. Sie befindet Sich im Herzen des Lebewesens, und Sie weiß, was wir in der Vergangenheit getan haben, was wir gegenwärtig tun und was uns in der Zukunft erwartet. Dies wird auch in der *Bhagavad-gītā* bestätigt: Der Höchste Herr kennt alles, doch Ihn kennt niemand. Es wird beschrieben, daß der Höchste Herr keine Beine hat wie wir, daß Er Sich aber durch den Raum bewegen kann, weil Er spirituelle Beine hat. Mit anderen Worten, der Herr ist nicht unpersönlich; Er hat Augen, Beine, Hände und alles andere, und weil wir Teile des Höchsten Herrn sind, haben wir dies alles auch. Aber Seine Hände, Seine Beine, Seine Augen und Seine Sinne sind nicht durch die materielle Natur verunreinigt.

Die *Bhagavad-gītā* bestätigt ebenfalls, daß der Herr, wenn Er erscheint, durch Seine innere Energie so erscheint, wie Er ist. Er wird von der materiellen Energie nicht verunreinigt, denn Er ist der Herr der materiellen Energie. Aus den vedischen Schriften erfahren wir, daß Seine ganze körperliche Gestalt spirituell ist. Seine Gestalt ist ewig und wird *sac-cid-ānanda-vigraha* genannt. Er besitzt alle Füllen in Vollkommenheit. Er ist der Eigentümer allen Reichtums und der Besitzer aller Energie. Er ist der Intelligenteste, und Er ist voller Wissen. Dies sind einige der Merkmale der Höchsten Persönlichkeit Gottes. Er ist der Erhalter aller Lebewesen und der Zeuge jeder Tätigkeit. Wie wir den vedischen Schriften entnehmen können, ist der Höchste Herr immer transzendental. Obwohl wir Seinen Kopf, Sein Gesicht, Seine Hände und Seine Beine nicht sehen können, sind sie da, und wenn wir auf die transzendentale Stufe erhoben werden, können wir die Gestalt des Herrn sehen. Aber weil unsere Sinne durch Materie verunreinigt sind, können wir Seine Gestalt nicht wahrnehmen. Deshalb können die Unpersönlichkeitsanhänger, die immer noch von der Materie beeinflußt werden, die Persönlichkeit Gottes nicht verstehen.

Vers 16 बहिरन्तश्च भूतानामचरं चरमेव च ।
सूक्ष्मत्वात्तदविज्ञेयं दूरस्थं चान्तिके च तत् ॥१६॥

bahir antaś ca bhūtānām acaraṁ caram eva ca
sūkṣmatvāt tad avijñeyaṁ dūra-sthaṁ cāntike ca tat

bahiḥ – außerhalb; *antaḥ* – innerhalb; *ca* – auch; *bhūtānām* – aller Lebewesen; *acaram* – sich nicht bewegend; *caram* – sich bewegend; *eva* –

auch; *ca* – und; *sūkṣmatvāt* – aufgrund feiner Beschaffenheit; *tat* – das; *avijñeyam* – nicht erkennbar; *dūra-stham* – weit entfernt; *ca* – auch; *antike* – nahe; *ca* – und; *tat* – das.

Die Höchste Wahrheit existiert innerhalb und außerhalb aller Lebewesen, der sich bewegenden und der sich nicht bewegenden. Aufgrund Ihrer feinen Beschaffenheit ist es nicht möglich, Sie mit den materiellen Sinnen zu sehen oder zu erkennen. Obwohl weit, weit entfernt, ist Sie auch sehr nah.

ERLÄUTERUNG: Wir erfahren aus den vedischen Schriften, daß Sich Nārāyaṇa, die Höchste Person, sowohl innerhalb als auch außerhalb eines jeden Lebewesens befindet. Er ist sowohl in der spirituellen als auch in der materiellen Welt gegenwärtig. Obwohl Er weit, weit entfernt ist, ist Er uns dennoch sehr nah. So lauten die Aussagen der vedischen Schriften. *Āsīno dūraṁ vrajati śayāno yāti sarvataḥ* (*Kaṭha Upaniṣad* 1.2.21). Und weil Er immer von transzendentaler Glückseligkeit erfüllt ist, können wir nicht verstehen, wie Er Seinen vollkommenen Reichtum genießt. Dies können wir mit unseren materiellen Sinnen nicht sehen oder verstehen. Deshalb sagen die vedischen Schriften, daß unser materieller Geist und unsere materiellen Sinne nicht geeignet sind, Ihn zu verstehen. Wer jedoch seinen Geist und seine Sinne durch den Vorgang des Kṛṣṇa-Bewußtseins im hingebungsvollen Dienst geläutert hat, ist in der Lage, Ihn ständig zu sehen. In der *Brahma-saṁhitā* wird bestätigt, daß der Gottgeweihte, der Liebe zum Höchsten Herrn entwickelt hat, Ihn immer ohne Unterbrechung sehen kann. Und in der *Bhagavad-gītā* (11.54) wird bestätigt, daß Er nur durch hingebungsvollen Dienst gesehen und verstanden werden kann. *Bhaktyā tv ananyayā śakyaḥ.*

Vers 17 अविभक्तं च भूतेषु विभक्तमिव च स्थितम् ।
भूतभर्तृ च तज्ज्ञेयं ग्रसिष्णु प्रभविष्णु च ॥१७॥

avibhaktaṁ ca bhūteṣu vibhaktam iva ca sthitam
bhūta-bhartṛ ca taj jñeyaṁ grasiṣṇu prabhaviṣṇu ca

avibhaktam – ohne Aufteilung; *ca* – auch; *bhūteṣu* – in alle Lebewesen; *vibhaktam* – aufgeteilt; *iva* – wie wenn; *ca* – auch; *sthitam* – existierend; *bhūta-bhartṛ* – der Erhalter aller Lebewesen; *ca* – auch; *tat* – dies; *jñeyam* – muß verstanden werden; *grasiṣṇu* – verschlingend; *prabhaviṣṇu* – hervorbringend; *ca* – auch.

Obwohl die Überseele unter allen Wesen aufgeteilt zu sein scheint, ist Sie niemals geteilt. Sie ist in Ihrer Existenz eins. Obwohl Sie der Erhalter eines jeden Lebewesens ist, muß man verstehen, daß Sie alles verschlingt und hervorbringt.

ERLÄUTERUNG: Der Herr weilt als Überseele im Herzen eines jeden. Bedeutet dies, daß Er aufgeteilt wurde? Nein. Im Grunde ist Er eins. In diesem Zusammenhang wird das Beispiel der Sonne gegeben. Wenn die Sonne den Zenit erreicht, steht sie über einem ganz bestimmten Ort, doch wenn man fünftausend Kilometer in alle Richtungen ginge und fragte: „Wo ist die Sonne?", würde jeder sagen, sie scheine genau auf seinen Kopf. In der vedischen Literatur wird dieses Beispiel gegeben, um zu zeigen, daß der Herr, obwohl Er ungeteilt ist, aufgeteilt zu sein scheint. Ebenso heißt es in der vedischen Literatur, daß der eine Viṣṇu durch Seine Allmacht überall gegenwärtig ist, ebenso wie die Sonne vielen Menschen an vielen Orten erscheint. Und obwohl der Höchste Herr der Erhalter eines jeden Lebewesens ist, wird zur Zeit der Vernichtung alles von Ihm verschlungen. Dies wurde im Elften Kapitel bestätigt, als der Herr sagte, daß Er gekommen sei, um alle in Kurukṣetra versammelten Krieger zu verschlingen. Er erwähnte auch, daß Er in Form der Zeit alles verschlinge. Er ist der Vernichter und der Töter aller Dinge und aller Wesen. Zur Zeit der Schöpfung bringt Er alle Lebewesen aus ihrem ursprünglichen Zustand hervor, und zur Zeit der Vernichtung verschlingt Er sie. Die vedischen Hymnen bestätigen die Tatsache, daß Er der Ursprung und der Ruheort aller Lebewesen ist. Nach der Schöpfung ruht alles in Seiner Allmacht, und nach der Vernichtung kehrt alles wieder zurück, um in Ihm zu ruhen. So lauten die Beschreibungen der vedischen Hymnen. *Yato vā imāni bhūtāni jāyante yena jātāni jīvanti yat prayanty abhisaṁviśanti tad brahma tad vijijñāsasva* (*Taittirīya Upaniṣad* 3.1).

Vers 18 ज्योतिषामपि तज्ज्योतिस्तमसः परमुच्यते ।
ज्ञानं ज्ञेयं ज्ञानगम्यं हृदि सर्वस्य विष्ठितम् ॥१८॥

jyotiṣām api taj jyotis tamasaḥ param ucyate
jñānaṁ jñeyaṁ jñāna-gamyaṁ hṛdi sarvasya viṣṭhitam

jyotiṣām – in allen Leuchtkörpern; *api* – auch; *tat* – das; *jyotiḥ* – die Quelle des Lichtes; *tamasaḥ* – der Dunkelheit; *param* – jenseits; *ucyate* – wird genannt; *jñānam* – Wissen; *jñeyam* – das zu Erkennende; *jñāna-*

gamyam – durch Wissen zu erreichen; *hṛdi* – im Herzen; *sarvasya* – eines jeden; *viṣṭhitam* – sich befindend.

Sie ist die Lichtquelle in allen Leuchtkörpern. Sie befindet Sich jenseits der Dunkelheit der Materie und ist unmanifestiert. Sie ist das Wissen, Sie ist der Gegenstand des Wissens, und Sie ist das Ziel des Wissens. Sie befindet Sich im Herzen eines jeden.

ERLÄUTERUNG: Die Überseele, die Höchste Persönlichkeit Gottes, ist die Lichtquelle in allen Leuchtkörpern wie der Sonne, dem Mond und den Sternen. Aus den vedischen Schriften erfahren wir, daß im spirituellen Königreich Sonne und Mond nicht nötig sind, weil dort alles von der Ausstrahlung des Höchsten Herrn erleuchtet wird. In der materiellen Welt ist dieses *brahmajyoti,* die spirituelle Ausstrahlung des Herrn, vom *mahat-tattva,* den materiellen Elementen, bedeckt. Deshalb benötigen wir in der materiellen Welt die Hilfe von Sonne, Mond, Elektrizität usw., um Licht zu haben. In der spirituellen Welt aber sind solche Dinge nicht nötig. Die vedischen Schriften erklären, daß nur aufgrund Seiner leuchtenden Ausstrahlung alles erleuchtet ist. Es ist deshalb klar, daß Sein Aufenthaltsort nicht in der materiellen Welt liegt. Er weilt in der spirituellen Welt, weit, weit entfernt im spirituellen Himmel. Auch dies wird in den vedischen Schriften bestätigt: *Āditya-varṇaṁ tamasaḥ parastāt* (*Śvetāśvatara Upaniṣad* 3.8). Er ist ewig leuchtend wie die Sonne, doch Er befindet Sich weit jenseits der Dunkelheit der materiellen Welt.

Sein Wissen ist transzendental. Die vedischen Schriften bestätigen, daß das Brahman konzentriertes transzendentales Wissen ist. Demjenigen, der bestrebt ist, in die spirituelle Welt erhoben zu werden, wird dieses Wissen vom Höchsten Herrn, der Sich in jedem Herzen befindet, gegeben. In einem vedischen *mantra* (*Śvetāśvatara Upaniṣad* 6.18) heißt es: *taṁ ha devam ātma-buddhi-prakāśaṁ mumukṣur vai śaraṇam ahaṁ prapadye.* Man muß sich der Höchsten Persönlichkeit Gottes ergeben, wenn man tatsächlich befreit werden will. Und was das Ziel endgültigen Wissens betrifft, so wird dies ebenfalls in den vedischen Schriften definiert: *tam eva viditvāti mṛtyum eti.* „Nur wenn man Ihn kennt, kann man die Grenzen von Geburt und Tod überwinden." (*Śvetāśvatara Upaniṣad* 3.8)

Er weilt im Herzen eines jeden als höchster Lenker. Die Hände und Beine des Höchsten sind überallhin verbreitet, was man von der individuellen Seele nicht behaupten kann. Deshalb muß man anerkennen, daß es zwei Kenner des Tätigkeitsfeldes gibt – die individuelle Seele und die Überseele. Unsere Hände und Beine befinden sich nur an einem

Ort, doch Kṛṣṇas Hände und Beine sind überallhin verbreitet. Das wird in der *Śvetāśvatara Upaniṣad* (3.17) bestätigt: *sarvasya prabhum īśānaṁ sarvasya śaraṇaṁ bṛhat.* Die Höchste Persönlichkeit Gottes, die Überseele, ist der *prabhu,* der Herr, aller Lebewesen; deshalb ist Sie die letztliche Zuflucht aller Lebewesen. Man kann also die Tatsache nicht leugnen, daß die Höchste Überseele und die individuelle Seele immer verschieden sind.

Vers 19 इति क्षेत्रं तथा ज्ञानं ज्ञेयं चोक्तं समासतः ।
मद्भक्त एतद्विज्ञाय मद्भावायोपपद्यते ॥१९॥

iti kṣetraṁ tathā jñānaṁ jñeyaṁ coktaṁ samāsataḥ
mad-bhakta etad vijñāya mad-bhāvāyopapadyate

iti – auf diese Weise; *kṣetram* – das Tätigkeitsfeld (der Körper); *tathā* – auch; *jñānam* – Wissen; *jñeyam* – den Gegenstand des Wissens; *ca* – auch; *uktam* – beschrieben; *samāsataḥ* – zusammengefaßt; *mat-bhaktaḥ* – Mein Geweihter; *etat* – dies alles; *vijñāya* – nachdem er verstanden hat; *mat-bhāvāya* – zu Meiner Natur; *upapadyate* – gelangt.

Somit habe Ich das Tätigkeitsfeld [den Körper], das Wissen und den Gegenstand des Wissens zusammenfassend beschrieben. Nur Meine Geweihten können dies vollständig verstehen, und so erreichen sie Meine Natur.

ERLÄUTERUNG: Der Herr hat in einer Zusammenfassung den Körper, das Wissen und den Gegenstand des Wissens beschrieben. Dieses Wissen umfaßt drei Aspekte: denjenigen, der das Wissen hat, den Gegenstand des Wissens und den Vorgang, dieses Wissen zu erlangen. Zusammen nennt man sie *vijñāna,* die Wissenschaft des Wissens. Die unverfälschten Geweihten des Herrn können dieses vollkommene Wissen direkt verstehen. Andere sind dazu nicht imstande. Die Monisten sagen, daß diese drei Dinge letztlich eins werden, doch die Gottgeweihten stimmen dem nicht zu. Wissen und die Entwicklung von Wissen bedeuten, sich selbst durch Kṛṣṇa-Bewußtsein zu verstehen. Wir werden von materiellem Bewußtsein geleitet, doch sobald wir unser gesamtes Bewußtsein auf Kṛṣṇas Taten übertragen und erkennen, daß Kṛṣṇa alles ist, erreichen wir wirkliches Wissen. Mit anderen Worten, Wissen ist nichts anderes als die Vorstufe des vollkommenen Verständnisses von hingebungsvollem Dienst. Dies wird im Fünfzehnten Kapitel ausführlich erklärt.

Zusammenfassend kann man sagen, daß die Verse 6 und 7, angefangen mit den Worten *mahā-bhūtāni* bis *cetanā dhṛtiḥ,* eine Analyse der materiellen Elemente und gewisser Manifestationen von Lebensmerkmalen darstellen. Diese Faktoren bilden zusammen den Körper, das Tätigkeitsfeld. Die Verse 8 bis 12, von *amānitvam* bis *tattva-jñānārtha-darśanam,* beschreiben den Vorgang des Wissens, um die zwei verschiedenen Kenner des Tätigkeitsfeldes, nämlich die Seele und die Überseele, zu verstehen. Und die Verse 13 bis 18, von *anādi mat-param* bis *hṛdi sarvasya viṣṭhitam,* beschreiben die Seele und den Höchsten Herrn, die Überseele.

Somit wurden drei verschiedene Punkte beschrieben: das Tätigkeitsfeld (der Körper), der Vorgang der Erkenntnis wie auch die Seele und die Überseele. Im vorliegenden Vers wird nun speziell darauf hingewiesen, daß nur die unverfälschten Geweihten des Herrn diese drei Punkte richtig verstehen können. Für diese Gottgeweihten hat die *Bhagavad-gītā* vollen Nutzen, und es sind diese Gottgeweihten, die das höchste Ziel, die Natur Kṛṣṇas, des Höchsten Herrn, erreichen können. Mit anderen Worten, nur die Gottgeweihten, und niemand anders, sind in der Lage, die *Bhagavad-gītā* zu verstehen und das gewünschte Ergebnis zu erlangen.

Vers 20 प्रकृतिं पुरुषं चैव विद्ध्यनादी उभावपि ।
विकारांश्च गुणांश्चैव विद्धि प्रकृतिसम्भवान् ॥२०॥

prakṛtiṁ puruṣaṁ caiva viddhy anādī ubhāv api
vikārāṁś ca guṇāṁś caiva viddhi prakṛti-sambhavān

prakṛtim – materielle Natur; *puruṣam* – die Lebewesen; *ca* – auch; *eva* – gewiß; *viddhi* – du mußt wissen; *anādī* – ohne Anfang; *ubhau* – beide; *api* – auch; *vikārān* – Umwandlungen; *ca* – auch; *guṇān* – die drei Erscheinungsweisen der Natur; *ca* – auch; *eva* – gewiß; *viddhi* – wisse; *prakṛti* – materielle Natur; *sambhavān* – erzeugt von.

Man sollte verstehen, daß die materielle Natur und die Lebewesen anfanglos sind. Ihre Umwandlungen und die Erscheinungsweisen der Materie sind Produkte der materiellen Natur.

ERLÄUTERUNG: Durch das Wissen, das in diesem Kapitel erklärt wird, kann man den Körper (das Tätigkeitsfeld) und die Kenner des Körpers (die individuelle Seele und die Überseele) verstehen. Der Körper ist das Tätigkeitsfeld und besteht aus Elementen der materiellen Natur. Die individuelle Seele, die sich im Körper befindet und die Tätigkeiten des Körpers genießt, ist der *puruṣa,* das Lebewesen. Die individuelle Seele ist der eine Kenner des Körpers, und der andere ist die Überseele. Natürlich sind sowohl die Überseele wie auch das individuelle Lebewesen verschiedene Manifestationen Kṛṣṇas, der Höchsten Persönlichkeit Gottes. Das Lebewesen gehört zur Kategorie Seiner Energie, und die Überseele gehört zur Kategorie Seiner persönlichen Erweiterung.

Sowohl die materielle Natur als auch das Lebewesen sind ewig. Das bedeutet, daß sie bereits vor der Schöpfung existierten. Die materielle Manifestation entsteht aus der Energie des Höchsten Herrn, ebenso wie die Lebewesen, aber die Lebewesen gehören zur höheren Energie. Sowohl die Lebewesen als auch die materielle Natur existierten schon, bevor der Kosmos manifestiert wurde. Die materielle Natur ruhte in der Höchsten Persönlichkeit Gottes, Mahā-viṣṇu, und als es notwendig war, wurde sie durch das *mahat-tattva* manifestiert. Ebenso befinden sich auch die Lebewesen in Ihm, und weil sie bedingt sind, weigern sie sich, dem Höchsten Herrn zu dienen. Daher ist es ihnen nicht gestattet, in den spirituellen Himmel einzutreten. Aber wenn die materielle Natur wieder ins Dasein tritt, bekommen diese Lebewesen erneut eine Möglichkeit, in der materiellen Welt zu handeln und sich darauf vorzubereiten, in die spirituelle Welt zurückzukehren. Das ist das Mysterium der materiellen Schöpfung. Im Grunde ist das Lebewesen ursprünglich ein spirituelles Teilchen des Höchsten Herrn, doch wegen seiner rebellischen Haltung wird es der materiellen Natur unterworfen. Die Frage, wie diese Lebewesen als Teile der höheren Natur des Herrn mit der materiellen Natur in Verbindung kamen, ist nicht wichtig. Die Höchste Persönlichkeit Gottes jedoch weiß, wie und warum dies genau geschah. In den Schriften sagt der Herr, daß diejenigen, die sich zur materiellen Natur hingezogen fühlen, einen harten Kampf ums Dasein führen müssen. Aber im Licht der Beschreibung dieser Verse sollte man ohne Zweifel erkennen, daß alle Wandlungen und Einflüsse der materiellen Natur, die durch die drei Erscheinungsweisen hervorgerufen werden, ebenfalls Produkte der materiellen Natur sind. Alle Wandlungen und alle Unterschiede der Lebewesen beziehen sich auf den Körper. Was die spirituelle Natur betrifft, so sind die Lebewesen alle gleich.

Vers 21 कार्यकारणकर्तृत्वे हेतुः प्रकृतिरुच्यते ।
पुरुषः सुखदुःखानां भोक्तृत्वे हेतुरुच्यते ॥२१॥

kārya-kāraṇa-kartṛtve hetuḥ prakṛtir ucyate
puruṣaḥ sukha-duḥkhānāṁ bhoktṛtve hetur ucyate

kārya – der Wirkung; *kāraṇa* – und Ursache; *kartṛtve* – in bezug auf die Schöpfung; *hetuḥ* – Werkzeug; *prakṛtiḥ* – materielle Natur; *ucyate* – gilt als; *puruṣaḥ* – das Lebewesen; *sukha* – von Glück; *duḥkhānām* – und Leid; *bhoktṛtve* – in Genuß; *hetuḥ* – das Werkzeug; *ucyate* – gilt als.

Die Natur gilt als die Ursache aller materiellen Ursachen und Wirkungen, wohingegen das Lebewesen die Ursache der verschiedenen Leiden und Genüsse in dieser Welt ist.

ERLÄUTERUNG: Die verschiedenen Manifestationen von Körpern und Sinnen, die unter den Lebewesen zu finden sind, haben ihre Ursache in der materiellen Natur. Es gibt 8 400 000 verschiedene Lebensformen, und all diese verschiedenen Formen sind Schöpfungen der materiellen Natur. Sie entstehen entsprechend den verschiedenen sinnlichen Verlangen des Lebewesens, das so den Wunsch ausdrückt, in diesem oder jenem Körper zu leben. Wenn es in verschiedene Körper versetzt wird, genießt es verschiedene Formen von Glück und Leid. Das materielle Glück und Leid des Lebewesens ist auf den Körper zurückzuführen, nicht auf das Lebewesen an sich. In seinem ursprünglichen Zustand gibt es zweifellos Genuß; deshalb ist das sein wirklicher Zustand. Aufgrund seines Wunsches, die materielle Natur zu beherrschen, befindet es sich in der materiellen Welt, denn in der spirituellen Welt sind solche Wünsche nicht möglich. Die spirituelle Welt ist rein, doch in der materiellen Welt kämpft jeder hart, um für seinen Körper verschiedene Formen des Genusses zu bekommen. Um es deutlicher auszudrücken: Der Körper ist das Produkt der Sinne, und die Sinne sind Werkzeuge, mit denen das Lebewesen seine Wünsche befriedigt. Dies alles – sowohl der Körper als auch die Sinneswerkzeuge – werden dem Lebewesen von der materiellen Natur zur Verfügung gestellt, und wie der nächste Vers klarmacht, wird das Lebewesen je nach seinen vergangenen Wünschen und Tätigkeiten mit den entsprechenden Umständen gesegnet oder bestraft. Das Lebewesen wird seinen Wünschen und Tätigkeiten gemäß von der materiellen Natur in verschiedene Wohnstätten versetzt. Das Lebewesen selbst ist die Ursache, daß es solche Wohnstätten erlangt und die damit verbundenen Genüsse und Leiden erfährt. Einmal in einen bestimmten Körper versetzt, kommt es unter die Herrschaft der Natur, denn weil der Körper aus Materie besteht, bewegt er sich nach den Gesetzen der Natur. Zu diesem Zeitpunkt hat das Lebewesen nicht die Macht, dieses Gesetz zu ändern. Wenn ein Lebewesen zum Beispiel in den Körper eines Hundes versetzt wird, muß es sich wie ein Hund verhalten, sobald es einmal in diesem Körper ist. Es kann sich nicht anders verhalten. Und wenn das Lebewesen in den Körper eines Schweines versetzt wird, ist es gezwungen, Kot zu fressen und sich wie ein Schwein zu verhalten. Auch dann, wenn das Lebewesen in den Körper eines Halbgottes gesetzt wird, muß es in Entsprechung zu diesem Körper handeln. Das ist das Gesetz der Natur. Doch in jedem Lebensumstand ist die Überseele bei der individuellen Seele. Dies wird in den *Veden* (*Muṇḍaka Upaniṣad* 3.1.1) wie folgt erklärt: *dvā suparṇā sayujā sakhāyaḥ.* Der Höchste Herr ist dem Lebewesen gegenüber so gütig, daß Er die individuelle Seele immer begleitet und unter allen Umständen als Überseele, Paramātmā, gegenwärtig ist.

Vers 22 पुरुषः प्रकृतिस्थो हि भुङ्क्ते प्रकृतिजान् गुणान् ।
कारणं गुणसङ्गोऽस्य सदसद्योनिजन्मसु ॥२२॥

puruṣaḥ prakṛti-stho hi bhuṅkte prakṛti-jān guṇān
kāraṇaṁ guṇa-saṅgo 'sya sad-asad-yoni-janmasu

puruṣaḥ – das Lebewesen; *prakṛti-sthaḥ* – sich in der materiellen Energie befindend; *hi* – gewiß; *bhuṅkte* – genießt; *prakṛti-jān* – von der materiellen Natur erzeugt; *guṇān* – die Erscheinungsweisen der Natur; *kāraṇam* – die Ursache; *guṇa-saṅgaḥ* – die Gemeinschaft mit den Erscheinungsweisen der Natur; *asya* – des Lebewesens; *sat-asat* – in Gut und Schlecht; *yoni* – Lebensformen; *janmasu* – in Geburten.

So folgt das Lebewesen in der materiellen Natur den Wegen des Lebens und genießt die drei Erscheinungsweisen der Natur. Das ist auf seine Verbindung mit der materiellen Natur zurückzuführen. So trifft es mit Gut und Schlecht in den verschiedenen Lebensformen zusammen.

ERLÄUTERUNG: Dieser Vers ist sehr wichtig, um zu verstehen, wie das Lebewesen von einem Körper zum anderen wandert. Im Zweiten Kapitel wurde erklärt, daß das Lebewesen von einem Körper zum anderen wandert, genauso wie man Kleider wechselt. Dieses Wechseln der Kleidung ist auf die Anhaftung des Lebewesens an die materielle Existenz zurückzuführen. Solange es von dieser falschen Manifestation gefangen ist, muß es weiter von Körper zu Körper wandern. Nur aufgrund seines Wunsches, die materielle Natur zu beherrschen, wird es in solche nicht wünschenswerten Umstände versetzt. Unter dem Einfluß materieller Wünsche wird das Lebewesen manchmal als Halbgott, manchmal als

Mensch, manchmal als Säugetier, als Vogel, als Wurm oder als Wasserlebewesen, manchmal als Heiliger und manchmal als Insekt geboren. Das ist das materielle Dasein. Und in allen Fällen hält sich das Lebewesen für den Herrn seiner Lebensumstände, obwohl es in Wirklichkeit dem Einfluß der materiellen Natur untersteht.

Der vorliegende Vers erklärt, wie das Lebewesen in diese verschiedenen Körper versetzt wird. Die Ursache liegt in der Verbindung mit den verschiedenen Erscheinungsweisen der Natur. Man muß sich daher über die drei materiellen Erscheinungsweisen erheben und die transzendentale Ebene erreichen. Das nennt man Kṛṣṇa-Bewußtsein. Solange das Lebewesen nicht sein Kṛṣṇa-Bewußtsein entwickelt, wird sein materielles Bewußtsein es zwingen, von einem Körper zum anderen zu wandern, denn es hat seit unvordenklichen Zeiten materielle Wünsche. Aber genau diese Wünsche muß es ändern. Ein solcher Wandel kann nur stattfinden, wenn man von autoritativen Quellen hört. Das beste Beispiel sehen wir hier: Arjuna hört von Kṛṣṇa die Wissenschaft von Gott. Wenn sich das Lebewesen diesem Vorgang des Hörens widmet, wird es seinen langgehegten Wunsch, über die materielle Natur zu herrschen, verlieren, und allmählich – in dem Maße, wie es sein altes Verlangen zu beherrschen aufgibt – wird es die Ebene erreichen, auf der es spirituelles Glück genießt. In einem vedischen *mantra* heißt es, daß man in dem Maße, wie man in Gemeinschaft mit der Höchsten Persönlichkeit Gottes zu Wissen gelangt, sein ewiges, glückseliges Leben zu kosten beginnt.

Vers 23 उपद्रष्टानुमन्ता च भर्ता भोक्ता महेश्वरः ।
परमात्मेति चाप्युक्तो देहेऽस्मिन् पुरुषः परः ॥२३॥

upadraṣṭānumantā ca bhartā bhoktā maheśvaraḥ
paramātmeti cāpy ukto dehe 'smin puruṣaḥ paraḥ

upadraṣṭā – Beobachter; *anumantā* – Erlaubnisgeber; *ca* – auch; *bhartā* – Meister; *bhoktā* – höchster Genießer; *mahā-īśvaraḥ* – der Höchste Herr; *parama-ātmā* – die Überseele; *iti* – auch; *ca* – und; *api* – in der Tat; *uktaḥ* – wird genannt; *dehe* – im Körper; *asmin* – dieser; *puruṣaḥ* – Genießer; *paraḥ* – transzendental.

Jedoch gibt es im Körper noch einen anderen, einen transzendentalen Genießer, und dies ist der Herr, der höchste Besitzer, der als Beobachter und Erlaubnisgeber gegenwärtig ist und der als Überseele bezeichnet wird.

ERLÄUTERUNG: Hier wird gesagt, daß die Überseele, die die individuelle Seele immer begleitet, eine Repräsentation des Höchsten Herrn ist. Die Überseele ist kein gewöhnliches Lebewesen. Weil die Monisten der Ansicht sind, der Kenner des Körpers sei eins, glauben sie, daß zwischen der Überseele und der individuellen Seele kein Unterschied bestehe. Um diesen Punkt zu klären, sagt der Herr, daß Er in Seiner Repräsentation als Paramātmā in allen Körpern gegenwärtig ist. Er ist von der individuellen Seele verschieden; Er ist *para,* transzendental. Die individuelle Seele genießt die Tätigkeiten eines bestimmten Feldes, aber die Überseele im Körper ist kein solcher begrenzter Genießer und nimmt auch nicht an den körperlichen Tätigkeiten teil, sondern ist der Zeuge, der Beobachter, der Erlaubnisgeber und der Höchste Genießer. Die Überseele heißt Paramātmā, nicht *ātmā,* und ist transzendental. Es ist also offensichtlich, daß der *ātmā* und der Paramātmā voneinander verschieden sind. Die Überseele, der Paramātmā, hat Beine und Hände, die sich überall befinden, was bei der individuellen Seele nicht der Fall ist. Und weil der Paramātmā der Höchste Herr ist, ist Er im Körper gegenwärtig, um die Wünsche der individuellen Seele nach materiellem Genuß zu sanktionieren. Ohne die Einwilligung der Höchsten Seele kann die individuelle Seele nichts tun. Das Individuum ist *bhukta,* derjenige, der erhalten wird, und der Herr ist *bhoktā,* der Erhalter. Es gibt unzählige Lebewesen, und Er ist in ihnen allen als Freund gegenwärtig.

Es ist eine Tatsache, daß das individuelle Lebewesen ewiglich ein Teil des Höchsten Herrn ist, und zwischen ihnen besteht eine sehr enge Beziehung der Freundschaft. Doch das Lebewesen neigt dazu, die Führung des Höchsten Herrn zurückzuweisen und unabhängig zu handeln, um zu versuchen, die materielle Natur zu beherrschen. Weil es diese Neigung hat, wird es als die marginale Energie des Höchsten Herrn bezeichnet. Das Lebewesen kann sich entweder in der materiellen oder in der spirituellen Energie aufhalten. Solange es durch die materielle Energie bedingt ist, bleibt der Höchste Herr als sein Freund, die Überseele, bei ihm, um es dazu zu bewegen, zur spirituellen Energie zurückzukehren. Der Herr ist immer bemüht, es zur spirituellen Energie zurückzuführen, doch aufgrund seiner winzigen Unabhängigkeit lehnt das individuelle Lebewesen es fortwährend ab, mit dem spirituellen Licht verbunden zu sein. Dieser Mißbrauch seiner Unabhängigkeit ist die Ursache seines materiellen Kampfes im bedingten Dasein. Der Herr gibt ihm daher von innen und von außen ständig Unterweisungen. Von außen gibt Er Unterweisungen, wie sie in der *Bhagavad-gītā* zu finden sind, und von innen versucht Er das Lebewesen davon zu überzeugen, daß seine Tätigkeiten im materiellen Feld nicht förderlich sind, um wahres Glück zu erlangen.

„Gib diese Tätigkeiten einfach auf und wende dein Vertrauen Mir zu. Dann wirst du glücklich werden", sagt Er. Auf diese Weise macht der intelligente Mensch, der sein Vertrauen in den Paramātmā oder die Höchste Persönlichkeit Gottes setzt, allmählich Fortschritt in Richtung eines glückseligen, ewigen Lebens voller Wissen.

Vers 24 य एवं वेत्ति पुरुषं प्रकृतिं च गुणैः सह ।
सर्वथा वर्तमानोऽपि न स भूयोऽभिजायते ॥२४॥

ya evaṁ vetti puruṣaṁ prakṛtiṁ ca guṇaiḥ saha
sarvathā vartamāno 'pi na sa bhūyo 'bhijāyate

yaḥ – jeder, der; *evam* – so; *vetti* – versteht; *puruṣam* – das Lebewesen; *prakṛtim* – materielle Natur; *ca* – und; *guṇaiḥ* – die Erscheinungsweisen der materiellen Natur; *saha* – mit; *sarvathā* – in jeder Hinsicht; *vartamānaḥ* – sich befindend; *api* – obwohl; *na* – niemals; *saḥ* – er; *bhūyaḥ* – wieder; *abhijāyate* – wird geboren.

Wer diese Philosophie von der materiellen Natur, dem Lebewesen und der Wechselwirkung der Erscheinungsweisen der Natur versteht, wird mit Sicherheit Befreiung erlangen. Er wird, ungeachtet seiner jetzigen Stellung, nicht mehr in dieser Welt geboren werden.

ERLÄUTERUNG: Wenn man die materielle Natur, die Überseele, die individuelle Seele und ihre Wechselbeziehungen klar versteht, erwirbt man die Eignung, befreit zu werden und die spirituelle Sphäre zu erreichen, ohne gezwungen zu sein, zur materiellen Natur zurückzukehren. Dies ist das Ergebnis von Wissen. Der Zweck von Wissen besteht darin, sich bewußt zu werden, daß das Lebewesen durch Zufall in das materielle Dasein gefallen ist. Durch persönliche Bemühung in der Gemeinschaft von Autoritäten, Heiligen und einem spirituellen Meister muß das Lebewesen seine wahre Stellung erkennen und dann zu seinem spirituellen Bewußtsein, dem Kṛṣṇa-Bewußtsein, zurückkehren, indem es die *Bhagavad-gītā* so versteht, wie sie von der Persönlichkeit Gottes erklärt wird. Dann ist es sicher, daß es nie wieder in die materielle Existenz zurückkommen wird; es gelangt in die spirituelle Welt zu einem glückseligen, ewigen Leben voller Wissen.

Vers 25 ध्यानेनात्मनि पश्यन्ति केचिदात्मानमात्मना ।
अन्ये साङ्ख्येन योगेन कर्मयोगेन चापरे ॥२५॥

dhyānenātmani paśyanti kecid ātmānam ātmanā
anye sāṅkhyena yogena karma-yogena cāpare

dhyānena – durch Meditation; *ātmani* – im Selbst; *paśyanti* – sehen; *kecit* – einige; *ātmānam* – die Überseele; *ātmanā* – durch den Geist; *anye* – andere; *sāṅkhyena* – der philosophischen Erörterung; *yogena* – durch das *yoga*-System; *karma-yogena* – durch Tätigkeiten ohne fruchtbringenden Wunsch; *ca* – auch; *apare* – andere.

Einige erkennen die Überseele in ihrem Innern durch Meditation, andere durch die Entwicklung von Wissen und wieder andere durch Tätigkeiten ohne fruchtbringende Wünsche.

ERLÄUTERUNG: Der Herr erklärt Arjuna, daß die bedingten Seelen in bezug auf ihre Suche nach Selbstverwirklichung in zwei Gruppen eingeteilt werden können. Die Atheisten, Agnostiker und Skeptiker haben keinen Sinn für spirituelles Verständnis. Doch es gibt andere, die ein gläubiges Verständnis vom spirituellen Leben haben, und zwar die introspektiven Gottgeweihten, die Philosophen und diejenigen, die den fruchttragenden Ergebnissen ihrer Arbeit entsagen. Die Verfechter der Lehre des Monismus werden ebenfalls zu den Atheisten und Agnostikern gezählt. Mit anderen Worten, nur die Geweihten der Höchsten Persönlichkeit Gottes befinden sich auf der höchsten Ebene spirituellen Verständnisses, denn sie haben erkannt, daß es jenseits der materiellen Natur eine spirituelle Welt und eine Höchste Persönlichkeit Gottes gibt und daß diese Höchste Persönlichkeit Gottes in Ihrer Erweiterung als Paramātmā, die Überseele in jedem, der alldurchdringende Gott ist. Natürlich gibt es auch Menschen, die versuchen, die Höchste Absolute Wahrheit durch die Entwicklung von Wissen zu verstehen, und sie können zur Gruppe der Gläubigen gezählt werden. Die *sāṅkhya*-Philosophen zerlegen in ihrer Analyse die materielle Welt in vierundzwanzig Elemente und fügen die Seele als fünfundzwanzigsten Faktor hinzu. Wenn sie zu dem Verständnis gelangen, daß die individuelle Seele von ihrer Natur her transzendental zu den materiellen Elementen ist, können sie auch verstehen, daß über der individuellen Seele die Höchste Persönlichkeit Gottes steht. Sie ist das sechsundzwanzigste Element. So gelangen auch sie allmählich auf die Stufe des hingebungsvollen Dienstes im Kṛṣṇa-Bewußtsein. Und diejenigen, die den Früchten ihrer Tätigkeiten entsagen, sind in ihrer Haltung ebenfalls vollkommen. Sie haben die Möglichkeit, sich auf die Ebene des hingebungsvollen Dienstes im Kṛṣṇa-Bewußtsein zu erheben. In diesem Vers heißt es, daß es Menschen gibt, die im Bewußtsein rein sind und versuchen, die Überseele durch Meditation zu finden. Wenn sie die Überseele in ihrem Innern entdecken, erreichen auch sie die transzendentale Ebene. Ebenso gibt es andere, die versuchen, durch die Entwicklung von Wissen zu einem Verständnis der Höchsten Seele zu gelangen, und wieder andere üben sich im *haṭha-yoga*-System und versuchen, die Höchste Persönlichkeit Gottes durch kindische Übungen zu erfreuen.

Vers 26 अन्ये त्वेवमजानन्तः श्रुत्वान्येभ्य उपासते ।
तेऽपि चातितरन्त्येव मृत्युं श्रुतिपरायणाः ॥२६॥

anye tv evaṁ ajānantaḥ śrutvānyebhya upāsate
te 'pi cātitaranty eva mṛtyuṁ śruti-parāyaṇāḥ

anye – andere; *tu* – aber; *evam* – auf diese Weise; *ajānantaḥ* – ohne spirituelles Wissen; *śrutvā* – durch Hören; *anyebhyaḥ* – von anderen; *upāsate* – beginnen zu verehren; *te* – sie; *api* – auch; *ca* – und; *atitaranti* – überwinden; *eva* – gewiß; *mṛtyum* – den Pfad des Todes; *śruti-parāyaṇāḥ* – dem Vorgang des Hörens zugeneigt.

Und es gibt andere, die zwar im spirituellen Wissen nicht bewandert sind, die aber beginnen, die Höchste Person zu verehren, nachdem sie von anderen über Sie gehört haben. Weil sie die Neigung haben, von Autoritäten zu hören, überwinden auch sie den Pfad von Geburt und Tod.

ERLÄUTERUNG: Dieser Vers läßt sich besonders auf die moderne Gesellschaft anwenden, denn heutzutage gibt es so gut wie keine spirituelle Bildung. Manche Menschen mögen sich als Atheisten, Agnostiker oder Philosophen ausgeben, doch in Wirklichkeit hat niemand echtes Wissen über Philosophie. Was den gewöhnlichen Menschen betrifft, so besteht für ihn, wenn er eine rechtschaffene Seele ist, die Möglichkeit, durch Hören Fortschritt zu machen. Der Vorgang des Hörens ist sehr wichtig. Śrī Caitanya, der Kṛṣṇa-Bewußtsein in der modernen Welt predigte, legte auf den Vorgang des Hörens großen Nachdruck, denn der gewöhnliche Mensch kann einfach dadurch, daß er von autoritativen Quellen hört, Fortschritt machen, besonders wenn er, wie Śrī Caitanya sagt, die transzendentale Klangschwingung Hare Kṛṣṇa, Hare Kṛṣṇa, Kṛṣṇa Kṛṣṇa, Hare Hare / Hare Rāma, Hare Rāma, Rāma Rāma, Hare Hare hört. Es wird daher gesagt, daß alle Menschen die Gelegenheit nutzen sollten, von selbstverwirklichten Seelen zu hören, um so allmählich fähig zu werden, alles zu verstehen. Dann werden sie zweifellos beginnen, den Höchsten Herrn zu verehren. Śrī Caitanya sagt, daß im gegenwärtigen Zeitalter niemand seine Stellung zu wechseln braucht, daß man aber den Versuch aufgeben soll, die Absolute Wahrheit durch spekulatives Philosophieren zu verstehen. Man sollte es lernen, der Diener derer zu werden, die Wissen über den Höchsten Herrn haben. Wenn man das Glück hat, bei einem reinen Gottgeweihten Zuflucht zu finden, von ihm über Selbstverwirklichung zu hören und seinem Beispiel zu folgen, wird man allmählich zur Stufe eines reinen Gottgeweihten erhoben. Besonders in diesem Vers wird der Vorgang des Hörens mit Nachdruck empfohlen, und das aus gutem Grund; denn obwohl der gewöhnliche Mensch oft nicht so begabt ist wie die sogenannten Philosophen, wird ihm das vertrauensvolle Hören von einer echten Autorität helfen, die materielle Existenz zu transzendieren und nach Hause, zu Gott, zurückzukehren.

Vers 27 यावत्सञ्जायते किञ्चित्सत्त्वं स्थावरजङ्गमम् ।
क्षेत्रक्षेत्रज्ञसंयोगात्तद्विद्धि भरतर्षभ ॥२७॥

yāvat sañjāyate kiñcit sattvaṁ sthāvara-jaṅgamam
kṣetra-kṣetrajña-saṁyogāt tad viddhi bharatarṣabha

yāvat – was auch immer; *sañjāyate* – entsteht; *kiñcit* – irgend etwas; *sattvam* – Existenz; *sthāvara* – sich nicht bewegend; *jaṅgamam* – sich bewegend; *kṣetra* – des Körpers; *kṣetra-jña* – und des Kenners des Körpers; *saṁyogāt* – durch die Verbindung zwischen; *tat viddhi* – du mußt es wissen; *bharata-ṛṣabha* – o Oberhaupt der Bhāratas.

O Oberhaupt der Bhāratas, wisse, daß alles, was du existieren siehst, nur die Verbindung des Tätigkeitsfeldes mit dem Kenner des Feldes ist, ob beweglich oder unbeweglich.

ERLÄUTERUNG: In diesem Vers werden sowohl die materielle Natur als auch das Lebewesen erklärt, die beide bereits vor der Schöpfung des Kosmos existierten. Alles Erschaffene ist nur die Verbindung des Lebewesens mit der materiellen Natur. Es gibt viele unbewegliche Schöpfungen, wie Bäume, Berge und Hügel, und es gibt viele Lebensformen, die sich bewegen; aber sie alle sind nichts anderes als Verbindungen der materiellen Natur mit der höheren Natur, dem Lebewesen. Ohne mit der höheren Natur, dem Lebewesen, in Berührung zu sein, kann nichts wachsen. Die Beziehung zwischen materieller Natur und spiritueller Natur besteht ewig, und diese Verbindung wird vom Höchsten Herrn bewirkt. Deshalb ist Er der Beherrscher der höheren wie auch der niederen Natur. Die materielle Natur wird von Ihm erschaffen, und die höhere Natur wird in die materielle Natur hineingesetzt, wodurch alle Tätigkeiten und Manifestationen zustande kommen.

Vers 28 समं सर्वेषु भूतेषु तिष्ठन्तं परमेश्वरम् ।
विनश्यत्स्वविनश्यन्तं यः पश्यति स पश्यति ॥२८॥

samaṁ sarveṣu bhūteṣu tiṣṭhantaṁ parameśvaram
vinaśyatsv avinaśyantaṁ yaḥ paśyati sa paśyati

samam – gleich; *sarveṣu* – in allen; *bhūteṣu* – Lebewesen; *tiṣṭhantam* – wohnend; *parama-īśvaram* – die Überseele; *vinaśyatsu* – im Zerstörbaren; *avinaśyantam* – nicht zerstört; *yaḥ* – jeder, der; *paśyati* – sieht; *saḥ* – er; *paśyati* – sieht wirklich.

Wer sieht, daß die Überseele die individuelle Seele in allen Körpern begleitet, und versteht, daß weder die Seele noch die Überseele im zerstörbaren Körper jemals zerstört werden, sieht wirklich.

ERLÄUTERUNG: Jeder, der dank guter Gemeinschaft drei Dinge und ihre gegenseitige Beziehung erkennen kann – den Körper, den Besitzer des Körpers (die individuelle Seele) und den Freund der individuellen Seele –, gründet tatsächlich in Wissen. Nur wenn man mit jemandem, der ein wahrer Kenner spiritueller Themen ist, Gemeinschaft hat, ist man in der Lage, diese drei Dinge zu sehen. Diejenigen, die keine solche Gemeinschaft haben, sind unwissend; sie sehen nur den Körper, und sie denken, wenn der Körper zerstört werde, sei alles zu Ende. Aber in Wirklichkeit ist dies nicht der Fall. Nach der Zerstörung des Körpers existieren sowohl die Seele als auch die Überseele weiter, ja sie existieren ewig in den verschiedensten beweglichen und unbeweglichen Körpern. Das Sanskritwort *parameśvara* wird manchmal mit „individuelle Seele" übersetzt, denn die Seele ist der Herr des Körpers und wandert nach dessen Zerstörung in eine andere Form. In diesem Sinne ist sie Herr. Andere übersetzen *parameśvara* mit „Überseele". Beides ist richtig, da sowohl die individuelle Seele als auch die Überseele weiter existieren. Sie werden niemals zerstört. Wer diese Sicht hat, sieht die Dinge so, wie sie sind.

Vers 29 समं पश्यन् हि सर्वत्र समवस्थितमीश्वरम् ।
न हिनस्त्यात्मनात्मानं ततो याति परां गतिम् ॥२९॥

samaṁ paśyan hi sarvatra samavasthitam īśvaram
na hinasty ātmanātmānaṁ tato yāti parāṁ gatim

samam – gleich; *paśyan* – sehend; *hi* – gewiß; *sarvatra* – überall; *samavasthitam* – gleich befindlich; *īśvaram* – die Überseele; *na* – nicht; *hinasti* – erniedrigt sich; *ātmanā* – durch den Geist; *ātmānam* – die Seele; *tataḥ* – dann; *yāti* – erreicht; *parām* – das transzendentale; *gatim* – Ziel.

Jemand, der sieht, daß die Überseele überall, in allen Lebewesen, in gleichem Maße gegenwärtig ist, erniedrigt sich nicht durch seinen Geist. So nähert er sich dem transzendentalen Ziel.

ERLÄUTERUNG: Dadurch, daß das Lebewesen sein materielles Dasein annahm, ist es in Bedingungen geraten, die sich von seinem spirituellen Dasein unterscheiden. Aber wenn man erkennt, daß der Höchste in Seiner Paramātmā-Manifestation überall gegenwärtig ist, das heißt, wenn man die Gegenwart der Höchsten Persönlichkeit Gottes in jedem Lebewesen sieht, erniedrigt man sich nicht durch eine zerstörerische Geisteshaltung, und so schreitet man auf dem Pfad zur spirituellen Welt allmählich voran. Für gewöhnlich haftet der Geist an Vorstellungen der Sinnenbefriedigung, doch wenn sich der Geist der Überseele zuwendet, macht man Fortschritt im spirituellen Verständnis.

Vers 30 प्रकृत्यैव च कर्माणि क्रियमाणानि सर्वशः ।
यः पश्यति तथात्मानमकर्तारं स पश्यति ॥३०॥

prakṛtyaiva ca karmāṇi kriyamāṇāni sarvaśaḥ
yaḥ paśyati tathātmānam akartāraṁ sa paśyati

prakṛtyā – durch die materielle Natur; *eva* – gewiß; *ca* – auch; *karmāṇi* – Tätigkeiten; *kriyamāṇāni* – werden ausgeführt; *sarvaśaḥ* – in jeder Hinsicht; *yaḥ* – jeder, der; *paśyati* – sieht; *tathā* – auch; *ātmānam* – sich selbst; *akartāram* – der Nichthandelnde; *saḥ* – er; *paśyati* – sieht vollkommen.

Wer sieht, daß alle Tätigkeiten vom Körper ausgeführt werden, der von der materiellen Natur geschaffen wurde, und sieht, daß er selbst nichts tut, sieht wirklich.

ERLÄUTERUNG: Der Körper wird von der materiellen Natur unter der Anweisung der Überseele geschaffen, und alle Tätigkeiten in Beziehung zum Körper haben nichts mit dem Selbst zu tun. Alles, was man tut, sei es zum eigenen Glück oder zum eigenen Leid, wird einem von der Natur des Körpers aufgezwungen. Das Selbst jedoch steht außerhalb all dieser körperlichen Tätigkeiten. Das Lebewesen erhält seinen Körper gemäß seinen früheren Wünschen, und in diesem Körper handelt es, um sich seine Wünsche zu erfüllen. Der Körper ist sozusagen eine Maschine, die vom Höchsten Herrn entworfen wurde, um die Wünsche des Lebewesens zu erfüllen. Aufgrund der eigenen Wünsche wird man in schwierige Umstände versetzt, um zu leiden oder zu genießen. Wenn man dieses transzendentale Verständnis vom Lebewesen entwickelt, löst man sich von körperlichen Tätigkeiten. Wer eine solche Sicht hat, sieht wirklich.

Vers 31 यदा भूतपृथग्भावमेकस्थमनुपश्यति ।
तत एव च विस्तारं ब्रह्म सम्पद्यते तदा ॥३१॥

yadā bhūta-pṛthag-bhāvam eka-stham anupaśyati
tata eva ca vistāraṁ brahma sampadyate tadā

yadā – wenn; *bhūta* – der Lebewesen; *pṛthak-bhāvam* – getrennte Identität; *eka-stham* – in einem befindlich; *anupaśyati* – man versucht, durch Autorität zu sehen; *tataḥ eva* – danach; *ca* – auch; *vistāram* – die Erweiterung; *brahma* – das Absolute; *sampadyate* – er erlangt; *tadā* – zu dieser Zeit.

Wenn ein einsichtiger Mensch aufhört, aufgrund verschiedener materieller Körper Unterschiede zu machen, und sieht, wie die Lebewesen überall gegenwärtig sind, erlangt er die Sicht des Brahman.

ERLÄUTERUNG: Wenn man erkennt, daß die verschiedenen Körper aus den verschiedenen Wünschen der individuellen Seele entstehen und in Wirklichkeit nicht zur Seele gehören, sieht man die Dinge im richtigen Licht. In der materiellen Lebensauffassung sieht man jemanden als Halbgott, als Menschen, als Hund, als Katze usw. Das ist materielle Sicht, nicht wirkliche Sicht. Dieses materielle Unterscheiden hat seine Ursache in einer materiellen Auffassung vom Leben. Nach der Zerstörung des materiellen Körpers ist die spirituelle Seele eins. Nur aufgrund ihres Kontaktes mit der materiellen Natur nimmt sie verschiedene Arten von Körpern an. Wenn man dies verstehen kann, erlangt man spirituelle

Sicht, und wenn man auf diese Weise von Unterscheidungen wie Mensch und Tier, groß und klein usw. frei geworden ist, wird man in seinem Bewußtsein gereinigt und kann in seiner spirituellen Identität Kṛṣṇa-Bewußtsein entwickeln. Welche Sicht man auf dieser Stufe hat, wird im nächsten Vers erklärt.

Vers 32 अनादित्वान्निर्गुणत्वात्परमात्मायमव्ययः ।
शरीरस्थोऽपि कौन्तेय न करोति न लिप्यते ॥३२॥

anāditvān nirguṇatvāt paramātmāyam avyayaḥ
śarīra-stho 'pi kaunteya na karoti na lipyate

anāditvāt – da ewig; *nirguṇatvāt* – da transzendental; *parama* – jenseits der materiellen Natur; *ātmā* – spirituelle Seele; *ayam* – diese; *avyayaḥ* – unerschöpflich; *śarīra-sthaḥ* – im Körper weilend; *api* – obwohl; *kaunteya* – o Sohn Kuntīs; *na karoti* – tut niemals etwas; *na lipyate* – und ist nicht verstrickt.

Diejenigen mit der Sicht der Ewigkeit sehen, daß die unvergängliche Seele transzendental und ewig ist und sich jenseits der Erscheinungsweisen der Natur befindet. Trotz ihres Kontaktes mit dem materiellen Körper, o Arjuna, tut die Seele nichts und ist auch nicht verstrickt.

ERLÄUTERUNG: Das Lebewesen scheint aufgrund der Geburt des materiellen Körpers geboren zu werden, doch in Wirklichkeit ist es ewig. Es wird nicht geboren, und obwohl es sich in einem materiellen Körper befindet, ist es transzendental und ewig. Deshalb kann es nicht zerstört werden. Es ist von Natur aus voller Glückseligkeit. Das Lebewesen selbst führt keine materiellen Tätigkeiten aus, und deshalb wird es von den Tätigkeiten, die aufgrund seines Kontaktes mit materiellen Körpern ausgeführt werden, nicht verstrickt.

Vers 33 यथा सर्वगतं सौक्ष्म्यादाकाशं नोपलिप्यते ।
सर्वत्रावस्थितो देहे तथात्मा नोपलिप्यते ॥३३॥

yathā sarva-gataṁ saukṣmyād ākāśaṁ nopalipyate
sarvatrāvasthito dehe tathātmā nopalipyate

yathā – wie; *sarva-gatam* – alldurchdringend; *saukṣmyāt* – da feinstofflich; *ākāśam* – der Himmel; *na* – niemals; *upalipyate* – vermischt sich;

sarvatra – überall; *avasthitaḥ* – sich befindend; *dehe* – im Körper; *tathā* – so; *ātmā* – das Selbst; *na* – niemals; *upalipyate* – vermischt sich.

Aufgrund seiner feinstofflichen Natur vermischt sich der Himmel mit keinem anderen Element, obwohl er alldurchdringend ist. In ähnlicher Weise vermischt sich die Seele, die in der Sicht des Brahman verankert ist, nicht mit dem Körper, obwohl sie sich im Körper befindet.

ERLÄUTERUNG: Die Luft durchdringt alles: Wasser, Schlamm, Kot usw., aber dennoch vermischt sie sich mit nichts. In ähnlicher Weise befindet sich das Lebewesen in verschiedensten Körpern, aber aufgrund seiner feinen Natur steht es über ihnen. Deshalb ist es unmöglich, mit materiellen Augen zu sehen, wie das Lebewesen mit dem Körper in Kontakt ist und wie es sich nach der Zerstörung des Körpers aus ihm entfernt. Niemand in der Wissenschaft kann dies ermitteln.

Vers 34 यथा प्रकाशयत्येकः कृत्स्नं लोकमिमं रविः ।
क्षेत्रं क्षेत्री तथा कृत्स्नं प्रकाशयति भारत ॥३४॥

yathā prakāśayaty ekaḥ kṛtsnaṁ lokam imaṁ raviḥ
kṣetraṁ kṣetrī tathā kṛtsnaṁ prakāśayati bhārata

yathā – wie; *prakāśayati* – erleuchtet; *ekaḥ* – eins; *kṛtsnam* – das ganze; *lokam* – Universum; *imam* – diese; *raviḥ* – Sonne; *kṣetram* – der Körper; *kṣetrī* – die Seele; *tathā* – ebenso; *kṛtsnam* – alle; *prakāśayati* – erleuchtet; *bhārata* – o Nachkomme Bharatas.

O Nachkomme Bharatas, so wie die Sonne allein das ganze Universum erleuchtet, so erleuchtet das eine Lebewesen im Körper den gesamten Körper mit Bewußtsein.

ERLÄUTERUNG: Über das Bewußtsein gibt es verschiedene Theorien. Hier in der *Bhagavad-gītā* wird das Beispiel von der Sonne und dem Sonnenschein gegeben. So wie die Sonne an einem Ort steht und trotzdem das ganze Universum erleuchtet, so befindet sich der eine kleine spirituelle Funke, die Seele, im Herzen des Körpers, aber erleuchtet den gesamten Körper mit Bewußtsein. Somit ist Bewußtsein der Beweis für das Vorhandensein der Seele, ebenso wie der Sonnenschein und das Licht der Beweis für die Gegenwart der Sonne sind. Wenn die Seele im Körper gegenwärtig ist, ist das Bewußtsein über den gesamten Körper verbreitet, doch sobald die Seele den Körper verläßt, gibt es kein

Bewußtsein mehr. Jeder intelligente Mensch kann dies ohne weiteres verstehen. Daher ist Bewußtsein kein Produkt materieller Verbindungen. Es ist das Symptom des Lebewesens. Obwohl das Bewußtsein des Lebewesens eigenschaftsmäßig mit dem höchsten Bewußtsein eins ist, ist es nicht von höchster Natur, da das Bewußtsein eines bestimmten Körpers nicht am Bewußtsein eines anderen Körpers teilhat. Die Überseele aber, die in allen Körpern als Freund der individuellen Seele weilt, ist Sich aller Körper bewußt. Das ist der Unterschied zwischen dem höchsten Bewußtsein und dem individuellen Bewußtsein.

Vers 35 क्षेत्रक्षेत्रज्ञयोरेवमन्तरं ज्ञानचक्षुषा ।
भूतप्रकृतिमोक्षं च ये विदुर्यान्ति ते परम् ॥३५॥

kṣetra-kṣetrajñayor evam antaraṁ jñāna-cakṣuṣā
bhūta-prakṛti-mokṣaṁ ca ye vidur yānti te param

kṣetra – des Körpers; *kṣetra-jñayoḥ* – des Besitzers des Körpers; *evam* – somit; *antaram* – der Unterschied; *jñāna-cakṣuṣā* – durch die Sicht des Wissens; *bhūta* – des Lebewesens; *prakṛti* – von der materiellen Natur; *mokṣam* – die Befreiung; *ca* – auch; *ye* – diejenigen, die; *viduḥ* – wissen; *yānti* – nähern sich; *te* – sie; *param* – dem Höchsten.

Diejenigen, die mit den Augen des Wissens den Unterschied zwischen dem Körper und dem Kenner des Körpers sehen und auch den Vorgang der Befreiung aus der Knechtschaft der materiellen Natur verstehen, erreichen das höchste Ziel.

ERLÄUTERUNG: Das Dreizehnte Kapitel besagt, daß man den Unterschied zwischen dem Körper, dem Besitzer des Körpers und der Überseele verstehen sollte. Auch sollte man den Vorgang der Befreiung, wie er in den Versen 8 bis 12 beschrieben wurde, annehmen. Dann kann man sich auf das höchste Ziel zubewegen.

Ein gläubiger Mensch sollte zunächst gute Gemeinschaft finden, um von Gott zu hören und so allmählich erleuchtet zu werden. Wenn man einen spirituellen Meister annimmt, kann man lernen, zwischen Materie und spiritueller Natur zu unterscheiden, und dies ist das Sprungbrett zu weiterer spiritueller Verwirklichung. Ein spiritueller Meister lehrt seine Schüler durch verschiedenste Anweisungen, von der materiellen Lebensauffassung frei zu werden. So sehen wir zum Beispiel in der *Bhagavad-gītā,* wie Kṛṣṇa Arjuna unterweist, um ihn von materialistischen Überlegungen zu befreien.

Man kann verstehen, daß der Körper Materie ist; man kann ihn auf der Grundlage der vierundzwanzig Elemente, aus denen er besteht, analysieren. Der Körper stellt die grobstoffliche Manifestation dar und der Geist und die psychischen Vorgänge die feinstoffliche. Die Lebenssymptome sind nichts anderes als die Wechselwirkung dieser verschiedenen Faktoren. Aber über alledem steht die Seele und darüber die Überseele. Die Seele und die Überseele sind voneinander verschieden. Die gesamte materielle Welt bewegt sich aufgrund der Verbindung der Seele mit den vierundzwanzig materiellen Elementen. Jemand, der versteht, daß sich die gesamte materielle Manifestation aus der Verbindung der Seele mit den materiellen Elementen zusammensetzt, und auch die Stellung der Höchsten Seele versteht, qualifiziert sich, in die spirituelle Welt erhoben zu werden. Diese Themen müssen durchdacht und verwirklicht werden, und daher sollte man dieses Kapitel mit der Hilfe des spirituellen Meisters genau verstehen.

Hiermit enden die Bhaktivedanta-Erläuterungen zum Dreizehnten Kapitel der Śrīmad Bhagavad-gītā *mit dem Titel: „Natur, Genießer und Bewußtsein".*

VIERZEHNTES KAPITEL

Die drei Erscheinungsweisen der materiellen Natur

Vers 1 श्रीभगवानुवाच
परं भूयः प्रवक्ष्यामि ज्ञानानां ज्ञानमुत्तमम् ।
यज्ज्ञात्वा मुनयः सर्वे परां सिद्धिमितो गताः ॥ १ ॥

śrī-bhagavān uvāca
paraṁ bhūyaḥ pravakṣyāmi jñānānāṁ jñānam uttamam
yaj jñātvā munayaḥ sarve parāṁ siddhim ito gatāḥ

śrī-bhagavān uvāca – die Höchste Persönlichkeit Gottes sprach; *param* – transzendental; *bhūyaḥ* – wieder; *pravakṣyāmi* – Ich werde sprechen; *jñānānām* – von allem Wissen; *jñānam* – Wissen; *uttamam* – das höchste; *yat* – welches; *jñātvā* – kennend; *munayaḥ* – die Weisen; *sarve* – alle; *parām* – transzendental; *siddhim* – Vollkommenheit; *itaḥ* – von dieser Welt; *gatāḥ* – erreichten.

Die Höchste Persönlichkeit Gottes sprach: Abermals werde Ich dir diese höchste Weisheit erklären, die Essenz allen Wissens. Alle Weisen, die es verstanden, haben die höchste Vollkommenheit erreicht.

ERLÄUTERUNG: Vom Siebten Kapitel bis zum Ende des Zwölften Kapitels offenbart Śrī Kṛṣṇa detailliertes Wissen über die Absolute Wahrheit, die Höchste Persönlichkeit Gottes. Jetzt erleuchtet der Herr

Arjuna mit weiterem Wissen. Wenn man dieses Kapitel durch den Vorgang der philosophischen Spekulation versteht, wird man zu einem Verständnis von hingebungsvollem Dienst kommen. Im Dreizehnten Kapitel wurde erklärt, daß man die Möglichkeit hat, von der materiellen Verstrickung befreit zu werden, wenn man in einer demütigen Haltung Wissen entwickelt. Weiter wurde erklärt, daß das Lebewesen in der materiellen Welt gefangen ist, weil es mit den Erscheinungsweisen der Natur verbunden ist. Im vorliegenden Kapitel nun erklärt die Höchste Persönlichkeit, was diese Erscheinungsweisen der Natur sind, wie sie wirken, wie sie zu Bindung und wie sie zu Befreiung führen. Wie der Herr sagt, ist das Wissen, das in diesem Kapitel enthalten ist, dem Wissen, das in den bisherigen Kapiteln offenbart wurde, übergeordnet. Verschiedene große Weise, die dieses Wissen verstanden haben, erreichten die Vollkommenheit und gelangten in die spirituelle Welt. Der Herr beginnt nun, das gleiche Wissen eingehender zu erklären. Das Wissen des vorliegenden Kapitels ist allen anderen Vorgängen des Wissens, die bisher beschrieben wurden, weit, weit übergeordnet, und viele, die es verstanden haben, erreichten die Vollkommenheit. Es wird daher erwartet, daß jemand, der dieses Vierzehnte Kapitel versteht, die Vollkommenheit erreichen wird.

Vers 2 इदं ज्ञानमुपाश्रित्य मम साधर्म्यमागताः ।
सर्गेऽपि नोपजायन्ते प्रलये न व्यथन्ति च ॥ २ ॥

idaṁ jñānam upāśritya mama sādharmyam āgatāḥ
sarge 'pi nopajāyante pralaye na vyathanti ca

idam – dieses; *jñānam* – Wissen; *upāśritya* – Zuflucht suchend bei; *mama* – Meine; *sādharmyam* – gleiche Natur; *āgatāḥ* – erreicht habend; *sarge api* – selbst in der Schöpfung; *na* – niemals; *upajāyante* – werden geboren; *pralaye* – bei der Vernichtung; *na* – nicht; *vyathanti* – sind verwirrt; *ca* – auch.

Wenn man in diesem Wissen gefestigt ist, kann man die transzendentale Natur erreichen, die Meiner eigenen Natur gleich ist. So verankert, wird man zur Zeit der Schöpfung nicht geboren und zur Zeit der Vernichtung nicht verwirrt.

ERLÄUTERUNG: Nachdem man vollkommenes transzendentales Wissen erworben hat, erlangt man qualitative Gleichheit mit der Höchsten Persönlichkeit Gottes und wird somit frei von der Wiederholung von

Geburt und Tod. Man verliert jedoch nicht seine Identität als individuelle Seele. Aus der vedischen Literatur geht hervor, daß die befreiten Seelen, die zu den transzendentalen Planeten des spirituellen Himmels gelangt sind, immer auf die Lotosfüße des Höchsten Herrn blicken und in Seinem transzendentalen liebevollen Dienst tätig sind. Selbst nach der Befreiung also verlieren die Gottgeweihten nicht ihre individuelle Identität.

Im allgemeinen ist alles Wissen, das wir in der materiellen Welt bekommen, von den drei Erscheinungsweisen der materiellen Natur verunreinigt. Wissen, das nicht von den drei Erscheinungsweisen der materiellen Natur verunreinigt ist, wird transzendentales Wissen genannt. Sobald man in diesem transzendentalen Wissen gründet, befindet man sich auf der gleichen Ebene wie die Höchste Person. Diejenigen, die kein Wissen über den spirituellen Himmel besitzen, vertreten die Ansicht, daß die spirituelle Identität, nachdem man von allen materiellen Tätigkeiten der materiellen Form befreit ist, formlos werde und jegliche Vielfalt verliere. Doch genauso wie es in dieser Welt materielle Vielfalt gibt, gibt es Vielfalt auch in der spirituellen Welt. Diejenigen, die sich hinsichtlich dieser Tatsache in Unwissenheit befinden, denken, die spirituelle Existenz sei das genaue Gegenteil von materieller Vielfalt. In Wahrheit jedoch nimmt man im spirituellen Himmel eine spirituelle Form an. Die Tätigkeiten, die dort ausgeführt werden, sind spirituell, und diese spirituelle Existenz wird hingebungsvolles Leben genannt. Es wird beschrieben, daß nichts in dieser Welt verunreinigt ist und daß jeder dort dem Höchsten Herrn qualitativ gleich ist. Um solches Wissen zu erwerben, muß man alle spirituellen Eigenschaften entwickeln, und wer diese Eigenschaften entwickelt, wird weder von der Schöpfung noch von der Vernichtung der materiellen Welt beeinflußt.

Vers 3 मम योनिर्महद् ब्रह्म तस्मिन् गर्भं दधाम्यहम् ।
सम्भवः सर्वभूतानां ततो भवति भारत ॥ ३ ॥

mama yonir mahad brahma tasmin garbhaṁ dadhāmy aham
sambhavaḥ sarva-bhūtānāṁ tato bhavati bhārata

mama – Meine; *yoniḥ* – Quelle der Geburt; *mahat* – die gesamte materielle Existenz; *brahma* – höchste; *tasmin* – in dieser; *garbham* – Schwangerschaft; *dadhāmi* – erschaffe; *aham* – Ich; *sambhavaḥ* – die Möglichkeit; *sarva-bhūtānām* – aller Lebewesen; *tataḥ* – danach; *bhavati* – wird; *bhārata* – o Nachkomme Bharatas.

Die gesamte materielle Substanz, Brahman genannt, ist die Quelle der Geburt, und es ist dieses Brahman, das Ich befruchte, wodurch die Geburt aller Lebewesen ermöglicht wird, o Nachkomme Bharatas.

ERLÄUTERUNG: Dies ist eine Erklärung der Welt: Alles, was geschieht, ist auf die Verbindung von *kṣetra* und *kṣetra-jña,* dem Körper und der spirituellen Seele, zurückzuführen. Diese Verbindung der materiellen Natur und des Lebewesens wird vom Höchsten Herrn Selbst ermöglicht. Das *mahat-tattva* ist die Gesamtursache der gesamten kosmischen Manifestation, und diese Gesamtsubstanz der materiellen Ursache, in der sich die drei Erscheinungsweisen der materiellen Natur befinden, wird manchmal Brahman genannt. Die Höchste Persönlichkeit befruchtet diese Gesamtsubstanz, und auf diese Weise wird die Existenz unzähliger Universen ermöglicht. Diese gesamte materielle Substanz, das *mahat-tattva,* wird in der vedischen Literatur manchmal als Brahman beschrieben (*Muṇḍaka Upaniṣad* 1.1.9): *tasmād etad brahma nāma-rūpam annaṁ ca jāyate.* Die Höchste Person befruchtet dieses Brahman mit Samen in Form der Lebewesen. Die vierundzwanzig Elemente, angefangen mit Erde, Wasser, Feuer und Luft, gehören alle zur materiellen Energie, und sie bilden das *mahad brahma,* das große Brahman, die materielle Natur. Wie im Siebten Kapitel erklärt wurde, gibt es jenseits davon eine andere, höhere Natur – das Lebewesen. Durch den Willen der Höchsten Persönlichkeit Gottes geht die höhere Natur in die materielle Natur ein, und daraufhin werden alle Lebewesen aus der materiellen Natur geboren.

Der Skorpion legt seine Eier in Reishaufen, und manchmal heißt es, der Skorpion werde aus dem Reis geboren. Doch der Reis ist nicht die Ursache des Skorpions: In Wirklichkeit wurden die Eier von der Mutter gelegt. In ähnlicher Weise ist die materielle Natur nicht die Ursache für die Geburt der Lebewesen. Der Same wird von der Höchsten Persönlichkeit Gottes gegeben, und es scheint bloß so, als seien die Lebewesen Produkte der materiellen Natur. Jedes Lebewesen bekommt gemäß seinen vergangenen Tätigkeiten einen bestimmten Körper, der von der materiellen Natur geschaffen wurde, so daß das Lebewesen je nach seinen vergangenen Taten Genuß oder Leid erfahren kann. So ist der Herr die Ursache der Manifestation aller verschiedenen Lebewesen in der materiellen Welt.

Vers 4 सर्वयोनिषु कौन्तेय मूर्तयः सम्भवन्ति याः ।
तासां ब्रह्म महद्योनिरहं बीजप्रदः पिता ॥ ४ ॥

sarva-yoniṣu kaunteya mūrtayaḥ sambhavanti yāḥ
tāsāṁ brahma mahad yonir ahaṁ bīja-pradaḥ pitā

sarva-yoniṣu – in allen Lebensformen; *kaunteya* – o Sohn Kuntīs; *mūrtayaḥ* – Formen; *sambhavanti* – sie erscheinen; *yāḥ* – welche; *tāsām* – von ihnen allen; *brahma* – die höchste; *mahat yoniḥ* – Quelle der Geburt in der materiellen Substanz; *aham* – Ich; *bīja-pradaḥ* – der samengebende; *pitā* – Vater.

Man sollte verstehen, daß alle Lebensformen, o Sohn Kuntīs, durch Geburt in der materiellen Natur ermöglicht werden und daß Ich der samengebende Vater bin.

ERLÄUTERUNG: In diesem Vers wird eindeutig erklärt, daß die Höchste Persönlichkeit Gottes, Kṛṣṇa, der ursprüngliche Vater aller Lebewesen ist. Die verkörperten Lebewesen sind eine Kombination der materiellen Natur mit der spirituellen Natur. Solche Lebewesen kann man nicht nur auf unserem Planeten finden, sondern auf jedem Planeten, sogar auf dem höchsten, wo Brahmā residiert. Überall gibt es Lebewesen: in der Erde und sogar im Wasser und im Feuer. All diese Erscheinungsformen haben ihre Ursache in der Mutter, der materiellen Natur, und in Kṛṣṇas Samengebung. Zusammenfassend kann man sagen, daß die materielle Welt mit Lebewesen befruchtet wird, die zur Zeit der Schöpfung entsprechend ihren vergangenen Taten verschiedene Formen annehmen.

Vers 5 सत्त्वं रजस्तम इति गुणाः प्रकृतिसम्भवाः ।
निबध्नन्ति महाबाहो देहे देहिनमव्ययम् ॥ ५ ॥

sattvaṁ rajas tama iti guṇāḥ prakṛti-sambhavāḥ
nibadhnanti mahā-bāho dehe dehinam avyayam

sattvam – die Erscheinungsweise der Tugend; *rajaḥ* – die Erscheinungsweise der Leidenschaft; *tamaḥ* – die Erscheinungsweise der Unwissenheit; *iti* – so; *guṇāḥ* – die Eigenschaften; *prakṛti* – materielle Natur; *sambhavāḥ* – erzeugt von; *nibadhnanti* – bedingen; *mahā-bāho* – o Starkarmiger; *dehe* – in diesem Körper; *dehinam* – das Lebewesen; *avyayam* – ewig.

Die materielle Natur besteht aus drei Erscheinungsweisen – Tugend, Leidenschaft und Unwissenheit. Wenn das ewige Lebewesen mit der

Natur in Berührung kommt, o starkarmiger Arjuna, wird es durch diese Erscheinungsweisen bedingt.

ERLÄUTERUNG: Weil das Lebewesen transzendental ist, hat es nichts mit der materiellen Natur zu tun. Da es jedoch unter den Einfluß der materiellen Welt geraten ist, handelt es im Bann der drei Erscheinungsweisen der materiellen Natur. Weil die Lebewesen verschiedenartige Körper haben, die den verschiedenen Aspekten der Natur entsprechen, werden sie dazu veranlaßt, in Übereinstimmung mit dieser Natur zu handeln. Dies ist die Ursache der Vielfalt von Glück und Leid.

Vers 6 तत्र सत्त्वं निर्मलत्वात्प्रकाशकमनामयम् ।
सुखसङ्गेन बध्नाति ज्ञानसङ्गेन चानघ ॥ ६ ॥

tatra sattvaṁ nirmalatvāt prakāśakam anāmayam
sukha-saṅgena badhnāti jñāna-saṅgena cānagha

tatra – dort; *sattvam* – die Erscheinungsweise der Tugend; *nirmalatvāt* – am reinsten in der materiellen Welt; *prakāśakam* – erleuchtend; *anāmayam* – ohne jede sündhafte Reaktion; *sukha* – mit Glück; *saṅgena* – durch Gemeinschaft; *badhnāti* – Bedingungen; *jñāna* – mit Wissen; *saṅgena* – durch Gemeinschaft; *ca* – auch; *anagha* – o Sündloser.

O Sündloser, die Erscheinungsweise der Tugend, die reiner ist als die anderen, ist erleuchtend, und sie befreit einen von allen sündhaften Reaktionen. Diejenigen, die sich in dieser Erscheinungsweise befinden, werden durch das Gefühl bedingt, glücklich zu sein und Wissen zu besitzen.

ERLÄUTERUNG: Die Lebewesen, die von der materiellen Natur bedingt sind, sind von verschiedener Art. Eines ist glücklich, ein anderes sehr aktiv und wieder ein anderes hilflos. Diese psychologischen Erscheinungsformen verursachen den bedingten Zustand der Lebewesen in der materiellen Natur. Wie sie auf unterschiedliche Weise bedingt sind, wird in diesem Abschnitt der *Bhagavad-gītā* erklärt. Als erstes wird die Erscheinungsweise der Tugend dargestellt. Die Folge davon, daß man in der materiellen Welt die Erscheinungsweise der Tugend entwickelt, besteht darin, daß man weiser wird als diejenigen, die auf andere Weise bedingt sind. Ein Mensch in der Erscheinungsweise der Tugend wird nicht so sehr von materiellen Leiden berührt, und er hat die Neigung, nach Fortschritt im materiellen Wissen zu streben. Der typische Vertreter hierfür ist der *brāhmaṇa,* von dem erwartet wird, daß er sich in der Erscheinungsweise der Tugend befindet. Das Glücksgefühl in der Erscheinungsweise der Tugend beruht darauf, daß man weiß, daß man von sündhaften Reaktionen mehr oder weniger frei ist. Tatsächlich sagen die vedischen Schriften, daß die Erscheinungsweise der Tugend höheres Wissen und ein höheres Glücksgefühl mit sich bringt.

Die Schwierigkeit liegt darin, daß ein Lebewesen in der Erscheinungsweise der Tugend dadurch bedingt wird, daß es denkt, es sei im Wissen fortgeschritten und besser als andere. Auf diese Weise wird es bedingt. Die besten Beispiele hierfür sind der Wissenschaftler und der Philosoph. Beide sind sehr stolz auf ihr Wissen, und weil es ihnen im allgemeinen gelingt, ihre Lebensumstände zu verbessern, erfahren sie eine Art materielles Glück. Dieses Gefühl fortgeschrittenen Glücks im bedingten Leben führt dazu, daß sie durch die materielle Erscheinungsweise der Tugend gebunden werden. Somit fühlen sie sich dazu hingezogen, in der Erscheinungsweise der Tugend zu handeln, und solange sie eine Anziehung dazu verspüren, auf diese Weise zu handeln, müssen sie irgendeine Körperform in den Erscheinungsweisen der Natur annehmen. Daher ist es nicht wahrscheinlich, daß sie Befreiung erlangen oder zur spirituellen Welt erhoben werden. Solche Menschen können immer wieder Philosophen, Wissenschaftler oder Dichter werden und sich somit immer wieder in die gleichen Nachteile verstricken, die Geburt und Tod mit sich bringen. Doch aufgrund der illusionierenden Wirkung der materiellen Energie glaubt man, ein solches Leben sei angenehm.

Vers 7 रजो रागात्मकं विद्धि तृष्णासङ्गसमुद्भवम् ।
तन्निबध्नाति कौन्तेय कर्मसङ्गेन देहिनम् ॥ ७ ॥

rajo rāgātmakaṁ viddhi tṛṣṇā-saṅga-samudbhavaṁ
tan nibadhnāti kaunteya karma-saṅgena dehinam

rajaḥ – die Erscheinungsweise der Leidenschaft; *rāga-ātmakam* – aus Verlangen oder Lust geboren; *viddhi* – wisse; *tṛṣṇā* – mit Begehren; *saṅga* – Gemeinschaft; *samudbhavam* – erzeugt von; *tat* – das; *nibadhnāti* – bindet; *kaunteya* – o Sohn Kuntīs; *karma-saṅgena* – durch Gemeinschaft mit fruchtbringender Aktivität; *dehinam* – der Verkörperte.

Die Erscheinungsweise der Leidenschaft wird aus unbegrenzten Wünschen und Verlangen geboren, o Sohn Kuntīs, und aufgrund dieser Erscheinungsweise wird das verkörperte Lebewesen an materielle fruchtbringende Tätigkeiten gebunden.

ERLÄUTERUNG: Die Erscheinungsweise der Leidenschaft ist durch die Anziehung zwischen Mann und Frau gekennzeichnet. Die Frau verspürt eine Anziehung zum Mann, und der Mann verspürt eine Anziehung zur Frau. Dies ist die Erscheinungsweise der Leidenschaft. Und wenn die Erscheinungsweise der Leidenschaft zunimmt, entwickelt man das Verlangen nach materiellem Genuß. Man möchte die Befriedigung der Sinne genießen. Um der Sinnenbefriedigung willen strebt ein Mann in der Erscheinungsweise der Leidenschaft nach Ehre in der Gesellschaft oder in der Nation, und er wünscht sich eine glückliche Familie mit wohlgeratenen Kindern, einer schönen Frau und einem eigenen Haus. Dies sind die Produkte der Erscheinungsweise der Leidenschaft. Solange man sich nach diesen Dingen sehnt, muß man sehr schwer arbeiten. Deshalb wird hier gesagt, daß man von den Früchten seiner Handlungen beeinflußt und auf diese Weise durch seine Handlungen gebunden wird. Um seine Frau, seine Kinder und die Gesellschaft zufriedenzustellen und sein Ansehen zu wahren, muß man arbeiten. Daher befindet sich die ganze materielle Welt mehr oder weniger in der Erscheinungsweise der Leidenschaft. Die moderne Zivilisation gilt als fortgeschritten, da die Erscheinungsweise der Leidenschaft der Maßstab ist. Früher galt eine Gesellschaft als fortgeschritten, wenn sie sich in der Erscheinungsweise der Tugend befand. Wenn es schon für Menschen in der Erscheinungsweise der Tugend keine Befreiung gibt, wie kann es dann für diejenigen Befreiung geben, die in die Erscheinungsweise der Leidenschaft verstrickt sind?

Vers 8 तमस्त्वज्ञानजं विद्धि मोहनं सर्वदेहिनाम् ।
प्रमादालस्यनिद्राभिस्तन्निबध्नाति भारत ॥ ८ ॥

tamas tv ajñāna-jaṁ viddhi mohanaṁ sarva-dehinām
pramādālasya-nidrābhis tan nibadhnāti bhārata

tamaḥ – die Erscheinungsweise der Unwissenheit; *tu* – aber; *ajñāna-jam* – durch Unwissenheit hervorgebracht; *viddhi* – wisse; *mohanam* – die Täuschung; *sarva-dehinām* – aller verkörperten Wesen; *pramāda* – mit Verrücktheit; *ālasya* – Trägheit; *nidrābhiḥ* – und Schlaf; *tat* – das; *nibadhnāti* – bindet; *bhārata* – o Nachkomme Bharatas.

O Nachkomme Bharatas, wisse, daß die Erscheinungsweise der Dunkelheit, geboren aus Unwissenheit, die Täuschung aller verkörperten Lebewesen verursacht. Die Folgen dieser Erscheinungsweise – Verrücktheit, Trägheit und Schlaf – binden die bedingte Seele.

ERLÄUTERUNG: In diesem Vers ist der besondere Gebrauch des Wortes *tu* sehr bemerkenswert. Es deutet darauf hin, daß die Erscheinungsweise der Unwissenheit eine sehr absonderliche Eigenschaft der verkörperten Seele ist. Die Erscheinungsweise der Unwissenheit ist genau das Gegenteil der Erscheinungsweise der Tugend. In der Erscheinungsweise der Tugend kann man durch die Entwicklung von Wissen verstehen, was was ist; doch die Erscheinungsweise der Unwissenheit ist das genaue Gegenteil. Jeder, der unter dem Bann der Erscheinungsweise der Unwissenheit steht, wird verrückt, und ein Verrückter kann nicht verstehen, was was ist. Anstatt Fortschritt zu machen, macht man Rückschritt. Die Definition der Erscheinungsweise der Unwissenheit findet man in den vedischen Schriften. *Vastu-yāthātmya-jñānāva rakaṁ viparyaya-jñāna-janakaṁ tamaḥ:* Im Banne der Unwissenheit kann man die Dinge nicht so verstehen, wie sie sind. Zum Beispiel kann jeder verstehen, daß sein Großvater gestorben ist und daß er daher ebenfalls sterben wird; der Mensch ist sterblich. Die Kinder, die man zeugt, werden ebenfalls sterben. Der Tod ist also eine unumstößliche Tatsache. Dennoch häufen die Menschen wie verrückt Geld an und arbeiten Tag und Nacht sehr hart, ohne sich um die ewige Seele zu kümmern. Das ist Verrücktheit. In ihrer Verrücktheit widerstrebt es ihnen, im spirituellen Wissen Fortschritt zu machen. Solche Menschen sind sehr träge. Wenn sie zu einer Veranstaltung eingeladen werden, bei der es um spirituelles Wissen geht, zeigen sie kein großes Interesse. Sie sind nicht einmal aktiv wie derjenige, der von der Erscheinungsweise der Leidenschaft beherrscht wird. Und so ist es ein weiteres Merkmal von jemandem, der in die Erscheinungsweise der Unwissenheit versunken ist, daß er mehr schläft als nötig. Sechs Stunden Schlaf sind ausreichend, doch ein Mensch in der Erscheinungsweise der Unwissenheit schläft pro Tag mindestens zehn oder zwölf Stunden. Er macht immer einen niedergeschlagenen Eindruck und ist Rauschmitteln und dem Schlaf verfallen. Dies sind die Merkmale eines Menschen, der durch die Erscheinungsweise der Unwissenheit bedingt ist.

Vers 9 सत्त्वं सुखे सञ्जयति रजः कर्मणि भारत ।
ज्ञानमावृत्य तु तमः प्रमादे सञ्जयत्युत ॥ ९ ॥

sattvaṁ sukhe sañjayati rajaḥ karmaṇi bhārata
jñānam āvṛtya tu tamaḥ pramāde sañjayaty uta

sattvam – die Erscheinungsweise der Tugend; *sukhe* – in Glück; *sañjayati* – bindet; *rajaḥ* – die Erscheinungsweise der Leidenschaft; *karmaṇi* – in fruchtbringenden Handlungen; *bhārata* – o Nachkomme Bharatas; *jñānam* – Wissen; *āvṛtya* – bedeckend; *tu* – aber; *tamaḥ* – die Erscheinungsweise der Unwissenheit; *pramāde* – in Verrücktheit; *sañjayati* – bindet; *uta* – es wird gesagt.

O Nachkomme Bharatas, in der Erscheinungsweise der Tugend wird man durch Glück bedingt, in Leidenschaft durch fruchtbringende Tätigkeiten, und die Erscheinungsweise der Unwissenheit, die das Wissen des Menschen bedeckt, bedingt einen durch Verrücktheit.

ERLÄUTERUNG: Ein Mensch in der Erscheinungsweise der Tugend findet durch seine Arbeit oder seine intellektuelle Beschäftigung Zufriedenheit. Ein Philosoph, Wissenschaftler oder Lehrer beispielsweise, der in einem bestimmten Wissensgebiet tätig ist, mag auf diese Weise Zufriedenheit erfahren. Ein Mensch in der Erscheinungsweise der Leidenschaft, der fruchtbringenden Tätigkeiten nachgeht, häuft so viel Besitz an, wie er kann, und er gibt Spenden für gute Zwecke. Manchmal versucht er, Krankenhäuser zu eröffnen, Wohlfahrtsinstitute zu unterstützen, usw. Dies sind Kennzeichen eines Menschen in der Erscheinungsweise der Leidenschaft. Und die Erscheinungsweise der Unwissenheit bedeckt Wissen. Alles, was man in der Erscheinungsweise der Unwissenheit tut, ist weder für einen selbst noch für andere gut.

Vers 10 रजस्तमश्चाभिभूय सत्त्वं भवति भारत ।
रजः सत्त्वं तमश्चैव तमः सत्त्वं रजस्तथा ॥१०॥

rajas tamaś cābhibhūya sattvaṁ bhavati bhārata
rajaḥ sattvaṁ tamaś caiva tamaḥ sattvaṁ rajas tathā

rajaḥ – die Erscheinungsweise der Leidenschaft; *tamaḥ* – die Erscheinungsweise der Unwissenheit; *ca* – auch; *adhibhūya* – übertreffend; *sattvam* – die Erscheinungsweise der Tugend; *bhavati* – wird vorherrschend; *bhārata* – o Nachkomme Bharatas; *rajaḥ* – die Erscheinungsweise der Leidenschaft; *sattvam* – die Erscheinungsweise der Tugend; *tamaḥ* – die Erscheinungsweise der Unwissenheit; *ca* – auch; *eva* – wie das; *tamaḥ* – die Erscheinungsweise der Unwissenheit; *sattvam* – die Erscheinungsweise der Tugend; *rajaḥ* – die Erscheinungsweise der Leidenschaft; *tathā* – so.

Manchmal gewinnt die Erscheinungsweise der Tugend die Oberhand und besiegt die Erscheinungsweisen der Leidenschaft und Unwissenheit, o Nachkomme Bharatas. Manchmal besiegt die Erscheinungsweise der Leidenschaft Tugend und Unwissenheit, und ein anderes Mal besiegt die Erscheinungsweise der Unwissenheit Tugend und Leidenschaft. Auf diese Weise findet ein ständiger Kampf um Vorherrschaft statt.

ERLÄUTERUNG: Wenn die Erscheinungsweise der Leidenschaft vorherrscht, werden die Erscheinungsweisen der Tugend und Unwissenheit besiegt. Wenn die Erscheinungsweise der Tugend vorherrscht, werden Leidenschaft und Unwissenheit besiegt. Und wenn die Erscheinungsweise der Unwissenheit vorherrscht, werden Leidenschaft und Tugend besiegt. Dieser Kampf findet ständig statt. Deshalb muß jemand, der tatsächlich die Absicht hat, im Kṛṣṇa-Bewußtsein Fortschritt zu machen, diese drei Erscheinungsweisen transzendieren. Die Vorherrschaft einer bestimmten Erscheinungsweise der Natur zeigt sich im Verhalten eines Menschen, in seinen Tätigkeiten, seinen Eßgewohnheiten, usw. All dies wird in späteren Kapiteln beschrieben werden. Doch wenn man gewillt ist, kann man durch Übung die Erscheinungsweise der Tugend entwickeln und so die Erscheinungsweisen der Unwissenheit und Leidenschaft besiegen. In ähnlicher Weise kann man die Erscheinungsweise der Leidenschaft entwickeln und Tugend und Unwissenheit besiegen. Oder man kann die Erscheinungsweise der Unwissenheit entwickeln und Tugend und Leidenschaft besiegen. Trotz des Wirkens dieser drei Erscheinungsweisen der materiellen Natur kann man, wenn man entschlossen ist, mit der Erscheinungsweise der Tugend gesegnet werden, und wenn man die Erscheinungsweise der Tugend transzendiert, kann man auf die Stufe reiner Tugend, die *vasudeva*-Stufe, erhoben werden. Auf dieser Stufe kann man die Wissenschaft von Gott verstehen. Die verschiedenen Tätigkeiten, die ein Mensch ausführt, geben zu erkennen, in welcher dieser Erscheinungsweisen er sich befindet.

Vers 11 सर्वद्वारेषु देहेऽस्मिन् प्रकाश उपजायते ।
ज्ञानं यदा तदा विद्याद्विवृद्धं सत्त्वमित्युत ॥११॥

sarva-dvāreṣu dehe 'smin prakāśa upajāyate
jñānaṁ yadā tadā vidyād vivṛddhaṁ sattvam ity uta

sarva-dvāreṣu – in allen Toren; *dehe asmin* – in diesem Körper; *prakāśaḥ* – die Eigenschaft der Erleuchtung; *upajāyate* – entwickelt; *jñānam* – Wissen; *yadā* – wenn; *tadā* – zu dieser Zeit; *vidyāt* – wisse; *vivṛddham* – angewachsen; *sattvam* – die Erscheinungsweise der Tugend; *iti uta* – so wird es gesagt.

Die Merkmale der Erscheinungsweise der Tugend können erfahren werden, wenn alle Tore des Körpers durch Wissen erleuchtet sind.

ERLÄUTERUNG: Es gibt neun Tore im Körper: zwei Augen, zwei Ohren, zwei Nasenlöcher, den Mund, die Genitalien und den Anus. Wenn jedes Tor von den Merkmalen der Tugend erleuchtet ist, sollte man verstehen, daß man die Erscheinungsweise der Tugend entwickelt hat. In der Erscheinungsweise der Tugend kann man die Dinge so sehen, hören und schmecken, wie sie wirklich sind. Man wird innerlich und äußerlich gereinigt. In jedem Tor entwickeln sich die Merkmale des Glücks – dies sind die Merkmale der Erscheinungsweise der Tugend.

Vers 12 लोभः प्रवृत्तिरारम्भः कर्मणामशमः स्पृहा ।
रजस्येतानि जायन्ते विवृद्धे भरतर्षभ ॥१२॥

lobhaḥ pravṛttir ārambhaḥ karmaṇām aśamaḥ spṛhā
rajasy etāni jāyante vivṛddhe bharatarṣabha

lobhaḥ – Gier; *pravṛttiḥ* – Tätigkeit; *ārambhaḥ* – Bemühung; *karmaṇām* – bei Tätigkeiten; *aśamaḥ* – unbeherrschbares; *spṛhā* – Verlangen; *rajasi* – der Erscheinungsweise der Leidenschaft; *etāni* – all diese; *jāyante* – entwickeln sich; *vivṛddhe* – wenn es ein Übermaß gibt; *bharata-ṛṣabha* – o Oberhaupt der Nachkommen Bharatas.

O Oberhaupt der Bhāratas, wenn die Erscheinungsweise der Leidenschaft zunimmt, entwickeln sich die Anzeichen großer Anhaftung, fruchtbringender Tätigkeiten, intensiver Bemühung sowie unbeherrschbarer Wünsche und Verlangen.

ERLÄUTERUNG: Ein Mensch in der Erscheinungsweise der Leidenschaft ist niemals mit der Position zufrieden, die er erreicht hat; er strebt immer danach, seine Position zu verbessern. Wenn er sich ein Wohnhaus bauen möchte, versucht er sein Bestes, um ein palastartiges Gebäude zu bekommen – als ob er für immer dort wohnen könnte. Und er entwickelt ein starkes Verlangen nach Sinnenbefriedigung. Er kann nie genug Sinnenbefriedigung bekommen. Er möchte für immer mit seiner Familie in seinem Haus wohnen und weiter nach Sinnenbefriedigung streben. Diese Wünsche haben nie ein Ende. All diese Merkmale sollten als charakteristische Kennzeichen der Erscheinungsweise der Leidenschaft verstanden werden.

Vers 13 अप्रकाशोऽप्रवृत्तिश्च प्रमादो मोह एव च ।
तमस्येतानि जायन्ते विवृद्धे कुरुनन्दन ॥१३॥

aprakāśo 'pravṛttiś ca pramādo moha eva ca
tamasy etāni jāyante vivṛddhe kuru-nandana

aprakāśaḥ – Dunkelheit; *apravṛttiḥ* – Untätigkeit; *ca* – und; *pramādaḥ* – Verrücktheit; *mohaḥ* – Illusion; *eva* – gewiß; *ca* – auch; *tamasi* – die Erscheinungsweise der Unwissenheit; *etāni* – diese; *jāyante* – manifestieren sich; *vivṛddhe* – wenn entwickelt; *kuru-nandana* – o Nachkomme Kurus.

Wenn die Erscheinungsweise der Unwissenheit zunimmt, o Nachkomme Kurus, manifestieren sich Dunkelheit, Trägheit, Verrücktheit und Illusion.

ERLÄUTERUNG: Wenn es an Erleuchtung mangelt, kann es kein Wissen geben. Ein Mensch in der Erscheinungsweise der Unwissenheit handelt nicht nach regulierenden Prinzipien; er möchte launenhaft und ziellos handeln. Obwohl er die Fähigkeit hat zu arbeiten, unternimmt er in dieser Hinsicht keine Bemühung. Dies wird Illusion genannt. Obwohl Bewußtsein vorhanden ist, verläuft sein Leben in Untätigkeit. Dies sind die Merkmale eines Menschen in der Erscheinungsweise der Unwissenheit.

Vers 14 यदा सत्त्वे प्रवृद्धे तु प्रलयं याति देहभृत् ।
तदोत्तमविदां लोकानमलान् प्रतिपद्यते ॥१४॥

yadā sattve pravṛddhe tu pralayaṁ yāti deha-bhṛt
tadottama-vidāṁ lokān amalān pratipadyate

yadā – wenn; *sattve* – die Erscheinungsweise der Tugend; *pravṛddhe* – entwickelt; *tu* – aber; *pralayam* – Zerstörung; *yāti* – geht; *deha-bhṛt* – der Verkörperte; *tadā* – zu dieser Zeit; *uttama-vidām* – der großen Weisen; *lokān* – die Planeten; *amalān* – reine; *pratipadyate* – erreicht.

Wenn man in der Erscheinungsweise der Tugend stirbt, gelangt man zu den reinen, höheren Planeten der großen Weisen.

ERLÄUTERUNG: Ein Mensch in Tugend erreicht die höheren Planetensysteme, wie Brahmaloka oder Janaloka, und genießt dort himmlische Freuden. Das Wort *amalān* in diesem Vers ist bedeutsam; es heißt „frei von den Erscheinungsweisen der Leidenschaft und Unwissenheit". Die materielle Welt ist voller Unreinheiten, doch die Erscheinungsweise der Tugend ist die reinste Form der Existenz in der materiellen Welt. Es gibt verschiedene Arten von Planeten für verschiedene Arten von Lebewesen. Diejenigen, die in der Erscheinungsweise der Tugend sterben, werden zu den Planeten erhoben, auf denen große Weise und große Gottgeweihte leben.

Vers 15 रजसि प्रलयं गत्वा कर्मसङ्गिषु जायते ।
तथा प्रलीनस्तमसि मूढयोनिषु जायते ॥१५॥

rajasi pralayaṁ gatvā karma-saṅgiṣu jāyate
tathā pralīnas tamasi mūḍha-yoniṣu jāyate

rajasi – in Leidenschaft; *pralayam* – Zerstörung; *gatvā* – erreichend; *karma-saṅgiṣu* – in der Gemeinschaft derjenigen, die fruchtbringenden Handlungen nachgehen; *jāyate* – wird geboren; *tathā* – in ähnlicher Weise; *pralīnaḥ* – zerstört werdend; *tamasi* – in Unwissenheit; *mūḍha-yoniṣu* – in tierischen Lebensformen; *jāyate* – wird geboren.

Wenn man in der Erscheinungsweise der Leidenschaft stirbt, wird man unter denen geboren, die fruchtbringenden Tätigkeiten nachgehen, und wenn man in der Erscheinungsweise der Unwissenheit stirbt, wird man im Tierreich geboren.

ERLÄUTERUNG: Manche Menschen sind der Auffassung, daß eine Seele, die einmal die Ebene des menschlichen Lebens erreicht hat, nie wieder tiefer sinken könne. Dies stimmt jedoch nicht. Nach Aussage dieses Verses fällt jemand, der die Erscheinungsweise der Unwissenheit entwickelt, nach dem Tod in eine der tierischen Lebensformen hinab. Von dort muß man sich durch einen Evolutionsvorgang erneut erheben, um wieder zur menschlichen Lebensform zu kommen. Deshalb sollten diejenigen, die das menschliche Leben wirklich ernst nehmen, die Erscheinungsweise der Tugend entwickeln. In guter Gemeinschaft sollten sie dann die Erscheinungsweisen transzendieren und sich zur Ebene des Kṛṣṇa-Bewußtseins erheben. Das ist das Ziel des menschlichen Lebens. Ergreift der Mensch diese Gelegenheit nicht, so gibt es keine Garantie, daß er im nächsten Leben wieder die menschliche Lebensstufe erreicht.

Vers 16 कर्मणः सुकृतस्याहुः सात्त्विकं निर्मलं फलम् ।
रजसस्तु फलं दुःखमज्ञानं तमसः फलम् ॥१६॥

karmaṇaḥ sukṛtasyāhuḥ sāttvikaṁ nirmalaṁ phalam
rajasas tu phalaṁ duḥkham ajñānaṁ tamasaḥ phalam

karmaṇaḥ – des Handelns; *su-kṛtasya* – frommen; *āhuḥ* – wird gesagt; *sāttvikam* – in der Erscheinungsweise der Tugend; *nirmalam* – gereinigt; *phalam* – das Ergebnis; *rajasaḥ* – der Erscheinungsweise der Leidenschaft; *tu* – aber; *phalam* – das Ergebnis; *duḥkham* – Leid; *ajñānam* – Unsinn; *tamasaḥ* – der Erscheinungsweise der Unwissenheit; *phalam* – das Ergebnis.

Das Ergebnis frommen Handelns ist rein, und es heißt, daß es sich in der Erscheinungsweise der Tugend befindet. Handlungen jedoch, die in der Erscheinungsweise der Leidenschaft verrichtet werden, führen zu Leid, und Handlungen, die in der Erscheinungsweise der Unwissenheit verrichtet werden, enden in Dummheit.

ERLÄUTERUNG: Das Ergebnis frommer Tätigkeiten in der Erscheinungsweise der Tugend ist rein. Deshalb sind die Weisen, die frei von aller Illusion sind, immer glücklich. Doch Tätigkeiten in der Erscheinungsweise der Leidenschaft bringen nur Leid mit sich. Jede Handlung, die materielles Glück zum Ziel hat, ist zum Scheitern verurteilt. Wenn man zum Beispiel einen Wolkenkratzer bauen will, muß sehr viel menschliches Leid in Kauf genommen werden, bevor ein solches Gebäude fertiggestellt werden kann. Der Finanzier muß große Schwierigkeiten auf sich nehmen, um die notwendige Geldsumme aufzubringen, und diejenigen, die sich abmühen, das Haus zu bauen, müssen sehr schwere körperliche Arbeit leisten. Die Leiden sind nicht zu verleugnen. Daher sagt die *Bhagavad-gītā,* daß jede Tätigkeit, die im Bann der Erscheinungsweise der Leidenschaft ausgeführt wird, unweigerlich mit großem Leid verbunden ist. Es mag vielleicht eine Spur sogenannten mentalen Glücks damit verbunden sein – „Ich besitze dieses Haus“, „All dieses Geld gehört mir“ –, aber das ist kein wahres Glück.

Was nun denjenigen betrifft, der in der Erscheinungsweise der Unwissenheit handelt, so verfügt er über kein Wissen, und deshalb führen all seine Tätigkeiten im gegenwärtigen Leben zu Leid, und darauf wird er zur tierischen Stufe des Lebens absinken. Tierisches Leben ist immer leidvoll, auch wenn die Tiere, im Banne *māyās,* der illusionierenden Energie, dies nicht verstehen. Das Schlachten unschuldiger Tiere ist ebenfalls auf den Einfluß der Erscheinungsweise der Unwissenheit zurückzuführen. Die Tieretöter wissen nicht, daß das Tier in der Zukunft einen Körper haben wird, der geeignet ist, sie zu töten. Das ist das Gesetz der Natur. Wenn in der menschlichen Gesellschaft jemand einen anderen Menschen tötet, muß er dafür gehängt werden. So sieht es das Gesetz des Staates vor. Aufgrund von Unwissenheit jedoch erkennen die Menschen nicht, daß es einen allumfassenden Staat gibt, der vom Höchsten Herrn regiert wird. Jedes Lebewesen ist ein Sohn des Höchsten Herrn, und Er duldet nicht einmal, daß eine Ameise getötet wird. Man muß dafür bezahlen. Tiere zu töten, um die Zunge zu befriedigen, ist die gröbste Form von Unwissenheit. Der Mensch braucht keine Tiere zu töten, denn Gott hat eine große Vielfalt guter Nahrungsmittel zur Verfügung gestellt. Wenn man trotzdem Fleisch ißt, handelt man in der Erscheinungsweise der Unwissenheit und schafft sich eine düstere Zukunft. Von allen Arten des Tieretötens ist das Töten der Kuh am niederträchtigsten, denn die Kuh schenkt uns alle möglichen Genüsse, indem sie uns mit Milch versorgt. Das Schlachten der Kuh ist ein Akt gröbster Unwissenheit. In den vedischen Schriften (*Ṛg Veda* 9.46.4) heißt es: *gobhiḥ prīṇita-matsaram.* Wenn man durch Milch völlig zufriedengestellt ist, aber dennoch den Wunsch hat, die Kuh zu töten, befindet man sich in tiefster Unwissenheit. In den vedischen Schriften findet man auch folgendes Gebet:

namo brahmaṇya-devāya go-brāhmaṇa-hitāya ca
jagad-dhitāya kṛṣṇāya govindāya namo namaḥ

„Mein Herr, Du bist der wohlmeinende Freund der Kühe und der *brāhmaṇas,* und Du bist der wohlmeinende Freund der gesamten menschlichen Gesellschaft und der ganzen Welt.“ (*Viṣṇu Purāṇa* 1.19.65)

In diesem Gebet wird der Schutz der Kühe und der *brāhmaṇas* besonders hervorgehoben. *Brāhmaṇas* sind das Symbol spiritueller Bildung, und Kühe sind das Symbol der wertvollsten Nahrung. Diesen beiden, den Kühen und den *brāhmaṇas,* muß voller Schutz gewährt werden – das ist wirklicher Fortschritt der Zivilisation. In der modernen menschlichen Gesellschaft wird spirituelles Wissen vernachlässigt, und das Schlachten von Kühen wird gefördert. Man sollte also verstehen, daß der Fortschritt der menschlichen Gesellschaft in die falsche Richtung geht und daß sie sich so den Weg zu ihrer eigenen Verdammung ebnet. Eine Zivilisation, die die Bürger dahin führt, im nächsten Leben Tiere zu werden, ist gewiß keine menschliche Zivilisation. Die gegenwärtige menschliche Zivilisation ist offensichtlich sehr stark von den Erscheinungsweisen der Leidenschaft und Unwissenheit irregeführt. Wir leben in einem sehr gefährlichen Zeitalter, und daher sollten alle Nationen dafür sorgen, daß der einfache Vorgang des Kṛṣṇa-Bewußtseins jedem zugänglich gemacht wird, um die Menschheit vor der größten Gefahr zu bewahren.

Vers 17 सत्त्वात्सञ्जायते ज्ञानं रजसो लोभ एव च ।
प्रमादमोहौ तमसो भवतोऽज्ञानमेव च ॥१७॥

sattvāt sañjāyate jñānaṁ rajaso lobha eva ca
pramāda-mohau tamaso bhavato 'jñānam eva ca

sattvāt – aus der Erscheinungsweise der Tugend; *sañjāyate* – entwickelt sich; *jñānam* – Wissen; *rajasaḥ* – aus der Erscheinungsweise der Leidenschaft; *lobhaḥ* – Gier; *eva* – gewiß; *ca* – auch; *pramāda* – Verrücktheit; *mohau* – und Illusion; *tamasaḥ* – aus der Erscheinungsweise der Unwissenheit; *bhavataḥ* – entwickeln sich; *ajñānam* – Unsinn; *eva* – gewiß; *ca* – auch.

Aus der Erscheinungsweise der Tugend entwickelt sich wirkliches Wissen; aus der Erscheinungsweise der Leidenschaft entwickelt sich Gier, und aus der Erscheinungsweise der Unwissenheit entwickeln sich Dummheit, Verrücktheit und Illusion.

ERLÄUTERUNG: Weil die gegenwärtige Zivilisation dem Wohl der Lebewesen nicht sehr zuträglich ist, wird Kṛṣṇa-Bewußtsein empfohlen. Mit Hilfe des Kṛṣṇa-Bewußtseins wird die Gesellschaft die Erscheinungsweise der Tugend entwickeln. Wenn sich die Erscheinungsweise der Tugend manifestiert, werden die Menschen die Dinge so sehen, wie sie sind. In der Erscheinungsweise der Unwissenheit gleichen die Menschen Tieren und haben keine klare Sicht der Realität. In der Erscheinungsweise der Unwissenheit können sie zum Beispiel nicht verstehen, daß sie durch das Töten eines Tieres riskieren, im nächsten Leben von demselben Tier getötet zu werden. Weil die Menschen nicht in wirklichem Wissen ausgebildet sind, werden sie verantwortungslos. Um diese Verantwortungslosigkeit zu beenden, ist ein Bildungssystem erforderlich, das der Masse der Menschen hilft, die Erscheinungsweise der Tugend zu entwickeln. Wenn die Menschen tatsächlich in der Erscheinungsweise der Tugend ausgebildet werden, werden sie zur Vernunft kommen, da sie wirkliches Wissen besitzen. Dann werden die Menschen glücklich und wohlhabend sein. Selbst wenn die Mehrheit der Menschen nicht glücklich und wohlhabend ist, so besteht doch die Möglichkeit für Frieden und Wohlstand auf der ganzen Welt, wenn ein gewisser Prozentsatz der Bevölkerung Kṛṣṇa-Bewußtsein entwickelt und ein Leben in der Erscheinungsweise der Tugend führt. Andernfalls – wenn die Welt den Erscheinungsweisen der Leidenschaft und Unwissenheit ergeben ist – wird es niemals Frieden und Wohlstand geben. In der Erscheinungsweise der Leidenschaft werden die Menschen gierig, und ihr Verlangen nach Sinnenbefriedigung kennt keine Grenzen. Man kann beobachten, daß selbst jemand, der genügend Geld und hinreichende Möglichkeiten für Sinnenbefriedigung hat, weder Glück noch inneren Frieden findet. Dies ist nicht möglich, solange man unter dem Einfluß der Erscheinungsweise der Leidenschaft steht. Wenn man tatsächlich glücklich sein will, kann einem Geld nicht helfen. Man muß sich zur Erscheinungsweise der Tugend erheben, indem man Kṛṣṇa-Bewußtsein praktiziert. Jemand, der sich in der Erscheinungsweise der Leidenschaft befindet, ist nicht nur mental unglücklich, sondern auch seine Arbeit und sein Beruf sind für ihn sehr beschwerlich. Er muß so viele Mittel und Wege ersinnen, um genug Geld zur Erhaltung seines Status quo zu verdienen. All dies ist mit Leid verbunden. In der Erscheinungsweise der Unwissenheit werden die Menschen verrückt. Geplagt durch ihre Lebensumstände, nehmen sie Zuflucht bei Rauschmitteln und sinken dadurch immer tiefer in Unwissenheit. Ihre Zukunft sieht sehr düster aus.

Vers 18 ऊर्ध्वं गच्छन्ति सत्त्वस्था मध्ये तिष्ठन्ति राजसाः ।
जघन्यगुणवृत्तिस्था अधो गच्छन्ति तामसाः ॥१८॥

ūrdhvaṁ gacchanti sattva-sthā madhye tiṣṭhanti rājasāḥ
jaghanya-guṇa-vṛtti-sthā adho gacchanti tāmasāḥ

ūrdhvam – aufwärts; *gacchanti* – gehen; *sattva-sthāḥ* – diejenigen, die sich in der Erscheinungsweise der Tugend befinden; *madhye* – in der Mitte; *tiṣṭhanti* – verweilen; *rājasāḥ* – diejenigen, die sich in der Erscheinungsweise der Leidenschaft befinden; *jaghanya* – von abscheulicher; *guṇa* – Eigenschaft; *vṛtti-sthāḥ* – deren Beschäftigung; *adhaḥ* – hinab; *gacchanti* – gehen; *tāmasāḥ* – Menschen in der Erscheinungsweise der Unwissenheit.

Diejenigen, die sich in der Erscheinungsweise der Tugend befinden, steigen allmählich zu den höheren Planeten auf; diejenigen in der Erscheinungsweise der Leidenschaft leben auf den irdischen Planeten, und diejenigen in der abscheulichen Erscheinungsweise der Unwissenheit fallen zu den höllischen Welten hinab.

ERLÄUTERUNG: In diesem Vers werden die Ergebnisse von Handlungen in den drei Erscheinungsweisen der Natur noch ausführlicher beschrieben. Es gibt ein höheres Planetensystem, bestehend aus den himmlischen Planeten, dessen Bewohner sich alle auf einer hohen Lebensstufe befinden. Je nachdem, wie weit das Lebewesen die Erscheinungsweise der Tugend entwickelt hat, kann es auf einen dieser himmlischen Planeten erhoben werden. Der höchste Planet ist Satyaloka, auch Brahmaloka genannt, wo Brahmā, das erste Lebewesen dieses Universums, residiert. Wie wir bereits gesehen haben, können wir die wunderbaren Lebensbedingungen auf Brahmaloka kaum ermessen, doch die höchste Lebensbedingung, die Erscheinungsweise der Tugend, kann uns dorthin bringen.

Die Erscheinungsweise der Leidenschaft ist gemischt. Sie liegt in der Mitte, zwischen den Erscheinungsweisen der Tugend und Unwissenheit. Ein Mensch befindet sich nie rein in einer Erscheinungsweise, doch selbst wenn es jemanden gäbe, der sich rein in der Erscheinungsweise der Leidenschaft befände, würde er einfach als König oder reicher Mann auf der Erde bleiben. Doch weil die Erscheinungsweisen gemischt auftreten, kann man auch absinken. Die Menschen auf der Erde, die sich in den Erscheinungsweisen der Leidenschaft und Unwissenheit befinden, können sich nicht einfach gewaltsam, mit Hilfe ihrer Maschinen, den höheren Planeten nähern. In der Erscheinungsweise der Leidenschaft besteht auch die Möglichkeit, im nächsten Leben verrückt zu werden.

Die niedrigste Erscheinungsweise, die Erscheinungsweise der Unwissenheit, wird hier als abscheulich beschrieben. Es ist sehr, sehr gefährlich, die Erscheinungsweise der Unwissenheit zu entwickeln. Sie ist die niedrigste Erscheinungsweise der materiellen Natur. Unterhalb der menschlichen Stufe gibt es acht Millionen Lebensformen – Vögel, Säugetiere, Reptilien, Bäume usw. –, und entsprechend ihrem individuellen Entwicklungsgrad der Erscheinungsweise der Unwissenheit werden die Menschen in diese abscheulichen Lebensumstände versetzt. Das

Wort *tāmasāḥ* ist hier sehr bedeutsam; es bezeichnet diejenigen, die fortgesetzt in der Erscheinungsweise der Unwissenheit bleiben, ohne sich zu einer höheren Erscheinungsweise zu erheben. Ihre Zukunft ist sehr düster.

Für Menschen in den Erscheinungsweisen der Unwissenheit und Leidenschaft besteht eine Möglichkeit, zur Erscheinungsweise der Tugend erhoben zu werden, und dieser Vorgang wird Kṛṣṇa-Bewußtsein genannt; doch jemand, der diese Gelegenheit nicht nutzt, wird mit Sicherheit in den niederen Erscheinungsweisen bleiben.

Vers 19 नान्यं गुणेभ्यः कर्तारं यदा द्रष्टानुपश्यति ।
गुणेभ्यश्च परं वेत्ति मद्भावं सोऽधिगच्छति ॥१९॥

nānyaṁ guṇebhyaḥ kartāraṁ yadā draṣṭānupaśyati
guṇebhyaś ca paraṁ vetti mad-bhāvaṁ so 'dhigacchati

na – kein; *anyam* – anderer; *guṇebhyaḥ* – als die Eigenschaften; *kartāram* – Ausführender; *yadā* – wenn; *draṣṭā* – ein Seher; *anupaśyati* – sieht richtig; *guṇebhyaḥ* – auf die Erscheinungsweisen der Natur; *ca* – und; *param* – transzendental; *vetti* – weiß; *mat-bhāvam* – zu Meiner spirituellen Natur; *saḥ* – er; *adhigacchati* – wird erhoben.

Wenn jemand wirklich erkennt, daß in allen Handlungen niemand anders als diese Erscheinungsweisen der Natur tätig sind, und weiß, daß der Höchste Herr transzendental zu diesen Erscheinungsweisen ist, erreicht er Meine spirituelle Natur.

ERLÄUTERUNG: Man kann alle Einflüsse der Erscheinungsweisen der materiellen Natur transzendieren, einfach indem man sie in der Gemeinschaft geeigneter Seelen richtig verstehen lernt. Der wahre spirituelle Meister ist Kṛṣṇa, und Er offenbart Arjuna hier dieses spirituelle Wissen. Ebenso müssen wir diese Wissenschaft der Erscheinungsweisen der Natur von denen erlernen, die völlig Kṛṣṇa-bewußt sind. Ansonsten wird man in seinem Leben in die Irre gehen. Durch die Unterweisung eines echten spirituellen Meisters kann ein Lebewesen seine spirituelle Stellung, seinen materiellen Körper und seine Sinne verstehen; es kann verstehen, wie es gefangen ist und wie es im Bann der materiellen Erscheinungsweisen der Natur steht. Das Lebewesen ist hilflos, da es sich in der Gewalt der Erscheinungsweisen befindet, doch wenn es seine wahre Stellung versteht und sich in der Folge dem spirituellen Leben zuwendet, kann es auf die transzendentale Ebene gelangen. Eigentlich ist es nicht das Lebewesen, das die verschiedenen Handlungen ausführt. Es ist gezwungen zu handeln, weil es sich in einem bestimmten Körper befindet, der von einer bestimmten Erscheinungsweise der materiellen Natur gelenkt wird. Ohne die Hilfe einer spirituellen Autorität kann man nicht verstehen, in welcher Lage man sich eigentlich befindet. Durch die Gemeinschaft mit einem echten spirituellen Meister kann man seine wahre Stellung erkennen, und durch diese Erkenntnis kann man sich auf die Ebene erheben, wo man fest im Kṛṣṇa-Bewußtsein verankert bleibt. Ein Mensch im Kṛṣṇa-Bewußtsein steht nicht im Bann der materiellen Erscheinungsweisen der Natur. Es wurde bereits im Siebten Kapitel erklärt, daß jemand, der sich Kṛṣṇa ergeben hat, von den Einwirkungen der materiellen Natur befreit ist. Für jemanden, der in der Lage ist, die Dinge so zu sehen, wie sie sind, läßt der Einfluß der materiellen Natur allmählich nach.

Vers 20 गुणानेतानतीत्य त्रीन्देही देहसमुद्भवान् ।
जन्ममृत्युजरादुःखैर्विमुक्तोऽमृतमश्नुते ॥२०॥

guṇān etān atītya trīn dehī deha-samudbhavān
janma-mṛtyu-jarā-duḥkhair vimukto 'mṛtam aśnute

guṇān – Eigenschaften; *etān* – all diese; *atītya* – transzendierend; *trīn* – drei; *dehī* – der Verkörperte; *deha* – der Körper; *samudbhavān* – erzeugt durch; *janma* – von Geburt; *mṛtyu* – Tod; *jarā* – und Alter; *duḥkhaiḥ* – den Leiden; *vimuktaḥ* – befreit von; *amṛtam* – Nektar; *aśnute* – er genießt.

Wenn es dem verkörperten Wesen gelingt, diese drei Erscheinungsweisen zu transzendieren, die mit dem materiellen Körper verbunden sind, kann es von Geburt, Tod, Alter und den dazugehörigen Leiden frei werden und bereits in diesem Leben Nektar genießen.

ERLÄUTERUNG: Wie man selbst im gegenwärtigen Körper auf der transzendentalen Ebene im vollkommenen Kṛṣṇa-Bewußtsein, verankert bleiben kann, wird in diesem Vers erklärt. Das Sanskritwort *dehī* bedeutet „verkörpert". Obwohl man sich in einem materiellen Körper befindet, ist es möglich, durch Fortschritt im spirituellen Wissen vom Einfluß der Erscheinungsweisen der Natur frei zu werden. Man kann bereits in diesem Körper das Glück des spirituellen Lebens genießen, da man mit Sicherheit zum spirituellen Himmel gelangen wird, wenn man seinen gegenwärtigen Körper aufgibt. Doch sogar schon in diesem Körper kann man spirituelles Glück genießen. Mit anderen Worten, hingebungsvoller Dienst im Kṛṣṇa-Bewußtsein ist das Zeichen der Befreiung aus der materiellen Verstrickung, und dies wird im Achtzehnten Kapitel erklärt werden. Wenn man vom Einfluß der Erscheinungsweisen der materiellen Natur befreit ist, beginnt der hingebungsvolle Dienst.

Vers 21 अर्जुन उवाच
कैर्लिङ्गैस्त्रीन् गुणानेतानतीतो भवति प्रभो ।
किमाचारः कथं चैतांस्त्रीन् गुणानतिवर्तते ॥२१॥

arjuna uvāca
kair liṅgais trīn guṇān etān atīto bhavati prabho
kim-ācāraḥ kathaṁ caitāṁs trīn guṇān ativartate

arjunaḥ uvāca – Arjuna sagte; *kaiḥ* – an welchen; *liṅgaiḥ* – Merkmalen; *trīn* – drei; *guṇān* – Eigenschaften; *etān* – all diese; *atītaḥ* – transzendiert habend; *bhavati* – ist; *prabho* – o mein Herr; *kim* – welches; *ācāraḥ* – Verhalten; *katham* – wie; *ca* – auch; *etān* – diese ; *trīn* – drei; *guṇān* – Eigenschaften; *ativartate* – transzendiert.

Arjuna fragte: O mein lieber Herr, an welchen Merkmalen erkennt man jemanden, der zu diesen drei Erscheinungsweisen transzendental ist? Wie verhält er sich? Und wie transzendiert er die Erscheinungsweisen der Natur?

ERLÄUTERUNG: Arjuna stellt in diesem Vers sehr relevante Fragen. Er möchte wissen, welche Merkmale ein Mensch aufweist, der die materiellen Erscheinungsweisen bereits transzendiert hat. Zunächst fragt er nach den Merkmalen einer solchen transzendentalen Person. Wie kann man erkennen, daß jemand den Einfluß der Erscheinungsweisen der materiellen Natur bereits transzendiert hat? Die zweite Frage lautet, wie er lebt und was er tut. Geht er regulierten oder unregulierten Tätigkeiten nach? Sodann fragt Arjuna nach den Mitteln, mit denen man die transzendentale Natur erreichen kann. Dies ist eine sehr wichtige Frage, denn ohne die direkten Mittel zu kennen, durch die man immer in der Transzendenz verankert bleiben kann, ist es nicht möglich, solche Merkmale tatsächlich aufzuweisen. All diese Fragen Arjunas sind also sehr wichtig und werden vom Herrn im folgenden beantwortet.

Vers 22–25

श्रीभगवानुवाच
प्रकाशं च प्रवृत्तिं च मोहमेव च पाण्डव ।
न द्वेष्टि सम्प्रवृत्तानि न निवृत्तानि काङ्क्षति ॥२२॥

उदासीनवदासीनो गुणैर्यो न विचाल्यते ।
गुणा वर्तन्त इत्येवं योऽवतिष्ठति नेङ्गते ॥२३॥

समदुःखसुखः स्वस्थः समलोष्टाश्मकाञ्चनः ।
तुल्यप्रियाप्रियो धीरस्तुल्यनिन्दात्मसंस्तुतिः ॥२४॥

मानापमानयोस्तुल्यस्तुल्यो मित्रारिपक्षयोः ।
सर्वारम्भपरित्यागी गुणातीतः स उच्यते ॥२५॥

śrī-bhagavān uvāca
prakāśaṁ ca pravṛttiṁ ca moham eva ca pāṇḍava
na dveṣṭi sampravṛttāni na nivṛttāni kāṅkṣati

udāsīna-vad āsīno guṇair yo na vicālyate
guṇā vartanta ity evaṁ yo 'vatiṣṭhati neṅgate

sama-duḥkha-sukhaḥ sva-sthaḥ sama-loṣṭāśma-kāñcanaḥ
tulya-priyāpriyo dhīras tulya-nindātma-saṁstutiḥ

mānāpamānayos tulyas tulyo mitrāri-pakṣayoḥ
sarvārambha-parityāgī guṇātītaḥ sa ucyate

śrī-bhagavān uvāca – die Höchste Persönlichkeit Gottes sprach; *prakāśam* – Erleuchtung; *ca* – und; *pravṛttim* – Anhaftung; *ca* – und; *moham* – Illusion; *eva ca* – auch; *pāṇḍava* – o Sohn Pāṇḍus; *na dveṣṭi* – haßt nicht; *sampravṛttāni* – obwohl entwickelt; *na nivṛttāni* – und bei nicht beendeter Entwicklung; *kāṅkṣati* – wünscht; *udāsīna-vat* – als ob neutral; *āsīnaḥ* – sich befindend; *guṇaiḥ* – durch die Eigenschaften; *yaḥ* – jemand, der; *na* – niemals; *vicālyate* – wird bewegt; *guṇāḥ* – die Eigenschaften; *vartante* – wirken; *iti evam* – somit wissend; *yaḥ* – jemand, der; *avatiṣṭhati* – bleibt; *na* – nie; *iṅgate* – flackert; *sama* – gleich; *duḥkha* – in Leid; *sukhaḥ* – und Glück; *sva-sthaḥ* – in sich selbst verankert; *sama* – gleich; *loṣṭa* – ein Klumpen Erde; *aśma* – Stein; *kāñcanaḥ* – Gold; *tulya* – gleichgesinnt; *priya* – dem Erwünschten; *apriyaḥ* – und dem Unerwünschten; *dhīraḥ* – stetig; *tulya* – gleich; *nindā* – bei Beleidigung; *ātma-saṁstutiḥ* – und Lob seinerselbst; *māna* – bei Ehre; *apamānayoḥ* – und Schmach; *tulyaḥ* – gleich; *tulyaḥ* – gleich; *mitra* – der Freunde; *ari* – und Feinde; *pakṣayoḥ* – zu den Parteien; *sarva* – aller;

ārambha – Bemühungen; *parityāgī* – jemand, der entsagt; *guṇa-atītaḥ* – transzendental zu den materiellen Erscheinungsweisen der Natur; *saḥ* – er; *ucyate* – man sagt von.

Die Höchste Persönlichkeit Gottes sprach: O Sohn Pāṇḍus, wer Erleuchtung, Anhaftung und Täuschung weder haßt, wenn sie auftreten, noch nach ihnen verlangt, wenn sie vergehen; wer trotz all dieser Reaktionen der materiellen Erscheinungsweisen unerschütterlich und unberührt bleibt und seine neutrale, transzendentale Stellung beibehält, da er versteht, daß allein die Erscheinungsweisen wirken; wer im Selbst verankert ist und zwischen Glück und Leid keinen Unterschied macht; wer einen Klumpen Erde, einen Stein und ein Stück Gold mit gleichen Augen sieht; wer erwünschte und unerwünschte Dinge als gleich erachtet; wer stetig ist und bei Lob und Beleidigung, Ehre und Schmach gleichermaßen unberührt bleibt; wer Freund und Feind gleich behandelt und allen materiellen Tätigkeiten entsagt hat – von einem solchen Menschen sagt man, er habe die Erscheinungsweisen der Natur transzendiert.

ERLÄUTERUNG: Arjuna stellte drei Fragen, und der Herr beantwortet sie eine nach der anderen. In diesen Versen erklärt Kṛṣṇa als erstes, daß ein Mensch auf der transzendentalen Ebene frei von Neid ist und nichts begehrt. Solange ein Lebewesen in der materiellen Welt bleibt, eingeschlossen in den materiellen Körper, muß man verstehen, daß es unter der Herrschaft einer der drei Erscheinungsweisen der materiellen Natur steht. Erst wenn es tatsächlich aus dem Körper befreit ist, entkommt es der Gewalt der Erscheinungsweisen der materiellen Natur. Aber solange es den materiellen Körper noch nicht hinter sich gelassen hat, sollte es neutral bleiben. Es sollte sich im hingebungsvollen Dienst des Herrn beschäftigen, so daß es seine Identifizierung mit dem materiellen Körper automatisch vergißt. Im körperlichen, materiellen Bewußtsein handelt man nur mit dem Ziel der Sinnenbefriedigung, doch wenn man sein Bewußtsein auf Kṛṣṇa richtet, hat die Befriedigung der Sinne automatisch ein Ende. Man braucht den materiellen Körper nicht, und man braucht auch den Drängen des materiellen Körpers nicht nachzugeben. Die materiellen Erscheinungsweisen werden ihren Einfluß auf den Körper haben, aber als spirituelle Seele steht das Selbst über solchen Einwirkungen. Und wie gelangt man zu dieser Stellung? Indem man sich nicht wünscht, den Körper zu genießen, und sich auch nicht wünscht, aus ihm herauszugelangen. In dieser transzendentalen Stellung wird der Gottgeweihte automatisch frei. Er braucht sich nicht extra darum zu bemühen, vom Einfluß der Erscheinungsweisen der materiellen Natur frei zu werden.

Die nächste Frage betrifft das Verhalten eines Menschen auf der transzendentalen Ebene. Ein Mensch im materiellen Bewußtsein wird von sogenannter Ehre und Schmach, die sich auf den Körper beziehen, berührt, doch ein Mensch im transzendentalen Bewußtsein wird von solcher falschen Ehre und Schmach nicht beeinflußt. Er erfüllt seine Pflicht im Kṛṣṇa-Bewußtsein und kümmert sich nicht darum, ob er geehrt oder geschmäht wird. Er nimmt das an, was für die Ausübung seiner Pflicht im Kṛṣṇa-Bewußtsein nützlich ist; darüber hinaus braucht er keine materiellen Dinge, ob Steine oder Gold. Er sieht in jedem, der ihm bei der Ausübung des Kṛṣṇa-Bewußtseins hilft, einen guten Freund, und er haßt seinen sogenannten Feind nicht. Er ist jedem gleichgesinnt und sieht alles auf gleicher Ebene, da er genau weiß, daß er nichts mit dem materiellen Dasein zu tun hat. Soziale und politische Streitfragen interessieren ihn nicht, denn er kennt das Wesen zeitweiliger Umwälzungen und Störungen. Er versucht nicht, irgend etwas für seinen eigenen Nutzen zu erlangen. Für Kṛṣṇa kann er alles erstreben, doch für sich selbst erstrebt er nichts. Durch solches Verhalten gelangt man tatsächlich auf die transzendentale Ebene.

Vers 26 मां च योऽव्यभिचारेण भक्तियोगेन सेवते ।
स गुणान् समतीत्यैतान् ब्रह्मभूयाय कल्पते ॥२६॥

māṁ ca yo 'vyabhicāreṇa bhakti-yogena sevate
sa guṇān samatītyaitān brahma-bhūyāya kalpate

mām – Mir; *ca* – auch; *yaḥ* – jemand, der; *avyabhicāreṇa* – ohne abzuweichen; *bhakti-yogena* – durch hingebungsvollen Dienst; *sevate* – bringt Dienst dar; *saḥ* – er; *guṇān* – die Erscheinungsweisen der materiellen Natur; *samatītya* – transzendierend; *etān* – all diese; *brahma-bhūyāya* – auf die Brahman-Ebene erhoben; *kalpate* – wird.

Wer sich völlig im hingebungsvollen Dienst beschäftigt und unter keinen Umständen abweicht, transzendiert sogleich die Erscheinungsweisen der materiellen Natur und erreicht so die Ebene des Brahman.

ERLÄUTERUNG: Dieser Vers ist die Antwort auf Arjunas dritte Frage: Auf welche Weise kann man die transzendentale Stellung erreichen?

Wie bereits erklärt wurde, bewegt sich die materielle Welt im Bann der Erscheinungsweisen der materiellen Natur. Man sollte sich durch die Tätigkeiten der Erscheinungsweisen der Natur nicht verwirren lassen; anstatt sein Bewußtsein in solche Tätigkeiten zu vertiefen, kann man sein Bewußtsein auf Kṛṣṇa-Tätigkeiten richten. Kṛṣṇa-Tätigkeiten werden *bhakti-yoga* genannt – ständiges Handeln für Kṛṣṇa. Dies bezieht sich nicht nur auf Kṛṣṇa, sondern auch auf Seine verschiedenen vollständigen Erweiterungen, wie Rāma und Nārāyaṇa. Kṛṣṇa hat unzählige Erweiterungen. Wer sich im Dienste irgendeiner der Formen Kṛṣṇas, oder einer Seiner vollständigen Erweiterungen, beschäftigt, gilt als jemand, der sich auf der transzendentalen Ebene befindet. Man sollte auch beachten, daß alle Formen Kṛṣṇas völlig transzendental, voller Glückseligkeit, voller Wissen und ewig sind. Diese Persönlichkeiten Gottes sind allmächtig und allwissend, und Sie besitzen alle transzendentalen Eigenschaften. Wenn man sich also mit unerschütterlicher Entschlossenheit im Dienst Kṛṣṇas oder Seiner vollständigen Erweiterungen beschäftigt, kann man die Erscheinungsweisen der materiellen Natur, die sehr schwer zu überwinden sind, mit Leichtigkeit hinter sich lassen. Dies wurde bereits im Siebten Kapitel erklärt. Wer sich Kṛṣṇa ergibt, überwindet sogleich den Einfluß der Erscheinungsweisen der materiellen Natur. Im Kṛṣṇa-Bewußtsein, im hingebungsvollen Dienst, beschäftigt zu sein bedeutet, Gleichheit mit Kṛṣṇa zu erlangen. Der Herr sagt, daß Seine Natur ewig, glückselig und voller Wissen ist, und die Lebewesen sind winzige Teile des Höchsten, so wie Goldkörner Teile einer Goldmine sind. Somit hat das Lebewesen in seiner spirituellen Stellung die gleichen Eigenschaften wie das Gold in der Goldmine, das heißt die gleichen Eigenschaften wie Kṛṣṇa. Der Unterschied der Individualität bleibt immer bestehen; ansonsten wäre *bhakti-yoga* gar nicht möglich. *Bhakti-yoga* bedeutet, daß der Herr existiert, daß der Gottgeweihte existiert und daß ein liebevoller Austausch zwischen dem Herrn und Seinem Geweihten stattfindet. Deshalb sind die Höchste Persönlichkeit Gottes und die individuelle Seele zwei verschiedene Individuen; sonst hätte das Wort *bhakti-yoga* keine Bedeutung. Ohne sich auf der gleichen transzendentalen Ebene wie der Höchste Herr zu befinden, kann man Ihm nicht dienen. Um ein persönlicher Diener des Königs zu sein, muß man sich die erforderlichen Qualifikationen aneignen. Die Qualifikation besteht darin, Brahman zu werden, das heißt frei von aller materiellen Verunreinigung. In der vedischen Literatur heißt es: *brahmaiva san brahmāpy eti.* Man kann das Höchste Brahman erreichen, indem man Brahman wird. Dies bedeutet, daß man mit dem Brahman qualitativ eins werden muß. Wenn man das

Brahman erreicht, verliert man nicht seine ewige Brahman-Identität als individuelle Seele.

Vers 27 ब्रह्मणो हि प्रतिष्ठाहममृतस्याव्ययस्य च ।
शाश्वतस्य च धर्मस्य सुखस्यैकान्तिकस्य च ॥२७॥

brahmaṇo hi pratiṣṭhāham amṛtasyāvyayasya ca
śāśvatasya ca dharmasya sukhasyaikāntikasya ca

brahmaṇaḥ – des unpersönlichen *brahmajyoti; hi* – gewiß; *pratiṣṭhā* – der Ruheort; *aham* – Ich bin; *amṛtasya* – des unsterblichen; *avyayasya* – des unvergänglichen; *ca* – auch; *śāśvatasya* – des ewigen; *ca* – und; *dharmasya* – der wesenseigenen Stellung; *sukhasya* – des Glücks; *aikāntikasya* – höchsten; *ca* – auch.

Und Ich bin die Grundlage des unpersönlichen Brahman, das unsterblich, unvergänglich und ewig ist und das die grundlegende Natur höchsten Glücks ist.

ERLÄUTERUNG: Die Natur des Brahman ist Unsterblichkeit, Unvergänglichkeit, Ewigkeit und Glück. Das Brahman ist die Anfangsstufe transzendentaler Erkenntnis. Paramātmā, die Überseele, ist die mittlere, die zweite Stufe der transzendentalen Erkenntnis, und die Höchste Persönlichkeit Gottes ist die höchste Stufe der Erkenntnis der Absoluten Wahrheit. Deshalb sind sowohl der Paramātmā als auch das unpersönliche Brahman in der Höchsten Person enthalten. Im Siebten Kapitel wird erklärt, daß die materielle Natur die Manifestation der niederen Energie des Herrn ist. Der Herr befruchtet die niedere, materielle Natur mit fragmentarischen Teilen der höheren Natur, und dies macht den spirituellen Impuls in der materiellen Natur aus. Wenn ein durch die materielle Natur bedingtes Lebewesen spirituelles Wissen zu entwickeln beginnt, erhebt es sich von der Ebene der materiellen Existenz und steigt allmählich zu der Ebene auf, auf der es den Brahman-Aspekt des Höchsten erkennt. Diese Brahman-Erkenntnis ist die erste Stufe der Selbstverwirklichung. Auf dieser Stufe ist der Brahman-verwirklichte Mensch transzendental zur materiellen Existenz, hat aber noch nicht die Vollkommenheit der Brahman-Erkenntnis erreicht. Wenn er möchte, kann er auf dieser Brahman-Stufe bleiben, dann allmählich zur Paramātmā-Erkenntnis aufsteigen und von dort zur Erkenntnis der Höchsten Persönlichkeit Gottes. Hierfür gibt es in der vedischen Literatur viele Beispiele. Die vier Kumāras befanden sich zunächst auf der Stufe der Brahman-Erkenntnis, der unpersönlichen Auffassung der Wahrheit, doch dann erhoben sie sich allmählich zur Stufe des hingebungsvollen Dienstes. Wer über die unpersönliche Brahman-Auffassung nicht hinausgelangt, läuft Gefahr, von seiner Stufe herunterzufallen. Im *Śrīmad-Bhāgavatam* heißt es, daß jemand, der zwar zur Stufe des unpersönlichen Brahman aufsteigt, aber keinen weiteren Fortschritt macht und kein Wissen über die Höchste Person entwickelt, keine vollkommen klare Intelligenz besitzen kann. Deshalb besteht selbst dann, wenn man zur Brahman-Ebene emporgestiegen ist, immer noch die Möglichkeit, wieder herunterzufallen, wenn man nicht im hingebungsvollen Dienst des Herrn beschäftigt ist. In den vedischen Schriften heißt es ebenfalls: *raso vai saḥ, rasaṁ hy evāyaṁ labdhvā nandī bhavati.* „Wenn man die Persönlichkeit Gottes, das Behältnis aller Freude, Kṛṣṇa, versteht, erlangt man tatsächlich transzendentale Glückseligkeit." (*Taittirīya Upaniṣad* 2.7.1) Der Höchste Herr ist von sechs Reichtümern erfüllt, und wenn ein Gottgeweihter sich Ihm zuwendet, findet ein Austausch dieser sechs Reichtümer statt. Der Diener des Königs genießt fast auf der gleichen Ebene wie der König. Daher wird hingebungsvoller Dienst von ewigem, unvergänglichem Glück und ewigem Leben begleitet. Folglich ist die Erkenntnis des Brahman, das heißt der Ewigkeit oder Unvergänglichkeit, im hingebungsvollen Dienst mit eingeschlossen. Jemand, der im hingebungsvollen Dienst tätig ist, besitzt diese Eigenschaften bereits.

Obwohl das Lebewesen von Natur aus Brahman ist, hat es den Wunsch, sich der materiellen Welt gegenüber als Herr aufzuspielen, und dies ist der Grund seines Falls. In seiner wesenseigenen Stellung steht das Lebewesen über den drei Erscheinungsweisen der materiellen Natur, doch durch den Kontakt mit der materiellen Natur wird es in die drei Erscheinungsweisen verstrickt – Tugend, Leidenschaft und Unwissenheit. Der Wunsch des Lebewesens, die materielle Welt zu beherrschen, ist auf seinen Kontakt mit diesen drei Erscheinungsweisen zurückzuführen. Durch Beschäftigung im hingebungsvollen Dienst in vollem Kṛṣṇa-Bewußtsein wird man sofort auf die transzendentale Stufe erhoben, und der unrechtmäßige Wunsch, die materielle Welt zu beherrschen, vergeht. Deshalb sollte man den Vorgang des hingebungsvollen Dienstes, angefangen mit Hören, Chanten, Sicherinnern – den neun vorgeschriebenen Vorgängen zur Verwirklichung hingebungsvollen Dienstes–, in der Gemeinschaft von Gottgeweihten praktizieren. Durch Gemeinschaft mit Gottgeweihten und durch den Einfluß des spirituellen Meisters wird allmählich der materielle Wunsch zu beherrschen beseitigt, und man wird fest im transzendentalen liebevollen Dienst des

Herrn verankert. Dieser Vorgang des hingebungsvollen Dienstes wird vom zweiundzwanzigsten bis zum letzten Vers des vorliegenden Kapitels beschrieben, und er ist sehr einfach auszuführen: Man sollte sich ständig im Dienst des Herrn beschäftigen; man sollte die Überreste von Speisen essen, die der Bildgestalt dargebracht wurden; man sollte die Blumen riechen, die den Lotosfüßen des Herrn geopfert wurden; die Orte besuchen, an denen der Herr Seine transzendentalen Spiele offenbarte; über die verschiedenen Taten des Herrn und Seinen liebevollen Austausch mit Seinen Geweihten lesen, immer die transzendentale Klangschwingung des *mahā-mantra* – Hare Kṛṣṇa, Hare Kṛṣṇa, Kṛṣṇa Kṛṣṇa, Hare Hare / Hare Rāma, Hare Rāma, Rāma Rāma, Hare Hare – chanten und die Fastentage einhalten, die an das Erscheinen und Fortgehen des Herrn und Seiner Geweihten erinnern. Wenn man diesem Vorgang folgt, löst man sich völlig von allen materiellen Tätigkeiten. Wer auf diese Weise die *brahmajyoti*-Ebene, das heißt die verschiedenen Arten der Brahman-Auffassung, erreicht, ist der Höchsten Persönlichkeit Gottes qualitativ gleich.

Hiermit enden die Bhaktivedanta-Erläuterungen zum Vierzehnten Kapitel der Śrīmad Bhagavad-gītā *mit dem Titel: „Die drei Erscheinungsweisen der materiellen Natur".*

FÜNFZEHNTES KAPITEL

Der Yoga der Höchsten Person

Vers 1 श्रीभगवानुवाच
ऊर्ध्वमूलमधःशाखमश्वत्थं प्राहुरव्ययम् ।
छन्दांसि यस्य पर्णानि यस्तं वेद स वेदवित् ॥ १ ॥

śrī-bhagavān uvāca
ūrdhva-mūlam adhaḥ-śākham aśvatthaṁ prāhur avyayam
chandāṁsi yasya parṇāni yas taṁ veda sa veda-vit

śrī-bhagavān uvāca – die Höchste Persönlichkeit Gottes sprach; *ūrdhva-mūlam* – mit den Wurzeln nach oben; *adhaḥ* – nach unten; *śākham* – Äste; *aśvattham* – ein Banyanbaum; *prāhuḥ* – man sagt; *avyayam* – ewig; *chandāṁsi* – die vedischen Hymnen; *yasya* – von welchem; *parṇāni* – die Blätter; *yaḥ* – jeder, der; *tam* – diesen; *veda* – kennt; *saḥ* – er; *veda-vit* – der Kenner der *Veden.*

Die Höchste Persönlichkeit Gottes sprach: Es wird gesagt, daß es einen unzerstörbaren Banyanbaum gibt, dessen Wurzeln nach oben und dessen Äste nach unten gerichtet sind und dessen Blätter die vedischen Hymnen sind. Jemand, der diesen Baum kennt, kennt die Veden.

ERLÄUTERUNG: Nachdem die Wichtigkeit von *bhakti-yoga* erörtert worden ist, könnte man sich fragen, welche Bedeutung den *Veden* zukommt. In diesem Kapitel wird erklärt, daß das Ziel des Studiums der *Veden* darin besteht, Kṛṣṇa zu verstehen. Wer daher im Kṛṣṇa-Bewußtsein gründet und im hingebungsvollen Dienst tätig ist, kennt die *Veden* bereits.

Die Verstrickung in der materiellen Welt wird hier mit einem Banyanbaum verglichen. Für jemanden, der fruchtbringenden Tätigkeiten nachgeht, hat der Banyanbaum kein Ende. Er irrt unaufhörlich von einem Ast zum anderen. Der Baum der materiellen Welt hat kein Ende, und für jemanden, der an diesen Baum angehaftet ist, besteht keine Möglichkeit zur Befreiung. Die vedischen Hymnen, die dazu bestimmt sind, den Menschen zu erheben, werden mit den Blättern dieses Baumes verglichen. Die Wurzeln des Baumes wachsen nach oben, weil sie vom höchsten Planeten des Universums, der Residenz Brahmās, ausgehen. Wenn man diesen unzerstörbaren Baum der Illusion versteht, kann man aus ihm herausgelangen.

Es ist wichtig, diesen Vorgang der Befreiung zu verstehen. In den vorangegangenen Kapiteln wurde erklärt, daß es viele Vorgänge gibt, durch die man aus der materiellen Verstrickung herausgelangen kann, und wie wir bis hin zum Dreizehnten Kapitel gesehen haben, ist hingebungsvoller Dienst zum Höchsten Herrn der beste Weg. Das grundlegende Prinzip des hingebungsvollen Dienstes ist Loslösung von materiellen Tätigkeiten und Anhaftung an den transzendentalen Dienst des Herrn. Der Vorgang, die Anhaftung an die materielle Welt zu brechen, wird zu Beginn des vorliegenden Kapitels erklärt. Die Wurzel der materiellen Existenz wächst nach oben. Das bedeutet, daß sie von der gesamten materiellen Substanz, vom höchsten Planeten des Universums, ausgeht. Von dort erweitert sich das Universum in zahlreiche Äste, die den verschiedenen Planetensystemen entsprechen. Die Früchte entsprechen den Ergebnissen der Tätigkeiten der Lebewesen, nämlich Religion, wirtschaftliche Entwicklung, Sinnenbefriedigung und Befreiung.

Zwar haben wir hier in dieser Welt keine direkte Erfahrung von einem Baum, dessen Äste nach unten und dessen Wurzeln nach oben zeigen, aber einen solchen Baum gibt es tatsächlich. Wir können ihn am Ufer eines Gewässers finden, nämlich dort, wo sich Bäume im Wasser spiegeln. Im Spiegelbild zeigen die Äste nach unten und die Wurzeln nach oben. Mit anderen Worten, der Baum der materiellen Welt ist nur eine Reflexion des wirklichen Baumes der spirituellen Welt. Diese Reflexion der spirituellen Welt beruht auf Wünschen, so wie die Reflexion des Baumes auf dem Wasser ruht. Wünsche sind die Ursache aller Dinge, die sich in diesem reflektierten, materiellen Licht manifestieren. Wer das materielle Dasein hinter sich lassen möchte, muß diesen Baum durch ein analytisches Studium gründlich verstehen lernen. Dann ist es möglich, die Verbindung mit ihm zu durchtrennen.

Da der Baum der materiellen Welt eine Spiegelung des wirklichen Baumes ist, ist er dessen genaues Ebenbild. In der spirituellen Welt ist alles vorhanden. Die Unpersönlichkeitsphilosophen halten das Brahman für die Wurzel des materiellen Baumes, und nach den Lehren der *sāṅkhya*-Philosophie entspringen dieser Wurzel *prakṛti, puruṣa,* die drei *guṇas,* die fünf grobstofflichen Elemente (*pañca-mahā-bhūta*), die zehn Sinne (*daśendriya*), der Verstand usw. Auf diese Weise teilen sie die gesamte materielle Welt in vierundzwanzig Elemente auf. Wenn nun das Brahman das Zentrum aller Manifestationen ist, dann ist die materielle Welt eine Manifestation vom Zentrum aus in einem Winkelausschnitt von 180 Grad, und die anderen 180 Grad bilden die spirituelle Welt. Da die materielle Welt eine pervertierte Reflexion der spirituellen Welt ist, muß die spirituelle Welt die gleiche Vielfalt aufweisen, doch dort ist alles Wirklichkeit. Die *prakṛti* ist die äußere Energie des Höchsten Herrn, und der *puruṣa* ist der Höchste Herr Selbst. Dies wird in der *Bhagavad-gītā* erklärt. Da diese Manifestation materiell ist, ist sie zeitweilig. Eine Reflexion ist zeitweilig, denn manchmal kann man sie sehen und manchmal nicht. Der Ursprung jedoch, von dem die Reflexion ausgeht, ist ewig, und deshalb muß die Verbindung zur materiellen Reflexion des wirklichen Baumes durchtrennt werden. Ein Kenner der *Veden* zu sein setzt voraus, daß man weiß, wie man die Anhaftung an die materielle Welt durchtrennt. Wenn jemand diesen Vorgang kennt, kennt er die *Veden* tatsächlich. Wer sich zu den rituellen Zeremonien der *Veden* hingezogen fühlt, wird von den schönen grünen Blättern des Baumes betört. Er kennt das eigentliche Ziel der *Veden* nicht. Das Ziel der *Veden,* wie es von der Persönlichkeit Gottes Selbst erklärt wird, besteht darin, diesen gespiegelten Baum zu fällen und den wirklichen Baum der spirituellen Welt zu erreichen.

Vers 2 अधश्चोर्ध्वं प्रसृतास्तस्य शाखा गुणप्रवृद्धा विषयप्रवालाः ।
अधश्च मूलान्यनुसन्ततानि कर्मानुबन्धीनि मनुष्यलोके ॥ २ ॥

adhaś cordhvaṁ prasṛtās tasya śākhā
guṇa-pravṛddhā viṣaya-pravālāḥ
adhaś ca mūlāny anusantatāni
karmānubandhīni manuṣya-loke

adhaḥ – abwärts; *ca* – und; *ūrdhvam* – aufwärts; *prasṛtāḥ* – ausgebreitet; *tasya* – seine; *śākhāḥ* – Äste; *guṇa* – durch die Erscheinungsweisen der materiellen Natur; *pravṛddhāḥ* – entwickelt; *viṣaya* – Sinnesobjekte; *pravālāḥ* – Zweige; *adhaḥ* – abwärts; *ca* – und; *mūlāni* – Wurzeln; *anusantatāni* – ausgebreitet; *karma* – zu arbeiten; *anubandhīni* – gebunden; *manuṣya-loke* – in der Welt der menschlichen Gesellschaft.

Die Äste dieses Baumes, der durch die drei Erscheinungsweisen der materiellen Natur genährt wird, erstrecken sich nach oben und nach unten. Die Zweige sind die Objekte der Sinne. Der Baum hat auch Wurzeln, die nach unten weisen, und diese sind an die fruchtbringenden Tätigkeiten der menschlichen Gesellschaft gebunden.

ERLÄUTERUNG: In diesem Vers wird die Beschreibung des Banyanbaumes fortgesetzt. Seine Äste erstrecken sich in alle Richtungen, und in seinen unteren Bereichen existieren mannigfaltige Lebensformen – Menschen, Tiere, Pferde, Kühe, Hunde, Katzen usw. Sie befinden sich auf den unteren Ästen, und in den oberen Bereichen existieren höhere Lebensformen wie Halbgötter, Gandharvas und viele andere mehr. Wie ein Baum von Wasser genährt wird, so wird dieser Baum von den drei Erscheinungsweisen der materiellen Natur genährt. Manchmal sehen wir einen Landstrich, der aufgrund von Wassermangel unfruchtbar ist, und ein anderer Landstrich ist sehr grün. In ähnlicher Weise sind dort, wo bestimmte Erscheinungsweisen der materiellen Natur vorherrschen, die entsprechenden Lebensformen vorzufinden.

Die Zweige des Baumes werden mit den Sinnesobjekten verglichen. Indem wir bestimmte Erscheinungsweisen der Natur entwickeln, entwickeln wir bestimmte Sinne, und mit den Sinnen genießen wir unterschiedliche Arten von Sinnesobjekten. Die Spitzen der Äste repräsentieren die Sinne – die Ohren, die Nase, die Augen usw. –, die am Genuß verschiedener Sinnesobjekte haften. Die Zweige repräsentieren Klang, Form, Berührung usw., das heißt die Sinnesobjekte. Die Nebenwurzeln sind Anhaftungen und Abneigungen, welche Nebenprodukte verschiedener Arten von Leid und Sinnengenuß sind. Die Neigung zu Frömmigkeit bzw. Gottlosigkeit entwickelt sich aus diesen Nebenwurzeln, die sich in alle Richtungen ausbreiten. Die Hauptwurzel geht von Brahmaloka aus, und die anderen Wurzeln gründen in den Planetensystemen der Menschen. Nachdem man die Ergebnisse tugendhafter Werke auf den oberen Planetensystemen genossen hat, kommt man zur Erde herab und erneuert sein *karma,* das heißt, man geht wieder fruchtbringenden Tätigkeiten nach, um erhoben zu werden. Daher gilt der Planet der Menschen als das Feld der Tätigkeiten.

Vers न रूपमस्येह तथोपलभ्यते नान्तो न चादिर्न च सम्प्रतिष्ठा ।
3–4 अश्वत्थमेनं सुविरूढमूल मसङ्गशस्त्रेण दृढेन छित्त्वा ॥ ३ ॥

ततः पदं तत्परिमार्गितव्यं यस्मिन् गता न निवर्तन्ति भूयः ।
तमेव चाद्यं पुरुषं प्रपद्ये यतः प्रवृत्तिः प्रसृता पुराणी ॥ ४ ॥

na rūpam asyeha tathopalabhyate
nānto na cādir na ca sampratiṣṭhā
aśvattham enaṁ su-virūḍha-mūlam
asaṅga-śastreṇa dṛḍhena chittvā

tataḥ padaṁ tat parimārgitavyaṁ
yasmin gatā na nivartanti bhūyaḥ
tam eva cādyaṁ puruṣaṁ prapadye
yataḥ pravṛttiḥ prasṛtā purāṇī

na – nicht; *rūpam* – die Form; *asya* – dieses Baumes; *iha* – in dieser Welt; *tathā* – auch; *upalabhyate* – kann wahrgenommen werden; *na* – niemals; *antaḥ* – Ende; *na* – niemals; *ca* – auch; *ādiḥ* – Anfang; *na* – niemals; *ca* – auch; *sampratiṣṭhā* – die Grundlage; *aśvattham* – Banyanbaum; *enam* – dieser; *su-virūḍha* – fest; *mūlam* – verwurzelt; *asaṅga-śastreṇa* – mit der Waffe der Loslösung; *dṛḍhena* – stark; *chittvā* – schneidend; *tataḥ* – danach; *padam* – Situation; *tat* – diese; *parimārgitavyam* – muß gesucht werden; *yasmin* – wo; *gatāḥ* – gehend; *na* – niemals; *nivartanti* – sie kehren zurück; *bhūyaḥ* – wieder; *tam* – zu Ihm; *eva* – gewiß; *ca* – auch; *ādyam* – ursprünglich; *puruṣam* – die Persönlichkeit Gottes; *prapadye* – sich ergeben; *yataḥ* – von dem; *pravṛttiḥ* – der Anfang; *prasṛtā* – erweiterte sich; *purāṇī* – sehr alt.

Die wirkliche Form dieses Baumes kann nicht in dieser Welt wahrgenommen werden. Niemand kann verstehen, wo er endet, wo er beginnt und wo sein Ursprung liegt. Doch mit Entschlossenheit muß man diesen fest verwurzelten Baum mit der Waffe der Loslösung fällen. Dann muß man den Ort suchen, von dem man, wenn man ihn erreicht, nie wieder zurückkehrt, und sich dort der Höchsten Persönlichkeit Gottes ergeben, dem Anfang von allem, von dem alles seit unvordenklichen Zeiten ausgeht.

ERLÄUTERUNG: Hier wird eindeutig erklärt, daß es in der materiellen Welt nicht möglich ist, die wirkliche Form dieses Banyanbaumes zu verstehen. Die Wurzel des materiellen Baumes ist nach oben gerichtet, und jenseits davon befindet sich der wirkliche Baum. Wenn man mit der materiellen Ausweitung des Baumes verstrickt ist, ist man nicht imstande zu sehen, wie weit sich der Baum erstreckt und wo er beginnt. Man muß jedoch seinen Ursprung ausfindig machen. „Ich bin der Sohn meines Vaters, mein Vater ist der Sohn seines Vaters, usw." Wenn man auf diese Weise forscht, kommt man zu Brahmā, der von Garbhodaka-śāyī Viṣṇu geschaffen wurde. Wenn man auf diese Weise schließlich zur Höchsten Persönlichkeit Gottes gelangt, hat man das Ziel seiner Suche erreicht. Man muß den Ursprung des Baumes, die Höchste Persönlichkeit Gottes, mit Hilfe der Gemeinschaft von Menschen suchen, die Wissen über diese Höchste Persönlichkeit Gottes haben. So beginnt man, ein richtiges Verständnis zu entwickeln, und löst sich allmählich von der falschen Spiegelung der Realität, und durch Wissen kann man die Verbindung durchtrennen und den wirklichen Baum erreichen.

Das Wort *asaṅga* ist in diesem Zusammenhang sehr wichtig, denn die Anhaftung an Sinnengenuß und das Verlangen, die materielle Natur zu beherrschen, sind sehr stark. Deshalb muß man lernen, sich von diesen Fesseln zu lösen, indem man die spirituelle Wissenschaft auf der Grundlage autoritativer Schriften erörtert, und man muß von Menschen hören, die tatsächlich im Wissen gründen. Als Ergebnis solcher Gespräche in der Gemeinschaft von Gottgeweihten gelangt man zur Höchsten Persönlichkeit Gottes. Das erste, was man dann zu tun hat, ist, sich dem Herrn zu ergeben. Hier wird die Beschreibung desjenigen Ortes gegeben, von dem man, wenn man ihn einmal erreicht hat, nie wieder zu dem falschen, gespiegelten Baum zurückkehren muß. Die Höchste Persönlichkeit Gottes, Kṛṣṇa, ist die ursprüngliche Wurzel, von der alles ausgegangen ist. Um die Gunst dieser Persönlichkeit Gottes zu erlangen, braucht man sich nur zu ergeben, und diese Ergebung ist ein Ergebnis der Ausübung hingebungsvollen Dienstes, der aus Hören, Chanten usw. besteht. Der Herr ist die Ursache der Ausdehnung der materiellen Welt. Dies wurde bereits vom Herrn Selbst erklärt: *ahaṁ sarvasya prabhavaḥ.* „Ich bin der Ursprung von allem." Um daher der Verstrickung in den starken Banyanbaum des materiellen Lebens zu entkommen, muß man sich Kṛṣṇa ergeben. Sobald man sich Kṛṣṇa ergibt, löst man sich automatisch von der materiellen Welt.

Vers 5 निर्मानमोहा जितसङ्गदोषा अध्यात्मनित्या विनिवृत्तकामाः ।
द्वन्द्वैर्विमुक्ताः सुखदुःखसंज्ञैर्गच्छन्त्यमूढाः पदमव्ययं तत् ॥ ५ ॥

nirmāna-mohā jita-saṅga-doṣā
adhyātma-nityā vinivṛtta-kāmāḥ
dvandvair vimuktāḥ sukha-duḥkha-saṁjñair
gacchanty amūḍhāḥ padam avyayaṁ tat

niḥ – ohne; *māna* – Geltungssucht; *mohāḥ* – und Illusion; *jita* – bezwungen habend; *saṅga* – der Gemeinschaft; *doṣāḥ* – die Fehler; *adhyātma* – im spirituellen Wissen; *nityāḥ* – in Ewigkeit; *vinivṛtta* – losgelöst; *kāmāḥ* – von Lust; *dvandvaiḥ* – von den Dualitäten; *vimuktāḥ* – befreit; *sukha-duḥkha* – Glück und Leid; *saṁjñaiḥ* – genannt; *gacchanti* – erreichen; *amūḍhāḥ* – nicht verwirrt; *padam* – Situation; *avyayam* – ewig; *tat* – diese.

Diejenigen, die frei sind von Geltungssucht, Illusion und falscher Gemeinschaft, die das Ewige verstehen, die nichts mehr mit materieller Lust zu tun haben wollen, die befreit sind von der Dualität von Glück und Leid und die, frei von Verwirrung, wissen, wie man sich der Höchsten Person ergibt, gelangen in dieses ewige Königreich.

ERLÄUTERUNG: Der Vorgang der Ergebung wird hier sehr schön erklärt. Die erste Qualifikation besteht darin, daß man nicht von Stolz getäuscht werden sollte. Weil die bedingte Seele hochmütig ist und sich für den Herrn der materiellen Natur hält, fällt es ihr sehr schwer, sich der Höchsten Persönlichkeit Gottes zu ergeben. Durch die Kultivierung echten Wissens sollte man verstehen, daß man nicht der Herr der materiellen Natur ist. Die Höchste Persönlichkeit Gottes ist der Herr. Wenn man von dieser durch Stolz hervorgerufenen Täuschung frei ist, kann man sich dem Vorgang der Ergebung zuwenden. Wer fortwährend in der materiellen Welt Ehre erwartet, ist nicht imstande, sich der Höchsten Person zu ergeben. Stolz beruht auf Illusion, denn obwohl man hierherkommt, für kurze Zeit bleibt und dann wieder geht, hält man sich törichterweise für den Herrn der Welt. So machen die Menschen alles sehr kompliziert, und sie befinden sich ständig in Schwierigkeiten. Die ganze Welt bewegt sich unter dieser Auffassung. Die Menschen glauben, das Land, die Erde, gehöre der menschlichen Gesellschaft, und unter dem falschen Eindruck, sie seien die Eigentümer, haben sie das Land aufgeteilt. Man muß sich von der falschen Vorstellung lösen, daß die Menschheit der Besitzer der Welt sei. Wenn man von dieser falschen Auffassung befreit ist, wird man auch von aller falschen Gemeinschaft frei, die auf familiären, sozialen und nationalen Gefühlen der Zuneigung beruht, denn solche falsche Gemeinschaft bindet einen an die materielle Welt. Wenn man diese Stufe erreicht hat, muß man spirituelles Wissen entwickeln. Man muß Wissen darüber entwickeln, was man sein eigen nennen darf und was nicht. Und wenn man dies alles in Wahrheit versteht, wird man von allen dualistischen Vorstellungen wie Glück und Leid oder Freude und Schmerz frei. Auf diese Weise erlangt man vollkommenes Wissen, und dann ist es einem möglich, sich der Höchsten Persönlichkeit Gottes zu ergeben.

Vers 6 न तद्भासयते सूर्यो न शशाङ्को न पावकः ।
यद्गत्वा न निवर्तन्ते तद्धाम परमं मम ॥ ६ ॥

na tad bhāsayate sūryo na śaśāṅko na pāvakaḥ
yad gatvā na nivartante tad dhāma paramaṁ mama

na – nicht; *tat* – dieses; *bhāsayate* – erleuchtet; *sūryaḥ* – die Sonne; *na* – nicht; *śaśāṅkaḥ* – der Mond; *na* – nicht; *pāvakaḥ* – Feuer, Elektrizität; *yat* – wohin; *gatvā* – gehend; *na* – niemals; *nivartante* – sie kommen zurück; *tad dhāma* – dieses Reich; *paramam* – höchstes; *mama* – Mein.

Dieses Mein höchstes Reich wird weder von der Sonne noch vom Mond, noch von Feuer oder Elektrizität erleuchtet. Diejenigen, die es erreichen, kehren nie wieder in die materielle Welt zurück.

ERLÄUTERUNG: Hier wird die spirituelle Welt, das Reich der Höchsten Persönlichkeit Gottes, Kṛṣṇa, beschrieben, das als Kṛṣṇaloka oder Goloka Vṛndāvana bekannt ist. Im spirituellen Himmel sind weder Sonnenschein, Mondschein, Feuer noch Elektrizität erforderlich, denn alle Planeten dort sind selbstleuchtend. In unserem Universum gibt es nur einen selbstleuchtenden Planeten, nämlich die Sonne; im spirituellen Himmel hingegen sind alle Planeten selbstleuchtend. Die leuchtende Ausstrahlung aller spirituellen Planeten (Vaikuṇṭhas) zusammen ergibt den leuchtenden Himmel, der als *brahmajyoti* bezeichnet wird. Letztlich geht diese Ausstrahlung von Kṛṣṇas Planeten, Goloka Vṛndāvana, aus. Diese leuchtende Ausstrahlung wird teilweise vom *mahat-tattva,* der materiellen Welt, bedeckt, doch der größte Teil dieses leuchtenden Himmels – jenseits der materiellen Bedeckung – ist mit spirituellen Planeten, den Vaikuṇṭhas, übersät, von denen Goloka Vṛndāvana der höchste ist.

Solange sich ein Lebewesen in der dunklen materiellen Welt aufhält, führt es ein bedingtes Leben, doch sobald es den spirituellen Himmel erreicht, indem es den falschen, verzerrten Baum der materiellen Welt fällt, ist es befreit. Dann besteht keine Gefahr mehr, daß es hierher zurückkehren muß. Im bedingten Leben hält sich das Lebewesen für den Herrn der materiellen Welt, doch in seinem befreiten Zustand tritt es in das spirituelle Königreich ein und wird ein Beigesellter des Höchsten

Herrn. Dort genießt es ewige Glückseligkeit, ewiges Leben und vollkommenes Wissen.

Man sollte von dieser Information fasziniert sein. Man sollte den Wunsch entwickeln, sich zu dieser ewigen Welt zu erheben und sich aus der falschen Spiegelung der Realität zu befreien. Für einen Menschen, der zu sehr an der materiellen Welt haftet, ist es sehr schwer, diese Anhaftung zu durchtrennen, doch wenn er sich dem Kṛṣṇa-Bewußtsein zuwendet, besteht für ihn die Möglichkeit, sich allmählich zu lösen. Man muß Gemeinschaft mit Gottgeweihten haben, das heißt mit Menschen, die Kṛṣṇa-bewußt sind. Man sollte eine Gesellschaft ausfindig machen, die sich dem Kṛṣṇa-Bewußtsein widmet, und lernen, wie man hingebungsvollen Dienst ausführt. Auf diese Weise kann man seine Anhaftung an die materielle Welt durchtrennen. Man kann sich von der Anziehung zur materiellen Welt nicht lösen, indem man sich einfach in safranfarbene Gewänder kleidet. Man muß Zuneigung zum hingebungsvollen Dienst des Herrn entwickeln. Deshalb sollte man es sehr ernst nehmen, wenn es heißt, daß hingebungsvoller Dienst, wie er im Zwölften Kapitel beschrieben wird, der einzige Weg ist, um der falschen Repräsentation des echten Baumes zu entkommen. Das Vierzehnte Kapitel beschreibt, wie verschiedene Arten von Pfaden von der materiellen Natur verunreinigt sind. Allein hingebungsvoller Dienst wird als rein transzendental beschrieben.

Die Worte *paramaṁ mama* sind hier sehr wichtig. Im Grunde ist alles Existierende, sowohl in der materiellen als auch in der spirituellen Welt, das Eigentum des Höchsten Herrn, aber die spirituelle Welt ist *paramam,* von sechs Reichtümern erfüllt. Die *Kaṭha Upaniṣad* (2.2.15) bestätigt ebenfalls, daß in der spirituellen Welt weder Sonnenschein noch Mondschein, noch Sterne notwendig sind (*na tatra sūryo bhāti na candra-tārakam*), da der gesamte spirituelle Himmel von der inneren Energie des Höchsten Herrn erleuchtet wird. Dieses höchste Reich kann nur durch Hingabe, und durch kein anderes Mittel, erreicht werden.

Vers 7 ममैवांशो जीवलोके जीवभूतः सनातनः ।
मनःषष्ठानीन्द्रियाणि प्रकृतिस्थानि कर्षति ॥ ७ ॥

mamaivāṁśo jīva-loke jīva-bhūtaḥ sanātanaḥ
manaḥ-ṣaṣṭhānīndriyāṇi prakṛti-sthāni karṣati

mama – Mein; *eva* – gewiß; *aṁśaḥ* – fragmentarisches Teilchen; *jīva-loke* – in der Welt des bedingten Lebens; *jīva-bhūtaḥ* – das bedingte

Lebewesen; *sanātanaḥ* – ewig; *manaḥ* – mit dem Geist; *ṣaṣṭhāni* – die sechs; *indriyāṇi* – Sinne; *prakṛti* – in der materiellen Natur; *sthāni* – befindlich; *karṣati* – kämpft schwer.

Die Lebewesen in der bedingten Welt sind Meine ewigen fragmentarischen Teile. Aufgrund ihres bedingten Lebens kämpfen sie sehr schwer mit den sechs Sinnen, zu denen auch der Geist gehört.

ERLÄUTERUNG: In diesem Vers wird die Identität des Lebewesens eindeutig definiert. Das Lebewesen ist ein fragmentarisches Teilchen des Höchsten Herrn, und zwar ewiglich. Es nimmt nicht etwa bloß in seinem bedingten Leben Individualität an, um dann auf der Stufe der Befreiung mit dem Höchsten Herrn eins zu werden. Nein, es ist ewiglich ein fragmentarisches Teilchen, wie es das Wort *sanātanaḥ* hier ausdrücklich bestätigt. Nach vedischer Darstellung manifestiert und erweitert Sich der Höchste Herr in unzählige Erweiterungen, von denen die Haupterweiterungen als *viṣṇu-tattva* und die untergeordneten Erweiterungen als die Lebewesen bezeichnet werden. Mit anderen Worten, das *viṣṇu-tattva* ist Seine persönliche Erweiterung, und die Lebewesen sind Seine abgesonderten Erweiterungen. In Form Seiner persönlichen Erweiterungen manifestiert Er Sich zum Beispiel als Rāma, Nṛsiṁha-deva, Viṣṇumūrti und all die herrschenden Gottheiten auf den Vaikuṇṭha-Planeten. Die abgesonderten Erweiterungen, die Lebewesen, sind ewiglich Diener. Die persönlichen Erweiterungen der Höchsten Persönlichkeit Gottes, die individuellen Identitäten Gottes, existieren ewig. In ähnlicher Weise haben die abgesonderten Erweiterungen, die Lebewesen, eine individuelle Identität. Als fragmentarische Teilchen des Höchsten Herrn besitzen die Lebewesen ein fragmentarisches Ausmaß Seiner Eigenschaften, von denen Unabhängigkeit eine ist. Als individuelle Seele hat jedes Lebewesen seine persönliche Individualität und ein winziges Maß an Unabhängigkeit. Durch den Mißbrauch dieser Unabhängigkeit wird man zu einer bedingten Seele, und wenn man die Unabhängigkeit richtig nutzt, ist man ewig befreit. In jedem Fall aber ist das Lebewesen, wie der Höchste Herr, der Eigenschaft nach ewig. Im befreiten Zustand ist es von der materiellen Bedingtheit frei und beschäftigt sich im transzendentalen Dienst des Herrn; im bedingten Leben untersteht es der Kontrolle der materiellen Erscheinungsweisen der Natur und vergißt den transzendentalen liebenden Dienst des Herrn. Als Folge davon muß es sehr schwer kämpfen, um sein Dasein in der materiellen Welt zu erhalten.

Alle Lebewesen – nicht nur die Menschen und die Katzen und

Hunde, sondern auch die mächtigen Herrscher der materiellen Welt, wie Brahmā, Śiva und selbst Viṣṇu – sind Teile des Höchsten Herrn. Sie alle sind ewige und nicht zeitweilige Manifestationen. Das Wort *karṣati* („sich abmühen" oder „hart kämpfen") ist sehr bedeutsam. Die bedingte Seele ist gebunden, als läge sie in eisernen Ketten. Sie ist gebunden durch das falsche Ego, und der Geist ist die Hauptkraft, von der sie im materiellen Dasein umhergetrieben wird. Wenn sich der Geist in der Erscheinungsweise der Tugend befindet, sind seine Tätigkeiten gut; wenn sich der Geist in der Erscheinungsweise der Leidenschaft befindet, sind seine Tätigkeiten leidbringend, und wenn sich der Geist in der Erscheinungsweise der Unwissenheit befindet, durchwandert das Lebewesen die niederen Lebensformen. Aus diesem Vers geht hervor, daß die bedingte Seele vom materiellen Körper, einschließlich des Geistes und der Sinne, bedeckt ist. Wenn sie jedoch befreit wird, verschwindet diese materielle Bedeckung, und der spirituelle Körper manifestiert sich gemäß seiner individuellen Eigenart. In diesem Zusammenhang findet man in der *Mādhyandināyana-śruti* die folgende Aussage: *sa vā eṣa brahmaniṣṭha idaṁ śarīraṁ martyam atisṛjya brahmābhisampadya brahmaṇā paśyati brahmaṇā śṛṇoti brahmaṇaivedaṁ sarvam anubhavati.* Hier wird erklärt, daß ein Lebewesen zum Zeitpunkt, wenn es den materiellen Körper aufgibt und in die spirituelle Welt eintritt, seinen spirituellen Körper wiederbelebt und daß es in diesem Körper die Höchste Persönlichkeit Gottes von Angesicht zu Angesicht sehen kann. Das Lebewesen kann den Höchsten Herrn direkt hören, von Angesicht zu Angesicht mit Ihm sprechen und Ihn so verstehen, wie Er ist. Weiterhin heißt es in der *smṛti: vasanti yatra puruṣāḥ sarve vaikuṇṭha-mūrtayaḥ:* Auf den spirituellen Planeten gleichen die Körper aller Lebewesen vom Aussehen her dem Körper der Höchsten Persönlichkeit Gottes. Hinsichtlich des Körperbaus besteht zwischen den fragmentarischen Lebewesen und den *viṣṇu-mūrti*-Erweiterungen kein Unterschied. Mit anderen Worten, wenn das Lebewesen Befreiung erlangt, bekommt es durch die Gnade der Höchsten Persönlichkeit Gottes einen spirituellen Körper.

Die Worte *mamaivāṁśaḥ* („fragmentarische Bestandteile des Höchsten Herrn") sind ebenfalls sehr bedeutsam. Der fragmentarische Teil des Höchsten Herrn ist nicht mit einem materiellen Bruchstück zu vergleichen. Aus dem Zweiten Kapitel wissen wir bereits, daß die spirituelle Seele nicht zerteilt werden kann. Man kann die fragmentarische Seele nicht auf materielle Weise verstehen. Sie ist nicht wie Materie, die zerteilt und wieder zusammengesetzt werden kann. Diese Vorstellung ist hier nicht anwendbar, denn es wird das Sanskritwort *sanātana* („ewig") gebraucht. Der fragmentarische Teil ist ewig. Auch zu Beginn des Zweiten Kapitels wird gesagt, daß in jedem einzelnen individuellen Körper der fragmentarische Teil des Höchsten Herrn anwesend ist (*dehino 'smin yathā dehe*). Wenn der fragmentarische Teil von den Verstrickungen des Körpers befreit wird, erlangt er seinen ursprünglichen spirituellen Körper im spirituellen Himmel auf einem spirituellen Planeten und genießt dort die Gemeinschaft des Höchsten Herrn. Aus dem vorliegenden Vers geht hervor, daß das Lebewesen als fragmentarischer Teil des Höchsten Herrn qualitativ mit dem Herrn eins ist, genau wie Goldkörnchen ebenfalls Gold sind.

Vers 8 शरीरं यदवाप्नोति यच्चाप्युत्क्रामतीश्वरः ।
गृहीत्वैतानि संयाति वायुर्गन्धानिवाशयात् ॥ ८ ॥

śarīraṁ yad avāpnoti yac cāpy utkrāmatīśvaraḥ
gṛhītvaitāni saṁyāti vāyur gandhān ivāśayāt

śarīram – der Körper; *yat* – wie; *avāpnoti* – bekommt; *yat* – wie; *ca api* – auch; *utkrāmati* – gibt auf; *īśvaraḥ* – der Herr des Körpers; *gṛhītvā* – annehmend; *etāni* – all diese; *saṁyāti* – geht weg; *vāyuḥ* – die Luft; *gandhān* – riecht; *iva* – wie; *āśayāt* – von ihrer Quelle.

Das Lebewesen in der materiellen Welt trägt seine verschiedenen Lebensauffassungen von einem Körper zum anderen, so wie die Luft Düfte mit sich trägt. So nimmt es eine Art von Körper an und gibt ihn wieder auf, um einen anderen anzunehmen.

ERLÄUTERUNG: Hier wird das Lebewesen als *īśvara,* der Beherrscher seines eigenen Körpers, beschrieben. Wenn es möchte, kann es einen Körper auf einer höheren Stufe bekommen, und wenn es möchte, kann es auch auf eine niedere Stufe hinabgleiten. Das Lebewesen hat eine winzige Unabhängigkeit. Der Wandel, dem sein Körper unterworfen ist, ist von ihm selbst abhängig. Zum Zeitpunkt des Todes wird es von dem Bewußtsein, das es entwickelt hat, zu einem entsprechenden Körper getragen. Wenn es das Bewußtsein einer Katze oder eines Hundes angenommen hat, wird es mit Sicherheit den Körper einer Katze oder eines Hundes annehmen müssen. Wenn es sein Bewußtsein auf göttliche Eigenschaften gerichtet hat, wird es zur Form eines Halbgottes überwechseln. Und wenn es Kṛṣṇa-bewußt ist, wird es zur spirituellen Welt, nach Kṛṣṇaloka, erhoben und wird dort mit Kṛṣṇa zusammensein. Die Behauptung, nach der Vernichtung des Körpers sei alles zu

Ende, ist falsch. Die individuelle Seele wandert von einem Körper zum nächsten, und ihr gegenwärtiger Körper sowie ihre gegenwärtigen Handlungen sind die Grundlage ihres nächsten Körpers. Je nach seinem *karma* bekommt man einen anderen Körper, und zur gegebenen Zeit muß man ihn wieder aufgeben. Hier wird gesagt, daß der feinstoffliche Körper, der die Anlagen des nächsten Körpers mit sich trägt, im nächsten Leben einen anderen Körper entwickelt. Dieser Vorgang, von einem Körper zum anderen zu wandern, und die damit verbundenen Beschwerlichkeiten werden *karṣati,* der Kampf ums Dasein, genannt.

Vers 9 श्रोत्रं चक्षुः स्पर्शनं च रसनं घ्राणमेव च ।
अधिष्ठाय मनश्चायं विषयानुपसेवते ॥ ९ ॥

śrotraṁ cakṣuḥ sparśanaṁ ca rasanaṁ ghrāṇam eva ca
adhiṣṭhāya manaś cāyaṁ viṣayān upasevate

śrotram – Ohren; *cakṣuḥ* – Augen; *sparśanam* – Berührung; *ca* – auch; *rasanam* – Zunge; *ghrāṇam* – Geruchssinn; *eva* – auch; *ca* – und; *adhiṣṭhāya* – sich befindend in; *manaḥ* – Geist; *ca* – auch; *ayam* – er; *viṣayān* – Sinnesobjekte; *upasevate* – genießt.

Das Lebewesen, das auf diese Weise einen weiteren materiellen Körper annimmt, erhält eine bestimmte Art von Ohren, Augen, Zunge, Nase und Tastsinn, die um den Geist gruppiert sind. So genießt es eine bestimmte Auswahl von Sinnesobjekten.

ERLÄUTERUNG: Mit anderen Worten, wenn das Lebewesen sein Bewußtsein verfälscht, indem es die Eigenschaften von Katzen und Hunden annimmt, bekommt es im nächsten Leben den Körper einer Katze oder eines Hundes und genießt dementsprechend. Bewußtsein ist ursprünglich rein, so wie Wasser. Doch wenn wir Wasser mit einer bestimmten Farbe vermischen, verändert es sich. In ähnlicher Weise ist das Bewußtsein des Lebewesens rein, denn die spirituelle Seele ist rein; aber es verändert sich je nach der Berührung mit den materiellen Erscheinungsweisen. Wahres Bewußtsein ist Kṛṣṇa-Bewußtsein. Wenn daher jemand im Kṛṣṇa-Bewußtsein gründet, ist sein Leben rein. Wenn aber das Bewußtsein durch irgendeine materielle Geisteshaltung getrübt ist, bekommt man im nächsten Leben einen entsprechenden Körper. Es ist nicht sicher, daß man erneut einen menschlichen Körper erhält; es kann auch sein, daß man den Körper einer Katze, eines Hundes, eines

Schweines, eines Halbgottes oder eine der vielen anderen Lebensformen annimmt, von denen es 8 400 000 verschiedene gibt.

Vers 10 उत्क्रामन्तं स्थितं वापि भुञ्जानं वा गुणान्वितम् ।
विमूढा नानुपश्यन्ति पश्यन्ति ज्ञानचक्षुषः ॥१०॥

utkrāmantaṁ sthitaṁ vāpi bhuñjānaṁ vā guṇānvitam
vimūḍhā nānupaśyanti paśyanti jñāna-cakṣuṣaḥ

utkrāmantam – den Körper aufgebend; *sthitam* – im Körper weilend; *vā api* – entweder; *bhuñjānam* – genießend; *vā* – oder; *guṇa-anvitam* – im Bann der Erscheinungsweisen der materiellen Natur; *vimūḍhāḥ* – törichte Personen; *na* – niemals; *anupaśyanti* – können sehen; *paśyanti* – können sehen; *jñāna-cakṣuṣaḥ* – diejenigen, die die Augen des Wissens haben.

Törichte Menschen können nicht verstehen, wie ein Lebewesen seinen Körper verläßt, und sie können nicht verstehen, welche Art von Körper es im Banne der Erscheinungsweisen der Natur genießt. Doch jemand, dessen Augen im Wissen geschult sind, kann all dies sehen.

ERLÄUTERUNG: Das Wort *jñāna-cakṣuṣaḥ* ist sehr bedeutsam. Ohne Wissen kann man nicht verstehen, wie ein Lebewesen seinen gegenwärtigen Körper verläßt oder welche Körperform es im nächsten Leben annehmen wird, ja nicht einmal warum es gegenwärtig gerade in dieser oder jener Art von Körper lebt. Um all dies zu verstehen, braucht man umfangreiches Wissen aus der *Bhagavad-gītā* und ähnlichen Schriften, die man von einem echten spirituellen Meister gehört haben muß. Wer gelernt hat, all diese Dinge zu verstehen, kann sich glücklich schätzen. Jedes Lebewesen gibt seinen Körper unter bestimmten Umständen auf, es lebt in bestimmten Umständen, und es genießt unter bestimmten Umständen im Banne der materiellen Natur. Als Folge davon erleidet es, in der Illusion, seine Sinne zu genießen, verschiedene Arten von Glück und Leid. Menschen, die sich fortwährend von Lust und Begierden verleiten lassen, verlieren jede Fähigkeit zu verstehen, wie sie ihren Körper wechseln und warum sie sich in einem bestimmten Körper befinden. Sie können es nicht begreifen. Diejenigen hingegen, die spirituelles Wissen entwickelt haben, verstehen, daß die Seele vom Körper verschieden ist, daß sie den Körper wechselt und daß sie auf verschiedene Weise genießt. Wer über solches Wissen verfügt, kann verstehen, wie das bedingte Lebewesen im materiellen Dasein leidet. Deshalb versuchen diejenigen, die im Kṛṣṇa-Bewußtsein weit fortgeschritten sind, ihr Bestes, den Menschen dieses Wissen zu vermitteln, denn das bedingte Leben dieser Menschen ist sehr beschwerlich. Sie sollten ihr bedingtes Leben hinter sich lassen, Kṛṣṇa-bewußt werden und sich befreien, um in die spirituelle Welt zurückzukehren.

Vers 11 यतन्तो योगिनश्चैनं पश्यन्त्यात्मन्यवस्थितम् ।
यतन्तोऽप्यकृतात्मानो नैनं पश्यन्त्यचेतसः ॥११॥

yatanto yoginaś cainaṁ paśyanty ātmany avasthitam
yatanto 'py akṛtātmāno nainaṁ paśyanty acetasaḥ

yatantaḥ – sich bemühend; *yoginaḥ* – Transzendentalisten; *ca* – auch; *enam* – dies; *paśyanti* – können sehen; *ātmani* – im Selbst; *avasthitam* – verankert; *yatantaḥ* – sich bemühend; *api* – obwohl; *akṛta-ātmānaḥ* – diejenigen ohne Selbstverwirklichung; *na* – nicht; *enam* – dies; *paśyanti* – sehen; *acetasaḥ* – unentwickeltes Bewußtsein habend.

Die strebenden Transzendentalisten, die in Selbstverwirklichung verankert sind, können all dies deutlich erkennen. Doch diejenigen, deren Bewußtsein nicht fortgeschritten ist und die nicht selbstverwirklicht sind, können nicht sehen, was vor sich geht, auch wenn sie sich darum bemühen.

ERLÄUTERUNG: Es gibt viele Transzendentalisten auf dem Pfad der spirituellen Selbstverwirklichung, doch jemand, der nicht tatsächlich selbstverwirklicht ist, kann nicht verstehen, wie sich der Körper des Lebewesens wandelt. Das Wort *yoginaḥ* ist in diesem Zusammenhang von Bedeutung. Heutzutage gibt es viele sogenannte *yogīs* und viele sogenannte *yoga*-Gesellschaften, doch in bezug auf Selbstverwirklichung sind sie eigentlich blind. Sie sind nur an irgendwelchen gymnastischen Übungen interessiert und sind zufrieden, wenn ihr Körper gut gebaut und gesund ist. Weiter reicht ihr Wissen nicht. Sie werden als *yatanto 'py akṛtātmānaḥ* bezeichnet. Obwohl sie sich bemühen, in einem sogenannten *yoga*-System Fortschritt zu machen, sind sie nicht selbstverwirklicht. Solche Menschen können den Vorgang der Seelenwanderung nicht verstehen. Nur diejenigen, die tatsächlich im *yoga*-System verankert sind und das Selbst, die Welt und den Höchsten Herrn verstanden haben, mit anderen Worten, die *bhakti-yogīs* oder diejenigen, die im reinen hingebungsvollen Dienst, im Kṛṣṇa-Bewußtsein, beschäftigt sind, können diesen Vorgang richtig verstehen.

Vers 12 यदादित्यगतं तेजो जगद्भासयतेऽखिलम् ।
यच्चन्द्रमसि यच्चाग्नौ तत्तेजो विद्धि मामकम् ॥१२॥

yad āditya-gataṁ tejo jagad bhāsayate 'khilam
yac candramasi yac cāgnau tat tejo viddhi māmakam

yat – das, was; *āditya-gatam* – im Sonnenschein; *tejaḥ* – Glanz; *jagat* – die ganze Welt; *bhāsayate* – erleuchtet; *akhilam* – völlig; *yat* – das, was; *candramasi* – im Mond; *yat* – das, was; *ca* – auch; *agnau* – im Feuer; *tat* – das; *tejaḥ* – Licht; *viddhi* – verstehe; *māmakam* – von Mir.

Das Licht der Sonne, das die Dunkelheit der ganzen Welt vertreibt, kommt von Mir. Auch das Licht des Mondes und das Licht des Feuers kommen von Mir.

ERLÄUTERUNG: Unintelligente Menschen können nicht verstehen, wie alles vor sich geht. Man kann jedoch beginnen, im Wissen Fortschritt zu machen, wenn man versteht, was der Herr hier erklärt. Jeder sieht die Sonne, den Mond, das Feuer und die Elektrizität. Man sollte einfach versuchen zu verstehen, daß das Licht der Sonne, das Licht des Mondes wie auch das Licht der Elektrizität oder des Feuers von der Höchsten Persönlichkeit Gottes kommen. Eine solche Lebensauffassung, die den Beginn des Kṛṣṇa-Bewußtseins bildet, stellt einen beträchtlichen Fortschritt für die bedingte Seele in der materiellen Welt dar. Die Lebewesen sind dem Wesen nach Teile des Höchsten Herrn, und Er gibt ihnen hiermit den Hinweis, wie sie nach Hause, zu Gott, zurückkehren können.

Aus diesem Vers geht hervor, daß die Sonne das gesamte Sonnensystem erleuchtet. Es gibt verschiedene Universen und Sonnensysteme, und es gibt auch verschiedene Sonnen, Monde und Planeten, doch in jedem Universum gibt es nur eine Sonne. Nach Aussage der *Bhagavad-gītā* (10.21) gehört der Mond zu den Sternen (*nakṣatrāṇām ahaṁ śaśī*). Das Sonnenlicht hat seinen Ursprung in der spirituellen Ausstrahlung des Höchsten Herrn, die sich im spirituellen Himmel ausbreitet. Mit dem Sonnenaufgang beginnen die Tätigkeiten der Menschen. Sie entfachen Feuer, um ihr Essen zuzubereiten, sie entfachen Feuer in ihren Fabriken, usw. So viele Dinge geschehen mit Hilfe des Feuers. Deshalb sind der Sonnenaufgang, das Feuer und das Mondlicht den Lebewesen so angenehm. Ohne ihre Hilfe kann kein Lebewesen leben. Wenn jemand also versteht, daß das Licht und die Ausstrahlung der Sonne, des Mondes und des Feuers von der Höchsten Persönlichkeit Gottes, Kṛṣṇa, ausgehen, wird sein Kṛṣṇa-Bewußtsein beginnen. Durch das Mondlicht wird alles Gemüse genährt. Das Mondlicht ist so wohltuend, daß die Menschen leicht verstehen können, daß sie nur durch die Gnade der Höchsten Persönlichkeit Gottes, Kṛṣṇa, leben. Ohne Seine Gnade kann es keine Sonne geben, ohne Seine Gnade kann es keinen Mond geben, und ohne Seine Gnade kann es kein Feuer geben; und ohne die Hilfe der Sonne, des Mondes und des Feuers kann niemand leben. Dies sind einige Gedanken, um das Kṛṣṇa-Bewußtsein in der bedingten Seele zu erwecken.

Vers 13 गामाविश्य च भूतानि धारयाम्यहमोजसा ।
पुष्णामि चौषधीः सर्वाः सोमो भूत्वा रसात्मकः ॥१३॥

gām āviśya ca bhūtāni dhārayāmy aham ojasā
puṣṇāmi cauṣadhīḥ sarvāḥ somo bhūtvā rasātmakaḥ

gām – die Planeten; *āviśya* – eingehend; *ca* – auch; *bhūtāni* – die Lebewesen; *dhārayāmi* – erhalte; *aham* – Ich; *ojasā* – durch Meine Energie; *puṣṇāmi* – nähre; *ca* – und; *auṣadhīḥ* – Gemüse; *sarvāḥ* – alles; *somaḥ* – der Mond; *bhūtvā* – werdend; *rasa-ātmakaḥ* – sorge für den Saft.

Ich gehe in alle Planeten ein, und durch Meine Energie bleiben sie in ihren Bahnen. Ich werde der Mond und versorge dadurch alles Gemüse mit dem Saft des Lebens.

ERLÄUTERUNG: Aus diesem Vers geht hervor, daß die Planeten allein durch die Energie des Herrn im All schweben. Der Herr geht in jedes Atom, in jeden Planeten und in jedes Lebewesen ein. Dies wird in der *Brahma-saṁhitā* beschrieben, wo es heißt, daß eine vollständige Teilerweiterung der Höchsten Persönlichkeit Gottes, der Paramātmā, in die Planeten, das Universum, das Lebewesen und sogar in das Atom eingeht. Aufgrund Seines Eingehens in die materielle Welt nimmt alles eine geordnete Form an. Solange die spirituelle Seele anwesend ist, kann ein lebendiger Mensch im Wasser schwimmen, doch sowie der lebendige Funke den Körper verläßt und der Körper stirbt, geht er unter. Wenn die Verwesung einsetzt, treibt der Körper natürlich wieder an der Wasseroberfläche, so wie Stroh und andere Dinge, doch sobald der Mensch stirbt, geht er unter. In ähnlicher Weise treiben die Planeten im All, und dies ist möglich, weil die höchste Energie der Höchsten Persönlichkeit Gottes in sie eingegangen ist. Diese Energie hält alle Planeten, als wären sie eine Handvoll Staub. Wenn man Staub in der Hand hält, ist es nicht möglich, daß er herunterfällt, doch wenn man den Staub in die Luft wirft, wird er zu Boden fallen. In ähnlicher Weise werden die Planeten, die im All schweben, eigentlich in der Faust der universalen Form des Höchsten Herrn gehalten. Durch Seine Kraft und Energie bleiben alle beweglichen und unbeweglichen Dinge an ihrem Ort. In den vedischen Hymnen heißt es, daß die Höchste Persönlichkeit Gottes die Ursache dafür ist, daß die Sonne scheint und die Planeten in ihrer Bahn bleiben. Ohne den Herrn würden alle Planeten wie Staub in der Luft umhergewirbelt werden und vergehen. Die Höchste Persönlichkeit Gottes ist auch die Ursache dafür, daß der Mond alles Gemüse nährt. Durch den Einfluß des Mondes erhält das Gemüse einen köstlichen Geschmack. Ohne den Mondschein könnte das Gemüse weder wachsen noch saftig schmecken. Die menschliche Gesellschaft arbeitet, führt ein bequemes Leben und ernährt sich von wohlschmeckenden Speisen, weil der Höchste Herr sie versorgt. Ohne Ihn könnte die Menschheit nicht überleben. Das Wort *rasātmakaḥ* in diesem Vers ist von Bedeutung, denn alles bekommt seinen Geschmack durch den Einfluß des Herrn in Form des Mondscheins.

Vers 14 अहं वैश्वानरो भूत्वा प्राणिनां देहमाश्रितः ।
प्राणापानसमायुक्तः पचाम्यन्नं चतुर्विधम् ॥१४॥

ahaṁ vaiśvānaro bhūtvā prāṇināṁ deham āśritaḥ
prāṇāpāna-samāyuktaḥ pacāmy annaṁ catur-vidham

aham – Ich; *vaiśvānaraḥ* – Meine vollständige Erweiterung als das Verdauungsfeuer; *bhūtvā* – werdend; *prāṇinām* – aller Lebewesen; *deham* – in den Körpern; *āśritaḥ* – befindlich; *prāṇa* – die ausströmende Luft; *apāna* – die abwärtsströmende Luft; *samāyuktaḥ* – im Gleichgewicht haltend; *pacāmi* – Ich verdaue; *annam* – Nahrung; *catuḥ-vidham* – die vier Arten.

Ich bin das Verdauungsfeuer in den Körpern aller Lebewesen, und Ich vereinige Mich mit der Lebensluft, der ausströmenden und der einströmenden, um die vier Arten von Nahrung zu verdauen.

ERLÄUTERUNG: Aus der Āyur-vedischen *śāstra* erfahren wir, daß im Magen ein Feuer brennt, das alle Nahrung verdaut. Wenn das Feuer ruhig ist, verspürt man keinen Hunger, und wenn es lodert, werden wir hungrig. Manchmal, wenn das Feuer nicht richtig brennt, ist eine Behandlung erforderlich. Auf jeden Fall repräsentiert dieses Feuer die Höchste Persönlichkeit Gottes. Die vedischen *mantras* (*Bṛhad-āraṇyaka*

Upaniṣad 5.9.1) bestätigen ebenfalls, daß der Höchste Herr, das Höchste Brahman, in Form des Feuers im Magen gegenwärtig ist und alle Arten von Nahrung verdaut (*ayam agnir vaiśvānaro yo 'yam antaḥ puruṣe yenedam annaṁ pacyate*). Und da der Herr dem Lebewesen bei der Verdauung der Nahrung behilflich ist, ist es beim Vorgang des Essens nicht unabhängig. Wäre der Höchste Herr dem Lebewesen bei der Verdauung nicht behilflich, so wäre es nicht in der Lage zu essen. Es ist also der Höchste Herr, der die Nahrung erzeugt und verdaut, und durch Seine Gnade genießen wir das Leben. Im *Vedānta-sūtra* (1.2.27) wird dies ebenfalls bestätigt. *Śabdādibhyo 'ntaḥ pratiṣṭhānāc ca:* Der Herr ist im Klang, im Körper, in der Luft und sogar im Magen gegenwärtig, wo Er als Verdauungskraft wirkt. Es gibt vier Arten von Nahrung – solche, die geschluckt, gekaut, aufgeleckt und geschlürft wird –, und Er ist die verdauende Kraft für sie alle.

Vers 15 सर्वस्य चाहं हृदि सन्निविष्टो मत्तः स्मृतिर्ज्ञानमपोहनं च ।
वेदैश्च सर्वैरहमेव वेद्यो वेदान्तकृद्वेदविदेव चाहम् ॥१५॥

sarvasya cāhaṁ hṛdi sanniviṣṭo
mattaḥ smṛtir jñānam apohanaṁ ca
vedaiś ca sarvair aham eva vedyo
vedānta-kṛd veda-vid eva cāham

sarvasya – aller Lebewesen; *ca* – und; *aham* – Ich; *hṛdi* – im Herzen; *sanniviṣṭaḥ* – befindlich; *mattaḥ* – von Mir; *smṛtiḥ* – Erinnerung; *jñānam* – Wissen; *apohanam* – Vergessen; *ca* – und; *vedaiḥ* – von den *Veden; ca* – auch; *sarvaiḥ* – alle; *aham* – Ich bin; *eva* – gewiß; *vedyaḥ* – das zu Erkennende; *vedānta-kṛt* – der Verfasser des *Vedānta; veda-vit* – der Kenner der *Veden; eva* – gewiß; *ca* – und; *aham* – Ich.

Ich weile im Herzen eines jeden, und von Mir kommen Erinnerung, Wissen und Vergessen. Das Ziel aller Veden ist es, Mich zu erkennen. Wahrlich, Ich bin der Verfasser des Vedānta, und Ich bin der Kenner der Veden.

ERLÄUTERUNG: Der Höchste Herr weilt im Herzen eines jeden als Paramātmā, und Er ist es, der alle Handlungen ermöglicht. Das Lebewesen vergißt alles, was in seinem letzten Leben geschehen ist, aber weil der Höchste Herr der Zeuge all seiner Handlungen ist, muß es gemäß Seiner Führung handeln. Deshalb beginnt es seine Tätigkeiten entsprechend seinen vergangenen Handlungen. Es bekommt vom

Herrn das erforderliche Wissen und die Erinnerung, und durch Ihn vergißt es auch sein vergangenes Leben. Der Herr ist also nicht nur alldurchdringend, sondern Er befindet Sich auch, in Seinem lokalisierten Aspekt, in jedem individuellen Herzen. Er gewährt die verschiedenen fruchtbringenden Ergebnisse. Er ist nicht nur als das unpersönliche Brahman, die Höchste Persönlichkeit und der lokalisierte Paramātmā verehrenswert, sondern auch in Form der Inkarnation der *Veden.* Die *Veden* geben den Menschen Führung, damit sie ihr Leben richtig gestalten können, um nach Hause, zu Gott, zurückzukehren. Die *Veden* vermitteln Wissen von der Höchsten Persönlichkeit Gottes, Kṛṣṇa, und in Seiner Inkarnation als Vyāsadeva ist Kṛṣṇa der Verfasser des *Vedānta-sūtra.* Der Kommentar zum *Vedānta-sūtra,* den Vyāsadeva in Form des *Śrīmad-Bhāgavatam* verfaßte, vermittelt das wahre Verständnis vom *Vedānta-sūtra.* Der Höchste Herr ist so allumfassend, daß Er zum Zwecke der Befreiung der bedingten Seele für Nahrung und Verdauung sorgt, der Zeuge ihrer Tätigkeiten ist, Wissen in Form der *Veden* gibt und als die Höchste Persönlichkeit Gottes, Śrī Kṛṣṇa, die *Bhagavad-gītā* lehrt. Er ist für die bedingte Seele verehrenswert. Somit ist Gott allgut; Gott ist allbarmherzig.

Antaḥ-praviṣṭaḥ śāstā janānām. Das Lebewesen vergißt, sobald es seinen gegenwärtigen Körper aufgibt, doch veranlaßt vom Höchsten Herrn, beginnt es seine Betätigung von neuem. Obwohl es vergißt, kann es seine Beschäftigung dort wieder aufnehmen, wo es in seinem letzten Leben aufgehört hat, weil ihm der Herr die Intelligenz dazu gibt. Nicht nur leidet oder genießt das Lebewesen in dieser Welt nach der Weisung des Höchsten Herrn, der in seinem Herzen weilt, sondern es bekommt von Ihm auch die Möglichkeit, die *Veden* zu verstehen. Wenn es einem ernst damit ist, das vedische Wissen zu verstehen, gibt Kṛṣṇa die erforderliche Intelligenz. Warum offenbart Er das vedische Wissen? Weil es für das Lebewesen wichtig ist, Kṛṣṇa zu verstehen. Dies wird in den vedischen Schriften bestätigt: *yo 'sau sarvair vedair gīyate.* In allen vedischen Schriften, angefangen mit den vier *Veden* sowie dem *Vedānta-sūtra,* den *Upaniṣaden* und den *Purāṇas,* wird die Herrlichkeit des Höchsten Herrn gepriesen. Indem man vedische Rituale vollzieht, die vedische Philosophie erörtert und den Herrn im hingebungsvollen Dienst verehrt, gelangt man zu Ihm. Deshalb ist es das Ziel der *Veden,* Kṛṣṇa zu verstehen. Die *Veden* zeigen uns, wie wir Kṛṣṇa verstehen und erkennen können. Das letztliche Ziel ist die Höchste Persönlichkeit Gottes. Dies wird im *Vedānta-sūtra* (1.1.4) mit den folgenden Worten bestätigt: *tat tu samanvayāt.* Man kann die Vollkommenheit in drei Stufen erlangen. Indem man die vedischen Schriften versteht, kann man seine Beziehung zur Höchsten Persönlichkeit Gottes verstehen; indem man die verschiedenen Vorgänge befolgt, kann man sich Ihm nähern, und schließlich kann man das höchste Ziel erreichen, das niemand anderes ist als die Höchste Persönlichkeit Gottes. Im vorliegenden Vers werden der Zweck, das richtige Verständnis und das Ziel der *Veden* klar definiert.

Vers 16 द्वाविमौ पुरुषौ लोके क्षरश्चाक्षर एव च ।
क्षरः सर्वाणि भूतानि कूटस्थोऽक्षर उच्यते ॥१६॥

dvāv imau puruṣau loke kṣaraś cākṣara eva ca
kṣaraḥ sarvāṇi bhūtāni kūṭa-stho 'kṣara ucyate

dvau – zwei; *imau* – diese; *puruṣau* – Lebewesen; *loke* – in der Welt; *kṣaraḥ* – fehlbar; *ca* – und; *akṣaraḥ* – unfehlbar; *eva* – gewiß; *ca* – und; *kṣaraḥ* – fehlbar; *sarvāṇi* – alle; *bhūtāni* – Lebewesen; *kūṭa-sthaḥ* – in Einheit; *akṣaraḥ* – unfehlbar; *ucyate* – wird genannt.

Es gibt zwei Arten von Lebewesen, die unfehlbaren und die fehlbaren. Jedes Lebewesen in der materiellen Welt ist fehlbar, und jedes Lebewesen in der spirituellen Welt wird unfehlbar genannt.

ERLÄUTERUNG: Wie bereits erklärt wurde, verfaßte der Herr in Seiner Inkarnation als Vyāsadeva das *Vedānta-sūtra.* Hier gibt der Herr eine Zusammenfassung des Inhalts des *Vedānta-sūtra.* Er sagt, daß die Lebewesen, von denen es zahllose gibt, in zwei Gruppen eingeteilt werden können – die fehlbaren und die unfehlbaren. Die Lebewesen sind ewig abgesonderte Teile der Höchsten Persönlichkeit Gottes. Wenn sie mit der materiellen Welt in Berührung sind, nennt man sie *jīva-bhūta,* und die Sanskritworte, die hier benutzt werden (*kṣaraḥ sarvāṇi bhūtāni*), bedeuten, daß sie fehlbar sind. Doch diejenigen, die in Einheit mit der Höchsten Persönlichkeit Gottes sind, werden unfehlbar genannt. Einheit bedeutet nicht, daß sie keine Individualität haben, sondern daß keine Uneinigkeit herrscht. Sie alle leben in Übereinstimmung mit dem Zweck der Schöpfung. Natürlich gibt es in der spirituellen Welt eigentlich keine Schöpfung, aber da die Höchste Persönlichkeit Gottes, wie im *Vedānta-sūtra* erklärt wird, die Quelle aller Emanationen ist, wird in diesem Zusammenhang manchmal ebenfalls von einer Schöpfung gesprochen.

Gemäß der Aussage der Höchsten Persönlichkeit Gottes, Śrī Kṛṣṇa, gibt es zwei Arten von Lebewesen. Dies wird in den *Veden* bestätigt, und daran kann es keinen Zweifel geben. Diejenigen Lebewesen, die in dieser Welt mit dem Geist und den fünf Sinnen kämpfen, haben einen materiellen Körper, der sich ständig wandelt. Solange ein Lebewesen bedingt ist, ist sein Körper aufgrund des Kontaktes mit der Materie Wandlungen unterworfen; da sich die Materie wandelt, scheint sich auch das Lebewesen zu wandeln. In der spirituellen Welt jedoch besteht der Körper nicht aus Materie, und folglich ist er dort auch keinen Wandlungen unterworfen. In der materiellen Welt unterliegt das Lebewesen sechs Wandlungen – Geburt, Wachstum, Reife, Fortpflanzung, Verfall und Tod. Dies sind die Wandlungen des materiellen Körpers. In der spirituellen Welt jedoch wandelt sich der Körper nicht. Dort gibt es kein Alter, keine Geburt und keinen Tod. Alles dort befindet sich in Einheit. *Kṣaraḥ sarvāṇi bhūtāni:* Jedes Lebewesen, das mit Materie in Berührung gekommen ist, angefangen mit Brahmā, dem ersterschaffenen Lebewesen, bis hinunter zur kleinen Ameise, wechselt seinen Körper, und daher sind sie alle fehlbar. In der spirituellen Welt jedoch sind alle Lebewesen immer in Einheit befreit.

Vers 17 उत्तमः पुरुषस्त्वन्यः परमात्मेत्युदाहृतः ।
यो लोकत्रयमाविश्य बिभर्त्यव्यय ईश्वरः ॥१७॥

uttamaḥ puruṣas tv anyaḥ paramātmety udāhṛtaḥ
yo loka-trayam āviśya bibharty avyaya īśvaraḥ

uttamaḥ – die beste; *puruṣaḥ* – Persönlichkeit; *tu* – aber; *anyaḥ* – eine andere; *parama-ātmā* – das Höchste Selbst; *iti* – so; *udāhṛtaḥ* – wird gesagt; *yaḥ* – der; *loka* – des Universums; *trayam* – die drei Unterteilungen; *āviśya* – eingehend; *bibharti* – erhält; *avyayaḥ* – unerschöpflich; *īśvaraḥ* – der Herr.

Über diesen beiden steht die größte Persönlichkeit, die Höchste Seele, der unvergängliche Herr Selbst, der in die drei Welten eingegangen ist und sie erhält.

ERLÄUTERUNG: Der gleiche Gedanke, der in diesem Vers zum Ausdruck gebracht wird, wird auch in der *Kaṭha Upaniṣad* (2.2.13) und der *Śvetāśvatara Upaniṣad* (6.13) sehr schön erklärt. Dort wird unmißverständlich gesagt, daß über den unzähligen Lebewesen, von denen einige bedingt und einige befreit sind, die Höchste Persönlichkeit, der Paramātmā, steht. Der Vers in den *Upaniṣaden* lautet wie folgt: *nityo nityānāṁ cetanaś cetanānām.* Dieser Vers besagt, daß es unter allen Lebewesen, den bedingten und den befreiten zusammengenommen, eine höchste lebendige Persönlichkeit gibt, die Höchste Persönlichkeit Gottes, die alle anderen erhält und ihnen je nach ihren Tätigkeiten die verschiedensten Möglichkeiten zum Genuß zur Verfügung stellt. Diese Höchste Persönlichkeit Gottes befindet Sich als Paramātmā im Herzen eines jeden. Ein weiser Mensch, der Ihn versteht, ist geeignet, vollkommenen Frieden zu erlangen, andere nicht.

Vers 18 यस्मात्क्षरमतीतोऽहमक्षरादपि चोत्तमः ।
अतोऽस्मि लोके वेदे च प्रथितः पुरुषोत्तमः ॥१८॥

yasmāt kṣaram atīto 'ham akṣarād api cottamaḥ
ato 'smi loke vede ca prathitaḥ puruṣottamaḥ

yasmāt – weil; *kṣaram* – zu den Fehlbaren; *atītaḥ* – transzendental; *aham* – Ich bin; *akṣarāt* – jenseits der Unfehlbaren; *api* – auch; *ca* – und; *uttamaḥ* – der Beste; *ataḥ* – deshalb; *asmi* – Ich bin; *loke* – in der Welt; *vede* – in der vedischen Literatur; *ca* – und; *prathitaḥ* – berühmt; *puruṣa-uttamaḥ* – als die Höchste Persönlichkeit.

Weil Ich transzendental bin zu den Fehlbaren und Unfehlbaren und weil Ich der Größte bin, bin Ich sowohl in der Welt als auch in den Veden als die Höchste Person berühmt.

ERLÄUTERUNG: Niemand kann die Höchste Persönlichkeit Gottes, Kṛṣṇa, übertreffen – weder die bedingte Seele noch die befreite Seele. Folglich ist Er die größte aller Persönlichkeiten. Aus diesem Vers geht nun eindeutig hervor, daß die Lebewesen und die Höchste Persönlichkeit Gottes Individuen sind. Der Unterschied zwischen ihnen besteht darin, daß die Lebewesen, sowohl im bedingten als auch im befreiten Zustand, die unermeßlichen Energien der Höchsten Persönlichkeit Gottes niemals quantitativ übertreffen können. Es ist falsch anzunehmen, der Höchste Herr und die Lebewesen befänden sich auf der gleichen Ebene oder seien in jeder Hinsicht gleich. Was ihre Persönlichkeit betrifft, so muß man immer zwischen ihrer übergeordneten und untergeordneten Stellung unterscheiden. Das Wort *uttama* ist hier von großer Bedeutung. Niemand kann die Höchste Persönlichkeit Gottes übertreffen.

Das Wort *loke* bedeutet „in der *pauruṣa āgama* (den *smṛti*-Schriften)". Im *Nirukti*-Wörterbuch wird bestätigt: *lokyate vedārtho 'nena.* „Der Sinn der *Veden* wird von den *smṛti*-Schriften erklärt."

Der Höchste Herr wird in Seinem lokalisierten Paramātmā-Aspekt ebenfalls direkt in den *Veden* beschrieben. Der folgende Vers erscheint in den *Veden* (*Chāndogya Upaniṣad* 8.12.3): *tāvad eṣa sampra-sādo 'smāc charīrāt samutthāya paraṁ jyoti-rūpaṁ sampadya svena rūpeṇābhiniṣpadyate sa uttamaḥ puruṣaḥ.* „Wenn die Überseele aus dem Körper kommt, geht Sie in das unpersönliche *brahmajyoti* ein; dann behält Sie in Ihrer Form Ihre spirituelle Identität bei. Dieser Höchste wird als die Höchste Persönlichkeit bezeichnet." Dies bedeutet, daß die Höchste Persönlichkeit Ihre spirituelle Ausstrahlung aussendet und verbreitet, die die höchste Quelle allen Lichts darstellt. Diese Höchste Persönlichkeit hat auch einen lokalisierten Aspekt, den Paramātmā. In Seiner Inkarnation als Vyāsadeva, der Sohn Satyavatīs und Parāśaras, erklärt Er das vedische Wissen.

Vers 19 यो मामेवमसम्मूढो जानाति पुरुषोत्तमम् ।
स सर्वविद्भजति मां सर्वभावेन भारत ॥१९॥

yo mām evam asammūḍho jānāti puruṣottamam
sa sarva-vid bhajati māṁ sarva-bhāvena bhārata

yaḥ – jeder, der; *mām* – Mich; *evam* – also; *asammūḍhaḥ* – ohne Zweifel; *jānāti* – kennt; *puruṣa-uttamam* – die Höchste Persönlichkeit Gottes; *saḥ* – er; *sarva-vit* – der Kenner von allem; *bhajati* – bringt hingebungsvollen Dienst dar; *mām* – Mir; *sarva-bhāvena* – in jeder Hinsicht; *bhārata* – o Nachkomme Bharatas.

Jeder, der Mich als die Höchste Persönlichkeit Gottes kennt, ohne daran zu zweifeln, ist der Kenner aller Dinge. Daher beschäftigt er sich voll und ganz in Meinem hingebungsvollen Dienst, o Nachkomme Bharatas.

ERLÄUTERUNG: Es gibt viele philosophische Spekulationen über die wesensgemäße Stellung der Lebewesen und der Absoluten Wahrheit. In diesem Vers nun erklärt die Höchste Persönlichkeit Gottes unmißverständlich, daß jeder, der weiß, daß Śrī Kṛṣṇa die Höchste Person ist, tatsächlich alles weiß. Wer nur über unvollkommenes Wissen verfügt, spekuliert einfach weiter über die Absolute Wahrheit; wer jedoch über vollkommenes Wissen verfügt, beschäftigt sich, ohne seine wertvolle Zeit zu verschwenden, direkt im Kṛṣṇa-Bewußtsein, im hingebungsvollen Dienst des Höchsten Herrn. Die ganze *Bhagavad-gītā* hindurch wird diese Tatsache immer wieder betont. Und trotzdem gibt es so viele uneinsichtige Kommentatoren der *Bhagavad-gītā,* die die Höchste Absolute Wahrheit und die Lebewesen für ein und dasselbe halten.

Vedisches Wissen wird *śruti* genannt, das, was man durch Hören lernt. Man sollte die vedische Botschaft von Autoritäten wie Kṛṣṇa und Seinen Repräsentanten empfangen. Hier trifft Kṛṣṇa klare Unterscheidungen, und man sollte von dieser Quelle hören. Einfach nur zu hören, wie die Schweine es tun, ist nicht genügend. Man muß von Autoritäten hören und auch in der Lage sein, das Gehörte zu verstehen. Bloße akademische Spekulationen können einem nicht weiterhelfen. Man sollte in ergebener Haltung aus der *Bhagavad-gītā* hören, die erklärt, daß die Lebewesen der Höchsten Persönlichkeit Gottes immer untergeordnet sind. Jeder, der imstande ist, diesen Punkt zu verstehen, versteht nach Aussage der Höchsten Persönlichkeit Gottes, Śrī Kṛṣṇa, den Sinn der *Veden;* außer ihnen kennt niemand den wahren Sinn der *Veden.*

Das Wort *bhajati* ist sehr bedeutsam. An vielen Stellen wird das Wort *bhajati* im Zusammenhang mit dem Dienst für den Höchsten Herrn verwendet. Wenn jemand voll und ganz im Kṛṣṇa-Bewußtsein, im hingebungsvollen Dienst des Herrn, beschäftigt ist, kann man sagen, daß er das gesamte vedische Wissen verstanden hat. Die Vaiṣṇava-*paramparā* lehrt, daß jemand, der im hingebungsvollen Dienst Kṛṣṇas beschäftigt ist, keinen anderen spirituellen Vorgang mehr zu befolgen braucht, um die Höchste Absolute Wahrheit zu verstehen. Er hat diese Stufe der Erkenntnis bereits erreicht, da er im hingebungsvollen Dienst des Herrn beschäftigt ist. Er hat alle Vorstufen der Erkenntnis bereits hinter sich gelassen. Wenn hingegen jemand, der Hunderttausende von Leben spekuliert hat, nicht zu der Erkenntnis gelangt, daß Kṛṣṇa die Höchste Persönlichkeit Gottes ist und daß man sich Ihm ergeben muß, so ist seine ganze Spekulation in den vielen Jahren und Leben nichts als eine sinnlose Zeitverschwendung gewesen.

Vers 20 इति गुह्यतमं शास्त्रमिदमुक्तं मयानघ ।
एतद् बुद्ध्वा बुद्धिमान् स्यात्कृतकृत्यश्च भारत ॥२०॥

iti guhya-tamaṁ śāstram idam uktaṁ mayānagha
etad buddhvā buddhimān syāt kṛta-kṛtyaś ca bhārata

iti – so; *guhya-tamam* – die vertraulichste; *śāstram* – offenbarte Schrift; *idam* – diese; *uktam* – enthüllt; *mayā* – von Mir; *anagha* – o Sündloser; *etat* – dieses; *buddhvā* – verstehend; *buddhi-mān* – intelligent; *syāt* – man wird; *kṛta-kṛtyaḥ* – der Vollkommenste in seinen Bemühungen; *ca* – und; *bhārata* – o Nachkomme Bharatas.

Dies ist der vertraulichste Teil der vedischen Schriften, o Sündloser, und er wurde nun von Mir offenbart. Wer dies versteht, wird weise werden, und seine Bemühungen werden zur Vollkommenheit gelangen.

ERLÄUTERUNG: Der Herr erklärt hier eindeutig, daß dieses Wissen die Essenz aller offenbarten Schriften darstellt. Man sollte es so verstehen, wie es von der Höchsten Persönlichkeit Gottes gegeben wird. So wird man Intelligenz entwickeln und die vollkommene Stufe transzendentalen Wissens erlangen. Mit anderen Worten, jeder, der diese Philosophie der Höchsten Persönlichkeit Gottes versteht und sich im transzendentalen Dienst beschäftigt, kann von aller Verunreinigung durch die Erscheinungsweisen der Natur befreit werden. Hingebungsvoller Dienst ist ein Vorgang spiritueller Erkenntnis. Wo hingebungsvoller Dienst ist, kann die materielle Verunreinigung nicht bestehenbleiben. Hingebungsvoller Dienst zum Herrn und der Herr Selbst sind ein und dasselbe, da beide spirituell sind. Hingebungsvoller Dienst findet in der inneren Energie des Höchsten Herrn statt. Der Herr wird mit der Sonne verglichen und Unwissenheit mit Dunkelheit. Wo die Sonne scheint, kann es keine Dunkelheit geben. Ebenso kann es überall dort, wo hingebungsvoller Dienst unter der kundigen Leitung eines echten spirituellen Meisters ausgeführt wird, keine Unwissenheit geben.

Jeder muß sich dem Kṛṣṇa-Bewußtsein zuwenden und sich im hingebungsvollen Dienst beschäftigen, um Intelligenz und Reinheit zu entwickeln. Ohne zu der Stufe zu kommen, auf der man Kṛṣṇa versteht und hingebungsvollen Dienst ausführt, kann man, ganz gleich wie intelligent man in den Augen gewöhnlicher Menschen erscheinen mag, keine vollkommene Intelligenz besitzen.

Das Wort *anagha,* mit dem Arjuna hier angesprochen wird, ist von Bedeutung. *Anagha,* „o Sündloser“, bedeutet, daß es sehr schwer ist, Kṛṣṇa zu verstehen, solange man nicht von allen sündhaften Reaktionen befreit ist. Man muß von aller Verunreinigung, von allem sündhaften Tun, frei werden; dann kann man Kṛṣṇa verstehen. Doch hingebungsvoller Dienst ist so rein und mächtig, daß man die Stufe der Sündlosigkeit automatisch erreicht, sobald man einmal im hingebungsvollen Dienst tätig ist.

Während man hingebungsvollen Dienst in der Gemeinschaft reiner Gottgeweihter in vollem Kṛṣṇa-Bewußtsein ausführt, muß man bestimmte Dinge vollständig überwinden. Das wichtigste, was man überwinden muß, ist die Schwäche des Herzens. Die erste Ursache des Zufallkommens ist das Verlangen, die materielle Natur zu beherrschen. Auf diese Weise gibt man den transzendentalen liebenden Dienst des

Herrn auf. Die zweite Schwäche des Herzens besteht darin, daß man in dem Maße, wie das Verlangen, über die materielle Natur zu herrschen, zunimmt, eine wachsende Anhaftung an Materie und den Besitz von Materie entwickelt. Die Probleme des materiellen Daseins sind auf diese Schwächen des Herzens zurückzuführen. Die ersten fünf Verse des vorliegenden Kapitels beschreiben den Vorgang, wie man sich von diesen Schwächen des Herzens befreit, und der Rest des Kapitels, angefangen von Vers sechs, befaßt sich mit *puruṣottama-yoga.*

Hiermit enden die Bhaktivedanta-Erläuterungen zum Fünfzehnten Kapitel der Śrīmad Bhagavad-gītā *mit dem Titel: „Der Yoga der Höchsten Person“,* puruṣottama-yoga.

SECHZEHNTES KAPITEL

Die göttlichen und die dämonischen Eigenschaften

Vers I–3 श्रीभगवानुवाच
अभयं सत्त्वसंशुद्धिर्ज्ञानयोगव्यवस्थितिः ।
दानं दमश्च यज्ञश्च स्वाध्यायस्तप आर्जवम् ॥ १ ॥

अहिंसा सत्यमक्रोधस्त्यागः शान्तिरपैशुनम् ।
दया भूतेष्वलोलुप्त्वं मार्दवं ह्रीरचापलम् ॥ २ ॥

तेजः क्षमा धृतिः शौचमद्रोहो नातिमानिता ।
भवन्ति सम्पदं दैवीमभिजातस्य भारत ॥ ३ ॥

śrī-bhagavān uvāca
abhayaṁ sattva-saṁśuddhir jñāna-yoga-vyavasthitiḥ
dānaṁ damaś ca yajñaś ca svādhyāyas tapa ārjavam

ahiṁsā satyam akrodhas tyāgaḥ śāntir apaiśunam
dayā bhūteṣv aloluptvaṁ mārdavaṁ hrīr acāpalam

tejaḥ kṣamā dhṛtiḥ śaucam adroho nāti-mānitā
bhavanti sampadaṁ daivīm abhijātasya bhārata

śrī-bhagavān uvāca – die Höchste Persönlichkeit Gottes sprach; *abhayam* – Furchtlosigkeit; *sattva-saṁśuddhiḥ* – Läuterung des Daseins; *jñāna* – in Wissen; *yoga* – des Verbindens; *vyavasthitiḥ* – die Stellung;

dānam – Mildtätigkeit; *damaḥ* – Beherrschung des Geistes; *ca* – und; *yajñaḥ* – Ausführung von Opfern; *ca* – und; *svādhyāyaḥ* – Studium der vedischen Schriften; *tapaḥ* – Entsagung; *ārjavam* – Einfachheit; *ahiṁsā* – Gewaltlosigkeit; *satyam* – Wahrhaftigkeit; *akrodhaḥ* – Freisein von Zorn; *tyāgaḥ* – Entsagung; *śāntiḥ* – Ausgeglichenheit; *apaiśunam* – Abneigung gegen Fehlerfinden; *dayā* – Barmherzigkeit; *bhūteṣu* – gegenüber allen Lebewesen; *aloluptvam* – Freisein von Gier; *mārdavam* – Freundlichkeit; *hrīḥ* – Bescheidenheit; *acāpalam* – Entschlossenheit; *tejaḥ* – Stärke; *kṣamā* – Nachsicht; *dhṛtiḥ* – Standhaftigkeit; *śaucam* – Sauberkeit; *adrohaḥ* – Freisein von Neid; *na* – nicht; *ati-mānitā* – Erwartung von Ehre; *bhavanti* – sind; *sampadam* – die Eigenschaften; *daivīm* – die transzendentale Natur; *abhijātasya* – von jemandem, der geboren wurde mit; *bhārata* – o Nachkomme Bharatas.

Die Höchste Persönlichkeit Gottes sprach: Furchtlosigkeit, Läuterung des Daseins, Kultivierung spirituellen Wissens, Mildtätigkeit, Selbstbeherrschung, Darbringung von Opfern, Studium der Veden, Entsagung, Einfachheit, Gewaltlosigkeit, Wahrhaftigkeit, Freisein von Zorn, Entsagung, Ausgeglichenheit, Abneigung gegen Fehlerfinden, Mitleid mit allen Lebewesen, Freisein von Habsucht, Freundlichkeit, Bescheidenheit, feste Entschlossenheit, Stärke, Nachsicht, Standhaftigkeit, Sauberkeit und das Freisein von Neid und dem leidenschaftlichen Verlangen nach Ehre – diese transzendentalen Eigenschaften, o Nachkomme Bharatas, zeichnen heilige Menschen aus, die von göttlicher Natur sind.

ERLÄUTERUNG: Zu Beginn des Fünfzehnten Kapitels wurde der Banyanbaum der materiellen Welt erklärt. Die Nebenwurzeln dieses Baumes wurden mit den Tätigkeiten der Lebewesen verglichen, von denen einige glückbringend und andere unglückbringend sind. Und bereits im Neunten Kapitel wurden die *devas,* diejenigen, die zur göttlichen Natur gehören, und die *asuras,* die gottlosen Menschen oder Dämonen, beschrieben. Den vedischen Anleitungen gemäß gelten Tätigkeiten in der Erscheinungsweise der Tugend als günstig für den Fortschritt auf dem Pfad der Befreiung, und solche Tätigkeiten sind *daivī prakṛti,* von Natur aus transzendental. Diejenigen, die in der transzendentalen Natur gründen, schreiten auf dem Pfad der Befreiung vorwärts. Aber für diejenigen, die in den Erscheinungsweisen der Leidenschaft und Unwissenheit handeln, besteht keine Aussicht auf Befreiung. Sie werden in der materiellen Welt entweder als Menschen bleiben müssen, oder sie werden auf die Stufe der Tiere oder sogar zu noch niedrigeren Lebensformen absinken. Hier im Sechzehnten Kapitel erklärt der Herr sowohl die transzendentale Natur als auch die dämonische Natur und die jeweiligen Eigenschaften, die dazugehören. Außerdem erklärt Er die Vor- und Nachteile dieser Eigenschaften.

Das Wort *abhijātasya,* das sich auf einen Menschen bezieht, der von Geburt an transzendentale Eigenschaften und göttliche Neigungen aufweist, ist sehr bedeutsam. Ein Kind in einer gottesbewußten Atmosphäre zu zeugen wird in den vedischen Schriften *garbhādhāna-saṁskāra* genannt. Wenn sich die Eltern ein Kind mit göttlichen Eigenschaften wünschen, sollten sie den zehn Prinzipien folgen, die für das gesellschaftliche Leben des Menschen empfohlen werden. Aus der *Bhagavad-gītā* haben wir bereits erfahren, daß sexuelle Betätigung mit der Absicht, ein gutes Kind zu zeugen, Kṛṣṇa Selbst ist. Sexualität wird nicht verurteilt, vorausgesetzt, man benutzt sie im Kṛṣṇa-Bewußtsein. Zumindest diejenigen, die sich dem Kṛṣṇa-Bewußtsein zugewandt haben, sollten Kinder nicht so zeugen, wie es die Katzen und Hunde tun, sondern auf eine Art und Weise, daß die Kinder nach der Geburt Kṛṣṇa-bewußt werden können. Hierin sollte der Vorteil eines Kindes bestehen, dessen Vater und Mutter ins Kṛṣṇa-Bewußtsein vertieft sind.

Die soziale Einrichtung des *varṇāśrama-dharma,* das heißt, die Einrichtung, die die Gesellschaft in vier Gruppen des sozialen Lebens und in vier berufliche Stände oder Kasten unterteilt, ist nicht dafür bestimmt, die menschliche Gesellschaft nach Geburt oder Herkunft zu unterteilen. Solche Einteilungen richten sich nach Qualifikationen in bezug auf persönliche Bildung. Sie sollen der Gesellschaft Frieden und Wohlstand gewährleisten. Die hier aufgeführten Eigenschaften werden als transzendental bezeichnet; sie sollen es dem Menschen ermöglichen, im spirituellen Verständnis fortzuschreiten, so daß er aus der materiellen Welt befreit werden kann.

In der *varṇāśrama*-Einrichtung gilt der *sannyāsī,* ein Mann im Lebensstand der Entsagung, als Kopf oder spiritueller Meister aller gesellschaftlichen Schichten und Lebensstände. Ein *brāhmaṇa* gilt als spiritueller Meister der anderen drei Gesellschaftsklassen, nämlich der *kṣatriyas, vaiśyas* und *śūdras,* doch ein *sannyāsī,* der an der Spitze der Gesellschaftseinrichtung steht, wird auch als spiritueller Meister der *brāhmaṇas* angesehen. Die erste Qualifikation eines *sannyāsī* sollte Furchtlosigkeit sein. Weil ein *sannyāsī* ganz auf sich selbst gestellt ist, ohne jede Unterstützung oder Garantie auf Unterstützung, muß er allein von der Barmherzigkeit der Höchsten Persönlichkeit Gottes abhängig sein. Wenn er denkt: „Wer wird mich beschützen, nachdem ich all meine Verbindungen aufgegeben habe?“, sollte er nicht in den Lebensstand der Entsagung treten. Man muß fest davon überzeugt sein, daß Kṛṣṇa, die Höchste Persönlichkeit Gottes, in Seinem lokalisierten Aspekt als Paramātmā ständig im Innern gegenwärtig ist, daß Er alles sieht und daß Er immer weiß, was man zu tun gedenkt. Man muß daher der festen Überzeugung sein, daß Sich Kṛṣṇa als Paramātmā einer Ihm ergebenen Seele annehmen wird. Man sollte denken: „Ich werde niemals allein sein. Selbst wenn ich im tiefsten Wald lebe, wird mich Kṛṣṇa begleiten und mir jeden Schutz gewähren.“ Diese Überzeugung wird *abhayam,* Furchtlosigkeit, genannt. Diese Geisteshaltung ist für einen Menschen im Lebensstand der Entsagung unbedingt notwendig.

Ein weiterer wichtiger Punkt ist, daß der *sannyāsī* seine Existenz läutern muß. Es gibt viele Regeln und Regulierungen, die im Lebensstand der Entsagung eingehalten werden müssen. Am wichtigsten ist, daß es einem *sannyāsī* streng verboten ist, mit einer Frau vertrauliche Beziehungen zu haben. Es ist ihm sogar verboten, mit einer Frau an einem einsamen Ort zu sprechen. Śrī Caitanya war ein vorbildlicher *sannyāsī;* als Er Sich in Purī aufhielt, war es Seinen weiblichen Geweihten nicht einmal gestattet, sich Ihm zu nähern, um Ihm ihre Achtung zu erweisen. Sie mußten sich aus der Entfernung vor Ihm verneigen. Das ist kein Zeichen von Haß gegen die Frauen, sondern es ist eine strenge Richtlinie, die dem *sannyāsī* auferlegt wird und die es ihm verbietet, engen Kontakt mit Frauen zu haben. Um seine Existenz zu läutern, muß man den Regeln und Vorschriften eines bestimmten Lebensstandes folgen. Einem *sannyāsī* sind Beziehungen zu Frauen und der Besitz von Reichtümern als Mittel zur Sinnenbefriedigung streng verboten. Śrī Caitanya Selbst war der ideale *sannyāsī,* und wir können aus Seinem Leben lernen, daß Er in bezug auf Frauen sehr strikt war. Obwohl Er als die großmütigste Inkarnation Gottes gilt, da Er die am tiefsten gefallenen bedingten Seelen annimmt, hielt Er Sich streng an die Regeln und Vorschriften, die im Lebensstand des *sannyāsa* in bezug auf Gemeinschaft mit Frauen gelten. Als einer Seiner persönlichen Gefährten, Choṭa Haridāsa, der zusammen mit einigen anderen Gottgeweihten eine sehr vertraute Beziehung zu Śrī Caitanya hatte, aus irgendeinem Grunde lustvoll nach einer jungen Frau schaute, war Śrī Caitanya so streng, daß Er ihn sogleich aus der Gemeinschaft Seiner persönlichen Gefährten ausschloß. Śrī Caitanya sagte: „Es ist auf das schärfste zu verurteilen, wenn ein *sannyāsī* oder jemand, der danach strebt, der Gewalt der materiellen Natur zu entkommen, um sich zur spirituellen Natur zu erheben und zurück nach Hause, zurück zu Gott, zu gehen, nach materiellem Besitz oder nach Frauen Ausschau hält, um seine Sinne zu befriedigen. Selbst wenn er sie nicht genießt, allein die Tatsache, daß er mit dieser Absicht auf sie blickt, ist so verwerflich, daß es besser wäre, zuvor Selbstmord zu begehen, als solch unzulässige Begierden in sich wach werden zu lassen.“ Dies sind die Vorgänge der Läuterung.

Der nächste Punkt ist *jñāna-yoga-vyavasthiti,* die Kultivierung von Wissen. Das Leben eines *sannyāsī* ist dafür bestimmt, Wissen an Haushälter und andere zu vermitteln, die ihr wirkliches Leben des spirituellen Fortschritts vergessen haben. Von einem *sannyāsī* wird erwartet, daß er von Tür zu Tür zieht, um seinen Lebensunterhalt zu erbetteln; aber das bedeutet nicht, daß er ein Bettler ist. Demut ist ebenfalls eine der Eigenschaften eines Menschen, der in der Transzendenz verankert ist, und aus reiner Demut zieht der *sannyāsī* von Tür zu Tür – nicht so sehr um des Bettelns willen, sondern vielmehr, um die Haushälter zu besuchen und in ihnen Kṛṣṇa-Bewußtsein zu erwecken. Das ist die Pflicht eines *sannyāsī.* Wenn er tatsächlich fortgeschritten ist und wenn es ihm von seinem spirituellen Meister so aufgetragen wurde, sollte er Kṛṣṇa-Bewußtsein mit Logik und Wissen predigen; wenn er jedoch nicht so weit fortgeschritten ist, sollte er nicht in den Lebensstand der Entsagung treten. Aber selbst wenn er den Lebensstand der Entsagung angenommen hat, ohne über ausreichendes Wissen zu verfügen, sollte er sich völlig damit beschäftigen, von einem echten spirituellen Meister zu hören, um dieses Wissen zu kultivieren. Ein *sannyāsī,* ein Mann im Lebensstand der Entsagung, muß in Furchtlosigkeit, *sattva-saṁśuddhi* (Reinheit) und *jñāna-yoga* (Wissen) verankert sein.

Der nächste Punkt ist Wohltätigkeit. Wohltätigkeit ist für die Haushälter bestimmt. Die Haushälter sollten ihren Lebensunterhalt auf ehrliche Weise verdienen und fünfzig Prozent ihres Einkommens ausgeben, um die Verbreitung von Kṛṣṇa-Bewußtsein überall auf der Welt zu unterstützen. Ein Haushälter sollte also Institutionen und Gesellschaften, die auf diese Weise tätig sind, Spenden zukommen lassen. Spenden müssen dem richtigen Empfänger gegeben werden. Wie später noch erklärt wird, gibt es verschiedene Arten von Spenden: Spenden in der Erscheinungsweise der Tugend, der Leidenschaft und der Unwissenheit. Spenden in der Erscheinungsweise der Tugend werden von den Schriften empfohlen, doch von Spenden in der Erscheinungsweise der Leidenschaft und Unwissenheit wird abgeraten, da sie nichts als Geldverschwendung sind. Spenden sollten nur gegeben werden, um Kṛṣṇa-Bewußtsein überall auf der Welt zu verbreiten. Das ist Wohltätigkeit in der Erscheinungsweise der Tugend.

Was *dama* (Selbstbeherrschung) betrifft, so ist dies vor allem für die Haushälter bestimmt und nicht nur für die anderen Lebensstände der religiösen Gesellschaft. Obwohl der Haushälter mit seiner Ehefrau zusammenlebt, sollte er seine Sinne nicht unnötig für Sexualität gebrauchen.

Einschränkungen gibt es für die Haushälter sogar, was das Geschlechtsleben betrifft, denn Sexualität ist nur dafür bestimmt, Kinder zu zeugen. Wenn ein Haushälter keine Kinder benötigt, sollte er mit seiner Frau keine Sexualität genießen. In der modernen Gesellschaft wird Sexualität mit Hilfe empfängnisverhütender Mittel oder noch abscheulicheren Methoden genossen, um der Verantwortung, die das Zeugen von Kindern mit sich bringt, aus dem Weg zu gehen. Dies gehört nicht zu den transzendentalen Eigenschaften, sondern ist dämonisch. Jeder, der im spirituellen Leben Fortschritt machen will, auch ein Haushälter, muß seinen Geschlechtstrieb beherrschen. Man sollte kein Kind zeugen, ohne damit Kṛṣṇa dienen zu wollen. Wenn ein Haushälter fähig ist, Kinder zu zeugen, die Kṛṣṇa-bewußt werden, kann er Hunderte von Kindern zeugen, doch ohne diese Fähigkeit – nur um seine Sinne zu befriedigen – sollte man keinen Geschlechtsverkehr haben.

Auch das Darbringen von Opfern ist etwas, was für die Haushälter bestimmt ist, denn für Opfer ist ein großer Geldaufwand erforderlich. Diejenigen, die sich in den anderen Lebensständen befinden, nämlich *brahmacarya, vānaprastha* und *sannyāsa,* besitzen kein Geld; sie leben vom Betteln. Deshalb ist die Darbringung verschiedener Arten von Opfern für die Haushälter bestimmt. Sie sollten *agni-hotra*-Opfer ausführen, wie dies von den vedischen Schriften vorgeschrieben wird, doch solche Opfer sind in der heutigen Zeit sehr kostspielig, und daher ist es keinem Haushälter möglich, sie durchzuführen. Das beste Opfer, das für das gegenwärtige Zeitalter empfohlen wird, ist der *saṅkīrtana-yajña.* Dieser *saṅkīrtana-yajña,* das Chanten von Hare Kṛṣṇa, Hare Kṛṣṇa, Kṛṣṇa Kṛṣṇa, Hare Hare / Hare Rāma, Hare Rāma, Rāma Rāma, Hare Hare, ist das beste Opfer und kostet nichts – jeder kann daran teilnehmen und seinen Nutzen daraus ziehen. Diese drei Punkte, Wohltätigkeit, Sinnesbeherrschung und die Darbringung von Opfern, sind also für den Haushälter bestimmt.

Svādhyāya, das Studium der vedischen Schriften, ist für das *brahmacarya,* das Studentenleben, bestimmt. *Brahmacārīs* sollten keine Verbindung mit Frauen haben; sie sollten im Zölibat leben und den Geist auf das Studium der vedischen Schriften richten, um spirituelles Wissen zu entwickeln. Dies wird *svādhyāya* genannt.

Tapas, Entsagung, ist besonders für das Leben in Zurückgezogenheit bestimmt. Man sollte nicht das ganze Leben Haushälter bleiben, sondern sich stets daran erinnern, daß es vier Stufen des Lebens gibt: *brahmacarya, gṛhastha, vānaprastha* und *sannyāsa.* Nach dem Leben als *gṛhastha,* Haushälter, sollte man sich daher zurückziehen. Von hundert Lebensjahren sollte man fünfundzwanzig Jahre als Student verbringen, fünfundzwanzig Jahre im Haushälterleben, fünfundzwanzig Jahre im zurückgezogenen Leben und fünfundzwanzig Jahre im Lebensstand der Entsagung. Dies sind die Vorschriften für das religiöse Leben in der vedischen Kultur. Jemand, der sich vom Haushälterleben zurückgezogen hat, muß sich Enthaltung in bezug auf den Geist, den Körper und die Zunge auferlegen. Das ist *tapasya.* Die gesamte *varṇāśrama-dharma*-Gesellschaft ist für *tapasya* bestimmt. Ohne *tapasya,* Enthaltung, kann kein Mensch Befreiung erlangen. Die Theorie, Enthaltung sei im Leben nicht notwendig, sondern man könne fortfahren zu spekulieren und brauche sich um nichts zu sorgen, wird weder in den *Veden* noch in der *Bhagavad-gītā* unterstützt. Solche Theorien werden von Pseudospiritualisten fabriziert, die nur versuchen, viele Anhänger zu gewinnen. Sie befürchten, wenn es Einschränkungen, Regeln und Vorschriften gäbe, würden sich die Menschen nicht angezogen fühlen. Weil sie unter dem Deckmantel von Religion Anhänger gewinnen wollen, nur um andere zu beeindrucken, gibt es weder im Leben ihrer Mitglieder noch in ihrem eigenen Leben Einschränkungen. Aber solche Methoden werden von den *Veden* nicht gutgeheißen.

Was die brahmanische Eigenschaft der Einfachheit betrifft, so sollte nicht nur ein bestimmter Lebensstand, sondern jedes Mitglied der Gesellschaft diesem Prinzip folgen – ganz gleich ob man im *brahmacārī-āśrama, gṛhastha-āśrama, vānaprastha-āśrama* oder *sannyāsa-āśrama* lebt. Man sollte sehr einfach und unkompliziert sein.

Ahiṁsā bedeutet, das fortschreitende Leben aller Lebewesen nicht aufzuhalten. Weil der spirituelle Funke nie getötet werden kann, selbst wenn man den Körper tötet, sollte man nicht denken, man dürfe deshalb um der Sinnenbefriedigung willen Tiere töten. Heutzutage sind die Menschen süchtig danach, Tiere zu essen, obwohl ihnen ausreichende Mengen an Getreide, Früchten und Milch zur Verfügung stehen. Es besteht keine Notwendigkeit, Tiere zu schlachten. Diese Anweisung gilt für jeden. Wenn es keine andere Möglichkeit gibt, kann man auch ein Tier töten, doch dann sollte es als Opfer dargebracht werden. Auf jeden Fall – besonders dann, wenn der Menschheit genügend Nahrungsmittel zur Verfügung stehen – sollten diejenigen, die in spiritueller Erkenntnis Fortschritte machen wollen, den Tieren keine Gewalt antun. Wirkliche *ahiṁsā* bedeutet, das fortschreitende Leben eines Lebewesens nicht aufzuhalten. Auch die Tiere machen evolutionären Fortschritt, indem sie von einer tierischen Lebensform zur nächsten wandern. Wenn ein Tier getötet wird, wird dadurch sein Fortschritt aufgehalten. Ein Tier muß für eine bestimmte Anzahl von Tagen oder Jahren in einem bestimmten Körper bleiben, doch wenn es vorzeitig getötet wird, muß es noch einmal in die gleiche Lebensform zurückkehren und dort die noch ausstehenden Tage verbringen, bevor es zur nächsten Lebensform erhoben werden kann. Ihr Fortschritt sollte also nicht unterbrochen werden, nur weil man seinen Gaumen befriedigen will. Dies wird *ahiṁsā* genannt.

Satyam. Dieses Wort bedeutet, daß man die Wahrheit nicht aus persönlichen Motiven verdrehen soll. In den vedischen Schriften gibt es einige schwierige Stellen, und um die Bedeutung und das letztliche Ziel dieser Aussagen richtig zu verstehen, muß man sich an einen echten spirituellen Meister wenden. Das ist der Vorgang, um die *Veden* zu verstehen. *Śruti* bedeutet, daß man von einer Autorität hören muß. Man darf nicht aus persönlichem Interesse Interpretationen erfinden. Es gibt sehr viele Kommentare zur *Bhagavad-gītā,* die den ursprünglichen Text falsch auslegen. Man muß die wahre Bedeutung der Worte präsentieren, und dies sollte von einem echten spirituellen Meister erlernt werden.

Akrodha bedeutet, den Zorn zu beherrschen. Selbst wenn man provoziert wird, sollte man duldsam sein, denn wenn man zornig wird, wird der ganze Körper vergiftet. Zorn ist ein Produkt der Erscheinungsweise der Leidenschaft und der Lust; wer in der Transzendenz verankert ist, sollte also niemals Zorn in sich aufkommen lassen. *Apaiśunam* bedeutet, daß man bei anderen nicht Fehler suchen soll und daß man sie nicht unnötig zurechtweisen soll. Natürlich hat es nichts mit Fehler finden zu tun, wenn man einen Dieb als Dieb bezeichnet, doch wenn jemand, der im spirituellen Leben Fortschritt machen will, einen ehrlichen Menschen als Dieb bezeichnet, begeht er ein großes Vergehen. *Hrī* bedeutet, sehr bescheiden zu sein und keine Handlungen zu begehen, die abscheulich sind. *Acāpalam* bedeutet Entschlossenheit. Ein Mensch sollte sich in seinen Bestrebungen nicht erregen oder entmutigen lassen. Man mag in seinen Bestrebungen manchmal Fehlschläge erleiden, aber man sollte dabei nicht zu klagen beginnen, sondern mit Geduld und Entschlossenheit seinen Fortschritt fortsetzen.

Das Wort *tejas,* das hier gebraucht wird, bezieht sich auf die *kṣatriyas. Kṣatriyas* sollten immer sehr stark sein, damit sie fähig sind, die Schwachen zu beschützen. Sie sollten nicht vorgeben, gewaltlos zu sein. Wenn es notwendig ist, müssen sie Gewalt anwenden. Aber jemand, der in der Lage ist, seinen Feind zu unterwerfen, kann unter gewissen Umständen auch Nachsicht zeigen. Geringere Vergehen wird er verzeihen.

Śaucam, Sauberkeit, bezieht sich nicht nur auf den Geist und den Körper, sondern auch auf das, was man tut. Dies gilt besonders für *vaiśyas* (Händler), die zum Beispiel keinen Schwarzhandel treiben sollten. *Nāti-mānitā* (keine Ehre erwarten) bezieht sich auf die *śūdras,* die Klasse der Arbeiter, die gemäß den Unterweisungen der *Veden* als die niedrigste der vier Klassen gelten. Sie sollten sich nicht unnötig auf Ansehen oder Ehre etwas einbilden, sondern sie sollten in ihrem Stand bleiben. Es ist die Pflicht der *śūdras,* den höheren Klassen Achtung zu erweisen, damit die soziale Ordnung aufrechterhalten bleibt.

All diese sechsundzwanzig Eigenschaften, die hier erwähnt wurden, sind transzendentale Eigenschaften. Jeder sollte sie entsprechend der gesellschaftlichen Klasse und dem Lebensstand, dem er angehört, entwickeln. Das ist die Bedeutung dieses Verses. Die materiellen Umstände sind Quellen des Leids, aber wenn alle Klassen von Menschen diese Eigenschaften durch Übung entwickeln, wird es möglich, daß sich die Menschen allmählich zur höchsten Stufe der transzendentalen Erkenntnis erheben.

Vers 4 दम्भो दर्पोऽभिमानश्च क्रोधः पारुष्यमेव च ।
अज्ञानं चाभिजातस्य पार्थ सम्पदमासुरीम् ॥ ४ ॥

dambho darpo 'bhimānaś ca krodhaḥ pāruṣyam eva ca
ajñānaṁ cābhijātasya pārtha sampadam āsurīm

dambhaḥ – Stolz; *darpaḥ* – Überheblichkeit; *abhimānaḥ* – Selbstgefälligkeit; *ca* – und; *krodhaḥ* – Zorn; *pāruṣyam* – Grobheit; *eva* – gewiß; *ca* – und; *ajñānam* – Unwissenheit; *ca* – und; *abhijātasya* – von jemandem, der geboren wurde mit; *pārtha* – o Sohn Pṛthās; *sampadam* – die Eigenschaften; *āsurīm* – der dämonischen Natur.

Stolz, Überheblichkeit, Selbstgefälligkeit, Zorn, Grobheit und Unwissenheit – diese Eigenschaften gehören zu denen, die von dämonischer Natur sind, o Sohn Pṛthās.

ERLÄUTERUNG: In diesem Vers wird der direkte Weg zur Hölle beschrieben. Die Dämonen wollen mit Religion und Fortschritt in der spirituellen Wissenschaft prahlen, obwohl sie die vorgeschriebenen Prinzipien nicht befolgen. Sie sind immer überheblich und stolz darauf, daß sie in irgendeiner Beziehung gelehrt sind oder daß sie über großen Reichtum verfügen. Sie wollen von anderen verehrt werden und verlangen Respekt, obwohl ihnen kein Respekt gebührt. Schon bei der geringsten Kleinigkeit werden sie sehr zornig und gebrauchen grobe, unfreundliche Worte. Sie wissen nicht, was getan werden muß und was nicht getan werden darf. Sie handeln stets launenhaft gemäß ihren eigenen Wünschen, und sie erkennen keine Autorität an. Diese dämonischen Eigenschaften nehmen sie schon mit dem Beginn ihres Körpers im

Schoß ihrer Mutter an, und während sie heranwachsen, treten all diese unheilvollen Eigenschaften allmählich an den Tag.

Vers 5 दैवी सम्पद्विमोक्षाय निबन्धायासुरी मता ।
मा शुचः सम्पदं दैवीमभिजातोऽसि पाण्डव ॥ ५ ॥

daivī sampad vimokṣāya nibandhāyāsurī matā
mā śucaḥ sampadaṁ daivīm abhijāto 'si pāṇḍava

daivī – transzendentale; *sampat* – Vorzüge; *vimokṣāya* – für Befreiung bestimmt; *nibandhāya* – für Bindung; *āsurī* – dämonische Eigenschaften; *matā* – werden angesehen als; *mā* – nicht; *śucaḥ* – sorge dich; *sampadam* – Vorzüge; *daivīm* – transzendentale; *abhijātaḥ* – geboren mit; *asi* – du bist; *pāṇḍava* – o Sohn Pāṇḍus.

Die transzendentalen Eigenschaften führen zu Befreiung, wohingegen die dämonischen Eigenschaften Gefangenschaft verursachen. Sorge dich nicht, o Sohn Pāṇḍus, denn du bist mit den göttlichen Eigenschaften geboren.

ERLÄUTERUNG: Um Arjuna zu ermutigen, sagt Śrī Kṛṣṇa hier zu ihm, daß er nicht von dämonischem Wesen sei. Daß Arjuna am Kampf teilnahm, war nicht dämonisch, denn er wägte das Für und Wider sorgfältig ab. Er überlegte sich, ob achtbare Persönlichkeiten wie Bhīṣma und Droṇa getötet werden sollten oder nicht; er handelte also nicht unter dem Einfluß von Zorn, falschem Stolz oder Grobheit. Er war daher nicht von dämonischer Natur. Für einen *kṣatriya,* einen Krieger, ist es transzendental, seine Feinde mit Pfeilen zu beschießen, und sich dieser Pflicht zu entziehen ist dämonisch. Daher gab es für Arjuna keinen Grund zu klagen. Jeder, der die regulierenden Prinzipien befolgt, die für seine jeweilige Stellung gelten, befindet sich auf der transzendentalen Ebene.

Vers 6 द्वौ भूतसर्गौ लोकेऽस्मिन्दैव आसुर एव च ।
दैवो विस्तरशः प्रोक्त आसुरं पार्थ मे शृणु ॥ ६ ॥

dvau bhūta-sargau loke 'smin daiva āsura eva ca
daivo vistaraśaḥ prokta āsuraṁ pārtha me śṛṇu

dvau – zwei; *bhūta-sargau* – erschaffene Lebewesen; *loke* – in der Welt; *asmin* – diese; *daivaḥ* – göttlich; *āsuraḥ* – dämonisch; *eva* – gewiß; *ca* – und; *daivaḥ* – die göttlichen; *vistaraśaḥ* – sehr ausführlich; *proktaḥ* –

gesagt; *āsuram* – die dämonischen; *pārtha* – o Sohn Pṛthās; *me* – von Mir; *śṛṇu* – höre.

O Sohn Pṛthās, in dieser Welt gibt es zwei Arten von erschaffenen Wesen. Die einen nennt man göttlich und die anderen dämonisch. Ich habe dir bereits ausführlich die göttlichen Eigenschaften erklärt. Höre jetzt von Mir über die dämonischen.

ERLÄUTERUNG: Nachdem Śrī Kṛṣṇa Arjuna versichert hat, daß er mit göttlichen Eigenschaften geboren sei, beginnt Er nun, die Eigenschaften der Dämonen zu beschreiben. Die bedingten Lebewesen dieser Welt werden in zwei Gruppen unterteilt: diejenigen, die mit göttlichen Eigenschaften geboren sind, führen ein reguliertes Leben, das heißt, sie richten sich nach den Anweisungen der Schriften und der Autoritäten. Man sollte Pflichten im Licht der autoritativen Schriften ausführen; diese Haltung wird göttlich genannt. Wer den regulierenden Prinzipien, wie sie in den Schriften niedergelegt sind, nicht folgt, sondern launenhaft handelt, wird als dämonisch oder asurisch bezeichnet. Es gibt kein anderes Kriterium als Gehorsam gegenüber den regulierenden Prinzipien der Schriften. Es wird in den vedischen Schriften gesagt, daß die Halbgötter wie auch die Dämonen vom gleichen Prajāpati abstammen; der einzige Unterschied zwischen ihnen besteht darin, daß die einen den vedischen Anweisungen gehorchen und die anderen nicht.

Vers 7 प्रवृत्तिं च निवृत्तिं च जना न विदुरासुराः ।
न शौचं नापि चाचारो न सत्यं तेषु विद्यते ॥ ७ ॥

pravṛttiṁ ca nivṛttiṁ ca janā na vidur āsurāḥ
na śaucaṁ nāpi cācāro na satyaṁ teṣu vidyate

pravṛttim – richtiges Handeln; *ca* – auch; *nivṛttim* – nicht falsches Handeln; *ca* – und; *janāḥ* – Menschen; *na* – niemals; *viduḥ* – wissen; *āsurāḥ* – von dämonischer Eigenschaft; *na* – niemals; *śaucam* – Sauberkeit; *na* – nicht; *api* – auch; *ca* – und; *ācāraḥ* – Verhalten; *na* – niemals; *satyam* – Wahrheit; *teṣu* – in ihnen; *vidyate* – es gibt.

Diejenigen, die dämonisch sind, wissen nicht, was getan werden muß und was nicht getan werden darf. In ihnen ist weder Sauberkeit noch richtiges Verhalten, noch Wahrheit zu finden.

ERLÄUTERUNG: In jeder zivilisierten menschlichen Gesellschaft gibt es eine Reihe von schriftlich festgehaltenen Regeln und Vorschriften, die von Anbeginn an befolgt wurden. Diejenigen, die den Anweisungen der Schriften nicht folgen, werden als Dämonen bezeichnet, vor allem in einer Kultur von Āryas, das heißt denjenigen, die der vedischen Zivilisation folgen und die deshalb als die fortgeschrittensten und zivilisiertesten Menschen bezeichnet werden. Deshalb heißt es hier, daß die Dämonen die Regeln der Schriften nicht kennen und auch nicht die Neigung haben, ihnen zu folgen. Die meisten von ihnen kennen diese Regeln nicht, und selbst wenn es einige gibt, die sie kennen, sind sie nicht daran interessiert, ihnen zu folgen. Sie haben keinen Glauben und sind nicht gewillt, im Sinne der vedischen Unterweisungen zu handeln. Die Dämonen sind weder äußerlich noch innerlich sauber. Man sollte immer darauf achten, seinen Körper rein zu halten, indem man badet, sich die Zähne putzt, sich rasiert, die Kleider wechselt usw. Was die innere Sauberkeit betrifft, so sollte man sich ständig an die Heiligen Namen Gottes erinnern und Hare Kṛṣṇa, Hare Kṛṣṇa, Kṛṣṇa Kṛṣṇa, Hare Hare / Hare Rāma, Hare Rāma, Rāma Rāma, Hare Hare chanten. Die Dämonen mögen all diese Regeln für innere und äußere Sauberkeit nicht und befolgen sie daher auch nicht.

Es gibt viele Verhaltensmaßregeln und Anweisungen, die das Leben des Menschen bestimmen, wie zum Beispiel die *Manu-saṁhitā,* die das Gesetzbuch für die Menschheit ist. Diejenigen, die Hindus sind, folgen dieser *Manu-saṁhitā* sogar noch heute. Viele Gesetze, wie Erbrechte und andere, haben ihren Ursprung in diesem Buch. In der *Manu-saṁhitā* heißt es auch, daß Frauen keine Freiheit gegeben werden sollte. Dies bedeutet nicht, daß man sie wie Sklaven halten soll; doch sie sind wie Kinder. Kindern gewährt man keine Freiheit, aber das bedeutet nicht, daß man sie wie Sklaven hält. Die Dämonen mißachten heute diese Anweisung völlig und vertreten die Ansicht, man solle den Frauen ebensoviel Freiheit gewähren wie den Männern. Dies jedoch hat den sozialen Zustand der Welt nicht verbessert. Eigentlich sollte eine Frau in jedem Stadium ihres Lebens beschützt werden. In der Kindheit sollte sie von ihrem Vater beschützt werden, in der Jugend von ihrem Ehemann und im Alter von ihren erwachsenen Söhnen. Dies sind gemäß der *Manu-saṁhitā* die Verhältnisse, die in einer menschlichen Gesellschaft herrschen sollten. Doch die moderne Erziehung hat künstlich eine falsche, stolze Vorstellung von der Rolle der Frau geschaffen, und aus diesem Grund existiert die Ehe heute in der menschlichen Gesellschaft praktisch nur noch in der Vorstellung. Die sozialen Voraussetzungen der Frauen sind gegenwärtig also nicht sehr vorteilhaft, obwohl verheiratete Frauen sich in einer besseren Situation befinden als diejenigen Frauen, die ihre sogenannte Freiheit kundtun. Die Dämonen beherzigen also keinen der Ratschläge, die für die Gesellschaft so notwendig wären, und weil sie den Erfahrungen der großen Weisen und den von ihnen niedergelegten Regeln und Vorschriften nicht folgen, ist die Gesellschaft der Dämonen in einem sehr schlechten Zustand.

Vers 8 असत्यमप्रतिष्ठं ते जगदाहुरनीश्वरम् ।
अपरस्परसम्भूतं किमन्यत्कामहैतुकम् ॥ ८ ॥

asatyam apratiṣṭhaṁ te jagad āhur anīśvaram
aparaspara-sambhūtaṁ kim anyat kāma-haitukam

asatyam – unwirklich; *apratiṣṭham* – ohne eine Grundlage; *te* – sie; *jagat* – die kosmische Manifestation; *āhuḥ* – sagen; *anīśvaram* – ohne Herrscher; *aparaspara* – ohne Ursache; *sambhūtam* – entstanden; *kim anyat* – es gibt keine andere Ursache; *kāma-haitukam* – sie ist nur auf Lust zurückzuführen.

Sie sagen, die Welt sei unwirklich, sie habe keine Grundlage und es gebe keinen Gott, der sie beherrsche. Sie sagen, sie sei durch sexuelles Verlangen erzeugt worden und habe keine andere Ursache als Lust.

ERLÄUTERUNG: Die Dämonen gelangen zu dem Schluß, die Welt sei ein Trugbild, es gebe keine Ursache und keine Wirkung, keinen Herrscher und keinen Sinn: alles sei unwirklich. Sie sagen, die kosmische Manifestation sei durch zufällige materielle Aktionen und Reaktionen entstanden. Sie glauben nicht, daß die Welt von Gott für einen bestimmten Zweck geschaffen wurde. Sie haben ihre eigene Theorie, nach der die Welt von selbst entstanden ist, und sie sagen, es gebe keinen Grund zu glauben, daß hinter ihr ein Gott stehe. Für sie gibt es keinen Unterschied zwischen spiritueller Seele und Materie, weshalb sie auch die höchste spirituelle Seele nicht anerkennen. Sie sagen, alles sei nur Materie, und der gesamte Kosmos sei eine Masse von Unwissenheit. Sie behaupten, alles sei leer und alles, was wir wahrnehmen, existiere nur aufgrund unserer von Unwissenheit bedeckten Sicht. Sie halten es für erwiesen, daß jegliche Manifestation von Vielfalt eine Entfaltung von Unwissenheit ist. Es sei genauso wie mit einem Traum, in dem wir so viele Dinge sehen, die in Wirklichkeit nicht existieren. Wenn wir aufwachen, würden wir erkennen, daß alles nur ein Traum war. Aber obwohl die Dämonen sagen, das Leben sei nur ein Traum, sind sie sehr geschickt darin, diesen Traum zu genießen, und statt Wissen zu erwerben, verstricken sie sich immer mehr in ihr Traumland. Ihrer Ansicht nach entsteht die Welt ohne die Gegenwart einer Seele, ebenso wie sie glauben, ein Kind sei lediglich die Folge der Verbindung von Mann und Frau. Sie glauben, es sei nur eine Verbindung von Materie, die die Lebewesen erzeugt habe; von der Existenz einer Seele könne keine Rede sein. Ebenso wie viele Geschöpfe ohne Ursache aus Schweiß oder aus einem toten Körper entständen, so sei auch die gesamte lebendige Welt aus den materiellen Verbindungen der kosmischen Manifestation entstanden. Daher sei die materielle Natur die Ursache dieser Manifestation und es gäbe keine andere Ursache. Sie glauben nicht an Kṛṣṇas Worte in der *Bhagavad-gītā: mayādhyakṣeṇa prakṛtiḥ sūyate sa-carācaram.* „Unter Meiner Führung bewegt sich die gesamte materielle Welt." Mit anderen Worten, die Dämonen haben kein vollkommenes Wissen von der Schöpfung der Welt; jeder von ihnen hat seine eigene Theorie. Ihrer Meinung nach ist jede Interpretation der Schriften so gut wie jede andere, denn sie glauben nicht, daß es für das Verständnis der Unterweisungen der Schriften einen absoluten Maßstab gibt.

Vers 9 एतां दृष्टिमवष्टभ्य नष्टात्मानोऽल्पबुद्धयः ।
प्रभवन्त्युग्रकर्माणः क्षयाय जगतोऽहिताः ॥ ९ ॥

etāṁ dṛṣṭim avaṣṭabhya naṣṭātmāno 'lpa-buddhayaḥ
prabhavanty ugra-karmāṇaḥ kṣayāya jagato 'hitāḥ

etām – diese; *dṛṣṭim* – Sicht; *avaṣṭabhya* – annehmend; *naṣṭa* – verloren habend; *ātmānaḥ* – sich selbst; *alpa-buddhayaḥ* – die Unintelligenten; *prabhavanti* – entwickeln; *ugra-karmāṇaḥ* – mit leidbringenden Tätigkeiten beschäftigt; *kṣayāya* – für die Zerstörung; *jagataḥ* – der Welt; *ahitāḥ* – unheilvoll.

Weil die Dämonen, die sich selbst ausgeliefert sind und die keine Intelligenz besitzen, sich nach solchen Schlußfolgerungen richten, gehen sie unheilvollen, abscheulichen Tätigkeiten nach, die dafür bestimmt sind, die Welt zu zerstören.

ERLÄUTERUNG: Die Dämonen gehen Tätigkeiten nach, die die Welt ins Verderben stürzen werden. Der Herr sagt hier, daß sie unintelligent sind. Die Materialisten, die keine Vorstellung von Gott haben, glauben, sie würden Fortschritt machen, doch gemäß der *Bhagavad-gītā* sind sie unintelligent und ohne jede Vernunft. Sie versuchen, die materielle Welt bis zum äußersten zu genießen, und erfinden daher immer wieder etwas Neues für die Befriedigung ihrer Sinne. Ihre materialistischen Erfindungen gelten als Fortschritt der menschlichen Gesellschaft, doch als Folge solcher Erfindungen werden die Menschen immer gewalttätiger und grausamer – grausam zu Tieren und grausam zu anderen Menschen. Sie haben keine Ahnung, wie sie sich anderen Lebewesen gegenüber zu verhalten haben. Daher ist unter solchen dämonischen Menschen das Töten von Tieren etwas Selbstverständliches. Diese Menschen müssen als Feinde der Welt angesehen werden, da sie früher oder später etwas erfinden oder schaffen werden, was allen die Vernichtung bringen wird. Indirekt sagt dieser Vers die Erfindung der Nuklearwaffen voraus, auf die heute die ganze Welt so stolz ist. Jeden Augenblick kann ein Krieg ausbrechen, in dem diese atomaren Waffen verheerenden Schaden anrichten können. Solche Dinge werden einzig und allein für die Zerstörung der Welt geschaffen, und das wird hier angedeutet. Derartige Waffen werden erfunden, wenn die menschliche Gesellschaft gottlos ist; sie sind nicht für den Frieden und den Wohlstand der Welt bestimmt.

Vers 10 कामम् आश्रित्य दुष्पूरं दम्भमानमदान्विताः ।
मोहाद् गृहीत्वासद्ग्राहान् प्रवर्तन्तेऽशुचिव्रताः ॥१०॥

kāmam āśritya duṣpūraṁ dambha-māna-madānvitāḥ
mohād gṛhītvāsad-grāhān pravartante 'śuci-vratāḥ

kāmam – Lust; *āśritya* – Zuflucht suchend bei; *duṣpūram* – unersättlich; *dambha* – von Stolz; *māna* – und falscher Ehre; *mada-anvitāḥ* – vertieft in Einbildung; *mohāt* – durch Illusion; *gṛhītvā* – nehmend; *asat* – unbeständige; *grāhān* – Dinge; *pravartante* – sie entwickeln; *aśuci* – dem Unsauberen; *vratāḥ* – verschworen.

Die Dämonen, die bei unersättlicher Lust Zuflucht suchen und von Stolz und falscher Ehre berauscht sind, befinden sich auf diese Weise in tiefer Illusion. Bezaubert vom Unbeständigen, sind sie immer unreinen Tätigkeiten verschworen.

ERLÄUTERUNG: Hier wird die dämonische Mentalität beschrieben. Die Lust der Dämonen kann niemals gesättigt werden, und so steigern sich ihre unersättlichen Wünsche nach materiellem Genuß immer mehr. Obwohl sie ständig voller Ängste sind, weil sie sich mit vergänglichen Dingen bereichern wollen, gehen sie in ihrer Illusion weiterhin solchen Tätigkeiten nach. Sie haben kein Wissen und können nicht erkennen, daß sie sich in die falsche Richtung bewegen. Da solche dämonischen Menschen vergängliche Dinge annehmen, schaffen sie sich ihren eigenen Gott und ihre eigenen Hymnen und chanten dementsprechend. Als Folge davon fühlen sie sich immer mehr zu zwei Dingen hingezogen: zu sexuellem Genuß und zur Anhäufung von materiellem Reichtum. Das

Wort *aśuci-vratāḥ,* „unreine Gelübde", ist in diesem Zusammenhang sehr bedeutsam. Solche dämonischen Menschen fühlen sich nur zu Wein, Frauen, Glücksspiel und Fleischessen hingezogen; das sind ihre unreinen Gewohnheiten (*aśuci*). Von Stolz und Geltungssucht getrieben, schaffen sie sich ihre eigenen religiösen Prinzipien, die von den Unterweisungen der *Veden* mißbilligt werden. Obwohl diese dämonischen Menschen höchst verabscheuenswert sind, werden sie durch künstliche Mittel von der Welt mit falscher Ehre bedacht. Obwohl sie zur Hölle hinabgleiten, halten sie sich für sehr fortgeschritten.

Vers 11–12

चिन्तामपरिमेयां च प्रलयान्तामुपाश्रिताः ।
कामोपभोगपरमा एतावदिति निश्चिताः ॥११॥

आशापाशशतैर्बद्धाः कामक्रोधपरायणाः ।
ईहन्ते कामभोगार्थमन्यायेनार्थसञ्चयान् ॥१२॥

cintām aparimeyāṁ ca pralayāntām upāśritāḥ
kāmopabhoga-paramā etāvad iti niścitāḥ

āśā-pāśa-śatair baddhāḥ kāma-krodha-parāyaṇāḥ
īhante kāma-bhogārtham anyāyenārtha-sañcayān

cintām – Ängste und Sorgen; *aparimeyām* – unermeßliche; *ca* – und; *pralaya-antām* – bis zum Zeitpunkt des Todes; *upāśritāḥ* – Zuflucht gesucht habend bei; *kāma-upabhoga* – Sinnenbefriedigung; *paramāḥ* – das höchste Ziel des Lebens; *etāvat* – somit; *iti* – auf diese Weise; *niścitāḥ* – festgesetzt habend; *āśā-pāśa* – Verstrickung in ein Netz der Hoffnung; *śataiḥ* – von Hunderten; *baddhāḥ* – gebunden; *kāma* – von Lust; *krodha* – und Zorn; *parāyaṇāḥ* – immer mit dieser Geisteshaltung; *īhante* – sie wünschen; *kāma* – Lust; *bhoga* – Sinnesgenuß; *artham* – mit dem Ziel des; *anyāyena* – unrechtmäßig; *artha* – des Reichtums; *sañcayān* – Anhäufung.

Sie glauben, die Sinne zu befriedigen sei die vorrangigste Notwendigkeit für die menschliche Zivilisation. So sind ihre Ängste und Sorgen bis an ihr Lebensende unermeßlich. Durch ein Netz von Tausenden und Abertausenden von Wünschen gebunden und erfüllt von Lust und Zorn, verschaffen sie sich mit unrechtmäßigen Mitteln Geld für Sinnenbefriedigung.

ERLÄUTERUNG: Die Dämonen glauben, der Genuß der Sinne sei das endgültige Ziel des Lebens, und diese Auffassung vertreten sie bis zum Tode. Sie glauben nicht an ein Leben nach dem Tode, und sie glauben auch nicht, daß man gemäß seinem *karma,* seinen Tätigkeiten in dieser Welt, verschiedene neue Körper annimmt. Ihre Zukunftspläne haben kein Ende, und sie schmieden ständig neue Pläne, von denen keiner jemals zu Ende geführt wird. Uns ist persönlich der Fall eines Mannes bekannt, der eine solche dämonische Geisteshaltung hatte und noch im Tod den Arzt bat, sein Leben um vier Jahre zu verlängern, weil seine Pläne noch nicht vollendet waren. Solch törichte Menschen wissen nicht, daß ein Arzt das Leben nicht einmal um eine Sekunde verlängern kann. Wenn die Zeit gekommen ist, werden die Wünsche des Menschen nicht mehr berücksichtigt. Die Gesetze der Natur erlauben es ihm nicht, auch nur eine Sekunde länger zu genießen, als es ihm bestimmt ist.

Der dämonische Mensch, der nicht an Gott und die Überseele in seinem Innern glaubt, begeht alle Arten von Sünden, nur um seine Sinne zu befriedigen. Er weiß nichts von dem Zeugen, der in seinem Herzen weilt. Die Überseele beobachtet die Tätigkeiten der individuellen Seele. Die *Upaniṣaden* vergleichen dies mit zwei Vögeln, die auf demselben Baum sitzen; der eine ist tätig und genießt oder erleidet die Früchte des Baumes, und der andere beobachtet ihn als Zeuge. Wer jedoch von dämonischer Natur ist, kennt die vedischen Schriften nicht und würde auch nicht an sie glauben. Folglich denkt er, er habe die Freiheit, alles zu tun, was seine Sinne befriedigt, ungeachtet der Folgen.

Vers 13–15

इदमद्य मया लब्धमिमं प्राप्स्ये मनोरथम् ।
इदमस्तीदमपि मे भविष्यति पुनर्धनम् ॥१३॥

असौ मया हतः शत्रुर्हनिष्ये चापरानपि ।
ईश्वरोऽहमहं भोगी सिद्धोऽहं बलवान् सुखी ॥१४॥

आढ्योऽभिजनवानस्मि कोऽन्योऽस्ति सदृशो मया ।
यक्ष्ये दास्यामि मोदिष्य इत्यज्ञानविमोहिताः ॥१५॥

idam adya mayā labdham imaṁ prāpsye manoratham
idam astīdam api me bhaviṣyati punar dhanam

asau mayā hataḥ śatrur haniṣye cāparān api
īśvaro 'ham ahaṁ bhogī siddho 'haṁ balavān sukhī

āḍhyo 'bhijanavān asmi ko 'nyo 'sti sadṛśo mayā
yakṣye dāsyāmi modiṣya ity ajñāna-vimohitāḥ

idam – dies; *adya* – heute; *mayā* – von mir; *labdham* – gewonnen; *imam* – jenes; *prāpsye* – ich werde gewinnen; *manaḥ-ratham* – meinen

Wünschen gemäß; *idam* – dies; *asti* – es gibt; *idam* – dies; *api* – auch; *me* – mein; *bhaviṣyati* – wird in der Zukunft anwachsen; *punaḥ* – wieder; *dhanam* – Reichtum; *asau* – dieser; *mayā* – von mir; *hataḥ* – wurde getötet; *śatruḥ* – Feind; *haniṣye* – ich werde töten; *ca* – auch; *aparān* – andere; *api* – gewiß; *īśvaraḥ* – der Herr; *aham* – ich bin; *aham* – ich bin; *bhogī* – der Genießer; *siddhaḥ* – vollkommen; *aham* – ich bin; *bala-vān* – mächtig; *sukhī* – glücklich; *āḍhyaḥ* – reich; *abhijana-vān* – umgeben von adligen Verwandten; *asmi* – ich bin; *kaḥ* – wer; *anyaḥ* – anderer; *asti* – existiert; *sadṛśaḥ* – wie; *mayā* – mich; *yakṣye* – ich werde opfern; *dāsyāmi* – ich werde Spenden geben; *modiṣye* – ich werde genießen; *iti* – auf diese Weise; *ajñāna* – durch Unwissenheit; *vimohitāḥ* – verblendet.

Der dämonische Mensch denkt: „So viel Reichtum besitze ich heute, und nach meinen Plänen werde ich noch mehr erlangen. So viel gehört mir jetzt, und es wird in Zukunft mehr und mehr werden. Dies ist mein Feind, und ich habe ihn umgebracht, und meine anderen Feinde werden ebenfalls getötet werden. Ich bin der Herr über alles. Ich bin der Genießer. Ich bin vollkommen, mächtig und glücklich. Ich bin der reichste Mann, umgeben von adligen Verwandten. Es gibt niemanden, der so mächtig und glücklich ist wie ich. Ich werde Opfer darbringen, ich werde einige Spenden geben, und so werde ich genießen.“ Auf diese Weise sind solche Menschen durch Unwissenheit verblendet.

Vers 16 अनेकचित्तविभ्रान्ता मोहजालसमावृताः ।
प्रसक्ताः कामभोगेषु पतन्ति नरकेऽशुचौ ॥१६॥

aneka-citta-vibhrāntā moha-jāla-samāvṛtāḥ
prasaktāḥ kāma-bhogeṣu patanti narake 'śucau

aneka – zahlreiche; *citta* – von Ängsten; *vibhrāntāḥ* – verwirrt; *moha* – von Illusionen; *jāla* – durch ein Netz; *samāvṛtāḥ* – umgeben; *prasaktāḥ* – angehaftet; *kāma-bhogeṣu* – an Sinnenbefriedigung; *patanti* – sie gleiten hinab; *narake* – zur Hölle; *aśucau* – unsauber.

Auf diese Weise von vielfachen Ängsten verwirrt und in einem Netzwerk von Illusionen gefangen, entwickeln sie zu starke Anhaftung an Sinnengenuß und fallen in die Hölle hinab.

ERLÄUTERUNG: Der dämonische Mensch kennt in seinem Verlangen, Geld anzuhäufen, keine Grenzen. Diese Verlangen sind grenzenlos. Er denkt nur daran, wieviel Besitz er jetzt gerade hat, und schmiedet Pläne, wie er diesen Reichtum investieren kann, um immer mehr Profit zu machen. Aus diesem Grund zögert er nicht, alle möglichen Missetaten zu begehen, und so treibt er Schwarzhandel, um sich seine sündhaften Wünsche zu erfüllen. Er ist von den Besitztümern verblendet, die er bereits sein eigen nennt, wie sein Land, seine Familie, sein Haus und sein Bankkonto, und er plant ständig, seinen Besitz zu vergrößern. Er vertraut auf seine eigene Stärke; er weiß nicht, daß er alles, was er gewinnt, aufgrund seiner vergangenen guten Taten bekommt. Er bekommt die Möglichkeit, solche Dinge anzuhäufen, aber er hat keine Ahnung von den Ursachen, die in der Vergangenheit liegen. Er denkt, daß er einfach durch seine eigene Bemühung zu diesem Reichtum gekommen sei. Ein dämonischer Mensch glaubt an die Macht seiner eigenen Arbeit und nicht an das Gesetz des *karma.* Nach dem Gesetz des *karma* sind es die guten Werke, die ein Mensch in der Vergangenheit ausgeführt hat, die verursachen, daß jemand in einer hohen Familie geboren wird oder Reichtum, Bildung oder körperliche Schönheit erlangt. Die Dämonen denken, all diese Dinge seien Zufall und seien auf ihre eigenen persönlichen Fähigkeiten zurückzuführen. Er sieht hinter der Vielfalt von Menschen, Schönheit und Bildung keine höhere Intelligenz. Jeder, der mit einem solchen dämonischen Menschen konkurriert, ist dessen Feind. Es gibt viele dämonische Menschen, und jeder ist der Feind des anderen. Diese Feindschaft wächst ständig – erst zwischen Personen, dann zwischen Familien, zwischen Gesellschaften und schließlich zwischen Nationen. Deshalb gibt es überall auf der Welt fortwährend Streit, Krieg und Feindschaft.

Jeder dämonische Mensch denkt, er könne auf Kosten aller anderen leben. Im allgemeinen hält sich ein dämonischer Mensch selbst für den Höchsten Gott, und dämonische Prediger verkünden ihren Anhängern: „Warum sucht ihr Gott woanders? Ihr selbst seid Gott! Tut, was euch gefällt! Glaubt nicht an Gott! Werft Gott fort! Gott ist tot!“ So predigen die Dämonen.

Obwohl der dämonische Mensch sieht, daß andere ebenso wohlhabend und einflußreich sind wie er selbst – oder ihn sogar übertreffen –, glaubt er, niemand sei reicher als er und niemand habe mehr Einfluß als er. Die Dämonen glauben nicht, daß es notwendig ist, *yajñas,* Opfer, auszuführen, um auf die höheren Planetensysteme erhoben zu werden. Die Dämonen denken, sie könnten sich ihre eigenen *yajña*-Vorgänge schaffen und irgendeine Maschine bauen, mit deren Hilfe sie fähig seien, jeden beliebigen höheren Planeten zu erreichen. Das beste Beispiel für einen solchen Dämon ist Rāvaṇa. Er legte dem Volk einen Plan vor, in dem er erklärte, er wolle eine Treppe bauen, mit deren Hilfe es jedem möglich sein werde, die höheren Planetensysteme zu erreichen, ohne die Opfer darbringen zu müssen, die in den *Veden* vorgeschrieben sind. Auch in der heutigen Zeit versuchen dämonische Menschen, die höheren Planetensysteme durch mechanische Vorrichtungen zu erreichen. Dies sind Beispiele von Verwirrung. Als Folge davon gleiten sie, ohne es zu wissen, zur Hölle hinab. In diesem Zusammenhang ist das Sanskritwort *moha-jāla* sehr bedeutsam. *Jāla* bedeutet „Netz"; wie für Fische, die in einem Netz gefangen sind, gibt es für solche Menschen kein Entrinnen.

Vers 17 आत्मसम्भाविताः स्तब्धा धनमानमदान्विताः ।
यजन्ते नामयज्ञैस्ते दम्भेनाविधिपूर्वकम् ॥१७॥

ātma-sambhāvitāḥ stabdhā dhana-māna-madānvitāḥ
yajante nāma-yajñais te dambhenāvidhi-pūrvakam

ātma-sambhāvitāḥ – selbstgefällig; *stabdhāḥ* – unverschämt; *dhana-māna* – von Reichtum und falscher Ehre; *mada* – in der Verblendung; *anvitāḥ* – versunken; *yajante* – sie führen Opfer aus; *nāma* – nur dem Namen nach; *yajñaiḥ* – mit Opfern; *te* – sie; *dambhena* – aus Stolz; *avidhi-pūrvakam* – ohne irgendwelchen Regeln und Vorschriften zu folgen.

Selbstgefällig und immer unverschämt, von Reichtum und falscher Ehre verblendet, führen sie manchmal voller Stolz Opfer durch, die nur dem Namen nach Opfer sind, und beachten dabei weder Regeln noch Vorschriften.

ERLÄUTERUNG: Die Dämonen vollziehen manchmal sogenannte religiöse Rituale oder Opfer, aber weil sie glauben, sie seien besser als alle anderen, setzen sie sich über jede Autorität und über jede Schrift hinweg. Und da sie keine Autorität anerkennen, sind sie sehr unverschämt. Eine solche Mentalität ist die Folge von Illusion, die durch Reichtum und falsche Ehre entsteht. Manchmal übernehmen solche Dämonen die Rolle von Predigern, führen die Menschen in die Irre und werden sogar als religiöse Reformatoren oder als Inkarnationen Gottes bekannt. Sie führen zur Schau Opfer aus oder verehren die Halbgötter, oder sie schaffen sich ihren eigenen Gott. Von gewöhnlichen Menschen werden sie dann als Gott bezeichnet und verehrt, und diejenigen, die töricht genug sind, glauben, sie seien in den Prinzipien der Religion und des spirituellen Wissens fortgeschritten. Sie kleiden sich in das Gewand derer, die im Lebensstand der Entsagung stehen, und treiben in diesem Gewand allen möglichen Unsinn. Für jemanden, der der Welt tatsächlich entsagt hat, gibt es viele Einschränkungen; die Dämonen jedoch kümmern sich nicht um solche Einschränkungen. Sie glauben, jeder könne seinen eigenen Weg erfinden und einen vorgeschriebenen Pfad, dem man folgen müsse, gebe es nicht. Das Wort *avidhi-pūrvakam,* das auf die Mißachtung der Regeln und Regulierungen hinweist, wird hier besonders betont. All diese Dinge haben ihre Ursache in Unwissenheit und Illusion.

Vers 18 अहङ्कारं बलं दर्पं कामं क्रोधं च संश्रिताः ।
मामात्मपरदेहेषु प्रद्विषन्तोऽभ्यसूयकाः ॥१८॥

ahaṅkāraṁ balaṁ darpaṁ kāmaṁ krodhaṁ ca saṁśritāḥ
māṁ ātma-para-deheṣu pradviṣanto 'bhyasūyakāḥ

ahaṅkāram – falsches Ego; *balam* – Stärke; *darpam* – Stolz; *kāmam* – Lust; *krodham* – Zorn; *ca* – auch; *saṁśritāḥ* – Zuflucht gesucht bei; *mām* – Mich; *ātma* – in ihrem eigenen; *para* – und in anderen; *deheṣu* – Körpern; *pradviṣantaḥ* – lästernd; *abhyasūyakāḥ* – neidisch.

Verwirrt durch falsches Ego, Stärke, Stolz, Lust und Zorn, werden die Dämonen neidisch auf die Höchste Persönlichkeit Gottes, die in ihrem eigenen Körper und in den Körpern der anderen gegenwärtig ist, und lästern die wirkliche Religion.

ERLÄUTERUNG: Weil ein dämonischer Mensch immer gegen Gottes höchste Stellung ist, will er den Schriften keinen Glauben schenken. Er beneidet sowohl die Schriften als auch die Existenz der Höchsten Persönlichkeit Gottes. Dies ist die Folge seines künstlichen Ansehens, seines angesammelten Reichtums und seiner Kraft. Er weiß nicht, daß das gegenwärtige Leben die Vorbereitung auf das nächste ist, und weil er dies nicht weiß, ist er im Grunde neidisch auf sein eigenes Selbst und neidisch auf andere. Er fügt anderen Körpern und seinem eigenen Körper Gewalt zu. Er kümmert sich nicht um die höchste Herrschaft der Persönlichkeit Gottes, denn er hat kein Wissen. Weil er die Schriften und die Höchste Persönlichkeit Gottes beneidet, verkündet er irreführende Theorien, die die Existenz Gottes leugnen, und lehnt die Autorität der Schriften ab. Bei allem, was er tut, hält er sich für unabhängig und sehr mächtig. Er denkt, weil niemand ihm an Stärke, Macht oder Reichtum gleichkomme, könne er nach Belieben handeln und niemand könne ihn dabei aufhalten. Wenn ein Feind auftaucht, der die Befriedigung seiner Sinne behindern könnte, schmiedet er Pläne, um ihn mit seiner Macht auszuschalten.

Vers 19 तानहं द्विषतः क्रूरान् संसारेषु नराधमान् ।
क्षिपाम्यजस्रमशुभानासुरीष्वेव योनिषु ॥१९॥

tān ahaṁ dviṣataḥ krūrān saṁsāreṣu narādhamān
kṣipāmy ajasram aśubhān āsurīṣv eva yoniṣu

tān – jene; *aham* – Ich; *dviṣataḥ* – neidisch; *krūrān* – boshaft; *saṁsāreṣu* – in den Ozean des materiellen Daseins; *nara-adhamān* – die niedrigsten der Menschen; *kṣipāmi* – Ich setze; *ajasram* – für immer; *aśubhān* – unglückverheißend; *āsurīṣu* – dämonische; *eva* – gewiß; *yoniṣu* – in die Schöße.

Die Neidischen und Boshaften, die Niedrigsten unter den Menschen, werfe Ich unaufhörlich in den Ozean des materiellen Daseins, in die verschiedenen dämonischen Arten des Lebens.

ERLÄUTERUNG: In diesem Vers wird klar darauf hingewiesen, daß es das Vorrecht des höchsten Willens ist, eine bestimmte individuelle Seele in einen bestimmten Körper zu setzen. Der dämonische Mensch mag nicht damit einverstanden sein, die Oberhoheit des Herrn anzuerkennen – und es ist eine Tatsache, daß er nach seinen eigenen Launen handeln darf –, doch seine nächste Geburt wird von der Entscheidung der Höchsten Persönlichkeit Gottes abhängen, nicht von seiner eigenen. Im Dritten Canto des *Śrīmad-Bhāgavatam* heißt es, daß die individuelle Seele nach dem Tod in den Schoß einer Mutter gesetzt wird, wo sie unter der Aufsicht einer höheren Macht einen bestimmten Körper bekommt. Aus diesem Grund finden wir in der materiellen Welt so viele Lebensformen – Tiere, Insekten, Menschen usw. Sie alle existieren aufgrund der Vorkehrungen dieser höheren Macht, und nicht zufällig. Was die Dämonen betrifft, so heißt es hier unmißverständlich, daß sie unaufhörlich in die Schöße der Dämonen gesetzt werden, und so behalten sie ihren Neid und bleiben die niedrigsten der Menschen. So sind diese dämonischen Arten von Menschen immer voller Lust, immer gewalttätig und haßerfüllt und immer unsauber. Von den vielen verschiedenen Arten von Jägern, die im Dschungel leben, wird gesagt, daß sie zu dieser dämonischen Kategorie gehören.

Vers 20 आसुरीं योनिमापन्ना मूढा जन्मनि जन्मनि ।
मामप्राप्यैव कौन्तेय ततो यान्त्यधमां गतिम् ॥२०॥

āsurīṁ yonim āpannā mūḍhā janmani janmani
mām aprāpyaiva kaunteya tato yānty adhamāṁ gatim

āsurīm – dämonische; *yonim* – Arten; *āpannāḥ* – bekommend; *mūḍhāḥ* – die Toren; *janmani janmani* – Geburt für Geburt; *mām* – Mich; *aprāpya* – ohne zu erreichen; *eva* – gewiß; *kaunteya* – o Sohn Kuntīs; *tataḥ* – danach; *yānti* – gehen; *adhamām* – verdammt; *gatim* – Bestimmung.

Da solche Menschen immer wieder unter den dämonischen Lebensformen geboren werden, o Sohn Kuntīs, können sie sich Mir niemals nähern. Nach und nach sinken sie in die abscheulichsten Formen des Daseins hinab.

ERLÄUTERUNG: Es ist bekannt, daß Gott allbarmherzig ist, doch hier sehen wir, daß Gott den Dämonen gegenüber niemals barmherzig ist. Es wird hier klar gesagt, daß die dämonischen Menschen Leben für Leben in die Schöße ähnlicher Dämonen gesetzt werden, und weil sie nicht die Barmherzigkeit des Höchsten Herrn erlangen, sinken sie immer tiefer hinab, bis sie zuletzt Körper wie die von Katzen, Hunden und Schweinen erhalten. Es heißt eindeutig, daß solche Dämonen praktisch keine Möglichkeit haben, auf irgendeiner Stufe ihres späteren Lebens die Barmherzigkeit Gottes zu erlangen. Auch in den *Veden* wird gesagt, daß solche Menschen allmählich so weit hinabsinken, daß sie zu Hunden und Schweinen werden. Hier könnte nun der Einwand erhoben werden, Gott könne nicht als allbarmherzig bezeichnet werden, wenn Er nicht auch den Dämonen gegenüber Barmherzigkeit zeige. Als Antwort auf diese Frage heißt es im *Vedānta-sūtra,* daß der Herr niemandem gegenüber Haß empfindet. Wenn Er die *asuras,* die Dämonen, auf die niedrigste Stufe des Lebens setzt, so ist das nur ein anderer Aspekt Seiner Barmherzigkeit. Manchmal werden die *asuras* vom Höchsten Herrn getötet, doch dieser Tod ist ebenfalls gut für sie, denn aus den vedischen Schriften erfahren wir, daß jeder, der vom Höchsten Herrn getötet wird, Befreiung erlangt. In der Geschichte gibt es viele Beispiele von *asuras,* wie Rāvaṇa, Kaṁsa und Hiraṇyakaśipu, vor denen der Herr als Inkarnation erschien, nur um sie zu töten. Den *asuras* wird also die Barmherzigkeit Gottes zuteil, wenn sie das Glück haben, von Ihm getötet zu werden.

Vers 21 त्रिविधं नरकस्येदं द्वारं नाशनमात्मनः ।
कामः क्रोधस्तथा लोभस्तस्मादेतत्त्रयं त्यजेत् ॥२१॥

tri-vidhaṁ narakasyedaṁ dvāraṁ nāśanam ātmanaḥ
kāmaḥ krodhas tathā lobhas tasmād etat trayaṁ tyajet

tri-vidham – drei Arten von; *narakasya* – der Hölle; *idam* – dieser; *dvāram* – Tor; *nāśanam* – zerstörerisch; *ātmanaḥ* – des Selbst; *kāmaḥ* – Lust; *krodhaḥ* – Zorn; *tathā* – sowie; *lobhaḥ* – Gier; *tasmāt* – daher; *etat* – diese; *trayam* – drei; *tyajet* – man muß aufgeben.

Es gibt drei Tore, die zu dieser Hölle führen – Lust, Zorn und Gier. Jeder vernünftige Mensch sollte diese drei Dinge aufgeben, denn sie führen zur Erniedrigung der Seele.

ERLÄUTERUNG: Hier wird der Anfang dämonischen Lebens beschrieben. Zuerst versucht man, seine Lust zu befriedigen, und wenn dies nicht gelingt, entstehen Zorn und Gier. Ein vernünftiger Mensch, der nicht in die dämonischen Arten des Lebens hinabgleiten will, muß versuchen, diese drei Feinde abzuschütteln, die das Selbst so weit töten können, daß es ihm nicht mehr möglich sein wird, aus der materiellen Verstrickung frei zu werden.

Vers 22 एतैर्विमुक्तः कौन्तेय तमोद्वारैस्त्रिभिर्नरः ।
आचरत्यात्मनः श्रेयस्ततो याति परां गतिम् ॥२२॥

etair vimuktaḥ kaunteya tamo-dvārais tribhir naraḥ
ācaraty ātmanaḥ śreyas tato yāti parāṁ gatim

etaiḥ – von diesen; *vimuktaḥ* – befreit; *kaunteya* – o Sohn Kuntīs; *tamaḥ-dvāraiḥ* – von den Toren der Unwissenheit; *tribhiḥ* – der drei Arten; *naraḥ* – ein Mensch; *ācarati* – führt aus; *ātmanaḥ* – für das Selbst; *śreyaḥ* – Segnung; *tataḥ* – danach; *yāti* – er geht; *parām* – zum höchsten; *gatim* – Ziel.

Derjenige, der diesen drei Toren zur Hölle entgangen ist, o Sohn Kuntīs, führt Handlungen aus, die ihn zur Selbstverwirklichung erheben, und erreicht so allmählich das höchste Ziel.

ERLÄUTERUNG: Man sollte sich vor diesen drei Feinden des menschlichen Lebens – Lust, Zorn und Gier – sehr hüten. Je mehr ein Mensch von Lust, Zorn und Gier frei wird, desto reiner wird seine Existenz. Dann ist er in der Lage, den in den vedischen Schriften vorgeschriebenen Regeln und Regulierungen zu folgen. Wenn man die regulierenden Prinzipien des menschlichen Lebens einhält, erhebt man sich allmählich auf die Ebene spiritueller Erkenntnis. Wenn man das Glück hat, durch das Befolgen dieser Prinzipien die Ebene des Kṛṣṇa-Bewußtseins zu erreichen, ist der Erfolg sicher. In den vedischen Schriften werden die Wirkungsweisen von Aktion und Reaktion beschrieben, um den Menschen zu befähigen, auf die Stufe der Läuterung zu gelangen. Die ganze Methode basiert darauf, von Lust, Gier und Zorn frei zu werden. Indem man Wissen über diesen Vorgang entwickelt, kann man auf die höchste Stufe der Selbsterkenntnis erhoben werden; diese Selbsterkenntnis findet ihre Vollkommenheit im hingebungsvollen Dienst. Wenn sich die bedingte Seele im hingebungsvollen Dienst beschäftigt, ist ihr die Befreiung garantiert. Deshalb gibt es im vedischen Gesellschaftssystem die Einrichtung der vier gesellschaftlichen Klassen oder Kasten und der vier spirituellen Lebensstände. Für jede dieser Kasten und Lebensstände gibt es in der Gesellschaft verschiedene Regeln und Vorschriften, und wenn ein Mensch imstande ist, ihnen zu folgen, wird er von selbst auf die höchste Ebene spiritueller Erkenntnis erhoben. Dann wird ihm zweifellos Befreiung gewährt werden.

Vers 23 यः शास्त्रविधिमुत्सृज्य वर्तते कामकारतः ।
न स सिद्धिमवाप्नोति न सुखं न परां गतिम् ॥२३॥

yaḥ śāstra-vidhim utsṛjya vartate kāma-kārataḥ
na sa siddhim avāpnoti na sukhaṁ na parāṁ gatim

yaḥ – jemand, der; *śāstra-vidhim* – die Anweisungen der Schriften; *utsṛjya* – aufgebend; *vartate* – bleibt; *kāma-kārataḥ* – aufgrund von Lust launenhaft handelnd; *na* – niemals; *saḥ* – er; *siddhim* – Vollkommenheit; *avāpnoti* – erreicht; *na* – niemals; *sukham* – Glück; *na* – niemals; *parām* – die höchste; *gatim* – Stufe der Vollkommenheit.

Wer die Anweisungen der Schriften mißachtet und nach seinen eigenen Launen handelt, erreicht weder Vollkommenheit noch Glück, noch das höchste Ziel.

ERLÄUTERUNG: Wie zuvor beschrieben wurde, gibt es für jede Kaste und jeden Lebensstand der menschlichen Gesellschaft bestimmte Anweisungen der *śāstras* (*śāstra-vidhi*). Von jedem wird erwartet, daß er diese Regeln und Vorschriften einhält. Wenn man sie nicht einhält und launenhaft handelt, wie es seine Lust, seine Gier und seine Wünsche verlangen, wird man nie die Vollkommenheit des Lebens erreichen. Mit anderen Worten, wenn jemand dies alles theoretisch weiß, aber dieses Wissen nicht in seinem eigenen Leben anwendet, muß er als der niedrigste der Menschen angesehen werden. Von einem Menschen wird erwartet, daß er bei klarem Verstand ist und den Regulierungen folgt, die vorgeschrieben sind, um sich auf die höchste Stufe des Lebens zu erheben. Aber wenn er ihnen nicht folgt, erniedrigt er sich. Und selbst wenn er den Regeln und Regulierungen und den Moralprinzipien folgt, aber letztlich nicht zur Stufe kommt, wo er den Höchsten Herrn versteht, erweist sich all sein Wissen als wertlos. Und selbst wenn er akzeptiert, daß es einen Gott gibt, sich aber nicht in Seinem Dienst beschäftigt, bleiben seine Bemühungen immer noch wertlos. Deshalb sollte man sich allmählich auf die Ebene des Kṛṣṇa-Bewußtseins und des hingebungsvollen Dienstes erheben; erst dann, auf dieser Ebene, kann man die höchste Vollkommenheit erlangen, und nicht anders.

Das Wort *kāma-kārataḥ* ist sehr bedeutsam. Jemand, der wissentlich gegen die Regeln verstößt, handelt aus Lust. Obwohl er weiß, daß es verboten ist, tut er es dennoch. Das wird als launenhaftes Handeln bezeichnet. Und obwohl er weiß, daß etwas getan werden muß, tut er es nicht; aus diesen Gründen wird er launenhaft genannt. Solchen Menschen ist es bestimmt, vom Höchsten Herrn verdammt zu werden. Sie können nicht die Vollkommenheit erlangen, die für das menschliche Leben bestimmt ist. Das menschliche Leben ist ganz besonders dafür bestimmt, daß man sein Dasein läutert, und wer den Regeln und Regulierungen nicht folgt, kann weder geläutert werden noch die Ebene wahren Glücks erreichen.

Vers 24 तस्माच्छास्त्रं प्रमाणं ते कार्याकार्यव्यवस्थितौ ।
ज्ञात्वा शास्त्रविधानोक्तं कर्म कर्तुमिहार्हसि ॥२४॥

tasmāc chāstraṁ pramāṇaṁ te kāryākārya-vyavasthitau
jñātvā śāstra-vidhānoktaṁ karma kartum ihārhasi

tasmāt – daher; *śāstram* – die Schriften; *pramāṇam* – Beweis; *te* – deine; *kārya* – Pflicht; *akārya* – und verbotene Tätigkeiten; *vyavasthitau* – beim Bestimmen; *jñātvā* – kennend; *śāstra* – der Schriften; *vidhāna* – die Vorschriften; *uktam* – wie erklärt; *karma* – Handlung; *kartum* – handeln; *iha* – in dieser Welt; *arhasi* – du solltest.

Man sollte daher anhand der Unterweisungen der Schriften lernen, was Pflicht und was nicht Pflicht ist. Wenn man diese Regeln und Vorschriften kennt, sollte man so handeln, daß man allmählich erhoben wird.

ERLÄUTERUNG: Wie es im Fünfzehnten Kapitel heißt, sind alle Regeln und Vorschriften der *Veden* dafür bestimmt, Kṛṣṇa zu erkennen.

Wenn man durch das Studium der *Bhagavad-gītā* Kṛṣṇa versteht und sich auf die Ebene des Kṛṣṇa-Bewußtseins erhebt, indem man hingebungsvollen Dienst ausführt, hat man die höchste Vollkommenheit des vedischen Wissens erreicht. Śrī Caitanya Mahāprabhu machte diesen Vorgang sehr leicht: Er bat die Menschen, einfach Hare Kṛṣṇa, Hare Kṛṣṇa, Kṛṣṇa Kṛṣṇa, Hare Hare / Hare Rāma, Hare Rāma, Rāma Rāma, Hare Hare zu chanten, sich im hingebungsvollen Dienst des Herrn zu beschäftigen und die Reste der Speisen zu sich zu nehmen, die der Bildgestalt geopfert wurden. Man sollte verstehen, daß jemand, der sich direkt in all diesen hingebungsvollen Tätigkeiten beschäftigt, bereits alle vedischen Schriften studiert und ihre Schlußfolgerung auf vollkommene Weise verstanden hat. Was die gewöhnlichen Menschen betrifft, die nicht im Kṛṣṇa-Bewußtsein leben und sich nicht im hingebungsvollen Dienst beschäftigen, so muß natürlich anhand der Anweisungen der *Veden* entschieden werden, was sie tun müssen und was sie nicht tun dürfen. Diesen Anweisungen sollte man widerspruchslos folgen. Das ist wahres Befolgen der Prinzipien der *śāstra.* Die *śāstras* sind frei von den vier grundlegenden Mängeln der bedingten Seele: unvollkommene Sinne, die Neigung zu betrügen, die Unvermeidbarkeit, Fehler zu begehen, und die Unvermeidbarkeit, in Illusion zu sein. Aufgrund dieser vier grundlegenden Mängel des bedingten Lebens ist der Mensch nicht in der Lage, eigene Regeln und Regulierungen aufzustellen. Weil die Regeln und Regulierungen der *śāstras* jedoch frei von diesen Mängeln sind, werden sie von allen großen Heiligen, *ācāryas* und großen Seelen unverändert anerkannt.

In Indien gibt es viele Gruppen mit verschiedensten spirituellen Auffassungen. Sie werden im allgemeinen in zwei Hauptgruppen unterteilt: die Unpersönlichkeitsanhänger und die Persönlichkeitsanhänger. Beide Gruppen jedoch führen ihr Leben in Übereinstimmung mit den Prinzipien der *Veden.* Solange man nicht den Prinzipien der Schriften folgt, kann man sich nicht zur Stufe der Vollkommenheit erheben. Daher ist derjenige, der die wirkliche Bedeutung der *śāstras* versteht, wahrhaft vom Glück begünstigt.

Die fortschreitende Entartung der menschlichen Gesellschaft hat ihre Ursache darin, daß die Menschen die Prinzipien, die einen zur Erkenntnis der Höchsten Persönlichkeit Gottes führen, ablehnen. Dies ist das größte Vergehen im menschlichen Leben. Deshalb bereitet uns *māyā,* die materielle Energie der Höchsten Persönlichkeit Gottes, in Form der dreifachen Leiden ständig Schwierigkeiten. Diese materielle Energie setzt sich aus den drei Erscheinungsweisen der materiellen Natur zusammen. Man muß sich zumindest zur Erscheinungsweise der Tugend erheben, bevor sich einem der Pfad öffnet, auf dem man den Höchsten Herrn verstehen kann. Ohne sich zur Ebene der Erscheinungsweise der Tugend zu erheben, bleibt man in Unwissenheit und Leidenschaft, den Ursachen dämonischen Lebens. Diejenigen, die sich in den Erscheinungsweisen der Leidenschaft und Unwissenheit befinden, verspotten die Schriften, verspotten die Heiligen und verspotten das richtige Verständnis der Höchsten Persönlichkeit Gottes. Sie mißachten die Unterweisungen des spirituellen Meisters, und sie kümmern sich nicht um die Anweisungen der Schriften. Obwohl sie von der Herrlichkeit des hingebungsvollen Dienstes hören, verspüren sie keinerlei Anziehung. Folglich erfinden sie ihren eigenen Weg der Erhebung. Dies sind einige der Fehler und Irrtümer, durch die die menschliche Gesellschaft in ein dämonisches Dasein geführt wird. Wenn man jedoch die Hilfe eines echten und autorisierten spirituellen Meisters finden kann, der die Fähigkeit hat, einen zum Pfad der Erhebung, zu höheren Stufen des Daseins, zu führen, dann wird das Leben erfolgreich.

Hiermit enden die Bhaktivedanta-Erläuterungen zum Sechzehnten Kapitel der Śrīmad Bhagavad-gītā *mit dem Titel: „Die göttlichen und die dämonischen Eigenschaften".*

SIEBZEHNTES KAPITEL

Die verschiedenen Arten des Glaubens

Vers 1 अर्जुन उवाच
ये शास्त्रविधिमुत्सृज्य यजन्ते श्रद्धयान्विताः ।
तेषां निष्ठा तु का कृष्ण सत्त्वमाहो रजस्तमः ॥ १ ॥

arjuna uvāca
ye śāstra-vidhim utsṛjya yajante śraddhayānvitāḥ
teṣāṁ niṣṭhā tu kā kṛṣṇa sattvam āho rajas tamaḥ

arjunaḥ uvāca – Arjuna sagte; *ye* – diejenigen, die; *śāstra-vidhim* – die Anweisungen der Schriften; *utsṛjya* – aufgebend; *yajante* – verehren; *śraddhayā* – voller Glauben; *anvitāḥ* – erfüllt von; *teṣām* – derjenigen; *niṣṭhā* – der Glaube; *tu* – aber; *kā* – was; *kṛṣṇa* – o Kṛṣṇa; *sattvam* – in Tugend; *āho* – oder; *rajaḥ* – in Leidenschaft; *tamaḥ* – in Unwissenheit.

Arjuna fragte: O Kṛṣṇa, in welcher Lage befinden sich diejenigen, die die Prinzipien der Schriften nicht befolgen, sondern nach ihrer eigenen Vorstellung Verehrung ausführen? Befinden sie sich in Tugend, Leidenschaft oder Unwissenheit?

ERLÄUTERUNG: Im Vierten Kapitel, Vers 39, hieß es, daß jemand, der voller Glauben eine bestimmte Art von Verehrung ausführt, allmählich zur Stufe des Wissens erhoben wird und so die höchste Vollkommenheit von Frieden und Wohlstand erreicht. Im Sechzehnten Kapitel lautete die Schlußfolgerung, daß jemand, der den Prinzipien, die in den Schriften niedergelegt sind, nicht folgt, als *asura,* Dämon, bezeichnet wird und daß jemand, der den Anweisungen der Schriften voller Glauben folgt, *deva,* Halbgott, genannt wird. Wie aber verhält es sich nun mit einem Menschen, der voller Glauben Regeln befolgt, die nicht in den Schriften erwähnt werden? Dieser Zweifel, den Arjuna hier äußert, muß von Kṛṣṇa geklärt werden. Befindet sich die Verehrung derer, die sich ihren eigenen Gott schaffen, indem sie irgendeinen Menschen dazu ernennen und an ihn glauben, in der Erscheinungsweise der Tugend, Leidenschaft oder Unwissenheit? Erreichen solche Menschen die Vollkommenheit des Lebens? Ist es ihnen möglich, auf diese Weise wahres Wissen zu erlangen und sich zur höchsten Stufe der Vollkommenheit zu erheben? Haben diejenigen, die nicht den Regeln und Anweisungen der Schriften folgen, aber trotzdem an etwas glauben und Götter, Halbgötter oder Menschen verehren, mit ihrer Bemühung Erfolg? Dies sind die Fragen, die Arjuna Kṛṣṇa stellt.

Vers 2 श्रीभगवानुवाच
त्रिविधा भवति श्रद्धा देहिनां सा स्वभावजा ।
सात्त्विकी राजसी चैव तामसी चेति तां शृणु ॥ २ ॥

śrī-bhagavān uvāca
tri-vidhā bhavati śraddhā dehināṁ sā svabhāva-jā
sāttvikī rājasī caiva tāmasī ceti tāṁ śṛṇu

śrī-bhagavān uvāca – die Höchste Persönlichkeit Gottes sprach; *tri-vidhā* – der drei Arten; *bhavati* – wird; *śraddhā* – der Glaube; *dehinām* – des verkörperten; *sā* – dieser; *sva-bhāva-jā* – entsprechend der Erscheinungsweise der materiellen Natur; *sāttvikī* – in der Erscheinungsweise der Tugend; *rājasī* – in der Erscheinungsweise der Leidenschaft; *ca* – auch; *eva* – gewiß; *tāmasī* – in der Erscheinungsweise der Unwissenheit; *ca* – und; *iti* – so; *tām* – dies; *śṛṇu* – höre von Mir.

Die Höchste Persönlichkeit Gottes sprach: Gemäß den Erscheinungsweisen der Natur, die von der verkörperten Seele angenommen werden, kann ihr Glaube von dreierlei Art sein – in Tugend, Leidenschaft oder Unwissenheit. Höre nun darüber.

ERLÄUTERUNG: Diejenigen, die die Regeln und Regulierungen der Schriften kennen, aber aus Faulheit oder Gleichgültigkeit diese Vorschriften nicht beachten, befinden sich unter dem Einfluß der Erscheinungsweisen der materiellen Natur. Je nach ihren früheren Tätigkeiten in den Erscheinungsweisen der Tugend, Leidenschaft und Unwissenheit nehmen sie ein bestimmtes Wesen und bestimmte Eigenschaften an. Das Lebewesen befindet sich schon seit unvordenklichen Zeiten unter dem Einfluß der verschiedenen Erscheinungsweisen der Natur. Seitdem das Lebewesen mit der materiellen Natur in Berührung ist, hat es ständig Gemeinschaft mit den materiellen Erscheinungsweisen und nimmt dementsprechend verschiedenste Formen des Bewußtseins an. Man kann sein Bewußtsein aber ändern, wenn man mit einem echten spirituellen Meister Gemeinschaft hat und sich an die Vorschriften hält, die man von ihm und den Schriften bekommt. Dann kann man sich allmählich vom Zustand der Unwissenheit oder Leidenschaft zur Stufe der Tugend erheben. Die Schlußfolgerung lautet, daß blinder Glaube unter dem Einfluß einer bestimmten Erscheinungsweise dem Menschen nicht helfen kann, die Stufe der Vollkommenheit zu erreichen. Man muß sich gründlich und mit Intelligenz überlegen, welchen Weg man einschlagen will, und zwar unter der Anleitung eines echten spirituellen Meisters. Auf diese Weise wird es möglich, sich zu einer höheren Erscheinungsweise der Natur zu erheben.

Vers 3 सत्त्वानुरूपा सर्वस्य श्रद्धा भवति भारत ।
श्रद्धामयोऽयं पुरुषो यो यच्छ्रद्धः स एव सः ॥ ३ ॥

sattvānurūpā sarvasya śraddhā bhavati bhārata
śraddhā-mayo 'yaṁ puruṣo yo yac-chraddhaḥ sa eva saḥ

sattva-anurūpā – entsprechend der Existenz; *sarvasya* – eines jeden; *śraddhā* – Glaube; *bhavati* – wird; *bhārata* – o Nachkomme Bharatas; *śraddhā* – Glaube; *mayaḥ* – erfüllt von; *ayam* – dieses; *puruṣaḥ* – Lebewesen; *yaḥ* – das; *yat* – welchen; *śraddhaḥ* – Glauben; *saḥ* – so; *eva* – gewiß; *saḥ* – es.

O Nachkomme Bharatas, gemäß dem Leben, das man unter dem Einfluß der verschiedenen Erscheinungsweisen der Natur führt, entwickelt man eine bestimmte Art von Glauben. Gemäß den Erscheinungsweisen, die das Lebewesen annimmt, kann es einem bestimmten Glauben zugeordnet werden.

ERLÄUTERUNG: Jeder hat eine bestimmte Art von Glauben – ganz gleich, wer er ist. Aber der Natur entsprechend, die ein Mensch entwickelt hat, wird sein Glaube als tugendhaft, leidenschaftlich oder unwissend bezeichnet, und entsprechend dieser bestimmten Art von

Glauben verkehrt man mit ganz bestimmten Menschen. Nun ist es in Wirklichkeit aber so, daß jedes Lebewesen, wie im Fünfzehnten Kapitel erklärt wird, ursprünglich ein fragmentarischer Teil des Höchsten Herrn ist. Ursprünglich steht man deshalb zu allen Erscheinungsweisen der materiellen Natur in transzendentaler Stellung. Doch wenn man seine Beziehung zur Höchsten Persönlichkeit Gottes vergißt und im bedingten Leben mit der materiellen Natur in Kontakt kommt, erzeugt man selbst seine verschiedenen Lebensumstände, je nachdem, mit welchen Aspekten der materiellen Vielfalt man Gemeinschaft hat. Die künstlichen Formen des Glaubens und des Lebens, die daraus entstehen, sind alle nur materiell. Obwohl sich das Lebewesen in der materiellen Welt von gewissen Vorstellungen und Lebensauffassungen leiten läßt, ist es ursprünglich *nirguṇa,* transzendental. Um seine Beziehung zum Höchsten Herrn wiederzugewinnen, muß man also von der angesammelten materiellen Verunreinigung geläutert werden. Und der einzige Pfad, um dies ohne Angst zu erreichen, ist Kṛṣṇa-Bewußtsein. Wenn man im Kṛṣṇa-Bewußtsein verankert ist, befindet man sich mit Sicherheit auf dem Pfad, der zur Erhebung auf die vollkommene Stufe führt. Wenn man sich diesem Pfad der Selbstverwirklichung nicht zuwendet, wird man gezwungenermaßen vom Einfluß der Erscheinungsweisen der Natur gelenkt werden.

Das Wort *śraddhā,* „Glaube", ist in diesem Vers sehr bedeutsam. *Śraddhā,* oder Glaube, entsteht ursprünglich aus der Erscheinungsweise der Tugend. Man kann seinen Glauben auf einen Halbgott, auf irgendeinen selbstgemachten Gott oder auf irgend etwas Erdachtes richten. Wenn der Glaube stark ist, sollte er einen zu Tätigkeiten in materieller Tugend führen. Doch im bedingten Zustand des materiellen Lebens gibt es keine Tätigkeiten, die völlig rein sind. Sie sind immer vermischt. Sie befinden sich nicht in reiner Tugend; reine Tugend ist transzendental, und nur in gereinigter Tugend kann man die wahre Natur der Höchsten Persönlichkeit Gottes verstehen. Solange sich der Glaube eines Menschen nicht vollständig in geläuterter Tugend befindet, ist dieser Glaube der Verunreinigung durch die verschiedenen Erscheinungsweisen der materiellen Natur ausgesetzt, und diese Verunreinigung greift auf das Herz über. Daher richtet sich der Glaube eines Menschen danach, welche Erscheinungsweise der materiellen Natur sein Herz beeinflußt. Mit anderen Worten, wenn sich das Herz in der Erscheinungsweise der Tugend befindet, ist auch der Glaube in der Erscheinungsweise der Tugend. Wenn sich das Herz in der Erscheinungsweise der Leidenschaft befindet, ist der Glaube ebenfalls in der Erscheinungsweise der Leidenschaft. Und wenn sich das Herz in der Erscheinungsweise der Dunkelheit, in Illusion, befindet, ist der Glaube ebenfalls auf diese

Weise verunreinigt. Somit finden wir auf der Welt verschiedene Arten von Glauben, und entsprechend diesen unterschiedlichen Glaubensarten gibt es verschiedene Formen der Religion. Das wahre Prinzip des religiösen Glaubens gründet in der Erscheinungsweise der reinen Tugend, doch weil das Herz des Lebewesens mit den materiellen Erscheinungsweisen vermischt ist, gibt es so viele andere Arten religiöser Prinzipien. Somit gibt es also entsprechend den verschiedenen Arten des Glaubens verschiedene Arten der Verehrung.

Vers 4 यजन्ते सात्त्विका देवान् यक्षरक्षांसि राजसाः ।
प्रेतान् भूतगणांश्चान्ये यजन्ते तामसा जनाः ॥ ४ ॥

yajante sāttvikā devān yakṣa-rakṣāṁsi rājasāḥ
pretān bhūta-gaṇāṁś cānye yajante tāmasā janāḥ

yajante – verehren; *sāttvikāḥ* – diejenigen in der Erscheinungsweise der Tugend; *devān* – Halbgötter; *yakṣa-rakṣāṁsi* – Dämonen; *rājasāḥ* – diejenigen, die sich in der Erscheinungsweise der Leidenschaft befinden; *pretān* – Geister von Toten; *bhūta-gaṇān* – Gespenster; *ca* – und; *anye* – andere; *yajante* – verehren; *tāmasāḥ* – in der Erscheinungsweise der Unwissenheit; *janāḥ* – Menschen.

Menschen in der Erscheinungsweise der Tugend verehren die Halbgötter, Menschen in der Erscheinungsweise der Leidenschaft verehren die Dämonen, und Menschen in der Erscheinungsweise der Unwissenheit verehren Geister und Gespenster.

ERLÄUTERUNG: In diesem Vers beschreibt die Höchste Persönlichkeit Gottes verschiedene Arten von Verehrern in bezug auf ihre jeweiligen Tätigkeiten. Nach den Anweisungen der Schriften ist allein die Höchste Persönlichkeit Gottes der Verehrung würdig; aber diejenigen, die mit den Unterweisungen der Schriften nicht sehr vertraut sind oder nicht an sie glauben, haben je nach den Erscheinungsweisen der materiellen Natur, von denen sie beeinflußt werden, andere Ziele der Verehrung. Diejenigen, die sich in Tugend befinden, verehren im allgemeinen die Halbgötter. Zu den Halbgöttern gehören Brahmā, Śiva und andere, wie Indra, Candra und der Sonnengott. Es gibt viele verschiedene Halbgötter. Menschen, die sich in Tugend befinden, verehren aus einem bestimmten Motiv heraus einen bestimmten Halbgott. In ähnlicher Weise verehren diejenigen, die sich in der Erscheinungsweise der

Leidenschaft befinden, die Dämonen. Wir erinnern uns in diesem Zusammenhang an einen Mann, der während des Zweiten Weltkrieges in Kalkutta Hitler verehrte, weil es ihm dank des Krieges gelang, durch Geschäfte auf dem Schwarzmarkt sehr viel Reichtum anzuhäufen. Andere in der vermischten Erscheinungsweise der Unwissenheit und Leidenschaft suchen sich einen mächtigen Menschen aus und verehren ihn als Gott. Sie glauben, man könne als Gott verehren, wen man wolle – das Ergebnis sei immer dasselbe.

Wie aus dem vorliegenden Vers klar hervorgeht, sind es die Menschen in der Erscheinungsweise der Leidenschaft, die solche Götter schaffen und verehren, und diejenigen, die sich in Unwissenheit und Dunkelheit befinden, verehren die Geister von Toten. Manchmal gibt es auch Menschen, die ihre Verehrung an der Grabstätte eines Verstorbenen darbringen. Sexueller Kult ist ebenfalls der Erscheinungsweise der Dunkelheit zuzuordnen. Ebenso gibt es in manchen abgelegenen Dörfern Indiens Menschen, die Geister verehren. Wir haben selbst schon gesehen, daß in Indien manchmal Menschen der niederen Klasse in den Wald gehen, um dort einen Baum zu verehren und ihm Opfer darzubringen, wenn sie wissen, daß in diesem Baum ein Geist haust. Diese verschiedenen Arten der Verehrung haben in Wirklichkeit nichts mit der Verehrung Gottes zu tun. Die Verehrung Gottes wird von Menschen ausgeführt, die sich auf der transzendentalen Ebene der reinen Tugend befinden. Im *Śrīmad-Bhāgavatam* (4.3.23) heißt es: *sattvaṁ viśuddhaṁ vasudeva-śabditam.* „Wenn sich ein Mensch auf der Ebene reiner Tugend befindet, verehrt er Vāsudeva." Dies bedeutet, daß nur diejenigen, die von den materiellen Erscheinungsweisen der Natur völlig frei geworden sind und sich auf der transzendentalen Ebene befinden, die Höchste Persönlichkeit Gottes verehren können.

Von den Unpersönlichkeitsanhängern heißt es, daß sie sich in der Erscheinungsweise der Tugend befinden, und sie verehren fünf Arten von Halbgöttern. Sie verehren die unpersönliche Form Viṣṇus in der materiellen Welt, den sogenannten philosophierten Viṣṇu. Viṣṇu ist die Erweiterung der Höchsten Persönlichkeit Gottes, doch weil die Unpersönlichkeitsanhänger letztlich nicht an die Höchste Persönlichkeit Gottes glauben, stellen sie sich vor, die Form Viṣṇus sei nur ein anderer Aspekt des unpersönlichen Brahman. Ebenso denken sie, Brahmā sei die unpersönliche Form der materiellen Erscheinungsweise der Leidenschaft. Auf diese Weise beschreiben sie manchmal fünf Arten von Göttern, die der Verehrung würdig seien, aber weil sie das unpersönliche Brahman für die eigentliche Wahrheit halten, geben sie letzten Endes alle Objekte der Verehrung auf. Zusammenfassend kann man also sagen, daß man sich von den verschiedenen Einflüssen der Erscheinungsweisen der materiellen Natur läutern kann, wenn man sich in die Gemeinschaft von Menschen begibt, die sich auf der transzendentalen Ebene befinden.

Vers 5–6

अशास्त्रविहितं घोरं तप्यन्ते ये तपो जनाः ।
दम्भाहङ्कारसंयुक्ताः कामरागबलान्विताः ॥ ५ ॥

कर्षयन्तः शरीरस्थं भूतग्राममचेतसः ।
मां चैवान्तः शरीरस्थं तान् विद्ध्यासुरनिश्चयान् ॥ ६ ॥

aśāstra-vihitaṁ ghoraṁ tapyante ye tapo janāḥ
dambhāhaṅkāra-saṁyuktāḥ kāma-rāga-balānvitāḥ

karṣayantaḥ śarīra-sthaṁ bhūta-grāmam acetasaḥ
māṁ caivāntaḥ śarīra-sthaṁ tān viddhy āsura-niścayān

aśāstra – nicht in den Schriften; *vihitam* – angeleitet; *ghoram* – für andere schädlich; *tapyante* – nehmen auf sich; *ye* – diejenigen, die; *tapaḥ* – Entsagung; *janāḥ* – Menschen; *dambha* – mit Stolz; *ahaṅkāra* – und Egoismus; *saṁyuktāḥ* – beschäftigt; *kāma* – der Lust; *rāga* – und Anhaftung; *bala* – durch die Kraft; *anvitāḥ* – getrieben von; *karṣayantaḥ* – quälend; *śarīra-stham* – im Körper befindlich; *bhūta-grāmam* – die Verbindung materieller Elemente; *acetasaḥ* – mit fehlgeleitetem Bewußtsein; *mām* – Mich; *ca* – auch; *eva* – gewiß; *antaḥ* – innen; *śarīra-stham* – im Körper befindlich; *tān* – sie; *viddhi* – verstehe; *āsura-niścayān* – als Dämonen.

Diejenigen, die sich harte, nicht in den Schriften empfohlene Entsagungen und Bußen auferlegen, und dies aufgrund von Stolz und Egoismus, getrieben von Lust und Anhaftung, die töricht sind und die materiellen Elemente des Körpers sowie auch die Überseele im Innern quälen, sind als Dämonen anzusehen.

ERLÄUTERUNG: Es gibt Menschen, die sich verschiedene Arten von Entsagungen und Bußen ausdenken, die nirgendwo in den Schriften erwähnt werden. So hat zum Beispiel Fasten um eines materiellen Motives willen, wie um ein rein politisches Ziel zu erreichen, nichts mit den Anweisungen der Schriften zu tun. Die Schriften empfehlen Fasten für spirituellen Fortschritt, nicht um politischer oder sozialer Ziele willen. Menschen, die solche Entsagung auf sich nehmen, sind, nach

Aussage der *Bhagavad-gītā,* zweifellos dämonisch. Ihre Handlungen verletzen die Anweisungen der Schriften und sind nicht für das Wohl der Allgemeinheit bestimmt. In Wirklichkeit sind die Motive ihres Handelns Stolz, falsches Ego, Lust und Anhaftung an materiellen Genuß. Ein solches Verhalten stört nicht nur die Ordnung der materiellen Elemente im Körper, sondern auch die Höchste Persönlichkeit Gottes Selbst, die im Körper gegenwärtig ist. Zweifellos stellen solche unautorisierten Formen des Fastens und der Entsagung, die nur um politischer Ziele willen ausgeführt werden, für andere eine große Störung dar. Nirgendwo in den vedischen Schriften kann man so etwas finden. Ein dämonischer Mensch glaubt vielleicht, er könne mit dieser Methode seinen Feind oder andere Parteien zwingen, seinen Wünschen nachzugeben, doch bisweilen kommt es vor, daß man durch solches Fasten den eigenen Tod verursacht. Der Herr, die Höchste Persönlichkeit Gottes, billigt solche Methoden nicht, und hier sagt Er, daß diejenigen, die sich so verhalten, Dämonen sind. Solche Tätigkeiten sind eine Beleidigung der Höchsten Persönlichkeit Gottes, denn sie werden im Ungehorsam gegenüber den Anweisungen der vedischen Schriften ausgeführt. In diesem Zusammenhang ist das Wort *acetasaḥ* von Bedeutung. Menschen mit gesundem Verstand müssen den Anweisungen der Schriften gehorchen. Diejenigen, die sich nicht in einer solchen Verfassung befinden, mißachten und verletzen diese Anweisungen und fabrizieren sich ihre eigene Art der Entsagung und Buße. Man sollte sich immer an das letztliche Schicksal der dämonischen Menschen erinnern, das im vorangegangenen Kapitel beschrieben wurde. Der Herr zwingt sie, immer wieder unter dämonischen Menschen geboren zu werden. Folglich leben sie Geburt für Geburt nach dämonischen Prinzipien, ohne ihre Beziehung zur Höchsten Persönlichkeit Gottes zu kennen. Wenn solche Menschen jedoch das Glück haben, von einem spirituellen Meister unterwiesen zu werden, der sie zum Pfad der vedischen Weisheit führen kann, besteht für sie die Möglichkeit, dieser Verstrickung zu entkommen und schließlich das höchste Ziel zu erreichen.

Vers 7 आहारस्त्वपि सर्वस्य त्रिविधो भवति प्रियः ।
यज्ञस्तपस्तथा दानं तेषां भेदमिमं शृणु ॥ ७ ॥

āhāras tv api sarvasya tri-vidho bhavati priyaḥ
yajñas tapas tathā dānaṁ teṣāṁ bhedam imaṁ śṛṇu

āhāraḥ – essen; *tu* - gewiß; *api* - auch; *sarvasya* - eines jeden; *tri-vidhaḥ* - von dreierlei Art; *bhavati* – es gibt; *priyaḥ* – geschätzt; *yajñaḥ* – Opfer;

tapaḥ – Enthaltung; *tathā* – auch; *dānam* – Spenden; *teṣām* – von ihnen; *bhedam* – die Unterschiede; *imam* – dies; *śṛṇu* – höre.

Selbst die Speisen, die ein Mensch vorzieht, sind von dreierlei Art, entsprechend den drei Erscheinungsweisen der materiellen Natur. Das gleiche gilt für Opfer, Enthaltung und Spenden. Höre nun, wodurch sie sich unterscheiden.

ERLÄUTERUNG: Gemäß dem Einfluß der verschiedenen Erscheinungsweisen der materiellen Natur gibt es Unterschiede in der Art zu essen und Unterschiede in bezug auf Opfer, Enthaltung und Spenden. Diese Tätigkeiten befinden sich nicht alle auf derselben Ebene. Diejenigen, die imstande sind, analytisch zu verstehen, welche Art von Tätigkeit sich in welcher materiellen Erscheinungsweise befindet, sind wahrhaft weise. Diejenigen, die die verschiedenen Arten von Opfern, Nahrung und Wohltätigkeit als gleichwertig betrachten, haben kein Unterscheidungsvermögen und sind töricht. Es gibt sogenannte Missionare, die erklären, man könne tun, was man wolle, und letzten Endes werde man die Vollkommenheit erreichen. Diese törichten Führer handeln jedoch nicht in Übereinstimmung mit den Schriften. Sie erfinden ihre eigenen Wege und führen die Allgemeinheit in die Irre.

Vers 8 आयुःसत्त्वबलारोग्यसुखप्रीतिविवर्धनाः ।
रस्याः स्निग्धाः स्थिरा हृद्या आहाराः सात्त्विकप्रियाः ॥ ८ ॥

āyuḥ-sattva-balārogya- sukha-prīti-vivardhanāḥ
rasyāḥ snigdhāḥ sthirā hṛdyā āhārāḥ sāttvika-priyāḥ

āyuḥ – Lebensdauer; *sattva* – Existenz; *bala* – Stärke; *ārogya* – Gesundheit; *sukha* – Glück; *prīti* – und Zufriedenheit; *vivardhanāḥ* – vergrößernd; *rasyāḥ* – saftig; *snigdhāḥ* – fetthaltig; *sthirāḥ* – beständig; *hṛdyāḥ* – das Herz erfreuend; *āhārāḥ* – Speise; *sāttvika* – für jemanden in Tugend; *priyāḥ* – schmackhaft.

Speisen, die von Menschen in der Erscheinungsweise der Tugend geschätzt werden, verlängern die Lebensdauer, reinigen das Dasein und geben Kraft, Gesundheit, Glück und Zufriedenheit. Solche Speisen sind saftig, fetthaltig, bekömmlich und erfreuen das Herz.

Vers 9 कट्वम्ललवणात्युष्णतीक्ष्णरूक्षविदाहिनः ।
आहारा राजसस्येष्टा दुःखशोकामयप्रदाः ॥ ९ ॥

kaṭv-amla-lavaṇāty-uṣṇa- tīkṣṇa-rūkṣa-vidāhinaḥ
āhārā rājasasyeṣṭā duḥkha-śokāmaya-pradāḥ

kaṭu – bitter; *amla* – sauer; *lavaṇa* – salzig; *ati-uṣṇa* – sehr scharf; *tīkṣṇa* – beißend; *rūkṣa* – trocken; *vidāhinaḥ* – brennend; *āhārāḥ* – Speise; *rājasasya* – für jemanden in der Erscheinungsweise der Leidenschaft; *iṣṭāḥ* – schmackhaft; *duḥkha* – Leid; *śoka* – Schmerz; *āmaya* – Krankheit; *pradāḥ* – verursachend.

Speisen, die zu bitter, zu sauer, zu salzig, zu scharf oder beißend, trocken und brennend sind, werden von Menschen geschätzt, die sich in der Erscheinungsweise der Leidenschaft befinden. Solche Nahrung verursacht Schmerz, Leid und Krankheit.

Vers 10 यातयामं गतरसं पूति पर्युषितं च यत् ।
उच्छिष्टमपि चामेध्यं भोजनं तामसप्रियम् ॥१०॥

yāta-yāmaṁ gata-rasaṁ pūti paryuṣitaṁ ca yat
ucchiṣṭam api cāmedhyaṁ bhojanaṁ tāmasa-priyam

yāta-yāmam – Nahrung, die mehr als drei Stunden vor dem Essen gekocht wurde; *gata-rasam* – ohne Geschmack; *pūti* – übelriechend; *paryuṣitam* – faul; *ca* – auch; *yat* – das, was; *ucchiṣṭam* – Speisereste anderer; *api* – auch; *ca* – und; *amedhyam* – unberührbar; *bhojanam* – essen; *tāmasa* – jemandem in der Erscheinungsweise der Dunkelheit; *priyam* – lieb.

Nahrung, die mehr als drei Stunden vor dem Essen gekocht wurde, Nahrung, die ohne Geschmack, faul und gegoren ist, und Nahrung, die aus Speiseresten und unberührbaren Dingen besteht, wird von denjenigen geschätzt, die sich in der Erscheinungsweise der Unwissenheit befinden.

ERLÄUTERUNG: Die Funktion der Nahrung besteht darin, die Lebensdauer zu verlängern, den Geist zu läutern und dem Körper Kraft zu geben. Das ist ihre einzige Funktion. In der Vergangenheit bestimmten große Autoritäten jene Nahrungsmittel, die der Gesundheit am zuträglichsten sind und die Lebensdauer verlängern, wie Milchprodukte, Zucker, Reis, Weizen, Früchte und Gemüse. Diese Nahrungsmittel sind denjenigen sehr lieb, die sich in der Erscheinungsweise der Tugend befinden. Andere Nahrungsmittel, wie zum Beispiel Mais und Melasse, die für sich allein nicht sehr wohlschmeckend sind, können schmackhaft gemacht werden, wenn sie mit Milch oder anderen Nahrungsmitteln vermischt werden. Sie befinden sich dann ebenfalls in der Erscheinungsweise der Tugend. All diese Nahrungsmittel sind von Natur aus rein. Sie sind grundverschieden von unberührbaren Dingen wie Fleisch und Alkohol. Die fetthaltige Nahrung, die im achten Vers erwähnt wird, hat nichts mit Tierfett zu tun, das durch Schlachten gewonnen wird. Tierisches Fett ist in Form von Milch erhältlich, die das wundervollste aller Nahrungsmittel ist. Milch, Butter, Käse und ähnliche Erzeugnisse liefern tierisches Fett in einer Form, die dem Töten unschuldiger Geschöpfe jegliche Berechtigung nimmt. Nur aufgrund von Brutalität wird solches Töten fortgesetzt. Die zivilisierte Methode, das notwendige Fett zu bekommen, besteht darin, es aus Milch zu gewinnen. Tiere zu schlachten ist die Methode der Barbaren. Proteine sind in ausreichender Menge in Erbsen, *dāl,* Vollkornweizen usw. enthalten.

Nahrung in der Erscheinungsweise der Leidenschaft, die bitter, zu salzig, zu scharf oder übermäßig mit rotem Pfeffer gewürzt ist, verursacht Leid, weil sie im Magen den Schleim reduziert, was zu Krankheit führt. Zu den Speisen in der Erscheinungsweise der Unwissenheit oder Dunkelheit gehören vor allem diejenigen, die nicht frisch sind. Jede Nahrung, die mehr als drei Stunden vor dem Essen gekocht wurde (außer *prasādam,* Speise, die dem Herrn geopfert wurde), befindet sich in der Erscheinungsweise der Dunkelheit. Weil diese Nahrung bereits schlecht wird, entströmt ihr ein übler Geruch, der auf Menschen in dieser Erscheinungsweise oft anziehend wirkt, aber diejenigen, die sich in der Erscheinungsweise der Tugend befinden, abstößt.

Speisereste sollten nur gegessen werden, wenn sie zu einer Mahlzeit gehören, die zuerst dem Höchsten Herrn geopfert wurde oder von der zuerst Heilige, insbesondere der spirituelle Meister, gegessen haben. Ansonsten befinden sich Speisereste in der Erscheinungsweise der Dunkelheit, und sie erhöhen die Gefahr einer Ansteckung oder Krankheit. Solche Nahrungsmittel mögen Menschen in der Erscheinungsweise der Dunkelheit sehr schmackhaft erscheinen, doch Menschen in der Erscheinungsweise der Tugend schätzen solche Nahrung nicht, ja berühren sie nicht einmal. Die beste Nahrung sind die Reste der Speisen, die der Höchsten Persönlichkeit Gottes geopfert wurden. In der *Bhagavad-gītā* sagt der Höchste Herr, daß Er aus Gemüse, Mehl und Milch zubereitete Speisen annimmt, wenn sie mit Hingabe geopfert werden (*patraṁ puṣpaṁ phalaṁ toyam*). Selbstverständlich sind Liebe und Hingabe die wichtigsten Zutaten, die die Höchste Persönlichkeit Gottes annimmt, aber dennoch wird darauf hingewiesen, daß das *prasādam* auf ganz bestimmte Art zubereitet werden sollte. Jede Speise, die nach den Anweisungen der Schriften zubereitet und der Höchsten Persönlichkeit Gottes geopfert wurde, kann selbst dann noch gegessen werden, wenn sie bereits vor langer Zeit gekocht wurde, denn solche Nahrung ist transzendental. Um daher die Nahrung für alle Menschen antiseptisch, eßbar und wohlschmeckend zu machen, sollte man sie der Höchsten Persönlichkeit Gottes opfern.

Vers 11 अफलाकाङ्क्षिभिर्यज्ञो विधिदिष्टो य इज्यते ।
यष्टव्यमेवेति मनः समाधाय स सात्त्विकः ॥११॥

aphalākāṅkṣibhir yajño vidhi-diṣṭo ya ijyate
yaṣṭavyam eveti manaḥ samādhāya sa sāttvikaḥ

aphala-ākāṅkṣibhiḥ – von denen, die frei von fruchtbringenden Wünschen sind; *yajñaḥ* – Opfer; *vidhi-diṣṭaḥ* – gemäß den Anweisungen der Schriften; *yaḥ* – welches; *ijyate* – wird ausgeführt; *yaṣṭavyam* – muß ausgeführt werden; *eva* – gewiß; *iti* – so; *manaḥ* – Geist; *samādhāya* – gefestigt; *saḥ* – es; *sāttvikaḥ* – in der Erscheinungsweise der Tugend.

Unter den Opfern befindet sich dasjenige, das gemäß den Anweisungen der Schriften ausgeführt wird, einfach um der Pflicht willen, ohne Wunsch nach Belohnung, in der Erscheinungsweise der Tugend.

ERLÄUTERUNG: Im allgemeinen besteht die Neigung, Opfer mit einem Hintergedanken darzubringen, doch hier wird erklärt, daß Opfer ohne solche Verlangen dargebracht werden sollten. Man sollte sie einfach um der Pflicht willen ausführen. Betrachten wir zum Beispiel die Vollziehung von Ritualen in Tempeln oder Kirchen. Gewöhnlich werden solche Rituale mit der Absicht ausgeführt, einen materiellen Vorteil zu erlangen, aber dies gründet nicht in der Erscheinungsweise der Tugend. Vielmehr sollte man den Tempel oder die Kirche aus Pflicht besuchen, um der Höchsten Persönlichkeit Gottes Ehre zu erweisen und Blumen und Speisen darzubringen, und nicht in der Absicht, materiellen Vorteil zu erlangen. Jeder denkt, in den Tempel zu gehen, einfach nur um Gott zu verehren, habe keinen Nutzen; doch Verehrung, um einen wirtschaftlichen Nutzen zu gewinnen, wird in den Unterweisungen der Schriften nicht empfohlen. Man sollte nur in den Tempel gehen, um der transzendentalen Bildgestalt des Herrn Ehrerbietungen zu erweisen. Das wird einen Menschen zur Erscheinungsweise der Tugend erheben. Es ist die Pflicht eines jeden zivilisierten Menschen, die Anweisungen der

Schriften zu befolgen und der Höchsten Persönlichkeit Gottes Ehre zu erweisen.

Vers 12 अभिसन्धाय तु फलं दम्भार्थमपि चैव यत् ।
इज्यते भरतश्रेष्ठ तं यज्ञं विद्धि राजसम् ॥१२॥

abhisandhāya tu phalaṁ dambhārtham api caiva yat
ijyate bharata-śreṣṭha taṁ yajñaṁ viddhi rājasam

abhisandhāya – sich wünschend; *tu* – aber; *phalam* – das Ergebnis; *dambha* – Stolz; *artham* – zwecks; *api* – auch; *ca* – und; *eva* – gewiß; *yat* – das, was; *ijyate* – wird ausgeführt; *bharata-śreṣṭha* – o Oberhaupt der Bhāratas; *tam* – dieses; *yajñam* – Opfer; *viddhi* – wisse; *rājasam* – in der Erscheinungsweise der Leidenschaft.

Doch wisse, o Oberhaupt der Bhāratas, das Opfer, das für einen materiellen Zweck oder aus Stolz ausgeführt wird, befindet sich in der Erscheinungsweise der Leidenschaft.

ERLÄUTERUNG: Manchmal werden Opfer und Rituale ausgeführt, um zum himmlischen Königreich erhoben zu werden oder materielle Vorteile auf der Erde zu gewinnen. Solche Opfer und rituellen Zeremonien befinden sich in der Erscheinungsweise der Leidenschaft.

Vers 13 विधिहीनमसृष्टान्नं मन्त्रहीनमदक्षिणम् ।
श्रद्धाविरहितं यज्ञं तामसं परिचक्षते ॥१३॥

vidhi-hīnam asṛṣṭānnaṁ mantra-hīnam adakṣiṇam
śraddhā-virahitaṁ yajñaṁ tāmasaṁ paricakṣate

vidhi-hīnam – ohne Anweisung der Schriften; *asṛṣṭa-annam* – ohne die Verteilung von *prasādam; mantra-hīnam* – ohne das Chanten der vedischen Hymnen; *adakṣiṇam* – ohne Spenden für die Priester; *śraddhā* – Glauben; *virahitam* – ohne; *yajñam* – Opfer; *tāmasam* – in der Erscheinungsweise der Unwissenheit; *paricakṣate* – gilt als.

Jedes Opfer, das ohne Beachtung der Anweisungen der Schriften, ohne die Verteilung von prasādam [spirituelle Speisen], ohne das Chanten der vedischen Hymnen, ohne Belohnung der Priester und ohne Glauben ausgeführt wird, gilt als Opfer in der Erscheinungsweise der Unwissenheit.

ERLÄUTERUNG: Glaube in der Erscheinungsweise der Dunkelheit oder Unwissenheit ist eigentlich Unglaube. Manchmal verehren Menschen einen Halbgott, nur um Geld zu bekommen, das sie dann für ihren eigenen Genuß ausgeben – eine Handlungsweise, die gegen alle Regeln der Schriften verstößt. Solche oberflächlichen Zeremonien und Zurschaustellungen können nicht als echte Religiosität anerkannt werden. Sie alle befinden sich in der Erscheinungsweise der Dunkelheit; sie erzeugen eine dämonische Mentalität und bringen der menschlichen Gesellschaft keinen Nutzen.

Vers 14 देवद्विजगुरुप्राज्ञपूजनं शौचमार्जवम् ।
ब्रह्मचर्यमहिंसा च शारीरं तप उच्यते ॥१४॥

deva-dvija-guru-prājña- pūjanaṁ śaucam ārjavam
brahmacaryam ahiṁsā ca śārīraṁ tapa ucyate

deva – des Höchsten Herrn; *dvija* – der *brāhmaṇas; guru* – des spirituellen Meisters; *prājña* – und ehrwürdiger Personen; *pūjanam* – Verehrung; *śaucam* – Sauberkeit; *ārjavam* – Einfachheit; *brahmacaryam* – Zölibat; *ahiṁsā* – Gewaltlosigkeit; *ca* – auch; *śārīram* – den Körper betreffend; *tapaḥ* – Enthaltung; *ucyate* – wird genannt.

Enthaltung in bezug auf den Körper besteht in der Verehrung des Höchsten Herrn, der brāhmaṇas, des spirituellen Meisters und der Höhergestellten, wie Vater und Mutter, und in Sauberkeit, Einfachheit, Zölibat und Gewaltlosigkeit.

ERLÄUTERUNG: Hier nun erklärt der Höchste Herr die verschiedenen Arten von Enthaltung und Buße. Als erstes erklärt Er Enthaltung und Buße, die sich auf den Körper beziehen. Man sollte Gott, den Halbgöttern, den vollkommenen und qualifizierten *brāhmaṇas,* dem spirituellen Meister und Höherstehenden, wie Vater und Mutter, und allen anderen, die mit dem vedischen Wissen vertraut sind, Ehre erweisen oder lernen, dies zu tun. All diesen Personen sollte gebührende Achtung entgegengebracht werden. Man sollte sich darin üben, sich äußerlich und innerlich rein zu halten, und man sollte lernen, in seinem Verhalten einfach zu werden. Man sollte nichts tun, was nicht von den Unterweisungen der Schriften gebilligt wird. Außerhalb der Ehe darf man nichts mit Sexualität zu tun haben, denn gemäß den Schriften ist Sexualität nur gestattet, wenn man verheiratet ist, sonst nicht. Dies nennt man Zölibat.

Dies sind die verschiedenen Arten von Bußen und Enthaltung, die sich auf den Körper beziehen.

Vers 15 अनुद्वेगकरं वाक्यं सत्यं प्रियहितं च यत् ।
स्वाध्यायाभ्यसनं चैव वाङ्मयं तप उच्यते ॥१५॥

anudvega-karaṁ vākyaṁ satyaṁ priya-hitaṁ ca yat
svādhyāyābhyasanaṁ caiva vāṅ-mayaṁ tapa ucyate

anudvega-karam – nicht erregende; *vākyam* – Worte; *satyam* – wahre; *priya* – erfreuende; *hitam* – nützliche; *ca* – auch; *yat* – welche; *svādhyāya* – des Studiums der vedischen Schriften; *abhyasanam* – Übung; *ca* – auch; *eva* – gewiß; *vāk-mayam* – der Stimme; *tapaḥ* – Enthaltung; *ucyate* – wird genannt.

Enthaltung in bezug auf das Reden besteht darin, nur Worte zu sprechen, die wahrheitsgemäß, erfreuend und nützlich sind und andere nicht erregen, und auch darin, regelmäßig die vedischen Schriften vorzutragen.

ERLÄUTERUNG: Man sollte keine Worte gebrauchen, die andere erregen. Natürlich darf ein Lehrer die Wahrheit aussprechen, um seinen Schülern Unterweisungen zu erteilen, doch zu denjenigen, die nicht seine Schüler sind, sollte er nicht sprechen, wenn dies deren Geist erregen würde. Das ist Enthaltung, die sich auf das Sprechen bezieht. Dazu gehört auch, daß man keinen Unsinn reden soll. Wenn man in spirituellen Kreisen spricht, so sollte man nur das sagen, was sich auf die Schriften stützt. Man sollte sogleich Zitate aus den autorisierten Schriften anführen, um das, was man sagt, zu untermauern. Gleichzeitig sollte eine solche Rede sehr angenehm für das Ohr sein. Durch solche Gespräche kann man für sich selbst den höchsten Nutzen gewinnen und gleichzeitig die menschliche Gesellschaft erheben. Der Umfang der vedischen Schriften ist unbegrenzt, und man sollte diese Schriften studieren. Dies nennt man Enthaltung in bezug auf das Sprechen.

Vers 16 मनःप्रसादः सौम्यत्वं मौनमात्मविनिग्रहः ।
भावसंशुद्धिरित्येतत्तपो मानसमुच्यते ॥१६॥

manaḥ-prasādaḥ saumyatvaṁ maunam ātma-vinigrahaḥ
bhāva-saṁśuddhir ity etat tapo mānasam ucyate

manaḥ-prasādaḥ – Zufriedenheit des Geistes; *saumyatvam* – ohne Zweideutigkeit anderen gegenüber; *maunam* – Ernst; *ātma* – des Selbst; *vinigrahaḥ* – Beherrschung; *bhāva* – seiner Natur; *saṁśuddhiḥ* – Läuterung; *iti* – so; *etat* – dies; *tapaḥ* – Enthaltung; *mānasam* – des Geistes; *ucyate* – wird genannt.

Und Zufriedenheit, Läuterung des Daseins, Einfachheit, Ernst und Selbstbeherrschung sind die Enthaltungen in bezug auf den Geist.

ERLÄUTERUNG: Den Geist entsagt zu machen bedeutet, ihn von Sinnenbefriedigung zurückzuziehen. Er sollte auf solche Weise geschult werden, daß er immer daran denkt, für andere Gutes zu tun. Die beste Schulung für den Geist ist Ernsthaftigkeit der Gedanken. Man sollte nie vom Kṛṣṇa-Bewußtsein abweichen, das heißt, man muß Sinnenbefriedigung immer vermeiden. Sein Wesen zu läutern bedeutet also, Kṛṣṇa-bewußt zu werden. Zufriedenheit des Geistes kann man nur erreichen, wenn man den Geist von Gedanken an Sinnengenuß zurückzieht. Je mehr wir an Sinnengenuß denken, desto unzufriedener wird unser Geist. Im gegenwärtigen Zeitalter beschäftigen wir den Geist unnötigerweise mit den verschiedensten Arten der Sinnenbefriedigung, und so besteht keine Aussicht auf inneren Frieden. Das beste ist, wenn man den Geist auf die vedischen Schriften lenkt, die voller Erzählungen sind, die den Geist tatsächlich zufriedenstellen, vor allem die Geschichten der *Purāṇas* und des *Mahābhārata.* Man sollte aus diesem Wissen Nutzen ziehen und auf diese Weise geläutert werden. Der Geist sollte frei von Falschheit sein, und man sollte an das Wohl aller denken. Schweigsamkeit bedeutet, immer an Selbstverwirklichung zu denken. In diesem Sinne ist ein Mensch im Kṛṣṇa-Bewußtsein auf vollkommene Weise schweigsam. Beherrschung des Geistes bedeutet, den Geist von Sinnengenuß zu lösen. Man sollte im Umgang mit anderen offen und ehrlich sein und dadurch sein Dasein läutern. Dies alles zusammen stellt die Enthaltung in bezug auf die Tätigkeiten des Geistes dar.

Vers 17 श्रद्धया परया तप्तं तपस्तत्त्रिविधं नरैः ।
अफलाकाङ्क्षिभिर्युक्तैः सात्त्विकं परिचक्षते ॥१७॥

śraddhayā parayā taptaṁ tapas tat tri-vidhaṁ naraiḥ
aphalākāṅkṣibhir yuktaiḥ sāttvikaṁ paricakṣate

śraddhayā – mit Glauben; *parayā* – transzendentalem; *taptam* – ausgeführt; *tapaḥ* – Enthaltung; *tat* – diese; *tri-vidham* – drei Arten von; *naraiḥ* – von Menschen; *aphala-ākāṅkṣibhiḥ* – die frei von Wünschen nach Gewinn sind; *yuktaiḥ* – beschäftigt; *sāttvikam* – in der Erscheinungsweise der Tugend; *paricakṣate* – wird genannt.

Diese drei Arten von Enthaltung, die mit transzendentalem Glauben von denjenigen ausgeführt werden, die keine materiellen Gewinne erwarten, sondern nur für die Zufriedenstellung des Höchsten tätig sind, werden Enthaltung in der Erscheinungsweise der Tugend genannt.

Vers 18 सत्कारमानपूजार्थं तपो दम्भेन चैव यत् ।
क्रियते तदिह प्रोक्तं राजसं चलमध्रुवम् ॥१८॥

satkāra-māna-pūjārthaṁ tapo dambhena caiva yat
kriyate tad iha proktaṁ rājasaṁ calam adhruvam

sat-kāra – Respekt; *māna* – Ansehen; *pūjā* – und Verehrung; *artham* – zwecks; *tapaḥ* – Buße; *dambhena* – mit Stolz; *ca* – auch; *eva* – gewiß; *yat* – die; *kriyate* – wird ausgeführt; *tat* – diese; *iha* – auf dieser Welt; *proktam* – wird genannt; *rājasam* – in der Erscheinungsweise der Leidenschaft; *calam* – flackerhaft; *adhruvam* – zeitweilig.

Buße, die aus Stolz ausgeführt wird, nur um Respekt, Ansehen und Verehrung zu bekommen, wird Buße in der Erscheinungsweise der Leidenschaft genannt. Sie ist weder stetig noch dauerhaft.

ERLÄUTERUNG: Manchmal nehmen Menschen Buße und Enthaltung auf sich, um andere zu beeindrucken und von ihnen geehrt, respektiert und bewundert zu werden. Menschen in der Erscheinungsweise der Leidenschaft richten es so ein, daß sie von Untergebenen verehrt werden, und lassen sich von ihnen die Füße waschen und Reichtümer schenken. Die künstliche Enthaltung, die sie um solcher Ziele willen auf sich nehmen, befindet sich in der Erscheinungsweise der Leidenschaft. Die Ergebnisse sind vergänglich; man kann sie für eine gewisse Zeit erhalten, aber nicht für immer.

Vers 19 मूढग्राहेणात्मनो यत्पीडया क्रियते तपः ।
परस्योत्सादनार्थं वा तत्तामसमुदाहृतम् ॥१९॥

mūḍha-grāheṇātmano yat pīḍayā kriyate tapaḥ
parasyotsādanārthaṁ vā tat tāmasam udāhṛtam

mūḍha – töricht; *grāheṇa* – mit Anstrengung; *ātmanaḥ* – seines eigenen Selbst; *yat* – welche; *pīḍayā* – durch Qual; *kriyate* – wird ausgeführt; *tapaḥ* – Buße; *parasya* – für andere; *utsādana-artham* – um Vernichtung zu verursachen; *vā* – oder; *tat* diese; *tāmasam* – in der Erscheinungsweise der Dunkelheit; *udāhṛtam* – wird genannt.

Buße, die aus Torheit ausgeführt wird, bei der man sich selbst quält oder andere vernichten oder schädigen will, gilt als Buße in der Erscheinungsweise der Unwissenheit.

ERLÄUTERUNG: Es gibt viele Beispiele, wie Dämonen törichte Bußen auf sich nahmen, wie zum Beispiel Hiraṇyakaśipu, der sich harter Askese unterzog, um unsterblich zu werden und die Halbgötter zu töten. Er betete zu Brahmā, um diese Ziele zu erreichen, doch letztlich wurde er von der Höchsten Persönlichkeit Gottes vernichtet. Bußen, die man sich auferlegt, um etwas Unmögliches zu erreichen, befinden sich zweifellos in der Erscheinungsweise der Unwissenheit.

Vers 20 दातव्यमिति यद्दानं दीयतेऽनुपकारिणे ।
देशे काले च पात्रे च तद्दानं सात्त्विकं स्मृतम् ॥२०॥

dātavyam iti yad dānaṁ dīyate 'nupakāriṇe
deśe kāle ca pātre ca tad dānaṁ sāttvikaṁ smṛtam

dātavyam – würdig, daß man ihm etwas gibt; *iti* – so; *yat* – das, was; *dānam* – Spende; *dīyate* – wird gegeben; *anupakāriṇe* – unabhängig davon, ob man etwas zurückbekommt; *deśe* – am rechten Ort; *kāle* – zur rechten Zeit; *ca* – auch; *pātre* – einer geeigneten Person; *ca* – und; *tat* – diese; *dānam* – Spende; *sāttvikam* – in der Erscheinungsweise der Tugend; *smṛtam* – gilt als.

Jene Spende, die aus Pflichtgefühl gegeben wird, ohne etwas dafür zu erwarten, zur rechten Zeit, am rechten Ort und einer würdigen Person, gilt als Spende in der Erscheinungsweise der Tugend.

ERLÄUTERUNG: In den vedischen Schriften wird empfohlen, Spenden einem Menschen zu geben, der spirituellen Tätigkeiten nachgeht. Es wird nicht empfohlen, Spenden willkürlich zu verteilen. Spirituelle Vollkommenheit muß immer das Kriterium sein. Es wird daher empfohlen, Spenden an einer Pilgerstätte, bei Mond- oder Sonnenfinsternissen, am Ende eines Monats, einem qualifizierten *brāhmaṇa* oder Vaiṣṇava (Gottgeweihten) oder einem Tempel zu geben. Solche Spenden sollte man geben, ohne irgend etwas dafür zu erwarten. Oft werden den Armen aus Mitleid Almosen gegeben, doch wenn ein solcher armer Mensch nicht würdig ist, Almosen zu empfangen, macht der Spender keinen spirituellen Fortschritt. Mit anderen Worten, launenhaftes Verteilen von Spenden wird in den vedischen Schriften nicht empfohlen.

Vers 21 यत्तु प्रत्युपकारार्थं फलमुद्दिश्य वा पुनः ।
दीयते च परिक्लिष्टं तद्दानं राजसं स्मृतम् ॥२१॥

yat tu pratyupakārārthaṁ phalam uddiśya vā punaḥ
dīyate ca parikliṣṭaṁ tad dānaṁ rājasaṁ smṛtam

yat – das, was; *tu* – aber; *prati-upakāra-artham* – um etwas dafür zu bekommen; *phalam* – ein Ergebnis; *uddiśya* – wünschend; *vā* – oder; *punaḥ* – wieder; *dīyate* – wird gegeben; *ca* – auch; *parikliṣṭam* – mit Widerwillen; *tat* – diese; *dānam* – Spende; *rājasam* – in der Erscheinungsweise der Leidenschaft; *smṛtam* – gilt als.

Doch wenn die Spende in der Erwartung einer Gegenleistung oder mit dem Wunsch nach fruchttragenden Ergebnissen oder mit Widerwillen gegeben wird, gilt sie als Spende in der Erscheinungsweise der Leidenschaft.

ERLÄUTERUNG: Manchmal sind Menschen wohltätig, weil sie zum himmlischen Königreich erhoben werden wollen, und manchmal fällt es ihnen sehr schwer, wohltätig zu sein, und hinterher bereuen sie es: „Warum habe ich so viel ausgegeben?" Spenden werden manchmal auch gegeben, weil man dazu verpflichtet ist, zum Beispiel wenn ein Höhergestellter darum bittet. Diese Art von Spenden gilt als Wohltätigkeit in der Erscheinungsweise der Leidenschaft.

Es gibt viele Wohltätigkeitsorganisationen, die ihre Spenden Institutionen zukommen lassen, die nur der Sinnenbefriedigung dienen. Solche Spenden werden von den vedischen Schriften nicht empfohlen. Nur Spenden in der Erscheinungsweise der Tugend werden empfohlen.

Vers 22 अदेशकाले यद्दानमपात्रेभ्यश्च दीयते ।
असत्कृतमवज्ञातं तत्तामसमुदाहृतम् ॥२२॥

adeśa-kāle yad dānam apātrebhyaś ca dīyate
asat-kṛtam avajñātaṁ tat tāmasam udāhṛtam

adeśa – an einem unreinen Ort; *kāle* – und zu einer ungeläuterten Zeit; *yat* – diejenige, die; *dānam* – Spende; *apātrebhyaḥ* – unwürdigen Personen; *ca* – auch; *dīyate* – wird gegeben; *asat-kṛtam* – ohne Achtung; *avajñātam* – ohne gebührende Wertschätzung; *tat* – diese; *tāmasam* – in der Erscheinungsweise der Dunkelheit; *udāhṛtam* – wird genannt.

Spenden, die an einem unreinen Ort, zu einer ungünstigen Zeit oder unwürdigen Personen gegeben werden, und Spenden ohne gebührende Achtung und Wertschätzung werden Spenden in der Erscheinungsweise der Unwissenheit genannt.

ERLÄUTERUNG: Hier wird von Spenden abgeraten, die für Berauschung und Glücksspiel verwendet werden. Diese Art von Spenden befindet sich in der Erscheinungsweise der Unwissenheit. Solche Wohltätigkeit ist nicht segensreich – im Gegenteil, auf diese Weise werden sündige Menschen in ihrem Tun bestärkt. Wenn man einem würdigen Menschen eine Spende gibt, aber in einer respektlosen oder verächtlichen Haltung, so gilt dies ebenfalls als Spende in der Erscheinungsweise der Dunkelheit.

Vers 23 ॐ तत्सदिति निर्देशो ब्रह्मणस्त्रिविधः स्मृतः ।
ब्राह्मणास्तेन वेदाश्च यज्ञाश्च विहिताः पुरा ॥२३॥

oṁ tat sad iti nirdeśo brahmaṇas tri-vidhaḥ smṛtaḥ
brāhmaṇās tena vedāś ca yajñāś ca vihitāḥ purā

oṁ – Hinweis auf das Höchste; *tat* – dieses; *sat* – ewig; *iti* – auf diese Weise; *nirdeśaḥ* – Hinweis; *brahmaṇaḥ* – des Höchsten; *tri-vidhaḥ* – dreifach; *smṛtaḥ* – wird betrachtet als; *brāhmaṇāḥ* – die *brāhmaṇas; tena* – mit diesem; *vedāḥ* – die vedischen Schriften; *ca* – auch; *yajñāḥ* – Opfer; *ca* – auch; *vihitāḥ* – verwendet; *purā* – vormals.

Seit dem Beginn der Schöpfung wurden die drei Worte oṁ tat sat verwendet, um auf die Höchste Absolute Wahrheit hinzuweisen. Diese drei symbolischen Repräsentationen wurden von brāhmaṇas verwendet, während sie die Hymnen der Veden chanteten und während sie Opfer für die Zufriedenstellung des Höchsten ausführten.

ERLÄUTERUNG: Es wurde erklärt, daß Buße, Opfer, Wohltätigkeit und Nahrung in drei Kategorien unterteilt werden: die Erscheinungsweisen der Tugend, Leidenschaft und Unwissenheit. Doch ob diese

Tätigkeiten erstklassig, zweitklassig oder drittklassig sind, sie alle sind bedingt und unterliegen der Verunreinigung durch die Erscheinungsweisen der materiellen Natur. Wenn sie aber auf das Höchste gerichtet werden – *oṁ tat sat,* die Höchste Persönlichkeit Gottes, den Ewigen –, werden sie zu Mitteln spiritueller Erhebung. In den Unterweisungen der Schriften wird auf dieses Ziel hingewiesen. Diese drei Worte, *oṁ tat sat,* weisen insbesondere auf die Absolute Wahrheit, die Höchste Persönlichkeit Gottes, hin. In den vedischen Hymnen ist stets das Wort *oṁ* zu finden.

Wer handelt, ohne die Anweisungen der Schriften zu beachten, wird die Absolute Wahrheit nicht erreichen. Er wird ein zeitweiliges Ergebnis erreichen, aber nicht das endgültige Ziel des Lebens. Die Schlußfolgerung lautet, daß Spenden, Opfer und Bußen in der Erscheinungsweise der Tugend ausgeführt werden müssen. Wenn diese Tätigkeiten in der Erscheinungsweise der Leidenschaft oder Unwissenheit ausgeführt werden, sind sie zweifellos von geringerer Qualität. Die drei Worte *oṁ tat sat* werden in Verbindung mit dem Heiligen Namen des Höchsten Herrn ausgesprochen, wie zum Beispiel *oṁ tad viṣṇoḥ.* Immer wenn eine vedische Hymne oder der Heilige Name des Höchsten Herrn gechantet wird, fügt man *oṁ* hinzu. So lautet die Anweisung der vedischen Schriften. Diese drei Worte sind den vedischen Hymnen entnommen. *Oṁ ity etad brahmaṇo nediṣṭhaṁ nāma* weist auf das erste Ziel hin. *Tat tvam asi* (*Chāndogya Upaniṣad* 6.8.7) weist auf das zweite Ziel hin, und *sad eva saumya* (*Chāndogya Upaniṣad* 6.2.1) weist auf das dritte Ziel hin. Zusammengenommen werden sie zu *oṁ tat sat.* Als in vergangenen Zeiten Brahmā, das ersterschaffene Lebewesen, Opfer darbrachte, verwendete er diese drei Worte, um auf die Höchste Persönlichkeit Gottes hinzuweisen. Deshalb ist die Schülernachfolge immer demselben Prinzip gefolgt. Diese Hymne ist also von großer Bedeutung. Die *Bhagavad-gītā* empfiehlt daher, daß jede Tätigkeit, die ausgeführt wird, für *oṁ tat sat,* für die Höchste Persönlichkeit Gottes, verrichtet wird. Wenn man in Verbindung mit diesen drei Worten Buße auf sich nimmt, Spenden gibt oder Opfer darbringt, handelt man im Kṛṣṇa-Bewußtsein. Kṛṣṇa-Bewußtsein ist eine wissenschaftliche Ausführung transzendentaler Tätigkeiten, die es den Menschen ermöglicht, nach Hause, zu Gott, zurückzukehren. Keine Bemühung erweist sich als vergeblich, wenn man auf solch transzendentale Weise handelt.

Vers 24 तस्मादों इत्युदाहृत्य यज्ञदानतपःक्रियाः ।
प्रवर्तन्ते विधानोक्ताः सततं ब्रह्मवादिनाम् ॥२४॥

tasmād oṁ ity udāhṛtya yajña-dāna-tapaḥ-kriyāḥ
pravartante vidhānoktāḥ satataṁ brahma-vādinām

tasmāt – deshalb; *oṁ* – beginnend mit *oṁ; iti* – so; *udāhṛtya* – hinweisend; *yajña* – von Opfer; *dāna* – Wohltätigkeit; *tapaḥ* – und Buße; *kriyāḥ* – Ausführungen; *pravartante* – beginnen; *vidhāna-uktāḥ* – entsprechend den Anweisungen der Schriften; *satatam* – immer; *brahma-vādinām* – der Transzendentalisten.

Deshalb beginnen Transzendentalisten die Ausführung von Opfern, Wohltätigkeit und Buße entsprechend den Anweisungen der Schriften immer mit ‚oṁ', um den Höchsten zu erreichen.

ERLÄUTERUNG: *Oṁ tad viṣṇoḥ paramaṁ padam* (*Ṛg Veda* 1.22.20). Die Lotosfüße Viṣṇus sind die Ebene höchster Hingabe. Wenn man alles für die Höchste Persönlichkeit Gottes tut, ist einem bei jeder Tätigkeit die Vollkommenheit garantiert.

Vers 25 तदित्यनभिसन्धाय फलं यज्ञतपःक्रियाः ।
दानक्रियाश्च विविधाः क्रियन्ते मोक्षकाङ्क्षिभिः ॥२५॥

tad ity anabhisandhāya phalaṁ yajña-tapaḥ-kriyāḥ
dāna-kriyāś ca vividhāḥ kriyante mokṣa-kāṅkṣibhiḥ

tat – dieses; *iti* – so; *anabhisandhāya* – ohne zu wünschen; *phalam* – das fruchttragende Ergebnis; *yajña* – von Opfer; *tapaḥ* – und Buße; *kriyāḥ* – Tätigkeiten; *dāna* – der Wohltätigkeit; *kriyāḥ* – Tätigkeiten; *ca* – auch; *vividhāḥ* – verschiedene; *kriyante* – werden ausgeführt; *mokṣa-kāṅkṣibhiḥ* – von denjenigen, die tatsächlich Befreiung wünschen.

Ohne sich fruchttragende Ergebnisse zu wünschen, sollte man die verschiedenen Arten von Opfern, Bußen und Wohltätigkeit ausführen, und dies in Verbindung mit dem Wort ‚tat'. Der Zweck solcher transzendentalen Tätigkeiten besteht darin, von materieller Verstrickung frei zu werden.

ERLÄUTERUNG: Wer auf die spirituelle Ebene erhoben werden möchte, darf mit seinen Tätigkeiten nicht nach materiellem Gewinn streben. Tätigkeiten sollten ausgeführt werden, um den höchsten Gewinn zu erlangen, nämlich die Erhebung in das spirituelle Königreich, die Rückkehr nach Hause, zurück zu Gott.

Vers 26–27

सद्भावे साधुभावे च सदित्येतत्प्रयुज्यते ।
प्रशस्ते कर्मणि तथा सच्छब्दः पार्थ युज्यते ॥२६॥

यज्ञे तपसि दाने च स्थितिः सदिति चोच्यते ।
कर्म चैव तदर्थीयं सदित्येवाभिधीयते ॥२७॥

sad-bhāve sādhu-bhāve ca sad ity etat prayujyate
praśaste karmaṇi tathā sac-chabdaḥ pārtha yujyate

yajñe tapasi dāne ca sthitiḥ sad iti cocyate
karma caiva tad-arthīyaṁ sad ity evābhidhīyate

sat-bhāve – im Sinne der Natur des Höchsten; *sādhu-bhāve* – im Sinne der Natur des Gottgeweihten; *ca* – auch; *sat* – das Wort *sat; iti* – so; *etat* – dieses; *prayujyate* – wird verwendet; *praśaste* – in vorschriftsgemäßen; *karmaṇi* – Tätigkeiten; *tathā* – auch; *sat-śabdaḥ* – die Klangschwingung *sat; pārtha* – o Sohn Pṛthās; *yujyate* – wird verwendet; *yajñe* – im Opfer; *tapasi* – in Buße; *dāne* – in Wohltätigkeit; *ca* – auch; *sthitiḥ* – die Situation; *sat* – der Höchste; *iti* – so; *ca* – und; *ucyate* – wird ausgesprochen; *karma* – Tätigkeit; *ca* – auch; *eva* – gewiß; *tat* – für dieses; *arthīyam* – bestimmt; *sat* – der Höchste; *iti* – so; *eva* – gewiß; *abhidhīyate* – wird hingewiesen.

Die Absolute Wahrheit ist das Ziel der hingebungsvollen Opfer, und sie wird mit dem Wort ‚sat' bezeichnet. Der Ausführende solcher Opfer wird auch als ‚sat' bezeichnet, ebenso wie alle Opferzeremonien, Bußen und Spenden, deren Ausführung aufgrund ihres Einklangs mit der absoluten Natur die Höchste Person erfreut, o Sohn Pṛthās.

ERLÄUTERUNG: Die Worte *praśaste karmaṇi,* „vorgeschriebene Aufgaben", weisen darauf hin, daß in den vedischen Schriften viele Handlungen als Läuterungsvorgänge vorgeschrieben werden, die vom Zeitpunkt der Zeugung bis hin zum Lebensende fortgesetzt werden. Solche Läuterungsvorgänge werden ausgeführt, damit das Lebewesen endgültige Befreiung erlangen kann. Bei all diesen Tätigkeiten wird es empfohlen, *oṁ tat sat* zu chanten. Die Worte *sad-bhāve* und *sādhu-bhāve* beziehen sich auf die transzendentale Ebene. Im Kṛṣṇa-Bewußtsein zu handeln wird *sattva* genannt, und jemand, der sich über die Tätigkeiten des Kṛṣṇa-Bewußtseins völlig bewußt ist, wird *sādhu* genannt. Im *Śrīmad-Bhāgavatam* (3.25.25) heißt es, daß transzendentale Themen in der Gemeinschaft von Gottgeweihten verständlich werden. Die Worte, die in diesem Zusammenhang verwendet werden, lauten *satām prasaṅgāt.* Ohne gute Gemeinschaft kann man kein transzendentales Wissen erlangen. Wenn man jemanden einweiht oder ihm die heilige Schnur überreicht, chantet man die Worte *oṁ tat sat.* Auch bei allen *yajña*-Zeremonien ist der Höchste, *oṁ tat sat,* das Ziel. Ein weiteres wichtiges Wort ist *tad-arthīyam,* das bedeutet, allem, was den Höchsten repräsentiert, Dienst darzubringen. Dazu gehören Dienste wie Kochen oder im Tempel des Herrn zu helfen und auch jede Art von Tätigkeit, um die Herrlichkeit des Herrn zu verbreiten. So werden diese höchsten Worte, *oṁ tat sat,* auf verschiedenste Weise verwendet, um alle Tätigkeiten zu vervollkommnen und alles vollständig zu machen.

Vers 28 अश्रद्धया हुतं दत्तं तपस्तप्तं कृतं च यत् ।
असदित्युच्यते पार्थ न च तत्प्रेत्य नो इह ॥२८॥

aśraddhayā hutaṁ dattaṁ tapas taptaṁ kṛtaṁ ca yat
asad ity ucyate pārtha na ca tat pretya no iha

aśraddhayā – ohne Glauben; *hutam* – in einem Opfer dargebracht; *dattam* – gegeben; *tapaḥ* – Buße; *taptam* – sich auferlegt; *kṛtam* – ausgeführt; *ca* – auch; *yat* – das, was; *asat* – falsch; *iti* – so; *ucyate* – gilt als; *pārtha* – o Sohn Pṛthās; *na* – niemals; *ca* – auch; *tat* – dies; *pretya* – nach dem Tod; *na u* – und nicht; *iha* – in diesem Leben.

Alles, was ohne Glauben an den Höchsten als Opfer, Wohltätigkeit oder Buße getan wird, o Sohn Pṛthās, ist nicht von Dauer. Es wird ‚asat' genannt und hat weder im gegenwärtigen noch im nächsten Leben Nutzen.

ERLÄUTERUNG: Alles, was man tut, ohne das transzendentale Ziel vor Augen zu haben – ob Opfer, Wohltätigkeit oder Buße –, ist nutzlos. Deshalb wird in diesem Vers erklärt, daß solche Tätigkeiten verabscheuenswert sind. Alles sollte für den Höchsten getan werden, in vollem Kṛṣṇa-Bewußtsein. Ohne solchen Glauben und ohne die richtige Führung kann es niemals eine Frucht geben. In allen vedischen Schriften wird Glaube an den Höchsten gefordert. Das Endziel aller vedischen Unterweisungen besteht darin, Kṛṣṇa zu verstehen. Niemand kann Erfolg erlangen, ohne sich an dieses Prinzip zu halten. Deshalb ist es das beste, von allem Anfang an unter der Führung eines echten spirituellen Meisters im Kṛṣṇa-Bewußtsein zu handeln. Das ist der Weg, um alles zum Erfolg zu führen.

Im bedingten Zustand fühlen sich die Menschen dazu hingezogen, Halbgötter, Geister oder Yakṣas wie Kuvera zu verehren. Die Erscheinungsweise der Tugend ist besser als die Erscheinungsweisen der Leidenschaft und Unwissenheit, doch wer sich direkt dem Kṛṣṇa-Bewußtsein zuwendet, steht zu allen drei Erscheinungsweisen der materiellen Natur in transzendentaler Stellung. Es gibt zwar einen Vorgang der allmählichen Erhebung, doch am besten ist es, wenn man sich in der Gemeinschaft mit reinen Gottgeweihten direkt dem Kṛṣṇa-Bewußtsein widmet. Und das wird in diesem Kapitel empfohlen. Um auf diesem Weg erfolgreich zu sein, muß man als erstes einen echten spirituellen Meister finden und unter seiner Führung geschult werden. Nur so kann man Glauben an den Höchsten erlangen. Wenn dieser Glaube im Laufe der Zeit heranreift, wird er als Liebe zu Gott bezeichnet. Diese Liebe ist das höchste Ziel der Lebewesen. Deshalb sollte man sich direkt dem Kṛṣṇa-Bewußtsein zuwenden. Das ist die Botschaft des Siebzehnten Kapitels.

Hiermit enden die Bhaktivedanta-Erläuterungen zum Siebzehnten Kapitel der Śrīmad Bhagavad-gītā *mit dem Titel: „Die verschiedenen Arten des Glaubens".*

ACHTZEHNTES KAPITEL

Schlußfolgerung – die Vollkommenheit der Entsagung

Vers 1 अर्जुन उवाच
सन्न्यासस्य महाबाहो तत्त्वमिच्छामि वेदितुम् ।
त्यागस्य च हृषीकेश पृथक्केशिनिषूदन ॥ १ ॥

arjuna uvāca
sannyāsasya mahā-bāho tattvam icchāmi veditum
tyāgasya ca hṛṣīkeśa pṛthak keśi-niṣūdana

arjunaḥ uvāca – Arjuna sagte; *sannyāsasya* – des Lebensstandes der Entsagung; *mahā-bāho* – o Starkarmiger; *tattvam* – die Wahrheit; *icchāmi* – ich wünsche; *veditum* – zu verstehen; *tyāgasya* – der Entsagung; *ca* – auch; *hṛṣīkeśa* – o Meister der Sinne; *pṛthak* – unterschiedlich; *keśi-niṣūdana* – o Töter des Keśī-Dämons.

Arjuna sagte: O Starkarmiger, ich möchte wissen, was das Ziel von Entsagung [tyāga] und dem Lebensstand der Entsagung [sannyāsa] ist, o Töter des Keśī-Dämons, o Meister der Sinne.

ERLÄUTERUNG: Eigentlich ist die *Bhagavad-gītā* mit dem Siebzehnten Kapitel abgeschlossen. Das Achtzehnte Kapitel ist eine ergänzende Zusammenfassung der Themen, die zuvor erörtert wurden. In jedem Kapitel der *Bhagavad-gītā* betont Śrī Kṛṣṇa, daß hingebungsvoller Dienst für die Höchste Persönlichkeit Gottes das endgültige Ziel des Lebens ist.

Der gleiche Punkt wird hier im Achtzehnten Kapitel zusammenfassend als der vertraulichste Pfad des Wissens bezeichnet. In den ersten sechs Kapiteln wurde mit Nachdruck auf hingebungsvollen Dienst hingewiesen: *yoginām api sarveṣām*... „Von allen *yogīs* und Transzendentalisten ist derjenige, der ständig im Innern an Mich denkt, der beste." In den folgenden sechs Kapiteln wurden reiner hingebungsvoller Dienst, sein Wesen und seine Merkmale beschrieben. In den letzten sechs Kapiteln wurden Wissen, Entsagung, die Tätigkeiten der materiellen und der transzendentalen Natur und hingebungsvoller Dienst beschrieben. Es wurde die Schlußfolgerung gezogen, daß alle Handlungen in Beziehung zum Höchsten Herrn ausgeführt werden sollten, der von den Worten *oṁ tat sat,* die auf Viṣṇu, die Höchste Person, hinweisen, repräsentiert wird. Aus dem dritten Teil der *Bhagavad-gītā* geht hervor, daß hingebungsvoller Dienst, und nichts anderes, der höchste Sinn des Lebens ist. Dies wurde durch Zitate von *ācāryas* der Vergangenheit und durch Zitate aus dem *Brahma-sūtra,* dem *Vedānta-sūtra,* bestätigt. Gewisse Unpersönlichkeitsphilosophen glauben, sie hätten ein Monopol auf das Wissen des *Vedānta-sūtra,* doch in Wirklichkeit ist das *Vedānta-sūtra* dafür bestimmt, hingebungsvollen Dienst zu verstehen, denn der Herr Selbst ist der Verfasser und Kenner des *Vedānta-sūtra.* Dies wird im Fünfzehnten Kapitel beschrieben. In jeder Schrift, in jedem *Veda,* ist hingebungsvoller Dienst das Ziel. Das wird in der *Bhagavad-gītā* erklärt.

So wie im Zweiten Kapitel eine Übersicht über den gesamten Inhalt gegeben wurde, so gibt auch das Achtzehnte Kapitel eine Zusammenfassung aller Unterweisungen. Es wurde darauf hingewiesen, daß Entsagung und das Erreichen der transzendentalen Ebene, der Ebene jenseits der drei Erscheinungsweisen der materiellen Natur, der Sinn des Lebens sind. Arjuna möchte insbesondere diese beiden Themen der *Bhagavad-gītā* näher erklärt haben, nämlich Entsagung (*tyāga*) und den Lebensstand der Entsagung (*sannyāsa*). Aus diesem Grund fragt er nach der Bedeutung dieser beiden Begriffe.

Die beiden Namen, die in diesem Vers gebraucht werden, um den Höchsten Herrn anzusprechen – Hṛṣīkeśa und Keśi-niṣūdana –, sind von Bedeutung. Hṛṣīkeśa ist Kṛṣṇa, der Herr aller Sinne, der uns immer helfen kann, innere Zufriedenheit zu finden. Arjuna bittet Ihn, alles auf solche Weise zusammenzufassen, daß er seine Ausgeglichenheit bewahren könne. Aber dennoch hat er einige Zweifel, und Zweifel werden immer mit Dämonen verglichen. Deshalb spricht er Kṛṣṇa hier als Keśi-niṣūdana an. Keśī war ein großer Dämon, der von Kṛṣṇa getötet wurde. Jetzt erwartet Arjuna von Kṛṣṇa, daß Er auch den Dämon seines Zweifels töten werde.

Vers 2 श्रीभगवानुवाच
काम्यानां कर्मणां न्यासं सन्न्यासं कवयो विदुः ।
सर्वकर्मफलत्यागं प्राहुस्त्यागं विचक्षणाः ॥ २ ॥

śrī-bhagavān uvāca
kāmyānāṁ karmaṇāṁ nyāsaṁ sannyāsaṁ kavayo viduḥ
sarva-karma-phala-tyāgaṁ prāhus tyāgaṁ vicakṣaṇāḥ

śrī-bhagavān uvāca – die Höchste Persönlichkeit Gottes sprach; *kāmyānām* – mit Wunsch; *karmaṇām* – der Tätigkeiten; *nyāsam* – Entsagung; *sannyāsam* – die Lebensstufe der Entsagung; *kavayaḥ* – die Gelehrten; *viduḥ* – wissen; *sarva* – aller; *karma* – Tätigkeiten; *phala* – der Ergebnisse; *tyāgam* – Entsagung; *prāhuḥ* – nennen; *tyāgam* – Entsagung; *vicakṣaṇāḥ* – die Erfahrenen.

Die Höchste Persönlichkeit Gottes sprach: Alle Tätigkeiten, die in materiellen Wünschen gründen, aufzugeben ist das, was die großen Gelehrten als den Lebensstand der Entsagung [sannyāsa] bezeichnen. Und die Ergebnisse all seiner Tätigkeiten aufzugeben wird von den Weisen Entsagung [tyāga] genannt.

ERLÄUTERUNG: Man sollte es aufgeben, etwas nur zu tun, um ein Ergebnis zu bekommen. So lautet die Unterweisung der *Bhagavad-gītā.* Doch Tätigkeiten, die zu fortgeschrittenem spirituellem Wissen führen, sollten nicht aufgegeben werden. Dies wird aus den nächsten Versen klar hervorgehen. In den vedischen Schriften gibt es viele Anweisungen in bezug auf Opferhandlungen, die ausgeführt werden, um ein bestimmtes Ziel zu erreichen. So gibt es zum Beispiel Opfer, die ausgeführt werden, weil man sich einen guten Sohn wünscht oder weil man auf höhere Planeten erhoben werden will; doch solche Opfer, die aufgrund materieller Wünsche ausgeführt werden, sollte man aufgeben. Opfer jedoch, die das Herz reinigen und zu Fortschritt in der spirituellen Wissenschaft führen, sollte man nicht aufgeben.

Vers 3 त्याज्यं दोषवदित्येके कर्म प्राहुर्मनीषिणः ।
यज्ञदानतपःकर्म न त्याज्यमिति चापरे ॥ ३ ॥

tyājyaṁ doṣa-vad ity eke karma prāhur manīṣiṇaḥ
yajña-dāna-tapaḥ-karma na tyājyam iti cāpare

tyājyam – müssen aufgegeben werden; *doṣa-vat* – als ein Übel; *iti* – so; *eke* – eine Gruppe; *karma* – Tätigkeit; *prāhuḥ* – sie sagen; *manīṣiṇaḥ* –

große Denker; *yajña* – Opferhandlung; *dāna* – Wohltätigkeit; *tapaḥ* – und Buße; *karma* – Tätigkeiten von; *na* – niemals; *tyājyam* – sollten aufgegeben werden; *iti* – so; *ca* – und; *apare* – andere.

Einige Gelehrte erklären, daß alle Arten fruchtbringender Tätigkeiten Illusion seien und daher aufgegeben werden sollten; doch andere Weise sind der Meinung, Opferhandlungen, Wohltätigkeit und Buße sollten niemals aufgegeben werden.

ERLÄUTERUNG: In den vedischen Schriften werden viele Tätigkeiten erwähnt, die Anlaß zu Kontroversen geben. Zum Beispiel heißt es, in einem Opfer dürfe ein Tier getötet werden, und andere vertreten die Ansicht, das Töten von Tieren sei in jedem Falle verwerflich. In den vedischen Schriften werden Tieropfer zwar empfohlen, doch das geopferte Tier galt nicht als getötet. Das Opfer sollte dem Tier ein neues Leben schenken. Manchmal wird dem Tier, nachdem es im Opfer getötet wurde, ein neues tierisches Leben gegeben, und manchmal wird es sofort zur menschlichen Lebensform erhoben. Trotzdem gibt es unter den Weisen unterschiedliche Auffassungen. Einige sagen, das Töten von Tieren solle immer vermieden werden, wohingegen andere sagen, daß dies für ein bestimmtes Opfer zu empfehlen sei. All diese verschiedenen Ansichten über Opferhandlungen werden jetzt vom Herrn Selbst geklärt.

Vers 4 निश्चयं शृणु मे तत्र त्यागे भरतसत्तम ।
त्यागो हि पुरुषव्याघ्र त्रिविधः सम्प्रकीर्तितः ॥ ४ ॥

niścayaṁ śṛṇu me tatra tyāge bharata-sattama
tyāgo hi puruṣa-vyāghra tri-vidhaḥ samprakīrtitaḥ

niścayam – Gewißheit; *śṛṇu* – höre; *me* – von Mir; *tatra* – in dieser Hinsicht; *tyāge* – in bezug auf Entsagung; *bharata-sat-tama* – o bester der Bhāratas; *tyāgaḥ* – Entsagung; *hi* – gewiß; *puruṣa-vyāghra* – o Tiger unter den Menschen; *tri-vidhaḥ* – von dreierlei Art; *samprakīrtitaḥ* – wird erklärt.

O bester der Bhāratas, höre nun Mein Urteil über Entsagung. O Tiger unter den Menschen, die Schriften erklären, daß es dreierlei Arten von Entsagung gibt.

ERLÄUTERUNG: Über Entsagung gibt es verschiedene Auffassungen, doch hier verkündet Śrī Kṛṣṇa, die Höchste Persönlichkeit Gottes, Sein

Urteil, das als endgültig akzeptiert werden sollte. Selbst die *Veden* sind nichts anderes als Gesetze, die von Ihm gegeben wurden, und hier ist Er persönlich gegenwärtig. Deshalb sollten die Worte des Herrn als endgültig akzeptiert werden. Der Herr sagt hier, daß man entsprechend den Erscheinungsweisen der materiellen Natur zwischen verschiedenen Arten von Entsagung unterscheiden muß.

Vers 5 यज्ञदानतपःकर्म न त्याज्यं कार्यमेव तत् ।
यज्ञो दानं तपश्चैव पावनानि मनीषिणाम् ॥ ५ ॥

yajña-dāna-tapaḥ-karma na tyājyaṁ kāryam eva tat
yajño dānaṁ tapaś caiva pāvanāni manīṣiṇām

yajña – Opferhandlung; *dāna* – Wohltätigkeit; *tapaḥ* – und Buße; *karma* – Tätigkeit von; *na* – niemals; *tyājyam* – sollten aufgegeben werden; *kāryam* – müssen getan werden; *eva* – gewiß; *tat* – dies; *yajñaḥ* – Opfer; *dānam* – Wohltätigkeit; *tapaḥ* – Buße; *ca* – auch; *eva* – gewiß; *pāvanāni* – läuternd; *manīṣiṇām* – sogar für die großen Seelen.

Opferhandlungen, Wohltätigkeit und Bußen sollten niemals aufgegeben werden; man muß sie ausführen. Opfer, Wohltätigkeit und Bußen läutern in der Tat sogar die großen Seelen.

ERLÄUTERUNG: *Yogīs* sollten für den Fortschritt der menschlichen Gesellschaft tätig sein. Es gibt viele Läuterungsvorgänge, um einen Menschen zum spirituellen Leben zu erheben. Die Zeremonie der Hochzeit zum Beispiel gilt als eines dieser Opfer. Sie wird *vivāha-yajña* genannt. Soll ein *sannyāsī,* der im Lebensstand der Entsagung steht und alle Familienverbindungen aufgegeben hat, andere zu dieser Heiratszeremonie ermutigen? Der Herr sagt hier, daß kein Opfer, das für das Wohl der Menschen bestimmt ist, jemals aufgegeben werden sollte. *Vivāha-yajña,* die Hochzeitszeremonie, ist dafür gedacht, den menschlichen Geist zu regulieren, so daß er den notwendigen Frieden findet, um spirituellen Fortschritt zu machen. Den meisten Männern sollte zu diesem *vivāha-yajña* geraten werden – sogar von Menschen im Lebensstand der Entsagung. *Sannyāsīs* sollten niemals mit Frauen Umgang haben, aber das bedeutet nicht, daß ein junger Mann, der sich in einem niedrigeren Lebensstand befindet, keine Frau durch die Hochzeitszeremonie annehmen soll. Alle vorgeschriebenen Opfer sind dafür bestimmt, es dem Menschen zu ermöglichen, den Höchsten Herrn zu erreichen. Deshalb sollten diese Opfer auf den unteren Stufen nicht aufgegeben werden. Ebenso ist Wohltätigkeit für die Reinigung des Herzens bestimmt. Wenn man geeigneten Menschen Spenden gibt, wie dies zuvor beschrieben wurde, so führt dies zu Fortschritt im spirituellen Leben.

Vers 6 एतान्यपि तु कर्माणि सङ्गं त्यक्त्वा फलानि च ।
कर्तव्यानीति मे पार्थ निश्चितं मतमुत्तमम् ॥ ६ ॥

etāny api tu karmāṇi saṅgaṁ tyaktvā phalāni ca
kartavyānīti me pārtha niścitaṁ matam uttamam

etāni – all diese; *api* – gewiß; *tu* – aber; *karmāṇi* – Tätigkeiten; *saṅgam* – Gemeinschaft; *tyaktvā* – aufgebend; *phalāni* – Ergebnisse; *ca* – auch; *kartavyāni* – sollten als Pflicht getan werden; *iti* – so; *me* – Meine; *pārtha* – o Sohn Pṛthās; *niścitam* – endgültige; *matam* – Meinung; *uttamam* – die beste.

All diese Tätigkeiten sollten ohne Anhaftung ausgeführt werden, ohne dafür ein Ergebnis zu erwarten. Sie sollten allein aus Pflichtgefühl ausgeführt werden, o Sohn Pṛthās. Das ist Meine endgültige Meinung.

ERLÄUTERUNG: Obwohl alle Opfer eine läuternde Wirkung haben, sollte man sie ausführen, ohne dafür ein Ergebnis zu erwarten. Mit anderen Worten, alle Opfer, die für materiellen Fortschritt im Leben bestimmt sind, sollten aufgegeben werden; aber Opfer, die das Dasein läutern und einen zur spirituellen Ebene erheben, sollten keinesfalls aufgegeben werden. Alles, was den Menschen zum Kṛṣṇa-Bewußtsein führt, muß gefördert werden. Auch im *Śrīmad-Bhāgavatam* heißt es, man solle jede Tätigkeit, die einen zum hingebungsvollen Dienst des Herrn führt, annehmen. Das ist das höchste Kriterium der Religion. Ein Gottgeweihter sollte jede Art von Arbeit, Opfer und Wohltätigkeit ausführen, die ihm bei der Ausübung seines hingebungsvollen Dienstes hilft.

Vers 7 नियतस्य तु सन्न्यासः कर्मणो नोपपद्यते ।
मोहात्तस्य परित्यागस्तामसः परिकीर्तितः ॥ ७ ॥

niyatasya tu sannyāsaḥ karmaṇo nopapadyate
mohāt tasya parityāgas tāmasaḥ parikīrtitaḥ

niyatasya – vorgeschriebene; *tu* – aber; *sannyāsaḥ* – Entsagung; *karmaṇaḥ* – der Tätigkeiten; *na* – niemals; *upapadyate* – ist verdient; *mohāt* – aufgrund von Illusion; *tasya* – von ihnen; *parityāgaḥ* –

Entsagung; *tāmasaḥ* – in der Erscheinungsweise der Unwissenheit; *parikīrtitaḥ* – wird bezeichnet als.

Vorgeschriebene Pflichten sollten niemals aufgegeben werden. Wenn man aufgrund von Illusion seine vorgeschriebenen Pflichten aufgibt, befindet sich solche Entsagung in der Erscheinungsweise der Unwissenheit.

ERLÄUTERUNG: Tätigkeiten, die materielle Befriedigung zum Ziel haben, müssen aufgegeben werden, doch Tätigkeiten, die einen auf die Ebene des spirituellen Handelns erheben, wie zum Beispiel für den Höchsten Herrn zu kochen, Ihm die Speise zu opfern und danach die geopferte Nahrung zu sich zu nehmen, werden empfohlen. Es wird gesagt, daß ein Mensch im Lebensstand der Entsagung nicht für sich selbst kochen sollte. Es ist verboten, für sich selbst zu kochen, aber es ist nicht verboten, für den Höchsten Herrn zu kochen. In ähnlicher Weise kann ein *sannyāsī* auch eine Hochzeitszeremonie durchführen, um seinem Schüler zu helfen, im Kṛṣṇa-Bewußtsein Fortschritt zu machen. Wenn jemand solche Tätigkeiten aufgibt, muß man verstehen, daß er in der Erscheinungsweise der Dunkelheit handelt.

Vers 8 दुःखमित्येव यत्कर्म कायक्लेशभयात्त्यजेत् ।
स कृत्वा राजसं त्यागं नैव त्यागफलं लभेत् ॥ ८ ॥

duḥkham ity eva yat karma kāya-kleśa-bhayāt tyajet
sa kṛtvā rājasaṁ tyāgaṁ naiva tyāga-phalaṁ labhet

duḥkham – unglücklich; *iti* – so; *eva* – gewiß; *yat* – die; *karma* – Tätigkeit; *kāya* – für den Körper; *kleśa* – Mühe; *bhayāt* – aus Angst; *tyajet* – gibt auf; *saḥ* – er; *kṛtvā* – nachdem er getan hat; *rājasam* – in der Erscheinungsweise der Leidenschaft; *tyāgam* – Entsagung; *na* – nicht; *eva* – gewiß; *tyāga* – der Entsagung; *phalam* – die Ergebnisse; *labhet* – gewinnt.

Wer seine vorgeschriebenen Pflichten aufgibt, weil sie ihm zu mühsam erscheinen oder weil er sich vor körperlichen Unannehmlichkeiten fürchtet, gilt als jemand, dessen Entsagung sich in der Erscheinungsweise der Leidenschaft befindet. Durch solches Handeln erlangt man niemals den Fortschritt der Entsagung.

ERLÄUTERUNG: Ein Mensch im Kṛṣṇa-Bewußtsein sollte nicht aufhören, Geld zu verdienen, nur weil er sich fürchtet, fruchtbringende

Tätigkeiten zu verrichten. Wenn man das Geld, das man durch seine Arbeit verdient, im Kṛṣṇa-Bewußtsein verwenden kann oder wenn man durch frühes Aufstehen sein transzendentales Kṛṣṇa-Bewußtsein fördern kann, sollte man von diesen Tätigkeiten nicht Abstand nehmen, nur weil man irgendwelche Befürchtungen hat oder weil einem solche Tätigkeiten mühevoll erscheinen. Solche Entsagung befindet sich in der Erscheinungsweise der Leidenschaft. Das Ergebnis von Tätigkeiten unter dem Einfluß von Leidenschaft ist immer leidvoll. Wenn jemand seiner Arbeit mit dieser Geisteshaltung entsagt, wird er nie die Ergebnisse wahrer Entsagung bekommen.

Vers 9 कार्यमित्येव यत्कर्म नियतं क्रियतेऽर्जुन ।
सङ्गं त्यक्त्वा फलं चैव स त्यागः सात्त्विको मतः ॥ ९ ॥

kāryam ity eva yat karma niyataṁ kriyate ’rjuna
saṅgaṁ tyaktvā phalaṁ caiva sa tyāgaḥ sāttviko mataḥ

kāryam – muß getan werden; *iti* – so; *eva* – in der Tat; *yat* – welche; *karma* – Tätigkeit; *niyatam* – vorgeschrieben; *kriyate* – wird ausgeführt; *arjuna* – o Arjuna; *saṅgam* – Gemeinschaft; *tyaktvā* – aufgebend; *phalam* – das Ergebnis; *ca* – auch; *eva* – gewiß; *saḥ* – diese; *tyāgaḥ* – Entsagung; *sāttvikaḥ* – in der Erscheinungsweise der Tugend; *mataḥ* – Meiner Ansicht nach.

O Arjuna, wenn jemand seine vorgeschriebene Pflicht erfüllt, einfach weil sie getan werden muß, und alle materielle Gemeinschaft und alle Anhaftung an das Ergebnis aufgibt, dann heißt es, daß sich seine Entsagung in der Erscheinungsweise der Tugend befindet.

ERLÄUTERUNG: Vorgeschriebene Pflichten müssen in diesem Bewußtsein ausgeführt werden. Man sollte handeln, ohne am Ergebnis zu haften; man sollte sich nicht von den Erscheinungsweisen seiner Arbeit beeinflussen lassen. Wenn jemand, der Kṛṣṇa-bewußt ist, in einer Fabrik arbeitet, identifiziert er sich weder mit seiner Arbeit noch mit den Arbeitern der Fabrik. Er arbeitet einfach nur für Kṛṣṇa. Und weil er das Ergebnis seiner Tätigkeit Kṛṣṇa hingibt, befindet sich seine Tätigkeit auf der transzendentalen Ebene.

Vers 10 न द्वेष्ट्यकुशलं कर्म कुशले नानुषज्जते ।
त्यागी सत्त्वसमाविष्टो मेधावी छिन्नसंशयः ॥१०॥

na dveṣṭy akuśalaṁ karma kuśale nānuṣajjate
tyāgī sattva-samāviṣṭo medhāvī chinna-saṁśayaḥ

na – weder; *dveṣṭi* – haßt; *akuśalam* – unglückbringende; *karma* – Tätigkeit; *kuśale* – an glückbringende; *na* – noch; *anuṣajjate* – wird angehaftet; *tyāgī* – der Entsagende; *sattva* – in Tugend; *samāviṣṭaḥ* – vertieft; *medhāvī* – intelligent; *chinna* – durchtrennt habend; *saṁśayaḥ* – alle Zweifel.

Der intelligente Entsagende in der Erscheinungsweise der Tugend, der weder unglückbringende Tätigkeiten haßt noch an glückbringenden Tätigkeiten haftet, kennt in seinen Handlungen keine Zweifel.

ERLÄUTERUNG: Ein Mensch im Kṛṣṇa-Bewußtsein oder in der Erscheinungsweise der Tugend haßt nichts, was seinem Körper Schwierigkeiten bereitet. Er führt seine Tätigkeiten am richtigen Ort und zur richtigen Zeit aus, ohne sich vor den Mühen zu fürchten, die die Erfüllung seiner Pflicht mit sich bringt. Ein solcher Mensch, der die Transzendenz erreicht hat, muß als Mensch mit höchster Intelligenz angesehen werden, als jemand, der sich in seinen Handlungen jenseits aller Zweifel befindet.

Vers 11 न हि देहभृता शक्यं त्यक्तुं कर्माण्यशेषतः ।
यस्तु कर्मफलत्यागी स त्यागीत्यभिधीयते ॥११॥

na hi deha-bhṛtā śakyaṁ tyaktuṁ karmāṇy aśeṣataḥ
yas tu karma-phala-tyāgī sa tyāgīty abhidhīyate

na – nie; *hi* – gewiß; *deha-bhṛtā* – von dem Verkörperten; *śakyam* – es ist möglich; *tyaktum* – entsagt zu sein; *karmāṇi* – Tätigkeiten; *aśeṣataḥ* – alle zusammen; *yaḥ* – jemand, der; *tu* – aber; *karma* – von Tätigkeiten; *phala* – des Ergebnisses; *tyāgī* – der Entsagende; *saḥ* – er; *tyāgī* – der Entsagende; *iti* – so; *abhidhīyate* – wird genannt.

Für ein verkörpertes Wesen ist es in der Tat unmöglich, alle Tätigkeiten aufzugeben. Aber wer den Früchten seiner Tätigkeiten entsagt, gilt als jemand, der wahre Entsagung ausführt.

ERLÄUTERUNG: In der *Bhagavad-gītā* wird gesagt, daß man zu keiner Zeit aufhören kann, tätig zu sein. Wahre Entsagung bedeutet deshalb, für Kṛṣṇa zu arbeiten und die fruchttragenden Ergebnisse nicht selbst zu genießen, sondern sie alle zu Kṛṣṇa zu opfern. Es gibt viele Mitglieder der Internationalen Gesellschaft für Kṛṣṇa-Bewußtsein, die in einem Büro, in einer Fabrik oder an irgendeinem anderen Ort sehr hart arbeiten und ihren ganzen Verdienst der Gesellschaft zur Verfügung stellen. Diese Seelen befinden sich auf einer sehr hohen Ebene; sie sind eigentlich *sannyāsīs* und befinden sich im Lebensstand der Entsagung. Es wird hier klar gesagt, wie man den Früchten seiner Tätigkeiten entsagen soll und für welchen Zweck dies geschehen soll.

Vers 12 अनिष्टमिष्टं मिश्रं च त्रिविधं कर्मणः फलम् ।
भवत्यत्यागिनां प्रेत्य न तु सन्न्यासिनां क्वचित् ॥१२॥

aniṣṭam iṣṭaṁ miśraṁ ca tri-vidhaṁ karmaṇaḥ phalam
bhavaty atyāgināṁ pretya na tu sannyāsināṁ kvacit

aniṣṭam – zur Hölle führend; *iṣṭam* – zum Himmel führend; *miśram* – vermischt; *ca* – und; *tri-vidham* – von dreierlei Art; *karmaṇaḥ* – der Tätigkeit; *phalam* – das Ergebnis; *bhavati* – kommt; *atyāginām* – für diejenigen, die nicht entsagt sind; *pretya* – nach dem Tod; *na* – nicht; *tu* – aber; *sannyāsinām* – für jene im Lebensstand der Entsagung; *kvacit* – zu irgendeiner Zeit.

Jemandem, der nicht entsagungsvoll ist, fallen nach dem Tod die dreifachen Früchte des Handelns zu – wünschenswerte, unerwünschte und vermischte. Diejenigen aber, die im Lebensstand der Entsagung stehen, brauchen solche Ergebnisse nicht zu erleiden oder zu genießen.

ERLÄUTERUNG: Ein Mensch im Kṛṣṇa-Bewußtsein, der im Wissen um seine Beziehung zu Kṛṣṇa handelt, ist immer befreit. Deshalb braucht er nach dem Tod die Ergebnisse seiner Handlungen weder zu genießen noch zu erleiden.

Vers 13 पञ्चैतानि महाबाहो कारणानि निबोध मे ।
साङ्ख्ये कृतान्ते प्रोक्तानि सिद्धये सर्वकर्मणाम् ॥१३॥

pañcaitāni mahā-bāho kāraṇāni nibodha me
sāṅkhye kṛtānte proktāni siddhaye sarva-karmaṇām

pañca – fünf; *etāni* – diese; *mahā-bāho* – o Starkarmiger; *kāraṇāni* – Ursachen; *nibodha* – verstehe; *me* – von Mir; *sāṅkhye* – im *Vedānta;*

kṛta-ante – in der Schlußfolgerung; *proktāni* – gesagt; *siddhaye* – für die Vollkommenheit; *sarva* – aller; *karmaṇām* – Tätigkeiten.

O starkarmiger Arjuna, gemäß dem Vedānta gibt es fünf Ursachen für die Ausführung einer jeden Tätigkeit. Höre nun von Mir darüber.

ERLÄUTERUNG: In diesem Zusammenhang könnte die folgende Frage auftauchen: Wenn auf jede Tätigkeit gezwungenermaßen eine Reaktion folgt, wie kommt es dann, daß ein Mensch im Kṛṣṇa-Bewußtsein auf sein Handeln keine Reaktionen genießen oder erleiden muß? Um zu erklären, wie dies möglich ist, zitiert der Herr die Philosophie des *Vedānta.* Er sagt, daß es für alle Tätigkeiten fünf Ursachen gibt, und um in jeder Tätigkeit Erfolg zu haben, sollte man sich über diese fünf Ursachen bewußt sein. *Sāṅkhya* bedeutet der Stamm des Wissens, und der Vedānta ist der letztliche und maßgebende Stamm des Wissens, was von allen führenden *ācāryas* erkannt wird. Sogar Śaṅkara erkannte das *Vedānta-sūtra* als die letztliche Autorität an. Man sollte deshalb eine solche autoritative Schrift zu Rate ziehen.

Die letztliche Macht und Führung liegt bei der Überseele. Dies wird in der *Bhagavad-gītā* bestätigt: *sarvasya cāhaṁ hṛdi sanniviṣṭaḥ.* Die Überseele beschäftigt jeden mit bestimmten Tätigkeiten, indem Sie ihn an seine vergangenen Tätigkeiten erinnert. Und Kṛṣṇa-bewußte Tätigkeiten, die nach der inneren Weisung der Überseele ausgeführt werden, bringen weder im gegenwärtigen Leben noch im Leben nach dem Tod Reaktionen mit sich.

Vers 14 अधिष्ठानं तथा कर्ता करणं च पृथग्विधम् ।
विविधाश्च पृथक्चेष्टा दैवं चैवात्र पञ्चमम् ॥१४॥

adhiṣṭhānaṁ tathā kartā karaṇaṁ ca pṛthag-vidham
vividhāś ca pṛthak ceṣṭā daivaṁ caivātra pañcamam

adhiṣṭhānam – der Ort; *tathā* – auch; *kartā* – der Handelnde; *karaṇam* – Werkzeuge; *ca* – und; *pṛthak-vidham* – von verschiedener Art; *vividhāḥ* – unterschiedliche; *ca* – und; *pṛthak* – gesonderte; *ceṣṭāḥ* – die Bemühungen; *daivam* – der Höchste; *ca* – auch; *eva* – gewiß; *atra* – hier; *pañcamam* – der fünfte.

Der Ort der Handlung [der Körper], der Ausführende, die verschiedenen Sinne, die vielen verschiedenen Arten von Bemühungen und letztlich die Überseele – dies sind die fünf Faktoren einer Handlung.

ERLÄUTERUNG: Das Wort *adhiṣṭhānam* bezieht sich auf den Körper. Die Seele im Körper ist aktiv, um die Ergebnisse von Tätigkeiten zu ermöglichen, und deshalb wird sie als *kartā,* „der Handelnde", bezeichnet. Daß die Seele der Kenner und der Handelnde ist, wird in der *śruti* bestätigt: *eṣa hi draṣṭā sraṣṭā* (*Praśna Upaniṣad* 4.9). Dasselbe wird im *Vedānta-sūtra* von den folgenden Versen bestätigt: *jño 'ta eva* (2.3.18) und *kartā śāstrārthavattvāt* (2.3.33). Die Werkzeuge der Handlung sind die Sinne, und durch die Sinne handelt die Seele auf verschiedene Weise. Für jede einzelne Handlung wird eine unterschiedliche Bemühung unternommen. Doch alle Tätigkeiten sind vom Willen der Überseele abhängig, die als Freund im Herzen weilt. Der Höchste Herr ist die höchste Ursache. Dies sind die Gründe, warum derjenige, der im Kṛṣṇa-Bewußtsein unter der Anleitung der Überseele im Herzen handelt, von keiner Tätigkeit gebunden wird. Diejenigen, die völlig Kṛṣṇa-bewußt sind, sind letztlich für ihre Tätigkeiten nicht verantwortlich. Alles ist vom höchsten Willen, der Überseele, der Höchsten Persönlichkeit Gottes, abhängig.

Vers 15 शरीरवाङ्मनोभिर्यत्कर्म प्रारभते नरः ।
न्याय्यं वा विपरीतं वा पञ्चैते तस्य हेतवः ॥१५॥

śarīra-vāṅ-manobhir yat karma prārabhate naraḥ
nyāyyaṁ vā viparītaṁ vā pañcaite tasya hetavaḥ

śarīra – vom Körper; *vāk* – Sprache; *manobhiḥ* – und Geist; *yat* – der; *karma* – Handlung; *prārabhate* – beginnt; *naraḥ* – ein Mensch; *nyāyyam* – richtig; *vā* – oder; *viparītam* – das Gegenteil; *vā* – oder; *pañca* – fünf; *ete* – all diese; *tasya* – seine; *hetavaḥ* – Ursachen.

Jede richtige oder falsche Handlung, die ein Mensch mit Körper, Geist oder Worten ausführt, wird von diesen fünf Faktoren verursacht.

ERLÄUTERUNG: Die Worte „richtig" und „falsch" sind in diesem Vers sehr bedeutsam. Richtiges Handeln ist Handeln im Einklang mit den in den Schriften vorgeschriebenen Richtlinien, und falsches Handeln ist Handeln entgegen den Prinzipien der Schriften. Aber in jedem Fall sind diese fünf Faktoren erforderlich, damit eine Handlung vollständig ausgeführt werden kann.

Vers 16 तत्रैवं सति कर्तारमात्मानं केवलं तु यः ।
पश्यत्यकृतबुद्धित्वान्न स पश्यति दुर्मतिः ॥१६॥

tatraivaṁ sati kartāram ātmānaṁ kevalaṁ tu yaḥ
paśyaty akṛta-buddhitvān na sa paśyati durmatiḥ

tatra – dort; *evam* – so; *sati* – seiend; *kartāram* – der Handelnde; *ātmānam* – sich selbst; *kevalam* – einziger; *tu* – aber; *yaḥ* – jeder, der; *paśyati* – sieht; *akṛta-buddhitvāt* – aufgrund von Unintelligenz; *na* – niemals; *saḥ* – er; *paśyati* – sieht; *durmatiḥ* – töricht.

Daher ist jemand, der sich für den alleinigen Handelnden hält und diese fünf Faktoren nicht in Betracht zieht, gewiß nicht sehr intelligent und kann die Dinge nicht so sehen, wie sie sind.

ERLÄUTERUNG: Ein törichter Mensch kann nicht verstehen, daß die Überseele als Freund in seinem Innern weilt und seine Handlungen lenkt. Der Ort, der Ausführende, die Bemühung und die Sinne sind zwar die materiellen Ursachen, aber die endgültige Ursache ist der Höchste, die Persönlichkeit Gottes. Deshalb sollte man nicht nur die vier materiellen Ursachen sehen, sondern auch die höchste wirkende Ursache. Wer den Höchsten nicht sieht, hält sich selbst für den Handelnden.

Vers 17 यस्य नाहङ्कृतो भावो बुद्धिर्यस्य न लिप्यते ।
हत्वापि स इमाँल्लोकान्न हन्ति न निबध्यते ॥१७॥

yasya nāhaṅkṛto bhāvo buddhir yasya na lipyate
hatvāpi sa imāl lokān na hanti na nibadhyate

yasya – jemand, dessen; *na* – niemals; *ahaṅkṛtaḥ* – des falschen Ego; *bhāvaḥ* – Natur; *buddhiḥ* – Intelligenz; *yasya* – jemand, dessen; *na* – niemals; *lipyate* – ist angehaftet; *hatvā* – tötend; *api* – sogar; *saḥ* – er; *imān* – diese; *lokān* – Welt; *na* – niemals; *hanti* – tötet; *na* – niemals; *nibadhyate* – wird verstrickt.

Jemand, der nicht vom falschen Ego motiviert ist und dessen Intelligenz nie in Verwirrung gerät, tötet nicht, selbst wenn er in dieser Welt Menschen tötet. Und er wird durch seine Handlungen auch nicht gebunden.

ERLÄUTERUNG: Der Herr gibt Arjuna in diesem Vers zu verstehen, daß sein Wunsch, nicht zu kämpfen, dem falschen Ego entspringt. Arjuna hielt sich selbst für den Handelnden, wobei er jedoch vergaß, die innere und äußere Sanktion des Höchsten zu berücksichtigen. Und wenn jemand nicht weiß, daß es eine höchste Sanktion gibt, stellt sich die Frage, warum er überhaupt handeln soll. Doch jemand, der die Faktoren einer Handlung kennt – die Werkzeuge der Handlung, sich selbst als den Handelnden und den Herrn als den höchsten Sanktionierenden –, ist in allem, was er tut, vollkommen. Ein solcher Mensch ist nie in Illusion. Unabhängiges Handeln und die daraus entstehende Verantwortung sind auf falsches Ego und auf Gottlosigkeit zurückzuführen, das heißt auf einen Mangel an Kṛṣṇa-Bewußtsein. Jemand, der im Kṛṣṇa-Bewußtsein unter der Führung der Überseele, der Höchsten Persönlichkeit Gottes, handelt, tötet nicht, obwohl er tötet. Er wird auch nie von der Reaktion auf solches Töten beeinflußt. Wenn ein Soldat auf Befehl eines höheren Offiziers tötet, ist er keiner Bestrafung ausgesetzt; wenn er aber aus eigenem Interesse tötet, wird er zweifellos von einem Gericht verurteilt.

Vers 18 ज्ञानं ज्ञेयं परिज्ञाता त्रिविधा कर्मचोदना ।
करणं कर्म कर्तेति त्रिविधः कर्मसङ्ग्रहः ॥१८॥

jñānaṁ jñeyaṁ parijñātā tri-vidhā karma-codanā
karaṇaṁ karma karteti tri-vidhaḥ karma-saṅgrahaḥ

jñānam – Wissen; *jñeyam* – der Gegenstand des Wissens; *parijñātā* – der Wissende; *tri-vidhā* – von dreierlei Art; *karma* – der Handlung; *codanā* – der Antrieb; *karaṇam* – die Sinne; *karma* – die Handlung; *kartā* – der Handelnde; *iti* – so; *tri-vidhaḥ* – von dreierlei Art; *karma* – der Handlung; *saṅgrahaḥ* – die Gesamtheit.

Wissen, der Gegenstand des Wissens und der Wissende sind die drei Faktoren, die eine Handlung hervorrufen. Die Sinne, die Tätigkeit und der Ausführende sind die drei Komponenten einer Handlung.

ERLÄUTERUNG: Für jede tägliche Handlung gibt es drei verschiedene Antriebe: Wissen, den Gegenstand des Wissens und den Wissenden. Die Werkzeuge der Handlung, die Handlung selbst und der Handelnde werden die Komponenten der Handlung genannt. Jede von Menschen ausgeführte Handlung beinhaltet diese Elemente. Bevor man handelt, ist ein Antrieb vorhanden, der Inspiration genannt wird. Jede Schlußfolgerung, zu der man bereits vor der eigentlichen Handlung kommt, ist nichts anderes als eine feinstoffliche Form dieser Handlung. Dann wird diese Handlung in die Tat umgesetzt. Zunächst finden die psychischen Vorgänge des Denkens, Fühlens und Wollens statt, und dies wird als Antrieb bezeichnet. Was die Inspiration zur Handlung betrifft, so ist sie dieselbe, ob sie von den Schriften oder von der Unterweisung des spirituellen Meisters kommt. Wenn die Inspiration und der Handelnde zusammentreffen, kommt die eigentliche Handlung mit Hilfe der Sinne zustande, zu denen der Geist gehört, der das Zentrum aller Sinne ist. All diese Komponenten einer Tätigkeit werden zusammen „die Gesamtheit der Handlung“ genannt.

Vers 19 ज्ञानं कर्म च कर्ता च त्रिधैव गुणभेदतः ।
प्रोच्यते गुणसङ्ख्याने यथावच्छृणु तान्यपि ॥१९॥

jñānaṁ karma ca kartā ca tridhaiva guṇa-bhedataḥ
procyate guṇa-saṅkhyāne yathāvac chṛṇu tāny api

jñānam – Wissen; *karma* – Handlung; *ca* – auch; *kartā* – der Handelnde; *ca* – auch; *tridhā* – von dreierlei Art; *eva* – gewiß; *guṇa-bhedataḥ* – entsprechend den verschiedenen Erscheinungsweisen der materiellen Natur; *procyate* – werden genannt; *guṇa-saṅkhyāne* – in Beziehung zu den verschiedenen Erscheinungsweisen; *yathā-vat* – wie sie sind; *śṛṇu* – höre; *tāni* – sie alle; *api* – auch.

Entsprechend den drei Erscheinungsweisen der materiellen Natur gibt es drei Arten von Wissen, von Handlung und von Handelnden. Höre nun von Mir darüber.

ERLÄUTERUNG: Im Vierzehnten Kapitel wurden die drei Unterteilungen der Erscheinungsweisen der materiellen Natur ausführlich beschrieben. In diesem Kapitel hieß es, daß die Erscheinungsweise der Tugend zu Erleuchtung führt, die Erscheinungsweise der Leidenschaft zu einer materialistischen Lebenshaltung und die Erscheinungsweise der Unwissenheit zu Trägheit und Gleichgültigkeit. Alle Erscheinungsweisen der materiellen Natur binden das Lebewesen; sie führen nicht zu Befreiung. Sogar die Erscheinungsweise der Tugend stellt einen bedingten Zustand dar. Im Siebzehnten Kapitel wurden die verschiedenen Arten der Verehrung beschrieben, die von Menschen unter dem Einfluß der verschiedenen Erscheinungsweisen der materiellen Natur ausgeführt werden. Im vorliegenden Vers sagt der Herr nun, Er wolle über die verschiedenen Arten des Wissens, der Handelnden und der Handlungen selbst sprechen, so wie sie den drei materiellen Erscheinungsweisen zuzuordnen sind.

Vers 20 सर्वभूतेषु येनैकं भावमव्ययमीक्षते ।
अविभक्तं विभक्तेषु तज्ज्ञानं विद्धि सात्त्विकम् ॥२०॥

sarva-bhūteṣu yenaikaṁ bhāvam avyayam īkṣate
avibhaktaṁ vibhakteṣu taj jñānaṁ viddhi sāttvikam

sarva-bhūteṣu – in allen Lebewesen; *yena* – durch das; *ekam* – eine einzige; *bhāvam* – Natur; *avyayam* – unvergänglich; *īkṣate* – man sieht; *avibhaktam* – ungeteilt; *vibhakteṣu* – unzählige Male geteilt; *tat* – dieses; *jñānam* – Wissen; *viddhi* – wisse; *sāttvikam* – in der Erscheinungsweise der Tugend.

Jenes Wissen, durch das die eine ungeteilte spirituelle Natur in allen Lebewesen gesehen wird, obwohl sie in unzählige Formen aufgeteilt sind, solltest du als Wissen in der Erscheinungsweise der Tugend betrachten.

ERLÄUTERUNG: Ein Mensch, der in jedem Lebewesen – ob Halbgott, Mensch, Vogel, Landtier, Wassertier oder Pflanze – die spirituelle Seele sieht, verfügt über Wissen in der Erscheinungsweise der Tugend. In allen Lebewesen ist eine spirituelle Seele gegenwärtig, wenngleich sie ihren vergangenen Tätigkeiten gemäß unterschiedliche Körper angenommen haben. Wie im Siebten Kapitel beschrieben wird, manifestiert sich die lebendige Kraft in allen Körpern aufgrund der höheren Energie des Höchsten Herrn. Wenn man daher sieht, daß diese eine höhere Natur, die Lebenskraft, in jedem Körper gegenwärtig ist, sieht man in der Erscheinungsweise der Tugend. Diese lebendige Energie ist unvergänglich, obwohl die Körper vergänglich sind. Unterschiede werden in bezug auf den Körper wahrgenommen; nur weil es im bedingten Leben so viele Formen des materiellen Daseins gibt, scheint die Lebenskraft aufgeteilt zu sein. Dieses unpersönliche Wissen ist ebenfalls ein Aspekt der Selbsterkenntnis.

Vers 21 पृथक्त्वेन तु यज्ज्ञानं नानाभावान् पृथग्विधान् ।
वेत्ति सर्वेषु भूतेषु तज्ज्ञानं विद्धि राजसम् ॥२१॥

pṛthaktvena tu yaj jñānaṁ nānā-bhāvān pṛthag-vidhān
vetti sarveṣu bhūteṣu taj jñānaṁ viddhi rājasam

pṛthaktvena – aufgrund von Aufteilung; *tu* – aber; *yat* – welches; *jñānam* – Wissen; *nānā-bhāvān* – vielfältige Situationen; *pṛthak-vidhān* – unterschiedlich; *vetti* – weiß; *sarveṣu* – in allen; *bhūteṣu* – Lebewesen; *tat* – dieses; *jñānam* – Wissen; *viddhi* – muß betrachtet werden; *rājasam* – in der Erscheinungsweise der Leidenschaft.

Jenes Wissen, durch das man in jedem einzelnen Körper eine unterschiedliche Art von Lebewesen sieht, solltest du als Wissen in der Erscheinungsweise der Leidenschaft betrachten.

ERLÄUTERUNG: Die Auffassung, der materielle Körper sei das Lebewesen und mit der Zerstörung des Körpers werde auch das Bewußtsein zerstört, ist Wissen in der Erscheinungsweise der Leidenschaft. Gemäß diesem Wissen unterscheiden sich die Körper nur aufgrund der Entwicklung verschiedener Arten von Bewußtsein, und es gebe keine gesonderte Seele, die Bewußtsein manifestiere; der Körper sei selbst die Seele und jenseits des Körpers gebe es keine getrennte Seele. Solche Theorien besagen, Bewußtsein sei zeitweilig oder es gebe keine individuellen Seelen, sondern nur eine alldurchdringende Seele, die voller Wissen sei, und der Körper sei eine Manifestation zeitweiliger Unwissenheit. Wieder andere Theorien besagen, jenseits des Körpers existiere keine gesonderte individuelle Seele und auch keine höchste Seele. All diese Vorstellungen werden als Produkt der Erscheinungsweise der Leidenschaft angesehen.

Vers 22 यत्तु कृत्स्नवदेकस्मिन् कार्ये सक्तमहैतुकम् ।
अतत्त्वार्थवदल्पं च तत्तामसमुदाहृतम् ॥२२॥

yat tu kṛtsna-vad ekasmin kārye saktam ahaitukam
atattvārtha-vad alpaṁ ca tat tāmasam udāhṛtam

yat – das, was; *tu* – aber; *kṛtsna-vat* – als ein und alles; *ekasmin* – an eine; *kārye* – Tätigkeit; *saktam* – angehaftet; *ahaitukam* – ohne Ursache; *atattva-artha-vat* – ohne Wissen über die Realität; *alpam* – sehr dürftig; *ca* – und; *tat* – dieses; *tāmasam* – in der Erscheinungsweise der Dunkelheit; *udāhṛtam* – gilt als.

Und das Wissen, durch das man, ohne Wissen von der Wahrheit, an einer bestimmten Art von Tätigkeit haftet und denkt, sie sei das ein und alles, dieses Wissen, das nur sehr dürftig ist, gilt als Wissen in der Erscheinungsweise der Dunkelheit.

ERLÄUTERUNG: Das „Wissen" des gewöhnlichen Menschen befindet sich immer in der Erscheinungsweise der Dunkelheit oder Unwissenheit, denn jedes Lebewesen im bedingten Leben wird in der Erscheinungsweise der Unwissenheit geboren. Wer nicht mit Hilfe der Autoritäten oder der Anweisungen der Schriften Wissen entwickelt, verfügt nur über Wissen, das sich auf den Körper beschränkt. Er kümmert sich nicht darum, ob er gemäß den Anweisungen der Schriften handelt oder nicht. Gott ist für ihn Geld, und Wissen bedeutet für ihn die beste Befriedigung der Verlangen des Körpers. Solches Wissen hat keine Verbindung mit der Absoluten Wahrheit. Es ist mehr oder weniger wie das Wissen der gewöhnlichen Tiere: das Wissen über Essen, Schlafen, Verteidigung und Fortpflanzung. Solches Wissen wird hier als Produkt der Erscheinungsweise der Dunkelheit bezeichnet. Mit anderen Worten, Wissen, das die spirituelle Seele betrifft, die sich jenseits des Körpers befindet, wird Wissen in der Erscheinungsweise der Tugend genannt; Wissen, das mit Hilfe weltlicher Logik und mentaler Spekulation viele Theorien und Doktrinen hervorbringt, ist ein Produkt der Erscheinungsweise der Leidenschaft, und Wissen, das sich nur mit der Bequemlichkeit des Körpers befaßt, befindet sich in der Erscheinungsweise der Unwissenheit.

Vers 23 नियतं सङ्गरहितमरागद्वेषतः कृतम् ।
अफलप्रेप्सुना कर्म यत्तत्सात्त्विकमुच्यते ॥२३॥

niyataṁ saṅga-rahitam arāga-dveṣataḥ kṛtam
aphala-prepsunā karma yat tat sāttvikam ucyate

niyatam – reguliert; *saṅga-rahitam* – ohne Anhaftung; *arāga-dveṣataḥ* – ohne Liebe oder Haß; *kṛtam* – getan; *aphala-prepsunā* – von jemandem, der sich kein fruchttragendes Ergebnis wünscht; *karma* – Handlung; *yat* – die; *tat* – diejenige; *sāttvikam* – in der Erscheinungsweise der Tugend; *ucyate* – wird genannt.

Jene Handlung, die reguliert ist und ohne Anhaftung, ohne Liebe oder Haß und ohne Wunsch nach fruchttragenden Ergebnissen ausgeführt wird, wird Handlung in der Erscheinungsweise der Tugend genannt.

ERLÄUTERUNG: Die regulierte Ausübung von stellungsgemäßen Pflichten, die in den Schriften für die verschiedenen Stufen und Einteilungen der Gesellschaft vorgeschrieben sind und die ohne Anhaftung und Anspruch auf Eigentum und daher ohne Liebe oder Haß, sondern im Kṛṣṇa-Bewußtsein für die Zufriedenstellung des Höchsten erfüllt werden, frei von dem Wunsch nach eigener Zufriedenheit oder Befriedigung, wird als Handlung in der Erscheinungsweise der Tugend bezeichnet.

Vers 24 यत्तु कामेप्सुना कर्म साहङ्कारेण वा पुनः ।
क्रियते बहुलायासं तद्राजसमुदाहृतम् ॥२४॥

yat tu kāmepsunā karma sāhaṅkāreṇa vā punaḥ
kriyate bahulāyāsaṁ tad rājasam udāhṛtam

yat – diejenige, die; *tu* – aber; *kāma-īpsunā* – von jemandem mit Wünschen nach fruchttragenden Ergebnissen; *karma* – Handlung; *sa-ahaṅkāreṇa* – mit falschem Ego; *vā* – oder; *punaḥ* – wieder; *kriyate* – wird ausgeführt; *bahula-āyāsam* – mit großer Anstrengung; *tat* – diese; *rājasam* – in der Erscheinungsweise der Leidenschaft; *udāhṛtam* – gilt als.

Aber jene Handlung, die man mit großer Anstrengung ausführt, mit dem Ziel, seine Wünsche zu befriedigen, und die vom falschen Ego ausgeht, wird als Handlung in der Erscheinungsweise der Leidenschaft bezeichnet.

Vers 25 अनुबन्धं क्षयं हिंसामनपेक्ष्य च पौरुषम् ।
मोहादारभ्यते कर्म यत्तत्तामसमुच्यते ॥२५॥

anubandhaṁ kṣayaṁ hiṁsām anapekṣya ca pauruṣam
mohād ārabhyate karma yat tat tāmasam ucyate

anubandham – der zukünftigen Bindung; *kṣayam* – Zerstörung; *hiṁsām* – und Leid für andere; *anapekṣya* – ohne Berücksichtigung der Folgen; *ca* – auch; *pauruṣam* – nach eigener Billigung; *mohāt* – durch Illusion; *ārabhyate* – wird begonnen; *karma* – Handlung; *yat* – die; *tat* – diejenige; *tāmasam* – in der Erscheinungsweise der Unwissenheit; *ucyate* – wird genannt.

Jene Handlung, die in Illusion und unter Mißachtung der Anweisungen der Schriften ausgeführt wird, ohne sich um zukünftige Knechtschaft, Gewalt oder das Leid, das anderen zugefügt wird, zu kümmern, wird als Handlung in der Erscheinungsweise der Unwissenheit bezeichnet.

ERLÄUTERUNG: Man muß dem Staat oder den Boten des Höchsten Herrn, den Yamadūtas, über sein Handeln Rechenschaft ablegen. Unverantwortliches Handeln ist zerstörerisch, weil es die von den Schriften vorgeschriebenen regulierenden Prinzipien zerstört. Es beruht oft auf Gewalt und fügt anderen Lebewesen Leid zu. Solch unverantwortliche Handlungen werden auf der Grundlage eigener Erfahrungen ausgeführt. Das nennt man Illusion. Und all diese von Illusion geprägten Handlungen sind ein Produkt der Erscheinungsweise der Unwissenheit.

Vers 26 मुक्तसङ्गोऽनहंवादी धृत्युत्साहसमन्वितः ।
सिद्ध्यसिद्ध्योर्निर्विकारः कर्ता सात्त्विक उच्यते ॥२६॥

mukta-saṅgo 'nahaṁ-vādī dhṛty-utsāha-samanvitaḥ
siddhy-asiddhyor nirvikāraḥ kartā sāttvika ucyate

mukta-saṅgaḥ – befreit von jeglicher materiellen Gemeinschaft; *anaham-vādī* – ohne falsches Ego; *dhṛti* – mit Entschlossenheit; *utsāha* – und großem Enthusiasmus; *samanvitaḥ* – qualifiziert; *siddhi* – in Vollkommenheit; *asiddhyoḥ* – und Mißerfolg; *nirvikāraḥ* – ohne Wechsel; *kartā* – Handelnder; *sāttvikaḥ* – in der Erscheinungsweise der Tugend; *ucyate* – gilt als.

Jemand, der seine Pflicht frei von der Gemeinschaft mit den Erscheinungsweisen der materiellen Natur, ohne falsches Ego und mit großer Entschlossenheit und mit Enthusiasmus ausführt und in Erfolg und Mißerfolg unerschütterlich bleibt, gilt als ein Handelnder in der Erscheinungsweise der Tugend.

ERLÄUTERUNG: Ein Mensch im Kṛṣṇa-Bewußtsein steht zu den Erscheinungsweisen der materiellen Natur immer in transzendentaler Stellung. Er erwartet von der Arbeit, die ihm anvertraut wurde, kein Ergebnis, denn er steht über falschem Ego und Stolz. Trotzdem ist er bis zur Vollendung seiner Arbeit immer voller Enthusiasmus. Die Mühe, die mit seiner Arbeit verbunden ist, macht ihm nichts aus und kann seinen Enthusiasmus nicht brechen. Ihn kümmern weder Erfolg noch Mißerfolg; er bleibt in Leid und Glück gleichmütig. Wer so handelt, befindet sich in der Erscheinungsweise der Tugend.

Vers 27 रागी कर्मफलप्रेप्सुर्लुब्धो हिंसात्मकोऽशुचिः ।
हर्षशोकान्वितः कर्ता राजसः परिकीर्तितः ॥२७॥

rāgī karma-phala-prepsur lubdho hiṁsātmako 'śuciḥ
harṣa-śokānvitaḥ kartā rājasaḥ parikīrtitaḥ

rāgī – überaus angehaftet; *karma-phala* – die Frucht der Arbeit; *prepsuḥ* – wünschend; *lubdhaḥ* – gierig; *hiṁsā-ātmakaḥ* – immer neidisch; *aśuciḥ* – unsauber; *harṣa-śoka-anvitaḥ* – Freude und Sorge unterworfen; *kartā* – ein solcher Handelnder; *rājasaḥ* – in der Erscheinungsweise der Leidenschaft; *parikīrtitaḥ* – wird bezeichnet als.

Der Handelnde, der an seine Arbeit und an die Früchte seiner Arbeit angehaftet ist und diese Früchte genießen will und der gierig, immer neidisch und unsauber ist und von Freude und Sorge bewegt wird, gilt als ein Handelnder in der Erscheinungsweise der Leidenschaft.

ERLÄUTERUNG: Wenn ein Mensch übermäßig an einer bestimmten Arbeit und an ihrem Ergebnis haftet, ist das darauf zurückzuführen, daß er zu materialistisch ist und zu große Anhaftung an Heim und Herd sowie an Frau und Kinder hat. Ein solcher Mensch hat keinen Wunsch, sein Leben auf eine höhere Ebene zu erheben. Ihm geht es nur darum, die Welt in materieller Hinsicht so bequem wie möglich zu gestalten. Er ist im allgemeinen sehr gierig und denkt, daß alles, was er erreicht habe, von Dauer sei und niemals verlorengehe. Ein solcher Mensch ist auf andere neidisch, und er ist bereit, alles Erdenkliche zu tun, um Sinnenbefriedigung zu erlangen. Folglich ist er unsauber, und es ist ihm egal, ob er sein Geld auf ehrliche oder unehrliche Weise verdient. Er frohlockt, wenn seine Arbeit erfolgreich ist, und er ist zutiefst niedergeschlagen, wenn sie nicht erfolgreich ist. Dies ist das Wesen eines Menschen, der in der Erscheinungsweise der Leidenschaft handelt.

Vers 28 अयुक्तः प्राकृतः स्तब्धः शठो नैष्कृतिकोऽलसः ।
विषादी दीर्घसूत्री च कर्ता तामस उच्यते ॥२८॥

ayuktaḥ prākṛtaḥ stabdhaḥ śaṭho naiṣkṛtiko 'lasaḥ
viṣādī dīrgha-sūtrī ca kartā tāmasa ucyate

ayuktaḥ – ohne Bezug auf die Unterweisungen der Schriften; *prākṛtaḥ* – materialistisch; *stabdhaḥ* – starrsinnig; *śaṭhaḥ* – betrügerisch; *naiṣkṛtikaḥ* – geschickt darin, andere zu beleidigen; *alasaḥ* – träge; *viṣādī* – verdrießlich; *dīrgha-sūtrī* – zögernd; *ca* – auch; *kartā* – Handelnder; *tāmasaḥ* – in der Erscheinungsweise der Unwissenheit; *ucyate* – gilt als.

Jemand, der fortwährend entgegen den Anweisungen der Schriften handelt, der materialistisch, starrsinnig und betrügerisch ist und es versteht, andere zu beleidigen, und der träge, immer verdrießlich und zögernd ist, gilt als Handelnder in der Erscheinungsweise der Unwissenheit.

ERLÄUTERUNG: Aus den Anweisungen der Schriften erfahren wir, welche Art von Tätigkeit verrichtet werden sollte und welche Art von

Tätigkeit nicht verrichtet werden sollte. Diejenigen, die sich nicht um solche Anweisungen kümmern, gehen Tätigkeiten nach, die nicht getan werden sollten, und solche Menschen sind im allgemeinen materialistisch. Sie handeln entsprechend den Erscheinungsweisen der Natur und nicht entsprechend den Anweisungen der Schriften. Menschen, die auf diese Weise handeln, sind nicht sehr freundlich, und für gewöhnlich sind sie hinterlistig und geschickt darin, andere zu beleidigen. Sie sind sehr träge; obwohl sie Pflichten haben, erfüllen sie diese nicht richtig, sondern verschieben sie, um sie später zu erledigen. Deshalb machen sie einen verdrießlichen Eindruck. Sie sind von zögernder Natur; alles, was innerhalb einer Stunde erledigt werden kann, zögern sie über Jahre hinaus. Wer auf diese Weise handelt, befindet sich in der Erscheinungsweise der Unwissenheit.

Vers 29 बुद्धेर्भेदं धृतेश्चैव गुणतस्त्रिविधं शृणु ।
प्रोच्यमानमशेषेण पृथक्त्वेन धनञ्जय ॥२९॥

buddher bhedaṁ dhṛteś caiva guṇatas tri-vidhaṁ śṛṇu
procyamānam aśeṣeṇa pṛthaktvena dhanañ-jaya

buddheḥ – von Intelligenz; *bhedam* – die Unterschiede; *dhṛteḥ* – von Beständigkeit; *ca* – auch; *eva* – gewiß; *guṇataḥ* – von den Erscheinungsweisen der materiellen Natur; *tri-vidham* – von dreierlei Art; *śṛṇu* – höre; *procyamānam* – wie es von Mir beschrieben wird; *aśeṣeṇa* – im einzelnen; *pṛthaktvena* – unterschiedlich; *dhanam-jaya* – o Gewinner von Reichtum.

O Gewinner von Reichtum, höre nun bitte, wie Ich dir im einzelnen die verschiedenen Arten von Unterscheidungsvermögen und Entschlossenheit in Entsprechung zu den drei Erscheinungsweisen der materiellen Natur erkläre.

ERLÄUTERUNG: Nachdem der Herr Wissen, den Gegenstand des Wissens und den Wissenden in drei verschiedenen Unterteilungen gemäß den Erscheinungsweisen der materiellen Natur erklärt hat, definiert Er nun auf gleiche Weise die Intelligenz und Entschlossenheit des Handelnden.

Vers 30 प्रवृत्तिं च निवृत्तिं च कार्याकार्ये भयाभये ।
बन्धं मोक्षं च या वेत्ति बुद्धिः सा पार्थ सात्त्विकी ॥३०॥

pravṛttiṁ ca nivṛttiṁ ca kāryākārye bhayābhaye
bandhaṁ mokṣaṁ ca yā vetti buddhiḥ sā pārtha sāttvikī

pravṛttim – zu tun; *ca* – auch; *nivṛttim* – nicht zu tun; *ca* – und; *kārya* – was getan werden muß; *akārye* – und was nicht getan werden darf; *bhaya* – Furcht; *abhaye* – und Furchtlosigkeit; *bandham* – Bindung; *mokṣam* – Befreiung; *ca* – und; *yā* – das, was; *vetti* – weiß; *buddhiḥ* – Unterscheidungsvermögen; *sā* – dieses; *pārtha* – o Sohn Pṛthās; *sāttvikī* – in der Erscheinungsweise der Tugend.

O Sohn Pṛthās, das Unterscheidungsvermögen, durch das man erkennt, was getan werden muß und was nicht getan werden darf, wovor man sich fürchten muß und wovor man sich nicht zu fürchten braucht, was bindend und was befreiend ist, gründet in der Erscheinungsweise der Tugend.

ERLÄUTERUNG: Handlungen, die im Sinne der Anweisungen der Schriften ausgeführt werden, nennt man *pravṛtti,* das Ausführen von Handlungen, die es wert sind, ausgeführt zu werden. Handlungen, die andersgeartet sind, sollten nicht ausgeführt werden. Wer die Anweisungen der Schriften nicht kennt, wird in die Aktionen und Reaktionen seines Tuns verstrickt. Unterscheidungsvermögen, das in Intelligenz gründet, befindet sich in der Erscheinungsweise der Tugend.

Vers 31 यया धर्ममधर्मं च कार्यं चाकार्यमेव च ।
अयथावत्प्रजानाति बुद्धिः सा पार्थ राजसी ॥३१॥

yayā dharmam adharmaṁ ca kāryaṁ cākāryam eva ca
ayathāvat prajānāti buddhiḥ sā pārtha rājasī

yayā – durch das; *dharmam* – die Prinzipien der Religion; *adharmam* – Irreligiosität; *ca* – und; *kāryam* – was getan werden sollte; *ca* – auch; *akāryam* – was nicht getan werden sollte; *eva* – gewiß; *ca* – auch; *ayathāvat* – unvollkommen; *prajānāti* – kennt; *buddhiḥ* – Intelligenz; *sā* – diese; *pārtha* – o Sohn Pṛthās; *rājasī* – in der Erscheinungsweise der Leidenschaft.

O Sohn Pṛthās, das Unterscheidungsvermögen, das zwischen Religion und Irreligiosität sowie zwischen Handlungen, die ausgeführt werden sollten, und Handlungen, die nicht ausgeführt werden sollten, nicht zu unterscheiden vermag, befindet sich in der Erscheinungsweise der Leidenschaft.

Vers 32 अधर्मं धर्ममिति या मन्यते तमसावृता ।
सर्वार्थान् विपरीतांश्च बुद्धिः सा पार्थ तामसी ॥३२॥

adharmaṁ dharmam iti yā manyate tamasāvṛtā
sarvārthān viparītāṁś ca buddhiḥ sā pārtha tāmasī

adharmam – Irreligiosität; *dharmam* – Religion; *iti* – so; *yā* – welches; *manyate* – denkt; *tamasā* – von Illusion; *āvṛtā* – bedeckt; *sarva-arthān* – alle Dinge; *viparītān* – in die falsche Richtung; *ca* – auch; *buddhiḥ* – Intelligenz; *sā* – diese; *pārtha* – o Sohn Pṛthās; *tāmasī* – in der Erscheinungsweise der Unwissenheit.

Das Unterscheidungsvermögen, das Irreligiosität für Religion und Religion für Irreligiosität hält, das unter dem Bann der Illusion und Dunkelheit steht und immer in die falsche Richtung strebt, o Pārtha, befindet sich in der Erscheinungsweise der Unwissenheit.

ERLÄUTERUNG: Intelligenz in der Erscheinungsweise der Unwissenheit handelt immer anders, als sie sollte. Sie nimmt Religionen an, die in Wirklichkeit keine Religionen sind, und lehnt wahre Religion ab. Menschen in Unwissenheit halten eine große Seele für einen gewöhnlichen Menschen und einen gewöhnlichen Menschen für eine große Seele. Sie halten Wahrheit für Unwahrheit und akzeptieren Unwahrheit als Wahrheit. Bei allem, was sie tun, schlagen sie den falschen Weg ein; deshalb befindet sich ihre Intelligenz in der Erscheinungsweise der Unwissenheit.

Vers 33 धृत्या यया धारयते मनःप्राणेन्द्रियक्रियाः ।
योगेनाव्यभिचारिण्या धृतिः सा पार्थ सात्त्विकी ॥३३॥

dhṛtyā yayā dhārayate manaḥ-prāṇendriya-kriyāḥ
yogenāvyabhicāriṇyā dhṛtiḥ sā pārtha sāttvikī

dhṛtyā – Entschlossenheit; *yayā* – durch die; *dhārayate* – man stützt; *manaḥ* – des Geistes; *prāṇa* – Leben; *indriya* – und Sinne; *kriyāḥ* – die Tätigkeiten; *yogena* – durch Ausführung von *yoga; avyabhicāriṇyā* – ohne gebrochen zu werden; *dhṛtiḥ* – Entschlossenheit; *sā* – diese; *pārtha* – o Sohn Pṛthās; *sāttvikī* – in der Erscheinungsweise der Tugend.

O Sohn Pṛthās, jene Entschlossenheit, die unerschütterlich ist, die durch die Ausübung von yoga gestützt wird und so die Tätigkeiten des Geistes, des Lebens und der Sinne beherrscht, ist Entschlossenheit in der Erscheinungsweise der Tugend.

ERLÄUTERUNG: *Yoga* ist ein Mittel, um die Höchste Seele zu verstehen. Wer sich mit Entschlossenheit ununterbrochen auf die Höchste Seele konzentriert und seinen Geist, sein Leben und seine Sinnestätigkeiten auf den Höchsten richtet, befindet sich auf der Stufe des Kṛṣṇa-Bewußtseins. Diese Art der Entschlossenheit befindet sich in der Erscheinungsweise der Tugend. Das Wort *avyabhicāriṇyā* ist sehr bedeutsam, denn es weist darauf hin, daß sich diejenigen, die im Kṛṣṇa-Bewußtsein tätig sind, niemals von einer anderen Beschäftigung ablenken lassen.

Vers 34 यया तु धर्मकामार्थान्धृत्या धारयतेऽर्जुन ।
प्रसङ्गेन फलाकाङ्क्षी धृतिः सा पार्थ राजसी ॥३४॥

yayā tu dharma-kāmārthān dhṛtyā dhārayate 'rjuna
prasaṅgena phalākāṅkṣī dhṛtiḥ sā pārtha rājasī

yayā – durch die; *tu* – aber; *dharma* – Religiosität; *kāma* – Sinnenbefriedigung; *arthān* – und wirtschaftliche Entwicklung; *dhṛtyā* – durch Entschlossenheit; *dhārayate* – man stützt; *arjuna* – o Arjuna; *prasaṅgena* – aufgrund von Anhaftung; *phala-ākāṅkṣī* – sich fruchttragende Ergebnisse wünschend; *dhṛtiḥ* – Entschlossenheit; *sā* – diese; *pārtha* – o Sohn Pṛthās; *rājasī* – in der Erscheinungsweise der Leidenschaft.

Aber jene Entschlossenheit, mit der man nach fruchttragenden Ergebnissen in Religion, wirtschaftlicher Entwicklung und Sinnenbefriedigung strebt, ist Entschlossenheit in der Erscheinungsweise der Leidenschaft, o Arjuna.

ERLÄUTERUNG: Jemand, der ständig nach fruchttragenden Ergebnissen in religiösen oder wirtschaftlichen Tätigkeiten strebt, dessen einziger Wunsch die Befriedigung der Sinne ist und der seinen Geist, sein Leben und seine Sinne auf diese Weise verwendet, befindet sich in der Erscheinungsweise der Leidenschaft.

Vers 35 यया स्वप्नं भयं शोकं विषादं मदमेव च ।
न विमुञ्चति दुर्मेधा धृतिः सा पार्थ तामसी ॥३५॥

yayā svapnaṁ bhayaṁ śokaṁ viṣādaṁ madam eva ca
na vimuñcati durmedhā dhṛtiḥ sā pārtha tāmasī

yayā – durch die; *svapnam* – träumend; *bhayam* – Angst; *śokam* – Klage; *viṣādam* – Verdrießlichkeit; *madam* – Illusion; *eva* – gewiß; *ca* – auch; *na* – niemals; *vimuñcati* – man gibt auf; *durmedhā* – unintelligent; *dhṛtiḥ* – Entschlossenheit; *sā* – diese; *pārtha* – o Sohn Pṛthās; *tāmasī* – in der Erscheinungsweise der Unwissenheit.

Und die Entschlossenheit, die nicht über Träume, Angst, Klagen, Verdrießlichkeit und Illusion hinausgeht – solch unintelligente Entschlossenheit, o Sohn Pṛthās, befindet sich in der Erscheinungsweise der Dunkelheit.

ERLÄUTERUNG: Man sollte hieraus nicht schließen, ein Mensch in der Erscheinungsweise der Tugend träume nicht. Hier bedeutet „Traum" zuviel Schlaf. Träume gibt es immer. Träume sind etwas Natürliches, ob man sich nun in der Erscheinungsweise der Tugend, Leidenschaft oder Unwissenheit befindet. Aber wer es nicht vermeiden kann, übermäßig zu schlafen, wer darauf stolz ist, materielle Objekte zu genießen, wer immer davon träumt, über die materielle Welt zu herrschen, und sein Leben, seinen Geist und seine Sinne auf dieses Ziel richtet, gehört zur Kategorie der Menschen mit Entschlossenheit in der Erscheinungsweise der Unwissenheit.

Vers 36 सुखं त्विदानीं त्रिविधं शृणु मे भरतर्षभ ।
अभ्यासाद्रमते यत्र दुःखान्तं च निगच्छति ॥३६॥

sukhaṁ tv idānīṁ tri-vidhaṁ śṛṇu me bharatarṣabha
abhyāsād ramate yatra duḥkhāntaṁ ca nigacchati

sukham – Glück; *tu* – aber; *idānīm* – nun; *tri-vidham* – von dreierlei Art; *śṛṇu* – höre; *me* – von Mir; *bharata-ṛṣabha* – o bester unter den Bhāratas; *abhyāsāt* – durch Übung; *ramate* – man genießt; *yatra* – wo; *duḥkha* – des Leides; *antam* – das Ende; *ca* – auch; *nigacchati* – gewinnt.

O bester der Bhāratas, höre nun bitte von Mir über die drei Arten des Glücks, die die bedingte Seele genießt und durch die sie manchmal an das Ende allen Leides gelangt.

ERLÄUTERUNG: Eine bedingte Seele versucht immer wieder, materielles Glück zu genießen. Auf diese Weise kaut sie fortwährend das bereits Gekaute. Doch während die bedingte Seele auf diese Weise genießt, wird sie manchmal dank der Gemeinschaft mit einer großen Seele aus der materiellen Verstrickung befreit. Mit anderen Worten, eine bedingte Seele ist ständig mit irgendeiner Art von Sinnenbefriedigung beschäftigt, doch wenn sie dank guter Gemeinschaft verstehen lernt, daß dieser Genuß immer nur die Wiederholung der gleichen Sache ist, und wenn sie zu ihrem wahren Kṛṣṇa-Bewußtsein erweckt wird, kann sie von diesem sich immer wiederholenden sogenannten Glück befreit werden.

Vers 37 यत्तदग्रे विषमिव परिणामेऽमृतोपमम् ।
तत्सुखं सात्त्विकं प्रोक्तमात्मबुद्धिप्रसादजम् ॥३७॥

yat tad agre viṣam iva pariṇāme 'mṛtopamam
tat sukhaṁ sāttvikaṁ proktam ātma-buddhi-prasāda-jam

yat – was; *tat* – das; *agre* – am Anfang; *viṣam iva* – wie Gift; *pariṇāme* – am Ende; *amṛta* – Nektar; *upamam* – verglichen mit; *tat* – dieses; *sukham* – Glück; *sāttvikam* – in der Erscheinungsweise der Tugend; *proktam* – wird genannt; *ātma* – im Selbst; *buddhi* – der Intelligenz; *prasāda-jam* – geboren aus der Zufriedenheit.

Das, was am Anfang wie Gift sein mag, doch am Ende wie Nektar ist und einen zur Selbsterkenntnis erweckt, gilt als Glück in der Erscheinungsweise der Tugend.

ERLÄUTERUNG: Auf dem Pfad der Selbsterkenntnis muß man viele Regeln und Regulierungen beachten, um Geist und Sinne zu beherrschen und den Geist auf das Selbst zu konzentrieren. All diese Vorgänge sind sehr schwierig, bitter wie Gift, doch wenn man diese Regulierungen mit Erfolg einhält und auf die transzendentale Ebene gelangt, beginnt man wahren Nektar zu kosten und genießt so das Leben.

Vers 38 विषयेन्द्रियसंयोगाद्यत्तदग्रेऽमृतोपमम् ।
परिणामे विषमिव तत्सुखं राजसं स्मृतम् ॥३८॥

viṣayendriya-saṁyogād yat tad agre 'mṛtopamam
pariṇāme viṣam iva tat sukhaṁ rājasaṁ smṛtam

viṣaya – der Sinnesobjekte; *indriya* – und der Sinne; *saṁyogāt* – von der Verbindung; *yat* – was; *tat* – das; *agre* – am Anfang; *aṁṛta-upamam* – wie Nektar; *pariṇāme* – am Ende; *viṣam iva* – wie Gift; *tat* – dieses; *sukham* – Glück; *rājasam* – in der Erscheinungsweise der Leidenschaft; *smṛtam* – wird betrachtet als.

Jenes Glück, das aus dem Kontakt der Sinne mit ihren Objekten entsteht und das am Anfang wie Nektar erscheint, doch am Ende wie Gift ist, gilt als Glück in der Erscheinungsweise der Leidenschaft.

ERLÄUTERUNG: Ein junger Mann und eine junge Frau treffen sich, und die Sinne treiben den jungen Mann dazu, die Frau anzublicken, sie zu berühren und mit ihr Geschlechtsverkehr zu haben. Am Anfang mag dies für die Sinne sehr angenehm sein, doch am Ende, oder nach einiger Zeit, wird es zu Gift. Sie trennen sich wieder oder lassen sich scheiden – es gibt Klagen, es gibt Kummer, usw. Solches Glück befindet sich immer in der Erscheinungsweise der Leidenschaft. Glück, das aus dem Kontakt der Sinne mit den Sinnesobjekten entsteht, ist immer eine Ursache von Leid und sollte daher unter allen Umständen vermieden werden.

Vers 39 यदग्रे चानुबन्धे च सुखं मोहनमात्मनः ।
निद्रालस्यप्रमादोत्थं तत्तामसमुदाहृतम् ॥३९॥

yad agre cānubandhe ca sukhaṁ mohanam ātmanaḥ
nidrālasya-pramādotthaṁ tat tāmasam udāhṛtam

yat – das, was; *agre* – am Anfang; *ca* – auch; *anubandhe* – am Ende; *ca* – auch; *sukham* – Glück; *mohanam* – illusorisch; *ātmanaḥ* – des Selbst; *nidrā* – Schlaf; *ālasya* – Trägheit; *pramāda* – und Illusion; *uttham* – entstanden aus; *tat* – dieses; *tāmasam* – in der Erscheinungsweise der Unwissenheit; *udāhṛtam* – gilt als.

Und jenes Glück, das der Selbsterkenntnis gegenüber blind ist, das von Anfang bis Ende Täuschung ist und aus Schlaf, Trägheit und Illusion entsteht, gilt als Glück in der Erscheinungsweise der Unwissenheit.

ERLÄUTERUNG: Wer an Trägheit und Schlaf Freude findet, befindet sich mit Sicherheit in der Erscheinungsweise der Dunkelheit und Unwissenheit, und wer nicht weiß, wie er handeln muß und wie er nicht handeln darf, befindet sich ebenfalls in der Erscheinungsweise der Unwissenheit. Für einen Menschen in der Erscheinungsweise der Unwissenheit ist alles Illusion. Für ihn gibt es weder am Anfang noch am Ende Glück. Für den Menschen in der Erscheinungsweise der Leidenschaft mag es zu Beginn flüchtiges Glück geben und am Ende Leid, doch für den Menschen in der Erscheinungsweise der Unwissenheit gibt es sowohl am Anfang als auch am Ende nur Leid.

Vers 40 न तदस्ति पृथिव्यां वा दिवि देवेषु वा पुनः ।
सत्त्वं प्रकृतिजैर्मुक्तं यदेभिः स्यात्त्रिभिर्गुणैः ॥४०॥

na tad asti pṛthivyāṁ vā divi deveṣu vā punaḥ
sattvaṁ prakṛti-jair muktaṁ yad ebhiḥ syāt tribhir guṇaiḥ

na – weder; *tat* – dieses; *asti* – es gibt; *pṛthivyām* – auf der Erde; *vā* – noch; *divi* – auf den höheren Planetensystemen; *deveṣu* – unter den Halbgöttern; *vā* – noch; *punaḥ* – wieder; *sattvam* – Existenz; *prakṛti-jaiḥ* – aus der materiellen Natur geboren; *muktam* – befreit; *yat* – das; *ebhiḥ* – vom Einfluß dieser; *syāt* – ist; *tribhiḥ* – drei; *guṇaiḥ* – Erscheinungsweisen der materiellen Natur.

Es existiert kein Wesen – weder hier noch unter den Halbgöttern auf den höheren Planetensystemen –, das von diesen drei aus der materiellen Natur geborenen Erscheinungsweisen frei ist.

ERLÄUTERUNG: Der Herr erklärt hier zusammenfassend, daß der Einfluß der drei Erscheinungsweisen der materiellen Natur überall im Universum wirkt.

Vers 41 ब्राह्मणक्षत्रियविशां शूद्राणां च परन्तप ।
कर्माणि प्रविभक्तानि स्वभावप्रभवैर्गुणैः ॥४१॥

brāhmaṇa-kṣatriya-viśāṁ śūdrāṇāṁ ca paran-tapa
karmāṇi pravibhaktāni svabhāva-prabhavair guṇaiḥ

brāhmaṇa – der *brāhmaṇas; kṣatriya* – der *kṣatriyas; viśām* – und der *vaiśyas; śūdrāṇām* – der *śūdras; ca* – und; *param-tapa* – o Bezwinger der Feinde; *karmāṇi* – die Tätigkeiten; *pravibhaktāni* – sind unterteilt; *svabhāva* – ihrer eigenen Natur; *prabhavaiḥ* – entstanden aus; *guṇaiḥ* – durch die Erscheinungsweisen der materiellen Natur.

Brāhmaṇas, kṣatriyas, vaiśyas und śūdras unterscheiden sich durch die Eigenschaften, die dem Einfluß der materiellen Erscheinungsweisen gemäß ihrer Natur eigen sind, o Bezwinger der Feinde.

Vers 42 शमो दमस्तपः शौचं क्षान्तिरार्जवमेव च ।
ज्ञानं विज्ञानमास्तिक्यं ब्रह्मकर्म स्वभावजम् ॥४२॥

śamo damas tapaḥ śaucaṁ kṣāntir ārjavam eva ca
jñānaṁ vijñānam āstikyaṁ brahma-karma svabhāva-jam

śamaḥ – Friedfertigkeit; *damaḥ* – Selbstbeherrschung; *tapaḥ* – Entsagung; *śaucam* – Reinheit; *kṣāntiḥ* – Duldsamkeit; *ārjavam* – Ehrlichkeit; *eva* – gewiß; *ca* – und; *jñānam* – Wissen; *vijñānam* – Weisheit; *āstikyam* – Religiosität; *brahma* – eines *brāhmaṇa; karma* – Pflicht; *svabhāva-jam* – aus seiner Natur geboren.

Friedfertigkeit, Selbstbeherrschung, Entsagung, Reinheit, Duldsamkeit, Ehrlichkeit, Wissen, Weisheit und Religiosität sind die natürlichen Eigenschaften, die die Handlungsweise der brāhmaṇas bestimmen.

Vers 43 शौर्यं तेजो धृतिर्दाक्ष्यं युद्धे चाप्यपलायनम् ।
दानमीश्वरभावश्च क्षात्रं कर्म स्वभावजम् ॥४३॥

śauryaṁ tejo dhṛtir dākṣyaṁ yuddhe cāpy apalāyanam
dānam īśvara-bhāvaś ca kṣātraṁ karma svabhāva-jam

śauryam – Heldenmut; *tejaḥ* – Macht; *dhṛtiḥ* – Entschlossenheit; *dākṣyam* – Geschicklichkeit; *yuddhe* – in der Schlacht; *ca* – und; *api* – auch; *apalāyanam* – nicht fliehend; *dānam* – Großzügigkeit; *īśvara* – der Führungskunst; *bhāvaḥ* – die Natur; *ca* – und; *kṣātram* – eines *kṣatriya; karma* – Pflicht; *svabhāva-jam* – aus seiner Natur geboren.

Heldenmut, Macht, Entschlossenheit, Geschicklichkeit, Mut in der Schlacht, Großzügigkeit und Führungskunst sind die natürlichen Eigenschaften, die die Handlungsweise der kṣatriyas bestimmen.

Vers 44 कृषिगोरक्ष्यवाणिज्यं वैश्यकर्म स्वभावजम् ।
परिचर्यात्मकं कर्म शूद्रस्यापि स्वभावजम् ॥४४॥

kṛṣi-go-rakṣya-vāṇijyaṁ vaiśya-karma svabhāva-jam
paricaryātmakaṁ karma śūdrasyāpi svabhāva-jam

kṛṣi – Pflügen; *go* – der Kühe; *rakṣya* – Schutz; *vāṇijyam* – Handel; *vaiśya* – eines *vaiśya; karma* – Pflicht; *svabhāva-jam* – geboren aus seiner Natur; *paricaryā* – Dienst; *ātmakam* – bestehend aus; *karma* – Pflicht; *śūdrasya* – des *śūdra; api* – auch; *svabhāva-jam* – geboren aus seiner Natur.

Ackerbau, Kuhschutz und Handel sind die natürliche Arbeit für die vaiśyas, und die Aufgabe der śūdras besteht darin, zu arbeiten und anderen Dienste zu leisten.

Vers 45 स्वे स्वे कर्मण्यभिरतः संसिद्धिं लभते नरः ।
स्वकर्मनिरतः सिद्धिं यथा विन्दति तच्छृणु ॥४५॥

sve sve karmaṇy abhirataḥ saṁsiddhiṁ labhate naraḥ
sva-karma-nirataḥ siddhiṁ yathā vindati tac chṛṇu

sve sve – jeder seiner eigenen; *karmaṇi* – Arbeit; *abhirataḥ* – folgend; *saṁsiddhim* – Vollkommenheit; *labhate* – erreicht; *naraḥ* – ein Mensch; *sva-karma* – in seiner Pflicht; *nirataḥ* – beschäftigt; *siddhim* – Vollkommenheit; *yathā* – wie; *vindati* – erreicht; *tat* – dies; *śṛṇu* – höre.

Jeder Mensch kann die Vollkommenheit erreichen, indem er seinen Eigenschaften der Arbeit folgt. Höre nun bitte von Mir, wie dies erreicht werden kann.

Vers 46 यतः प्रवृत्तिर्भूतानां येन सर्वमिदं ततम् ।
स्वकर्मणा तमभ्यर्च्य सिद्धिं विन्दति मानवः ॥४६॥

yataḥ pravṛttir bhūtānāṁ yena sarvam idaṁ tatam
sva-karmaṇā tam abhyarcya siddhiṁ vindati mānavaḥ

yataḥ – von dem; *pravṛttiḥ* – die Emanation; *bhūtānām* – aller Lebewesen; *yena* – durch den; *sarvam* – alles; *idam* – dies; *tatam* – wird durchdrungen; *sva-karmaṇā* – von seinen eigenen Pflichten; *tam* – Ihn; *abhyarcya* – durch Verehren; *siddhim* – Vollkommenheit; *vindati* – erlangt; *mānavaḥ* – ein Mensch.

Wenn ein Mensch den Herrn verehrt, der die Quelle aller Wesen ist und der alles durchdringt, kann er durch die Ausführung seiner Arbeit die Vollkommenheit erlangen.

ERLÄUTERUNG: Wie im Fünfzehnten Kapitel erklärt wurde, sind alle Lebewesen fragmentarische Teile des Höchsten Herrn. Folglich ist der Höchste Herr der Anfang aller Lebewesen. Dies wird im *Vedānta-sūtra* bestätigt: *janmādy asya yataḥ.* Der Höchste Herr ist daher der Beginn des Lebens eines jeden Lebewesens. Und wie es im Siebten Kapitel der *Bhagavad-gītā* heißt, ist der Höchste Herr durch Seine beiden Energien, die innere und die äußere Energie, alldurchdringend. Deshalb sollte man den Höchsten Herrn zusammen mit Seinen Energien verehren. Im allgemeinen verehren die Vaiṣṇava-Geweihten den Höchsten Herrn zusammen mit Seiner inneren Energie. Seine äußere Energie ist eine verzerrte Widerspiegelung der inneren Energie. Die äußere Energie ist wie ein Hintergrund, doch der Höchste Herr ist durch die Erweiterung Seines vollständigen Teils als Paramātmā überall gegenwärtig. Er befindet Sich als Überseele in allen Halbgöttern, in allen Menschen und allen Tieren, an allen Orten. Man sollte daher wissen, daß man als winziges Teilchen des Höchsten Herrn die Pflicht hat, Ihm zu dienen. Jeder sollte sich völlig Kṛṣṇa-bewußt im hingebungsvollen Dienst des Herrn beschäftigen. So lautet die Empfehlung dieses Verses.

Jeder sollte sich darüber bewußt sein, daß es Hṛṣīkeśa, der Herr der Sinne, ist, der einen mit einer bestimmten Art von Arbeit beschäftigt. Und mit dem Ergebnis dieser Arbeit sollte die Höchste Persönlichkeit Gottes, Śrī Kṛṣṇa, verehrt werden. Wenn man immer in diesem Bewußtsein, dem vollkommenen Kṛṣṇa-Bewußtsein, verankert ist, bekommt man durch die Gnade des Herrn die vollkommene Sicht von allem. Das ist die Vollkommenheit des Lebens. Der Herr sagt in der *Bhagavad-gītā* (12.7): *teṣām ahaṁ samuddhartā.* Der Höchste Herr kümmert Sich persönlich darum, einen solchen Gottgeweihten zu befreien. Das ist die höchste Vollkommenheit des Lebens. Welcher Tätigkeit man auch nachgeht, wenn man dadurch dem Höchsten Herrn dient, wird man die höchste Vollkommenheit erreichen.

Vers 47 श्रेयान् स्वधर्मो विगुणः परधर्मात्स्वनुष्ठितात् ।
स्वभावनियतं कर्म कुर्वन्नाप्नोति किल्बिषम् ॥४७॥

śreyān sva-dharmo viguṇaḥ para-dharmāt sv-anuṣṭhitāt
svabhāva-niyataṁ karma kurvan nāpnoti kilbiṣam

śreyān – besser; *sva-dharmaḥ* – seine eigene Pflicht; *viguṇaḥ* – unvollkommen ausgeführt; *para-dharmāt* – als die Pflicht eines anderen; *su-anuṣṭhitāt* – vollkommen ausgeführt; *svabhāva-niyatam* – vorgeschrieben entsprechend der eigenen Natur; *karma* – Arbeit; *kurvan* – ausführend; *na* – niemals; *āpnoti* – erreicht; *kilbiṣam* – sündhafte Reaktionen.

Es ist besser, der eigenen Pflicht nachzugehen – selbst wenn man sie unvollkommen erfüllt –, als die Pflicht eines anderen anzunehmen

und sie vollkommen zu erfüllen. Pflichten, die einem entsprechend der eigenen Natur vorgeschrieben sind, werden niemals von sündhaften Reaktionen berührt.

ERLÄUTERUNG: Die *Bhagavad-gītā* beschreibt, welche beruflichen Pflichten jeder Mensch auszuführen hat. Wie bereits in den vorangegangenen Versen erörtert wurde, richten sich die Pflichten der *brāhmaṇas, kṣatriyas, vaiśyas* und *śūdras* nach den jeweiligen Erscheinungsweisen der materiellen Natur. Man sollte nicht die Pflicht eines anderen imitieren. Wenn sich jemand von Natur aus zu *śūdra*-Arbeit hingezogen fühlt, sollte er sich nicht künstlich als *brāhmaṇa* ausgeben, selbst wenn er in einer *brāhmaṇa*-Familie geboren wurde. Auf diese Weise sollte man entsprechend seiner Natur handeln; keine Arbeit ist verabscheuenswert, wenn sie im Dienst des Höchsten Herrn verrichtet wird. Die Pflichten eines *brāhmaṇa* befinden sich zweifellos in der Erscheinungsweise der Tugend, doch wenn sich jemand nicht von Natur aus in der Erscheinungsweise der Tugend befindet, sollte er nicht die Pflichten eines *brāhmaṇa* nachahmen. Für einen *kṣatriya,* einen Staatsmann, gibt es viele verabscheuenswerte Dinge zu tun: Ein *kṣatriya* muß Gewalt anwenden, um Feinde zu töten, und manchmal ist er aus diplomatischen Gründen gezwungen zu lügen. Solche Gewalt und Falschheit sind Teil der Politik, aber ein *kṣatriya* sollte deshalb nicht die Pflichten seines *varṇa* aufgeben und versuchen, die Pflichten eines *brāhmaṇa* zu erfüllen.

Man sollte handeln, um den Höchsten Herrn zufriedenzustellen. Arjuna zum Beispiel war ein *kṣatriya.* Er zögerte, gegen die andere Partei zu kämpfen; aber wenn ein solcher Kampf für Kṛṣṇa, die Höchste Persönlichkeit Gottes, ausgetragen wird, braucht man nicht zu fürchten, dadurch erniedrigt zu werden. Ebenso verhält es sich im Geschäftsleben. Ein Händler muß manchmal viele Unwahrheiten sagen, um Profit zu machen. Tut er das nicht, so kann er nichts verdienen. Manchmal sagt ein Händler: „Mein werter Kunde, an Ihnen verdiene ich nichts", aber man sollte wissen, daß ein Händler ohne Profit nicht existieren kann. Deshalb ist es einfach eine Lüge, wenn ein Händler sagt, er verdiene nichts. Doch obwohl der Händler einem Beruf nachgeht, in dem er gezwungen ist zu lügen, sollte er nicht denken, er müsse diesen Beruf aufgeben und die Tätigkeit eines *brāhmaṇa* aufnehmen. Das wird nicht empfohlen. Wenn man mit seiner Arbeit der Höchsten Persönlichkeit Gottes dient, ist es nicht wichtig, ob man ein *kṣatriya,* ein *vaiśya* oder ein *śūdra* ist. Sogar *brāhmaṇas,* die verschiedene Arten von Opfern ausführen, müssen manchmal Tiere töten, denn in solchen Zeremonien werden bisweilen auch Tiere geopfert. Ebenso muß ein *kṣatriya* bei der

Ausführung seiner Pflicht manchmal einen Feind töten, doch dadurch begeht er keine Sünde. Diese Themen sind im Dritten Kapitel klar und ausführlich beschrieben worden; jeder sollte für die Zufriedenstellung Yajñas, das heißt Viṣṇus, der Höchsten Persönlichkeit Gottes, arbeiten. Alles, was für persönliche Sinnenbefriedigung getan wird, ist eine Ursache von Bindung. Die Schlußfolgerung lautet, daß jeder entsprechend der jeweiligen Erscheinungsweise der Natur, von der er beeinflußt wird, beschäftigt werden sollte und daß man den Entschluß fassen sollte, nur noch zu arbeiten, um dem höchsten Interesse, dem Interesse des Höchsten Herrn, zu dienen.

Vers 48 सहजं कर्म कौन्तेय सदोषमपि न त्यजेत् ।
सर्वारम्भा हि दोषेण धूमेनाग्निरिवावृताः ॥४८॥

saha-jaṁ karma kaunteya sa-doṣam api na tyajet
sarvārambhā hi doṣeṇa dhūmenāgnir ivāvṛtāḥ

saha-jam – gleichzeitig geboren; *karma* – Tätigkeit; *kaunteya* – o Sohn Kuntīs; *sa-doṣam* – mit einem Fehler; *api* – obwohl; *na* – niemals; *tyajet* – man sollte aufgeben; *sarva-ārambhāḥ* – alle Unternehmungen; *hi* – gewiß; *doṣeṇa* – mit einem Fehler; *dhūmena* – mit Rauch; *agniḥ* – Feuer; *iva* – wie; *āvṛtāḥ* – bedeckt.

Jede Bemühung ist von einem Fehler überschattet, ebenso wie Feuer von Rauch verhüllt ist. Deshalb sollte man die Tätigkeit, die der eigenen Natur entspringt, nicht aufgeben, o Sohn Kuntīs, auch wenn diese Tätigkeit voller Fehler ist.

ERLÄUTERUNG: Im bedingten Leben ist jede Tätigkeit durch die Erscheinungsweisen der materiellen Natur verunreinigt. Selbst ein *brāhmaṇa* muß zuweilen Opfer vollziehen, bei denen es notwendig ist, ein Tier zu töten. Ebenso muß ein *kṣatriya,* ganz gleich wie fromm er ist, mit seinen Feinden kämpfen. Er kann es nicht vermeiden. Und ein Händler, mag er auch noch so fromm sein, muß manchmal seinen Profit verheimlichen, um im Geschäft zu bleiben, und manchmal kann es vorkommen, daß er Schwarzhandel treibt. Diese Dinge sind notwendig; man kann sie nicht vermeiden. Auch wenn ein *śūdra* der Diener eines schlechten Herrn ist, muß er die Befehle seines Herrn ausführen, selbst wenn etwas nicht getan werden sollte. Trotz all dieser Mängel sollte man weiter seine vorgeschriebenen Pflichten erfüllen, denn sie entspringen der eigenen Natur.

In diesem Vers wird ein sehr schönes Beispiel gegeben. Obwohl Feuer rein ist, gibt es Rauch. Aber Rauch macht das Feuer nicht unrein. Obwohl es im Feuer Rauch gibt, gilt das Feuer immer noch als das reinste aller Elemente. Wenn man die Pflicht eines *kṣatriya* aufgeben möchte, um die Tätigkeit eines *brāhmaṇa* aufzunehmen, kann man nicht sicher sein, daß es nicht auch bei dieser Tätigkeit unangenehme Pflichten gibt. Man kann also den Schluß ziehen, daß niemand in der materiellen Welt von der Verunreinigung der materiellen Natur völlig frei sein kann. Das Beispiel vom Feuer und vom Rauch ist in diesem Zusammenhang sehr treffend. Wenn man im Winter einen Stein vom Feuer wegzieht, steigt einem manchmal Rauch in die Augen und in die Nase; aber dennoch muß man trotz dieser unangenehmen Begleiterscheinungen vom Feuer Gebrauch machen. In ähnlicher Weise sollte man seine natürlichen Tätigkeiten nicht aufgeben, nur weil einige störende Elemente auftreten. Vielmehr sollte man entschlossen sein, dem Höchsten Herrn durch die Erfüllung seiner vorgeschriebenen Pflicht im Kṛṣṇa-Bewußtsein zu dienen. Das ist die Stufe der Vollkommenheit. Wenn eine bestimmte Art von Tätigkeit verrichtet wird, um den Höchsten Herrn zufriedenzustellen, sind alle Fehler dieser Tätigkeit geläutert. Wenn die Ergebnisse dieser Tätigkeit geläutert sind, das heißt, wenn sie mit dem hingebungsvollen Dienst verbunden sind, erreicht man die vollkommene Stufe, auf der man das Selbst im Innern sieht, und das ist Selbsterkenntnis.

Vers 49 असक्तबुद्धिः सर्वत्र जितात्मा विगतस्पृहः ।
नैष्कर्म्यसिद्धिं परमां सन्न्यासेनाधिगच्छति ॥४९॥

asakta-buddhiḥ sarvatra jitātmā vigata-spṛhaḥ
naiṣkarmya-siddhiṁ paramāṁ sannyāsenādhigacchati

asakta-buddhiḥ – unangehaftete Intelligenz habend; *sarvatra* – überall; *jita-ātmā* – den Geist beherrschend; *vigata-spṛhaḥ* – ohne materielle Wünsche; *naiṣkarmya-siddhim* – die Vollkommenheit von Reaktionslosigkeit; *paramām* – höchste; *sannyāsena* – durch den Lebensstand der Entsagung; *adhigacchati* – man erlangt.

Wer selbstbeherrscht und unangehaftet ist und materiellen Genüssen keine Beachtung schenkt, kann durch das Ausführen von Entsagung die vollkommene Stufe der Freiheit von Reaktionen erlangen.

ERLÄUTERUNG: Wahre Entsagung bedeutet, sich immer als winzigen Teil des Höchsten Herrn zu sehen und deshalb zu erkennen, daß man kein Anrecht hat, die Ergebnisse seiner Arbeit zu genießen. Da das Lebewesen ein winziger Teil des Höchsten Herrn ist, müssen die Ergebnisse seiner Arbeit vom Höchsten Herrn genossen werden. Das ist die Bedeutung von Kṛṣṇa-Bewußtsein. Ein Mensch, der im Kṛṣṇa-Bewußtsein handelt, ist ein wirklicher *sannyāsī,* das heißt, er steht tatsächlich im Lebensstand der Entsagung. Durch eine solche Geisteshaltung erlangt er Zufriedenheit, da er letztlich für den Höchsten tätig ist. Deshalb ist er nicht an etwas Materielles angehaftet; er gewöhnt sich daran, sich an nichts zu erfreuen, was außerhalb des transzendentalen Glücks liegt, das im Dienst des Herrn erfahren wird. Ein *sannyāsī* sollte von den Reaktionen seiner vergangenen Handlungen frei sein, doch ein Mensch im Kṛṣṇa-Bewußtsein erreicht diese Vollkommenheit von selbst, sogar ohne in den sogenannten Stand der Entsagung einzutreten. Dieser Zustand des Geistes wird *yogārūḍha,* die vollkommene Stufe des *yoga,* genannt. Dies wird im Dritten Kapitel bestätigt: *yas tv ātma-ratir eva syāt.* Wer in sich selbst zufrieden ist, fürchtet sich nicht vor den Reaktionen auf seine Tätigkeiten.

Vers 50 सिद्धिं प्राप्तो यथा ब्रह्म तथाप्नोति निबोध मे ।
समासेनैव कौन्तेय निष्ठा ज्ञानस्य या परा ॥५०॥

siddhiṁ prāpto yathā brahma tathāpnoti nibodha me
samāsenaiva kaunteya niṣṭhā jñānasya yā parā

siddhim – die Vollkommenheit; *prāptaḥ* – erreichend; *yathā* – wie; *brahma* – das Höchste; *tathā* – auf diese Weise; *āpnoti* – man erlangt; *nibodha* – versuche zu verstehen; *me* – von Mir; *samāsena* – zusammenfassend; *eva* – gewiß; *kaunteya* – o Sohn Kuntīs; *niṣṭhā* – die Stufe; *jñānasya* – des Wissens; *yā* – welche; *parā* – transzendental.

O Sohn Kuntīs, höre von Mir, wie jemand, der diese Vollkommenheit erlangt hat, auf die höchste Stufe der Vollkommenheit, Brahman, die Stufe höchsten Wissens, gelangen kann, indem er so handelt, wie Ich es nun zusammenfassend beschreiben werde.

ERLÄUTERUNG: Der Herr erklärt Arjuna, wie man die höchste Stufe der Vollkommenheit erreichen kann, indem man einfach seine berufliche Pflicht erfüllt, nämlich indem man diese Pflicht für die Höchste Persönlichkeit Gottes ausführt. Man erreicht die höchste Stufe des Brahman, indem man einfach auf das Ergebnis seiner Arbeit verzichtet, um es für die Zufriedenstellung des Höchsten Herrn zu verwenden. Das ist der Vorgang der Selbstverwirklichung. Die wahre Vollkommenheit des Wissens besteht darin, reines Kṛṣṇa-Bewußtsein zu erlangen. Das wird in den folgenden Versen beschrieben.

Vers 51–53

बुद्ध्या विशुद्धया युक्तो धृत्यात्मानं नियम्य च ।
शब्दादीन् विषयांस्त्यक्त्वा रागद्वेषौ व्युदस्य च ॥५१॥

विविक्तसेवी लघ्वाशी यतवाक्कायमानसः ।
ध्यानयोगपरो नित्यं वैराग्यं समुपाश्रितः ॥५२॥

अहङ्कारं बलं दर्पं कामं क्रोधं परिग्रहम् ।
विमुच्य निर्ममः शान्तो ब्रह्मभूयाय कल्पते ॥५३॥

buddhyā viśuddhayā yukto dhṛtyātmānaṁ niyamya ca
śabdādīn viṣayāṁs tyaktvā rāga-dveṣau vyudasya ca

vivikta-sevī laghv-āśī yata-vāk-kāya-mānasaḥ
dhyāna-yoga-paro nityaṁ vairāgyaṁ samupāśritaḥ

ahaṅkāraṁ balaṁ darpaṁ kāmaṁ krodhaṁ parigraham
vimucya nirmamaḥ śānto brahma-bhūyāya kalpate

buddhyā – mit Intelligenz; *viśuddhayā* – völlig geläutert; *yuktaḥ* – beschäftigt; *dhṛtyā* – durch Entschlossenheit; *ātmānam* – das Selbst; *niyamya* – regulierend; *ca* – auch; *śabda-ādīn* – wie Klang usw.; *viṣayān* – die Sinnesobjekte; *tyaktvā* – aufgebend; *rāga* – Anhaftung; *dveṣau* – und Haß; *vyudasya* – beiseite legend; *ca* – auch; *vivikta-sevī* – an einem abgelegenen Ort lebend; *laghu-āśī* – wenig essend; *yata* – beherrscht habend; *vāk* – Sprache; *kāya* – Körper; *mānasaḥ* – und Geist; *dhyāna-yoga-paraḥ* – in Trance vertieft; *nityam* – vierundzwanzig Stunden am Tag; *vairāgyam* – Loslösung; *samupāśritaḥ* – Zuflucht gesucht habend bei; *ahaṅkāram* – falsches Ego; *balam* – falsche Stärke; *darpam* – falscher Stolz; *kāmam* – Lust; *krodham* – Zorn; *parigraham* – und das Annehmen materieller Dinge; *vimucya* – befreit von; *nirmamaḥ* – ohne Besitzanspruch; *śāntaḥ* – friedvoll; *brahma-bhūyāya* – für Selbstverwirklichung; *kalpate* – ist qualifiziert.

Wer durch seine Intelligenz geläutert ist und den Geist mit Entschlossenheit beherrscht, die Objekte der Sinnenbefriedigung aufgibt und von Anhaftung und Haß befreit ist, wer an einem abgelegenen Ort

lebt, wenig ißt und seinen Körper, seinen Geist und den Drang zu sprechen beherrscht, wer sich immer in Trance befindet und losgelöst ist, frei von falschem Ego, falscher Stärke, falschem Stolz, Lust, Zorn und dem Annehmen materieller Dinge, wer keinen falschen Besitzanspruch erhebt und friedvoll ist – ein solcher Mensch wird gewiß zur Stufe der Selbstverwirklichung erhoben.

ERLÄUTERUNG: Wenn ein Mensch durch Intelligenz geläutert ist, weicht er niemals von der Erscheinungsweise der Tugend ab. Auf diese Weise wird er zum Beherrscher seines Geistes und befindet sich immer in Trance. Er ist nicht an die Objekte der Sinnenbefriedigung angehaftet, und in seinen Tätigkeiten ist er frei von Anhaftung und Haß. Für einen solchen losgelösten Menschen ist es natürlich, daß er es vorzieht, an einem abgeschiedenen Ort zu leben; er ißt nicht mehr, als er benötigt, und er beherrscht die Tätigkeiten seines Körpers und seines Geistes. Er hat kein falsches Ego, weil er den Körper nicht für das Selbst hält. Ebenso hat er auch nicht den Wunsch, den Körper durch das Annehmen vieler materieller Dinge fett und stark zu machen. Weil er von der körperlichen Lebensauffassung frei ist, ist er nicht fälschlicherweise stolz. Er ist mit allem zufrieden, was er durch die Gnade des Herrn bekommt, und er wird nicht zornig, wenn es keine Sinnenbefriedigung gibt. Er strebt auch nicht danach, sich Sinnesobjekte anzueignen. Wenn er auf diese Weise völlig vom falschen Ego befreit ist, verliert er jegliche Anhaftung an materielle Dinge, und das ist die Brahman-Stufe der Selbstverwirklichung. Diese Stufe wird auch *brahma-bhūta*-Stufe genannt. Wenn man von der materiellen Lebensauffassung frei ist, wird man friedvoll, und nichts bringt einen aus der Ruhe. Dies wird in der *Bhagavad-gītā* (2.70) beschrieben:

āpūryamāṇam acala-pratiṣṭhaṁ
samudram āpaḥ praviśanti yadvat
tadvat kāmā yaṁ praviśanti sarve
sa śāntim āpnoti na kāma-kāmī

„Nur wer durch die unaufhörliche Flut von Wünschen nicht gestört ist – die wie Flüsse in den Ozean münden, der ständig gefüllt wird, doch immer ausgeglichen bleibt –, kann Frieden erlangen, und nicht derjenige, der danach strebt, solche Wünsche zu befriedigen.

Vers 54 ब्रह्मभूतः प्रसन्नात्मा न शोचति न काङ्क्षति ।
समः सर्वेषु भूतेषु मद्भक्तिं लभते पराम् ॥५४॥

brahma-bhūtaḥ prasannātmā na śocati na kāṅkṣati
samaḥ sarveṣu bhūteṣu mad-bhaktiṁ labhate parām

brahma-bhūtaḥ – eins mit dem Absoluten; *prasanna-ātmā* – von Freude erfüllt; *na* – nie; *śocati* – klagt; *na* – niemals; *kāṅkṣati* – begehrt; *samaḥ* – völlig gleichgesinnt; *sarveṣu* – allen; *bhūteṣu* – Lebewesen; *mat-bhaktim* – Meinen hingebungsvollen Dienst; *labhate* – gewinnt; *parām* – transzendentalen.

Wer auf diese Weise in der Transzendenz verankert ist, erkennt sogleich das Höchste Brahman und wird von Freude erfüllt. Er klagt niemals, noch begehrt er irgend etwas. Er ist jedem Lebewesen gleichgesinnt. In diesem Zustand erreicht er reinen hingebungsvollen Dienst für Mich.

ERLÄUTERUNG: Die *brahma-bhūta*-Stufe zu erreichen, das heißt mit dem Absoluten eins zu werden, ist für den Unpersönlichkeitsanhänger das höchste Ziel. Was aber den Persönlichkeitsanhänger, den reinen Gottgeweihten, betrifft, so muß er über diese Stufe hinausgehen und sich im reinen hingebungsvollen Dienst beschäftigen. Dies bedeutet, daß jemand, der im reinen hingebungsvollen Dienst des Höchsten Herrn tätig ist, die Stufe der Befreiung, genannt *brahma-bhūta,* Einssein mit dem Absoluten, bereits erreicht hat. Ohne mit dem Höchsten, dem Absoluten, eins zu sein, kann man Ihm nicht dienen. Auf der absoluten Ebene gibt es zwischen demjenigen, dem gedient wird, und demjenigen, der dient, keinen Unterschied; doch in einem höheren, spirituellen Sinne besteht ein Unterschied.

In der materiellen Lebensauffassung, in der man für Sinnenbefriedigung arbeitet, entsteht Leid, doch in der absoluten Welt, wo man reinen hingebungsvollen Dienst ausführt, gibt es kein Leid. Für den Gottgeweihten im Kṛṣṇa-Bewußtsein gibt es nichts, was er zu beklagen oder zu begehren hätte. Weil Gott in Sich Selbst erfüllt ist, wird auch ein Lebewesen, das im Dienst Gottes, im Kṛṣṇa-Bewußtsein, tätig ist, in sich erfüllt. Es ist wie ein Fluß, der von allem schmutzigen Wasser gereinigt ist. Weil ein reiner Gottgeweihter an nichts anderes als an Kṛṣṇa denkt, ist er von Natur aus immer von Freude erfüllt. Weder beklagt er materiellen Verlust, noch begehrt er materiellen Gewinn, denn er ist völlig in den Dienst des Herrn vertieft. Er hat kein Verlangen nach materiellem Genuß, denn er weiß, daß jedes Lebewesen ein fragmentarischer, winziger Teil des Höchsten Herrn und daher ewig ein Diener ist. Er sieht niemanden in der materiellen Welt als höher oder niedriger an, denn hohe und niedrige Positionen bestehen nur vorübergehend, und ein

Gottgeweihter hat mit vorübergehenden Erscheinungen, die kommen und gehen, nichts zu tun. Für ihn sind Steine und Gold von gleichem Wert. Das ist die *brahma-bhūta*-Stufe, und diese Stufe erreicht der reine Gottgeweihte sehr leicht. Auf dieser Stufe des Daseins wird die Vorstellung, mit dem Höchsten Brahman eins zu werden und die eigene Individualität zu vernichten, höllisch; die Vorstellung, in das himmlische Königreich zu gehen, erscheint wie ein Trugbild, und die Sinne gleichen abgebrochenen Giftzähnen von Schlangen. So wie man Schlangen mit gebrochenen Zähnen nicht zu fürchten braucht, braucht man sich auch nicht vor den Sinnen zu fürchten, wenn sie von selbst beherrscht sind. Für einen Menschen, der unter dem Einfluß der Materie steht, ist die Welt leidvoll, doch für einen Gottgeweihten ist die ganze Welt so gut wie Vaikuṇṭha, der spirituelle Himmel. Für einen Gottgeweihten ist die höchste Persönlichkeit des materiellen Universums nicht bedeutender als eine Ameise. Diese Stufe kann durch die Barmherzigkeit Śrī Caitanyas erreicht werden, der in diesem Zeitalter reinen hingebungsvollen Dienst predigte.

Vers 55 भक्त्या मामभिजानाति यावान् यश्चास्मि तत्त्वतः ।
ततो मां तत्त्वतो ज्ञात्वा विशते तदनन्तरम् ॥५५॥

bhaktyā mām abhijānāti yāvān yaś cāsmi tattvataḥ
tato māṁ tattvato jñātvā viśate tad-anantaram

bhaktyā – durch reinen hingebungsvollen Dienst; *mām* – Mich; *abhijānāti* – man kann kennen; *yāvān* – so wie; *yaḥ ca asmi* – wie Ich bin; tattvataḥ – in Wahrheit; *tataḥ* – danach; *mām* – Mich; *tattvataḥ* – in Wahrheit; *jñātvā* – kennend; *viśate* – er geht ein; *tat-anantaram* – danach.

Nur durch hingebungsvollen Dienst kann man Mich so, wie Ich bin, als die Höchste Persönlichkeit Gottes, erkennen. Und wenn man sich durch solche Hingabe vollkommen über Mich bewußt ist, kann man in das Königreich Gottes eingehen.

ERLÄUTERUNG: Kṛṣṇa, die Höchste Persönlichkeit Gottes, und Seine vollständigen Erweiterungen können weder durch gedankliche Spekulation noch von Nichtgottgeweihten verstanden werden. Wenn jemand die Höchste Persönlichkeit Gottes verstehen will, muß er sich unter der Führung eines reinen Gottgeweihten dem reinen hingebungsvollen Dienst widmen. Sonst wird ihm die Wahrheit über die Höchste Persönlichkeit Gottes immer verborgen bleiben. Wie bereits im Siebten Kapitel, Vers 25, erklärt wurde (*nāhaṁ prakāśaḥ sarvasya*), offenbart Sich Gott nicht jedem. Man kann Gott nicht einfach durch akademische Gelehrtheit oder durch gedankliche Spekulation verstehen. Nur wer tatsächlich im Kṛṣṇa-Bewußtsein und im hingebungsvollen Dienst tätig ist, kann verstehen, was Kṛṣṇa ist. Universitätstitel können einem nicht helfen.

Wer mit der Wissenschaft von Kṛṣṇa völlig vertraut ist, qualifiziert sich, in das spirituelle Königreich, das Reich Kṛṣṇas, einzugehen. Brahman zu werden bedeutet nicht, seine Identität zu verlieren. Auf der spirituellen Ebene gibt es hingebungsvollen Dienst, und überall, wo es hingebungsvollen Dienst gibt, muß es auch Gott, den Gottgeweihten und den Vorgang des hingebungsvollen Dienstes geben. Solches Wissen vergeht nie, nicht einmal nach der Befreiung. Zur Befreiung gehört, daß man von der materiellen Lebensauffassung frei wird; im spirituellen Leben gibt es die gleiche Unterscheidung, die gleiche Individualität, aber in reinem Kṛṣṇa-Bewußtsein. Man sollte nicht dem Mißverständnis unterliegen, das Wort *viśate* („geht in Mich ein") unterstütze die monistische Theorie, die besagt, man werde homogen eins mit dem unpersönlichen Brahman. Nein, *viśate* bedeutet, daß man in seiner Individualität in das Reich des Höchsten Herrn eingeht, um sich dort Seiner Gemeinschaft zu erfreuen und Ihm Dienst darzubringen. Ein grüner Vogel zum Beispiel fliegt nicht in einen grünen Baum, um mit diesem eins zu werden, sondern um die Früchte des Baumes zu genießen. Die Unpersönlichkeitsanhänger geben im allgemeinen das Beispiel eines Flusses, der in das Meer fließt und sich mit ihm vermischt. Für den Unpersönlichkeitsanhänger mag dieses Eingehen eine Quelle des Glücks sein, doch der Persönlichkeitsanhänger behält seine persönliche Individualität, genau wie ein Fisch im Meer. Wenn wir tief in das Meer tauchen, werden wir zahllose Lebewesen vorfinden. Es genügt nicht, nur die Oberfläche des Meeres zu kennen; man muß auch vollständiges Wissen über die Wasserlebewesen haben, die in den Tiefen des Meeres leben.

Dank seines reinen hingebungsvollen Dienstes kann ein Gottgeweihter die transzendentalen Eigenschaften und Füllen des Höchsten Herrn in Wahrheit verstehen. Wie es im Elften Kapitel heißt, kann man dies nur durch hingebungsvollen Dienst verstehen. Dasselbe wird hier bestätigt: Nur durch hingebungsvollen Dienst kann man den Herrn, die Höchste Persönlichkeit Gottes, verstehen und in Sein Königreich gelangen.

Nachdem man die *brahma-bhūta*-Stufe, die Stufe der Freiheit von materiellen Vorstellungen, erreicht hat, beginnt hingebungsvoller Dienst, indem man über den Herrn hört. Wenn man über den Höchsten Herrn hört, entwickelt sich die *brahma-bhūta*-Stufe von selbst, und die materielle Verunreinigung – Gier und Lust nach Sinnengenuß – verschwindet. Wenn Lust und materielle Wünsche aus dem Herzen eines Gottgeweihten weichen, verstärkt sich seine Anhaftung an den Dienst des Herrn, und durch diese Anhaftung wird er frei von materieller Verunreinigung. Auf dieser Stufe des Lebens kann er den Höchsten Herrn verstehen. So lautet auch die Aussage des *Śrīmad-Bhāgavatam.* Nach der Befreiung wird der Vorgang der *bhakti,* des transzendentalen Dienstes, fortgesetzt. Dies wird im *Vedānta-sūtra* (4.1.12) bestätigt: *ā-prāyaṇāt tatrāpi hi dṛṣṭam.* Dies bedeutet, daß der Vorgang des hingebungsvollen Dienstes selbst nach der Befreiung fortbesteht. Das *Śrīmad-Bhāgavatam* definiert wahre hingebungsvolle Befreiung als „die Rückkehr des Lebewesens zu seiner ursprünglichen Identität, seiner wesensgemäßen Position". Diese wesensgemäße Position ist bereits erklärt worden: Jedes Lebewesen ist ein fragmentarischer, winziger Teil des Höchsten Herrn. Deshalb ist es seine wesensgemäße Position zu dienen. Nach der Befreiung hört dieser Dienst nicht auf. Wahre Befreiung bedeutet, von falschen Lebensauffassungen frei zu werden.

Vers 56 सर्वकर्माण्यपि सदा कुर्वाणो मद्व्यपाश्रयः ।
मत्प्रसादादवाप्नोति शाश्वतं पदमव्ययम् ॥५६॥

sarva-karmāṇy api sadā kurvāṇo mad-vyapāśrayaḥ
mat-prasādād avāpnoti śāśvataṁ padam avyayam

sarva – alle; *karmāṇi* – Tätigkeiten; *api* – obwohl; *sadā* – immer; *kurvāṇaḥ* – nachgehend; *mat-vyapāśrayaḥ* – unter Meinem Schutz; *mat-prasādāt* – durch Meine Barmherzigkeit; *avāpnoti* – man erreicht; *śāśvatam* – das ewige; *padam* – Reich; *avyayam* – unvergänglich.

Obwohl Mein reiner Geweihter allen möglichen Tätigkeiten nachgeht, erreicht er unter Meinem Schutz und durch Meine Gnade das ewige, unvergängliche Reich.

ERLÄUTERUNG: Das Wort *mad-vyapāśrayaḥ* bedeutet „unter dem Schutz des Höchsten Herrn". Um von materieller Verunreinigung frei zu sein, handelt ein reiner Gottgeweihter unter der Führung des Höchsten Herrn bzw. Seines Stellvertreters, des spirituellen Meisters. Für einen reinen Gottgeweihten gibt es keine zeitliche Begrenzung. Er ist ständig, vierundzwanzig Stunden am Tag, hundertprozentig unter der Führung des Höchsten Herrn tätig. Zu einem Gottgeweihten, der sich auf diese

Weise im Kṛṣṇa-Bewußtsein betätigt, ist der Herr sehr, sehr gütig. Trotz aller Schwierigkeiten wird er am Ende in das transzendentale Reich, Kṛṣṇaloka, aufgenommen. Der Einlaß dort ist ihm garantiert. Darüber besteht kein Zweifel. In diesem höchsten Reich gibt es keinen Wandel; alles dort ist ewig, unvergänglich und voller Wissen.

Vers 57 चेतसा सर्वकर्माणि मयि सन्न्यस्य मत्परः ।
बुद्धियोगमुपाश्रित्य मच्चित्तः सततं भव ॥५७॥

cetasā sarva-karmāṇi mayi sannyasya mat-paraḥ
buddhi-yogam upāśritya mac-cittaḥ satataṁ bhava

cetasā – durch Intelligenz; *sarva-karmāṇi* – alle Arten von Tätigkeiten; *mayi* – für Mich; *sannyasya* – aufgebend; *mat-paraḥ* – unter Meinem Schutz; *buddhi-yogam* – hingebungsvolle Tätigkeiten; *upāśritya* – Zuflucht suchend bei; *mat-cittaḥ* – mit Bewußtsein, das auf Mich gerichtet ist; *satatam* – vierundzwanzig Stunden am Tag; *bhava* – werde einfach.

Mache dich in allen Tätigkeiten einfach von Mir abhängig und handle immer unter Meinem Schutz. Sei dir bei solchem hingebungsvollen Dienst Meiner voll bewußt.

ERLÄUTERUNG: Wenn man im Kṛṣṇa-Bewußtsein handelt, tut man nicht so, als sei man der Herr der Welt. Genau wie ein Diener sollte man völlig unter der Führung des Höchsten Herrn handeln. Ein Diener hat keine individuelle Unabhängigkeit. Er handelt nur auf Befehl seines Herrn. Ein Diener, der im Interesse des Höchsten Herrn handelt, wird weder von Gewinn noch von Verlust berührt. Er erfüllt einfach treu seine Pflicht, so wie der Herr es ihm aufgetragen hat. Man könnte nun einwenden, Arjuna habe unter der persönlichen Führung Kṛṣṇas gehandelt, während sich für uns die Frage stelle, wie wir in Kṛṣṇas Abwesenheit handeln sollen. Die Antwort lautet: Wenn man nach Kṛṣṇas Anweisungen in der *Bhagavad-gītā* und unter der Führung von Kṛṣṇas Stellvertreter handelt, wird man das gleiche Ergebnis erhalten. Das Sanskritwort *mat-paraḥ* ist in diesem Vers sehr bedeutsam. Es weist darauf hin, daß es kein anderes Lebensziel gibt, als im Kṛṣṇa-Bewußtsein zu handeln, um Kṛṣṇa zufriedenzustellen. Und während man auf diese Weise tätig ist, sollte man nur an Kṛṣṇa denken: „Mir ist von Kṛṣṇa aufgetragen worden, diese bestimmte Pflicht zu erfüllen." Wenn man so handelt, muß man automatisch an Kṛṣṇa denken. Das ist vollkommenes Kṛṣṇa-Bewußtsein. Man sollte jedoch bedenken, daß man das Ergebnis einer Tätigkeit, die man nach eigener Laune ausgeführt hat, nicht dem Höchsten Herrn anbieten sollte. Diese Art von Pflicht hat nichts mit hingebungsvollem Dienst und Kṛṣṇa-Bewußtsein zu tun. Man sollte nach der Anweisung Kṛṣṇas handeln. Das ist ein sehr wichtiger Punkt. Diese Anweisung Kṛṣṇas erhält man durch die Schülernachfolge von einem echten spirituellen Meister. Deshalb sollte man die Anweisung des spirituellen Meisters als die höchste Pflicht im Leben betrachten. Wenn man einen echten spirituellen Meister bekommt und nach seiner Weisung handelt, ist einem die Vollkommenheit des Lebens im Kṛṣṇa-Bewußtsein garantiert.

Vers 58 मच्चित्तः सर्वदुर्गाणि मत्प्रसादात्तरिष्यसि ।
अथ चेत्त्वमहङ्कारान्न श्रोष्यसि विनङ्क्ष्यसि ॥५८॥

mac-cittaḥ sarva-durgāṇi mat-prasādāt tariṣyasi
atha cet tvam ahaṅkārān na śroṣyasi vinaṅkṣyasi

mat – über Mich; *cittaḥ* – im Bewußtsein; *sarva* – alle; *durgāṇi* – Hindernisse; *mat-prasādāt* – durch Meine Barmherzigkeit; *tariṣyasi* – du wirst überwinden; *atha* – aber; *cet* – wenn; *tvam* – du; *ahaṅkārāt* – durch falsches Ego; *na śroṣyasi* – hörst nicht; *vinaṅkṣyasi* – du wirst verloren sein.

Wenn du dir über Mich bewußt wirst, wirst du durch Meine Gnade alle Hindernisse des bedingten Lebens überwinden. Wenn du jedoch nicht in diesem Bewußtsein, sondern aus falschem Ego heraus handelst und nicht auf Mich hörst, wirst du verloren sein.

ERLÄUTERUNG: Ein völlig Kṛṣṇa-bewußter Mensch ist nicht übermäßig ängstlich bemüht, die Pflichten seines Daseins zu erfüllen. Törichte Menschen können diese große Freiheit von allen Ängsten und Sorgen nicht verstehen. Für jemanden, der im Kṛṣṇa-Bewußtsein handelt, wird Kṛṣṇa zum vertrautesten Freund. Kṛṣṇa ist immer um das Wohl Seines Freundes besorgt, und Er schenkt Sich diesem Freund, der mit so viel Hingabe vierundzwanzig Stunden am Tag arbeitet, um Ihn zu erfreuen. Deshalb sollte sich niemand vom falschen Ego der körperlichen Lebensauffassung wegtragen lassen. Man sollte nicht fälschlich denken, man sei von den Gesetzen der materiellen Natur unabhängig oder könne nach Belieben handeln. Der Mensch ist bereits den strengen materiellen Gesetzen unterworfen. Doch sobald er im Kṛṣṇa-Bewußtsein handelt, wird er frei, und seine materiellen Verwirrungen finden ein Ende. Man sollte sehr sorgsam zur Kenntnis nehmen, daß sich jeder, der nicht im Kṛṣṇa-Bewußtsein tätig ist, im materiellen Strudel, im Ozean von Geburt und Tod, verliert. Keine bedingte Seele weiß tatsächlich, was getan werden muß und was nicht getan werden darf; doch jemand, der im Kṛṣṇa-Bewußtsein handelt, besitzt wahre Handlungsfreiheit, denn ihm wird alles von Kṛṣṇa vom Innern her eingegeben und vom spirituellen Meister bestätigt.

Vers 59 यदहङ्कारमाश्रित्य न योत्स्य इति मन्यसे ।
मिथ्यैष व्यवसायस्ते प्रकृतिस्त्वां नियोक्ष्यति ॥५९॥

yad ahaṅkāram āśritya na yotsya iti manyase
mithyaiṣa vyavasāyas te prakṛtis tvāṁ niyokṣyati

yat – wenn; *ahaṅkāram* – beim falschen Ego; *āśritya* – Zuflucht suchend; *na yotsye* – ich werde nicht kämpfen; *iti* – so; *manyase* – du denkst; *mithyā eṣaḥ* – dies ist alles falsch; *vyavasāyaḥ* – Entschlossenheit; *te* – deine; *prakṛtiḥ* – materielle Natur; *tvām* – dich; *niyokṣyati* – wird beschäftigen.

Wenn du nicht Meiner Anweisung gemäß handelst und nicht kämpfst, wirst du in die Irre gehen. Es ist deine Natur, daß du kämpfen mußt.

ERLÄUTERUNG: Arjuna war ein Krieger und hatte von Geburt an das Wesen eines *kṣatriya.* Deshalb war es seine natürliche Pflicht zu kämpfen. Doch aufgrund von falschem Ego befürchtete er, sündhafte Reaktionen auf sich zu laden, wenn er seinen Lehrer, seinen Großvater und seine Freunde tötete. Er hielt sich selbst für den Herrn seiner Handlungen, als ob er ihre guten und schlechten Ergebnisse bestimmen würde. Er vergaß, daß die Höchste Persönlichkeit Gottes vor ihm stand und ihm die Anweisung gab zu kämpfen. Das ist die Vergeßlichkeit der bedingten Seele. Die Höchste Persönlichkeit Gottes lehrt uns, was gut und was schlecht ist, und man braucht nur im Kṛṣṇa-Bewußtsein zu handeln, um die Vollkommenheit des Lebens zu erreichen. Niemand kennt sein Schicksal, doch der Höchste Herr kennt das Schicksal aller. Deshalb ist es das beste, sich vom Höchsten Herrn unterweisen zu lassen und dementsprechend zu handeln. Niemand sollte die Anordnung der Höchsten Persönlichkeit Gottes oder die Anordnung des spirituellen Meisters, der der Stellvertreter Gottes ist, mißachten. Man sollte der Anordnung der Höchsten Persönlichkeit Gottes ohne Zögern nachkommen; so bleibt man unter allen Umständen in Sicherheit.

Vers 60 स्वभावजेन कौन्तेय निबद्धः स्वेन कर्मणा ।
कर्तुं नेच्छसि यन्मोहात्करिष्यस्यवशोऽपि तत् ॥६०॥

svabhāva-jena kaunteya nibaddhaḥ svena karmaṇā
kartuṁ necchasi yan mohāt kariṣyasy avaśo 'pi tat

svabhāva-jena – aus deiner eigenen Natur geboren; *kaunteya* – o Sohn Kuntīs; *nibaddhaḥ* – bedingt; *svena* – durch deine eigenen; *karmaṇā* – Tätigkeiten; *kartum* – zu tun; *na* – nicht; *icchasi* – du möchtest; *yat* – das, was; *mohāt* – durch Illusion; *kariṣyasi* – du wirst tun; *avaśaḥ* – unfreiwillig; *api* – sogar; *tat* – dies.

Aufgrund von Illusion weigerst du dich jetzt, Meiner Anweisung gemäß zu handeln. Doch gezwungen durch die Handlungsweise, die deiner eigenen Natur entspringt, wirst du dennoch genau auf dieselbe Weise handeln, o Sohn Kuntīs.

ERLÄUTERUNG: Wenn man sich weigert, nach der Weisung des Höchsten Herrn zu handeln, ist man gezwungen, gemäß den Erscheinungsweisen, von denen man beeinflußt wird, zu handeln. Jeder befindet sich im Banne einer bestimmten Verbindung der Erscheinungsweisen der Natur und handelt dementsprechend. Doch jeder, der sich freiwillig der Führung des Höchsten Herrn anvertraut, wird ruhmreich.

Vers 61 ईश्वरः सर्वभूतानां हृद्देशेऽर्जुन तिष्ठति ।
भ्रामयन् सर्वभूतानि यन्त्रारूढानि मायया ॥६१॥

īśvaraḥ sarva-bhūtānāṁ hṛd-deśe 'rjuna tiṣṭhati
bhrāmayan sarva-bhūtāni yantrārūḍhāni māyayā

īśvaraḥ – der Höchste Herr; *sarva-bhūtānām* – aller Lebewesen; *hṛt-deśe* – im Herzen befindlich; *arjuna* – o Arjuna; *tiṣṭhati* – weilt; *bhrāmayan* – veranlassend zu reisen; *sarva-bhūtāni* – alle Lebewesen; *yantra* – auf einer Maschine; *ārūḍhani* – sich befindend; *māyayā* – unter dem Einfluß der materiellen Energie.

Der Höchste Herr weilt im Herzen eines jeden, o Arjuna, und lenkt die Wege aller Lebewesen, die sich auf einer Maschine befinden, die aus materieller Energie besteht.

ERLÄUTERUNG: Arjuna war nicht allwissend, und seine Entscheidung, zu kämpfen oder nicht zu kämpfen, war daher auf seine begrenzte Sicht beschränkt. Śrī Kṛṣṇa erklärte, daß das individuelle Lebewesen nicht das ein und alles ist. Die Höchste Persönlichkeit Gottes, das heißt Er Selbst, Kṛṣṇa, befindet Sich als lokalisierte Überseele im Herzen und lenkt das Lebewesen. Nachdem das Lebewesen den Körper gewechselt hat, vergißt es seine vergangenen Taten, doch die Überseele bleibt als Kenner von Vergangenheit, Gegenwart und Zukunft der Zeuge all seiner Tätigkeiten. Deshalb befinden sich alle Tätigkeiten der Lebewesen unter der Führung der Überseele. Das Lebewesen bekommt, was es verdient, und wird von einem materiellen Körper getragen, der unter der Anweisung der Überseele von der materiellen Energie geschaffen wird. Sobald ein Lebewesen in einen bestimmten Körper gesetzt wird, ist es gezwungen, im Banne dieser körperlichen Bedingungen zu handeln. Wer in einem schnellen Wagen sitzt, fährt schneller als jemand, der in einem langsameren sitzt, obwohl die Lebewesen, die Fahrer, gleich sind. Die materielle Natur fertigt nach der Anweisung der Höchsten Seele einem bestimmten Lebewesen einen bestimmten Körper an, so daß es seinen vergangenen Wünschen gemäß handeln kann. Das Lebewesen ist nicht unabhängig. Man sollte nicht denken, man sei von der Höchsten Persönlichkeit Gottes unabhängig. Das Individuum untersteht immer der Herrschaft des Herrn. Deshalb ist es die Pflicht des Individuums, sich zu ergeben, und so lautet auch die Unterweisung des nächsten Verses.

Vers 62 तमेव शरणं गच्छ सर्वभावेन भारत ।
तत्प्रसादात्परां शान्तिं स्थानं प्राप्स्यसि शाश्वतम् ॥६२॥

tam eva śaraṇaṁ gaccha sarva-bhāvena bhārata
tat-prasādāt parāṁ śāntiṁ sthānaṁ prāpsyasi śāśvatam

tam – Ihm; *eva* – gewiß; *śaraṇam gaccha* – ergib dich; *sarva-bhāvena* – in jeder Hinsicht; *bhārata* – o Nachkomme Bharatas; *tat-prasādāt* – durch Seine Gnade; *parām* – transzendentalen; *śāntim* – Frieden; *sthānam* – das Reich; *prāpsyasi* – du wirst erlangen; *śāśvatam* – ewig.

O Nachkomme Bharatas, ergib dich Ihm ohne Vorbehalt. Durch Seine Gnade wirst du transzendentalen Frieden und das höchste, ewige Reich erlangen.

ERLÄUTERUNG: Das Lebewesen sollte sich deshalb der Höchsten Persönlichkeit Gottes ergeben, die Sich im Herzen eines jeden befindet, und auf diese Weise wird es von allen Leiden des materiellen Daseins frei werden. Durch solche Hingabe wird man nicht nur von allen Leiden des gegenwärtigen Lebens befreit, sondern man wird am Ende des Lebens auch den Höchsten Gott erreichen. Die transzendentale Welt wird in den vedischen Schriften (*Ṛg Veda* 1.22.20) als *tad viṣṇoḥ paramaṁ padam* beschrieben. Da die gesamte Schöpfung das Königreich Gottes ist, ist alles Materielle eigentlich spirituell, doch *paramaṁ padam* bezieht sich speziell auf das ewige Reich, das als spiritueller Himmel oder Vaikuṇṭha bezeichnet wird.

Im Fünfzehnten Kapitel der *Bhagavad-gītā* heißt es: *sarvasya cāhaṁ hṛdi sanniviṣṭaḥ.* Der Herr befindet Sich im Herzen eines jeden. Die Empfehlung, sich der Überseele im Innern zu ergeben, bedeutet also, sich der Höchsten Persönlichkeit Gottes, Kṛṣṇa, zu ergeben. Kṛṣṇa ist von Arjuna bereits als der Höchste anerkannt worden. Arjunas Aussage im Zehnten Kapitel lautete: *paraṁ brahma paraṁ dhāma.* Arjuna erkannte Kṛṣṇa als die Höchste Persönlichkeit Gottes und die höchste Zuflucht aller Lebewesen an, aber nicht nur aufgrund seiner eigenen Erfahrung, sondern auch, weil dies von großen Autoritäten wie Nārada, Asita, Devala und Vyāsa bestätigt wird.

Vers 63 इति ते ज्ञानमाख्यातं गुह्याद्गुह्यतरं मया ।
विमृश्यैतदशेषेण यथेच्छसि तथा कुरु ॥६३॥

iti te jñānam ākhyātaṁ guhyād guhya-taraṁ mayā
vimṛśyaitad aśeṣeṇa yathecchasi tathā kuru

iti – somit; *te* – dir; *jñānam* – Wissen; *ākhyātam* – beschrieben; *guhyāt* – als vertraulich; *guhya-taram* – noch vertraulicher; *mayā* – von Mir; *vimṛśya* – nachdenkend; *etat* – darüber; *aśeṣeṇa* – völlig; *yathā* – wie; *icchasi* – du wünschst; *tathā* – dies; *kuru* – tue.

Somit habe Ich dir Wissen erklärt, das noch vertraulicher ist. Denke gründlich darüber nach, und tue dann, was dir beliebt.

ERLÄUTERUNG: Der Herr hat Arjuna bereits das Wissen über *brahma-bhūta* erklärt. Wer sich auf der *brahma-bhūta*-Stufe befindet, ist voller Freude; er klagt niemals und begehrt nichts. Das ist auf vertrauliches Wissen zurückzuführen. Kṛṣṇa offenbarte auch Wissen über die Überseele. Auch das ist Brahman-Wissen, Wissen über das Brahman, doch es ist ein höheres Wissen.

Die hier verwendeten Worte *yathecchasi tathā kuru* – „Tue, was dir beliebt“ – weisen darauf hin, daß Sich Gott nicht in die kleine Unabhängigkeit des Lebewesens einmischt. Der Herr hat in der *Bhagavad-gītā* von allen Gesichtspunkten aus erklärt, wie man sich auf höhere Stufen des Lebens erheben kann. Der beste Rat, den Arjuna bekam, lautete, sich der Überseele im Herzen zu ergeben. Durch richtige Urteilskraft sollte man sich bereitfinden, nach den Unterweisungen der Überseele zu handeln. Das wird einem helfen, fortwährend im Kṛṣṇa-Bewußtsein, der Stufe höchster Vollkommenheit des menschlichen Lebens, verankert zu sein. Arjuna bekommt direkt von der Persönlichkeit Gottes den Befehl zu kämpfen. Es ist nur im Interesse der Lebewesen, und nicht in Seinem eigenen Interesse, daß Kṛṣṇa, die Höchste Persönlichkeit Gottes, sagt, man solle sich Ihm ergeben. Bevor man sich ergibt, hat man die Freiheit, sich diese Entscheidung, soweit die Intelligenz reicht, reiflich zu überlegen; das ist die beste Art und Weise, die Anweisung der Höchsten Persönlichkeit Gottes anzunehmen. Dieselbe Anweisung bekommt man auch vom spirituellen Meister, dem echten Repräsentanten Kṛṣṇas.

Vers 64 सर्वगुह्यतमं भूयः शृणु मे परमं वचः ।
इष्टोऽसि मे दृढमिति ततो वक्ष्यामि ते हितम् ॥६४॥

sarva-guhyatamaṁ bhūyaḥ śṛṇu me paramaṁ vacaḥ
iṣṭo 'si me dṛḍham iti tato vakṣyāmi te hitam

sarva-guhya-tamam – das allervertraulichste; *bhūyaḥ* – wiederum; *śṛṇu* – höre; *me* – von Mir; *paramam* – die höchste; *vacaḥ* – Unterweisung; *iṣṭaḥ asi* – du bist lieb; *me* – Mir; *dṛḍham* – sehr; *iti* – so; *tataḥ* – deshalb; *vakṣyāmi* – Ich spreche; *te* – für deinen; *hitam* – Nutzen.

Weil du Mein geliebter Freund bist, teile Ich dir Meine höchste Unterweisung mit, das allervertraulichste Wissen. Höre dies von Mir, denn es ist zu deinem Nutzen.

ERLÄUTERUNG: Der Herr hat Arjuna Wissen gegeben, das vertraulich ist (Wissen über das Brahman), und Wissen, das noch vertraulicher ist (Wissen über die Überseele im Herzen eines jeden), und nun offenbart Er den vertraulichsten Teil des Wissens: Ergib dich einfach der Höchsten Persönlichkeit Gottes. Am Ende des Neunten Kapitels sagte Er: *man-manāḥ.* „Denke immer an Mich." Die gleiche Anweisung wird hier wiederholt, um die Essenz der Lehren der *Bhagavad-gītā* zu betonen. Diese Essenz kann ein gewöhnlicher Mensch nicht verstehen, sondern nur jemand, der Kṛṣṇa tatsächlich sehr lieb ist, das heißt ein reiner Geweihter Kṛṣṇas. Dies ist die wichtigste aller Unterweisungen der vedischen Schriften. Was Kṛṣṇa in diesem Zusammenhang sagt, ist der essentiellste Teil des Wissens, und diese Unterweisung sollte nicht nur von Arjuna, sondern von allen Lebewesen ausgeführt werden.

Vers 65 मन्मना भव मद्भक्तो मद्याजी मां नमस्कुरु ।
मामेवैष्यसि सत्यं ते प्रतिजाने प्रियोऽसि मे ॥६५॥

man-manā bhava mad-bhakto mad-yājī māṁ namaskuru
mām evaiṣyasi satyaṁ te pratijāne priyo 'si me

mat-manāḥ – an Mich denkend; *bhava* – werde; *mat-bhaktaḥ* – Mein Geweihter; *mat-yājī* – Mein Verehrer; *mām* – Mir; *namaskuru* – erweise deine Ehrerbietungen; *mām* – Mir; *eva* – gewiß; *eṣyasi* – du wirst kommen; *satyam* – wahrlich; *te* – dir; *pratijāne* – Ich verspreche; *priyaḥ* – lieb; *asi* – du bist; *me* – Mir.

Denke immer an Mich, werde Mein Geweihter, verehre Mich und bringe Mir deine Ehrerbietungen dar. Auf diese Weise wirst du mit Sicherheit zu Mir kommen. Ich verspreche dir dies, weil du Mein inniger Freund bist.

ERLÄUTERUNG: Dieser vertraulichste Teil des Wissens besagt, daß man ein reiner Geweihter Kṛṣṇas werden soll und daß man immer an Ihn denken und für Ihn tätig sein soll. Man sollte nicht einfach nach außen hin vorgeben zu meditieren. Vielmehr muß das Leben auf eine solche Weise geformt werden, daß man immer die Möglichkeit hat, an Kṛṣṇa zu denken. Man sollte immer auf eine solche Weise handeln, daß alle täglichen Tätigkeiten mit Kṛṣṇa verbunden sind. Man sollte sein Leben so einrichten, daß man vierundzwanzig Stunden am Tag nichts anderes tun kann, als an Kṛṣṇa zu denken. Und der Herr verspricht, daß jeder, der in solch reinem Kṛṣṇa-Bewußtsein verankert ist, ohne Zweifel in Sein Königreich zurückkehren wird, wo man in Seine Gemeinschaft aufgenommen wird und Ihn, Kṛṣṇa, von Angesicht zu Angesicht sehen kann. Dieser vertraulichste Teil des Wissens wird Arjuna mitgeteilt, weil er Kṛṣṇas inniger Freund ist. Jeder, der Arjunas Pfad folgt, kann ebenfalls Kṛṣṇas inniger Freund werden und die gleiche Vollkommenheit wie Arjuna erreichen.

Diese Worte betonen, daß man seinen Geist auf Kṛṣṇa richten soll – das heißt auf die zweihändige Form mit der Flöte, den bläulichen Knaben mit dem bezaubernden Antlitz und mit Pfauenfedern im Haar. In der *Brahma-saṁhitā* und anderen Schriften kann man Beschreibungen Kṛṣṇas finden. Man sollte seinen Geist auf diese ursprüngliche Gestalt Gottes, Kṛṣṇa, richten. Man sollte seine Aufmerksamkeit nicht einmal auf andere Formen des Herrn lenken. Der Herr hat zahlreiche Formen, wie Viṣṇu, Nārāyaṇa, Rāma, Varāha usw., doch ein Gottgeweihter sollte seinen Geist auf die Form richten, die vor Arjuna gegenwärtig war. Die

Konzentration des Geistes auf die Form Kṛṣṇas stellt den vertraulichsten Teil des Wissens dar, und dies wird Arjuna offenbart, weil er Kṛṣṇas liebster Freund ist.

Vers 66 सर्वधर्मान् परित्यज्य मामेकं शरणं व्रज ।
अहं त्वां सर्वपापेभ्यो मोक्षयिष्यामि मा शुचः ॥६६॥

sarva-dharmān parityajya mām ekaṁ śaraṇaṁ vraja
ahaṁ tvāṁ sarva-pāpebhyo mokṣayiṣyāmi mā śucaḥ

sarva-dharmān – alle Arten von Religion; *parityajya* – aufgebend; *mām* – Mir; *ekam* – einzig; *śaraṇam* – nach Ergebung; *vraja* – strebe; *aham* – Ich; *tvām* – dich; *sarva* – allen; *pāpebhyaḥ* – von sündhaften Reaktionen; *mokṣayiṣyāmi* – werde befreien; *mā* – nicht; *śucaḥ* – sorge dich.

Gib alle Arten von Religion auf, und ergib dich einfach Mir. Ich werde dich von allen sündhaften Reaktionen befreien. Fürchte dich nicht.

ERLÄUTERUNG: Der Herr hat verschiedene Arten von Wissen und Pfaden der Religion beschrieben – Wissen über das Höchste Brahman, Wissen über die Überseele, Wissen über die verschiedenen Klassen und Stufen des gesellschaftlichen Lebens, Wissen über den Lebensstand der Entsagung und Wissen über Loslösung, Beherrschung der Sinne und des Geistes, Meditation usw. Er hat auf vielfache Weise verschiedene Arten von Religion beschrieben. Hier nun sagt der Herr als Zusammenfassung der *Bhagavad-gītā,* daß Arjuna alle Vorgänge, die ihm bisher erklärt worden seien, aufgeben soll – er solle sich einfach Ihm, Kṛṣṇa, ergeben. Diese Hingabe wird Arjuna vor allen sündhaften Reaktionen bewahren, denn Kṛṣṇa verspricht persönlich, ihn zu beschützen.

Im Achten Kapitel wurde gesagt, daß nur jemand, der von allen sündhaften Reaktionen frei geworden ist, die Verehrung Śrī Kṛṣṇas aufnehmen kann. Man könnte deshalb denken, es sei unmöglich, sich zu ergeben, solange man nicht von allen sündhaften Reaktionen befreit sei. Um diese Zweifel zu klären, heißt es hier, daß sogar jemand, der nicht von allen sündhaften Reaktionen frei ist, einfach durch den Vorgang der Hingabe zu Śrī Kṛṣṇa automatisch Befreiung erlangt. Es ist nicht notwendig, große Anstrengungen zu unternehmen, um sich aus eigener Kraft von sündhaften Reaktionen zu befreien. Man sollte ohne Zögern Kṛṣṇa als den höchsten Retter aller Lebewesen annehmen, und mit Glauben und Liebe sollte man sich Ihm ergeben.

Der Vorgang, sich Kṛṣṇa zu ergeben, wird im *Hari-bhakti-vilāsa* (11.676) beschrieben:

ānukūlyasya saṅkalpaḥ prātikūlyasya varjanam
rakṣiṣyatīti viśvāso goptṛtve varaṇaṁ tathā
ātma-nikṣepa-kārpaṇye ṣaḍ-vidhā śaraṇāgatiḥ

Gemäß dem Vorgang der Hingabe sollte man nur solche religiösen Prinzipien annehmen, die einen letztlich zum hingebungsvollen Dienst des Herrn führen. Man kann zwar entsprechend seiner Stellung in der gesellschaftlichen Ordnung bestimmte soziale Pflichten erfüllen, doch wenn man durch die Erfüllung seiner Pflicht nicht zum Punkt des Kṛṣṇa-Bewußtseins kommt, waren alle Tätigkeiten umsonst. Alles, was nicht zur vollkommenen Stufe des Kṛṣṇa-Bewußtseins führt, sollte vermieden werden. Man sollte darauf vertrauen, daß Kṛṣṇa einen unter allen Umständen vor jeglichen Schwierigkeiten beschützen wird. Es ist nicht notwendig, sich zu überlegen, wie man Körper und Seele zusammenhalten soll. Kṛṣṇa wird Sich darum kümmern. Man sollte sich immer als hilflos sehen und sich darüber bewußt sein, daß Kṛṣṇa die einzige Grundlage für den Fortschritt ist, den man im Leben macht. Wenn man sich ernsthaft im hingebungsvollen Dienst des Herrn, in vollem Kṛṣṇa-Bewußtsein, beschäftigt, wird man sogleich von aller Verunreinigung des materiellen Daseins befreit. Es gibt verschiedene Vorgänge der Religion und der Läuterung, wie zum Beispiel die Kultivierung von Wissen, Meditation im mystischen *yoga*-System usw., doch jemand, der sich Kṛṣṇa ergibt, braucht nicht so viele Vorgänge auszuführen. Einfach dadurch, daß man sich Kṛṣṇa ergibt, wird man davor bewahrt, seine Zeit unnötig zu verschwenden. Auf diese Weise kann man allen Fortschritt auf einmal machen und von allen sündhaften Reaktionen befreit werden.

Man sollte sich zu der schönen Erscheinung Kṛṣṇas hingezogen fühlen. Sein Name ist Kṛṣṇa, weil Er allanziehend ist. Wenn jemand Anhaftung an die wunderschöne, allmächtige und allgewaltige Erscheinung Kṛṣṇas entwickelt, ist er glücklich zu schätzen. Es gibt verschiedene Arten von Transzendentalisten – einige sind der unpersönlichen Brahman-Erkenntnis zugetan, einige dem Aspekt der Überseele, usw. –, doch derjenige, der sich zum persönlichen Aspekt der Höchsten Persönlichkeit Gottes hingezogen fühlt, und vor allem derjenige, der sich zur Höchsten Persönlichkeit Gottes in Ihrer ursprünglichen Gestalt als Kṛṣṇa hingezogen fühlt, ist der vollkommenste Transzendentalist. Mit anderen Worten, hingebungsvoller Dienst für Kṛṣṇa, mit vollem Bewußtsein ausgeführt, ist der vertraulichste Teil des Wissens, und dies ist die Essenz der gesamten *Bhagavad-gītā. Karma-yogīs,* empirische

Philosophen, Mystiker und Gottgeweihte werden alle als Transzendentalisten bezeichnet, doch ein reiner Gottgeweihter ist von allen der beste. In diesem Zusammenhang sind insbesondere die Worte *mā śucaḥ* („Fürchte dich nicht, zögere nicht, mach dir keine Sorgen") von Bedeutung. Man mag verwirrt sein und sich fragen, wie es möglich sein soll, alle verschiedenen Arten von Religion aufzugeben, um sich einfach Kṛṣṇa zu ergeben, doch solche Sorgen sind unnötig.

Vers 67 इदं ते नातपस्काय नाभक्ताय कदाचन ।
न चाशुश्रूषवे वाच्यं न च मां योऽभ्यसूयति ॥६७॥

idaṁ te nātapaskāya nābhaktāya kadācana
na cāśuśrūṣave vācyaṁ na ca māṁ yo 'bhyasūyati

idam – dieses; *te* – von dir; *na* – niemals; *atapaskāya* – jemandem, der nicht entsagt ist; *na* – niemals; *abhaktāya* – jemandem, der kein Gottgeweihter ist; *kadācana* – zu irgendeiner Zeit; *na* – niemals; *ca* – auch; *aśuśrūṣave* – jemandem, der nicht im hingebungsvollen Dienst beschäftigt ist; *vācyam* – gesprochen werden; *na* – niemals; *ca* – auch; *mām* – auf Mich; *yaḥ* – jemand, der; *abhyasūyati* – ist neidisch.

Dieses vertrauliche Wissen darf niemals denen erklärt werden, die nicht entsagt, nicht hingegeben und nicht im hingebungsvollen Dienst tätig sind oder Mich beneiden.

ERLÄUTERUNG: Jenen Menschen, die nicht die Entsagungen des Pfades der Religion auf sich genommen haben, die niemals versucht haben, sich im hingebungsvollen Dienst, dem Kṛṣṇa-Bewußtsein, zu beschäftigen, und die nie einem reinen Gottgeweihten dienten, und insbesondere denen, die Kṛṣṇa nur für eine historische Persönlichkeit halten oder auf die Größe Kṛṣṇas neidisch sind, sollte dieser vertraulichste Teil des Wissens nicht mitgeteilt werden. Manchmal jedoch kommt es vor, daß dämonische Menschen, die Kṛṣṇa beneiden und Ihn auf unauthentische Art und Weise verehren, es sich sogar zum Beruf machen, die *Bhagavad-gītā* zu erklären – gemäß ihren eigenen Vorstellungen und mit dem Ziel, sich zu bereichern –, doch jeder, der sich aufrichtig wünscht, Kṛṣṇa zu verstehen, muß solche Kommentare zur *Bhagavad-gītā* meiden. Die Bedeutung der *Bhagavad-gītā* ist für Menschen auf der sinnlichen Ebene unverständlich. Doch selbst wenn man sich nicht auf der Ebene der Sinne befindet, sondern streng den Regeln folgt, die in den vedischen Schriften beschrieben werden, kann man Kṛṣṇa nicht verstehen, wenn man kein Gottgeweihter ist. Und selbst wenn man sich für einen Geweihten Kṛṣṇas ausgibt, aber nicht Kṛṣṇa-bewußten Tätigkeiten nachgeht, kann man Kṛṣṇa nicht verstehen. Es gibt viele Menschen, die Kṛṣṇa beneiden, weil Er in der *Bhagavad-gītā* erklärt, daß Er der Höchste ist und daß niemand über Ihm steht oder Ihm gleichkommt. Auf diese Weise gibt es viele Menschen, die auf Kṛṣṇa neidisch sind. Solchen Menschen sollte man nichts von der *Bhagavad-gītā* erzählen, denn sie können nichts davon verstehen. Menschen ohne Glauben haben keine Möglichkeit, die *Bhagavad-gītā* oder Kṛṣṇa zu verstehen. Ohne Kṛṣṇa durch die Autorität eines reinen Gottgeweihten zu verstehen, sollte man nicht versuchen, die *Bhagavad-gītā* zu kommentieren.

Vers 68 य इदं परमं गुह्यं मद्भक्तेष्वभिधास्यति ।
भक्तिं मयि परां कृत्वा मामेवैष्यत्यसंशयः ॥६८॥

ya idaṁ paramaṁ guhyaṁ mad-bhakteṣv abhidhāsyati
bhaktiṁ mayi parāṁ kṛtvā mām evaiṣyaty asaṁśayaḥ

yaḥ – jemand, der; *idam* – dieses; *paramam* – höchst; *guhyam* – vertrauliches Geheimnis; *mat* – von Mir; *bhakteṣu* – unter den Gottgeweihten; *abhidhāsyati* – erklärt; *bhaktim* – hingebungsvollen Dienst; *mayi* – zu Mir; *parām* – transzendental; *kṛtvā* – ausführend; *mām* – zu Mir; *eva* – gewiß; *eṣyati* – kommt; *asaṁśayaḥ* – ohne Zweifel.

Demjenigen, der dieses höchste Geheimnis den Gottgeweihten erklärt, ist reiner hingebungsvoller Dienst garantiert, und am Ende wird er zu Mir zurückkehren.

ERLÄUTERUNG: Im allgemeinen wird dazu geraten, die *Bhagavad-gītā* nur unter Gottgeweihten zu erörtern, denn diejenigen, die keine Gottgeweihten sind, werden weder Kṛṣṇa noch die *Bhagavad-gītā* verstehen. Diejenigen, die Kṛṣṇa, wie Er ist, und die *Bhagavad-gītā,* wie sie ist, nicht akzeptieren, sollten nicht versuchen, die *Bhagavad-gītā* nach ihren Launen zu erklären, wodurch sie nur Vergehen auf sich laden. Die *Bhagavad-gītā* sollte denen erklärt werden, die bereit sind, Kṛṣṇa als die Höchste Persönlichkeit Gottes anzuerkennen. Die *Bhagavad-gītā* ist nur für Gottgeweihte bestimmt, und nicht für philosophische Spekulanten. Doch jeder, der ernsthaft versucht, die *Bhagavad-gītā* so zu präsentieren, wie sie ist, wird im hingebungsvollen Dienst Fortschritt machen und die Lebensstufe reiner Hingabe erreichen. Als Ergebnis solch reiner Hingabe wird er mit Sicherheit nach Hause, zu Gott, zurückkehren.

Vers 69 न च तस्मान्मनुष्येषु कश्चिन्मे प्रियकृत्तमः ।
भविता न च मे तस्मादन्यः प्रियतरो भुवि ॥६९॥

na ca tasmān manuṣyeṣu kaścin me priya-kṛttamaḥ
bhavitā na ca me tasmād anyaḥ priya-taro bhuvi

na – niemals; *ca* – und; *tasmāt* – als er; *manuṣyeṣu* – unter den Menschen; *kaścit* – jemand; *me* – Mir; *priya-kṛt-tamaḥ* – lieber; *bhavitā* – wird werden; *na* – weder; *ca* – und; *me* – Mir; *tasmāt* – als er; *anyaḥ* – ein anderer; *priya-taraḥ* – lieber; *bhuvi* – auf dieser Welt.

Kein Diener auf dieser Welt ist Mir lieber als er, und niemals wird Mir einer lieber sein.

Vers 70 अध्येष्यते च य इमं धर्म्यं संवादमावयोः ।
ज्ञानयज्ञेन तेनाहमिष्टः स्यामिति मे मतिः ॥७०॥

adhyeṣyate ca ya imaṁ dharmyaṁ saṁvādam āvayoḥ
jñāna-yajñena tenāham iṣṭaḥ syām iti me matiḥ

adhyeṣyate – wird studieren; *ca* – auch; *yaḥ* – er, der; *imam* – dieses; *dharmyam* – heilige; *saṁvādam* – Gespräch; *āvayoḥ* – zwischen uns; *jñāna* – des Wissens; *yajñena* – durch das Opfer; *tena* – von ihm; *aham* – Ich; *iṣṭaḥ* – verehrt; *syām* – werde sein; *iti* – so; *me* – Meine; *matiḥ* – Meinung.

Und Ich erkläre, daß derjenige, der dieses unser heiliges Gespräch studiert, Mich mit seiner Intelligenz verehrt.

Vers 71 श्रद्धावाननसूयश्च शृणुयादपि यो नरः ।
सोऽपि मुक्तः शुभाँल्लोकान् प्राप्नुयात्पुण्यकर्मणाम् ॥७१॥

śraddhāvān anasūyaś ca śṛṇuyād api yo naraḥ
so 'pi muktaḥ śubhāl lokān prāpnuyāt puṇya-karmaṇām

śraddhā-vān – gläubig; *anasūyaḥ* – nicht neidisch; *ca* – und; *śṛṇuyāt* – hört; *api* – gewiß; *yaḥ* – der; *naraḥ* – ein Mensch; *saḥ* – er; *api* – auch; *muktaḥ* – befreit; *śubhān* – die glückverheißenden; *lokān* – Planeten; *prāpnuyāt* – er erreicht; *puṇya-karmaṇām* – der Frommen.

Und jemand, der mit Glauben und ohne Neid zuhört, wird von allen sündhaften Reaktionen frei und erreicht die glückverheißenden Planeten, auf denen die Frommen leben.

ERLÄUTERUNG: Im siebenundsechzigsten Vers dieses Kapitels hat es der Herr ausdrücklich verboten, die *Gītā* Menschen zu verkünden, die Ihn beneiden. Mit anderen Worten, die *Bhagavad-gītā* ist nur für die Gottgeweihten bestimmt. Aber manchmal kommt es vor, daß ein Geweihter des Herrn eine öffentliche Vorlesung hält, und bei einer solchen Vorlesung kann man nicht erwarten, daß alle Zuhörer Gottgeweihte sind. Warum halten sie dann öffentliche Vorlesungen? Wie in diesem Vers erklärt wird, ist zwar nicht jeder ein Gottgeweihter, aber trotzdem gibt es viele Menschen, die Kṛṣṇa nicht beneiden. Sie glauben an Ihn als die Höchste Persönlichkeit Gottes. Wenn solche Menschen von einem echten Gottgeweihten über den Herrn hören, ist das Ergebnis, daß sie sogleich von allen sündhaften Reaktionen frei werden, und in der Folge werden sie auf das Planetensystem erhoben, wo alle Frommen leben. Deshalb kann sogar jemand, der nicht versucht, ein reiner Gottgeweihter zu werden, einfach dadurch, daß er aus der *Bhagavad-gītā* hört, das Ergebnis frommer Tätigkeiten bekommen. Ein reiner Gottgeweihter gibt also jedem die Möglichkeit, sich von allen sündhaften Reaktionen zu befreien und ein Gottgeweihter zu werden.

Denjenigen, die von sündhaften Reaktionen frei sind, das heißt rechtschaffenen Menschen, fällt es im allgemeinen leicht, sich dem Kṛṣṇa-Bewußtsein zuzuwenden. Hier ist das Wort *puṇya-karmaṇām* sehr bedeutsam. Es bezieht sich auf die Darbringung großer Opfer, die in den vedischen Schriften erwähnt werden, wie den *aśvamedha-yajña.* Diejenigen, die in der Ausübung hingebungsvollen Dienstes rechtschaffen, aber nicht rein sind, können das Planetensystem des Polarsterns, Dhruvaloka, erreichen, das von Dhruva Mahārāja beherrscht wird. Dhruva Mahārāja ist ein großer Geweihter des Herrn, und er residiert auf diesem besonderen Planeten, der Polarstern genannt wird.

Vers 72 कच्चिदेतच्छ्रुतं पार्थ त्वयैकाग्रेण चेतसा ।
कच्चिदज्ञानसम्मोहः प्रणष्टस्ते धनञ्जय ॥७२॥

kaccid etac chrutaṁ pārtha tvayaikāgreṇa cetasā
kaccid ajñāna-sammohaḥ praṇaṣṭas te dhanañ-jaya

kaccit – ob; *etat* – dies; *śrutam* – gehört; *pārtha* – o Sohn Pṛthās; *tvayā* – von dir; *eka-agreṇa* – mit voller Aufmerksamkeit; *cetasā* – mit dem Geist; *kaccit* – ob; *ajñāna* – der Unwissenheit; *sammohaḥ* – die Illusion; *praṇaṣṭaḥ* – beseitigt; *te* – von dir; *dhanam-jaya* – o Eroberer von Reichtum (Arjuna).

O Sohn Pṛthās, o Eroberer von Reichtum, hast du all dies mit wachem Geist vernommen? Sind deine Unwissenheit und deine Illusionen nun von dir gewichen?

ERLÄUTERUNG: Der Herr handelte als spiritueller Meister Arjunas. Deshalb war es Seine Pflicht, Arjuna zu fragen, ob er die ganze *Bhagavad-gītā* richtig verstanden hatte. Wenn nicht, war Er bereit, jeden beliebigen Punkt oder nötigenfalls sogar die ganze *Bhagavad-gītā* noch einmal zu erklären. Aber jeder, der die *Bhagavad-gītā* von einem echten spirituellen Meister wie Kṛṣṇa oder dessen Stellvertreter hört, wird feststellen, daß seine ganze Unwissenheit von ihm weicht. Die *Bhagavad-gītā* ist kein gewöhnliches Buch, das von irgendeinem Dichter oder Schriftsteller verfaßt wurde; sie wurde von der Höchsten Persönlichkeit Gottes gesprochen. Jeder, der das Glück hat, diese Lehren von Kṛṣṇa oder Seinem echten spirituellen Stellvertreter zu hören, wird mit Sicherheit Befreiung erlangen und der Dunkelheit der Unwissenheit entkommen.

Vers 73 अर्जुन उवाच
नष्टो मोहः स्मृतिर्लब्धा त्वत्प्रसादान्मयाच्युत ।
स्थितोऽस्मि गतसन्देहः करिष्ये वचनं तव ॥७३॥

arjuna uvāca
naṣṭo mohaḥ smṛtir labdhā tvat-prasādān mayācyuta
sthito 'smi gata-sandehaḥ kariṣye vacanaṁ tava

arjunaḥ uvāca – Arjuna sagte; *naṣṭaḥ* – vertrieben; *mohaḥ* – Illusion; *smṛtiḥ* – Erinnerung; *labdhā* – wiedergewonnen; *tvat-prasādāt* – durch Deine Barmherzigkeit; *mayā* – von mir; *acyuta* – o unfehlbarer Kṛṣṇa; *sthitaḥ* – gefestigt; *asmi* – ich bin; *gata* – beseitigt; *sandehaḥ* – alle Zweifel; *kariṣye* – ich werde ausführen; *vacanam* – Anweisung; *tava* – Deine.

Arjuna sagte: Mein lieber Kṛṣṇa, o Unfehlbarer, meine Illusion ist jetzt vergangen. Durch Deine Barmherzigkeit habe ich meine Erinnerung zurückgewonnen. Ich bin nun gefestigt und frei von Zweifeln, und ich bin bereit, nach Deinen Anweisungen zu handeln.

ERLÄUTERUNG: Die wesensgemäße Stellung des Lebewesens, wie es von Arjuna repräsentiert wird, besteht darin, daß es gemäß der Anweisung des Höchsten Herrn handeln muß. Es ist dafür bestimmt, sich Selbstdisziplin aufzuerlegen. Śrī Caitanya Mahāprabhu sagt, daß die wirkliche Position des Lebewesens darin besteht, der ewige Diener des Höchsten Herrn zu sein. Weil das Lebewesen dieses Prinzip vergißt, wird es von der materiellen Natur bedingt; doch wenn es dem Höchsten Herrn dient, wird es der befreite Diener Gottes. Es ist die wesensgemäße Position des Lebewesens, Diener zu sein; es muß entweder der illusionierenden *māyā* oder dem Höchsten Herrn dienen. Wenn es dem Höchsten Herrn dient, befindet es sich in seinem normalen Zustand, doch wenn es lieber der illusionierenden äußeren Energie dient, wird es mit Gewißheit in Knechtschaft leben. In Illusion dient das Lebewesen in der materiellen Welt. Es ist von Lust und materiellen Wünschen gebunden, und trotzdem hält es sich für den Herrn der Welt. Das nennt man Illusion. Im befreiten Zustand jedoch weicht die Illusion vom Menschen, und er ergibt sich freiwillig dem Höchsten, um Seinen Wünschen gemäß zu handeln. Die letzte Illusion, die letzte Schlinge *māyās,* um das Lebewesen zu fangen, ist die Vorstellung, selbst Gott zu sein. Das Lebewesen glaubt, es sei nicht mehr eine bedingte Seele, sondern Gott. Es ist so unintelligent, daß es sich nicht fragt, wie es möglich sein kann, daß das Lebewesen, wenn es Gott ist, Zweifel haben kann. Auf diesen Gedanken kommt es nicht. Dies also ist die letzte Falle der Illusion. Von der illusionierenden Energie tatsächlich frei zu werden bedeutet, Kṛṣṇa, die Höchste Persönlichkeit Gottes, zu verstehen und bereit zu sein, nach Seiner Anweisung zu handeln.

Das Wort *moha* ist in diesem Vers sehr bedeutsam. *Moha* bezieht sich auf das Gegenteil von Wissen. Wahres Wissen bedeutet zu verstehen, daß jedes Lebewesen ewig der Diener des Herrn ist. Doch statt sich in dieser Position als Diener zu sehen, sieht sich das Lebewesen als Herr über die materielle Natur, denn es möchte die materielle Natur beherrschen. Das ist seine Illusion. Diese Illusion kann durch die Barmherzigkeit des Herrn bzw. die Barmherzigkeit eines reinen Gottgeweihten überwunden werden. Wenn diese Illusion von einem gewichen ist, erklärt man sich bereit, im Kṛṣṇa-Bewußtsein zu handeln.

Kṛṣṇa-Bewußtsein bedeutet, nach Kṛṣṇas Anweisung zu handeln. Eine bedingte Seele, die durch die äußere Energie, die Materie, in Illusion versetzt ist, weiß nicht, daß der Höchste Herr der Meister ist, der alles Wissen in Sich birgt und dem alles gehört. Was immer Er wünscht, kann Er Seinen Geweihten gewähren. Er ist der Freund eines jeden, und Er ist besonders Seinem Geweihten zugeneigt. Er ist der Gebieter der materiellen Natur und aller Lebewesen. Ebenso ist Er der Gebieter der unerschöpflichen Zeit, und Er birgt alle Reichtümer und Kräfte in Sich. Der Herr, die Höchste Persönlichkeit Gottes, kann sogar Sich Selbst Seinem Geweihten schenken. Jemand, der nichts über Ihn weiß, steht unter dem Bann der Illusion; er wird kein Diener Gottes, sondern ein Diener *māyās.* Arjuna jedoch wurde, nachdem er die *Bhagavad-gītā* von der Höchsten Persönlichkeit Gottes gehört hatte, von aller Illusion befreit. Er erkannte, daß Kṛṣṇa nicht nur sein Freund, sondern auch die Höchste Persönlichkeit Gottes war. Und er verstand Kṛṣṇa tatsächlich, wie Er ist. Die *Bhagavad-gītā* zu studieren bedeutet also, Kṛṣṇa so zu verstehen, wie Er ist. Wenn ein Mensch vollkommenes Wissen besitzt, ist es natürlich, daß er sich Kṛṣṇa ergibt. Als Arjuna erkannte, daß es Kṛṣṇas Plan war, das unnötige Anwachsen der Bevölkerung zu vermindern, erklärte er sich bereit, Kṛṣṇas Wunsch nachzukommen und zu kämpfen. Er nahm seine Waffen – seine Pfeile und seinen Bogen – wieder auf, um unter dem Befehl der Höchsten Persönlichkeit Gottes zu kämpfen.

Vers 74 सञ्जय उवाच
इत्यहं वासुदेवस्य पार्थस्य च महात्मनः ।
संवादमिममश्रौषमद्भुतं रोमहर्षणम् ॥७४॥

sañjaya uvāca
ity ahaṁ vāsudevasya pārthasya ca mahātmanaḥ
saṁvādam imam aśrauṣam adbhutaṁ roma-harṣaṇam

sañjayaḥ uvāca – Sañjaya sagte; *iti* – somit; *aham* – ich; *vāsudevasya* – von Kṛṣṇa; *pārthasya* – und Arjuna; *ca* – auch; *mahā-ātmanaḥ* – der großen Seele; *saṁvādam* – Gespräch; *imam* – dieses; *aśrauṣam* – habe gehört; *adbhutam* – wunderbar; *roma-harṣaṇam* – Haarsträuben verursachend.

Sañjaya sprach: Somit hörte ich das Gespräch der beiden großen Seelen, Kṛṣṇa und Arjuna. Und so wunderbar ist diese Botschaft, daß sich mir die Haare sträuben.

ERLÄUTERUNG: Zu Beginn der *Bhagavad-gītā* fragte Dhṛtarāṣṭra seinen Sekretär Sañjaya: „Was geschah auf dem Schlachtfeld von Kurukṣetra?" Die ganze Szene wurde dem Herzen Sañjayas durch die Barmherzigkeit Vyāsas, seines spirituellen Meisters, offenbart, und so konnte er die Ereignisse auf dem Schlachtfeld schildern. Dieses Gespräch war wunderbar, weil noch nie zuvor zwei große Seelen ein solch wichtiges Gespräch geführt hatten und weil auch niemals wieder ein solch wichtiges Gespräch stattfinden würde. Dieses Gespräch war wunderbar, weil Sich darin der Herr, die Höchste Persönlichkeit Gottes, an das Lebewesen, Arjuna, einen großen Gottgeweihten, wandte und über

Sich Selbst und Seine Energien sprach. Wenn wir in unseren Bemühungen, Kṛṣṇa zu verstehen, dem Beispiel Arjunas folgen, wird unser Leben glücklich und erfolgreich sein. Sañjaya erkannte dies, und während er Dhṛtarāṣṭra das Gespräch mitteilte, wurde es ihm immer klarer. Nun gelangt er zur Schlußfolgerung: Überall, wo Kṛṣṇa und Arjuna gegenwärtig sind, ist auch Sieg zu finden.

Vers 75 व्यासप्रसादाच्छ्रुतवानेतद्गुह्यमहं परम् ।
योगं योगेश्वरात्कृष्णात्साक्षात्कथयतः स्वयम् ॥७५॥

vyāsa-prasādāc chrutavān etad guhyam ahaṁ param
yogaṁ yogeśvarāt kṛṣṇāt sākṣāt kathayataḥ svayam

vyāsa-prasādāt – durch die Barmherzigkeit Vyāsadevas; *śrutavān* – habe gehört; *etat* – dies; *guhyam* – vertraulich; *aham* – ich; *param* – die höchste; *yogam* – Mystik; *yoga-īśvarāt* – vom Meister aller Mystik; *kṛṣṇāt* – von Kṛṣṇa; *sākṣāt* – direkt; *kathayataḥ* – sprechend; *svayam* – persönlich.

Durch die Barmherzigkeit Vyāsas habe ich dieses höchst vertrauliche Gespräch direkt vom Meister aller Mystik, Kṛṣṇa, gehört, der persönlich zu Arjuna sprach.

ERLÄUTERUNG: Vyāsa war der spirituelle Meister Sañjayas, und Sañjaya erklärt, daß er nur durch die Barmherzigkeit Vyāsas die Höchste Persönlichkeit Gottes verstehen konnte. Dies bedeutet, daß man Kṛṣṇa nicht direkt verstehen kann, sondern nur durch das Medium des spirituellen Meisters. Der spirituelle Meister ist das transparente Medium, doch dies bedeutet nicht, daß die Erfahrung des Schülers nicht direkt ist. Dies ist das Mysterium der Schülernachfolge. Wenn der spirituelle Meister echt ist, kann man, wie Arjuna, die *Bhagavad-gītā* direkt hören. Es gibt überall auf der Welt viele Mystiker und *yogīs,* doch Kṛṣṇa ist der Meister aller *yoga*-Systeme. Kṛṣṇas Unterweisung in der *Bhagavad-gītā* ist deutlich – man muß sich Kṛṣṇa ergeben. Wer dies tut, ist der höchste *yogī.* Dies wird im letzten Vers des Sechsten Kapitels bestätigt: *yoginām api sarveṣām.*

Nārada ist der direkte Schüler Kṛṣṇas und der spirituelle Meister Vyāsas. Deshalb ist Vyāsa genauso autorisiert wie Arjuna, denn er befindet sich in der Schülernachfolge, und Sañjaya ist der direkte Schüler Vyāsas. Durch die Gnade Vyāsas wurden Sañjayas Sinne geläutert, und er konnte Kṛṣṇa direkt sehen und hören. Jemand, der Kṛṣṇa direkt hört, kann dieses vertrauliche Wissen verstehen. Wenn sich jemand nicht an die Schülernachfolge wendet, kann er Kṛṣṇa nicht verstehen; deshalb bleibt sein Wissen immer unvollkommen, zumindest was das Verständnis der *Bhagavad-gītā* betrifft.

In der *Bhagavad-gītā* werden alle *yoga*-Systeme erklärt – *karma-yoga, jñāna-yoga* und *bhakti-yoga.* Kṛṣṇa ist der Meister all dieser Arten von Mystik, und Arjuna hatte das große Glück, Kṛṣṇa direkt zu verstehen. Aber wie aus diesem Vers hervorgeht, war auch Sañjaya, durch die Gnade Vyāsas, imstande, direkt von Kṛṣṇa zu hören. Im Grunde genommen macht es keinen Unterschied, ob man direkt von Kṛṣṇa oder direkt von einem echten spirituellen Meister wie Vyāsa über Kṛṣṇa hört. Der spirituelle Meister ist auch der Stellvertreter Vyāsadevas. Deshalb feiern die Schüler am Geburtstag des spirituellen Meisters gemäß dem vedischen Brauch eine Zeremonie, die man Vyāsa-pūjā nennt.

Vers 76 राजन् संस्मृत्य संस्मृत्य संवादमिममद्भुतम् ।
केशवार्जुनयोः पुण्यं हृष्यामि च मुहुर्मुहुः ॥७६॥

rājan saṁsmṛtya saṁsmṛtya saṁvādam imam adbhutam
keśavārjunayoḥ puṇyaṁ hṛṣyāmi ca muhur muhuḥ

rājan – o König; *saṁsmṛtya* – mich erinnernd; *saṁsmṛtya* – mich erinnernd; *saṁvādam* – Botschaft; *imam* – diese; *adbhutam* – wunderbare; *keśava* – von Śrī Kṛṣṇa; *arjunayoḥ* – und Arjuna; *puṇyam* – fromme; *hṛṣyāmi* – ich erfahre Freude; *ca* – auch; *muhuḥ muhuḥ* – immer wieder.

O König, indem ich mich immer wieder an dieses wunderbare und heilige Gespräch zwischen Kṛṣṇa und Arjuna erinnere, erbebe ich jeden Augenblick vor Freude.

ERLÄUTERUNG: Das Verstehen der *Bhagavad-gītā* ist so transzendental, daß jeder, der über die Themen bezüglich Arjuna und Kṛṣṇa Wissen entwickelt, rechtschaffen wird und ihr Gespräch nicht mehr vergessen kann. Das ist die transzendentale Natur des spirituellen Lebens. Mit anderen Worten, jeder, der die *Gītā* aus der richtigen Quelle hört, nämlich direkt von Kṛṣṇa, erlangt völliges Kṛṣṇa-Bewußtsein. Das Ergebnis des Kṛṣṇa-Bewußtseins ist, daß man in zunehmendem Maße erleuchtet wird und so das Leben in jedem Augenblick, und nicht nur kurze Zeit, voller Freude genießt.

Vers 77 तच्च संस्मृत्य संस्मृत्य रूपमत्यद्भुतं हरेः ।
विस्मयो मे महान् राजन् हृष्यामि च पुनः पुनः ॥७७॥

tac ca saṁsmṛtya saṁsmṛtya rūpam aty-adbhutaṁ hareḥ
vismayo me mahān rājan hṛṣyāmi ca punaḥ punaḥ

tat – dies; *ca* – auch; *saṁsmṛtya* – mich erinnernd; *saṁsmṛtya* – mich erinnernd; *rūpam* – Form; *ati* – sehr; *adbhutam* – wunderbar; *hareḥ* – Śrī Kṛṣṇas; *vismayaḥ* – Erstaunen; *me* – mein; *mahān* – groß; *rājan* – o König; *hṛṣyāmi* – ich genieße; *ca* – auch; *punaḥ punaḥ* – wieder und wieder.

O König, wenn ich mich an die wunderbare Form Śrī Kṛṣṇas erinnere, überwältigt mich immer größeres Erstaunen, und ich erfahre ständig neue Freude.

ERLÄUTERUNG: Aus diesem Vers geht hervor, daß durch die Gnade Vyāsas auch Sañjaya die universale Form Kṛṣṇas sehen konnte, die Arjuna offenbart wurde. Es wurde zwar gesagt, daß Kṛṣṇa diese Form niemals zuvor gezeigt hatte und daß sie nur Arjuna sehen konnte; doch als Kṛṣṇa die universale Form Arjuna offenbarte, waren auch einige andere große Gottgeweihte in der Lage, sie zu sehen, und Vyāsa war einer von ihnen. Er ist einer der großen Geweihten des Herrn, und er gilt als mächtige Inkarnation Kṛṣṇas. Vyāsa offenbarte diese Form seinem Schüler Sañjaya, der sich ständig an die wunderbare Form, die Kṛṣṇa Arjuna gezeigt hatte, erinnerte und dadurch immer wieder neue Freude erfuhr.

Vers 78 यत्र योगेश्वरः कृष्णो यत्र पार्थो धनुर्धरः ।
तत्र श्रीर्विजयो भूतिर्ध्रुवा नीतिर्मतिर्मम ॥७८॥

yatra yogeśvaraḥ kṛṣṇo yatra pārtho dhanur-dharaḥ
tatra śrīr vijayo bhūtir dhruvā nītir matir mama

yatra – wo; *yoga-īśvaraḥ* – der Meister aller Mystik; *kṛṣṇaḥ* – Śrī Kṛṣṇa; *yatra* – wo; *pārthaḥ* – der Sohn Pṛthās; *dhanuḥ-dharaḥ* – der Träger von Bogen und Pfeilen; *tatra* – dort; *śrīḥ* – Reichtum; *vijayaḥ* – Sieg; *bhūtiḥ* – außergewöhnliche Macht; *dhruvā* – gewiß; *nītiḥ* – Moral; *matiḥ mama* – meine Meinung.

Überall dort, wo Kṛṣṇa, der Meister aller Mystiker, und Arjuna, der größte Bogenschütze, anwesend sind, werden gewiß auch Reichtum, Sieg, außergewöhnliche Macht und Moral zu finden sein. Das ist meine Meinung.

ERLÄUTERUNG: Die *Bhagavad-gītā* begann mit einer Frage Dhṛtarāṣṭras. Er hoffte auf den Sieg seiner Söhne, denen große Krieger wie Bhīṣma, Droṇa und Karṇa zur Seite standen. Er erwartete, daß der Sieg auf seiner Seite wäre. Aber nachdem Sañjaya die Lage auf dem Schlachtfeld geschildert hatte, sagte er dem König: „Du hoffst auf Sieg, doch meiner Ansicht nach sind Glück und Sieg dort zu finden, wo Kṛṣṇa und Arjuna anwesend sind.“ Damit erklärte er ganz offen, daß Dhṛtarāṣṭra für seine Seite keinen Sieg erwarten konnte. Sieg war der Seite Arjunas gewiß, da Kṛṣṇa dort gegenwärtig war. Als Kṛṣṇa freiwillig Arjunas Wagenlenker wurde, entfaltete Er dadurch eine weitere Seiner Füllen. Kṛṣṇa birgt alle Füllen in Sich, und eine dieser Füllen ist Entsagung. Es gibt viele Beispiele, wie Kṛṣṇa Seine Entsagung offenbarte, denn Er ist auch der Meister der Entsagung.

Die Schlacht von Kurukṣetra war eigentlich ein Kampf zwischen Duryodhana und Yudhiṣṭhira, und Arjuna kämpfte auf seiten seines älteren Bruders Yudhiṣṭhira. Weil Kṛṣṇa und Arjuna auf Yudhiṣṭhiras Seite standen, war diesem der Sieg gewiß. Die Schlacht sollte entscheiden, wer die Welt regieren würde, und Sañjaya prophezeite, daß die Macht Yudhiṣṭhira übertragen werde. Es wird hier ebenfalls vorausgesagt, daß sich Yudhiṣṭhira nach seinem Sieg in dieser Schlacht immer mehr entfalten werde, denn er war nicht nur rechtschaffen und fromm, sondern er war auch ein strikter Befolger der moralischen Gesetze. Niemals in seinem Leben kam eine Lüge über seine Lippen.

Es gibt viele unintelligente Menschen, die die *Bhagavad-gītā* nur für ein Gespräch zwischen zwei Freunden auf einem Schlachtfeld halten. Aber ein solches Buch könnte nicht als heilige Schrift gelten. Andere mögen einwenden, es sei unmoralisch, daß Kṛṣṇa Arjuna zum Kämpfen anspornte, doch wie hier klar gesagt wird, ist in Wirklichkeit genau das Gegenteil der Fall: die *Bhagavad-gītā* ist die höchste moralische Unterweisung. Die höchste Unterweisung in bezug auf Moral findet man im vierunddreißigsten Vers des Neunten Kapitels: *man-manā bhava mad-bhaktaḥ.* Man muß ein Geweihter Kṛṣṇas werden, und die Essenz aller Religion besteht darin, sich Kṛṣṇa zu ergeben (*sarva-dharmān parityajya mām ekaṁ śaraṇaṁ vraja*). Die Unterweisungen der *Bhagavad-gītā* stellen den höchsten Vorgang von Religion und Moral dar. Alle anderen Vorgänge mögen läuternd sein und letztlich auch zu diesem Vorgang führen, doch die letzte Unterweisung der *Gītā* ist zugleich die höchste Unterweisung in bezug auf Moral und Religion: Hingabe zu Kṛṣṇa. Das ist die Aussage des Achtzehnten Kapitels.

Aus der *Bhagavad-gītā* erfahren wir, daß philosophische Spekulation und Meditation mögliche Wege zur Selbsterkenntnis sind, daß

Hingabe zu Kṛṣṇa aber die höchste Vollkommenheit darstellt. Das ist die Essenz der Lehren der *Bhagavad-gītā.* Der Pfad der regulierenden Prinzipien gemäß den Einteilungen des gesellschaftlichen Lebens und gemäß den verschiedenen Glaubensrichtungen kann als vertraulicher Pfad des Wissens bezeichnet werden. Diese religiösen Rituale sind vertraulich, doch Meditation und Entwicklung von Wissen sind noch vertraulicher. Und Hingabe zu Kṛṣṇa durch hingebungsvollen Dienst in vollkommenem Kṛṣṇa-Bewußtsein ist die vertraulichste Unterweisung. Dies ist die Essenz des Achtzehnten Kapitels.

Ein weiterer Aspekt der Lehren der *Bhagavad-gītā* besteht darin, daß die letztliche Wahrheit die Höchste Persönlichkeit Gottes, Kṛṣṇa, ist. Die Absolute Wahrheit wird in drei Aspekten erkannt: als unpersönliches Brahman, als lokalisierter Paramātmā und letztlich als die Höchste Persönlichkeit Gottes, Kṛṣṇa. Vollkommenes Wissen über die Absolute Wahrheit bedeutet vollkommenes Wissen über Kṛṣṇa. Wenn man Kṛṣṇa versteht, sind alle anderen Wissenszweige in diesem Wissen enthalten. Kṛṣṇa ist transzendental, denn Er befindet Sich immer in Seiner ewigen inneren Energie. Die Lebewesen sind Manifestationen Seiner Energie und werden in zwei Gruppen aufgeteilt: die ewig bedingten und die ewig befreiten. Es gibt unzählige solcher Lebewesen, und sie gelten als fundamentale Teile Kṛṣṇas. Die Manifestation der materiellen Energie besteht aus vierundzwanzig Unterteilungen. Die Schöpfung wird durch die ewige Zeit bewirkt, und sie wird von der äußeren Energie geschaffen und aufgelöst. So wird die Manifestation der kosmischen Welt immer wieder sichtbar und unsichtbar.

In der *Bhagavad-gītā* sind fünf Hauptthemen erörtert worden: die Höchste Persönlichkeit Gottes, die materielle Natur, die Lebewesen, die ewige Zeit und die verschiedenen Arten von Tätigkeiten. All dies ist von der Höchsten Persönlichkeit Gottes, Kṛṣṇa, abhängig. Alle Aspekte der Absoluten Wahrheit – das unpersönliche Brahman, der lokalisierte Paramātmā und jede andere transzendentale Verwirklichung – sind im Wissen über die Höchste Persönlichkeit Gottes mit inbegriffen. Oberflächlich betrachtet mag es so erscheinen, als seien die Höchste Persönlichkeit Gottes, die Lebewesen, die materielle Natur und die Zeit voneinander verschieden, doch in Wirklichkeit ist nichts vom Höchsten verschieden. Aber der Höchste ist immer verschieden von allem. Die Philosophie Śrī Caitanyas ist die des „unbegreiflichen Eins- und Verschiedenseins“. Dieses philosophische System stellt das vollkommene Wissen über die Absolute Wahrheit dar.

Das Lebewesen ist in seiner ursprünglichen Stellung eine reine spirituelle Seele. Es ist wie ein atomisches Teil des höchsten spirituellen

Wesens. In diesem Zusammenhang kann man Śrī Kṛṣṇa mit der Sonne vergleichen und die Lebewesen mit dem Sonnenschein. Weil die Lebewesen die marginale Energie Kṛṣṇas sind, haben sie die Neigung, entweder mit der materiellen Energie oder mit der spirituellen Energie in Kontakt zu sein. Mit anderen Worten, das Lebewesen befindet sich zwischen den beiden Energien des Herrn, und weil es zur höheren Energie gehört, hat es eine winzige Unabhängigkeit. Wenn es von dieser Unabhängigkeit richtigen Gebrauch macht, kommt es unter die direkte Führung Kṛṣṇas. Auf diese Weise erlangt es seinen natürlichen Zustand in der freudespendenden Energie.

Hiermit enden die Bhaktivedanta-Erläuterungen zum Achtzehnten Kapitel der Śrīmad Bhagavad-gītā *mit dem Titel: „Schlußfolgerung – die Vollkommenheit der Entsagung“.*

Anhang

Der Autor

His Divine Grace A.C. Bhaktivedanta Swami Prabhupāda erschien in dieser Welt im Jahre 1896 in Kalkutta, wo er 1922 zum ersten Mal seinem spirituellen Meister Śrīla Bhaktisiddhānta Sarasvatī Gosvāmī begegnete. Bhaktisiddhānta Sarasvatī, ein bekannter, gottergebener Gelehrter und Gründer von 64 vedischen Instituten, die als Gauḍīya Maṭhas bekannt wurden, fand Gefallen an dem gebildeten jungen Mann und überzeugte ihn, sein Leben der Lehre vedischen Wissens zu widmen. Śrīla Prabhupāda wurde sein Schüler und empfing 1933 die formelle Einweihung.

Śrīla Bhaktisiddhānta Sarasvatī bat Śrīla Prabhupāda bereits bei ihrer ersten Begegnung, das vedische Wissen in englischer Sprache zu verbreiten. In den darauffolgenden Jahren verfasste Śrīla Prabhupāda einen Kommentar zur *Bhagavad-gītā* und unterstützte die Bewegung seines spirituellen Meisters in ihrer Mission. 1944 gründete er das *Back to Godhead,* ein vierzehntägliches Magazin in englischer Sprache, welches er eigenhändig verfasste, produzierte, finanzierte und verteilte. Dieses Magazin wird heute von seinen Schülern weitergeführt und in vielen Sprachen veröffentlicht.

Als Anerkennung für Śrīla Prabhupādas philosophische Gelehrtheit und Hingabe ehrte ihn die Gauḍīya-Vaiṣṇava-Gesellschaft 1947 mit dem Titel „Bhaktivedanta". Im Jahre 1950 zog sich Śrīla Prabhupāda aus dem Familienleben zurück. Vier Jahre später trat er in den *vānaprastha*-Stand (Leben in Zurückgezogenheit) ein, um seinen Studien und seiner Schreibtätigkeit mehr Zeit widmen zu können. Bald danach begab er sich zu dem heiligen Ort Vṛndāvana in der Nähe von Agra, wo er unter bescheidensten Verhältnissen im mittelalterlichen Rādhā-Dāmodara-Tempel lebte. Dort verbrachte er mehrere Jahre mit eingehenden Studien und dem Schreiben. 1959 trat er in den Lebensstand der Entsagung (*sannyāsa*) ein. Im Rādhā-Dāmodara-Tempel begann er mit der Arbeit an seinem Lebenswerk – einer vielbändigen, kommentierten Übersetzung des 18 000 Verse umfassenden *Śrīmad-Bhāgavatam* (*Bhāgavata Purāṇa*). Dort entstand auch das Buch *Easy Journey to Other Planets.*

Nachdem er drei Bände des *Śrīmad-Bhāgavatam* veröffentlicht hatte, reiste er 1965 in die USA, um die Mission seines spirituellen Meisters zu erfüllen. In der Folge schrieb er mehr als 50 Bände autoritativer, kommentierter Übersetzungen und zusammenfassender Studien der wichtigsten philosophischen und religiösen Klassiker Indiens.

Als Śrīla Prabhupāda per Frachtschiff im Hafen von New York ankam, war er so gut wie mittellos. Erst im Juli 1966, nach fast einem Jahr voller Schwierigkeiten, gründete er die Internationale Gesellschaft für Krishna-Bewusstsein (ISKCON). Bis zu seinem Verscheiden am 14. November 1977 hatte er die Gesellschaft persönlich geleitet und konnte miterleben, wie sie sich zu einer weltweiten Bewegung mit über einhundert *āśramas,* Schulen, Tempeln und Farmgemeinschaften entwickelte.

1972 führte Śrīla Prabhupāda mit der Gründung einer *gurukula*-Schule in Dallas die vedische Pädagogik für das Grund- und Mittelstufenschulwesen in der westlichen Welt ein. Seitdem haben seine Schüler weltweit viele ähnliche Schulen eröffnet.

Auch in Indien veranlasste Śrīla Prabhupāda den Bau verschiedener internationaler, kultureller Zentren. In Māyāpur in Westbengalen bauen die Gottgeweihten nun eine spirituelle Stadt am Ganges, die um einen großen Tempel angelegt ist; ein ambitioniertes Projekt, dessen Fertigstellung noch mehrere Jahre in Anspruch nehmen wird. In Vṛndāvana im Norden Indiens gibt es den prächtigen und vielbesuchten Krishna-Balaṛama-Tempel sowie ein internationales Gästehaus, eine *gurukula*-Schule, Śrīla Prabhupādas Mausoleum und ein Museum. Auch in Mumbai, Delhi, Tirupati, Ahmedabad, Siliguri, Ujjain und vielen anderen indischen Orten gibt es Tempel, kulturelle Zentren und Farmgemeinschaften, die von Śrīla Prabhupāda geplant wurden.

Śrīla Prabhupādas wichtigster Beitrag sind jedoch seine Bücher. Von Gelehrten wegen ihrer Gewichtigkeit, Tiefe und Klarheit geschätzt, werden sie als Lehrbücher in vielen Universitäten und Seminaren benutzt. Seine Werke wurden bereits in über 80 Sprachen übersetzt. Die *Bhagavad-gītā wie sie ist* ist mittlerweile in 59 Sprachen erhältlich. Der von Śrīla Prabhupāda im Jahre 1972 gegründete Bhaktivedanta Book Trust (BBT) hat sich zum weltweit größten Verlag für religiöse und philosophische Literatur Indiens entwickelt.

Quellennachweis

Die Aussagen der *Bhagavad-gītā wie sie ist* werden von maßgeblichen Autoritäten bestätigt. Folgende vedische Schriften werden in diesem Buch zitiert:

Aṃara-kośa-Wörterbuch, angeführt, 10.19
Amṛta-bindu Upaniṣad, zitiert, 6.5
Anubhāṣya-Kommentar zum *Caitanya-caritāmṛta,* zitiert, 9.34
Āyur-vedische *śāstra,* angeführt, 15.14
Bhagavad-gītā, zitiert in bezug auf:
Arjuna als Kṛṣṇas Schüler, 2.39
Aufforderung, Kṛṣṇas Geweihter zu werden, *xvi,* 18.78
Aufgeben aller anderen *dharmas,* S. 31, 12.6–7, 18.78
Banyanbaum, S. 22
Befreiung durch Verstehen von Kṛṣṇas Taten, 11.43
Brahman als Grundlage der materiellen Schöpfung, 5.10
Duldsamkeit, 6.20–23
Erhebung auf die spirituelle Ebene, S. 23, 4.29
Erinnerung an Kṛṣṇa, S. 27, S. 30
Fall von himmlischen Planeten, 2.8
Gottgeweihter als höchster Transzendentalist, S. 29, 18.1, 18.75
Halbgottverehrer, S. 20, S. 22, 7.24
Hingabe zu Kṛṣṇa nach vielen Geburten, 5.16
höherer Geschmack, 6.13–14
Intelligenz von Kṛṣṇa gegeben, 8.14
Kṛṣṇa als Befreier Seiner Geweihten, 18.46
Kṛṣṇa als Höchste Persönlichkeit Gottes, S. 5
Kṛṣṇa als Ursprung des Brahman, S. 13, 5.17
Kṛṣṇa als Vater aller Lebewesen, S. 17
Kṛṣṇa nicht jedem offenbar, 18.55
Kṛṣṇas vierarmige Form, 9.11
materielle Welt unter Kṛṣṇas Herrschaft, S. 9, 16.8
Mond als Stern, 15.12
Nichterfüllen materieller Wünsche, 18.51–53
nichts höher als Kṛṣṇa, 5.17, 11.54, 18.62
Opfergaben zu Kṛṣṇa, 9.2, 11.55, 17.10
Prediger als liebster Diener des Herrn, 6.32
Schülernachfolge, S. 3, S. 34
Schutz vor größter Gefahr, 3.4
spirituelle Welt, S. 17. S. 21
Toren, die Kṛṣṇa verspotten, 6.47, 7.24, 11.52
Überseele im Herzen, 18.13, 18.62
Ursprung aller Halbgötter, 11.54
Vāsudeva ist alles, 2.41, 2.56
Verständnis von Kṛṣṇa durch hingebungsvollen Dienst, 13.16
Verständnis von Kṛṣṇa durch Opfer für den Höchsten, 12.11
Vollkommenheit möglich für alle, S. 30–31
Voraussetzung für hingebungsvollen Dienst, 6.45
Wert des transzendentalen Wissens, 5.16
Zeitpunkt des Todes, S. 24, S. 26
Zufriedenheit im Innern, 18.49
Bhagavad-gītā-Kommentar, von Baladeva Vidyābhūṣaṇa, zitiert, 2.61, 3.14, 8.23, 8.26, 10.42, 13.3
Bhagavad-gītā-Kommentar, von Śaṅkārācārya, angeführt, 7.3
Bhagavad-gītā-Kommentar, von Śrīdhara Svāmī, zitiert, 8.16
Bhāgavata Purāṇa. Siehe: Śrīmad-Bhāgavatam
Bhakti-rasāmṛta-sindhu, zitiert in bezug auf:
befreite Seele, 5.11, 6.31, 9.1
Denken an Kṛṣṇa in positiver Haltung, 11.55
Entwicklungstufen im hingebungsvollen Dienst, 4.10
Erkennen Kṛṣṇas mit geläuterten Sinnen, 6.8, 7.3, 9.4
phalgu-vairāgya, 2.63, 5.2, 6.10
reinen hingebungsvollen Dienst, 7.16, 11.55
unautorisierter hingebungsvoller Dienst als Störung in der Gesellschaft, 7.3
yukta-vairāgya, 6.10, 8.27, 9.28, 11.55
Brahma-saṁhitā, zitiert in bezug auf:
alldurchdringende Kraft Kṛṣṇas, 6.15, 8.22, 13.13
Beschreibung der spirituellen Welt, S. 21, 8.21, 8.22
Kṛṣṇa als ewig frischer Jüngling, 4.5
Inkarnationen des Herrn, 4.5, 4.9, 11.46
Kṛṣṇa als Höchste Persönlichkeit Gottes, S. 12, 2.2, 4.12, 7.3, 7.7, 9.11, 11.54
Liebe zu Kṛṣṇa, 3.13, 6.30, 9.4, 11.50
Mahā-viṣṇu, 10.20, 11.54
Natur von Kṛṣṇas Tätigkeiten, 9.9
Sonne abhängig von der Höchsten Persönlichkeit Gottes, 4.1, 9.6
Brahma-sūtra. Siehe: Vedānta-sūtra
Bṛhad-āraṇyaka Upaniṣad, zitiert in bezug auf:
ahaṁ brahmāsmi, 13.8–12
Bewegungen der Planeten abhängig von Kṛṣṇa, 9.6

brāhmaṇa und *kṛpaṇa,* 2.7
Höchster Herr als Verdauungsfeuer, 15.14
Überwinden aller Arten von Reaktionen, 4.37
Ursprung der *Veden,* 3.15
Bṛhad-viṣṇu-smṛti, zitiert, 9.12
Bṛhan-nāradīya Purāṇa, zitiert, 6.11–12
Caitanya-caritāmṛta, zitiert in bezug auf:
Definition von *avatāra,* 4.8
Gottgeweihter als *niṣkāma,* 8.14
Kṛṣṇa als einziger Meister, 7.20, 11.43
Pflanze des hingebungsvollen Dienstes, 10.9
Pläne und Taten eines reinen Gottgeweihten, 9.28
Qualifikationen eines echten, spirituellen Meisters, 2.8
vedische Schriften für die bedingten Seelen, S. 27
Caitanya-caritāmṛta-Kommentar, von Bhaktisiddhānta Sarasvatī, zitiert, 9.34
Chāndogya Upaniṣad, zitiert in bezug auf:
günstige und ungünstige Zeitpunkte des Todes, 8.26
„Kṛṣṇa wird zu vielen", 9.7
Lebenskraft im Körper, 7.19
rituelles Feueropfer, 8.3, 8.16
tat tvam asi, 17.23
Überseele im *brahma-jyotir,* 15.18
Gītā-māhātmya, zitiert, S. 31–33
Gopāla-tapānī Upaniṣad, zitiert in bezug auf:
Kṛṣṇa als Quelle des vedischen Wissens, 10.8
Kṛṣṇa als *sac-cid-ānanda,* 9.11, 11.54
Kṛṣṇa in unzähligen Herzen, 6.31, 11.54
Kṛṣṇa und Sein Reich, 8.22
reine *bhakti,* 6.47
Hari-bhakti-vilāsa, zitiert, 11.55, 18.66
Īśopaniṣad, zitiert in bezug auf:
alles gehört Kṛṣṇa, 2.71, 5.10
Schleier von *yoga-māyā,* 7.25
Kaṭha Upaniṣad, zitiert in bezug auf:
Allgegenwart des Höchsten Herrn, 13.16
Gott als höchstes aller Lebewesen, S. 14, 2.12, 7.6, 7.10, 15.17
der Höchste als allesverschlingender Gigant, 11.32
keine Notwendigkeit von Sonne usw. in der spirituellen Welt, 15.6
Körper verglichen mit Kutsche, 6.34
Kṛṣṇas höchstes Reich, 8.21
Seele höher als Intelligenz und Geist, 3.42
unbegreifliche Natur der Seele, 2.29
Unterschied zwischen Seele und Überseele, 13.5
Unzerstörbarkeit der Seele, 2.20, 13.13
Verständnis von Kṛṣṇa durch hingebungsvollen Dienst, 8.14
zwei Vögel im Baum, 2.20
Kauṣītakī Upaniṣad, zitiert, 5.15
Kena Upaniṣad, angeführt, 10.12–13
Kūrma Purāṇa, zitiert, 9.34
Mādhyandināyana-śruti, zitiert, 15.7
Mahābhārata, zitiert in bezug auf:
Geschichte der *Bhagavad-gītā,* 4.1
muni, 2.56
Mahā Upaniṣad, zitiert, 10.8
Māṇḍūkya Upaniṣad, zitiert, 5.10
Manu-saṁhitā, angeführt, 2.21, 3.21, 3.39, 16.7
Muṇḍaka Upaniṣad, zitiert in bezug auf:
Erkenntnis des Höchsten durch *smaraṇam,* 10.12–13
materielle Welt als Manifestation des Brahman, 5.10, 14.3
Seele und die fünf Lebenslüfte, 2.17
Überseele als Begleiter der individuellen Seele, 13.21
wer die Ursache aller Ursachen kennt, kennt alles, 7.2
zwei Vögel im Baum, 2.22
Nārada Pañcarātra, zitiert, 6.31, 7.3
Nārāyaṇa Upaniṣad, zitiert, 10.8
Nārāyaṇīya, zitiert, 12.6–7
Nirukti (-Wörterbuch), angeführt, 2.39, 2.44, 9.5, 15.18
Nṛsiṁha Purāṇa, zitiert, 9.30
Padma Purāṇa, zitiert in bezug auf:
Qualifikationen eines *guru,* 2.8
sündvolle Reaktionen, 9.2
unbegrenzte transzendentale Freude, 5.22
Parāśara-smṛti, zitiert, 2.32
Praśna Upaniṣad, zitiert, 18.14
Puruṣa-bodhinī Upaniṣad, zitiert, 4.9
Ṛg Veda, zitiert in bezug auf:
Lotosfüße Viṣṇus als höchstes Ziel, 17.24, 18.62
oṁ, 17.23
Schlachten von Kühen, 14.16
Sātvata-tantra, zitiert, 7.4, 10.20
Śrīmad-Bhāgavatam, zitiert in bezug auf:
Ambarīṣas hingebungsvoller Dienst, 2.60, 2.61, 6.15, 6.18
Angst aufgrund von Anhaftung, 1.30, 5.12, 6.13–14, 10.4–5
Befreiung von Pflichten, 1.41, 2.38
Bewässern der Wurzel des Baumes, 9.3
Beziehung zwischen dem Herrn und Seinem reinen Geweihten, 7.18
Boot der Lotosfüße Mukundas, 2.51
Chanten, 2.46, 6.44
dharma, 4.7, 4.16
drei Aspekte der Absoluten Wahrheit, 2.2, 10.15, 13.8–12
Erleuchtung durch Gemeinschaft mit Gottgeweihten, 17.26–27
ewiger Nutzen des hingebungsvollen Dienstes, 2.40, 3.5, 6.40
falscher Monismus, 7.5
fruchtbringende Tätigkeiten und Verstrickung, 5.2
Gemeinschaft mit Gottgeweihten oder Materialisten, 7.28
gute Eigenschaften eines Gottgeweihten, 1.28, 13.8–12
hingebungsvoller Dienst als höchste Sinnesbeherrschung, 5.26
das Höchste in jedem Lebewesen, 9.11
der Höchste als Ursprung von allem, 3.37
Höchste Person als Spielgefährte der Kuhhirtenjungen, 11.8
Hören über Kṛṣṇas Spiele, 10.18
Imitieren und Folgen, 3.24
Kṛṣṇa als Quelle aller Inkarnationen, 2.2, 11.54
Kṛṣṇas Annehmen der Gestalt eines gewöhnlichen Kindes, 9.11
Kṛṣṇa und Balarāma in menschlicher Rolle, 9.11
Kuntīs Gebet, 7.25
Materialist verglichen mit Kuh oder Esel, 3.40
mukti, S. 12, 4.35
Nāradas Lebensgeschichte, 9.2
schlechte Eigenschaften der Materialisten, 12.18–19
svarūpa, 6.20–23
tapo divyam, 5.22
Verehrung in *viśuddha-sattva,* 17.4
Verehrung Kṛṣṇas unter allen Umständen, 4.11, 7.20
Verständnis von vertraulichem Wissen, 3.41, 7.20, 7.24, 9.2
Vollkommenheit der Religion, 9.2
Vorgang der Läuterung und des Fortschritts im Kṛṣṇa-Bewußtsein, 7.1, 9.1
Vorgänge des hingebungsvollen Dienstes, S. 30
Viṣṇu als *pati,* 3.10
Stotra-ratna, zitiert, 2.56, 7.24
Subala Upaniṣad, zitiert, 10.20
Śvetāśvatara Upaniṣad, zitiert in bezug auf:
Absolute Wahrheit ist eine Person, 7.7
Befreiung nur durch Kṛṣṇa, 4.9, 6.15, 7.14, 13.18
drei Arten von Brahman, 13.3
Größe der Seele, 2.17

Hingabe zu Kṛṣṇa nach vielen Geburten, 7.19
māyā von Kṛṣṇa abhängig, 7.14
neun Tore des Körpers, 5.13
Offenbarung des vedischen Wissens, 6.47, 11.54
spirituelle Sinne des Herrn, 13.15
transzendentale Stellung des Herrn, 3.22, 5.29, 8.22, 11.43, 13.18, 15.17
die Transzendenz jenseits von Brahmā, 7.7
Überseele, 13.13
Überseele als *prabhu,* 13.18
Wissen von Kṛṣṇa im Herzen offenbart, 13.18
zwei Vögel im Baum, 2.22

Taittirīya Upaniṣad, zitiert, 9.6, 13.5, 13.17, 14.27
Upadeśāmṛta, zitiert, 6.24
Varāha Purāṇa, zitiert, 2.23, 10.8, 12.6–7
Vedānta-sūtra, zitiert in bezug auf:
das Absolute als Ursprung von allem, 9.21, 18.46
Allgegenwart des Herrn, 15.14
Fragen über die Transzendenz, S. 6, 3.37
hingebungsvoller Dienst nach der Befreiung, 18.55
hingebungsvoller Dienst und Erleuchtung, 9.2
der Höchste frei von Haß, 16.20
Kṛṣṇa als Ziel aller *Veden,* 15.15
neutrale Stellung des Herrn, 4.14, 5.15, 9.9
Seele als Handelnde, 18.14
Tätigkeitsfeld, Lebewesen und Höchster Herr, 13.5
transzendentale Freude, S. 20, 6.20–23, 13.5

Viṣṇu Purāṇa, zitiert in bezug auf:
Kṛṣṇa als Freund der *brāhmaṇas* und der Kühe, 14.16
Kṛṣṇa als Schöpfer aller Lebewesen, 11.40
selbstleuchtende Natur Viṣṇus, 2.16
Viṣṇus Energien, S. 26
Ziel des *varṇāśrama,* 2.48, 3.9

Yoga-sūtra, zitiert, 2.61, 4.27, 6.20–23

Glossar

Ācārya – „jemand, der durch sein eigenes Beispiel lehrt"; ein spiritueller Meister.

Acintya-bhedābheda-tattva – Śrī Caitanyas Lehre des „unbegreiflichen gleichzeitigen Eins- und Verschiedenseins" Gottes und Seiner Energien.

Advaita – „nichtdualistisch"; die Eigenschaft Kṛṣṇas, daß zwischen Seinem Körper, Seinen Energien und Seinem Selbst kein Unterschied besteht.

Advaita-vāda – Monismus, Unpersönlichkeitslehre; bezeichnet den unpersönlichen Aspekt Gottes als höchsten Aspekt.

Agnihotra-yajña – zeremonielles Feueropfer in vedischen Ritualen.

Ahaṅkāra – das falsche Ego, durch das sich die Seele fälschlicherweise mit dem materiellen Körper identifiziert.

Ahiṁsā – Gewaltlosigkeit.

Akarma – „Nichthandeln"; Handlung, die keine materielle Reaktion verursacht.

Ānanda – spirituelle Glückseligkeit.

Aparā-prakṛti – die niedere, materielle Energie des Herrn.

Apauruṣeya – „nicht vom Menschen geschaffen" (d.h. von Gott offenbart).

Arcanā – Verehrung der *arcā-vigraha.*

Arcā-vigraha – auch *murtī;* die Bildgestalt Kṛṣṇas, die auf dem Altar verehrt wird.

Ārya – Nachfolger der vedischen Kultur; jemand, dessen Ziel spiritueller Fortschritt ist.

Asat – „nicht ewig", zeitweilig; Eigenschaft der Materie.

Āśrama – (1) Bezeichnung für die (vier) spirituellen Lebensstufen im vedischen Gesellschaftssystem: *brahmacarya, gṛhastha,* *vānaprastha* und *sannyāsa;* (2) Einsiedelei oder klosterähnliche Anlage, wo ein spiritueller Meister oder ein Heiliger wohnt.

Aṣṭāṅga-yoga – der mechanische „achtfache Pfad“ des mystischen *yoga,* bestehend aus *yama* und *niyama* (Gebote und Verbote in der Ausübung von *yoga*), *āsana* (Sitzstellungen), *prāṇāyāma* (Atembeherrschung), *pratyāhāra* (Zurückziehen der Sinne), *dhāraṇā* (Konzentration des Geistes), *dhyāna* (Meditation) und *samādhi* (Versenkung in Meditation über die Überseele).

Asura – Dämon; Feind der Halbgötter und Gottgeweihten; Atheist, der die Anweisungen der Schriften mißachtet.

Ātmā – (1) das Selbst, die individuelle spirituelle Seele; in anderen Zusammenhängen: (2) Geist, (3) Körper.

Ātmārāma – „jemand, der im Innern Freude findet“; Eigenschaft Kṛṣṇas und Seiner reinen Geweihten, deren Glückseligkeit nicht von materiellen Dingen abhängig ist.

Avatāra – „jemand, der herabsteigt“; eine Inkarnation Gottes, die in der materiellen Welt erscheint, um eine bestimmte Mission zu erfüllen.

Avidyā – Unwissenheit.

Bhagavān – (1) „derjenige, der alle Füllen besitzt“, die Höchste Persönlichkeit Gottes, Kṛṣṇa, der das Behältnis aller Schönheit, aller Kraft, allen Ruhms, allen Reichtums, allen Wissens und aller Entsagung ist; (2) Bezeichnung für eine mächtige Persönlichkeit oder einen mächtigen Halbgott.

Bhakta – ein Gottgeweihter.

Bhakti – Hingabe zur Höchsten Persönlichkeit Gottes.

Bhakti-yoga – der Vorgang des hingebungsvollen Dienstes.

Brahmā – das ersterschaffene Lebewesen im Universum; wird zu Beginn der Schöpfung auf der Lotosblüte geboren, die dem Nabel Garbhodaka-śāyī Viṣṇus entsprießt; erschafft auf Anordnung Viṣṇus alle Lebensformen im Universum; ist für die Erscheinungsweise der Leidenschaft zuständig.

Brahma-bhūta – die Stufe der Selbstverwirklichung jenseits aller materiellen Dualität.

Brahmacārī – Student im Zölibat, der die vedischen Schriften unter der Anleitung eines spirituellen Meisters studiert.

Brahmajyoti – die spirituelle Ausstrahlung, die vom transzendentalen Körper Śrī Kṛṣṇas ausgeht; der spirituelle Himmel, in dem die Vaikuṇṭha-Planeten schweben.

Brahman – (1) *Siehe:* Paraṁ Brahman; (2) die Absolute Wahrheit, die spirituelle Natur; (3) *Siehe: Brahmajyoti.* Der unpersönliche

Aspekt der Absoluten Wahrheit; die erste Stufe der Erkenntnis des Absoluten.

Brāhmaṇa – *Siehe: Varṇa.*

Brahma-saṁhitā – eine sehr alte Sanskritschrift mit den Gebeten Brahmās an Govinda; wurde von Śrī Caitanya in einem Tempel in Südindien wiederentdeckt.

Buddhi-yoga – ein anderer Ausdruck für *bhakti-yoga,* der darauf hinweist, daß dieser *yoga* den höchsten Gebrauch der Intelligenz (*buddhi*) bedeutet.

Caitanya-caritāmṛta – die Biographie Śrī Caitanya Mahāprabhus, verfaßt von Kṛṣṇadāsa Kavirāja im 16. Jahrhundert.

Caitanya Mahāprabhu – (1486–1534) Kṛṣṇa in der Rolle eines Gottgeweihten; erschien in Navadvīpa, Bengalen, um das gemeinsame Chanten des Hare-Kṛṣṇa-*mantra* als den Vorgang der Gotteserkenntnis im gegenwärtigen Zeitalter des Kali einzuführen.

Caṇḍāla – „Hundeesser"; Kastenloser.

Chanten – (vom Englischen „to chant") Singen oder meditatives Beten von *mantras,* besonders in bezug auf den Hare-Kṛṣṇa-*mantra.*

Deva – Halbgott; Mensch mit göttlichen Eigenschaften.

Dharma – (1) religiöse Prinzipien; (2) die ewige, wesensgemäße Pflicht und Eigenschaft des Lebewesens, der spirituellen Seele, die darin besteht, der Höchsten Persönlichkeit Gottes zu dienen.

Dhyāna – Meditation.

Durgā – die personifizierte materielle Energie; die Frau von Śiva.

Dvāparā-yuga – *Siehe: Yugas.*

Ekādaśī – der „elfte Tag" (nach Vollmond oder Neumond); Fastentag des Vaiṣṇava-Kalenders.

Gandharvas – himmlische Sänger und Musiker unter den Halbgöttern.

Gaṅgā – der heilige Fluß Ganges.

Garbhodaka-śāyī Viṣṇu – *Siehe: Puruṣa-avatāras.*

Garuḍa – der gefiederte Träger Śrī Viṣṇus.

Gauḍīya-Vaiṣṇava-sampradāya – Nachfolge der spirituellen Meister nach Caitanya Mahāprabhu.

Goloka – *Siehe: Vṛndāvana.*

Gosvāmī – „jemand, der seine Sinne beherrscht"; Bezeichnung für einen *sannyāsī.*

Gṛhastha – „Haushälter"; verheirateter Mann, der den vedischen Prinzipien des Familienlebens folgt.

Guṇa – Erscheinungsweise oder Eigenschaft der materiellen Natur (*siehe: sattva-, rajo-* und *tamo-guṇa).*

Guru – spiritueller Meister.

Guru-kula – Schul-*āśrama* des spirituellen Meisters.

Haṭha-yoga – System körperlicher und atemtechnischer Übungen, um die Sinne zu beherrschen.

Indra – der König der himmlischen Planeten.

Īśvara – „Herrscher"; (1) herrschende Gottheit in der materiellen Welt; (2) der höchste *īśvara* (*parameśvara*), die Höchste Persönlichkeit Gottes, Kṛṣṇa.

Jīva (jīvātmā) – die ewige individuelle Seele.

Jñāna und **vijñāna** – zwei Aspekte des transzendentalen Wissens: theoretisches Wissen und Unterscheidungsvermögen („Ich bin nicht der Körper, sondern ewige spirituelle Seele.") und die praktische Verwirklichung und Anwendung des transzendentalen Wissens („Ich bin ein ewiger Diener Gottes.")

Jñāna-yoga – der Pfad der spirituellen Verwirklichung durch Studium der Schriften und spekulative philosophische Suche nach der Wahrheit.

Jñānī – jemand auf dem Pfad des *jñāna-yoga.*

Kāla – Zeit.

Kālī – *Siehe:* Durgā.

Kali-yuga – das „Zeitalter des Streites und der Heuchelei", das vor 5 000 Jahren begann und insgesamt 432 000 Jahre dauert. *Siehe: Yugas.*

Kalpa – ein Tag in der Zeitrechnung Brahmās.

Karma – (1) materielle, fruchtbringende Handlungen gemäß den vedischen Regulierungen; (2) Handlung, die immer eine materielle Reaktion – ob gut oder schlecht – nach sich zieht und den Ausführenden an den Kreislauf von Geburt und Tod bindet. (3) Gesetz des *karma:* Gesetz von Aktion und Reaktion.

Karma-kāṇḍa – Pfad der fruchtbringenden Handlungen gemäß den vedischen Schriften, um auf die himmlischen Planeten zu gelangen.

Karma-yoga – der Pfad der Gotteserkenntnis, bei der man die Früchte seiner Arbeit Gott darbringt.

Kṛṣṇa – „der Allanziehende"; Name der Höchsten Persönlichkeit Gottes.

Kṛṣṇaloka – das höchste Reich Śrī Kṛṣṇas.

Kṣatriya – *Siehe: Varṇa.*

Kṣīrodaka-śāyī Viṣṇu – *Siehe: Puruṣa-avatāras.*

Kurus – die Dynastie der Nachkommen König Kurus, insbesondere die Söhne Dhṛtarāṣṭras.

Lakṣmī – die Glücksgöttin, die Gemahlin Nārāyaṇas in Vaikuṇṭha.

Līlā – „transzendentales Spiel" der Höchsten Persönlichkeit Gottes.
Loka – Planet.
Mahābhārata – („die Geschichte des Königreichs von Bhārata-varṣa [Indien]") mit über 110 000 Doppelversen das längste Epos der Weltliteratur; enthält die *Bhagavad-gītā.*
Mahā-mantra – der „große *mantra*": Hare Kṛṣṇa, Hare Kṛṣṇa, Kṛṣṇa Kṛṣṇa, Hare Hare / Hare Rāma, Hare Rāma, Rāma Rāma, Hare Hare.
Mahātmā – „große Seele"; ein Gottgeweihter auf dem Pfad des Kṛṣṇa-Bewußtseins.
Mahat-tattva – die Gesamtheit der materiellen Energie.
Mahā-viṣṇu – *Siehe: Puruṣa-avatāras.*
Mantra – (*mana* – Geist; *traya* – befreien) transzendentale Klangschwingung, um den Geist von materieller Unreinheit zu befreien.
Manu – ein Halbgott; der Vater der Menschheit.
Māyā – die illusionierende Energie des Herrn, die bewirkt, daß die Lebewesen Kṛṣṇa vergessen.
Māyāvādīs – atheistische Unpersönlichkeitsanhänger, die Gottes individuelle Existenz leugnen und versuchen, mit dem Höchsten eins zu werden.
Mukti – Befreiung vom materiellen Dasein.
Muni – ein Weiser.
Murtī – *Siehe: Arcā-vigraha.*
Nārada Muni – Inkarnation des reinen hingebungsvollen Dienstes zu Śrī Kṛṣṇa.
Nārāyaṇa – die vierarmige Form Kṛṣṇas, die auf den Vaikuṇṭha-Planeten residiert.
Nirguṇa – ohne materielle Eigenschaften.
Nirmama – („Nichts ist mein.") Lebenshaltung, die frei ist von Besitzanspruch.
Nirvāṇa – Beendigung der materiellen Existenz.
Nṛsiṁha(-deva) – die Halb-Mensch-halb-Löwen-Inkarnation Kṛṣṇas.
Oṁ (Oṁ-kāra) – die heilige Silbe, die die Absolute Wahrheit repräsentiert.
Pāṇḍavas – die fünf Söhne König Pāṇḍus: Yudhiṣṭhira, Bhīma, Arjuna, Nakula und Sahadeva.
Paramātmā – die Überseele.
Paraṁ Brahman – „das Höchste Brahman"; Bezeichnung für die Höchste Persönlichkeit Gottes, Śrī Kṛṣṇa.

Paramparā – Schülernachfolge, die Kette der spirituellen Meister.

Patañjali – Lehrer des *aṣṭāṅga-yoga*-Systems und Verfasser des *Yoga-sūtra.*

Prakṛti – (1) *parā-prakṛti:* die höhere, spirituelle Energie; (2) *aparā-prakṛti:* die niedere, materielle Energie.

Prasādam – („Barmherzigkeit") geheiligte Nahrung, die zu Kṛṣṇa geopfert wurde.

Prema – reine Liebe zu Gott; die höchste Stufe des hingebungsvollen Dienstes.

Purāṇas – die achtzehn Ergänzungsschriften zu den *Veden,* mit historischen Aufzeichnungen und philosophischen Erläuterungen.

Puruṣa – „Genießer"; (1) der Höchste Herr; (2) die individuelle Seele im Körper.

Puruṣa-avatāras – die drei Viṣṇu-Erweiterungen Śrī Kṛṣṇas, die für die Schöpfung der materiellen Welt zuständig sind: Kāraṇodaka-śāyī Viṣṇu (Mahā-viṣṇu), Garbhodaka-śāyī Viṣṇu und Kṣīrodaka-śāyī Viṣṇu (die Überseele).

Rajo-guṇa – die Erscheinungsweise der Leidenschaft.

Rāma – (1) Name Śrī Kṛṣṇas mit der Bedeutung „die Quelle aller Freude"; (2) Śrī Rāmacandra, Kṛṣṇas Inkarnation als vollkommener König.

Rasa – („Wohlgeschmack, liebevolle Haltung") Beziehung zwischen der reinen individuellen Seele und dem Höchsten Herrn. Es gibt fünf grundlegende *rasas: śānta-rasa* (neutrale Beziehung), *dāsya-rasa* (Beziehung als Diener), *sakhya-rasa* (freundschaftliche Beziehung), *vātsalya-rasa* (elterliche Beziehung) und *mādhurya-rasa* (eheliche Beziehung).

Ṛṣi – Weiser.

Rūpa Gosvāmī – der führende der sechs Gosvāmīs von Vṛndāvana, die vertraute Nachfolger Śrī Caitanya Mahāprabhus waren.

Sac-cid-ānanda – ewig, glückselig und voller Wissen; Eigenschaft Kṛṣṇas und Seiner spirituellen Energie.

Sādhu – ein Heiliger, ein Gottgeweihter.

Samādhi – Trance; vollständige Versenkung in Meditation.

Saṁsara – der Kreislauf der Geburten und Tode.

Sanātana-dhāma – das „ewige Reich", die spirituelle Welt.

Sanātana-dharma – („ewige Religion") die ewige wesensgemäße Pflicht der individuellen Seele gegenüber dem Höchsten Herrn, nämlich Ihm zu dienen.

Śaṅkarācārya – Begründer der nichtdualistischen *advaita*-Doktrin (Māyāvāda-Philosophie), im 8. Jahrhundert.

Sāṅkhya – (1) das analytische Unterscheiden zwischen spiritueller und materieller Natur; (2) der Pfad des hingebungsvollen Dienstes nach Śrī Kapila, dem Sohn Devahutīs.
Saṅkīrtana – das gemeinsame Chanten der Heiligen Namen Gottes.
Sannyāsa – die Lebensstufe der Entsagung.
Sannyāsī – ein Mann in der Lebensstufe der Entsagung.
Śāstra – offenbarte Schrift.
Sattva-guṇa – die Erscheinungsweise der Tugend.
Satya-yuga – *Siehe: Yugas.*
Śiva – der Halbgott, der für die Erscheinungsweise der Unwissenheit und die Zerstörung des Universums zuständig ist.
Smṛti – Ergänzungsschriften zu den *Veden,* wie die *Purāṇas* und das *Mahābhārata.*
Śrīmad-Bhāgavatam – (auch *Bhāgavata Purāṇa*) das wichtigste *Purāṇa,* der 18 000 Verse umfassende Kommentar Vyāsadevas zu seinem eigenen *Vedānta-sūtra.*
Śruti – die vier *Veden* und die *Upaniṣaden.*
Śūdra – *Siehe: Varṇa.*
Svarūpa – die ursprüngliche spirituelle Form oder die wesenseigene Stellung der Seele.
Śyāmasundara – (*śyāma* – blauschwarz; *sundara* – sehr schön) „von blauschwarzer Körpertönung und großer Schönheit“; Name der ursprünglichen Form Kṛṣṇas in Vṛndāvana.
Tamo-guṇa – die Erscheinungsweise der Unwissenheit.
Tapasya – das freiwillige Aufsichnehmen von Entsagung, um ein höheres Ziel zu erreichen.
Tretā-yuga – *Siehe: Yugas.*
Tulasī – heilige Pflanze, deren Blätter in der Verehrung Kṛṣṇas verwendet werden.
Tyāga – „Entsagung“; das Aufgeben materieller Tätigkeiten und der Anhaftung an die Früchte der Handlungen.
Upaniṣaden – 108 philosophische Abhandlungen, die in den *Veden* enthalten sind.
Vaikuṇṭha – (*vai* – ohne; *kuṇṭha* – Angst) die ewigen Planeten der spirituellen Welt.
Vaiṣṇava – ein Geweihter des Höchsten Herrn.
Vaiśya – *Siehe: Varṇa.*
Vānaprastha – das Leben in Zurückgezogenheit nach dem Leben als Haushälter.
Varṇa – Unterteilung der vedischen Gesellschaft entsprechend den Tätigkeiten und Eigenschaften der Menschen: *brāhmaṇas*

(Priester und Lehrer, die der Gesellschaft spirituelle Führung geben), *kṣatriyas* (unter den *brāhmaṇas* tätige Verwalter und Beschützer der Gesellschaft), *vaiśya* (die gewerbetreibende und landwirtschaftliche Klasse) und *śūdras* (die Klasse der Arbeiter und Handwerker).

Varṇāśrama-dharma – das vedische Gesellschaftssystem der vier *varṇas* und vier *āśramas*.

Vasudeva – der Vater Kṛṣṇas.

Vāsudeva – Kṛṣṇa, der Sohn Vasudevas.

Vedānta-sūtra – philosophische Abhandlung von Vyāsadeva, die aus kurzen Aphorismen besteht, die die essentielle Bedeutung der *Upaniṣaden* wiedergeben.

Veden – die vier ursprünglichen vedischen Schriften (*Ṛg, Sāma, Atharva* und *Yajur*).

Vidyā – Wissen.

Vijñāna – *Siehe: Jñāna und vijñāna.*

Vikarma – Handlungen entgegen den Anweisungen der Schriften; sündhaftes, erniedrigendes Handeln.

Virāṭ-rūpa (viśva-rūpa) – die universale Form des Höchsten Herrn.

Viṣṇu – der „Alldurchdringende"; vierarmige Erweiterung der Höchsten Persönlichkeit Gottes.

Viṣṇu-tattva – die Kategorie der Persönlichkeit Gottes und ihrer direkten Erweiterungen (im Gegensatz zum *jīva-tattva).*

Vṛndāvana – (1) das Reich Śrī Kṛṣṇas in der spirituellen Welt, auch Goloka Vṛndāvana oder Kṛṣṇaloka genannt; (2) Gokula Vṛndāvana: die Stadt Vṛndāvana im Staate Uttar Pradesh, Indien, wo Kṛṣṇa vor 5000 Jahren erschien.

Vyāsa(deva) – die literarische Inkarnation Gottes; legte das bis vor 5000 Jahren mündlich überlieferte vedische Wissen in Form der vier *Veden* schriftlich nieder und verfaßte die *Purāṇas,* das *Mahābhārata* und das *Vedānta-sūtra.*

Yajña – Opfer.

Yamarāja – der Halbgott des Todes.

Yoga – „Verbindung"; Vorgang, sich mit dem Höchsten zu verbinden.

Yoga-māyā – die innere, spirituelle Energie des Herrn.

Yuga – „Zeitalter"; die vier *yugas,* die sich ständig wiederholen: Satya-yuga, Tretā-yuga, Dvāpara-yuga und Kali-yuga. Angefangen vom Satya-yuga, nehmen Religion und die guten Eigenschaften allmählich ab.

Anleitung zur Aussprache des Sanskrits

Vokale

अ a   आ ā   इ i   ई ī   उ u   ऊ ū   ऋ ṛ

ॠ ṝ   ऌ ḷ   ए e   ऐ ai   ओ o   औ au

Konsonanten

Gutturale:	**क ka**	**ख kha**	**ग ga**	**घ gha**	**ङ ṅa**
Palatale:	**च ca**	**छ cha**	**ज ja**	**झ jha**	**ञ ña**
Retroflexe:	**ट ṭa**	**ठ ṭha**	**ड ḍa**	**ढ ḍha**	**ण ṇa**
Dentale:	**त ta**	**थ tha**	**द da**	**ध dha**	**न na**
Labiale:	**प pa**	**फ pha**	**ब ba**	**भ bha**	**म ma**
Halbvokale:	**य ya**	**र ra**	**ल la**	**व va**	
Zischlaute:	**श śa**	**ष ṣa**	**स sa**		
Hauchlaute:	**ह ha**	Anusvāra: **ं ṁ**	Visarga: **ः ḥ**		

Zahlen

० – 0   १ – 1   २ – 2   ३ – 3   ४ – 4   ५ – 5   ६ – 6   ७ – 7   ८ – 8   ९ – 9

Nach einem Konsonanten werden die Vokale wie folgt geschrieben:

ा ā   ि i   ी ī   ु u   ू ū   ृ ṛ   ॄ ṝ   े e   ै ai   ो o   ौ au

Zum Beispiel: **क ka   का kā   कि ki   की kī   कु ku   कू kū**

कृ kṛ   कॄ kṝ   कॢ kḷ   के ke   कै kai   को ko   कौ kau

Zwei oder mehr Konsonanten in Folge werden im Allgemeinen als sogenannte Ligaturen geschrieben, zum Beispiel: क्ष **kṣa** त्र **tra**

Der Vokal **a** ist automatisch in einem Konsonanten ohne Vokalzeichen mit eingeschlossen.

Das Zeichen Virāma (्) deutet das Fehlen eines abschließenden Vokals an: क्

Die Vokale werden wie folgt ausgesprochen:

a — wie das **a** in h**a**t
ā — wie das **a** in h**a**ben (doppelt so lang wie das kurze **a**)
ai — wie das **ei** in w**ei**se
au — wie das **au** in H**au**s
e — wie das **ay** in engl. w**ay**
i — wie das **i** in r**i**tten
ī — wie das **i** in B**i**bel (doppelt so lang wie das kurze **i**)
ḷ — wie **l** gefolgt von **ri**
o — wie das **o** in engl. g**o**
ṛ — wie das **ri** in **ri**nnen
ṝ — wie das **ri** in **rie**seln
u — wie das **u** in B**u**tter
ū — wie das **u** in H**u**t (doppelt so lang wie das kurze **u**)

Die Konsonanten werden wie folgt ausgesprochen:

Gutturale
(Kehllaute)
k — wie in **k**ann
kh — wie in Ec**kh**art
g — wie in **g**eben
gh — wie in we**gh**olen
ṅ — wie in si**ng**en

Palatale
(die Zungenmitte wird gegen den Gaumen gepresst)
c — wie in **Tsch**eche
ch — wie im engl. Wort staun**ch-h**eart
j — wie in **Dsch**ungel
jh — wie im engl. Wort he**dgeh**og
ñ — wie in Ca**ny**on

Retroflexe
(die Zungenspitze wird gegen die vordere Region des harten Gaumens gepresst; die Wortbeispiele sind nur Annäherungen)
ṭ — wie in **t**önen
ṭh — wie in Sanf**th**eit
ḍ — wie in **d**ann
ḍh — wie in Sü**dh**älfte
ṇ — wie in **n**ähren

Dentale
(die Zungenspitze wird gegen die Zähne gepresst)
t — wie in **t**ief
th — wie in Sanf**th**eit
d — wie in **d**enken
dh — wie in Sü**dh**älfte
n — wie in **n**iedlich

Labiale
(Lippenlaute)
p — wie in **p**ressen
ph — wie im engl. Wort u**ph**ill
b — wie in **B**utter
bh — wie in Gro**bh**eit
m — wie in **M**ilch

Halbvokale
y — wie in **Y**oga
r — wie in **r**eden (Zungen-r)
l — wie in **l**ieben
v — wie in **V**ase

Zischlaute
ś — wie in **s**prechen
ṣ — wie in **sch**ön
s — wie in fa**s**ten

Hauchlaute
h — wie in **h**elfen

Visarga
ḥ — ein abschließender h-Laut: **aḥ** wird ausgesprochen wie **aha**, **iḥ** wie **ihi**

Anusvāra
ṁ — ein Nasallaut wie im franz. Wort bo**n**

Im Sanskrit gibt es weder starke Betonungen der Silben noch Pausen zwischen Wörtern in einer Zeile, sondern ein Fließen kurzer und langer Silben. Eine lange Silbe ist eine Silbe mit einem langen Vokal (**ā**, **ī**, **ū**, **e**, **ai**, **o**, **au**) oder eine Silbe mit einem kurzen Vokal, dem mehr als ein Konsonant folgt (auch *anusvāra* und *visarga*). Konsonanten mit nachfolgendem Hauchlaut (wie **kha** und **gha**) gelten als kurze Konsonanten.

Verzeichnis der Sanskritverse

Dieses Verzeichnis enthält eine vollständige Liste mit der ersten und dritten Zeile jedes vierzeiligen Sanskritverses der *Bhagavad-gītā* und beiden Zeilen jedes zweizeiligen Verses mit einem Hinweis auf die Kapitel- und Versnummer.

abhayaṁ sattva-saṁśuddhir 16.1
abhisandhāya tu phalaṁ 17.12
abhito brahma-nirvāṇaṁ 5.26
abhyāsād ramate yatra 18.36
abhyāsa-yoga-yuktena 8.8
abhyāsa-yogena tato 12.9
abhyāsena tu kaunteya 6.35
abhyāse 'py asamartho 'si 12.10
abhyutthānam adharmasya 4.7
ā-brahma-bhuvanāl lokāḥ 8.16
ācaraty ātmanaḥ śreyas 16.22
ācāryāḥ pitaraḥ putrās 1.33
ācāryam upasaṅgamya 1.2
ācāryān mātulān bhrātṝn 1.26
ācāryopāsanaṁ śaucaṁ 13.8
acchedyo 'yam adāhyo 'yam 2.24
adeśa-kāle yad dānam 17.22
adharmābhibhavāt kṛṣṇa 1.40
adharmaṁ dharmam iti yā 18.32
adhaś ca mūlāny anusantatāni 15.2
adhaś cordhvaṁ prasṛtās 15.2
adhibhūtaṁ ca kiṁ proktam 8.1
adhibhūtaṁ kṣaro bhāvaḥ 8.4
adhiṣṭhānaṁ tathā kartā 18.14
adhiṣṭhāya manaś cāyaṁ 15.9
adhiyajñaḥ kathaṁ ko 'tra 8.2
adhiyajño 'ham evātra 8.4
adhyātma-jñāna-nityatvaṁ 13.12
adhyātma-vidyā vidyānāṁ 10.32
adhyeṣyate ca ya imaṁ 18.70
āḍhyo 'bhijanavān asmi 16.15
ādityānām ahaṁ viṣṇur 10.21
adṛṣṭa-pūrvaṁ hṛṣito 'smi 11.45
adveṣṭā sarva-bhūtānāṁ 12.13
ādy-antavantaḥ kaunteya 5.22
āgamāpāyino 'nityās 2.14
aghāyur indriyārāmo 3.16
agnir jyotir ahaḥ śuklaḥ 8.24
aham ādir hi devānāṁ 10.2
aham ādiś ca madhyaṁ ca 10.20
aham ātmā guḍākeśa 10.20
aham evākṣayaḥ kālo 10.33
ahaṁ hi sarva-yajñānāṁ 9.24
ahaṁ kratur ahaṁ yajñaḥ 9.16
ahaṁ kṛtsnasya jagataḥ 7.6
ahaṁ sarvasya prabhavo 10.8
ahaṁ tvāṁ sarva-pāpebhyo 18.66
ahaṁ vaiśvānaro bhūtvā 15.14
ahaṅkāra itīyaṁ me 7.4
ahaṅkāraṁ balaṁ darpaṁ 16.18
ahaṅkāraṁ balaṁ darpaṁ 18.53
ahaṅkāra-vimūḍhātmā 3.27
āhārā rājasasyeṣṭā 17.9
āhāras tv api sarvasya 17.7
ahiṁsā samatā tuṣṭis 10.5
ahiṁsā satyam akrodhas 16.2
aho bata mahat pāpaṁ 1.44
āhus tvām ṛṣayaḥ sarve 10.13
airāvataṁ gajendrāṇāṁ 10.27
ajānatā mahimānaṁ tavedaṁ 11.41
ajñānaṁ cābhijātasya 16.4
ajñānenāvṛtaṁ jñānaṁ 5.15
ajñaś cāśraddadhānaś ca 4.40
ajo nityaḥ śāśvato 'yaṁ purāṇo 2.20
ajo 'pi sann avyayātmā 4.6
akarmaṇaś ca boddhavyaṁ 4.17
ākhyāhi me ko bhavān ugra- 11.31
akīrtiṁ cāpi bhūtāni 2.34
akṣaraṁ brahma paramaṁ 8.3
akṣarāṇām a-kāro 'smi 10.33
amānitvam adambhitvam 13.8
amī ca tvāṁ dhṛtarāṣṭrasya 11.26
amī hi tvāṁ sura-saṅghā 11.21
amṛtaṁ caiva mṛtyuś ca 9.19
anādi-madhyāntam ananta- 11.19
anādi mat-paraṁ brahma 13.13
anāditvān nirguṇatvāt 13.32
ananta deveśa jagan-nivāsa 11.37
anantaś cāsmi nāgānāṁ 10.29
anantavijayaṁ rājā 1.16
ananta-vīryāmita-vikramas 11.40
ananya-cetāḥ satataṁ 8.14
ananyāś cintayanto māṁ 9.22
ananyenaiva yogena 12.6
anapekṣaḥ śucir dakṣa 12.16
anārya-juṣṭam asvargyam 2.2
anāśino 'prameyasya 2.18
anāśritaḥ karma-phalaṁ 6.1
anātmanas tu śatrutve 6.6
aneka-bāhūdara-vaktra 11.16
aneka-citta-vibhrāntā 16.16
aneka-divyābharaṇaṁ 11.10
aneka-janma-saṁsiddhas 6.45
aneka-vaktra-nayanam 11.10
anena prasaviṣyadhvam 3.10
anicchann api vārṣṇeya 3.36
aniketaḥ sthira-matir 12.19
aniṣṭam iṣṭaṁ miśraṁ ca 18.12
anityam asukhaṁ lokam 9.33
annād bhavanti bhūtāni 3.14
anta-kāle ca mām eva 8.5
antavanta ime dehā 2.18
antavat tu phalaṁ teṣāṁ 7.23
anubandhaṁ kṣayaṁ 18.25
anudvega-karaṁ vākyaṁ 17.15
anye ca bahavaḥ śūrā 1.9
anye sāṅkhyena yogena 13.25
anye tv evam ajānantaḥ 13.26
apāne juhvati prāṇaṁ 4.29
aparaṁ bhavato janma 4.4
aparaspara-sambhūtaṁ 16.8
apare niyatāhārāḥ 4.29
apareyam itas tv anyāṁ 7.5
aparyāptaṁ tad asmākaṁ 1.10
apaśyad deva-devasya 11.13
aphalākāṅkṣibhir yajño 17.11
aphalākāṅkṣibhir yuktaiḥ 17.17
aphala-prepsunā karma 18.23
api ced asi pāpebhyaḥ 4.36
api cet su-durācāro 9.30

api trailokya-rājyasya 1.35
aprakāśo 'pravṛttiś ca 14.13
aprāpya māṁ nivartante 9.3
aprāpya yoga-saṁsiddhiṁ 6.37
apratiṣṭho mahā-bāho 6.38
āpūryamāṇam acala- 2.70
ārto jijñāsur arthārthī 7.16
ārurukṣor muner yogaṁ 6.3
asad ity ucyate pārtha 17.28
asakta-buddhiḥ sarvatra 18.49
asaktaṁ sarva-bhṛc caiva 13.15
asaktir anabhiṣvaṅgaḥ 13.10
asakto hy ācaran karma 3.19
asammūḍhaḥ sa martyeṣu 10.3
asaṁśayaṁ mahā-bāho 6.35
asaṁśayaṁ samagraṁ māṁ 7.1
asaṁyatātmanā yogo 6.36
āśā-pāśa-śatair baddhāḥ 16.12
aśāstra-vihitaṁ ghoraṁ 17.5
asat-kṛtam avajñātaṁ 17.22
asatyam apratiṣṭhaṁ te 16.8
asau mayā hataḥ śatrur 16.14
āścarya-vac cainam anyaḥ 2.29
āścarya-vat paśyati kaścid 2.29
asito devalo vyāsaḥ 10.13
asmākaṁ tu viśiṣṭā ye 1.7
aśocyān anvaśocas tvaṁ 2.11
aśraddadhānāḥ puruṣā 9.3
aśraddhayā hutaṁ dattaṁ 17.28
āsthitaḥ sa hi yuktātmā 7.18
āsurīṁ yonim āpannā 16.20
āśvāsayām āsa ca bhītam enaṁ 11.50
aśvatthaḥ sarva-vṛkṣāṇāṁ 10.26
aśvatthāmā vikarṇaś ca 1.8
aśvattham enaṁ su-virūḍha- 15.3
atattvārtha-vad alpaṁ ca 18.22
atha cainaṁ nitya-jātaṁ 2.26
atha cet tvam ahaṅkārān 18.58
atha cet tvam imaṁ 2.33
atha cittaṁ samādhātuṁ 12.9
athaitad apy aśakto 'si 12.11
atha kena prayukto 'yaṁ 3.36
atha vā bahunaitena 10.42
atha vā yoginām eva 6.42
atha vyavasthitān dṛṣṭvā 1.20
ātmaiva hy ātmano bandhur 6.5
ātmany eva ca santuṣṭas 3.17
ātmany evātmanā tuṣṭaḥ 2.55
ātma-sambhāvitāḥ stabdhā 16.17
ātma-saṁsthaṁ manaḥ kṛtvā 6.25
ātma-saṁyama-yogāgnau 4.27
ātmaupamyena sarvatra 6.32
ātmavantaṁ na karmāṇi 4.41
ātma-vaśyair vidheyātmā 2.64
ato 'smi loke vede ca 15.18
atra śūrā maheṣv-āsā 1.4
atyeti tat sarvam idaṁ viditvā 8.28
avācya-vādāṁś ca bahūn 2.36
avajānanti māṁ mūḍhā 9.11
avāpya bhūmāv asapatnam 2.8
avibhaktaṁ ca bhūteṣu 13.17
avibhaktaṁ vibhakteṣu 18.20
avināśi tu tad viddhi 2.17
āvṛtaṁ jñānam etena 3.39
avyaktādīni bhūtāni 2.28
avyaktād vyaktayaḥ sarvāḥ 8.18
avyaktā hi gatir duḥkhaṁ 12.5
avyaktaṁ vyaktim āpannaṁ 7.24
avyakta-nidhanāny eva 2.28
avyakto 'kṣara ity uktas 8.21
avyakto 'yam acintyo 'yam 2.25
ayaneṣu ca sarveṣu 1.11
ayathāvat prajānāti 18.31
ayatiḥ śraddhayopeto 6.37
āyudhānām ahaṁ vajraṁ 10.28
āyuḥ-sattva-balārogya- 17.8
ayuktaḥ kāma-kāreṇa 5.12
ayuktaḥ prākṛtaḥ stabdhaḥ 18.28

bahavo jñāna-tapasā 4.10
bahir antaś ca bhūtānām 13.16
bahūdaraṁ bahu-daṁṣṭrā- 11.23
bahūnāṁ janmanām ante 7.19
bahūni me vyatītāni 4.5
bahūny adṛṣṭa-pūrvāṇi 11.6
bahu-śākhā hy anantāś ca 2.41
bāhya-sparśeṣv asaktātmā 5.21
balaṁ balavatāṁ cāhaṁ 7.11
bandhaṁ mokṣaṁ ca yā 18.30
bandhur ātmātmanas tasya 6.6
bhajanty ananya-manaso 9.13
bhaktiṁ mayi parāṁ kṛtvā 18.68
bhakto 'si me sakhā ceti 4.3
bhaktyā mām abhijānāti 18.55
bhaktyā tv ananyayā śakya 11.54
bhavāmi na cirāt pārtha 12.7
bhavān bhīṣmaś ca karṇaś ca 1.8
bhavanti bhāvā bhūtānāṁ 10.5
bhavanti sampadaṁ daivīm 16.3
bhavāpyayau hi bhūtānāṁ 11.2
bhāva-saṁśuddhir ity etat 17.16
bhavaty atyāgināṁ pretya 18.12
bhaviṣyāṇi ca bhūtāni 7.26
bhavitā na ca me tasmād 18.69
bhayād raṇād uparataṁ 2.35
bhīṣma-droṇa-pramukhataḥ 1.25
bhīṣmam evābhirakṣantu 1.11
bhīṣmo droṇaḥ sūta-putras 11.26
bhogaiśvarya-prasaktānāṁ 2.44
bhoktāraṁ yajña-tapasāṁ 5.29
bhrāmayan sarva-bhūtāni 18.61
bhruvor madhye prāṇam 8.10
bhūmir āpo 'nalo vāyuḥ 7.4
bhuñjate te tv aghaṁ pāpā 3.13
bhūta-bhartṛ ca taj jñeyaṁ 13.17
bhūta-bhāvana bhūteśa 10.15
bhūta-bhāvodbhava-karo 8.3
bhūta-bhṛn na ca bhūta-stho 9.5
bhūta-grāmaḥ sa evāyaṁ 8.19
bhūta-grāmam imaṁ kṛtsnam 9.8
bhūtāni yānti bhūtejyā 9.25
bhūta-prakṛti-mokṣaṁ ca 13.35
bhūya eva mahā-bāho 10.1
bhūyaḥ kathaya tṛptir hi 10.18
bījaṁ māṁ sarva-bhūtānāṁ 7.10
brahma-bhūtaḥ prasannātmā 18.54
brahmacaryam ahiṁsā ca 17.14
brahmāgnāv apare yajñaṁ 4.25
brahmaiva tena gantavyaṁ 4.24
brāhmaṇa-kṣatriya-viśāṁ 18.41
brahmāṇam īśaṁ 11.15
brāhmaṇās tena vedāś ca 17.23
brahmaṇo hi pratiṣṭhāham 14.27
brahmaṇy ādhāya karmāṇi 5.10
brahmārpaṇaṁ brahma havir 4.24
brahma-sūtra-padaiś caiva 13.5
bṛhat-sāma tathā sāmnāṁ 10.35
buddhau śaraṇam anviccha 2.49
buddher bhedaṁ dhṛteś caiva 18.29
buddhir buddhimatām asmi 7.10
buddhir jñānam asammohaḥ 10.4
buddhi-yogam upāśritya 18.57
buddhi-yukto jahātīha 2.50
buddhyā viśuddhayā yukto 18.51
buddhyā yukto yayā pārtha 2.39

cañcalaṁ hi manaḥ kṛṣṇa 6.34
cātur-varṇyaṁ mayā sṛṣṭaṁ 4.13
catur-vidhā bhajante māṁ 7.16
cetasā sarva-karmāṇi 18.57
chandāṁsi yasya parṇāni 15.1
chinna-dvaidhā yatātmānaḥ 5.25
chittvainaṁ saṁśayaṁ yogam 4.42
cintām aparimeyāṁ ca 16.11

dadāmi buddhi-yogaṁ taṁ 10.10
daivam evāpare yajñaṁ 4.25
daivī hy eṣā guṇa-mayī 7.14
daivī sampad vimokṣāya 16.5
daivo vistaraśaḥ prokta 16.6
dambhāhaṅkāra-saṁyuktāḥ 17.5
dambho darpo 'bhimānaś ca 16.4
daṁṣṭrā-karālāni ca te 11.25
dāna-kriyāś ca vividhāḥ 17.25
dānaṁ damaś ca yajñaś ca 16.1
dānam īśvara-bhāvaś ca 18.43
daṇḍo damayatām asmi 10.38
darśayām āsa pārthāya 11.9
dātavyam iti yad dānaṁ 17.20
dayā bhūteṣv aloluptvaṁ 16.2
dehī nityam avadhyo 'yaṁ 2.30
dehino 'smin yathā dehe 2.13
deśe kāle ca pātre ca 17.20
devā apy asya rūpasya 11.52
deva-dvija-guru-prājña- 17.14
devān bhāvayatānena 3.11
devān deva-yajo yānti 7.23
dharma-kṣetre kuru-kṣetre 1.1
dharma-saṁsthāpanārthāya 4.8
dharmāviruddho bhūteṣu 7.11
dharme naṣṭe kulaṁ kṛtsnam 1.39
dharmyād dhi yuddhāc chreyo 2.31
dhārtarāṣṭrā raṇe hanyus 1.45
dhārtarāṣṭrasya durbuddher 1.23
dhṛṣṭadyumno virāṭaś ca 1.17
dhṛṣṭaketuś cekitānaḥ 1.5
dhṛtyā yayā dhārayate 18.33
dhūmenāvriyate vahnir 3.38
dhūmo rātris tathā kṛṣṇaḥ 8.25
dhyānāt karma-phala-tyāgas 12.12
dhyāna-yoga-paro nityaṁ 18.52
dhyānenātmani paśyanti 13.25
dhyāyato viṣayān puṁsaḥ 2.62
diśo na jāne na labhe ca 11.25
divi sūrya-sahasrasya 11.12
divya-mālyāmbara-dharaṁ 11.11
divyaṁ dadāmi te cakṣuḥ 11.8
dīyate ca parikliṣṭaṁ 17.21
doṣair etaiḥ kula-ghnānāṁ 1.42
draṣṭum icchāmi te rūpam 11.3
dravya-yajñās tapo-yajñā 4.28

droṇaṁ ca bhīṣmaṁ ca 11.34
dṛṣṭvādbhutaṁ rūpam 11.20
dṛṣṭvā hi tvāṁ 11.24
dṛṣṭvā tu pāṇḍavānīkaṁ 1.2
dṛṣṭvedaṁ mānuṣaṁ rūpaṁ 11.51
dṛṣṭvemaṁ sva-janaṁ kṛṣṇa 1.28
drupado draupadeyāś ca 1.18
duḥkham ity eva yat karma 18.8
duḥkheṣv anudvigna-manāḥ 2.56
dūreṇa hy avaraṁ karma 2.49
dvandvair vimuktāḥ 15.5
dvau bhūta-sargau loke 'smin 16.6
dvāv imau puruṣau loke 15.16
dyāv ā-pṛthivyor idam 11.20
dyūtaṁ chalayatām asmi 10.36

ekākī yata-cittātmā 6.10
ekam apy āsthitaḥ samyag 5.4
ekaṁ sāṅkhyaṁ ca yogaṁ ca 5.5
ekatvena pṛthaktvena 9.15
ekayā yāty anāvṛttim 8.26
eko 'tha vāpy acyuta 11.42
eṣā brāhmī sthitiḥ pārtha 2.72
eṣā te 'bhihitā sāṅkhye 2.39
eṣa tūddeśataḥ prokto 10.40
etac chrutvā vacanaṁ 11.35
etad buddhvā buddhimān 15.20
etad dhi durlabha-taraṁ 6.42
etad veditum icchāmi 13.1
etad-yonīni bhūtāni 7.6
etad yo vetti taṁ prāhuḥ 13.2
etair vimohayaty eṣa 3.40
etair vimuktaḥ kaunteya 16.22
etaj jñānam iti proktam 13.12
etāṁ dṛṣṭim avaṣṭabhya 16.9
etāṁ vibhūtiṁ yogaṁ ca 10.7
etan me saṁśayaṁ kṛṣṇa 6.39
etān na hantum icchāmi 1.34
etāny api tu karmāṇi 18.6
etasyāhaṁ na paśyāmi 6.33
etat kṣetraṁ samāsena 13.7
evaṁ bahu-vidhā yajñā 4.32
evaṁ buddheḥ paraṁ 3.43
evam etad yathāttha tvam 11.3
evaṁ jñātvā kṛtaṁ karma 4.15
evaṁ paramparā-prāptam 4.2
evaṁ pravartitaṁ cakraṁ 3.16
evaṁ-rūpaḥ śakya ahaṁ 11.48
evaṁ satata-yuktā ye 12.1
evaṁ trayī-dharmam 9.21
evam ukto hṛṣīkeśo 1.24
evam uktvā hṛṣīkeśaṁ 2.9
evam uktvārjunaḥ saṅkhye 1.46
evam uktvā tato rājan 11.9

gacchanty apunar-āvṛttiṁ 5.17
gām āviśya ca bhūtāni 15.13
gandharvāṇāṁ citrarathaḥ 10.26
gandharva-yakṣāsura- 11.22
gāṇḍīvaṁ sraṁsate hastāt 1.29
gata-saṅgasya muktasya 4.23
gatāsūn agatāsūṁś ca 2.11
gatir bhartā prabhuḥ sākṣī 9.18
gṛhītvaitāni saṁyāti 15.8
guṇā guṇeṣu vartanta 3.28
guṇān etān atītya trīn 14.20
guṇā vartanta ity evaṁ 14.23
guṇebhyaś ca paraṁ vetti 14.19
gurūn ahatvā hi 2.5

hanta te kathayiṣyāmi 10.19
harṣāmarṣa-bhayodvegair 12.15
harṣa-śokānvitaḥ kartā 18.27
hato vā prāpsyasi svargaṁ 2.37
hatvāpi sa imāl̐ lokān 18.17
hatvārtha-kāmāṁs tu gurūn 2.5
hetunānena kaunteya 9.10
hṛṣīkeśaṁ tadā vākyam 1.20

icchā dveṣaḥ sukhaṁ 13.7
icchā-dveṣa-samutthena 7.27
idam adya mayā labdham 16.13
idam astīdam api me 16.13
idaṁ jñānam upāśritya 14.2
idaṁ śarīraṁ kaunteya 13.2
idaṁ te nātapaskāya 18.67
idaṁ tu te guhya-tamaṁ 9.1
idānīm asmi saṁvṛttaḥ 11.51
ihaika-sthaṁ jagat kṛtsnaṁ 11.7
ihaiva tair jitaḥ sargo 5.19
īhante kāma-bhogārtham 16.12
ijyate bharata-śreṣṭha 17.12
īkṣate yoga-yuktātmā 6.29
imaṁ vivasvate yogaṁ 4.1
indriyāṇāṁ hi caratāṁ 2.67
indriyāṇāṁ manaś cāsmi 10.22
indriyāṇi daśaikaṁ ca 13.6
indriyāṇi mano buddhir 3.40
indriyāṇi parāṇy āhur 3.42
indriyāṇīndriyārthebhyas 2.58
indriyāṇīndriyārthebhyas 2.68
indriyāṇīndriyārtheṣu 5.9
indriyāṇi pramāthīni 2.60
indriyārthān vimūḍhātmā 3.6
indriyārtheṣu vairāgyam 13.9
indriyasyendriyasyārthe 3.34
iṣṭān bhogān hi vo devā 3.12
iṣṭo 'si me dṛḍham iti 18.64
iṣubhiḥ pratiyotsyāmi 2.4
īśvaraḥ sarva-bhūtānāṁ 18.61
īśvaro 'ham ahaṁ bhogī 16.14
iti guhya-tamaṁ śāstram 15.20
iti kṣetraṁ tathā jñānaṁ 13.19
iti māṁ yo 'bhijānāti 4.14
iti matvā bhajante māṁ 10.8
iti te jñānam ākhyātaṁ 18.63
ity ahaṁ vāsudevasya 18.74
ity arjunaṁ vāsudevas 11.50

jaghanya-guṇa-vṛtti-sthā 14.18
jahi śatruṁ mahā-bāho 3.43
janma-bandha-vinirmuktāḥ 2.51
janma karma ca me divyam 4.9
janma-mṛtyu-jarā-duḥkhair 14.20
janma-mṛtyu-jarā-vyādhi- 13.9
jarā-maraṇa-mokṣāya 7.29
jātasya hi dhruvo mṛtyur 2.27
jayo 'smi vyavasāyo 'smi 10.36
jhaṣāṇāṁ makaraś cāsmi 10.31
jijñāsur api yogasya 6.44
jitātmanaḥ praśāntasya 6.7
jīva-bhūtāṁ mahā-bāho 7.5
jīvanaṁ sarva-bhūteṣu 7.9
jñānāgni-dagdha- 4.19
jñānāgniḥ sarva-karmāṇi 4.37
jñānam āvṛtya tu tamaḥ 14.9
jñānaṁ jñeyaṁ jñāna- 13.18
jñānaṁ jñeyaṁ parijñātā 18.18
jñānaṁ karma ca kartā ca 18.19
jñānaṁ labdhvā parāṁ śāntim 4.39
jñānaṁ te 'haṁ sa-vijñānam 7.2
jñānaṁ vijñānam āstikyaṁ 18.42
jñānaṁ vijñāna-sahitaṁ 9.1
jñānaṁ yadā tadā vidyād 14.11
jñāna-vijñāna-tṛptātmā 6.8
jñāna-yajñena cāpy anye 9.15
jñāna-yajñena tenāham 18.70
jñāna-yogena sāṅkhyānāṁ 3.3
jñānena tu tad ajñānaṁ 5.16
jñātuṁ draṣṭuṁ ca tattvena 11.54
jñātvā śāstra-vidhānoktaṁ 16.24
jñeyaḥ sa nitya-sannyāsī 5.3
jñeyaṁ yat tat pravakṣyāmi 13.13
joṣayet sarva-karmāṇi 3.26
jyāyasī cet karmaṇas te 3.1
jyotiṣām api taj jyotis 13.18

kaccid ajñāna-sammohaḥ 18.72
kaccid etac chrutaṁ pārtha 18.72
kaccin nobhaya-vibhraṣṭaś 6.38
kair liṅgais trīn guṇān etān 14.21
kair mayā saha yoddhavyam 1.22
kālo 'smi loka-kṣaya-kṛt 11.32
kalpa-kṣaye punas tāni 9.7
kāma eṣa krodha eṣa 3.37
kāmaḥ krodhas tathā 16.21
kāmais tais tair hṛta-jñānāḥ 7.20
kāma-krodha-vimuktānāṁ 5.26
kāma-krodhodbhavaṁ vegaṁ 5.23
kāmam āśritya duṣpūraṁ 16.10
kāma-rūpeṇa kaunteya 3.39
kāmātmānaḥ svarga-parā 2.43
kāmopabhoga-paramā 16.11
kāmyānāṁ karmaṇāṁ 18.2
kāṅkṣantaḥ karmaṇāṁ 4.12
kāraṇaṁ guṇa-saṅgo 'sya 13.22
karaṇaṁ karma karteti 18.18
karma brahmodbhavaṁ 3.15
karma caiva tad-arthīyaṁ 17.27
karma-jaṁ buddhi-yuktā hi 2.51
karma-jān viddhi tān sarvān 4.32
karmaṇaḥ sukṛtasyāhuḥ 14.16
karmaṇaiva hi saṁsiddhim 3.20
karmāṇi pravibhaktāni 18.41
karmaṇo hy api boddhavyaṁ 4.17
karmaṇy abhipravṛtto 'pi 4.20
karmaṇy akarma yaḥ paśyed 4.18
karmaṇy evādhikāras te 2.47
karmendriyaiḥ karma-yogam 3.7
karmendriyāṇi saṁyamya 3.6
karmibhyaś cādhiko yogī 6.46
kārpaṇya-doṣopahata- 2.7
karṣayantaḥ śarīra-sthaṁ 17.6
kartavyānīti me pārtha 18.6
kartuṁ necchasi yan mohāt 18.60
kārya-kāraṇa-kartṛtve 13.21
kāryam ity eva yat karma 18.9
kāryate hy avaśaḥ karma 3.5
kasmāc ca te na nameran 11.37
kāśyaś ca parameṣv-āsaḥ 1.17
kathaṁ bhīṣmam ahaṁ 2.4

katham etad vijānīyām 4.4
kathaṁ na jñeyam asmābhiḥ 1.38
kathaṁ sa puruṣaḥ pārtha 2.21
kathaṁ vidyām ahaṁ 10.17
kathayantaś ca māṁ nityaṁ 10.9
kaṭv-amla-lavaṇāty-uṣṇa- 17.9
kaunteya pratijānīhi 9.31
kaviṁ purāṇam anuśāsitāram 8.9
kāyena manasā buddhyā 5.11
kecid vilagnā 11.27
keśavārjunayoḥ puṇyaṁ 18.76
keṣu keṣu ca bhāveṣu 10.17
kim-ācāraḥ kathaṁ caitāṁs 14.21
kiṁ karma kim akarmeti 4.16
kiṁ no rājyena govinda 1.32
kiṁ punar brāhmaṇāḥ puṇyā 9.33
kiṁ tad brahma kim 8.1
kirīṭinaṁ gadinaṁ cakra- 11.46
kirīṭinaṁ gadinaṁ cakriṇaṁ 11.17
kīrtiḥ śrīr vāk ca 10.34
klaibyaṁ mā sma gamaḥ pārtha 2.3
kleśo 'dhikataras teṣām 12.5
kriyate bahulāyāsaṁ 18.24
kriyate tad iha proktaṁ 17.18
kriyā-viśeṣa-bahulāṁ 2.43
krodhād bhavati sammohaḥ 2.63
kṛpayā parayāviṣṭo 1.27
kṛṣi-go-rakṣya-vāṇijyaṁ 18.44
kṣaraḥ sarvāṇi bhūtāni 15.16
kṣetra-jñaṁ cāpi māṁ 13.3
kṣetra-kṣetrajña-saṁyogāt 13.27
kṣetra-kṣetrajñayor evam 13.35
kṣetra-kṣetrajñayor jñānaṁ 13.3
kṣetraṁ kṣetrī tathā 13.34
kṣipāmy ajasram aśubhān 16.19
kṣipraṁ bhavati dharmātmā 9.31
kṣipraṁ hi mānuṣe loke 4.12
kṣudraṁ hṛdaya-daurbalyaṁ 2.3
kula-kṣaya-kṛtaṁ doṣaṁ 1.37
kula-kṣaya-kṛtaṁ doṣaṁ 1.38
kula-kṣaye praṇaśyanti 1.39
kuru karmaiva tasmāt tvaṁ 4.15
kuryād vidvāṁs tathāsaktaś 3.25
kutas tvā kaśmalam idaṁ 2.2

labhante brahma-nirvāṇam 5.25
labhate ca tataḥ kāmān 7.22
lelihyase grasamānaḥ 11.30
lipyate na sa pāpena 5.10
lobhaḥ pravṛttir ārambhaḥ 14.12
loka-saṅgraham evāpi 3.20
loke 'smin dvi-vidhā niṣṭhā 3.3

mac-cittaḥ sarva-durgāṇi 18.58
mac-cittā mad-gata-prāṇā 10.9
mad-anugrahāya paramaṁ 11.1
mad-artham api karmāṇi 12.10
mad-bhakta etad vijñāya 13.19
mad-bhāvā mānasā jātā 10.6
mādhavaḥ pāṇḍavaś caiva 1.14
mahā-bhūtāny ahaṅkāro 13.6
maharṣayaḥ sapta pūrve 10.6
maharṣīṇāṁ bhṛgur ahaṁ 10.25
mahāśano mahā-pāpmā 3.37
mahātmānas tu māṁ pārtha 9.13
mā karma-phala-hetur bhūr 2.47
mama dehe guḍākeśa 11.7
mamaivāṁśo jīva-loke 15.7
māmakāḥ pāṇḍavāś caiva 1.1
mām aprāpyaiva kaunteya 16.20
mām ātma-para-deheṣu 16.18
mama vartmānuvartante 3.23
mama vartmānuvartante 4.11
mama yonir mahad brahma 14.3
māṁ caivāntaḥ śarīra-sthaṁ 17.6
māṁ ca yo 'vyabhicāreṇa 14.26
mām evaiṣyasi satyaṁ te 18.65
mām evaiṣyasi yuktvaivam 9.34
mām eva ye prapadyante 7.14
māṁ hi pārtha vyapāśritya 9.32
mām upetya punar janma 8.15
mām upetya tu kaunteya 8.16
manaḥ-prasādaḥ 17.16
manaḥ saṁyamya mac-citto 6.14
manaḥ-ṣaṣṭhānīndriyāṇi 15.7
mānāpamānayos tulyas 14.25
manasaivendriya-grāmaṁ 6.24
manasas tu parā buddhir 3.42
man-manā bhava mad-bhakto 9.34
man-manā bhava mad-bhakto 18.65
mantro 'ham aham evājyam 9.16
manuṣyāṇāṁ sahasreṣu 7.3
manyase yadi tac chakyaṁ 11.4
marīcir marutām asmi 10.21
māsānāṁ mārga-śīrṣo 'ham 10.35
mā śucaḥ sampadaṁ daivīm 16.5
mā te vyathā mā ca 11.49
mat-karma-kṛn mat-paramo 11.55
mat-prasādād avāpnoti 18.56
mātrā-sparśās tu kaunteya 2.14
mat-sthāni sarva-bhūtāni 9.4
matta eveti tān viddhi 7.12
mattaḥ parataraṁ nānyat 7.7
mātulāḥ śvaśurāḥ pautrāḥ 1.34
maunaṁ caivāsmi 10.38
mayādhyakṣeṇa prakṛtiḥ 9.10
mayā hatāṁs tvaṁ jahi mā 11.34
mayaivaite nihatāḥ 11.33
mayā prasannena 11.47
mayā tatam idaṁ sarvaṁ 9.4
māyayāpahṛta-jñānā 7.15
mayi cānanya-yogena 13.11
mayi sarvam idaṁ protaṁ 7.7
mayi sarvāṇi karmāṇi 3.30
mayy arpita-mano-buddhir 8.7
mayy arpita-mano-buddhir 12.14
mayy āsakta-manāḥ pārtha 7.1
mayy āveśya mano ye māṁ 12.2
mayy eva mana ādhatsva 12.8
mithyaiṣa vyavasāyas te 18.59
moghāśā mogha-karmāṇo 9.12
mohād ārabhyate karma 18.25
mohād gṛhītvāsad-grāhān 16.10
mohāt tasya parityāgas 18.7
mohitaṁ nābhijānāti 7.13
mṛgāṇāṁ ca mṛgendro 10.30
mṛtyuḥ sarva-haraś cāham 10.34
mūḍha-grāheṇātmano yat 17.19
mūḍho 'yaṁ nābhijānāti 7.25
mukta-saṅgo 'nahaṁ-vādī 18.26
munīnām apy ahaṁ vyāsaḥ 10.37
mūrdhny ādhāyātmanaḥ 8.12

nabhaḥ-spṛśaṁ dīptam 11.24
nabhaś ca pṛthivīṁ caiva 1.19
nābhinandati na dveṣṭi 2.57
na buddhi-bhedaṁ janayed 3.26
na cābhāvayataḥ śāntir 2.66
na cainaṁ kledayanty āpo 2.23
na caitad vidmaḥ kataran 2.6
na caiva na bhaviṣyāmaḥ 2.12
na ca māṁ tāni karmāṇi 9.9
na ca mat-sthāni bhūtāni 9.5
na ca śaknomy avasthātuṁ 1.30
na ca sannyasanād eva 3.4
na ca śreyo 'nupaśyāmi 1.31
na ca tasmān manuṣyeṣu 18.69
na cāśuśrūṣave vācyaṁ 18.67
na cāsya sarva-bhūteṣu 3.18
na cāti-svapna-śīlasya 6.16
nādatte kasyacit pāpaṁ 5.15
na dveṣṭi sampravṛttāni 14.22
na dveṣṭy akuśalaṁ karma 18.10
nāhaṁ prakāśaḥ sarvasya 7.25
nāhaṁ vedair na tapasā 11.53
na hi deha-bhṛtā śakyaṁ 18.11
na hi jñānena sadṛśaṁ 4.38
na hi kalyāṇa-kṛt kaścid 6.40
na hi kaścit kṣaṇam api 3.5
na hinasty ātmanātmānaṁ 13.29
na hi prapaśyāmi 2.8
na hi te bhagavan vyaktiṁ 10.14
na hy asannyasta-saṅkalpo 6.2
nainaṁ chindanti śastrāṇi 2.23
naiṣkarmya-siddhiṁ 18.49
naite sṛtī pārtha jānan 8.27
naiva kiñcit karomīti 5.8
naiva tasya kṛtenārtho 3.18
na jāyate mriyate vā kadācin 2.20
na kāṅkṣe vijayaṁ kṛṣṇa 1.31
na karmaṇām anārambhān 3.4
na karma-phala-saṁyogaṁ 5.14
na kartṛtvaṁ na karmāṇi 5.14
nakulaḥ sahadevaś ca 1.16
namaḥ purastād atha 11.40
na māṁ duṣkṛtino mūḍhāḥ 7.15
na māṁ karmāṇi limpanti 4.14
namaskṛtvā bhūya evāha 11.35
namasyantaś ca māṁ bhaktyā 9.14
na me pārthāsti kartavyaṁ 3.22
na me viduḥ sura-gaṇāḥ 10.2
namo namas te 'stu 11.39
nānā-śastra-praharaṇāḥ 1.9
nānavāptam avāptavyaṁ 3.22
nānā-vidhāni divyāni 11.5
nāntaṁ na madhyaṁ 11.16
nānto 'sti mama divyānāṁ 10.40
nānyaṁ guṇebhyaḥ kartāraṁ 14.19
nāpnuvanti mahātmānaḥ 8.15
na prahṛṣyet priyaṁ prāpya 5.20
narake niyataṁ vāso 1.43
na rūpam asyeha 15.3
na sa siddhim avāpnoti 16.23
nāsato vidyate bhāvo 2.16
na śaucaṁ nāpi cācāro 16.7
nāśayāmy ātma-bhāva-stho 10.11
nāsti buddhir ayuktasya 2.66
naṣṭo mohaḥ smṛtir labdhā 18.73
na tad asti pṛthivyāṁ vā 18.40
na tad asti vinā yat syān 10.39
na tad bhāsayate sūryo 15.6

na tu mām abhijānanti 9.24
na tu māṁ śakyase draṣṭum 11.8
na tv evāhaṁ jātu nāsaṁ 2.12
na tvat-samo 'sty 11.43
nāty-aśnatas tu yogo 'sti 6.16
nāty-ucchritaṁ nāti-nīcaṁ 6.11
nava-dvāre pure dehī 5.13
na veda-yajñādhyayanair 11.48
na vimuñcati durmedhā 18.35
nāyakā mama sainyasya 1.7
nāyaṁ loko 'sti na paro 4.40
nāyaṁ loko 'sty ayajñasya 4.31
na yotsya iti govindam 2.9
nehābhikrama-nāśo 'sti 2.40
nibadhnanti mahā-bāho 14.5
nidrālasya-pramādotthaṁ 18.39
nihatya dhārtarāṣṭrān naḥ 1.35
nimittāni ca paśyāmi 1.30
nindantas tava sāmarthyaṁ 2.36
nirāśīr nirmamo bhūtvā 3.30
nirāśīr yata-cittātmā 4.21
nirdoṣaṁ hi samaṁ brahma 5.19
nirdvandvo hi mahā-bāho 5.3
nirdvandvo nitya-sattva-stho 2.45
nirmamo nirahaṅkāraḥ 2.71
nirmamo nirahaṅkāraḥ 12.13
nirmāna-mohā jita-saṅga- 15.5
nirvairaḥ sarva-bhūteṣu 11.55
niścayaṁ śṛṇu me tatra 18.4
nispṛhaḥ sarva-kāmebhyo 6.18
nityaḥ sarva-gataḥ sthāṇur 2.24
nityaṁ ca sama-cittatvam 13.10
nivasiṣyasi mayy eva 12.8
niyataṁ kuru karma tvaṁ 3.8
niyataṁ saṅga-rahitam 18.23
niyatasya tu sannyāsaḥ 18.7
nyāyyaṁ vā viparītaṁ vā 18.15

oṁ ity ekākṣaraṁ brahma 8.13
oṁ tat sad iti nirdeśo 17.23

pañcaitāni mahā-bāho 18.13
pāñcajanyaṁ hṛṣīkeśo 1.15
pāpam evāśrayed asmān 1.36
pāpmānaṁ prajahi hy enaṁ 3.41
paramaṁ puruṣaṁ divyaṁ 8.8
paramātmeti cāpy ukto 13.23
paraṁ bhāvam ajānanto 7.24
paraṁ bhāvam ajānanto 9.11
paraṁ bhūyaḥ pravakṣyāmi 14.1
paraṁ brahma paraṁ 10.12
parasparaṁ bhāvayantaḥ 3.11
paras tasmāt tu bhāvo 'nyo 8.20
parasyotsādanārthaṁ vā 17.19
paricaryātmakaṁ karma 18.44
pariṇāme viṣam iva 18.38
paritrāṇāya sādhūnāṁ 4.8
pārtha naiveha nāmutra 6.40
paryāptaṁ tv idam eteṣāṁ 1.10
paśyādityān vasūn rudrān 11.6
paśyaitāṁ pāṇḍu-putrāṇām 1.3
paśya me pārtha rūpāṇi 11.5
paśyāmi devāṁs tava 11.15
paśyāmi tvāṁ dīpta-hutāśa- 11.19
paśyāmi tvāṁ durnirīkṣyaṁ 11.17
paśyañ śṛṇvan spṛśañ jighrann 5.8
paśyaty akṛta-buddhitvān 18.16
patanti pitaro hy eṣāṁ 1.41
patraṁ puṣpaṁ phalaṁ 9.26
pauṇḍraṁ dadhmau mahā- 1.15
pavanaḥ pavatām asmi 10.31
pitāham asya jagato 9.17
pitāsi lokasya carācarasya 11.43
piteva putrasya sakheva 11.44
pitṝṇām aryamā cāsmi 10.29
prabhavaḥ pralayaḥ sthānaṁ 9.18
prabhavanty ugra-karmāṇaḥ 16.9
prādhānyataḥ kuru-śreṣṭha 10.19
prahlādaś cāsmi daityānāṁ 10.30
prajahāti yadā kāmān 2.55
prajanaś cāsmi kandarpaḥ 10.28
prakāśaṁ ca pravṛttiṁ ca 14.22
prakṛteḥ kriyamāṇāni 3.27
prakṛter guṇa-sammūḍhāḥ 3.29
prakṛtiṁ puruṣaṁ caiva 13.1
prakṛtiṁ puruṣaṁ caiva 13.20
prakṛtiṁ svām adhiṣṭhāya 4.6
prakṛtiṁ svām avaṣṭabhya 9.8
prakṛtiṁ yānti bhūtāni 3.33
prakṛtyaiva ca karmāṇi 13.30
pralapan visṛjan gṛhṇann 5.9
pramādālasya-nidrābhis 14.8
pramāda-mohau tamaso 14.17
praṇamya śirasā devaṁ 11.14
prāṇāpāna-gatī ruddhvā 4.29
prāṇāpāna-samāyuktaḥ 15.14
prāṇāpānau samau kṛtvā 5.27
praṇavaḥ sarva-vedeṣu 7.8
prāpya puṇya-kṛtāṁ lokān 6.41
prasāde sarva-duḥkhānāṁ 2.65
prasaktāḥ kāma-bhogeṣu 16.16
prasaṅgena phalākāṅkṣī 18.34
prasanna-cetaso hy āśu 2.65
praśānta-manasaṁ hy enaṁ 6.27
praśāntātmā vigata-bhīr 6.14
praśaste karmaṇi tathā 17.26
pratyakṣāvagamaṁ 9.2
pravartante vidhānoktāḥ 17.24
pravṛtte śastra-sampāte 1.20
pravṛttiṁ ca nivṛttiṁ ca 16.7
pravṛttiṁ ca nivṛttiṁ ca 18.30
prayāṇa-kāle ca kathaṁ 8.2
prayāṇa-kāle manasācalena 8.10
prayāṇa-kāle 'pi ca māṁ 7.30
prayātā yānti taṁ kālaṁ 8.23
prayatnād yatamānas tu 6.45
pretān bhūta-gaṇāṁś cānye 17.4
priyo hi jñānino 'tyartham 7.17
procyamānam aśeṣeṇa 18.29
procyate guṇa-saṅkhyāne 18.19
pṛthaktvena tu yaj jñānaṁ 18.21
puṇyo gandhaḥ pṛthivyāṁ ca 7.9
purodhasāṁ ca 10.24
purujit kuntibhojaś ca 1.5
puruṣaḥ prakṛti-stho hi 13.22
puruṣaḥ sa paraḥ pārtha 8.22
puruṣaḥ sukha-duḥkhānāṁ 13.21
puruṣaṁ śāśvataṁ divyam 10.12
pūrvābhyāsena tenaiva 6.44
puṣṇāmi cauṣadhīḥ sarvāḥ 15.13

rāga-dveṣa-vimuktais tu 2.64
rāgī karma-phala-prepsur 18.27
rajaḥ sattvaṁ tamaś caiva 14.10
rājan saṁsmṛtya saṁsmṛtya 18.76
rajasas tu phalaṁ duḥkham 14.16
rajasi pralayaṁ gatvā 14.15
rajas tamaś cābhibhūya 14.10
rajasy etāni jāyante 14.12
rāja-vidyā rāja-guhyaṁ 9.2
rajo rāgātmakaṁ viddhi 14.7
rakṣāṁsi bhītāni diśo 11.36
rākṣasīm āsurīṁ caiva 9.12
rasa-varjaṁ raso 'py asya 2.59
raso 'ham apsu kaunteya 7.8
rasyāḥ snigdhāḥ sthirā hṛdyā 17.8
rātriṁ yuga-sahasrāntāṁ 8.17
rātry-āgame pralīyante 8.18
rātry-āgame 'vaśaḥ pārtha 8.19
ṛṣibhir bahudhā gītaṁ 13.5
ṛte 'pi tvāṁ na bhaviṣyanti 11.32
rudrādityā vasavo ye 11.22
rudrāṇāṁ śaṅkaraś cāsmi 10.23
rūpaṁ mahat te bahu 11.23

śabdādīn viṣayāṁs tyaktvā 18.51
śabdādīn viṣayān anya 4.26
sa brahma-yoga-yuktātmā 5.21
sa buddhimān manuṣyeṣu 4.18
sa ca yo yat-prabhāvaś ca 13.4
sad-bhāve sādhu-bhāve ca 17.26
sādhibhūtādhidaivaṁ māṁ 7.30
sādhur eva sa mantavyaḥ 9.30
sādhuṣv api ca pāpeṣu 6.9
sadṛśaṁ ceṣṭate svasyāḥ 3.33
sa evāyaṁ mayā te 'dya 4.3
sa ghoṣo dhārtarāṣṭrāṇāṁ 1.19
sa guṇān samatītyaitān 14.26
saha-jaṁ karma kaunteya 18.48
sahasaivābhyahanyanta 1.13
sahasra-yuga-paryantam 8.17
saha-yajñāḥ prajāḥ sṛṣṭvā 3.10
sa kāleneha mahatā 4.2
sakheti matvā prasabhaṁ 11.41
śaknotīhaiva yaḥ soḍhuṁ 5.23
sa kṛtvā rājasaṁ tyāgaṁ 18.8
saktāḥ karmaṇy avidvāṁso 3.25
śakya evaṁ-vidho draṣṭuṁ 11.53
samādhāv acalā buddhis 2.53
sama-duḥkha-sukhaḥ 14.24
sama-duḥkha-sukhaṁ 2.15
samaḥ sarveṣu bhūteṣu 18.54
samaḥ śatrau ca mitre ca 12.18
samaḥ siddhāv asiddhau ca 4.22
samaṁ kāya-śiro-grīvaṁ 6.13
samaṁ paśyan hi sarvatra 13.29
samaṁ sarveṣu bhūteṣu 13.28
samāsenaiva kaunteya 18.50
sambhavaḥ sarva-bhūtānāṁ 14.3
sambhāvitasya cākīrtir 2.34
śamo damas tapaḥ śaucaṁ 18.42
samo 'haṁ sarva-bhūteṣu 9.29
samprekṣya nāsikāgraṁ svaṁ 6.13
saṁvādam imam aśrauṣam 18.74
śanaiḥ śanair uparamed 6.25
saṅgaṁ tyaktvā phalaṁ caiva 18.9
saṅgāt sañjāyate kāmaḥ 2.62
sa niścayena yoktavyo 6.24
saṅkalpa-prabhavān kāmāṁs 6.24
saṅkarasya ca kartā syām 3.24
saṅkaro narakāyaiva 1.41

sāṅkhya-yogau pṛthag bālāḥ 5.4
sāṅkhye kṛtānte proktāni 18.13
sanniyamyendriya-grāmaṁ 12.4
sannyāsaḥ karma-yogaś ca 5.2
sannyāsaṁ karmaṇāṁ kṛṣṇa 5.1
sannyāsas tu mahā-bāho 5.6
sannyāsasya mahā-bāho 18.1
sannyāsa-yoga-yuktātmā 9.28
śāntiṁ nirvāṇa-paramāṁ 6.15
santuṣṭaḥ satataṁ yogī 12.14
sargāṇām ādir antaś ca 10.32
sarge 'pi nopajāyante 14.2
śārīraṁ kevalaṁ karma 4.21
śarīraṁ yad avāpnoti 15.8
śarīra-stho 'pi kaunteya 13.32
śarīra-vāṅ-manobhir yat 18.15
śarīra-yātrāpi ca te 3.8
sarva-bhūtāni kaunteya 9.7
sarva-bhūtāni sammohaṁ 7.27
sarva-bhūta-stham ātmānaṁ 6.29
sarva-bhūta-sthitaṁ yo māṁ 6.31
sarva-bhūtātma-bhūtātmā 5.7
sarva-bhūteṣu yenaikaṁ 18.20
sarva-dharmān parityajya 18.66
sarva-dvārāṇi saṁyamya 8.12
sarva-dvāreṣu dehe 'smin 14.11
sarva-guhyatamaṁ bhūyaḥ 18.64
sarva-jñāna-vimūḍhāṁs tān 3.32
sarva-karmāṇi manasā 5.13
sarva-karmāṇy api sadā 18.56
sarva-karma-phala-tyāgaṁ 12.11
sarva-karma-phala-tyāgaṁ 18.2
sarvam etad ṛtaṁ manye 10.14
sarvaṁ jñāna-plavenaiva 4.36
sarvaṁ karmākhilaṁ pārtha 4.33
sarvāṇīndriya-karmāṇi 4.27
sarvārambhā hi doṣeṇa 18.48
sarvārambha-parityāgī 12.16
sarvārambha-parityāgī 14.25
sarvārthān viparītāṁś ca 18.32
sarva-saṅkalpa-sannyāsī 6.4
sarvāścarya-mayaṁ devam 11.11
sarvasya cāhaṁ hṛdi 15.15
sarvasya dhātāram acintya- 8.9
sarvataḥ pāṇi-pādaṁ tat 13.14
sarvataḥ śrutimal loke 13.14
sarvathā vartamāno 'pi 6.31
sarvathā vartamāno 'pi 13.24
sarvatra-gam acintyaṁ ca 12.3
sarvatrāvasthito dehe 13.33
sarva-yoniṣu kaunteya 14.4
sarvendriya-guṇābhāsaṁ 13.15
sarve 'py ete yajña-vido 4.30
sa sannyāsī ca yogī ca 6.1
sa sarva-vid bhajati māṁ 15.19
śāśvatasya ca dharmasya 14.27
satataṁ kīrtayanto māṁ 9.14
sa tayā śraddhayā yuktas 7.22
satkāra-māna-pūjārthaṁ 17.18
sattvaṁ prakṛti-jair 18.40
sattvaṁ rajas tama iti 14.5
sattvaṁ sukhe sañjayati 14.9
sattvānurūpā sarvasya 17.3
sattvāt sañjāyate jñānaṁ 14.17
sāttvikī rājasī caiva 17.2
saubhadraś ca mahā-bāhuḥ 1.18
saubhadro draupadeyāś ca 1.6
śauryaṁ tejo dhṛtir 18.43
sa yat pramāṇaṁ kurute 3.21
sa yogī brahma-nirvāṇaṁ 5.24
senānīnām ahaṁ skandaḥ 10.24
senayor ubhayor madhye 1.21
senayor ubhayor madhye 1.24
senayor ubhayor madhye 2.10
sīdanti mama gātrāṇi 1.28
siddhiṁ prāpto yathā 18.50
siddhy-asiddhyoḥ samo 2.48
siddhy-asiddhyor nirvikāraḥ 18.26
siṁha-nādaṁ vinadyoccaiḥ 1.12
śītoṣṇa-sukha-duḥkheṣu 6.7
śītoṣṇa-sukha-duḥkheṣu 12.18
smṛti-bhraṁśād buddhi-nāśo 2.63
so 'pi muktaḥ śubhāl̐ 18.71
so 'vikalpena yogena 10.7
sparśān kṛtvā bahir 5.27
śraddadhānā mat-paramā 12.20
śraddhā-mayo 'yaṁ puruṣo 17.3
śraddhāvāl̐ labhate jñānaṁ 4.39
śraddhāvān anasūyaś ca 18.71
śraddhāvān bhajate yo māṁ 6.47
śraddhāvanto 'nasūyanto 3.31
śraddhā-virahitaṁ yajñaṁ 17.13
śraddhayā parayā taptaṁ 17.17
śraddhayā parayopetās 12.2
śreyān dravya-mayād yajñāj 4.33
śreyān sva-dharmo viguṇaḥ 3.35
śreyān sva-dharmo viguṇaḥ 18.47
śreyo hi jñānam abhyāsāj 12.12
śrotrādīnīndriyāṇy anye 4.26
śrotraṁ cakṣuḥ sparśanaṁ 15.9
śruti-vipratipannā te 2.53
sthāne hṛṣīkeśa tava 11.36
sthira-buddhir asammūḍho 5.20
sthita-dhīḥ kiṁ prabhāṣeta 2.54
sthita-prajñasya kā bhāṣā 2.54
sthito 'smi gata-sandehaḥ 18.73
sthitvāsyām anta-kāle 'pi 2.72
strīṣu duṣṭāsu vārṣṇeya 1.40
striyo vaiśyās tathā śūdrās 9.32
śubhāśubha-parityāgī 12.17
śubhāśubha-phalair evaṁ 9.28
śucau deśe pratiṣṭhāpya 6.11
śucīnāṁ śrīmatāṁ gehe 6.41
su-durdarśam idaṁ rūpaṁ 11.52
suhṛdaṁ sarva-bhūtānāṁ 5.29
suhṛn-mitrāry-udāsīna- 6.9
sukha-duḥkhe same kṛtvā 2.38
sukham ātyantikaṁ yat tad 6.21
sukhaṁ duḥkhaṁ bhavo 10.4
sukhaṁ tv idānīṁ 18.36
sukhaṁ vā yadi vā 6.32
sukha-saṅgena badhnāti 14.6
sukhena brahma- 6.28
sukhinaḥ kṣatriyāḥ pārtha 2.32
śukla-kṛṣṇe gatī hy ete 8.26
sūkṣmatvāt tad avijñeyaṁ 13.16
śuni caiva śva-pāke ca 5.18
svabhāva-jena kaunteya 18.60
svabhāva-niyataṁ karma 18.47
sva-dharmam api cāvekṣya 2.31
sva-dharme nidhanaṁ śreyaḥ 3.35
svādhyāyābhyasanaṁ caiva 17.15
svādhyāya-jñāna-yajñāś ca 4.28
sva-janaṁ hi kathaṁ hatvā 1.36
sva-karmaṇā tam 18.46
sva-karma-nirataḥ siddhiṁ 18.45
sv-alpam apy asya 2.40
svastīty uktvā maharṣi- 11.21
śvaśurān suhṛdaś caiva 1.26
svayam evātmanātmānaṁ 10.15
sve sve karmaṇy abhirataḥ 18.45

tac ca saṁsmṛtya saṁsmṛtya 18.77
tadā gantāsi nirvedaṁ 2.52
tad ahaṁ bhakty-upahṛtam 9.26
tad-arthaṁ karma kaunteya 3.9
tad asya harati prajñāṁ 2.67
tad-buddhayas tad-ātmānas 5.17
tad ekaṁ vada niścitya 3.2
tad eva me darśaya deva 11.45
tad ity anabhisandhāya 17.25
tadottama-vidāṁ lokān 14.14
tadvat kāmā yaṁ praviśanti 2.70
tad viddhi praṇipātena 4.34
ta ime 'vasthitā yuddhe 1.33
tair dattān apradāyaibhyo 3.12
tamas tv ajñāna-jaṁ viddhi 14.8
tamasy etāni jāyante 14.13
tam eva cādyaṁ 15.4
tam eva śaraṇaṁ gaccha 18.62
taṁ tam evaiti kaunteya 8.6
taṁ taṁ niyamam āsthāya 7.20
taṁ tathā kṛpayāviṣṭam 2.1
taṁ vidyād duḥkha-saṁyoga- 6.23
tān ahaṁ dviṣataḥ krūrān 16.19
tān akṛtsna-vido mandān 3.29
tāni sarvāṇi saṁyamya 2.61
tan nibadhnāti kaunteya 14.7
tān samīkṣya sa kaunteyaḥ 1.27
tāny ahaṁ veda sarvāṇi 4.5
tapāmy aham ahaṁ varṣaṁ 9.19
tapasvibhyo 'dhiko yogī 6.46
tāsāṁ brahma mahad yonir 14.4
tasmāc chāstraṁ pramāṇaṁ 16.24
tasmād ajñāna-sambhūtaṁ 4.42
tasmād aparihārye 'rthe 2.27
tasmād asaktaḥ satataṁ 3.19
tasmād evaṁ viditvainaṁ 2.25
tasmād oṁ ity udāhṛtya 17.24
tasmād uttiṣṭha kaunteya 2.37
tasmād yasya mahā-bāho 2.68
tasmād yogāya yujyasva 2.50
tasmān nārhā vayaṁ 1.36
tasmāt praṇamya 11.44
tasmāt sarva-gataṁ brahma 3.15
tasmāt sarvāṇi bhūtāni 2.30
tasmāt sarveṣu kāleṣu 8.7
tasmāt sarveṣu kāleṣu 8.27
tasmāt tvam indriyāṇy ādau 3.41
tasmāt tvam uttiṣṭha yaśo 11.33
tasyāhaṁ na praṇaśyāmi 6.30
tasyāhaṁ nigrahaṁ manye 6.34
tasyāhaṁ su-labhaḥ pārtha 8.14
tasya kartāram api māṁ 4.13
tasya sañjanayan harṣaṁ 1.12
tasya tasyācalāṁ śraddhāṁ 7.21
tata eva ca vistāraṁ 13.31
tataḥ padaṁ tat 15.4
tataḥ śaṅkhāś ca 1.13
tataḥ sa vismayāviṣṭo 11.14
tataḥ sva-dharmaṁ 2.33

tataḥ śvetair hayair yukte 1.14
tatas tato niyamyaitad 6.26
tathā dehāntara-prāptir 2.13
tathaiva nāśāya viśanti 11.29
tathāpi tvaṁ mahā-bāho 2.26
tathā pralīnas tamasi 14.15
tathā śarīrāṇi vihāya jīrṇāny 2.22
tathā sarvāṇi bhūtāni 9.6
tathā tavāmī nara-loka-vīrā 11.28
tat kiṁ karmaṇi ghore māṁ 3.1
tat kṣetraṁ yac ca yādṛk ca 13.4
tato māṁ tattvato jñātvā 18.55
tato yuddhāya yujyasva 2.38
tat-prasādāt parāṁ śāntiṁ 18.62
tatra cāndramasaṁ jyotir 8.25
tatraikāgraṁ manaḥ kṛtvā 6.12
tatraika-sthaṁ jagat 11.13
tatraivaṁ sati kartāram 18.16
tatrāpaśyat sthitān pārthaḥ 1.26
tatra prayātā gacchanti 8.24
tatra sattvaṁ nirmalatvāt 14.6
tatra śrīr vijayo bhūtir 18.78
tatra taṁ buddhi-saṁyogaṁ 6.43
tat sukhaṁ sāttvikaṁ 18.37
tat svayaṁ yoga-saṁsiddhaḥ 4.38
tat tad evāvagaccha tvaṁ 10.41
tat te karma pravakṣyāmi 4.16
tattva-vit tu mahā-bāho 3.28
tāvān sarveṣu vedeṣu 2.46
tayor na vaśam āgacchet 3.34
tayos tu karma-sannyāsāt 5.2
te brahma tad viduḥ 7.29
te dvandva-moha-nirmuktā 7.28
tejaḥ kṣamā dhṛtiḥ śaucam 16.3
tejobhir āpūrya jagat 11.30
tejo-mayaṁ viśvam 11.47
tenaiva rūpeṇa catur- 11.46
te 'pi cātitaranty eva 13.26
te 'pi mām eva kaunteya 9.23
te prāpnuvanti mām eva 12.4
te puṇyam āsādya 9.20
teṣām āditya-vaj jñānaṁ 5.16
teṣām ahaṁ samuddhartā 12.7
teṣām evānukampārtham 10.11
teṣāṁ jñānī nitya-yukta 7.17
teṣāṁ niṣṭhā tu kā kṛṣṇa 17.1
teṣāṁ nityābhiyuktānāṁ 9.22
teṣāṁ satata-yuktānāṁ 10.10
te taṁ bhuktvā svarga-lokaṁ 9.21
trai-guṇya-viṣayā vedā 2.45
trai-vidyā māṁ soma-pāḥ 9.20
tribhir guṇa-mayair bhāvair 7.13
tri-vidhā bhavati śraddhā 17.2
tri-vidhaṁ narakasyedaṁ 16.21
tulya-nindā-stutir maunī 12.19
tulya-priyāpriyo dhīras 14.24
tvad-anyaḥ saṁśayasyāsya 6.39
tvam ādi-devaḥ puruṣaḥ 11.38
tvam akṣaraṁ paramaṁ 11.18
tvam avyayaḥ śāśvata- 11.18
tvattaḥ kamala-patrākṣa 11.2
tyāgasya ca hṛṣīkeśa 18.1
tyāgī sattva-samāviṣṭo 18.10
tyāgo hi puruṣa-vyāghra 18.4
tyājyaṁ doṣa-vad ity eke 18.3
tyaktvā dehaṁ punar janma 4.9
tyaktvā karma-phalāsaṅgaṁ 4.20

ubhau tau na vijānīto 2.19
ubhayor api dṛṣṭo 'ntas 2.16
uccaiḥśravasam aśvānāṁ 10.27
ucchiṣṭam api cāmedhyaṁ 17.10
udārāḥ sarva evaite 7.18
udāsīna-vad āsīnam 9.9
udāsīna-vad āsīno 14.23
uddhared ātmanātmānaṁ 6.5
upadekṣyanti te jñānaṁ 4.34
upadraṣṭānumantā ca 13.23
upaiti śānta-rajasaṁ 6.27
upaviśyāsane yuñjyād 6.12
ūrdhvaṁ gacchanti 14.18
ūrdhva-mūlam adhaḥ 15.1
utkrāmantaṁ sthitaṁ vāpi 15.10
utsādyante jāti-dharmāḥ 1.42
utsanna-kula-dharmāṇāṁ 1.43
utsīdeyur ime lokā 3.24
uttamaḥ puruṣas tv anyaḥ 15.17
uvāca pārtha paśyaitān 1.25

vaktrāṇi te tvaramāṇā 11.27
vaktum arhasy aśeṣeṇa 10.16
vāsāṁsi jīrṇāni yathā 2.22
vaśe hi yasyendriyāṇi 2.61
vāsudevaḥ sarvam iti 7.19
vasūnāṁ pāvakaś cāsmi 10.23
vaśyātmanā tu yatatā 6.36
vāyur yamo 'gnir varuṇaḥ 11.39
vedāhaṁ samatītāni 7.26
vedaiś ca sarvair aham 15.15
vedānāṁ sāma-vedo 'smi 10.22
veda-vāda-ratāḥ pārtha 2.42
vedāvināśinaṁ nityaṁ 2.21
vedeṣu yajñeṣu tapaḥsu 8.28
vedyaṁ pavitram oṁ-kāra 9.17
vepathuś ca śarīre me 1.29
vettāsi vedyaṁ ca 11.38
vetti sarveṣu bhūteṣu 18.21
vetti yatra na caivāyaṁ 6.21
vidhi-hīnam asṛṣṭānnaṁ 17.13
vidyā-vinaya-sampanne 5.18
vigatecchā-bhaya-krodho 5.28
vihāya kāmān yaḥ sarvān 2.71
vijñātum icchāmi 11.31
vikārāṁś ca guṇāṁś caiva 13.20
vimṛśyaitad aśeṣeṇa 18.63
vimucya nirmamaḥ śānto 18.53
vimūḍhā nānupaśyanti 15.10
vināśam avyayasyāsya 2.17
vinaśyatsv avinaśyantaṁ 13.28
viṣādī dīrgha-sūtrī ca 18.28
viṣayā vinivartante 2.59
viṣayendriya-saṁyogād 18.38
viṣīdantam idaṁ vākyam 2.1
vismayo me mahān rājan 18.77
visṛjya sa-śaraṁ cāpaṁ 1.46
viṣṭabhyāham idaṁ 10.42
vistareṇātmano yogaṁ 10.18
vīta-rāga-bhaya-krodhā 4.10
vīta-rāga-bhaya-krodhaḥ 2.56
vivasvān manave prāha 4.1
vividhāś ca pṛthak ceṣṭā 18.14
vivikta-deśa-sevitvam 13.11
vivikta-sevī laghv-āśī 18.52
vṛṣṇīnāṁ vāsudevo 'smi 10.37
vyāmiśreṇeva vākyena 3.2

vyapeta-bhīḥ prīta-manāḥ 11.49
vyāsa-prasādāc chrutavān 18.75
vyavasāyātmikā buddhiḥ 2.44
vyavasāyātmikā buddhir 2.41
vyūḍhāṁ drupada-putreṇa 1.3

yābhir vibhūtibhir lokān 10.16
yac candramasi yac cāgnau 15.12
yac cāpi sarva-bhūtānāṁ 10.39
yac cāvahāsārtham asat- 11.42
yac chreya etayor ekaṁ 5.1
yac chreyaḥ syān niścitaṁ 2.7
yadā bhūta-pṛthag-bhāvam 13.31
yad āditya-gataṁ tejo 15.12
yad agre cānubandhe ca 18.39
yad ahaṅkāram āśritya 18.59
yadā hi nendriyārtheṣu 6.4
yad akṣaraṁ veda-vido 8.11
yadā saṁharate cāyaṁ 2.58
yadā sattve pravṛddhe tu 14.14
yadā te moha-kalilaṁ 2.52
yadā viniyataṁ cittam 6.18
yadā yadā hi dharmasya 4.7
yad gatvā na nivartante 15.6
yadi bhāḥ sadṛśī sā syād 11.12
yad icchanto brahmacaryaṁ 8.11
yadi hy ahaṁ na varteyaṁ 3.23
yadi mām apratīkāram 1.45
yad rājya-sukha-lobhena 1.44
yadṛcchā-lābha-santuṣṭo 4.22
yadṛcchayā copapannaṁ 2.32
yad yad ācarati śreṣṭhas 3.21
yad yad vibhūtimat sattvaṁ 10.41
yady apy ete na paśyanti 1.37
ya enaṁ vetti hantāraṁ 2.19
ya evaṁ vetti puruṣaṁ 13.24
yaḥ paśyati tathātmānam 13.30
yaḥ prayāti sa mad-bhāvaṁ 8.5
yaḥ prayāti tyajan dehaṁ 8.13
yaḥ sarvatrānabhisnehas 2.57
yaḥ sa sarveṣu bhūteṣu 8.20
yaḥ śāstra-vidhim utsṛjya 16.23
ya idaṁ paramaṁ guhyaṁ 18.68
yajante nāma-yajñais te 16.17
yajante sāttvikā devān 17.4
yaj jñātvā munayaḥ sarve 14.1
yaj jñātvā na punar moham 4.35
yaj jñātvā neha bhūyo 'nyaj 7.2
yajña-dāna-tapaḥ-karma 18.3
yajña-dāna-tapaḥ-karma 18.5
yajñād bhavati parjanyo 3.14
yajñānāṁ japa-yajño 10.25
yajñārthāt karmaṇo 'nyatra 3.9
yajña-śiṣṭāmṛta-bhujo 4.30
yajña-śiṣṭāśinaḥ santo 3.13
yajñas tapas tathā dānaṁ 17.7
yajñāyācarataḥ karma 4.23
yajñe tapasi dāne ca 17.27
yajño dānaṁ tapaś caiva 18.5
yakṣye dāsyāmi modiṣya 16.15
yaṁ hi na vyathayanty ete 2.15
yām imāṁ puṣpitāṁ 2.42
yaṁ labdhvā cāparaṁ 6.22
yaṁ prāpya na nivartante 8.21
yaṁ sannyāsam iti prāhur 6.2
yaṁ yaṁ vāpi smaran 8.6
yān eva hatvā na jijīviṣāmas 2.6

yā niśā sarva-bhūtānāṁ 2.69
yānti deva-vratā devān 9.25
yasmān nodvijate loko 12.15
yasmāt kṣaram atīto 'ham 15.18
yasmin sthito na duḥkhena 6.22
yaṣṭavyam eveti manaḥ 17.11
yas tu karma-phala-tyāgī 18.11
yas tv ātma-ratir eva syād 3.17
yas tv indriyāṇi manasā 3.7
yasyāṁ jāgrati bhūtāni 2.69
yasya nāhaṅkṛto bhāvo 18.17
yasyāntaḥ-sthāni bhūtāni 8.22
yasya sarve samārambhāḥ 4.19
yataḥ pravṛttir bhūtānāṁ 18.46
yatanto 'py akṛtātmāno 15.11
yatanto yoginaś cainaṁ 15.11
yatatām api siddhānāṁ 7.3
yatate ca tato bhūyaḥ 6.43
yatato hy api kaunteya 2.60
yāta-yāmaṁ gata-rasaṁ 17.10
yatendriya-mano-buddhir 5.28
yathā dīpo nivāta-stho 6.19
yathaidhāṁsi samiddho 4.37
yathākāśa-sthito nityaṁ 9.6
yathā nadīnāṁ bahavo 11.28
yathā pradīptaṁ jvalanaṁ 11.29
yathā prakāśayaty ekaḥ 13.34
yathā sarva-gataṁ 13.33
yatholbenāvṛto garbhas 3.38
yat karoṣi yad aśnāsi 9.27
yato yato niścalati 6.26
yatra caivātmanātmānaṁ 6.20
yatra kāle tv anāvṛttim 8.23
yatra yogeśvaraḥ kṛṣṇo 18.78
yatroparamate cittaṁ 6.20
yat sāṅkhyaiḥ prāpyate 5.5
yat tad agre viṣam iva 18.37
yat tapasyasi kaunteya 9.27
yat te 'haṁ prīyamāṇāya 10.1
yat tu kāmepsunā karma 18.24
yat tu kṛtsna-vad ekasmin 18.22
yat tu pratyupakārārthaṁ 17.21
yat tvayoktaṁ vacas tena 11.1
yāvad etān nirīkṣe 'haṁ 1.21
yāvān artha uda-pāne 2.46
yāvat sañjāyate kiñcit 13.27
yayā dharmam adharmaṁ 18.31
yayā svapnaṁ bhayaṁ 18.35
yayā tu dharma-kāmārthān 18.34
ye bhajanti tu māṁ bhaktyā 9.29
ye caiva sāttvikā bhāvā 7.12
ye cāpy akṣaram avyaktaṁ 12.1
ye hi saṁsparśa-jā bhogā 5.22
ye me matam idaṁ nityam 3.31
yena bhūtāny aśeṣāṇi 4.35
ye 'py anya-devatā-bhaktā 9.23
yeṣām arthe kāṅkṣitaṁ no 1.32
yeṣāṁ ca tvaṁ bahu-mato 2.35
yeṣāṁ tv anta-gataṁ pāpaṁ 7.28
ye śāstra-vidhim utsṛjya 17.1
ye tu dharmāmṛtam idaṁ 12.20
ye tu sarvāṇi karmāṇi 12.6
ye tv akṣaram anirdeśyam 12.3
ye tv etad abhyasūyanto 3.32
ye yathā māṁ prapadyante 4.11
yogaṁ yogeśvarāt kṛṣṇāt 18.75
yogārūḍhasya tasyaiva 6.3
yoga-sannyasta-karmāṇaṁ 4.41
yoga-sthaḥ kuru karmāṇi 2.48
yoga-yukto munir brahma 5.6
yoga-yukto viśuddhātmā 5.7
yogenāvyabhicāriṇyā 18.33
yogeśvara tato me tvaṁ 11.4
yoginaḥ karma kurvanti 5.11
yoginām api sarveṣāṁ 6.47
yogino yata-cittasya 6.19
yogī yuñjīta satatam 6.10
yo loka-trayam āviśya 15.17
yo mām ajam anādiṁ ca 10.3
yo mām evam asammūḍho 15.19
yo māṁ paśyati sarvatra 6.30
yo na hṛṣyati na dveṣṭi 12.17
yo 'ntaḥ-sukho 'ntar-ārāmas 5.24
yotsyamānān avekṣe 'haṁ 1.23
yo 'yaṁ yogas tvayā proktaḥ 6.33
yo yo yāṁ yāṁ tanuṁ 7.21
yudhāmanyuś ca vikrānta 1.6
yuktāhāra-vihārasya 6.17
yuktaḥ karma-phalaṁ 5.12
yukta ity ucyate yogī 6.8
yukta-svapnāvabodhasya 6.17
yuñjann evaṁ sadātmānaṁ 6.15
yuñjann evaṁ sadātmānaṁ 6.28
yuyudhāno virāṭaś ca 1.4

Stichwortverzeichnis

Fettgedruckte Verszahlen, wenn das Stichwort in der Übersetzung oder im Sanskritvers zu finden ist.

Normalgedruckte Verszahlen, wenn das Stichwort nur in der Erläuterung zu finden ist.

xi-xviii: Diese Seitenzahlen beziehen sich auf „Geschichtlicher Hintergrund der *Bhagavad-gītā*" und das Vorwort.

S. 1–34: wenn das Stichwort in der Einleitung zu finden ist.

A

Abhimanyu, Subhadrās Sohn, **1.16**–18
Absolute Wahrheit
  Caitanyas Philosophie als vollkommene Erklärung der, 18.78
  drei Aspekte der, S. 13, 2.2, 2.53, 3.28, 3.32, 4.11, 5.17, 5.20, 6.10, 6.38, 7.1, 7.3, 7.16, 7.17, 9.34, 10.15, 13.8–12, 18.78
  fünf Stufen der Erkenntnis der, 13.5
  Kenner der, definiert, **3.28**
  von *māyā* bedeckt, als Materie, 4.24
  oṁ tat sat als symbolische Repräsentation der, **17.23**, 17.23
  ist eine Person, S. 14, 7.7, 7.24, **8.9**, 8.9, 9.26
  durch spirituellen Meister erkannt, **4.34**
  yoga als Verbindungsvorgang zur, 6.46
Ācārya(s)
  definiert, 3.21
  Familien von, in Indien, 6.42
  Folgen dem Beispiel der, 4.40
  Mission der, in der materiellen Welt, S. 17
  verändern die śāstra nicht, 16.24
  Siehe auch: Spiritueller Meister
Acintya, definiert, 8.9
Acintya bhedābheda-tattva
  als Caitanyas Philosophie, 7.8, 18.78
  Energie und Energieursprung, **7.12**, 9.18, 14.26
  als gleichzeitiges Eins- und Verschiedensein, 2.20, 4.5, 5.3, 5.17, 5.18, 7.5, 7.8
  als Identität und Individualität, 5.16, 5.17
  Kṛṣṇa in Seinem Reich und gleichzeitig alldurchdringend, **8.22, 9.4**–6, 6.31
  als qualitative Gleichheit mit dem Höchsten, 2.20, 4.5, 5.3, 5.18, **6.27**, 7.5, 9.17, 13.34, 14.26, 15.7, 18.54
  Überseele als eins und viele, **13.17**
Acyuta, **1.21**, 4.5, 8.3, **18.73**
Adhibhūta, materielle Natur als, **8.4**
Adhidaiva, universale Form als, **8.4**
Adhiyajña, Paramātmā als, **8.4**
Adhyātmā, das Selbst als, **8.3**
Adhyātma-cetas, reiner Gottgeweihter als, 3.30
Ādi-deva, **10.21, 11.38**
Ādityas, (die zwölf), 10.8, **10.21**, 10.30, **11.6, 11.22**
Advaita Ācārya, S. 1–2, 8.14
Agni
  Kṛṣṇa als, **10.23**
  schenkte Arjuna einen Streitwagen, 1.14
Agni-hotra, 6.1, 11.48, 16.1–3
Agnostiker, 13.25
Ahaṁ brahmāsmi, 7.29, 13.8–12
Ahaṅkara. Siehe: Falsches Ego
Ahiṁsā
  definiert, **10.4**–5, **13.8, 16.2, 17.14**
  Siehe auch: Gewaltlosigkeit
Ajāmila, 2.40
Akarma, definiert, 4.18, 4.20
  Siehe auch: Nichthandeln
Akartāram (Nichthandelnder)
  Kṛṣṇa als, **4.13**
  Lebewesen als, **13.30**
Akṣara, **8.3, 8.21, 12.1, 15.16**
Alldurchdringend
  Arjunas Frage bezüglich, **10.16**
  als Aspekt Viṣṇus, 6.31
  Kṛṣṇa als, **8.22, 9.4**–6, 9.11, **10.42, 13.14**-16
  Kṛṣṇas Energien als, 7.7
  Lebewesen als, **2.24**, 2.24, 14.4
  Überseele als, **9.4, 13.14**
  universale Form als, **11.38, 11.40**
Ambarīṣa Mahārāja, 2.60, 2.61, 2.67, 6.18
Analogien
  Arznei u. Annehmen der *Gītā,* S. 3

Atlas u. falsche Vorstellung von Gott, 9.5
Autolenker u. Kṛṣṇa als Lenker der Materie, S. 8
Auto mit unterschiedlicher Geschwindigkeit u. verschiedene Lebensformen, 18.61
Banyanbaum u. materielle Welt, S. 22–23, **15.1**–4, 16.1–3
Baum mit Früchten, Blättern usw. u. Kṛṣṇa mit Seinen Erweiterungen, 7.7, 8.22
Wunschbaum u. Kṛṣṇa, 9.29
Baum, Wachsen eines, u. Stadien einer sündhaften Handlung, 9.2
bedeckte Sonne u. Bewußtsein, 2.20
Begießen der Blätter u. Halbgötterverehrung, 9.23
Begießen der Wurzel u. hingebungsvoller Dienst, 2.41, 5.7, 9.3, 9.23
Beherrschen des Windes u. des Geistes, **6.34**
Bestechung von Beamten u. Halbgötterverehrung, 9.23
Bewässern der Wurzel u. hingebungsvoller Dienst, 2.41, 5.7, 9.3
Bezwingen von Feinden u. Bezwingen der Sinne, 2.68
Blasen im Atlantik u. Brahmās, 8.17
Blasen im kosmischen Ozean u. Halbgötter, 4.12
Boot im Sturm u. ungezügelte Sinne, **2.67**
Boot u. transzendentales Wissen, **4.36**
Briefkasten u. Bildgestalt, 12.5
chirurgischer Eingriff u. richtig angewandte Gewalt, 2.21
Diät u. künstliche Entsagung, 2.59
Diener des Königs u. Diener Kṛṣṇas, 14.27
Düfte in der Luft u. verschiedene Bewußtseinszustände, **15.8**
Ertrinkender u. falsches Mitleid. 2.1
Esel u. *mūḍha,* 7.15
Essen u. spirituelle Zufriedenheit, 6.35
Fabrikinhaber u. Verantwortlichkeit, 4.14
Feuer mit Rauch u. Fehler bei jeder Tätigkeit, **18.48**
Feuer mit Rauch u. Lust, **3.38**
Feuer u. transzendentales Wissen, **4.19, 4.37**
Fisch im Netz u. Verstrickung der Dämonen, 16.16
Fisch im Wasser u. Gottgeweihter, 18.55
Fisch ohne Wasser u. Gottgeweihter ohne Kṛṣṇa, 10.9
Flecken auf dem Mond u. Fehler eines Gottgeweihten, 9.30
von Flüssen ungestörter Ozean u. wahrer Friede, **2.70,** 18.51–53
gefärbtes Wasser u. verunreinigtes Bewußtsein, 15.9
Gefesselter u. Befreiung, 7.14
Gold aus der Goldmine u. Seele, S. 8, 14.26
goldeingefaßter Diamant u. die Beziehung zwischen Kṛṣṇa und Seinem Geweihten, 9.29
grüner Vogel im Baum u. Einswerden, 18.55
Haarspitze u. Größe der Seele, 2.17
Handvoll Staub u. Planeten im All, 15.13
Impfung u. Essen von geopferter Speise, 3.14
Jahreszeiten u. Freud und Leid, **2.14**
Junge und Mädchen u. Gottgeweihter und Kṛṣṇa, 10.9
Kassierer u. unangehaftetes Handeln, 3.30
Kleiderwechsel u. Seelenwanderung, **2.22,** 13.22
König und Bürger u. Seele und Überseele, 13.3
König u. Gebundensein ans Gesetz, 4.14, 7.12
König und seine Vertreter u. Kṛṣṇa und Seine Energien, 9.4
Krankenbehandlung u. Kṛṣṇa-Bewußtsein, 6.35
Krankheit durch Milchprodukte u. Heilung der materiellen Krankheit, 4.24
Kutsche und materieller Körper, 6.34
Lebewesen im Ozean u. Individualität in der spirituellen Welt, 18.55
Lecken am Honigglas, 2.12, 4.9
Licht durch farbiges Glas u. verunreinigtes Bewußtsein, S. 11
Lotosblume im Wasser u. Freiheit von Reaktionen, **5.10**
Luft u. Seele, die sich nie vermischt, **13.33**
Luftspiegelung u. Glück in der materiellen Welt, S. 23
Maler, Gemälde, Staffelei u. *īśvara, puruṣa, prakṛti,* 13.3
Maschinenteil u. Lebewesen als Teil des Höchsten, S. 12–13
Maschine u. Körper, 13.30, **18.61**
Mathematik (niedere und höhere) u. Predigen entsprechend Umständen, 4.7
Meditation des Gottgeweihten u. der Raupe, 8.8
Meditation des Gottgeweihten u. der Schildkröte, 5.26
Melken einer Kuh u. Lesen der *Bhagavad-gītā,* S. 32
Milch und Joghurt u. Liebe zu Gott und Lust, 3.37
militärische Disziplin u. hingebungsvoller Dienst, 3.30
Motten, die ins Feuer stürzen, u. Menschen in der universalen Form, **11.24**
Mount Everest u. Kṛṣṇa-Bewußtsein, 6.47
Mutter als Autorität u. Veden, 2.25
Mutter u. Überseele, 6.29
Nahrung im Magen u. hingebungsvoller Dienst, S. 12–13, S. 20, 5.7, 9.3
Nahrung in die Ohren u. Halbgötterverehrung, 7.23
Perlen auf einer Schnur u. Abhängigkeit aller Manifestationen von Kṛṣṇa, **7.7**
Pflanze u. hingebungsvoller Dienst, 10.9
Reflexion auf dem Wasser u. materielle Welt, 15.1
Reflexion im Wasser u. Überseele, 2.13
Regen u. Vegetation, 4.14
reiner Fluß u. reiner Gottgeweihter, 18.54
Richter u. Kṛṣṇa, 9.9
Riechen einer Blume u. Kṛṣṇas Beziehung zur materiellen Natur, 9.10
Riechen einer Blume u. Überseele, die die Wünsche der Seele kennt, 5.15
Riesenrad u. Erhebung zu himmlischen Planeten, 9.21
Schatten u. Bewegungen der Materie, 7.15
Schildkröte u. Zurückziehen der Sinne, **2.58**
Schlange ohne Giftzähne u. beherrschte Sinne, 3.42, 18.54
Schlangen, giftige, u. Sinne, 2.58, 3.42
Schutz der Eltern für das Kind u. Schutz Kṛṣṇas für den Gottgeweihten, 12.6–7
Schwan im Lotos u. Geist bei Kṛṣṇas Lotosfüßen, 8.2
Schwimmer, toter und lebendiger, u. Planeten im All, 15.13
Schwimmer u. bedingte Seele, 4.36, 5.14, 12.6–7
Seil u. Schlange, 13.3

Skorpione aus dem Reis u. Lebewesen aus Materie, 14.3
Soldat im Krieg u. persönliche Verantwortung, 18.17
Sonne im Universum u. Kṛṣṇa, 9.4
Sonne im Universum u. Seele, 2.18, **13.34**
Sonne mit Wolken u. Kṛṣṇa und *māyā,* 7.26
Sonnenaufgang u. Erscheinen des Herrn, 4.6
Sonne und Dunkelheit u. Kṛṣṇa und Unwissenheit, 15.20
Sonne u. ihre drei Aspekte, 2.2
Sonne und Strahlen u. Kṛṣṇa und Lebewesen, 18.78
Sonne u. transzendentales Wissen, **5.16**
Sonne u. Überseele, 13.14, 13.17
Sperlingsweibchen u. Entschlossenheit, 6.24
Tier im Besitz eines Meisters u. Gottgeweihter, 4.21
Traum u. materielles Leben, 2.28
Treppe oder Fahrstuhl u. direkte oder indirekte Verehrung Kṛṣṇas, 9.18
Unfälle auf breiten Straßen u. Zufallkommen bei regulierter Sinnenbefriedigung, 3.34
Vaidūrya-Stein u. Inkarnationen des Herrn, 4.5
verheiratete Frau mit Liebhaber u. Gottgeweihter, der an Kṛṣṇa denkt, S. 28
Waffe und Loslösung, **15.3–4**
Waffe und transzendentales Wissen, **4.42**
Waldbrand u. materielle Leiden, 2.7
Wasser auf Feuer u. *yoga* mit Sinnenbefriedigung, 6.36
Wasserblasen u. Lebewesen, 4.10
Wasserpfütze u. Ozean der materiellen Welt, 2.51
Wassertropfen u. Seele, S. 8
Wind, der im Himmel ruht, u. Schöpfung, die in Kṛṣṇa ruht, **9.6**
Wolke u. Kṛṣṇas Barmherzigkeit, 9.29
zerrissene Wolke u. unvollkommener *yogī,* **6.38**
Zeugung u. Kṛṣṇas Befruchten der materiellen Natur, 9.10
zwei Vögel u. Seele und Überseele, 2.20

Ānanda-brahma, im Gegensatz zu *vijñāna-brahma,* 13.13
Ānanda-cinmaya-rasa, 8.22
Ānanda-maya, definiert, 13.5
Ananta, Kṛṣṇa als, **10.29**
Ananta, Kṛṣṇas Energien als, 11.37
Angreifer, sechs Arten von, 1.36
Angst
Dämonen erfüllt von, 11.36, **16.11**–12
Freiheit von, **2.56, 4.10, 10.4**–5
von Kṛṣṇa geschaffen, **10.4–5**
Ursache von, 1.30, 6.13–14, **10.4**–5, 12.15
des Vogels, der die Früchte des Baumes ißt, 2.22
durch *yoga* überwunden, **5.27–28**
als Zeichen der Erscheinungsweise der Unwissenheit, **18.35**
Siehe auch: Furchtlosigkeit
Anhaftung
definiert, 2.56
Freiheit von, **2.56, 2.64, 3.19, 4.10, 4.19**–24, **5.10, 8.12, 18.6, 18.49, 18.51**–53
Handeln ohne, 2.39, 2.48, 2.56, **2.64, 3.7, 3.19, 4.19**–24, **5.10**–12, **6.1, 12.11, 18.6, 18.23**
als „Hautkrankheit", 2.7
Knoten der, durchtrennt durch *bhakti-yoga,* 7.1
positive und negative, 2.47
regulierte, **3.34**
Ursache von, **2.44, 2.62**–63, **3.29**
als Zeichen der Erscheinungsweise der Leidenschaft, **14.12, 18.27**
Aniruddha, S. 25, 8.22
Anna-maya, definiert, 13.5
Anthropomorphismus, 4.12
Aṇu-ātmā, 2.20, 5.15
Apāna (Lebensluft), 2.17, 4.27, 4.29
Apauruṣeya, S. 15, 4.1
Arcana, definiert, 6.18, 9.27
Arcā-vigraha (Bildgestalt)
als Inkarnation des Höchsten Herrn, 12.5
als saguṇa-Verehrung des Absoluten, 12.5
transzendentales Wissen durch Verehrung von, 7.29
Verehrung der,
für den Anfänger essentiell, 11.54
für Haushälter, 13.8–12
als *kṛṣṇa-karma,* 11.55
von Māyāvādīs verachtet, 9.11
Mißverständnis des Anfängers bezüglich, 9.11
verglichen mit Briefkasten, 12.5
Verneigen vor der, 9.34, 17.11
Arjuna
akzeptiert Kṛṣṇa als Höchste Persönlichkeit Gottes, *xvii,* S. 5, 4.3, **10.12**–15, **11.18,** 11.54, 18.62
am Anfang eines neuen *paramparā*-Systems, S. 4, 4.3, 11.8
aufgefordert zu kämpfen, **2.3, 2.18, 2.31, 2.37, 2.38,** 3.19, **3.30, 4.42, 8.7, 11.33, 11.34, 18.59**–60, 18.63
als beispielhafter Vaiṣṇava, 10.17
will Bettler werden, **2.5**–6
bittet Kṛṣṇa um Verzeihung für sein ungezwungenes Verhalten, **11.41**–42, **11.44**
bittet um Kṛṣṇas Barmherzigkeit, 11.4, **11.44**
als ewiger Gefährte Kṛṣṇas, 4.5
seine Fragen zum Nutzen der Menschen, S. 7, 3.2, 4.4, 10.16, 10.17, 11.1, 11.3
ist frei von Neid, **9.1**
geboren mit göttlichen Eigenschaften, **16.5**
getadelt von Kṛṣṇa, **2.3, 2.11,** 2.11, 2.32, 2.34, **18.60**
war Haushälter, 3.8
als Instrument Kṛṣṇas, 1.15, 1.32–35, 2.71, 5.7, **11.33,** 11.33
kämpfte mit Śiva, 2.33
Kṛṣṇa als spiritueller Meister von, 2.6, **2.7,** 2.10, 2.39, 18.72
als Kṛṣṇas Geweihter und Freund, **4.3,** 6.33, **6.40,** 7.2, **10.1,** 10.14, 11.1, 11.36, 11.41–42, **18.64, 18.65**
will Kṛṣṇas vierarmige Form sehen, 9.11, **11.45**–46
im *Mahābhārata, xi-xiii*
von Natur aus zum Kämpfen bestimmt, S. 29, **2.31, 18.59**–60
als Nicht-Ārya bezeichnet, 2.2, 2.36
qualifiziert für transzendentales Wissen, S. 4, 1.46, 2.7, **4.3,** 4.7, 6.33, **9.1, 18.64**
als Repräsentation Kṛṣṇas, **10.37**
Schlacht unvermeidlich für, 1.37–38, 2.27, 3.20, 11.32, **18.59**–60
Sieg gewiß für, 1.14, 1.20, 1.23, **11.32**–34, **18.78,** 18.78
tötet für höheres Ziel, 2.19, 2.27, 5.7, 16.5
vergißt seine Pflicht, 1.31, 1.45, 2.1, 2.3, 2.27, **2.31,** 2.39, 4.15, 18.59, **18.60**
verglichen mit Kalb, das die Milch der *Bhagavad-gītā* trinkt, S. 32
seine Verwandtschaft mit Kṛṣṇa, *xii,* 1.25, 2.3
verzichtet zu kämpfen aufgrund von körperlicher Identifikation, S. 16, 2.39, 18.17, 18.59
wünscht, daß Kṛṣṇa den Gegner tötet, 1.32–35
yoga zu schwierig für, S. 28–29, **6.33**–34

Arjunas Fragen
Was ist das beste für mich? **2.7, 3.2**
Was sind die Merkmale von jemandem auf der transzendentalen Ebene? **2.54**
Warum soll ich kämpfen, wenn Intelligenz besser ist als fruchtbringende Tätigkeit? **3.1**
Wodurch wird man zu sündhaften Tätigkeiten getrieben, sogar wider Willen? **3.36**
Wie konntest Du den Sonnengott unterweisen, der viel älter ist als Du? **4.4**
Was ist besser, Entsagung oder Handeln in Hingabe? **5.1**
Was ist das Schicksal eines unvollkommenen *yogī*? **6.37**
Was ist Brahman? **8.1**
Was ist das Selbst? **8.1**
Was sind fruchtbringende Tätigkeiten? **8.1**
Was ist die materielle Manifestation? **8.1**
Was sind die Halbgötter? **8.1**
Wer ist der Herr des Opfers, und wie lebt Er im Körper? **8.2**
Wie können die im hingebungsvollen Dienst Beschäftigten sich beim Tod an Dich erinnern? **8.2**
Mit welchen göttlichen Füllen durchdringst Du diese Welten? **10.16**
Wie kann ich ständig an Dich denken? **10.17**
Welches sind Deine Formen, an die man sich erinnern kann? **10.17**
Wie bist Du in die kosmische Manifestation eingegangen? **11.3**
Was ist die Mission Deiner universalen Form? **11.31**
Wer ist vollkommener – diejenigen, die in Deinem Dienst tätig sind, oder die, die das Unpersönliche verehren? **12.1**
Was ist *prakṛti*? **13.1**
Was ist *puruṣa*? **13.1**
Was ist *kṣetra*? **13.1**
Wer ist der *kṣetra-jña*? **13.1**
Was ist Wissen? **13.1**
Was ist der Gegenstand des Wissens? **13.1**
Was sind die Merkmale von jemandem, der transzendental zu den *guṇas* ist? **14.21**
Wie kann man die Erscheinungsweisen transzendieren? **14.21**
Was ist die Bestimmung derer, die eine Verehrung gemäß ihren eigenen Vorstellungen ausführen? **17.1**
Was ist das Ziel von *tyāga* und *sannyāsa*? **18.1**
Arjunas Namen
Anagha, **3.3, 14.6, 15.20,** 15.20
als Arjuna angesprochen, **2.2, 2.45, 4.5, 4.9, 4.37, 6.32, 7.16, 7.26, 8.16, 8.27, 9.19, 10.32, 10.38, 10.42, 11.47, 11.50, 11.54, 18.9, 18.61, 18.76**
Bhārata, **1.24, 2.14, 2.18, 2.28, 2.30, 4.7, 4.42, 7.27, 11.6, 13.3, 13.34, 14.3, 14.8–10, 15.19, 15.20, 16.3, 17.3, 18.62**
Bharatarṣabha, **3.41, 7.11, 7.16, 8.23, 13.27, 14.12, 18.36**
Bharata-sattama, **18.4**
Bharata-śreṣṭha, **17.12**
als deha-bhṛtāṁ vara, **8.4**
Dhanañ-jaya, **1.15,** 1.15, **2.48, 2.49, 4.41, 7.7, 9.9, 10.37, 11.14, 12.9, 18.29, 18.72**
Dhanur-dhara, **18.78**
Guḍākeśa, **1.24, 2.9, 10.20,** 10.20, **11.7**
Kaunteya, **1.27, 2.14, 3.39, 5.22, 6.35, 7.8, 8.6, 8.16, 9.7, 9.10, 9.23, 9.27, 9.31, 13.2, 13.32, 14.7, 16.20, 16.22, 18.48, 18.50, 18.60**
Kirīṭī, **11.35**
Kuru-nandana, **2.41, 6.43, 14.13**
Kuru-pravīra, **11.48**
Kuru-sattama, **4.31**
Kuru-śreṣṭha, **10.19**
Mahā-bāhu, **2.26, 2.68, 3.28, 3.43, 5.3, 6.35, 7.5, 10.1, 14.5, 18.13**
Pāṇḍava, **4.35, 11.13, 11.55, 14.22, 16.5**
Paran-tapa, **2.3, 2.9, 4.5, 4.33, 7.27, 9.3, 10.40, 11.54, 18.41**
Pārtha, **1.25,** 1.25, **2.3, 2.21, 2.32, 2.42, 2.55, 3.16, 3.22, 3.23, 4.11, 4.33, 6.40, 7.1, 7.10, 8.8, 8.14, 8.22, 8.27, 9.13, 9.32, 10.24, 11.5, 11.9, 12.7, 16.4, 16.6, 17.26, 17.28, 18.6, 18.30–35, 18.72, 18.74**
Savyasācī, **11.33**
Puruṣarṣabha, **2.15**
Puruṣa-vyāghra, **18.4**
Āryas, 2.2, 2.36, 2.46, 16.7
Asamprajñāta-samādhi, 6.20–23
Āsana, als Stufe im *aṣṭāṅga-yoga,* 5.27–28, 5.29, **6.11**
Asat, S. 6, S. 24, **17.28**
Asita, als große Autorität, S. 5, 7.15, **10.13,** 18.62
Āśramas, die vier. *Siehe:* Lebensstufen, die vier
Aṣṭāṅga-yoga
ohne *bhakti* kraftlos, 6.2, 6.36, 9.2
erste Stufen des, als fruchtbringende Tätigkeiten angesehen, 6.3
im Kali-yuga nicht möglich, 6.1, 6.20–23, 6.33, 6.35, 6.37, 8.12
Kṛṣṇa-Bewußtsein besser als, 6.1, 6.36, 6.46, 6.47
prāṇāyāma im, 4.29
pratyāhāra im, 5.27–28, 6.25, 8.12
als *ṣaṭ-cakra-yoga,* **8.10**–11
Stufen des, 2.59, 5.28, 5.29
als Stufe zum *bhakti-yoga,* 6.47, 9.2
Vorgang des, **5.27**–28, **6.10**–14, **8.11**–12
als Weg zur Erleuchtung, **4.28**
als *yajña,* 4.28
Siehe auch: Dhyāna-yoga; Haṭha-yoga; Yoga
Asura(s)
definiert, 7.15, 17.1
Kṛṣṇas Barmherzigkeit gegenüber den, 16.20
quirlten den Milchozean, 10.27
sehen die universale Form, **11.22**
sind verwirrt, **9.12**
Siehe auch: Atheisten; Dämonen; Materialisten
Aśvamedha-yajña, 18.71
Aśvatthāmā, **1.8,** 1.26
Aśvinī-kumāras, **11.6, 11.22**
Atharva Veda, 3.15, 9.17, 10.8, 11.48
Atheisten
sind allen Glücks beraubt, **4.40, 9.12, 16.23**
als *duṣkṛtīs,* 7.15
im Gegensatz zu den Gläubigen, 13.25
halten Kṛṣṇa für einen gewöhnlichen Menschen, 4.4, 7.24, 9.11, 18.67
halten sich für *puruṣas,* 7.4
sind neidisch auf Kṛṣṇa, 7.15(4), 7.27, 9.1, 9.34, 16.18, 18.67
Philosophie der, **2.26,** 2.28, 9.11, 18.21
Pläne der, zum Scheitern verurteilt, 7.15, **9.12,** 9.12, **16.23**
Sāṅkhya der, 2.39, 7.4
sinken in die dunkelste Region der Schöpfung, 9.12, **16.16**
Siehe auch: Asura(s); Dämonen; Materialisten
Äther
als eine der abgesonderten Energien, **7.4**
als eines der *mahā-bhūtas,* 13.6–7
erzeugt Luft, 2.28
Kṛṣṇa als Klang im, **7.8**
Ātmā
definiert, 13.23
drei Bedeutungen von, 6.5, 8.1
im Gegensatz zum Paramātmā, 13.23
Siehe auch: Seele, spirituelle

Avatāra
definiert, 4.8
Siehe auch: Inkarnationen
Avyayam, 7.25

B

Bahu syām, 9.7
Baladeva Vidyābhūṣaṇa, zitiert, 2.61, 3.14, 8.23, 8.26, 10.42, 13.3
Balarāma (Baladeva)
als Kṛṣṇas erste Erweiterung, 10.37
spielte die Rolle eines Menschen, 9.11
als Vāsudeva, **10.37**
Bali Mahārāja, 4.16, 7.15
Banyanbaum, materielle Welt verglichen mit, S. 22–23, **15.1**–4, 16.1–3
Barmherzigkeit
als göttliche Gnade, 4.5
grundlose, 2.64, **2.65,** 4.6, 4.8, 4.16, 7.14, 7.30, 10.2
des reinen Gottgeweihten, 2.29, 4.9, 4.28, 9.32, **18.75,** 18.75
der Überseele, Seelenwanderung möglich durch, 2.22
Barmherzigkeit Kṛṣṇas
alles ist, 7.19
als *ātma-māyā,* 4.6
Arjuna bittet um, 11.4, **11.44**–45
durch Befolgen der Prinzipien, **2.64**–65
Befreiung durch, 7.14, **12.6**–7, **18.73**
Bewältigung aller Hindernisse durch, **18.58**
gegenüber Dämonen, 4.8, 16.20
in Form von Sonne, Mond, Feuer usw., 15.12
gegenüber dem Gottgeweihten, 4.16, 7.23, 8.14, 9.29, 10.2, **10.11,** 11.1, **12.6**–7, **18.73**
Gottgeweihter erhält Notwendigkeiten durch, **9.22,** 12.20
höchstes Reich erreicht durch, **18.56, 18.62**
jedermanns Erfolg abhängig von, 4.11
Kṛṣṇas Erscheinen in Seiner ursprünglichen Form als, 4.6, 10.2
Kṛṣṇas Plan verstanden durch, 11.34
Kṛṣṇa wird erkannt durch, 2.29, 4.28, 7.24, 11.7, **18.75**
Leiden gesehen als, 2.56, 3.28, 12.13–14
Pflicht von selbst offenbar durch, 3.17
spiritueller Körper durch, 15.7
transzendentale Erkenntnis erlangt durch, 2.39
transzendentaler Friede durch, **18.62**
ist unbegrenzt, 7.23, 18.73
universale Form gesehen durch, 11.7, 11.47
für den unvollkommenen Transzendentalisten, 6.43
Unwissenheit zerstört durch, **10.11,** 10.11
verglichen mit einer Wolke, die den Regen unparteiisch verteilt, 9.29
vollkommene Sicht von allem durch, 11.15, 18.46
Befreiung
definiert, S. 12, 4.35, **6.20**–23, **7.29,** 18.55
durch *aṣṭāṅga-yoga,* 5.27–28
Dienst zu Gottgeweihten als Voraussetzung für, 7.28
vom Einfluß der *guṇas,* **7.14, 14.19**–20, **14.22**–25, **14.26**
Fortschritt auf dem Pfad der, **4.30,** 4.36, **5.17,** 16.1–3
von Geburt und Tod, **2.51, 4.9,** 4.9, **4.36, 5.19, 7.29, 12.6–7, 13.24, 13.26, 13.35, 14.20**
im gegenwärtigen Körper, **4.20,** 5.3, 5.11, 5.13, 5.25, 6.31, 9.1, **14.20**
durch Hingabe zu Kṛṣṇa, **2.51,** 7.5, **7.14,** 7.15, 9.13, **15.3**–5, **18.55, 18.62, 18.66**
hingebungsvoller Dienst jenseits von, 9.2
im Höchsten, **5.24**–26, 5.27–28
Individualität nach der, 2.13, 2.23, 2.39, 4.25, 5.16, 6.20–23, 6.30, 14.2, 14.26, 18.55
jñāna nicht ausreichend für, 5.2
Kṛṣṇa (Mukunda) als Gewährer von, 1.41, 2.38, 2.51, 3.13, 7.14, **12.6**–7
als *mokṣa,* **5.28, 13.35**
als *mukti,* S. 12, 2.51, 7.5, 7.15, 9.28
für diejenigen, die von Kṛṣṇa getötet werden, 11.55, 16.20
nur durch Kṛṣṇas Barmherzigkeit, 7.14, **10.11,** 10.11, **12.6–7, 18.56, 18.58, 18.62**
persönliche, im Gegensatz zu unpersönlicher, 2.39, 3.19, 6.20–23, 9.28, 18.55
Qualifikationen für, **2.15, 2.50, 5.3, 9.28,** 13.24, **13.35, 16.22, 18.49**
durch richtiges Verständnis von *yajña,* **4.30, 4.32**
spiritueller Körper nach der, 15.7
Stufe der, **5.27–28, 9.28**
von sündhaften Reaktionen, 2.22, **2.51, 3.13, 4.30, 5.10, 7.28,** 9.2, **10.3, 12.6**–7, **18.66, 18.71**
ohne *tapasya* nicht möglich, 16.1–3
durch transzendentales Wissen, **4.23, 4.36**–37, **9.1, 13.24, 13.35, 14.2**
der Weisen der Vergangenheit, **2.51, 3.20, 4.10, 4.15, 14.1**
Zerstörung aller Hoffnung auf, **3.32, 9.12, 16.23**
nicht das Ziel der Gottgeweihten, 8.14, 11.55
jedem zugänglich, **9.32,** 9.32, **18.45**
zwei Wege zur, **5.2**
Siehe auch: Welt, spirituelle, Erreichen der
Berauschung
als dämonische Gewohnheit, 16.10
als Gewohnheit in tamas, 14.8
um das Leid in tamas zu vergessen, 14.17
als Zuflucht frustrierter Unpersönlichkeitsanhänger, 4.10
Besitz
Freiheit von Anspruch auf, **2.71, 3.30, 4.21, 6.10, 12.13**–14, **18.51**–53
alles ist Kṛṣṇas, 2.71, 5.2, 5.10, **5.29,** 5.29, 6.32, 7.22, 13.3, **13.23**
künstliche und richtige Entsagung von, 5.2
materieller, keine Lösung für materielle Probleme, 2.8
Opfer des, als *dravyamaya-yajña,* **4.28,** 4.28
Opfer des, zwei Arten von, 4.25, 4.42
Spenden des. *Siehe:* Wohltätigkeit
„Das beste aus dem schlechten Geschäft", 6.20–23
Bewegung für Krishna-Bewußtsein. *Siehe:* Internationale Gesellschaft für Kṛṣṇa-Bewußtsein
Bewußtsein
definiert, S. 12. 2.17
Bedeckung des, **3.39,** 4.24
gefestigt durch Erfahren eines höheren Geschmacks, **2.59**
im Gegensatz zu Materie, **2.17**–20, 10.22, **13.24,** 13.27, 14.3
göttliches, Erreichen des, **2.53, 5.8–9, 6.43–44**
materielles in spirituelles umgewandelt, 3.17, **4.23**–24, 17.26–27
nicht ein Produkt von Materie, S. 11, 2.26, 10.22, 13.34, 14.3
als Repräsentation Kṛṣṇas, **10.22**
als Symptom der Seele, 2.17, 2.20, 2.25, 13.6–7, **13.34**
ursprünglich rein wie Wasser, 15.9
Vollkommenheit des, **2.55, 2.58**

Zufriedenheit des, **2.65**–66, **3.17**
Zustand des, entscheidend beim Zeitpunkt des Todes, **2.72, 8.6, 15.8**–9
Bezeichnungen
definiert, S. 23, 13.1–2
Freiheit von, 5.11, 15.5
als materielle Identifikation, 3.29, 3.40, 7.13, 7.27, 13.1–2
aufgrund von *māyā,* 4.35
sind zeitweilig, 7.13
Siehe auch: Falsches Ego
Bhagavad-gītā
für alle Menschen bestimmt, S. 31, 2.10, 2.16
von allen *ācāryas* akzeptiert, S. 3
als *apauruṣeya,* 4.1
beschreibt, wie groß Gott ist, 10.7
als beste aller offenbarten Schriften, 4.40
drei Themen der, 2.72
als Essenz aller *Upaniṣaden,* S. 2, S. 32, 2.29
Essenz der Lehren der, 10.11, 18.66
als Essenz des *bhāgavata-dharma,* 7.15
falsche Kommentare zur, *xvi-xviii,* 2.7, 3.31, 4.2, 4.3, 4.9, 6.47, 7.15(3), 8.3, 9.1, 9.34, 10.8, 11.51, 15.19, 16.1–3, 18.67
als Führung in Kṛṣṇas Abwesenheit, 18.57
fünf Themen der, S. 7–11, 18.78
Friedensformel in der, 5.29
vor 5 000 Jahren gesprochen, *xi,* 4.1, 4.2, 6.33
Geschichte der, S. 3, **4.1**–2
als *Gītopaniṣad,* S. 2, S. 32, 2.29, 10.14
besonders für heilige Könige bestimmt, 4.2
hingebungsvoller Dienst als einziges Thema der, 13.8–12, 15.19, 18.1
hingebungsvoller Dienst als vertraulichstes Wissen der, 18.66
höchste Unterweisung der, **18.64**–66
Hören der, 8.28, 9.2, 10.2, 12.9, **18.71,** 18.71
inhaltliche Struktur der, 18.1
kann mit keinem anderen Buch verglichen werden, 2.12, 4.40, 18.72
kann nur von Gottgeweihten verstanden werden, S. 4, 8.28, **13.19,** 18.67, 18.68, 18.71
Kapitel 6–12 als Essenz der, 8.28
keine andere Schrift nötig neben, S. 32
klar wie die Sonne und nicht auf das Lampenlicht törichter Kommentatoren angewiesen, 11.51
Kommentar zur, von Śaṅkārācārya, 7.3
Kommentar zur, von Śrīdhara Svāmī, 8.16
als Kṛṣṇas Unterweisung von außen, 13.23
Lobpreisung der, S. 31–33
muß befolgt werden, S. 3, 8.9
ist Nektar, S. 32, **10.18**
Prediger der, als Kṛṣṇas liebster Geweihter, **18.68–69**
Schlußfolgerung der, 4.38
als Schrift für die ganze Welt, S. 33
muß über Schülernachfolge empfangen werden, S. 15, 4.2, 4.3, 4.42, 8.28, 10.12–13, 10.14, 13.4, 16.1–3
Studium der, als Verehrung Kṛṣṇas mit der Intelligenz, **18.70**
als Teil des *Mahābhārata, xi,* S. 27, S. 32, 2.45
als theistische Wissenschaft, 1.1, 4.1, 6.8
Vers **9.34** als höchste Unterweisung bezüglich Moral, 18.78
Vers **10.8–11** als zentrale Verse der, 10.12–13, 10.42
Vers **11.55** essentieller Vers der, 11.55
Vers **18.66** als Essenz aller Religion, 18.78
Verstehen der, Freisein von Neid als Voraussetzung für, **9.1, 18.67, 18.71**
Ziel der, S. 6, 3.30, 4.17, 4.35, 5.17
zitiert. *Siehe:* Quellennachweis
Bhagavān
definiert S. 3, 2.2, 10.1
Erkenntnis von, als *sat, cit* und *ānanda,* S. 14
Erkenntnis von, in *samādhi* enthalten, 2.53
als höchster Aspekt der Gotteserkenntnis, 2.2, 4.11, 5.17, 6.10, 6.38, 7.1, 7.3, 7.16, 7.17, 10.15, 13.8–12
Kṛṣṇa als, **10.14, 10.17**
von Unpersönlichkeitsanhängern anerkannt, 10.15
Bhāgavata-dharma, 7.15
Bhakta. Siehe: Gottgeweihter
Bhakti
definiert, S. 11, 6.2, 6.46, 6.47, 7.3, **9.26,** 9.26, 9.34, 14.26
von Kṛṣṇa am meisten geschätzt, **7.17**
von Kṛṣṇa betont:
bhaj(ati): **6.31, 6.47, 7.16, 7.28, 9.13, 9.29, 9.30, 10.8, 10.10, 15.19**
bhakta: **4.3, 7.21, 7.23, 9.33, 9.34, 11.55, 12.16–20, 13.19, 18.65, 18.68**
bhaktyā: **8.10, 8.22, 9.14, 9.22, 9.26, 9.29, 11.54, 13.11, 14.26, 18.54, 18.55, 18.68**
Pfad der, nicht einfach, 7.3
das Wichtigste im hingebungsvollen Dienst, **9.26,** 9.26, **9.29,** 10.10, 11.48
Bhakti-yoga
definiert, 5.29, 6.47, 8.14, 10.10, 12.1, 14.26
nach Befreiung fortgesetzt, 18.55
als *buddhi-yoga,* 2.39, 2.51, 5.1, 10.10, 18.57
Chanten als Vorgang des, 8.14, 9.20, 14.27
förderliche Prinzipien des, 6.24
in fünf Beziehungen zu Kṛṣṇa, 8.14
im Gegensatz zu *jñāna-yoga,* 12.5
Handeln gemäß den regulierenden Prinzipien des, **12.9**
als Mittel zur Befreiung, **8.22,** 8.22
als höchster *yoga,* 3.16, 5.29, 6.20–23, 6.37, 6.46, 6.47, 9.2, 10.10, 12.1, 18.78
regulierte Sexualität erlaubt im, 6.13–14
als *sāṅkhya-yoga,* 2.39
als Teil der *yoga*-Leiter, 6.3
als Vorbereitung auf den Tod, 8.10
Siehe auch: Hingebungsvoller Dienst; *Karma-yoga;* Kṛṣṇa-Bewußtsein; *Yoga*
Bhaktisiddhānta Sarasvatī
in der Schülernachfolge, S. 34
als spiritueller Meister des Autors, *xvi,* 6.42
als Verfasser des *Anubhāṣya,* 9.34
Bhaktivedanta Swami. *Siehe:* Prabhupāda, A. C. Bhaktivedanta Swami
Bhaktivinoda Ṭhākura
angeführt, 2.72
in der Schülernachfolge, S. 34
Bharata, Jaḍa, 6.43
Bharata, König, 6.43, 8.6
Bhārata-varṣa (Name der Erde), 6.43
Bhāva, definiert, 4.10
Bhīma, *xi,* **1.3, 1.4, 1.10, 1.15**
Bhīṣma(deva)
für Arjuna verehrenswert, 1.26, 2.3, 2.4, 2.13, 2.30, 16.5
erkannte Kṛṣṇa als Höchste Persönlichkeit Gottes, 7.25
gezwungen, Duryodhana zu unterstützen, 1.11, 2.5
als große Autorität, 4.16
als *kuru-vṛddha,* **1.12**
machte sich schuldig, 11.49
im *Mahābhārata, xii*
als Stütze von Duryodhanas Heer, **1.8, 1.10**–11, 18.78

Tod von, von Kṛṣṇa bereits bestimmt, 1.16–18, **11.32, 11.34**
in der universalen Form, **11.26**
Bhoktā und *bhukta,* 13.23
Bhūriśravā, **1.8,** 1.8, 1.26
Bildgestalt. *Siehe: Arcā-vigraha*
Blut, bekommt Energie von der Seele, 2.17
Brahmā
erkennt Kṛṣṇa als Höchste Persönlichkeit Gottes an, 2.2, 4.12
bestrebt, Kṛṣṇas zweihändige Form zu sehen, 11.52
chantete *oṁ tat sat,* 17.23
als Empfänger des Gāyatrī-mantra, 10.35
als erster Empfänger der Veden, S. 15, 4.7, 10.8
geboren aus Garbhodaka-śāyī Viṣṇus Lotos, 11.37
ist Geburt und Tod unterworfen, 8.17, 8.19, 9.7
als große Autorität, 4.16, 7.15
als Inkarnation von *rajo-guṇa,* 7.14
die Transzendenz ist jenseits von, 7.7
kehrt zurück in die spirituelle Welt nach der Vernichtung, 8.16
Kṛṣṇa (Viṣṇu) als Vater von, 7.15, 10.3, 10.6, 10.7, 10.8, 11.37, 11.39
Lebensdauer von, 8.17, 9.7
als Pitāmaha, S. 16, 10.6
als *prajāpatiḥ,* **11.39**
als Repräsentation Kṛṣṇas, **10.33, 11.39**
in der Schülernachfolge, S. 34
als Stammvater aller Lebewesen im Universum, 10.6, 10.25, 11.33, 15.3–4
Tag von, *xvii,* 4.7, **8.17,** 8.17, 9.7
In der universalen Form, **11.15**
als untergeordneter Schöpfer, 10.32
Brahma-bhūta, **5.24, 6.27,** 9.2, 18.51–53, **18.54,** 18.55, 18.63
Brahmacārī
als erste *āśrama*-Stufe, 4.26
die ersten 25 Jahre des Lebens, 16.1–3
fastet, wenn der spirituelle Meister nicht ruft, 8.28
in der *guru-kula* ausgebildet, 6.13–14, 8.28
moderne Zeit ungünstig für, 8.11
Pflichten des, **4.26,** 4.26, 8.28
Studium der Veden und Zölibat wichtigste Pflichten des, 16.1–3
verzichtet völlig auf Sexualität, 6.13–14, **8.11,** 8.11
Brahma jānātīti brāhmaṇaḥ, als Definition eines *brāhmaṇa,* 10.4–5
Brahma-jyotir
als Kṛṣṇas Ausstrahlung, 4.35, 6.47, 7.1, 7.8, 15.6
als Materie, wenn von Illusion bedeckt, 4.24
in der materiellen Welt vom *mahat-tattva* bedeckt, 13.18, 15.6
in Sonne und Mond widergespiegelt, 7.8, 13.18, 15.12
spirituelle Planeten situiert im, S. 21, 15.6
verdeckt Kṛṣṇas transzendentale Gestalt, 7.25
Ziel der Unpersönlichkeitsanhänger, 4.9, 4.11, 7.4, 8.13, 8.24, 12.1
nicht das Ziel der Gottgeweihten, 8.14, 11.55
Brahmaloka
erreicht durch *pañcāgni-vidyā,* 8.16
von fortgeschrittenen *sannyāsīs* erreicht, 8.17
als höchster Planet im Universum, 8.17, 14.14, 15.1
auch Satyaloka genannt, 14.18
spiritueller Fortschritt auf, 8.16
Brahman
Arjunas Frage bezüglich, **8.1**
definiert, 4.24, 5.20, 8.3, **13.13**
drei Kategorien von, 13.3
Ebene des, Erreichen der, **5.19**–20, **13.31, 14.26, 18.50, 18.54**
Einswerden mit, in den Augen des Gottgeweihten höllisch, 18.54
Einswerden mit, als spiritueller Selbstmord, 6.30, 4.11
Erkenntnis des, als unvollständige Erkenntnis, S. 13, 2.2, 6.10, 6.38, 7.1, 7.4, 7.16, 7.17, 9.34, 10.15, 14.27
ewig gegenwärtig in Opferhandlungen, **3.15**
fünf Stufen der Verwirklichung des, 13.5
Gāyatrī-mantra als Klanginkarnation des, 10.35
als Gegenteil von Materie, 2.72
Gesamtheit der Materie als, **14.3,** 14.3
als grundlegende Natur höchsten Glücks, **14.27**
Kṛṣṇa als Ursprung des, S. 13, 4.11, 5.17, 7.4, 11.39, **13.13, 14.27**
Lebewesen (*jīvātmā*) als, S. 5, **6.27, 7.29,** 8.1, **8.3,** 8.3, 13.13, 18.55
materielle Welt als Manifestation des, 5.10, 14.3
Opfer im Feuer des, **4.25**
dem persönlichen Aspekt untergeordnet, 5.17, 7.10, 10.2
reiner Gottgeweihter als, **5.19, 6.27, 7.29**
als das Unmanifestierte, **12.1, 12.3, 12.5**
verglichen mit Para-brahman, 7.10, 8.3
als *vijñāna-brahma* und *ānanda-brahma,* 13.13
Viṣṇu als Aspekt des (Theorie der Māyāvādīs), 17.4
als Ziel der Weisen im Lebensstand der Entsagung, **8.11,** 8.11
Siehe auch: Brahma-jyotir
Brāhmaṇa(s)
definiert, 2.7, 4.13, 10.4–5
Eigenschaften der, **18.42**
als Empfänger von Spenden, 10.4–5, 17.20
in der Erscheinungsweise der Tugend, 7.13, 9.32, 14.6, 18.47
Geburt in einer Familie von, 6.41, 6.43
ist gewaltlos, 3.35
höchste Befreiung für, **9.33**
vom Höchsten verschlungen, 11.32
als Kopf des Höchsten Herrn, 7.23
Kṛṣṇa als Freund der, 14.16
aus Kṛṣṇas Energie geboren, 10.6
Schutz der, als wahrer Fortschritt, 14.16
als spiritueller Meister der Gesellschaft, 16.1–3
als spiritueller Meister ungeeignet, wenn er kein Vaiṣṇava ist, 2.8
als *tri-vedī,* 9.20
unangenehme Pflichten auch für, 18.47, 18.48
Verehrung der, als Entsagung in bezug auf den Körper, **17.14**
Brahmaṇaḥ pathi, **6.38,** 6.38
Brahma-nirvāṇa
als Befreiung im Höchsten, **5.24, 5.25, 5.26**
definiert, **2.72,** 2.72, 5.26, 5.29
Brahma puccham, (fünf Stufen der Brahman-Verwirklichung), 13.5
Brahma-saṁhitā. Siehe: Quellennachweis
Brahmavādī
definiert, S. 25
erreicht das Brahman, **8.11, 8.24**
ist indirekt Kṛṣṇa-bewußt, 5.6, 6.10, 12.3–4
verehrt das Höchste Brahman, **4.25,** 4.25, **17.24**

versteht den ersten Aspekt der Absoluten Wahrheit, 2.2, 7.3, 10.15, **12.3**–4, 14.27
Siehe auch: Unpersönlichkeitsanhänger
Brahma-yoga, **5.21**, 5.21
Bṛhaspati, **10.24**
Buddha
als Inkarnation Kṛṣṇas, 4.7
erschien, um Tieropfer zu beenden, 4.7
Buddhismus
glaubt nicht an getrennte Existenz der Seele jenseits des Körpers, 2.26
nirvāṇa gemäß, 2.72
Buddhi-yoga
als Befreiung von Reaktionen, 3.3
definiert, **2.39**, 2.39, **2.49**, 2.49, 2.51, 3.2, 3.3, 10.10
als hingebungsvoller Dienst, 2.39, 2.49, 5.1, 10.10, **18.57**
nicht Untätigkeit, 3.1
nicht verschieden von *bhakti-yoga,* 2.39, 2.51, 5.1, 10.10
als wahre Intelligenz, **10.10**

C

Caitanya Mahāprabhu
erkannte Haridāsa Ṭhākura als *nāmācārya* an, 6.44
Barmherzigkeit von, 4.8, 18.54
als Beispiel für vollkommene Entsagung, 6.1, 16.1–3
beschreibt die Pflanze der Hingabe, 10.9
Chanten empfohlen von, 2.46, 6.34, 8.11, 13.26, 16.24
definiert Ruhm, 10.4–5
definiert spirituellen Meister, 2.8
definiert *svarūpa,* S. 19
empfiehlt Duldsamkeit, 8.5
erließ strikte Regeln für den Umgang mit Frauen, 16.1–3
als großmütigster Wohltäter, 11.54
als Inkarnation Kṛṣṇas im Kali-yuga, 4.8
als Kṛṣṇas hingebungsvolle Form, 3.10
von Prakāśānanda kritisiert, 2.46, 10.11
prophezeit weltweite Verbreitung des *saṅkīrtana,* 4.8
saṅkīrtana-yajña eingeführt von, 3.10, 3.12, 4.8, 10.11
nahm *sannyāsa* an, 2.15
in der Schülernachfolge, S. 34
im *Śrīmad-Bhāgavatam* erwähnt, 3.10, 4.8
tötet die Dämonen nicht, 4.8
verbreitete *bhāgavata-dharma,* 7.15
verkündete Philosophie des *acintya bhedābheda-tattva,* 7.8, 18.78
als wahrer Führer der Gesellschaft, 7.15
warnt vor Māyāvādīs, *xvi,* 2.12
„Wo immer Du bist, dort ist Vṛndāvana", 8.14
Cakras, Meditation über, 8.10
Cāṇakya Paṇḍita, angeführt, 1.40
Caṇḍāla, 2.46, 9.32
Cāturmāsya, 4.28
Chanten der Heiligen Namen
als Beginn des hingebungsvollen Dienstes, 9.20
Beschäftigung von Ohr, Zunge und Geist durch, 8.8, 13.8–12
in Einsamkeit, nicht empfohlen, 3.1, 4.15
als einziger Weg der Befreiung im Kali-yuga, 6.11–12, 8.11
Erdulden aller Schwierigkeiten beim, 8.5, 8.27
Erhebung in die spirituelle Welt durch, 8.7, 8.13, 8.19, 8.27, 9.25
auf der Gebetskette, 9.27
im gegenwärtigen Zeitalter empfohlen, 2.46, 3.10, 3.12, 4.8, 6.34, 8.11, 8.13, 9.27, 13.26, 16.1–3, 16.24
für innere Reinheit, 13.8–12, 16.7
im Kreis der Familie, 13.8–12
Kṛṣṇa tanzt auf der Zunge beim, 12.8
als mystische Meditation, 8.8
als Pflicht des brahmacārī, 4.26, 8.11
als regulierendes Prinzip, 12.9
ununterbrochen, **9.14**, 9.27, 9.31
über alle vedischen Rituale erhaben, 2.46, 6.44
Verbreiten des, 9.2
Vollkommenheit durch, 2.46, 6.44, 8.14, 8.19, 9.27
als Vorgang des Bewässerns der Pflanze der Hingabe, 10.9
als Vorgang des *bhakti-yoga,* 8.14, 14.27
während der Ausführung seiner Beschäftigung, 12.6–7
Siehe auch: Japa; Saṅkīrtana-yajña
Choṭa Haridāsa, 16.1–3
Citi-śakti, 6.20–23

D

Daityas, 10.3
Dämonen
befreit, wenn von Kṛṣṇa getötet, 11.55, 16.20
keine Befreiung für, **9.12**, **16.19**–20, 16.21, 17.5–6
Bemühungen der, zum Scheitern verurteilt, **9.12**, **16.23**
als Daityas, 10.30
Eigenschaften der, **16.4**, 16.4, **16.6**–7, **16.10**–18, **17.5–6**
Entsagung der, **17.5**–6, 17.19
fliehen beim Anblick der universalen Form, **11.36**
fördern das Schlachten von Tieren, 16.9
als Gefahr für die Welt, **16.9**, 16.9, 16.16
im Gegensatz zum Gottgeweihten, 4.3, 4.4, **9.11**–12, 16.1–3, **16.6**, 16.6
genießen Gottes Eigentum, 4.2
glauben nicht an *karma,* 16.11–12, 16.16
halten Leben für ein Produkt von Materie, 2.26, 16.8
handeln launenhaft, 16.4, 16.6, 16.17, **16.23**
heuchlerische Religion der, 16.4, 16.10, 16.16, 16.17
höllische Lebensformen Bestimmung der, 9.12, **16.16**, **16.19**–20, **16.21**
als Kommentatoren der *Gītā,* 4.3
von Kṛṣṇa getötet, 4.8, 8.2, 16.20
können Kṛṣṇa nicht verstehen, 4.3, 4.4, 4.5, **7.25**, **10.14**–15
können Kṛṣṇas Lobpreisung nicht ertragen, 11.36
lästern die wahre Religion, **16.18**
durch Lust verwirrt, **16.10**–12, **16.18**, **17.5–6**
mißachten die Schriften, 16.4, 16.6, 16.7, 16.18, **16.23**–24, **17.5**–6
sind neidisch auf die Höchste Persönlichkeit Gottes, 7.15(4), 7.27, 9.1, 9.34, **16.18**, 16.18, **16.19**
Philosophie der, **16.8**, 16.8, **16.11–12**
Rāvaṇa als bestes Beispiel für, 16.16
als religiöse Reformatoren und Inkarnationen, 16.17
Sterbender, der länger leben wollte, als Beispiel für, 16.11–12 Śukrācārya als spiritueller Meister der, 10.37
Verehrung der, als Verehrung in Leidenschaft, **17.4**
verneint Gottes Existenz, **16.8**, **16.18**
Siehe auch: Asuras; Atheisten; Materialisten.
Daivī prakṛti, **9.13**, 9.13
Dāsya-bhakta, 8.14
Demut
definiert, **13.8**–12
als göttliche Eigenschaft, 16.1–3
Denken. *Siehe:* Geist
Denken, Fühlen und Wollen, 18.18
Designationen. *Siehe:* Bezeichnungen.
Deva(s)
definiert, 17.1
im Gegensatz zu den asuras, 16.1–3

Geweihte Viṣṇus als, 11.48
Siehe auch: Halbgötter
Devakī, Kṛṣṇas Mutter, 4.8, 7.24, 9.11, 10.3, 10.8, 11.50, 11.52, 11.53
Devala, als große Autorität, S. 5, 7.15, **10.13,** 18.62
Dharma
definiert, S. 18, 4.8, 9.2
Siehe auch: Pflicht(en); *Sanātana-dharma;* Wesensgemäße Stellung
Dharma, artha, kāma, mokṣa. Siehe: Religion (und wirtschaftliche Entwicklung, usw.)
Dharma-kṣetra, 1.1
Dhīra, definiert, 2.13
Dhṛṣṭadyumna, 1.3, 1.4, **1.17**
Dhṛtarāṣṭra
in Angst um seine Söhne, 1.1
ist blind, 1.2
seine Rolle im *Mahābhārata, xi-xiii*
als Ursache des Krieges, 1.16–18
Dhruva Mahārāja, 18.71
Dhyāna-yoga
definiert, 6.3
Fortgeschrittener im, muß untätig sein, **6.3**
Haushälter ausgeschlossen von, 6.13–14
Neuling im, muß tätig sein, **6.3**
als Teil der *yoga*-Leiter, 6.3
ohne Sinneskontrolle erfolglos, 6.13–14
Überseele wahrgenommen durch, **13.25**
Voraussetzungen für, **6.10**–18
zwei Arten von *samādhi* in, 6.20–23
Dṛḍha-vrata, **7.28,** 7.30, **9.14**
Draupadī
von Dhṛtarāṣṭras Söhnen beleidigt, *xii,* 11.49
Söhne von, auf dem Schlachtfeld, **1.6, 1.18**
als Frau der Pāṇḍavas, *xii,* 1.3
Droṇa (Droṇācārya)
als Beispiel für großmütigen *brāhmaṇa,* 1.3
gezwungen, Duryodhana zu unterstützen, 1.11, 2.5
machte sich schuldig, 11.49
als militärischer Lehrer, *xii,* 1.2
als Stütze von Duryodhanas Heer, 18.78
Tod von, von Kṛṣṇa bereits bestimmt, **11.34**
in der universalen Form, **11.26**
Drupada, **1.3–4, 1.18**
Dualität
entsteht aus Zweifel, **5.25**
Freiheit von, **2.45, 2.50,** 2.58, **4.22**–23, **5.3, 15.5.** *Siehe auch:* Gleichmut
für Gottlose schwierig zu überwinden, 7.28
aus Illusion entstanden, 7.27
im Kṛṣṇa-Bewußtsein transzendiert, 2.38, 2.41, 2.57, 4.22, 5.12
Kṛṣṇa jenseits aller, 4.6, 5.17, 9.9
Lebewesen verwirrt von, **7.27,** 7.27
als Ursache aller Sorgen um Ergebnisse, 5.12
Duldsamkeit, **2.14**–15, **10.4–5, 12.13–14, 13.8**–12, **18.42**
Durvāsa Muni, 2.60, 2.61
Duryodhana
als ältester Sohn Dhṛtarāṣṭras, *xi*
lehnte Friedensangebote ab, *xii-xiii,* 1.22, 3.20, 11.47
zur Niederlage verurteilt, 1.9, 1.12
sah Kṛṣṇas universale Form, 11.47
wendet sich an Droṇa, **1.2–11**
Duṣkṛtām, 4.8
Duṣkṛtinaḥ, definiert, **7.15,** 7.15
Dvāpara-yuga
Dauer des, 4.1, 8.17
Kṛṣṇa erscheint am Ende des, 4.7
Merkmale des, 8.17

E

Ehe
im Kali-yuga, 16.7, 18.38
Scheidung der, 18.38
Sexualität beschränkt auf, 3.34, 4.26, 17.14
für spirituellen Fortschritt, 18.5, 18.7
Zweck der, 7.11, 10.28, 16.1–3
Siehe auch: Gṛhastha
Eigentum. *Siehe:* Besitz
Ekādaśī, 9.14, 11.54
Eka eva paro viṣṇuḥ, 6.31
Elektrizität, **15.6**
Eltern, Verehrung der, 9.17, **17.14**
Elemente, materielle
acht, Liste der, **7.4,** 7.5
Entstehung der, 2.28
fünf grobstoffliche, als *mahā-bhūtas,* **13.6**–7
vierundzwanzig verschiedene, S. 14, 7.4, 13.6–7, 13.25, 15.1
Energie, marginale
Lebewesen als, 6.2, 8.3, 8.8, 9.13, 9.17, 13.23, 18.78
Energie, materielle
als abgesonderte Energie, **7.4**
acht Elemente der, **7.4**
als bedecktes *brahma-jyotir,* 4.24
bewegt sich unter göttlichem Willen, 7.14, **9.10,** 9.10
als Brahman, **14.3**
als göttliche Energie, **7.14,** 7.14
grobstoffliche und feinstoffliche, 7.5, 13.6–7, 13.35
als Hintergrund, 18.46
Kṛṣṇas Beziehung zur (verglichen mit dem Riechen einer Blume), 9.10
als *mahad brahma,* 14.3
vor der Schöpfung nicht manifestiert, 2.28
in spirituelle Energie umgewandelt, 3.17, **4.23**–24, 17.26–27
von spiritueller Energie bewegt, 7.5, 7.6, **13.27,** 13.27, **14.3**
überwunden durch Hingabe zu Kṛṣṇa, 7.5, **7.14**
unterschieden von spiritueller Energie, **2.16,** 2.16, 4.24
nicht die Ursache der Schöpfung, 10.20, 14.3
verglichen mit Schatten, 7.15
als verzerrte Reflexion der inneren Energie, S. 23, 18.46
Siehe auch: Elemente, materielle; *Māyā;* Welt, materielle
Energie, spirituelle
als *cit-śakti,* 6.20–23
als Grundlage der Materie, 7.5, 7.6, 13.27
als *parā-prakṛti,* S. 9, **7.5**
unterschieden von Materie, **2.16,** 4.24, 8.20
als unmanifestierte Natur, S. 24, **8.20**
Siehe auch: Brahman; Seele, spirituelle; Welt, spirituelle
Entsagung
definiert, **5.3, 6.2,** 10.3, 10.4–5, **18.2, 18.11,** 18.49
Arjunas Fragen bezüglich, **5.1, 18.1**
besser als Meditation, **12.12**
als Eigenschaft der *brāhmaṇas,* **18.42**
entsprechend den Erscheinungsweisen, **18.4, 18.7**–9
falsche, 2.63, **3.6,** 5.2, 6.10, **18.7**–8
als Fülle Kṛṣṇas, 18.78
Glück nicht erreicht durch bloße, **5.6**
der Gottgeweihten und Māyāvādīs, 2.63, 5.2
als göttliche Eigenschaft, **16.1**–3
heuchlerische, **3.6**
von Kṛṣṇa geschaffen, **10.4–5**
nicht dasselbe wie Untätigkeit, 3.1, **3.8,** 3.18, 4.15, **5.1**–6
obwohl einem nichts gehört, 5.2
ohne Kṛṣṇa-Bewußtsein erfolglos, 3.4, 5.2, 5.6, 6.10, 11.48, 17.28
richtige, 5.2, 6.10, **12.17,** 13.8–12, 18.49
richtige, als *sannyāsa-yoga,* 6.2, **9.28**
Safrangewand nicht ausreichend für, 15.6
als *tapasya,* 11.48
Verankertsein in, **5.3**

Vollkommenheit der, 2.63, 5.2, 6.2, **9.28**
Vollkommenheit durch, **18.49**
Vollkommenheit nicht erreicht allein durch, **3.4,** 5.6, **11.48, 11.53**
Siehe auch: Tapasya
Entschlossenheit
Abwesenheit von, **2.44, 18.28**
Aufforderung zu, **2.37**
in der Ausübung von *yoga,* **6.24**
als *dṛḍha-vrata,* **7.28,** 7.30, **9.14**
als Eigenschaft der *kṣatriyas,* **18.43**
bei Erfolg und Mißerfolg, 2.56
entsprechend den Erscheinungsweisen, **18.33**–35
beim Fällen des Banyanbaumes, **16.3–4**
als förderliches Prinzip im *bhakti-yoga,* 6.24
als göttliche Eigenschaft, **16.1**–3
im Kṛṣṇa-Bewußtsein, 2.15, **2.41,** 2.56, **7.28, 9.14, 9.30, 12.13–14,** 13.8–12, **18.26, 18.33**
Sperling als Beispiel für, 6.24
Erde (Element)
als eine der abgesonderten Energien, **7.3**
als eines der *mahā-bhūtas,* 13.6–7
Kṛṣṇa als ursprünglicher Duft der, 7.9
aus Wasser entstanden, 2.28
Erde (Planet)
als Bhārata-varṣa, 6.43
als Feld der Tätigkeiten, 15.2
als Ilāvṛta-varṣa, 6.43
als *martya-loka,* Planet des Todes, **9.21**
Erscheinungsweisen der materiellen Natur (guṇas)
Befreiung von den, **4.23, 7.14, 14.19,** 14.19, **14.22**–25, **14.26,** 17.2
kämpfen um Vorherrschaft, **14.10**
als Kṛṣṇas Energie, S. 9, **7.12**
Kṛṣṇa unberührt von, 7.12, **7.13,** 13.5, **13.15, 14.19**
vom Lebewesen genossen, **13.22**
Lebewesen bedingt durch, **3.5, 3.27**–29, **14.5, 14.9,** 18.19, **18.40**
Lebewesen seit ewigen Zeiten bedingt durch, 17.3
Einteilungen der Gesellschaft gemäß, **4.13,** 7.13, 9.32, **18.41,** 18.48
materielle Welt als Manifestation der, 5.10, **14.5**
als Produkt der materiellen Natur, **13.20**
als Thema der Veden, **2.45**
Überseele als Herr der, 13.13, **13.15**
unmanifestierter Zustand der, 13.6–7
als Ursache aller Handlungen, **3.5, 3.27, 5.14,** 14.5, **14.19,** 14.19
Essen
nur bei Anweisung des spirituellen Meisters, 8.28
Einschränkung des, **4.29**
Mäßigkeit beim, **6.16**–17, **18.51**–53
Sinnesbeherrschung bei, durch *prasādam,* 4.29, 6.17
sündhaft, wenn für Sinnengenuß, **3.13**–14, 6.16, 18.7
unvermeidlich, 2.63, 18.7
Siehe auch: Nahrung; *Prasādam*

F

Falsches Ego (*ahaṅkara*)
definiert, S. 11–12, 3.27, 13.8–12
angenommen aufgrund von lustvoller Intelligenz, 3.40
bedingte Seele verwirrt durch, **3.27,** 7.27, 15.7, 18.58
Dämonen verwirrt durch, **16.18**
Entsagung unter dem Einfluß von, **17.5–6**
Freiheit von, **2.71,** 5.11, **12.13–14, 13.9, 18.17, 18.26, 18.51**–53
im Gegensatz zu wahrem Ego, 13.8–12
Handlung unter, in Leidenschaft, **18.24**
Handlung unter, als Ursache allen Leids, **18.58**
als „ich" und „mein", 7.4
als Identifikation mit Materie, 7.5, 7.27
als Intelligenz in Unwissenheit, 13.6–7
verursacht die Denkweise, man sei der Handelnde, **3.27, 18.17,** 18.17
Familie
Anhaftung an, 2.9, 2.15, 6.1, 14.7, 14.12
Anhaftung an, aufgrund von „Hautkrankheit", 2.7
Freiheit von Pflichten gegenüber, 1.41, 2.15, 2.38, 9.16
Freiheit von Verstrickung in, **13.8–12**
vier Prinzipien für angenehmes Leben in der, 13.8–12
Wichtigkeit der, 1.39, 3.23
Zerstörung der, **1.41**
Fasten
an Ekādaśī, 9.14, 11.54
falsches, 10.4–5, 17.5–6
für Fortschritt im Kṛṣṇa-Bewußtsein, 10.4–5, 14.27
an Janmāṣṭamī, 9.14, 11.54
Feuer
als eine der abgesonderten Energien, **7.4**
als eines der *mahā-bhūtas,* 13.6–7
als Gnade Kṛṣṇas, 15.12
Kṛṣṇa als, **9.16, 10.23, 11.39, 15.12, 15.14**
Kṛṣṇa als Hitze im, **7.9**
Lebewesen im, 2.24, 14.4
von Luft erzeugt, 2.28
Lust verglichen mit, **3.39**
von Rauch bedeckt, verglichen mit Fehlern, die jede Tätigkeit begleiten, **18.48**
von Rauch bedeckt, verglichen mit Lust, **3.38**
als das reinste aller Elemente, 18.48
der Verdauung, 7.9, **15.14**
universale Form als, **11.39**
der Vernichtung, 10.33
Wissen verglichen mit, **4.37**
Fleisch
kann Kṛṣṇa nicht geopfert werden, 9.26
als Opferung zu Kālī, 3.12
Produktion von, indirekt auch von yajñas abhängig, 3.14
als unberührbares Nahrungsmittel, 17.10
Siehe auch: Tiereschlachten
Frauen
alle außer der eigenen als Mutter angesehen, 3.34
Befreiung möglich für, obwohl von niederer Geburt, S. 31, **9.32**
für Dämonen Genußobjekt, 16.10
falsche Freiheit der, 1.40, 16.7
gute Eigenschaften der, als Repräsentation Kṛṣṇas, **10.34,** 10.34
nicht sehr intelligent und nicht vertrauenswürdig, 1.40
Schutz für, auf jeder Lebensstufe, 16.7
strikte Regeln für den Umgang mit, 16.1–3
Friede
durch Entsagung, **2.70, 4.39, 12.12, 18.51**–53
erlangt durch die Sicht der Überseele, 2.12, 15.17
in der Erscheinungsweise der Leidenschaft unmöglich, **2.66,** 14.17
Formel für, 5.29
als Gebet der Weisen an die universale Form, **11.21**
durch Hingabe zu Kṛṣṇa, **5.12, 18.62**
durch Kṛṣṇa-Bewußtsein erreicht, 2.8, 2.66, 5.29, 14.17
durch *saṅkīrtana-yajña,* 3.13
als śānti, **2.66, 2.70, 2.71, 4.39, 5.12, 5.29, 6.15, 6.27, 12.12, 16.2, 18.53, 18.62**
durch transzendentale Intelligenz, **2.66**

durch transzendentales Wissen, **4.38**–39, 5.29
durch Ungestörtheit gegenüber Wünschen, **2.70**–71, **5.12**
Vollkommenheit des, **4.39**
als Ursache für Glück, **2.66**
Fruchtbringende Tätigkeiten
definiert, S. 9, **4.17**–20, 5.2, **8.3**
Arjunas Frage bezüglich, **8.1**
Aufgeben von, **4.20**
ohne *bhakti* nur Zeitverschwendung, 6.46
der Dämonen, nutzlos, **9.12**
Erhebung zu Kṛṣṇa-Bewußtsein durch, 3.26
Lebewesen in *rajo-guṇa* bedingt durch, **14.7, 14.9, 18.24**
schnelle Ergebnisse durch, **4.12**
in den Veden, 2.42–43, 2.45, 2.46, 3.26
als Verunreinigung, **11.55**
verursachen Bindung, 3.9, 5.2
Siehe auch: Karma (Tätigkeit); *Karma-kāṇḍa;* Tätigkeiten
Furchtlosigkeit
durch Befolgen der *Bhagavad-gītā,* S. 31
als Eigenschaft der *kṣatriyas,* **18.43**
des Gottgeweihten, 1.19, **2.56, 4.10, 10.4**–5, **16.1**–3, **18.66**
Kṛṣṇa-Bewußtsein als Ebene der, 2.71, 5.12, 5.29, 6.13–14
als *vigata-bhīḥ,* **6.13**-14
durch *yoga,* **5.27**-28

G

Gāṇḍīva-Bogen, **1.29**
Ganges, S. 32, 6.11–12, **10.31**
Gañjā (Marihuana), 3.24
Garbhādhāna-saṁskāra, 16.1–3
Garbhodaka-śāyī Viṣṇu
Brahmā geboren von, 11.37, 15.3–4
geht in alle Universen ein, 7.4, 9.8
liegt auf Vāsuki, 11.15
als *puruṣa-avatāra,* 7.4, 10.20, 10.32
Garuḍa, 6.24, **10.30**, 12.6–7
Gautama, 9.2
Gāyatrī-mantra, **10.35**, 10.35
Geist (Gedanken, Verstand)
definiert, 3.40, 6.5
Ausgeglichenheit des, **2.56–**57, **5.19, 17.16**
Beherrschung des, **4.21, 5.7,** 8.7, **10.4**–5, 13.29
Beherrschung des, Erfolg garantiert durch, **6.36**
Beherrschung des, als Pflicht des brahmacārī, 4.26
unter dem Einfluß von falschem Ego, 6.5
Entsagung aller Tätigkeiten im, **5.13, 6.20–23**
Entsagung in bezug auf, **17.16,** 17.16
Erniedrigung durch, vermieden, **13.29**
als Feind oder Freund, **6.5**–6, 15.7
gefestigter, **2.55, 5.17, 5.19, 6.15, 6.25, 8.10, 8.12, 18.33, 18.51**–53
gefestigter, als *sthira-buddhi,* 5.20
gestärkt durch Intelligenz, 3.42, **3.43, 6.25**
der Intelligenz untergeordnet, **3.42,** 6.34
unter der Kontrolle des Selbst, **6.26**
als Kṛṣṇas Repräsentation, **10.22**
auf Kṛṣṇa gerichtet, **5.17, 6.27, 7.1, 8.7**–8, 8.12, **9.28, 9.34, 12.6–7, 12.8, 12.13–14, 18.65,** 18.65
muß gezwungen werden, an Kṛṣṇa zu denken, 8.8
rastlose Natur des, **6.26, 6.33**–36, 8.8
nur auf das Selbst gerichtet, **6.25**
Sinne beherrscht durch, **6.24**
stärker als der Wind, **6.34,** 6.34
Störung des, bei Ziellosigkeit, 2.66
trägt die Seele zum neuen Körper, 8.24
auf die Überseele gerichtet, **6.19, 8.12,** 8.12, **13.29**
unzufrieden bei Gedanken an Sinnengenuß, 17.16
verglichen mit Licht an windstillem Ort, **6.19**
verglichen mit Zügel, 6.34
als Wohnstätte der Lust, **3.40**
Wunschvorstellungen des, als Ursache von Sinnesbegierden, **2.55**
zum Zeitpunkt des Todes, 8.2, 8.10
als Zentrum der Sinne, **13.6**–7, **15.7, 15.9**
Zufriedenheit des, im Selbst, **2.55, 17.16**
Geister
befreit durch *prasādam*-Opferungen, 1.41
in feinstofflichen Körpern, 1.41
Verehrung der, als schwarze Magie, 9.25
Verehrung der, als Verehrung in Unwissenheit, **9.25, 17.4**
verschiedene Arten von, 9.25
Gesellschaft, moderne
Chaos in der, 1.42
ebnet sich den Weg zur eigenen Verdammung, 14.6
falsche Freiheit für Frauen in der, 1.40, 16.7
fortgeschritten in der Erscheinungsweise der Leidenschaft, 14.7
trotz Fortschritt kein Friede, 2.8, 14.17
als Gesellschaft von Dieben, 3.12
Grundlagen für Frieden in, 1.40, 3.14, 3.24, 5.29
leidet aufgrund des Vergessens von Kṛṣṇa, 5.25
Mängel der, 16.24
muß sich dem Kṛṣṇa-Bewußtsein zuwenden, 14.6, 14.17
Sinnenbefriedigung als höchstes Ziel der, **16.11**–16
spezieller *Gītā*-Vers für die, **13.26,** 13.26
unverantwortliche Führer in der, 1.42
kein Wissen über Philosophie in, 13.26
Wohlstand der, abhängig von *yajña,* 3.16
Siehe auch: Varṇāśrama-dharma
Gewalt
Bestehenlassen von Unwissenheit als, 13.8–12
Ewigkeit der Seele rechtfertigt nicht, 2.27, 2.30
für höheres Ziel, 2.19, 2.27, 5.7, 16.5
Notwendigkeit von, 3.20
Richtige Anwendung von, 2.21, 2.30
Gewaltlosigkeit (*ahiṁsā*)
definiert, **10.4**–5, **13.8**–12, **16.1**–3
als Anweisung der Veden, 2.19
von Buddha gepredigt, 4.7
als diplomatische Taktik, 2.31
als Entsagung in bezug auf den Körper, **17.14**
als moralisches Prinzip, 3.29
als persönliche Anhaftung, 3.19
auf dem Schlachtfeld, als Philosophie der Narren, 2.32
auch gegenüber Tieren, 2.19, 16.1–3
Verbreiten von transzendentalem Wissen als, 13.8–12
Gier, als Tor zur Hölle, **16.21**–22
Gītādhyāyana-śīlasya, S. 31
Gītā-māhātmya, S. 31–33, 1.1
Gītopaniṣad, S. 2, S. 32, 2.29, 10.14
Glauben (*śraddhā*)
definiert, 2.41, 4.39, 9.3, 17.3
als Anfangsstufe im hingebungsvollen Dienst, 4.10, **18.71**
in der Ausübung von *yoga,* **6.24**
entsprechend den Erscheinungsweisen, **17.2**–3
entsteht durch Gemeinschaft mit Gottgeweihten, 9.3, 17.28
auf den Höchsten gerichtet, **5.17**
auf der Stufe transzendentalen Wissens, 4.33, **4.39**
Tätigkeiten ohne, sind nutzlos, **17.28**
durch Überseele gestärkt, **7.21**–22
Vollkommenheit von, 2.41

als wichtigster Faktor des Fortschritts im Kṛṣṇa-Bewußtsein, 4.39, 9.3, **12.2, 12.20**, 17.28, 18.67, 18.71
Gleichgültigkeit
hingebungsvoller Dienst frei von, 2.47, 2.52, **3.30**, 18.26
als Zeichen von Unwissenheit, 18.19
Gleichmut
beim Anblick von Steinen und Gold, **6.8, 14.22–25**, 18.54
in Beziehung zu Freund und Feind, **6.9, 14.22**–25
als Freiheit von Anhaftung und Ablehnung, **2.48, 5.20**, 10.4–5, **14.22**–25, **18.10, 18.23, 18.51**–53
gegenüber den dreifachen Leiden, **2.56**
gegenüber Glück und Leid, **2.14, 2.15, 2.38, 2.56**–57, **6.7, 6.32, 12.13–14, 12.15, 12.17, 12.18–19, 13.8**–12, **14.22**–25, **15.5, 18.26**
gegenüber Sieg und Niederlage, **2.38, 2.48, 12.18–19**
der Geistes, **5.19**
als göttliche Eigenschaft, **16.1**–3
von Kṛṣṇa geschaffen, **10.4–5**
als Merkmal eines Menschen, der Kṛṣṇa sehr lieb ist, **12.13**–14, **12.18**–19
als Merkmal eines Menschen in transzendentaler Stellung, **5.19**–20, **14.22**–25, **18.54**
als *yoga,* **2.48**
Glück
definiert, 10.4–5
durch die Schlacht, von Arjuna angezweifelt, **1.31, 1.32, 1.36, 1.44**
Brahman als Grundlage des, **14.26**
für Dämonen keine Möglichkeit zu, **4.40, 9.12, 16.23**
durch bloße Entsagung nicht erreicht, **5.6**
entsprechend den Erscheinungsweisen, **18.36**–39
von Frieden abhängig, **2.66**
Gleichmut gegenüber. *Siehe:* Gleichmut
durch die grundlose Barmherzigkeit des Herrn, **2.64–65**
im Innern, **3.17, 5.21, 5.24, 6.20–23**, 18.49
von Kṛṣṇa geschaffen, **10.4**
der *kṣatriyas,* **2.32**
Lebewesen abhängig in seinem, 5.14
Lebewesen in *sattva-guṇa* bedingt durch, **14.6**
und Leid, als Wechselwirkung des Tätigkeitsfeldes, **13.6**–7
in der materiellen Welt, verglichen mit Luftspiegelung, S. 23
durch Nahrung in Tugend, **17.8**
nicht durch materiellen Reichtum erlangt, **1.31, 1.36**, 2.43, **5.22**, 14.17
ohne Opfer keine Hoffnung auf, **4.31**
als *prasanna,* **2.65, 18.54**
durch Sinnesbeherrschung, **2.59, 2.70, 4.39, 5.13, 5.21, 5.23**–24, **6.20–23**, 6.26
spirituelles, im gegenwärtigen Körper, **14.20**, 14.20, 18.54
transzendentales, (*sukha*), **2.66, 5.3, 5.13, 5.21, 5.23, 5.24, 6.21, 6.27, 6.28, 9.2**
durch Zweifel zerstört, **4.40**
Gnade. *Siehe:* Barmherzigkeit
Go-dāsa, 6.26
Goloka Vṛndāvana (Kṛṣṇaloka)
Beschreibung von, S. 21, 8.21
erreicht durch reine Liebe zu Kṛṣṇa, 8.28
erreicht durch vollkommenes Verständnis von Kṛṣṇa, 6.15, 7.30, 8.13, 9.34
in der *Gītā* nur kurzer Hinweis auf, 8.21
als höchster Planet in der spirituellen Welt, S. 22, 8.21, 11.55, 15.6
keine Rückkehr von, **8.15, 8.21, 9.25, 15.6**
als Kṛṣṇas persönlicher Aufenthaltsort, 9.11, 8.21, 8.22, 15.8
nicht verschieden von Kṛṣṇa, 8.21
als Quelle allen Lichts, 15.6
nur vom reinen Gottgeweihten erreicht, 7.29, 8.15, 9.25, 11.55, 18.56
voller spiritueller Glückseligkeit, 8.22
surabhi-Kühe auf, 8.21, 10.28
Vṛndāvana, Indien, als Ebenbild von, 8.21
als Ziel der Pflanze der Hingabe, 10.9
Siehe auch: Welt, spirituelle
Gopāla-tapānī Upaniṣad, als Teil des Atharva Veda, 10.8
Gosvāmī, definiert, 5.23, 6.26
Gott. *Siehe:* Absolute Wahrheit; Höchste Persönlichkeit Gottes; Kṛṣṇa, Śrī; Paramātmā; Viṣṇu.
Gottgeweihte(r)
immer aktiv, aber ohne Anhaftung, 3.19, **4.19**–24, **5.7**–12, 6.4, 6.31, 8.27, 9.28, 12.2, **18.56**
Arten von (vier), **7.16**–18, 7.29, 8.14, 9.15, 13.1–2
Arten von (die drei niedrigsten), **9.15**, 9.15
bedingte und wesensgemäße Tätigkeiten des, 9.30
als Beispiel für die Menschen, **3.20**–21, **3.25**, 3.26, **4.15**
bekommt von innen und außen Unterweisungen, 13.23, 18.58
bemüht sich nur um das Nötige, **4.21**–22, 12.16
besitzt wahre Handlungsfreiheit, 2.64, 18.58
besser als ein *yogī,* 6.32, 6.46
bringt niemanden in Schwierigkeiten, **12.15**
als Diener eines jeden, 5.7
als Diener im Namen des Höchsten Herrn, 18.57
Dienst zu den, 7.28, 13.26
Einheit des, mit Kṛṣṇa, 5.17, **6.27**, 6.30, 14.26, 14.27, 15.16, 18.54
als Empfänger von Spenden, 10.4–5, 11.54, 16.1–3, 17.20
erfährt höheren Geschmack, **2.59**, 2.62, 3.42, 5.21, 5.24
erhält Wissen von Kṛṣṇa im Herzen, 8.14, 9.1, **10.10**–11, 13.18, 15.15, 18.46
erreicht Kṛṣṇa durch dessen grundlose Barmherzigkeit, 7.14, 9.29, 10.2, **10.11**, 10.11, **11.4**, 11.4, **18.56, 18.58**
erstklassiger, zweitklassiger und drittklassiger, 9.3, 9.11
in Essen und Schlafen reguliert, **6.16**–17, **18.51**–53
Fehler eines, wie die Flecken auf dem Mond, 9.30
hat keine Feinde, **5.7**, 5.7, 11.55, 12.13–14, **12.18**–19
frei von Klagen, **2.11, 2.30, 5.20, 12.17, 18.54**
ist frei von schlechter Gemeinschaft, 6.10, **6.11**–12, **12.18**–19, 13.8–12, **15.5**, 15.5
frohlockt und klagt nicht, **2.56–57, 4.22, 5.20, 12.17, 12.18–19**, 18.54
im Gegensatz zum Dämon, 4.3, **9.11**–13, 16.1–3, **16.6**, 16.6
im Gegensatz zum Materialisten, 3.16, 3.25, 3.27, 5.12
im Gegensatz zum Unpersönlichkeitsanhänger, 2.63, 4.18, 5.6, 7.24, **12.1**, 12.1, 18.54
gleichzeitig *sannyāsī* und *yogī,* 6.2, 10.3, 18.49
hat göttliche Sicht, 11.48
als größter Wohltäter, 5.25, 6.32, 7.28
gütiger als der Herr, 3.29
als Halbgötter, 11.48
alles für den hingebungsvollen Dienst Förderliche angenommen von, 6.10, 10.4–5, 18.6, 18.8
kennt richtigen Gebrauch der Dinge, 2.21, 6.10

konzentriert sich nur auf Kṛṣṇa, nicht einmal auf Seine anderen Formen, 18.65
wird kṛṣṇaisiert, 12.8
Kṛṣṇa nur von ihnen richtig verstanden, **7.30,** 10.2, **13.19**
von Kṛṣṇa persönlich befreit, **12.6–7,** 18.46, 18.58
allen Lebewesen freundlich gesinnt, **5.25,** 6.32, **11.55, 12.13–14, 18.54**
predigt überall, 3.29, 6.32, 7.28, 9.25, 18.71
Pseudo-, 3.6, 3.24, 3.33, 18.67
als *sādhu,* 4.8, 17.26–27
als *sādhu,* selbst wenn er eine abscheuliche Tat begeht, **9.30**
ist sauber, 12.16, **13.8**–12, **17.14**
ist schweigsam, **12.18**–19, 17.16
Seltenheit eines, 2.29, **7.3, 7.19,** 7.26, 10.3, 10.9, 12.13–14
sieht in Leid die Barmherzigkeit des Herrn, 2.56, 3.28, 12.13–14
Tätigkeiten des, frei von Reaktionen, **2.39, 3.9, 3.13, 4.19**–24, 5.1, **5.7**–12, **9.28, 18.13**–15, **18.17,** 18.17, **18.49**
transzendiert Veden und *Upaniṣaden,* 2.52, 3.20, 9.28
unabhängig von anderen Lebewesen, **3.18, 4.20,** 4.22
ungestört trotz materieller Wünsche, 2.70
von unverhofften Ereignissen nicht berührt, 6.20–23
verehrt keine Halbgötter, 4.12, 4.25, 7.20, 7.22, 9.13
der Vergangenheit, Beispiel der, **2.51, 3.20, 4.10, 4.15,** 14.1
vergeht niemals, **6.40, 9.31**
verglichen mit einem Maschinenteil, 4.21
verglichen mit einem Tier im Besitz eines Meisters, 4.21
verglichen mit verheirateter Frau, S. 28
verherrlicht Kṛṣṇa unter allen Umständen, 11.36
verwirrt den Geist der Unwissenden nicht, **3.26, 3.29,** 3.29, 12.15, 17.15
kann wählen, welche Form des Höchsten Herrn er verehren will, 8.14, 14.26
durch Wünsche des Körpers nicht gestört, 2.70
Wünsche des, im Einklang mit Kṛṣṇas Wünschen, 4.21
ist wunschlos, 2.71, 7.18, 8.14
Zufriedenheit Kṛṣṇas das Ziel des, 3.35, 4.25, 9.22, 12.6–7, **17.26–27,** 18.57, 18.58
Siehe auch: Vaiṣṇava; Weise(r); *Yogī*

Gottgeweihter, reiner
hat automatisch alle guten Eigenschaften, 1.28, 2.55, 10.4–5, 12.18–19, 13.8–12
auf der befreiten Stufe, 5.11, 6.31, 9.1, 18.12
beherrscht Körper, Geist und Worte, **18.51**–53
beschützt von Kṛṣṇa, 4.8, 7.17, 8.23, **9.13, 9.22,** 9.22, 9.31, 9.34, 12.6–7, **18.56**–57
besitzt vollkommenes Wissen, **4.19**–21, 6.29, 6.32, 7.17, 7.18, **7.29**–30, 9.11, **9.13, 12.18–19, 13.19**
ist Brahman, **5.19, 6.27, 7.29**
chantet immer die Heiligen Namen, **9.14,** 9.14, 9.22, 10.9
denkt immer an Kṛṣṇa, 1.24, **6.27**–32, **6.47,** 8.14, 9.13, **9.22, 10.9, 12.8,** 18.58, 18.65
direkt vom Herrn gelenkt, 1.15, 2.48
Erlösung und Erhebung auf Goloka nicht das Motiv des, 11.55
folgt den Anweisungen der Überseele, 6.6, 6.7, 13.23, 18.13, 18.14, 18.17
ist frei von Pflichten, **3.17**–19, 3.20, 9.28
frei vom Wunsch nach Sinnenbefriedigung, **2.55, 4.19, 5.21, 6.2, 6.4, 6.18, 18.49**
ist furchtlos. *Siehe:* Furchtlosigkeit
Gemeinschaft mit, 4.10, 7.28, 7.30, 8.28, 9.2, 9.13, 9.32, 13.26, 18.36
hat gleiche Sicht, **5.18, 6.8–9, 6.29**–30, 7.15, **12.18–19, 13.29, 13.31, 14.22**–25, 18.20, **18.54**
grundlose Barmherzigkeit des, 2.29, 4.9, 4.28, 7.15, 9.32, 18.73, **18.75,** 18.75
handelt für das Wohl aller Lebewesen, **5.25,** 6.32
für seine Handlungen letztlich nicht verantwortlich, 2.48, 3.30, 18.14
als höchster Transzendentalist (*yogī*), S. 29, 2.2, 4.25, 5.26, 6.1, 6.10, 6.15, 6.32, **6.47, 7.17**–18, **8.15,** 8.15, 9.27, **12.2, 13.19, 15.19,** 18.66
im Innern verankert, **5.21, 5.24**–25, **6.8, 6.20–23, 10.3**
jenseits aller Kritik, 9.28
kann alles für Kṛṣṇa tun, 2.64, 3.35, 4.22, 6.4, 9.22, 14.22–25, 18.56
Kṛṣṇa als Diener des, 1.22, **9.22,** 9.29, 18.58
nur zu Kṛṣṇas zweiarmiger Form hingezogen, 9.13, 11.8, 11.54, 11.55, 18.65
als liebster Diener des Herrn, 6.32, **7.17**–18, **9.29, 12.13**–20, 18.56, **18.69**
macht sich von Kṛṣṇa abhängig, 2.48, 3.30, 4.20, 8.23, 9.28, 12.6–7, **18.57**
macht sich Sorgen in bezug auf Kṛṣṇas Dienst, 12.16
Pläne des, so gut wie Kṛṣṇas Pläne, 11.34
Pläne und Taten eines, können nicht verstanden werden, 9.28
riskiert sein Leben für Kṛṣṇas Dienst, 11.55, 12.17
schafft die Atmosphäre von Vṛndāvana, 8.14
sieht alle Lebewesen als Diener Gottes, 6.29, 18.54
sieht die Welt als Vaikuṇṭha, 18.54
sieht keine Unterschiede zwischen Materie und spiritueller Natur, 9.19
sieht Kṛṣṇa im Herzen eines jeden, 5.18, **6.29**–32, 9.11, 9.19, **13.29**
Überreste der Speisen von, 9.2, 17.10
verschwendet keine Sekunde, 6.17, 6.30, 7.18, 8.14, 9.22, 10.9, 12.2, 18.56
Zeitpunkt des Todes unwichtig für, 8.23, **8.27,** 8.27
Govardhana-Hügel, 3.24, 10.36
Gṛhastha (Haushälter)
Arjuna als, 3.8
als *brahmacārī* anerkannt, 6.13–14
50% seines Einkommens für die Verbreitung des Kṛṣṇa-Bewußtseins, 16.1–3
kann das höchste Ziel erreichen, 3.7
muß sich im Alter von fünfzig Jahren zurückziehen, 16.1–3
Sexualität eingeschränkt für, 4.26, 16.1–3
Wohltätigkeit, Sinnesbeherrschung und Opfer als Pflichten für, 8.28, 16.1–3
als zweite *āśrama*-Stufe, 4.26
Guṇa
in der Bedeutung von „Seil“, 7.14
definiert, 7.12, 13.15
Siehe auch: Erscheinungsweisen der materiellen Natur
Guru. Siehe: Spiritueller Meister

H

Halbgötter (*devas*)
definiert, 3.11, 3.12, 4.12, 4.25, 9.23, 16.6, 11.48
Arjunas Frage bezüglich, **8.1**
als „armselig“, 4.12

beteten zum ungeborenen Kṛṣṇa im Mutterleib, 11.52
von Dämonen verehrt, 16.17
unter dem Einfluß der Erscheinungsweisen, 2.62, **18.40**
erfreut durch *yajña* für Viṣṇu, 3.11, 9.23
für Gottgeweihte nicht anziehend, 4.12, 9.13
Gottgeweihte nicht verpflichtet gegenüber, 1.41, 2.38, 3.14, 4.12
können Kṛṣṇa nicht verstehen, 7.3, **10.2, 10.14, 11.52**
als Körperteile der Höchsten Persönlichkeit Gottes, 3.14, 7.21, 7.23
Kṛṣṇa als Beherrscher aller, 5.29, **7.30, 10.15, 11.37**
Kṛṣṇa als Ursprung der, **3.10, 10.2,** 10.6, 10.8
durch Opfer erfreut, **3.11**–12, 4.25
quirlten den Milchozean, 10.27
Segnungen der, abhängig vom Willen des Höchsten, 7.21, 7.22
Segnungen der, begrenzt und zeitweilig, **4.12,** 4.12, 4.25, 7.21, 7.23
von unintelligenten Menschen verehrt, 4.12, **7.20**–23, 9.23
verehren Kṛṣṇa, 3.22, 4.12, 4.14, **11.21, 11.36,** 11.48
Verehrer der, erreichen die Planeten der Halbgötter, **7.23,** 7.24, 9.18, **9.25**
vergessen Kṛṣṇas höchstes Besitzrecht nicht, 3.11, 4.12, 7.22
verglichen mit Blasen im kosmischen Ozean, 4.12
Zusammenarbeit zwischen Menschen und, **3.11**

Halbgottverehrung
fünf Arten von, 17.4
als indirekte Verehrung Kṛṣṇas, 7.22, **9.20, 9.23**
von Kṛṣṇa mißbilligt, S. 20, 3.14, 9.23, 10.42
für materiellen Erfolg, **4.12,** 4.25, **7.20,** 7.21, **7.23**
als niedere Form der Gottesverehrung, **9.15,** 9.15, 9.18
als Verehrung in Tugend, **17.4**
verglichen mit Begießen von Blättern, 9.23
verglichen mit Bestechung von Beamten, 9.23
verglichen mit Treppe im Gegensatz zum Lift, 9.18
von *yogīs* ausgeführt, **4.25**

Hanumān, **1.20,** 3.37
Hare-Kṛṣṇa-Bewegung. *Siehe:* Internationale Gesellschaft für Kṛṣṇa-Bewußtsein
Hare-Kṛṣṇa-*mantra. Siehe:* Chanten der Heiligen Namen; *Mahā-mantra*
Harer nāmānukīrtanam, 4.26
Haridāsa Ṭhākura
als Beispiel für vollkommene Sinnesbeherrschung, 2.62, 6.17
chantete täglich 300 000 Namen, 6.17, 6.44
als *nāmācārya,* 6.44
riskierte sein Leben für die Verbreitung von Gottesbewußtsein, 11.55

Haṭha-yoga
definiert, 2.17, 4.28
abhängig vom richtigen Zeitpunkt des Todes, 8.23
Atembeherrschung im, 4.29
als kindische Tätigkeit, 13.25
nicht frei von selbstischen Interessen, 8.14
Siehe auch: Aṣṭāṅga-yoga

Haushälter. *Siehe: Gṛhastha*
Heirat, als *vivāha-yajña,* 18.5
Heuchler, **3.6**
„Hilf dir selbst, so hilft dir Gott“, 6.24

Hingabe zu Kṛṣṇa
Aufforderung zu, **2.49, 3.30, 8.7, 8.27, 9.33**–34, **15.3–4, 18.57, 18.62,** 18.62, **18.65**–66
Beispiele für, 2.72, 7.15
ist freiwillig, **18.63,** 18.63
nach vielen Geburten, 5.16, 6.38, **7.19**
im Interesse des Lebewesens, 18.63
Offenbarung Kṛṣṇas im Verhältnis zu, **4.11, 9.29,** 11.52
Symptome der, 18.66
Überwindung aller sozialen Beschränkungen durch, 9.32
aufgrund von Überzeugung von Kṛṣṇas Größe, **8.22, 9.13, 10.7, 10.8, 15.19,** 18.73
ununterbrochene, **8.22, 9.22, 10.8, 10.10, 11.55, 12.2, 12.6–8, 12.20, 13.8**–12, **18.55, 18.57**
vier Arten von Menschen verweigern, **7.15**
vier Arten von Menschen beginnen, **7.15**
als Ziel allen Wissens, 13.8–12

Hingebungsvoller Dienst (*bhakti-yoga*)
Ambarīṣa als vollkommenes Beispiel für, 2.60, 2.61, 6.18
befreit die Vorfahren, 1.41, 9.16
als Befreiung vom Einfluß der *guṇas,* 4.24, 14.20, **14.26,** 14.26, 15.20
für Befreiung von Geburt und Tod, **2.51, 4.9, 6.15, 7.29, 8.7,** 8.13, **8.16,** 9.21, **9.28, 9.34, 11.55, 12.6–7,** 13.22, **13.26, 14.20, 18.58**
Beherrschung der Sinne durch Beschäftigung im, 2.55, 2.61, 2.64, 2.68, 5.8–9, 5.26, 6.18, 8.12, 13.8–12
beinhaltet die Ergebnisse aller anderen Vorgänge, 2.46, 2.52, 6.44, **8.28,** 8.28, 9.2, 9.16, **11.48, 11.53,** 12.6–7, 15.1, 15.19, 16.24
bhakti das Wichtigste im, **9.26,** 9.26, **9.29,** 10.10, 11.48
als *buddhi-yoga,* 2.39, 2.49, 2.51, 5.1, 10.10, **18.58**
Disqualifikationen für, **2.44**
zu einfach, nach Ansicht der Nichtgottgeweihten, 7.3
als einfachster Vorgang der Gottesverwirklichung, 4.36, 5.28, 6.38, 8.8, 8.12, 9.2, 9.27, 12.1, 12.5, 12.12, 14.27
als einziger Weg aus der Illusion, 15.6, 16.23, 18.73
als einziger Weg, um Kṛṣṇa zu erkennen, 7.24, **8.14, 8.22,** 8.22, 9.26, **9.29,** 10.3, **11.54,** 12.20, **18.55**
alle Energie für, 2.49, 9.22, 11.55
ohne sich entmutigen zu lassen, 3.31
Entschlossenheit im. *Siehe:* Entschlossenheit
Entwickeln des Wunsches für, **12.9,** 15.6
Entwicklung von, Nārada als Beispiel für, 9.2
Entwicklungsstufen im, 4.10, 8.28, 10.9, 16.23, 18.66
ist ewig, 13.8–12
ewiger Nutzen des, **2.40, 6.40,** 6.40, 6.43
freiwillige Ausführung von, macht einen glorreich, 18.60
frei von Gleichgültigkeit, 2.47, 2.52, **3.30,** 18.26
in fünf Beziehungen zu Kṛṣṇa, S. 4, 8.14
Geduld im, 6.24
nicht unter dem Gesetz des *karma,* 9.29
Glück des Gottgeweihten im, 2.70, 4.18, 5.21, 5.22, **6.8, 6.27–28,** 9.2, **10.9,** 10.9, **14.20,** 14.20
als Handeln für die Sinnenbefriedigung des Herrn, *xviii,* 2.39
Individualität als Grundlage des, 14.26, 18.55
kann von jeder Stufe des Lebens aus begonnen werden, 3.41
keine andere Pflicht neben, 1.41, 2.38, 2.41, 2.52, **3.17**–19
als Kriegserklärung gegen māyā, 6.37, 9.30

als Kriterium für höchsten Transzendentalisten, **6.47, 7.17**–18, **12.2, 12.18**–20
als *kṛṣṇa-karma,* 11.55
Liebe zu Gott im, 4.10, 5.15, 6.30, 8.28, 9.29, 10.9, 12.9
als *puruṣottama-yoga,* 15.20
drei Quellen für Anweisungen im, 10.3
reiner, Erreichen des, **18.54**
als *sanātana-dharma,* S. 17–19
als *sannyāsa-yoga,* 6.2, **9.28**
als Schutz gegen abscheuliche Taten, **2.49**
Schwäche des Herzens als Hindernis beim, 15.20
Art der Tätigkeit nicht ausschlaggebend im, 12.2, 12.6–7, 18.46
als Tätigkeit gemäß Kṛṣṇas Anweisung, 2.48, **3.30**–31, **18.73,** 18.73
als Tätigkeit unter Kṛṣṇas Schutz, **18.57**
unautorisierter, als Störung in der Gesellschaft, 7.3
verglichen mit Bewässern der Wurzel, 2.41, 5.7, 9.3, 9.23, 5.7
verglichen mit dem Wachsen einer Pflanze, 10.9
24 Stunden am Tag, S. 28, 9.22, 9.27, 10.9, 18.56, **18.57,** 18.58, 18.65
Vollkommenheit des, 7.16, **8.14, 9.22, 12.2, 12.20, 14.26**
als vollkommene Religion, 9.2
als Vollkommenheit der Selbstverwirklichung, 16.22
Voraussetzungen für, 6.45, **7.28,** 9.2, 15.20, **16.22**
keine materiellen Voraussetzungen für, 9.25, **9.32,** 9.32, 11.54, 11.55
Vorgänge (neun) des, S. 30, 3.13, 6.35, 9.1, 9.22, 9.31, 9.34, 11.55, 14.27
als Weg der Befreiung für alle Weisen, **2.51, 3.20, 4.10, 4.15, 14.1**
als Zuflucht der intelligenten Menschen, **7.29**
zwei Arten von, 12.9, 12.12
Siehe auch: Karma-yoga; Kṛṣṇa-Bewußtsein; Selbstverwirklichung; *Yoga.*
Hiraṇyagarbha, 10.6
Hiraṇyakaśipu, 4.8, 7.15, 16.20, 17.19
Hitler, 17.4
Höchste Persönlichkeit Gottes
alles abhängig vom Willen der, 3.22, 7.14, 9.6, **9.8, 9.10,** 9.10, 10.8, 11.43, 18.14
allgut und allbarmherzig, 15.15
ist *acintya,* 8.9
ist *aja,* **4.6,** 7.24, 10.3, **10.12**
als *ānanda-brahma,* 13.13
von Angesicht zu Angesicht gesehen, 15.7, 18.65
bedeckt von *yoga-māyā,* **7.25,** 7.25
als das beherrschende Prinzip der materiellen Manifestation, **7.30,** 9.6, 9.10, **10.15**
als Besitzer von allem, 2.66, 3.30, 5.2, 5.10, **5.29, 10.3, 10.15, 13.23**
als *bhoktā,* **5.29, 13.23**
blickt über die materielle Natur, 2.39, 3.15, 9.10, 9.26
von den Dämonen beneidet, 7.15(4), 7.27, 9.1, 9.34, **16.18**
erfüllt die Wünsche der Lebewesen, 5.15, 9.10
führt vorgeschriebene Pflichten aus, **3.22**–24
gewährt den Lebewesen Unabhängigkeit, 3.37, 4.14, 5.15, 7.21, 8.4, 9.9, 12.5, 13.23, 15.7, **18.63,** 18.63, 18.78
gleichzeitig eins mit und verschieden von allem, 2.20, 5.3, 5.17, 5.18, 7.5, 8.22, **9.4**–6, **13.16**
alle Halbgötter unter der, 2.2, 3.22, 4.12, 7.14, 7.20–22, **7.30, 8.4,** 9.23, **10.2, 10.15**
als Herr aller Planeten, 3.22, **5.29, 10.3**
als höchster Genießer aller Opfer, 3.11, **5.29, 9.24**
jenseits der fehlbaren und unfehlbaren Lebewesen, **15.17**–18
„kein Grashalm bewegt sich ohne den Willen der", 7.21, 9.6
als höchster Genießer, Besitzer und Freund, 2.66, 5.25, **5.29,** 6.32
als höchster Zauberer, 7.14
kennt Vergangenheit, Gegenwart und Zukunft, 2.20, **4.5,** 4.6, 6.39, **7.26,** 7.26, 8.9, 13.15
mystischer Reichtum der, **9.5, 10.7, 11.8**
nah und weit entfernt, **13.16**
in neutraler Stellung, 4.14, 6.29, **9.9,** 9.9, **9.29**
nie unter *māyā,* 2.13, 4.14, 9.10
nie verantwortlich für die Sünden der Lebewesen, 4.14, **5.15, 9.9**–10
als *pati,* 3.10
an keine Pflicht gebunden, **3.22**–24, 4.14
Plan der, für die Lebewesen, 3.10
Pläne der, verstanden dank Barmherzigkeit, 11.34
sechs Füllen der, 2.2, 4.6, 5.15, 7.3, 7.13, 10.1
als Ursprung des Brahman, S. 13, 4.11, 5.17, 7.4, **14.27**
ursprünglich zweihändig, S. 21, 4.6, 9.11, 9.19, **11.50**–51, 11.52, 11.54, 18.65
Verehrer der, erreichen das höchste Ziel, **2.72, 7.23, 8.14, 8.16, 8.22, 9.25, 15.3–4**
Verehrung der, als Entsagung in bezug auf den Körper, **17.14**
Wind weht aus Angst vor, 9.6
als Zerstörer von allem, **11.32,** 11.32
Siehe auch: Absolute Wahrheit; Kṛṣṇa, Śrī; Śyāmasundara; Viṣṇu
Hölle
als Bestimmungsort der Dämonen, **16.16**
direkter Weg zur, 2.33, 16.4
drei Tore zur, **16.21**–22
Siehe auch: Planeten, höllische
Hören (*śravaṇam*)
ausschließlich über Kṛṣṇa, 4.26, 5.7, 9.1, 9.14, 10.9, 12.18–19
von Autoritäten, 1.43, 2.8, 4.4, 4.16, 4.34, 5.16, 7.1, 11.52, 13.22, **13.26,** 15.19
Befreiung der Niedrigsten durch ergebenes, 7.15
für Befreiung von Geburt und Tod, **13.26**
Befreiung von Illusion durch, **11.1**–2, 13.22
brahma-bhūta-Ebene erreicht durch, 18.55
als Chance für den modernen Menschen, 13.26
als freudvoller Vorgang, 9.2, 9.14
in Gemeinschaft mit Gottgeweihten, 2.29, 8.28, 9.1, 10.1, 14.27
mit Glauben und ohne Neid, **18.71**
über Kṛṣṇa, als Behandlung für den verrückten Geist, 6.35
von Kṛṣṇa, Mißachten des, **18.58**
von Kṛṣṇas Namen, alles von Freude erfüllt beim, **11.36**
von Kṛṣṇas Worten, ist Nektar, **10.18,** 10.18
als Opfer des *brahmacārī,* **4.26**
wie die Schweine, nicht genügend, 15.19
vom spirituellen Meister dasselbe wie Hören von Kṛṣṇa, 18.75
als *śruti,* 15.19, 16.1–3
als der wahre vedische Vorgang, 11.52, 15.19
wichtigster Vorgang im hingebungsvollen Dienst, S. 30, 3.13, 6.35, 7.1, 8.28, 9.1, 13.26

I

Ikṣvāku, S. 3, **4.1**
Ilāvṛta-varṣa, früherer Name der Erde, 6.43

Illusion
definiert, 14.13, 18.25, 18.73
Arjunas, vertrieben, **11.1, 18.73**
Aufgeben der Pflichten aufgrund von, **18.7**
Befreiung von, nur durch Kṛṣṇas Gnade, 7.14, **10.11**, 10.11, **11.1**, 15.3–4, **18.72, 18.73**
Ende aller, **4.35**
falsche Identifikation aufgrund von, 3.29, 3.40, 7.13, 7.27, 9.17, 13.1–2, 15.5
Freiheit von, als Voraussetzung für hingebungsvollen Dienst, 6.45, **7.28, 15.5**
der Lebewesen, ist ewig, 7.14
Lebewesen unter, 5.29, **7.27**
manifestiert in der Dualität von Verlangen und Haß, 7.27
als Ursache des Mißachtens von Kṛṣṇas Anweisung, **18.60**
als Zeichen der Erscheinungsweise der Unwissenheit, **14.13, 14.17, 18.35, 18.39**
Siehe auch: Māyā
Individualität
nach der Befreiung, 2.13, 2.23, 2.39, 4.25, 5.16, 6.20–23, 6.30, 14.2, 14.26, 18.55
in Einheit, 5.16, 5.17, 15.16
Furcht vor persönlicher, 4.10
als Grundlage des hingebungsvollen Dienstes, 14.2, 14.26, 18.55
Kṛṣṇas, von Unintelligenten mißverstanden, **7.24**, 7.24, 9.4
der Seele (und Kṛṣṇas), **2.12, 2.24**, 2.39, 5.16, 6.39, 9.2, **13.32**, 14.2, 14.26, **15.7**, 15.16, 15.18, 18.55
Theorie der Māyāvādīs bezüglich, widerlegt, 2.12, 2.13, 4.35, 7.24, 8.3, 9.2, 9.11, 18.73
von Unpersönlichkeitsanhängern geopfert, 4.11, 4.25
Vernichtung der, ist höllisch, 18.54
Vernichtung der, als spiritueller Selbstmord, 4.11, 6.30
Indra
als Arjunas Vater, 2.33
Kṛṣṇa als, **10.22**
von Nārāyaṇa geboren, 10.8
als Oberhaupt der Halbgötter, 10.24
Planet von, erreicht durch Studium der Veden, **9.20**
Verehrung von, in Vṛndāvana von Kṛṣṇa unterbunden, S. 20
als Verwalter im Universum, 3.14
Inkarnationen
als *avatāras,* definiert, 4.8
im *Bhāgavatam* beschrieben, 2.2, 11.54
Bildgestalt als, 12.5
falsche, 3.24, 11.3, 11.48, 16.17
im Kali-yuga, Śrī Caitanya als, 4.8
Kategorien von, 4.8
Kṛṣṇa als Ursprung aller, 2.2, 4.5, 4.8, 4.35, 8.22, 11.1
Kṛṣṇas, durch Seine innere Energie, **4.6**, 4.6, 4.9, 9.11, 13.15
der materiellen Eigenschaften Kṛṣṇas, 10.32
Mission der, S. 17, **4.7**–8
nicht auf Indien beschränkt, 4.7
in den *Purāṇas* beschrieben, 10.18
von *rajo-guṇa* und *tamo-guṇa,* 7.14
universale Form als Test für, 11.3, 11.48, 11.54
Intelligenz
definiert, **10.4**–5, 10.10, 10.34
Akzeptieren der Schriften als Zeichen von, 8.9
nach Befreiung gleichgültig gegenüber allem Materiellen, **2.52**
Beherrschung der, **4.21**
entschlossene, **2.41, 6.25**
dem Geist übergeordnet, **3.42**, 6.34
geläuterte, **18.51–53**
gestohlen von materiellen Wünschen, **7.20**
durch hingebungsvollen Dienst entwickelt, **2.65**, 15.20
auf Kṛṣṇa gerichtet, **2.65, 8.7, 12.8, 12.13–14**
von Kṛṣṇa gegeben 8.14, 9.1 **10.10**–11, 13.18, 15.15
von Kṛṣṇa geschaffen, **10.4**–5
lustvolle, beeinflußt die Seele, falsches Ego anzunehmen, 3.40
als Nachbarin der Seele, 3.40
als Repräsentation Kṛṣṇas, **10.34**
überwältigt vom Geist, 6.34
Stetigkeit der, **2.61, 2.68, 3.43, 5.17, 6.25, 18.17**
als *sthira-buddhi,* 5.20
Studium der *Bhagavad-gītā* als Verehrung Kṛṣṇas durch die, **18.70**
transzendentale, **2.60, 3.43**
überwältigt von den Sinnen, **2.67**
verglichen mit Fahrer, 6.34
Verlust der, **2.62–63, 2.67**
Verstehen des Planes von Kṛṣṇa als höchste, 11.33
vielverzweigte, **2.41**
als Wohnstätte der Lust, **3.40**
zwei Klassen von, 2.69
Internationale Gesellschaft für Kṛṣṇa-Bewußtsein (ISKCON)
Authentizität der, *xv-xvii*
Botschaft der, an die gesamte Menschheit, 9.25
Mitglieder der, als wahre *sannyāsīs,* 18.11
als Segnung für die Menschheit, *xvii,* 11.54
alle Spenden am besten für, 9.27
Irreligiosität (*adharma*)
definiert, 4.8
anerkannt als Religion, **18.31**
Dekadenz der Frauen bei, 1.40
von Kṛṣṇa berichtigt, 3.24, **4.7**–8
Ursachen der, **1.39**
Īśvara
Imitieren von, 3.24
Lebewesen als winzige, S. 8
in der materiellen Welt, 9.11
als Thema der *Bhagavad-gītā,* S. 7–11, 13.3

J

Jagāi und Mādhāi, 7.15
Janaka, **3.20**, 3.20, 4.16, 7.15
Janārdana. *Siehe:* Kṛṣṇas Namen.
Janmāṣṭamī, Fasten an, 9.14, 11.54
Jayadratha, 1.9, **11.34**
Japa
als Chanten auf der Gebetskette, 9.27
als Repräsentation Kṛṣṇas, **10.25**
Jesus Christus, 11.55
Jīva Gosvāmī, 9.11
Jīva; jīvātmā
definiert, 8.3, 13.13
als Thema der *Bhagavad-gītā,* S. 7–11
Siehe auch: Lebewesen; Seele, spirituelle
Jñāna, definiert, 3.41, **9.1, 13.3**, 13.3, **13.8**–12
Jñāna-cakṣuṣā, **13.35, 15.10**
Jñāna-kāṇḍa, 4.33
Jñāna-maya, definiert, 13.5
Jñāna-yoga
definiert, 6.47, 10.10
abhängig vom richtigen Zeitpunkt des Todes, 8.23
ohne bhakti wertlos, 6.2, 6.46, 9.2
entwickelt sich aus *karma-yoga,* 6.47
im Gegensatz zu *bhakti-yoga,* 12.5
Haushälter ausgeschlossen von, 6.13–14
Neigung des drittklassigen Gottgeweihten zu, 9.3
nicht frei von selbstischen Interessen, 8.14, 10.10
als Pfad der Verehrung des Unmanifestierten, 12.5
als Pfad zum *bhakti-yoga,* 5.29, 6.47
als schwieriger Pfad, 6.20–23, 12.5
ohne Sinnesbeherrschung erfolglos, 6.13–14
als Teil der *yoga*-Leiter, 6.3, 6.46, 10.10
als Vorgang der Befreiung, 8.14
Jyotiṣṭoma-Opfer, 2.42–43, 9.16

K

Kaivalyam, definiert, 6.20–23
Kāla. Siehe: Zeit
Kālī, von Fleischessern verehrt, 3.12
Kali-yuga
begann vor 5 000 Jahren, *xi*
Chanten beste Methode im, 2.46, 6.11–12, 8.11, 8.13
Dauer des, 4.1, 8.17
Inkarnation Kṛṣṇas im, (Caitanya), 4.8
Inkarnation Kṛṣṇas im, (Kalki), 8.17
Menschen materialistisch im, *xvii,* 6.11–12
Menschen unintelligent im, 2.46
Merkmale des, 6.33, 8.17
saṅkīrtana-yajña empfohlen für, 3.10
Vyāsadevas Schriften für, 10.37
yoga schwierig im, 6.1, 6.20–23, 6.33, 6.35, 8.12
Kalki-avatāra, 8.17
Kalpa, definiert, 8.17
Kalpa-sūtras, 11.48
Kaṁsa
als Beispiel für Denken an Kṛṣṇa voller Neid, 9.34
dachte an Kṛṣṇa 24 Stunden am Tag, 11.55
von Kṛṣṇa getötet, 4.8, 16.20
Kaṇāda, 9.2
Kapila Muni
als Begründer des sāṅkhya, 2.39
als große Autorität, 4.16, 7.15
als Repräsentant Kṛṣṇas, **10.26**
Kapila, der Atheist, 2.39, 9.2, 10.26
Kāraṇodaka-śāyī Viṣṇu, 10.20
Karma, Gesetz des,
Befreiung von, **3.31,** 3.31, **4.14,** 4.14, 4.18, 4.20, 4.37, **4.41, 6.27**
Befreiung von, durch das Feuer des Wissens, **4.19, 4.37**
Dämonen glauben nicht an, 16.11–12, 16.16
hingebungsvoller Dienst nicht unter, 9.29
materieller Körper erhalten gemäß, S. 10, 8.3, 13.5, 15.8
a priori und a posteriori, 4.37
für Tiertöter, 14.16, 14.17
Stadien des, verglichen mit dem Wachsen eines Baumes, 9.2
Karma (Tätigkeit)
drei Arten von Reaktionen auf, **18.12**
Erde als Planet des, 15.2
als fruchtbringende Tätigkeit, **8.3**
als Thema der *Bhagavad-gītā,* S. 7–11, 18.78
Siehe auch: Fruchtbringende Tätigkeiten; Tätigkeit(en)
Karma-kāṇḍa, 2.42–43, 2.45, 2.46, 4.33, 9.16
Karma-yoga
definiert, 2.51, 3.43, 5.29, 6.46, 6.47, 10.10
abhängig vom richtigen Zeitpunkt des Todes, 8.23
als allmähliche Entwicklung von Kṛṣṇa-Bewußtsein, **3.26**
Beginnen von, **3.7**
besser als bloße Entsagung, **5.2, 5.6**
ohne *bhakti* kraftlos, 9.2
als Gegenteil von Untätigkeit, 3.1, **5.2**–6
Neigung des drittklassigen Gottgeweihten zu, 9.3
nicht frei von selbstischen Interessen, 8.14, 10.10
nicht verschieden von *sāṅkhya,* 2.39, **5.4**
als Vorgang der Befreiung, 8.14
als Tätigkeit im Kṛṣṇa-Bewußtsein, **3.7**–35, **4.41,** 5.29
als Tätigkeit ohne fruchtbringende Wünsche, **13.25**
Überseele wahrgenommen durch, **13.25**
Siehe auch: Hingebungsvoller Dienst; Kṛṣṇa-Bewußtsein
Karṇa, **1.8, 11.26, 11.34,** 18.78
Kārttikeya, als Sohn Śivas, 2.62, **10.24**
Kavi, definiert, 10.37
Keśava. *Siehe:* Kṛṣṇas Namen
Keśī, von Kṛṣṇa getötet, **1.30, 18.1**
Khaṭvāṅga Mahārāja, 2.72
Kind(er)
Anhaftung an, 2.7, 2.15
dürfen nie unabhängig sein, 1.40, 16.7
mit fünf Jahren in die *guru-kula,* 6.15
müssen Kṛṣṇa-bewußt erzogen werden, 7.11, 7.15
Leiden des, im Mutterleib, 7.15, 13.8–12
als *varṇa-saṅkara,* **1.40**–42, **3.24,** 3.24
Zeugen von, als Zweck der Sexualität, 7.11, 10.28, 16.1–3
Klagen
Freiheit von, **2.11, 5.20, 12.17, 18.54**
Sinnesglück endet in, 18.38
durch spirituellen Meister vertrieben, 2.22
ist unnötig, 2.1, **2.12**–13, 2.18, **2.26**–28, **2.30**
als Zeichen von Unwissenheit, **18.35**
König, heiliger
Bhagavad-gītā bestimmt für, **4.2,** 4.2
höchste Befreiung für, **9.33**
als Lehrer der Untertanen, 3.20, 10.27
als *rāja-ṛṣi,* **4.2, 9.33**
als Repräsentant Kṛṣṇas, **10.27**
Siehe auch: Kṣatriyas
Körper, feinstofflicher
Bestandteile des, 7.4, 7.5, 13.6–7
Geister im, 1.41
Lebenssymptome als Manifestationen des, 13.6–7
als Schöpfung der materiellen Natur, 3.27
trägt seine verschiedenen Auffassungen von einem Körper zum anderen, 15.8
Körper, materieller
als *adhibhūta,* 8.4
als *asat, acit* und *nirānanda,* S. 24
als Ausführender aller Handlungen, **5.8**–9, **13.30**
als Eigentum Kṛṣṇas, 5.10, 5.11
Entsagung in bezug auf, **17.14**
kein Besitzanspruch auf, 4.21
Leiden des, zum Zeitpunkt des Todes, 8.2
als Maschine, 13.30, **18.61**
von der materiellen Natur zur Verfügung gestellt, 13.21, **13.30,** 18.61
nicht so wichtig wie die Seele, 2.11, 2.18, 9.2
als Stadt der neun Tore, **5.13,** 5.13, 14.11
Tätigkeiten des, nicht unabhängig, 7.19, 13.21, 13.30
als Tätigkeitsfeld für die bedingte Seele, 13.1–2
als Tempel des Höchsten Herrn, 9.11
sein Tod gewiß, 2.7, **2.18, 2.27,** 2.51, **10.34,** 16.11–12
verglichen mit Kutsche, 6.34
verglichen mit Traum, 2.28
verursacht durch materielle Wünsche, 5.15, 7.21, **9.21,** 13.22, 13.30, 13.31
24 Elemente des, 13.6–7
Wandel des, **2.13,** 2.17, 13.1–2
Wandel des, sechs Stufen, 2.20, 8.4, 10.34, 13.6–7, 15.16
Krieg
von den Dämonen heraufbeschworen, **16.9,** 16.16
Ewigkeit der Seele rechtfertigt nicht, 2.27, 2.30
Gefahr eines, 1.40, 14.16, 16.9
wenn gute Argumente nichts nützen, 3.20
für *kṣatriyas* transzendental, 16.5
Waffen im, 2.23, 16.9
unvermeidlich in der menschlichen Gesellschaft, 2.27
Kṛpaṇa, definiert, 2.7, **2.49,** 2.49
Kṛṣṇa, Śrī
„Kṛṣṇa", definiert, S. 20, 3.13, 18.66
ist alldurchdringend, **8.22, 9.4**–6, 9.11, **10.42, 11.38, 13.14**–16

ist alles, **7.12, 7.19, 11.40**
alle folgen Seinem Pfad, **3.23, 4.11**
die älteste Person, 4.5, 4.6, **8.9, 11.18, 11.38**
Sein Annehmen von Speisen, **9.26**–27, 13.14, 17.10
von Arjuna verherrlicht, **10.12**–15, **11.36**–44
als *asamaurdhva,* 10.42
und Balarāma, in der Rolle von Menschen, 9.11
Barmherzigkeit von. *Siehe:* Barmherzigkeit Kṛṣṇas
beschützt Seine Geweihten, 4.8, 8.23, **9.13, 9.22,** 9.22, **18.56**–57
bestrebt, daß die bedingten Seelen zurückkehren, 13.23, 15.15
Beziehung zu, fünf Arten von, S. 4, 4.11, 8.14, 9.14, 11.44
nur von den Dämonen nicht akzeptiert, 4.4
als Diener Seines Geweihten, 1.22, **9.22,** 9.29, 18.58
Sein Erscheinen in dieser Welt, S. 17, **4.6**–8, **9.11,** 9.11
erscheint aus grundloser Barmherzigkeit, 4.6, 10.2
erscheint durch Seine innere Energie, **4.6,** 4.6, 4.9, 9.11, **11.47,** 13.15
erscheint einmal am Tag Brahmās, *xvii,* 4.7, 4.8
ewig jung, 4.6, 11.46
als Freund der *brāhmaṇas* und der Kühe, 14.16
als Führer der *kṣatriyas,* 3.22
als Gewährer von Befreiung, 7.14, 9.22, **12.7,** 18.46, **18.56**
Seinen Geweihten besonders zugeneigt, 1.22, 4.8, **7.18, 8.14, 9.22, 9.29, 10.11,** 11.4, 11.47, 18.46, 18.56
schenkt Sich Seinen Geweihten, 9.29, 18.58, 18.73
für gewöhnlichen Menschen gehalten, 4.4, 4.35, 7.24, **9.11,** 9.11, 9.12, 10.19, 11.52, 18.67
Glauben an, 3.31, 6.47, 9.3, 11.54
als „Haushälter", 3.23
hilft dem Gottgeweihten von innen her, **10.11,** 10.11, 13.18, 15.15, 18.58
nur durch hingebungsvollen Dienst erkannt, 7.24, **8.14, 8.22,** 9.4, **9.13, 9.29,** 10.2, 10.3, 10.11, 11.4, **11.54**–55, 13.16, **18.55**
nur von Gottgeweihten vollkommen erkannt, 10.2, **13.19**
als höchste Autorität, 2.1, 2.29, 4.4, 6.39, 8.1, **10.14,** 13.5, **18.4**
als das Höchste Brahman, S. 5, 4.9, 7.10, 8.3, **10.12**–13, **14.27**
ist die Höchste Persönlichkeit Gottes, S. 3, 2.2, 3.22, 4.3, 4.9, 4.35, 5.12, 5.17, 7.3, **7.7, 7.30, 8.8**–9, **8.22,** 9.11, **9.13,** 9.18, 10.1, **10.8,** 10.8, **10.12**–13, **11.18, 11.38,** 11.46, 11.54, **15.18**–19, **18.55**
Imitieren und Nachfolgen von, 3.24
immer erinnern und nie vergessen, 6.10
jeder, der von Ihm getötet wird, erlangt Befreiung, 11.55, 16.20
Körper von, ist transzendental, 4.6, 9.11, 9.12, 9.34, 10.3, 11.43, 13.15
korrigiert Mißstände in der Welt, 3.24, **4.7**–8
legt die Prinzipien der Religion fest, 3.23, **4.8,** 4.16, 4.34
Liebe zu, 4.10, 5.25, 6.30, 7.18, 8.28, 9.4, 10.9, 10.10, 11.54
aus Liebe nicht als Höchste Person gesehen, 11.8, **11.41**–42
kann von Materialisten nicht verstanden werden, 7.3, 7.15(4), **7.25,** 9.12, 10.2, 11.43
im *Mahābhārata, xi-xiii*
zwischen Materie und spiritueller Energie kein Unterschied für, 9.19
mit materiellen Sinnen nicht zu erkennen, 6.8, 7.3, 9.4, 10.2, 11.4, **13.16**
menschliche Lebensform gemäß Form von, 7.15(3), 13.15
nicht verschieden von Seinem Körper und Geist, *xvi,* 2.7, 3.22, 4.5, 4.6, 9.34, 11.43
offenbart Seine *saumya-vapuḥ,* **11.50**
nur durch Offenbarung zu erkennen, 7.25, 8.14, 10.11, 11.4, 11.47, 11.52, 11.54
als Ozean der Beziehungen, 11.14
als reinster der Reinen, 8.5, 9.2, **10.12**–13
ist *sac-cid-ānanda,* S. 14, 2.2, 4.4, 4.5, 7.24, 7.25, 9.11, 11.54, 13.15
Sicherinnern an, **8.5,** 8.5, **8.7, 8.8,** 8.8, 8.9, **8.14, 10.17**
sieht nie älter aus als 20–25 Jahre, 4.6
Seine Sinne haben alle Fähigkeiten, 3.15, 3.22, 9.26, 11.43, 13.15
durch Studium der Veden nicht zu verstehen, 4.5, 7.24, **11.48, 11.53**
als Tod, **9.19,** 9.19, **10.34, 11.26–30, 11.32,** 13.17
als Töter des Dämons des Zweifels, **1.30,** 2.1, **6.39,** 8.2, 18.1, **18.73**
unberührt von den Erscheinungsweisen, 7.12, **7.13, 8.9,** 13.5, **13.15, 14.19**
als Ursprung aller Inkarnationen, 4.5, 4.8, 8.22, 11.1, 11.46, 11.54
als ursprünglicher spiritueller Meister, 4.34, **11.43,** 11.43, 11.54, 14.19
als Ursprung des Spirituellen und Materiellen, **9.19, 10.8,** 11.2, **11.43,** 14.27, **15.3–4**
als Ursprung und Auflösung von allem, **7.6,** 9.6, **9.7**–8, **9.18,** 11.2
als Vāsudeva-Erweiterung außerhalb von Vṛndāvana, 10.37
als Vater aller Lebewesen, S. 17, 3.24, 7.10, 7.14, 9.10, 9.17, 9.18, 9.29, **10.8,** 10.8, **10.15, 10.39, 11.43, 14.3**–4, **15.7**
als Vater aller Weisen, **10.2, 10.6**
als Vater der Bewegung für Kṛṣṇa-Bewußtsein, *xvi*
für alle verehrenswert, **11.44,** 15.15, **15.18**
Verehrung von. *Siehe:* Verehrung Kṛṣṇas
Vergessen von, als Ursache des Leids, 2.20, 3.10, 4.35, 5.15, 5.16, 5.25, 6.32, 13.1–2, 13.23, 15.5, 15.7, 17.3, 18.59, 18.73
verglichen mit:
Baum, 7.7, 8.22, 9.29
goldeingefaßtem Diamanten, 9.29
König und seinen Vertretern, 9.4
Richter, 9.9
Sonne, 2.2, 4.6, 7.26, 9.4, 15.20
vaidūrya-Stein, 4.5
Wolke, 9.29
„verliebt in", 8.28
verwandelte Sich in ein gewöhnliches Kind, 9.11, 10.3, 11.50, 11.53
wer Ihn kennt, kennt alles, **7.2,** 7.2, **15.19**
keine Wahrheit jenseits von, **7.7,** 7.15(2), **8.22**
als wohlmeinender Freund eines jeden, **9.18,** 13.23
Worte von, als ewiger Nektar, **10.18,** 10.18
Sein Wunsch automatisch erfüllt, 3.22, 9.5
als Ziel aller Veden, 3.10, 3.26, 9.20, **15.15,** 15.15, **15.18,** 16.24, 17.28
als Ziel des Lebens, 1.30, 1.31, 6.13–14, **7.18,** 7.19, 10.10, **11.55, 12.20**
als Ziel eines jeden, 4.11, 9.18
Zuflucht bei, Befreiung durch, **7.14, 9.32,** 9.32, **15.3–4**
Siehe auch: Absolute Wahrheit; Höchste Persönlichkeit Gottes; Viṣṇu

Kṛṣṇa-Bewußtsein
definiert, 2.71, 4.24, 5.20, 5.29, 9.29, 18.33, 18.49, **18.57**, 18.73
als Abhängigkeit von Kṛṣṇa, 2.45, 3.30, **4.20**–22, **18.57**
Anfangsstufe des, 3.26, 15.12
besser als bloße Entsagung, 2.62, 3.5, 5.2, **5.6**
Brahman- und Paramātmā-Erkenntnis enthalten im, 2.2, 4.11, 5.17, 5.20, 6.10, 6.38, 7.1, 7.3, 7.4, 7.16, 7.17, 7.26, 9.34, 18.78
als *brahma-yoga,* 5.21
als Ebene von Friede und Furchtlosigkeit, 2.70, 2.71, 5.12, 5.29
als einziges Mittel zur Lösung aller Probleme, 4.31, 5.29, 9.33, 9.34, 14.16, 17.3
als einziges Mittel zur Sinnesbeherrschung, 2.61, 2.68, 3.37, 3.43, 5.27–28, 13.8–12
Erhebung zum, **3.26**, 4.10, 4.24, 4.42, 16.23
erreicht in einer Sekunde oder erst nach Millionen von Geburten, 2.72
Furchtlosigkeit durch, **2.70**–71, 5.12, 6.13–14, **10.4**–5
garantiert menschlichen Körper im nächsten Leben, 2.40
im Gegensatz zu Untätigkeit, S. 11, S. 27–28, 3.1, **3.8**, 3.18, 4.15, **4.18**, **5.1**–6, 6.2, 9.28, **18.11**
Glauben als wichtigster Faktor im, 4.39, 9.3, **12.2**, **12.20**, 17.28, 18.67, **18.71**
als größte Segnung für die Menschheit, *xvii,* 3.13, 11.54
so gut wie Tausende von *yajñas,* 3.17
als höchste Wohlfahrtsarbeit, 3.13, 5.25, 6.32, 11.54
höherer Geschmack im, **2.59**, 2.62, 3.42, 5.21, 5.24, 6.13–14
als Krankenbehandlung, 6.35
macht materiellen Genuß widerwärtig, 2.60, **5.21**–22, 6.13–14
dem mystischen *yoga* überlegen, 5.28, 5.29
Pessimismus gegenüber materiellem Leben als Antrieb zu Fortschritt im, 13.8–12
Philosophie des, kurz zusammengefaßt, 2.51, 2.55, 3.28, 3.41, 4.24, 4.35, 5.14, 5.29, 7.30, 13.34, 18.59, 18.73
für gewissen Prozentsatz der Bevölkerung, 14.17
als *samādhi. Siehe: Samādhi.*
als *sanātana-dharma,* S. 18–19
als Transzendierung von *yajña,* 3.16, 4.28
durch Unterstützung der Mission der Gottgeweihten, 11.55, 12.10
Verbreiten des, 3.29, 5.25, 6.32, 7.28, 9.2, 9.25, 11.54, 15.10, **18.68**–69
Verbreiten des, als Mission der *avatāras,* 4.7
verglichen mit einem Boot, 4.36
verglichen mit militärischer Disziplin, 3.30
verglichen mit Mount Everest, 6.47
verwandelt Lust in Liebe zu Gott, 3.41
verwandelt Materie in spirituelle Natur, 4.24
als vollkommener *yoga,* 2.61, 4.25, 4.28, 5.28, 5.29, 6.20–23, 8.14, 12.1
Vollkommenheit des, 2.41, 2.71, 4.39, 5.11, 6.47
wiedererweckt durch verschiedene Arten von Opfern, 4.42
Wunschlosigkeit im, 2.71
als *yajña,* 3.9, 4.24
Siehe auch: Hingebungsvoller Dienst; *Karma-yoga;* Selbstverwirklichung; *Yoga*

Kṛṣṇas Aspekte als:
A unter den Buchstaben, **10.33**
Abenteuer, **10.36**
Agni unter den Vasus, **10.23**
Airāvata unter den Elefantenfürsten, **10.27**
Ananta unter den vielköpfigen Schlangen, **10.29**
Anfang, Mitte und Ende von allem, **10.20**, **10.32**
Arjuna unter den Pāṇḍavas, **10.37**
Aryamā unter den Vorfahren, **10.29**
Banyanbaum unter den Bäumen, **10.26**
Bestrafung unter allen Mitteln der Bekämpfung, **10.38**
Brahmā unter den Schöpfern, **10.33**, **11.39**
Bhṛgu unter den *mahārṣīs,* **10.25**
Bṛhaspati unter den Priestern, **10.24**
Bṛhat-sāma unter den Hymnen des *Sāma Veda,* **10.35**
die Butter, die geopfert wird, **9.16**
Citraratha unter den Gandharvas, **10.26**
Donnerkeil unter den Waffen, **10.28**
Doppelwort unter den Wörtern, **10.33**
Duft der Erde, **7.9**
die Entsagung der Asketen, **7.9**
der Erhalter, **9.18**
erzeugendes Prinzip, **10.34**
Fähigkeit im Menschen, **7.8**
Frühling unter den Jahreszeiten, **10.35**
Ganges unter den Flüssen, **10.31**
Garuḍa unter den Vögeln, **10.30**
Gāyatrī unter den Gedichten, **10.35**
Gegenstand des Wissens, **9.17**, **11.38**
Geist unter den Sinnen, **10.22**
Geschmack im Wasser, **7.8**
Glanz des Glänzenden, **10.36**
Glücksspiel unter allem Betrug, **10.36**
der Großvater, **9.17**
die Grundlage von allem, **9.18**
Hai unter den Fischen, **10.31**
das Heilkraut, **9.16**
die Himālayas unter den unbeweglichen Dingen, **10.25**
Hitze im Feuer, **7.9**
Indra unter den Halbgöttern, **10.22**
Intelligenz der Intelligenten, **7.10**
japa-Chanten unter den *yajñas,* **10.25**
Kandarpa, der Liebesgott, **10.28**
Kapila unter den vollkommenen Wesen, **10.26**
Kārtikeya unter den Generälen, **10.24**
Klang im Äther, **7.8**
Kuvera unter den Yakṣas, **10.23**
Leben in allem Lebendigen, **7.9**
Lebenskraft der Lebewesen, **10.22**
Licht aller Leuchtkörper, **13.18**
Licht der Sonne und des Mondes, **7.8**, **15.12**
Licht des Feuers, **15.12**
der liebste Freund, **9.18**
Löwe unter den Tieren, **10.30**
die Macht aller mächtigen Menschen, **7.10**
die *mantras* bei Opfern, **9.16**
Marīci unter den Maruts, **10.21**
der Meister, **9.18**
Meru unter den Bergen, **10.23**
Monarch unter den Menschen, **10.27**
Mond, **10.21**, **15.13**
Moral unter denen, die nach Sieg streben, **10.38**
die Mutter, **9.17**
Nārada unter den *devarṣis,* **10.26**
November-Dezember unter den Monaten, **10.35**
oṁ in den vedischen *mantras,* **7.8**, **9.17**, **10.25**
das Opfer, **9.16**
die Opfergabe für die Vorfahren, **9.16**
der Ozean unter den Gewässern, **10.24**
Prahlāda unter den Daityas, **10.30**
Rāma unter den Waffenträgern, **10.31**

als Regen, **9.19**
der Reinigende, **9.17**
als *Ṛg, Sāma* und *Yajur Veda,* **9.17**
das Ritual, **9.16**
Ruhm, Glück usw. unter den Frauen, **10.34**
Sāma Veda unter den *Veden,* **10.22**
Same aller Existenz, **7.10, 9.18, 10.39**
Schöpfung und Vernichtung, **9.18**
Schweigen von allen Geheimnissen, **10.38**
Sexualität im Einklang mit *dharma,* **7.11**
Sieg, **10.36**
Śiva unter den Rudras, **10.23**
Sonne unter den Lichtern, **10.21**
Stärke der Starken, **7.11, 10.36**
surabhi unter den Kühen, **10.28**
Tod, **9.19, 10.34, 11.26–30, 11.32,** 13.17
Überseele, **6.29, 6.31, 7.21, 8.4, 10.11, 10.20, 15.15, 18.61**
Uccaiḥśravā unter den Pferden, **10.27**
Unsterblichkeit, **9.19**
Uśanā unter den großen Denkern, **10.37**
Varuṇa unter den Wasserlebewesen, **10.29**
Vāsudeva unter den Vṛṣṇis, **10.37**
Vāsuki unter den Schlangen, **10.28**
Vater des Universums, **9.17**
Verdauungsfeuer, **15.14**
Viṣṇu unter den Ādityas, **10.21**
Vyāsa unter den *munis,* **10.37**
schlüssige Wahrheit von aller Logik, **10.32**
Weisheit der Weisen, **10.38**
Wind unter den reinigenden Kräften, **10.31**
Wissenschaft des Selbst unter allen Wissenschaften, **10.32**
Yama unter den Rechtsprechern, **10.29**
Zeit unter den Bezwingern, **10.30, 10.33, 11.32**
der Zeuge, **9.18**
das Ziel, **9.18**
die Zuflucht, **9.18**

Kṛṣṇas Namen:
Acyuta, **1.21,** 4.5, 8.3, **18.73**
Ādi-deva, **10.12, 11.38**
advaita, 4.5
Akṣara, **11.18, 11.37**
der „Allanziehende", S. 20, 3.13, 18.66
Ananta, **11.37**
Ananta-rūpa, **11.38**
Apratima-prabhāva, **11.43**
Arisūdana, **2.4**
Bhagavan, **10.14, 10.17**
Bhūta-bhāvana, **10.15**
Bhūteśa, **10.15**
Dāmodara, 8.22
Deva, **11.14, 11.15**
Deva-deva, **10.15, 11.13**
Devakī-nandana, 1.15
Deva-vara, **11.31**
Deveśa, **11.25, 11.37, 11.45**
Govinda, 1.15, **1.32** 1.32, **2.9,** 3.13, 8.21
guru, **11.43**
Hari, **11.9, 18.77**
Hiraṇyagarbha, 10.6
Hṛṣīkeśa, **1.15,** 1.15, 1.22, **1.24, 2.9, 2.10,** 6.26, 8.22, **11.36,** 13.3, **18.1,** 18.1, 18.46
Jagan-nivāsa, **11.25, 11.37, 11.45**
Jagat-pati, **10.15**
Janārdana, **1.35, 1.38, 1.43, 3.1,** 8.22, **10.18, 11.51**
Kamala-patrākṣa, **11.2**
Keśava, **1.30, 2.54, 3.1,** 8.22, **10.14, 11.35, 13.1, 18.76**
Keśi-niṣūdana, **18.1**
als Kṛṣṇa angesprochen, **1.28, 1.31, 1.40, 5.1, 6.34, 6.37, 6.39, 11.35, 11.41, 17.1, 18.75, 18.78**
Mādhava, **1.36,** 1.36, 8.22
Madhusūdana, 1.15, **1.34, 2.1,** 2.1, **2.4, 6.33, 8.2,** 8.2
Mahā-bāhu, **6.38, 11.23, 18.1**
Mahātmā, **11.20, 11.37**
Maheśvara, 7.14, **9.11, 13.23**
Mukunda, 1.41, 2.38, 2.51, 3.13
Nārāyaṇa, 4.6, 8.8, 8.22, 10.8
Padmanābha, 8.22
Parameśvara, **11.3, 13.28,** 13.28
Pārtha-sārathi, 1.15
Prabhu, **11.4, 14.21**
Pradyumna, S. 25, 8.22
Prapitāmaha, S. 16, 10.6, **11.39**
Puruṣottama, **8.1, 10.15, 11.3, 15.18, 15.19**
Rāma, 5.22, 8.8, **10.31**
Sahasra-bāhu, **11.46**
Saṅkarṣaṇa, 8.22
Śāśvata-dharma-goptā, **11.18**
Śrīdhara, 8.22
Śyāmasundara, 6.30, 6.47, 11.52
Trivikrama, 8.22
Vāmana, 8.22
Vārṣṇeya, **1.40, 3.36**
Vāsudeva, 1.15, 8.22, 10.34, **11.50, 18.74**
als Viṣṇu angesprochen, **11.24, 11.30**
Viśva-mūrti, **11.46**
Viśveśvara, **11.16**
Yādava, **11.41**
Yajñeśvara, 4.11
Yaśodā-nandana, 1.15
Yogī, **10.17**
Yogeśvara, **11.4,** 11.4, **18.75, 18.78**
Mahā-yogeśvara, **11.9**

Kṛṣṇadāsa Kavirāja, S. 34, 4.8
Kṛṣṇa-karma, definiert, 11.55
Kṛṣṇaloka. *Siehe:* Goloka Vṛndāvana; Welt, spirituelle
Kṣara, 2.13, **15.16**
Kṣatriyas
definiert, *xii,* 2.31, 4.13
als Arme des Herrn, 7.23
Eigenschaften der, **18.43**
erreichen die himmlischen Planeten, 2.31, **2.32, 2.37**
in der Erscheinungsweise der Leidenschaft, 7.13, 9.32
Gewalt erlaubt für, 3.35, 16.1–3, 16.5, 18.47
Kṛṣṇa als Führer der, 3.22, 4.1
aus Kṛṣṇas Energie geboren, 10.6
nehmen nicht *sannyāsa* an, 2.31
Pflichten der, 1.31, 1.36, 2.14, 2.27, **2.31,** 2.32, 3.22, 16.1–3
schützen die Bürger vor materieller Knechtschaft, 4.1
üben sich im Wald, 2.31
Kṣetra
definiert, **13.2,** 13.1–2
Bestandteile des, **13.6–7**
und *kṣetra-jña,* materielle Welt als Kombination von, **13.27**
Kṣetra-jña
definiert, S. 10, **13.2,** 13.1–2
in Beziehung zum *kṣetra,* **13.21–22, 13.27**
im Gegensatz zum *kṣetra,* 13.1–2
zwei Arten von, S. 10, 13.3, 13.5, 13.18
Kṣīrodaka-śāyī Viṣṇu
als alldurchdringender Paramātmā, 7.4, 9.8
in allen Atomen gegenwärtig, 7.4, 9.8
als *puruṣa-avatāra,* 10.20, 10.32
Kühe
Kot der, als reinigende Substanz, S. 15
Kṛṣṇa (Govinda) als Freund der, 1.15, 1.32–35, 14.16
Schutz der, als Pflicht der *vaiśyas,* **18.44**
Töten der, als größte Unwissenheit, 14.6
Kulaśekhara, Mahārāja, zitiert, 8.2
Kumāras, die vier
als große Autoritäten, 4.16, 7.15
Kṛṣṇa als Vater der, **10.6,** 10.7
Namen der, 10.6
erreichten Vollkommenheit, 9.2, 14.27
Kumbhaka-yoga, 4.29
Kurukṣetra, Schlacht von
bereits von Anfang an entschieden, 1.16–18, **11.26**–27, **11.32**–34
von Dhṛtarāṣṭra verschuldet, 1.16–18
Geschichte der, *xi-xiii*
als Kampf zwischen Duryodhana und Yudhiṣṭhira, 18.78
Kṛṣṇa bemühte Sich um Verhinderung der, *xiii,* 1.22, 3.20, 11.47
von Kṛṣṇa gewünscht, 2.27, 2.38, 3.19, 5.7, **11.33,** 11.33

Kṛṣṇas Plan mit der, 18.73
spirituell niemand getötet bei der, 5.7
Tod von Arjunas Verwandten bei der, nicht zu verhindern, 2.27
Kūṭa-sthah, 2.20, **6.8, 12.3, 15.16**
Kuvera, **10.23,** 17.28

L

Läuterung (Reinigung)
allmählich, nicht abrupt, 3.35
durch Chanten von Hare Kṛṣṇa, 8.8, 9.2
durch Erscheinungsweise der Tugend, 14.16
als göttliche Eigenschaft, **16.1**–3
durch Handeln im Kṛṣṇa-Bewußtsein, 3.8, 5.2, **6.45,** 9.2, 9.31, 18.48
durch Intelligenz, **18.51**–53
Kṛṣṇa als, **9.17, 10.31**
durch Opfer, 3.19, **18.5**
bevor man *sannyāsa* annimmt, 3.4
der Sinne durch *bhakti-yoga,* 12.9
durch Speisen in der Erscheinungsweise der Tugend, **17.8**
durch Spenden, 12.11, **18.5**
durch Transzendieren von Lust, Gier und Zorn, 16.22
von allen unheilvollen Dingen, **5.17**
Vollkommenheit durch, **6.45**
als Voraussetzung für das Chanten von Hare Kṛṣṇa, 6.44
durch Wissen über Kṛṣṇa, **4.10**
durch *yoga,* **6.11**–12
als Ziel der Ehe, 18.5
als Ziel von *karma-yoga,* **5.11,** 5.11
Lakṣmī (Glücksgöttin), 8.21
Lebensluft
Beherrschung der, 4.29, 5.27–28, **8.12,** 8.12
Beherrschung der, zum Zeitpunkt des Todes, **8.10**
Fünf Arten von, 2.17, 4.27
Kṛṣṇa als, **15.14**
als Opfergabe im Feuer des beherrschten Geistes, **4.27**
Seele in Beziehung zu, 2.17, 4.27
Lebensstufen, die vier
Ziel der, 4.26, 8.28
Siehe auch: Brahmacārī; Gṛhastha; Sannyāsī; Vānaprastha
Lebewesen
8 400 000 Lebensformen der, 7.10, 7.15, 8.3, 13.21, 15.9
bedingte, definiert, S. 11–12, 6.2, 7.14
bekommen, was sie verdienen, 5.15, 18.61
bewegende und sich nicht bewegende, 7.10, **9.10,** 9.17, **10.39, 11.43, 13.16, 13.27**
als *bhukta,* 13.23
während Brahmās Tag und Nacht, **8.18**–19, 9.8
denkt: „Ich bin Gott", 13.8–12, 15.5, 18.73
direkt oder indirekt immer ein Diener Gottes, *xvii,* 6.29, 12.6–7, 18.73
Einheit aller, **6.32, 18.20**
von den Erscheinungsweisen bedingt, **3.5, 3.29, 14.5,** 17.2, **18.40,** 18.60
ewig befreite, 18.78
als ewig bedingt, 7.14, 18.78
als ewiger Diener Kṛṣṇas. *Siehe:* Wesensgemäße Stellung
fehlbare und unfehlbare, **15.16**
„Geburt" der, 9.8, 13.20, **14.3**–4
im Gegensatz zum *viṣṇu-tattva,* 15.7
gehören zur höheren Energie, S. 9, **7.5,** 7.14, 13.19, 13.27, 14.3
geschaffen aufgrund des Wunsches von Nārāyaṇa, 10.8
gleichzeitig eins mit und verschieden von Kṛṣṇa, S. 8, 2.20, 5.3, 5.17, 5.18, 7.5, 9.17, 14.2, 14.26, 14.27, 15.18
göttliche und dämonische, 4.3, **16.6,** 17.1
halten sich für die Handelnden, **3.27,** 3.27, **5.13**–15, 13.30, **18.16,** 18.16
halten sich für *puruṣas,* 7.4, 8.8
dem Herrn untergeordnet, S. 8, 3.22, 3.28, 3.30, 4.5, **4.35,** 7.5, 7.27, **11.44,** 12.6–7, 13.1–2, **15.7, 18.61**
in Illusion geboren, **7.27,** 18.22
kommt zu Fall ohne hingebungsvollen Dienst, 6.47, **9.24, 18.58**–59
als Kṛṣṇas marginale Energie, 6.2, 8.3, 8.8, 9.13, 9.17, 13.23, 18.78
Liebe zu Kṛṣṇa höchste Vollkommenheit für, 3.41
durch Lust verwirrt, **3.38**–40, **7.20, 7.27**
in die materielle Natur eingegeben, 9.8, 9.26, **13.22,** 13.27, **14.3**-4
in der materiellen Welt aufgrund von Rebellion gegen den Herrn, 13.8–12, 13.20
mißbraucht seine Unabhängigkeit, 3.37, 4.14, 4.42, 5.15, 7.21, 13.23, 15.7
als *nitya-baddha,* 7.14
Plan des Herrn für die, 3.10
Probleme des, aufgrund des Mißachtens von Kṛṣṇas Anweisung, **18.58**–60
spiritueller Körper des, S. 24–25, 7.29, 8.3, 13.15, 15.7
ursprünglich transzendental zu den Erscheinungsweisen, 17.3
verantwortlich für seine Taten, S. 16, 4.14, 5.15, 7.21, **9.8**-10, **13.21,** 13.21, 18.14, 18.25
vergißt sein vergangenes Leben, S. 10, **4.5,** 7.26, 15.15, 18.61
vier Mängel der, S. 15, 16.24
Wunsch des, als Ursache aller Verstrickung, 5.15, 5.29, 7.21, 13.21, 13.30, 15.1
Siehe auch: Seele, spirituelle
Lehrer
muß durch Beispiel lehren, 3.21
darf nicht von māyā beeinflußt sein, 2.13
darf Wahrheit sprechen, um zu lehren, 17.15
Kriterium für Zurückweisung eines, 2.5
muß Repräsentant Kṛṣṇas sein, 11.43
Leid
als Ergebnis der Erscheinungsweise der Unwissenheit, 18.39
als Ergebnis von Handlung in Leidenschaft, **14.16**
von Geburt, Tod, Alter u. Krankheit, **13.8**–12
Gleichmut gegenüber. *Siehe:* Gleichmut
Sinnesgenuß Ursache von, 18.38
Stetigkeit bei, als Qualifikation für Befreiung, **2.15**
Leiden
Befreiung von. *Siehe:* Befreiung
Bewußtsein über, auf den eigenen Körper beschränkt, 2.17, 13.3
dreifache,
Freiheit von, **2.65**
Gleichmut trotz, **2.56**
von māyā verursacht, 16.24
Gottgeweihter unberührt von, 5.26
als Kṛṣṇas Barmherzigkeit gesehen, 2.56, 3.28, 12.13–14
Kṛṣṇa zu vergessen als Ursache von, 2.20, 3.10, 4.35, 5.15, 5.16, 5.25, 6.32, 13.1–2, 13.23, 15.5, 15.7, 17.3, 18.59, 18.73
Lebewesen als Ursache der, **13.21**
materielle Welt als Ort der, 2.7, **8.15, 9.21, 9.33**
minimal in der Erscheinungsweise der Tugend, 14.6
durch Reichtum nicht beseitigt, 2.8, 14.17
Wunsch, *māyā* zu beherrschen, als Ursache von, 5.29
Leidenschaft, Erscheinungsweise der, (*rajo-guṇa*)
Befreiung von, 7.1
Brahmā als Inkarnation von, 7.14
Buße in, **17.18**

Entsagung in, **18.8**
Entschlossenheit in, **18.34**
Glück in, **18.38**
Handelnder in, **18.27**
Handlung in, **14.16**, 14.16, **18.24**
kṣatriyas in, 7.13, 9.32
Merkmale von, **14.7**, 14.7, **14.9, 14.12, 14.17**
Nahrung in, **17.9** 17.10
Opfer in, **17.12**
Sterben in, **14.15, 14.18**
Unterscheidungsvermögen in, **18.31**
als Ursache von Lust, **3.37**, 14.7, 18.38
vaiśyas in gemischter, 7.13, 9.32
Verehrung in, **17.4**
Wissen in, **18.21**
Wohltätigkeit in, **17.21**
yogī jenseits von, **6.27**
Lokāyatika-Philosophie, 2.26
Loslösung, Waffe der, **15.3–4**
Luft
aus Äther erzeugt, 2.28
als eine der abgesonderten Energien, **7.4**
als eines der *mahā-bhūtas,* 13.6–7
von Halbgöttern zur Verfügung gestellt, 3.11–12, 3.14
universale Form als, **11.39**
verglichen mit der Seele, **13.33**
Lust
als der allesverschlingende Feind, **3.37**–41
besiegt durch spirituelle Kraft, **3.43**
als bewußtes Übertreten der Regeln, 16.23
Dämonen verwirrt durch, **16.10, 16.18**
Freiheit von, **2.55**, 3.38, 3.41, **3.43, 5.23**, 7.20, **15.5, 18.51**–53
Mensch mit unbeherrschtem Geist als Diener der, 6.6
als Merkmal der Erscheinungsweise der Leidenschaft, 3.37, 14.7, **14.12**
als pervertierte Liebe zu Gott, 3.37, 3.41
als Symbol der Sünde, **3.41**
als Tor zur Hölle, **16.21**–22
unersättlich, **3.39, 16.10**
als Ursache des falschen Ego, 3.40
als Ursache der Welt (Theorie der asuras), **16.8**
Ursachen der, **2.55, 2.62, 3.37**
Wohnstätten der, **3.40**

M

Mad-bhāvam, S. 24, **4.10, 8.5, 13.19, 14.19**
Mādhavendra Purī, S. 34, 2.52
Mādhurya-bhakta, 8.14
Madhusūdana. *Siehe:* Kṛṣṇas Namen
Madhvācārya, S. 3, S.34, 7.15
Mahābhārata
Bhagavad-gītā als reiner Nektar des, S. 32
Bhagavad-gītā Teil vom, *xi,* S. 27, 2.45
als fünfter *Veda,* 2.45
Inhalt des, *xi-xiii*
prophezeit Caitanyas Erscheinen, 4.8
Mahad brahma, materielle Natur als, 14.3
Mahā-mantra
definiert, 6.34
als Gebet für die ganze Welt, S. 33
nicht verschieden von Kṛṣṇa, 12.8
als reinste Repräsentation Kṛṣṇas, 10.25
zitiert, S. 2, S. 33, 4.39, 6.44, 7.24, 8.5, 8.6, 8.11, 8.13, 8.14, 8.19, 9.2, 9.30, 9.31, 10.9, 10.11, 10.25, 12.6–7, 13.8–12, 13.26, 14.27, 16.1–3, 16.7, 16.24
Siehe auch: Chanten der Heiligen Namen
Mahātmā, definiert, 7.18, **7.19**, 8.15, **9.13**, 9.13, 9.14, 9.15
Mahat-tattva
definiert, 7.4, 14.3
als Bedeckung des *brahma-jyotir,* 4.24, 13.18, 15.6
als Brahman bezeichnet, 14.3
Kṛṣṇa als Seele des, 10.20
von Mahā-viṣṇu erschaffen, 7.4, 13.20
Mahā-viṣṇu geht ein in, 9.8, 10.20
als Ursache des Kosmos, 14.3
Mahā-viṣṇu
erschafft materielle Energie, 7.4, 10.32, 13.20
als Erweiterung Kṛṣṇas, 7.4, 11.1, 11.54
als Kāraṇodaka-śāyī Viṣṇu, 10.20
liegt im Ozean der Ursachen, 9.8, 10.20
wirkt auf reine Gottgeweihte nicht anziehend, 9.13
Mahājanas (die zwölf), 4.16, 7.15
Mammonismus, Philosophie des, 3.16
Manu
als große Autorität, 4.16, 7.15
Kṛṣṇa erscheint während der Zeit des achten, 4.7
von Kṛṣṇa geschaffen, **10.6**
vom Sonnengott unterwiesen, **4.1**, 4.16
Materialisten
angehaftet an die Ergebnisse, **3.25, 3.29**, 7.15, **18.27, 18.34**
behaupten, bhakti sei zu einfach, 7.3
Fortschritt der, 6.38
im Gegensatz zum Gottgeweihten, 3.16, 3.25, 3.27, 5.12, 6.38, 10.8
haben keine guten Eigenschaften, 1.28, 12.18–19, 18.28
müssen ihren Geist auf materielle Repräsentationen Kṛṣṇas richten, 10.17
Geld als Gott der, 18.22
Gemeinschaft mit, Erniedrigung durch, 7.28
im Kali-yuga, *xvii,* 2.46
kennen nur die fünf grobstofflichen Elemente, 7.4
können Kṛṣṇa nicht verstehen, 7.3, **7.15**, 7.15 (4), **7.25**, 9.11, 10.8, **10.14**–15, 18.67
können persönliche Form des Höchsten nicht verstehen, 4.10, 9.11
können Reinkarnation nicht verstehen, **15.10**–11
leben vergebens, **3.16, 17.28**
Lösungen der, verschlimmern die Probleme, 7.15, 9.12
sind träge, 3.29, **18.28**
Opferung der, von Kṛṣṇa nicht angenommen, 9.26
voller tierischer Neigungen, 6.40, 18.22
verglichen mit Kuh und Esel, 3.40
verurteilt, 3.16, **9.12, 16.19, 16.23**
vier Arten von, 7.15
Siehe auch: Atheisten
Materie. *Siehe:* Elemente, materielle; Energie, materielle; *Mahat-tattva; Prakṛti;* Welt, materielle
Mat-para, definiert, 2.61
Māyā (illusionierende Energie)
definiert, 4.24, 4.35, 7.14, 10.39
Angst aufgrund von Anhaftung an, 10.4–5
bedingte Seele im Dienst von, 12.6–7, 18.73
Befreiung von, 2.14, 3.33, 7.14
Befreiung von, theoretisches Wissen nicht genügend für, 3.33
dreifache Leiden verursacht von, 16.24
Freiheit des Entscheides für, 7.21
als Gefühl des Getrenntseins von Kṛṣṇa, 4.35, 10.39
hingebungsvoller Dienst als Kriegserklärung gegen, 6.37, 9.30
von der Höchsten Persönlichkeit Gottes abhängig, 7.14, **9.10**, 9.10
höchster Zauberer im Hintergrund von, 7.14
Kṛṣṇas Körper als, (Theorie der Māyāvādīs), 7.24
letzte Falle von, 2.39, 5.16, 18.73
als materielle Verunreinigung des spirituellen Lebens, 6.20–23

Seele verwirrt von, 2.13, 5.29
Theorie der Māyāvādīs bezüglich, widerlegt, 2.12
verglichen mit Wolke, 7.26
Siehe auch: Energie, materielle; Illusion; Welt, materielle.
Māyāvādīs
definiert, 7.24
als *abuddhayaḥ,* 7.24
begehen die größte Verletzung der Gesetze Gottes, 7.28
begehen ein großes Vergehen, *xvii,* 9.12
begehen spirituellen Selbstmord, 4.11, 6.30
behaupten, das Absolute habe keine Sinne, 9.26
bezeichnen die materielle Welt als falsch, 9.33
Caitanya warnt vor, *xvi,* 2.12
unter dem Einfluß von Anhaftung und Angst, 4.10
Entsagung der, ist künstlich, 5.2, 5.6
erliegen der letzten Falle *māyās,* 2.39, 5.16, 18.73
folgen nicht einmal Śaṅkarācārya, 7.24
halten Kṛṣṇa für einen gewöhnlichen Menschen, 4.35, 7.24, **9.11,** 9.11, 9.12, 10.19, 11.52
halten Kṛṣṇas Gestalt für *māyā,* 4.35, 7.24, 7.26
halten *sannyāsī* für Nārāyaṇa, 3.4
halten Viṣṇu für einen Aspekt des unpersönlichen Brahman, 17.4
„Ich bin Gott" als größter Hochmut, 13.8–12
kann kein *mahātmā* sein, 9.14
sinken in die dunkelste Region der Schöpfung, 9.12
studieren *Vedānta-sūtra,* 5.6, 9.12
ihr Studium der vedischen Schriften nutzlos, 9.12
ihre Theorie bzgl. dem Absoluten, widerlegt, 4.35, 7.24, 7.26, 9.11, 9.12, 13.13
ihre Theorie bzgl. Seele, widerlegt, 2.12, 2.13, 8.3, 9.2, 18.73
können Ursprung der Seele nicht erklären, 2.23
verachten Tempelverehrung, 9.11
vertreten falsche Einheit des Wissens, 13.19
widerlegt (Einswerden mit Kṛṣṇa unmöglich), **11.43**
zeitweiliger hingebungsvoller Dienst der, 9.2
Māyāvāda-bhāṣya, xvi
Māyayāpahṛta-jñānāḥ, definiert, 7.15
Meditation
Chanten als einfachste Form der, 8.8, 9.27
der Entsagung untergeordnet, **12.12**
des Gottgeweihten, die vollkommene, 6.47, 9.27
heuchlerische, **3.6,** 3.7, 3.33
über die Höchste Person als den Allwissenden, den Ältesten usw., **8.9**
über Kṛṣṇa als die Höchste Persönlichkeit Gottes, **7.30, 8.7, 8.8, 9.22, 12.6**–8
moderne, unauthentische Form der, 3.6, 6.12, 6.13–14, 6.33, 6.36, 9.27, 15.11
durch die neun Arten des hingebungsvollen Dienstes, 7.1, 9.22
nicht einmal über andere Formen Kṛṣṇas, 9.13, 18.65
über die Überseele, **6.31,** 8.8, **13.25**
nicht möglich mit unreinem Geist, 6.3, 6.12
„regelmäßig" und „jeden Tag", 8.14, 9.27
über die sechs *cakras,* 8.10
stetige, verglichen mit Licht an windstillem Ort, **6.19**
unpersönliche, Schwierigkeit der, 12.1, 12.3–4, **12.5**
unpersönliche, für die, die nicht direkt *bhakti-yoga* ausführen können, 12.12, 12.20
verglichen mit der Meditation der Raupe, 8.8
verglichen mit der Meditation der Schildkröte, 5.26
Verwirklichung des Brahman durch, 7.29
über Viṣṇu, im Gegensatz zu unpersönlicher, 2.61, 8.9, **12.1**–5
Siehe auch: Aṣṭāṅga-yoga; Geist; Kṛṣṇa-Bewußtsein; Intelligenz; *Yoga*
„Der Mensch denkt, und Gott lenkt", 5.15
Menschen
drei Feinde der, 16.22
Essen, Schlafen, Verteidigung und Sexualität als Neigung der, 6.17, 6.40, 7.3, 18.22
folgen großen Persönlichkeiten, **3.21**
Gestalt der, entsprechend der Gestalt Kṛṣṇas, 7.15(3), 13.15
größtes Vergehen seitens der, 16.24
jeder sucht nach Kṛṣṇa, 4.11
können Kṛṣṇa nicht imitieren, 3.24
Leben der, verlängert oder verkürzt, 4.29, 7.9
Lebensform der, als Schlupfloch, 4.31
Liebe zu Gott höchste Vollkommenheit für, 3.41
müssen alles in Kṛṣṇas Dienst stellen, 5.10, 5.29, 18.46
auch auf anderen Planeten, 10.4–5
regulierte und nicht regulierte, 6.40
Selbstverwirklichung Aufgabe der, S. 6, 3.16, 4.1, 7.30, 16.23
selten, daß einer nach Vollkommenheit strebt, 2.29, **7.3, 7.19,** 7.26, 10.3, 10.9, 12.13–14
sollten zu Gott zurückkehren, 9.33
sündig durch Nichtbefolgen von *yajña,* **3.16**
400 000 Arten von, 7.15
zwei Klassen von, 4.3, 4.15, 13.25
Mentale Spekulation
Aufgeben von, von Caitanya empfohlen, 13.26
kein Fortschritt durch, 3.43, 4.16, 4.34, 6.8
im Gegensatz zu Kṛṣṇa-Bewußtsein, 3.3
für Gottgeweihten so wertlos wie Kieselsteine, 6.8
Kṛṣṇa nicht erkannt durch, 7.24, 8.9, 8.28, 10.2, 10.11, 11.4, 11.52, 11.54, 18.55
Philosophie ohne Religion als, 3.3
für *sthita-dhīr muni* beendet, 2.56
beim Studium der *Gītā* nutzlos, 8.28
als Sünde, 10.15
für Tausende von Leben, 15.19
höchstens unpersönliche Verwirklichung durch, 10.2, 11.52
der Unpersönlichkeitsanhänger, 4.25, 5.6, 11.52
verschiedene Arten von, über Kṛṣṇas Identität, 11.52, 15.19
als Verunreinigung, **11.55**
verursacht materielle Wünsche, **6.24**
als Zeitverschwendung, 11.54, 15.19
Siehe auch: Philosophie; Wissen, materielles
Meru, Berg, **10.23,** 10.25
Mīmāṁsā-sūtras, 11.48
Mitleid
Arjunas, für Āryas unpassend, 2.2, 2.36
als göttliche Eigenschaft, **16.1**–3
richtiges und falsches, 2.1
Mokṣa, **5.28, 13.35**
Mond
zu Beginn der Schöpfung noch nicht existent, 10.8
bewegt sich unter Kṛṣṇas Weisung, 9.6
Erreichen des, S. 29
erreicht durch fruchtbringende Tätigkeiten und Opfer, **8.25,** 8.25, 9.25

gehört zu den Sternen, **10.21,** 15.12
höhere Lebewesen auf dem, 8.25
Kṛṣṇa als, **10.21, 11.39, 15.12, 15.13**
als Kṛṣṇas Auge, **11.19**
Paramātmā als Quelle des Lichtes des, 13.18
Pflanzen genährt vom, 15.12, **15.13,** 15.13
Position des, beim Verlassen des Körpers, **8.24**–25
soma-rasa-Trank auf dem, 8.25
in der spirituellen Welt nicht nötig, **15.6**
universale Form als, **11.39**

Monismus
Anfänger neigt zu, 7.19
Anhänger des, verehrt sich selbst als Höchsten, 9.15
als Aspekt der Selbstverwirklichung, 18.20
ist atheistisch, 7.24, 13.25
erlaubt keinen Austausch zwischen dem Höchsten und dem Lebewesen, 9.29, 18.55
von Kṛṣṇa nicht empfohlen, 12.5
von Menschen mit geringem Wissen vertreten, 7.5, **7.24**
als niedrigste Art der Gottesverehrung, 9.15
transzendentale Freude nicht akzeptiert von, 6.20–23
widerlegt, 2.24, 7.24, 18.55
Siehe auch: Māyāvādīs; Unpersönlichkeitsanhänger

Mūḍhā
definiert, 7.15
ergibt sich Kṛṣṇa nie, **7.15**
Kṛṣṇa offenbart Sich ihnen nicht, **7.25**
sinken in abscheulichste Formen, **16.20**
verspotten Kṛṣṇa, 6.47, 7.24, **9.11,** 11.52

Mukti, S. 12, 2.51, 7.5, 7.15, **9.28**

Mukunda. *Siehe:* Kṛṣṇas Namen

Muni, definiert, 2.56

Mutter
Kṛṣṇa als, **9.17**
Respekt gegenüber, **17.14**

N

Nahrung
entsprechend den Erscheinungsweisen, **17.7**–10
erlaubte und verbotene, 6.16, 9.26
die von Kṛṣṇa angenommen wird, **9.26,** 17.10
muß zuerst Kṛṣṇa geopfert werden, 3.12, 3.14, **9.26**–27, 17.10
kann vom Menschen nicht geschaffen werden, 3.12
für den Menschen vorgeschriebene, 3.14, 6.16, 6.17, **9.26,** 9.26, 17.10
Milch als wertvollste, 14.16
Opferung von, 9.26
des Persönlichkeits- und des Unpersönlichkeitsanhängers, 2.63
für Sinnengenuß ist sündhaft, **3.13**–14, 18.7
Verwirklichung des Höchsten in der Abhängigkeit von, 13.5
vier Arten von, **15.14,** 15.14
durch *yajñas* erzeugt, **3.14,** 3.14
Zweck der, 17.10
Siehe auch: Essen; *Prasādam*

Nakula, *xi,* **1.16**

Nārada Muni
als große Autorität, S. 5, 4.16, 7.24, **10.13,** 18.62
Lebensgeschichte von, 9.2
als Repräsentation Kṛṣṇas, **10.26**
als Schüler Kṛṣṇas, 18.75
in der Schülernachfolge, S. 34
als spiritueller Meister Vyāsadevas, 6.40, 9.2, 18.75
zitiert, 6.40, 9.2

Narādhamāḥ
definiert, 7.15
ergibt sich Kṛṣṇa nie, **7.15**
immer wieder unter Dämonen geboren, **16.19**

Nārāyaṇa
als Höchste Persönlichkeit Gottes, 4.6, 10.8, 13.16
Kṛṣṇa erschien vor Seinen Eltern als vierhändiger, 9.11, 11.50
als Kṛṣṇas Erweiterung, 8.8, 10.8, 11.45, 11.46, 11.54, 14.26
sowohl in der spirituellen als auch in der materiellen Welt, 13.16
als Ursprung aller Lebewesen, 10.8
auf den Vaikuṇṭha-Planeten, S. 25, 8.22, 11.45
vier Symbole von, 11.45, **11.46**
Siehe auch: Viṣṇu

Narottama dāsa Ṭhākura, S. 34

Nātmā śruteḥ, 13.5

Natur, materielle. *Siehe:* Energie, materielle; *Māyā; Prakṛti*

Natur, spirituelle. *Siehe:* Brahman; Energie, spirituelle

Neid
Erniedrigung durch, **3.32**
Freiheit von, bei Erkenntnis der Überseele, 12.3–4
Freisein von, **3.31, 4.22,** 6.32, **9.1, 12.13–14, 18.67, 18.71**
Freisein von, als göttliche Eigenschaft, **16.1**–3
auf Kṛṣṇa, **3.31**–32, 7.15(4), 7.27, **9.1,** 9.34, **16.18,** 16.18, **18.67,** 18.67, 18.71
Kṛṣṇa frei von, **9.29**
als Merkmal der Erscheinungsweise der Leidenschaft, **18.27**
als Merkmal der Materialisten, 12.15

Nichthandeln
in Handeln, **4.18**
Kṛṣṇa-Bewußtsein im Gegensatz zu, S. 11, S. 27–28, 3.1, **3.8,** 3.18, 4.15, **4.18, 5.1**–6, **18.11**
richtiges Verständnis von, **4.18**–19, 4.20, 5.1, 6.2
schwierig zu verstehen, **4.16**–17
ist sündhaft, 2.47
mißbilligt, **2.47,** 3.1
ungenügend, **3.4, 5.6**
unmöglich, S. 27, **3.5, 3.8,** 3.9, 6.2, 9.28, **18.11, 18.60**

Nimbārka Svāmī, S. 3

Nirahaṅkāraḥ, **2.71, 12.13, 13.9**

Nirguṇa, 7.12, **13.15, 13.32,** 17.3

Nirguṇa-Verehrung, 12.5

Nirmama, **2.71, 3.30, 12.13**–14, **18.53**

Nirvāṇa
als Beenden des materiellen Daseins, **6.15,** 6.20–23
definiert, 2.72
Siehe auch: Brahma-nirvāṇa

Niṣṭhā, **3.3,** 4.10, **5.17, 17.1, 18.50**

Nityānanda
befreite Jagāi und Mādhāi, 7.15
Gebete an, S. 1–2
in der Schülernachfolge, S. 34

Nuklearwaffen, Erfindung der, von der *Bhagavad-gītā* prophezeit, 16.9

Nṛsiṁha, 4.5, 4.13, 6.47, 8.14, 11.46, 15.7

O

Oṁ (*oṁ-kara*)
als Hinweis auf die Absolute Wahrheit, 17.23
als höchste Buchstabenkombination, **8.13**
als Klangrepräsentation Kṛṣṇas, 7.8, 8.13, 9.17, 10.25, **17.23**
Kṛṣṇa als, **7.8, 9.17, 10.25**
bei Opfern gechantet, **17.23**–27
von Unpersönlichkeitsanhängern gechantet, 7.8, **8.11,** 8.11, 8.13

Oṁ tat sat, **17.23**–27, 18.1

Opfer. *Siehe: Yajña*

P

Padma Purāṇa. Siehe: Quellennachweis

Pañca-mahā-yajña, 3.12

Pāṇḍavas, die fünf
erkannten Kṛṣṇa als Höchste Persönlichkeit Gottes, *xiii*
Namen der, *xi,* **1.15–16**
Sieg immer auf Seiten der, 1.14
als einzige Überlebende der Schlacht, **11.32,** 11.32

Pāṇḍu, *xi*
Pantheismus, 10.19
Para-brahman
definiert, 8.3, **10.12**–13
ist eine Person, 7.10
Siehe auch: Kṛṣṇa, als Höchstes Brahman
Paramātmā (Überseele)
als *adhiyajña,* **8.4**
ist alldurchdringend, **13.14**–16, **13.29,** 15.13
Seine Augen, Ohren usw. sind überall, **13.14**
Befolgen der Anweisungen des, 6.6, 6.7, 13.23, 18.13, 18.14, 18.17
durch Bezwingen des Geistes erreicht, 6.6, **6.7, 6.27, 6.29**–32
durch Entsagung der Dämonen gequält, **17.5**–6
Erkenntnis des, als unvollständige Erkenntnis, S. 13, 2.2, 6.10, 6.38, 7.1, 7.4, 7.16, 7.17, 9.34, 10.15, 12.12, 14.27
Freiheit von Neid durch Sicht der, 12.3–4
als Freund des Lebewesens, 2.22, 6.29, 13.21, 13.23, 13.34, 18.14
geht ins *brahma-jyotir* ein, 15.18
als Herr der Erscheinungsweisen, 13.13, **13.15**
im Herzen eines jeden Lebewesens, 2.13, 2.17, 5.18, 6.13–14, 6.29, **7.21,** 7.26, **8.4,** 8.4, 8.9, 8.12, 9.11, **10.11,** 10.11, **10.20, 13.18, 13.29, 15.15, 16.18, 18.61**
kennt die Wünsche der Seele, S. 10, 5.15, 7.21, 11.3
ist kleiner als das Kleinste, **8.9,** 8.9
Körper als Tempel für, 9.11
über alle Körper bewußt, 5.18, 6.29, **13.3,** 13.14, 13.34
Kṛṣṇa als, **6.29, 6.31, 7.21, 8.4, 10.11, 10.20, 15.15, 18.61**
als *kṣetra-jña,* S. 10, 13.3, 13.5, **13.23**
als Kṣīrodaka-śāyī Viṣṇu, 7.4, 9.8, 10.20
nicht ewig in der spirituellen Welt, 7.4
als *parameśvara,* **13.28**
als *prabhu,* 13.18
als Quelle des Lichts aller Leuchtkörper, **13.18,** 13.18
als 26. Element, 13.25
als Seele der materiellen Welt, 5.4, 7.6, **9.4,** 10.20, 10.42, 15.13, **15.17**
als ständiger Begleiter der individuellen Seele, 5.15, 13.21, 13.23, **13.28**
als unmanifestierte Form, **9.4, 13.18**
als Unterweisung Kṛṣṇas von innen. 13.23, 18.58
als Ursache von Erinnerung, Wissen und Vergessen, **15.15**
verglichen mit Reflexion im Wasser, 2.13
verglichen mit der Sonne, 13.14, 13.17
verglichen mit Vogel im Baum, 2.20, 2.22, 16.11–12
verschieden von individueller Seele, 2.13, 5.16, 5.18, **6.29**–32, 13.14, 13.18, **13.23**
verschlingt alles, **13.17**
als *viṣṇu-mūrti,* 6.13–14, 6.31
als wichtigster Faktor bei jeder Handlung, **18.14,** 18.14
als Zeuge und Beobachter, 5.15, 8.4, **13.23,** 16.11–12, 18.14, 18.61
Paramātma-vādī, S. 25
Paramparā. Siehe: Schülernachfolge
Parāśara Muni, 2.2, 2.32, 10.1, 13.5
Paraśurāma, 3.35
Para-tattva, 5.17
Pareśānubhūti, spirituelle Zufriedenheit, 6.35
Parīkṣit Mahārāja, 10.27
Pāṣaṇḍī, 4.12
Pāśupata-astra, 2.33
Patañjali, 4.27, 4.28, 6.20–23
Pflicht(en)
Aufforderung zur Erfüllung der, **2.31, 2.38, 2.47, 2.48, 3.8**–9, **3.19, 3.20, 3.25, 3.30, 3.35, 4.15, 5.10, 8.7, 16.24, 18.6,** 18.47
Aufgeben der, ist dämonisch, 16.5
Aufgeben der, ist sündhaft, **2.33**–34
dürfen nicht aufgegeben werden, 6.1, 18.2, **18.5, 18.7,** 18.47, **18.48**
eigene und die eines anderen, **3.35, 18.47,** 18.47
drei Arten von, 2.47
Erfüllen der, ohne Anhaftung, **5.10**
Erfüllung der, verursacht niemals Sünde, **2.38, 5.10,** 16.5, **18.47**
Freiheit von, 2.38, 2.52, **3.17**–18, 3.20
durch Gnade des Herrn von selbst offenbar, 3.17
Kṛṣṇa beschäftigt Sich in, **3.22**–24
um der Pflicht willen, **2.38,** 2.47, **3.19, 5.10, 17.11,** 17.11, **18.6, 18.9, 18.26**
Recht auf Erfüllung der, **2.47**
selbstgeschaffene, der *mūḍhās,* 7.15
spirituelle, definiert, 3.35
als *sva-dharma,* **2.31, 2.33, 18.47**
Verstehen der, gemäß śāstras, **16.24**
Vollkommenheit durch Erfüllung der, 3.6, **3.20, 12.10, 18.45**–46, 18.48
Philosophen
drei Arten von, 4.10
zwei Arten von, 2.28
als Beispiel für *sattva-guṇa,* 14.6, 14.9
erreichen keine Befreiung, 4.9, 8.26, 10.11, 18.55
auf die grundlose Barmherzigkeit eines Gottgeweihten angewiesen, 4.9, 7.16
indische, (sechs), 9.2
können die *Bhagavad-gītā* nicht verstehen, 4.9
erkennen höchstens unpersönliches Brahman, 10.2
Lehnstuhl-, 8.28
als *māyayāpahṛta-jñānāḥ,* 7.15
moderne, zwei Verse für, 10.12–13
ohne *paramparā,* verschwenden ihre Zeit, 4.2, 10.12–13
Siehe auch: Mentale Spekulation
Philosophie
als Buchwissen nutzlos, 6.8
fehlt in der modernen Gesellschaft, 13.26
der Leere, 4.10
des Nihilismus unter dem Einfluß von Zorn, 4.10
ohne Religion nur mentale Spekulation, 3.3
transzendentale. *Siehe: Acintya-bhedābheda-tattva;* Wissen, transzendentales
wahrer Zweck der, 5.5
Siehe auch: Mentale Spekulation; Monismus; Philosophen
Planeten, himmlische
Aufenthalt dort zeitweilig, 2.8, 8.3, 8.16, 8.25, **9.21,** 9.21
Beschreibung der, 2.42–43
als Bestimmungsort des gescheiterten *yogī,* **6.41**
Erhebung zu,
durch bloßes Hören der *Bhagavad-gītā,* **18.71,** 18.71
durch Darśa-paurṇamāsī-Vorgang, 9.25
durch Feueropfer, 8.3, 8.16
durch fruchtbringende Tätigkeiten, **2.42–43,** 8.25, 9.25
der Menschen in *sattva-guṇa,* **14.14, 14.18**
durch Studium der *Veden,* **9.20**
durch *tapomaya-yajña,* 4.28
verglichen mit Riesenrad, 9.21

Fall von den, in Form von Regen, 8.3
von Halbgottverehrern erreicht, S. 22, **7.23**, 7.24, 9.18, **9.25**
sind Kṛṣṇa und nicht Kṛṣṇa, 9.18
spiritueller Fortschritt auf den, 8.16
nicht das Ziel der Gottgeweihten, 8.14, 9.18, 11.55, 18.54
als Ziel derjenigen in Leidenschaft, 17.12
Planeten, höllische
Geburt auf den, **14.18, 16.16**
als Bestimmungsort der unfrommen Menschen, 1.43
Polarstern, als Dhruvaloka, 18.71
Polytheist, als *bahv-īśvara-vādī,* 4.25
Prabhupāda, A. C. Bhaktivedanta Swami
als Autor der *Bhagavad-gītā* wie sie ist, *xv-xviii*
als Gründer von ISKCON, *xvi*
in der Schülernachfolge, S. 34
als Schüler von Bhaktisiddhānta Sarasvatī, *xvi,* 6.42
Pradhāna, definiert, 5.10, 13.6–7
Prahlāda Mahārāja, 4.8, 4.16, 7.15, 13.8–12
Prajā-pati, Viṣṇu als, 3.10
Prajāpati, als Vater der Dämonen und Halbgötter, 16.6
Prakāśānanda Sarasvatī, 2.46, 10.11
Prakṛti (materielle Natur)
definiert, 4.6, 7.4, 13.3
ist anfangslos, **13.20**
befruchtet durch den Blick des Herrn, 2.39, 3.15, 9.10, 9.26, **14.3**–4, 14.27
guṇas als Produkt von, **13.20**
als *mahad brahma,* 14.3
als unmittelbare Ursache, 4.14
als Thema der *Bhagavad-gītā,* S. 7–11, 18.78
als Ursache aller materiellen Ursachen und Wirkungen, **13.21**
Siehe auch: Energie, materielle
Prāṇa, eine der fünf Lebenslüfte, 2.17
Prāṇa-maya, definiert, 13.5
Praṇava, 7.8, 9.17
Siehe auch: Oṁ
Prāṇāyāma, definiert, 4.29
Prasādam
befreit die Vorväter, 1.41
befreit von allen Sünden, 1.41, **3.13**–14
als „Diät", 6.35
Einschränkung des Essens automatisch durch, 4.29
Essen von,
als freudvoller Vorgang, 9.2
als regulierendes Prinzip, 12.9
als spirituelle Tätigkeit, 18.7
Gottgeweihte essen nur, 2.63, 6.16, 6.17, 9.26
zur Läuterung des Körpers, 3.11, 9.26
Liebe und Hingabe das Wichtigste bei der Zubereitung von, **9.26**, 9.26, 17.10
verglichen mit Impfung, 3.14
wird nicht schlecht, 17.10
yajña ohne Verteilung von, in *tamo-guṇa,* **17.13**
Siehe auch: Nahrung
Pratyāhāra, 5.27–28, 6.25, 8.12
Prāyaścitta (Buße), 1.43
Prema, definiert, 4.10
Pṛthā. *Siehe:* Kuntī
Purāṇas, als historische Aufzeichnungen, S. 27, 10.18
Puruṣa, definiert, 7.4, 8.8, 13.3, 13.20, 15.1
Puruṣa-Inkarnationen, 7.4, 9.8
Puruṣottama. *Siehe:* Kṛṣṇas Namen
Puruṣottama-yoga, 15.20

R

Rādhārāṇī, Gebete an, S.1–2
Raghunātha dāsa Gosvāmī, S. 1, S. 34
Rahūgaṇa, König, 6.43
Rāja-yogī, 6.47
Rajo-guṇa. Siehe: Leidenschaft, Erscheinungsweise der
Rāma
als Balarāma, 10.37
bhakti-yoga für, 14.26
Höchste Persönlichkeit Gottes als, 5.22
Königreich von, 1.36
Kṛṣṇa als, **10.31**
als Rāmacandra, 1.20, 1.36, 3.20, 3.37, 4.5, 4.13, 6.47, 8.14, 10.27, 11.46, 15.7, 18.65
Rāmānuja, S. 3, S. 18, 2.12, 7.15, 7.24
Rāma-rājya, 1.36
Rasa
fünf Arten von, 8.14, 9.14
Siehe auch: Kṛṣṇa, Beziehung zu
Rāvaṇa
als Beispiel eines Dämons, 7.15, 16.16
von Rāmacandra besiegt, 1.36, 3.37, 4.8, 16.20
Regen
bringt Getreide hervor, **3.14**
von Kṛṣṇa beherrscht, **9.19**, 9.19
durch *yajña,* **3.14**, 3.14
Reinigung. *Siehe:* Läuterung
Regulierende Prinzipien
Befolgen der,
als Kriterium für göttliche oder dämonische Natur, 16.6
als Vorgang des *bhakti-yoga,* **12.9**
in vergangenen und gegenwärtigen Leben, 7.28
ohne Verständnis von Gott wertlos, 16.23, 18.67
Befolger der, drei Gruppen von, 6.40
des *bhakti-yoga,* 12.9, 16.24
Erlangen von Liebe zu Gott durch, 12.9
Fortschritt durch Befolgen der, 3.6
der Freiheit, **2.64**
für Frieden in der Gesellschaft, 3.24
Handlung entsprechend, in Tugend, **18.23**
in den *Veden* vorgeschrieben, **3.15**, 11.54, 16.24
Zweck der, 3.34, 11.54, 16.22, **16.24**
Reinkarnation. *Siehe: Karma,* Gesetz des; Seelenwanderung
Religion
Aufgeben aller Formen von, **18.66**, 18.66
dämonische Form der, 16.4, 16.10, 16.16, **16.17**, 16.17
um der Ehre willen (im Gegensatz zu Demut), 13.8–12
entsprechend den Erscheinungsweisen, 17.3, **17.11**–13, **18.30**–32
„ewige", S. 19
im Gegensatz zu *sanātana-dharma,* S. 18
Hingabe zu Kṛṣṇa als Essenz aller, 18.78
höchstes Kriterium der, 18.6
Irreligion gehalten für, **18.32**, 18.32
Kṛṣṇa als Erhalter der, 1.1, **4.8**, **11.18**
kann nur von Kṛṣṇa begründet werden, 3.23, 4.7, 4.16, 4.34
mit materiellen Motiven, führt zu dämonischer Mentalität, 17.11, 17.13
nicht so wichtig wie transzendentales Wissen, 2.11, 2.52
ohne Philosophie nur Sentimentalität, 3.3
um der Pflicht willen, in der Erscheinungsweise der Tugend, 17.11
ungenügend, um Kṛṣṇa zu erkennen, **11.48, 11.53**
Vollkommenheit der, **9.2**, 9.2
wahre, von den Dämonen gelästert, **16.18**
wahres Ziel von, 7.15, 9.2

und wirtschaftliche Entwicklung, Sinnenbefriedigung und Befreiung, 4.31, 6.20–23, 10.9, 15.1, **18.34**

Ṛg Veda
als Emanation des Atems der Höchsten Persönlichkeit Gottes, 3.15
als Repräsentation Kṛṣṇas, **9.17**
Studium des, 9.20

Rudra, 10.6, **10.23,** 10.8, **11.6, 11.22**

Ruhm, definiert, **10.4**–5

Rūpa Gosvāmī
als Autor des *Bhakti-rasāmṛta-sindhu,* 2.63, 5.2, 5.11, 6.10, 6.31, 7.3, 9.28, 11.55
als Autor des *Upadeśāmṛta,* 6.24
als Beispiel für Entsagung, 6.17
bezeichnet Śrī Caitanya als großmütigsten Wohltäter, 11.54
Gebet an, S. 1
in der Schülernachfolge, S. 34

S

Śabda-brahma, 2.52, 6.44

Sac-cid-ānanda, 2.2, 4.4, 4.5, 7.24, 7.25, 9.11, 11.54, 13.15

Sādhaka, definiert, 2.68

Sādhu
definiert, 4.8
der eine abscheuliche Tat begeht, **9.30**

Saguṇa-Verehrung, 12.5

Sahadeva, *xi,* **1.16**

Sākhya-bhakta, 8.14

Śakuni, 1.26

Śalya, 1.9, 1.26

Samādhi
definiert, 2.44, **6.20**–23, **6.25**
Arjunas Frage nach den Merkmalen von, **2.54**
im *aṣṭāṅga-yoga,* 5.27–28, 5.29
Kṛṣṇa-Bewußtsein als, 1.24, **2.53,** 2.53, 2.57, 4.24, 6.7, 6.25, 8.12, 12.2
für Materialisten nicht möglich, 2.44
„praktischer", 6.7
Versunkensein in Kṛṣṇa als, 1.24, **4.24,** 4.24, 6.10
zwei Arten von, 6.20–23

Sāma Veda, 3.15, **9.17,** 9.20, **10.22, 10.35,** 10.35

Samprajñāta-samādhi, 6.20–23

Sanātana, definiert, S. 18, 15.7

Sanātana-dharma
definiert, S. 17–18
gebrochen durch unverantwortliche Führer, 1.42

Sanātana-yoga, 4.42

Śāṇḍilya, 9.2

Sāndīpani Muni, 2.4

Sañjaya
sah die universale Form, 18.77
als Schüler Vyāsas, 1.1
sieht das Schlachtfeld durch Vyāsas Gnade, 1.1, 11.12, 18.74, **18.75**

Śaṅkarācārya
akzeptiert Kṛṣṇa als Gott, S. 3, 4.12, 7.3, 7.24
akzeptiert *Vedānta-sūtra* als Autorität, 18.13
als Autor des *Śārīraka-bhāṣya,* 5.6
verfaßte Kommentar zur *Gītā,* 7.3

Sāṅkhya-Philosophie
analysiert 24 materielle Elemente, S. 14, 7.4, 13.6–7, 13.25, 15.1
als analytisches Wissen vom Körper und der Seele, **2.16**–39
bezeichnet Seele als 25. und Überseele als 26. Element, 13.25
erklärt fünf Faktoren einer Handlung, 18.13
von Māyāvādī-*sannyāsīs* studiert, 5.6
Studium der, als *yajña,* 4.28
Ziel von, **5.4**–5

Sāṅkhya-yoga
als indirekter Vorgang, 3.3
im Kali-yuga sehr schwierig, 6.37
für Menschen mit Neigung zu Spekulation, 3.3
ohne Sinnesbeherrschung nutzlos, 6.2
nicht verschieden von *karma-yoga,* **5.4**–5
Überseele wahrgenommen durch, **13.25**
verglichen mit *bhakti-yoga,* 2.39, 6.2
verglichen mit *buddhi-yoga,* 2.39

Saṅkīrtana-yajña
empfohlen für Kali-yuga, 3.10, 4.8, 16.1–3
als Schutz vor Hungersnot, 3.14
weltweite Verbreitung von, prophezeit, 4.8
Siehe auch: Chanten der Heiligen Namen

Sannyāsa-yoga, 6.2, **9.28**

Sannyāsa, definiert, 5.1, **5.2, 6.2, 18.2**

Sannyāsī
definiert, **6.1**–2, 9.28, 10.3, **18.11**
muß Anhaftung an Familie aufgeben, 2.15
als Empfänger von Spenden, 10.4–5
Furchtlosigkeit, Läuterung des Daseins und Wissen als notwendige Eigenschaften des, 16.1–3
geht von Tür zu Tür, 10.4–5, 16.1–3
ohne geläutert zu sein nur Störung in der Gesellschaft, 3.4
Gottgeweihter als vollkommener, 6.1, 10.3, 18.49
Mitglieder von ISKCON als wahre, 18.11
als spiritueller Meister der Gesellschaft, 16.1–3
Umgang mit Frauen verboten für, 16.1–3
Vaiṣṇava- und Māyāvādī-, 5.6
als vierte *āśrama*-Stufe, 4.26, 8.28

Śānta-bhakta, 8.14

Sarasvatī, Verehrung von, 7.21

Śārīraka-bhāṣya, 5.6

Śāstra
definiert, 16.24
ohne die vier Mängel der bedingten Seele, 16.24
Siehe auch: Veden; Namen einzelner Schriften; Quellennachweis

Satan, 5.16

Ṣaṭ-cakra-yoga, 8.10–11

Sattva-guṇa. Siehe: Tugend, Erscheinungsweise der

Satya-yuga
Dauer des, 4.1, 8.17
Merkmale des, 8.17

Sauberkeit (*śaucam*)
bei Dämonen nicht zu finden, **16.7,** 16.10, **18.27**
als Eigenschaft der *brāhmaṇas,* **18.42**
als Eigenschaft des Gottgeweihten, 12.16, **13.8**–12
als Entsagung in bezug auf den Körper, **17.14**
als göttliche Eigenschaft, **16.1**–3
innere, 13.8–12
in bezug auf die Tätigkeiten der *vaiśyas,* 16.1–3

Śaunaka Ṛṣi, zitiert, 10.18

Schlaf
vom Gottgeweihten bezwungen, 1.24
sechs Stunden täglich, 6.16, 14.8
als Unwissenheit, 1.24, **14.8, 18.35, 18.39**
bei *yoga* mit geschlossenen Augen, 5.27–28

Schülernachfolge (*paramparā*)
Arjuna als erstes Glied einer neuen, S. 4, 4.3, 11.8
existiert seit unvordenklichen Zeiten, 4.42
Gāyatrī-mantra in der, 10.35
Geschichte der, S. 3, **4.1**–2, 4.15
als Kriterium für echten *guru,* 4.34, 4.42, 11.43
muß von Kṛṣṇa ausgehen, 11.43
Kṛṣṇas Anordnung empfangen durch, 18.57
Liste der, S. 34
Mysterium der, 18.75
oṁ tat sat überliefert durch, 17.23
vermittelt richtiges Verständnis von der *Bhagavad-gītā,* S. 15, 4.2, 4.3, 4.42, 8.28, 10.12–13, 10.14

vermittelt richtiges Verständnis von Kṛṣṇa, *xvi*, 4.1, **4.2**, 4.15, 7.2, 7.15(3), 15.19, 18.75
Siehe auch: Spiritueller Meister
„Schwarze Magie", 9.25
Schweigen, Bedeutung von, **12.18**–19, 17.16
Seele, spirituelle (*jīva, jīvātmā*)
Anfang der, ist unergründlich, 2.20, 7.14, 13.13, **13.20**
atheistische Theorie über die, **2.26**, 13.28, 18.21
als Brahman, S. 5, **8.3**, **13.13**, 13.13, 14.26
ewig aktiv, **3.5**, 3.5, 9.2
ewig ein Individuum, **2.12**, **2.24**, 2.25, 2.39, 5.16, 6.39, **13.32**, 14.2, 14.26, **15.7**, 15.7, 15.16, 15.18, 18.55
als 25. Element, 13.25
Größe der, 2.17, 8.9
als Handelnde, 18.14
höher als Intelligenz und Geist, **3.42**
als *kṣetra-jña*, **13.1**–2, 13.5, **13.27**, **13.35**
als Licht bezeichnet, 2.18
kann von Materie beeinflußt werden, 2.13, 5.13, 7.5, 13.23
als Nichthandelnde, 3.27, **5.8**–9, **5.13**–14, **13.30**, **13.32**, 14.19
als (*parama-*)*īśvara*, 13.28, 15.8
als *pratyag-ātmā* und *parāgātma*, 4.27
als *puruṣa*, 13.20
qualitativ eins mit dem Höchsten, S. 8, 2.20, 4.5, 5.3, 5.18, **6.27**, 7.5, 9.17, 13.34, 14.2, 14.26, 15.7, 18.54
schwebt in den Lebenslüften, 2.17, 4.27
Selbstinteresse der, 1.30, 3.7, 18.63
als spirituelles Atom, 2.17, 2.24, 18.78
Tätigkeiten der, als vertraulichstes Wissen, 9.2
als Teil Kṛṣṇas, *xvii*, 2.20, 2.25, 3.37, 3.41, **4.35**, 6.47, 7.5, 9.17, 13.23, **15.7**, 18.55
überall vorhanden, 2.24, 14.4
Unabhängigkeit der, 3.37, 5.15, 7.21, 13.23, 15.7, 15.8, **18.63**, 18.63, 18.78
ist unzerstörbar, **2.17**–25, 9.2, 13.13, **13.28**, **13.32**
als Ursache des Leids und Genusses, 5.15, **13.21**
verglichen mit:
Gold aus der Goldmine, S. 8, 14.26, 15.7
Luft, **13.33**
Sonne im Universum, 2.18, **13.34**
Sonnenstrahl, 18.78
Wassertropfen, S. 8
versorgt Blut mit Energie, 2.17
verwirrt von falschem Ego, **3.27**, 5.13, 7.4, 7.5
als *vijñāna-brahma*, 13.13
wichtiger als Körper, 2.11, 2.18, 9.2
Wunsch als feinstoffliche Bedeckung der, 5.15
Siehe auch: Bewußtsein; Lebewesen
Seelenwanderung (Kreislauf von Geburt und Tod)
Beendigung der. *Siehe:* Befreiung; Welt, spirituelle (Erreichen der)
Bharata, König, als Beispiel für, 6.43
ist charakteristisch für die materielle Welt, **8.16**
erklärt, **2.13**, 2.13, 13.22, **15.8**–10, 18.61
Erniedrigung möglich durch, **14.15**, 14.15, 15.8, 15.9, **16.19**–20
vom höchsten Willen abhängig, 16.19
als Körperwechsel gemäß *karma*, 8.3, **15.8**–9
Kṛṣṇa-Bewußtsein als Befreiung von, **2.51**, **4.9**, **5.19**, **8.16**, 13.22
Rolle des Geistes bei der, 8.24, 15.8
als Schicksal der Dämonen, **16.19**–20
der Tiere, durch Schlachten beeinträchtigt, 16.1–3
von der Überseele abhängig, 2.22, 5.15, 7.21, 13.21, **13.23**, 13.23, 13.30, 15.15, **18.61**, 18.61
Ursache der:
fruchtbringende Tätigkeiten, 5.2, **9.21**, 9.21
materielle Wünsche, 5.15, 13.22, 13.30, 13.31
Verbindung mit den *guṇas*, 13.22
verglichen mit Kleiderwechsel, **2.22**, 13.22
verglichen mit Riesenrad, 9.21
Weiser nicht verwirrt durch, **2.13**, **15.10**–11
Siehe auch: Karma, Gesetz des
Selbstverwirklichung
am Anfang wie Gift, **18.37**
Aufgeben aller anderen Arten von, 12.6–7
drei Wege zur, 6.37, 15.15
Kennzeichen von, **3.17**–18, **5.19**–26, **6.8**, **6.27**, **6.29**, 16.22, **18.51–53**
menschliche Lebensform bestimmt für, 3.16, 4.1, 4.31, 7.15
schwierig bei unbeherrschtem Geist, **6.36**
Stetigkeit in, 4.10
als Weg zu göttlichem Bewußtsein, **2.53**
Zerstörer von, **3.41**, 16.22
Ziel der, 2.46, 6.28, 6.37, 14.27, **15.11**, **16.22**
zwei Arten von, **3.3**
Sexualität
durch *bhakti-yoga* überwunden, 6.13–14
entsteht aus *rajo-guṇa*, 14.7, 18.38
als Fessel, 3.39, 6.18
Freiheit von, **6.13–14**
Loslösung von, als Test für Fortschritt, 2.58, 5.21
als *maithunya-āgāra*, 3.39
des Materialisten, verglichen mit der des Esels, 7.15
regulierte, 3.34, 4.26, 17.14
als Repräsentation Kṛṣṇas, **7.11**, 10.28, 16.1–3
am Schluß wie Gift, 18.38
Spucken auf den Gedanken an, 2.60, 5.21
mit Verhütungsmitteln, 16.1–3
Viśvāmitra als Opfer der, 2.60
Welt dreht sich um, 3.39, 5.21
in der *yoga*-Praxis nicht erlaubt, **6.13**–14, **8.11**
nur für das Zeugen von Kindern, 7.11, 10.28, 16.1–3
Sinne
im Dienst Kṛṣṇas beschäftigt, 2.58, 6.8, 7.3
fünf Arbeits-, 5.8–9, 13.6–7
fünf wissenserwerbende, 5.8–9, 8.12, 13.6–7
Geist als sechster, 13.6–7, **15.7**
ungestüme Kraft der, **2.60**, **2.67**
verglichen mit giftigen Schlangen, 2.58, 3.42, 18.54
verglichen mit Pferden, 6.34
als Wohnstätte der Lust, **3.40**
Zunge als wichtigster, 13.8–12
Zurückziehen der, verglichen mit Schildkröte, **2.58**
Sinnenbefriedigung
anfangs wie Nektar, am Schluß wie Gift, **18.38**
Freiheit von Wünschen nach, **2.55**, **4.19**, **5.21**, **6.2**, **6.4**, **6.18**, **18.49**
Geburt und Tod Ergebnis von, **9.21**
auf himmlischen Planeten, 2.42–43, **9.20**–21
als höchstes Ziel der Dämonen, **16.11**–12
als Kauen des bereits Gekauten, 18.36
Leben für, ist vergeblich, **3.16**, 17.28
als mentale Vorstellung, **2.55**, 2.55
Nahrung für, ist Sünde, **3.13**
regulierte, 3.34, 4.26, 4.31

Suche nach Glück in, *xvii,* 3.40, 5.2, **5.22, 18.38**
Unentschlossenheit durch, 2.41, **2.44**
als Ursache des Vergessens von Kṛṣṇa, 3.27
als Ursache von Verstrickung, 5.2
entsprechend den Veden, führt zu Befreiung, 3.15
zeitweilig, **5.22, 9.21, 17.28**
Siehe auch: Lust
Sinnesbeherrschung
definiert, 10.4–5
als Eigenschaft der *brāhmaṇas,* **18.42**
durch Entschlossenheit, **18.33**
essentiell für alle Arten von *yoga,* 6.13–14
führt zu gefestigtem Bewußtsein, **2.59, 2.61**
durch den Geist, **6.24, 8.12**
als gemeinsames Ziel aller *yajñas,* 4.30
als göttliche Eigenschaft, **16.1**–3
durch hingebungsvollen Dienst, 2.61, 2.68, 5.8–9, 5.26, 8.12
durch höheren Geschmack, **2.59,** 2.62, 5.21, 5.24, 6.13–14
durch Intelligenz, als *buddhi-yoga,* 3.2
jñāna und *yoga* nutzlos ohne, 6.2
in bezug auf Körper, Geist und Worte, **18.51**–53
durch menschliche Bemühung nicht möglich, 2.68
nötig für spirituellen Fortschritt, 4.29, 5.23, 8.11, **10.4**–5, **18.49**
als Pflicht der Haushälter, 16.1–3
als Quelle von Glück, **2.59, 2.70, 2.71, 4.39, 5.13, 5.21, 5.23, 6.20**–23, **6.27**–28
durch regulierende Prinzipien der Freiheit, **2.64**
als Test für Fortschritt, 2.58, 5.21
für Zunge am schwierigsten, 13.8–12
Sinnesobjekte, (fünf), 7.4, 13.6–7, 15.1, **15.9**
Śiśupāla, 7.25
Śiva
erkennt Kṛṣṇa als Höchste Persönlichkeit Gottes an, 2.2, 4.12
erkennt Viṣṇu als Gewährer von Befreiung an, 7.14
bestrebt, Kṛṣṇas zweihändige Form zu sehen, 11.52
von Brahmā geboren, 10.8
Frau von, (Umā), 7.21
als große Autorität, 4.16, 7.15
als Inkarnation von *tamo-guṇa,* 7.14, 10.23
kämpfte mit Arjuna, 2.33
Kārtikeya als Sohn von, 10.24
von Kṛṣṇa erschaffen, 10.3, 10.7, 10.8
von Parvatī verführt, 2.62
als Rudra, 10.6, **10.23**
trank einen Ozean von Gift, 3.24, 10.27
in der universalen Form, **11.15**
als Zerstörer, 10.32
Skanda, als Repräsentation Kṛṣṇas, 10.24
Skeptiker, 13.25
Soma-rasa, 2.42–43, 8.25, **9.20**
Spenden *Siehe:* Wohltätigkeit
Spiritueller Meister
Annehmen eines, ist essentiell, **4.34, 13.8**–12, 14.19, 16.24, 17.28, 18.57
Anweisung des, als spirituelle Pflicht, 3.35, 18.59
Befreiung von den *guṇas* durch, 17.2
bestätigt die innere Anweisung Kṛṣṇas, 18.58
Beziehung des Schülers zu, 2.7, 2.10, 4.34, 8.28
Führung im hingebungsvollen Dienst durch, 2.53, 2.68, 4.10, 4.16, **4.34,** 4.42, 9.32, 10.8, 11.54, 12.9
Geburtstag des, als Vyāsa-pūjā, 18.75
gleiche Ehre für, wie für Gott, 5.16
Kṛṣṇa als ursprünglicher, 4.34, **11.43,** 11.54, 14.19
Gehorsam gegenüber, 2.41, 4.34, 8.28
Kṛṣṇas Anweisung erhalten durch, 10.3, 18.57, 18.63
Qualifikationen des, 2.8, 4.16
Same des hingebungsvollen Dienstes empfangen vom, 10.9, 12.20
muß der Schülernachfolge angehören, 4.34, 4.42, 11.43
Segnungen des, für den Schüler, 13.8–12
Studium der Schriften unter Anleitung des, 4.42, 8.28, 16.1–3 (*satyam*)
als das transparente Medium, 18.75
Überreste der Speisen des, 9.2, 17.10
unerschütterlicher Glaube an den, 6.47, 11.54
Unwissenheit besiegt durch, 5.16, 16.1–3, 18.72
Verehrung des, als Entsagung in bezug auf den Körper, **17.14**
als Vertreter Kṛṣṇas, 5.16, 10.3, 18.59, 18.63
vollkommenes Wissen dank Gemeinschaft mit, 9.2, 10.10, 13.35
Zufriedenheit des, 2.41, 4.34
Siehe auch: Gottgeweihter (reiner), Gemeinschaft mit; Schülernachfolge
Śraddhā. Siehe: Glauben
Śravaṇam
definiert, S. 30, 3.13, 7.1
Siehe auch: Hören
Śrīdhara Svāmī, zitiert, 8.16
Śrīmad-Bhāgavatam
beschreibt, wie groß Gott ist, 10.7
frei von materiellen Tätigkeiten, wirtschaftlicher Entwicklung usw., 10.9
den Gottgeweihten sehr lieb, 10.9
Hören aus dem, 7.1, 9.2, 10.2, 12.9
Inhalt des *Mahābhārata* beschrieben im, *xiii*
als Kommentar zum *Vedānta-sūtra,* S. 27, 5.6, 15.15
muß befolgt werden, 8.9
zitiert. *Siehe:* Quellennachweis
Śruti
definiert, 15.19, 16.1–3
blumige Sprache der, **2.53**
als Grundlage für Wissen über die Seele, 2.25
Sthita-dhīr muni, 2.56
Stolz
als dämonische Eigenschaft, **16.4, 16.10**
Freiheit von, **13.8**–12, **15.5**
Śūdra(s)
definiert, 4.13, **18.44**
Befreiung möglich für, obwohl von niederer Geburt, **9.32**
als Beine des Höchsten Herrn, 7.23
in der Erscheinungsweise der Unwissenheit, 7.13, 9.32
keine Ehre erwarten und Respekt gegenüber den höheren Klassen als wichtige Eigenschaft der, 16.1–3, 18.48
Sukadeva Gosvāmī
als große Autorität, 4.16
als Sprecher des *Bhāgavatam,* 3.10
zitiert, 11.8
Summum bonum, S. 31, 13.5
Sünde
definiert, **3.12,** 3.12, **3.16**
Befreiung von,
durch *Bhagavad-gītā,* **18.71**
durch Erscheinungsweise der Tugend, **14.6**
durch Hingabe zu Kṛṣṇa, **18.66**
durch hingebungsvollen Dienst, **2.50**–51, **4.21, 5.10, 9.28**
durch Meditation über Kṛṣṇa, **6.27**
durch Opfer, **4.30**
durch *prasādam,* **3.13**
durch vorgeschriebene Pflichten, **2.38, 5.10, 18.47**

durch Wissen über Kṛṣṇa, **4.36**–37, **10.3**
Essen von, 1.41, **3.13**, 6.16, 9.26
Freiheit von, als Voraussetzung für hingebungsvollen Dienst, **5.25**, 6.45, **7.28**, 9.2, 15.20
der Lebewesen, Kṛṣṇa nie verantwortlich für, 4.14, **5.15**, **9.9**–10
Lebewesen ursprünglich frei von, 3.36
Lebewesen verantwortlich für, S. 16, 4.14, 5.15, 7.21, **9.8**–10, **13.21**, 13.21, 18.14, 18.25
Symbol der, **3.41**
Töten eines Angreifers keine, 1.36
verschiedene Stadien der, 9.2
Sūta Gosvāmī, zitiert, 10.18
Sūtras, als Anleitung für Opfer, 11.48
Sva-dharma
als religiöse Pflicht, **2.33**
zwei Arten von, 2.31
Svāmī, definiert, 5.23, 6.26
Svarūpa, S. 4, S. 19, 4.6
Svarūpa-siddhi, S. 5
Śvetāśvatara Upaniṣad. Siehe: Quellennachweis
Śyāmasundara
nur vom reinen Gottgeweihten gesehen, 3.13, 6.30, 9.4, 11.50
Schönheit von, 6.47
als ursprüngliche Form Kṛṣṇas, S. 21, 8.21, 9.19, 11.51–52, 11.55, 18.65
schwierig zu sehen, 11.52
als einziges Ziel des reinen Gottgeweihten, 9.13, 11.8, 11.49, 11.54, 11.55

T

Tāmasa-buddhi, definiert, 13.6–7
Tamo-guṇa. Siehe: Unwissenheit, Erscheinungsweise der
Tapa; tapasya
definiert, 10.4–5, 11.48, 16.1–3
entsprechend den Erscheinungsweisen, **17.14**–19
Ergebnis von, im hingebungsvollen Dienst enthalten, 2.46, 6.44, **8.28**
ohne Glauben, ist nutzlos, **17.28**
als göttliche Eigenschaft, **16.1**–3
vom Herrn geschaffen, **10.4–5**
läuternd sogar für große Seelen, **18.5**
ungenügend, um Kṛṣṇa zu erkennen, **11.48**, **11.53**
als Ziel der *varṇāśrama*-Gesellschaft, 16.1–3
Siehe auch: Entsagung; *Vairāgya*
Tätigkeit(en)
ohne Anhaftung, **2.38**, 2.47, **2.48**, **2.56**, **2.64**, **3.7**, **3.19**, **3.25**, **4.19**–24, **5.10**–12, **6.1**, **12.11**, **18.6**, **18.23**
Denken, Fühlen und Wollen als Vorstufe zur, 18.18
drei Arten von, **4.17**, 4.17
drei Arten von Reaktionen auf, **18.12**
drei Komponenten einer, **18.18**
bedingte und wesensgemäße, 9.30
mit Entschlossenheit und Enthusiasmus, 6.24, **18.26**
entsprechend den Erscheinungsweisen, **18.23**–25
Erscheinungsweisen als Ursache aller, **3.5**, **3.27**, **5.14**, 14.5, **14.19**
von Fehlern überschattet, **18.48**
fünf Faktoren einer, 5.8–9, **18.13**–15, 18.16
frei von Dualitäten, **2.15**, **2.38**, **2.45**, **2.48**, **2.50** **2.58**, **4.22**
glückverheißende und unglückverheißende, 6.40
jeder hilflos gezwungen zu, **3.5**
können nicht aufgegeben werden, S. 27, **3.4**–8, 6.2, 9.28, 18.2, **18.11**, **18.60**
vom Körper ausgeführt, **13.30**
launenhafte, als dämonisch, 16.4, 16.6, 16.17, **16.23**
launenhafte, definiert, 16.23, 18.57
und Nichthandeln, **4.17**–20
nutzlose, **3.16**, 16.23, **17.28**, 17.28
jenseits von Pflicht, **3.17**–18
um der Pflicht willen, **2.38**, 2.47, **3.19**, **6.1**, **18.6**
reaktionsfreie, **2.39**, **3.9**, **3.13**, **4.19**–24, 5.1, **5.7**–12, **9.28**, **17.25**, **18.12**–15, **18.17**
„richtige" und „falsche", **18.15**, 18.15
spirituelle, **4.23**–24, **7.29**, 11.55, 12.10, **16.22**, **17.23**–27, 18.7
ständige Erinnerung an Kṛṣṇa während aller, **8.7**
gemäß Veden, **2.42**–43, **3.15**–16, **9.20**–21
Vollkommenheit der, 3.19
im Widerspruch zu den Schriften, **3.32**, **4.40**, 16.6, **16.23**, **17.5**–6, **18.25**, **18.28**
als *yajña*, **3.9**–16, **4.23**
Tat tvam asi, 4.9, 17.23
Tattva-vit, 3.28
Tieropfer, vedische, 2.31, 4.7, 10.25, 18.3, 18.47
Tierschlachten
von den Dämonen gefördert, 16.9
als Handlungsweise der Barbaren, 17.10
nur in Notfällen, 16.1–3
verboten, 2.19
als Zeichen von Unwissenheit, 14.16, 14.17
Siehe auch: Fleisch
Tod
Angst vor dem, **16.11**–12
Befreiung von. *Siehe:* Befreiung
Chanten zum Zeitpunkt des, 8.2, 8.13, 8.27
Erinnerung an Kṛṣṇa beim, **7.30**, **8.5**, 8.6, **8.10**, **8.13**
Gewißheit des, 2.7, **2.18**, **2.27**, 2.51, **10.34**, 10.34, **11.33**, 14.8, 16.11–12
günstiger Zeitpunkt für den, **8.24**, **8.26**
Kṛṣṇa als, **9.19**, **10.29**, **10.34**, **11.26–30**, **11.32**, 13.17
von Kṛṣṇa geschaffen, **10.4**–5
als letzte der sechs Wandlungen der Körpers, 2.20, 8.4, 10.34, 13.6–7, 15.16
ungünstiger Zeitpunkt für, **8.25**, **8.26**
als letztliche Prüfung, 8.2
materielle Welt als Ort des, **8.15**–16
Wahrnehmen des Übels von Geburt und, als Zeichen von Wissen, **13.8**–12
yoga als Vorbereitung auf den, 8.10
Zustand des Bewußtseins entscheidend beim, **2.72**, **8.6**, **15.8**–9
Siehe auch: Seelenwanderung
Todesstrafe, 2.21, 14.16
Tretā-yuga
Bhagavad-gītā gesprochen während des, 4.1
Dauer des, 4.1, 8.17
Merkmale des, 8.17
Tri-vedī, definiert, 9.20
Tugend, Erscheinungsweise der, (*sattva-guṇa*)
als Ausgangspunkt für spirituelles Verständnis, 16.24
brāhmaṇa in, 7.13, 9.32, 14.6, 18.47
Entsagung in, **18.9**–10
Entschlossenheit in, **18.33**
Erhebung durch, **14.14**, **14.18**, 16.1–3, 16.24
Glück in, **18.37**
Handelnder in, **18.26**
Handlung in, **18.23**
Nahrung in, 6.16, **17.8**, 17.10
Opfer in, **17.11**
Sterben in, **14.14**
tapasya in, **17.14–17**
Tätigkeit in, **14.16**, 14.16
Unterscheidungsvermögen, **18.30**
Verehrung in, **17.4**
Verständnis in, **18.30**
Vor- und Nachteile der, **14.6**, 14.6, **14.9**, **14.11**, **14.17**
Wissen in, **18.20**
Wohltätigkeit in, 16.1–3, **17.20**
Tugend, reine (*viśuddha-sattva*)
richtiges Verständnis von Gott auf der Stufe von, 14.10, 17.3

als transzendentale Ebene, 17.3
als *vasudeva*-Stufe, 14.10
Tulasī, 6.18, 9.2, 11.55

U

Überseele. *Siehe:* Paramātmā
Umā, Verehrung von, 7.21
Unabhängigkeit, der Lebewesen, 3.37, 4.14, 5.15, 7.21, 9.9, 12.5, 13.23, 15.7, **18.63**, 18.63, 18.78
Universale Form (*viśva-rūpa*)
als *adhidaivata*, **8.4**, 8.4
von anderen auf dem Schlachtfeld nicht gesehen, 11.13
auf anderen Planeten gesehen, 11.20, 11.47
für den Anfänger gedacht, 8.4
Beschreibung der, **11.10**–12, **11.15–30**
Gottgeweihter nicht begierig, sie zu sehen, 11.5, 11.8, 11.49, 11.54, 11.55
als Kriterium für eine Inkarnation, 11.3, 11.48, 11.54
Kṛṣṇa als, 9.15
durch Kṛṣṇas innere Energie offenbart, **11.47**
ist materiell, 11.45
von niemandem zuvor gesehen, **11.6, 11.45, 11.47, 11.48**
als transzendentale Form, 11.5
das ganze Universum an einem Ort gesehen, 11.7, **11.13**, 11.13, 11.15
Verehrung der, als niedere Form der Gottesverehrung, **9.15**, 9.15
als *virāt-puruṣa*, 8.4
von Vyāsadeva gesehen, 18.77
als zeitweilige Manifestation, 11.5, 11.45, 11.54, 11.55
Unpersönlichkeitsanhänger
Arjunas Fragen zum Nutzen der, 10.16
brahma-jyotir als Ziel der, 4.9, 4.11, 7.4, 8.13, 8.24
als Brahman-verwirklichte Person, 7.29, **8.24**
chanten *oṁ-kāra*, 7.8, **8.11**, 8.11
erlangt letztlich Kṛṣṇa-Bewußtsein, 5.6, 12.3–4
folgen den Veden, 16.24
Gefahr des Zufallkommens für, 2.63, 4.9, 5.6, 9.25, 12.5, 14.27
im Gegensatz zum Persönlichkeitsanhänger, 2.63, 5.6, 7.24, 12.1, 12.5, 12.12, 12.20, 18.54
günstiger Zeitpunkt des Todes für, **8.24**
ist indirekt Kṛṣṇa-bewußt, 6.10
ihre Interpretation von *arūpam*, 7.7
ihre Interpretation von *kaivalyam*, 6.20–23
erreicht bhakti durch die Gnade eines Gottgeweihten, 12.5
opfern ihre Identität, 4.25
Persönlichkeitslehre nicht im Widerstreit mit, 7.8
stoßen auf viele Schwierigkeiten, 12.1, **12.3**–5
Theorie der, bezüglich Kṛṣṇas Erscheinen, **7.24**, 11.52
unfähig, die universale Form zu sehen, 11.48
hat unvollkommene Verwirklichung, 2.2, 6.10, 6.38, 7.1, 7.3, 7.16, 7.17, 9.34, 10.15, 14.27
verehren das unpersönliche „Etwas" in Kṛṣṇa, 11.52
verehren fünf Arten von Halbgöttern, 17.4
als Verehrer des Unmanifestierten, **12.1**, **12.3**–5
versucht, Tätigkeiten einzustellen, 4.18
hat keinen Zutritt zu Kṛṣṇas persönlichem Reich, 7.29, 8.11
Siehe auch: Brahmavādī; Māyāvādīs; Monismus
Unterscheidungsvermögen
Hingabe zu Kṛṣṇa als Ziel des, 18.63
klares, **16.24, 18.30**
verwirrtes, **2.63, 16.7, 18.25, 18.31–32**
Unwissenheit, Erscheinungsweise der, (*tamo-guṇa*)
Befreiung von, 7.1
Buße in, **17.19**
Entsagung in, **18.7**
Entschlossenheit in, **18.35**
Erniedrigung durch, **14.15**, 14.17, **14.18**, 14.18
Fleischessen als Zeichen von, 6.16, 14.16
Glück in, **18.39**
Handelnder in, **18.28**
Handlung in, **18.25**
Merkmale von, **14.8**, 14.8, **14.9**, **14.13, 14.17**
Nahrung in, **17.10**, 17.10
Opfer in, **17.13**
Śiva als Inkarnation von, 7.14, 10.23
Sterben in der, **14.15**
śūdras in, 7.13, 9.32
Tätigkeit in, **14.16**, 14.16
als Ursache allen Leids, 5.14
Verehrung in, **17.4**
Verständnis in, **18.32**
Wissen in, **18.22**
Wohltätigkeit in, **17.22**
Upaniṣaden
für den Beginn des transzendentalen Lebens, 2.45
beschreiben den Ruhm Kṛṣṇas, 15.15
Bhagavad-gītā als Essenz der, S. 2, S. 32, 2.29
Ewigkeit der Individualität bestätigt von, 2.12
müssen im hingebungsvollen Dienst befolgt werden, 7.3
durch Kṛṣṇa-Bewußtsein transzendiert, 2.52
prophezeien Caitanyas Erscheinen, 4.8
Studium der, als *yajña*, 4.28
als Teile der *Veden*, 2.45, 7.3
vollständiges Studium der, nicht mehr möglich, 2.46
zitiert. *Siehe:* Quellennachweis
Uttama, definiert, 9.2

V

Vaibhāṣika-Philosophie, 2.26
Vaikuṇṭha(-Planeten)
Erhebung zu den, S. 25, 2.51, 8.13, 8.22, 8.28
erreicht nur durch richtiges Verständnis von Kṛṣṇa, 6.15, 9.25
Goloka Vṛndāvana als höchster der, 15.6
Lebewesen und *viṣṇu-mūrti* haben gleiche Körperform auf, 15.7
als *paramaṁ padam*, 18.62
als Residenz der vierarmigen Viṣṇu-Formen, S. 25, 8.22, 11.45
sind selbstleuchtend, 6.15, 15.6
spirituelle Mannigfaltigkeit auf, 7.4, 11.45
Siehe auch: Welt, spirituelle
Vairāgya
definiert, 6.35, **18.52**
als Mittel, um den Geist zu bezwingen, **6.35**
Siehe auch: Entsagung; *Tapasya*
Vaiṣṇava
definiert, 4.13
Arjuna als beispielhafter, 10.17
als Empfänger von Spenden, 17.20
Geburt in einer Familie von, 6.41–42
höher als *brāhmaṇa*, 4.13
im Gegensatz zum Māyāvādī, 5.6
verehrt den Herrn zusammen mit Seiner inneren Energie, 18.46
Siehe auch: Gottgeweihter; Gottgeweihter, reiner
Vaiśvānara, 9.2
Vaiśya(s)
definiert, 4.13, **18.44**
Befreiung möglich für, obwohl von niederer Geburt, **9.32**
in Leidenschaft und Unwissenheit, 7.13, 9.32

als Magen des Höchsten Herrn, 7.23
muß manchmal lügen, 18.47
śaucam als wichtige Eigenschaft für, 16.1–3
Vānaprastha
als dritte *āśrama*-Stufe, 4.26
Pflichten des, 8.28
Varāha, 4.13, 6.47, 18.65
Varṇa-saṅkaraḥ, **1.40**–42, **3.24,** 3.24
Varṇāśrama-System
als Beginn menschlicher Zivilisation, 2.31
zur Erhebung der Gesellschaft, 1.39, 1.40, 3.7, 16.1–3, 16.22
Läuterung durch, 1.43, 3.7
Pflichten des, für die, die nicht meditieren können, 12.12
religiöse Prinzipien für die Wiederbelebung des Gottesbewußtseins im, 7.15
als *sva-dharma* auf der körperlichen Ebene, 2.31
tapasya als Ziel des, 16.1–3
Unterteilungen des, S. 27, 4.13, 7.13, 7.23, 9.32, **18.41,** 18.47
Unterteilungen gemäß Erscheinungsweisen, **4.13,** 7.13, 9.32, **18.41**
Zufriedenstellung Viṣṇus als Ziel des, 2.48, 3.9, 9.24
Varuṇa, 3.14, **10.29**
Vasudeva, Kṛṣṇas Vater, 4.8, 7.24, 9.11, 10.3, 11.50, 11.53
Vasudeva-Stufe, 14.10
Vāsuki, **10.28,** 11.15
Vasus, die acht, 10.8, **11.6, 11.22**
Vātsalya-bhakta, 8.14
Vedānta-sūtra
beschreibt fünf Faktoren der Handlung, **18.13**
bezeichnet Seele als Licht, 2.18
Brahma-sūtra, S. 6, S. 13, **13.5,** 13.5, 18.1
hingebungsvoller Dienst als Ziel des, 18.1
Inhalt des, zusammengefaßt, 15.16
von Kṛṣṇa als Autorität angeführt, **13.5,** 13.5
Kṛṣṇa als Verfasser des, **15.15**
Māyāvāda-Kommentar zum, 5.6
nicht das Monopol der Unpersönlichkeitsanhänger, 18.1
als Repräsentation Kṛṣṇas, 10.32
Śrīmad-Bhāgavatam als Kommentar zum, S. 27, 5.6, 15.15
vollständiges Studium des, nicht mehr möglich, 2.46
Vyāsadeva als Verfasser des, 9.2, 13.5, 15.15
als Zusammenfassung der vedischen Schriften, S. 27
zitiert. *Siehe:* Quellennachweis
Veden
müssen unter Anleitung eines spirituellen Meisters studiert werden, 8.28, 16.1–3 (*satyam*)
Aufteilung der, S. 27
Befolgen der, als Kriterium für göttliche oder dämonische Natur, 16.6
beschreiben vier Prinzipien des materiellen Lebens, 4.31, 6.20–23
bestätigen Kṛṣṇa als Höchste Persönlichkeit Gottes, S. 3, 10.8, 10.12–13, 15.15, **15.18**
blumige Sprache der, **2.42–43, 2.53**
Brahmā als erster Empfänger der, S. 15, 4.7, 10.8
direkt manifestiert von der Höchsten Persönlichkeit Gottes, **3.15,** 3.15, 4.7
sind ewig, 3.31
Freiheit von Pflichten der, 3.17, 3.20, 9.28
als Gesetze des Handelns, 3.15, **4.32,** 15.15
müssen von den gewöhnlichen Menschen befolgt werden, 2.52, 3.16, 9.28, 16.23, 16.24
Halbgottverehrung empfohlen in den, 7.20, 7.21, 9.20, 9.25
karma-kāṇḍa-Teil der, 2.42–43, 2.45, 2.46, 4.33, 9.16, 9.25
Kenner der, **15.1,** 15.19
Kṛṣṇa als Kenner der, **15.15**
Nichtbefolgen der, ist Sünde, **3.16**
Offenbarung des Wissens der, 6.47
ohne die vier Mängel der bedingten Seele, S. 15, 16.24
von Persönlichkeits- wie Unpersönlichkeitsanhängern befolgt, 16.24
Studium der,
als göttliche Eigenschaft, **16.1**–3
zu Hause, 11.48
um auf die himmlischen Planeten zu gelangen, **9.20**
ohne Hingabe erfolglos, 11.48, **11.53,** 18.67
im hingebungsvollen Dienst inbegriffen, 2.46, 6.44, **8.28,** 9.2, 9.16, 12.6–7, 15.1
als Pflicht des *brahmacārī,* 16.1–3
ungenügend, um Kṛṣṇa zu erkennen, **11.48, 11.53**
als *yajña,* 4.28
vertraulichster Teil der, **15.20**
die vier, 3.15, 9.17, 11.48
vierzehn Unterteilungen der, 10.32
Vortragen der, als Entsagung in bezug auf das Sprechen, **17.15**
wichtigste Unterweisung der, 18.64
Ziel der, **2.46,** 3.10, 3.26, 4.32, 9.20, 15.1, **15.15,** 15.15, **15.18,** 15.20, 16.24, 17.28
Vedāntisten, **8.21**
Verdrängung, ist künstlich, 2.59, 2.62, **3.33**
Verehrung
der Älteren, **2.4,** 2.4
der *arcā-vigraha,* 7.29, 9.11, 11.55, 12.5, 13.8–12
der Dämonen, **17.4**
gemäß den Erscheinungsweisen, **17.4**
der Geister, **9.25, 17.4,** 17.28
vieler Götter (*bahv-īśvara-vādī*), 4.25
der Halbgötter, **3.11**–14, **4.12, 4.25, 7.20**–30, 9.15, 9.18, 9.20, **9.23, 9.25, 17.4**
von fünf Arten von Halbgöttern, 17.4
des Höchsten, drei Arten von, **9.15**
Kṛṣṇas,
Aufforderung zu, **9.34, 12.8, 18.65**
Befreiung durch, **4.10,** 5.12, 7.14, **8.7**–9, **12.6**–7, 14.26
als Beschäftigung der reinen Gottgeweihten, **9.13**–14, **10.8,** 12.20
als Entsagung in bezug auf den Körper, **17.14**
als höchste Stufe, **6.47, 7.30, 8.15, 9.25, 12.2**
indirekte Form der, **7.22,** 9.18, **9.20, 9.23,** 12.5
mit oder ohne materielle Wünsche, 4.11, 7.20, 9.24
nachdem man über Ihn gehört hat, **13.26,** 13.26
als Pflicht eines jeden, 9.27, **11.44,** 15.15, **15.18**
durch das Studium der *Gītā,* **18.70**
auf der Stufe der reinen Tugend, 14.10, 17.4
aus Überzeugung von Seiner Größe, **8.22, 9.13, 10.7, 10.8, 15.19,** 18.73
Vollkommenheit durch, **7.18, 8.14, 9.22,** 9.32, **10.10,** 11.55, **12.2, 18.46**
zusammen mit Seiner inneren Energie, 18.46
mit materiellen Motiven, 17.11
gewöhnlicher Menschen, 4.12, 17.4

der Mutter, **17.14**
rituelle, ist unvollkommen, **11.48, 11.53**
den Schriften entgegengesetzte, **16.23**–24, **17.5**–6
seinerselbst als Höchstem, 9.15
des spirituellen Meisters, 5.16, **17.14**
der Überseele, **6.31**
der universalen Form, **9.15**, 9.15
des Unmanifestierten, 12.1, **12.3**–5
des unpersönlichen „Etwas" in Kṛṣṇa, 11.52
des Vaters, **17.14**
der Vorfahren, **1.41**, 1.41, 2.52, **9.25**
einer willkürlichen Form des Höchsten, 9.15
Vibhu-ātmā, 2.20, 5.15
Vibhūti, definiert, 10.19
Vidura, *xi, xii*
Vijñāna, definiert, 3.41, **6.8, 7.2, 9.1**, 13.19, **18.42**
Vijñāna-maya, definiert, 13.5
Vikarma, definiert, 3.15, 4.17, 4.20
Virāṭa, **1.4**
Virāṭ-puruṣa
definiert, 8.4
Siehe auch: Universale Form.
Viṣṇu
Arbeit als Opfer für, **3.9**, 9.24, 18.47
eins und alldurchdringend, 6.31, 8.22
als Gebieter *māyās*, 7.14
Lebewesen während Brahmās Nacht im Körper von, 8.19
als Oberhaupt aller Halbgötter, 8.2
als *puruṣa*-Inkarnation, 7.4
als Repräsentation Kṛṣṇas unter den Ādityas, **10.21**
repräsentiert durch *oṁ tat sat*, 18.1
als vierarmige Erweiterungen auf den Vaikuṇṭha-Planeten, 8.22
als Yajña, **3.9**, 3.9, 4.23, 4.25, 9.24, 18.47
als *yajña-puruṣa*, 3.14, 3.15
als Ziel des Lebens, 1.30, 1.31, 1.42, 3.7, 6.13–14
Siehe auch: Garbhodaka-śāyī Viṣṇu; Höchste Persönlichkeit Gottes; Kṣīrodaka-śāyī Viṣṇu; Mahā-viṣṇu; Nārāyaṇa
Viṣṇu-mūrti, 6.13–14, 15.7
Viṣṇu Purāṇa. Siehe: Quellennachweis.
Viṣṇu-tattva, definiert, 15.7
Viśvāmitra, 2.60, 3.35
Viśvanātha Cakravartī, S. 34, 2.41, 9.11
Viśva-rupa. Siehe: Universale Form
Vivasvān, **4.1, 4.4**, 4.5, 4.15, 7.26
Vollkommenheit
durch Arbeit für Kṛṣṇa **11.55, 12.10, 18.46**
der Befreiung, 4.9, 16.22
der Entsagung, 2.63, 5.2, 6.2, **9.28**
durch Entsagung, **18.49**
durch Erfüllung seiner Pflicht, 3.6, **3.20, 12.10, 18.45**–46, 18.48
der Freiheit von Reaktionen, **6.27, 18.49**
des Friedens, **4.39**, 5.29
nach vielen Geburten, 5.16, **6.45**, 6.45, **7.19**, 11.8, 12.3–4
durch die grundlose Barmherzigkeit eines Gottgeweihten, 4.9
von Handlung, 3.19
der Liebe zu Gott, 4.10
des menschlichen Lebens, *xviii*, 3.41, 5.29, 8.15, 8.28, 9.26, 10.10, 12.6–7, **16.22**, 18.46
der Mystik, **4.38, 5.24, 6.8**
der Philosophie, Śrī Caitanyas Lehre als, 18.78
der Religion, **9.2**, 9.2
Scheitern der Bemühung um, **3.32, 9.12, 16.23**
von Selbstverwirklichung, 2.46, 2.53, 2.71, 5.11, **5.19**–26, 9.22, **15.11, 16.22**
der spirituellen Sicht, **4.18, 4.35, 5.5, 5.18, 6.8**–9, **6.29**–30, **6.32, 11.8, 13.19, 13.27**–32, **13.35, 14.19, 15.10**–11, **18.20**
von *śraddhā*, 2.41
ständige Bemühung um, **5.26, 15.20**
von transzendentalem Glück, **6.27**–28
durch transzendentales Wissen, 4.36, **9.1, 13.24, 13.55, 14.1, 14.2**
von den Weisen der Vergangenheit erreicht, **2.51, 3.20, 4.10, 4.15, 14.1**
der Wissens, **2.57, 4.19**, 4.35, 5.3, **7.2**, 7.23, 13.3, 13.8–12, **15.19**, 15.20, **18.50**
des vedischen Wissens, 2.46, **15.15, 15.20**
durch *yajña*, 4.31
von *yajña*, 3.16
des *yoga*, 2.61, 6.20–23, 6.26, **6.47, 8.13**, 10.10, **12.2**, 18.49
Vṛndāvana
als Ebenbild der spirituellen Welt, 8.21
Kṛṣṇas Erscheinen in, S. 20, 4.8,
Kṛṣṇa als Śyāmasundara in, 9.19
Siehe auch: Goloka Vṛndāvana
Vyāna, als eine der fünf Lebenslüfte, 2.17, 4.27
Vyāsa(deva)
ermächtigte Sañjaya, die Schlacht zu sehen, 11.12, 18.74, **18.75**
als große Autorität, S. 5, 7.15, 7.24, **10.13**, 13.5, 18.62
als Inkarnation Kṛṣṇas, 15.15, 15.16, 15.18
als Kṛṣṇa-dvaipāyana Vyāsa, S. 27
als Repräsentant Kṛṣṇas, **10.37**
sah die universale Form, 18.77
Sañjaya als Schüler von, 1.1, 18.74, 18.75
in der Schülernachfolge, S. 34, 18.75
als Schüler Nārada Munis, 6.40, 9.2
als Sohn Parāśaras (und Satyavatīs), 2.2, 2.32, 15.18
unterteilte die vedischen Schriften, S. 27
als Verfasser des *Vedānta-sūtra*, 9.2, 13.5, 15.15
Vyāsa-pūjā, 18.75

W

Wahrheit
definiert, **10.4**–5
als Entsagung in bezug auf das Sprechen, **17.15**
muß gesprochen werden, selbst wenn sie unangenehm ist, **10.4**–5
Sprechen der, als *ārjavam*, **13.8, 16.1, 17.14, 18.42**
Sprechen der, als göttliche Eigenschaft, **16.1**–3
Siehe auch: Absolute Wahrheit
Wasser
als eine der abgesonderten Energien, **7.4**
als eines der *mahā-bhūtas*, 13.6–7
als Gabe zu Kṛṣṇa, **9.26**
von Halbgöttern zur Verfügung gestellt, 3.11–12, 3.14
Kṛṣṇa als Geschmack des, **7.8**
universale Form als, **11.39**
Weise(r)
befreien sich durch hingebungsvollen Dienst, **2.51, 3.20, 4.10, 4.15, 14.1**
bestätigen Kṛṣṇa als Höchste Persönlichkeit Gottes, **10.12**–13
als Brahman, **5.19, 7.29, 8.11, 17.26**–27
erfährt Frieden im Innern, **3.17, 5.21, 5.24, 6.20**–23, **6.27**–28, **18.54**
erlangt Frieden, **2.70, 4.39, 5.29**
Geburt auf dem Planeten der, **14.14**
im Gegensatz zu den Unwissenden, **3.25**
gleichgültig gegenüber allem, was zu hören ist, **2.52**
haben gleiche Sicht, **5.18, 6.7**–**9, 6.32, 13.31**
kennt das Ziel der *Veden*, **2.46, 15.1**, 15.15, **15.20**

kommen manchmal zu Fall, 2.60
Kṛṣṇa als Weisheit der, **10.38**
Kṛṣṇa nicht erkannt von, **10.2, 11.48, 11.53**
Kṛṣṇas Repräsentationen unter, **10.25, 10.26, 10.37**
sind Kṛṣṇa sehr lieb, **7.17**–18, **9.33, 12.13**–20
Kṛṣṇa als Ursprung der, **10.2, 10.6**
lebt für Selbstverwirklichung, **3.17**
Nacht und Tag für, **2.69**
nicht verwirrt vom Tod, **2.13, 2.27**–28
hat „Sicht der Ewigkeit", **13.32**
mit stetigem Geist, **2.56, 5.19, 6.19**
mit stetiger Intelligenz, **2.61**
stört die Unwissenden nicht, **3.26, 3.29,** 17.15
in der universalen Form, **11.21**
unterscheidet zwischen Materie und spiritueller Natur, **2.16,** 3.28, 7.6, 10.38, **13.5,** 13.27, **13.35,** 15.10
Unklarheit der, bzgl. Entsagung und Nicht handeln, **4.16, 5.4**–6, **18.3**
Vorgang der höchsten Vollkommenheit für, **8.15, 14.1, 18.49**
zwei Arten von, **3.3, 12.1**
Siehe auch: Gottgeweihter, (reiner); *Yogī*
Welt, materielle
als *adhibhūta,* **8.4,** 8.4
dreht sich um Sexualität, 3.39, 5.21
als Energie des Herrn, 7.4, 7.6, 9.8, **9.10,** 13.20
nicht falsch, sondern zeitweilig, S. 9, 7.14, 9.33, 15.1
als Gelegenheit für die bedingten Seelen, zu Gott zurückzukehren, 3.10, 3.37, 11.33, 13.20
als Kombination von materieller und spiritueller Energie, 7.6, **13.27,** 13.35, **14.3**–4, 14.27
Kṛṣṇa als das beherrschende Prinzip der, **7.30,** 9.6, 9.10, **10.39**
Lebewesen der, als fehlbar, **15.16**
Leiden in der, verursacht durch Schwäche des Herzens, 15.20
als *maithunya-āgāra,* 3.39
als Manifestation des Brahman, 5.10, 14.3
Mysterium der, 13.20
als Ort des Todes, **8.15**–16
Paramātmā als Seele der, 5.4, 7.6, **9.4,** 10.20, 10.42
pessimistische Sicht gegenüber, 13.8–12
alles unglückverheißend in der, 10.3
verglichen mit einem Banyanbaum, S. 22–23, **15.1**–4, 16.1–3
verglichen mit Wolke und Regenzeit, S. 9
voller Verwirrung, 2.7
als verzerrte Reflexion der spirituellen Welt, S. 23, 7.19, 15.1, 18.46
als Viertel der gesamten Schöpfung, S. 25
Wunsch der Lebewesen als Grundlage der, 15.1
ist zeitweilig und leidvoll, **8.15, 9.33**
zwei Arten von Lebewesen in der, **16.6,** 16.6
Welt, spirituelle (Königreich Gottes)
Beschreibung der, S. 21, **8.20**–22, **15.6,** 15.6
Bewohner der, als unfehlbar, **15.16**
Erreichen der, S. 24, **2.72, 4.9, 4.24, 6.15,** 6.15, **8.5, 8.7, 8.8, 8.13, 8.16, 8.28, 9.25, 9.28, 9.34, 11.55, 15.5, 18.55, 18.62, 18.68**
als Existenz in Einheit, 15.16
durch hingebungsvollen Dienst erreicht, S. 23, **8.28, 11.55, 18.55**
hingebungsvoller Dienst als Teil der, 9.29
keine Rückkehr aus der, **4.9, 8.5, 8.16, 8.21,** 9.21, **15.3–4, 15.6**
als *sanātana*-Himmel, S. 17, S. 23
ist selbstleuchtend, S. 21, 6.15, 13.18, **15.6**
als „unmanifestiert" bezeichnet, S. 24, **8.20, 8.21**
Vielfalt in der, 14.2, 15.1
Siehe auch: Goloka Vṛndāvana; Vaikuṇṭha.
Wesensgemäße Stellung
als Abhängigkeit von Kṛṣṇa, 3.30, 7.5, **18.57**
als eins mit und verschieden von Kṛṣṇa, 2.20, 5.3
als ewiger Diener Kṛṣṇas, *xvii,* S. 19, 2.49, 2.51, 2.55, 2.71, 3.28, 3.41, 4.17, 4.19, 4.35, 5.29, 6.47, 7.17, 7.30, 13.13, 15.7, 18.46, 18.55, 18.73
dem Herrn untergeordnet zu sein, 7.27
als *svarūpa,* S. 19
Vergessen der, 4.35, 5.15, 7.28, 18.73
Verständnis der, als *vijñāna,* 3.41
Verständnis der, verglichen mit Feuer, 4.19, 4.37
Wissen, transzendentales
definiert, **10.4**–5, **13.3, 13.8**–12, 14.2, **15.19**
Entwickeln von, als göttliche Eigenschaft, **16.1**–3
Entwicklung von, empfohlen für die, die nicht direkt *bhakti-yoga* ausführen können, **12.12,** 12.12
gleiche Sicht durch, **5.18, 6.8–9,** 7.15
nur von den Gottgeweihten verstanden, **13.19**
Hingabe zu Kṛṣṇa als Ziel des, 13.8–12, 15.19
als *jñāna* und *vijñāna,* **3.41,** 3.41, **6.8, 7.2, 9.1, 13.19, 18.42**
als König der Bildung, **9.2**
von Kṛṣṇa gegeben, **10.10**–11, 13.18
Läuterung durch, **4.10, 4.23, 5.17**
Macht des, **4.36**–42, **5.16, 13.24**
den Neidischen nicht zugänglich, 9.1, **18.67,** 18.67
Nutzen von, **4.19**–24, **4.35,** 13.24
phänomenales und numinoses, **7.2**
Qualifikationen für, 1.46, **4.3, 4.34, 4.39**
drei Quellen für, 10.3
als reife Frucht aller Mystik, **4.38**
als Repräsentation Kṛṣṇas, **10.38,** 10.38
als richtiges Verständnis von Eins- und Verschieden sein, 2.20, 5.3, 5.17, 5.18, 7.5, 7.8, **14.2,** 15.18
durch den spirituellen Meister, **4.34,** 4.35, 13.24, 13.35, 15.10
Überseele als Gegenstand und Ziel des, **13.18**
Unterteilungen des (zwei), 4.42
Verankertsein im, **4.23**
Verbreiten des, 3.29, 4.7, 5.25, 6.32, 7.28, 9.2, 9.25, 11.54, 15.10, **18.68**–69
verglichen mit Boot, **4.36**
verglichen mit Feuer, **4.19, 4.37**
verglichen mit der Sonne, **5.16**
als das vertraulichste Wissen, **9.1**–2, 15.20, 18.63, 18.64, 18.67–68
nach vielen Geburten, 5.16, 6.38, **7.19**
als Vollkommenheit der Religion, **9.2,** 9.2
Vollkommenheit des, **2.57, 7.2, 7.7,** 10.7, **13.24, 14.1, 15.19**
als Waffe, **4.42**
wichtiger als religiöse Regeln, 2.11
Zerstörer von, **3.41**
als Ziel aller yajñas, **4.33**
Zweifel zerstört durch, **4.41**–42, **5.17,** 8.28, **10.7,** 10.7
Wissen, materielles
der Dämonen, nutzlos, **9.12**
Kṛṣṇa nicht erkannt durch, 3.33, 6.8, 18.55
nicht als wahres Wissen akzeptiert, 10.4–5

nutzlos für die Lösung der wirklichen Probleme, 2.8, 9.12
Stolz auf, als dämonische Eigenschaft, 16.4
Transzendierung von, 7.16
Siehe auch: Mentale Spekulation; Philosophie
Wissenschaft, moderne
beschränkt sich auf grobstoffliche Materie, 7.4
erforscht das Universum, kann aber Kṛṣṇa nicht erkennen, 7.25
ohne Forschung nach der Seele mehr oder weniger sinnlos, 13.8–12
leugnet die Existenz der Seele, 2.22, 2.26
vernachlässigt Wissenschaft der spirituellen Seele, 9.2
voller „vielleicht" und „eventuell", 11.33
Wohltätigkeit
als Eigenschaft der *kṣatriyas,* **18.43**
als göttliche Eigenschaft, **16.1**–3
höchste Art von, **5.25,** 5.25, 6.32, 11.55
entsprechend den Erscheinungsweisen, 14.9, **17.7, 17.20**–22
muß Kṛṣṇa und Seinen Geweihten dargebracht werden, **9.27,** 9.27, 11.54, 16.1–3
ohne Glauben, ist nutzlos, **17.28**
ohne Hingabe erfolglos, 11.48, **11.53**
von Kṛṣṇa geschaffen, **10.4**–5
läuternd sogar für große Seelen, **18.5**
als Pflicht der Haushälter, 8.28, 16.1–3
als Spende für *brāhmaṇas* und *sannyāsīs,* 10.4–5
als Stufe zum Kṛṣṇa-Bewußtsein, 12.11
als Tätigkeit des Unpersönlichkeitsanhängers, 12.3–4
ungenügend, um Kṛṣṇa zu erkennen, **11.48, 11.53**
als *yajña,* **4.28,** 4.28
Verbreiten von Kṛṣṇa-Bewußtsein als höchste, 3.13, 5.25, 6.32, 11.54
Wunschlosigkeit, definiert, 2.71

Y

Yajña(s) (Opfer)
definiert, 3.9, 4.23, 4.24
Ausführen von, als göttliche Eigenschaft, **16.1**–3
Ausführung von, begonnen mit *oṁ tat sat,* **17.23**–27
als Befreiung von Bindung, **3.9,** 3.9, 4.24, **4.30**
zu Beginn der Schöpfung vom Herrn geschaffen, **3.10**
entsprechend den Erscheinungsweisen, **17.7, 17.11**–13
geboren aus vorgeschriebenen Pflichten, **3.14, 4.32**
gesamtes Dasein geläutert durch, 3.11
ohne Glauben, sind nutzlos, **17.28**
für Halbgötter, **3.11**–12, 8.3, 9.23
um die himmlischen Planeten zu erreichen, 2.42–43, 4.28, 8.3, 8.16, 9.24
Kṛṣṇa als, **9.16,** 9.16
Kṛṣṇa als das beherrschende Prinzip aller, **7.30**
Kṛṣṇa als Genießer aller, **5.29, 9.24**
Kṛṣṇa-Bewußtsein als Vollkommenheit von, 3.16, 4.24, **4.33,** 4.33
ohne, ist jeder ein Dieb, **3.12**
ohne Kṛṣṇa-Bewußtsein nur materielle Tätigkeit, 3.16
als Jyotiṣṭoma-yajña, 9.16
läuternd sogar für große Seelen, **18.5**
als *mahā-yajña,* 9.16
als *pañcāgni-vidyā* (Feueropfer), 8.3, 8.16
als Pflicht der Haushälter, 8.28, 16.1–3
saṅkīrtana-. Siehe: Saṅkīrtana-yajña
speziell für materialistische Menschen, 3.16
Transzendenz für ewig gegenwärtig in, **3.15**
verschiedene Kategorien von, **4.25**–32, 4.42
ohne Verteilung von *prasādam,* in *tamo-guṇa,* **17.13**
als Weg zu Glück und Wohlstand, **3.10,** 3.10, **4.31**
zwei Hauptunterteilungen von, 4.25, **4.33,** 4.42
Yājñavalkya, 6.13–14, 9.2
Yajur Veda, 3.15, **9.17,** 9.20, 13.5
Yamadūtas, 18.25
Yamarāja
als große Autorität, 4.16
als Repräsentant Kṛṣṇas, **10.29**
Yamunā, 6.11–12
Yamunācārya, zitiert, 2.60, 5.21, 7.15, 7.24
Yaśodā, Mutter, 1.15, 6.47, 7.3
Yoga
definiert, **2.48,** 2.48, 2.61, **6.2,** 6.46, 8.8, **8.12,** 9.22, 18.33
als Befolgen von Kṛṣṇas Anweisung, 2.48
Beherrschung des Geistes als Ziel von, 6.5–6, **6.19**–27, **6.35**–36, 8.8, **8.12, 18.33**
betrügerische Form von, 3.6, 6.13–14, 6.33, 6.36, 15.11
bhakti-yoga als höchster, 3.16, 5.29, 6.20–23, 6.37, 6.46, 6.47, 9.2, 10.10, 12.1, 18.78
ohne *bhakti* wertlos, 6.2, 6.36, 9.2
Kṛṣṇa-Bewußtsein als einfachster, 4.36, 5.28, 6.38, 8.8, 9.27, 12.1, 12.5, 12.12, 14.27
als Kunst des Handelns, **2.50**
als künstliche Körperübungen, für Fortschritt nutzlos, 3.43
als Meditation über die Überseele, **6.19,** 8.8, 8.12
monistischer, als Fehlauffassung, 6.20–23
gemäß Patañjali, 4.27, 4.28, 6.20–23
sanātana-, als Thema des Vierten Kapitels, 4.42
Sexualität verboten bei, **6.13**–14, **8.11**
verglichen mit Leiter, 6.3, 6.46, 6.47, 10.10
Vollkommenheit des, 2.61, **6.47, 8.13,** 10.10, **12.2,** 18.49
als Vorbereitung auf den Tod, 8.10
als *yajña,* **4.28**–29
Siehe auch: Aṣṭāṅga-yoga; Hingebungsvoller Dienst; *Karma-yoga,* Kṛṣṇa-Bewußtsein.
Yoga-māyā
Kṛṣṇa als Herr von, 10.17
Kṛṣṇa bedeckt von, **7.25,** 7.25, 10.17, 11.52
verglichen mit Vorhang, 7.25
Yogārūḍha-Stufe, **6.4,** 18.49
Yogeśvara, Kṛṣṇa als, **11.4,** 11.4, **18.75, 18.78**
Yogī
definiert, **6.1, 6.4, 6.8, 6.32, 6.47**
betrügerischer, 2.61, **3.6,** 3.6, 3.7, 3.33, 6.20–23, 15.11, 16.1–3
für seinen Erfolg von Kṛṣṇa abhängig, 4.11
erreicht vollkommenes transzendentales Glück, **6.27**–28
in Essen und Schlafen reguliert, **6.16**–17, **18.51**–53
Geburt in einer Familie von, 6.42
gescheiterter, Schicksal eines, **6.37**–45
Gottgeweihter als vollkommener, S. 29, 2.2, 4.25, 5.26, 6.1, 6.10, 6.15, 6.31, 6.32, **6.47, 7.17**–18, **8.15,** 9.27, **12.2, 13.19, 15.19,** 18.66
größer als Asket, Empiriker usw., **6.46**
ist indirekt Kṛṣṇa-bewußt, 6.10
Läuterung das einzige Ziel des, 3.7, **5.11**
qualitativ eins mit dem Höchsten, **6.27**

wird ein reiner Gottgeweihter, 6.30
sieht den Höchsten überall, **6.29**–30
sieht im Vergleich mit seinem Selbst die Einheit aller Lebewesen, **6.32**
sieht Paramātmā im Herzen, 2.61, 6.6, 6.20–23, **6.31**
sieht Steine und Gold als dasselbe, **6.8, 14.22–25,** 18.54
Sinnesbeherrschung des, 2.58, **5.22**–23, **6.2**–3
als Verehrer der Halbgötter, **4.25**
vollkommener, definiert, **5.24, 6.32, 6.47, 12.2**
kann Zeitpunkt seines Todes bestimmen, 8.2, 8.24
zwei Arten von, **12.1,** 12.1
Siehe auch: Gottgeweihter, (reiner); Vaiṣṇava; Weise(r)

Yudhiṣṭhira
log nie in seinem Leben, 18.78
im *Mahābhārata, xi-xiii*
als vorbildlicher König, 10.27

Yugas, 4.1, 8.17

Yukta-vairāgya, 6.10, 8.27, 9.28

Yuyudhāna (Sātyaki), **1.4, 1.17**

Z

Zeit (*kāla*)
Gottheit der, 8.23
Kṛṣṇa als, **10.30, 10.33, 11.32, 13.17,** 13.17
als Thema der *Bhagavad-gītā,* S. 7–11, 18.78

Zeitalter des Kali. *Siehe: Kali-yuga*

Zeitweiligkeit, der materiellen Welt, **8.15, 9.33,**

Zölibat
als Entsagung in bezug auf den Körper, **17.14**
als Mittel zur Vollkommenheit, **8.11**
als Pflicht des *brahmacārī,* 6.13–14, 8.11, 16.1–3

Zoomorphismus, 4.12

Zorn
Arjuna nicht unter dem Einfluß von, 16.5
Befreiung von, durch *yoga,* **5.27**–28
Beherrschen des, als Ursache von Glück, **5.23,** 5.23
als Eigenschaft der Dämonen, **16.4, 16.18**
Freiheit von, **2.56, 4.10, 5.26, 18.51**–53
Freiheit von, als Zeichen der Selbstverwirklichung, **18.51**–53
Freisein von, als göttliche Eigenschaft, **16.1**–3
von Hanumān, in Rāmas Dienst eingesetzt, 3.37
als Tor zur Hölle, **16.21**–22
Ursache von, **2.62–63, 3.37**

Zufriedenheit
definiert, 10.4–5
mit allem, **12.18**–19
durch Aufgeben aller Anhaftung, **4.20**
als Eigenschaft des Gottgeweihten, **12.13–14**
des Geistes, 17.16
von Kṛṣṇa geschaffen, **10.4**–5
mit dem, was von selbst kommt, **4.22**
als (*san)tuṣṭaḥ,* **2.55, 3.17, 4.22, 6.20, 10.5, 12.14, 12.19**
im Selbst, **2.55, 3.17, 5.24, 6.20–23,** 18.49
durch Speise in der Erscheinungsweise der Tugend, **17.8**
durch Sprechen über Kṛṣṇa, **10.9,** 10.9, **10.17**–18
durch Wissen und Verwirklichung, **6.8**

Zweifel
Arjuna frei von, 10.16, **11.1, 18.73**
Freiheit von, **7.1, 10.4**–5, **15.19, 18.10, 18.73**
von Kṛṣṇa zerschlagen, 2.1, **6.39,** 8.2, 18.1, **18.73**
aus Unwissenheit entstanden, **4.42**
als Ursache von Dualität, **5.25**
verglichen mit Dämonen, 2.1, 8.2, 18.1
zerschlagen durch transzendentales Wissen, **4.41**–42, 5.17, 8.2, 10.78
zerstört allen Fortschritt, **4.40,** 9.3